Collection Revue générale du droit

www.revuegeneraledudroit.eu

Série Manuels

Collection dirigée par Philippe Cossalter

Agrégé des facultés de droit

Chaire de droit public français de l'Université de la Sarre

http://lfoer.cjfa.eu

Pierre Tifine

Droit administratif français

Quatrième édition

Editions juridiques franco-allemandes

Imprint

Cover image: www.ingimage.com

Publisher:
Editions juridiques franco-allemandes
is a trademark of
International Book Market Service Ltd., member of OmniScriptum Publishing Group
17 Meldrum Street, Beau Bassin 71504, Mauritius

Printed at: see last page
ISBN: 978-620-2-48438-1

Parus chez le même éditeur
Im gleichen Verlag erschienen

Dans la collection / in der Schriftenreihe *Revue générale du droit*

Série « Colloques » / Serie „Kolloquien"

- COSSALTER Ph. (dir.), *Die grenzüberschreitende Zusammenarbeit in der Großregion / La coopération transfrontalière dans la Grande Région*, 2016.
- N'DIAYE F. (dir.), *Le crowdfunding ou financement participatif : état des lieux en Europe*, 2016.

Série « Manuels » / Serie „Handbücher"

- CAILLE P., *Contentieux administratif*, 2ème édition, 2017 (1ère édition, 2016).
- HLAWON M. et JAILLET L., *Staatsrecht I – Droit constitutionnel allemand I*, 2de édition, 2017.
- de NANTOIS Ch., *Approche empirique de la science politique*, 2016.
- TIFINE P., *Droit administratif français*, 3ème édition, 2016 (1ère édition, 2014 ; 2ème édition, 2015).

Dans la collection / in der Schriftenreihe BIJUS

Série « Manuels » / Serie „Handbücher"

- HLAWON M., *Droit international privé allemand et européen du patrimoine - Guide pour la pratique notariale franco-allemande*, 2018.

L'ensemble des œuvres publiées dans les collections « Revue générale du droit » et « BIJUS » est également consultable gratuitement sur www.revuegeneraledudroit.eu et www.bijus.eu

Alle Veröffentlichungen der Schriftenreihen „Revue générale du droit" und „BIJUS" sind auf www.revuegeneraledudroit.com bzw. www.bijus.eu kostenlos abrufbar

Dans la collection / in der Schriftenreihe *Études et Documents du CJFA* (EDCJFA)

- EDCJFA n°1 : AUTEXIER Ch., FLAUSS J.-F., FROMONT M., GREWE C., KOENIG P., RIEG A., *Le Glossaire de la Loi fondamentale allemande*, 1987.
- EDCJFA n°2 : AUTEXIER Ch., *La Loi relative à la Cour constitutionnelle fédérale*, 1987.
- EDCJFA n°3 : AUTEXIER Ch., *La Loi fondamentale*, 1996.
- EDCJFA n°4 : AUTEXIER Ch., *Constitution du 4 octobre 1958*, 7ème éd., 2009.
- EDCJFA n°5 : AUTEXIER Ch., *Traité d'Union*, 1991.
- EDCJFA n°6 : AUTEXIER Ch., *Gemeinsame lothringisch-saarländische administrative Einrichtungen und Verfahrensweisen – Rechtsgutachten*, 1993.
- EDCJFA n°7 : AUTEXIER Ch., CATHALY A., *Loi sur la juridiction administrative*, 1995.
- EDCJFA n°8 : FRIED K., QUECKENSCHEID D., HOSER A., KUDER A., WOLF M., *Etudes comparatives : droit d'asile, le statut constitutionnel du juge en France, la condition juridique de la femme mariée, l'acquisition de la nationalité en France et en Allemagne*, 1995.
- EDCJFA n°9 : AUTEXIER Ch., *La Constitution du* Land *de Sarre*, 1995.
- EDCJFA n°10 : AUTEXIER Ch., CATHALY-STELKENS A., *Loi sur la procedure administrative non contentieuse*, 1996.
- EDCJFA n°11 : LANGE C., *Le Statut constitutionnel de l'enseignement privé en France, éléments de comparaison avec le droit allemand*, 1997.
- EDCJFA n°12 : AUTEXIER Ch., GLAAB K., *Einführung in das französische Verfassungsrecht*, 1998.
- EDCJFA n°13 : GROSSHANS R., WERNET M., *Le droit au travail – son développement et sa portée actuelle en France et en Allemagne*, 2000.
- EDCJA n°14 : HLAWON M., JAILLET L., *Deutsches Staatsrecht / Droit constitutionnel allemand I*, 2nde éd., 2017 (1ère édition, 2015).

L'ensemble des EDCJFA est consultable gratuitement sur www.bijus.eu.

Alle Veröffentlichungen der EDCJFA sind auf www.bijus.eu kostenlos abrufbar.

Dans la collection / in der Schriftenreihe *Cahiers juridiques franco-allemands*

- WITZ Cl., *La coopération commerciale dans la convention ACP – CEE du 31 octobre 1979 de Lomé I à Lomé II,* 1979.
- HUET-WEILLER D., *Bilan de 10 ans d'application de la réforme de la filiation, conférence du 15 mai 1983 dans le cadre du "Dialogue franco-allemand"*, 1983.
- PRADEL J., *Le médecin devant la loi pénale, conférence du 18 novembre 1983 dans le cadre du "Dialogue franco-allemand"*, 1984.
- AUTEXIER Ch., *L'action extérieure des régions*, 1984.
- ROUDAUT R., *Les relations commerciales et industrielles franco-allemandes, conférence du 25 avril 1984 au Centre d'Études Juridiques Françaises de l'Université de la Sarre dans le cadre du "Dialogue franco-allemand"*, 1984.
- JUNG H., *Le système des sanctions dans le droit pénal des mineurs en R.F.A., conference du 30 septembre 1983 à la* Richterakademie *de Trèves à l'occasion d'un session de formation continue sur le système des sanctions*, traduction : HAUPTMANN J.-M., 1985.
- BRIGOULEIX B., *L'opinion publique française et l'Allemagne dans la perspective européenne*, résumé de la conférence prononcée le 22 novembre 1984 à l'Université de la Sarre, 1985.
- FERRETTI R., *La nouvelle décentralisation et les finances locales*, 1985.
- VITU A., *Les traits caractéristiques de la procédure pénale française, conférence du 10 mai 1985 à l'Université de la Sarre dans le cadre du "Dialogue franco-allemand"*, 1985.
- MENUDIER H., *L'Allemagne à la télévision française*, 1985.
- VARII AUCTORES, *Le trentenaire du Centre d'Études Juridiques Françaises (15–25 novembre 1985)*, 1985.
- FLAUSS J.-F., *Le règlement amiable devant la CEDH*, 1986.
- BRUNET A., *Le sort des créanciers dans le nouveau droit français de la faillite*, 1987.
- PRADEL J., *Trente ans de politique pénitentiaire française*, 1987.
- AVRIL P., *L'influence des institutions sur les partis politiques - Der Einfluß der*
- *Verfassungsordnung auf die politischen Parteien*, 1988.
- ROBERT J., *Terrorisme et libertés publiques - Terrorismus und Freiheitsrechte*, 1988.
- TUNC A., *La loi Badinter après cinq ans d'application*, 1991.
- FROMONT M., *Asylrecht in Frankreich*, 1993.
- LUCHAIRE F., *L'Europe et la souveraineté des États*, 1994.

Les Cahiers juridiques franco-allemands sont consultables gratuitement sur www.bijus.eu.

Die Cahiers juridiques franco-allemand sind auf www.bijus.eu kostenlos abrufbar

INTRODUCTION

Le droit administratif constitue une branche du système juridique français, et plus particulièrement du droit public. Il désigne l'ensemble des règles qui s'appliquent à l'administration dans le cadre de son fonctionnement et dans ses rapports avec les particuliers. Ces règles tiennent leur originalité de leur caractère dérogatoire du droit privé et du fait qu'elles émanent essentiellement de la jurisprudence.

Le droit administratif se caractérise donc principalement par son objet et par les règles particulières qui le constituent.

CHAPITRE UN – L'ADMINISTRATION

La notion d'administration peut désigner deux choses. Il s'agit d'une part de l'action d'administrer et on parle alors d'administration fonction. Il s'agit d'autre part des organes chargés d'administrer et on se réfère alors à l'administration en tant que système d'organes. Ces définitions ne rendent toutefois qu'imparfaitement compte de ce qu'est l'administration, ce qui doit conduire à privilégier une définition moderne de l'administration.

Section I – L'administration fonction

Si elle peut être assez aisément définie, la notion d'administration fonction demeure assez délicate à appréhender en raison du caractère évolutif des missions dévolues aux autorités administratives.

§ I – Définition de l'administration fonction

Le terme administration vient du latin administrare qui désigne l'action de gérer ses affaires. Si au XI° siècle, ce terme désigne exclusivement l'action de gérer ses affaires privées, à partir du XVIII° siècle, avec le développement des théories de l'Etat, l'administration va s'étendre à la gestion des affaires publiques en général. Puis, avec l'apparition de la théorie de la séparation des pouvoirs, ce terme va connaître une nouvelle restriction. En effet, la fonction d'administrer va être rattachée à l'un des trois pouvoirs désignés par Montesquieu, le pouvoir exécutif.

C'est cette notion d'administration qui prévaut encore de nos jours. Toutefois, si l'administration se rattache au pouvoir exécutif, le pouvoir exécutif ne se réduit pas à la fonction d'administrer. En effet, le titulaire du pouvoir exécutif exerce, en plus de la fonction administrative, la fonction gouvernementale. Ces deux fonctions sont d'ailleurs hiérarchisées. La fonction gouvernementale a un rôle d'impulsion, de définition de la politique à appliquer, alors que la fonction administrative recouvre un rôle d'exécution de cette politique.

Cette vision hiérarchisée est notamment confirmée par l'article 20 de la Constitution de 1958 selon lequel « le Gouvernement détermine et conduit la politique de la Nation. Il dispose de l'administration ».

On retrouve également cette hiérarchie dans la jurisprudence administrative où il est opéré une distinction entre deux catégories d'actes émanant des titulaires du pouvoir exécutif : les actes administratifs et les actes de gouvernement qui échappent au contrôle du juge administratif et plus généralement à tout contrôle juridictionnel.

Finalement, selon cette première approche, on peut définir l'administration comme une fonction consistant à assurer le fonctionnement des services publics, dans le respect de la loi et de la Constitution et selon les directives du gouvernement.

§ II – Evolution de la fonction administrative

La fonction administrative n'est pas la même, aujourd'hui, que celle qui existait au début du XX° siècle et elle certainement différente de celle qui existera dans dix, cinquante ou cent ans. Pour en rester à une présentation simple, et certainement réductrice, l'évolution de la fonction administrative est liée à la transformation de l'Etat gendarme en Etat providence.

Dans un premier stade, la fonction administrative est limitée au maintien de l'ordre, et plus généralement à ce que l'on appelle les activités régaliennes de l'Etat (justice, police, défense, relations internationales…). Elle nécessite l'emploi de prérogatives de puissance publique, c'est-à-dire de pouvoirs exorbitants du droit commun. En outre, la fonction administrative est strictement exercée dans le cadre de l'application des lois. Les actes administratifs réglementaires, on entend par là ceux qui ont un caractère général et impersonnel, se bornent à préciser le contenu des lois.

Dans un second stade, l'administration intervient dans des domaines de plus en plus nombreux, l'éducation et la santé notamment. Les actes administratifs ne se bornent plus à l'exécution des lois, mais ils interviennent parfois de façon autonome. En outre la fonction administrative n'est plus exclusivement dévolue à des personnes publiques. Par exemple, les cliniques privées à but non lucratif, certains organismes de certification, participent à la fonction administrative. Parallèlement, en partie sous l'influence du droit de l'Union européenne, des pans entiers de l'activité administrative relèvent aujourd'hui du droit privé : soit par la soumission de personnes publiques à des règles de droit privé, soit par la privatisation de personnes publiques.

Ce caractère évolutif, qui a conduit à une interpénétration du secteur public et du secteur privé, rend difficilement opérationnelle la notion d'administration fonction.

Section II – L'administration système d'organes

Le terme d'administration désigne ici les différentes personnes, autorités et agents, chargés d'assurer les fonctions administratives. On observe ici la même dualité qu'au niveau des fonctions : certains organes assurent la fonction gouvernementale, d'autres organes assurent la fonction administrative. Cependant, cette distinction est toute relative.

Par ailleurs, l'administration publique inclut aujourd'hui, en plus des personnes morales de droit public, des personnes morales de droit privé.

§ I – La distinction classique opérée entre les organes administratifs et les organes gouvernementaux

Cette distinction remonte au XIX° siècle et elle est consacrée par l'article 20 susvisé de la Constitution de 1958. Elle emporte trois séries de conséquences.

Tout d'abord, il s'agit de la subordination de l'administration au gouvernement.

Ensuite, on observe que les personnels chargés du gouvernement et ceux qui sont chargés de l'administration disposent généralement de compétences différentes. Les premiers sont des politiciens élus, les seconds des fonctionnaires, techniquement compétents et recrutés par concours.

Enfin il existe, en général, une différence de stabilité entre les structures gouvernementales et les structures administratives. Les premières sont amenées à être renouvelées, par le moyen des élections, alors que les secondes sont censées assurer la continuité de l'Etat.

§ II – La relativité de la distinction classique entre organes administratifs et organes gouvernementaux

Une même autorité peut disposer à la fois d'une fonction administrative et d'une fonction gouvernementale. La séparation entre la structure gouvernementale et la structure administrative n'existe d'ailleurs pas au sommet de l'Etat. Tel est le cas, notamment, pour le Président de la République et surtout pour le Premier ministre qui est le véritable chef de l'administration en plus d'être le chef du gouvernement. De la même façon, les ministres sont situés à la tête d'une administration.

Au niveau inférieur, il n'existe pas non plus de séparation absolue du politique et de l'administratif. Ainsi, certaines autorités administratives ont des organes élus et fortement politisés. C'est par exemple le cas, au niveau de la commune, du maire et du conseil municipal. De même, si le préfet est le représentant du gouvernement dans les régions et les départements (Constitution, art. 72) et s'il dirige à ce titre les services administratifs de l'Etat dans la région et le département une alternance politique va généralement entraîner son remplacement.

Ainsi, la distinction entre ce qui relève du politique et ce qui relève de l'administration est beaucoup plus fonctionnelle qu'organique sachant, comme on l'a vu, que l'approche fonctionnelle est également critiquable.

§ III – La participation de personnes morales de droit privé

La participation de personnes morales de droit privé aux activités administratives ne constitue pas, à proprement parler, une nouveauté. Dès le début du XIX° siècle, en effet, l'Etat a eu recours à la technique du contrat de concession qui consiste à confier à un opérateur privé, agissant sous son contrôle, la construction d'un ouvrage public que celui-ci est ensuite chargé normalement d'exploiter. C'est par exemple au moyen de cette technique contractuelle que la France s'est dotée d'un réseau de chemin de fer dès le milieu du XIX° siècle.

Depuis lors les techniques contractuelles se sont diversifiées et dans l'arrêt d'Assemblée du 13 mai 1938 Caisse primaire Aide et protection (requête numéro 57302 : D. 1939, III, p.65, concl. Latournerie, note Pépy) le Conseil d'Etat a admis pour la première fois qu'une mission de service public pouvait être confiée à une personne morale de droit privé en dehors de tout contrat. Il est même de plus en plus fréquent que les personnes publiques « camouflent » leur intervention en recourant à des personnes morales de droit privé qui constituent, en réalité, de véritables démembrements de l'administration : c'est le cas, notamment, des associations transparentes, des sociétés d'économie mixtes, des sociétés publiques locales ou encore des sociétés anonymes à capitaux majoritairement publics.

Cet enchevêtrement des activités publiques et privées transparaît également à travers la notion d'entreprise publique, qui vise « toute entité sur laquelle les pouvoirs publics peuvent exercer directement ou indirectement une influence dominante du fait de la propriété, de la participation financière ou des règles qui la régissent » (Comm. CE, dir. n° 80/723, 25 juin 1980 modifiée par Comm. CE, dir. n° 85/413, 24 juill. 1985). Cette notion désigne indistinctement des entités publiques (comme la SNCF ou France télévisions) ou privées (comme EDF) gérant ou non des activités de service public. C'est le cas, par exemple, pour la SNCF et EDF. En revanche, ce n'est pas le cas, par exemple, pour Naval Group –anciennement DCNS - qui est une entreprise de construction navale au capital détenu par l'Etat à 62,49% et dont l'activité s'est récemment diversifiée dans les domaines des énergies renouvelables marines et le nucléaire civil. Toutes ces entreprises se voient appliquer essentiellement un régime juridique de droit privé. Relevons également que la plupart des établissements publics et des entreprises partiellement ou totalement détenues par l'Etat - 81 en 2018 -relèvent du champ de compétence de l'Agence des participations de l'Etat dont la mission consiste à représenter l'Etat actionnaire.

Si cette évolution relativise la portée du critère organique, celui-ci conserve néanmoins une importance réelle. C'est le cas, par exemple, en matière de détermination de la nature publique ou privée d'un contrat. De même, seule une personne morale de droit public peut être investie de pouvoirs de police administrative générale ou être propriétaire d'un domaine public, alors que les voies d'exécution ne peuvent être exercées contre elles et qu'elles ne peuvent recourir à l'arbitrage sauf disposition législative expresse ou stipulations de conventions internationales régulièrement incorporées dans l'ordre juridique interne (CE, 23 décembre 2015, requête numéro 376018, Territoire des îles de Wallis-et-Futuna : AJDA 2016, p. 1182, note Gras).

Section III – La notion moderne d'administration

L'opposition artificielle entre domaines politique et administratif, entre personnes publiques et personnes privées, est souvent dépassée et c'est pourquoi les auteurs actuels privilégient désormais, pour la plupart, une définition très large de l'administration.

Selon J. Waline il s'agit de « l'activité par laquelle les autorités publiques, et parfois privées, pourvoient, en utilisant le cas échéant les prérogatives de puissance publique, à la satisfaction de l'intérêt général » (Droit administratif, Dalloz, 26ème éd. 2016, p.14). Pour

Ch. Debbasch l'administration est « l'appareil de gestion des affaires publiques. Elle est constituée par l'ensemble des services dont la bonne marche permet la réalisation des objectifs définis par le pouvoir politique » (Science administrative, Dalloz 1980, p.1). MM. Frier et Petit donnent quant à eux deux définitions complémentaires de l'administration (Droit administratif, LGDJ, 8ème éd. 2013, p.22). Dans une approche matérielle, l'administration publique est « l'activité instrumentale des personnes morales de droit public ou de droit privé étroitement liées à celles-là, qui remplissent une mission de service public, hors des fonctions législatives et juridictionnelles ». Dans un sens organique elle concerne « l'ensemble des organes assurant la fonction administrative, qui, au sein des personnes publiques, relèvent du pouvoir exécutif, soit par un lien de subordination directe dans le cadre étatique, soit par la soumission à son contrôle ».

Comme on le voit la notion d'administration renvoie à des activités exercées dans un but d'intérêt général qui peuvent, le cas échéant, être prises en charge par des personnes privées.

Au final on peut donc avancer que l'administration est constituée par l'ensemble des structures publiques, et parfois privées, qui ont pour mission de prendre en charge des activités d'intérêt général.

Cette particularité de l'action administrative, son caractère essentiellement désintéressé, permet de la distinguer des activités privées qui sont fondées sur la recherche d'un intérêt personnel généralement d'ordre pécuniaire. Elle constitue la raison principale de l'existence du droit administratif, c'est-à-dire d'un ensemble de règles qui définissent un régime juridique spécifique appliqué à l'administration.

CHAPITRE DEUX – LE DROIT ADMINISTRATIF

En France, c'est le principe de séparation des autorités administrative et judiciaire qui est à l'origine directe de tribunaux spécialisés chargés de résoudre le contentieux administratif et qui ont à cette fin dégagé des règles dérogatoires du droit privé.

Section I – La règle de séparation des autorités administrative et judiciaire

Cette règle interdit tout simplement au juge judiciaire de trancher les litiges mettant en cause l'administration. Il faudra rechercher les justifications de cette règle avant d'en analyser plus précisément le contenu.

§ I – Justifications de la règle de séparation

Les justifications d'ordre juridique de la règle de séparation des autorités administrative et judiciaire n'étant pas satisfaisantes, seules des justifications d'ordre politique peuvent être avancées.

I – Justifications d'ordre juridique

La règle de séparation des autorités administrative et judiciaire pourrait être comprise comme une conséquence du principe de séparation des pouvoirs. L'idée serait que l'administration relevant du pouvoir exécutif, le pouvoir judiciaire ne serait pas autorisé à empiéter sur son domaine.

Toutefois, tous les régimes qui se sont inspirés de la théorie de la séparation des pouvoirs n'ont pas appliqué de règle de séparation entre les autorités administrative et judiciaire. Aux Etats-Unis, par exemple, il existe une confusion dans la fonction juridictionnelle entre le contentieux de droit commun et le contentieux de l'administration. A l'inverse, certains régimes de confusion des pouvoirs connaissent - ou ont connu - une séparation des autorités administrative et judiciaire. C'est le cas, dans une certaine mesure, sous l'Ancien Régime durant lequel les affaires de l'administration échappaient en principe au pouvoir des parlements, c'est-à-dire des juridictions ordinaires.

Au mieux l'existence en France d'un principe de séparation des autorités administrative et judiciaire peut-il être regardé, ainsi que le Conseil constitutionnel l'a mentionné dans sa décision Conseil de la concurrence du 23 janvier 1987 comme une traduction de « la conception française de séparation des pouvoirs » (CC, 23 janvier 1987, numéro 86-224 DC : AJDA 1987, p. 345, note Chevallier ; D. 1988, p. 117, note Luchaire ; JCP 1987, II, 20854, note Sestier ; Rev. adm. 1988, p. 29, note Sorel ; RDP 1987, p. 1341, note Gaudemet ; RFDA 1987, p. 301, note Favoreu). En d'autres termes, si ce principe n'est pas une conséquence nécessaire de la séparation des pouvoirs, il en constitue une traduction possible.

II – Justifications d'ordre politique

En réalité, la seule justification de la séparation des autorités administrative et judiciaire est politique. L'idée était d'accorder un privilège de juridiction à l'administration, tel que ce privilège existait déjà sous l'Ancien Régime. En effet, l'administration royale s'était dotée progressivement de moyens de juger elle-même les litiges relatifs à son fonctionnement. Elle voulait ainsi échapper aux parlements, c'est-à-dire aux cours de justice locales dont relevaient en principe l'ensemble des justiciables.

Cette spécificité existait déjà au XIV° siècle. L'ordonnance de Vivier en Brie de 1319 avait en effet créé une Chambre des comptes. Cette juridiction - qui est l'ancêtre de l'actuelle Cour des comptes- était compétente pour connaître des affaires financières du royaume. Plus tard, une ordonnance de 1389 a porté création de la Cour des aides à Paris qui était compétente pour tous les contentieux relatifs aux impositions.

Pour conforter le privilège de juridiction dont bénéficiait l'administration, l'édit de St Germain de 1641 a interdit formellement aux parlements de connaître des litiges concernant « Etat, administration et gouvernement … ». Ces dispositions vont être reprises, de façon plus impérative encore, par les révolutionnaires.

§ II – Textes instituant la séparation

La loi des 16 et 24 août 1790, confirmée par le décret du 16 fructidor an III, témoigne de la méfiance des révolutionnaires vis-à-vis des tribunaux de droit commun et de leur volonté de protéger l'administration. Cette méfiance était d'autant plus grande que les parlements étaient composés de membres de la noblesse.

La loi présente comme caractéristique majeure d'être exclusivement rédigée sous une forme négative. En effet, elle se borne à poser deux grandes interdictions à l'encontre des parlements. Dans ce contexte on comprend très bien la formule célèbre de Prosper Weil selon laquelle « l'existence même du droit administratif relève du miracle » (P. Weil, D. Pouyaud, Le droit administratif, PUF, 25ème éd. 2017, p.5).

La première interdiction vise à protéger le pouvoir législatif du pouvoir judiciaire. L'article 10 de la loi de 1790 précise que « les tribunaux ne pourront prendre directement ou indirectement aucune part à l'exercice du pouvoir législatif … » et selon l'article 12 « …ils ne pourront point faire de règlements ». Par conséquent, cette première prohibition interdit aux tribunaux judiciaires de s'immiscer dans l'exercice de l'activité législative. Ceci implique notamment l'interdiction des arrêts de règlement, c'est-à-dire des décisions de justice posant des règles de portée générale, règle qui figure également à l'article 5 du Code civil.

La seconde interdiction vise à protéger le pouvoir exécutif du pouvoir judiciaire. L'article 13 de la loi de 1790 prévoit que « les fonctions judiciaires sont distinctes et demeureront toujours séparées des fonctions administratives. Les juges ne pourront, à peine de forfaiture, troubler, de quelque manière que ce soit, les opérations des corps administratifs, ni citer devant eux les administrateurs pour raison de leurs fonctions ». Cette règle sera rappelée avec vigueur par le décret du 16 fructidor an III selon lequel « défenses itératives sont faites aux tribunaux de connaître des actes d'administration, de quelque manière que ce soit, aux peines de droit ».

Cette seconde interdiction concerne donc l'activité administrative dans laquelle les tribunaux ordinaires n'ont pas le droit de s'immiscer. Mais si le législateur dénie la compétence du juge judiciaire, il ne précise pas devant quelle instance devront être portés les litiges mettant en cause l'administration et quel droit devra être appliqué. Ces questions ne seront résolues qu'ultérieurement.

Section II – Les effets de la règle de séparation des autorités administrative et judiciaire

La règle de séparation des autorités administrative et judiciaire va entraîner deux phénomènes concomitants : la naissance des juridictions administratives et la naissance du droit administratif.

§ I – Naissance des juridictions administratives

Le privilège donné à l'administration par les textes instituant la séparation des autorités administrative et judiciaire pouvait difficilement être compris comme lui conférant une immunité totale.

S'il résulte de ces textes que l'administration doit échapper à la compétence du juge judiciaire, elle a été soumise au contrôle d'autres autorités : un contrôle exercé par l'administration elle-même, puis un contrôle réalisé par des juridictions spécialisées.

I – Système de l'administrateur juge

Le système de l'administrateur juge découle à la fois de l'interdiction faite au juge judiciaire de connaître des affaires mettant en cause l'administration et, dans un premier stade, de l'inexistence de juridictions spécialisées qui auraient pu connaître du contentieux administratif. Dans ce système, c'est donc l'administration active elle-même qui règle les litiges occasionnés par son fonctionnement.

La loi des 6, 7 et 11 septembre 1790, attribue ainsi aux comités de directoire de département et de district - donc à des autorités administratives locales - le contentieux des contributions directes, celui des marchés de travaux publics et celui des dommages de travaux publics. La loi des 7 et 14 octobre 1790 a quant à elle confié au Roi, chef de l'administration générale « les réclamations d'incompétence à l'égard des corps administratifs ».

En droit, ce système est conforme au principe de séparation des pouvoirs de l'Esprit des lois. En effet, pour Montesquieu, le pouvoir judiciaire consiste à régler les différends entre particuliers et à juger les poursuites pénales intentées contre eux. L'administration n'est donc pas concernée. Ainsi, il est tout à fait possible, dans ce système, de ne pas dissocier l'administration de son juge. En équité, en revanche, le système est bien sûr choquant, puisque l'administration est à la fois juge et partie.

II – Création d'une administration juridictionnelle

La Constitution du 22 frimaire an VIII a porté création, dans son article 52, du Conseil d'Etat. Puis la loi du 28 pluviôse an VIII a institué dans chaque département des conseils de préfecture.

Trois précisions importantes doivent être faites sur ce point.

Tout d'abord, ces institutions ne pouvaient être considérées comme des juridictions indépendantes de l'administration active, ni même comme les juges de droit commun du contentieux administratif. En effet, le Conseil d'Etat, comme les conseils de préfecture, relèvent de l'administration active, et ils sont chargés d'une double fonction : consultative et contentieuse. Cette confusion est essentiellement due au fait, comme l'exprimait en 1827 Henrion de Pansey, que l'on considère à l'époque que « juger l'administration c'est encore administrer » (De l'autorité judiciaire en France, Barrois, 1818).

Ensuite, les conseils de préfecture et le Conseil d'Etat ne sont que des organes administratifs parmi d'autres. Il ne s'agit pas de juridictions indépendantes. En effet, ils ne sont chargés que de rendre des avis. C'est le préfet au niveau des conseils de préfecture, et le chef de l'Etat au niveau du Conseil d'Etat qui rendent la décision et qui sont libres de suivre ou de ne pas suivre l'avis formulé. Ce système est appelé système de justice retenue.

Enfin, la création d'une administration juridictionnelle n'a pas mis fin au système de l'administrateur juge. Les ministres demeurent juges de droit commun de l'administration en premier ressort. En effet, la loi du 28 pluviôse an VIII n'a attribué qu'une compétence d'attribution aux conseils de préfecture qui recouvre principalement deux domaines : le contentieux des travaux publics et celui des contributions directes. Dans ce système, le Conseil d'Etat est juge d'appel des décisions rendues par les conseils de préfecture en premier ressort, mais également -et surtout- de celles rendues par les ministres.

Par conséquent, le système est encore imparfait et il demeure marqué par le poids de l'administration active dans le déroulement des procès devant le juge administratif.

III – Séparation progressive de l'administration active et de l'administration juridictionnelle

Cette séparation s'est faite en trois étapes. Elle a d'abord donné lieu à une transformation des organes consultatifs en organes de décision. Ensuite, le Conseil d'Etat a vu ses compétences juridictionnelles s'étendre. Enfin, la juridiction administrative s'est progressivement renforcée.

A – Transformation des organes consultatifs en organes de décision

Il faut d'abord relever que dans la pratique, le chef de l'Etat, et certainement les préfets, ont très vite pris l'habitude de suivre les avis contentieux des conseils de préfecture ou du Conseil d'Etat. Cela aurait été très clairement exposé par Napoléon Ier dans les termes suivants : « on me fait signer aveuglément des décisions délibérées dans le Conseil d'Etat sur des matières contentieuses ; je ne suis pour cela qu'une griffe (Opinions de Napoléon sur divers sujets de politique et d'administration, éd Firmin Didiot, 1833, p.192).

Sous la Seconde République, la loi du 3 mars 1849 a abandonné le système de justice retenue. On a alors considéré que le Conseil d'Etat rend directement la justice au nom du peuple français qui lui a délégué cette compétence. On est donc passé d'un système de justice retenue à un système de justice déléguée.

Cependant, le coup d'Etat de Louis-Napoléon Bonaparte a marqué un retour en arrière vers la justice retenue. Il a fallu ensuite attendre la Troisième République, et plus précisément la loi du 24 mai 1872, pour voir rétablie la justice déléguée pour le Conseil d'Etat. Ce système ne sera dès lors plus jamais remis en cause.

B – Extension des compétences juridictionnelles du Conseil d'Etat

Le Conseil d'Etat est passé du statut de juge d'attribution à celui de juge de droit commun du contentieux administratif. Cette évolution a résulté non pas d'un texte mais de la propre jurisprudence du Conseil d'Etat qui a abandonné la théorie de l'administrateur juge à l'occasion de l'arrêt Cadot du 13 décembre 1889 (Rec. p.1148, concl. Jagerschmidt). Le Conseil d'Etat a considéré, en l'espèce, que c'est à bon droit que le ministre de l'Intérieur s'était abstenu sur un litige mettant en cause l'administration. De façon implicite la juridiction administrative suprême abandonnait ainsi la théorie de l'administrateur juge. Comme on l'a vu, en effet, cette théorie n'avait pas été établie par un texte. Il s'agissait d'une pratique née de la règle de séparation des autorités administrative et judiciaire et de l'absence, jusqu'à l'an VIII, de juridictions administratives. Le Conseil d'Etat pouvait donc mettre un terme lui-même à cette pratique devenue inutile.

A partir de l'arrêt Cadot, les conseils de préfecture demeurent juges d'attribution en premier ressort pour les matières visées par la loi du 28 pluviôse an VIII. Le Conseil d'Etat est juge d'appel de leurs décisions, mais surtout juge en premier et dernier ressort de droit commun du contentieux administratif.

C – Renforcement de la juridiction administrative

Ce renforcement s'est d'abord manifesté par la spécialisation du personnel du Conseil d'Etat et des conseils de préfecture. A l'origine, il n'existait pas de distinction entre les fonctions administratives et juridictionnelles de ces institutions, puis une dissociation progressive s'est opérée.

Déjà, un décret du 11 juin 1806 avait créé au sein du Conseil d'Etat une « commission des contentieux » qui était chargée spécifiquement d'instruire les litiges. Cette commission, qui deviendra avec la loi du 3 mars 1849 la section du contentieux, s'oppose aux sections administratives qui composent également le Conseil d'Etat et dont le rôle n'est pas de juger mais de conseiller l'exécutif.

Par la suite, des ordonnances des 2 février et du 12 mars 1831 ont créé au sein du Conseil d'Etat des commissaires du gouvernement. A l'origine, il s'agit de membres du Conseil d'Etat qui sont chargés de représenter le gouvernement et de proposer dans leurs conclusions une solution au litige à la formation de jugement. Mais très vite, les commissaires du gouvernement se sont considérés comme indépendants vis-à-vis du pouvoir exécutif et ils ont pris l'habitude de rendre leurs conclusions en leur propre nom, ce qui a largement contribué à mieux identifier et à structurer les règles du droit administratif. Depuis le décret n°2009-14 du 7 janvier 2009, l'appellation de commissaire du gouvernement a été remplacée par celle de rapporteur public.

Le schéma de l'organisation de la justice administrative a également évolué.

Les conseils de préfecture sont devenus des juridictions interdépartementales à partir de décrets-lois des 6 et 26 septembre 1926. Il est à noter, toutefois, que cette organisation existait déjà en Alsace-Lorraine depuis un décret du 26 novembre 1919 créant le tribunal administratif d'Alsace-Lorraine qui deviendra en 1953 le tribunal administratif de Strasbourg. En conséquence, à partir de 1926, les conseils de préfecture ne sont plus dirigés par les préfets.

Ils ont également fait l'objet de différentes réformes qui ont visé à accroître leurs compétences de juges en premier ressort du contentieux administratif. Ainsi, notamment, une loi du 21 mars 1831 a reconnu leur compétence en matière d'opérations électorales et un décret du 5 mai 1934 leur attribue la quasi-totalité du contentieux local.

Mais surtout, le décret-loi du 30 septembre 1953 a remplacé les conseils de préfecture par des tribunaux administratifs qui sont devenus juges en premier ressort de droit commun du contentieux administratif. Cette réforme a modifié en profondeur l'organisation de la juridiction administrative, le Conseil d'Etat passant du statut de juge en premier et dernier ressort de droit commun à celui de juge d'appel de droit commun.

L'évolution a ensuite été achevée par la loi n°87-1127 du 31 décembre 1987 qui a porté création des cours administratives d'appel.

Désormais, l'organisation de la justice administrative ressemble donc à celle de la justice judiciaire. Il existe ainsi deux degrés de juridiction : les tribunaux administratifs et les cours administratives d'appel qui exercent, à leur niveau, une compétence de droit commun. Au-dessus de ces deux degrés de juridiction, le Conseil d'Etat fait figure de juge de cassation de droit commun -alors même qu'il conserve des compétences en premier et dernier ressort et à hauteur d'appel- tout en conservant une mission de conseiller du gouvernement.

Ce perfectionnement progressif de la juridiction administrative, qui n'est que la conséquence du principe de séparation des autorités administrative et judiciaire, a permis de la doter d'un statut constitutionnel.

IV – Constitutionnalisation de la justice administrative

La Constitution de 1958, pas plus que les Constitutions antérieures, ne consacre de dispositions à la justice administrative. En revanche, pratiquement toutes ces Constitutions ont offert un statut constitutionnel à l'autorité judiciaire (c'est le cas notamment de la Constitution du 1958 qui consacre son Titre VIII à « l'autorité judiciaire »).

Finalement, c'est le Conseil constitutionnel qui a reconnu ce statut dans deux décisions en ayant recours à la technique des principes fondamentaux reconnus par les lois de la république.

Dans la décision numéro 80-119 DC du 22 juillet 1980, Lois de validation (JO 24 juillet 1980, p.1868 ; Rec. CC, p.46 ; AJDA 1982, p.602, note Carcassonne ; JCP 181, II, 19603, note Nguyen Quoc Dinh ; RDP 1908, p.1658, note Favoreu), le Conseil constitutionnel a consacré en tant que principe fondamental reconnu par les lois de la République le principe d'indépendance de la juridiction administrative. Ce principe trouve sa source dans la loi du 24 mai 1872 qui a conféré la justice déléguée au Conseil d'Etat.

Dans la décision numéro 86-224 DC du 23 janvier 1987, Conseil de la concurrence (préc.) il a ensuite précisé que « conformément à la conception française de la séparation des pouvoirs » figure le principe selon lequel « l'annulation et la réformation des décisions prises dans l'exercice des prérogatives de puissance publique » par les différentes autorités administratives relève de la compétence de la juridiction administrative. Par conséquent, en reconnaissant un domaine de compétence exclusif à la juridiction administrative qui est garanti constitutionnellement, c'est l'existence même de cette juridiction qui se trouve garantie par le Conseil constitutionnel.

§ II – Naissance et essor du droit administratif

L'administration, puis le juge administratif, en tranchant eux-mêmes des litiges, ont créé des solutions originales et donné naissance à un véritable droit administratif, distinct du droit applicable aux personnes privées. Le droit administratif est aujourd'hui encore fortement autonome par rapport au droit privé et il est essentiellement d'origine jurisprudentielle. A l'origine très inégalitaire, ce droit a tendu de plus en plus vers une protection accrue des administrés.

I – Un droit à l'origine inégalitaire

Très longtemps, le juge administratif a peu censuré l'activité de l'administration. Dans la plupart des cas, la notion d'intérêt général permettait de justifier le caractère exorbitant des solutions adoptées. Ce caractère exorbitant existe toujours de nos jours, mais le caractère inégalitaire du droit administratif s'est en grande partie résorbé.

En matière de responsabilité administrative, par exemple, jusqu'à l'arrêt Tomaso Grecco du 10 février 1905 (Rec. p.139, concl. Romieu ; D. 1906, p.381, concl. Romieu ; S. 1905, III, p.113, note Hauriou), le Conseil d'Etat écartait toute mise en jeu de la responsabilité pour faute de l'Etat. Il fallait certainement voir dans les solutions antérieures à cet arrêt les vestiges de l'adage de l'Ancien Régime qui voulait que « le sòuverain ne peut mal faire ».

De même, toute une série d'actes émanant des autorités administratives étaient considérés comme étant insusceptibles de recours contentieux. Ces catégories d'actes – qu'il s'agisse d'actes de gouvernement ou encore de mesures d'ordre intérieur – existent toujours mais leur contenu s'est progressivement vidé d'une partie de leur substance.

Enfin, pour citer un dernier exemple, jusqu'à un décret du 2 novembre 1864, le silence gardé par l'administration ne valait pas décision, ce qui fait que dans le cadre de la théorie de l'administrateur juge, dans l'hypothèse où le ministre ne statuait pas, le recours au Conseil d'Etat était impossible. A partir du décret susvisé le silence gardé par l'administration à l'issue d'un délai de quatre mois, règle qui sera généralisée par la loi du 7 juillet 1900. Par la suite, ce délai sera porté à deux mois par l'article 21 de la loi n°2000-321 du 12 avril 2000, vaut décision de rejet, attaquable devant les juridictions administratives. Ce principe sera finalement renversé par la loi n°2013-1005 du 12 novembre 2013. Désormais le silence gardé par l'administration à l'expiration d'un délai de deux mois vaut acceptation, sauf dans le cadre des nombreuses exceptions prévues par ce texte et par ses décrets d'application.

II – Une protection accrue des administrés

De nos jours, l'édifice jurisprudentiel est devenu extrêmement complexe et subtil, et il tend à permettre la conciliation entre les intérêts des administrés et ceux de l'administration.

L'administration est plus étroitement soumise au droit. Elle est de plus en plus contrainte, dans le cadre de son activité, à respecter le principe de légalité. Les sources de la légalité administrative se sont elles-mêmes multipliées avec notamment la soumission des actes administratifs aux principes de valeur constitutionnelle et avec l'influence grandissante du droit de l'Union européenne et de la Convention européenne des droits de l'homme. Le principe de légalité est plus efficacement sanctionné par une conception élargie de l'intérêt à agir et par le développement du recours pour excès de pouvoir qui permet l'annulation des décisions qui sont jugées illégales.

L'administration est également soumise à des règles de responsabilité qui se sont progressivement assouplies. Les conditions d'engagement de la responsabilité pour faute de l'administration sont moins rigoureuses que par le passé et les régimes de responsabilité sans faute se sont mutipliés. Elle est donc, d'une façon générale, plus souvent sanctionnée dans le cadre de ses activités.

PLAN

L'étude du droit administratif s'articulera autour de six parties :

Les institutions administratives

Le principe de légalité de l'action administrative

La justice administrative

Les actes administratifs

Les activités administratives

La responsabilité administrative

Pour aller plus loin :

- **Chevallier (J.)**, Du principe de séparation au principe de dualité : Mélanges Chapus, Montchrestien 1992, p.135.

- **De Laubadère (A.)**, Réflexions sur la crise du droit administratif français : D. 1952, chron. p. 5.

- **Hauriou (M.)**, la formation du droit administratif depuis l'an VIII, RGA 1892, t. 2, p.385 et t. 3, p.15.

- **Hauriou (M.)**, Le développement de la jurisprudence administrative depuis 1870, BSLC, 1922, p.236.

- **Mestre (J.L.)**, Administration, justice et droit administratif, Ann. Historiques Révolution française, avr. juin 2002, p.61.

- **Rivero (J.)**, Le problème de l'influence des droits internes sur la Cour de justice de la CECA : AFDI 1958, p. 295.

- **Stirn (B.)**, Le Conseil d'Etat et le droit communautaire. De l'application à l'élaboration : AJDA 1993, p. 244.

- **Vedel (G.)**, La loi des 16-24 août 1790. Texte ? Prétexte ? Contexte ? : RFDA 1990, p.698.

PREMIERE PARTIE – LES INSTITUTIONS ADMINISTRATIVES

Il est nécessaire, dans un premier temps, d'évoquer quels sont les grands principes qui peuvent être utilisés, dans le cadre d'un Etat unitaire, pour structurer l'organisation administrative. Dans le schéma actuel de l'organisation administrative française, on distinguera l'administration d'Etat de l'administration décentralisée.

CHAPITRE UN – LES DIFFERENTES MODALITES D'ORGANISATION ADMINISTRATIVE

Dans le cadre d'un Etat unitaire, et même si on peut observer de nombreuses variantes d'une Etat à l'autre, il existe trois grands principes d'organisation administrative : la centralisation, la déconcentration, la décentralisation. Dans la pratique, ces différentes modalités d'organisation peuvent être combinées au sein d'un même Etat. Ainsi, en France, une partie de l'administration est centralisée, une autre est déconcentrée et une autre est décentralisée.

Section I – La centralisation

La centralisation « c'est le système dans lequel l'ensemble des décisions administratives relève des organes centraux de l'Etat » (J.-M Bécet, Les institutions administratives, Economica, 4ème éd. 1997).

Si l'on applique ce système à la France moderne, cela signifierait que toutes les décisions administratives seraient prises au niveau des services centraux des ministères, ce qui exclurait donc toute prise de décision à l'échelon local.

Cependant, la centralisation n'exclut pas une division administrative du territoire, par exemple en communes, en départements et en régions. Mais dans ce cadre, les différentes autorités qui vont représenter ces entités seront dépourvues de pouvoir de décision. Elles n'auront qu'un pouvoir d'information et de sollicitation de l'autorité centrale. De la même façon, des services centraux peuvent être délocalisés en dehors de la capitale. C'est le cas, par exemple, de certains services centraux de l'INSEE qui ont été délocalisés à Metz. Toutefois, ceci n'a aucune conséquence directe sur le plan du droit de l'organisation administrative.

Un tel système présente deux défauts majeurs. D'une part, il est extrêmement lourd à gérer. En effet, l'autorité centrale qui prend toutes les décisions administratives risque d'être rapidement débordée. Les décisions seront alors prises avec retard. D'autre part, l'autorité centrale se situe loin des préoccupations locales. Pour ne donner qu'un exemple, il est évident qu'un maire est plus apte à règlementer la circulation ou le stationnement dans sa commune qu'un ministre.

Pour cette raison, un système administratif exclusivement centralisé n'est guère concevable de nos jours.

La notion de centralisation a toutefois joué un rôle très important dans la constitution des Etats modernes. De fait, comme l'expose M. Prélot « en principe, selon la logique interne et, souvent aussi dans le concept historique, la centralisation accroît, complète et couronne l'unification politique » (Institutions politiques et droit constitutionnel, Précis Dalloz, 5ème éd. 1972). Mais dans le cadre des Etats modernes, la centralisation n'est concevable que dans les micros Etats. En effet, on ne retrouve pas, dans ce cadre, les deux inconvénients attachés à l'idée de la centralisation. D'une part, compte tenu de l'exiguïté du territoire national et de la faible densité de la population, le pouvoir central est nécessairement proche des préoccupations locales. D'autre part, pour les mêmes raisons, il est concevable que les autorités centrales aient la capacité de prendre rapidement les décisions administratives nécessaires au bon fonctionnement de la société.

Hors cette hypothèse, un système administratif totalement centralisé est irréaliste, et c'est justement l'impossibilité de gérer l'ensemble des tâches au niveau national qui justifie la déconcentration.

Section II – La déconcentration

Le système de la déconcentration constitue un moyen pour l'Etat de délocaliser son pouvoir de décision. Toutefois, dans ce système, les organes déconcentrés demeurent subordonnés, par le lien hiérarchique, aux services centraux.

§ I – Notion de déconcentration

La déconcentration, « c'est une modalité de la centralisation. Elle consiste à accorder à des organes non centraux un pouvoir de décision limité, étant donné que les agents sont soumis au pouvoir hiérarchique d'une autorité centrale compétente » (J-M Bécet, Les institutions administratives, préc.). L'article1er du décret n°2015-510 du 7 mai 2015 portant charte de la déconcentration précise quant à lui que « la déconcentration consiste à confier aux échelons territoriaux des administrations civiles de l'Etat le pouvoir, les moyens et la capacité d'initiative pour animer, coordonner et mettre en œuvre les politiques publiques définies au niveau national et européen, dans un objectif d'efficience, de modernisation, de simplification, d'équité des territoires et de proximité avec les usagers et les acteurs locaux ».

Ainsi, on peut observer que l'organisation déconcentrée suppose l'existence de deux éléments : des organes centraux également appelés administrations centrales ; des organes déconcentrés également appelés organes extérieurs.

Les organes déconcentrés sont étroitement subordonnés aux organes centraux qu'ils représentent au niveau local. Tel est le cas, par exemple, du préfet qui représente l'autorité centrale dans les départements et les régions. Selon l'expression célèbre d'Odilon Barrot, « c'est toujours le même marteau qui frappe, mais on en a raccourci le manche ».

C'est le Premier ministre, titulaire du pouvoir règlementaire de droit commun, et non pas le législateur, qui est compétent pour opérer la distinction entre les administrations centrales et les services déconcentrés (CC, 21 janvier 1997, décision numéro 97-180 DC, Nature juridique de l'article 2 de la loi d'orientation n° 92-125 du 6 février 1992 relative à l'administration territoriale de la République). Cette compétence découle en effet de l'article 20 de la Constitution.

Il faut enfin se garder de confondre les notions de déconcentration et celle de délocalisation qui se caractérise, comme on l'a vu, par le fait de transférer géographiquement des services centraux en dehors de Paris.

§ II – Le pouvoir hiérarchique

Dans le cadre de la déconcentration, les agents locaux disposent d'un pouvoir de décision propre qui leur permet de trancher eux-mêmes certaines affaires, sans remonter l'ensemble de ces affaires au niveau central. Cependant, dans le cadre de ce pouvoir, tous ces agents sont soumis au pouvoir hiérarchique de leur supérieur. Ce pouvoir existe de plein droit, en vertu d'un principe général du droit (CE, sect., 30 juin 1950, Quéralt : Rec. p. 413 ; JCP G 1950, II, 5909, note B.H.).

Le pouvoir hiérarchique se manifeste par l'existence d'un pouvoir d'instruction, d'un pouvoir d'annulation et de réformation et d'un pouvoir exercé sur les personnes.

I – Pouvoir d'instruction

Le supérieur hiérarchique – et notamment le ministre qui se situe au sommet de la pyramide ministérielle- peut indiquer à ses agents subordonnés certaines modalités d'action avant même la prise de décision. On peut donc assimiler ce pouvoir d'instruction à un véritable pouvoir de direction qui va consister, par exemple, à s'assurer qu'un texte de loi ou de décret s'appliquant au ministère concerné sera interprété de la même façon par tous les agents du ministère.

Ce pouvoir d'instruction se concrétise notamment par des circulaires ministérielles ou des notes de service. Ces textes sont extrêmement nombreux puisqu'il en est édicté plusieurs milliers chaque année dans tous les domaines.

Les agents sont quant à eux tenus d'un devoir d'obéissance à l'égard de leur supérieur hiérarchique. Dans un arrêt Giraud du 5 mai 1911 le Conseil d'Etat a ainsi considéré que l'obéissance est imposée « à tout agent public » (Rec. p. 525). L'article 28 du titre I du statut général de la fonction publique énonce quant à lui que « tout fonctionnaire ... doit se conformer aux instructions de son supérieur hiérarchique ... ».

Si le pouvoir d'instruction a un champ extrêmement vaste, il connaît néanmoins trois limites.

Dans certains cas, tout d'abord, le subordonné a l'obligation de désobéir à l'ordre de son supérieur. Pour que cela soit le cas, deux conditions doivent être réunies : l'ordre doit être manifestement illégal et il doit compromettre gravement un intérêt public. Cette règle, d'origine jurisprudentielle, a été consacrée par l'article 28 du titre I du statut général.

Exemple :
- CE, 10 novembre 1944, Langneur (Rec. p.248 ; D. 1945, p. 89, concl. Chénot ; JCP 1945, I, 2852, obs.Chavanon) : les juges estiment que le fait, pour un fonctionnaire, d'exécuter un ordre donné par un maire d'inscrire des habitants d'une commune comme chômeurs pour qu'ils perçoivent des indemnités alors qu'ils ne l'étaient pas, justifie que ce fonctionnaire fasse l'objet de poursuites sur le plan disciplinaire et sur le plan pénal.

Les deux conditions visées par l'article 28 susvisé sont cumulatives. Ainsi, le fonctionnaire qui refuse d'obéir à un ordre illégal commet une faute disciplinaire dans le cas où cet ordre n'était pas de nature à compromettre gravement un intérêt public.

Exemple :
- CE, 29 novembre 2004, n°242384, Tibère : un fonctionnaire refuse de rejoindre le poste qui lui a été assigné par une décision illégale. Cependant, cet ordre n'étant pas de nature à compromettre un intérêt public, le principe d'obéissance lui imposait de rejoindre cette affectation. Si cette faute ne pouvait légalement fonder une décision de radiation pour abandon de poste, les autres conditions n'étant pas remplies, elle conduit à atténuer la responsabilité de l'employeur public mis en cause du fait de cette radiation illégale.

Les juges tendent par ailleurs à interpréter de façon restrictive cette obligation de désobéissance.

Exemple :
- TC, 19 octobre 1998, requête numéro 3131, Préfet du Tarn c. CA Toulouse (JCP G 1999, II 10225, concl. Sainte-Rose, note du Cheyron) : après que le conseil municipal a décidé la mise en application anticipée d'un plan d'occupation des sols en cours de révision, un agent a modifié, à la demande du maire, le plan de zonage annexé à la délibération, de façon à réduire l'emprise d'un espace boisé classé. Les juges estiment que la faute ainsi commise par l'intéressé qui n'était animé par aucun intérêt personnel, l'a été dans l'exercice de ses fonctions et avec les moyens du service et elle ne constitue pas une faute détachable du service. Pourtant, l'illégalité flagrante de l'ordre donné par le maire ne pouvait échapper à ce fonctionnaire, en raison de sa connaissance étendue du droit de l'urbanisme.

Il existe également des cas où la désobéissance n'est pas obligatoire, mais où elle est possible. Tel est le cas lorsque des subordonnés exercent le droit de retrait qui leur est reconnu en cas de danger grave et imminent (décret n°82-453 du 28 mai 1982, art. 5-5 s.). Il a été jugé sur ce point que des agissements qui pourraient être considérés comme constitutifs de harcèlement moral ne caractérisent pas une situation de danger grave et imminent rendant possible l'exercice du droit de retrait (CE, 16 décembre 2009, requête numéro 320840, Ministre de la justice : JCP A 2010, 1075, note Jean-Pierre).

De même, l'article 6 ter du titre I du statut général de la fonction publique donne aux agents un droit à la désobéissance dans le cas où ils reçoivent un ordre qui aurait pour but l'obtention de faveurs sexuelles au profit d'un supérieur hiérarchique ou d'un tiers. Le Conseil d'Etat a récemment précisé que la répétition des comportements n'était pas une condition nécessaire pour emporter la qualification de harcèlement sexuel (CE, 15 janvier

2014, requête numéro 362495, La Poste SA : AJFP mars-avril 2014, 95, note Fitte-Duval ; JCPA 2014, act. 95, obs. Touzeil-Divina et 2093, note Jean-Pierre).

Dans le même ordre d'idées, l'article 6 quinquies du statut général prévoit que « aucun fonctionnaire ne doit subir les agissements répétés de harcèlement moral qui ont pour objet ou pour effet une dégradation des conditions de travail susceptible de porter atteinte à ses droits et à sa dignité, d'altérer sa santé physique ou mentale ou de compromettre son avenir professionnel ».

Exemple :
- CE, 24 novembre 2006, requête numéro 256313, Baillet c. Office national de la chasse (JCPA 2007, 2003, note Jean-Pierre ; AJDA 2007, p.428, note Planchet) : sont caractéristiques d'un harcèlement moral exercé sur un agent contractuel différentes pratiques mises en œuvre par un chef de service, caractérisées notamment par l'envoi d'instructions par courrier recommandé avec demande d'avis de réception, par la multiplication de consignes inutilement tatillonnes et par un dénigrement systématique.

Si le comportement de la victime doit être pris en compte pour établir le harcèlement moral, la faute de la victime n'est toutefois plus considérée comme une cause exonératoire de responsabilité pour l'administration (CE Sect., 11 juillet 2011, requête numéro 321225, Montaut : Rec. p. 349, concl. Guyomar ; AJDA 2011, p. 2072, concl. Guyomar ; AJFP janv.-févr. 2012, p. 41, note Fontier ; AJCT 2011, p. 474, obs. Derridj ; Dr. adm. 2011, 88, note Melleray ; JCP A, act. 531, obs. Sorbara ; JCP G 2011, 1466, chron. Eveillard), contrairement à ce qui résultait de la jurisprudence antérieure (CE, 24 novembre 2006, requête numéro 256313, B. : JCP A 2007, 2003, note Jean-Pierre ; AJDA 2007, p. 428, note Planchet). De son côté, le juge de cassation opère un contrôle de qualification juridique des faits soumis à l'appréciation des juges du fond (CE, 31 octobre 2014, requête numéro 372042, X.). Le Conseil d'Etat a également précisé qu'il appartient à l'agent public qui soutient avoir été victime de faits constitutifs de harcèlement moral, lorsqu'il entend contester le refus opposé par l'administration dont il relève à une demande de protection fonctionnelle fondée sur de tels faits, de soumettre au juge des éléments de fait susceptibles d'en faire présumer l'existence. Il incombe à l'administration de produire, en sens contraire, une argumentation de nature à démontrer que les agissements en cause sont justifiés par des considérations étrangères à tout harcèlement. La conviction du juge, à qui il revient d'apprécier si les agissements de harcèlement sont ou non établis, se détermine au vu de ces échanges contradictoires, qu'il peut compléter, en cas de doute, en ordonnant toute mesure d'instruction utile (CE, 23 décembre 2014, requête numéro 358340, Bilal).

Enfin, en principe, le pouvoir d'instruction ne peut pas autoriser la substitution du supérieur hiérarchique à son subordonné. Cette substitution n'est possible que dans certains cas prévus par les textes, et elle doit faire l'objet de démarches préalables de la part du supérieur hiérarchique.

Exemple :
- Le maire est en principe responsable de la préservation de l'ordre public dans sa commune. Il doit donc prendre toutes les mesures préventives nécessaires au maintien, principalement, de la sécurité publique, de la salubrité publique et de la tranquillité publique. L'article L. 2215-1 1° du Code général des collectivités territoriales prévoit

cependant que le préfet peut prendre « pour toutes les communes du département ou plusieurs d'entre elles, et dans tous les cas où il n'y aurait pas été pourvu par les autorités municipales, toutes mesures relatives au maintien de la salubrité, de la sûreté et de la tranquillité publiques ». Cependant, ce droit ne peut être exercé par le préfet dans le département à l'égard d'une seule commune qu'après une mise en demeure au maire restée sans résultat.

II – Pouvoir de réformation et d'annulation

Ce pouvoir peut être exercé en principe à tout moment, pour des raisons d'illégalité ou d'opportunité. Cependant, comme on le verra, des conditions sont posées lorsque l'acte porte atteinte aux droits de son bénéficiaire. La décision par laquelle l'autorité supérieure retire ou abroge l'acte d'un subordonné ne peut en effet intervenir, en principe, que dans un délai de quatre mois à compter de la date à laquelle il est intervenu et seulement pour des motifs touchant à son illégalité, dès lors que cet acte est créateur de droits. Ces règles qui résultaient à l'origine de la jurisprudence du Conseil d'Etat (V. pour le retrait CE Ass. 26 octobre 2001, requête numéro 197018, Ternon : Rec. p.497, concl. Seners ; RFDA 2002, p. 77, concl. Seners et note Delvolvé ; Dr. adm. 2001, 253, obs. Michallet ; Dr. adm. déc. 2001, repères p. 3, obs. Auby ; BJDU 5/2001, p. 353 ; AJDA 2001, p. 1034, chron. Guyomar et Collin .- V. pour l'abrogation CE Sect., 6 mars 2009, requête numéro 306084, Coulibaly : Dr. adm. 2009, 64, note Melleray ; RFDA 2009, p. 215, concl. de Salins, p. 439, note Eveillard ; AJDA 2009, p. 817, note Liéber et Botteghi ; RLCT 2009/47, p. 50, note Sudres) sont aujourd'hui codifiées à l'article L. 242-1 du Code des relations entre le public et l'administration

III – Pouvoir exercé sur les personnes

Le supérieur hiérarchique a notamment le droit de déterminer l'affectation des fonctionnaires, de procéder à leur notation annuelle, ou encore de prendre des sanctions à leur encontre en cas de manquement à leurs obligations de service.

Section III – La décentralisation

Comme le précise le rapport le Garrec sur l'organisation décentralisée de la République : « la décentralisation consiste dans le transfert d'attributions de l'Etat à des collectivités ou institutions différentes de lui et bénéficiant, sous sa surveillance, d'une certaine autonomie de gestion ».

Ce modèle ne va toutefois pas jusqu'à remettre en cause les fondements de l'Etat unitaire, les institutions décentralisées ne disposant que d'une compétence d'attribution définie par la loi. Elle implique seulement un nouvel équilibre dans la répartition des pouvoirs.

Il faut bien ici distinguer la décentralisation du fédéralisme. La décentralisation constitue une modalité de l'organisation de l'Etat unitaire dans lequel les compétences sont transférées par le législateur. Dans un Etat fédéral, la dévolution des compétences est opérée et garantie par la Constitution et les Etats fédérés disposent de compétences en matière législative et constitutionnelle, ce qui n'est pas le cas pour une entité décentralisée.

La distinction entre ces deux modèles n'est toutefois pas évidente : une décentralisation très poussée comme en Espagne, par exemple, peut aboutir à un fonctionnement proche de celui d'une fédération.

La décentralisation est fondée sur une idée de liberté, qui se traduit, en France, par le principe de libre administration des collectivités territoriales qui est consacré par l'article 72 de la Constitution du 4 octobre 1958. Cependant, cette liberté est une liberté surveillée puisque les organes décentralisés voient leurs activités contrôlées par l'Etat.

En particulier, les actes les plus importants des institutions locales doivent être transmis au préfet qui, s'il estime qu'ils sont illégaux, les déférera au tribunal administratif compétent en vue de leur éventuelle annulation.

Il existe deux types de décentralisation : la décentralisation technique et la décentralisation territoriale.

La décentralisation technique est également appelée décentralisation fonctionnelle ou encore décentralisation par services. Elle passe par un transfert de compétences de l'Etat vers une autre personne morale de droit public, spécialisée, qui est en général un établissement public. Il peut s'agir, par exemple, d'un établissement public de santé, d'un établissement public à caractère scientifique, culturel et professionnel (les universités, par exemple), ou encore d'un établissement public de coopération culturelle.

La décentralisation territoriale consiste quant à elle en un transfert de compétences de l'Etat vers des collectivités territoriales, qui sont des personnes morales de droit public distinctes de l'Etat. Elle doit être clairement distinguée de la déconcentration. En effet, concernant les autorités déconcentrées, il ne s'agit en aucun cas de transférer des compétences de l'Etat vers une personne morale de droit public distincte de lui, mais d'aménager l'organisation de l'Etat par la création d'organes qui sont étroitement subordonnés aux organes centraux.

Ce mode d'administration s'est réellement développé, en France, à partir de la loi n°82-213 du 2 mars 1982 (loi Defferre), relative aux droits et libertés des communes, des départements et des régions. La loi constitutionnelle n°2003-276 du 28 mars 2003 relative à l'organisation décentralisée de la République a voulu approfondir ce mouvement. Rompant avec la tradition jacobine centralisatrice, ce texte modifie en effet des dispositions essentielles de la Constitution et proclame que la France est un Etat unitaire décentralisé. La Constitution, dans son article 72 alinéa 2, précise désormais que « les collectivités territoriales ont vocation à prendre les décisions pour l'ensemble des compétences qui peuvent le mieux être mises en œuvre à leur échelon ». Dans la logique de ce texte, de nombreuses compétences de l'Etat ont été transférées aux collectivités territoriales par la loi n°2004-809 du 13 août 2004 relative aux libertés locales.

Par la suite, dans un souci de simplification de l'organisation administrative et de clarification des compétences des collectivités territoriales, est intervenue la loi n°2010-1563 du 16 décembre 2010 de réforme des collectivités territoriales. Toutefois, certaines dispositions essentielles de cette loi – suppression de la clause générale de compétence pour les départements et les régions, suppression des conseillers régionaux et des conseillers généraux remplacés par des conseillers territoriaux siégeant à la fois dans les départements et les régions – ne sont pas entrées en vigueur.

Ce texte était néanmoins inspiré par le même objectif affiché d'économie des deniers publics et de rationalisation de la répartition des compétences entre collectivités territoriales que l'on retrouve dans la loi n° 2014-58 du 27 janvier 2014 de modernisation de l'action publique territoriale et d'affirmation des métropoles (loi MAPTAM), dans la loi n° 2015-29 du 16 janvier 2015 relative à la délimitation des régions, aux élections régionales et départementales et modifiant le calendrier électoral et dans la loi n°2015-991 du 7 août 2015 portant nouvelle organisation territoriale de la République (loi NOTRe). La loi NOTRe a notamment repris le principe d'une suppression de la clause générale de compétence pour les départements et pour les régions. Cette suppression a été jugée conforme au principe de libre administration des collectivités territoriales par le Conseil constitutionnel (CC, 16 septembre 2016, numéro 2016-565 QPC, Association des départements de France : AJDA 2016, p. 2438, note Faure).

Au final, en dépit des ambitions initiales, il apparaît clairement que la révision constitutionnelle du 28 mars 2003 et les textes qui l'ont suivie n'ont pas abouti à une transformation fondamentale du modèle français. En effet, si le texte constitutionnel a défini de nouveaux principes et créé de nouveaux instruments au bénéfice des collectivités territoriales, ceux-ci ne remettent nullement en cause la prééminence, voire même l'omniprésence du niveau central qui demeure, selon la formule employée par M. Brisson « le relais nécessaire de toutes les politiques territoriales et la clef de voûte de l'équilibre territorial des pouvoirs » (Les transferts de compétences de l'Etat aux collectivités locales : Dr. adm. 2008, Etude 8). C'est dans ce sens qu'il faut comprendre les nouveaux transferts de compétences, le développement de la démocratie directe locale ou encore les possibilités d'expérimentation reconnues aux collectivités territoriales. Si le principe de subsidiarité est élevé au rang constitutionnel, son efficacité est tout aussi contingente que celle du principe de libre administration des collectivités territoriales, puisque c'est aux autorités étatiques qu'il appartient de le mettre en oeuvre. Ainsi, c'est au législateur, et à lui seul, qu'il appartient de transférer de nouvelles compétences à l'échelon local ou encore d'autoriser une collectivité territoriale à pratiquer une expérimentation. De même si la révision du 28 mars 2003 a reconnu l'existence d'un pouvoir réglementaire au bénéfice de ces collectivités - et en aucun cas un pouvoir législatif - ce pouvoir demeure très limité et fortement encadré. Au final, la révision du 28 mars 2003 ainsi que les textes qui l'on accompagnée, doit être d'abord comprise comme un moyen non pas de transformer l'Etat unitaire décentralisé, mais d'améliorer avec plus ou moins de succès son fonctionnement.

Compte tenu de ces éléments il convient d'étudier : l'administration d'Etat, qui comprend des organes centraux et des organes déconcentrés puis l'administration locale qui renvoie aux collectivités territoriales dont la caractéristique essentielle est qu'elles sont distinctes de l'Etat.

Pour aller plus loin :

- **Brisson (J.-F)**, La loi du 16 décembre 2010 portant réforme territoriale ou le droit des collectivités territoriales en miettes : Dr. adm. 2011, étude 5.

- **Brisson (J.-F)**, Les transferts de compétences de l'Etat aux collectivités locales : Dr. adm. 2008, étude 8.

- **Bigot (G.)**, Collectivités territoriales de l'Etat : les enseignements de l'histoire : JCP A 2011, 2128.

- **Dyens (S.)**, La « clarification » des compétences dans la loi MAPAM : coordonner avant d'imposer ? : AJCT 2014, p. 291.

- **Janicot (L.)**, La loi de réforme des collectivités territoriales, une loi efficace ? : RLCT 2011/1, p. 72.

- **Marcou (G.)**, Le bilan en demi-teinte de l'Acte II. Décentraliser plus ou décentraliser mieux ? : RFDA 2008, p. 295.

- **Marcou (G.)**, La réforme territoriale. Ambition et défaut de perspective : RFDA 2010, p. 357.

- **Marcovici (V.)**, L'acte 5 de la déconcentration ou la nécessaire métropolisation de l'action de l'Etat dans les territoires : JCP A 2015, 2020.

CHAPITRE DEUX – L'ADMINISTRATION D'ETAT

L'Etat est une personne morale de droit public qui comprend des organes centraux et déconcentrés reliés entre eux par le pouvoir hiérarchique.

Section I – L'administration centrale

Les organes de l'administration centrale peuvent être classés en trois grandes catégories :

- Les organes de l'administration active qui ont en charge la prise de décision.

- Les organes de l'administration consultative qui sont associés à la préparation des décisions.

- Les organes de l'administration de contrôle qui assurent le contrôle des décisions.

Il convient également d'évoquer une catégorie d'organes centraux qui ne relèvent pas du pouvoir hiérarchique, celle des autorités administratives indépendantes et des autorités publiques indépendantes.

§ I – L'administration active

Selon la Constitution du 4 octobre 1958, deux organes sont investis de compétences administratives. Il s'agit du Président de la République et du Premier ministre. Cependant, cette compétence est en partie déléguée, au niveau central, aux différents membres du gouvernement.

I – Le Président de la République et le Premier ministre

Les rapports entre le chef de l'Etat et le Premier ministre doivent être distingués, selon que l'on se situe sur le plan constitutionnel et politique, ou sur le plan administratif.

Du point de vue du droit constitutionnel les rapports entre ces deux institutions ont été profondément altérés par la révision du 6 novembre 1962. Avant 1962, le Président de la République, qui est élu au suffrage universel indirect, est conçu comme la clé de voûte des institutions, il est une sorte d'arbitre au-dessus des parties. En 1962, selon l'expression de M. Massot, « l'arbitre devient capitaine » (L'arbitre et le capitaine, Flammarion 1987). En dehors des périodes de cohabitation il domine l'exécutif.

Du point de vue des institutions administratives, en revanche, la situation est différente. En effet, selon l'expression de M. Gohin, même si le Président est devenu un « géant politique », il demeure un « nain administratif » dont les compétences sont limitées (O. Gohin, Institutions administratives, LGDJ, 4ème éd. 2002).

A – Président de la République

On décrira les attributions du Président de la République puis les services qui sont placés sous son autorité.

1° Attributions

Selon l'article 13 de la Constitution « le Président de la République signe les ordonnances et les décrets délibérés en Conseil des ministres ». Il dispose à la fois d'un pouvoir règlementaire et d'un pouvoir de nomination. Il peut également mettre en œuvre des compétences exceptionnelles qui lui sont spécifiquement attribuées dans les périodes de crise.

a- Pouvoir réglementaire

Dans le cadre de l'exercice de son pouvoir règlementaire, le chef de l'Etat peut prendre des décrets et des ordonnances.

α- Décrets

Tous les décrets ne sont pas l'œuvre du Président de la République. En effet, certains décrets peuvent également être pris par le Premier ministre. Pour les distinguer, on désigne les décrets du Président de la République par l'expression « décrets en Conseil des ministres ». Cette formule s'explique par le fait que c'est le chef de l'Etat qui préside le Conseil des ministres, et que toutes les mesures dont il est discuté dans ce cadre sont signées par lui. Il existe toutefois également des décrets du Président de la République qui ne sont pas soumis au Conseil des ministres. Il peut s'agir, par exemple, de décrets relatifs au domaine de la défense ou des affaires étrangères, mais cette liste n'est pas exhaustive le chef de l'Etat disposant, en la matière, d'une compétence discrétionnaire.

Dans certains cas, c'est une loi qui précise la nature de l'autorité qui doit prendre ses propres décrets d'application.

Dans les autres hypothèses, en revanche, il n'existe aucun moyen de déterminer à l'avance qu'elle est l'autorité compétente pour prendre un décret. Tout est alors question de rapports de forces politiques. En période de concordance des majorités, c'est le Président de la République qui fixe librement l'ordre du jour du Conseil des ministres. Par conséquent, il lui est possible d'attirer dans son champ de compétence toutes les matières dont il souhaite connaître au détriment du Premier ministre. Toutefois, la pratique démontre que cette faculté a été très peu utilisée. De fait, il existe dans le droit positif beaucoup plus de décrets du Premier ministre que de décrets pris en Conseil des ministres. Ceci étant, dès lors qu'un décret a été pris en Conseil des ministres, il ne peut plus être modifié ou abrogé que par un autre décret en Conseil des ministres (CE Ass., 10 septembre 1992, requête numéro 140376, Meyet : Rec. p. 327, concl. Kessler ; AJDA 1992, p. 643, chron. Maugüé et Schwartz ; D. 1993, jurispr. p. 293, note Gohin ; JCP G 1993, I, 3645, chron. Picard ; RDP 1992, p. 1799, concl. Kessler et p. 1822, note Le Bos-Le-Pourhiet).

Il existe également des décrets pris sur avis du Conseil d'Etat. Dans ce cas, il peut s'agir soit de décrets relevant de la compétence du Premier ministre, ce qui est le cas le plus fréquent, soit de décrets en Conseil des ministres après avis du Conseil d'Etat. Les articles 38 et 39 alinéa 2 de la Constitution, ainsi que l'article L. 112-1 du Code de justice administrative, précisent que la consultation du Conseil d'Etat est obligatoire avant que les projets de lois et d'ordonnances n'aient été délibérés en Conseil des ministres. S'agissant des projets de lois, les documents relatifs à leur étude d'impact sont également transmis au Conseil d'Etat (Loi organique n°2009-403 du 15 avril 2009, art. 8).

En revanche, cette consultation est en principe facultative pour les décrets (on parle alors de décrets sur avis du Conseil d'Etat) sauf, d'une part, dans le cas où la saisine du Conseil d'Etat est rendue obligatoire par un texte et pour la modification des décrets pris dans le cadre de cette procédure (CE Ass., 3 juillet 1998, requête numéro 177248, requête numéro 177320, requête numéro 177387, Syndicat national de l'environnement CFDT : Rec. p.272 ; AJDA 1998, p. 780, chron. Raynaud et Fombeur ; JCP G 1999, I, 128, chron. Petit ; RFDA 1998, p. 1059 ; LPA 12 janvier 1999, n° 8, note Moniolle) et, d'autre part, lorsque le gouvernement a recours à la procédure de délégalisation de l'article 37 al. 2 de la Constitution lorsque la loi en cause a été adoptée avant l'entrée en vigueur de la Constitution du 4 octobre 1958.

Dans toutes ces hypothèses, les autorités exécutives ont l'obligation de saisir le Conseil d'Etat. L'absence de consultation du Conseil d'Etat, dans les cas où celle-ci est obligatoire, constitue un vice de procédure qui doit être soulevé d'office par le juge en cas de litige, c'est-à-dire même si ce moyen n'a pas été soulevé par le requérant (CE, 11 octobre 2010, requête numéro 312284, Syndicat unitaire travail emploi formation insertion : Rec. p. 611.- CE, 17 juillet 2013, requête numéro 358109, Syndicat national des professionnels de santé au travail : AJDA 2013, p.733, chron. Domino et Bretonneau ; JCP A 2013, 2373, note Le Bot). En revanche, les autorités exécutives ne sont pas tenues de suivre l'avis qui a été formulé, mais dans ce cas elles s'exposent à une éventuelle annulation de l'acte réglementaire par le juge de l'excès de pouvoir ou une invalidation de la loi par le Conseil constitutionnel. Quoiqu'il en soit, le gouvernement peut décider de maintenir son texte dans sa rédaction initiale malgré un avis négatif du Conseil d'Etat, comme il peut l'abandonner ou renoncer à son projet. Il peut également retenir, sur certains points, la rédaction initiale du texte, et sur d'autres faire siennes les modifications suggérées par le Conseil d'Etat (CE, 16 octobre 1968, Union nationale des grandes pharmacies de France : Rec. p. 488). En revanche, il n'a pas la possibilité de retenir une nouvelle rédaction du texte qui constituerait alors un nouveau projet nécessitant une nouvelle saisine du Conseil d'Etat (CE, 9 février 1994, requête numéro 129243, Préfet de Seine-et-Marne : Rec. p.60.- CE, 3 juin 2009, requête numéro 321841, CIMADE et a.).

Sur cette question, le Conseil constitutionnel a toutefois une position plus nuancée concernant les projets de lois puisqu'il estime que « l'ensemble des questions posées par le texte adopté par le Conseil des ministres doivent avoir été soumises au Conseil d'Etat lors de sa consultation » (CC, 3 avril 2003, Loi relative à l'élection des conseillers régionaux et des représentants au Parlement européen ainsi qu'à l'aide publique aux partis politiques, numéro 2003-468 DC : JO 2 avril 2003, p. 6493 ; Rec. CC 2003, p. 325 ; Collectivités-Intercommunalité 2003, 5 et 6). Il en résulte que si le Conseil d'Etat doit être consulté sur toutes les questions soulevées par le texte, toute modification de celui-ci postérieure à la consultation n'est pas interdite (CC, 30 mars 2006, Loi pour l'égalité des chances, numéro 2006-535 DC : JO 2 avril 2006, p. 4964 ; LPA, 5 avril 2006, n°68 p. 3 et 6 avril 2006, n°69 p.3, note Schoettl ; RDP 2006, p.769, note Camby ; AJDA 2006, p.1961, note Geslot). Par ailleurs, rien n'interdit la modification d'un projet de loi, postérieurement à son examen par le Conseil d'État, par la voie d'amendements parlementaires.

S'agissant de la procédure, le projet est d'abord soumis à la section administrative compétente en vue de son instruction, telle que cette compétence est déterminée par l'arrêté du Premier ministre du 4 juillet 2008 portant répartition des affaires entre les sections administratives du Conseil d'Etat. Ce rôle consultatif ne concerne toutefois que les sections de l'intérieur, des finances, des travaux publics, de l'administration ainsi que la section sociale. La section du rapport et des études joue un autre rôle puisqu'elle a pour principale mission d'attirer l'attention de l'exécutif sur des questions de portée générale, et suggérer des réformes dans son rapport annuel. Elle peut également procéder à des études à la demande du Premier ministre et elle joue un rôle important en matière d'exécution des décisions de justice.

Une fois l'instruction terminée, l'avis est rendu par la section ou par l'assemblée générale ordinaire qui comprend notamment le vice-président du Conseil d'Etat et les différents présidents de sections. Cette dernière instance est compétente en principe dans le cadre de la procédure de délégalisation visée par l'article 37 alinéa 2 de la Constitution. Elle peut également être saisie dans d'autres hypothèses en cas de difficultés importantes (CJA, art. R. 123-20). Par ailleurs, l'assemblée générale ordinaire peut toujours décider le renvoi d'une affaire à l'assemblée générale plénière qui est une formation plus solennelle du Conseil d'Etat.

β- Ordonnances

Depuis la loi constitutionnelle n°95-880 du 4 août 1995, qui a supprimé le titre XVII de la Constitution, la catégorie des ordonnances de l'article 92 n'existe plus. En réalité, cependant, les ordonnances qui relevaient de cette catégorie étaient depuis longtemps tombées en désuétude puisqu'elles avaient pour objet la mise en place des institutions de la V° République.

Exemple :
- L'ordonnance n°59-2 du 2 janvier 1959 portant loi organique relative aux lois de finances définissait les règles particulières d'adoption du budget de l'Etat.

En revanche, la loi constitutionnelle n°2003-276 du 28 mars 2003 (JO 28 mars 2003) a créé une nouvelle catégorie d'ordonnances visée par le nouvel article 74-1 de la Constitution. Cet article autorise le gouvernement à agir de façon permanente afin d'étendre, par ordonnance, les lois en vigueur en métropole aux collectivités d'outre-mer et à la Nouvelle-Calédonie.

Il existe également une catégorie dégagée par la pratique : celle des ordonnances prises sur habilitation référendaire en application de l'article 11 de la Constitution (CE Ass., 19 octobre 1962, Canal, Robin, Godot : AJDA 1962, p. 612, obs. de Laubadère ; Rev. adm. 1962, p. 623, note Liet-Veaux ; JCP G 1963, II, 13068, note Debbasch.- V. également TA Montpellier, 4 décembre 1966, Douaita : Rec. tables, p. 773).

Si l'on s'en tient au texte de la Constitution, dans sa rédaction actuelle, il faut distinguer quatre autres catégories d'ordonnances :

Il s'agit tout d'abord des ordonnances de l'article 16 qui permettent au chef de l'Etat de prendre des mesures rapides en cas de situation de crise grave. Leur régime est tout à fait particulier et fera l'objet de développements ultérieurs.

Doivent ensuite entre mentionnées les ordonnances de l'article 47 alinéa 3 qui touchent au domaine de l'adoption de la loi de finances. Selon ce texte « si le Parlement ne s'est pas prononcé dans un délai de soixante-dix jours, les dispositions du projet (de loi de finances) peuvent être mises en vigueur par ordonnance. ». La possibilité ouverte par cet article n'a toutefois jamais été utilisée.

Dans le même ordre d'idée, les ordonnances de l'article 47-1 ont été introduites dans la Constitution par la loi constitutionnelle n°96-138 du 22 février 1996. Ces ordonnances concernent l'adoption de la loi de financement de la sécurité sociale. Selon cet article « si le Parlement ne s'est pas prononcé dans un délai de cinquante jours, les dispositions du projet (de loi de financement de la sécurité sociale) peuvent être mises en œuvre par ordonnance ».

Enfin, la principale catégorie d'ordonnances est celle visée par l'article 38 de la Constitution. Ces ordonnances succèdent aux décrets-lois des troisième et quatrième Républiques. Les décrets-lois, comme les ordonnances, constituent une entorse à la répartition des compétences entre le législateur et le pouvoir règlementaire. Leur intervention est fréquente même si, d'un gouvernement à l'autre, la pratique en la matière est très variable.

En application de l'article 38, le Parlement va adopter une loi autorisant le gouvernement à prendre par ordonnances des mesures qui relèvent normalement de sa compétence. Ceci signifie que les détenteurs du pouvoir règlementaire vont pouvoir prendre des mesures relevant normalement de l'article 34 de la Constitution.

Plus précisément, le Parlement est amené à intervenir deux fois.

En premier lieu, il adopte une loi d'habilitation qui doit impérativement préciser trois éléments.

Il s'agit, d'abord, des domaines dans lesquels le gouvernement est habilité à intervenir, c'est-à-dire nécessairement l'une des matières visées par l'article 34 de la Constitution.

La loi doit également mentionner la durée de l'habilitation. A l'issue du délai d'habilitation, qui est généralement compris entre 3 mois et un an, le gouvernement ne peut plus prendre d'ordonnances. Si tel était le cas, la mesure prise serait illégale en raison de l'incompétence de son auteur. En outre, à l'issue de ce délai, les ordonnances prises ne peuvent plus être modifiées que par le législateur.

Enfin, la loi doit mentionner une date avant laquelle le gouvernement doit déposer un projet de loi de ratification. Si le gouvernement ne respecte pas cette obligation, les ordonnances deviennent caduques (CE, 2 avril 2003, requête numéro 246748, Conseil régional de Guadeloupe : Rec. p. 162 ; Dr. adm. 2003, 163, note Maugüé). Ceci signifie qu'elles disparaissent de l'ordonnancement juridique, comme dans l'hypothèse où le Parlement refuse de ratifier les ordonnances en rejetant le projet de loi de ratification.

La loi d'habilitation doit respecter les principes constitutionnels (CC, 5 janvier 1982, numéro 81-134 DC, Loi d'orientation autorisant le gouvernement par application de l'article 38 de la Constitution, à prendre des mesures d'ordre social). Le projet de loi doit indiquer de façon précise la finalité des mesures et leur domaine d'intervention (CC, 26 juin 1986, numéro 86-207 DC, Loi autorisant le gouvernement à prendre diverses mesures d'ordre économique et social), mais ces indications peuvent également être données lors du dépôt du projet de loi ou des débats parlementaires (même décision). Cependant, il n'est pas exigé du gouvernement qu'il fasse connaître au Parlement la teneur exacte des ordonnances qu'il entend prendre (même décision).

La loi d'habilitation produit effet jusqu'au terme qu'elle prévoit « sans qu'y fasse obstacle la circonstance que le gouvernement en fonction à la date de l'entrée en vigueur de la loi d'habilitation diffère de celui en fonction à la date de signature d'une ordonnance » (CE Sect., 5 mai 2006, requête numéro 282352, Schmitt : AJDA 2006, p. 1362, chron. Landais et Lenica ; RFDA 2006, p. 678, concl. Kessler).

En second lieu, le Parlement adopte une loi de ratification.

La jurisprudence admettait à l'origine que cette ratification puisse être seulement implicite. Comme l'a précisé le Conseil constitutionnel dans sa décision numéro 72-73 DC du 29 février 1972 (Nature juridique de certaines dispositions des articles 5 et 16 de l'ordonnance, modifiée, du 17 août 1967 relative à la participation des salariés aux fruits de l'expansion des entreprises) cette ratification devait résulter d'une volonté « implicite, mais clairement exprimée ». De même, dans sa décision numéro 86-224 DC du 23 janvier 1987 (Loi transférant à la juridiction judiciaire le contentieux des décisions du Conseil de la concurrence, préc.), le Conseil constitutionnel avait admis que la ratification pouvait procéder d'une loi « qui, sans avoir cette ratification pour objet direct, l'implique nécessairement ».

Cette solution n'est toutefois plus d'actualité depuis la révision constitutionnelle du 23 juillet 2008. En effet, l'article 38 de la Constitution précise désormais que les ordonnances « ne peuvent être ratifiées que de manière expresse ». Il en résulte qu'une loi qui modifie une disposition introduite par voie d'ordonnance n'entraîne plus sa ratification (CC, 5 juillet 2013, numéro 2013-331 QPC, Numéricâble).

Tant que la loi de ratification n'a pas été adoptée les mesures prises par ordonnance ont valeur réglementaire (CE, ass., 24 novembre 1961, Fédération nationale des syndicats de police : Rec. p. 658). En revanche, la loi de ratification confère rétroactivement valeur législative aux ordonnances, ce qui a pour effet de rendre sans objet une requête en annulation (CE, 23 octobre 2002, requête numéro 232945, Laboratoire Juva-Santé : Rec. p.881 ; AJDA 2003, p. 27, note Costa ; Dr. adm. 2003, 5).

Cette position a toutefois été nuancée par le Conseil d'Etat qui a admis que la légalité d'une ordonnance pouvait être contestée si la loi de ratification est incompatible avec une convention internationale, ou, dans un domaine entrant dans le champ d'application de l'article 6 de la Convention européenne de sauvegarde des droits de l'homme et des libertés fondamentales, avec les stipulations de cet article (CE, 17 mai 2002, requête numéro 232359, Hoffer : Rec. p. 584 ; AJDA 2000, p. 985, chron. Guyomar et Collin ; RFDA 2002, p. 917, concl. Maugüé).

Par ailleurs, une ordonnance ratifiée peut faire l'objet de la procédure de question prioritaire de constitutionnalité (CC, 17 mars 2011, numéro 2010-107 QPC, Syndicat mixte chargé de la gestion du contrat urbain de cohésion sociale de l'agglomération de Papeete).

Il est important de relever que s'il existe un délai pour le dépôt du projet de loi de ratification, il n'en existe aucun concernant la ratification elle-même par le Parlement. Par conséquent, une ordonnance peut parfaitement conserver le caractère d'acte administratif, sans devenir nécessairement caduque (CE Sect., 3 novembre 1961, Damiani : Rec. p. 607).

Tant que les ordonnances présentent ce caractère, elles peuvent faire l'objet d'un recours pour excès de pouvoir devant le Conseil d'Etat, dans le délai de recours contentieux, y compris celles qui sont prises sur une habilitation référendaire en application de l'article 11 de la Constitution (CE Ass., 19 octobre 1962, Canal, Robin, Godot, préc.).

L'annulation de l'ordonnance sera prononcée si ses dispositions ne sont pas conformes à la loi d'habilitation, c'est-à-dire si le gouvernement empiète dans des matières de l'article 34 pour lesquelles il n'a pas reçu d'habilitation.

Enfin, dans le cas où le délai du recours pour excès de pouvoir est expiré, les requérants seront autorisés à exciper de l'illégalité de la mesure prise par voie d'ordonnance dans le cadre d'un recours dirigé contre un acte administratif pris en application d'une telle mesure.

Exemple :
- CE, 1er décembre 1997, requête numéro 176352, CPAM de la Sarthe : l'article 1er (3°) de la loi n°95-1348 du 30 décembre 1995 habilitait le gouvernement à prendre, par voie d'ordonnances dans le cadre de l'article 38 de la Constitution, toutes mesures relatives aux relations entre les organismes de sécurité sociale et les professions médicales et paramédicales en vue « d'améliorer la qualité des soins et la maîtrise des dépenses de santé ». Le gouvernement, en prévoyant que les litiges qui peuvent survenir à l'occasion de la décision d'une caisse primaire d'assurance maladie de placer un professionnel hors de l'une des conventions, qui relevaient de la compétence des tribunaux administratifs, relèveraient désormais de la compétence des tribunaux des affaires de la sécurité sociale, a, sans y avoir été autorisé, modifié les règles de répartition des compétences entre les juridictions administratives et judiciaires. L'article 28-I de l'ordonnance du 24 avril 1996 modifiant l'article L.162-34 du Code de la sécurité sociale est donc illégal. La décision de la commission nationale de conciliation de la convention médicale prise sur le fondement de ces dispositions est annulée.

b- Pouvoir de nomination

L'article 13 alinéa 2 de la Constitution prévoit que « le Président de la République nomme aux emplois civils et militaires de l'Etat ».

L'article 13 alinéa 3 énumère les emplois de la fonction publique dont la nomination est réservée au Président de la République par décret en conseil des ministres. Ceci concerne :

« les conseillers d'Etat, le grand chancelier de la Légion d'honneur, les ambassadeurs et envoyés extraordinaires, les conseillers maîtres à la Cour des Comptes, les préfets, les représentants de l'Etat dans les collectivités d'outre-mer régies par l'article 74 et en Nouvelle-Calédonie, les officiers généraux, les recteurs des académies, les directeurs des administrations centrales ».

Cette liste n'est cependant pas limitative puisque l'article 13 alinéa 4 précise qu'une « loi organique détermine les autres emplois auxquels il est pourvu en Conseil des ministres ainsi que les conditions dans lesquelles le pouvoir de nomination du Président de la République peut être par lui délégué pour être exercé en son nom ».

En application de ces dispositions, l'ordonnance n°58-1136 du 28 novembre 1958 portant loi organique concernant les nominations aux emplois civils et militaires de l'Etat a été adoptée. L'article 1er de ce texte prévoit que « outre les emplois visés à l'article 13 (§ 3) de la Constitution, il est pourvu en Conseil des ministres : à l'emploi de procureur général près la Cour des comptes ; aux emplois de direction dans les établissements publics, les entreprises publiques et les sociétés nationales quand leur importance justifie inscription sur une liste dressée par décret en conseil des ministres ; aux emplois pour lesquels cette procédure est actuellement prévue par une disposition législative ou réglementaire particulière ». Il est à noter que ce texte a été modifié par la loi n°2016-1090 du 8 août 2016 qui soustrait au pouvoir de nomination du Président de la République les emplois de procureur général près la Cour de cassation et de procureur général près une cour d'appel, ce qui vise à renforcer l'indépendance des magistrats du parquet.

Selon l'article 2 du même texte sont nommés par le Président de la République, mais par décret simple, c'est-à-dire en dehors du Conseil des ministres « les membres du Conseil d'Etat et de la Cour des comptes ; les magistrats de l'ordre judiciaire ; les professeurs de l'enseignement supérieur, les officiers des armées de terre, de mer et de l'air. Sont en outre nommés par décret du Président de la République, à leur entrée dans leurs corps respectifs, les membres des corps dont le recrutement est normalement assuré par l'Ecole Nationale d'Administration, les membres du corps préfectoral, les ingénieurs des corps techniques dont le recrutement est en partie assuré conformément au tableau de classement de sortie de l'Ecole Polytechnique ».

Ce texte n'est donc pas très bien rédigé puisqu'il vise par recoupement certains emplois déjà mentionnés par l'article 13 alinéa 3 de la Constitution. Par exemple, alors que cet article vise les « conseillers d'Etat » et les « conseillers maîtres à la Cour des comptes », ce qui correspond aux grades les plus élevés dans ces institutions, l'ordonnance du 28 novembre 1958 mentionne « les membres du Conseil d'Etat et de la Cour des comptes ».

L'article 1er de l'ordonnance du 28 novembre 1958 précise également que le pouvoir présidentiel de nomination s'étend « aux emplois pour lesquels cette procédure est actuellement prévue par une disposition législative ou règlementaire particulière ».

Enfin, en vue de mieux encadrer le pouvoir de nomination du Président de la République, la révision constitutionnelle du 23 juillet 2008 a complété l'article 13 de la Constitution par un alinéa 5 qui prévoit que « une loi organique détermine les emplois ou fonctions, autres que ceux mentionnés au troisième alinéa, pour lesquels, en raison de leur importance pour la garantie des droits et libertés ou la vie économique et sociale de la

Nation, le pouvoir de nomination du Président de la République s'exerce après avis public de la commission permanente compétente de chaque assemblée » (V. sur ce point la loi organique n°2010-837, 23 juillet 2010). Selon les mêmes dispositions « le Président de la République ne peut procéder à une nomination lorsque l'addition des votes négatifs dans chaque commission représente au moins trois cinquièmes des suffrages exprimés au sein des deux commissions. La loi détermine les commissions permanentes compétentes selon les emplois ou fonctions concernés » (V. loi n°2010-838 du 23 juillet 2010 relative à l'application du cinquième alinéa de l'article 13 de la Constitution, modifiée par la loi n°2013-1028 du 15 novembre 2013, par la loi n°2015-990 du 6 août 2015 et par la loi n°2017-1339 du 15 septembre 2017).

Exemple :

- L'article 3 de la loi du 23 juillet 2010 prévoit que « dans chaque assemblée parlementaire, la commission permanente compétente pour émettre un avis sur les nominations des membres du Conseil constitutionnel, effectuées sur le fondement du premier alinéa de l'article 56 de la Constitution, est la commission chargée des lois constitutionnelles ».

La loi organique n°2009-257 du 5 mars 2009 (JO 7 Mars 2009) avait soumis à cette procédure la nomination des présidents des sociétés France Télévisions et Radio-France et de la société en charge de l'audiovisuel extérieur de la France. Toutefois ces dispositions ont été abrogées par la loi susvisée du 15 novembre 2013, qui revient au principe d'une nomination de ces autorités par le Conseil supérieur de l'audiovisuel.

La Constitution ne vise expressément, comme relevant de la procédure du dernier alinéa de l'article 13, que les fonctions de membres du Conseil constitutionnel, de personnalités qualifiées au Conseil supérieur de la magistrature et de Défenseur des droits (Constitution, art. 56, 65 et 71-1). Cette liste est complétée par une cinquantaine d'institutions énumérées par l'annexe de la loi organique du 23 juillet 2010 qui vise notamment les présidents de différentes autorités administratives indépendantes.

Notons enfin qu'il a été jugé que le refus du président d'une assemblée de réunir la commission compétente pour se prononcer sur une nomination en application de l'article 13, alinéa 5, de la Constitution ne fait pas obstacle à ce que cette nomination soit prononcée par l'autorité compétente, dès lors que la commission a disposé d'un délai raisonnable pour émettre son avis (CE, 13 décembre 2017, requête numéro 411788, Président du Sénat : Dr. adm. 2018, 19, note Eveillard).

c- Compétences exceptionnelles

Il s'agit des compétences qui sont visées par l'article 16 de la Constitution selon lequel: « lorsque les institutions de la République, l'indépendance de la Nation, l'intégrité de son territoire ou l'exécution de ses engagements internationaux sont menacés d'une manière grave et immédiate et que le fonctionnement régulier des pouvoirs publics constitutionnels est interrompu, le Président de la République prend les mesures exigées par ces circonstances, après consultation officielle du Premier Ministre, des Présidents des assemblées ainsi que du Conseil Constitutionnel ».

Ces dispositions ont été complétées par un dernier alinéa suite à la révision constitutionnelle du 23 juillet 2008 qui tente de mieux encadrer le pouvoir présidentiel :

« après trente jours d'exercice des pouvoirs exceptionnels, le Conseil constitutionnel peut être saisi par le Président de l'Assemblée nationale, le Président du Sénat, soixante députés ou soixante sénateurs, aux fins d'examiner si les conditions énoncées au premier alinéa demeurent réunies. Il se prononce dans les délais les plus brefs par un avis public. Il procède de plein droit à cet examen et se prononce dans les mêmes conditions au terme de soixante jours d'exercice des pouvoirs exceptionnels et à tout moment au-delà de cette durée ».

Les mesures prises dans ce cadre par le Président de la République sont des ordonnances. L'article 16 n'a été utilisé qu'une seule fois entre le 23 avril et le 29 septembre 1961, lors du « putsch des généraux » organisé par des militaires partisans de l'Algérie française.

En raison de la crise, le Président de la République peut intervenir à la fois dans le domaine règlementaire et dans le domaine législatif défini à l'article 34 de la Constitution. En revanche ces dispositions n'autorisent pas le chef de l'Etat à modifier la Constitution (CC, 15 mars 1999, numéro 99-410 DC, Loi organique relative à la Nouvelle-Calédonie).

Le statut des ordonnances de l'article 16 a été précisé par le Conseil d'Etat dans un arrêt d'Assemblée du 2 mars 1962, Rubin de Servens et a. (requête numéro 55049, requête numéro 55055 : Rec. p.143 ; AJDA 1962, p.214, note Galabert et Gentot ; D. 1962, p.109, note Morange ; JCP 1962, I, 1711, note Lamarque ; JCP 1962, II, 12613, concl. Henry ; RDP 1962, p.288, note Berlia ; S. 1962, p.147, note Bourdoncle). Il résulte de cet arrêt deux apports majeurs.

D'une part, la décision même de recourir à l'article 16 est insusceptible de recours contentieux. D'autre part, pour ce qui concerne les mesures prises en application de l'article 16, deux cas de figure doivent être envisagés. Si la mesure contestée relève du domaine de loi, en vertu de l'article 34 de la Constitution, le recours pour excès de pouvoir est irrecevable. En revanche, si cette mesure relève du domaine réservé au pouvoir règlementaire par l'article 37 de la Constitution, le recours pour excès de pouvoir est recevable.

2° Services

Les services de l'Elysée regroupent environ 1000 personnes qui sont nommées de façon discrétionnaire par décret du Président de la République. Jusqu'à récemment, ces agents, lorsqu'ils sont fonctionnaires, étaient mis à disposition par leur administration d'origine qui assurait leur rémunération. A compter de 2008, l'intégralité des salaires de ces agents a été réintégré dans le budget global de la présidence.

Il n'existe aucun texte relatif à l'organisation des services de la présidence de la République. Le principal de ces services est le cabinet du Président de la République. On trouve à la tête de cette structure un secrétaire général assisté d'un ou de plusieurs secrétaires généraux adjoints. Le cabinet est également composé de conseillers techniques spécialisés et de conseillers adjoints qui ont pour mission de conseiller le Président de la République dans des domaines précis. Chaque conseiller est chargé de suivre l'actualité dans le domaine qui lui est affecté et il réunit toutes les informations utiles à la décision présidentielle. Sous la présidence Hollande, ces conseillers ont été répartis entre cinq pôles. Sous la présidence Macron ils sont répartis en 9 pôles : régalien ; économie ; social et santé ; territoires ; écologie, transports, énergie ; éducation nationale, enseignement supérieur, recherche et innovation, sports, culture ; diplomatique ; parlementaire ; communication.

Il existe, par ailleurs, des conseillers qui dépendent plus directement du Président. Ils constituent ce qu'il est coutume d'appeler « l'équipe rapprochée du Président ». C'est le cas par exemple, sous la présidence Macron, du conseiller diplomatique, du conseiller « discours, mémoire » ou encore du « conseiller spécial » du Président de la République.

Le cabinet a également pour mission de préparer les conseils des ministres et d'assurer la liaison avec son homologue à Matignon, le secrétariat général du Premier ministre, ainsi qu'avec les différents ministères. Bien évidemment, le rôle de cet organe est prépondérant en période de concordance des majorités. En revanche, son rôle décroît, au bénéfice du secrétariat général du gouvernement, durant les périodes de cohabitation.

Il faut également souligner l'existence d'un directeur de cabinet lequel, contrairement au secrétaire général, a une fonction plus administrative que politique. Il est principalement chargé de coordonner les différents services de la présidence et d'établir le budget de la présidence. Le chef de cabinet a quant à lui pour principale mission l'organisation de la vie quotidienne du Président de la République. Il organise notamment son emploi du temps ainsi que ses voyages.

Enfin, en dehors des services civils de l'Elysée, il faut également relever l'existence de l'Etat-major particulier du Président de la République. D'après l'article 15 de la Constitution, en effet « le Président de la République est le chef des armées ». Il en résulte qu'il est compétent pour décider des actions extérieures, en ayant recours, le cas échéant, à l'engagement des forces nucléaires.

Ce service regroupe des officiers généraux des différents corps d'armée. Son rôle en matière militaire est équivalent à celui du secrétariat général en matière civile. Il a pour objet d'informer le Président de la République sur les questions de défense nationale et de l'aider dans la prise de décisions relevant de sa compétence : nomination d'officiers, préparation des conseils de défense. Cet organe travaille en liaison étroite avec l'Etat-major du Premier ministre et le ministère de la défense.

Le chef d'Etat-major particulier relève de l'autorité directe du Président de la République.

B – Premier ministre

On étudiera les attributions du Premier ministre avant d'évoquer les services placés sous son autorité.

1° Attributions

S'il ne dispose pas de pouvoirs exceptionnels, le Premier ministre exerce une compétence de droit commun en matière administrative. Le domaine très étendu de cette compétence est une conséquence logique de la combinaison des articles 20 et 21 de la Constitution. Selon l'article 20 : « le gouvernement détermine et conduit la politique de la nation. Il dispose de l'administration et de la force armée ». L'article 21 précise quant à lui que « le Premier ministre dirige l'action du gouvernement. Il est responsable de la défense nationale. Il assure l'exécution des lois. Sous réserve des dispositions de l'article 13, il exerce le pouvoir règlementaire et nomme aux emplois civils et militaires. ». Par ailleurs, dans la logique d'un régime parlementaire, le Premier ministre contresigne la majorité des actes édictés par le Président de la République.

a-Direction de l'action du gouvernement

La direction effective de l'action gouvernementale dépend essentiellement du rapport de force existant entre le Premier ministre et le Président de la République. Si en période de cohabitation, la primauté du Premier ministre est incontestable en la matière elle l'est beaucoup moins en période de concordance des majorités.

Il faut noter, par ailleurs, que cette fonction de direction du gouvernement n'implique pas l'existence d'un lien hiérarchique entre le Premier ministre et les différents membres du gouvernement (CE, 12 novembre 1965, Compagnie marchande de Tunisie : AJDA 1966, p. 167). En revanche, il existe une hiérarchie protocolaire ainsi qu'une hiérarchie politique qui est liée au choix discrétionnaire des ministres par le Président de la République sur proposition du Premier ministre. Au final, la mission du Premier ministre s'apparente toutefois davantage à une mission de coordination de l'action gouvernementale qu'à une mission de direction au sens hiérarchique du terme.

b- Exécution des lois

La formulation employée par l'article 21 de la Constitution signifie que le Premier ministre est titulaire du pouvoir règlementaire général, ce qui n'était pas le cas sous les Troisième et Quatrième Républiques, durant lesquelles ce pouvoir appartenait au Président de la République. Il est donc compétent pour prendre des mesures règlementaires, y compris lorsque aucun texte ne lui confère expressément cette compétence (CE, 28 juin 1918, Heyriès : Rec. p. 651 ; S. 1922, III, p. 49, note Hauriou.- CE, 8 août 1919, Labonne : Rec. p.737).

Dans ce sens le Conseil d'Etat a jugé qu'il résulte « des dispositions combinées des articles 13 et 21 de la Constitution qu'à l'exception des décrets délibérés en Conseil des ministres, le Président de la République n'exerce pas le pouvoir règlementaire » (CE, 27 avril 1962, Sicard : Rec. p. 279 ; AJDA 1962, p. 284, chron. Galabert et Gentot).

Le Premier ministre est donc compétent dès lors qu'un décret n'est pas délibéré en Conseil des ministres, et sous réserve qu'un texte n'ait pas attribué compétence à une autre autorité administrative.

c- Pouvoir de nomination

Selon l'article 21 alinéa 2 de la Constitution « sous réserve des dispositions de l'article 13 (le Premier ministre) … nomme aux emplois civils et militaires ».

Cependant, le Premier ministre exerce assez largement la faculté qui lui est conférée par ce même article qui prévoit également « (qu'il) peut déléguer certains de ses pouvoirs aux ministres ». Il peut lui-même recevoir délégation du Président de la République pour certains emplois relevant de la compétence de celui-ci, ainsi que le prévoit l'article 13 alinéa 4 de la Constitution, qui renvoie lui-même à l'article 3 de l'ordonnance n°58-1136 du 28 novembre 1958.

d- Contreseing des actes pris par le Président de la République

L'article 19 de la Constitution précise que les actes du Président de la République «autres que ceux prévus aux articles 8 (1er alinéa), 11, 12, 16, 18, 54, 56 et 61 sont contresignés par le Premier ministre et, le cas échéant, par les ministres responsables ».

L'exigence du contreseing est la contrepartie de la nature parlementaire de la Cinquième République. En effet, dans un régime parlementaire, le chef de l'Etat, contrairement au Premier ministre, est irresponsable politiquement. Sous la Cinquième République le Président de la République n'est responsable des actes pris dans le cadre de ses fonctions qu'en cas de haute trahison.

Ceci signifie que le Parlement ne peut pas renverser le chef de l'Etat en cas de désaccord politique. En contresignant les actes du Président de la République, le Premier ministre endosse la responsabilité politique de ses actes, ce qui peut permettre au Parlement de le renverser.

2° Services

Les principaux services dont dispose le Premier ministre sont le cabinet et le secrétariat général.

a- Cabinet

Le cabinet du Premier ministre regroupe les collaborateurs les plus proches du Premier ministre qui l'assistent dans l'élaboration de la politique gouvernementale. Le cabinet joue également un rôle de liaison avec les différents ministères et les services de la présidence de la République. Il est également en contact avec les principaux acteurs de la vie politique et sociale : Parlement, partis politiques, syndicats, médias, etc.

Le nombre d'agents affectés au cabinet du Premier ministre est variable en fonction des gouvernements, puisque cela va d'une quinzaine à plus d'une soixantaine de membres.

L'organisation du cabinet est laissée à la discrétion du Premier ministre. Cependant, on observe une certaine constance dans les structures. Le cabinet a à sa tête un directeur, assisté d'un ou de plusieurs directeurs adjoints, qui vont coordonner l'activité des conseillers –parfois dénommés conseillers techniques- qui en font partie. Il peut également exister des conseillers personnels du Premier ministre, qui échappent à l'autorité du directeur de cabinet. Il existe aussi un chef de cabinet dont le rôle consiste principalement à organiser l'agenda du Premier ministre.

Relevons également l'existence d'un cabinet militaire. L'existence du cabinet militaire est une conséquence de l'article 21 de la Constitution qui précise que le Premier ministre « est responsable de la défense nationale ».

b- Secrétariat général du gouvernement

Cet organe, à la tête duquel est placé le secrétaire général du gouvernement assisté par un directeur, comprend environ entre 50 et 100 membres. Ce service comprend des chargés de missions ainsi que leurs adjoints.

Le secrétariat général du gouvernement assure trois principales missions qui sont toutes d'ordre non pas politique mais technique.

Il est d'abord le conseiller juridique du gouvernement. Cette mission est assurée par le service législatif qui est notamment chargé de suivre la préparation des projets de lois, des mesures règlementaires et des décisions de nomination.

Il dirige ensuite les services qui relèvent directement du Premier ministre, comme par exemple la Direction de l'information légale et administrative (DILA), le Service d'information du Gouvernement (SIG), le Secrétariat général des affaires européennes (SGAE), le Secrétariat général de la défense et de la sécurité nationale (SGDSN) ou encore le Commissariat général à l'égalité des territoires (CGET) récemment créé par le décret n°2014-394 du 31 mars 2014 et absorbant notamment l'ancienne Délégation interministérielle à l'aménagement du territoire et à l'attractivité régional (DATAR). Plus généralement le secrétariat général permet au Premier ministre d'exercer concrètement sa mission de direction des services administratifs de l'Etat

Enfin, il est chargé de préparer le Conseil des ministres et les comités interministériels. A ce titre, le secrétaire général du gouvernement assiste au conseil des ministres dont il prépare l'ordre du jour.

II – Membres du gouvernement

Il existe différentes catégories de membres du gouvernement, dotés de pouvoirs plus ou moins importants, et dont la plupart sont placés à la tête d'une structure administrative organisée de façon pyramidale.

A – Catégories de membres du Gouvernement

Le nombre de membres du gouvernement est très variable d'un gouvernement à l'autre. Cependant, ce nombre est généralement compris entre 25 et 30 membres.

Tous les membres du gouvernement n'ont pas le titre de ministre et parmi les ministres, tous n'ont pas les mêmes pouvoirs en fonction de la catégorie à laquelle ils appartiennent.

On notera également la disparition, depuis les débuts de la Cinquième République, de la catégorie des ministres sans portefeuille, c'est-à-dire de ministres sans affectation précise, ce qui est en revanche plus habituel s'agissant des secrétaires d'Etat et des ministres délégués. Le titre de ministre permettait avant 1958 de distinguer certaines personnalités sans pour autant leur attribuer de département ministériel. Cette catégorie est réapparue dans le gouvernement Philippe II dont la composition est fixée par un décret du 22 juin 2017 (Mme. Gouraud est ainsi ministre auprès du ministre d'Etat, ministre de l'Intérieur)

De nouvelles catégories sont également susceptibles d'apparaître, comme c'est le cas dans le gouvernement Fillon I (mai 2007 – juin 2008) qui a créé un haut-commissariat aux solidarités actives contre la pauvreté auprès du Premier ministre.

Ces particularités mises à part, il existe quatre grandes catégories de membres du gouvernement : les ministres d'Etat, les ministres, les ministres délégués et les secrétaires d'Etat.

1° Ministres d'Etat

Le titre de ministre d'Etat présente un caractère honorifique et il n'a d'effet qu'en matière protocolaire. Pour le reste, les ministres d'Etat ont les mêmes pouvoirs que les autres ministres.

L'attribution du titre de ministre d'Etat, que l'on ne retrouve pas dans la totalité des gouvernements (il y en a deux dans le gouvernement Philippe II), peut être liée à trois types de motivations.

Il peut s'agir d'insister sur l'importance du ministère en cause.

Le but recherché peut également être de distinguer une ou plusieurs personnalités émanant des partis politiques composant une coalition gouvernementale.

Enfin, il peut s'agir de distinguer une personnalité - comme André Malraux en 1959- dont la notoriété n'est pas liée à l'activité politique.

2° Ministres

Il s'agit en principe, même s'il n'existe aucune obligation en la matière, du titre le plus répandu dans les gouvernements.

Il est à noter que même si l'hypothèse est rarissime, rien n'empêche le Premier ministre de proposer au chef de l'Etat sa nomination comme ministre. Cette hypothèse ne s'est rencontrée que deux fois sous la Cinquième République. En 1976, le Président Valery Giscard d'Estaing a nommé Raymond Barre Premier ministre, ministre de l'Economie et des Finances. De façon plus anecdotique, François Fillon, qui était déjà Premier ministre, a été nommé également ministre de l'Ecologie, du Développement durable, des Transports et du Logement à partir du 23 février 2012. Il s'agissait de permettre à l'ancienne titulaire de cette fonction, Mme. Kosciusko-Morizet, d'assurer la mission de porte-parole pour la campagne présidentielle de M. Sarkozy.

Notons enfin que rien n'interdit de placer un ministre auprès d'un autre ministre, ce qui concerne trois membres du gouvernement Philippe II nommé le 21 juin 2017.

3° Ministres délégués

Le titre de ministre délégué est assez répandu sous V° République. Toutefois, il n'y a pas eu de ministre délégué nommé depuis le gouvernement Ayrault II (18 juin 2012 – 31 mars 2014) membres du gouvernement, ou au Premier ministre. En principe, ils sont rattachés, et en quelque sorte subordonnés, à un ou plusieurs membres du gouvernement, ou au Premier ministre.

Certains d'entre eux se voient déléguer une mission précise, ce qui permet d'alléger les tâches assumées par leur ministre de rattachement. Ils ont un budget et des services administratifs qui leurs sont propres.

Ensuite, d'autres ministres délégués, contrairement aux premiers, ne se voient pas confier une mission permanente, mais seulement des missions ponctuelles qui leur sont attribuées par leur ministre de rattachement. Ils n'ont pas de budget propre ni de services administratifs. Par conséquent, lorsqu'une mission leur est confiée, ils utilisent les moyens financiers et humains du ministère de rattachement.

On soulignera enfin que depuis le gouvernement Fabius (1984-1986) les ministres délégués assistent en principe au Conseil des ministres. Avant 1984, ils ne participaient au Conseil des ministres que lorsqu'ils y étaient invités, c'est-à-dire lorsque y était traitée une affaire relevant de leur compétence.

4° Secrétaires d'Etat

Cette catégorie de membres du gouvernement recouvre, comme celle des ministres délégués, deux sous-catégories.

Il s'agit, d'une part, des secrétaires d'Etat délégués qui sont subordonnés aux ministres auxquels ils sont rattachés ou au Premier ministre. Ils ne disposent d'aucun budget propre ni de services administratifs, ce qui rapproche leur statut de celui des ministres délégués chargés de missions ponctuelles. Cependant, à la différence de ces derniers, le décret de composition du gouvernement peut prévoir qu'ils ne siègent au Conseil des ministres que s'ils y sont conviés. C'est le cas par exemple du décret du 26 août 2014 relatif à la composition du deuxième gouvernement Valls. Le décret de composition du gouvernement peut aussi prévoir que seuls certains secrétaires d'Etat ont vocation à participer au conseil des ministres pour les affaires relevant de leurs attributions. Tel est le cas du gouvernement Fillon II (18 mai 2007 – 13 novembre 2010).

Sont concernés, d'autre part, les secrétaires d'Etat autonomes. Beaucoup plus rares, comme les ministres délégués chargés de missions permanentes ils sont dotés de services administratifs et d'un budget propre. Mais à l'opposé de ces derniers, ils n'assistent au Conseil des ministres que s'ils y sont conviés et surtout ils ne sont pas rattachés à un ministre.

B – Pouvoirs des différents membres du gouvernement

Comme le Président de la République et le Premier ministre, les différents membres du gouvernement ont en principe une double fonction politique et administrative. Cependant, cette fonction administrative est beaucoup plus réduite chez les secrétaires d'Etat délégués et chez les ministres délégués chargés de missions ponctuelles. En effet, ceux-ci ne disposent pas de services administratifs placés sous leur autorité.

Dans tous les autres cas, les membres du gouvernement sont les chefs de l'administration qui leur est confiée et ils sont donc situés au sommet de la structure pyramidale ministérielle. Toutefois, les ministres délégués chargés de missions permanentes relèvent, en théorie au moins, de l'autorité de leur ministre de rattachement, au nom duquel ils exercent la direction des services nécessaires à leur action.

Par ailleurs, à la différence du Président de la République et du Premier ministre, les différents membres du gouvernement ne disposent pas, en vertu de la Constitution, d'un pouvoir règlementaire général (V. ainsi CE, 26 juillet 2011, requête numéro 342454, Syndicat national des pilotes de ligne France Alpa).

Cependant, il existe trois hypothèses dans lesquelles les ministres disposent de ce pouvoir. Dans ces différentes hypothèses, toutefois, ils ne prennent pas des décrets mais des arrêtés.

Tout d'abord, le pouvoir règlementaire peut être délégué aux ministres par la loi.

Ensuite, ce pouvoir peut être également délégué par le Premier ministre, comme le prévoit l'article 21 alinéa 2 de la Constitution. Cette solution vaut également pour les actes individuels et elle est très largement utilisée.

Une troisième hypothèse résulte enfin de l'application de la jurisprudence issue de l'arrêt de Section Jamart du 7 février 1936 (Rec. p.172 ; S. 1937, III, p. 113, note Rivero). Cet arrêt reconnaît la compétence des ministres pour règlementer l'organisation de leurs services. Le ministre a en effet le droit « comme tout chef de service de prendre les mesures nécessaires au bon fonctionnement de l'administration placée sous son autorité ».

Exemple :
- Dans l'arrêt Jamart, le Conseil d'Etat admet la compétence d'un ministre pour interdire d'accès à ses services aux personnes dont la présence serait de nature à en troubler le fonctionnement régulier.

Il existe également des hypothèses où le pouvoir règlementaire n'est pas délégué aux ministres, mais où ils sont associés à son exercice par le Président de la République ou par le Premier ministre. Cette association se matérialise par le contreseing ministériel qui est visé par deux dispositions de la Constitution.

Tout d'abord, l'article 19 précise que « les actes du Président de la République autres que ceux prévus aux articles 8 (1er alinéa), 11, 12, 16, 18, 54, 56 et 61 sont contresignés par le Premier Ministre et, le cas échéant, par les ministres responsables ».

Ensuite, l'article 22 prévoit que « les actes du Premier ministre sont contresignés, le cas échéant, par les ministres chargés de leur exécution ».

Enfin, il est fréquent qu'un ministre sollicite le Premier ministre pour qu'il prenne un décret relevant du champ de sa compétence.

C – Structure des ministères

Il faut ici distinguer le cabinet ministériel, qui est composé des plus proches collaborateurs du ministre, des services centraux également appelés administrations centrales.

1° Cabinet ministériel

L'organisation des cabinets ministériels est régie par le décret n°48-1233 du 28 juillet 1948 encore partiellement en vigueur portant règlement d'administration publique en ce qui concerne les cabinets ministériels.

Ce texte limite entre 10 et 12 le nombre de personnes qui peuvent faire partie d'un cabinet ministériel. Cependant, dans la pratique, cette limite n'était presque jamais respectée, pas plus que celle émanant de circulaires (par exemple la circulaire n°5223/SG du 18 mai 2007 indique que l'effectif du cabinet d'un ministre ne doit pas dépasser vingt personnes, et trois ou quatre pour les membres du gouvernement placés auprès d'un ministre). En effet, la plupart des cabinets des ministres étaient composés de 20 à 40 personnes et de 10 à 20 personnes pour les secrétaires d'Etat et les ministres délégués.

Finalement le décret n°2017-1063 du 18 mai 2017 relatif aux cabinets ministériels - qui curieusement n'a pas abrogé le décret du 28 juillet 1948 - a prévu que le cabinet d'un ministre ne peut comprendre plus de dix membres, celui d'un ministre délégué plus de huit membres et celui d'un secrétaire d'Etat plus de cinq membres. Il apparaît toutefois que ces limitations ne sont pas plus respectées que celles prévues par le décret de 1948. Ainsi, à titre d'exemple, dans le gouvernement Philippe II, le cabinet du ministre de l'Intérieur ne comporte pas moins de quinze membres.

Le cabinet a à sa tête un directeur de cabinet et un chef de cabinet. Le premier bénéficie généralement d'une délégation du ministre, ce qui lui permet de prendre des actes administratifs. Le second a un rôle davantage protocolaire. En général, le cabinet comporte également un nombre plus ou moins important de conseillers spéciaux, de conseillers techniques et de chargés de mission, un attaché de presse et un attaché parlementaire.

2° Services centraux

Les services centraux –appelés également administrations centrales- correspondent aux subdivisions, en fonction de leurs spécialités, des services administratifs des ministères. A la différence du cabinet, qui joue un rôle en partie politique et qui n'est pas pérenne dans sa composition, les services centraux sont concentrés exclusivement sur les tâches administratives et ils permettent d'assurer la continuité de l'activité administrative.

D'après l'article 2 du décret n°92-604 du 1er juillet 1992 portant charte de la déconcentration « les administrations centrales assurent au niveau national un rôle de conception, d'animation, d'orientation, d'évaluation et de contrôle. A cette fin, elles participent à l'élaboration des projets de loi et de décret et préparent et mettent en œuvre les décisions du gouvernement et de chacun des ministres, notamment dans les domaines suivants :

1° La définition et le financement des politiques nationales, le contrôle de leur application, l'évaluation de leurs effets ;

2° L'organisation générale des services de l'Etat et la fixation des règles applicables en matière de gestion des personnels ;

3° La détermination des objectifs de l'action des services à compétence nationale et des services déconcentrés de l'Etat, l'appréciation des besoins de ces services et la répartition des moyens alloués pour leur fonctionnement, l'apport des concours techniques qui leur sont nécessaires, l'évaluation des résultats obtenus ».

Ces dispositions ont été reprises pratiquement à l'identique par le décret n°2015-510 du 7 mai 2015 portant charte de la déconcentration. S'agissant de ce troisième point, le décret de 2015 a précisé que les services à compétence nationale, les services déconcentrés mais également « les organismes publics rattachés à l'Etat » se voient fixer des « directives annuelles » (que l'on devrait plutôt appeler, comme on le verra plus loin, des lignes directrices au regard de l'évolution de la terminologie employée par le juge administratif). Ces directives sont déclinées au niveau des circonscriptions territoriales de l'Etat pour ce qui concerne les services déconcentrés.

Par ailleurs, le même décret du 7 mai 2015 a assigné un nouvel objectif aux administrations centrales :

« 4° L'apport des concours techniques qui sont nécessaires aux services déconcentrés et l'évaluation des résultats obtenus ».

Enfin, les services centraux peuvent se voir confier des missions opérationnelles qui présentent un caractère national.

Dans les ministères la coordination des différents services centraux est confiée à un secrétariat général.

Les services centraux sont organisés de façon pyramidale. Leur structure est notamment rappelée par une circulaire du 9 mai 1997 relative aux règles d'organisation des administrations centrales et des services à compétence nationale et de délégation de signature des ministres. Doit également être mentionné le décret n°87-389 du 15 juin 1987 relatif à l'organisation des services de l'administration centrale dont l'article 2 précise que l'organisation de chaque ministère est définie par décret. Relevons ici que depuis l'entrée en vigueur du décret n° 2008-208 du 29 février 2008, la consultation du Conseil d'Etat n'est plus requise dans cette matière.

Chaque ministère est d'abord divisé en directions et en directions générales. Les directions sont plus nombreuses que les directions générales. Elles se situent généralement au même niveau hiérarchique, mais il arrive qu'une direction générale soit subdivisée en directions.

Cependant, on trouve généralement l'expression de direction générale dans trois hypothèses : lorsque le ministère a été réorganisé et plusieurs directions ont été fusionnées, lorsque la direction générale renvoie à des services déconcentrés ou plus généralement en raison de l'importance de ses missions et de ses effectifs.

Exemple :
- Le décret n°2009-707 du 16 juin 2009 (JO 18 juin 2009) fixe l'organisation des services déconcentrés de la direction générale des finances publiques. Il s'agit des directions régionales des finances publiques, des directions départementales des finances publiques, des directions spécialisées des finances publiques et des directions locales des finances publiques.

Il faut aussi mentionner que l'organisation des services centraux a été profondément modifiée par la révision générale des politiques publiques (RGPP) mise en œuvre à partir de 2007. Cette révision a abouti, dans de nombreux ministères, dans un souci affiché de rationalisation, d'amélioration des services publics et - surtout d'économies - au regroupement d'anciennes directions dans de nouvelles directions générales.

Exemple :
- Au niveau du ministère de l'Economie et des Finances, la direction générale de la compétitivité, de l'industrie et des services a été créée en janvier 2009, par le regroupement de trois directions (direction générale des entreprises, direction du tourisme et direction du commerce, de l'artisanat, des services et des professions libérales). Le but affiché était de mieux soutenir l'activité économique sur le territoire national et de créer un environnement favorable à la création et au développement des entreprises. Cette direction a ensuite renommée direction générale des entreprises par le décret n°2014-1048 du 15 septembre 2014, sans que cela ait impacté de façon significative les missions qui lui sont dévolues.

A partir de 2012, ce mouvement a été poursuivi dans le cadre de la modernisation de l'administration publique (MAP), qui succède à la RGPP. La MAP poursuivait des objectifs en partie comparables à la RGPP mais elle insistait moins sur la nécessité de réduire de façon drastique le nombre de fonctionnaires. Cette politique se poursuit sous la présidence Macron sous la nouvelle appellation « Action publique 2022 ». L'objectif principal qui est poursuivi est de dématérialiser l'ensemble des démarches administratives, ce qui pourrait conduire à diminuer les dépenses de l'Etat de 25 milliards et le nombre de fonctionnaires de 120 000.

On peut également trouver, à côté des directions et des directions générales, des délégations. Il peut aussi exister, dans l'organigramme des ministères, des pôles, des départements et des services.

En principe, toutefois, les directions ainsi que les directions générales sont divisées en sous directions qui sont elles-mêmes divisées en bureaux ce qui correspond au plus grand degré de spécialisation au niveau de l'administration centrale.

§ II – L'administration consultative

Les organes qui relèvent de l'administration consultative sont associés à l'élaboration des décisions. Le moins que l'on puisse dire, s'agissant de ces organes, c'est que la situation est extrêmement confuse. En effet, on dénombre, au niveau des différents ministères, et entre les différents ministères pour les structures interministérielles, plusieurs centaines de conseils, comités et autres commissions « théodule » - selon l'expression fameuse du général de Gaulle - dont les structures sont très diverses et l'efficacité souvent contestable. En effet la multiplication de ces organes aboutit à une certaine dilution de l'autorité et ils permettent trop fréquemment aux ministres de se délester de questions épineuses qui sont renvoyées à des commissions dont les avis vont souvent demeurer lettre morte.

Dans le cadre du premier comité interministériel de modernisation de l'action publique (CIMAP) qui s'est tenu le 18 décembre 2012, a été annoncée la suppression de 100 commissions consultatives dont « l'utilité n'est pas démontrée », ce qui représente 15 % des commissions rattachées aux ministères. De même, étaient prévues la fusion ou la réorganisation d'autres structures similaires avec l'objectif qu'avant le 13 juin 2013, le nombre de ces organismes aura diminué de 25 %.

Depuis la loi de finances pour 1996, le gouvernement a l'obligation de présenter au Parlement, en annexe au projet de loi finances, la liste des commissions et instances consultatives ou délibératives placées directement auprès du Premier ministre, des ministres ou de la Banque de France.

Cependant, ces organismes demeurent nombreux, et les recoupements paraissent dans certains cas difficilement évitables.

Exemple :
- Dans l'organigramme du ministère de la Culture apparaissent – en dehors des commissions qui peuvent être ponctuellement constituées par le ministre en vertu de ses pouvoirs de chef de service (CE Sect., 25 février 2005, requête numéro 265482, Syndicat de la magistrature : JCPA 2005, 1129, note Jean-Pierre) – plusieurs organes consultatifs dont notamment : le Conseil national de la recherche archéologique, le Comité d'histoire du ministère chargé de la culture, l'Ordre des Arts et des lettres, le Conseil supérieur de la propriété littéraire et artistique, le Collège de la diversité, la commission de récolement

des dépôts d'œuvres d'art, le Haut conseil de l'éducation artistique et culturelle (instance également placée sous la tutelle du ministre de l'Education nationale), le Conseil national de la culture scientifique, technique et industrielle (instance placée également sous la tutelle du ministre chargé de la Recherche), le Conseil national de l'enseignement supérieur et de la recherche artistiques et culturels et le Conseil supérieur des archives.

Certains organes relevant de l'administration consultative ont néanmoins une importance cruciale. Tel est le cas du Conseil d'Etat, dans ses fonctions de conseil du gouvernement et de la Cour des comptes qui « assiste le Parlement et le gouvernement dans le contrôle de l'exécution des lois de finances et de l'application des lois de financement de la sécurité sociale ainsi que dans l'évaluation des politiques publiques » (Constitution, art. 47-2). Doit également être mentionné le Conseil économique, social et environnemental qui « saisi par le gouvernement, donne son avis sur les projets de loi, d'ordonnance ou de décret ainsi que sur les propositions de lois qui lui sont soumis » (Constitution, art. 69). Plus généralement il « peut être consulté par le gouvernement et le Parlement sur tout problème de caractère économique, social ou environnemental. Le gouvernement peut également le consulter sur les projets de loi de programmation définissant les orientations pluriannuelles des finances publiques. Tout plan ou tout projet de loi de programmation à caractère économique, social ou environnemental lui est soumis pour avis » (Constitution, art. 70).

§ III – L'administration de contrôle

Il faut ici distinguer deux catégories d'organes centraux de contrôle.

Il s'agit tout d'abord des organes centraux de contrôle interne qui constituent des services des ministères chargés de contrôler les autres services du même ministère.

Exemple :
- Sont rattachés au ministère de l'Education nationale deux organes de contrôle interne. Il s'agit de l'Inspection générale de l'éducation nationale (IGN) et de l'Inspection générale de l'éducation nationale et de la recherche (IGAENR) qui dépend également du ministre de l'Enseignement supérieur et de la Recherche.

Le plus prestigieux de ces organismes de contrôle est l'Inspection générale des finances. Ce service a une vocation interministérielle puisqu'il exerce notamment un contrôle des agents des services extérieurs du ministère des Finances mais également des ordonnateurs secondaires des autres ministères.

Il faut enfin mentionner l'existence d'organes centraux de contrôle externe. Ces organes ne sont pas rattachés aux ministères qui font l'objet de leur contrôle. Les principaux sont le Conseil d'Etat et la Cour des comptes dans l'exercice de leurs fonctions juridictionnelles.

§ IV – Les autorités administratives indépendantes et les autorités publiques indépendantes

Les autorités administratives indépendantes sont apparues assez récemment dans le paysage administratif français. Elles sont de plus en plus nombreuses, mais leur identification pose un certain nombre de difficultés.

I – Apparition des autorités administratives indépendantes et des autorités publiques indépendantes

L'article 20 de la Constitution précise que le gouvernement « dispose de l'administration ». A cette fin, comme on l'a vu, la structure administrative de l'Etat, qu'elle soit centrale ou déconcentrée, est entièrement organisée autour du principe hiérarchique. Ce principe permet à l'autorité supérieure, et notamment au sommet de la hiérarchie aux ministres, de donner des instructions à des autorités subordonnées, d'annuler leurs actes, voire de sanctionner des agents.

A côté de l'Etat, il existe d'autres personnes morales qui échappent à cette hiérarchie : il s'agit des institutions décentralisées. Mais on le verra, en application de l'article 72 de la Constitution, ces personnes morales de droit public demeurent soumises à un contrôle de l'Etat.

Mais surtout, au sein même de l'administration de l'Etat, il existe certains organes qui échappent au contrôle hiérarchique. Comme l'a écrit J. Chevalier « il s'agit de structures placées hors hiérarchie, échappant à tout pouvoir d'instruction et de contrôle et disposant d'une liberté d'action juridiquement garantie » (Réflexions sur l'institution des autorités administratives indépendantes, JCP G, 1986, I, 3254). Selon le rapport public du Conseil d'Etat de 2001 les autorités administratives indépendantes peuvent « être définies comme des organismes administratifs, qui agissent au nom de l'Etat et disposent d'un réel pouvoir, sans pour autant relever de l'autorité du gouvernement ». On les trouve dans des domaines o

La première autorité administrative indépendante à être apparue est la Commission des opérations de bourse (COB) créée par une ordonnance du 28 septembre 1967. La COB a ensuite fusionné avec le Conseil des marchés financiers (CMF) pour devenir l'Autorité des marchés financiers (AMF) avec la loi n°2003-706 de sécurité financière du 1er août 2003. Doivent ensuite être mentionnées la Commission nationale du droit de réponse (décret n°75-341 du 13 mai 1975), la Commission des sondages (loi n°77-808 du 19 juillet 1977) et la Commission des infractions fiscales (loi n°77-453 du 29 décembre 1977).

Sont ensuite apparues les premières autorités publiques indépendantes lesquelles, contrairement aux autorités administratives indépendantes sont dotées de la personnalité morale, ce qui implique notamment qu'elles sont dotées d'un budget propre et qu'elles peuvent ester en justice

Cependant, si ces différentes institutions créées à partir de 1967 sont aujourd'hui généralement qualifiées d'autorités administratives indépendantes par la doctrine, cette expression n'avait pas été utilisée à l'origine par le législateur. D'ailleurs, de nombreux auteurs contestaient vivement cette qualification en raison d'une apparente antinomie entre les notions mêmes d'administration et d'indépendance. En effet, comme a pu l'exposer le président Braibant « dans notre tradition législative, l'administration n'est pas indépendante, elle est subordonnée au gouvernement et à travers lui au Parlement » (Droit d'accès et droit à l'information, Mélanges Charlier 1981, p.703).

Ces critiques n'ont pourtant pas empêché le législateur de reprendre à son compte cette expression pour qualifier la Commission nationale informatique et liberté à l'occasion de la loi n°78-17 du 6 janvier 1978. Le Conseil d'Etat a fait de même dans son rapport de 1983, ainsi que le Conseil constitutionnel à l'occasion de sa décision numéro 84-173 DC du 26 juillet 1984 sur la Haute-Autorité de l'audiovisuel.

Les autorités administratives indépendantes apparaissent aujourd'hui comme un rouage essentiel de l'administration d'Etat, principalement dans les domaines où les libertés fondamentales sont en cause et en matière de régulation économique. La notion d'autorité administrative indépendante a d'ailleurs été récemment confortée par l'arrêt de la Cour de justice de l'Union européenne du 9 mars 2010 (affaire numéro C-518/07) qui a condamné l'Allemagne pour ne pas avoir respecté ses obligations au titre de la directive n°95/46 CE relative à la protection des personnes physiques à l'égard du traitement des données à caractère personnel et à la libre circulation de ces données qui exige une « totale indépendance » des autorités chargées de garantir la protection des données.

Il faut aussi noter que l'article 72 de la loi de finances n°2011-1977 du 28 décembre 2001 oblige le gouvernement à présenter, en annexe générale au projet de loi de finances, un rapport sur les autorités publiques indépendantes et sur les autorités administratives indépendantes dont les effectifs ne sont pas inclus dans un plafond d'autorisation des emplois rémunérés par l'Etat.

En dépit de ce contexte favorable, un certain nombre de critiques ont été récemment formulées, notamment par le rapport de la commission d'enquête sénatoriale sur le bilan et le contrôle de la création, de l'organisation, de l'activité et de la gestion des autorités administratives indépendantes du 15 novembre 2015. Ce rapport pointe notamment la prolifération de ces organismes, les incertitudes concernant leur identification et le fait qu'ils alimenteraient un sentiment de défiance à l'égard des structures habituelles de l'Etat. L'insuffisance du contrôle parlementaire est également mentionnée ainsi que le mode de recrutement des membres de ces autorités qui favoriserait la « consanguinité » ou « l'endogamie » notamment en raison d'une surreprésentation des membres issus du Conseil d'Etat et du Conseil constitutionnel.

Ce sont ces critiques qui ont finalement conduit à l'adoption de la loi organique n°2017-54 du 20 janvier 2017 relative aux autorités administratives indépendantes et autorités publiques indépendantes et à la loi n°2017-55 du même jour portant statut général des autorités administratives indépendantes et des autorités publiques indépendantes. Désormais, la création de ces autorités doit résulter obligatoirement d'un texte de loi.

II – Identification des autorités administratives indépendantes

Selon le rapport du Comité d'évaluation et de contrôle des politiques publiques publié en mai 2010 il n'existe pas moins de 43 autorités administratives indépendantes. Le chiffre récemment retenu par la commission d'enquête sénatoriale de 2015 est de seulement 42, ce qui tend à démentir ce qui a été pointé par les sénateurs comme une « prolifération » de ces organismes. Ceci étant c'est bien une réduction drastique du nombre de ces autorités qui est opérée par la loi du 20 janvier 2017 qui désigne 26 entités soit 18 autorités administratives indépendantes et 8 autorités publiques indépendantes.

De fait, le législateur a exclu de cette liste un certain nombre d'entités qui étaient auparavant qualifiées d'autorités administratives indépendantes. C'est le cas, par exemple, de la commission des sondages qui était pourtant, on l'a vu, l'une des plus anciennes autorités administratives indépendantes. En revanche, la loi a procédé à trois nouvelles qualifications d'autorités administratives indépendantes concernant la Commission de régulation de l'énergie, l'Autorité de régulation des communications électroniques et des postes - ce qui rejoint dans les deux cas des qualifications jurisprudentielles - et le Contrôleur général des lieux de privation de liberté.

Il arrive aussi que des institutions qui n'étaient pas qualifiées d'autorités administratives indépendantes ou d'autorités publiques indépendantes lors de leur création ont été qualifiées comme telles par des lois modifiant ultérieurement leur statut. Il en va ainsi, par exemple, du Comité d'indemnisation des victimes des essais nucléaires (CIVEN) créé par la loi n° 2010-2 du 5 janvier 2010, dont le statut a été modifié dans ce sens par l'article 53 de la loi n° 2013-1168 du 18 décembre 2013 et qui figure dans la liste annexée à la loi du 20 janvier 2017.

Cette loi n'a en revanche pas précisé quels sont les critères d'identification de ces autorités ou, plus précisément, elle retient comme seul critère d'identification la qualification expresse opérée par elle. Ceci étant, si l'intervention du législateur devrait éviter à l'avenir toute qualification jurisprudentielle divergente, la liste annexée à cette loi vise des autorités qui répondent - presque toutes on le verra -aux trois critères qui permettaient, avant cette intervention, leur identification, ces critères renvoyant à la dénomination de l'institution.

A – Appartenance à l'administration d'Etat

Le caractère administratif des autorités administratives indépendantes n'est plus contesté de nos jours. Cette qualification a des conséquences importantes puisque les actes pris par ces autorités sont des actes administratifs qui peuvent faire l'objet d'un recours devant le juge administratif voire, si la loi le prévoit expressément, devant le juge judiciaire.

Un problème s'est toutefois posé à propos du cas particulier du Médiateur de la République (aujourd'hui le Défenseur des droits depuis la révision constitutionnelle du 23 juillet 2008). Ce problème était lié au fait que la loi du 3 janvier 1973 qui l'instituait se bornait à le qualifier « d'autorité indépendante ». Pour certains auteurs, ceci signifiait clairement que le médiateur n'appartenait pas à l'administration et qu'il présentait un caractère sui generis.

Dans son arrêt d'Assemblée Retail du 10 juillet 1981 (requête numéro 05130 : Rec. p. 303 ; RDP 1981, p. 1441, concl. Franc et p. 1687, note Auby, p. 1687), le Conseil d'Etat est allé implicitement à l'encontre de cette analyse en décidant que les actes pris par le médiateur pouvaient faire l'objet d'un recours pour excès de pouvoir. Or, seuls les actes administratifs peuvent faire l'objet d'un tel recours, ce qui signifie bien que le médiateur de la République était une autorité administrative indépendante. Il s'agit d'ailleurs de la seule autorité administrative indépendante qui soit dotée d'un statut constitutionnel.

Une autre difficulté concerne la question de la personnalité morale. En principe, les autorités administratives indépendantes ne bénéficient pas de la personnalité morale. Ainsi, lorsque leur activité est à l'origine d'un préjudice, c'est la responsabilité de l'Etat qui est susceptible d'être engagée (CE, 22 juin 1984, requête numéro 183171, Société Pierre et Cristal : Rec. p. 731 ; D. 1986, inf. rap. p. 25, obs. Moderne et Bon).

Toutefois, des textes récents ont attribué la personnalité morale à des autorités indépendantes, qui ont alors été qualifiées « d'autorités publiques indépendantes dotées de la personnalité morale », ce qui implique bien évidemment toute une série de conséquences, notamment sur les questions de responsabilité et en terme de budget (CE Ass. gén., avis, 8 septembre 2005 : CJEG 2006, p. 359, note D. Labetoulle). Ce mouvement a été initié par la loi n°2003-706 du 1er août 2003 de sécurité financière, qui concerne l'Autorité des marchés financiers (Code monétaire et financier, art. L. 621-1). D'autres instances se sont ensuite vues attribuer cette qualification, une annexe au projet de loi de finances pour 2015 en dénombrant pas moins de neuf (Rapport sur les autorités publiques indépendantes, annexe au projet de loi de finances pour 2015), dont le Conseil supérieur de l'audiovisuel depuis l'entrée en vigueur de la loi n° 2013-1028 du 15 novembre 2013 relative à l'indépendance de l'audiovisuel public, modifiant l'article 3-1 de la loi n° 86-1067 du 30 septembre 1986 relative à la liberté de communication. En revanche, c'est une liste réduite à huit autorités publiques indépendantes qui a été retenue par la loi du 20 janvier 2017. En effet, ne relève plus de cette catégorie l'Autorité de contrôle prudentiel et de résolution.

B – Existence d'une autorité

Avant l'entrée en vigueur de la loi organique et de la loi du 20 janvier 2017, le terme « d'autorité » ne se référait pas nécessairement à l'exercice d'un pouvoir de décision. En effet, certaines autorités qualifiées d'autorités administratives indépendantes n'étaient compétentes que pour émettre des recommandations, des propositions ou bien encore des avis et elles disposaiet donc d'un simple pouvoir d'influence ou d'incitation.

Exemple :
- La Commission de sécurité des consommateurs créée par la loi n° 83-66 du 21 juillet 1983 était chargée d'émettre des avis et de proposer toute mesure de nature à améliorer la prévention des risques en matière de sécurité des produits ou des services. Elle recherchait et recensait les informations de toutes origines sur les dangers présentés par les produits et services (Code de la consommation, art. L. 534-5 ancien).

Ces différents actes relèvent de ce que l'on appelle communément le droit souple. En principe les recours dirigés contre ces actes sont irrecevables. Toutefois, le Conseil d'Etat a récemment admis que certains de ces actes émanant d'autorités de régulation sont désormais susceptibles de faire l'objet d'un recours pour excès de pouvoir, alors même qu'ils sont dépourvus d'effets juridiques (V. infra p. 413 s.).

Un certaine nombre d'entités qui ne détiennent qu'un « pouvoir d'influence » ont été écartées de la liste des autorités administratives indépendantes. Désormais, relèvent normalement de cette catégorie que les seuls organes détenteurs d'un pouvoir de décision. Ainsi, par exemple, l'article 54 de la loi n° 2017-55 du 20 janvier 2017 a supprimé la commission de sécurité des consommateurs dont le rôle, on l'a vu, consistait exclusivement à formuler des avis et des recommandations. Toutefois, l'ambition initiale du projet de loi qui était de faire sortir les simples instances consultatives ne disposant pas de pouvoir de contrainte sur des tiers de la catégorie des autorités administratives indépendantes n'a pas toujours été respectée. C'est particulièrement le cas concernant la Commission du secret de la défense nationale dont la mission consiste « à donner un avis sur la déclassification et la communication d'informations ayant fait l'objet d'une classification » (Code de la défense, art. L. 2312-1).

Ceci étant la grande majorité des autorités administratives indépendantes visées par la loi du 20 janvier 2017 disposent d'un pouvoir de décision.

Tout d'abord, elles peuvent être compétentes pour prendre des décisions individuelles dans le cadre du pouvoir d'autorisation ou de nomination qui leur est reconnu.

Elles peuvent également exercer un pouvoir de sanction. C'est le cas, par exemple, de l'Autorité de la concurrence, de l'AMF ou du CSA. Dans le cadre de ce pouvoir, les autorités administratives indépendantes sont tenues de respecter les règles du procès équitable (CE Sect., 3 novembre 1999, requête numéro 207434, Didier : AJDA 2000, p. 172, chron. Guyomar et Collin ; Dr. adm. 2000, 2 ; Bull. Joly bourse janvier-février 2000 ; RFDA 2000, p. 210 ; Rev. Adm. 2000, p. 42, étude Brière).

Les autorités administratives indépendantes peuvent aussi détenir un pouvoir règlementaire dans le secteur d'activité qui relève du champ de leur compétence. Cette question a été longuement débattue et le Conseil constitutionnel dans sa décision Commission nationale communication et libertés (CNCL) du 18 septembre 1986 (numéro 86-217 DC) a finalement considéré que l'article 21 de la Constitution ne fait pas obstacle à ce que la loi confie à une autorité de l'Etat autre que le Premier ministre « le soin de fixer, dans un domaine déterminé et dans le cadre défini par les lois et règlements des normes permettant de mettre en œuvre la loi ». Par conséquent, s'il est reconnu, le pouvoir règlementaire des autorités administratives indépendantes n'en a pas moins un champ réduit. La précision la plus importante est certainement celle qui vise la soumission aux règlements du pouvoir règlementaire de ces autorités. En particulier, dans la décision CNCL ceci a conduit le Conseil à censurer les dispositions du texte déféré qui subordonnait l'exercice du pouvoir de prendre des décrets en Conseil des ministres à des normes édictées par la CNCL. Cette jurisprudence a été confirmée et précisée par la décision Conseil supérieur de l'audiovisuel (CSA) du 17 janvier 1989 (numéro 88-247 DC). Dans cette décision, le Conseil constitutionnel précise que les autorités administratives indépendantes ne peuvent prendre que « des mesures règlementaires de portée limitée tant par leur champ d'application que par leur contenu ».

Exemple :
L'article 34 III de la loi n°2010-476 du 12 mai 2010 relative à l'ouverture à la concurrence et à la régulation du secteur des jeux d'argent et de hasard en ligne précise que l'Autorité de régulation des jeux en ligne fixe les caractéristiques techniques des plates-formes et des logiciels de jeux et de paris en ligne des opérateurs soumis au régime d'agrément.

C – Indépendance de l'autorité

L'indépendance se conçoit d'abord vis-à-vis du gouvernement : la principale caractéristique des autorités administratives indépendantes c'est qu'elles sont soustraites au pouvoir hiérarchique des ministres.

Mais leur indépendance ne se limite à cette question puisqu'elle est censée s'exercer vis-à-vis du monde politique en général et des groupes de pression.

Evidemment, une telle indépendance est très difficile à réaliser, notamment parce que les membres des autorités administratives indépendantes sont nommés par le pouvoir politique et essentiellement par le Premier ministre. Pour beaucoup d'observateurs, les autorités administratives indépendantes seraient donc marquées par ce que M. Gentot appelle « un péché originel » (Les autorités administratives indépendantes, Montchrestien 1991, p.12).

Cependant, une fois nommées, ces autorités bénéficient d'une réelle indépendance qui se caractérise principalement par le fait que leurs décisions ne peuvent être annulées ou réformées par le gouvernement. Cette indépendance est d'ailleurs renforcée pour les autorités publiques indépendantes qui disposent de leur propre budget.

En réalité, il n'existe que deux types de contrôles sur ces organismes. Tout d'abord, un contrôle en amont par le législateur qui décide de leur création ou de leur suppression, et par le pouvoir exécutif qui dispose en général du pouvoir de nomination des membres de l'autorité administrative indépendante. Ensuite, un contrôle en aval par le juge administratif ou le juge judiciaire sur les actes et les décisions des autorités administratives indépendantes qui leur sont déférées. Pour ce qui concerne les autorités publiques indépendantes, un contrôle en aval est également opéré par le Parlement, le gouvernement devant, comme on l'a vu, assortir son projet de loi de finances d'un rapport concernant ces autorités.

L'indépendance est un élément qui permet de clairement distinguer les autorités administratives indépendantes des agences. Souvent constituées sous la forme d'un établissement public administratif, mais également sous la forme d'un groupement d'intérêt public ou même d'une société privée, l'agence se caractérise en effet non pas par son indépendance, mais par son autonomie. De fait, « le pouvoir exécutif n'a pas vocation à intervenir dans sa gestion courante mais il lui revient de définir les orientations politiques que l'agence met en œuvre ». (Conseil d'Etat, rapp. annuel, T. II, Les agences, une nouvelle action publique ?, p.12).

Exemple :
- Créée par la loi n°90-688 du 6 juillet 1990, l'Agence pour l'enseignement français à l'étranger est un établissement public administratif rattaché au ministère des affaires étrangères qui a notamment pour mission « d'assurer, en faveur des enfants français établis hors de France, les missions de service public relatives à l'éducation » (Code de l'éducation, art. L. 452-2).

Section II – L'administration déconcentrée

La loi d'orientation n°92-125 du 6 février 1992 a renversé l'ancien principe hérité de la Révolution française et de la tradition jacobine centralisatrice qui voulait que l'administration de l'Etat s'opère de façon principale au niveau central, et subsidiairement au niveau local, c'est-à-dire au niveau des services déconcentrés.

Ce texte a été complété par le décret n°92-604 du 1er juillet 1992 portant charte de la déconcentration dont l'article 1er énonce que « la déconcentration est la règle générale de répartition des attributions et des moyens entre les différents échelons des administrations civiles de l'Etat ». L'article 1-1 du même décret prévoit que « sont confiées aux administrations centrales et aux services à compétence nationale les seules missions qui présentent un caractère national ou dont l'exécution, en vertu de la loi, ne peut être déléguée à un échelon territorial ».

Cette réforme est une conséquence tardive, mais nécessaire, du mouvement de décentralisation initié par la loi n°82-213 du 2 mars 1982. Dans le cadre de la décentralisation, les collectivités territoriales ont en effet acquis une certaine autonomie vis-à-vis de l'Etat. Dès lors, il est apparu nécessaire, pour ces collectivités, d'avoir face à elles des interlocuteurs compétents qui disposent des moyens de faire face à leurs demandes.

Le décret du 1er juillet 1992 a récemment été abrogé par le décret n°2015-510 du 7 mai 2015 portant charte de la déconcentration. Là encore ce texte est intimement lié aux évolutions récentes de la décentralisation, entre autres à la loi MAPTAM n°2014-58 du 27 janvier 2014 et à la loi n°2015-55 du 16 janvier 2015 redéfinissant la carte des régions. Comme on l'a vu, si ce texte a redéfini le rôle des administrations centrales, il a également vocation à rationaliser l'échelon déconcentré, dans le prolongement de la réforme de l'administration territoriale de l'Etat (REATE) entreprise à partir du 1er janvier 2010.

La déconcentration peut s'apprécier de deux points de vue. Tout d'abord, d'un point de vue géographique ou structurel : la déconcentration aboutit à un découpage du territoire de l'Etat entre différentes circonscriptions administratives. Ensuite, d'un point de vue fonctionnel : la déconcentration confère un certain nombre de pouvoirs à des autorités locales représentant l'Etat.

§ I – Déconcentration structurelle

Il existe deux catégories de circonscriptions administratives déconcentrées : les circonscriptions ordinaires qui ont vocation à couvrir l'ensemble du territoire national, et les circonscriptions dérogatoires.

I – Circonscriptions ordinaires

S'agissant des circonscriptions ordinaires, une difficulté liminaire doit être résolue. En effet, deux des circonscriptions ordinaires déconcentrées de l'Etat coïncident avec le ressort géographique de certaines collectivités territoriales, c'est-à-dire d'institutions décentralisées. Il s'agit d'abord du département, qui est une collectivité territoriale représentée par le conseil départemental (dénommé conseil général avant les élections cantonales de 2015) et son président, mais qui est également une circonscription de l'administration d'Etat à la tête de laquelle se situe le préfet. Il s'agit ensuite de la région, circonscription dans laquelle se font face l'administration de la collectivité territoriale régionale, et l'administration de l'Etat dirigée par le préfet de région. En revanche, l'arrondissement, qui est également une circonscription ordinaire, est exclusivement une circonscription de l'administration déconcentrée de l'Etat. On envisagera successivement le département, la région et l'arrondissement.

A – Département

Le principe de la division de la France en départements a été voté par l'Assemblée constituante le 22 décembre 1789.

A l'origine, cette nouvelle institution avait pour objet de mettre fin à la situation incohérente en terme d'organisation administrative de l'Etat sous l'Ancien Régime. L'idée est que « les départements ne sont que des sections d'un même tout », ce qui veut dire que l'ensemble du territoire est découpé en départements et que tous les départements sont soumis au même régime juridique.

La carte départementale a assez peu évolué. On est toutefois passé de 83 départements en 1790 à 101 départements en 2011 avec l'accession de Mayotte au statut de département et région d'outre-mer. Ce nombre a diminué avec la suppression, au 1er janvier 2018, en application de l'article 30 de la loi NOTRe du 7 août 2015, des deux départements corses qui sont fondus dans la nouvelle collectivité de Corse. Il faut aussi relever le cas spécifique de département du Rhône : si le département est toujours le siège d'une institution déconcentrée et d'une institution décentralisée, la métropole de Lyon créée par la loi MAPTAM du 27 janvier 2014 s'est substituée au conseil départemental sur son territoire.

Ces évolutions de la carte départementale sont liées à trois facteurs essentiels.

Il s'agit d'abord de l'extension ou de la réduction du territoire : ainsi, suite aux guerres napoléoniennes, l'Empire français a compté jusqu'à 130 départements. En revanche, les départements alsaciens et le département de la Moselle ont été cédés à l'Allemagne suite à la guerre de 1870 et après la défaite de 1940.

Il faut ensuite mentionner la prise en compte des spécificités locales qui a amené à la création des départements d'outre-mer par la loi du 19 mars 1946 et à la création des deux départements corses par la loi n°75-356 du 15 mai 1975.

Enfin, l'évolution démographique de Paris et surtout de la région parisienne a conduit la loi n°64-707 du 10 juillet 1964 à diviser les 3 anciens départements parisiens en 7 nouveaux départements. La Ville de Paris a quant à elle été transformée en commune et en département par la loi n°75-1331 du 31 décembre 1975.

L'institution du département, qui est qualifiée dans l'exposé des motifs de la loi n°72-619 du 5 juillet 1972 portant création des régions « d'élément irremplaçable de notre organisation administrative », a survécu à tous les régimes politiques.

Pourtant, la suppression d'un ou plusieurs échelons de collectivités territoriales, la volonté de simplifier le « millefeuille administratif », a récemment remis en cause cette institution.

La Commission pour la libération de la croissance française, dite commission Attali a notamment recommandé la disparation en dix ans de l'échelon départemental dans son rapport de janvier 2008.

Cette proposition n'a cependant pas été retenue par le Comité pour la réforme des collectivités locales, dit comité Balladur, dans son rapport de février 2009. Plutôt que d'imposer des mesures autoritaires le rapport suggère de favoriser les regroupements volontaires de départements, de la même façon qu'il propose de favoriser les regroupements de régions. C'est cette solution qui a été retenue par les articles 26 à 29 de la loi n°2010-1563 du 16 décembre 2010 qui prévoit notamment la possibilité de regroupements de départements et la fusion de départements et d'une région.

C'est dans ce sens également que le Président François Hollande a présenté après son élection les projets de réforme territoriale de l'exécutif, qui devaient être concrétisés par de nouvelles lois dans le courant de l'année 2014. Ces réformes n'ont toutefois pas remis en cause l'échelon départemental. Dans son discours de politique générale prononcé le 8 avril 2014, le Premier ministre avait quant à lui annoncé la suppression de l'échelon départemental à l'horizon 2021, mais seulement en tant que collectivité territoriale. En conséquence, les départements devaient subsister comme échelons de l'administration déconcentrée de l'Etat. Ces intentions sont toutefois restées lettre morte, l'ambition désormais affichée consistant à redéfinir les compétences des départements et supprimer la clause de compétence générale dont ils bénéficiaient jusqu'alors. Ces orientations ont été confirmées par la loi NOTRe du 7 août 2015. Elles devraient également se poursuivre sous la présidence Macron qui avait fait figurer dans son programme électoral la volonté de supprimer un quart des départements. Parmi les orientations d'une probable nouvelle réforme territoriale figure en effet l'ambition de fusionner, à l'horizon 2021, certaines métropoles et départements, cette fusion devant se faire au bénéfice des métropoles. Dans ce schéma également, le département subsisterait comme entité déconcentrée mais disparaîtrait en tant que collectivité territoriale.

B – Région

La région est une institution beaucoup plus récente que le département. Elle trouve en effet son origine dans les politiques d'interventionnisme de l'Etat développées après la première guerre mondiale. Il s'agissait alors de définir des cadres géographiques spécifiques qui paraissaient mieux adaptés à cette politique que les départements.

Un arrêté du ministre de l'Economie et de l'Industrie du 5 avril 1919 institua des groupements économiques régionaux dits « régions Clémentel », qui regroupaient des chambres de commerce qui étaient libres d'adhérer à la région de leur choix et d'en changer librement.

La même idée a été reprise avec la création des « régions Gestin » en 1938 ainsi que par le régime de Vichy, ce qui a constitué par la suite un frein à l'émergence de l'échelon régional.

On retrouve ensuite trace des régions dans un décret-loi du 30 juin 1955 portant création des régions de programmes dans lesquelles étaient mis en œuvre des programmes de développement économique régionaux.

Le décret n°60-516 du 2 juin 1960 substitue ensuite les circonscriptions d'action régionale aux régions de programmes. Enfin, la loi n°72-619 du 5 juillet 1972 crée les régions qui sont alors qualifiées d'établissements publics régionaux.

A cette époque, la région, contrairement au département, est seulement le cadre de l'administration déconcentrée. Il existe à partie du décret n°70-19 du 9 janvier 1970 qui fait de la Corse une région 22 régions en France métropolitaine et 5 régions d'outremer qui ont également le statut de département.

Il est à noter, enfin, que le comité Balladur avait suggéré la réduction du nombre de régions de 22 en métropole (en comptant la collectivité territoriale de Corse) à 15. Le rapport Attali recommandait quant à lui la suppression de l'échelon départemental au profit des régions. Ces recommandations sont toutefois demeurées sans effet, même si la loi n°2010-1563 organise une procédure de fusion de régions.

Le processus a finalement été relancé sous la présidence de François Hollande. L'objectif fixé au départ consistait à réduire de moitié le nombre de régions, dans le but affiché d'économiser les deniers publics, mais également dans celui de doter les régions françaises d'une taille critique leur permettant de rivaliser avec les collectivités comparables dans l'Union européenne en terme de superficie, de population et surtout de poids économique. Après des débats houleux, la loi n°2015-29 du 16 janvier 2015 a finalement réduit le nombre de régions en métropole de vingt-deux à treize, en comptant la Corse.

C – Arrondissement

Comme le département, l'arrondissement est une création révolutionnaire qui est apparue avec la loi du 28 pluviôse an VIII. Il s'agit de la plus importante circonscription administrative au sein du département, qui compte en général trois ou quatre arrondissements. On trouve à sa tête un sous-préfet.

A l'heure de la dématérialisation, la question de la pertinence du réseau national des sous-préfectures a été soulevée à plusieurs reprises par la Cour des comptes, en particulier dans son rapport public annuel de 2015. Pour autant, alors que la carte régionale ou la carte judiciaire ont évolué, les différents gouvernements n'ont pas voulu remettre globalement en cause l'échelon de proximité que constituent les sous-préfectures. Toutefois, des ajustements ponctuels ont conduit à réduire le nombre d'arrondissements. C'est le cas particulièrement dans le département de la Moselle où le nombre d'arrondissements a été progressivement réduit de neuf à cinq en deux temps, en 2015 et en 2016.

II – Circonscriptions dérogatoires

Les services de l'Etat sont organisés au niveau local avant tout dans les départements et les régions. Cependant, il existe également des circonscriptions interdépartementales, qui ne correspondent pas nécessairement au niveau régional et des circonscriptions infradépartementales qui ne coïncident pas toujours avec les arrondissements.

A – Circonscriptions administratives interdépartementales

La plupart des ministères disposent de services déconcentrés interdépartementaux et trois situations peuvent alors se présenter.

Le cas le plus simple est celui de la coïncidence des ressorts des services déconcentrés interdépartementaux et des circonscriptions régionales (V. infra).

Une autre hypothèse est celle de l'organisation des services interdépartementaux à un niveau intermédiaire entre la région et le département.

Exemples :
- Les services interdépartementaux déconcentrés du ministère de l'Education nationale sont constitués par 30 académies. Depuis le 1er janvier 2017, elles sont également regroupées en 17 académies régionales, ce qui est une conséquence de la fusion de régions opérée par la loi n°2015-29 du 16 janvier 2015 relative à la délimitation des régions.

Enfin, les services interdépartementaux peuvent être organisés au niveau interrégional.

Exemple :
- Il existe 12 directions interrégionales des douanes qui dépendent du Ministère du Budget, des Comptes publics et de la Réforme et de l'Etat.
-Il existe 7 zones de défense et de sécurité en métropole. Leur objet est de permettre la gestion de calamités publiques ou de crises dépassant le cadre départemental. Elles permettent de coordonner l'action des autorités civiles et militaires, sous la direction d'un préfet de zone qui est le préfet du département où se trouve le chef-lieu de celle-ci. Il est assisté par un préfet délégué pour la défense et la sécurité (Code de la défense, art. L. 1311-1 s. et R. 1311-1 s.).

B – Circonscriptions administratives infradépartementales

Ces circonscriptions sont de deux types différents. La première constitue à la fois le cadre de l'action déconcentrée de l'Etat, et de l'action d'une collectivité territoriale : il s'agit de la commune. La seconde constitue en revanche le seul cadre de l'activité des services déconcentrés de l'Etat : il s'agit du canton.

1° Commune

A l'opposé des départements, ou des arrondissements, les communes ne sont pas une création révolutionnaire. En effet, l'apparition des communes remonte au Moyen-âge et plus exactement aux XII°-XIII° siècles.

A l'origine il s'agissait d'associations de bourgeois, de commerçants, qui avaient obtenu du Roi un certain nombre de privilèges. Le terme de commune coexiste alors avec d'autres expressions : bourgs, villes, paroisses... Il faut attendre la loi du 14 décembre 1789 relative à la constitution des municipalités pour voir généralisé l'emploi du terme de commune.

Un certain nombre de services de l'Etat sont aujourd'hui organisés dans ce cadre comme, par exemple, les services de l'état civil.

Il existe au 1er janvier 2018 35228 communes en France, contre 36529 au 1er janvier 2015. La grande majorité d'entre elles comptent moins de 5000 habitants. Cet émiettement communal, qui n'a pas d'autres exemples dans l'Union européenne (environ 40% des communes des Etats membres de l'Union européenne sont françaises), est préjudiciable pour ces communes qui ne disposent pas de moyens d'action suffisants.

Jusqu'à récemment, les différentes procédures de fusion de communes se sont conclues par un échec global. Ce processus a été relancé par la loi n° 2010-1563 du 16 décembre 2010 de réforme des collectivités territoriales qui a prévu une nouvelle procédure selon laquelle les fusions de communes s'opèrent dans le cadre de la création d'une commune nouvelle (CGCT, art. L. 2113-5). Toutefois, cela n'a pas abouti à des résultats concluants jusqu'à l'entrée en vigueur de la loi n°2015-292 du 16 mars 2015 relative à l'amélioration du régime de la commune nouvelle, pour des communes fortes et vivantes. L'Etat s'est engagé à exonérer les communes qui s'engagent dans une procédure de fusion de la diminution de la dotation globale de fonctionnement pendant trois ans, avec un bonus de 5 % pour cette période. Dans un contexte de restrictions budgétaires, l'argument financier a semblé porter puisque les projets de fusions de communes se sont multipliés dès l'entrée en vigueur de la nouvelle loi. En effet, selon l'association des maires de France, au 1er janvier 2018, la France compte 560 communes nouvelles, essentiellement dans des zones rurales. Elles regroupent près de 1900 communes pour une population totale de 1,9 millions d'habitants.

Notons enfin que les procédures de fusion de communes ne constituent pas le seul remède à l'émiettement communal. En effet, une autre solution, qui a largement été privilégiée ces dernières années, consiste à mutualiser les moyens par l'adhésion des communes à des établissements publics de coopération intercommunale (V. infra p. 95 s.).

2° Canton

Les cantons sont des subdivisions des arrondissements. Ils ont été institués par l'Assemblée constituante le 22 décembre 1789, en même temps que les départements. Ils étaient à l'origine regroupés en districts puis, après la suppression des districts en 1800, en arrondissements.

Jusqu'à l'entrée en vigueur de loi n° 2013-403 du 17 mai 2003 et de ses décrets d'application le nombre de canton était légèrement supérieur à 4000. Il a été divisé par deux par cette loi, en raison du nouveau mode d'élection au conseil départemental qui consiste à désigner non plus un seul élu mais un binôme d'élus de sexe différent.

Le nombre de cantons est variable d'un département à l'autre, en fonction de son importance. Le département du Nord est ainsi divisé en 41 cantons, alors que le Territoire de Belfort n'en compte que 9. Par ailleurs, il peut y avoir plusieurs cantons dans le cadre d'une seule commune.

Les cantons ne font plus office aujourd'hui que de circonscription électorale pour l'élection des conseillers généraux, puis pour les conseillers départementaux à partir des élections de 2015, conformément à la loi organique n°2013-402 et à la loi n°2013-403 du 17 mai 2013.

§ II – Déconcentration fonctionnelle

Il ne s'agit plus ici d'évoquer des ressorts géographiques dans lesquels va s'inscrire l'action des services déconcentrés de l'Etat et de leurs agents, mais les services et les agents qui les dirigent, lesquels se répartissent à trois niveaux différents.

Si traditionnellement le préfet de département était le pivot de la déconcentration, on verra que sa prépondérance a eu tendance à s'atténuer à fur et à mesure que l'échelon régional a pris de l'importance. Cette évolution trouve son point culminant dans le décret n°2010-146 du 16 février 2010 qui affirme que le niveau régional est le « niveau de droit commun du pilotage des politiques publiques » (mission interministérielle de l'administration territoriale de l'Etat, communiqué du 15 mai 2009).

I – Déconcentration fonctionnelle au niveau départemental

Au niveau départemental, le préfet est le représentant de droit commun de l'Etat. A titre secondaire, l'Etat est également représenté, dans ce cadre, par les chefs de certains services déconcentrés organisés dans ce cadre.

A – Préfet

La fonction de préfet a été créée par la loi du 28 pluviôse an VIII. L'appellation est toujours en vigueur, même si en 1948 et du 10 mai 1982 au 29 février 1988, les préfets ont porté le titre de commissaire de la République. Les préfets bénéficient d'un statut très spécifique et de pouvoirs étendus pour l'exercice desquels ils peuvent prendre appui sur des collaborateurs.

1° Statut

Les préfets font partie des fonctionnaires dont l'emploi est « à la discrétion du gouvernement ». Les concernant, l'article 13 alinéa 3 de la Constitution se contente de préciser que leur nomination et la cessation de leurs fonctions est prononcée par décret en Conseil des ministres, sans plus de formalités. Le décret n°64-805 du 29 juillet 1964, récemment modifié par le décret n°2015-547 du 19 mai 2015, qui régit le statut des préfets, précise que cette nomination est prononcée sur proposition du Premier ministre et du ministre de l'Intérieur.

Il s'agit en partie d'énarques, mais pas exclusivement. Dans ce sens, le décret n°2009-176 du 16 février 2009, modifiant le décret du 14 juillet 1964, a voulu élargir les possibilités de choix du gouvernement et « diversifier les origines et l'expérience professionnelle des membres du corps préfectoral ». Il prévoit que « des nominations peuvent également être prononcées, dans la limite de sept postes, sur des emplois supérieurs comportant une mission de service public relevant du gouvernement. Les intéressés sont alors placés sur un emploi de préfet hors cadre pour une durée maximale de trois ans qui peut être prolongée de deux ans ». Cette ouverture a ensuite été confirmée par le décret n°2011-1208 du 29 septembre 2011 qui porte la limite du nombre d'emplois pourvus selon cette procédure à dix postes. Toutefois, trois de ces postes sont réservés à des sous-préfets et administrateurs civils qui justifient de vingt-cinq années de services publics, dont trois années au moins en qualité de sous-préfet nommé sur un poste territorial ou en qualité de secrétaire général pour les affaires régionales.

Notons également que depuis l'entrée en vigueur du décret n°2015-535 du 15 mai 2015, la position hors cadre a été supprimée, ce qui répond aux critiques formulées par la Cour des comptes dans un référé publié le 23 septembre 2014 dans lequel il apparaissait que les gouvernements successifs avaient nommé deux fois plus de préfets qu'il n'y a de postes territoriaux à pourvoir. Le même décret définit, en revanche, d'autres fonctions qui peuvent être confiées aux préfets : conseiller du gouvernement, membre du Conseil supérieur de l'administration territoriale de l'Etat, ou encore une affectation à l'administration centrale du ministère de l'intérieur et du ministère des outre-mer ou en cabinet ministériel.

Les préfets ont peu de garanties de carrière. Leurs mutations sont laissées à la discrétion du gouvernement et à tout moment ils peuvent être placés en disponibilité dans l'intérêt du service avec traitement réduit. Dans ce cas, s'il n'est pas réintégré en position d'activité au bout de cinq ans, le préfet est placé d'office en retraite.

Les libertés publiques du préfet sont limitées. Plus précisément, le statut des préfets déroge à un certain nombre de libertés reconnues aux fonctionnaires par le statut général de la fonction publique. Ces limitations portent plus précisément sur trois points.

S'agissant de la liberté d'opinion, le dossier administratif du préfet mentionne ses opinions politiques religieuses et philosophiques. Ceci s'explique par le fait que, d'après la Constitution, le préfet n'est pas seulement l'agent du gouvernement. Il est aussi son représentant, et par conséquent il est tenu d'être loyal à son égard.

En outre, les préfets n'ont pas le droit de se syndiquer. Il existe seulement depuis 1917 une « association du corps préfectoral ».

Enfin, la liberté d'aller et de venir du préfet est limitée. Le préfet doit en effet obtenir l'autorisation du ministre de l'Intérieur s'il souhaite quitter momentanément le département.

2° Attributions

D'après l'article 72 alinéa 3 de la Constitution, le préfet est « le délégué du gouvernement » dans les départements. Il a « la charge des intérêts nationaux, du contrôle administratif et du respect des lois ».

Selon l'article 1er du décret n°2004-374 du 29 avril 2004 il est le « dépositaire de l'autorité de l'Etat dans le département » et il veille à « l'exécution des règlements et des décisions gouvernementales ».

Cette tâche est donc particulièrement lourde, le préfet étant le représentant attitré de l'Etat dans le département.

Traditionnellement, le préfet de département était l'outil principal de la déconcentration fonctionnelle. Il pouvait être présenté, selon l'expression de M. Bécet comme « le pivot de la déconcentration » (Les institutions administratives, Economica, 4ème éd. 1997, p.60). En d'autres termes, le préfet était le principal représentant local de l'Etat. Cependant cette prépondérance a tendance à s'atténuer au profit du préfet de région.

Dans ce cadre rénové le préfet, qui demeure dépositaire de l'autorité publique dans le département, est d'abord chargé d'une mission générale d'information du gouvernement. En dehors de cette mission, il exerce trois tâches essentielles : la direction des services déconcentrés des administrations civiles de l'Etat, l'exercice de pouvoirs de police et un pouvoir de tutelle sur les collectivités territoriales.

a- Direction des services déconcentrés

A l'origine, les services déconcentrés départementaux étaient assez largement indépendants vis-à-vis des préfets. Cependant, à partir des années 1960, pour des raisons d'efficacité, le gouvernement a confié aux préfets une mission de coordination de ces services à l'échelle départementale. Cette innovation s'est traduite dans le décret n°64-250 du 14 mars 1964 qui prévoit que les préfets sont les animateurs et les coordinateurs des services extérieurs civils de l'Etat au niveau du département.

Ce mouvement a été poursuivi beaucoup plus loin par le décret n°82-389 du 10 mai 1982 relatif aux pouvoirs des commissaires de la République et à l'action des services et organismes publics de l'Etat dans les départements. Ce texte, dans son article 1er, précise que sous l'autorité des ministres les préfets dirigent les services déconcentrés dont les chefs relèvent de leur autorité directe. Cette solution est confirmée par le décret n°2004-374 du 29 avril 2004 dont l'article 1er précise qu'ils « dirigent, sous l'autorité des ministres … les services déconcentrés des administrations civiles de l'Etat ». Comme on le verra, cette règle comporte des exceptions. Cependant, elle constitue la règle générale en matière d'organisation des services déconcentrés de l'Etat au niveau départemental. Dans le cadre de cette mission, le préfet dispose d'attributions importantes. En particulier, il est l'ordonnateur secondaire des services déconcentrés de l'Etat dans le département, ce qui veut dire qu'il est l'autorité compétente pour émettre des mandats de paiements concernant les dépenses de ces services (décret n°2005-374 du 29 avril 2004, art. 20).

Pour permettre un dialogue le préfet préside le collège des chefs de service qui est composé notamment des sous-préfets, des chefs des services déconcentrés des administrations civiles de l'Etat placés sous son autorité, du directeur départemental des finances publiques, du directeur académique des services de l'éducation nationale, du commandant du groupement de gendarmerie départementale, du directeur départemental des services d'incendie et de secours et du responsable de la délégation territoriale de l'agence régionale de santé dans le département (décret n°2005-374 du 29 avril 2004, art. 40).

Il est important de relever que la réforme de l'administration territoriale de l'Etat, issue de la révision générale des politiques publiques qui a été mise en œuvre à partir de 2007, a abouti au regroupement de plusieurs services déconcentrés départementaux, qui deviennent ainsi des services interministériels placés sous l'autorité du préfet de département avec le décret n°2009-1484 du 3 décembre 2009.

La Direction de l'équipement, celle de l'agriculture et de la forêt, ainsi que la cellule environnement de la préfecture ont ainsi fusionné pour former une nouvelle Direction départementale des territoires dénommée Direction départementale des territoires et de la mer dans les départements du littoral.

Il existe également une Direction départementale de la cohésion sociale et de la protection des populations. Toutefois il existe dans certains départements deux structures différentes : la Direction départementale de la cohésion sociale et la Direction départementale de la protection des populations.

Il faut aussi relever que l'article 27 du décret du 29 avril 2004 organisait déjà une formule plus souple de collaboration entre les services déconcentrés départementaux de l'Etat. En application de ces dispositions, le préfet peut désigner un chef de projet chargé de coordonner l'action de ces différents services. Il doit alors préciser quels sont les objectifs à atteindre et la durée de la mission. Au terme de cette mission, il est tenu de procéder à son évaluation. Lorsque la nomination du chef de projet constitue une mesure insuffisante, le préfet peut décider d'institutionnaliser des organes qui auront alors vocation à régler certains dossiers concernant plusieurs services déconcentrés de différents ministères.

Dans le même sens, l'article 28 du décret prévoit que pour la conduite durable d'actions communes à plusieurs services déconcentrés de l'Etat dans la région ou le département, le préfet peut constituer un pôle de compétence dont il désigne le responsable. Pour la conduite de ces actions, le préfet peut créer, par arrêté, une délégation interservices.

b- Pouvoirs de police

Le préfet est « l'autorité de police générale dans le département ». Plus précisément, l'article L. 2215-1-1° du Code général des collectivités territoriales prévoit que « le représentant de l'Etat dans le département peut prendre, pour toutes les communes du département ou plusieurs d'entre elles, et dans tous les cas où il n'y aurait pas été pourvu par les autorités municipales, toutes mesures relatives au maintien de la salubrité, de la sûreté et de la tranquillité publiques ». De même, l'article L. 2213-1 al. 1 du même code précise que c'est au préfet qu'il appartient de règlementer la circulation sur les routes à grande circulation situées hors agglomération.

Le préfet est également détenteur de pouvoirs de police administrative spéciale, qui lui confèrent des prérogatives dans certains domaines précis, qui ne correspondent pas forcément à des hypothèses de protection de l'ordre public.

Exemples :
- Le préfet est titulaire du pouvoir de police administrative spéciale dans le domaine de la chasse et de la pêche. Ceci signifie qu'il est compétent pour prendre les mesures règlementant ces activités.

Dans le cadre de ses pouvoirs de police, le préfet peut être assisté, comme c'est le cas en Corse, d'un coordonnateur pour la sécurité (décret n°2004-374 du 29 avril 2004, art. 80 modifié par le décret n°2010-146 du 16 février 2010). Par ailleurs, concernant la Ville de Paris - qui est à la fois une commune et un département- les pouvoirs de police administrative sont partagés entre le maire de Paris et le préfet de police (CGCT, art. L. 2512-13). Enfin, dans le département des Bouches-du-Rhône, le préfet de police, qui a été institué par le décret n°2012-1151 du 12 octobre 2012, a la charge notamment du maintien de l'ordre public dans le département (V. décret n°2004-374 du 29 avril 2004, art. 78-1 et s.).

c- Contrôle des institutions décentralisées

Ce pouvoir de contrôle découle directement du dernier alinéa de l'article 72 de la Constitution. Selon ce texte, « Dans les collectivités territoriales de la République, le représentant de l'Etat, représentant de chacun des membres du gouvernement, a la charge des intérêts nationaux, du contrôle administratif et du respect des lois ». Ce contrôle se matérialise par la possibilité ouverte au préfet de déférer au tribunal administratif compétent les actes pris par les collectivités territoriales en vue d'en obtenir l'annulation.

Par ailleurs, les relations entre l'Etat et les collectivités territoriales relèvent en principe du préfet qui est seul habilité à s'exprimer devant le conseil général au nom de l'Etat et à négocier et conclure pour le compte de celui-ci des conventions avec le département, les communes et leurs établissements publics (décret n°2004-374 du 29 avril 2004, art. 58 et 59).

Le préfet contrôle également les rapports entre les services et l'Etat puisqu'il est destinataire de toutes les correspondances, quelle qu'en soit la forme, que leur adressent les services centraux ou déconcentrés (décret n°2004-374 du 29 avril 2004, article 55). Enfin les conventions que les établissements, les organismes publics de l'Etat ou les entreprises nationales concluent avec le département ou des communes lui sont transmises pour information dès lors que leur objet ne relève pas du fonctionnement courant des services (décret numéro 2004-374 du 29 avril 2004, art. 60 alinéa 3).

3° Collaborateurs

Les collaborateurs du préfet sont visés par l'article 13 du décret n°2004-374 du 29 avril 2004. Ces collaborateurs se répartissent en trois grandes catégories.

a- Collaborateurs au sein de la préfecture

Le préfet dispose d'un secrétariat général qui est placé à la tête des services administratifs de la préfecture. Il est également assisté par un directeur de cabinet qui est son collaborateur le plus proche. Il l'assiste notamment pour le règlement des dossiers confidentiels ainsi que pour ceux qui touchent à la sécurité publique. Généralement, le directeur de cabinet bénéficie d'une délégation de signature de la part du préfet. Il existe également, au sein de cet organe, un bureau qui a notamment la charge de l'organisation des visites et des déplacements ministériels dans le département. Depuis l'entrée en vigueur du décret n°2005-1621 du 22 décembre 2005 peut être nommé un préfet délégué pour l'égalité des chances. Cette situation concerne actuellement les six départements les plus concernés par les tensions urbaines (Essonne, Bouches du Rhône, Nord, Rhône, Seine Saint-Denis, Val d'Oise). Enfin, le préfet peut nommer des chargés de mission.

b- Collaborateurs au sein des services déconcentrés

Sont concernés par cette collaboration quatre types d'agents :

- Les chefs des services déconcentrés des administrations civiles de l'Etat dans le département et la région et le commandant du groupement de gendarmerie départementale ;

- Les responsables des unités et délégations départementales des services déconcentrés des administrations civiles de l'Etat dans la région ;

- Le directeur départemental des services d'incendie et de secours ;

Le préfet est également assisté dans l'exercice de ses fonctions du directeur général de l'agence régionale de santé et du responsable de sa délégation départementale dans le département.

c- Collaborateurs au sein des arrondissements

Les collaborateurs du préfet dans les arrondissements sont les sous-préfets. Avant la loi n°82-213 du 2 mars 1982 qui approfondit la décentralisation, les sous-préfets avaient pour fonction essentielle d'assurer la tutelle des petites communes. Ceci impliquait notamment l'annulation, par le sous-préfet, des actes pris par le maire ou par le conseil municipal qu'il estimait illégaux ou inopportuns.

Depuis 1982, ce pouvoir a été retiré aux préfets et aux sous-préfets. Désormais, le sous-préfet se comporte moins comme un censeur que comme un conseil juridique, ce qui permet, dans une certaine mesure seulement, de pallier l'absence de services juridiques compétents dans ces petites communes.

Le sous-préfet est avant tout le collaborateur direct du préfet. Comme le prévoit l'article 14 du décret n°2004-374 du 29 avril 2004, le sous-préfet « assiste le préfet dans la représentation territoriale de l'Etat ».

Sous l'autorité du préfet :

- Il veille au respect des lois et règlements et concourt au maintien de l'ordre public et à la sécurité des populations ;

- Il anime et coordonne l'action, dans l'arrondissement, des services de l'Etat y compris pour les services de la gendarmerie nationale, dans les limites compatibles avec son statut militaire ;

- Il participe à l'exercice du contrôle administratif et au conseil aux collectivités territoriales.

Par ailleurs, le préfet peut confier au sous-préfet « des missions particulières, temporaires ou permanentes, le cas échéant hors de l'arrondissement ».

Le sous-préfet peut également être le collaborateur du préfet de région qui peut, avec l'accord du préfet de département, lui confier des missions particulières, temporaires ou permanentes, d'intérêt régional.

Comme le directeur de cabinet de la préfecture, les sous-préfets bénéficient généralement d'une délégation de signature de la part du préfet.

B – Chefs des services déconcentrés non soumis à l'autorité du préfet

En principe, comme on l'a vu, c'est le préfet qui dirige les services déconcentrés départementaux. Cependant, il existe un certain nombre d'exceptions à cette règle.

Exemples :
- Les juridictions judiciaires sont dirigées non pas par le préfet, mais par le chef de juridiction. Ainsi, une Cour d'appel est présidée par son premier président. Cette solution se justifie, bien évidemment, par le principe de séparation des pouvoirs. On ne peut pas admettre, en effet, en application de ce principe, qu'un représentant du pouvoir exécutif assure la direction d'une autorité juridictionnelle.

- Les directions départementales des finances publiques, qui sont issues de la fusion des trésoreries générales et des directions des services fiscaux, ont à leur tête un administrateur des finances publiques (anciennement un trésorier payeur général). Cette compétence se justifie par la règle de séparation des ordonnateurs et des comptables selon laquelle l'autorité qui décide des dépenses doit être distincte de celle qui manipule les deniers publics. Le préfet étant l'ordonnateur des dépenses de l'Etat au niveau du département, il est logique que ce soit une autre autorité qui dirige l'ensemble des comptables publics du département.

II – Déconcentration fonctionnelle au niveau régional

On assiste ici au même phénomène qu'au niveau départemental : le préfet de région est le principal représentant de l'Etat au niveau de la région mais, à titre dérogatoire, certains chefs de services déconcentrés représentent également l'Etat.

A – Préfet de région

La loi n°92-125 du 6 février 1992 relative à l'administration territoriale de la République marque un accroissement sensible de l'autorité du préfet de région vis-à-vis des préfets de département. Cette prépondérance trouve sa traduction dans les pouvoirs nouvellement reconnus au préfet de région qui se sont encore accrus dans le cadre de la révision générale des politiques publiques.

1° Prépondérance du préfet de région

Il n'existe pas de corps préfectoral spécifique aux régions et le préfet de région n'est nul autre que le préfet du département du chef-lieu de la région.

Cette situation ne posait guère de problèmes à l'origine. En effet, la région est une institution administrative récente et les pouvoirs de l'administration préfectorale régionale étaient limités.

Tirant toutes les conséquences de la montée en puissance de l'échelon régional, la loi n°92-125 du 6 février 1992 a pour la première fois clairement prévu l'existence d'un échelon régional au sein de l'administration d'Etat.

L'article 5 de cette loi prévoyait, dans sa rédaction d'origine, que le préfet de région « met en œuvre les politiques nationales et communautaires concernant le développement économique et social et l'aménagement du territoire ... dans ces domaines, les représentants de l'Etat dans les départements compris dans la circonscription régionale prennent des décisions conformes aux orientations qu'il fixe et lui en rendent compte ».

Le décret n°2004-374 du 29 avril 2004 relatif aux pouvoirs des préfets, à l'organisation et à l'action des services de l'Etat dans les régions et départements a encore renforcé l'autorité des préfets de région. L'article 2 de ce décret, dans sa rédaction initiale, précise que « le préfet de région est le garant de la cohérence de l'action des services de l'Etat dans la région. A ce titre, il fixe des orientations générales qu'il élabore avec les préfets de département dans la région ». Selon l'article 3 du même texte « le préfet de région détermine les orientations nécessaires à la mise en œuvre dans la région des politiques nationales et communautaires de sa compétence. Il les notifie aux préfets de département qui s'y conforment dans leurs décisions et lui en rendent compte ».

Le décret du 29 avril 2004 a été modifié par le décret n°2010-146 du 16 février 2010 qui fait du préfet de région le véritable pivot de l'administration déconcentrée de l'Etat. L'article 2 du décret de 2004 précise en effet désormais que le préfet de région « est responsable de l'exécution des politiques de l'Etat dans la région, sous réserve des compétences de l'agence régionale de santé, ainsi que de l'exécution des politiques communautaires qui relèvent de la compétence de l'Etat ». Il a « autorité sur les préfets de département », cette autorité s'exprimant au moyen d'un pouvoir d'instruction et d'un éventuel droit d'évocation dans les matières qui justifient une coordination régionale renforcée.

2° Pouvoirs

Dans l'ensemble, le préfet de région prend en charge, à son niveau, les missions qu'exerce le préfet de département, à l'exception notable des missions en matière de police. Ainsi, notamment, il représente l'Etat en justice et conclut en son nom des contrats. Par ailleurs, il assure le contrôle des actes pris par les institutions décentralisées régionales, et notamment le conseil régional et son président.

Enfin, il dirige la plupart des services déconcentrés de l'Etat au niveau régional. Comme on niveau des départements, l'organisation de ces services a été profondément remaniée dans le cadre de la Réate qui a conduit à la création de directions interministérielles.

> Exemple ;
> - Les directions régionales de l'environnement, de l'aménagement et du logement (DREAL) sont des services déconcentrés du ministère de l'Ecologie, du Développement durable et de l'Energie et du ministère du Logement, de l'Egalité des Territoires et de la Ruralité.

Dans le contexte du nouveau découpage des régions défini par la loi n°2015-29 du 16 janvier 2015, le gouvernement a mis en œuvre ce qui est parfois présenté comme la « Réate II ». Dans les sept régions appelées à fusionner, des préfets préfigurateurs ont été nommés en vue de reconfigurer l'organisation des services régionaux de l'Etat. La nouvelle organisation des services de l'Etat dans les nouvelles régions est applicable depuis le 1er janvier 2016, date d'entrée en vigueur de la loi du 16 janvier 2015.

Le préfet de région est assisté dans l'exercice de ses fonctions d'un secrétaire général pour les affaires régionales (V. décret n°2009-587 du 25 mai 2009 modifié par le décret n°2015-1894 du 25 décembre 2015) et des chefs ou responsables des services déconcentrés des administrations civiles de l'Etat à compétence régionale.

Plus spécifiquement, comme le rappelle l'article 5 du décret n°2015-510 du 8 mai 2015 portant charte de la déconcentration, la circonscription régionale est l'échelon territorial de « la mise en œuvre des politiques nationales et de l'Union européenne en matière d'emploi, d'innovation, de recherche, de culture, de statistiques publiques, de développement économique et social, et d'aménagement durable du territoire ».

Le décret n°64-251 du 14 mars 1964 relatif à l'organisation des services de l'Etat dans la circonscription régionale avait confié aux préfets de région la mission de mettre en œuvre la politique gouvernementale en matière de développement économique et d'aménagement du territoire. Toutefois, les prérogatives du préfet de région étaient alors limitées à une tâche d'animation et de coordination.

La loi n°92-125 du 6 février 1992, modifiant la loi n°72-619 du 5 juillet 1972, précisée par le décret n°92-604 du 1er juillet 1992, a voulu promouvoir l'échelon régional dans le cadre duquel sont désormais opérées :

- La mise en œuvre des politiques nationale et communautaire en matière économique et sociale et d'aménagement du territoire ;

- L'animation et la coordination des politiques de l'Etat relatives à la culture, à l'environnement, à la ville et à l'espace rural ;

- La coordination des actions de toute nature intéressant plusieurs départements de la région.

C'est également au niveau de la région, à partir de ces textes, que sont opérées la programmation et la répartition des crédits d'investissement de l'Etat ainsi que la contractualisation des programmes pluriannuels conclus entre l'Etat et les collectivités territoriales.

Par ailleurs, le préfet de région arrête, après consultation du comité de l'administration régionale, le projet d'action stratégique de l'Etat dans la région (décret n°2004-374 du 29 avril 2004, art. 5).

Ces attributions du préfet ont été encore renforcées avec le décret du 8 mai 2015. Notamment, la circonscription régionale est désormais définie comme l'échelon territorial d'animation et de coordination des politiques de l'Etat, alors que le décret de 1992 cantonnait cette mission aux seuls domaines de la culture, de l'environnement, de la ville et de l'espace rural.

B – Chefs des services déconcentrés non soumis à l'autorité du préfet

Comme au niveau du département, il existe également un certain nombre d'exceptions à la compétence du préfet de région. Par exemple, les directions régionales des finances publiques, qui sont issues de la fusion des trésoreries générales et des directions des services fiscaux, ont à leur tête un administrateur des finances publiques

III – Déconcentration fonctionnelle au niveau infra-départemental

Il fait distinguer les deux agents de l'Etat que sont le sous-préfet et le maire.

A – Sous-préfet

Comme on l'a vu, le sous-préfet, qui est nommé par décret en Conseil des ministres, est le collaborateur du préfet au niveau des arrondissements.

B – Maire

La commune, comme le département et la région, a une double fonction : elle constitue à la fois le cadre de l'administration déconcentrée de l'Etat, et le cadre de l'action d'une collectivité territoriale. Cette dualité au plan géographique se retrouve au niveau institutionnel pour ce qui concerne les départements et les régions. La commune présente cette même ambivalence. Cependant, c'est ici la même institution, le maire, qui est la fois représentant de la commune et représentant de l'Etat.

En tant que représentant de l'Etat, le maire exerce principalement les missions suivantes :

- La publication et exécution des lois et règlements (CGCT, art. L. 2122-27) ;

- L'exécution des mesures de sûreté générale (CGCT, art. L. 2122-27) ;

- Les fonctions spéciales qui lui sont attribuées par les lois (CGCT, art. L. 2122-27), par exemple en matière d'urbanisme pour certains permis de construire, certificats d'urbanisme ou encore déclaration préalable de travaux (Code de l'urbanisme, art. L. 422-1, art. L. 422-2 et R. 422-1 .- V. par ex. CE, 3 avril 2014, requête numéro359272, Ministre de l'Ecologie, du Développement durable et de l'Energie) ;

- La légalisation des signatures (CGCT, art. L. 2122-30) ;

- L'organisation des élections et des recensements, la révision des listes électorales (CE, 1er mai 1914, Baerhez : Rec. p. 520) ;

Il est également officier d'état civil et à ce titre il célèbre notamment les mariages, il délivre les actes de naissance, etc. (CGCT, art. L. 2122-32) ;

Il est enfin officier de police judiciaire et à ce titre, il reçoit les plaintes, constate les infractions, dresse les contraventions (Code de procédure pénale, art. 16 ; CGCT, art. L. 2122-31).

Dans le cadre de ces différentes missions, comme tout agent de l'Etat, le maire est soumis au pouvoir hiérarchique du préfet et des ministres, sauf pour ce qui concerne ses missions d'officier d'état civil et d'officier de police judiciaire pour lesquelles il est soumis à l'autorité hiérarchique du procureur de la République.

Le supérieur hiérarchique du maire peut donc, comme cela est habituel dans une administration déconcentrée, lui donner des instructions, il peut lui-même réformer ou annuler ses actes. De même, le maire peut également être sanctionné.

Par ailleurs, lorsque le maire prend des actes au nom et pour le compte de l'Etat, c'est la responsabilité de l'Etat qu'il engage.

En revanche, et c'est également une solution classique, ce pouvoir hiérarchique n'existe pas lorsque le maire agit en tant que représentant de la commune.

Pour aller plus loin :

- Cassia (P.), Le maire, agent de l'Etat : AJDA 2004, p. 245.

- B. Faure (B.), Le regroupement départements-région. Remède ou problème ? : AJDA 2011, p. 86.

- **Hamon (L)**, A propos de l'article 16, quelques questions juridiques : AJDA 1961, p. 663.

- **Jégouzo (Y.)**, À propos de la fonction consultative du Conseil d'Etat, in Mélanges Labetoulle : Dalloz, 2007, p. 505.

-**Labetoulle (D.)**, La place du décret en Conseil d'Etat dans l'exercice du pouvoir gouvernemental, in Mélanges Costa : Dalloz, 2011, p. 353.

-**Pauliat (H .)**, La déconcentration nouvelle est arrivée ! : JCP A 2015, 2179

-**Sorbara (J.-G.)**, le nouveau statut des autorités administratives et publiques indépendantes : JCP A 2017, 2064.

- **Vidal-Naquet (A.)**, Un Président de la République plus « encadré » : JCP G 2008, I, 172.

CHAPITRE TROIS – L'ADMINISTRATION DECENTRALISEE

Il existe deux modalités particulières de décentralisation.

Il s'agit d'abord de la décentralisation technique, également appelée décentralisation fonctionnelle ou encore décentralisation par services, qui va consister à transférer des compétences de l'Etat vers une personne morale de droit public spécialisée.

Il s'agit ensuite de la décentralisation territoriale qui consiste en un transfert des compétences de l'Etat vers des collectivités territoriales.

La décentralisation territoriale trouve son fondement dans l'article 72 alinéa 3 de la Constitution selon lequel « dans les conditions prévues par la loi, (les) collectivités (territoriales) s'administrent librement par des conseils élus et disposent d'un pouvoir règlementaire pour l'exercice de leurs compétences ».

La révision constitutionnelle du 28 mars 2003 a voulu encore approfondir la décentralisation et désormais, selon le même article, « les collectivités territoriales ont vocation à prendre les décisions pour l'ensemble des compétences qui peuvent le mieux être mises en œuvre à leur échelon ». Ce principe bénéficie aux différentes collectivités territoriales ainsi qu'à leurs regroupements. Cependant, s'il existe un principe de libre administration des collectivités territoriales, le dernier alinéa de l'article 72 de la Constitution précise que « dans les collectivités territoriales de la République, le représentant de l'Etat, représentant de chacun des membres du gouvernement, a la charge des intérêts nationaux, du contrôle administratif et du respect des lois ».

Section I – Décentralisation technique

Dans la grande majorité des cas, la décentralisation technique va consister, pour l'Etat ou pour une collectivité territoriale, à confier la gestion d'un service public à un établissement public. De façon beaucoup plus rare, la gestion des services publics peut être confiée à un autre type de personne publique spécialisée.

§ I – Etablissements publics

On évoquera quels sont les caractères généraux des établissements publics avant d'étudier leur organisation.

I – Caractères généraux

Selon la définition de M. Guglielmi et de Mme. Koubi, « les établissements publics sont des services publics dotés de la personnalité morale » (Droit des services publics, Montchrestien 2000). Si elle correspond à une réalité pour la plupart des établissements publics, cette assertion doit toutefois être nuancée pour plusieurs raisons. D'une part, la nature de service public des activités prises en charge par certains établissements publics n'est pas toujours évidente. Il en va ainsi des associations syndicales de propriétaires dont l'objet est de défendre l'intérêt collectif - mais privé - des propriétaires dans le but de réaliser des travaux d'intérêt général, par exemple en vue de lutter contre les inondations ou les incendies (TC, 9 décembre 1899, Association syndicale du canal de Gignac : Rec. p. 731 ; S. 1900, III, p.49, note Hauriou). D'autre part, un établissement public peut accomplir à la fois des missions de service public et des missions de droit privé. Ainsi, si un centre hippique annexé à un lycée agricole est placé sous l'autorité directe du directeur du lycée et est géré par l'établissement « il exerce une activité distincte de celle de cet établissement (…) qui ne présente pas, par elle-même, eu égard à son objet, un caractère d'intérêt général suffisant pour lui conférer le caractère d'un service public » (TC, 27 février 1995, requête numéro 2941, Anglaret). Enfin, une personne morale de droit privé peut elle-même être en charge d'une mission de service public et disposer, dans ce cadre, de prérogatives de puissance publique (V. sur ce point infra).

Les établissements publics se caractérisent par le fait qu'ils sont nécessairement rattachés soit à l'Etat soit à la collectivité territoriale qui a en charge l'activité déléguée.

A la différence de l'Etat et des collectivités territoriales, qui exercent à leur niveau une compétence générale, les établissements publics doivent respecter un principe de spécialité (CE, 22 mai 1906, Caisse des écoles du 6ème arrondissement : Rec. p.390, concl. Romieu ; S. 1905, III, p.33, note Hauriou). Ceci signifie que l'établissement public doit s'en tenir à l'exercice des missions en vue de l'accomplissement desquelles il a été institué.

> Exemple :
> - CAA Marseille, ord. réf., 5 juillet 2004, requête numéro 04MA01109, Syndicat d'agglomération nouvelle Ouest Provence, (JCPA 2004, 1640, note Deliancourt) : si un syndicat d'agglomération nouvelle - qui relevait de la catégorie des établissements publics de coopération intercommunale - peut procéder à des investissements en matière d'urbanisation, de logement, de transports, de réseaux, de voies nouvelles et de développement économique, et acquérir des équipements et matériels nécessaires à leur propre fonctionnement, il n'entre pas dans ses compétences d'acquérir des matériels de bureau affectés à l'usage des communes membres et il ne lui appartient pas de se constituer en centrale d'achats pour les fournitures et matériels de bureau des communes de son périmètre.

De même, si le Conseil d'Etat a admis que « aucun texte, ni aucun principe, n'interdit, en raison de sa nature, à une personne publique de se porter candidate à l'attribution d'un marché public ou d'une délégation de service public » (CE, avis, 8 novembre 2000, requête numéro 222208, Société Jean-Louis Bernard consultants : RFDA 2001, p. 112, concl. Bergeal ; AJDA 2000, p. 1066 et p. 987, chron. Collin et Guyomar ; Dr. adm. 2000, 249), les établissements publics doivent respecter le principe de spécialité (Rép. min. n° 08587 : JO Sénat Q 12 novembre 2009, p. 2647.- V. également CE Ass., 30 décembre 2014, requête numéro 355563, Société Armor SNC : AJDA 2015, p. 449, chron. Lessi et Dutheillet de Lamothe ; Contrats-Marchés publ. 2015, 36, note de Fournoux ; JCP A 2015, 2030, note Pauliat ; RFDA 2015, p. 57, concl. Dacosta.- CAA Lyon, 5 mars 2015, requête numéro 13LY03059, Régie des eaux de Grenoble).

Les établissements publics peuvent toutefois prendre en charge d'autres missions à condition qu'elles soient connexes ou annexes à leur mission principale. Il est nécessaire, cependant, que ces missions « soient techniquement et commercialement le complément naturel de sa mission statutaire principale, d'autre part, que ces activités soient à la fois d'intérêt général et directement utiles à l'établissement public » (CE, Avis, 7 juillet 1994, EDF -GDF : EDCE 1994, p.409).

Exemple :
- CAA Bordeaux, 25 novembre 2003, requête numéro 99BX01374, Toussaint : l'activité de promotion et de vente de produits artisanaux locaux par l'intermédiaire d'une SARL, dont une chambre des métiers est le principal associé, entre directement dans le champ de compétence de cet établissement public. La vente de ces produits constitue en effet un complément commercial naturel de la mission de promotion assurée par la chambre et sert nécessairement l'intérêt général du secteur des métiers comme celui particulier de l'établissement.

II – Organisation

Les établissements publics sont soumis à des régimes juridiques extrêmement diversifiés, ce qui tient au fait qu'il en existe de nombreuses catégories (établissements publics de coopération culturelle, établissements publics territoriaux, établissements publics à caractère scientifique et technologiques, etc.).

Toutefois, dans tous les cas de figure, on retrouve, au niveau de ces établissements, un organe délibérant et un organe exécutif.

La dénomination de l'organe délibérant varie en fonction de l'établissement public envisagé. Il peut être qualifié, selon les cas, de conseil d'administration, de conseil d'exploitation ou encore de comité de direction. L'objet de cet organe est de prendre des délibérations en vue de mettre en œuvre les compétences de l'établissement public. Cependant, si cette compétence apparaît très générale, elle est en réalité fortement restreinte par la collectivité de rattachement.

Exemple :
- L'article 14 du décret n°2015-138 du 10 février 2015 relatif aux missions et au statut de SNCF Mobilités, établissement public désormais chargé des activités d'exploitation des services de transport ferroviaire, précise que « le conseil

d'administration définit la politique générale de SNCF Mobilités et détermine les orientations du groupe que SNCF Mobilités constitue avec ses filiales … à ces fins, le conseil d'administration délibère sur toutes les affaires relatives à l'objet de l'établissement et, sans préjudice des compétences propres à leurs organes de gouvernance, sur celles de ses filiales qu'il estime d'intérêt significatif ». Selon le même article, cependant, le conseil d'administration doit agir dans le respect, notamment, du contrat d'objectifs conclu avec l'Etat lequel, selon l'article 5 du même décret « détermine les grandes orientations fixées par l'Etat à SNCF Mobilités »,

Comme pour l'organe délibérant, la dénomination de l'organe exécutif de l'établissement public varie, les termes de directeur et de président étant les plus employés. De même, le mode de nomination ainsi que les pouvoirs de l'organe exécutif ne sont pas les mêmes selon l'établissement public considéré. Ainsi, par exemple, les directeurs des établissements publics nationaux à caractère administratif sont nommés par décret, alors que les présidents d'université sont élus.

§ II – Autres personnes publiques spécialisées

Très longtemps, il n'a existé que trois catégories de personnes morales de droit public en droit interne : l'Etat, les collectivités territoriales et les établissements publics.

Cela n'implique pas, pourtant, que l'identification des personnes publiques soit toujours évidente, notamment lorsqu'il s'agit de qualifier un organisme d'établissement public. En l'absence de texte, c'est au juge qu'il appartiendra de déterminer si un organisme est une personne morale de droit public ou une personne morale de droit privé et plus précisément un établissement d'utilité public (TC, 9 décembre 1899, Association syndicale du canal de Gignac, préc.). Dans le silence de la loi, il utilisera un faisceau d'indices divers, dont l'utilisation n'est pas forcément empreinte de rigueur, prenant en compte notamment l'initiative de la création de l'organisme, l'existence de prérogatives de puissance publique, la nature de la mission exercée, les règles d'organisation et de fonctionnement, le degré de contrôle de l'administration.

Exemple :

-TC, 20 novembre 1961, Centre régional de lutte contre le cancer Eugène Marquis (Rec. p. 879) : si les centres régionaux de lutte contre le cancer assument une mission de service public et sont soumis par l'ordonnance du 1er octobre 1945 à un ensemble de règles d'organisation et de fonctionnement impliquant un contrôle étroit de l'administration sur divers aspects de leur activité, il résulte de l'ensemble des dispositions de cette ordonnance rapprochées des termes de l'exposé des motifs que le législateur a entendu conférer à ces centres le caractère d'établissements privés, qui était d'ailleurs celui de ce type d'établissements avant l'intervention des dispositions sus-rappelées ».

En outre, récemment, la jurisprudence a dégagé plusieurs nouveaux types de personnes publiques prenant en charge des activités de service public.

Il s'agit, tout d'abord, de la Banque de France. Dans un premier temps, le Tribunal des conflits a considéré, dans le silence de la loi, qu'il s'agissait d'une personne morale de droit public (TC, 16 juin 1997, requête numéro 03054, Société la Fontaine de Mars et a. c. Banque de France : Rec. p. 532 ; CJEG 1997, p. 363, concl. Arrighi de Casanova ; JCP

1998, I, 125, chron. Petit ; RFDA 1997, p. 823, concl. Arrighi de Casanova). Puis le Conseil d'Etat a précisé qu'il ne s'agissait pas d'un établissement public, mais d'une personne publique sui generis (CE, 22 mars 2000, requête numéro 203854, requête numéro 203855, requête numéro 104029, Syndicat national autonome du personnel de la Banque de France c. Banque de France : AJDA 2000, p. 410, Guyomard et Collin ; Dr. adm. 2000, n° 88.- V. dans le même sens : CE, 2 octobre 2002, requête numéro 240818, Banque de France et a. : AJDA 2002, p. 1345 ; RTD com. 2003, p. 282, Orsoni ; AJFP, n° 2, 2003, p. 7, obs. Lenica ; AJDA 2002, p. 1345, note Markus ; RFDA 2002, p. 1175, note Terneyre.- CE, 21 février 2003, requête numéro 237772, Fédération CFDT des syndicats de banques et sociétés financières : Dr. adm. 2003, 85, obs. G.L.C.- CE, 20 décembre 2006, requête numéro 292327, Comité central d'entreprise Banque de France.- CE, 11 mars 2011, requête numéro 316412, Banque de France). Cette solution se fonde principalement sur le fait que la Banque de France bénéficie d'une indépendance peu compatible avec le pouvoir de tutelle qui est exercé sur les établissements publics.

Ensuite en application de l'article 35 de la loi n°2006-450 du 18 avril 2006 de programme pour la recherche (JO 19 avril 2006) : « l'Institut de France ainsi que l'Académie française, l'Académie des inscriptions et belles-lettres, l'Académie des sciences, l'Académie des beaux-arts et l'Académie des sciences morales et politiques qui le composent sont des personnes morales de droit public à statut particulier placées sous la protection du Président de la République ».

Sont également concernés les groupements d'intérêt public, qui ont été créés par la loi n° 82-610 du 15 juillet 1982 et qui sont soumis à des régimes juridiques extrêmement diversifiés en fonction de la catégorie dont ils relèvent (il existe ainsi des groupements d'intérêt public dans les domaines de l'enseignement supérieur, des activités physiques et sportives, du mécénat, dans le secteur hospitalier, etc.). Plus précisément, ce sont des personnes morales de droit public regroupant à la fois des personnes publiques et privées et permettant de coordonner des actions d'intérêt général. Dans son arrêt du 14 février 2000, GIP habitat et interventions sociales pour les mal-logés et les sans-abris, le Tribunal des conflits a estimé que « le législateur a entendu faire des groupements d'intérêt public des personnes publiques soumises à un régime spécifique », qui sont donc clairement distinctes des établissements publics (requête numéro 03170 : Rec. p.748 ; AJDA 2000, p.465, chron. Guyomar et Colin ; JCP 2000, II, 10301, note Eveno ; AJFP juillet-août 2001, p.13, note Mekhantar ; LPA 4 janvier 2001, note Gégout et 21 juillet 2001, note Demaye ; Rev. trim. dr. com. 2000, p.602, obs. Orsoni). Il est à noter que les règles applicables aux personnels des groupements d'intérêt public ont été précisées par le décret n°2013-292 du 5 avril 2013 auquel renvoie l'article 109 de la loi n°2011-525 du 17 mai 2011 de simplification et d'amélioration de la qualité du droit.

Enfin, si les autorités administratives indépendantes ne bénéficient pas de la personnalité juridique, et ne sauraient par conséquent être considérées comme des personnes publiques sui generis, il en va autrement pour les autorités publiques indépendantes qui se singularisent au regard de la personnalité juridique qui leur est reconnue (V. supra p. 52).

Section II – Décentralisation territoriale

Il existe différentes catégories de collectivités territoriales. Ces collectivités peuvent faire l'objet de groupements et elles sont soumises au contrôle de légalité opéré par le représentant de l'Etat.

§ I – Les différents types de collectivités territoriales

Une typologie précise des collectivités territoriales est fournie par l'article 72 alinéa 1 de la Constitution. Selon cet article : « les collectivités territoriales de la République sont les communes, les départements, les régions, les collectivités à statut particulier et les collectivités d'outre-mer régies par l'article 74 ». Cet article permet ainsi de distinguer les collectivités territoriales de droit commun, d'une part, des collectivités à statut particulier et des collectivités d'outre-mer, d'autre part.

I – Collectivités territoriales de droit commun

Il existe trois niveaux de collectivités territoriales de droit commun : les communes, les départements et les régions.

A – Communes

Au premier janvier 2018, il existe 35228 communes en France, ce qui est beaucoup plus que dans les autres Etats de l'Union européenne.

Cet éparpillement est dû à la fois à l'origine historique de l'institution qui remonte à la fin du XII° siècle et à l'échec global des différentes tentatives qui ont tenté de faciliter les procédures de fusion de communes même si, comme on l'a mentionné, ce processus a été relancé avec un certain succès par la loi n°2015-292 du 16 mars 2015 relative à l'amélioration du régime de la commune nouvelle, pour des communes fortes et vivantes.

La forme actuelle de l'institution communale remonte à la loi du 5 avril 1884 qui a généralisé le principe de l'élection du maire qui était auparavant désigné par le gouvernement. Les règles applicables aux communes sont visées par les articles L. 2111-1 s. et R. 2211-1 s. du Code général des collectivités territoriales. Leur administration est assurée par deux organes distincts : le conseil municipal, qui est l'organe délibérant de la commune, et le maire qui est son organe exécutif.

1° Conseil municipal

On évoquera la question de la composition et de l'élection du conseil municipal avant d'étudier son fonctionnement et ses compétences.

a- Composition et élection

Le conseil municipal est élu pour 6 ans au suffrage universel direct et le nombre de sièges à pourvoir varie en fonction de l'importance de la commune : cela va de 7 sièges pour les communes de moins de 100 habitants, à 69 pour les communes de plus de 300 000 habitants (CGCT, art. L. 2121-2).

Des règles relatives à la limitation des cumuls des mandats ont été définies par la loi organique n°2000-294 du 5 avril 2000 et par la loi n°2000-295 du 5 avril 2000. En application de ce texte, une même personne ne peut exercer conjointement plus de deux mandats de membre d'une assemblée délibérante locale (V. Code électoral, art. L. 46-1). Par ailleurs, la loi n° 2014-126 du 14 février 2014 interdit le cumul de fonctions locales, à l'exception de celles de conseiller municipal dans les communes de moins de 1000 habitants, avec le mandat de représentant au Parlement européen.

Enfin, le mode de scrutin varie selon la population des communes. On écartera ici le cas particulier de Paris, Lyon et Marseille, qui disposent d'un statut particulier, avec un scrutin par secteurs constitués chacun d'un arrondissement à Paris et à Lyon et de deux arrondissements à Marseille. Pour ces collectivités territoriales à statut particulier, c'est un scrutin de liste à deux tours avec représentation proportionnelle qui s'applique.

Pour les autres communes, les règles applicables ont été redéfinies par la loi organique n°2013-402 et par la loi n°2013-403 du 17 mai 2013. Ces textes établissent une distinction concernant le mode de scrutin applicable entre les communes de plus de 1000 habitants et les communes de moins de 1000 habitants, alors que la loi distinguait auparavant les communes de plus de 3500 habitants et celles de moins de 3500 habitants (avec une sous-distinction établie entre les communes de plus de 2500 habitants, et celles dont la population est comprise entre 2500 et 3500 habitants). Cette évolution a notamment pour effet d'imposer la parité hommes femmes des listes pour toutes les communes de plus de 1000 habitants (CGCT, art. L. 2122-7-2). Si ces dispositions rendent plus difficile la constitution des listes, le Conseil constitutionnel a considéré qu'elles ne portent pas atteinte au principe de pluralisme des courants d'idées et d'opinion (CC, 16 mai 2013, numéro 2013-667 DC : AJDA 2013, p. 1021 ; D. 2013, p. 1282 ; Constitutions 2013, p. 376, note Wulfman ; RDP 2014, p. 207, chron. Rousseau, Gahdoun et Bonnet).

Pour les communes de moins de 1000 habitants, c'est un scrutin majoritaire plurinominal à deux tours qui s'applique (Code électoral, art. L. 252 s.). Les listes peuvent être incomplètes, c'est-à-dire qu'elles peuvent comporter moins de noms qu'il n'y a de sièges à pourvoir. Le vote peut être panaché et préférentiel, ce qui veut dire que les électeurs peuvent ne pas respecter l'ordre de présentation des listes et voter pour des candidats de listes différentes. En revanche, depuis l'entrée en vigueur de la loi du 17 mai 2013, il n'est plus possible de voter pour une personne qui ne s'est pas portée candidate (Code électoral, art. L. 255-4).

Il est important de relever que les suffrages sont décomptés individuellement par candidat et non par liste. Pour être élu au premier tour, le candidat doit recueillir la majorité absolue des suffrages exprimés - et non des votants (CE, 20 janvier 1984, requête numéro 50989, Elections municipales de Baron) - et un nombre de suffrages égal au quart de celui des électeurs inscrits. Un second tour est organisé pour le reste des sièges à pourvoir. Seuls peuvent se présenter les candidats présents au premier tour, sauf si le nombre de candidats au premier tour est inférieur au nombre de sièges à pourvoir (Code électoral, art. L. 255-3). Au second tour, la majorité relative suffit pour être élu. En cas d'égalité de suffrages, ce qui est une hypothèse plausible pour les plus petites communes, c'est le plus âgé des candidats qui est élu (Code électoral, art. L. 253.- V. par exemple CE, 29 octobre 2008, requête numéro 317868, Elections municipales de Plaine-Selve : AJDA 2009, p. 1311, chron. Liébert et Botteghi).

Pour les communes de plus de 1000 habitants c'est un scrutin proportionnel de liste avec prime majoritaire qui s'applique. Les listes doivent être complètes (V. par exemple CE, 28 juillet 1999, requête numéro 203205, Elections municipales de La Celle-Saint-Cloud : Rec. p. 254 ; AJDA 2000, p. 249, concl. Maugüé ; RFDA 1999, p. 1117, obs. Terneyre) et elles sont bloquées, ce qui veut dire que le panachage et le vote préférentiel sont interdits. Au premier tour, si une liste obtient la majorité absolue, c'est-à-dire plus de 50 % des suffrages exprimés, elle se voit attribuer automatiquement 50 % des sièges. L'autre moitié est alors répartie entre l'ensemble des listes qui ont obtenu plus de 5 % à la représentation proportionnelle à la plus forte moyenne, y compris celle qui a obtenu la majorité absolue.

Lorsqu'aucune liste n'a atteint la majorité absolue un second tour est organisé. Pour qu'une liste puisse se présenter au second tour, elle doit avoir obtenu au premier tour un nombre de voix au moins égal à 10 % des suffrages exprimés. Les listes peuvent être modifiées en incluant des candidats qui ont figuré au premier tour sur d'autres listes, dès lors que celles-ci ne se présentent pas au second tour et qu'elles ont obtenu au premier tour au minimum 5 % des suffrages exprimés. L'ordre de présentation des candidats peut alors être modifié.

Au second tour, la liste qui obtient la majorité relative des suffrages exprimés se verra attribuer automatiquement la moitié des sièges à pourvoir. Les sièges restants sont répartis entre les listes qui ont obtenu 5 % des suffrages exprimés à la représentation proportionnelle à la plus forte moyenne. Les sièges sont attribués aux candidats dans l'ordre de présentation sur chaque liste.

En cas de contestation de l'élection, c'est le tribunal administratif qui est compétent en premier ressort et le Conseil d'Etat, non pas en cassation mais en appel. Le recours est ouvert à tout électeur dans un délai de cinq jours, ainsi qu'au préfet dans un délai de quinze jours. Il faut relever que le tribunal administratif dispose d'un délai de trois mois pour statuer en cas de renouvellement général, à défaut de quoi il est dessaisi. Les parties intéressées et le préfet disposent alors d'un délai d'un mois pour saisir le Conseil d'Etat qui statuera en premier et dernier ressort (Code électoral, art. R. 119).

b- Fonctionnement

Le conseil municipal doit se réunir au moins une fois par trimestre. En conséquence, le maire peut réunir en séance le conseil municipal chaque fois qu'il le juge utile (CGCT, art. L. 2121-9), y compris pendant le mois d'août et alors même que les services de la mairie étaient fermés et que deux conseillers étaient absents pour cause de vacances (TA Amiens, 9 février 1988, Rec. tables, p. 195).

Le conseil municipal peut également être réuni suite à une demande motivée du préfet ou du tiers au moins des membres du conseil municipal en exercice dans les communes de 3 500 habitants et plus et par la majorité des membres du conseil municipal dans les communes de moins de 3 500 habitants. Il est à noter qu'au 1er mars 2020, le seuil de 3500 habitants sera abaissé à 1000 en application de l'article 82 de la loi NOTRe du 7 août 2015. Dans ce cas, le maire a l'obligation de convoquer le conseil municipal dans un délai maximal de 30 jours sous peine d'illégalité (CE, 5 mars 2001, requête numéro 230045, Saez : Rec. p. 117 ; Collectivités-Intercommunalité 2001, étude 10, concl. Touvet ; Dr. adm. 2001, 124).

Si, normalement, le lieu de réunion du conseil est la mairie, il peut être dérogé, à titre exceptionnel, à ce principe. Tel est le cas, par exemple, lorsque la salle du conseil de la mairie ne peut être occupée que par un nombre limité de personnes pour cause de travaux (CE, 1er juillet 1998, requête numéro 187491, Préfet de l'Isère). Ces règles ont d'ailleurs été assouplies par la loi n°2007-1787 du 20 décembre 2007 relative à la simplification du droit qui a complété l'article L. 2121-7 du Code général des collectivités territoriales en précisant que le conseil municipal « peut également se réunir et délibérer, à titre définitif, dans un autre lieu situé sur le territoire de la commune, dès lors que ce lieu ne contrevient pas au principe de neutralité, qu'il offre les conditions d'accessibilité et de sécurité nécessaires et qu'il permet d'assurer la publicité des séances ».

Les séances sont en principe publiques et elles sont présidées par le maire. Toutefois, le conseil municipal peut siéger à huis clos, Le huis clos peut être décidé, sur la demande de trois membres du conseil municipal ou du maire, sans débat, à la majorité absolue des membres présents ou représentés (CGCT, art. L. 2121-18). L'assemblée délibérante dispose d'un pouvoir discrétionnaire en la matière. En cas de recours, le juge de l'excès de pouvoir exerce un contrôle de l'erreur manifeste d'appréciation de la décision de siéger à huis clos (CE, 19 mai 2004, requête numéro 248577, Commune de Vincly : Rec. p. 236 ; AJDA 2004, p. 1767, note Hul, p. 610 ; BJCL 2004, p. 610, note Goulard ; JCPA 2004, 1418, note Moreau). Le conseil municipal peut décider du huis clos pour toute question relevant de la compétence ou des attributions du conseil (CE, 17 octobre 1986, requête numéro 74694, Commune de Saint-Léger-en-Yvelines : Rec. p. 378) y compris pour l'élection du maire ou de ses adjoints (CE, 28 janvier 1972, requête numéro 83128, Election du maire et d'un adjoint de Castetner : Rec. p. 87). En revanche, l'exécutif local ne saurait décider lui-même du huis clos (CE, 4 mars 1994, requête numéro 91179, Regoin : Rec. tables, p. 824).

L'article L. 2121-21 du Code général des collectivités territoriales prévoit par ailleurs la possibilité d'un vote à bulletins secrets lorsqu'un tiers des membres présents le réclame et lorsqu'il y a lieu de procéder à une nomination ou à une présentation. Sur cette question le Conseil constitutionnel a estimé qu'il n'existe pas un principe constitutionnel de publicité des séances et des votes lors des délibérations des assemblées locales (CC, 29 mai 2015, numéro 2015-471 QPC).

Les réunions du conseil municipal donnent lieu à l'adoption de délibérations votées à la majorité des suffrages exprimés. Les modalités de leur entrée en vigueur sont précisées par l'article L. 222-1 du Code des relations entre le public et l'administration.

Le conseil municipal établit son règlement intérieur. Pour les communes de moins de 3500 habitants - moins de 1000 habitants à partir du 1er mars 2020 - l'adoption d'un règlement intérieur n'est toutefois pas obligatoire. En revanche, l'assemblée délibérante doit nécessairement adopter un règlement intérieur pour les communes de 3500 habitants et plus (actuellement) dans les six mois qui suivent son installation (CGCT, art. L. 2121-8.- V. CE, 12 juillet 1995, requête numéro 155495, Commune de Simiane-Collongue).

Enfin, dans les communes d'une certaine importance, le conseil municipal crée des commissions auxquelles sont dévolues des tâches précises.

c- Compétences

Les conseils municipaux bénéficient d'une clause générale de compétence. En effet, d'après l'article L. 2121-29 du Code général des collectivités territoriales « le conseil municipal règle par ses délibérations les affaires de la commune ».

Le Conseil municipal vote le budget et les taux d'imposition locale, il créée et organise les services publics locaux dans les limites prévues par la loi, il gère le domaine de la commune. Il peut également formuler des avis et émettre des vœux sur tous les objets d'intérêt local.

La commune exerce de nombreuses compétences même si, on le verra, certaines d'entre elles sont aujourd'hui transférées aux intercommunalités. Ces compétences concernent notamment l'urbanisme, la planification, le logement, l'action sociale ou encore l'éducation avec la création et l'entretien des écoles primaires et maternelles.

La loi n°2014-58 du 27 janvier 2014 a par ailleurs voulu faire des communes – ainsi que des établissements publics de coopération intercommunale en fonction des compétences qui leur ont été transférées- le chef de file dans quatre domaines : la mobilité durable, l'organisation des services de proximité, l'aménagement de l'espace et le développement local (CGCT, art. L. 1111-9, IV).

2° Maire

On évoquera la question de l'élection du maire avant d'étudier ses compétences dans le cadre de ses fonctions d'agent de la commune.

a- Election

Le maire est élu par le conseil municipal après les élections municipales, au scrutin majoritaire à trois tours, les deux premiers à la majorité absolue, le dernier à la majorité relative. En général, il est élu suite au renouvellement général du conseil municipal, au cours de la première réunion du conseil municipal qui se tient de plein droit au plus tôt le vendredi et au plus tard le dimanche suivant le tour de scrutin à l'issue duquel le conseil a été élu au complet (CGCT, art. L. 2121-7).

La loi organique n°2000-294 du 5 avril 2000 et la loi n°2000-295 du 5 avril 2000 ont limité les possibilités de cumul des mandats électoraux. En application de ces textes, les fonctions de maire, de président d'un conseil départemental, de président d'un conseil régional sont incompatibles entre elles (CGCT, art. L. 2122-4). Par ailleurs, la loi organique n° 2014-125 du 14 février 2014 interdit le cumul de fonctions exécutives locales avec le mandat de député ou de sénateur (Code électoral, art. LO 141-1 et LO 297). La loi n° 2014-126 du 14 février 2014 prévoit également une interdiction du cumul concernant le mandat de député européen (L. n°77-729 du 7 juillet 1977, art. 6-3, II).

En principe, le maire est essentiellement l'exécutif du conseil municipal lequel joue donc, d'après les textes, un rôle prépondérant. Cependant, dans la pratique, on observe une prééminence du maire sur le conseil municipal qui s'explique pour trois raisons essentielles. Tout d'abord, en votant pour une liste, les électeurs votent davantage pour un maire - en tête de liste- que pour un conseil municipal. Ensuite, le mode de scrutin utilisé pour l'élection du conseil municipal favorise la liste arrivée en tête ce qui fait que dans la plupart des communes, l'opposition ne pourra pas efficacement s'opposer à la majorité.

Enfin, il n'existe pas de responsabilité politique du maire devant son conseil municipal. En cas de désaccord, la seule solution consiste pour un tiers au moins des conseillers municipaux à présenter leur démission. Dans ce cas, de nouvelles élections municipales devront être organisées.

Le maire est assisté d'adjoints qui sont souvent affectés à des tâches précises (transport, urbanisme, finances, culture...). Ils sont élus au sein du conseil municipal et ils ne disposent que d'une délégation de signature. Ils sont également, comme le maire, des agents de l'Etat lorsqu'ils agissent comme officiers d'état civil ou comme officiers de police judiciaire.

b- Compétences

Le maire est à la fois agent de l'Etat et agent de la commune, et dans le cadre de cette seconde fonction, il exerce quatre missions principales.

En tant qu'exécutif de la commune, il est chargé de préparer et d'exécuter les délibérations du conseil municipal. Il va également gérer le budget de la commune et exercer certaines compétences qui lui ont été déléguées par le conseil municipal, notamment en matière contractuelle et pour la réalisation des emprunts.

Le maire exerce également des attributions propres, notamment en tant qu'autorité de police administrative dans le cadre de la commune. Notons également que depuis la loi n°2007-297 du 5 mars 2007, le maire est associé à la prévention de la délinquance. A ce titre, il anime, sur le territoire de la commune, la politique de prévention de la délinquance et en coordonne la mise en œuvre. Il peut aussi convenir avec l'Etat ou les autres personnes morales intéressées des modalités nécessaires à la mise en œuvre des actions de prévention de la délinquance (Code de la sécurité intérieure, art. L. 132-1 s.).

Il dirige les services municipaux et il est le chef du personnel communal.

En matière d'urbanisme, il est compétent pour délivrer les permis de construire au nom de la commune lorsque la commune est couverte par un plan local d'urbanisme.

Enfin, le maire peut déléguer une partie de ses attributions à ses adjoints.

B – Départements

Il existe actuellement 101 départements dont le statut, en tant que collectivités territoriales est régi par les articles L. 3111-1 s. et R. 3111-1 s. du Code général des collectivités territoriales. Comme pour les communes, la gestion des départements est confiée à deux organes distincts : le conseil départemental, qui est l'organe délibérant du département, et le président du conseil départemental qui est son organe exécutif.

1° Conseil départemental

On évoquera d'abord les modalités d'élection et de fonctionnement du conseil départemental avant d'étudier ses attributions.

a- Election

L'ancienne appellation de conseil général s'expliquait par le fait que les conseils généraux étaient, avant l'apparition d'un échelon régional, la plus haute assemblée locale. C'est la loi du 28 pluviôse an VIII qui a désigné pour la première fois l'assemblée départementale par cette appellation. Elle a toutefois finalement été remplacée par l'appellation de conseil départemental par la loi n°2013-403 du 17 mai 2013.

A l'origine, les conseillers généraux étaient élus au suffrage universel uninominal direct à deux tours, dans le cadre des cantons. Les mandats des conseillers généraux étaient de six ans, mais la moitié des sièges étaient renouvelés tous les trois ans.

La loi n°2010-1563 du 16 décembre 2010 de réforme des collectivités territoriales avait prévu de modifier les règles anciennement en vigueur en créant un nouveau type d'élu : aux élections d'avril 2014 les conseillers régionaux et les conseillers généraux devaient être remplacés par des conseillers territoriaux élus pour six ans pour siéger dans les conseils généraux et dans les conseils régionaux. Ils devaient être élus au scrutin uninominal majoritaire à deux tours dans le cadre des cantons. Le seuil nécessaire pour être présent au second tour était fixé à 12,5 % des électeurs inscrits.

Ces dispositions de la loi du 16 décembre 2010 ne sont toutefois jamais entrées en vigueur. Il a été prétendu que si elles permettaient de réduire le nombre de mandats locaux, elles risquaient de conduire les élus à privilégier leur territoire d'élection et à ne considérer la région que comme un guichet dispensateur de subventions. Ainsi, le mode d'élection défini par la loi du 16 décembre 2010 aurait pu constituer un frein à l'émergence de véritables identités régionales, ce qui est pour le moins incertain.

La loi n° 2013-403 du 17 mai 2013 a donc établi un nouveau mode de scrutin. Désormais, deux conseillers départementaux sont élus dans chaque canton au scrutin binominal à deux tours. Les candidats doivent obligatoirement se présenter en binôme composé d'une femme et d'un homme. Les conseillers départementaux sont toujours élus pour six ans mais ils sont désormais renouvelés en intégralité. Pour être élu au premier tour, un binôme doit recueillir à la fois la majorité absolue et le quart des électeurs inscrits. Si aucun des binômes ne l'emporte au premier tour, un second tour est organisé. Sont alors autorisés à se présenter les binômes ayant obtenu au moins 12,5% des voix des électeurs inscrits. Toutefois, le binôme qui a recueilli le plus de suffrages, après le binôme remplissant les conditions, peut se maintenir, ou les deux si aucun ne remplit les conditions requises. Au second tour, la majorité relative suffit pour être élu (Code électoral, art. L. 210-1).

b- Fonctionnement

Le conseil départemental se réunit au moins une fois tous les trois mois. Il établit son règlement intérieur.

L'assemblée délibérante comprend également un certain nombre de commissions qui sont chargées de préparer les décisions. Même s'il existe de nombreuses variantes d'un département à un autre, le conseil départemental comprend fréquemment au moins quatre commissions dans les domaines des finances, de l'aménagement et du développement rural, de l'éducation et des affaires sociales.

Il comprend également une commission permanente dont les membres sont élus à la représentation proportionnelle sur des listes composées alternativement de d'un candidat de chaque sexe, sans panachage ni vote préférentielle. Cette commission est composée de quatre à quinze vice-présidents, sous réserve que le nombre de ceux-ci ne soit pas supérieur à 30 % de l'effectif du conseil, et éventuellement d'un ou plusieurs autres membres (CGCT, art. L. 3122-4). A la différence des commissions spéciales, la commission permanente est un organe exécutif compétent pour délibérer dans les matières qui lui sont déléguées par l'assemblée délibérante locale. Son existence se justifie du point de vue de l'efficacité et du principe de continuité du service public. Elle a pour mission de trancher des questions qui relèvent de la compétence du conseil, à l'exception des questions budgétaires, ainsi que toute autre question que le conseil lui aura déléguée (CGCT, art. L. 3211-2.- sur l'étendue des délégations V. CE, mars 2010, requête numéro 325255, Réseau ferré de France : BJCL 2010. 262, concl. Bourgeois-Machureau).

La loi n°82-213 du 2 mars 1982 avait également prévu la création d'un bureau qui exerçait les compétences de la commission permanente, avant l'institution de celle-ci par la loi n°92-125 du 6 février 1992. Aujourd'hui, le bureau subsiste mais il n'a plus de fonctions délibératives, celles-ci étant désormais exercées par la commission permanente. Toutefois l'expression est encore souvent utilisée pour désigner la réunion collégiale de l'exécutif départemental ou régional.

Le conseil départemental prend des délibérations à la majorité des suffrages exprimés. Il peut s'agit soit de décision unilatérales soit d'avis. Même si l'article L. 3211-1 du Code général ne le prévoit pas expressément, le conseil départemental peut également émettre des vœux sur tous les objets d'intérêt local, sur des objets à caractère politique et sur des objets qui relèvent de la compétence d'autres personnes publiques.

Exemple :
-CE, 30 décembre 2009, requête numéro 308514, Département du Gers (AJDA 2010, p. 734, note Verpeaux : est légale la délibération du conseil général du Gers exprimant l'opposition de l'assemblée départementale à la culture des organismes génétiquement modifiés.

c- Attributions

Dans le but de rationaliser et de clarifier la répartition des compétences entre les collectivités territoriales, la loi n°2010-1563 du 16 décembre 2010, prévoyait que les conseils généraux - mais également les conseils régionaux - ne devaient plus bénéficier, à partir du 1er janvier 2015, d'une clause générale de compétence : ils ne devaient plus être compétents, en principe, que dans les matières qui leur étaient expressément dévolues par une loi. La clause générale de compétence devait en revanche être maintenue pour les communes.

Le Conseil constitutionnel, devant lequel la loi a été déférée, a pu préciser que la clause générale de compétence des départements ne constituait pas un principe fondamental reconnu par les lois de la République qui aurait pu trouver sa source dans la loi du 10 août 1871 relative aux conseils généraux (CC, 9 décembre 2010, numéro 2010-618 DC, Loi de réforme des collectivités territoriales : Rec CC, p. 367 ; AJDA 2011, p.99). En revanche, il n'a pas pu se prononcer sur le cas des régions, dès lors qu'elles ont été créées après 1946, date de référence pour la création des principes fondamentaux reconnus par les lois de la République (sur ces principes V. infra p. 136 s.). Ainsi, la suppression de la clause générale de compétence - au moins pour les départements et les régions - ne portait pas atteinte à des principes constitutionnellement reconnus.

Les effets de la disparition de la clause de compétence générale des conseils généraux devaient toutefois être relativisés. En effet, la loi prévoyait que le conseil général, comme le conseil régional, pouvait « par délibération spécialement motivée, se saisir de tout objet d'intérêt départemental (ou régional) pour lequel la loi n'a donné compétence à aucune autre personne publique ».

Si ce semi-abandon de la clause générale de compétence était assez largement critiqué, cette réforme n'est toutefois jamais entrée en vigueur, la loi n° 2014-58 du 27 janvier 2014 de modernisation de l'action publique territoriale et d'affirmation des métropoles rétablissant la clause générale de compétence pour les départements et pour les régions.

Mais à peine cette loi avait-t-elle été promulguée que le gouvernement a opéré un volte-face en lançant un nouveau projet de réforme dont l'un des objectifs consistait - une nouvelle fois - à supprimer la clause générale de compétence pour les départements et les régions. C'est cette réforme qui a été opérée par les articles 1 et 94 de la loi NOTRe du 9 août 2015.

L'abandon de la clause générale de compétence, et donc la spécialisation de ces compétences, a pour conséquence paradoxale de rapprocher les régions et les départements des établissements publics, lesquels sont régis par le principe de spécialité et n'exercent qu'une compétence d'attribution. Toutefois, la loi NOTRe, si elle retire certaines compétences aux départements, n'en a pas moins conféré de nouvelles attributions aux régions. De fait, l'abandon de la clause générale de compétence a contraint le législateur a définir plus précisément les compétences attribuées aux départements et aux régions, mais également, pour ces dernières, à les étoffer.

Relevons également que la loi MAPTAM n°2014-58 du 27 janvier 2014 a désigné le département comme « chef de file » en matière sociale, de contribution à la résorption de la précarité énergétique, en matière d'autonomie des personnes et de solidarité des territoires, ce qui conforte le rôle qui lui est traditionnellement accordé dans ces domaines (CGCT, art. L. 1111-9, III). Les départements consacrent ainsi plus de la moitié de leur budget à l'action sociale.

Mais dans le cadre de ses missions, le chef de file est seulement chargé « d'organiser les modalités de l'action commune ». En effet, il ne dispose pas de pouvoir de contrainte à l'égard des autres collectivités territoriales, ce qui serait contraire au principe énoncé par l'article 72 alinéa 5 de la Constitution qui prévoit que « aucune collectivité territoriale ne peut exercer une tutelle sur une autre ». L'intérêt du recours à cette notion paraît donc devoir être relativisé, et cela d'autant plus que les différents domaines visés par la loi du 27 janvier 2014 et relevant d'un chef de file sont formulés de façon assez vague et peuvent se recouper (c'est le cas par exemple pour la compétence d'aménagement et de développement durable dévolue à la région et celle d'aménagement de l'espace dévolue à la commune).

Par ailleurs, la loi du 27 janvier 2014 a créé une conférence territoriale de l'action publique, présidée par le président du conseil régional qui est chargée de débattre « des modalités de l'action commune des collectivités territoriales et de leurs groupements pour l'exercice des compétences » relevant d'un chef de file (CGCT, art. L. 1111-9-1 V). Ce sont les élus de cette nouvelle instance présidée par le préfet de région - et non pas les chefs de file - qui devront définir une stratégie territoriale dans le cadre d'un schéma régional de développement révisable tous les cinq ans (CGCT, art. L. 1111-9-1-1).

Conformément à la loi NOTRe n°2015-991 du 7 août 2015, certaines compétences ont été retirées aux départements. Ainsi, la plupart des interventions dans le domaine économique, ainsi que les compétences dans le domaine des transports non urbains et des déchets non dangereux relèvent désormais de la région.

Comme le précisait déjà un rapport sénatorial déposé le 25 mai 2010 (Un nouvel atout pour les collectivités territoriales : la mutualisation des moyens, rapport d'information numéro 495, 2009-2010), le département est d'abord conçu comme un échelon de la solidarité territoriale. Cette compétence s'exprime d'abord à l'égard des personnes en difficulté, par exemple par la prise en charge du revenu de solidarité active qui constitue aujourd'hui une part importante des dépenses des départements. Elles concernent également des actions en faveur des territoires ruraux. Dans ce domaine, si la loi NOTRe a spécialisé les compétences du département en matière d'aide au développement des territoires (par exemple en matière d'aide à l'équipement rural) elle a en revanche élargi ses compétences en matière d'assistance technique à destination des communes et des EPCI qui ne disposent pas de moyens techniques suffisants (CGCT, art. L. 3232-1-1). Il conserve également des compétences limitées en matière de grands équipements, voirie et transports, même si sur ce dernier point la loi NOTRe organise le transfert progressif à la région des services non urbains réguliers et à la demande de transports.

Il faut aussi rappeler que la loi n°2004-809 du 13 août 2004 a transféré 20 000 kilomètres de routes nationales aux départements, ce qui a conduit au transfert d'une grande partie des personnels des directions départementales de l'équipement, c'est-à-dire des services déconcentrés du ministère du Transport et de l'Equipement. Si le projet de loi NOTRe prévoyait le transfert de la voirie départementale aux régions, ce point n'a finalement pas été adopté.

Enfin, le département exerce des compétences en matière d'environnement, dans le domaine de la culture et de l'enseignement. Sur ce dernier point, le département est chargé de la construction et de l'entretien des collèges et depuis la loi susvisée du 13 août 2004, les personnels techniques, ouvriers et de service des collèges lui ont été transférés (V. sur ce point R. Allemand, P. Tifine, Le transfert aux collectivités territoriales des personnels techniques et ouvriers de service de l'éducation nationale : l'analyse des questions statutaires : AJDA 2006, p. 126).

2° Président du conseil départemental

Les fonctions de président du conseil départemental sont incompatibles avec un mandat de député ou de sénateur depuis l'entrée en vigueur de la loi organique n°2014-125 du 14 février 2014 (Code électoral, art. LO 141-1). De même, ces fonctions sont incompatibles avec l'exercice d'une autre fonction exécutive local : président d'un conseil régional, maire, président du conseil de la métropole de Lyon (CGCT, art. L. 3122-3). Notons, en revanche, que rien n'interdit à un président de conseil départemental d'être également président d'un EPCI à fiscalité propre ou bien conseiller communautaire

Le président du conseil départemental est élu par l'assemblée délibérante à la majorité absolue des suffrages exprimés aux deux premiers tours et à la majorité relative au troisième. Depuis les élections départementales de 2015 il est élu pour six ans lors de la réunion de droit qui suit chaque renouvellement général (CGCT, art. L. 3122-1). Il n'est donc plus question, comme auparavant, d'un renouvellement partiel tous les trois ans, ce qui conduisait à organiser à chacun de ces renouvellements l'élection du président du conseil général.

En tant qu'organe exécutif du département, le président du conseil départemental prépare et exécute les délibérations du conseil. Il est également l'ordonnateur des dépenses du département et, chaque année, il doit rendre compte au conseil de la situation du département.

Il est aussi le chef des services du département et il gère le domaine du département.

Par souci d'efficacité, il peut déléguer l'exercice d'une partie de ses fonctions aux vice-présidents, mais lui-même peut bénéficier de délégations de la part de l'assemblée délibérante.

C – Régions

Depuis l'entrée en vigueur de la loi n°2015-29 du 16 janvier 2015, le nombre de régions en métropole est passé de vingt-deux à treize, en comptant la Corse. Leur statut est régi par les articles L. 4111-1 s. et R. 4111-1 s. du Code général des collectivités territoriales. Comme pour les communes et les départements la gestion des régions est confiée à deux organes distincts : le conseil régional, qui est l'organe délibérant de la région, et le président du conseil régional qui est son organe exécutif.

1° Conseil régional

On évoquera successivement l'élection, le fonctionnement et les compétences du conseil régional.

a- Election

Les conseillers régionaux sont élus tous les six ans dans le cadre de la circonscription régionale. Le mode de scrutin défini par la loi n°2003-327 du 11 avril 2003 combine les règles du scrutin majoritaire et de la représentation proportionnelle, en s'inspirant fortement du mode de scrutin de liste à deux tours de l'élection des conseillers municipaux dans les communes de plus de 1000 habitants. En effet, il s'agit d'un scrutin de liste à deux tours, avec représentation proportionnelle à la plus forte moyenne, sans panachage ni vote préférentiel, avec une prime majoritaire (Code électoral, art. L. 336 s.).

Dans le cadre de cette élection, qui permet aujourd'hui de dégager des majorités plus stables, la prime majoritaire attribuée à la liste ayant obtenu la majorité absolue des suffrages exprimés au premier tour ou la majorité relative au second est égale au quart du nombre des sièges à pourvoir. Par ailleurs, seules les listes ayant obtenu au moins 10% des suffrages exprimés peuvent se maintenir, et éventuellement fusionner avec les listes ayant obtenu au moins 5% des suffrages. En revanche, les listes qui n'ont pas obtenu au moins 5 % des suffrages exprimés ne sont pas admises à la répartition des sièges.

Comme on l'a évoqué plus haut, ces règles auraient dû évoluer avec l'élection de conseillers territoriaux représentant à la fois le département et la région, mais ce dispositif a finalement été abrogé par la loi n°2013-403 du 17 mai 2013.

Les sièges attribués à chaque liste sont répartis entre les sections départementales qui la composent au prorata des voix obtenues par la liste dans chaque département. Une fois que cette attribution est opérée, les sièges restant à attribuer sont répartis entre les sections départementales selon la règle de la plus forte moyenne. Ces dispositions, qui figurent à l'article L. 338-1 du Code électoral, ont été complétées par la loi n°2015-29 du 16 janvier 2015. Le législateur a voulu s'assurer que le regroupement des régions n'ait pas pour conséquence une sous-représentation de certains départements les composant. Plusieurs correctifs ont donc été prévus, complétant les dispositions de l'article L. 338-1. Par exemple, si après la répartition des sièges un département dont la population est inférieure à 100 000 habitants ne compte pas au moins deux conseillers régionaux, un ou plusieurs sièges attribués à la liste arrivée en tête au niveau régional seront réattribués à la ou aux sections départementales de cette liste afin que chaque département dispose de deux sièges au moins.

b- Fonctionnement

Les conseils régionaux respectent globalement les mêmes règles de fonctionnement que les conseils généraux : réunions plénières au moins une fois par trimestre ; information des conseillers régionaux assurée par un rapport sur chacune des affaires à débattre adressée au moins douze jours avant la séance ; séances ouvertes au public, etc.

Le conseil régional établit son règlement intérieur, il désigne des commissions, mais également une commission permanente qui est une émanation du conseil régional et qui est composée du président et des vice-présidents (entre 4 et 15 dans la limite de 30 % de l'effectif) ainsi que d'un ou plusieurs autres membres.

Le président du conseil régional peut déléguer l'exercice de certaines de ses attributions aux membres de la commission permanente. Doit également être mentionné le bureau du conseil régional qui est formé du président, des vice-présidents et, le cas échéant, des membres de la commission permanente qui ont reçu une délégation.

c- Attributions

Les champs d'intervention des conseils régionaux ont été définis par l'article 59 de la loi de décentralisation du 2 mars 1982 : « l'institution régionale a compétence pour promouvoir le développement économique et social, sanitaire, culturel et scientifique de son territoire et pour assurer la préservation de son identité, dans le respect de l'intégralité, de l'autonomie et des attributions des départements et des communes ».

Si les régions ne sont devenues des collectivités territoriales qu'à partir de la loi n°82-213, du 2 mars 1982, les réformes successives, jusqu'à la récente loi NOTRe n°2015-791 du 7 août 2015, ont renforcé considérablement leurs compétences, et cela en dépit de l'abandon de la clause générale de compétence dont elles disposaient avant l'entrée en vigueur de cette loi.

La loi n°2014-58 du 27 janvier 2014 avait déjà précisé que la région est chef de file dans un certain nombre de domaines. L'article L 1111-9 du Code général des collectivités territoriales, modifié en dernier lieu par la loi n°2017-256 du 28 février 2017 vise ainsi : l'aménagement et le développement durable du territoire ; la protection de la biodiversité ; le climat, la qualité de l'air et l'énergie ; la politique de la jeunesse ; l'intermodalité et à la complémentarité entre les modes de transports et notamment l'aménagement des gares ; le soutien à l'enseignement supérieur et à la recherche.

La région joue principalement un rôle important en matière d'interventions économiques, mais les moyens considérables dont elle est dotée lui permettent également d'investir d'autres domaines. Avant l'entrée en vigueur de la loi NOTRe, elle était déjà compétente, en dehors des questions liées au développement économique, en matière d'aménagement du territoire, de formation professionnelle, de gestion des lycées et de transports. La loi MAPTAM du 27 janvier 2014 lui avait également confié l'aménagement numérique. Ces compétences ont été élargies et reformulées par la loi NOTRe qui a modifié les dispositions de l'article L. 4433-1 du Code général des collectivités territoriales.

Désormais, la région est compétente pour promouvoir le développement économique, social, sanitaire, culturel et scientifique de la région. Elle est également compétente pour soutenir l'accès au logement et à l'amélioration de l'habitat, la politique de la ville et la rénovation urbaine, les politiques d'éducation et l'aménagement de son territoire, ainsi que pour assurer la préservation de son identité et la promotion des langues régionales. Si ces compétences doivent être exercées « dans le respect de l'intégrité, de l'autonomie et des attributions des départements et des communes », et en dépit de la suppression de la clause générale de compétence, le choix d'une formulation large laisse un très grand champ d'action à la collectivité territoriale régionale.

En matière économique, la loi du 13 août 2004 prévoyait que la région « coordonne sur son territoire les actions de développement économique des collectivités territoriales et de leurs groupements » (CGCT, art. L. 1511-1). Désormais, depuis l'entrée en vigueur de la loi NOTRe, l'article L. 4251-12 du Code général des collectivités territoriales, précise que « la région est la collectivité territoriale responsable, sur son territoire, de la définition des orientations en matière de développement économique ». Cette primauté régionale s'affirme de plusieurs façons. Si la loi MAPTAM avait voulu faire de la région un chef de file en matière de développement économique, la loi NOTRe lui attribue une compétence quasi-exclusive dans ce domaine. Plus précisément la région est compétente en matière d'aides aux entreprises ainsi qu'en matière de coordination des activités économiques. Concernant ce second point, comme le précise, l'article L. 4521-13 du Code général des collectivités territoriales, la région élabore un Schéma régional de développement économique d'innovation et d'internationalisation (SRDEII) qui a pour objet de définir « les orientations en matière d'aides aux entreprises, de soutien à l'internationalisation et d'aides à l'investissement immobilier et à l'innovation des entreprises, ainsi que les orientations relatives à l'attractivité du territoire régional ». Il vise également à organiser, sur le territoire régional, la complémentarité des actions menées par la région en matière d'aides aux entreprises avec les actions menées par les collectivités territoriales et leurs groupements.

La loi NOTRe a aussi voulu clarifier la répartition des compétences en matière d'aides aux entreprises. Le conseil régional est seul compétent pour définir les régimes d'aides et pour décider de l'octroi des aides aux entreprises dans la région en vue de la création ou de l'extension d'activités économiques. Dans le cadre d'une convention passée avec la région, la métropole de Lyon, les communes et leurs groupements peuvent toutefois participer au financement des aides et des régimes d'aides mis en place par la région. Ces aides revêtent la forme de prestations de services, de subventions, de bonifications d'intérêts, de prêts et d'avances remboursables, à taux nul ou à des conditions plus favorables que les conditions du marché (CGCT, art. L. 1511-2). Les communes et les EPCI à fiscalité propre sont seules compétents pour définir les aides ou les régimes d'aides et décider de l'octroi de ces aides sur leur territoire en matière d'investissement immobilier des entreprises et de location de terrains ou d'immeubles. Ces aides revêtent la forme de subventions, de rabais sur le prix de vente, de location ou de location-vente de terrains nus ou aménagés ou de bâtiments neufs ou rénovés, de prêts, d'avances remboursables ou de crédit-bail à des conditions plus favorables que celles du marché. Rappelons également que le département n'exerce plus que des compétences résiduelles en matière économique mais qu'il existe des possibilités de délégation entre la région et le département ainsi qu'entre la région et le bloc communal.

En matière d'aménagement du territoire et de planification, la région élabore un schéma régional et d'aménagement durable et d'égalité des territoires (SRADDET) dont l'objet est de fixer les orientations à moyen terme du développement durable du territoire régional (CGCT, art. L. 4251-1). Dans un souci de simplification, le SRADDET se substitue à plusieurs schémas préexistants qui intègrent des problématiques environnementales, notamment le schéma régional climat air énergie, le schéma régional de l'intermodalité le plan régional de prévention de gestion des déchets et, depuis l'ordonnance n°2016-1028 du 27 juillet 2016, le schéma de cohérence écologique.

La loi n°82-213 du 2 mars 1982 dont l'article 59, 5° est aujourd'hui codifié à l'article L. 4111-2 du Code général des collectivités territoriales précise par ailleurs que « la région peut passer des conventions avec l'Etat ou d'autres collectivités territoriales ou leurs groupements pour mener avec eux des actions de leurs compétences ». Plus précisément, l'article 11 de la loi n°82-653 du 29 juillet 1982 a prévu que « le contrat de plan conclu entre l'Etat et la région définit les actions que l'Etat et la région s'engagent à mener conjointement par voie contractuelle ». Les contrats de projets Etat-régions (CPER) avaient remplacé les contrats de plan pour la période 2007-2013, ce qui paraissait une conséquence logique de la disparition de la planification nationale. Pourtant, de façon assez inexplicable, pour la période 2014-2020, c'est à nouveau la dénomination de contrat de plan Etat-régions qui a été choisie. Ces nouveaux contrats portent sur cinq objectifs prioritaires : l'enseignement supérieur et la recherche ; l'innovation, les filières d'avenir et l'usine du futur ; la couverture du territoire en très haut débit et le développement des usages du numérique ; la transition écologique et énergétique ; les mobilités multimodales. Concrètement, les contrats de plan formalisent les engagements de l'Etat vis-à-vis des collectivités territoriales pour les objectifs qui ont été arrêtés. Il est à noter que si le Conseil d'Etat a considéré que ces contrats sont des contrats administratifs (CE Ass., 8 janvier 1988, requête numéro 74361, Ministre chargé du plan et de l'Aménagement du territoire c/ Communauté urbaine de Strasbourg : Rec. p.3 ; AJDA 1988, p. 137, chron. Azibert et de Boisdeffre ; JCP G 1988, II, 21084, note Drago : Rev. adm. 1988, p.146, 146, note Terneyre ; RFDA 1988, p. 25, concl. Daël) il a toutefois estimé qu'il « n'emporte, par lui-même, aucune conséquence directe quant à la réalisation effective des actions ou opérations qu'il prévoit » (CE, 25 octobre 1996, requête numéro 169557, Association Estuaire – Ecologie : Rec. p. 415 ; RFDA 1997, p. 339, concl. Stahl, note Madiot).

En matière d'éducation, de formation professionnelle et de culture, la région a la charge de nombreuses missions. En particulier elle assure la construction, l'entretien, l'équipement et le fonctionnement des lycées. Depuis la loi du 13 août 2004, la région a la possibilité de devenir propriétaire des locaux et elle est responsable du recrutement et de la gestion des personnels non enseignant de ces établissements. Notons également que la loi NOTRe n°2015-991 du 7 août 2015 a organisé le transfert, à compter de la rentrée scolaire 2017, de la compétence en matière de transports scolaires des départements vers la région. Par ailleurs, depuis l'entrée en vigueur de la loi n°2014-288 du 5 mars 2014, la région a la responsabilité de la politique de formation professionnelle de tous les publics, ce qui exclut seulement la formation professionnelle initiale, compétence de l'Etat, et celle des salariés dont la responsabilité de la formation relève des partenaires sociaux.

Parmi les nombreuses autres compétences exercées par les régions, on peut enfin mentionner celle qu'elle exerce désormais, depuis l'entrée en vigueur de la loi NOTRe, en matière de gestion des déchets non dangereux.

La région joue également un rôle important en matière de coordination de l'action des collectivités territoriales. La loi du 16 décembre 2010 de réforme des collectivités territoriales avait créé un nouvel article L. 1111-9-I du Code général des collectivités territoriales qui permettait au président du conseil régional et aux présidents des conseils généraux des départements de la région d'élaborer conjointement, afin de faciliter la clarification des interventions publiques sur le territoire de la région et de rationaliser l'organisation des services, un projet de schéma d'organisation des compétences et de mutualisation des services. Ce schéma devait notamment fixer les délégations de compétences de la région aux départements et des départements à la région. Dans tous les cas, les compétences déléguées étaient exercées au nom et pour le compte des collectivités territoriales délégantes.

La loi du 27 janvier 2014 est allée plus loin dans cette volonté de coordination. Elle créée une conférence territoriale de l'action publique qui « est chargée de favoriser un exercice concerté des compétences des collectivités territoriales, de leurs groupements et de leurs établissements publics » (CGCT, art. L. 1111-9-1-I). Elle aboutit à la conclusion de « conventions territoriales d'exercice concerté d'une compétence » qui fixent les objectifs de rationalisation et les modalités de l'action commune pour chacune des compétences concernées (CGCT, art. L. 1111-9-1-V).

2° Président du conseil régional

Les fonctions de président du conseil régional sont incompatibles avec un mandat de député ou de sénateur depuis l'entrée en vigueur de la loi organique n°2014-125 du 14 février 2014 (Code électoral, art. LO 141-1). De même, ces fonctions sont incompatibles avec l'exercice d'une autre fonction exécutive locale : président d'un conseil départemental, maire, président du conseil de la métropole de Lyon (CGCT, art. L. 4133-3).

Le conseil régional élit son président lors de la réunion de droit qui suit chaque renouvellement (CGCT, art. L. 4133-1). La première réunion du conseil régional se tient de plein droit le premier vendredi qui suit son élection (CGCT, art. L. 4132-7). Comme les conseillers régionaux, le président du conseil régional est donc élu pour 6 ans, au scrutin majoritaire à trois tours, à la majorité absolue aux deux premiers tours, à la majorité absolue au troisième.

Il exerce à son niveau des compétences qui sont similaires à celles exercés dans le département par le président du Conseil général.

II – Collectivités à statut particulier et collectivités d'outre-mer

Les collectivités territoriales à statut particulier s'opposent aux collectivités territoriales de droit commun que constituent les communes, les départements et les régions. Elles se caractérisent par les spécificités plus ou moins marquées qu'elles présentent, du point de vue organisationnel, des compétences exercées, ou encore du mode d'élection des élus qui les représentent.

En France métropolitaine, la situation est relativement simple et l'existence de statuts particuliers s'explique davantage par le poids démographique de certaines collectivités plutôt que par leurs spécificités culturelles. C'est en effet ce facteur démographique qui explique les statuts particuliers de Paris, Lyon, Marseille ou encore de la région Ile-de-France. Doit être mis à part, cependant, la collectivité territoriale de Corse, dont le statut particulier s'explique en raison de spécificités linguistiques principalement. Le cas particulier de l'Alsace-Moselle, qui est lié à des circonstances historiques précises, doit être également mentionné.

La révision constitutionnelle de 2003 consacre expressément la catégorie des collectivités à statut particulier, ainsi que la nouvelle catégorie des collectivités d'outre-mer. Certes, dans ses versions antérieures, la Constitution avait reconnu l'existence de règles particulières applicables aux territoires d'outre-mer, aux départements d'outre-mer et à la Nouvelle-Calédonie, mais ces différentes entités n'étaient pas regroupées au sein de catégories clairement identifiées.

Pour autant, la prise en compte des spécificités de certaines collectivités territoriales n'est pas une nouveauté. En effet, dès 1991, le législateur avait défini un statut particulier pour la Corse, sans être censuré par le Conseil constitutionnel. Dans sa décision du 9 mai 1991, le Conseil a en effet reconnu que le législateur pouvait doter la Corse d'un statut particulier, dans le respect des règles et principes de valeur constitutionnelle, et notamment du principe de libre administration des collectivités territoriales et des prérogatives de l'Etat définies par l'article 72 de la Constitution (CC, 9 mai 1991, numéro 91-290 DC, Loi portant statut de la collectivité territoriale de Corse : JO 14 mai 1991, Rec. CC, p.50 ; Rev. Adm. 1991, p.234, note Etien ; LPA 1991, n°74, p.15, note Houteer).

Doit également être mentionné le statut très particulier de la Nouvelle-Calédonie, qui est visé par le titre XIII de la Constitution issue, dans sa nouvelle rédaction, de la révision constitutionnelle du 20 juillet 1998. Les pouvoirs très larges conférés à cette collectivité sui generis s'expliquent par des circonstances historiques précises et par le fait qu'est explicitement posée la question d'une éventuelle accession du territoire à la pleine souveraineté par l'article 77 de la Constitution. C'est cette question qui donnera lieu au referendum local qui sera organisé le 4 novembre 2018. Bénéficient également d'un régime spécifique, pour des questions de revendication territoriale, les Terres australes et antarctiques françaises et, depuis la révision constitutionnelle du 23 juillet 2008, Clipperton (qui ne constitue pas une collectivité territoriale) : l'organisation de ces territoires qui sont dépourvus de population permanente est déterminée par le législateur (Constitution, art. 72-3).

Le cas de la Nouvelle-Calédonie mis à part, la prise en compte des particularismes locaux a longtemps été fortement encadré. Ainsi, lors de l'examen en 2002 du nouveau statut de la Corse, le Conseil constitutionnel a censuré les dispositions du texte déféré qui avaient pour effet d'autoriser la collectivité territoriale à prendre des mesures relevant du domaine de loi, alors même que cette compétence devait être exercée à titre « expérimental, dérogatoire et limité dans le temps » (CC, 17 janvier 2002, numéro 2001-454 DC, Loi relative à la Corse : JO 23 janvier 2002, Rec. CC, p.70 ; AJDA 2002, p.100, note Schoettl ; Dr. Adm. 2002, repère 2, note Auby ; RDP 2002, p.895, note Luchaire ; RFDA 2002, p.459, note Verpeaux).

La révision du 28 mars 2003 autorise, dans une certaine mesure, ce qui avait été interdit par le Conseil constitutionnel, pour la Corse, dans sa décision du 17 janvier 2002, c'est-à-dire, ni plus moins, une possibilité de délégation du pouvoir législatif aux assemblées délibérantes des collectivités territoriales concernées.

S'agissant plus spécialement de l'outre-mer, le nouveau texte constitutionnel distingue, avec une clarté seulement apparente, qui dissimule une assez extraordinaire complexité, les collectivités soumises au principe d'identité - ou d'assimilation - législative et celles soumises au principe de spécialité législative. L'appartenance à l'une ou l'autre de ces catégories n'est pas figée, mais un changement de statut ne peut avoir lieu sans qu'ait été organisé un référendum local (Constitution, art. 72-4).

D'une part, l'article 73 de la Constitution fixe le statut constitutionnel des départements et des régions d'outre-mer qui sont régis par le principe d'assimilation législative et règlementaire, ce qui veut dire que les lois et les règlements nationaux ont vocation à s'appliquer, en principe, dans ces territoires. Sont concernées à la fois les régions et les départements d'outre-mer ainsi que les collectivités qui peuvent s'y substituer. Ces dispositions ont été précisées par l'article 1er de la loi n°2007-223 du 21 février 2007 portant dispositions statutaires et institutionnelles relatives à l'outre-mer (JO 22 février 2008). Elles concernent la Guadeloupe, la Guyane, la Martinique, la Réunion, toutes quatre à la fois départements et régions d'outre-mer.

Il faut relever que suite à un referendum organisé le 7 décembre 2003, les îles de Saint-Barthélemy et de Saint-Martin ne sont plus des communes de la Guadeloupe, mais deux collectivités d'outre-mer relevant de l'article 74 de la Constitution. Le statut particulier de ces territoires est défini par la loi organique n°2007-223 et par la loi n°2007-224 du 21 janvier 2007.

En outre, suite au référendum du 29 mars 2009, les électeurs ont approuvé la départementalisation de Mayotte. Mayotte n'est plus « une collectivité départementale » régie par l'article 74 de la Constitution, mais un département d'outre-mer – le 101ème département français – à compter des élections de mars 2011, en application des dispositions de la loi organique n°2009-969 du 3 août 2009.

Il faut également relever que le dernier alinéa de l'article 73 de la Constitution permet la création d'une collectivité unique exerçant les compétences dévolues au département et à la région, mais relevant toujours du régime défini par cet article. C'est en faveur de cette évolution que se sont prononcées les populations de la Martinique et de la Guyane, suite à un référendum organisé le 24 janvier 2010, faisant suite à un autre référendum organisé le 10 janvier 2010 et rejetant le changement de statut en un régime de plus large autonomie prévu par l'article 74 de la Constitution. Ces collectivités uniques ont été instituées par la loi n°2011-884 du 27 juillet 2011 mais elles n'ont succédé aux départements et régions éponymes qu'après les élections territoriales de décembre 2015, au 1er janvier 2016.

Si ces collectivités sont en principe régies par les lois et règlements nationaux, elles peuvent néanmoins « adapter » - désormais elles-mêmes - ces textes aux « caractéristiques et contraintes particulières de ces collectivités ». Mais surtout, selon le même article « les collectivités ... peuvent être habilitées par la loi à fixer elles-mêmes les règles applicables sur leur territoire, dans un nombre limité de matières pouvant relever du domaine de la loi ». Cette possibilité est néanmoins exclue pour la Réunion. Par ailleurs, l'alinéa 5 de l'article 73 prévoit que « ces règles ne peuvent porter sur la nationalité, les droits civiques, les garanties des libertés publiques, l'état et la capacité des personnes, l'organisation de la justice, le droit pénal, la procédure pénale, la politique étrangère, la défense, la sécurité et l'ordre publics, la monnaie, le crédit et les changes, ainsi que le droit électoral ». Enfin, cette énumération est susceptible d'être complétée, voire modulée en fonction des collectivités concernées, par une loi organique.

D'autre part, l'article 74 de la Constitution définit le statut des collectivités d'outre-mer, qui constituent une nouvelle catégorie qui se substitue à celle des territoires d'outre-mer, en réunissant dans un même cadre constitutionnel les collectivités régies totalement ou partiellement par le principe de spécialité législative et règlementaire, c'est-à-dire pour lesquelles une loi ou un règlement national n'est applicable qu'à la condition que ces textes le précisent expressément. Relèvent de cette catégorie : Saint-Pierre-et-Miquelon, Wallis-et-Futuna, la Polynésie française, Saint-Barthélemy et Saint-Martin.

Ces dispositions prévoient qu'une loi organique définit le statut particulier de chaque collectivité soumise à ce régime « qui tient compte des intérêts propres de chacune d'elles au sein de la République ». Ont ainsi été adoptés la loi organique n°2004-192 du 27 février 2004 portant statut d'autonomie de la Polynésie française, la loi organique n°2007-223 du 21 février 2007 applicable aux territoires de Saint-Martin, Saint-Barthélemy et Saint-Pierre et Miquelon. Les îles de Wallis-et-Futuna relèvent toujours, quant à elles, de la loi n°61-814 du 29 juillet 1961.

La loi organique va notamment définir « les conditions dans lesquelles les lois et règlements y sont applicables ». Ainsi, deux situations peuvent se présenter : la collectivité d'outre-mer peut être régie par des règles spéciales, mais le statut peut également prévoir que les lois et règlements nationaux sont applicables de plein droit, sont réserve, le cas échéant, d'un pouvoir d'adaptation reconnu à la collectivité. C'est le cas concernant Saint-Pierre-et Miquelon, Saint-Barthélemy et Saint-Martin qui se voient appliquer un principe de quasi-identité législative et réglementaire, ce qui implique que les lois et règlements nationaux sont normalement applicables dans ces territoires.

D'autres collectivités d'outre-mer sont en revanche soumises à un véritable principe de spécialité législative et réglementaire. C'est le cas pour la Polynésie française et Wallis-et-Futuna.

La très grande diversité que présentent les collectivités territoriales à statut particulier ainsi que les collectivités d'outre-mer débouche donc sur des règles très différenciées qui permettent d'adapter au mieux les normes étatiques appliquées en métropole, mais seulement parce que cette compétence leur a été consentie au niveau central, et dans le respect des compétences régaliennes de l'Etat. A l'opposé, les collectivités territoriales de droit commun sont soumises de façon beaucoup plus étroite aux règles émises par les autorités étatiques, la seule façon d'y déroger consistant à recourir à l'expérimentation normative (Constitution, art. 72 al.4).

§ II – Regroupements de collectivités territoriales

Compte tenu de l'émiettement communal en France, le législateur entend principalement promouvoir l'intercommunalité en prévoyant la possibilité, et de plus en plus l'obligation, pour les communes, de se regrouper dans des établissements publics de coopération intercommunale (EPCI). Si les regroupements concernent principalement les communes, des modalités spécifiques de coopération existent aux niveaux départemental et régional, et ainsi qu'entre collectivités territoriales de différents niveaux et EPCI.

I – Etablissements publics de coopération intercommunale

Les EPCI sont des établissements publics administratifs régis par les principes de spécialité et d'exclusivité.

En effet, alors que les communes bénéficient, à leur niveau, d'une compétence de droit commun, le champ d'action des EPCI est doublement limité dans le cadre des seules compétences qui leur ont été transférées (principe de spécialité fonctionnelle) et dans les limites du périmètre qui leur est affecté (principe de spécialité territoriale).

En revanche, en application du principe d'exclusivité, la création de l'EPCI emporte dessaisissement immédiat et total des communes pour les compétences transférées.

Il existe plusieurs catégories d'EPCI et il faudra également évoquer la refonte de la carte intercommunale initiée par la loi du 16 décembre 2010 et relancée par la loi NOTRe du 9 août 2015.

A – Les différentes formes d'intercommunalité

Il faut distinguer deux types d'EPCI, que l'on peut classer en fonction de leur mode de financement : les syndicats de communes qui sont financés par les communes adhérentes, et les EPCI « à fiscalité propre » qui bénéficient de leurs propres recettes fiscales.

1° Syndicats de communes

Un syndicat de communes est un établissement public de coopération intercommunale associant des communes, qui ne sont pas nécessairement limitrophes, en vue d'œuvres ou de services d'intérêt intercommunal (CGCT, art. L. 5212-1).

Il existe trois catégories de syndicats de communes dont le champ et la nature des compétences transférées sont définis par des statuts approuvés par les conseils municipaux des communes concernées :

- Les syndicats à vocation unique (SIVU), qui ne permettent l'exercice en commun que d'une compétence d'intérêt communautaire ;

- Les syndicats à vocation multiple (SIVOM), qui permettent l'exercice de plusieurs compétences d'intérêt intercommunal ;

- Les syndicats à la carte auxquels les communes peuvent adhérer pour une partie des compétences exercées par le syndicat.

Plus spécifiquement il a longtemps existé des syndicats d'agglomération nouvelle (SAN), qui ont été créés dans le périmètre des villes nouvelles (CGCT, art. L. 5333-1 s.). Dans son article 44, La loi NOTRe du 9 août 2015 a supprimé cette catégorie de structures intercommunales à compter du 1er janvier 2017. Ce mouvement, qui avait déjà été initié avant même le vote de la loi NOTRe, a été anticipé par les collectivités territoriales et EPCI concernés puisqu'au 1er janvier 2016 tous les SAN avaient déjà disparu. Concrètement, les SAN encore existants ont été absorbés par d'autres structures à fiscalité propre

En dehors de la suppression des SAN et de la révision de la carte de l'intercommunalité (V. infra p. 110 s.), la loi NOTRe comprend plusieurs mesures qui devraient entraîner la disparition de nombreux syndicats de communes et syndicats mixtes. Par exemple, cette loi limite le versement d'indemnités de fonctions pour les seuls présidents et vice-présidents des syndicats intercommunaux et mixtes fermés dont le périmètre est supérieur à celui d'un EPCI à fiscalité propre et elle pose le principe du bénévolat pour les fonctions de délégués.

2° EPCI à fiscalité propre

Les EPCI à fiscalité propre ont vu leurs catégories évoluer et leurs compétences s'étoffer au gré des réformes successives, et cela au détriment des communes membres. Si le législateur n'a pas voulu leur reconnaître la qualité de collectivité territoriale, leur légitimité démocratique s'est renforcée avec loi du 16 décembre 2010, précisée sur ce point par la loi n°2013-403 du 17 mai 2013. Avant l'entrée en vigueur de cette loi, l'organe délibérant des EPCI à fiscalité propre était composé de délégués élus par les conseils municipaux parmi leurs membres. A partir des élections municipales de 2014, pour les communes de 1000 habitants et plus, l'élection des conseillers intercommunaux a lieu en même temps que le scrutin municipal et par un système de fléchage. Ainsi, les électeurs sont désormais appelés à désigner, avec un même bulletin, les conseillers municipaux et les conseillers communautaires, ce qui a pour effet de renforcer la démocratie locale. Notons toutefois que le principe d'une élection sans fléchage, qui désolidariserait le choix par les électeurs des conseillers municipaux et des conseillers communautaires a été écarté dans le cadre des débats sur la loi NOTRe de 2015. Une telle évolution contribuerait pourtant à rapprocher les citoyens de structures intercommunales encore méconnues mais de plus en plus présentes dans leur vie quotidienne.

Des réformes successives ont en effet élargi les compétences des EPCI à fiscalité propre, étant précisé que dans certains cas, la répartition des compétences entre l'EPCI et les communes membres n'est pas évidente. Cette difficulté s'explique, d'abord, par le fait que pour chaque catégorie d'EPCI à fiscalité propre, il faut distinguer les compétences obligatoires, des compétences optionnelles et des compétences facultatives, ce qui donne lieu, pour les deux premières séries de compétences, à une énumération particulièrement fastidieuse par les textes. Ensuite, dans certains cas, la compétence de l'EPCI est subordonnée à la reconnaissance par celui-ci de son « intérêt communautaire ». Par exemple, en matière de voirie, pour les communautés de communes et les communautés d'agglomération exclusivement, cette notion - qui n'est pas définie par les textes - permet de distinguer les voies expressément qualifiées d'intérêt communautaire de celles relevant de la compétence des communes membres, c'est-à-dire les voies non expressément définies d'intérêt communautaire (pour une illustration des difficultés que peut susciter une telle distinction V. CAA Nancy, 17 janvier 2013, requête numéro 11NC01146, Commune de Lons-le-Saulnier).

En l'état actuel de la législation, relèvent de la catégorie des EPCI à fiscalité propre les communautés de communes, les communautés urbaines, les communautés d'agglomération et les métropoles.

a- Communautés de communes

Les communautés de communes sont visées par les articles L. 5214-1 s. du Code général des collectivités territoriales. Selon ce texte, une communauté de communes « a pour objet d'associer des communes au sein d'un espace de solidarité, en vue de l'élaboration d'un projet commun de développement et d'aménagement de l'espace ».

Cette formule d'intercommunalité a connu un succès notable ce qui est en grande partie lié au fait que sa création n'était assujettie, à l'origine, à aucune exigence de seuil démographique. La situation a toutefois évolué avec la loi NOTRe du 7 août 2015 qui pose le principe d'un seuil de 15 000 habitants au moins pour les EPCI à fiscalité propre (CGCT, art. L. 5210-1-1, III, 1°). Même si elle prévoit plusieurs dérogations, elle a néanmoins conduit à la disparition de nombreuses communautés de communes, qui ont été contraintes à fusionner avec d'autres EPCI limitrophes dans le cadre de la mise en oeuvre des schémas départementaux de coopération intercommunale.

La mise en œuvre par la communauté de communes d'un « projet commun de développement et d'aménagement de l'espace » suppose que lui soient conférées des compétences correspondant à ce projet.

A l'origine, le législateur avait défini deux groupes de compétences obligatoires et six groupes de compétences optionnelles en mentionnant exclusivement leurs intitulés (CGCT, art. L. 5214-16).

La loi MAPTAM du 27 janvier 2014 a voulu renforcer la cohésion des communautés de communes qui étaient jusqu'alors caractérisées par la grande marge de manœuvre laissée aux communes membres dans le choix des compétences transférés. Ce mouvement a été poursuivi par la loi NOTRe du 7 août 2015.

Tout d'abord, l'article L. 5214-16 du Code général des collectivités territoriales ajoute une troisième compétence obligatoire pour les communautés de communes : la gestion des milieux aquatiques s'ajoute aux compétences relatives au développement économique et à l'aménagement de l'espace. Cette nouvelle compétence, qui devait être attribuée aux communautés de communes au 1er janvier 2016 a finalement été reportée au 1er janvier 2018 par la loi NOTRe.

La loi NOTRe a ajouté quatre autres compétences obligatoires pour les communautés de communes : pour l'aménagement, l'entretien et la gestion des aires d'accueil des gens du voyage ; pour la collecte et le traitement des déchets des ménages et déchets assimilés ; l'assainissement (au 1er janvier 2020) ; l'eau (également au 1er janvier 2020).

Le législateur ne s'est pas contenté de renforcer le socle de compétences obligatoires des communautés de communes. Il a également renforcé leurs compétences optionnelles.

Avant l'entrée en vigueur de la loi MAPTAM, le législateur contraignait les communautés de communes à choisir une compétence obligatoire parmi six groupes de compétences optionnelles. Au premier janvier 2018, elles doivent choisir des compétences relevant d'au moins trois des neuf groupes définis par l'article L. 5214-16 du Code général des collectivités territoriales : protection et mise en valeur de l'environnement ; politique du logement et du cadre de vie ; politique de la ville (depuis la loi n°2014-173 du 21 février 2014 de programmation pour la ville et la cohésion urbaine) ; création, aménagement et entretien de la voirie ; construction, entretien et fonctionnement d'équipements culturels et sportifs et d'équipements de l'enseignement préélémentaire et élémentaire ; action sociale d'intérêt communautaire ; création et gestion de maisons de services au public et définition des obligations de service public y afférentes ; assainissement ; eau.

Cette liste des compétences optionnelles a également été affectées par la loi NOTRe : comme on l'a vu l'assainissement et l'eau deviendront des compétences obligatoires au 1er janvier 2020, mais cette même loi a permis dès son entrée en vigueur la possibilité de choisir la compétence « Création et gestion de maisons de services au public et définition des obligations de service public y afférentes ».

b- Communautés urbaines

Les communautés urbaines constituent la plus ancienne catégorie d'EPCI à fiscalité propre. Les premières communautés urbaines ont en effet été instituées par la loi n°66-1069 du 31 décembre 1966. Cette loi avait créé de façon autoritaire quatre communautés urbaines : Bordeaux, Lille, Lyon, Strasbourg. Par la suite douze autres communautés urbaines se sont constituées sur la base d'initiatives locales.

Avant l'apparition des métropoles, les communautés urbaines apparaissaient comme la forme la plus aboutie d'intégration des communes au sein d'un EPCI, notamment parce qu'elles perçoivent leurs propres recettes fiscales et parce que les compétences qui leur sont transférées sont étendues.

La constitution des communautés urbaines est soumise à un seuil minimum de population qui a évolué suite à l'apparition d'autres catégories d'EPCI à fiscalité propre. Initialement, la loi du 31 décembre 1966 avait prévu un seuil de 50 000 habitants qui avait été abaissé à 20000 par la loi n°92-125 du 6 février 1992. Ce seuil avait ensuite été relevé de façon significative à 500 000 habitants par la loi n°99-586 du 12 juillet 1999, puis il a été ajusté à 450 000 habitants par la loi n°2010-1563 du 16 décembre 2010, en vue de le différencier du seuil de création des nouvelles métropoles. Finalement, pour éviter toute concurrence entre les métropoles et les communautés urbaines, la loi MAPTAM du 27 janvier 2014 a abaissé le seuil démographique de création des communautés urbaines de 450 000 habitants à 250 000 habitants.

Les communautés urbaines exercent obligatoirement sept grandes catégories de compétences : le développement et l'aménagement économique, social et culturel ; l'aménagement de l'espace communautaire ; l'équilibre social de l'habitat ; la politique de la ville ; la gestion de services d'intérêt collectif ; la protection et la mise en valeur de l'environnement et la politique du cadre de vie ; l'aménagement, l'entretien et la gestion des aires d'accueil des gens du voyage (depuis l'entrée en vigueur de la loi MAPTAM).

c- Communautés d'agglomération

Les communautés d'agglomération sont une création de la loi n°99-586 du 12 juillet 1999. Elles se sont substituées aux anciennes communautés de ville qui avaient été créées par la loi n°92-125 du 6 février 1992 - et qui n'avaient connu qu'un succès médiocre - dès lors qu'elles répondaient au seuil démographique défini par le législateur (à défaut les communautés de ville ont été transformées en communautés de communes). Les communautés d'agglomération avaient également vocation à se substituer aux communautés urbaines à l'exception de celles qui correspondaient aux plus grandes agglomérations.

Cette formule a rencontré un véritable succès, ce qui s'explique en partie par l'incitation faite aux communes par l'attribution d'une dotation globale de fonctionnement calculée sur des bases particulièrement favorables. Toutefois, elle a été concurrencée - en tout cas jusqu'à l'entrée en vigueur de la loi NOTRe- par la formule de la communauté de communes, dont l'essor a été favorisé par l'absence de seuil démographique ainsi que par le caractère plus modulable des compétences qui lui sont attribuées.

La communauté d'agglomération a pour objet de regrouper des communes en milieu urbain autour d'une commune centre. C'est pour cette raison que leur création est soumise à un double seuil démographique ce qui doit permettre de constituer des EPCI d'une taille suffisante.

La communauté d'agglomération doit ainsi regrouper « plusieurs communes formant, à la date de sa création, un ensemble de plus de 50 000 habitants d'un seul tenant et sans enclave, autour d'une ou plusieurs communes centre de plus de 15 000 habitants ». Trois dérogations sont toutefois prévues. Tout d'abord, lorsque la communauté d'agglomération comprend le chef-lieu du département, le seuil de 15 000 habitants n'est pas requis. Il en va de même, depuis l'entrée en vigueur de la loi NOTRe, lorsque la commune la plus peuplée est la commune centre d'une unité urbaine de plus de 15 000 habitants. Ensuite, le seuil démographique de 50 000 habitants est réduit à 30 000 habitants lorsque la communauté d'agglomération comprend le chef-lieu du département.

Plus récemment, le législateur a décidé de mettre en œuvre deux séries d'expérimentations dans le but de favoriser la création de communautés d'agglomération, dans un but de renforcement de l'intercommunalité.

Tout d'abord, la loi n°2013-403 du 17 mai 2013 prévoit que pendant une durée maximale de trois ans, l'Etat peut autoriser la constitution d'une communauté d'agglomération lorsque celle-ci forme un ensemble d'au moins 30 000 habitants et comprend la commune la plus peuplée du département.

Ensuite, la loi MAPTAM du 27 janvier 2014 a prévu que pendant une durée maximale de dix-huit mois, l'Etat peut autoriser la constitution d'une communauté d'agglomération, lorsque celle-ci forme un ensemble d'au moins 25 000 habitants autour d'une commune centre de plus de 15 000 habitants et que la majorité des communes membres, dont la commune centre, sont des communes littorales. Ces dispositions doivent permettre de créer des communautés d'agglomération dans les zones littorales, ce qui est pratiquement impossible en application des seuils de droit commun.

A l'image des communautés urbaines, les communautés d'agglomération bénéficient de larges transferts de compétences de la part des communes membres qui ont été encore renforcés par la loi MAPTAM du 27 janvier 2014 et par la loi NOTRe du 7 août 2015 (CGCT, art. L. 5216-5).

Elles bénéficient d'abord de six blocs de compétences obligatoires : le développement économique ; l'aménagement de l'espace communautaire ; l'équilibre social de l'habitat ; la politique de la ville ; l'aménagement, l'entretien et la gestion des aires d'accueil des gens du voyage ; la gestion des milieux aquatiques et prévention des inondations (depuis le 1er janvier 2018) ; la collecte et traitement des déchets des ménages et déchets assimilés

A partir du 1er janvier 2020, « l'eau » et de « l'assainissement » - qui sont des compétences optionnelles jusqu'à cette date - deviendront également des compétences obligatoires.

Si la loi MAPTAM n'a pas eu d'effets sur les compétences optionnelles des communautés d'agglomération, il en va autrement pour la loi NOTRe.

Si au 1er janvier 2016, les communautés d'agglomération doivent exercer en lieu et place des communes au moins trois compétences parmi une liste de sept, ce seront trois compétences optionnelles qui devront être choisies dans une liste de cinq au 1er janvier 2020 (l'eau et l'assainissement devenant à cette date des compétences obligatoires).

Cette possibilité d'opérer des choix rend délicate l'appréhension de l'intérêt communautaire. Pour les compétences non obligatoires, le transfert ne peut s'opérer qu'en application des dispositions de l'article L. 5211-17 du Code général des collectivités territoriales qui impose l'existence de votes concordants de la part de l'organe délibérant de la communauté et des conseils municipaux se prononçant à la majorité qualifiée requise pour la création de l'établissement public de coopération intercommunale (CE, 22 novembre 2002, requête numéro 244138, requête numéro 244140, Commune de Beaulieu-sur-Mer, Commune de Saint-Jean-Cap-Ferrat).

d- Les métropoles

Les métropoles ont été créées par la loi n°2010-1563 du 16 décembre 2010 qui prévoyait que les agglomérations de plus de 500 000 habitants pouvaient constituer une métropole, ce qui leur permettait de bénéficier de transferts et de délégations de compétence visées par l'article L. 5217-2 du Code génécral des collectivités territoriales.

Cette nouvelle institution n'a pas eu le succès espéré puisqu'une seule métropole a été créée en application de la loi du 16 décembre 2010. Il s'agissait de la métropole Nice Côte d'Azur qui fusionnait la communauté urbaine de Nice avec trois communautés de communes.

La loi n°2014-173 du 27 janvier 2014 de modernisation de l'action publique territoriale et d'affirmation des métropoles a voulu imposer ce nouvel échelon d'administration territoriale en prévoyant la transformation par décret, au 1er janvier 2015 des EPCI de plus de 400 000 habitants au sein d'une aire urbaine de plus de 650 000 habitants (CGCT, art. L. 5217-1). Sont concernées les agglomérations de Toulouse, Nantes, Rouen, Bordeaux, Strasbourg, Lille, Rennes, Montpellier, Brest et Grenoble. Par ailleurs, la même loi MAPTAM a prévu la création au 1er janvier 2016 de la métropole d'Aix-Marseille-Provence et de la métropole du grand Paris qui répondent à un statut particulier, alors que la métropole de Lyon présente la caractéristique surprenante de ne pas être un EPCI à fiscalité propre mais une collectivité territoriale à statut particulier dotée de compétences communales et départementales. Toutefois le lancement de la métropole d'Aix-Marseille-

Provence a été retardé en raison de deux QPC posées successivement par le Conseil d'Etat concernant les modalités de répartition des sièges au sein du conseil de la métropole (CE, 27 novembre 2015, requête numéro 394016, Commune d'Aix-en-Provence.- CE, 18 décembre 2015, requête numéro 394218, Commune de Pertuis).

Cette métropolisation autoritaire ne fait toutefois pas obstacle à la création de nouvelles métropoles, dans le respect des critères définies par l'article susvisé. Ainsi, la nouvelle métropole du grand Nancy a été créée à partir du 1er juillet 2016.

La loi du 28 février 2017 relative au statut de Paris et à l'aménagement métropolitain élargit la possibilité de transformation en métropole à l'ensemble des EPCI de plus de 400 000 habitants, à ceux qui sont centres d'une zone d'emplois de plus de 400 000 habitants et à ceux de plus de 250 000 habitants ou comprenant dans leur périmètre, au 31 décembre 2015, le chef-lieu de région, centres d'une zone d'emplois de plus de 500 000 habitants.

En application de cette loi ont été créées sept nouvelles métropoles au 1er janvier 2018 : Clermont-Auvergne, Dijon, Metz, Orléans, Saint-Etienne, Toulon-Provence-Méditerranée, Tours-Val-de-Loire. Il existe donc à cette date 19 métropoles de droit commun et deux métropoles à statut particulier relevant de la catégorie des EPCI à fiscalité propre.

Selon l'article L. 5217-1 du Code général des collectivités territoriales, les métropoles ont pour mission « d'élaborer et conduire ensemble un projet d'aménagement et de développement économique, écologique, éducatif, culturel et social de leur territoire afin d'en améliorer la cohésion et la compétitivité et de concourir à un développement durable et solidaire du territoire régional ». Il est également prévu que la métropole « valorise les fonctions économiques métropolitaines, ses réseaux de transport et ses ressources universitaires, de recherche et d'innovation, dans un esprit de coopération régionale et interrégionale et avec le souci d'un développement territorial équilibré ».

C'est donc un champ très large qui est couvert par les métropoles, ce qui explique qu'elles ont été dotées de compétences particulièrement étendues. Ces compétences résultent non seulement de transferts des communes membres, mais également du département, de la région et de l'Etat.

Tout d'abord, la métropole exerce de plein droit, en lieu et place des communes membres, des compétences en matière de développement et d'aménagement économique, social et culturel ; en matière d'aménagement de l'espace métropolitain ; en matière de politique locale de l'habitat ; en matière de politique de la ville ; en matière de gestion des services d'intérêt collectif ; en matière de protection et de mise en valeur de l'environnement et de politique du cadre de vie (CGCT, art. L. 5217-2, I). Chacun de ces blocs de compétences sont détaillés de façon précise. On notera en particulier que les métropoles, comme les autres EPCI, sont compétentes en matière de documents de planification de l'urbanisme.

Lorsque l'exercice de ces compétences est subordonné à la reconnaissance de leur intérêt métropolitain - ce qui concerne par exemple les équipements culturels, socio-éducatifs et sportifs - celui-ci doit être déterminé à la majorité des deux tiers du conseil de la métropole. Il est défini au plus tard deux ans après l'entrée en vigueur du décret prononçant la création de la métropole. A défaut, la métropole exerce l'intégralité des compétences transférées.

Ensuite, par convention passée avec le département et la région, la métropole peut exercer un nombre important de compétences supplémentaires, notamment en matière de voirie départementale, en matière d'action sociale, de construction, de reconstruction, d'aménagement, d'entretien et de fonctionnement des lycées ou encore en matière de développement économique (CGCT, art. L. 5217-2, IV et V).

Enfin, plusieurs compétences en matière de logement social peuvent être déléguées par l'Etat aux métropoles, dès lors qu'elles disposent d'un programme local de l'habitat exécutoire (CGCT, art. L. 5217-2, II et III). L'Etat peut aussi transférer à la métropole certaines compétences, notamment en matière d'aménagement, d'entretien et de gestion de grands équipements et infrastructures (CGCT, art. L. 5217-2, VII).

La métropole apparaît ainsi comme la forme la plus intégrée d'EPCI. Le champ très large des compétences qu'elle peut exercer limite de façon singulière les compétences que peuvent exercer les communes, mais également les autres collectivités territoriales.

La métropole de Lyon (CGCT, art. L. 3611-1 s.) constitue avec la métropole du grand Paris (CGCT, art. L. 5219-1 s.) et la métropole de Marseille Provence (CGCT, art. L. 5218-1 s.) une métropole à statut dérogatoire. Toutefois, comme on l'a évoqué plus haute, la métropole de Lyon se substitue non seulement à l'ancienne communauté urbaine de Lyon mais également, dans les limites territoriales précédemment reconnues à celle-ci, au département du Rhône. Pour ce qui la concerne, l'intégration est telle qu'elle est sortie de la catégorie des EPCI pour intégrer celle des collectivités territoriales à statut particulier (CGCT, art. L. 3611-1).

B – Les deux vagues de refonte de la carte intercommunale

La refonte de la carte intercommunale constitue l'une des mesures essentielles de la loi n°2010-1563 du 16 décembre 2010. Si le développement de l'intercommunalité a constitué l'un des faits majeurs de l'évolution territoriale de ces dernières années, il apparaissait encore perfectible. Ainsi, certains établissements publics de coopération intercommunale (EPCI) à fiscalité propre avaient été constitués sur des périmètres discutables. De même, 61 % des communes étaient encore membres de 4 syndicats ou davantage et 1 100 communes étaient membres de plus de 9 syndicats dont le nombre total était encore de 15378 avant la mise en œuvre de la loi du 16 décembre 2010. En outre, 1 908 communes étaient toujours isolées.

La loi visait un triple objectif.

Il s'agissait, tout d'abord, d'achever la carte intercommunale par le rattachement des dernières communes isolées à des EPCI à fiscalité propre. Sur ce point précis, cependant, la procédure de rattachement d'office d'une commune à un EPCI à fiscalité propre visée par l'article L. 5210-1-2 du Code général des collectivités territoriales a été jugée inconstitutionnelle parce que contraire au principe de libre administration des collectivités territoriales (CC, 25 avril 2014, numéro 2014-391 QPC, Commune de Thonon-les-Bains et a. : AJDA 2014, p. 887, note Pastor ; JCPA 2014, 2206, note Gardère). En effet, d'une part, cet article « ne prévoit (...) aucune prise en compte du schéma départemental de coopération intercommunale préalablement établi pour décider du rattachement d'une commune à un EPCI ». Ce n'est qu'en cas d'avis négatif de l'organe délibérant de l'EPCI qu'est imposé de suivre la proposition émise à la majorité qualifiée par la commission départementale de la coopération intercommunale. En outre, cette procédure offrait des garanties insuffisantes aux communes concernées dès lors qu'elles « ne prévoient aucune consultation des conseils municipaux des communes intéressées par ce rattachement et, en particulier, du conseil municipal de la commune dont le rattachement est envisagé ». La loi NOTRe du 7 août 2015 a ensuite rétabli dans le code, au même article L. 5210-1-2, une procédure de rattachement d'office des communes, conforme à la décision du Conseil constitutionnel du 25 avril 2014.

Il s'agissait ensuite de rationaliser le périmètre des EPCI à fiscalité propre existants.

La refonte devait enfin aboutir à simplifier l'organisation intercommunale par la suppression des syndicats devenus obsolètes.

Les préfets, en étroite concertation avec la commission départementale de coopération intercommunale, ont élaboré dans chaque département un schéma de coopération intercommunale qui a été aussitôt mis en œuvre. Ce processus a été achevé au 1er juin 2013, date à laquelle tout le territoire national était supposé être couvert par des intercommunalités plus cohérentes. Il est à noter qu'il avait été jugé que dès lors qu'il s'agit d'un document d'orientation et de programmation de l'organisation intercommunale, et qu'il ne comporte « aucun effet prescriptif directement et immédiatement opposable aux communes et aux EPCI », le schéma départemental de coopération intercommunale doit être assimilé à une mesure préparatoire qui ne peut faire l'objet d'un recours pour excès de pouvoir (CAA Nancy, 7 novembre 2013, requête numéro 12NC01926, Communauté de communes du Val-de-Meurthe.- V. également CAA Lyon, 24 septembre 2013, requête numéro 12LY02275, Commune de Saint-Martin-de-Belleville.- CAA Lyon, 10 décembre 2013, requête numéro 12LY03089, Communauté de communes des vallées du Valbonnais). Cette solution a toutefois été infirmée par le Conseil d'Etat qui a considéré que ces schémas sont des actes non réglementaires qui peuvent être directement contestés devant le juge de l'excès de pouvoir. Toutefois, leur légalité ne peut être contestée par voie d'exception que pour autant que ces actes ne sont pas devenus définitifs (CE, 21 octobre 2016, requête numéro 390052, Communauté de communes du Val-de-Drôme : AJCT 2007, p. 100, note Bonnefond).

Apparemment cette marche forcée vers l'intercommunalité a atteint une grande partie des objectifs fixés. Le bulletin statistique de la direction générale des collectivités locales laisse ainsi apparaître qu'au premier janvier 2014 il n'y avait plus que 49 communes isolées en France, hors Paris et Mayotte. La grande majorité de ces communes sont situées en Ile-de-France et elles avaient donc vocation à rejoindre la métropole du Grand Paris lors de sa constitution au 1er janvier 2016.

Par ailleurs, le nombre de syndicats intercommunaux a baissé de façon significative, tout comme le nombre d'EPCI à fiscalité propre dont la taille a en revanche augmenté.

Ce mouvement n'est d'ailleurs pas achevé et il a été relancé par la loi NOTRe. En effet, la fixation d'un seuil démographique en-deçà duquel une communauté de communes ne peut être constituée entraîne la disparition d'un nombre important de ces organismes qui ont généralement été absorbés par des EPCI à fiscalité propre plus importants. Ensuite, comme on l'a vu, de nombreuses mesures inscrites dans la loi NOTRe doivent conduire à la disparition de nombreux syndicats de communes et de syndicats mixtes.

La loi NOTRe prévoyait en conséquence l'établissement de nouveaux schémas de coopération intercommunale qui devaient être établis dans le courant de l'année 2016. L'évolution est majeure puisqu'elle a conduit à une diminution de 39 % des EPCI à fiscalité propre entre le 1er janvier 2016 et le 1er janvier 2017, soit 1263 EPCI à fiscalité propre à compter de cette date.

La plupart des schémas adoptés en 2016 prévoyaient que ce n'est qu'une fois que ce mouvement sera achevé que la question de la réduction du nombre de syndicats de communes sera traitée. Cette approche est logique. Elle permet dans un premier temps aux territoires de redéfinir le périmètre des communautés et leurs compétences avant de rationaliser la carte des syndicats dont certaines compétences - l'eau, l'assainissement, les déchets notamment- seront transférées aux communautés avec un décalage dans le temps, ce qui fait que certains syndicats seront vidés de leur substance.

II – Coopération interdépartementale

Selon l'article L. 5411-1 du Code général des collectivités territoriales, les conseils départementaux de plusieurs départements ont la possibilité de constituer une entente sur des « objets d'utilité départementale compris dans leurs attributions et qui intéressent leurs départements respectifs ». Ils peuvent ainsi passer entre eux des conventions, à l'effet d'entreprendre ou de conserver à frais communs des ouvrages ou des institutions d'utilité commune. Il est à noter, cependant, que les décisions prises dans ce cadre n'auront un caractère exécutoire que si elles sont ratifiées par l'ensemble des conseils départementaux concernés.

Il est possible aussi d'organiser, de façon plus informelle, des conférences interdépartementales. Il s'agit de permettre à des membres de chaque conseil départemental concerné de débattre de questions d'intérêt commun dans des conférences où chaque conseil départemental est représenté. Les décisions qui y sont prises ne sont exécutoires qu'après avoir été ratifiées par tous les conseils départementaux intéressés (CGCT, art. L. 5411-2).

Une forme plus aboutie de coopération, visée par l'article L. 5421-1 du Code général des collectivités territoriales, permet de créer un établissement public de coopération interdépartementale qui sera constitué par deux ou plusieurs conseils départementaux de départements même non limitrophes et qui pourra également associer des conseils régionaux ou des conseils municipaux.

III – Agences départementales

Le département, des communes et des EPCI peuvent créer entre eux un établissement public dénommé agence départementale.

Cette agence est chargée d'apporter, aux collectivités territoriales et aux EPCI du département qui le demandent, une assistance d'ordre technique, juridique ou financière (CGCT, art. L. 5511-1). Il s'agit, au moyen de ces agences, de mettre en œuvre les missions dévolues au département par l'article L. 1111-9 du Code général des collectivités territoriales qui prévoit que le département est désormais, depuis la loi MAPTAM du 27 janvier 2014, le chef de file en matière de solidarités territoriales. Toutefois, le législateur a voulu éviter que le département ne soit en mesure d'exercer une tutelle sur les communes et les EPCI, ce qui aurait été contraire à la Constitution. C'est pour cette raison que la composition de cette structure doit nécessairement associer le département, les communes et les établissements publics concernés.

IV – Coopération interrégionale

L'article L. 5611-1 du Code général des collectivités territoriales prévoit la possibilité, pour deux ou plusieurs régions de conclure entre elles, pour l'exercice de leurs compétences, des conventions ou créer des institutions d'utilité commune.

Plus précisément, ce rapprochement peut donner lieu à la création d'une entente interrégionale, qui constitue un établissement public associant plusieurs régions ayant un territoire continu, avec une exception prévue pour la Corse (CGCT, art. L. 5621-1 s.).

V – Syndicats mixtes

Les syndicats mixtes sont des établissements publics qui permettent d'associer au moins une collectivité territoriale ou un groupement de collectivités.

Plus précisément, il existe deux catégories de syndicats mixtes.

Il s'agit d'abord des syndicats mixtes fermés qui associent uniquement des communes et des EPCI et dont le régime juridique est aligné sur celui des syndicats intercommunaux (CGCT, art. L. 5711-1). Les règles qui leur sont applicables sont définies par renvoi aux dispositions communes aux EPCI à fiscalité propre et aux syndicats de communes.

La question s'est posée de savoir si les syndicats mixtes fermés relevaient de la catégorie des EPCI. A cette question, le Conseil d'Etat a répondu par la négative à l'occasion de l'arrêt Syndicat des eaux du Nord du 5 janvier 2005 (requête numéro 265938, Syndicats des eaux du Nord : AJDA 2005, p. 770, note Degoffe ; JCP Adm. 2005. 417, note Moreau) ce qui fait qu'un syndicat mixte fermé ne peut, sans disposition législative explicite, être membre d'un autre syndicat. La loi n° 2006-1537 du 7 décembre 2006 est ensuite intervenue pour créer l'article L. 5711-4 du Code général des collectivités territoriales qui autorise une telle adhésion pour des syndicats mixtes compétents dans les domaines qu'il énumère. Ces solutions n'ont pas été remises en cause par la loi n° 2010-1563 du 16 décembre 2010 qui crée l'article L. 5210-1-1, A du Code général des collectivités territoriales. Selon cet article, modifié par la loi NOTRe du 7 août 2015 « forment la catégorie des établissements publics de coopération intercommunale les syndicats de communes, les communautés de communes, les communautés urbaines, les communautés d'agglomération et les métropoles ». Les syndicats mixtes fermés sont donc exclus de cette liste et ils sont intégrés dans la catégorie plus large, visée par l'article L. 5111-1-1 du Code général des collectivités territoriales, également créé par la loi du 16 décembre 2010, des « groupements de collectivités territoriales » qui intègre l'ensemble des organismes de coopération locale.

La seconde catégorie de syndicats mixtes est ensuite constituée par les syndicats mixtes ouverts qui associent des collectivités territoriales, des EPCI et d'autres personnes morales de droit public, notamment des organes de coopération interdépartementale ou régionale, ou encore des chambres de commerce et d'industrie (CGCT, art. L. 5721-1 s.). Les règles applicables aux syndicats mixtes ouverts se rapprochent de celles appliquées aux EPCI. Dans le silence des textes, les règles applicables aux syndicats mixtes ouverts peuvent être inscrites dans les statuts. A défaut de dispositions statutaires, tout ce qui n'est pas expressément interdit par le Code général des collectivités territoriales est autorisé.

A ces catégories traditionnelles il convient d'ajouter deux nouvelles catégories de syndicats mixtes.

Il s'agit d'abord du pôle métropolitain, créé par la loi n°2010-1563 du 10 décembre 2010. Il s'agit d'un établissement public constitué par accord entre des EPCI à fiscalité propre formant un ensemble de plus de 300 000 habitants, sous réserve que l'un d'entre eux compte plus de 100 000 habitants, en vue d'actions d'intérêt métropolitain, afin de promouvoir un modèle d'aménagement, de développement durable et de solidarité territoriale (CGCT, art. L. 5731-1 s.). La compétence des pôles métropolitains peut s'étendre à la coopération transfrontalière. Pour les pôles métropolitains limitrophes d'un pays étranger le seuil démographique pour l'EPCI le plus important est d'ailleurs abaissé de 100 000 à 50 000 habitants. Cette formule a rencontré un certain succès puisqu'il existe 19 pôles métropolitains au 1er janvier 2018. L'article L. 5731-3 du Code général des collectivités territoriales précise expressément que les pôles métropolitains relèvent, en principe, des règles applicables aux syndicats mixtes fermés, ou aux syndicats mixtes ouverts lorsqu'une région, un département ou la métropole de Lyon en est membre. Plus précisément, il s'agit donc d'une variante des syndicats mixtes « fermés » comme le précise l'article L. 5731-3 du même code.

Enfin, la loi n°2014-58 du 27 janvier 2014 a créé les pôles d'équilibre territorial et rural, qui sont des établissements publics constitués par accord entre plusieurs EPCI à fiscalité propre, au sein d'un périmètre d'un seul tenant et sans enclave (CGCT, art. L. 5741-1 s.). Ils relèvent, en principe, des règles applicables aux syndicats mixtes fermés. Ils ont pour mission d'élaborer un projet de territoire pour le compte et en partenariat avec les EPCI qui le composent. Ce projet « définit les conditions du développement économique, écologique, culturel et social dans le périmètre du pôle d'équilibre territorial et rural. Il précise les actions en matière de développement économique, d'aménagement de l'espace et de promotion de la transition écologique qui sont conduites par les EPCI ... Il peut comporter des dispositions relatives à toute autre question d'intérêt territorial » (CGCT, article L. 5741-2). Cette nouvelle institution présente de nombreux traits communs avec les pays, qui avaient été créés par la loi n°95-115 du 4 février 1995, puis supprimés par la loi du 16 décembre 2010, et qui servaient de cadre pour « l'élaboration d'un projet commun de développement durable destiné à développer les atouts du territoire considéré et à renforcer les solidarités réciproques entre la ville et l'espace rural » (Loi n°95-115 du 4 février 1995, art. 22).

§ III – Contrôle des actes des collectivités territoriales

Si les collectivités territoriales sont régies par le principe de libre administration, elles n'en demeurent pas moins soumises au contrôle du représentant de l'Etat. Ce contrôle se manifeste essentiellement non plus par un pouvoir de tutelle, permettant au préfet d'annuler ou de réformer lui-même les actes des collectivités territoriales, mais par un contrôle de légalité pouvant déboucher sur la saisine du tribunal administratif.

Il existe également d'autres types de contrôles et notamment un contrôle financier qui est exercé conjointement par le préfet et par la chambre régionale des comptes.

La loi du 2 mars 1982 prévoyait, dans sa version originelle, que les actes des collectivités territoriales sont exécutoires de plein droit, c'est-à-dire avant leur transmission au préfet aux fins de contrôle. Toutefois, dans sa décision numéro 82-137 DC du 25 février 1982, le Conseil constitutionnel a estimé que « si la loi peut fixer les conditions de la libre administration des collectivités territoriales, c'est sous la réserve qu'elle respecte les prérogatives de l'Etat énoncées à l'alinéa 3 de l'article 72 (actuellement alinéa 6) ... ces prérogatives ne peuvent être ni restreintes, ni privées d'effet, même temporairement ... l'intervention du législateur est donc subordonnée à la condition que le contrôle administratif ... permette d'assurer le respect des lois et, plus généralement, la sauvegarde des intérêts nationaux auxquels, de surcroît, se rattache l'application des engagements internationaux contractés à cette fin ».

Cette censure a abouti à la mise en place d'un nouveau dispositif en vertu duquel le caractère exécutoire des actes des collectivités territoriales est conditionné par leur transmission effective au préfet ou au sous-préfet, lorsque cette transmission est expressément prévue par les textes. La transmission à un autre service de l'Etat, ne fait pas courir le délai, mais s'il est établi que ce service a transmis l'acte au préfet, ou au sous-préfet, le délai court à compter de cette transmission.

Plusieurs questions doivent être évoquées, concernant la nature du déféré préfectoral, les modalités de son déclenchement, les actes pouvant faire l'objet de cette procédure et l'exercice de ce recours.

I – Nature du déféré préfectoral

Même s'il existe une appellation spécifique désignant le déféré préfectoral, les juges ont longtemps assimilé ce recours au recours pour excès de pouvoir (CE Sect., 26 juillet 1991, requête numéro 117717, Commune de Sainte-Marie : Rec. p. 302 ; LPA 29 mai 1992, p. 11, note Rouault ; RDP 1992, p. 1528, obs. Llorens ; RFDA1991, p. 966, concl. Legal). En effet, dans les deux cas, il s'agit bien d'un contrôle de légalité opéré par la juridiction administrative pouvant aboutir à l'annulation de l'acte contesté. La principale différence entre ces deux recours demeurait leur champ d'application : si le recours pour excès de pouvoir est fermé, sauf exception, en matière contractuelle, les contrats des collectivités territoriales et de leurs groupements peuvent faire l'objet d'un déféré préfectoral (CE, 4 novembre 1994, requête numéro 99643, Département de la Sarthe : Rec. p. 1109 ; AJDA 1994, p. 898, concl. Maugüé ; Dr. adm. 1994, 640, obs. C.M.).

Le Conseil d'Etat a finalement opéré un revirement de jurisprudence à l'occasion d'un arrêt ministre de l'Intérieur du 23 décembre 2011 (requête numéro 348647, requête numéro 348648 : BJCP 2012, n° 81, p. 125, concl. Dacosta ; Contrats-Marchés publ. 2012, 56, note Pietri ; Dr. adm. 2012, 27, note Claeys ; CP-ACCP, 119/2012, p. 77, note Lauret et Proot ; RJEP 2012, 25, note Brenet .– V. également CE, 4 juillet 2012, requête numéro 352417, Communauté d'agglomération de Chartres Métropole : Rec. tables, p. 842.- CAA Marseille, 28 novembre 2012, requête numéro 10MA01413, Côte d'Azur habitat : Contrats-marchés publ. 2013, 52. – CAA Douai, 17 janvier 2013, requête numéro 12DA00594, Préfet de la Région Nord-Pas-de-Calais.- CAA Lyon, 2 janvier 2014, requête numéro 12LY03078, Commune de Lissieu) en classant le déféré préfectoral parmi les recours de plein contentieux dès lors que le recours est dirigé contre un contrat. Cette solution s'applique également aux demandes de suspension assortissant les déférés (CE, 9 mai 2012, requête numéro 355665, Syndicat départemental de traitement des ordures ménagères de l'Aude : Contrats-marchés publ. 2012, 225, Pietri).

Toutefois, cette évolution ne concerne pas les cas où, par exception, le recours pour excès de pouvoir est ouvert en matière contractuelle, ce qui vise pour l'essentiel les contrats de recrutement des agents publics (CE, 2 février 2015, requête numéro 373520, Commune d'Aix-en-Provence : AJDA 2016, p. 736, note Roux ; JCP A 2015, act. 161, obs. Langelier).

Surtout, le déféré préfectoral demeure assimilable à un recours pour excès de pouvoir dès lors qu'il est dirigé contre un acte unilatéral. Mais s'agissant des contrats, lorsqu'il constate une illégalité, le juge n'est plus tenu d'annuler la décision litigieuse. Comme le précise le Conseil d'Etat dans l'arrêt Ministre de l'Intérieur « il lui revient, après avoir pris en considération la nature de l'illégalité éventuellement commise, soit de prononcer la résiliation du contrat ou de modifier certaines de ses clauses, soit de décider de la poursuite de son exécution, éventuellement sous réserve de mesures de régularisation par la collectivité contractante, soit enfin, après avoir vérifié si l'annulation du contrat ne porterait pas une atteinte excessive à l'intérêt général ou aux droits des cocontractants, d'annuler, totalement ou partiellement, le cas échéant avec un effet différé, le contrat ».

Ces solutions n'ont pas être remises en cause par la jurisprudence Département-du-Tarn-et-Garonne (CE Ass., 4 avril 2014, requête numéro 358994 : Rec. p. 70, concl. Dacosta ; AJDA 2014, p. 1035, note Bretonneau et Lessi ; BJCL 2014, p. 316, note Fardet ; BJCP 2014, p. 204, note Terneyre ; Contrats-Marchés publ. 2014, étude 5, Rees et repère 5, Llorens et Soler-Couteaux ; D. 2014, 1179, note Gaudemet et Dizier ; Dr. adm. 2014, 36, note Brenet ; JCP E 2014, 2152, note Sestier et 2153, note Hul ; JCP A 2014, act. 325, obs. Touzeil-Divina ; JCPA 2014, 2152, note Sestier ; JCP G 2014, 737, note Bourdon ; RDP 2014, p. 1148, débat Seiller, Braconnier, Dacosta, p. 1175, note Janicot et Lafaix et p. 1198, note Rolin ; RFDA 2014, p. 438, note Delvolvé ; RLCT 2014/101, p. 20 note Brameret et p. 25, obs. Glaser ; RDI 2014, p. 244, obs. Braconnier ; Revue générale du droit on line, 2014, n° 16187, note Girard ; RFDA 2014, p. 438, note Delvolvé ; RJEP 2014, 26, note Lafaix). En effet si, par cet arrêt, le Conseil d'Etat ferme la voie du recours pour excès de pouvoir dirigé contre les actes détachables préalables à la conclusion du contrat, une exception est justement prévue pour le préfet qui a toujours la possibilité d'attaquer ces actes unilatéraux tant que le contrat n'a pas été signé.

II – Modalités de déclenchement du déféré préfectoral

L'existence d'une procédure de déféré préfectoral n'interdit pas à toute personne intéressée d'intenter un recours pour excès de pouvoir contre l'acte litigieux, dès lors qu'il s'agit d'un acte administratif unilatéral, et sauf si cette voie de recours est fermée (c'est désormais le cas pour les actes unilatéraux préalables à la conclusion de contrat en application de la solution initiée par le Conseil d'Etat à l'occasion de l'arrêt d'Assemblée du 16 juillet 2007, Société tropic travaux signalisation, requête numéro 291545 : Rec. p. 360 ; RDP 2007, p. 1402, concl. Casas ; RFDA 2007, p. 696, concl. Casas ; RJEP 2007, dossier 1, concl. Casas et note Delvolvé ; AJDA 2007, p. 1577, chron. Lénica et Boucher ;

JCP G 2007, II, 10156, note Ubaud-Bergeron et 10160, note Sellier ; JCP A 2007, 2212, note Linditch et 2221, note Rouault ; Dr. adm. 2007, repère 7, note Auby ; Rev. Lamy conc. 2007/13, 914, obs. Clamour). De même, il est possible, pour ces personnes, de saisir le préfet afin qu'il fasse usage du recours qui lui est réservé. Il a été jugé, dans cette hypothèse, que le requérant n'est pas recevable à contester un éventuel refus du préfet devant le juge de l'excès de pouvoir (CE Sect., 25 janvier 1991, requête numéro 80969, Brasseur : Rec. p. 23, concl. Stirn ; RFDA 1991, p. 1587, note Douence ; AJDA 1991, p. 351 ; JCP G 1991, II, 21654, note Moreau). En revanche, la demande faite au préfet aura pour effet de proroger le délai de recours contentieux.

Il faut noter, enfin, que le fait, pour un préfet, de ne pas déférer un acte entaché d'illégalité ne constitue pas, en tant que tel, une faute de nature à engager la responsabilité de l'Etat (CE, 21 juin 2000, requête numéro 202058, Ministre de l'Intérieur c. Commune de Roquebrune Cap Martin : RDP 2000, p. 1096, concl. Touvet). Il est en effet nécessaire, dans ce cas, que la preuve d'une faute lourde soit rapportée (CE, 6 octobre 2000, requête numéro 205959, Ministre de l'Intérieur c. Commune de Saint-Florent : Rec. p. 395 ; Collectivités Territoriales – Intercommunalité, 266, note Moreau ; AJDA, 2001, p. 201.- V. également CE, 30 mars 2011, requête numéro 328972, Ministre de l'Intérieur c/ SIVOM de Cinarca-Liamone : AJDA 2011, p. 1223).

III – Actes pouvant faire l'objet d'une procédure de déféré préfectoral

Pour que le préfet soit en mesure d'exercer son contrôle, encore faut-il qu'il ait eu connaissance de l'acte litigieux.

Pour ce qui concerne les communes, par exemple, l'article L. 2131-3 du Code général des collectivités territoriales précise que « les actes pris par les autorités communales sont exécutoires de plein droit dès qu'il a été procédé à leur publication ou affichage ou à leur notification aux intéressés ainsi qu'à leur transmission au représentant de l'Etat dans le département ou à son délégué dans l'arrondissement. Pour les décisions individuelles, cette transmission intervient dans un délai de quinze jours à compter de leur signature » (CGCT, art. L. 3131-1 et L. 4141-4 pour les départements et pour les régions).

En d'autres termes une grande partie des actes administratifs pris par les collectivités territoriales relèvent de l'obligation de transmission. En revanche, ne sont pas concernés par cette obligation les actes de droit privé ainsi que les actes pris par le maire lorsqu'il agit comme représentant de l'Etat.

L'article L. 2131-2 du Code général des collectivités territoriales prévoit ainsi, pour ce qui concerne les communes (CGCT, art. L. 3131-2 et L. 4141-2 pour les départements et les régions), que doivent être transmis :

- Les délibérations du conseil municipal ou les décisions prises par délégation du conseil municipal en application de l'article L. 2122-22 du Code général des collectivités territoriales (sauf exceptions visées par l'article L. 2131-2) ;

- Les décisions règlementaires et individuelles prises par le maire dans l'exercice de son pouvoir de police (V. par exemple annulant une décision d'un conseil municipal voulant créer une « garde nationale », TA Montpellier, 5 juillet 2016, requête numéro 1506696,

Préfet de l'Hérault) à l'exclusion de celles relatives à la circulation et au stationnement ainsi que celles relatives à l'exploitation, par les associations, de débits de boissons pour la durée des manifestations publiques qu'elles organisent ;

- Les actes à caractère règlementaire pris par les autorités communales dans tous les autres domaines qui relèvent de leur compétence en application de la loi ;

- Les conventions relatives aux emprunts, aux marchés et aux accords-cadres, à l'exception des conventions relatives à des marchés et à des accords-cadres d'un montant inférieur à 209 000 euros hors taxes (CGCT, art. D.2131-5-1) ainsi que les conventions de concession ou d'affermage de services publics locaux et les contrats de partenariat ;

- Les décisions individuelles relatives à la nomination, à l'avancement de grade, à la mise à la retraite d'office, à la révocation des fonctionnaires, ainsi que les décisions individuelles relatives au recrutement, y compris le contrat d'engagement, et au licenciement des agents non titulaires, à l'exception de celles prises dans le cadre d'un besoin saisonnier ou occasionnel, en application du deuxième alinéa de l'article 3 de la loi n°84-53 du 26 janvier 1984 portant dispositions statutaires relatives à la fonction publique territoriale ;

- Les permis de construire et les autres autorisations d'utilisation du sol et le certificat d'urbanisme délivrés par le maire ou le président d'un établissement public de coopération intercommunale, lorsqu'il a reçu compétence dans les conditions prévues aux articles L. 422-1 et L. 422-3 du Code de l'urbanisme (V. par ex. CE, 28 décembre 2017, requête 399629 : JurisData n° 2017-027514) ;

- Les ordres de réquisition du comptable pris par le maire ;

- Les décisions relevant de l'exercice de prérogatives de puissance publique, prises par les sociétés d'économie mixte locales pour le compte d'une commune ou d'un établissement public de coopération intercommunale.

Cette énumération n'est pas exhaustive. En effet, les actes qui ne sont pas mentionnés par le Code général des collectivités territoriales peuvent également être déférés aux préfets. Tel est le cas, par exemple, des mesures préparatoires (CE Ass., 15 avril 1996, requête numéro 120273, Syndicat CGT des hospitaliers de Bédarieux : Rec. p. 130 ; concl. Combreville : RFDA 1996, p. 1169 ; AJDA 1996, p. 366) et des décisions implicites (CE Sect., 28 février 1997, requête numéro 167483, Commune de Port : Rec. p. 61 ; concl. Stahl ; RFDA 1997, p. 1198, note Douence). Pour ces actes, le point de départ du délai d'exercice du déféré préfectoral court à partir de l'accomplissement des formalités de publicité de l'acte. Enfin, peuvent également faire l'objet d'une procédure de déféré préfectoral les contrats qui ne sont pas soumis à l'obligation de transmission (CE, 4 novembre 1994, requête numéro 99643, Département de la Sarthe : Rec. tables, p. 1045), à condition toutefois qu'il s'agisse bien de contrats administratifs (CE Sect., 27 février 1987, requête numéro 54847, Commune de Grand-Bourg de Marie-Galante c. Lancelot : Rec. p. 79 ; Dr. adm. 1987, 223 ; RFDA 1987, p. 212, concl. Stirn).

IV – Exercice du déféré préfectoral

La transmission des actes des collectivités territoriales et des EPCI (CGCT, art. L. 5211-3) a pour effet de permettre au préfet de saisir, le cas échéant, le tribunal administratif compétent dans un délai de deux mois. Cette solution s'applique également pour les décisions tacites (CE, 23 octobre 2013, requête numéro 344454, SARL Prestig'Immo). Le délai court non pas à compter de la date de l'édiction de l'acte, mais bien à partir de sa transmission effective (CE Sect., 30 septembre 1988, requête numéro 85099, Commune de Nemours c. Marquis : Rec. p. 120.- CE, avis, 10 juin 1996, requête numéro 176873, requête numéro 176874, requête numéro 176875, Préfet de la Côte d'Or).

Si le déféré préfectoral n'a pas de caractère suspensif, le préfet peut assortir son recours d'une demande de suspension de l'acte, y compris s'il s'agit d'un contrat (CE, 23 juillet 2010, requête numéro 338367, Région de la Réunion : JCP A 2010, 2311, obs. Linditch). Ce n'est pas le régime de référé suspension de droit commun de l'article L. 521-1 du Code de justice administrative qui est applicable. L'article L. 2131-6, alinéa 3, du Code général des collectivités territoriales, auquel renvoie l'article L. 554-1 du Code de justice administrative, met en place une procédure simplifiée, qui permet d'obtenir la suspension de l'acte déféré « si l'un des moyens invoqués paraît, en l'état de l'instruction, propre à créer un doute sérieux quant à la légalité de l'acte attaqué ». Dans une telle hypothèse, le tribunal statue dans un délai d'un mois, et sa décision est susceptible non pas d'un recours en cassation comme c'est en principe le cas en matière de référé suspension, mais d'un appel devant la cour administrative d'appel compétente. Même si les textes ne le prévoient pas expressément, l'appel contre le jugement au fond peut faire l'objet d'une demande de référé-suspension (CE, 8 février 2017, requête numéro 402417, Ministre du Logement c/ Commune de Chens-sur-Léman : Dr. adm. 2017, 33, note Eveillard). L'article L. 4142-1, alinéa 5, du Code général des collectivités territoriales, auquel renvoie l'article L. 554-3 du Code de justice administrative, crée quant à lui une procédure de suspension accélérée qui permet au représentant de l'Etat d'obtenir la suspension, en 48 heures, d'un acte estimé illégal et qui est de nature à compromettre l'exercice d'une liberté publique ou individuelle (CE, 3 juillet 1998, requête numéro 197525, Commune de La Bruguière : Dr. adm. 1998, 318 et 378). Il existe également des procédures de suspension automatique en matière d'urbanisme, de marchés ou de délégations de service public (CJA, art. L. 554-2. - renvoyant à CGCT, art. L. 2131-6, al. 4.- toutefois il n'en va pas de même pour le référé déposé devant la cour administrative d'appel V. CE, 8 février 2017, requête numéro 402417, Ministre du Logement c/ Commune de Chens-sur-Léman, préc.), ainsi que pour les actes pris dans le cadre d'une expérimentation normative (CGCT, art. LO 1113-4).

Dans la pratique, cependant, le préfet a plus tendance à choisir l'exercice d'un recours gracieux, qui va consister en l'envoi d'une lettre d'observations à l'auteur de l'acte. Ce recours aura pour effet de proroger le délai d'exercice du déféré préfectoral (CE, 18 avril 1986, requête numéro 62470, Commissaire de la République d'Ille et Vilaine : Rec. p. 658 ; AJDA 1986, p. 455, obs. Chabanol ; D. 1987, p. 70, note Negrin ; RFDA 1987, p. 7, concl. Roux).

Il ne s'agit pas ici de la seule cause de prorogation du recours : si le texte intégral de l'acte n'a pas été transmis ou s'il n'est pas accompagné des documents annexes nécessaires pour mettre le préfet à même d'apprécier la portée et la légalité de l'acte, le délai sera également prorogé de deux mois à partir de la demande de transmission complémentaire faite par le préfet (CE Sect., 13 janvier 1988, requête numéro 68166, Mutuelle générale des personnels des collectivités locales : Rec. p. 6, concl. Roux ; AJDA 1988, p. 183, chron. Azibert et de Boisdeffre). Cette jurisprudence a été récemment précisée par le Conseil d'Etat à l'occasion de son arrêt du 15 mai 2013, Office public de l'habitat de Nice et des

Alpes-Maritimes Côte-d'Azur Habitat. Selon les juges « à défaut d'une demande tendant à son retrait, son réexamen ou sa modification pouvant être regardée comme un recours gracieux dirigé contre l'acte, ou d'une demande tendant à ce que la transmission soit complétée, présentées par le préfet dans le délai de deux mois de la réception de l'acte, le délai qui lui est imparti pour déférer cet acte au tribunal administratif court à compter de cette réception » (requête numéro 357031 : JCP 2013, 2208, note Pauliat). Ainsi, une simple demande de précision ne saurait avoir pour effet de proroger le délai dans lequel le préfet peut déférer au juge administratif un acte qui lui a été transmis.

Par ailleurs, si ces documents ne sont pas nécessaires à l'examen de la légalité de l'acte, le délai n'est pas interrompu (CE, 31 mars 1989, requête numéro 83334, Commissaire de la République de la région du Languedoc-Roussillon c. Memet : AJDA 1989, p. 539, concl. Levis.- CE, 29 avril 1994, requête numéro 106185, Commune de Baillif : Rec. p. 1104 ; JCP 1994, 22354, note Haïm), et cela alors même que la demande du préfet aurait été motivée par l'exercice du contrôle de légalité (CE, 23 février 2000, requête numéro 190898, Ministre de l'Intérieur c. Commune de Mende : Rec. p. 80). De même, le délai n'est pas interrompu lorsque la transmission complémentaire n'a pas été requise par le préfet (CE, 17 octobre 2003, requête numéro 223296, District de Bastia : JCPA 2003, 2022, note Linditch).

V – Evolution de la pratique du déféré préfectoral

La loi n°2004-809 du 13 août 2004 a provoqué un glissement du contrôle systématique vers un contrôle symptomatique des actes des collectivités territoriales qui porte sur des « sujets essentiels » pour reprendre l'expression du président de l'association du corps préfectoral, M. Bertrand Landrieu (Supprimons le contrôle de légalité systématique : Gaz. Communes, 7 avril 2003, p. 20). Selon l'exposé des motifs de la loi, le contrôle administratif de légalité est réaménagé en vue de le rendre plus efficace dans sa fonction de conseil préalable (V. toutefois critiquant les modalités actuelles de contrôle des actes des collectivités territoriales : Prendre acte de la décentralisation : pour une rénovation indispensable des contrôles de l'Etat sur les collectivités territoriales, Rapport sénatorial n° 300, janvier 2012). En particulier, à partir du décret n°2005-324 du 7 avril 2005, la dématérialisation de la transmission des actes administratifs et budgétaires a été mise en œuvre au moyen des applications ACTES et ACTES budgétaires.

En outre, une importante circulaire relative à la « modernisation du contrôle de légalité », prise le 17 janvier 2006 par le ministre de l'Intérieur et le ministre délégué aux Collectivités territoriales, invite les préfets à déterminer une « véritable stratégie » du contrôle administratif de légalité (circulaire du ministre de l'Intérieur et des Collectivités territoriales, NOR : MCTB0600004C) consistant à cibler celui-ci sur les questions relatives à l'intercommunalité, et notamment au sein de celle-ci sur la notion d'intérêt communautaire, la commande publique (notamment les marchés de maîtrise d'œuvre et les conventions de mandat), l'urbanisme et l'environnement, l'attention des préfets étant attirée sur le « respect, par les élus, des législations afférentes à l'aménagement et à la protection des espaces géographiques sensibles », ainsi que sur les « aménagements et travaux situés dans des zones de risques, tout particulièrement lorsque ces zones sont couvertes par un plan de prévention des risques naturels prévisibles ».

Par ailleurs, l'ordonnance n°2009-1401 du 17 novembre 2009, prise sur le fondement de l'article 120 de la loi n°2009-526 du 12 mai 2009 relative à la simplification et à la clarification du droit, ainsi qu'à l'allègement des procédures, a eu pour objectif de recentrer le contrôle de légalité sur les actes présentant un enjeu particulier. En effet, afin de permettre un contrôle plus efficace des actes reçus par le représentant de l'Etat, l'ordonnance allège la liste des actes obligatoirement transmis par les collectivités territoriales en matière de voirie routière et de fonction publique territoriale, en ne conservant dans le champ de la transmission obligatoire que les actes les plus sensibles intervenant dans ces domaines (JCP A 2009, act. 1228).

En dépit de ces évolutions, il est apparu que de nombreux actes non soumis à l'obligation de transmission continuaient d'être transmis par certaines collectivités territoriales qui ont tendance à considérer que, pour être exécutoires, leurs actes doivent être transmis au représentant de l'Etat et être revêtus de la preuve de leur réception. Cette observation a conduit à l'édiction d'une nouvelle circulaire du 13 décembre 2010 rappelant les règles en vigueur (circulaire du Ministre de l'Intérieur, de l'Outre-mer, des Collectivités territoriales et de l'Immigration, NOR : IOCB1030371C relative à la simplification de l'exercice du contrôle de légalité : champ des actes non soumis à l'obligation de transmission au représentant de l'Etat dans le département).

Le nombre d'actes transmis par les collectivités territoriales et leurs établissements publics, qui était de 7 735 473 au titre de l'exercice 2003, s'est considérablement accru en 2004 (8 311 681), pour décroître fortement par la suite (6 517 802 en 2005, et 6 347 752 en 2006 et 5,1 millions en 2013). Cette évolution est la conséquence directe de la diminution de la liste des actes obligatoirement transmis au représentant de l'Etat, suivant les dispositions de la loi n° 2004-809 du 13 août 2004, et de la modification des seuils introduite dans le Code des marchés publics par le décret n° 2004-15 du 7 janvier 2004.

On note également, sur la même période, une évolution globale à la baisse du nombre d'observations par rapport à 2003, ce qui est également lié, en partie, à la diminution de la liste des actes soumis à l'obligation de transmission au préfet. Toutefois, l'approfondissement du contrôle, généré par la mise en œuvre de stratégies locales de contrôle de légalité, conformément aux dispositions de la circulaire ministérielle du 17 janvier 2006 relative à la modernisation du contrôle de légalité, a parfois été, dans certains départements, à l'origine d'une augmentation du nombre de lettres d'observations. En revanche, le taux de recours par rapport aux actes était de 0,022 % en 2006, alors que ce taux s'établissait à 0,016 % en 2003, ce qui dénote une certaine stabilité. De même, si le nombre global d'observations est en diminution, celles qui demeurent semblent concerner davantage des affaires complexes ou conflictuelles, ce qui est une possible résultante d'un contrôle plus centré sur des domaines d'enjeux. Il en résulte une évolution annuelle des taux de recours par rapport aux observations en hausse presque constante, et qui s'établit, en 2006, à 1,73 %.

Cette tendance s'est toutefois ensuite largement infléchie puisqu'entre 2011 et 2014, 2,9 % des actes contrôlés ont donné lieu, à une lettre d'observation valant recours gracieux et 0,1 % seulement à un déféré préfectoral (Rapport annuel de la Cour des comptes 2016, p. 338).

Les derniers chiffres disponibles dénotent, ce qui est logique compte tenu des évolutions textuelles récentes, une diminution du volume d'actes transmis (de 6,3 millions en 2006 à

5,6 millions en 2009 puis à 5,2 millions en 2012 dont plus de 380 000 actes « prioritaires »). En 2012, si plus de 90% des actes prioritaires ont été contrôlés (ce qui est comparable avec les taux de contrôle des années précédentes mais inférieur aux objectifs définis par le gouvernement) seuls environ 22% des autres actes l'ont été (alors que ce pourcentage était de plus de 33 % en 2010), Seuls environ 0,5% de ces actes font l'objet de lettres d'observations et 0,01% font l'objet d'un déféré soit 5,2 millions d'actes transmis pour 804 déférés en 2012 , ce qui dénote également une baisse globale (Ministère de l'Intérieur, DGCL, Rapport du gouvernement au Parlement sur le contrôle a posteriori des actes des collectivités locales et des établissements publics locaux, 22e rapport, années 2010, 2011, 2012, avril 2014).

Notons toutefois que les réformes structurelles touchant notamment l'administration déconcentrée ont eu pour effet de diminuer de 30 % le nombre de personnels affectés au contrôle de légalité dans les services déconcentrés entre 2009 et 2014, ce qui peut également contribuer à expliquer la baisse globale des recours gracieux et contentieux (Rapport annuel de la Cour des comptes 2016, p. 346).

Pour aller plus loin :

- **Allemand (R.), Tifine (P.)**, Le transfert aux collectivités territoriales des personnels techniques et ouvriers de service de l'éducation nationale : l'analyse des questions statutaires : AJDA 2006, p. 1260

- **Dantonel-Cor (N.)**, Le régime juridique de l'intercommunalité après l'adoption de la loi n°99-586 du 12 juillet 1999 relative à la simplification et au renforcement de la coopération intercommunale : D. 2000, chron., p. 395.

- **Degoffe (M.)**, L'intercommunalité dans la loi 13 août 2004 : BJCL sept. 2004, p. 602.

- **Duru (E.)**, Portrait-robot de l'intercommunalité au lendemain de la réforme territoriale : AJDA 2011, p. 10.

- **Domingo (L.)**, La loi de réforme des collectivités territoriales et l'intercommunalité : JCP A 2011, 2012.

- **Faure (N.)**, Le leadership régional : nouvelle orientation du droit des collectivités territoriales : AJDA 2015, p. 1898.

- **Ferreira (N.)**, Chef de filât et conférence territoriale de l'action publique : JCP A 2014, 2048.

- **Fleury (B.)**, Le conseiller territorial : le nouvel artisan du couple région-département : JCP A 2011, 2014.

- **Gohin (O.)**, L'Outre-Mer dans la réforme constitutionnelle de la décentralisation : RFDA 2003, p. 678.

- **Jegouzo (Y.)**, L'impact de la décentralisation sur la coopération intercommunale : RF adm. publ. 1988, p. 663.

- **Jorion (B.)**, Les GIP : un instrument de gestion du service public administratif : AJDA 2004, p.305.

- **Marcou (G.)**, La réforme territoriale : ambition et défaut de perspective : RFDA 2010, p. 357.

- **Marcou (G.)**, Le département et les communes. Complémentarité et concurrence : ADA 2011, p. 1830.

- **Pontier (J.-M.)**, Les réformes de l'intercommunalité dans la loi « libertés et responsabilités locales » : Rev. adm. 2004, p. 623.

- **Pontier (J.-M.)**, Pourquoi parler de contrats de plan ? : AJDA 2015, p. 2163.

- **Verpeaux (M.)**, Pavane pour une notion défunte. La clause de compétence générale : RFDA 2014, p. 457.

DEUXIEME PARTIE – PRINCIPE DE LEGALITE DE L'ACTION ADMINISTRATIVE

Le principe de légalité peut se définir simplement comme la soumission de l'administration au droit. Les sources de ce principe se sont progressivement diversifiées et son efficacité est assurée par le contrôle de légalité opéré par le juge administratif

CHAPITRE UN – SOURCES DE LA LEGALITE ADMINISTRATIVE

Les actes administratifs sont soumis au principe de légalité. Ce principe doit être compris dans le sens le plus large possible : sont visées l'ensemble des normes écrites ou non qui, au moment où une autorité administrative prend une décision, s'imposent à elle. La violation du principe de légalité entraîne la censure des actes administratifs par le juge administratif lorsqu'ils font l'objet d'un recours. Devra également être mentionnée l'hypothèse où le principe de légalité est atténué, en cas de circonstances de crise.

Section I – La Constitution

La Constitution constitue un ensemble de règles écrites, ou non, placées au sommet de la hiérarchie des normes de l'Etat. En effet, le droit français reconnaît la suprématie des règles à valeur constitutionnelle. Celle-ci vaut tant à l'égard des engagements internationaux (CE Ass., 30 octobre 1998, requête numéro 200286, requête numéro 200287, Sarran, Levacher et autres : Rec. p. 369 ; AJDA 1998, p. 962, chron. Raynaud et Fombeur ; D. 2000, p. 153, note Autin ; RDP 1999, p. 919, note Flauss ; RFDA 1998, p. 1081, concl. Maugüé, note Alland et p. 57, note Dubouis, Mathieu et Verpeaux, Gohin) que du droit de l'Union européenne (CE, 3 décembre 2001, requête numéro 226514, Syndicat national de l'industrie pharmaceutique : Rec. p. 624 ; RMCUE 2002, p. 595, note Chaltiel.- CC, 20 décembre 2007, numéro 2007-560 DC, Traité de Lisbonne : Rec. CC 2007, p. 459).

L'administration est toujours soumise au respect de ces règles, mais en application de la théorie de la loi écran, le juge administratif n'est pas toujours en mesure de sanctionner lui-même la violation de la Constitution par l'administration. De même, toutes les règles de valeur constitutionnelle n'ont pas une portée identique, ce qui fait qu'elles sont plus ou moins contraignantes pour l'administration.

§ I – Sanction de la violation des règles constitutionnelles

Le juge administratif peut parfaitement sanctionner un acte administratif pour cause de non-conformité à la Constitution.

Exemple :
- CE, 27 juillet 2005, requête numéro 270833, Louis c. Ministre de l'Outre-mer : les retraités ne sont pas, au regard de l'objet en vue duquel un régime d'assurance maladie est instauré, dans une situation différente de celle des autres assurés, alors même que le taux des cotisations versées par les retraités à ce régime serait inférieur à celui des cotisations versées par les actifs y étant assurés. Sont par suite illégales, comme violant le principe constitutionnel d'égalité devant la loi, des dispositions instaurant un plafond de remboursement des dépenses médicales engagées à l'étranger par un assuré retraité y étant tombé inopinément malade différent de celui instauré pour les dépenses de même nature engagées par les autres assurés.

Un problème particulier se pose dans l'hypothèse où un acte administratif est pris en application d'une loi qui est contraire à une norme constitutionnelle. Dans ce cas, le vice d'inconstitutionnalité de la loi contamine l'acte administratif pris conformément à elle. Pourtant, dans une telle hypothèse, le juge refuse d'annuler l'acte contesté (CE Sect., 6 novembre 1936, Arrighi : Rec. p. 966 ; S. 1937.III. p. 33, concl. Latournerie, note Mestre ; DP 1938, III, p. 1 concl. Latournerie, note Eisenmann ; RDP 1936, p. 671, concl. Latournerie ; S. 1937, III, p. 33, concl. Latournerie, note Mestre.- CE Ass., 20 octobre 1989, requête numéro 108393, Roujansky : JCP 1989, II, 21371, concl. Frydman.- CE, 5 janvier 2005, requête numéro 257341, Deprez et Baillard : Rec. p. 1). En effet, s'il est compétent pour contrôler les actes administratifs par rapport à la loi, il s'estime incompétent pour apprécier la constitutionnalité d'une loi et, le cas échéant, écarter son application. La loi fait alors écran entre l'acte administratif et la Constitution.

Cette solution ne permet pas d'assurer le plein effet du principe de légalité ce qui est d'autant plus contestable que longtemps il n'a pas existé de contrôle de constitutionnalité des lois après leur promulgation.

Exemple :
- CAA Paris, requête numéro 05PA01831, 19 juillet 2005, Singh (AJDA 2005, p. 2009, concl. Bachini ; Dr. adm. 2005, 170 ; JCP A 2005, 45, note Chélini-Pont et Tawil) : la cour est saisie d'un recours contre une décision excluant d'un établissement scolaire un élève de confession sikh en application des dispositions de la loi n°2004-228 du 15 mars 2004 interdisant le port de signes ou tenues par lesquels les élèves manifestent ostensiblement une appartenance religieuse. Les juges estiment que la décision attaquée est conforme à ces dispositions et que, dès lors, les moyens tirés de la violation de l'article 10 de la Déclaration de droits de l'homme et du citoyen et de l'article 1er de la Constitution du 4 octobre 1958 sont inopérants.

Il faut enfin relever que si ces difficultés persistent, une solution existe désormais depuis la révision constitutionnelle du 23 juillet 2008 qui introduit dans la Constitution un contrôle de constitutionnalité des lois a posteriori. Selon le nouvel article 61-1 de la Constitution « lorsque, à l'occasion d'une instance en cours devant une juridiction, il est soutenu qu'une disposition législative porte atteinte aux droits et libertés que la Constitution garantit, le Conseil constitutionnel peut être saisi de cette question sur renvoi du Conseil d'Etat ou de la Cour de cassation qui se prononce dans un délai déterminé ». Ces dispositions ont été précisées par la loi organique n°2009-1523 du 10 décembre 2009 complétant l'ordonnance n°58-1067 du 7 novembre 1958 portant loi organique sur le Conseil constitutionnel.

Cette procédure nouvelle met en cause trois juges successifs.

Il s'agit d'abord du juge du fond devant lequel est invoquée une violation de la Constitution par une disposition applicable au litige. Cette étape n'existe pas, bien évidemment, dans les cas où le Conseil d'Etat est compétent en premier et dernier ressort.

Sont ensuite impliquées les juridictions suprêmes – Conseil d'Etat ou Cour de cassation – qui jouent la fonction de « filtre » du bien-fondé de la question posée : il doit s'agir d'une « question nouvelle ou présentant un caractère sérieux » selon la loi organique.

Enfin, le Conseil constitutionnel possède la compétence de décider de l'inconstitutionnalité de la loi et de son abrogation, éventuellement à une date ultérieure fixée par la décision.

Cette relation créée entre ces juridictions et le Conseil constitutionnel est nouvelle en France. Cependant, elle ne transforme pas le Conseil constitutionnel en cour suprême puisque l'appréciation du bien-fondé de la question de constitutionnalité relève du Conseil d'Etat ou de la Cour de cassation.

Le Conseil d'Etat a procédé aux premiers renvois au Conseil constitutionnel à l'occasion de deux décisions du 14 avril 2010 (CE, 14 avril 2010, requête numéro 323830, Union des familles en Europe : JCP G 2010, act. 465, obs. Mathieu ; AJDA 2010, p. 1013, concl. Courrèges. - CE, 14 avril 2010, requête numéro 336753, Labane). Cette procédure est fréquemment mise en œuvre. Elle constitue aujourd'hui le principal fondement des saisines du Conseil constitutionnel. A titre d'exemple, pour l'année 2016, le Conseil constitutionnel a statué sur 81 questions prioritaires de constitutionnalité, pour 18 décisions prises dans le cadre du contrôle de constitutionnalité a priori (Nouveaux cahiers constitutionnels n°58, janvier 2018). Au 1er mars 2015, cette procédure elle avait été utilisée dans plus de 10 000 affaires sur une période de 5 ans. Sur cette même période, la Cour de cassation a été saisie de 1504 QPC contre seulement 856 pour le Conseil d'Etat. En revanche, le nombre de saisine par les deux juridictions suprêmes du Conseil constitutionnel est assez proche : on compte 258 saisines par la Cour de cassation (ce qui représente un taux de renvoi de 18%) et 207 pour le Conseil d'Etat (soit un taux de renvoi de 24%). Le constitutionnel a rendu au total 395 décisions dans le cadre de la procédure de QPC invalidant 145 dispositions législatives, dont une majorité de dispositions de droit pénal.

Il est à noter, enfin, que si le mécanisme de question prioritaire de constitutionnalité permet de corriger les effets de la théorie de la loi écran, il n'a pas pour autant mis un terme à son application. Dans un arrêt de Section du 10 novembre 2010, Commune de Palavas-les-flots et Commune de Lattes (requête numéro 314449, requête numéro 314580 : Dr. Adm. 2011, 2, note Martin et Ferrari ; AJDA 2010, p. 2416, chron. Botteghi et Lallet), le Conseil d'Etat a ainsi considéré, conformément à l'article R. 771-3 du Code de justice administrative, que la constitutionnalité d'une loi devant le juge administratif ne peut être contestée que par le dépôt d'une question prioritaire de constitutionnalité selon les formes requises, c'est-à-dire un mémoire distinct et motivé, ce qui n'était pas le cas en l'espèce.

Toutefois, la théorie de la loi écran implique seulement que le juge ne peut directement confronter à la Constitution une disposition réglementaire en ce qu'elle fait application de dispositions législatives. En revanche, il est possible de soulever un moyen d'inconstitutionnalité à l'encontre d'une disposition réglementaire, dès lors qu'il s'agit d'un vice propre à cet acte ne résultant pas de l'application directe de la loi. En d'autres termes, comme l'a exposé le commissaire du gouvernement Abraham dans ses conclusions sur l'arrêt Quintin du 17 mai 1991 (requête numéro 1000436 : RDP 1991, p. 1433), la théorie de la loi écran n'a vocation à jouer que lorsque la loi qui s'interpose entre l'acte administratif et la Constitution a véritablement déterminé l'inconstitutionnalité de l'acte administratif. Dans le cas contraire, l'écran est « transparent ». Dans cette hypothèse, où la loi n'encadre guère le pouvoir réglementaire, il n'y a pas lieu de recourir à la procédure de QPC dès lors que ce n'est pas la constitutionnalité de la loi qui est discutée, mais exclusivement celle de la disposition législative dont elle fait application.

Exemple :
- CE, 27 octobre 2011, requête numéro 343943, requête numéro 343973, requête numéro 343974, CFDT et autres : Rec. tables, p. 743 ; JCPA 2012, 1080, note Mahé et Roustan de Péron) : l'affaire portait sur la légalité du décret n°2010-961 du 25 août 2010 relatif aux conditions d'obtention du RSA « jeunes ». Le Conseil d'Etat considère qu'il ne lui appartient pas de contrôler la conformité du « principe » d'une condition d'activité définie par la loi n°2008-1249 du 1er décembre 2008 généralisant le RSA et réformant les politiques d'insertion au regard des dixième et onzième alinéas du Préambule de la Constitution de 1946, qui prévoient la mise en œuvre d'une politique de solidarité nationale en faveur des personnes défavorisées. En revanche, il appartient au Conseil d'Etat « de vérifier si les mesures prises pour l'application de la loi n'ont pas elles-mêmes méconnu ces exigences ». En l'espèce, les juges considèrent que le pouvoir règlementaire pouvait, sans méconnaître ces exigences, subordonner au quantum contesté le bénéfice du revenu de solidarité active pour les jeunes de moins de vingt-cinq ans.

§ II – Portée des normes constitutionnelles

Les textes constitutionnels en vigueur définissent des règles de procédure et de répartition des compétences, mais également des règles de fond qui édictent des principes protecteurs des libertés publiques.

I – Règles de procédure et de répartition des compétences

Les règles de procédure et de répartition des compétences se trouvent dans le corps même de la Constitution du 4 octobre 1958.

Certaines répartissent les compétences entre le pouvoir exécutif et le pouvoir législatif (art. 34 et 37), alors que d'autres règles dérogent à cette répartition. Par exemple, l'article 38 permet au gouvernement d'intervenir dans des matières législatives. Il existe également des règles qui concernent spécifiquement le pouvoir exécutif et la définition de la compétence du président de la République et du Premier ministre (art 13 et 21) ainsi que la question du contreseing (art. 19 et 22).

Le non-respect par les autorités administratives de ces règles est susceptible de faire l'objet d'une annulation contentieuse.

II – Règles de fond

On trouve très peu de règles de fond dans le corps même de la Constitution. Il s'agit notamment des principes : d'égalité devant la loi de tous les citoyens (art. 2) ; d'unité, d'égalité et de secret du suffrage (art. 3), de liberté de constitution et d'activité des partis politiques (art. 4), de libre administration des collectivités territoriales (art. 72). Tous ces principes peuvent être invoqués devant le juge administratif à l'appui d'un recours pour excès de pouvoir contre un acte administratif (V. ainsi pour l'article 2 : CE, 11 juin 2003, requête numéro 246971, Association avenir de la langue française : Rec. p. 249.- pour l'article 72 : CE, 3 octobre 2003, requête numéro 248523, Commune de Ramatuelle : Rec. tables, p. 633).

Les autres règles de fond se trouvent dans le Préambule de la Constitution dont la valeur constitutionnelle a longtemps été discutée. Le Préambule de la Constitution du 4 octobre 1958 renvoie lui-même à différents textes et aux principes fondamentaux reconnus par les lois de la République. Relèvent également de ce qu'il convient d'appeler avec Charles Emeri le bloc de constitutionnalité (Chronique constitutionnelle et parlementaire française, RDP 1970, p. 678) les décisions du Conseil constitutionnel.

A – Valeur du Préambule de la Constitution du 4 octobre 1958

Le Préambule de la Constitution du 4 octobre 1958 fait référence à des textes dont l'objet est de protéger les libertés publiques : la Déclaration des droits de l'homme et du citoyen de 1789, le Préambule de la Constitution de 1946 et, depuis la loi constitutionnelle n° 2005-205 du 1er mars 2005, la Charte de l'environnement de 2004.

La valeur constitutionnelle de ces textes a été longtemps discutée. Traditionnellement, en effet, les préambules constitutionnels n'ont aucune valeur juridique.

Ceci explique en grande partie pourquoi la valeur constitutionnelle du Préambule de la Constitution de 1958 n'a été reconnue par le Conseil constitutionnel que tardivement dans sa décision liberté d'association du 16 juillet 1971 (numéro 71-44 DC : Rec. CC, p. 29 ; GDCC 1971, n°29 ; RDP 1971, p. 1171, note Robert ; AJDA 1971, p. 537, note Rivero ; D. 1974, chron. 83, note Hamon.- V. récemment CC, 19 février 2016, numéro 2016-535 QPC).

Le Conseil d'Etat, de son côté, a été beaucoup plus prompt à reconnaître cette valeur. Déjà, sous la Quatrième République, la juridiction administrative suprême avait reconnu la valeur juridique du Préambule de la Constitution de 1946 dans l'arrêt d'Assemblée Dehaene du 7 juillet 1950 (Rec. p. 426 ; D. 1950, p.538, note Gervais ; Dr. Soc. 1950, p. 317, concl. Gazier ; JCP 1950, II, 5681, concl. Gazier ; RDP 1950, p. 691, concl. Gazier, note Waline ; Rev. Adm. 1950, p. 366, concl. Gazier ; S. 1950, III, p.109, note J.D.V.). Cependant, cette reconnaissance avait été grandement facilitée par la façon dont était rédigée la Constitution de 1946 dont l'article 81 reconnaissait aux citoyens le droit « à la jouissance des droits et libertés garantis par le préambule de la présente Constitution ».

Par la suite, le Conseil d'Etat avait reconnu la valeur constitutionnelle de la Déclaration des droits de 1789 (CE, 7 juin 1957, Condamine : RDP 1958, p. 98, note Waline).

La Constitution de 1958 posait un problème plus délicat. En effet, le Préambule se contente de proclamer « l'attachement » aux différentes déclarations de droits auxquelles il renvoie. Pourtant, ce rattachement très lâche n'a pas empêché le Conseil d'Etat de reconnaître la valeur constitutionnelle du Préambule, à l'occasion de son arrêt de Section Société Eky du 12 février 1960 (Rec. p.101 ; S. 1960, III, p. 131, concl. Kahn ; D. 1960, jurispr. p. 263, note L'Huillier ; JCP 1960, 11629, note Vedel).

B – Portée des principes auxquels renvoie le Préambule

Tous les principes contenus dans le Préambule de la Constitution de 1946, la Déclaration des droits de l'homme et du citoyen du 26 août 1789 et la Charte de l'environnement ont valeur constitutionnelle. Mais si une valeur homogène est reconnue au bloc de constitutionnalité, il n'en possède pas moins un contenu hétérogène. En effet, la primauté incontestée de ses différents éléments dans l'ordre juridique français reste conditionnée par la question de leur applicabilité directe.

Il convient donc de distinguer, parmi les principes visés par ces textes, trois types de normes.

Certaines sont assez précises pour produire directement des effets juridiques, et notamment pour permettre la censure d'un acte administratif par le juge administratif.

Exemples :
- CE Ass., 16 décembre 1988, requête numéro 77713, Bleton (Rec. p. 451, concl. Vigouroux ; AJDA 1989, p. 102, chron. de Boisdeffre ; JCP G 1989, II, 21228, note Gabolde ; RFDA 1989, p. 522, note Baldous et Négrin) : pour procéder à des nominations au tour extérieur en qualité d'inspecteur général des bibliothèques le gouvernement doit respecter la règle posée par l'article 6 de la Déclaration des droits de l'homme et du citoyen, selon lequel « tous les citoyens ... sont également admissibles à toutes dignités, places et emplois publics, selon leur capacité et sans autre distinction que celle de leurs vertus et de leurs talents ».
- CE, 21 mars 2003, requête numéro 189191, Syndicat intercommunal de la périphérie de Paris pour l'électricité et les réseaux (Rec. p. 144) : en vertu de l'article 17 de la Déclaration des droits de l'homme et du citoyen, auquel se réfère le Préambule de la Constitution, la protection du domaine public est un impératif d'ordre constitutionnel. Le pouvoir règlementaire ne pouvait donc légalement instaurer un régime d'autorisation tacite d'occupation du domaine public, qui fait notamment obstacle à ce que soient, le cas échéant, précisées les prescriptions d'implantation et d'exploitation nécessaires à la circulation publique et à la conservation de la voirie.

De même peuvent notamment être directement invoqués :

- Le principe général d'égalité (CE, 6 février 1980, requête numéro 09870, Guilhaumé : Rec. tables p. 579) ;

- Le principe de liberté (CE Ass., 8 avril 1987, requête numéro 55895, Peltier : Rec. p. 128 .- CE, 24 octobre 2003, requête numéro 250084, Benchemachk.- CE, 19 mai 2008, requête numéro 305670, Association SOS Racisme) ;

- Le principe de légalité des délits et des peines, le principe de nécessité des peines et le principe de non rétroactivité de la loi pénale (CE, 7 juin 1957, Condamine, préc.- CE, 17 mars 1997, requête numéro 124588, Office des migrations internationales : Rec. p. 86 .- CE Ass., 7 juillet 2004, requête numéro 255136, Ministre de l'Intérieur, de la Sécurité intérieure et des Libertés locales c. Benkerrou : Rec. p. 298) ;

- Le principe de la présomption d'innocence (CE, 7 juin 1957, Condamine, préc. .- CE, 25 septembre 1996, requête numéro 160374, Kazkaz : Rec. tables p. 690.- CE, 19 octobre 2011, requête numéro 342405, French Data Network.- CE , 13 avril 2018, requête numéro 417447, M. B...A...) ;

- La liberté de conscience (CE, 2 novembre 1992, requête numéro 130394, Kherouaa : Rec. p. 389 ; RFDA 1993, p. 112, concl. Kessler ; AJDA 1992, p. 790, chron. Maugüé et Schwartz ; D. 1993, jurispr. p. 108, note Koubi ; JCP G 1993, II, 21998, note Tedeschi.- CE, 27 juillet 2001, requête numéro 216903, Fonds de défense des musulmans en justice : Rec. p. 400.- CE, 15 décembre 2017, requête numéro 401378, Association des musulmans de Lagny-sur-Marne) ;

- La liberté d'expression (CE, 4 novembre 1994, requête numéro 121313, Fédération CGT des services publics.- CE, 11 avril 2018, requête numéro 417471, Section française de l'Observatoire international des prisons) ;

- Le principe d'égalité devant les charges publiques (CE Ass., 28 mars 1997, requête numéro 179049, requête numéro 179050, requête numéro 179054 Société Baxter et a. : Rec. p. 114 .- CE, 17 mars 1999, requête numéro 194491, requête numéro 194545, Union professionnelle artisanale et ordre des avocats à la Cour d'appel d'Orléans : Rec. tables p. 602.- CE, 26 avril 2018, requête numéro 417809, requête numéro 418030, requête numéro 418031, requête numéro 418032, requête numéro 418033) ;

- Le droit de demander compte à tout agent public de son administration (CE, 24 février 1988, requête numéro 16870, CGT.- CE, 23 mars 2018, requête numéro 406066, Syndicat Force ouvrière Magistrats) ;

- Le droit au recours effectif (CE, 21 décembre 2001, requête numéro 222862, M. et Mme Hofmann.- CE, 13 avril 2018, requête numéro 417447, M. B...A..., préc.) ;

- Le droit de propriété (CE, 13 septembre 2000, requête numéro 206840, Fédération nationale des syndicats de propriétaires sylviculteurs.- CE, 4 avril 2005, requête numéro 260887, Bonnafoux : Rec. tables, p.698) ;

- Le principe de précaution (CE, 6 avril 2006, requête numéro 283103, Ligue pour la protection des oiseaux.- CE, 13 juillet 2006, requête numéro 293764, Association « France nature environnement ».- CE, 2 février 2007, requête numéro 289758, Association vie et nature pour une écologie radicale.- CE, 25 mai 2011, requête numéro 336477, Association pour la défense du commerce traditionnel et de proximité de la dernière zone humide du nord de Sallanches) ;

- Le principe de conciliation de la protection et la mise en valeur de l'environnement, du développement économique et du progrès social (CE, 17 mars 2010, requête numéro 314114, Association Alsace nature).

D'autres normes, ensuite, nécessitent l'intervention d'une loi ou d'un autre texte qui vont les préciser.

Exemples :
- CE, 7 juillet 1950, Dehaene (préc.) : le Conseil d'Etat est saisi d'un recours contre la décision d'un ministre règlementant, dans ses services, l'exercice du droit de grève. D'après le Préambule de la Constitution de 1946, « le droit de grève s'exerce dans le cadre des lois qui le règlementent ». Le Conseil d'Etat interprète ces dispositions comme une invitation faite au législateur « à opérer la conciliation nécessaire entre la défense des intérêts professionnels dont la grève constitue une modalité et la sauvegarde de l'intérêt général auquel elle peut être de nature à porter atteinte ». En l'absence de dispositions législatives règlementant le droit de grève, c'est au pouvoir règlementaire qu'il appartient d'intervenir pour opérer cette conciliation.
- CE, 28 juillet 2004, requête numéro 253927, Préfet de Police c. Nait Saada: le principe posé par les dispositions du Préambule de la Constitution du 27 octobre 1946 aux termes desquelles « la Nation garantit à tous la protection de la santé, de la sécurité matérielle, le repos et les loisirs » ne s'impose à l'autorité administrative, en l'absence de précision suffisante, que dans les conditions et les limites définies par les dispositions contenues dans les lois ou dans les conventions internationales incorporées au droit français. Dès lors, un étranger ne saurait utilement, pour critiquer la légalité d'un arrêté de reconduite à la frontière, invoquer ce principe indépendamment desdites dispositions.

Enfin, certaines dispositions constitutionnelles sont beaucoup trop vagues pour être directement invocables devant un juge ou même être concrètement mises en œuvre par des dispositions législatives ou réglementaires. Il en va ainsi du « bonheur pour tous » - traduction française du « pursuit of happiness » de la Déclaration d'indépendance américaine du 4 juillet 1776 – visé par la Déclaration de 1789 ou encore du droit aux loisirs visé par le Préambule de la Constitution de 1946 (V. sur ce point CE, 13 avril 2018, requête numéro 417447, M. B...A..., préc.).

Ceci étant, dans la pratique, la distinction opérée entre les normes directement invocables et celles qui ne le sont pas n'est pas toujours évidente.

Exemples :
- CE Ass., 8 décembre 1978, requête numéro 10097, requête numéro 10677, requête numéro 10679, GISTI, CFDT et CGT (Rec. p.493, concl. Dondoux ; AJDA 1979, p. 38): l'alinéa 10 du Préambule de la Constitution de 1946 prévoit que « la nation assure à l'individu et à la famille les conditions nécessaires à leur développement », ce qui de prime abord paraît particulièrement vague. Pourtant, pour le Conseil d'Etat, ces dispositions sont directement applicables et c'est sur leur fondement qu'il annule un décret limitant les possibilités de regroupement familial et portant, par conséquent, atteinte au droit des étrangers de mener une familiale normale.
- CE, 27 septembre 1985, requête numéro 44484, requête numéro 44485, France terre d'asile et a. (Rec. p.263) : l'alinéa 4 du Préambule de la Constitution de 1946 prévoit que

« tout homme persécuté en raison de son action en faveur de la liberté a droit d'asile sur les territoires de la République », ce qui paraît assez précis. Pourtant, le Conseil d'Etat estime que ce principe n'est pas directement applicable.

Enfin, une place à part doit être réservée aux droits mentionnés par la Charte de l'environnement.

Dans sa décision du 28 avril 2005, Loi relative à la création du registre international français, le Conseil constitutionnel a estimé que le principe de développement durable visé par l'article 6 de la Charte, constitue un simple objectif dont « il appartient au législateur de déterminer, dans le respect du principe de conciliation posé par ces dispositions, les modalités de (...) mise en œuvre » (CC, 28 avril 2005, DC numéro 2005-514, Loi relative à la création du registre international français : Rec. CC, p.78 ; JO 4 mai 2005, p. 7702 ; RFDC 2005, p.751, note Capitani ; RGDIP 2005, p.739, note Jacob ; LPA, 19 juillet 2005 p.3, note Schoettl).

De son côté, le Conseil d'Etat a estimé, à l'occasion de l'arrêt Association eaux et rivières de Bretagne du 19 juin 2006 (requête numéro 282456 : BDEI septembre 2006, p. 41, concl. Guyomar ; AJDA 2006, p.1584), que si une loi s'interpose entre la Charte de l'environnement et un acte administratif, c'est cette loi qui est déterminante pour vérifier la légalité de l'acte en cas de litige (sont ici visés les articles 1,2 et 6 de la Charte .- V. également s'agissant de l'article 7 de la Charte, CE, 12 juin 2013, requête numéro 360702, Fédération des entreprises du recyclage). Ce principe connaît toutefois une exception pour les dispositions législatives antérieures à la Charte, qui n'auront vocation à s'appliquer que dans les cas où elles ne sont pas elles-mêmes incompatibles avec la Charte. Dans ce cas de figure, les juges peuvent contourner la théorie de la loi écran et considérer que la loi en cause a été implicitement abrogée.

La position du Conseil constitutionnel et celle du Conseil d'Etat ont fini par évoluer puisque ces deux juridictions ont ensuite reconnu la valeur constitutionnelle de l'ensemble des dispositions contenues dans la Charte de l'environnement (V. respectivement CC, 19 juin 2008, numéro 2008-564 DC, Loi relative aux organismes génétiquement modifiés.- CE, 3 octobre 2008, requête numéro 297931, Commune d'Annecy : Rec. p. 322 ; AJDA 2008, p. 2166, chron. Geffray et Liéber ; RFDA 2008, p. 1147, concl. Aguila).

Dans ses conclusions, le commissaire du gouvernement Aguila a notamment rappelé que si certains principes contenus dans la Charte ont un caractère imprécis, cela ne leur enlève pas pour autant leur caractère normatif. En effet, certains principes aussi imprécis, par exemple, que la laïcité ou la dignité de la personne humaine ont néanmoins valeur constitutionnelle. Le fait qu'un principe constitutionnel renvoie à une loi ne constitue pas non plus un obstacle. Ainsi, comme on l'a vu, les dispositions constitutionnelles relatives au droit de grève, ou encore au principe de libre administration des collectivités territoriales, ont déjà été utilisées par le juge administratif, alors qu'elles renvoient pourtant à des textes de lois.

En revanche, reconnaître un caractère normatif à la Charte ne revient pas à attribuer une même portée à l'ensemble des principes qu'elle édicte. Le commissaire du gouvernement Aguila relève en effet que l'imprécision d'un principe devrait l'empêcher de créer directement un droit subjectif au bénéfice des particuliers. A titre d'exemple, le principe de participation ne devrait pas autoriser un particulier à demander d'être associé à l'élaboration d'une décision publique, un texte de loi étant bien sûr nécessaire pour organiser une procédure de consultation. En revanche, dans le cadre d'un contentieux objectif, le même particulier doit pouvoir invoquer la Charte dans le cadre d'un recours pour excès de pouvoir dirigé contre un acte règlementaire, dès lors en tout cas qu'il a une incidence directe et significative en la matière (CC. 24 mai 2013, numéro 2013-317 QPC.- CE, 23 novembre 2015, requête numéro 381249, Sociétés Altus Energy et Solaïs.- CE, 28 décembre 2016, requête numéro 394696, requête numéro 395115, Fédération du négoce agricole).

En l'espèce, le Conseil d'Etat, se fondant sur l'article 7 de la Charte consacrant le principe de participation du public a ainsi décidé que « ces dernières dispositions, comme l'ensemble des droits et devoirs définis dans la Charte de l'environnement, et à l'instar de toutes celles qui procèdent du Préambule de la Constitution, ont valeur constitutionnelle ; qu'elles s'imposent aux pouvoirs publics et aux autorités administratives dans leurs domaines de compétence respectifs ». Dans cette affaire, le Conseil d'Etat annule pour incompétence un décret relatif aux lacs de montagne au motif qu'en vertu de l'article 7 de la Charte, seul le législateur est compétent pour préciser les conditions et les limites du droit de participation du public (V. également CE, 4 décembre 2013, Association France nature environnement, requête numéro 357839, requête numéro 358128, requête numéro 358234).

En revanche, le Conseil d'Etat a considéré dans un arrêt Association du quartier Les Hauts de Choiseul du 19 juillet 2010 (requête numéro 328687 : Rec. p.333 ; AJDA 2010, p. 2114, note Dubrulle ; JCPA 2011, 2119, note Billet ; RDI 2010, p.508, note Soler-Couteaux) que le principe de précaution visé par l'article 5 de la Charte de l'environnement s'impose aux pouvoirs publics et aux autorités administratives dans leurs domaines de compétence respectifs, sans qu'il appelle nécessairement des dispositions législatives ou réglementaires en précisant la mise en oeuvre. Ce principe peut donc être pris en compte par l'autorité administrative lorsqu'elle se prononce sur l'octroi d'une autorisation délivrée en application de la législation sur l'urbanisme. Cependant, les juges considèrent « qu'en l'état des connaissances scientifiques sur les risques pouvant résulter, pour le public, de son exposition aux champs électromagnétiques émis par les antennes de relais de téléphonie mobile » la décision du maire de la commune autorisant l'installation d'un pylône de relais de téléphonie est légale. Dans le même sens, il a été jugé qu'un maire ne peut s'opposer à l'implantation d'une antenne que s'il rapporte la preuve « d'éléments circonstanciés faisant apparaître, en l'état des connaissances scientifiques, des risques, même incertains, de nature à justifier un tel refus » (CE, 1er février 2012, requête numéro 344992, Société Orange France : Dr. Adm. 2012, 44, note Pissaloux.- V également CE, 26 février 2014, requête numéro 351514, Association Ban Asbestos France : Rec. tables, p. 752 ; AJDA 2014, p. 1566, note Deharbe).

Par ailleurs, les dispositions de l'article 1er de la Charte en application desquelles « chacun a le droit de vivre dans un environnement équilibré et respectueux de la santé » peuvent être invoquées devant le juge de l'excès de pouvoir. En effet, « il appartient aux autorités administratives de veiller au respect du principe énoncé par l'article 1er de la Charte de l'environnement lorsqu'elles sont appelées à préciser les modalités de mise en œuvre d'une loi définissant le cadre de la protection de la population contre les risques que l'environnement peut faire courir à la santé et il incombe au juge administratif de vérifier, au vu de l'argumentation dont il est saisi, si les mesures prises pour l'application de la loi, dans la mesure où elles ne se bornent pas à en tirer les conséquences nécessaires, n'ont pas elles-mêmes méconnu ce principe » (CE, 26 février 2014, requête numéro 351514, Association Ban Asbestos France, préc.).

Enfin, le Conseil d'Etat, dans un arrêt Fédération de la pêche en France du 12 juillet 2013, (requête numéro 344522 : Rec. p.192, concl. Cortot-Boucher ; AJDA 2013, p. 1737, chron. Domino et Bretonneau ; JCP G 2013, II, 1215, note Janicot ; RFDA 2013, p. 1259, note Roblot-Troizier ; RFDA 2014, p. 97, concl. Cortot-Boucher, note Robbe .- V. également CE, 10 juin 2015, requête numéro 371554, Chambre de commerce et d'industrie de Rouen) a estimé que les dispositions de l'article 3 de la Charte de l'environnement selon lequel « toute personne doit, dans les conditions définies par la loi, prévenir les atteintes qu'elle est susceptible de porter à l'environnement ou, à défaut, en limiter les conséquences » peuvent être invoquées par le justiciable. Les juges estiment en effet qu'il incombe au législateur et, dans le cadre défini par la loi, au pouvoir réglementaire et aux autres autorités administratives de déterminer, dans le respect des principes énoncés par cet article, les modalités de la mise en œuvre de ces dispositions. Dans cette affaire, le décret contesté avait pour objet de déterminer les modalités de prévention de l'extinction de l'anguille européenne. Les juges considèrent que les dispositions litigieuses ont prévu la possibilité d'encadrer avec une précision suffisante la pêche de cette espèce. Dès lors, en adoptant les mesures contestées du décret attaqué, le pouvoir réglementaire n'avait pas méconnu les exigences qui découlent de l'article 3 de la Charte.

C – Principes fondamentaux reconnus par les lois de la République

Ces principes sont intégrés au bloc de constitutionnalité du fait d'un renvoi qui est opéré par l'alinéa 1er du Préambule de la Constitution de 1946 selon lequel « le peuple français … réaffirme solennellement les droits et libertés de l'homme et du citoyen consacrés par la Déclaration des droits de 1789 et les principes fondamentaux reconnus par les lois de la République ». Ces principes ne sont pas énumérés par le Préambule de la Constitution de 1946, contrairement aux « principes particulièrement nécessaires à notre temps ».

Ce que voulait faire le constituant de 1946, c'est rendre hommage à l'œuvre du législateur de la Troisième République et aux grandes lois républicaines.

Le Conseil d'Etat, dans son arrêt d'Assemblée du 11 juillet 1956, Amicale des annamites de Paris (Rec. p. 317 ; AJDA 1956, p. 400, chron. Fournier et Braibant) a ainsi estimé que le principe de liberté d'association, qui trouve sa source dans la célèbre loi du 1er juillet 1901, est un principe fondamental reconnu par les lois de la République.

Depuis cet arrêt, une dizaine de ces principes ont été dégagés, principalement par le Conseil constitutionnel.

Exemples :
- CC, 16 juillet 1971, numéro 71-44 DC, Liberté d'association (préc.) : le Conseil constitutionnel reconnaît, quelques années après le Conseil d'Etat, que la liberté d'association est un principe fondamental reconnu par les lois de la République.
- CC, 22 juillet 1980, numéro 80-119 DC, Loi portant validation d'actes administratifs (préc.) : cette décision reconnaît le principe de l'indépendance de la juridiction

administrative qui trouve sa source dans la loi du 24 mai 1872 qui confère la justice déléguée au Conseil d'Etat.

Le dernier principe en date a été reconnu par le Conseil constitutionnel dans sa décision du 5 août 2011, Société SOMODIA (numéro 2011-157 QPC : JCPA 2011, 2319, note Abi Rached). Dans cette affaire, le Conseil a considéré que la législation républicaine antérieure à l'entrée en vigueur de la Constitution de 1946 a consacré le principe fondamental reconnu par les lois de la République selon lequel, tant qu'elles n'ont pas été remplacées par les dispositions de droit commun ou harmonisées avec elles, des dispositions législatives et règlementaires particulières aux départements du Bas-Rhin, du Haut-Rhin et de la Moselle peuvent demeurer en vigueur.

Le Conseil d'Etat peut utiliser les principes généraux dégagés par le Conseil constitutionnel mais, en tant qu'interprète de la Constitution, il a lui-même dégagé dans une période récente deux nouveaux principes fondamentaux reconnus par les lois de la République.

A l'occasion de l'arrêt d'Assemblée Koné du 3 juillet 1996, le Conseil d'Etat s'est inspiré de la loi sur l'extradition du 10 mars 1927 pour décider qu'il existe un principe fondamental reconnu par les lois de la République qui interdit l'extradition d'un étranger lorsqu'elle est demandée dans un but politique (requête numéro 169219 : Rec. p. 255 ; RFDA 1996, p. 882, concl. Delarue et notes Favoreu, Gaïa, Labayle et Delvolvé ; AJDA 1996, p. 722, chron. Chauvaux et Girardot ; RDP 1996, p. 1751, note Braud ; D. 1996, jurispr. p. 509, note Julien-Laferrière). Le Conseil d'Etat a fait une première application positive de cette jurisprudence à l'occasion de l'arrêt de Section Abliazov du 9 décembre 2016 (requête numéro 394399 : Rec. p. 550).

De façon plus surprenante, compte tenu de l'existence de normes écrites applicables (art. 10 de la Déclaration des droits de l'Homme et du citoyen) le Conseil d'Etat a également reconnu que le principe de laïcité était un principe fondamental reconnu par les lois de la République (CE, 6 avril 2001, requête numéro 219379, requête numéro 221699, requête numéro 221700, Syndicat national des enseignements du second degré : Rec. p. 521).

A l'opposé, le Conseil d'Etat, comme le Conseil constitutionnel, ont refusé de reconnaître l'existence de certains principes fondamentaux reconnus par les lois de la République, alors que dans certains cas ils étaient consacrés par des lois en vigueur sous les Troisième et Quatrième Républiques.

Exemples :
- Dans sa décision Loi réformant le Code de la nationalité du 20 juillet 1993, le Conseil constitutionnel estime qu'il n'existe pas de principe fondamental reconnu par les lois de la République selon lequel une personne née en France de parents étrangers également nés en France serait française (numéro 93-321 DC : Rec. CC, p.196 ; AJDA 1993, p.755, note Schrameck ; RFDA 1993, p.820, note Philippe). Or, plusieurs lois de la Troisième République avaient consacré ce principe dit de « double droit du sol ».
- Le Conseil constitutionnel a également jugé qu'aucune loi de la République antérieure à la Constitution de 1946 n'a fixé le principe selon lequel les poursuites disciplinaires sont nécessairement soumises à une règle de prescription (CC, 25 décembre 2011, numéro 2011-199 QPC, Gourmelon : Dr. Adm. 2012, 31, note Froger).

- La clause générale de compétence des départements ne constituait pas un principe fondamental reconnu par les lois de la République qui aurait pu trouver sa source dans la loi du 10 août 1871 susvisée (CC., 9 décembre 2010, numéro 2010-618 DC, préc.).
- Le Conseil d'Etat considère qu'il n'existe pas de principe fondamental reconnu par les lois de la République dont il résulterait que l'imposition foncière doit être établie sur une base nette (CE, 30 mai 2012, requête numéro 355287, GFA Fielouse-Cardet : Dr. fisc. 2012, 399 ; RJF 2012, n°855).

Enfin, plutôt que de se référer à des principes fondamentaux reconnus par les lois de la République préexistants, il arrive que le Conseil d'Etat choisisse de se référer directement aux textes constitutionnels. C'est ce qui s'est produit s'agissant du principe du respect des droits de la défense : alors qu'il avait été initialement qualifié de principal fondamental reconnu par les lois de la République (CC, 23 juillet 1999, n°99-416, Loi portant création d'une couverture maladie universelle) le Conseil constitutionnel choisit aujourd'hui de rattacher ce principe à l'article 16 de la Déclaration de 1789 (CC, 30 mars 2006, numéro 2006-635 DC, Loi pour l'égalité des chances).

D – Décisions du Conseil constitutionnel

L'article 62 alinéa 2 de la Constitution précise que « les décisions du Conseil constitutionnel ne sont susceptibles d'aucun recours. Elles s'imposent aux pouvoirs publics et à toutes les autorités administratives et juridictionnelles ».

Il en résulte que le Conseil d'Etat est soumis à l'autorité de la chose jugée des décisions par lesquelles le Conseil constitutionnel s'est prononcé sur la conformité à la Constitution d'une disposition législative.

Exemple :
- CE Ass., 13 mai 2011, requête numéro 316734, M'Rida (Rec. p. 211, concl. Geffray ; AJDA 2011, p. 1136, chron. Domino et Bretonneau ; RFDA 2011, p. 789, concl. Geffray et p. 806, note Verpeaux) : lorsque le Conseil constitutionnel, après avoir abrogé une disposition déclarée inconstitutionnelle, détermine lui-même les conditions et limites dans lesquelles les effets que la disposition a produits sont susceptibles d'être remis en cause, ou lorsqu'il décide que le législateur aura à prévoir une application aux instances en cours des dispositions qu'il aura prises pour remédier à l'inconstitutionnalité constatée, il appartient au juge, saisi d'un litige relatif aux effets produits par la disposition déclarée inconstitutionnelle, de les remettre en cause en écartant, pour la solution de ce litige, le cas échéant d'office, cette disposition, dans les conditions et limites fixées par le Conseil constitutionnel ou le législateur.

Cependant, l'autorité de la chose jugée ne s'applique que pour le texte de loi soumis à l'examen du Conseil constitutionnel et non pas à la jurisprudence constitutionnelle en général. En d'autres termes, lorsqu'est en cause une autre disposition législative que celle censurée par le Conseil constitutionnel, le juge administratif n'est pas lié par l'autorité de la chose jugée. Ceci étant, par souci de cohérence, le juge administratif, lorsqu'il interprète la constitution, va généralement aboutir à une solution conforme à la position du Conseil constitutionnel.

Pour aller plus loin :

- **Brunet (F.)**, La norme-reflet – Réflexions sur les rapports spéculaires entre normes juridiques : RFDA 2017, p.85.

- **Delvolvé (P.)**, Le Conseil constitutionnel et la liberté d'enseignement : RFDA 1985, p.624.

- **De Montalivet (P .)**, Question prioritaire de constitutionnalité et droit administratif : Dr. adm. 2011, étude 2.

- **Domingo (L.)** QPC : Questions de procédure contentieuse, JCP A 2011, 2163.

- **Genevois (B.)**, La marque des idées et principes de 1789 dans la jurisprudence du Conseil d'Etat et du Conseil constitutionnel : EDCE, n° 40, 1988, p. 181.

- **Genevois (B.)**, Normes de référence du contrôle de constitutionnalité et respect de la hiérarchie en leur sein : Mélanges Braibant, Dalloz, 1996, p. 323.

- **Genevois (B.)**, Une catégorie de principes de valeur constitutionnelle : les principes fondamentaux reconnus par les lois de la République : RFDA 1998, p.477.

- **Jegouzo (Y.) et Loloum (F.)**, La portée juridique de la Charte de l'environnement : Droit adm., 2004, 8.

- **Mbongo (P.)**, Constitution française et libertés. Dits, non-dits, clairs-obscurs et idées reçues : Rev. adm. 2002, p. 594.

-**Roblot-Troizier (A.)**, La question prioritaire de constitutionnalité devant les juridictions ordinaires : entre méfiance et prudence : AJDA 2010, p. 74.

-**Roblot-Troizier (A.)**, Le non-renvoi des questions prioritaires de constitutionnalité par le Conseil d'Etat : RFDA 2011, p. 691.

- **Rousseau (D.)**, Le Conseil constitutionnel et le Préambule de 1946 : Rev. adm. 1997, p. 160.

- **Teitgen-Colly (C.)**, Le droit d'asile : la fin des illusions : RDP 1994, p.5.

- **Verpeaux (M.)**, Les principes fondamentaux reconnus par les lois de la République ou les principes énoncés dans les lois des Républiques ? : LPA 1993, n° 84, p. 9.

Section II – Les normes internationales

La force juridique des différentes normes de droit international en droit interne a été tardivement admise. Elle conduit naturellement à s'interroger sur le statut de ces normes en droit interne et sur leur effet contraignant à l'encontre de l'administration.

§ I – Reconnaissance de la force juridique des normes internationales en droit interne

Jusqu'à la Constitution de 1946, les traités n'avaient aucune force juridique pour l'administration. Ainsi, dans le cadre d'un recours pour excès de pouvoir contre un acte administratif, les requérants n'étaient pas autorisés à invoquer la contrariété de cet acte avec une norme de droit international.

Ce système, dans lequel il n'existe pas d'intégration du droit international au droit national est un système dualiste.

Apparemment, la Constitution du 27 octobre 1946 marque une évolution vers un système moniste. L'article 26 de ce texte prévoit en effet que « les traités diplomatiques régulièrement ratifiés et publiés ont force de loi dans le cas même où ils seraient contraires à des lois françaises, sans qu'il soit besoin pour en assurer l'application d'autres dispositions législatives que celles qui auraient été nécessaires pour assurer leur ratification ».

En application de ces nouvelles règles, le Conseil d'Etat a logiquement considéré qu'un acte administratif contraire à un traité international est illégal et doit être annulé.

Exemple :
- CE, 30 mai 1952, Dame Kirkwood (Rec. p.291 ; RDP 1952, p.781, concl. Letourneur et note Waline ; S. 1953, III, p.33, note Bouzat) : dans cet arrêt le Conseil d'Etat annule un décret d'extradition contraire à un traité franco-américain.

Cette solution a été reprise par l'article 55 de la Constitution du 4 octobre 1958 qui prévoit que « les traités ou accords régulièrement ratifiés ou approuvés ont, dès leur publication, une autorité supérieure à celle des lois, sous réserve, pour chaque accord ou traité, de son application par l'autre partie ».

Pour autant, il n'est pas évident d'affirmer que le système juridique français est devenu un système moniste avec domination du droit international. En particulier, si la primauté des normes internationales sur la loi nationale est indéniable, la supériorité de ces normes sur les normes constitutionnelles est plus que douteuse. Si les controverses sont nombreuses sur cette question, on pourrait avancer que le monisme n'est qu'une modalité du dualisme dans la mesure où il résulte d'un choix constitutionnel ou jurisprudentiel qui est toujours un choix des autorités nationales (J. Combacau et S. Sur, Droit international public : Montchrestien, 5e éd., 2001, p. 180). D'autres auteurs estiment, quant à eux, que l'on n'applique pas en droit interne des normes internationales mais plutôt des normes internes d'origine internationales, c'est-à-dire des normes internationales qui sont insérées dans l'ordre juridique interne, ce qui leur confère toute leur valeur juridique (C. Santulli, Le statut international de l'ordre juridique étatique : Pédone, 2001, p. 98). Quoiqu'il en soit la contrariété d'un acte administratif à une norme internationale, dans l'ordre juridique interne, est susceptible d'être sanctionnée par le juge administratif.

§ II – Normes internationales applicables dans l'ordre juridique interne

Les normes internationales sont d'abord constituées par les traités et les accords internationaux ainsi que par le droit dérivé édicté par certains organismes internationaux. S'y ajoutent des règles non écrites, les principes généraux du droit international et les coutumes internationales.

I – Conditions d'applicabilité des traités et accords internationaux

Il existe deux grands types de traités et d'accords internationaux : les traités et accords bilatéraux et les traités et accords multilatéraux.

Leur caractère normatif, dans l'ordre juridique interne, est subordonné au respect d'un certain nombre de conditions dont le contrôle est variable. Schématiquement, l'examen de ces conditions permet d'observer que les juges s'estiment compétents lorsque le contrôle des conditions d'application des traités et accords internationaux pose un problème de droit interne français, alors qu'ils s'estiment incompétents lorsque ces conditions concernent les relations d'Etat à Etat.

A – Ratification ou approbation régulières

En application de l'article 52 de la Constitution, les traités font l'objet d'une ratification par décret du Président de la République, alors que les accords - qui sont généralement moins solennels et consacrés à des problèmes plus techniques- sont approuvés par une autre autorité, qui est généralement le ministre des Affaires étrangères. Le même article précise que le Président de la République est informé de toute négociation tendant à la conclusion d'un accord international non soumis à ratification

En outre, selon l'article 53 « les traités de paix, les traités de commerce, les traités ou accords relatifs à l'organisation internationale, ceux qui engagent les finances de l'Etat, ceux qui modifient des dispositions de nature législative, ceux qui sont relatifs à l'Etat des personnes, ceux qui comportent cession, échange ou adjonction de territoire, ne peuvent être ratifiés ou approuvés qu'en vertu d'une loi ».

Exemple :
- CE, 12 juillet 2017, requête numéro 395313, Durbano : un accord intervenu entre l'Italie et la France, relatif au transfert transfrontalier de déchets n'engage pas les finances de l'Etat au sens de l'article 53 de la Constitution, dès lors qu'il ne créée par une charge financière certaine, directe et immédiate pour l'Etat.

Traditionnellement, le Conseil d'Etat refusait de contrôler la régularité de l'approbation ou de la ratification d'un traité ou d'un accord en application de la théorie de l'acte de gouvernement (CE, 5 février 1926, Dame Caraco : Rec. p. 125). Il s'est ensuite limité à contrôler l'existence d'une ratification ou d'une approbation, mais sans se soucier du respect des exigences constitutionnelles (CE Ass., 16 novembre 1956, requête numéro 25627, Villa : Rec. p. 433).

Le Conseil d'Etat est revenu sur cette position à l'occasion de l'arrêt d'Assemblée du 18 décembre 1998, SARL du parc d'activités de Blotzheim et SCI Haselaecker (requête numéro 181249 : Rec. p.483 ; RFDA 1999, p. 331, concl. Bachelier ; AJDA 1999, p. 127, chron. Raynaud et Fombeur ; RGDI 1999, p. 753, note Poirat ; LPA 23 mai 2000, p. 6, note Béquain.- La même solution a également été admise par la Cour de cassation : Cass. civ. I, 29 mai 2001, pourvoi numéro 99-16.673, Association pour la sécurité aérienne en Afrique et à Madagascar : RGDIP 2001, p. 1033, note Ondoua) dans lequel il a admis la recevabilité du moyen tiré de l'absence d'autorisation parlementaire d'approbation d'un accord international.

Exemple :
- CE, 23 février 2000, requête numéro 157922, Bamba Dieng (Rec p. 72 ; RGDIP 2000, p. 811, note Poirat ; JDI 2001, p. 81, note Dehaussy) : l'accord modifiant la convention de coopération judiciaire signée le 29 mars 1974 entre la France et le Sénégal doit être regardé comme modifiant des dispositions de nature législative au sens des dispositions de l'article 53 de la Constitution. Dès lors, en vertu desdites dispositions, il ne pouvait être ratifié ou approuvé qu'en vertu d'une loi. Le décret de publication de l'accord est donc annulé.

Le juge administratif peut également être amené à contrôler la régularité de l'approbation ou de la ratification par voie d'exception, dans les cas où le requérant met en cause l'application d'un traité par l'administration (CE Ass., 5 mars 2003, requête numéro 242860, Aggoun : Rec. p. 72, concl. Stahl ; AJDA 2003, p. 726, chron. Donnat et Casas ; LPA 2003, n°164, p. 9, note Melleray ; RDP 2004, p.340, note Guettier ; RFDA 2003, p. 1214, note Lachaume ; RGDIP 2003, p. 492, note Laugier-Deslandes). Il a ainsi été jugé dans l'affaire Aggoun que le requérant peut, dans le cadre d'un recours contre un arrêté de reconduite à la frontière, contester par voie d'exception le décret de publication d'un accord franco-algérien au motif que son approbation n'aurait pas bénéficié d'une autorisation parlementaire.

Toutefois, il n'appartient pas au Conseil d'Etat, dès lors que la ratification ou l'approbation a été autorisée en vertu d'une loi, de se prononcer sur le moyen tiré de ce que la loi autorisant cette ratification ou cette approbation serait contraire à la Constitution (CE, 8 juillet 2002, requête numéro 239366, Commune de Porta : Rec. p. 260 ; AJDA 2002, p. 1005, chron. Donnat et Casas ; LPA 20 févr. 2003, p. 20, note Jan ; JCP G 2003, II, 10021, note Ondoua ; RGDI publ. 2003, p. 491, note Laugier-Deslandes ; RDP 2003, p. 1481, note Boilet et Lafaix). Cette solution est conforme à la théorie de la loi écran qui interdit de discuter de la constitutionnalité d'une loi devant le juge administratif.

De même, ne peut être utilement invoquée devant le Conseil d'Etat, dans le cadre d'un recours contre le décret de publication, la non-conformité du traité ou de l'accord - dans ses dispositions de fond - à la Constitution (CE, 9 juillet 2010, requête numéro 327663, Fédération nationale de la libre-pensée : Rec. p. 268, concl. Keller ; AJDA 2010, p. 1635, chron. Liéber et Botteghi ; D. 2010, p. 2868, obs. Boskovic, Corneloup, Jault-Seseke, Joubert et Parrot ; Droit adm. 2010, 130, note Platon ; RFDA 2010, p.980, concl. Keller et note Roblot-Troizier et Rambaud ; RFDA 2011, p. 173, note Santulli). Cette solution pose toutefois problème puisqu'elle aboutit à ne pas assurer la suprématie de la Constitution dans l'ordre juridique interne dès lors que le traité ou l'accord ont été ratifiés ou approuvés. Il n'y a donc pas de contrôle a posteriori de la constitutionnalité des traités et accords, tout comme il n'y avait pas, avant l'introduction de la procédure de question prioritaire de constitutionnalité, de contrôle a posteriori de la constitutionnalité des lois. Il est probable que seule une révision constitutionnelle pourrait régler cette difficulté.

Il résulte également de la jurisprudence que, saisi d'un recours dirigé contre un acte publiant un traité ou un accord international, il n'appartient pas au juge administratif de se prononcer sur la validité de ce traité au regard d'autres engagements internationaux souscrits par la France (CE Ass., 18 décembre 1998, SARL du parc d'activités de Blotzheim et SCI Haselaecker, préc.).

Un aménagement a toutefois été prévu par le Conseil d'Etat à l'occasion de son arrêt d'Assemblée du 23 décembre 2011, Kandyrine de Brito Paiva, dans l'optique d'une plus grande conciliation des ordres juridiques internationaux (requête numéro 303678 : Rec. p. 623, concl. Boucher ; AJDA 2012, p.201, note Domino et Bretonneau ; JCP E 2012, 1101, note Derouin ; RFDA 2012, p.1, note Boucher et p.26, note Alland) Cet arrêt précise que sous réserve des cas où seraient en cause des normes du système juridique de l'Union européenne, lesquelles sont supérieures aux normes internationales conventionnelles (V. sur ce point CE, 11 avril 2014, requête numéro 362237, Giorgis : RFDA 2014, p. 789, chron. Santulli), peut être utilement invoqué, à l'appui de conclusions dirigées contre une décision administrative qui fait application des stipulations inconditionnelles d'un traité ou d'un accord international, un moyen tiré de l'incompatibilité des stipulations, dont il a été fait application par la décision en cause, avec celles d'un autre traité ou accord international. Dans ce cas, conformément aux principes du droit coutumier, le juge doit définir les modalités d'application respectives des normes concernées et assurer leur conciliation en les interprétant, le cas échéant, au regard des règles constitutionnelles et des principes d'ordre public. S'il n'est pas possible de les concilier entre elles ou de déterminer lesquelles doivent être écartées, il doit appliquer la norme dans le champ de laquelle la décision administrative contestée s'est placée et écarter le moyen tiré de son incompatibilité avec l'autre norme internationale invoquée. En l'espèce, faisant application de ces principes à un litige relatif à un accord qui subordonnait le remboursement d'emprunts russes à la nationalité française, le Conseil d'Etat a estimé qu'eu égard à l'objet de l'accord franco-russe du 27 mai 1997, à la contrepartie qu'il comporte, aux modalités de sa mise en œuvre et à l'impossibilité d'identifier les porteurs de titres à la date de leur dépossession, la limitation de l'indemnisation n'était pas incompatible avec les stipulations de l'article 14 de la Convention européenne de sauvegarde des droits de l'homme et des libertés fondamentales et de l'article 1er du premier protocole additionnel à cette convention.

B – Publication

La publication des normes conventionnelles, qui conditionne l'entrée en vigueur des traités et accords internationaux, est organisée par le décret n°53-192 du 14 mars 1953. Les juges s'assurent qu'il a bien été procédé à cette publication, à défaut de quoi la norme conventionnelle considérée ne produirait aucun effet dans l'ordre juridique interne (V. par exemple CE, 12 novembre 2001, requête numéro 214101, Watenne : AFDI 2002, p. 728, chron. Maziau). Un tel moyen sera soulevé d'office par le juge (CE Sect., 11 décembre 1959, Commissaire du gouvernement près la commission de répartition de l'indemnité des nationalisations tchécoslovaques : Rec. p. 674 ; AJDA 1960, II, p.311).

En application du décret du 14 mars 1953, l'exigence de publication s'applique aux conventions internationales, aux dénonciations et retraits, ainsi qu'aux réserves et déclarations interprétatives qui sont de nature à affecter les droits et obligations des particuliers. En revanche, sont dispensés de publication les actes unilatéraux des organisations internationales « lorsque ces règlements sont intégralement publiés dans le bulletin officiel de cette organisation, offert au public, et lorsque cette publication suffit, en vertu des dispositions expresses d'une convention engageant la France, à rendre ces règlements opposables aux particuliers ».

Les juges considèrent que l'acte de publication est détachable des relations internationales de la France et qu'il lui appartient donc d'en apprécier la régularité. En particulier, ils s'assurent que lorsque la publication est exigée au journal officiel, celle-ci a bien lieu dans la partie « lois et règlements » (CE, 11 avril 1962, Société Savana et Société des Etablissements textiles de Modeliaperth : Rec. p. 261 : irrégularité de la publication d'un accord franco-indien dans le seul Journal officiel de l'Inde française).

A compter de sa publication, l'accord ou le traité entre en vigueur dans l'ordre interne, y compris les stipulations ayant un caractère rétroactif (CE Ass., 8 avril 1987, requête numéro 79840, Procopio). Cette précision est importante puisque les traités internationaux prévoient souvent un délai d'entrée en vigueur à compter du dépôt par l'Etat signataire de ses instruments de ratification : si le décret de publication intervient après l'échéance du terme stipulé dans le traité, celui-ci s'appliquera donc de manière rétroactive.

Rappelons enfin que c'est par le biais du contrôle, par voie d'action (CE Ass., 18 décembre 1998, requête numéro 181249, SARL du parc d'activités de Blotzheim et SCI Haselaecker, préc.) ou par voie d'exception (CE Ass., 5 mars 2003, requête numéro 242860, Aggoun, préc.) du décret de publication du traité ou de l'accord que le Conseil d'Etat examinera le respect de la procédure de ratification.

C – Réciprocité

Un traité ou un accord n'est applicable dans l'ordre juridique interne que s'il est appliqué par l'autre partie.

> Exemple :
> - CAA Versailles, 8 octobre 2007, requête numéro 06VE00142, Ministre de l'Intérieur : est contestée une décision préfectorale qui a refusé d'échanger un permis de conduire congolais contre un permis français au motif que la République Démocratique du Congo ne procède pas de manière réciproque à l'échange du permis de conduire français. Pour justifier le défaut de réciprocité, le préfet a produit à bon droit la liste des pays remplissant la condition de réciprocité, au nombre desquels ne figure pas la République démocratique du Congo.

La condition de réciprocité pose deux problèmes majeurs. Le premier concerne la détermination des traités et accords pour lesquels cette condition n'est pas exigée.

D'une part, cette condition a vocation à s'appliquer aux traités et accords bilatéraux. En effet, si elle était requise pour les traités multilatéraux, elle rendrait leur application très souvent impossible. Il est d'ailleurs fréquent que ces traités résolvent eux-mêmes le problème de leur non application par la création de mécanismes qui permettent de sanctionner les Etats qui manquent à leurs obligations. C'est le cas par exemple du Traité sur le fonctionnement de l'Union européenne qui organise, dans ses articles 258, 259 et 260, la procédure du manquement d'Etat. L'exigence de réciprocité a été écartée, concernant le droit de l'Union européenne tant primitif que dérivé à la fois par la Cour de justice (CJCE 25 septembre 1979, affaire numéro 232/78, Commission c/ France : Rec. CJCE, p. 2729) et par le Conseil constitutionnel (CC. 20 mai 1998, numéro 98-400 DC, Droit de vote des ressortissants communautaires).

D'autre part, dans sa décision numéro 98-408 DC du 22 janvier 1999, Traité portant statut de la Cour pénale internationale, le Conseil constitutionnel a considéré que la réserve de réciprocité n'a pas lieu de s'appliquer pour ce qui concerne « les engagements internationaux en vue de favoriser la paix et la sécurité du monde et d'assurer le respect des principes généraux du droit public international ».

Il faut aussi préciser que la condition de réciprocité ne saurait constituer un obstacle à l'application en France du droit de l'Union européenne dérivé (CJCE, 11 janvier 1990, affaire numéro C-38/89, Blanguernon : Rec. CJCE I-83 ; RJF 1990, n° 501 ; Rev. sociétés, note Bouloc).

Le second problème consiste à déterminer si le juge est compétent pour apprécier lui-même si la condition de réciprocité est remplie.

Dans son arrêt d'Assemblée du 29 mai 1981 Rekhou, le Conseil d'Etat a décidé que cette question relevait de la compétence préjudicielle du ministre des Affaires étrangères (requête numéro 15092 : Rec. p. 220 ; RDP 1981, p. 1707, concl. Thery ; AJDA 1981, p. 459, chron. Tiberghien et Lasserre ; D. 1982, jurispr. p. 137, note Calonnec ; JDI 1982, p. 437, note Chappez ; RCDIP 1982, p. 65, concl. Thery et note Lagarde ; RGDIP 1982, p. 410, note Blumann ; AFDI 1982, p. 976, obs. Lachaume ; D. 1981, inf. rap. p. 530, obs. Delvolvé). Saisi en l'espèce d'un litige soulevant la question de la non application par l'Algérie de certaines dispositions des accords d'Evian, le Conseil d'Etat sursoit à statuer et renvoie cette question préjudicielle au ministre des Affaires étrangères. Les juges s'estiment ensuite liés par la position exprimée par le ministre.

Cette jurisprudence a longtemps paru condamnée en raison de l'évolution de la position du Conseil d'Etat sur la question de l'interprétation du contenu des traités, qui paraît s'inscrire dans une problématique très proche de celle de l'appréciation de la condition de réciprocité.

Dans son arrêt d'Assemblée du 29 juin 1990 GISTI le Conseil d'Etat s'est en effet reconnu compétent pour résoudre un problème d'interprétation d'un traité franco-algérien, alors qu'auparavant il renvoyait ces questions au ministère des Affaires étrangères (requête numéro 78519 : Rec. p. 171 ; AJDA 1990, p. 621, concl. Abraham et p. 631, note Teboul ; RFDA 1990, p. 924, note Lachaume et p. 1095, obs. Ruzié ; D. 1990, jurispr. p. 560, note Sabourin ; JCP G 1990, II, 21579, note Tercinet ; JDI 1990, p. 967, note Julien-Laferriere ; LPA 19 septembre 1990, p. 8, note Flauss ; RCDIP 1991, p. 78, note Lagarde ; RDP 1990, p. 1579, note Sabiani ; RGDIP 1991, p. 109, note Buffet-Tchakaloff). Il faut noter toutefois sur ce point, concernant les textes relevant du droit de l'Union européenne, que l'article 267 du Traité sur le fonctionnement de l'Union européenne, attribue à la seule Cour de justice la compétence pour les interpréter, et cela pour éviter les interprétations divergentes des juridictions nationales. Dans un premier temps, le Conseil d'Etat avait fréquemment utilisé la théorie de « l'acte clair » qui lui permettait de ne pas renvoyer à la Cour et d'interpréter lui-même des textes, y compris dans des cas où leur clarté était plus que douteuse. Par la suite, le Conseil d'Etat a beaucoup plus fréquemment renvoyé ces questions à la Cour et il considère même, désormais, qu'il est lié par l'interprétation de la Cour, y compris lorsqu'elle a répondu à des questions qui ne lui étaient pas posées (CE Ass, 11 décembre 2006, requête numéro 234560, Société de Griit en Sloot Allium BV et a. : Rec. p. 512, concl. Séners ; AJDA

2007, p. 136, chron. Landais et Lenica ; D. 2007, p.594, note Steck ; RFDA 2007, p.372, concl. Séners ; RTD civ. 2007, p. 299, obs. Rémy-Corlay).

S'agissant de l'appréciation de la condition de réciprocité, le Conseil d'Etat a pourtant confirmé la jurisprudence Rekhou à l'occasion de son arrêt d'Assemblée du 9 avril 1999, Chevrol-Benkeddach (requête numéro 180277 : Rec. 115 ; AJDA 1999, p. 401, chron. Raynaud et Fombeur ; RFDA 1999, note Lachaume ; JDI 2001, p. 81, note Dehaussy). Cette solution est manifestement justifiée par le fait que le Conseil d'Etat estime que la question de l'appréciation de la condition de réciprocité demeure, contrairement à celle de l'interprétation des traités et des accords internationaux, une question davantage politique que juridique.

L'affaire a toutefois connu de nouveaux développements devant la Cour européenne des droits de l'homme laquelle, dans sa décision Chevrol-Benkeddach c. France du 13 février 2003, a condamné la France pour violation de l'article 6§1 de la Convention européenne des droits de l'homme relatif au procès équitable (affaire numéro 49636/99 : AJDA 2003, p. 606, chron. Flauss, et p.1984, note Rambaud ; LPA 26 août 2003, p. 4, étude Gabarda ; JCP G 2003, 624, note Tabaka ; JCP G 2003, I 138, chron. Levoyer ; LPA 18 août 2003, n° 164, p. 6, chron. Melleray ; D. 2003, jurispr. p. 931, note Moutouh ; RTD civ. 2003, p. 572, chron. Libchaber). La Cour souligne « (qu'en) se fondant exclusivement sur l'avis préjudiciel du ministre des Affaires étrangères et en se considérant comme lié par lui (le Conseil d'Etat) s'est privé volontairement de la compétence lui permettant d'examiner et de prendre en compte des éléments de fait qui pourraient être cruciaux pour le règlement in concreto du litige qui lui était soumis ». La Cour critique également le refus du Conseil d'Etat d'organiser tout débat contradictoire tant sur la question préjudicielle renvoyée que sur la réponse délivrée par le ministre des Affaires étrangères.

En définitive, la Cour européenne ne condamne pas intrinsèquement la procédure de renvoi préjudiciel au ministre, mais les conditions dans lesquelles elle est mise en œuvre. En d'autres termes, la compétence préjudicielle du ministre pouvait fort bien être maintenue, à condition que la réponse préjudicielle n'ait plus qu'une portée consultative.

Le Conseil d'Etat s'est finalement aligné sur cette solution à l'occasion de l'arrêt d'Assemblée Cheriet-Benseghir du 9 juillet 2010 (requête numéro 317747 : Rec. p.251, concl. Dumortier ; AJDA 2010, p. 1635, chron. Lieber et Botteghi ; D. 2010, p. 2868, obs. Boskovic et a.; RFDA 2010, p. 1133, concl. Dumortier et p.1146, note Lachaume et 2011, p. 173, chron. Santulli ; Cah. Cons. const. 2010. 206, note Roblot-Troisier. Dr. adm. 2010, 131, note Gautier). Selon cet arrêt « il appartient au juge administratif, lorsqu'est soulevé devant lui un moyen tiré de ce qu'une décision administrative a à tort, sur le fondement de la réserve énoncée à l'article 55 de la Constitution, soit écarté l'application de stipulations d'un traité international, soit fait application de ces stipulations, de vérifier si la condition de réciprocité est ou non remplie. A cette fin, il lui revient, dans l'exercice des pouvoirs d'instruction qui sont les siens, après avoir recueilli les observations du ministre des Affaires étrangères et, le cas échéant, celles de l'Etat en cause, de soumettre ces observations au débat contradictoire, afin d'apprécier si des éléments de droit et de fait suffisamment probants au vu de l'ensemble des résultats de l'instruction sont de nature à établir que la condition tenant à l'application du traité par l'autre partie est, ou non, remplie ».

D – Effet direct du traité ou de l'accord

Un traité doit créer des droits et des obligations qui permettront au justiciable de l'invoquer directement à l'appui d'un recours, c'est-à-dire sans que soit requise pour son application aucune norme internationale ou nationale complémentaire, administrative ou législative.

La reconnaissance de l'effet direct des stipulations des normes internationales a été récemment précisée par l'arrêt d'Assemblée GISTI et FAPIL du 11 avril 2012 (requête numéro 322326 : AJDA 2012, p. 720 note Aguila et p.936, note Domino et Bretonneau ; Droit adm. 2012, 76, note Fleury ; RFDA 2012, p.547, concl. Dumortier, note Gautier ; RGDIP 2012, p. 936, note Matringe.- V. par ex. CE, 4 juillet 2012, requête numéro 341533, Confédération française pour la promotion sociale des aveugles et des amblyopes : JCP A 2012, 2064, note Pauliat.- CE, 22 février 2018, requête numéro 397360, Association nationale pour l'intégration des personnes handicapées moteur et a.). Deux conditions doivent être remplies pour qu'une stipulation internationale soit reconnue d'effet direct : il faut qu'elle n'ait pas « pour objet exclusif de régir les relations entre Etats » et elle ne doit donner lieu à « l'intervention d'aucun acte complémentaire pour produire des effets à l'égard des particuliers ». Pour apprécier si ces deux conditions sont remplies, le juge doit prendre en compte l'économie générale du traité, ainsi que son contenu et ses termes. Concernant spécifiquement ce dernier point, le Conseil d'Etat précise, rompant ainsi avec la jurisprudence antérieure, que l'absence d'effet direct « ne saurait être déduite de la seule circonstance que la stipulation désigne les Etats parties comme sujets de l'obligation qu'elle définit ».

La détermination de l'applicabilité directe d'un accord ou d'un traité est susceptible de poser des difficultés qui peuvent être notamment illustrées par la jurisprudence consacrée à l'application dans l'ordre juridique interne de la Convention des Nations Unies du 20 janvier 1990 consacrée aux droits de l'enfant.

Le Conseil d'Etat opère ainsi une distinction entre certaines stipulations de la convention, qui n'ont pas d'effet direct, et d'autres stipulations qui sont directement invocables.

Exemples :
- CE, 22 septembre 1997, requête numéro 161364, Cinar (Rec. p. 319 ; RFDA 1998, p. 562, concl. Abraham ; RGDIP 1998, p. 208, note Alland ; AFDI 1998, p. 671, chron. Lachaume) : l'article 3.1 de la Convention qui prévoit que « dans toutes les décisions qui concernent les enfants, qu'elles soient le fait d'institutions publiques ou privées de protection sociale, des tribunaux, des autorités administratives ou des organes législatifs, l'intérêt supérieur de l'enfant doit être une considération primordiale » peut être invoqué dans le cadre d'un recours pour excès de pouvoir (V. dans le même sens CE, 28 juillet 2017, requête numéro 395911, Ministre de l'Intérieur).
- CE, 29 juillet 1994, requête numéro 143866, Préfet de la Seine-maritime (Rec. p. 732 ; RGDIP 1995, p. 502, note Alland ; AFDI 1995, p. 813, chron. Lachaume) : les stipulations de l'article 9 de la Convention relatif au droit des enfants de vivre avec leurs parents créent seulement des obligations entre Etats sans ouvrir de droits aux intéressés. Elles ne peuvent donc être utilement invoquées à l'appui d'un recours pour excès de pouvoir dirigé contre un arrêté de reconduite à la frontière.

- CE, 27 juin 2008, requête numéro 291561, Etarh (JCP G 2008, I, 106, obs. Serinet) : les stipulations de l'article 12 de la Convention, qui prévoient le droit pour l'enfant d'être entendu – personnellement ou par l'intermédiaire d'un représentant – dans les procédures le concernant, sont d'effet direct.

De son côté, la Cour de cassation, après avoir estimé que cette Convention n'avait aucun effet direct (Cass. Civ. I, 10 mars 1993, pourvoi numéro 91-11310, Le Jeune c. Sorel D. 1993, jurispr. p. 361, note Massip ; RCDIP 1993, p. 449, note Lagarde ; AFDI 1994, p. 962, chron. Lachaume) s'est finalement alignée sur la position nuancée du Conseil d'Etat (Cass. Civ. I, 8 mai 2005, pourvoi numéro 02-20.613 : Dr. famille 2005, 185, note Larribau-Terneyre ; Comm. com. électr. 2005, 152, p. 40.- Cass. Civ. I, 24 octobre 2012, pourvoi numéro 11-18.849, Fervel).

Il faut par ailleurs relever que la décision de l'autorité compétente de suspendre ou de dénoncer un engagement international, lorsqu'elle intervient avant que l'acte administratif contesté ne soit édicté, a pour effet de priver de tout effet à l'égard de cet acte les stipulations de cet engagement. Si la décision de suspendre ou de dénoncer constitue un acte de gouvernement, concernant les motifs de cette décision (CE, 30 juillet 1997, requête numéro 155760, Etienne : Rec. p. 627), le juge administratif va néanmoins contrôler que cet acte a bien été pris par l'autorité compétente et qu'il a bien fait l'objet des mesures de publicité requises (CE Ass., 18 décembre 1992, requête numéro 120461, Préfet de la Gironde c/ Mahmedi.- CE 19 mars 1993, requête numéro 129014, Préfet des Alpes-Maritimes).

Une solution similaire s'applique dans les cas où certaines stipulations d'un traité ou d'un accord ont fait l'objet d'une réserve ou d'une déclaration interprétative en précisant le sens et la portée.

Exemple :
- CE, 3 juillet 1996, requête numéro 140872, Paturel (Rec. p. 256 ; Dr. adm. 1996, 492, obs. C. M.) : lors de son adhésion à la Convention de New York du 26 janvier 1990 sur les droits de l'enfant la France a formulé une réserve concernant l'article 30 selon lequel « dans les Etats où il existe des minorités ethniques, religieuses ou linguistiques ou des personnes d'origine autochtone, un enfant autochtone ou appartenant à une de ces minorités ne peut être privé du droit d'avoir sa propre vie culturelle, de professer et de pratiquer sa propre religion ou d'employer sa propre langue en commun avec les autres membres de son groupe ». Dès lors ces stipulations ne sauraient être utilement invoquées à l'appui d'un recours pour excès de pouvoir.

II – Droit dérivé

Le droit dérivé est constitué de l'ensemble des règles juridiques édictées par les institutions mises en place par les traités internationaux.

Sont concernées notamment les décisions de la Cour européenne des droits de l'homme qui peuvent conduire l'Etat condamné à modifier la législation ou la réglementation nationale déclarée contraire à la Convention (sur les autres effets des décisions rendues par la Cour, notamment sur les sanctions administratives, V. CE Ass., 30 juillet 2014, requête numéro 358564, Vernes : AJDA 2014, p. 1929, chron. Lessi et Dutheillet de Lamothe ; JCP G 2014, 1089, note Milano ; RFDA 2014, p. 945, concl. van Coester).

Quantitativement, la source la plus importante est constituée par les actes unilatéraux émanant des institutions de l'Union européenne.

Certains de ces actes n'ont aucun effet en droit interne. Il s'agit des avis et des recommandations qui n'appellent aucun commentaire particulier.

Exemples :
- L'article 127 du Traité sur le fonctionnement de l'Union européenne prévoit que la Banque centrale européenne a la possibilité, dans les domaines qui relèvent de sa compétence, de soumettre des avis aux institutions, organes ou organismes de l'Union appropriés ou aux autorités nationales.
- L'article 143 du même traité précise que dans le domaine de la politique économique et monétaire, la Commission a la possibilité de recommander différentes mesures à un Etat membre qui connaît des difficultés dans sa balance des paiements.

D'autres règles, en revanche, produisent des effets dans l'ordre juridique interne : il s'agit des règlements, des décisions ainsi que des directives.

A – Règlements et décisions des institutions de l'Union européenne

Ainsi que le précise l'article 288 du Traité sur le fonctionnement de l'Union européenne, « le règlement a une portée générale. Il est obligatoire dans tous ses éléments et il est directement applicable dans tout Etat membre ». Les règlements sont donc directement applicables dans l'ordre juridique interne de chacun des Etats membres, ce qui a été expressément été reconnu par la Cour de justice dans un arrêt Politi du 14 décembre 1971 selon lequel : « « en raison de sa nature même et par sa fonction dans le système des sources du droit communautaire, il produit des effets immédiats et est, comme tel, apte à conférer aux particuliers des droits que les juridictions nationales ont l'obligation de protéger ». (Rec. CJCE, p. 1039). Cette solution a ensuite été reprise par le Conseil d'Etat dans son arrêt de Section Syndicat national du commerce extérieur des céréales du 10 juillet 1970 (requête numéro 76643 ; Rec. p. 477 ; AJDA 1970, p.485, chron. Denoix de Saint Marc et Labetoulle ; D. 1971, p.576, note Fromont ; JCP 1971. II. 16701, note Ruzié ; RTD eur. 1970, p.745, concl. Questiaux), qui constitue par ailleurs la première illustration du renvoi d'une question préjudicielle à la Cour de justice.

Comme le règlement, la décision est obligatoire dans toutes ses dispositions et elle s'applique directement dans les ordres juridiques nationaux et il est donc normal que les requérants puissent s'en prévaloir dans le cadre d'un recours dirigé contre un acte administratif (CE, 10 janvier 2001, requête numéro 219138, Région Guadeloupe : Rec. p. 7 ; Europe 2001, 162, note Simon). Cependant, à la différence des règlements, elle n'est obligatoire que pour les destinataires qu'elle désigne : Etats membres, personnes morales de droit public ou de droit privé, particuliers.

B – Directives européennes

Il est important de définir la notion de directive avant d'étudier le régime juridique qui est appliqué à ces actes.

1° Notion de directive

Les directives ne sont pas, contrairement aux règlements, directement applicables dans l'ordre juridique interne. Qui plus est, elles ne s'adressent pas nécessairement à l'ensemble des Etats membres, puisqu'elles n'ont vocation à s'appliquer qu'à un seul Etat ou à un certain nombre d'Etats qu'elles désignent. Elles assignent des objectifs aux Etats et elles fixent une date à laquelle ces objectifs devront être remplis. Il appartient alors aux Etats destinataires de la directive de transposer ces objectifs dans leur législation et leur règlementation interne au besoin en la modifiant. Les Etats membres ont le devoir d'informer la Commission sur les mesures prises pour l'application de la directive. En cas de non transposition ou de transposition tardive, l'Etat en cause peut faire l'objet d'une procédure en manquement devant la Cour de justice de l'Union européenne.

2° Régime juridique des directives en droit interne

La non transposition des directives, ou la transposition tardive des directives en droit interne, est sanctionnée par le juge administratif français. Il est également possible, dans le cadre d'un recours dirigé contre un acte individuel, d'invoquer les objectifs d'une directive en l'absence de mesures de transposition.

a- Sanction de la non transposition ou de la transposition tardive des directives

De façon tout à fait exceptionnelle, les directives peuvent être invoquées avant la fin du délai de transposition dans le but de faire censurer un acte « de nature à compromettre sérieusement la réalisation du résultat prescrit par la directive » (CE, 10 janvier 2001, requête numéro 217237, France Nature environnement : CJEG 2001, p. 210, concl. Maugüé ; Europe 2001, 152, obs. Simon ; Dr. adm. mars 2001, Repères, obs. Auby et 69, note C. M.). Cette solution s'inspire de la jurisprudence de la Cour de justice Inter-Environnement Wallonie dont il résulte que « si les États membres ne sont pas tenus d'adopter ces mesures (de transposition) avant l'expiration du délai de transposition, il résulte de l'application combinée des articles 5 (devenu art. 10), deuxième alinéa, et 189, troisième alinéa, du traité CEE (devenu art. 249 CE puis art. 288 TFUE) et de la directive elle-même que, pendant ce délai, ils doivent s'abstenir de prendre des dispositions de nature à compromettre sérieusement le résultat prescrit par cette directive » (CJCE, 18 déc. 1997, affaire numéro C-129/96 : Europe 1998, 42, note Rigaux ; JDI 1998, p. 475, note Mehdi).

Ce cas de figure mis à part, le juge administratif sanctionne exclusivement la non transposition ou la transposition tardive des directives.

A l'expiration des délais de transposition de la directive, les autorités nationales ne peuvent plus prendre de mesures règlementaires contraires aux objectifs qu'elles définissent. Le cas échéant, toute personne intéressée peut demander au juge administratif l'annulation d'un tel acte dans le délai du recours contentieux. Cette solution a d'abord été admise pour un acte réglementaire transposant une directive (CE, 28 septembre 1984, requête numéro 28467, Confédération nationale des sociétés de protection des animaux de France et des pays d'expression française et a. : Rec. tables, p. 481 ; AJDA 1984, p. 695, concl. Jeanneney, chron. Hubac et Schoettl ; RDP 1985, p. 811, note Auby), puis à l'égard de tout acte réglementaire qui ne serait pas conforme à une directive non transposée en temps utile (CE, 7 décembre 1984, requête numéro 41971, requête numéro 41972, Fédération française des sociétés de protection de la nature : Rec. p. 410 ; AJDA 1985, p. 83, chron. Schoettl et Hubac ; RDP 1985, p. 811, note Auby ; RFDA 1985, p. 303, concl. Dutheillet de Lamothe). De même, seront annulés les actes règlementaires faisant application d'une loi incompatible avec les objectifs d'une directive (CE 24 février 1999, requête numéro 195354, Association de patients de la médecine d'orientation anthroposophique : Rec. p. 29 ; AJDA 1999, p. 823, note Ricci).

Dans le cas où la directive prévoit qu'il peut être dérogé à certaines de ses dispositions dans les conditions qu'elle précise, l'acte administratif réglementaire n'est légal qu'à condition que ces conditions soient respectées (CE, 12 juin 1998, requête numéro 129044, Fédération départementale des chasseurs de la Gironde : Rec. p. 799).

En outre, les autorités nationales ne peuvent laisser subsister, à l'expiration du même délai, des mesures règlementaires contraires à ces objectifs. Si tel est le cas, l'autorité administrative, saisie d'une demande d'abrogation de ces mesures sera tenue d'y déférer en application de la solution dégagée par le Conseil d'Etat dans son arrêt d'Assemblée du 3 février 1989 Société Alitalia (requête numéro 74052 : Rec. p. 44; RFDA 1989, p. 391, concl. Chahid-Nouraï et note Beaud et Dubouis ; AJDA 1989, p. 387, note Fouquet ; RTDE 1989, p. 509, Verges.- CE, 27 juillet 2001, requête numéro 218067, CAMIF : Rec. p. 401). En cas de refus de l'autorité administrative, cette décision pourra être attaquée devant le juge de l'excès de pouvoir dans le délai de recours contentieux. Pour être efficace, ce recours devra être assorti d'une demande d'injonction tendant à ce que l'autorité compétente procède effectivement à l'abrogation de l'acte litigieux. Il faut relever, sur ce point, que le Conseil d'Etat ne peut sanctionner que l'absence de mesures règlementaires de transposition. En revanche, il ne peut directement remettre en cause une législation contraire aux objectifs d'une directive. Il a pu juger, toutefois, que les dispositions législatives fixant les dates d'ouverture de la chasse étaient inapplicables parce qu'incompatibles avec les objectifs de la directive en cause (CE Sect., 3 décembre 1999, requête numéro 164789, requête numéro 165122, Association ornithologique et mammalogique de Saône-et-Loire : Rec. p. 379, concl. Lamy ; AJDA 2000, p. 120, chron. Guyomard et Collin ; D .2000, p. 272, note Toulemonde ; JCP 2000, 10319, note Evain ; JCP 2000, I, 47, obs. Boiteaux ; LPA février 2000, n°30, note Romi ; LPA mars 2000, n°47, note Roblot ; RDP 2000, p. 1, note Camby et p.189, note Cassia et Saulnier ; RFDA 2000, p. 664).

Enfin, le maintien ou l'édiction, après l'expiration du délai de transposition, de dispositions règlementaires contraires aux objectifs fixés par des directives peuvent permettre l'engagement de la responsabilité de l'Etat, ce qui apparaît comme une conséquence logique de la violation du principe de supériorité du droit international sur le droit interne résultant de l'article 55 de la Constitution. En ne respectant pas cette hiérarchie, l'Etat commet en effet une illégalité fautive.

Cette solution a été reconnue sans difficultés dans un cas où étaient en cause des règles nationales de type règlementaire à l'occasion de deux arrêts d'Assemblée du Conseil d'Etat du 28 février 1992, Société Arizona tobacco products (requête numéro 87753 :

Rec. p. 78 ; AJDA 1992, p. 210, concl. Laroque et p. 329, chron. Maugüé et Schwartz ; RFDA1992, p. 425, note Dubouis ; RDP 1992, p. 1480, note Fines ; D. 1992, jurispr. p. 208, chron. Kovar ; CJEG 1992, p. 525, note Sabourin ; JCP G 1992, II, 21859, note Teboul) et SA Philip Morris France et Rothmans International France (requête numéro 56776 : Rec. p.81 ; AJDA 1993, p.141, obs. Bon et Terneyre ; RDP 1992, p.1480, note Fines).

Sur ce point encore, une difficulté se pose lorsque c'est une loi qui ne respecte pas les objectifs d'une directive. En effet, l'admission d'une responsabilité pour faute de l'Etat législateur se heurte au vieux principe, hérité du légicentrisme, selon lequel « le souverain ne peut mal faire », ce qui signifie que le Parlement, parce qu'il représente la nation souveraine, ne saurait commettre de faute dans le cadre de son action.

Cette réticence à reconnaître une faute de l'Etat législateur en cas de violation du droit international était contestable de trois points de vue différents.

Tout d'abord, en refusant de condamner l'Etat, le juge administratif n'assure pas le respect de l'article 55 de la Constitution qui prévoit la supériorité des traités sur les lois et le cas échéant de l'article 88-1 de la Constitution qui impose la transposition des directives en droit interne.

Ensuite, cette position est contraire à la jurisprudence de la Cour de justice des communautés européennes (CJCE, 19 novembre 1991, affaire numéro C-6/90 et C-9/90, Francovich et Bonifaci : Rec. CJCE, I, p.5357 ; AJDA 1992, p.143, note Le Mire ; JCP 1992, 21783, note Barav ; LPA 4 août 1993, p.32, note Larzul ; RFDA 1992, p.1, note Dubouis ; RTDE 1992, p. 27 et 181, note Schockweiler.- CJCE 5 mars 1996, affaire numéro C48/93, affaire numéro C49/93, Brasserie du pêcheur et Facortame III : Rec. CJCE 1996,I, p.1029 ; Droit adm. 1996, 309, note J.-B A. ; RFDA 1996, p.583, note Dubouis)

Enfin, à la différence du Conseil d'Etat, la cour administrative d'appel de Paris avait admis le principe d'une responsabilité de l'Etat en cas de non transposition par le législateur d'une directive à l'occasion de l'arrêt Société Jacques Dangeville du 1er juillet 1992 (requête numéro 89PA02498 : Rec. 558 ; Dr. fisc. 1992, 1665, concl. Bernault ; AJDA 1992, p. 768, obs. Prétot). Cependant, les juges ne mentionnent pas en l'espèce l'existence d'une faute, mais le caractère illicite de la situation résultant de la non transposition de la directive. Il ne s'agit toutefois ici que d'une simple nuance terminologique, la Cour s'inspirant d'ailleurs de la formule habituellement employée par la Cour de justice des communautés européennes pour envisager la responsabilité d'un Etat.

Le Conseil d'Etat est finalement revenu sur sa position initiale à l'occasion de l'arrêt Gardedieu du 8 février 2007 (requête numéro 279522 : Rec. p.78, concl. Derepas ; RFDA 2007, p.631, concl. Derepas, p. 525, note Pouyaud et p.789, note Canedo-Paris ; AJDA 2007, chron. Lénica et Boucher ; JCPA 2007, 2083, note Broyelle. – V. également TA Saint-Denis de le Réunion, 18 octobre 2010, requête numéro 0901373, SCM Gervais Scemama : AJDA 2011, p.912, note Cazet) dans lequel il reconnaît que « la responsabilité de l'Etat du fait des lois est susceptible d'être engagée … en raison des obligations qui sont les siennes pour assurer le respect des conventions internationales par les autorités publiques, pour réparer l'ensemble des préjudices qui résultent de l'intervention d'une loi adoptée en méconnaissance des engagements internationaux de la France ». Si dans ces conclusions le commissaire du gouvernement Derepas considère qu'il s'agit ici d'un régime de responsabilité sui generis - c'est-à-dire ni un régime de responsabilité pour faute ni un régime de responsabilité sans faute- il s'agit pourtant bien de sanctionner l'Etat législateur qui n'a pas rempli ses obligations eu égard au principe de primauté du droit de l'Union européenne. L'arrêt Gardedieu établit donc bien un régime de responsabilité pour faute de l'Etat législateur que le juge, pour des raisons plus historiques et politiques que juridiques, est bien embarrassé de reconnaître comme tel.

Si cette solution a été adoptée dans une affaire où il était demandé la réparation de dommages liés à une loi méconnaissant les engagements internationaux de la France, il n'y a aucune raison d'exclure sa transposition à l'hypothèse où le fait générateur de la responsabilité de l'Etat résulterait de la non transposition par le législateur d'une directive. D'ailleurs, le Conseil d'Etat a eu l'occasion récemment de préciser que la jurisprudence Gardedieu s'applique également en cas de méconnaissance par la loi des principes généraux du droit de l'Union européenne (CE, 23 juillet 2014, requête numéro 354365, Société d'éditions et de protection route : AJDA 2014, p. 1538, note Broyelle ; Dr. adm. 2015, 9, note Eveillard ; RFDA 2014, p. 1178, concl. Lallet et p. 1186, note Blandin ; RTDE 2015, p. 431, obs. Ritleng). En revanche, il résulte du même arrêt que les principes de sécurité juridique et de confiance légitime ne peuvent pas être invoqués pour se plaindre du caractère « imprévisible » de la jurisprudence. En effet, le requérant « critique ainsi non pas la loi elle-même mais la portée qui lui a été ultérieurement conférée par la jurisprudence et n'est, par suite, pas fondé à mettre en cause la responsabilité de l'Etat au motif que la loi aurait été adoptée en méconnaissance des principes dont il se prévaut ».

b- Possibilité d'invoquer une directive à l'appui d'un recours contre un acte individuel

Longtemps, le Conseil d'Etat a estimé qu'un recours exclusivement fondé sur l'incompatibilité d'une décision individuelle aux objectifs d'une directive était irrecevable. Pour le Conseil d'Etat, en effet, les directives sont dépourvues d'effets directs à l'égard des administrés (CE Ass., 22 décembre 1978, requête numéro 11604, Cohn-Bendit : Rec. p. 524 ; AJDA 1979, p. 27, chron. Dutheillet de Lamothe et Robineau ; D. 1979, jurispr. p. 155, concl. Genevois et note Pacteau ; D. 1979, inf. rap. p. 89, obs. Delvolvé ; RTDE 1979, p. 169, concl. Genevois et note Dubouis ; Cah. dr. eur. 1979, p. 625, note Isaac ; JCP G 1979, II, 19158, note Kovar ; RCDIP 1979, p. 647, note Lyon-Caen ; Gaz. Pal. 1979, 1, p. 212, note Ruzié ; RGDIP 1979, p. 832, note Vallée ; Rev. Belge de Droit International 1980, p. 126, note Barav ; RMC 1979, p. 104, note Boulouis).

Cette solution était pourtant contraire à la jurisprudence de la Cour de justice des communautés européennes, telle qu'elle résulte de l'arrêt Van Duyn c. Home office du 4 décembre 1974 (affaire numéro 41/74 : Rec. CJCE, p. 1337). Dans cette décision, la Cour estime en effet que les directives dont le contenu est suffisamment précis et inconditionnel sont invocables par les particuliers dès lors que leur délai de transposition est expiré. Par la suite, dans un arrêt Ministère public c/Ratti du 5 avril 1979 (affaire numéro 148/78 Rec. CJCE, p.1629, concl. Reischl), la Cour de justice a précisé qu'il est interdit « à un Etat membre qui n'a pas pris dans les délais les mesures d'exécution de la directive ... d'opposer aux particuliers le non-accomplissement par lui-même des obligations qu'elle comporte ». Cette jurisprudence avait ensuite été nuancée, notamment dans le sens d'une distinction entre l'effet direct « vertical » et l'effet direct « horizontal » de la directive. L'effet direct « vertical » joue dans les relations entre les particuliers et les Etats. Il leur permet d'invoquer des directives non transposées à l'encontre de l'Etat dès lors où elles apparaissent comme « étant du point de vue de leur contenu, inconditionnelles et suffisamment précise » (CJCE, 12 décembre 2013, C-45/22, Portgàs – Sociedade de produção : AJDA 2014, p. 630, note Amilhat.- CE, Avis, 21 mars 2011, numéro 345978, Jin et Thiero : Rec. p. 493 ; AJDA 2011, p. 1688, note Alcaraz). En revanche, la Cour de justice refuse de conférer un effet direct « horizontal » aux directives qui jouerait dans les relations entre les particuliers (CJCE, 26 février 1986, affaire n°152/84, Marshall, Rec. CJCE, p. 723)

Pour autant, le Conseil d'Etat a longtemps refusé de revenir sur sa jurisprudence Cohn-Bendit. Il écartait, en effet, dans tous les cas, la possibilité de confronter directement un acte administratif individuel à une directive. Cependant, sans revenir dans un premier temps sur les principes de la jurisprudence Cohn-Bendit, le Conseil d'Etat a permis, dans certains cas, de la contourner.

Dans l'arrêt d'Assemblée Cabinet Revert et Badelon du 30 octobre 1996, le Conseil d'Etat a ainsi décidé qu'une norme nationale, incompatible avec les objectifs fixés par une directive, ne peut servir de base légale à une mesure individuelle lorsque ces objectifs sont suffisamment précis (requête numéro 45126 : Dr. adm. 1997, 102, note G. G. ; AJDA 1996, p. 1044, chron. Chauvaux et Girardot, p. 973 ; RTDE 1997, p. 171, concl. Goulard ; LPA, 24 octobre 1997, p. 17 et 27 octobre 1997, p. 9, note Cassia). Ainsi, il est possible de faire valoir, par la voie de l'exception, l'incompatibilité des dispositions du droit interne ayant servi de fondement à l'acte contesté avec les objectifs fixés par la disposition communautaire invoquée et non transposés en temps utile.

Le Conseil d'Etat est allé encore plus loin dans cette logique à l'occasion de l'arrêt d'Assemblée Tête et Association de sauvegarde de l'ouest lyonnais du 6 février 1998 (requête numéro 138777, requête numéro 147424, requête numéro 147425 : Rec. p. 30 ; RFDA, p. 407, concl. Savoie ; AJDA 1998, p. 403, chron. Raynaud et Fombeur ; JCP G 1998, II, 1223, note Cassia.- V. également CE, Sect., 20 mai 1998, requête numéro 188239, Communauté de communes du Piémont de Barr et a. : Rec. p. 201 ; AJDA 1998, p.632, chron. Raynaud et Fombeur ; Petites affiches 6 janvier 1999, p. 11, note Dreyfus RFDA 1998, p.609, concl. Savoie.- CE, 27 juillet 2001, requête numéro 229566, Compagnie générale des eaux : Rec. p. 406 ; Contrats, Marchés publ. 2001, 183, note Olivier ; Dr. adm. 2001, 224, note Piveteau ; Europe 2002, 3, note Cassia). Dans cette affaire, en effet, la règlementation nationale qui avait servi de fondement à l'acte contesté n'était issue ni d'une loi ni d'un décret mais de règles jurisprudentielles. L'Assemblée du contentieux a choisi d'appliquer une nouvelle fois la technique d'exception d'incompatibilité. Le Conseil d'Etat a en effet fait prévaloir le droit communautaire en considérant que les règles jurisprudentielles applicables à la date de la décision attaquée étaient incompatibles avec les objectifs d'une directive non transposée.

Compte tenu de la complexité de ces solutions, et de leurs effets qui n'étaient pas si éloignés de ceux de la jurisprudence Van Duyn, une évolution paraissait nécessaire et elle s'est produite à l'occasion de l'arrêt d'Assemblée Perreux du 30 octobre 2009 (requête numéro 298348 : Rec. p.407, concl. Guyomar ; AJDA 2009, p.2385, chron. Liéber et Botteghi ; D. 2010, p. 553, note Calvès ; Dr. adm. 2009, étude 21, Gautier ; JCP A 2009, 4, obs. Rouault ; JCP A 2010, 20, note Dubos et Katz ; JCP S 2009, act. 565 ; RFDA 2009, p. 1125, concl. Guyomar et note Cassia ; RFDA 2009, p. 1276, chron. Rambaud et Roblot-Troizier ; RFDA 2010, p. 126, note Canedo-Paris et p. 201, chron. Santulli ;

RTDE 2010, 223, note Ritleng.- V. également CE, avis, 21 mars 2011, requête numéro 345978, Jin et Thiero : Rec. p. 93 ; AJDA 2011, p. 1688, note Alcaraz ; Constitutions 2011, 328, obs. Levade ; RTDE 2011, 885, obs. Ritleng). Le Conseil d'Etat reconnaît dans cet arrêt la possibilité, pour tout justiciable, de se prévaloir, à l'appui d'un recours dirigé contre un acte administratif même non règlementaire, des dispositions précises et inconditionnelles d'une directive lorsque l'Etat n'a pas pris, dans les délais impartis par elle, les mesures de transposition nécessaires. Au cas d'espèce, cependant, la disposition invoquée n'est pas inconditionnelle, et elle ne peut donc être invoquée par un particulier. En revanche, dans un avis du 21 mars 2011, MM. J. et T. (requête numéro 345978, requête numéro 346612 : Rec. p. 93), le Conseil d'Etat a considéré que les stipulations des articles 7 et 8 de la directive « retour » n°2008/115/CE du Parlement européen et du Conseil du 16 décembre 2008 étaient suffisamment précises et inconditionnelles pour avoir un effet direct en droit interne. Ces stipulations étaient donc susceptibles d'être invoquées à l'appui d'un recours contre une décision de reconduite à la frontière.

Notons enfin que l'Etat, quant à lui, ne peut se prévaloir d'une directive qu'il n'a pas transposée, ce qui est la moindre des choses (CE, Sect., 23 juin 1995, requête numéro 149226, requête numéro 155083, requête numéro 162001, SA Lolly France : Rec. p. 259, concl. Maugüé).

Ces évolutions sont liées non seulement à la jurisprudence de la Cour de justice, mais également au fait que la transposition des directives, qui est une obligation prévue par les traités européens, revêt, en outre, le caractère d'une obligation constitutionnelle au titre de l'article 88-1 de la Constitution du 4 octobre 1958 qui avait été introduit par la révision constitutionnelle du 25 juin 1992. Elle révèle également le souci, pour le juge national, juge de droit commun de l'application du droit de l'Union européenne, de garantir l'effectivité des droits que toute personne tient de cette obligation constitutionnelle à l'égard des autorités publiques.

III – Droit international non écrit

En dehors des traités et des accords internationaux et du droit dérivé, le droit public international est également composé de règles non écrites : les coutumes internationales et les principes généraux du droit international.

On ne mentionnera pas, en revanche, le cas particulier des principes généraux du droit de l'Union européenne. En effet, ces principes bénéficient de la primauté sur les lois prévue par l'article 55 de la Constitution (CE, 3 décembre 2001, requête numéro 226514, Syndicat national de l'industrie pharmaceutique et a., préc.). Toutefois ils ne s'appliquent dans l'ordre juridique interne que lorsque la situation dont doit connaître le juge est régi par le droit de l'Union européenne (CE, 4 juillet 2012, requête numéro 341533, Confédération française pour la promotion sociale des aveugles et des amblyopes, préc.).

La coutume internationale est constituée par des précédents répétés et une pratique constante, ainsi que sur la conviction du caractère obligatoire de la règle (l'opinio juris).

Quant aux principes généraux du droit international, comme l'expose le commissaire du gouvernement Bachelier dans ses conclusions sur l'arrêt d'Assemblée Aquarone du 6 juin 1997, ils « sont formés non pas à partir d'une pratique générale des Etats regardée comme étant le droit, mais à partir d'une comparaison et d'une systématisation de divers droits internes » (requête numéro 148683 : Rec. p. 206, concl. Bachelier ; RFDA 1997, p. 1068, concl. Bachelier ; JDI 1998, p. 93, note Chames ; LPA, 6 février 1998, p. 18, note Martin ; AJDA 1997, p. 630, chron. Chauvaux et Girardot ; JCP G 1997, II, 22945, note Teboul ; RGDIP 1997, p. 838, concl. Bachelier et p. 1053, note Alland ; AFDI 1998, p. 677, chron. Lachaume).

L'article 55 de la Constitution du 4 octobre 1958 ne vise pas expressément ces règles. Il est toutefois possible de trouver un rattachement constitutionnel aux règles du droit public international qui sont visées par l'alinéa 14 du Préambule de la Constitution de 1946.

Dans un arrêt de Section Société Nachfolger navigation company du 23 octobre 1987, le Conseil d'Etat avait reconnu implicitement que ces règles étaient invocables en estimant « qu'aucun principe du droit international » n'était applicable en l'espèce (requête numéro 72951 : Rec. p.319 ; RFDA 1987, p. 963, concl. Massot et 1988, p. 345, note Ruzié ; AJDA 1987, p. 725, chron. Azibert et de Boisdeffre ; RDP 1988, p. 836, note Auby).

Dans son arrêt d'Assemblée Aquarone du 6 juin 1997 (préc.), le Conseil d'Etat considère que les règles coutumières du droit international public sont invocables en droit interne. Cependant, comme le précise le commissaire du gouvernement Bachelier « un particulier ne peut ... se prévaloir d'une coutume que si elle lui confère des droits et est suffisamment précise » et la condition de réciprocité devrait être exigée « même si elle est présupposée être remplie ». Cependant, les juges considèrent que ni l'article 55 de la Constitution ni aucune autre disposition de valeur constitutionnelle « ne prescrivent ni n'impliquent que le juge administratif fasse prévaloir la coutume internationale sur la loi en cas de conflit entre ces deux normes ». Cette supériorité ne vaut donc que pour les normes conventionnelles et de droit dérivé.

Cette solution a ensuite été transposée aux principes généraux de droit international à l'occasion de l'arrêt Paulin du 28 juillet 2000 (requête numéro 178834 : Rev. droit fisc. 2001, p. 357, concl. Arrighi de Casanova ; RGDIP 2001, p. 246, note Poirat ; AFDI 2001, p. 529, obs. Lachaume ; D. 2001, jurispr. p. 412, note Tixier).

Si les règles du droit public international ont donc une valeur infra législative, le Conseil d'Etat a indiqué dans un arrêt de Section Om Hashem Saleh et a. du 14 octobre 2011 (requête numéro 329788, requête numéro 329789, requête numéro 329790, requête numéro 329791 : RFDA 2012, p.46, concl. Roger-Lacan ; AJDA 2011, p. 2482, note Broyelle ; Dr. adm. 2012, 101, note Melleray ; JCP A 2012, 2097, note Pacteau) qu'une règle relevant de cette catégorie « qui n'est écartée ni par cette loi ni par aucune autre disposition législative, s'applique dans l'ordre juridique interne ». Ainsi, ces règles doivent-elles prévaloir sur les actes règlementaires.

§ III – Statut du droit international dans l'ordre juridique interne

La question du statut du droit international dans l'ordre juridique interne doit s'apprécier de trois points de vue différents : celui de la place des normes internationales par rapport à la Constitution, celui de la place du droit de l'Union européenne par rapport aux normes issues de la Convention européenne des droits de l'homme, et celui de la place des normes internationales par rapport à la loi.

I – Normes internationales et Constitution

La question de la hiérarchie entre le droit international et la Constitution n'est pas clairement résolue par le texte de 1958. Pourtant, la question du rapport entre ces deux types de normes est bien abordée par l'article 54 de la Constitution. D'après ce texte, c'est au Conseil constitutionnel qu'il appartient d'apprécier si un engagement international est contraire à la Constitution. Si tel est le cas, l'autorisation de ratification ou d'approbation ne pourra être donnée par le Parlement qu'après révision de la Constitution.

Cependant, à la différence de l'article 55 qui précise que les traités sont supérieurs aux lois, l'article 54 de la Constitution n'établit pas clairement de hiérarchie entre les normes constitutionnelles et les normes de droit international. Il prévoit simplement un mécanisme qui permet d'éviter les conflits en rendant compatibles ces normes.

Qui plus est, le système est imparfait dans la mesure où la saisine du Conseil constitutionnel n'est pas automatique et qu'il existe de très nombreux traités et accords en vigueur qui sont antérieurs à 1958 et qui n'ont pas pu faire l'objet de cette procédure. Au demeurant, le droit dérivé, notamment de l'Union européenne, échappe par nature au contrôle du Conseil constitutionnel, ce qui est notamment le cas des règlements qui sont directement applicables dans l'ordre juridique interne.

Ainsi, le juge administratif peut être confronté, dans un litige donné, à des dispositions constitutionnelles et de droit international qui sont contradictoires. Or, dans la mesure où il n'existe aucun moyen de saisir le Conseil constitutionnel après la ratification ou l'approbation du traité il s'agira de savoir qu'elle norme prévaudra sur l'autre.

Cette question est longtemps demeurée incertaine avant d'être éclaircie par la jurisprudence du Conseil d'Etat et du Conseil constitutionnel.

Dans son arrêt d'Assemblée Koné du 3 juillet 1996, le Conseil d'Etat a d'abord précisé que les stipulations d'un traité franco-malien devaient être interprétées conformément au principe fondamental reconnu par les lois de la République qui interdit les extraditions demandées dans un but politique (requête numéro 169219, préc.).

Cette solution a été confirmée par l'arrêt d'Assemblée Sarran et Levacher du 30 octobre 1998, à l'occasion duquel le Conseil d'Etat était saisi d'un recours dirigé contre un décret pris en application de l'article 76 de la Constitution prévoyant l'organisation d'un scrutin sur l'avenir institutionnel de la Nouvelle-Calédonie (préc.). Les juges rejettent les moyens des requérants tenant à la non-conformité de ces textes à différentes normes internationales dans la mesure où « la suprématie conférée aux engagements internationaux par l'article 55 de la Constitution ne s'applique pas dans l'ordre interne aux dispositions de nature constitutionnelle ». Une solution identique a été consacrée par la Cour de cassation à l'occasion de l'arrêt Fraisse de l'Assemblée plénière du 2 juin 2000 (pourvoi numéro 99-60274 : RDP 2000, p. 1037, note Prétot ; RGDIP 2000, p. 811, note Poirat ; D. 2000, jurispr p. 865, note Mathieu et Verpeaux ; LPA 11 décembre 2000, p. 10, note Jan).

Cette jurisprudence a manifestement inspiré le Conseil constitutionnel dans trois décisions survenues en 2004 (CC, 10 juin 2004, décision numéro 2004-496 DC, Loi pour la confiance dans l'économie numérique. – CC, 1er juillet 2004, décision numéro 2004-497 DC, Loi relative aux communications électroniques et aux services de communication audiovisuelle. – CC, 29 juillet 2004, décision numéro 2004-498 DC, Loi relative à la bioéthique).

Le Conseil constitutionnel a aussi rappelé dans une autre décision « l'existence d'un ordre juridique communautaire intégré à l'ordre juridique interne et distinct de l'ordre juridique international » (CC, 19 novembre 2004, numéro 2004-505 DC, Traité établissant une Constitution pour l'Europe). Ceci étant « les dispositions constitutionnelles permettent à la France de participer à la création et au développement d'une organisation européenne permanente (...) tout en confirmant la place de la Constitution au sommet de l'ordre juridique interne » (CC, 20 décembre 2007, numéro 2007-560 DC, Traité de Lisbonne : Rec. CC, p. 459).

Dans les trois décisions susvisées, les juges constitutionnels reconnaissent que la transposition en droit interne d'une directive européenne « résulte d'une exigence constitutionnelle à laquelle il ne pourrait être fait obstacle qu'en raison d'une disposition expresse contraire de la Constitution (…) qu'en l'absence d'une telle disposition, il n'appartient qu'au juge communautaire, saisi le cas échéant à titre préjudiciel, de contrôler le respect par une directive communautaire tant des compétences définies par les traités que des droits fondamentaux garantis par l'article 6 du Traité sur l'Union européenne ».

Dans sa décision n°2004-496 du 19 novembre 2004, le Conseil constitutionnel déduit de l'exigence de transposition qu'il ne lui appartient pas en principe de se prononcer sur la constitutionnalité de dispositions législatives « qui se bornent à tirer les conséquences nécessaires des dispositions précises et inconditionnelles d'une directive » (sur l'application de ce raisonnement dans le cadre de la procédure de question prioritaire de constitutionnalité, V. CC, 17 décembre 2010, numéro 2010-79 QPC : RFDA 2011, p.353, note Eveillard).

Par la suite, dans la même logique, à l'occasion d'une décision du 27 juillet 2006 (numéro 2006-540 DC), le Conseil constitutionnel a décidé que lorsqu'il est saisi en application de l'article 61 de la Constitution, sa mission est de veiller au respect de l'exigence constitutionnelle de transposition des directives communautaires. Cette obligation est toutefois assortie de deux réserves. Tout d'abord, la transposition d'une directive ne saurait aller à l'encontre d'une règle ou d'un principe inhérent à « l'identité constitutionnelle de la France », sauf à ce que le constituant y ait consenti. Cette référence remplace celle qui était faite dans les décisions de 2004 à l'existence d'une « disposition expresse contraire de la Constitution ». Ensuite, puisqu'il n'est pas possible de saisir la Cour de justice de l'Union européenne d'une question préjudicielle, compte tenu des délais dans lesquels il doit statuer lorsqu'il est saisi sur le fondement de l'article 61 de la Constitution, il ne peut déclarer non conforme à l'article 88-1 de la Constitution qu'une disposition législative manifestement non conforme à la directive qu'elle a pour objet de transposer, les autorités judiciaires nationales pouvant, en tout état de cause, saisir la Cour de justice d'une question préjudicielle sur ce point.

Le Conseil d'Etat s'est inspiré de la jurisprudence du Conseil constitutionnel à l'occasion du son arrêt du 8 février 2007, Société Arcelor Atlantique et Lorraine et a. (requête numéro 287110 : Rec. p.55 ; AJDA 2007, p.577, chron. Lénica et Boucher ; JCP A 2007, 2081, note Drago ; RFDA 2007, p.384, concl. Guyomar, p.564 note Levade et p. 577, chron. Lénica et Boucher). Saisis d'un recours contre un décret transposant une directive, les juges rappellent d'abord que la supériorité conférée aux engagements internationaux par l'article 55 de la Constitution ne saurait s'imposer, dans l'ordre interne, aux principes et dispositions à valeur constitutionnelle. Cependant, l'article 88-1 de la Constitution imposant la transposition des directives, le contrôle de constitutionnalité des actes règlementaires assurant directement cette transposition doit s'exercer selon des modalités particulières dans le cas où sont transposées des dispositions précises et inconditionnelles.

Plus précisément, les juges vont rechercher si les principes constitutionnels dont la méconnaissance est invoquée par le requérant ont un équivalent dans l'ordre juridique de l'Union européenne. En d'autres termes, il s'agit de vérifier si le droit ou la liberté en cause est protégé par le droit issu des traités et des principes généraux du droit de l'Union européenne (c'est-à-dire par le droit de l'Union européenne primaire).

Si tel est le cas, soutenir que le décret est contraire à la Constitution revient à affirmer que la directive transposée par ce décret est contraire au droit de l'Union européenne primaire. La difficulté est résolue si le décret est inconventionnel dans la mesure où, dans l'hypothèse visée, il est également inconstitutionnel. L'arrêt Arcelor précise également qu'en cas de difficulté les juges peuvent saisir la Cour de justice de l'Union européenne d'une question préjudicielle, dans les conditions prévues par les articles 256 et 267 du Traité sur le fonctionnement de l'Union européenne.

En revanche, s'il n'existe pas d'équivalent dans le droit de l'Union européenne primaire aux principes constitutionnels invoqués, la légalité du décret de transposition sera appréciée au regard de ces seuls principes. Le décret de transposition de la directive pourra donc être annulé au regard de dispositions constitutionnelles, sans que soit prise en compte une éventuelle contrariété entre ces normes et le droit de l'Union européenne primaire. Par conséquent, si le « système Arcelor » permet au Conseil d'Etat d'éviter des divergences dans l'application du droit supranational, les limites inhérentes à la hiérarchie des normes en droit interne ne sont pas abolies.

Dans cette affaire également, les juges nationaux privilégient clairement la Constitution sur le droit de l'Union européenne.

Toutefois, cette jurisprudence n'est pas applicable lorsqu'est attaqué un décret qui se borne à réitérer les dispositions législatives transposant une directive. Dans cette hypothèse le Conseil d'Etat persiste à se déclarer incompétent pour contrôler la conformité d'une loi à la Constitution, en dehors de la procédure de question prioritaire de constitutionnalité (CE, 6 décembre 2012, requête numéro 347870, requête numéro 347871, Société Air Algérie : AJDA 2012, p. 2381, chron. Bretonneau et Domino ; RFDA 2013, p. 653, note Cassia)

Une difficulté se pose toutefois avec le mécanisme de question prioritaire de constitutionnalité et plus particulièrement avec l'article 23-5 de l'ordonnance organique du 7 novembre 1958 selon lequel : « le Conseil d'Etat ou la Cour de cassation doit, lorsqu'il est saisi de moyens contestant la conformité d'une disposition législative, d'une part, aux droits et libertés garantis par la Constitution et, d'autre part, aux engagements internationaux de la France, se prononcer par priorité sur le renvoi de la question de constitutionnalité au Conseil constitutionnel ».

Ce texte implique la prééminence des questions de constitutionnalité sur celles de conventionnalité, ce qui a conduit la Cour de cassation à renvoyer une question préjudicielle à la Cour de justice de l'Union européenne sur la compatibilité du caractère prioritaire de la question prioritaire de constitutionnalité avec le droit de l'Union européenne, (Cass., Ass. plén., 6 avril 2010, requête numéro 10-40.002, Melki : AJDA 2010, p. 2023, note Manin ; Constitutions 2010, p. 363, obs. Le Pourhiet ; D. 2010, p. 1229, note Fombeur, p.1254, note Levade et p.1234, chron. Cassia et Saulnier-Cassia ; JCP G 2010, 930, obs. Mathieu ; RFDA 2010, p. 449, note Gautier et p. 458, note Gaïa). La Cour s'est par ailleurs interrogée sur le fait que dans le cadre du mécanisme de question prioritaire de constitutionnalité, le Conseil constitutionnel pourrait être conduit à vérifier la compatibilité de la loi aux traités européens, l'article 88-1 de la Constitution pouvant laisser suggérer que ceux-ci constituent un élément du bloc de constitutionnalité. Si cette hypothèse devait se vérifier, le mécanisme de question prioritaire de constitutionnalité pourrait conduire à un conflit entre juge constitutionnel et juge de l'Union européenne.

Cette analyse n'a pas été suivie par le Conseil constitutionnel qui a rappelé sa jurisprudence IVG (numéro 75-54 DC: JO 16 janvier 1975, p. 671 ; Rec. CC, 1975, p. 19 ; AFDI 1975, p.859, note Nguyen Quoc Dinh ; D. 1975, jur. p.529, note Hamon ; AJDA 1975, p.134, note Rivero ; JCP, 1975, II, 18030, note Bey ; RGDIP 1975, p. 1070, note Franck ; Rev. Marché commun 1975, p. 285, note Druesnes ; RDP 1975, p. 185, note Favoreu et p.1335, nota Philip ; RIDC, 1975, p. 873, note Robert ; JDI 1975, p. 249, note Ruzié ; RTDE 1975, p. 49, note Lagrange) selon laquelle il n'est pas compétent pour contrôler la compatibilité des lois avec les engagements internationaux ou européens de la France (CC, 12 mai 2010, numéro 2010-605 DC, Loi relative à l'ouverture à la concurrence et à la régulation du secteur des jeux d'argent et de hasard en ligne).

Le Conseil constitutionnel a également précisé « que le juge qui transmet une question prioritaire de constitutionnalité ... peut, d'une part, statuer sans attendre la décision relative à la question prioritaire de constitutionnalité si la loi ou le règlement prévoit qu'il statue dans un délai déterminé ou en urgence et, d'autre part, prendre toutes les mesures provisoires ou conservatoires nécessaires ». Il peut ainsi « suspendre immédiatement tout éventuel effet de la loi incompatible avec le droit de l'Union, assurer la préservation des droits que les justiciables tiennent des engagements internationaux et européens de la France et garantir la pleine efficacité de la décision juridictionnelle à intervenir ».

Le Conseil d'Etat s'est aligné sur la ligne défendue par le Conseil constitutionnel à l'occasion de l'arrêt Rujovic du 14 mai 2010 (requête numéro 312305 : AJDA 2010, p. 1355, chron. Liéber et Botteghi ; D. 2010, p. 1229, chron. Fombeur et p. 1234, chron. Cassia et Saulnier-Cassia ; RFDA 2010, p. 709, concl. Burguburu ; Cah. Cons. const. 2010, p. 63, étude Simon et Rigaux) en estimant que les dispositions relatives à la question prioritaire de constitutionnalité « ne font pas obstacle à ce que le juge administratif, juge de droit commun de l'application du droit de l'Union européenne, en assure l'effectivité, soit en l'absence de question prioritaire de constitutionnalité, soit au terme de la procédure d'examen d'une telle question, soit à tout moment de cette procédure, lorsque l'urgence le commande, pour faire cesser immédiatement tout effet éventuel de la loi contraire au droit de l'Union ... d'autre part, le juge administratif dispose de la possibilité de poser à tout instant, dès qu'il y a lieu de procéder à un tel renvoi, en application de l'article 267 du traité sur le fonctionnement de l'Union européenne, une question préjudicielle à la Cour de justice de l'Union européenne ».

A l'occasion d'un arrêt d'Assemblée Jacob du 31 mai 2016 (requête numéro 393881 : Rec. p. 191, concl. Cortot-Boucher ; AJDA 2016, p. 1392, chron. Dutheillet de Lamothe et Odinet ; JCP A 2017, 2077, note Dilloard ; JCP G 2016, 759, note Bonnet ; RTD eur. 2017, p. 39, note Jauréguibéry ; RFDA 2016, p. 989, concl. Cortot-Boucher, note Labayle et Mehdi), le Conseil d'Etat a même admis de pouvoir renvoyer à la Cour de justice une question préjudicielle concernant l'interprétation d'une directive dont dépend le sérieux d'une question prioritaire de constitutionnalité. Le Conseil d'Etat rejette la question prioritaire de constitutionnalité, tout en précisant que son auteur pourra la poser à nouveau après la décision de la Cour si elle conclue à l'inconventionnalité de la loi. Etait en cause, dans cette affaire, une loi de transposition qui allait au-délà du champ défini par la directive en s'appliquant à d'autres situations que celles régies par elle. Si cette loi est contraire au droit de l'Union européenne, elle continuera néanmoins à s'appliquer à ces situations ce qui crée donc une discrimination à rebours en violation du principe d'égalité reconnu par la Constitution.

Par ailleurs, dans un arrêt Daoudi du 8 octobre 2010 (requête numéro 338505 : JCP A 2011, 2253, note Marti), le Conseil d'Etat a considéré qu'il n'y avait pas lieu de prendre en compte la nature de la loi contestée. Ainsi, une loi transposant une directive relève du mécanisme de question prioritaire de constitutionnalité. Toutefois, le Conseil constitutionnel s'estime incompétent dès lors que la loi se borne à tirer les conséquences nécessaires de dispositions inconditionnelles et précises d'une directive européenne, et qu'elles ne mettent en cause aucune règle ni aucun principe inhérent à l'identité constitutionnelle de la France (V. dans la même affaire, CC, 17 décembre 2010, numéro 2010-79 DC, Daoudi).

La Cour de justice de l'Union européenne, statuant sur la question préjudicielle posée par la Cour de cassation a également rendu une décision favorable au mécanisme de question prioritaire de constitutionnalité. Elle rappelle tout d'abord que « l'article 267 du Traité sur le fonctionnement de l'Union s'oppose à une législation d'un Etat membre qui instaure une procédure incidente de contrôle de constitutionnalité des lois nationales, pour autant que le caractère prioritaire de cette procédure a pour conséquence d'empêcher, tant avant la transmission d'une question de constitutionnalité à la juridiction nationale chargée d'exercer le contrôle de constitutionnalité des lois que, le cas échéant, après la décision de cette juridiction sur ladite question, toutes les autres juridictions nationales d'exercer leur faculté ou de satisfaire à leur obligation de saisir la Cour de questions préjudicielles ». Ce texte ne s'oppose pas, cependant, au mécanisme de question prioritaire de constitutionnalité dès lors que les juridictions nationales peuvent « saisir, à tout moment de la procédure qu'elles jugent approprié, et même à l'issue de la procédure incidente de contrôle de constitutionnalité, la Cour de toute question préjudicielle qu'elles jugent nécessaire … adopter toute mesure nécessaire afin d'assurer la protection juridictionnelle provisoire des droits conférés par l'ordre juridique de l'Union … laisser inappliquée, à l'issue d'une telle procédure incidente, la disposition législative nationale en cause si elles la jugent contraire au droit l'Union ».

Ces garanties étant prévues par les textes relatifs à la question prioritaire de constitutionnalité, ce mécanisme est jugé conforme au droit de l'Union européenne.

L'affaire paraissait définitivement réglée jusqu'à l'arrêt d'Assemblée plénière de la Cour de cassation du 29 juin 2010 (pourvoi numéro 10-40.001 : D. 2010, p. 1636, point de vue

Cassia et Saulnier-Cassia ; Cah. Cons. const. 2010, p. 63, étude Simon et Rigaux ; RFDA 2010, p. 659, étude Labayle) consécutive à la réponse préjudicielle de la Cour de justice de l'Union européenne dans l'affaire Melki. La Cour décide en effet que les textes nationaux ne lui donnent pas la possibilité de mettre en œuvre les mesures provisoires ou conservatoires visant à assurer la protection juridictionnelle des droits conférés par l'ordre juridique européen. Cette affirmation est toutefois très contestable au regard de la jurisprudence de la Cour de justice qui prévoit la possibilité, pour les juridictions nationales, d'écarter toute règle nationale qui ferait obstacle, d'un point de vue procédural, à la mise en œuvre de telles mesures (CJCE, 19 juin 1990, Factortame, affaire numéro C-213/89 : Rec. CJCE 1990, I, p. 2433). La Cour en conclut qu'il convient de laisser inappliquées les dispositions de la loi organique relative à la question prioritaire de constitutionnalité.

Au terme de cette analyse de la jurisprudence administrative, judiciaire et constitutionnelle on ne peut que constater que « la Constitution est par nature supérieure à toutes les normes juridiques dont elle détermine elle-même la valeur » (B. Stirn, Les sources constitutionnelles du droit administratif, LGDJ, p. 26). En effet, en droit interne, c'est la Constitution qui fixe la hiérarchie des normes et notamment la place du droit international par rapport aux autres normes. Elle ne saurait se définir elle-même comme inférieure aux normes internationales.

La difficulté c'est que cette analyse n'est pas partagée par les juridictions internationales et par la Cour de justice de l'Union européenne. En effet, ces juges peuvent difficilement faire prévaloir une Constitution d'un Etat membre sur une norme internationale puisque cela nuirait à l'application même du traité mais également parce qu'ils tirent leur propre légitimité de ce traité. Déjà, dans l'avis « traitement des nationaux polonais à Dantzig » du 4 février 1932, la Cour permanente de justice internationale avait décidé « qu'un Etat ne saurait invoquer vis-à-vis d'un autre Etat sa propre Constitution pour se soustraire aux obligations que lui imposent le droit international ou les traités en vigueur » (série A/B, n° 44, p.4). De son côté, la Cour de justice, dans un arrêt Commission c. Belgique du 6 mai 1980 (affaire numéro 102/79 : Rec. CJCE 1980, p. 1473 ; D. 1980, jurispr. p. 473, note D. M. ; Vie judiciaire 1981, n° 1816, p. 10, note P.K.) a jugé « (qu'un) Etat membre ne saurait exciper de difficultés internes ou de dispositions de son ordre juridique national, même constitutionnel, pour justifier le non-respect des obligations et délais résultant de directives communautaires ».

Il y a ici un conflit irréductible entre la primauté des normes constitutionnelles dans l'ordre juridique interne et la primauté des traités dans l'ordre juridique international qui ne peut être que partiellement résolu par le dialogue des juges, comme on l'a vu notamment dans l'affaire Arcelor.

Il faut d'ailleurs relever que les juridictions internationales ne sont pas non plus hermétiques à ce dialogue. C'est le cas en particulier de la Cour de justice qui a considéré dans un arrêt du 22 décembre 2010 Sayn-Wittgenstein (affaire numéro C-208/09 : AJDA 2011, p.264, note Aubert, Broussy et Donnat ; Constitutions 2011, p. 332, note Levade ; RTD civ. 2011, obs. Hauser ; RTD eur. 2011, p. 671, chron. Pataud) que « l'Union respecte l'identité nationale de ses Etats membres conformément à l'article 4 du Traité sur l'Union européenne ». La Cour s'efforce donc de concilier les impératifs de l'Union européenne avec certaines spécificités constitutionnelles nationales en utilisant cette notion à laquelle se réfère également le Conseil constitutionnel français (CC, 19 novembre 2004, numéro 2004-505 DC, 19 novembre 2004, Traité établissant une Constitution pour l'Europ, préc.). Cependant, de la même façon que le juge français veille à la suprématie de la norme constitutionnelle dans l'ordre juridique interne, la Cour de justice ne renonce nullement au principe de primauté du droit de l'Union européenne.

II – Droit de l'Union européenne et Convention européenne des droits de l'homme

Si l'arrêt Arcelor du 8 février 2007 (requête numéro 287110, préc.), dans le souci d'une protection maximale des droits des justiciables, permet au juge national d'apprécier la validité d'une directive par rapport aux traités de l'Union européenne, le Conseil d'Etat a également admis qu'il était compétent pour confronter le contenu d'une directive européenne à la Convention européenne des droits de l'homme (CE Sect., 10 avril 2008, requête numéro 296845, requête numéro 296907, Conseil national des barreaux et a. et Conseil des barreaux européens : AJDA 2008, p. 1085, chron. Boucher et Bourgeois-Machureau ; Dr. adm. 2008, 83, obs. Gautier ; Europe 2008, repère 5, obs. Simon : RFDA 2008, p. 575, concl. Guyomar et p. 606, obs. Roblot-Troizier ; RJEP 2008, 30, note Azoulai.- V. également CE, 6 décembre 2012, requête numéro 347870, Société Air Algérie : Rec. p. 398 ; RFDA 2013, p. 653, note Cassia). Il se fait ainsi juge de la conventionnalité du droit de l'Union européenne dérivé. En l'espèce, le Conseil d'Etat était saisi d'un recours dirigé contre un décret soumettant les avocats à un certain nombre d'obligations dans le cadre de la lutte contre le blanchiment. Le décret contesté était pris en application d'une loi transposant une directive dont les requérants soutenaient qu'elle était contraire aux articles 6 et 8 de la Convention européenne des droit de l'Homme.

Selon la Cour de justice, il résulte de l'article 6§II du Traité sur l'Union européenne (CJCE, 15 octobre 2002, affaire numéro C-238/99, Limburgs Vinyl Maatschappig), que les droits fondamentaux garantis par la Convention européenne des droits de l'homme sont protégés, dans l'ordre juridique communautaire, comme principes généraux. Le Conseil d'Etat intègre le juge national dans ce système de coordination en estimant qu'il est compétent pour apprécier la compatibilité d'une directive avec les droits garantis par les ordres juridiques européens.

Comme dans l'arrêt Arcelor, le Conseil d'Etat rappelle que, lorsqu'il statue comme juge du droit de l'Union européenne, le juge national a l'obligation de saisir la Cour de justice pour toute difficulté d'interprétation. En l'espèce, en l'absence de telles difficultés, il considère que la directive en cause ne porte pas atteinte à la Convention européenne des droits de l'homme.

Les difficultés ne sont toutefois pas toutes résolues à ce stade, puisque les requérants invoquaient également l'exception d'inconventionnalité, non plus de la directive, mais de la loi elle-même. Le Conseil d'Etat, s'inspirant encore de l'arrêt Arcelor, relève qu'il appartient d'abord au juge administratif de s'assurer que la loi procède à une exacte transposition des dispositions de la directive. Dans l'affirmative, le moyen tiré de la méconnaissance d'un droit fondamental par la loi de transposition ne peut être apprécié que selon la procédure de contrôle de la directive précédemment décrite.

III – Droit international et loi nationale

La question des rapports entre le droit international issu des traités et des accords ne devrait poser aucune difficulté, une hiérarchie favorable aux normes internationales résultant de l'article 55 de la Constitution.

Pourtant, dans la pratique, le juge administratif a longtemps refusé de donner une complète effectivité à ce texte.

Dans le cas où la norme de droit international est postérieure à la loi contraire, il ne se pose toutefois aucune difficulté, puisque les juges estiment que cette norme a implicitement abrogé les dispositions de la loi qui lui sont contraires. En cas de recours, l'acte administratif contraire au traité, mais conforme à cette loi, est donc annulé (CE, 15 mars 1972, Dame veuve Sadok Ali : Rec. p. 213).

En revanche, dans le cas où la norme de droit international est antérieure à la loi contraire, le Conseil d'Etat a très longtemps refusé de faire primer cette norme sur la loi, en application de la théorie de l'écran législatif. Si le Conseil d'Etat s'estimait compétent pour contrôler un acte administratif par rapport à la loi, il s'estimait en revanche incompétent pour contrôler la loi par rapport à un traité puisque était en cause, selon lui, un contrôle de constitutionnalité de la loi au regard de l'article 55 de la Constitution (CE Sect., 1er mars 1968, Syndicat général des fabricants de semoule de France : Rec. p. 149, concl. Questiaux ; AJDA 1968, p.235, concl. Questiaux ; D. 1968, jurispr. p. 285, note Lagrange ; RCDIP 1968, p. 516, note Kovar ; RGDIP 1968, p. 1128, obs. Rousseau ; RTDE 1968, p. 399, note Constantinides-Megret).

Or, la jurisprudence du Conseil d'Etat n'a été suivie ni par le Conseil constitutionnel, ni par le juge judiciaire.

Dans sa décision du 15 janvier 1975, Loi relative à l'interruption volontaire de grossesse, le Conseil constitutionnel a en effet refusé de connaître d'un moyen relatif à la conformité de ce texte avec l'article 2 de la Convention européenne des droits de l'homme garantissant le respect de la vie humaine (numéro 75-54 DC, préc.). En effet, « les décisions prises en application de l'article 61 de la Constitution revêtent un caractère absolu et définitif ... au contraire, la supériorité des traités sur les lois ... présente un caractère à la fois relatif et contingent, tenant, d'une part, à ce qu'elle est limitée au champ d'application du traité et, d'autre part, à ce qu'elle est subordonnée à une condition de réciprocité dont la réalisation peut varier selon le comportement du ou des Etats signataires du traité et le moment où doit s'apprécier le respect de cette condition ».

Il existe toutefois une exception récente à cette jurisprudence introduite par la décision du Conseil constitutionnel du 27 juillet 2006, Loi relative au droit d'auteur et aux droits voisins dans la société de l'information (numéro 2006-540 DC : Rec. CC 2006, p. 88). Si le Conseil constitutionnel exclut en principe de contrôler la constitutionnalité des lois opérant mécaniquement la transposition des directives, il réserve toutefois le cas où celles-ci porteraient atteinte à « une règle ou un principe inhérent à l'identité constitutionnelle de la France ». Cette solution est reprise par la jurisprudence du Conseil d'Etat dans le cadre de la procédure de question prioritaire de constitutionnalité (CE, 8 juillet 2015, requête numéro 390154, de Prainguy : Rec. p. 577 ; AJDA 2015, p. 2035, note Haguenau-Moizard.- CE, 14 septembre 2015, requête numéro 389806, Société NotreFamille.com : Rec. p. 576 ; AJDA 2015, p. 2441, note Rassu). De même, le Conseil constitutionnel censure l'erreur manifeste de transposition lorsqu'il relève une « disposition législative manifestement incompatible avec la directive qu'elle a pour objet de transposer » (CC, 30 novembre 2006, numéro 2006-543 DC, Secteur de l'énergie : Rec. CC 2006, p. 120). L'existence de ce contrôle se justifie par le fait que, comme on l'a évoqué il résulte de l'article 88-1 de la Constitution que la transposition des directives est « une exigence constitutionnelle » (CC, 10 juin 2004, numéro 2004-496 DC, Loi pour la confiance dans l'économie numérique, préc.).

De son côté, la Cour de cassation, dans un arrêt de la Chambre mixte du 24 mai 1975, Administration des douanes c. Société des cafés Jacques Vabre, n'a pas hésité à écarter l'application d'une loi contraire à une norme internationale antérieure (pourvoi numéro 73-13556 : Bull. civ. I, n° 4 ; D. 1975, jurispr. p. 497, concl. Touffait ; AJDA 1975, p. 567, note Boulouis ; Cah. dr. eur. 1975, p. 655, note Kovar ; JDI 1975, p. 802, note Ruzié ; RDP 1975, p. 1335, chron. Favoreu et Philip ; RCDIP 1976, p. 347, note Foyer et Holleaux ; RGDIP 1976, p. 690, obs. Rousseau).

Le raisonnement du Conseil d'Etat n'était pas compatible, à la fois avec la position du Conseil constitutionnel et avec la position du Conseil d'Etat. Il ressort clairement de cette jurisprudence que faire prévaloir un traité sur la loi ce n'est pas, comme l'affirmait le Conseil d'Etat, opérer un contrôle de constitutionnalité de cette loi. Il s'agit simplement d'appliquer le texte de la Constitution et de respecter la hiérarchie des normes qu'elle impose. En réalité, c'est en appliquant la théorie de la loi écran que le Conseil d'Etat sortait du cadre de ses compétences en refusant de faire application de dispositions constitutionnelles.

Le Conseil d'Etat a finalement opéré un revirement de jurisprudence à l'occasion de l'arrêt d'Assemblée Nicolo du 20 octobre 1989 en acceptant de faire prévaloir sur la loi un traité international même antérieur à cette loi (requête numéro 108243 : Rec. p. 190 ; RFDA 1989, p. 812, concl. Frydman et p.824, notes Genevois, Favoreu et Dubouis ; AJDA 1989, p. 756, chron. Honorat et Baptiste et p. 788, note Simon ; RTDE 1989, p. 771, note Isaac)

La solution de l'arrêt Nicolo, qui été qualifiée de « révolution copernicienne » par le commissaire du gouvernement Stahl (concl. sur CE Ass., 5 mars 2003, requête numéro 242860, Aggoun : préc.), a ensuite été logiquement transposée aux règlements (CE, 24 septembre 1990, requête numéro 58657, Boisdet : Rec. p.250 ; AJDA 1990, p. 863, chron. Honorat et Schwartz ; LPA 12 octobre 1990, p.15, concl. Laroque ; RFDA 1991, p.171, note Dubouis), aux directives (CE Ass., 28 février 1992, SA Rothmans international France, préc.) et plus récemment aux décisions du Conseil des communautés européennes (CE, 10 janvier 2001, requête numéro 219138, Région Guadeloupe : Rec. p. 7 ; Europe 2001, 162, obs. Simon).

En revanche, une limite à la jurisprudence Nicolo a été apportée par le Conseil d'Etat dans son arrêt Allenbach et a. du 27 octobre 2015 (requête numéro 393026, requête numéro 393488, requête numéro 393622, requête numéro 393659, requête numéro 393724 : Dr. adm. 2016, 12, note Eveillard). Il résulte en effet de cet arrêt qu'est inopérant devant le juge de l'excès de pouvoir, saisi d'un recours dirigé contre un décret d'application de la loi redécoupant la carte des régions, le moyen portant sur la méconnaissance par la procédure législative des obligations procédurales imposées par un traité international. N'est donc pas sanctionnée, en l'espèce, la contrariété entre cette procédure et les stipulations de l'article 5 de la Charte européenne de l'autonomie locale, qui imposent une obligation de consultation des collectivités territoriales concernées préalablement à toute modification de leurs limites territoriales.

Pour aller plus loin :

- **Bailleul (D.)**, Le juge administratif et la conventionnalité de la loi : RFDA 2003, p. 876.
- **Cassia (P.)**, Le juge administratif, la primauté du droit de l'Union européenne et la Constitution française : RFDA 2005, p. 465.
- **de Bechillon (D.)**, L'applicabilité des directives selon la jurisprudence du Conseil d'Etat : RDP 1991, p. 729.
- **Dubout (E.), Nabli (B.)**, L'émergence d'un droit français de l'intégration européenne : RFDA 2010, p.1021.
- **Gauthier (M.)**, QPC et droit communautaire.- Retour sur une tragédie en cinq actes, Dr. adm. 2010, étude 19.
- **Genevois (B.)**, Le Conseil constitutionnel et le droit communautaire dérivé. À propos de la décision n° 2004-496 DC du 10 juin 2004 : RFDA 2004, p. 651
- **Kovar (R.)**, Le Conseil d'Etat et l'effet direct des directives : la fin d'une longue marche, Europe 2010, étude 1.
- **Labayle (H.) et Mehdi (R.)**, Le Conseil d'Etat et la protection communautaire des droits fondamentaux : RFDA 2008, p.711.
- **Marti (G.)**, L'avenir de la primauté : le dialogue des juges ?, Rev. Union européenne 2015, p. 638.
- **Ondoua (A.)**, note sur CE, 8 juillet 2002, Commune de Porta : JCP G 2003, II 10021.
- **Wachsmann (P.)**, L'article 55 de la Constitution de 1958 et les conventions internationales relatives aux droits de l'homme : RDP 1998, p.1671.

Section III – Les lois organiques

Les lois organiques sont visées par certains articles de la Constitution du 4 octobre 1958. Elles ont pour principal objet de compléter ces dispositions.

Exemple :
- L'article 13 de la Constitution précise qu'une loi organique détermine les emplois, autres ceux qu'il vise expressément, auxquels il est pourvu en conseil des ministres ainsi que les conditions dans lesquelles le pouvoir de nomination du Président de la République peut être par lui délégué pour être exercé en son nom.

L'adoption des lois organiques fait l'objet de règles spéciales définies par l'article 46 de la Constitution. Tout d'abord, le projet ou la proposition ne peut, en première lecture, être soumis à la délibération et au vote des assemblées qu'à l'expiration d'un délai de six semaines, voire de 15 jours si la procédure accélérée a été engagée. Ensuite, si la procédure de la commission mixte paritaire de l'article 45 de la Constitution s'applique pour les lois organiques, l'article 46 prévoit que faute d'accord entre les deux assemblées, le texte ne peut être adopté par l'Assemblée nationale en dernière lecture qu'à la majorité absolue de ses membres. Les lois organiques relatives au Sénat se voient appliquer des règles particulières (Constitution, art. 46, al. 4), comme celles relatives au droit de vote et à l'éligibilité aux élections municipales des ressortissants d'autres Etats membres de l'Union européenne résidant en France puisqu'elles doivent être votées dans les mêmes termes par les deux assemblées (Constitution, art. 88-3). Surtout, les lois organiques ne peuvent être promulguées qu'après déclaration par le Conseil constitutionnel de leur conformité à la Constitution.

L'existence de ce contrôle par rapport au bloc de constitutionnalité implique que lois organiques ont une valeur infra-constitutionnelle. Il résulte également de la décision du Conseil constitutionnel n°92-312 DC du 2 septembre 1992 que les lois organiques ont une valeur infra-conventionnelle, cette décision précisant que la loi organique prise en application de l'article 88-3 du de la Constitution « devra respecter les prescriptions édictées à l'échelon de la Communauté européenne ». Toutefois, si le juge administratif contrôle la compatibilité d'une loi organique avec un traité international, ce principe connaît une exception lorsque les dispositions contestées se bornent à tirer les conséquences nécessaires de dispositions constitutionnelles. Dans cette hypothèse, la Constitution fait écran (CE, 6 avril 2016, requête numéro 380570, Blanc et a. : Rec. p.119, concl. von Coester ; Dr. adm. 2016, 50, note Eveillard).

En revanche, les lois organiques ont une valeur supra législative dès lors que le Conseil constitutionnel contrôle les lois ordinaires au regard de ces textes. C'est le cas tout particulièrement des lois de finances qui sont systématiquement contrôlées au regard de la loi organique relative au loi de finances n°2001-692 du 1er août 2001. De la même façon, les lois de financement de la sécurité sociale sont contrôlées au regard de la loi organique n° 2005-881 du 2 août 2005 relative aux lois de financement de la sécurité sociale.

Pour aller plus loin :

- **Luchaire (F.)**, Les lois organiques devant le Conseil constitutionnel : RDP 1992, p. 389.

Section IV – La loi

C'est presque une tautologie de dire que la loi est l'une des principales sources de la légalité administrative. Sous la Cinquième République, il se pose la question de la détermination de son domaine par rapport à celui qui est réservé au pouvoir règlementaire. Il convient également d'évoquer les hypothèses dans lesquelles le juge administratif a l'occasion de faire application de textes particuliers.

§ I – Loi et règlement

La Constitution du 4 octobre 1958 a modifié les rapports entretenus par la loi, œuvre du parlement, et les actes administratifs règlementaires pris par le pouvoir exécutif.

Avant 1958, le droit positif était encore marqué par le légicentrisme issu de la Révolution française. L'idée est que la loi représente la volonté de la nation et qu'elle ne saurait, par conséquent, être remise en cause, ce qui entraînait deux conséquences essentielles.

D'une part, l'absence de contrôle de constitutionnalité des lois, ou un contrôle limité à des questions de compétence et de procédure.

D'autre part, les actes administratifs ne pouvaient intervenir que pour l'application d'une loi et devaient y être conformes. Ainsi, jusqu'en 1958, le principe est que le pouvoir règlementaire, c'est-à-dire le pouvoir de prendre des actes exécutoires comportant des dispositions générales et impersonnelles, est un pouvoir dérivé de la loi. Ainsi, l'exercice d'un pouvoir règlementaire autonome est en principe prohibé.

Toutefois, la jurisprudence a reconnu, dès le début du XX° siècle, deux domaines dans lesquels le pouvoir règlementaire autonome existe.

Il s'agit, tout d'abord, du pouvoir règlementaire en matière de police qui a été reconnu à l'occasion de l'arrêt du Conseil d'Etat Labonne du 8 août 1919 (Rec. p.737). Cette affaire concernait un recours intenté par un automobiliste contre une décision lui retirant son « certificat de capacité pour la conduite des automobiles ». Le requérant contestait le fait que ce retrait avait été réalisé en application d'un décret du Président de la République, alors qu'aucune loi ne l'avait habilité à agir. Le Conseil d'Etat reconnaît pourtant « qu'il appartient au chef de l'Etat en dehors de toute délégation législative, et en vertu de ses pouvoirs propres » de déterminer les mesures de police qui sont applicables à l'ensemble du territoire. Cette solution a été confirmée sous la Cinquième République, mais au profit non plus du chef de l'Etat, mais du Premier ministre. Cette solution se justifie par le fait que le pouvoir règlementaire de droit commun n'appartient plus au chef de l'Etat, mais au chef du gouvernement (CC, 20 juillet 2000, numéro 2000-434 DC, Loi relative à la chasse : Rec. CC, p.107 ; JO 27 juillet 2000, p.11550 ; RDP 2000, p.1542, note Luchaire ; RJE 2001, p.355, note Azoulay ; RFDC 2001, p. 95, note Pariente ; LPA 24 juillet 2000, note Schoettl). Ainsi, par exemple, c'est au Premier ministre, au titre de ses pouvoirs de police générale, qu'il appartient d'adopter les mesures propres à assurer la sécurité des personnes sur les autoroutes et les ouvrages d'art (CE, 25 septembre 2013, requête numéro 363184, Société Rapidépannage 62).

Dans l'arrêt de Section Jamart du 7 février 1936 (préc.), le Conseil d'Etat a également reconnu que les chefs de service - et notamment les ministres qui sont situés au sommet de la structure pyramidale des ministères- disposent d'un pouvoir règlementaire autonome. Il résulte de cet arrêt que « même dans le cas où les ministres ne tiennent d'aucune disposition législative un pouvoir règlementaire, il leur appartient, comme à tout chef de service, de prendre les mesures nécessaires au bon fonctionnement de l'administration placée sous leur autorité ».

Exemple :
- CE Sect., 25 février 2005, requête numéro 265482, Syndicat de la magistrature (JCPA 2005, 1129, note Jean-Pierre) : la création d'une commission administrative consultative chargée d'éclairer le Premier ministre sur d'éventuels dysfonctionnements du tribunal de grande instance de Nanterre, qui n'est investie et n'aurait d'ailleurs pu légalement être investie d'aucun pouvoir de contrainte à l'égard de l'autorité judiciaire, n'est susceptible

de porter, par elle-même, aucune atteinte aux compétences du Conseil supérieur de la magistrature.

La Constitution de 1958 a modifié l'équilibre entre le pouvoir règlementaire et le pouvoir législatif.

L'article 34 de la Constitution définit les différentes matières dans lesquelles le législateur est compétent. C'est le cas notamment pour : les droits civiques et les garanties fondamentales accordées aux citoyens pour l'exercice des libertés publiques, la création de nouveaux ordres de juridiction et le statut des magistrats, la nationalité, l'état et la capacité des personnes, les régimes matrimoniaux, les successions et libéralités, etc.

Le même article définit les domaines dans lesquels le législateur est compétent pour déterminer des principes fondamentaux. Sont par exemple concernés : la libre administration des collectivités territoriales, leurs compétences et leurs ressources ; le régime de la propriété, des droits réels et des obligations civiles et commerciales ; le droit du travail, le droit syndical et de la sécurité sociale, etc.

L'article 37 précise que « les matières autres que celles qui sont du domaine de la loi ont un caractère règlementaire ».

Ainsi, juridiquement, le pouvoir règlementaire autonome est passé du statut d'exception à celui de principe.

Cependant, la pratique a conduit bien au contraire à une extension immodérée du domaine de la loi, à une véritable « frénésie législative » (J.-M. Pontier, Délire et dérives législatives : AJDA 2015, p. 2001) qui nuit à l'intelligibilité de la loi. Cette pratique est liée à plusieurs phénomènes.

En premier lieu, le Conseil constitutionnel, en combinant les dispositions de l'article 34 et d'autres articles de la Constitution, a découvert d'autres chefs de compétence législative.

Exemple :
- CE, 7 juillet 1950, Dehaene (préc.) : en indiquant, dans le Préambule de la Constitution de 1946, que « le droit de grève s'exerce dans le cadre des lois qui le règlementent », l'Assemblée constituante a entendu inviter le législateur à opérer la conciliation nécessaire entre la défense des intérêts professionnels, dont la grève constitue l'une des modalités, et la sauvegarde de l'intérêt général auquel elle peut être de nature à porter atteinte.

En second lieu, en interprétant les dispositions de l'article 34 de la Constitution, qui sont rédigées de façon très large en général, le Conseil d'Etat et le Conseil constitutionnel ont adopté une conception extensive du domaine de la loi.

Exemples :
- CC, 18 janvier 1985, numéro 84-185 DC, Loi modifiant et complétant la loi n°83-663 du 22 juillet 1983 et portant dispositions diverses relatives aux rapports entre l'Etat et les collectivités territoriales (JO 20 janvier 1985, p. 821 ; Rec. CC, p.36 ; RFDA 1985, p.597, note Henry-Meininger, note Favoreu, note Delvolvé) : si le principe de libre administration des collectivités territoriales a valeur constitutionnelle, il ne saurait conduire à ce que les conditions essentielles d'application d'une loi organisant l'exercice

d'une liberté publique dépendent de décisions des collectivités territoriales et, ainsi, puissent ne pas être les mêmes sur l'ensemble du territoire.
- CE, 29 avril 2002, requête numéro 228830, Ullmann (Dr. adm. 2002, 100, note D.P. ; RFDA 2003, p. 135, concl. Piveteau) : les dispositions relatives à l'étendue du droit d'accès aux documents administratifs concernent les garanties fondamentales accordées aux citoyens pour l'exercice des libertés publiques. Elles portent ainsi sur des matières réservées à la loi par l'article 34 de la Constitution.

Enfin, les mécanismes de sanction des règles de répartition des compétences sont rarement utilisés. Ainsi, le gouvernement peut faire usage de la possibilité qui lui est ouverte par l'article 41 de la Constitution d'opposer l'irrecevabilité aux propositions de lois ou aux amendements parlementaires qui ne sont pas du domaine de la loi. Dans cette hypothèse, en cas de désaccord entre le gouvernement et le Président de l'assemblée intéressée, le Conseil constitutionnel peut-être saisi par l'une ou l'autre de ces autorités et il disposera alors d'un délai de 8 jours pour statuer. Toutefois, dans la pratique, le Conseil constitutionnel n'est jamais saisi sur le fondement de ces dispositions, le Président de l'assemblée en cause et le gouvernement trouvant une position commune concernant l'interprétation de l'article 34 qui est généralement favorable à l'exception d'irrecevabilité.

Mais surtout, saisi en application de l'article 61 de la Constitution, le Conseil constitutionnel estime « qu'une loi qui empiète sur le domaine du règlement n'en est pas pour autant inconstitutionnelle » (CC, 30 juillet 1982, DC numéro 82-143, Loi sur les prix et les revenus : JO 31 juillet 1982, p. 2470 ; Rec. CC p.57 ; D. 1984, inf. rap., p.473; Rev. adm. 1983, p.247, note de Villiers ; RDP 1983, p.333, note Favoreu).

Cet empiètement du législateur sur le domaine du règlement est très habituel, à tel point que le Conseil constitutionnel a un temps infléchi sa jurisprudence dans un sens plus favorable au pouvoir règlementaire.

Dans sa décision du 21 avril 2005, Loi d'orientation et de programme pour l'avenir de l'école, le Conseil constitutionnel a ainsi choisi, non pas de censurer les dispositions réglementaires contenues dans la loi déférée, mais d'opérer une sorte de déclassement de ces dispositions qui sont législatives d'un point de vue formel mais réglementaires d'un point de vue matériel (numéro 2005-512 DC : Rec. CC, p. 7 ; JO 24 avril 2005, p. 7173 ; AJDA 2005, p. 916, note Brondel ; LPA, 20 mai 2005, n° 100, note Schoettl ; JCP G 2005, 250, chron. Mathieu ; D. 2005, p.1889, note Verpeaux ; RRJ 2005, p.2237, note Sabete ; RFDC 2006, p.152, note Pini). Cette démarche a permis au Conseil d'identifier dans la loi des dispositions règlementaires. Elle aurait pu, ultérieurement, autoriser le gouvernement à modifier directement les dispositions dont le caractère est réglementaire sans qu'il ait été nécessaire de recourir à la procédure de délégalisation de l'article 37 alinéa 2 de la Constitution.

Toutefois, la décision du 21 avril 2005 est demeurée isolée, la méthode définie à cette occasion par le Conseil constitutionnel n'a plus été réutilisée. Cette méthode a même été expressément abandonnée à l'occasion de la décision loi relative à la simplification du droit et à l'allégement des démarches administrative du 15 mars 2012 (numéro 2012-649 DC : Constitutions 2012, p. 267, note Benetti ; RFDA 2012, p. 728, chron. Roblot-

Troizier et Tusseau). Dans cette décision le Conseil constitutionnel considère en effet que « les requérants ne sauraient se prévaloir de ce que le législateur est intervenu dans le domaine réglementaire pour soutenir que la disposition critiquée serait contraire à la Constitution ou pour demander que soit déclaré son caractère réglementaire ».

Enfin, il faut souligner que si l'empiètement du législateur sur le domaine du règlement n'est pas sanctionné, il en va tout autrement lorsqu'un acte réglementaire empiète sur le domaine d'une loi. En cas de recours, l'acte contesté sera jugé illégal en raison de l'incompétence de son auteur.

Exemple :
CE, 13 mars 2013, requête numéro 360815, Ménétrier : en vertu de l'article 34 de la Constitution, il revient à la loi de déterminer les principes fondamentaux de la sécurité sociale, au nombre desquels figure la définition de la nature des conditions exigées pour l'attribution d'une prestation. En subordonnant le bénéfice du complément de libre choix d'activité à taux partiel à une condition de montant maximal des ressources procurées par l'activité exercée, le pouvoir réglementaire ne s'est pas borné à adapter les modalités selon lesquelles ce complément est attribué à certaines catégories de travailleurs mais a fixé une condition nouvelle non prévue par la loi et qu'il ne lui appartenait pas d'instituer. Il en résulte que les dispositions contestées sont illégales en raison du vice d'incompétence dont elles sont entachées.

§ II – Application de textes particuliers

Le juge administratif peut, à l'occasion d'un litige, vérifier que l'administration n'a pas enfreint les règles issues du Code civil, du Code de commerce ou encore du Code de la consommation.

I – Code civil

Pour la doctrine classique, l'intérêt général que poursuit l'administration doit empêcher de considérer que ses activités soient soumises aux mêmes règles que celles des personnes privées. Cette conception est exprimée notamment par le commissaire du gouvernement David dans ses conclusions sur l'arrêt Blanco (TC, 8 février 1873, Blanco, requête numéro 00012, préc.) et elle se retrouve dans le considérant de principe de cet arrêt : « la responsabilité qui peut incomber à l'Etat pour les dommages causés aux particuliers par le fait de personnes qu'il emploie dans le service public, ne peut être régie par les principes qui sont établis dans le Code civil pour les rapports de particuliers à particuliers ».

Cette autonomie du droit administratif, absolument dérogatoire du droit privé, a ensuite été relativisée. Dans ses conclusions sur l'arrêt Terrier, le commissaire du gouvernement Romieu avait déjà distingué les hypothèses de gestion publique, qui sont majoritaires dans le fonctionnement des services publics, des hypothèses plus spécifiques de gestion privée (concl. Romieu sur CE, 6 février 1903, Terrier : Rec. p. 94 ; S. 1903, III, p. 25, concl. Romieu, note Hauriou). Cette approche a été ensuite validée par le Conseil d'Etat qui a reconnu que des personnes publiques pouvaient conclure des contrats de droit privé (CE, 31 juillet 1912, Société des granits porphyroïdes des Vosges : Rec. p. 909, concl. Blum ;

RDP 1914, p. 145, note Jèze). Mais surtout, dans sa décision Société commerciale de l'ouest africain du 22 janvier 1921, le Tribunal des conflits a dégagé une nouvelle catégorie de services publics, les services publics industriels et commerciaux, soumise à un régime juridique de droit privé (affaire dite du Bac d'Eloka TC, 22 janvier 1921 : S. 1924, III, p. 34).

Toutefois, dans toutes ces hypothèses, c'est le juge judiciaire qui est en principe compétent. Cela n'empêche cependant pas le juge administratif, lorsqu'il est compétent, d'appliquer directement certains principes issus du Code civil. Tel est le cas, notamment, en matière de contrats. Ainsi, le juge s'est-il expressément référé à des dispositions du Code civil en matière de transaction (CE, 9 juillet 2015, requête numéro 375542, Football Club des Girondins de Bordeaux : Rec. p. 238 ; BJCP 2015, p. 414, concl. Bourgeois-Machureau) ou encore en matière d'intérêts de retard (CE, 12 février 2016, requête numéro 366431, Le Dréau).

Ceci étant, le juge administratif aura tout de même davantage tendance à préciser que la solution qu'il applique ne fait que « s'inspirer » de telles ou telles dispositions de ce code.

Exemples :
- CE, 30 décembre 1998, requête numéro 165042, Andrault, Parat et Carré (Rec. p.521 ; Contrats - Marchés publ. 2010, 5) : en cas de désordres affectant, dans le délai de dix ans, l'étanchéité d'une partie d'un ensemble immobilier mais dont l'extension généralisée est prévisible, le principe de garantie décennale « dont s'inspirent les articles 1792 et 2270 du Code civil » ont vocation à s'appliquer.
- CE, 29 décembre 2008, requête numéro 296930, OPHLM de Puteaux (Rec. p. 478) : il est loisible au juge administratif, saisi de conclusions en ce sens, de modérer ou d'augmenter les pénalités de retard résultant du contrat, par application des principes « dont s'inspire l'article 1152 du Code civil », si ces pénalités atteignent un montant manifestement excessif ou dérisoire eu égard au montant du marché.

II – Code de commerce

L'article L. 410-1 du Code de commerce prévoit que « les règles (relatives à la concurrence et à la liberté des prix) s'appliquent à toutes les activités de production, de distribution et de services y compris celles qui sont le fait de personnes publiques, notamment dans le cadre de conventions de délégation de service public ». Il en résulte que les services publics qui exercent une activité économique en fournissant des biens et des services relèvent du droit commun de la concurrence.

La compétence en la matière de l'actuelle Autorité de la concurrence et de la cour d'appel de Paris exclut les actes unilatéraux ainsi que les contrats relatifs à la dévolution ou à l'organisation d'un service public (TC, 6 juin 1989, requête numéro 02578, Préfet région Ile-de-France c. Ville de Pamiers : Rec. p. 293 ; AJDA 1989, p. 431, chron. Honorat et Baptiste et p. 467, note Bazex ; D. 1990, somm. comm., p. 101, obs. Gavalda et Lucas de Leyssac ; JCP 1990, II, 21395, note Terneyre ; RFDA 1989, p. 457, concl. Stirn.- V. également CE, 23 juillet 1993, requête numéro 138504, Compagnie générale des eaux : Rec. p. 226 ; RFDA 1994, p. 252, note Terneyre). En effet, comme l'a exposé le commissaire du gouvernement Stirn dans ses conclusions sur l'arrêt Ville de Pamiers, ces actes manifestent l'expression de prérogatives de puissance publique et relèvent donc de la compétence des juridictions administratives (V. dans ce sens TC, 4 novembre 1996, requête numéro 3038, Société Datasport c. Ligue nationale football : Rec. p. 552 ; AJDA 1997, p. 203, chron. Chauvaux et Girardot ; JCP G 1997, II, 22802, concl. Arrighi de Casanova.- TC, 19 octobre 1999, Aéroports de Paris : Rec. p. 469, concl. Schwartz ; AJDA 1999, p. 996, chron. Guyomar et Collin et p. 1029, note Bazex ; CJEG 2000, 18, concl. Schwartz ; JCPP G, 2000, II, 10143, concl. Schwartz ; RFDA 2000, p. 567, note Laidié). En revanche, les pratiques qui peuvent être regardées comme détachables de l'appréciation de la légalité d'un acte administratif relèvent de la compétence des autorités de la concurrence.

Ces règles ont été précisées par le Tribunal des conflits dans son arrêt du 4 mai 2009 Société Editions Jean-Paul Gisserot c/ Centre des monuments nationaux (requête numéro 3714 : Rec. p.582 ; AJDA 2009, p. 1490, note Eckert et p. 2437, note Glaser ; Dr. adm. 2009, 145, note Bazex ; LPA 17 juin 2009, p. 12, concl. Guyomar ; RJEP 2010, 673, note Delaunay ; RTD eur. 2009, p. 473, chron. Idot). Il résulte de cet arrêt que « dans la mesure où elles exercent des (activités de production, de distribution et de service), et sauf en ce qui concerne les décisions ou actes portant sur l'organisation du service public ou mettant en œuvre des prérogatives de puissance publique, les personnes publiques peuvent être sanctionnées par le Conseil de la concurrence agissant sous le contrôle de l'autorité judiciaire ». En revanche « en matière de marchés publics, lesquels ne traduisent pas la mise en œuvre de prérogatives de puissance publique, la compétence du juge administratif en qualité du juge du contrat ne fait pas obstacle à la compétence du Conseil de la concurrence, sous le contrôle de la cour d'appel de Paris, pour statuer sur les litiges fondés sur l'invocation des pratiques anticoncurrentielles ».

Par ailleurs, les juridictions administratives s'estiment désormais compétentes pour connaître de la légalité des actes relatifs à la dévolution ou à l'organisation d'un service public au regard du droit de la concurrence. Cette solution s'applique au regard des normes issues du droit de l'Union européenne (CE Sect., 8 novembre 1996, requête numéro 122644, Fédération française des sociétés d'assurance : Rec. p. 441 ; AJDA 1997, p. 142, chron. Chauvaux et Girardot) ou du droit interne, ce qui concerne notamment les articles L. 420-1 et L. 420-2 du Code de commerce relatifs aux pratiques anticoncurrentielles que soit en cause un contrat de concession (CE Sect., 3 novembre 1997, requête numéro 169907, Société Million et Marais : AJDA 1997, p. 945, chron. Chauvaux et Girardot. – CE, 17 décembre 1997, requête numéro 181611, Ordre des avocats à la Cour de Paris : Rec. p.491 ; AJDA 1998, p. 362, concl. Combrexelle, note Nouel ; CJEG 1998, 105, concl. Combrexelle ; D. 1998, p.591, note Jorion .- Cette solution s'applique également aux casinos : CE Sect., 10 mars 2006, requête numéro 264098, requête 264123, requête numéro 268524, Commune de Houlgate et Société exploitation du casino de Houlgate : JCP A 2006, act. 238 ; JCP G 2006, IV, 1754 ; JCP E 2006, 1540 ; Dr. adm. 2006, 94, note Ménéménis ; Contrats - Marchés publ. 2006, 150, note Eckert ; Contrats, conc. consom. 2006, 136, note Brunet), une autorisation d'occupation du domaine public (CE Sect., 26 mars 1999, requête numéro 202260, Société EDA : AJDA 1999, p. 427, concl. Stahl, note Bazex ; RDI 1999, p. 630, obs. Lavialle ; D. 2000, jurispr. p. 204, note Markus ; RDP 1999, p. 1545, note Manson.- CAA Paris, 4 décembre 2003, requête numéro 00PA02740, Société d'équipement de Tahiti et des îles : Contrats – Marchés publ. 2004, comm. 54, note Eckert ; AJDA 2005, p. 200, note Nicinsky), un acte règlementaire (CE, 19 mars 2001, requête numéro 202349,

Syndicat national des industriels et professionnels de l'aviation générale : RFDA 2001, p. 77. – CE Sect., avis, 22 novembre 2000, requête numéro 223645, Société L et P. Publicité SARL : RFDA 2001, p. 872, concl. Austry), ou encore une simple décision administrative (CE, 29 juillet 2002, requête numéro 200886, Société CEGEDIM : Dr. adm 2002, 173, note Bazex et Blazy).

Il faut relever, enfin, que l'application du droit de la concurrence doit prendre en compte les autres impératifs d'intérêt général poursuivis par les collectivités publiques, ce qui peut aboutir à reconnaître la légalité de certains droits exclusifs qui peuvent leur être conférés (CE, 26 janvier 2007, requête numéro 276928, Syndicat professionnel de la géomatique : Contrats - marchés publics, 2007, 67, note Zimmer ; Droit adm. 2007, 67, note Marson ; AJDA 2007, p.244, note Nicinski ; LPA 16 mars 2007, p.5, note Glatt). Toutefois un droit exclusif n'est légal que s'il « n'excède pas les nécessités des services d'intérêt général ».

III – Code de la consommation

Le Conseil d'Etat contrôle la légalité des clauses règlementaires des contrats conclus entre des opérateurs publics et des consommateurs (CE Sect., 11 juillet 2001, requête numéro 221458, Société des eaux du Nord : AJDA 2001, p. 893, note Guglielmi ; Gaz. pal. 2002, p. 98, note Sylvestre ; JCP G 2001, I, 370, n° 1, obs. Sauphanor-Brouillaud ; Resp. civ. et assur. 2002, 2, note Guettier ; RTD civ. 2001, p. 878, obs. Mestre et Fages ; RTD com. 2002, p. 51, obs. Orsoni.- V. également TA Lyon, 18 juillet 2013, requête numéro 1200370, Préfet du Rhône c/ Commune de Saint-Basile : JCP A 2013, 2353, concl. Béroujon) ainsi que les actes relatifs à l'organisation d'un service public, par exemple une décision fixant des tarifs (CE, 13 mars 2002, requête numéro 177509, Union fédérale consommateurs et Koua Poirrez : AJDA 2002, p. 976, note Koubi et Guglielmi ; BJCP 2002., p.231, concl. Schwartz), au regard des règles issues du Code de la consommation.

Exemple :
-CE, 30 décembre 2015, requête numéro 387666, Société des Eaux de Marseille Est (Contrats-Marchés publ. 2016, 80, note Eckert) : une clause abusive et doit être déclarée la disposition du règlement du service de distribution d'eau qui exonère le gestionnaire du service de toute responsabilité dans le cas où une fuite dans les installations intérieures de l'abonné résulte d'une faute commise par ce service.

Comme en matière de droit de la concurrence, l'application de ces règles doit toutefois prendre en compte les « nécessités d'intérêt général en rapport avec les conditions d'exploitation du service » (même arrêt). Ainsi, des clauses qui auraient pu être jugées abusives au regard du droit de la consommation si elles étaient insérées dans un contrat de droit privé, ne le seront pas nécessairement dans un contrat administratif, compte tenu de ces nécessités (V. également CE, 6 juillet 2005, requête numéro 261991, Société Dodin et a. : Rec. p. 309 ; BJCP 44/2006, p. 48, concl. Donnat.- CAA Lyon, 29 décembre 2005, requête numéro 03NT00250, Vitteau : AJDA 2006, p. 1289, note Fialaire ; JCP A 2006, 1101).

Pour aller plus loin :

- **Beroujon (F.)**, L'impact des règles du droit de la consommation : JCPA 2007, 2283.

- **Chamard-Heim (C.)**, Les conventions d'occupation privative du domaine public local : JCPA 2013, 2174.

- **Favoreu (L.)**, Le pouvoir normatif primaire du gouvernement en droit français : RFDC 1997, p.713.

- **Karpenschif (M.)**, Dix ans après l'arrêt Million et Marais : et après ? : JCPA 2007, 2281.

- **Karpenschif (M.)**, Les délégations de service public et le droit de la concurrence : JCPA A 2013, 2057.

- **Luchaire (J.)**, Les sources des compétences législatives et règlementaires : AJDA 1979, n°6, p.3.

- **Perdu (S.)**, Le juge administratif et la protection des consommateurs : AJDA 2004, p. 481.

- **Schoettl (J.-E)**, note sur Conseil constitutionnel, 21 avril 2005, Loi d'orientation et de programme pour l'avenir de l'école, LPA, 20 mai 2005, n° 100.

Section V – Les principes généraux du droit

Les principes généraux du droit constituent des normes découvertes par le juge administratif et plus rarement par les juges de l'ordre judiciaire. Parfois consacrés par le législateur, ils se distinguent à la fois des « principes fondamentaux reconnus par les lois de la République » qui ont valeur constitutionnelle et des « principes fondamentaux » mentionnés par l'article 34 de la Constitution, pour la définition desquels le législateur est exclusivement compétent.

§ I – Origine et source

Le juge administratif ne crée pas les principes généraux du droit mais il les découvre « à partir des conceptions idéologiques de la conscience nationale et/ou d'une masse de textes constitutionnels, internationaux ou législatifs » (P.-L. Frier, J. Petit, Précis de droit administratif, coll. Domat, Montchrestien 8ème éd. 2013, p.108).

Le juge a eu recours à cette technique à l'occasion d'un arrêt de Section du Conseil d'Etat du 5 mai 1944 Dame Veuve Trompier-Gravier (Rec. p.133 ; D. 1945, p.110, concl. Chenot, note de Soto ; RDP 1944, p.256, concl. Chenot, note Jèze). En l'espèce, le Conseil d'Etat était saisi d'un recours dirigé contre une décision préfectorale retirant une autorisation d'exploiter un kiosque à journaux au motif que son titulaire avait voulu extorquer des fonds à son gérant. Cette décision est annulée au motif que le préfet a commis une violation des droits de la défense. En effet, « eu égard à la gravité de cette sanction, une telle mesure ne pouvait légalement intervenir sans que la dame veuve Trompier-Gravier eût été mise à même de discuter les griefs formulés contre elle ».

Cependant, si cet arrêt est à l'origine des principes généraux du droit, cette expression apparaît seulement dans son acception moderne dans l'arrêt d'Assemblée Aramu et a. du

26 octobre 1945, qui se réfère également au principe du respect des droits de la défense (Rec. p.213 ; D. 1946 p.158, note Morange ; EDCE 1947, n°1, p.48, concl. Odent ; S. 1946, III, p.1, concl. Odent).

Les solutions retenues dans ces deux affaires sont manifestement inspirées par la loi du 24 avril 1905 qui prévoit la communication de leur dossier aux fonctionnaires qui doivent faire l'objet de sanctions disciplinaires. Cependant, ce n'est pas ce texte que les juges appliquent directement, mais le principe général du droit qui l'inspire et qui a vocation à s'appliquer à d'autres cas de figure que ceux qu'il vise.

La technique des principes généraux du droit s'est ensuite perfectionnée et leurs sources se sont diversifiées. En effet, pour qu'ils permettent la censure d'actes administratifs, les principes généraux du droit doivent être découverts dans des normes, ou des valeurs, qui les transcendent. S'il peut s'agir « des exigences de la conscience juridique du temps et … de celles de l'Etat de droit » (R. Chapus, Droit administratif général, coll. Domat, Montchrestien, 15ème éd. 2001, p.95), les principes généraux du droit trouvent plus sûrement leurs sources dans des normes supérieures à ces actes : il peut donc s'agir aussi bien de lois, de traités internationaux ou de normes de valeur constitutionnelle.

La principale source des principes généraux du droit est constituée par le préambule de la Constitution de 1958 et les textes auxquels il renvoie. Comme l'a précisé le Conseil d'Etat dans son arrêt de Section Syndicat général des ingénieurs-conseils du 26 juin 1959 « dans l'exercice de ses attributions » le titulaire du pouvoir règlementaire est en effet tenu de respecter « les principes généraux du droit qui, résultant notamment du préambule de la Constitution, s'imposent à toute autorité règlementaire même en l'absence de dispositions législatives » (requête numéro 92099: Rec. p.394 ; AJDA 1959, I, p. 153, chron. Combarnous et Galabert ; D. 1959, p. 541, note L'Huillier ; Rev. adm. 1959, p. 381, note Georgel ; RDP 1959, p.1004, concl. Fournier ; S. 1959, p. 202, note Drago).

Exemple :
- CE Sect., 9 mars 1951, Société des concerts du conservatoire (Rec. p.151 ; Dr. Soc. 1951, p.368, concl. Letourneur, note Rivero ; S. 1951, III, p.81, note C.H.) : le Conseil d'Etat reconnaît l'existence d'un principe général du droit d'égalité régissant l'accès aux services publics, ce principe trouvant sa source dans les textes constitutionnels.

Rien ne s'oppose également à ce qu'un principe général du droit trouve son inspiration dans des traités internationaux.

Exemple :
- CE Ass., 1er avril 1988, requête numéro 85234, Bereciartua-Echarri (Rec. p.135 ; AJDA 1988, p.322, chron. Azibert et de Boisdeffre ; D. 1988, p.413, note Labayle ; JCP 1988, 21071, concl. Vigouroux ; RFDA 1988, p.499, note Genevois) : les principes généraux du droit applicables aux réfugiés, résultant notamment de la définition donnée par la Convention de Genève, font obstacle à ce qu'un réfugié soit remis, de quelque manière que ce soit, par un Etat qui lui reconnaît cette qualité, aux autorités de son pays d'origine, sous la seule réserve des exceptions prévues pour des motifs de sécurité nationale par ladite convention.

Cette démarche a également été adoptée par le tribunal administratif de Strasbourg, dans une décision Entreprise de transports Freymuth du 8 décembre 1992 qui reconnaît l'existence d'un principe général du droit de confiance légitime qui impose à l'administration de prévoir des mesures transitoires dans l'hypothèse où un changement de législation ou de règlementation est susceptible d'occasionner des préjudices (AJDA 1995, p. 555, concl. Pommier ; RFDA 1995, p. 963, chron. Heers). Cependant, si le Conseil d'Etat, statuant comme juge de cassation dans un arrêt du 9 mai 2001, a reconnu l'existence d'un principe de confiance légitime, il a refusé de le qualifier de principe général du droit (requête numéro 210944 : Rec. tables, p. 865 ; D. 2001, inf. rap. p.2090 ; Droit adm. 2001, 171 ; Environnement 2001, 11, note Deharbe). Selon lui, en effet, « ce principe qui fait partie des principes généraux du droit communautaire, ne trouve à s'appliquer dans l'ordre juridique national que dans le cas où la situation juridique dont a à connaître le juge administratif français est régie par le droit communautaire ». Il s'agit donc d'une norme de droit international dont le champ d'application ne concerne que les affaires relevant du droit de l'Union européenne (V. dans le même sens CE, 5 mars 2018, requête numéro 410670, Mme B...).

Enfin, le Conseil d'Etat peut rechercher des principes généraux du droit dans des textes qui ne s'appliquent normalement qu'aux personnes privées, et notamment dans certaines dispositions du Code du travail. Dans de tels cas, il est important d'insister, une fois encore, sur le fait que ce n'est pas le Code du travail qu'applique le Conseil d'Etat, mais le principe qui « inspire » certaines de ses dispositions, ce principe ayant vocation à s'appliquer dans d'autres cas que ceux régis par elles.

Exemple :
- CE Ass., 8 juin 1973, requête numéro 80332, Dame Peynet (Rec. p. 406, concl. Grévisse ; JCP G 1975, II, 17957, note Saint-Jours ; AJDA 1973, p. 587, chron. Léger et Boyon) : le Conseil d'Etat estime que « le principe général, dont s'inspire l'article 29 du livre 1er du Code du Travail, selon lequel aucun employeur ne peut, sauf dans certains cas, licencier une salariée en Etat de grossesse, s'applique aux femmes employées dans les services publics lorsque, comme en l'espèce, aucune nécessité propre à ces services ne s'y oppose ».

§ II – Diversité des principes généraux du droit

Depuis les arrêts Aramu (préc.) et Dame Veuve Trompier-Gravier (préc.), la catégorie des principes généraux du droit s'est développée de façon importante, dans des domaines assez diversifiés, ce qui rend assez malaisée l'établissement d'une typologie.

Il semble néanmoins que ces principes peuvent être classés en deux catégories : certains se rattachent aux idéaux d'une société démocratique et à la protection des droits de l'homme, alors que d'autres se rattachent à l'idée de sécurité et de protection juridiques.

I – Principes se rattachant aux idéaux d'une société démocratique et à la protection des droits de l'homme

De nombreux principes généraux du droit se rattachent aux notions d'égalité, de liberté et de protection des libertés fondamentales.

Le principe d'égalité a ainsi été consacré comme principe général de droit, sous les différentes formes qu'il peut revêtir. A titre d'exemples, constituent des principes généraux du droit :

- Le principe d'égal accès au service public (CE Sect., 9 mars 1951, Société des concerts du conservatoire, préc.) ;

- Le principe d'égal accès aux emplois publics (CE Ass., 28 mai 1954, Barel et a. : Rec. p. 308, concl. Letourneur ; S. 1954, III, p. 91, note Mathiot ; D. 1954, jurispr. p. 594, note Morange ; RDP 1954, p. 509, note Waline ; RPDA 1954, n° 149, note Eisenmann ; AJDA 1954, p. 396, note Long ; Rev. adm. 1954, p. 393, note Liet-Veaux) ;

- Le principe d'égalité de traitement des usagers des services publics (CE Ass., 25 juin 1948, Société du journal l'Aurore : Rec. p.289 ; D. 1948, p.437, note Waline ; S. 1948, III, p.69, concl. Letourneur) ;

- Le principe d'égalité devant les charges publiques (CE Ass., 7 février 1958, Syndicat des propriétaires de forêts de chênes-lièges d'Algérie : Rec. p.74 ; AJDA 1958, 2, p.130, concl. Grévisse et chron. Fournier et Combarnous) ;

- Le principe d'égalité devant l'impôt (CE Ass., 22 février 1974, requête numéro 86102, Association des maires de France : Rec. p.136 ; CJEG 1974, p.95, concl. Gentot ; D. 1974, p. 520, note Durupty) ;

- Le principe d'égalité devant le suffrage (CE, 30 novembre 1990, requête numéro 103889, Association « Les Verts » : AJDA 1991, p. 114).

D'autres principes se rapportent aux différentes libertés et droits fondamentaux. Sont par exemple concernés :

- La liberté d'aller et de venir (CE, 20 mai 1955, Société Lucien et Cie : Rec. p.276 ; RJPUF 1956, p.204, concl. Mosset) ;

- le principe de la liberté du commerce et de l'industrie (CE Sect., 26 juin 1959, requête numéro 92099, Syndicat général des ingénieurs-conseils, préc.- V. par exemple CE Sect., 13 mai 1994, requête numéro 112409, Président de l'Assemblée territoriale de la Polynésie française : Rec. p.234 ; RDP 1994, p.1557, concl. Scanvic) ;

-Le principe du respect de la dignité de la personne humaine qui relève de « principes fondamentaux déontologiques » que la majorité de la doctrine s'accorde à classer parmi les principes généraux du droit (CE Ass., 2 juillet 1993, requête numéro 124960, Milhaud : Rec. p.194, concl. Kessler ; AJDA 1993, p. 530, chron. Maugüé et Touvet ; D. 1994, p. 74, note Peyrical ; JCP G 1993, II, 22133, note Gonod ; LPA 2 décembre 1994, p.19, note Schaegis ; RDSS 1994, p. 52, concl. Kessler ; RFDA 1993, p.1002, concl. Kessler) ;

La plupart de ces principes généraux du droit ont une portée assez générale. Si, comme on l'a vu, les sources de ces principes se sont diversifiées, les principes les plus récents dégagés par le Conseil d'Etat ont quant à eux un champ d'application souvent plus restreint.

Le Conseil d'Etat a ainsi consacré un certain nombre de principes généraux du droit qui s'appliquent spécifiquement aux étrangers, en particulier lorsqu'ils font l'objet d'une procédure d'extradition.

Exemples :
- CE Ass., 25 septembre 1984, requête numéro 62847, Lujambio Galdeano (Rec. p.307 ; AJDA 1984, p.669, chron. Schoettl et Hubac ; JCP 1984, 20346, concl. Genevois, note Jeandidier ; RFDA 1985, p.183, note Labayle ; Rev. Sc. Crim. 1984, p.804, note Lombois) : le Conseil d'Etat consacre le principe selon lequel il est impossible d'extrader un individu lorsque le système judiciaire du pays requérant ne respecte pas les droits et les libertés fondamentaux de la personne.
- CE, 13 octobre 2000, requête numéro 212865, Kozirev (RFDA 2000, p.1365, concl. de Silva ; EDCE 2001, n°52, p.39.- V. également CE, 28 juillet 2000, requête numéro 206525, Sarr.- CE, 14 novembre 2011, requête numéro 345258, Ucar) : il résulte des principes généraux du droit que l'extradition d'un étranger peut être refusée si elle est susceptible d'avoir des conséquences d'une gravité exceptionnelle pour la personne réclamée, notamment en raison de son âge et de son état de santé.

D'autres principes ont également vocation à s'appliquer spécifiquement aux réfugiés.

Exemples :
- CE Ass., 1er avril 1988, requête numéro 85234, Bereciartua-Echarri (préc.) : le Conseil d'Etat découvre l'existence d'un principe général du droit faisant obstacle à ce qu'un réfugié soit remis, de quelque manière que ce soit, aux autorités de son pays d'origine.
- CE Ass., 2 décembre 1994, requête numéro 112842, Agyepong (Rec. p.523, concl. Denis-Linton ; AJDA 1994, p.878, chron. Touvet et Stahl ; D. 1995 somm. comm. p.171, obs. Julien-Laferrière ; RFDA 1995, p.86, concl. Denis-Linton) : les principes généraux du droit applicables aux réfugiés, résultant notamment des stipulations de la Convention de Genève, imposent, en vue d'assurer pleinement au réfugié la protection prévue par ladite convention, que la même qualité soit reconnue à la personne de même nationalité qui était unie par le mariage à un réfugié à la date à laquelle celui-ci a demandé son admission au statut, ainsi qu'aux enfants mineurs de ce réfugié.

Il existe également des principes qui s'appliquent aux relations entre les médecins et leurs patients.

Exemples :
-CE, 18 février 1998, requête numéro 171851, Section locale Pacifique Sud de l'ordre des médecins (Rec. tables, p. 710 ; RFDA 1999, p. 47, note Joyau.- V. également CE, 6 avril 2018, requête numéro 416563, Syndicat des médecins libéraux de Polynésie française) : dans l'exercice des compétences qui lui sont dévolues par les articles 9 et 56 de la loi du 9 novembre 1988, le congrès du territoire de Nouvelle-Calédonie est tenu de respecter les principes généraux du droit, qui s'imposent à toutes les autorités réglementaires, même en l'absence de dispositions législatives. Au nombre de ces principes figurent la liberté de choix du médecin par le patient et la liberté de prescription.
- TC, 14 février 2000, requête numéro 02929, Ratinet (Rec. p. 749 ; Dr. Adm. 2000, 121, obs. Esper ; JCP G 2001, II, 10584, note Hardy ; LPA 2000, n°196, note Welsch ; RFDA 2000, p.1232, note Pouyaud) : eu égard à l'indépendance professionnelle dont bénéfice le médecin dans l'exercice de son art qui est au nombre des principes généraux du droit, il est loisible au patient, indépendamment de l'action qu'il est en droit d'exercer sur un fondement contractuel à l'encontre d'un établissement privé de santé de

rechercher, sur le terrain délictuel, la responsabilité du praticien lorsque, dans la réalisation d'actes médicaux, celui-ci a commis une faute.

Enfin, il existe toute une série de principes généraux du droit qui ont vocation à protéger les droits des fonctionnaires et agents de l'administration.

Exemples :
- CE Sect., 8 juin 1973, Dame Peynet (requête numéro 80332, préc.): le Conseil d'Etat reconnaît le principe général selon lequel aucun employeur ne peut licencier une salariée en état de grossesse, qui s'applique aux femmes employées dans les services publics lorsque, comme en l'espèce, aucune nécessité propre à ces services ne s'y oppose.
- CE Sect., 23 avril 1982, requête numéro 36851, Ville de Toulouse c. Aragnou (Rec. p. 151, concl. Labetoulle ; AJDA 1982, p. 440, chron. Tiberghien et Lasserre ; D. 1983, p. 8, note Auby ; RDP 1983, p. 1077, note de Soto) : il existe un principe général du droit applicable à tout salarié selon lequel tout agent non titulaire a le droit à un minimum de rémunération qui, en l'absence de dispositions plus favorables, ne saurait être inférieur au salaire minimum interprofessionnel de croissance (SMIC).
- CE, 27 mars 2000, requête numéro 155831, Brodbeck (Rec. p. 129 ; JCP G 2000, II, 10428, concl. Boissard) : reconnaissance du principe en vertu duquel nul ne peut résilier ou refuser de renouveler le contrat de travail d'un salarié en considération du sexe ou de la situation de famille ou sur la base de critères de choix différents selon le sexe ou la situation de famille.
- CE, 2 octobre 2002, requête numéro 227868, Chambre du commerce et de l'industrie de Meurthe-et-moselle (Rec. p. 319 ; AJDA 2002, p. 997, obs. de Montecler et p. 1295, concl. Piveteau ; LPA 17 juin 2003, p. 17, note Toublanc) : il existe un principe général du droit selon lequel lorsqu'il a été médicalement constaté qu'un salarié se trouve de manière définitive atteint d'une inaptitude physique à occuper son emploi, il appartient à l'employeur de le reclasser dans un autre emploi et, en cas d'impossibilité, de prononcer, dans les conditions prévues pour l'intéressé, son licenciement (V. également précisant la portée de ce principe CE, 19 mai 2017, requête numéro 397577, B. c/ Chambre de métiers et de l'artisanat des Alpes de Hautes-Provence.- sur son application aux titulaires d'un contrat à durée indéterminée V. CE, 13 juin 2016, requête numéro 387373, Talbi.- sur sa non-application aux stagiaires de la fonction publique V. CE, 17 février 2016, requête numéro 381429, Ministre de l'Intérieur).
- CE, avis, 25 septembre 2013, Sadlon, requête numéro 365139 : un agent contractuel ne peut tenir de son contrat le droit de conserver l'emploi pour lequel il a été recruté, lorsque l'autorité administrative entend affecter un fonctionnaire sur cet emploi. L'administration peut donc, pour ce motif, légalement écarter l'agent contractuel de cet emploi. Il résulte toutefois d'un principe général du droit qu'il incombe à l'administration, avant de pouvoir prononcer le licenciement d'un agent contractuel recruté en vertu d'un contrat à durée indéterminée pour affecter un fonctionnaire sur l'emploi correspondant, de chercher à reclasser l'intéressé.

II – Principes se rattachant à l'idée de protection et de sécurité juridique

Il existe différents principes généraux du droit qui ont vocation à assurer le bon fonctionnement de l'ordre juridique interne, dans le souci d'une protection des droits des administrés. A ce titre peuvent notamment être mentionnés :

- Le principe de non-rétroactivité des actes administratifs (CE Ass., 25 juin 1948, Société du journal l'Aurore, préc.) ;

- Le droit d'exercer un recours pour excès de pouvoir contre toute décision administrative (CE Ass., 17 février 1950, Dame Lamotte : Rec. p. 110 ; RDP 1951, p. 478, concl. Delvolvé, note Waline) ;

- Le caractère contradictoire de la procédure contentieuse suivie par les juridictions administratives (CE Sect., 12 mai 1961, Société La Huta : Rec. p. 313) ;

- Le principe garantissant aux administrés que toute autorité administrative est tenue de traiter les affaires les mettant en cause de façon impartiale (CE, 27 octobre 1999, requête numéro 196251, Fédération française de football : JCP 2000, 10376, note Piastra) ;

- Le principe selon lequel l'autorité compétente, saisie d'une demande tendant à l'abrogation d'un règlement illégal, est tenu d'y déférer (CE Ass., 3 février 1989, requête numéro 74052, Compagnie Alitalia, requête numéro 74052, préc.).

- L'obligation dans laquelle l'autorité administrative se trouve de publier dans un délai raisonnable les règlements qu'elle édicte, sauf lorsqu'elle justifie, sous le contrôle du juge, de circonstances particulières y faisant obstacle (CE, 12 décembre 2003, requête numéro 243430, Syndicat des commissaires et hauts fonctionnaires de la police nationale : Rec. p. 506 ; AJDA 2004, p. 442, note H. M.).

- Le principe selon lequel l'autorité administrative ne doit pas appliquer un règlement illégal, même en l'absence de toute décision juridictionnelle qui en aurait prononcé l'annulation ou l'aurait déclaré illégal (CE, avis, 9 mai 2005, requête numéro 277280, Marangio : JCP A 2005, 1253, note Billet).

- Le principe selon lequel : « si les actes administratifs doivent être pris selon les formes et conformément aux procédures prévues par les lois et règlements, un vice affectant le déroulement d'une procédure administrative préalable, suivie à titre obligatoire ou facultatif, n'est de nature à entacher d'illégalité la décision prise que s'il ressort des pièces du dossier qu'il a été susceptible d'exercer, en l'espèce, une influence sur le sens de la décision prise ou qu'il a privé les intéressés d'une garantie (CE Ass., 23 décembre 2011, requête numéro 335033, Danthony : AJDA 2012, p. 195, chron. Domino et Bretonneau ; Dr. adm. 2012, 22, note Melleray ; JCP A 2012, 2089, note Broyelle ; JCP G 2012, 558, note Connil ; RFDA 2012, p. 284, concl. Dumortier et note Cassia).

- Le principe selon lequel une autorité administrative ne peut sanctionner deux fois la même personne à raison des mêmes faits (CE, 23 avril 1958, Commune de Petit-Quevilly : AJDA 1958, II, p. 383). Cette règle - qui n'est nulle autre que la traduction du principe nul bis in idem cher aux pénalistes - s'applique tant lorsque l'autorité avait initialement infligé une sanction que lorsqu'elle avait décidé de ne pas en infliger une (CE,

30 décembre 2016, requête numéro 395681, Autorité de contrôle des nuisances aéroportuaires).

- Le principe selon lequel une sanction infligée en première instance par une juridiction disciplinaire ne saurait être aggravée par le juge d'appel que lorsqu'il est régulièrement saisi d'un recours du plaignant (CE, 15 mars 2017, requête numéro 398325, Chapalain).

Concernant les agents publics, peut aussi être mentionné le principe selon lequel lorsqu'un agent public est mis en cause par un tiers à raison de ses fonctions, il incombe normalement à la collectivité publique dont il dépend de le couvrir des condamnations civiles prononcées contre lui (CE Sect., 8 juin 2011, requête numéro 312700, Farre : Rec. p. 170.- V. également CE, 11 février 2015, requête numéro 372359, Garde des Sceaux, ministre de la Justice : JCP A 2015, 2112, note Jean-Pierre). Cette solution s'applique également aux collaborateurs occasionnels du service public (CE, 13 janvier 2017, requête numéro 386799, Fievet).

Beaucoup plus rarement, des principes généraux du droit ont été dégagés, non pas dans un but de protection des administrés, mais en vue de protéger l'administration dans l'exécution de ses missions. Sont concernés, à ce titre, le principe de continuité du service public (CE Ass., 7 juillet 1950, Dehaene préc.) et le principe selon lequel les biens des personnes publiques sont insaisissables (Cass. civ. I., 21 décembre 1987, pourvoi numéro 86-14167, B.R.G.M. c. Sté Lloyd Continental : Bull. civ. n°348, p.249 ; RFDA 1988, p. 771, concl. Charbonnier et note Pacteau ; CJEG 1988, jurispr. p. 107, note Richer ; JCP G 1989, II, 21183, note Nicod ; RTD civ. 1989, p. 145, note Perrot). Peut également rattaché à cette sous-catégorie le principe général du droit en vertu duquel, sous réserve des dérogations découlant de dispositions législatives expresses ou, le cas échéant, des stipulations de conventions internationales régulièrement incorporées dans l'ordre juridique interne, les personnes morales de droit public ne peuvent pas se soustraire aux règles qui déterminent la compétence des juridictions nationales en remettant à la décision d'un arbitre la solution des litiges auxquelles elles sont parties (CE, 23 décembre 2015, requête numéro 376018, Territoire des îles de Wallis-et-Futuna, préc.). Enfin, de façon plus nette encore, à l'occasion de l'arrêt d'Assemblée Czabaj du 13 juillet 2016, le Conseil d'Etat a estimé que le principe de sécurité juridique doit conduire à limiter en principe à un an le délai de recours contre une décision dont le destinataire a eu connaissance alors même que toutes les formalités requises pour le déclenchement de ce délai n'ont pas été accomplies (requête numéro 387763 : Rec. p. 340, concl. Henrard ; AJDA 2016, p. 1629, chron. Dutheillet de Lamothe et Odinet et p. 1769, Tribune Julien-Lafferrière ; Dr. adm. 2016, 63, note Eveillard ; JCP A 2016, 2238, note Pauliat ; JCP G 2016, II, 1396, note Souvignet.- sur l'application de cette solution aux titres exécutoires V. CE, 9 mars 2018, requête numéro 401386, Communauté d'agglomération du pays ajaccien.- sur son application au cas où le recours juridictionnel doit obligatoirement être précédé d'un recours administratif V. CE Sect., 31 mars 2017, requête numéro 389842, Ministre des Finances et des Comptes publics : Procédures 2017, 146, note Ayrault).

Ces nombreux principes renvoient pour la plupart aux principes plus généraux de confiance légitime et de sécurité juridique tels qu'ils ont été dégagés par la jurisprudence de la Cour de justice de l'Union européenne. Cependant, le Conseil d'Etat a longtemps été réticent à reconnaître l'existence de ces principes en tant que tels. Ainsi par exemple, dans un arrêt Entreprise Chagnaud et a. du 30 décembre 1998, les juges ont estimé que ces principes n'avaient vocation à s'appliquer que pour les situations régies par le droit communautaire (requête numéro 189315 : AJDA 1999, p. 96 ; BJCP 4/1999, p. 384, obs. Schwartz). Le Conseil d'Etat a toutefois fini par opérer un revirement de jurisprudence conduisant à reconnaître l'existence d'un principe général du droit de sécurité juridique à l'occasion de l'arrêt d'Assemblée Société KPMG et a. du 24 mars 2006 (requête numéro 288460, requête numéro 288465, requête numéro 288474, requête numéro 288485 : AJDA 2006, p. 1028, chron. Landais et Lenica ; Dr. adm. 2006, 71 ; JCP A 2006,1120, note Belorgey ; RFDA 2006, p. 545, concl. Aguila ; Europe 2006, 142, note Simon.- V. également CE Sect., 27 octobre 2006, requête numéro 260767, Société Techna : JCP A 2007, 2001. – CE Sect., 13 décembre 2006, requête numéro 287845, Lacroix : Rec. p. 541, concl. Guyomar ; AJDA 2007, p. 358, chron. Lenica et Boucher ; D. 2007, p. 847, note Bui-Xuan ; RDP 2007, p. 590, note Guettier ; RFDA 2007, p. 6, concl. Guyomar et p. 275, note Eveillard .- CE, 16 juin 2008, requête numéro 296578, requête numéro 296590, Fédération syndicale dentaires libéraux et a.). Ce principe oblige l'autorité investie du pouvoir règlementaire à édicter les mesures transitoires qu'implique, s'il y a lieu, une règlementation nouvelle, en particulier lorsque les règles nouvelles sont susceptibles de porter une atteinte excessive à des situations contractuelles en cours qui ont été légalement nouées.

Comme l'écrivent les auteurs des Grands arrêts de la jurisprudence administrative, la notion de sécurité juridique « apparaît comme un principe général, non seulement en ce qu'il est non écrit, mais en ce qu'il est une matrice pour l'adoption de solutions nouvelles » (M. Long, P. Weil ; G. Braibant ; P. Delvolvé ; B. Genevois, Dalloz 21 ème éd. 2017, p.821).

Ce principe a ainsi été récemment mis en oeuvre par la Cour des comptes, qui a repris le considérant de principe de l'arrêt KPMG (Cour des comptes, 20 juillet 2017, numéro S2017-2022 : AJDA 2017, p. 1934, note Péhaut et Hauptmann).

Si elle n'est pas toujours expressément visée, elle sous-tend un grand nombre de décisions dans l'ensemble favorables aux droits des administrés.

Exemples :
- CE, 25 juin 2007, requête numéro 304888, Syndicat CFDT du ministère des Affaires étrangères : l'autorité compétente peut modifier le contenu du programme et des épreuves d'un concours. En effet, le pouvoir règlementaire dispose de la possibilité de modifier à tout moment les normes qu'il définit sans que les personnes auxquelles sont, le cas échéant, imposées de nouvelles contraintes puissent invoquer un droit au maintien de la règlementation existante. Les nouvelles normes ont vocation à s'appliquer immédiatement, dans le respect des exigences attachées au principe de non-rétroactivité des actes administratifs. Toutefois, dans le cas où des nouveautés substantielles sont introduites dans les épreuves du concours, lorsque ces modifications exigent de la part des candidats un travail long et spécifique et qui du point de vue de l'administration ont pour objet d'adapter le recrutement de fonctionnaires à l'évolution des métiers administratifs, cette dernière doit avancer des motifs d'intérêt général qui exigent leur application immédiate. Si tel n'est pas le cas, l'administration a l'obligation de prendre des mesures transitoires relatives aux concours.
- CE, 30 décembre 2013, requête numéro 352901, Union des syndicats de l'immobilier : le requérant soutient que le ministre ne pouvait légalement procéder, eu égard au

principe de sécurité juridique, à l'extension d'avenants à une convention collective, faute pour ceux-ci de prévoir les mesures transitoires nécessaires à l'adaptation ou à la dénonciation des contrats en cours. Toutefois, il apparaît que les organisations d'employeurs ont pu informer les entreprises de la branche, dès la signature de l'avenant, des obligations qui seraient mises à leur charge à compter du premier jour du mois suivant la publication de l'arrêté d'extension. Dans ces conditions, le principe de sécurité juridique n'a pas été méconnu.

Toutefois, comme on l'a vu dans l'affaire Czabaj précité, où la notion de sécurité juridique apparaît expressément, l'application de ce principe peut également avoir pour objet de préserver les intérêts de l'administration.

§ III – Valeur des principes généraux du droit

La question de la valeur des principes généraux du droit a longtemps agité la doctrine, et tous les auteurs ne sont pas encore d'accord sur ce point.

On pourrait penser, de prime abord, que les principes généraux du droit ont une valeur constitutionnelle, ce qui peut se justifier par le fait que la plupart de ces principes trouvent leur source dans le Préambule de la Constitution de 1958. Toutefois, cette thèse soulève deux difficultés majeures. D'une part, comme on l'a vu, tous les principes généraux du droit ne trouvent pas leur source dans le Préambule. D'autre part, elle confond la question de la source de ces principes - qui peut être constitutionnelle - et celle de leur valeur.

Une seconde thèse confère aux principes généraux du droit une valeur législative. Cette explication est plus convaincante que la précédente puisque ces principes peuvent en effet permettre au juge de pallier les carences du législateur pour réaliser un contrôle étroit des actes administratifs, ce qui est particulièrement avéré lorsqu'il s'agit de règlements autonomes. Cependant, cette thèse peut faire l'objet d'une objection majeure : les principes généraux du droit ne sauraient avoir une valeur législative puisque la loi prévaut toujours sur eux.

Enfin, selon la thèse de René Chapus, les principes généraux du droit ont une valeur infra-législative et supra-décrétale (De la valeur des principes généraux du droit et autres règles jurisprudentielles du droit administratif : D. 1966, chron. p.119). L'analyse de Chapus prend comme point de départ le rôle du juge administratif et la portée de ses décisions. Il observe, tout d'abord, que le rôle du juge administratif est de contrôler les actes administratifs par rapport à la loi. Si un acte administratif est illégal, il peut donc l'annuler, et cela même s'il émane des plus hautes autorités administratives de l'Etat. Par conséquent, les principes généraux du droit ont une valeur supra-décrétale. En revanche, le juge administratif a l'obligation de respecter la loi, ce qui implique que ces principes ont une valeur infra-législative. Relevons aussi que compte tenu de la hiérarchie de normes en droit interne français, les principes généraux du droit ont également une valeur infra-conventionnelle (CAA Bordeaux, 10 décembre 2015, requête numéro 15BX01807, Chambre de commerce et d'industrie Pau Béarn : AJDA 2016, p. 562, concl. Munoz-Pauziès).

Cette troisième thèse est de loin la plus convaincante puisque, en effet, les principes généraux du droit ne s'appliquent qu'à défaut d'un texte de loi contraire. Toutefois, matériellement, de nombreux principes généraux du droit - le principe d'égalité par exemple - sont identiques à des principes de valeur constitutionnelle, ce qui tient au fait qu'ils trouvent souvent leur source dans le Préambule de la Constitution. Cependant, dans l'hypothèse où une loi contraire à un principe de valeur constitutionnelle serait malgré tout adoptée, le juge administratif ne pourrait pas sanctionner l'acte administratif pris en application de cette loi, alors même qu'il existerait un principe général du droit dont le contenu est identique. Dans ce cas, en effet, la théorie de la loi écran lui interdirait de censurer l'inconstitutionnalité de la loi. En revanche, le Conseil constitutionnel pourrait être saisi dans le cadre de la procédure de question prioritaire de constitutionnalité.

Pour aller plus loin :

- **Chapus (R.)**, De la valeur des principes généraux du droit et autres règles jurisprudentielles du droit administratif : D. 1966, chron. p.119.

- **Gonod (P.) et Jouanjan (O.)**, A propos des sources du droit administratif : AJDA 2005, p.992.

- **Labetoulle (D.)**, Le juge administratif et la jurisprudence : Rev. Adm. 1999, n° spécial, p.59.

- **Letourneur (M.)**, Les principes généraux du droit et la jurisprudence du Conseil d'Etat : EDCE 1951, p.19.

- **Melleray (F.)**, Le droit administratif doit-il redevenir jurisprudentiel ? Remarques sur le caractère paradoxal de son caractère jurisprudentiel : AJDA 2005, p.637.

- **Moderne (F.)**, Actualité des principes généraux du droit : RFDA 1998, p.495.

- **Moderne (F.)**, Légitimité des principes généraux du droit et théorie du droit : RFDA 1999, p.722.

- **Teboul (G.)**, Nouvelles remarques sur la création du droit par le juge administratif dans l'ordre juridique interne : RDP 2002, p.1363.

Section VI – Les règlements

Le pouvoir réglementaire consiste à prendre des actes administratifs exécutoires de portée générale et impersonnelle.

Les articles 13 et 21 de la Constitution du 4 octobre 1958 confèrent ce pouvoir, au niveau de l'Etat, au Premier ministre qui est chargé de « l'exécution des lois » et au Président de la République (sur les actes pris dans le cadre de ces dispositions V. supra p.33).

Si les ministres ne disposent pas, quant à eux, d'un pouvoir réglementaire général, ils sont associés par l'exercice du contreseing à celui du Premier ministre et du Président de la République. En outre, à l'occasion de l'arrêt de Section Jamart du 7 février 1936 (préc.), le Conseil d'Etat a reconnu la compétence des ministres pour règlementer l'organisation de leurs services. Le ministre a en effet le droit « comme tout chef de service de prendre les mesures nécessaires au bon fonctionnement de l'administration placée sous son autorité » (V. supra p. 47).

Les autorités locales, notamment les organes exécutifs des collectivités territoriales, peuvent aussi exercer un pouvoir réglementaire, tout comme certaines personnes privées. C'est le cas par exemple pour les fédérations sportives et les ordres professionnels (V. infra p.390).

Si l'édiction de règlements peut relever du pouvoir discrétionnaire d'une autorité administrative elle a compétence liée, dans certains cas, pour agir. A l'occasion de l'arrêt Doublet du 23 octobre 1959 (Rec. p. 680 ; AJDA 1963, p. 85, chron. Gentot et Fourré ; D. 1963, p. 117 ; S. 1963, p. 92, concl. Combarnous), le Conseil d'Etat a ainsi considéré que l'autorité de police commet une illégalité lorsqu'elle omet de prendre un règlement nécessaire à la préservation de l'ordre public.

A l'opposé, puisqu'un règlement n'est jamais créateur de droit, il peut être modifié ou abrogé à tout moment par l'autorité compétente sous réserve toutefois, le cas échéant, de l'adoption de mesures transitoires propres à assurer le respect du principe de sécurité juridique (V. par exemple CE, 19 mars 2007, requête numéro 300467, Le Gac et a.). L'autorité compétente a également l'obligation d'abroger les règlements illégaux, comme le prévoit l'arrêt d'Assemblée Compagnie Alitalia du 3 février 1989 (requête numéro 74052, préc.). Cette solution a été reprise et étendue par l'article 1er de la loi n°2007-1787 du 20 décembre 2007 qui précise que « L'autorité administrative est tenue, d'office ou à la demande d'une personne intéressée, d'abroger expressément tout règlement illégal ou sans objet, que cette situation existe depuis la publication du règlement ou qu'elle résulte de circonstances de droit ou de fait postérieures à cette date ». Ces dispositions, qui figuraient à l'origine à l'article 6-1 de la loi n° 2000-321 du 12 avril 2000 relative aux droits des citoyens dans leurs relations avec les administrations sont maintenant codifiées par l'article L. 243-2 du Code des relations entre le public et l'administration. La décision expresse ou implicite de l'autorité compétente refusant d'abroger un acte illégal peut faire l'objet d'un recours pour excès de pouvoir. Dans un tel cas, le requérant aura tout intérêt à joindre à son recours principal une demande d'injonction tendant à ce qu'il soit ordonné à cette autorité de procéder effectivement à l'abrogation de l'acte litigieux (sur ces questions V. infra).

L'exercice du pouvoir réglementaire à l'échelon national est encadré par les dispositions des articles 34 et 37 de la Constitution. Dans les matières réservées exclusivement au pouvoir réglementaire par l'article 37, les actes réglementaires doivent être conformes à la Constitution, aux normes internationales ainsi qu'aux principes généraux du droit. Dans les matières de l'article 34, le législateur a la possibilité de confier au Premier ministre le soin de prendre les règlements nécessaires à l'application d'une loi. Si la loi subordonne son entrée en vigueur à la publication de ces règlements, le Premier ministre se trouve en situation de compétence liée.

Il faut ici relever que jusqu'à la loi n°80-514 du 9 juillet 1980, le législateur pouvait contraindre le pouvoir réglementaire à prendre des règlements d'administration publique qui devaient être pris après consultation de l'assemblée générale du Conseil d'Etat. Cette catégorie d'actes administratifs soumis au contrôle de légalité du juge administratif, comme l'a précisé le Conseil d'Etat dans l'arrêt Compagnie des chemins de fer de l'est du 6 décembre 1907 (Rec. p. 913, concl. Tardieu ; D. 1909, III, p.57, concl. Tardieu ; S. 1908, III, p. 1, note Hauriou, concl. Tardieu ; RDP 1908, p. 38, note Jèze) a depuis disparu mais la loi peut toujours renvoyer à des décrets en Conseil d'Etat (V. supra p. 31).

Enfin, même si la loi ne l'a pas expressément prévu, le Premier ministre a toujours la possibilité, dans le cadre de sa mission consistant à assurer l'exécution des lois, de prendre des mesures réglementaires d'application de la loi, alors même que celle-ci ne renvoie pas à des décrets d'application. Dans toutes ces hypothèses, le Premier ministre doit respecter la loi dont il précise le contenu.

Enfin, les autorités locales, lorsqu'elles exercent leur pouvoir réglementaire, doivent aussi respecter la loi, mais également les textes réglementaires pris par une autorité supérieure.

Section VII – La légalité de crise

Les autorités administratives ne sont tenues de respecter les règles normales de la légalité que lorsqu'elles sont placées dans des circonstances elles-mêmes considérées comme normales. Ainsi, lorsque la défense de l'intérêt général l'exige, le principe de légalité va s'atténuer, principalement pour l'édiction de mesures de police. Vont alors s'appliquer des règles spéciales qui sont issues le plus souvent de la jurisprudence.

Le principe de légalité peut ainsi être adapté en cas d'urgence. C'est le cas, lorsque l'urgence permet à l'administration de procéder à l'exécution forcée d'une de ses décisions, alors qu'elle aurait dû normalement saisir au préalable un juge (TC, 2 décembre 1902, Société immobilière Saint-Just : Rec. p.713 ; S. 1904, 3, p. 17, note Hauriou). La même adaptation des règles peut être observée dans des cas où l'urgence excuse la violation des règles normales de compétence ou de procédure.

Exemple :

- CE Sect., 19 février 1982, requête numéro 19647, requête numéro 19723, Perez (Rec. p.83) : la décision contestée avait pour effet de retirer un agrément délivré à un boulanger lui permettant de recruter un apprenti. Ce retrait n'avait pas été précédé des formalités exigées par les textes, mais pour autant il était légal en raison de l'urgence résultant de la nature des infractions au Code du travail relevées à l'encontre du requérant et par la gravité des risques auxquels était exposé son apprenti.

Il existe, par ailleurs des « circonstances exceptionnelles » qui permettront également d'atténuer la portée du principe de légalité.

Ces circonstances peuvent être visées par les textes et d'abord des textes constitutionnels. On retrouve ainsi cette notion dans les articles 16 de la Constitution, relatif aux pouvoirs exceptionnels du Président de la République et 36, relatif à l'état de siège.

Ces textes peuvent également être législatifs. On peut ici mentionner la loi du 10 janvier 1936 sur les groupes de combats et milices privées qui autorise le conseil des ministres à procéder à la dissolution d'associations portant notamment atteinte à l'ordre public ou à l'intégrité du territoire ou qui provoquent des manifestations armées dans la rue. Ces dispositions ont été reprises à l'article L. 212-1 du Code de sécurité intérieure (pour une illustration récente V. CE, ord. réf., 23 juillet 2013, requête numéro 370305, Association envie de rêver). Il faut aussi mentionner la loi du 3 juillet 1877 relative aux réquisitions militaires, qui autorise les réquisitions de biens, de service et de personnes en cas de mobilisation partielle ou totale de l'armée. Cette loi a été abrogée et ses dispositions ont été reprises dans le livre II de la partie II du Code de la défense. On peut également citer l'article L. 2141-1 du Code de la défense, qui a repris les dispositions de l'ordonnance n°59-147 du 7 janvier 1959 sur l'organisation générale de la défense, relatif à l'utilisation de la « mise en garde ». Il s'agit, dans cette hypothèse, dans un contexte de risque de guerre, de conférer au Président de la République de très larges pouvoirs, permettant la réquisition des personnes, des biens et des services ainsi que la convocation des réservistes. Ces différents textes législatifs, dont l'application est rare, ne seront pas plus détaillés, contrairement à la loi n°55-385 du 3 avril 1955 relatif à l'état d'urgence qui présente une grande actualité.

Il existe enfin, en dehors des textes, une notion de circonstances exceptionnelles dégagée par la jurisprudence.

§ I – Les pouvoirs exceptionnels du Président de la République dans le cadre de l'article 16 de la Constitution

On retrouve la notion de circonstances exceptionnelles dans l'article 16 de la constitution que l'on déjà évoqué plus haut (V. supra p.36 s.). Rappelons que cet article autorise le Président de la République, dans des cas de crise grave, à prendre des mesures relevant à la fois du domaine de la loi et de celui du règlement. La décision de recours à l'article 16 est un acte de gouvernement et elle donc inattaquable. En revanche, s'agissant des mesures prises en application de l'article 16, si celles qui relèvent du domaine de la loi sont inattaquables, celles qui relèvent du domaine du règlement sont des actes administratifs susceptibles de faire l'objet d'un recours pour excès de pouvoir (CE Ass., 2 mars 1962, Rubin de Servens, préc.).

§ II – L'état de siège

Doit également être mentionné l'article 36 de la Constitution relatif à l'état de siège qui se caractérise par le transfert de pouvoirs de police de l'autorité civile à l'autorité militaire, la création de juridictions militaires et l'extension des pouvoirs de police. L'article 36 se borne à mentionner que « l'état de siège est décrété en conseil des ministres. Sa prorogation au-delà de douze jours ne peut être autorisée que par le Parlement ». L'actuel article L. 2121-1 du Code de la défense précise quant à lui que l'état de siège peut être déclaré « en cas de péril imminent résultant d'une guerre étrangère ou d'une insurrection armée » (V. CE, 28 février 1919, Dame Dol et Laurent : Rec. p. 208 ; S. 1918-1919, III, p. 33, note Hauriou ; RDP 1919, p. 338, note Jèze). Il faut relever que la décision déclarant l'état de siège n'est pas un acte de gouvernement et qu'elle peut donc faire l'objet d'un recours pour excès de pouvoir (CE, 23 octobre1953, Huckel : Rec. p. 452). Par ailleurs, à la différence de l'hypothèse visée par l'article 16 de la Constitution, l'état de siège ne modifie pas la répartition des compétences constitutionnelles.

§ III – L'état d'urgence

Si l'état de siège n'a jamais été déclaré sous la V° République, il en va tout autrement concernant l'hypothèse de l'état de d'urgence qui est visée par la loi n°55-385 du 3 avril 1955.

L'état d'urgence est généralement considéré comme relevant d'un degré inférieur à l'état de siège notamment parce c'est aux autorités civiles - et non militaires - qu'il confère des pouvoirs exceptionnels.

Plus précisément, l'article 1 de la loi de 1955 prévoit que « l'état d'urgence peut être déclaré sur tout ou partie du territoire (...) soit en cas de péril imminent résultant d'atteintes graves à l'ordre public, soit en cas d'événements présentant, par leur nature et leur gravité, le caractère de calamité publique ». Lorsque ces conditions sont réunies, l'état d'urgence est déclaré par décret en Conseil des ministres. Cette décision, comme celle déclarant l'état de siège, n'est pas un acte de gouvernement et elle peut donc faire l'objet d'un recours pour excès de pouvoir (V. CE ord. réf., 14 novembre 2005, requête numéro 286835, Rolin : Rec. p. 499 ; AJDA 2006, p. 501, note Chrestia). C'est un contrôle restreint qui est alors exercé par le juge administratif. Comme pour ce qui concerne l'état de siège, au-delà de douze jours, la prorogation de l'état d'urgence ne peut être autorisée que par la loi.

L'état d'urgence a été déclaré plusieurs fois pendant la guerre d'Algérie, mais également en 1985 lors de troubles en Nouvelle-Calédonie. Plus récemment, l'état d'urgence a été déclaré à l'occasion des violences urbaines d'octobre 2005. Enfin, à la suite des attentats du 13 novembre 2015, l'état d'urgence a été déclaré par le décret n°2015-1475 du 15 novembre 2015, puis prolongé pour des périodes comprises entre trois mois et six mois par la loi n°2015-1501 du 20 novembre 2015, par la loi n°2016-162 du 19 février 2016, par la loi n°2016-629 du 20 mai 2016, par la loi n°2016-987 du 21 juillet 2016, par la loi n°2016-1767 du 19 décembre 2016 et par la loi n°2017-1154 du 11 juillet 2017.

Le caractère inédit des évènements terroristes qui ont été à l'origine du déclenchement de l'état d'urgence en 2015 a relancé le débat sur sa constitutionnalisation. Cette piste avait déjà été évoquée en 2007 par le comité de réflexion et de proposition sur la modernisation et le rééquilibrage des institutions (dit comité Balladur). La révision de 2015 a toutefois échoué, faute d'obtenir un vote identique des deux assemblées, nécessaire pour soumettre le projet au congrès, et alors même que la raison de ce blocage n'était pas liée à la question de l'état d'urgence, mais à celle, beaucoup plus polémique, de la déchéance de nationalité également inscrite dans le projet.

De nombreux types de mesures peuvent être prises dans le cadre de l'état d'urgence. Le Conseil constitutionnel a estimé sur ce point que si « la Constitution n'exclut pas la possibilité pour le législateur de prévoir un régime d'état d'urgence », il lui appartient « dans ce cadre, d'assurer la conciliation entre, d'une part, la prévention des atteintes à l'ordre public et, d'autre part, le respect des droits et libertés reconnus à tous ceux qui résident sur le territoire de la République » ce qui n'est pas du tout simple à assurer (CC, 22 décembre 2015, numéro 2015-527 QPC : Dr. adm. 2016, 46, note Eveillard ; JCP A 2016, 6, note Verpeaux ; RFDA 2016, p. 123, note Roblot-Troizier ; RFDC 2016, p. 123, note Roux).

L'article 5 de la loi du 3 avril 1955, modifié par la loi n°2017-1154 du 11 juillet 2017 et suite à l'invalidation par le Conseil constitutionnel du 2° de cet article qui permettait d'instituer des zones de protection ou de sécurité où le séjour des personnes est réglementé (CC, 11 janvier 2018, numéro 2017-684 QPC), permet au préfet de prendre deux types de mesures. D'une part, il lui permet d'interdire par arrêté la circulation des personnes ou des véhicules dans les lieux et aux heures qu'il fixe, ce qui revient pour l'essentiel à établir un couvre-feu. D'autre part, le préfet peut interdire le séjour dans tout ou partie du département à toute personne à l'égard de laquelle il existe des raisons sérieuses de penser que son comportement constitue une menace pour la sécurité et l'ordre publics. Ces dispositions sont issues de la loi n°2017-1154 du 11 juillet 2017 intervenue suite à la censure des anciennes dispositions de l'article 5, 3° de la loi de 1955 par la décision numéro 2017-635 QPC du Conseil constitutionnel du 9 juin 2017 (Dr. adm. 2017, 42, note Eveillard) qui permettaient de prononcer une interdiction de séjour à l'encontre de « toute personne cherchant à entraver, de quelque manière que ce soit, l'action des pouvoirs publics », ce qui est une formule beaucoup plus large que l'actuelle rédaction de cet article. En cas d'interdiction de séjour, conformément aux exigences du Conseil constitutionnel, l'arrêté énonce la durée, limitée dans le temps, de la mesure, les circonstances précises de fait et de lieu qui la motivent, ainsi que le territoire sur lequel elle s'applique, qui ne peut inclure le domicile de la personne intéressée. Le préfet doit également prendre en compte la vie familiale et professionnelle de l'intéressé.

L'article 6 de la loi du 3 avril 1955 permet ensuite au ministre de l'Intérieur de prononcer des assignations à résidence qui peuvent concerner, depuis la loi n°2015-501 du 20 novembre 2015, toute personne « à l'égard de laquelle il existe des raisons sérieuses de penser que son comportement constitue une menace pour la sécurité et l'ordre publics », alors que l'ancienne version de cet article visait seulement les personnes dont « l'activité s'avère dangereuse pour la sécurité et l'ordre publics » (sur la conformité à la Constitution de ces dispositions V. CC, 22 décembre 2015, n°2015-527 QPC, préc.). Ces mesures ont été particulièrement nombreuses dans le cadre de l'état d'urgence déclenché à partir du 15 novembre 2015 puisqu'on en dénombre pas moins de 752. Si elles peuvent faire l'objet d'une procédure de référé liberté (CE Sect., 11 décembre 2015, numéro 395009, Domenjoud : Rec. p. 437, concl. Domino ; AJDA 2016, p. 247, chron. Dutheillet de Lamothe et Odinet ; Dr. adm. 2016, 25, note Eveillard ; JCP A 2015, act. 1068, obs. Erstein ; RFDA 2016, p. 105, concl. Domino et p. 123, note Roblot-Troizier.- CE, ord. réf., 4 juillet 2016, numéro 400945, Knittel), les recours contre ces mesures ont en général été rejetés par le juge des référés du Conseil d'Etat (V. toutefois CE, ord. réf., 22 janvier 2016, requête numéro 396116, M. B). Notons cependant que le juge répressif, sur le fondement de l'article L. 111-5 du Code pénal, peut apprécier la légalité d'un arrêté d'assignation à résidence dès lors que de cet examen dépend la solution du procès pénal qui lui est soumis (Cass. crim., 3 mai 2017, pourvoi numéro 16-86.155).

Il faut aussi relever que la loi n°2016-1767 du 19 décembre 2016, modifiant ces dispositions, avait voulu subordonner la prolongation d'une assignation à résidence au-delà de douze mois à une autorisation préalable du même juge des référés du Conseil d'Etat. Le Conseil constitutionnel a censuré ces nouvelles dispositions au motif qu'elles étaient contraires au principe d'impartialité et au droit à exercer un recours juridictionnel effectif (CC, 16 mars 2017, numéro 2017-624 QPC). En effet, elles conféraient au Conseil d'Etat la compétence d'autoriser, par une décision définitive et se prononçant sur le fond, une mesure d'assignation à résidence sur la légalité de laquelle il était susceptible de se prononcer ultérieurement comme juge de dernier ressort. La même décision a également formulé trois réserves d'interprétation encadrant la possibilité qu'une mesure d'assignation à résidence puisse être renouvelée au-delà de douze mois par périodes de trois mois sans qu'il soit porté une atteinte excessive à la liberté d'aller et de venir (sur la prise en compte de ces réserves d'interprétation pour le juge du référé liberté V. CE, ord. réf., 25 avril 2017, numéro 409677).

La loi n°2015-1501 du 20 novembre 2015 a ensuite ajouté un article 6-1 à la loi du 3 avril 1955 permettant la dissolution par décret en conseil des ministres des « associations ou groupements de fait qui participent à la commission d'actes portant une atteinte grave à l'ordre public ou dont les activités facilitent cette commission ou y incitent ».

L'article 8 de la loi permet quant à lui au ministre de l'Intérieur, pour l'ensemble du territoire où est institué l'état d'urgence, et au préfet, dans le département, d'ordonner la fermeture provisoire des salles de spectacles, débits de boissons et lieux de réunion de toute nature. Cet article a été complété par la loi n°2016-987 du 21 juillet 2016 qui permet désormais d'ordonner la fermeture « des lieux de culte au sein desquels sont tenus des propos constituant une provocation à la haine ou à la violence ou une provocation à la commission d'actes de terrorisme ou faisant l'apologie de tels actes » (sur ce point V. CE, ord. réf., 6 décembre 2016, requête numéro 405476, Association islamique Malik Ibn Anas.- CE, ord. réf., 20 janvier 2017, requête numéro 406618, Association Centre culturel franco-égyptien – Association maison d'Egypte).

L'article 11 de la loi autorise enfin le décret déclenchant l'état d'urgence ou la loi le prorogeant à autoriser des perquisitions administratives. Dans sa rédaction actuelle, cet article permet la perquisition « y compris (d'un) domicile (…) lorsqu'il existe des raisons sérieuses de penser que ce lieu est fréquenté par une personne dont le comportement constitue une menace pour la sécurité et l'ordre publics ».

Les nouvelles dispositions issues de la loi du 20 novembre 2015 avaient été déclarées conformes à la Constitution, exceptées celles qui permettaient à l'autorité administrative de copier au cours de la perquisition « toutes les données informatiques auxquelles il aura été possible d'accéder », cette hypothèse étant assimilée par le Conseil constitutionnel à une saisie non autorisée par un juge (CC, 19 février 2016, numéro 2016-536, QPC : Constitutions 2016, 100, note Domingo. – V. également sur la question de la saisie et de l'exploitation des données informatiques et l'inconstitutionnalité résultant du fait que la loi n'avait pas prévu de délai d'effacement des données après l'état d'urgence, CC, 2 décembre 2016, numéro 2016-600 QPC). Suite aux décisions susvisées du Conseil constitutionnel, l'article 11 de la loi de 1955 a été ensuite complété par la loi n°2016-987 du 21 juillet 2006 puis par la loi n°2017-528 du 28 février 2017. Dans sa dernière version, issue de la loi n°2017-258 du 28 février 2017 l'article 11 de la loi de 1955 précise qu'une « perquisition ne peut avoir lieu entre 21 heures et 6 heures, sauf motivation spéciale de la décision de perquisition fondée sur l'urgence ou les nécessités de l'opération ».

Sur le fondement de ces dispositions, ce ne sont pas moins de 4444 perquisitions administratives qui ont été pratiquées dans le cadre de l'état d'urgence déclenché le 15 novembre 2015. Le régime juridique de ces perquisitions a été précisé par le Conseil d'Etat dans un avis d'Assemblée du 6 juillet 2016, Napol et a. et Thomas et a. (avis numéro 398234, avis numéro 399135 : Rec. p. 320, concl. Bourgeois-Machureau ; AJDA 2016, p. 1635, chron. Dutheillet de Lamothe et Odinet ; Dr. adm. 2016, 58, note Eveillard ; JCP A 2016, 2016, 2256, note Verpeaux ; JCP G 2016, 1079, note Türk ; RDP 2017, p. 491, note Pauliat ; RFDA 2016, p. 943, note Le Bot). Le Conseil d'Etat affirme d'abord la compétence du juge administratif pour connaître des actions contentieuses relatives aux perquisitions, étant précisé que la chambre criminelle de la Cour de cassation s'estime concurremment compétente, en application de l'article L. 111-5 du Code pénal, pour apprécier la légalité de l'ordre de perquisition, lequel détermine la régularité de la procédure pénale (Cass. crim., 13 décembre 2016, pourvoi numéro 16-82.176 : D. 2017, 1175, note Beaussonie ; Dr. adm. 2017, 20, note Eveillard ; JCP 2017, 206, note Robert). Le Conseil d'Etat a ainsi admis la recevabilité du recours pour excès de pouvoir contre les décisions prises par l'autorité administrative. Il relève que « la circonstance qu'elles ont produit leurs effets avant la saisine du juge n'est pas de nature à priver d'objet de recours ». Concernant les modalités de contrôlé de la légalité des ordres de perquisition, l'avis du 6 juillet 2016 précise d'abord que si leur motivation est exigée, cette exigence, conformément à l'article L. 211-6 du Code des relations entre le public et l'administration, est écartée en cas « d'urgence absolue ». En l'absence de motivation, il appartient au juge « d'apprécier au cas par cas, en fonction des circonstances particulières de chaque espèce, si une urgence absolue a fait obstacle à ce que la décision comporte une motivation même succincte » (V. ainsi censurant une perquisition insuffisamment motivée CE, 28 décembre 2017, numéro 410441, Mme G… et a.- V. en revanche concluant au caractère suffisant de la motivation CAA Nancy, 26 septembre 2017, numéro 17NC00246, Ministre de l'Intérieur). Comme le précise l'article 11 de la loi de 1955, la motivation, lorsqu'elle est exigée, doit porter mention du lieu et du moment de la perquisition. Du point de vue du contrôle de la légalité interne de l'ordre de perquisition, ensuite « il appartient au juge administratif d'exercer un entier contrôle du respect » des conditions visées par cet article. Il s'agit ainsi de s'assurer que « la mesure ordonnée était adaptée, nécessaire et proportionnée à sa finalité, dans les circonstances particulières qui ont conduit à la déclaration de l'Etat d'urgence » (V. CAA Paris, 12 juillet 2017, numéro 17PA01020, Nacef). Enfin, en cas de perquisition illégale, la responsabilité pour faute de l'Etat peut être à l'égard des personnes concernées par la perquisition. En revanche, les tiers victimes d'un dommage bénéficient d'un régime de responsabilité sans faute de l'Etat sur le fondement de l'égalité des citoyens devant les charges publiques (sur ces questions V. infra p. 703).

Le prolongement exceptionnel de l'état d'urgence déclaré à partir du 15 novembre 2015 n'a pas manqué de générer des débats nombreux concernant la pertinence de son maintien au regard des nécessités de préservation de l'ordre public. Dans une ordonnance du juge des référés du 27 janvier 2016, le juge des référés du Conseil d'Etat a ainsi refusé de suspendre l'état d'urgence ou d'ordonner au Président de la République d'y mettre fin (CE, ord. réf., requête numéro 286835, Ligue des droits de l'Homme et a. : Rec. p. 8 ; RFDA 2016, p. 355, note Baranger).

Finalement, c'est l'introduction de certaines mesures de l'état d'urgence dans le droit commun, par la loi n°2017-1510 du 30 octobre 2017 renforçant la sécurité intérieure et la lutte contre le terrorisme, qui a permis de mettre un terme à l'état d'urgence. C'est le cas en particulier concernant l'instauration de périmètres de protection, la fermeture de lieux de culte, d'assignations à résidence et de perquisitions administratives appelées par la loi « visites à domicile ». Toutefois les modalités de mise en oeuvre de ces mesures sont sensiblement différentes que celles existant dans le cadre de l'état d'urgence. Ainsi, par exemple, les « visites à domicile » doivent être autorisées par le juge des libertés et de la détention du tribunal de grande instance de Paris, alors que c'est le juge administratif qui opère un contrôle a posteriori de la légalité des perquisitions administratives dans le cadre de l'état d'urgence. De même, dans le cadre de l'état d'urgence, ces perquisitions peuvent être ordonnées « (s'il) existe des raisons sérieuses de penser (qu'un) comportement constitue une menace pour la sécurité et l'ordre publics », alors que dans le cadre de la loi de 2017 elles doivent être justifiées « aux seules fins de prévenir la commission d'actes de terrorisme ».

L'essentiel de ce dispositif a été jugé conforme à la Constitution exception faite de deux points particuliers concernant les assignations à résidence et plus particulièrement l'article L. 228-2 du Code de sécurité intérieure (CC, 16 février 2018, numéro 2017-691 QPC, Ben Abbes : Dr. adm. 2018, 28, note Eveillard). Cet article prévoyait, tout d'abord, qu'un recours pour excès de pouvoir pouvait être formé devant le tribunal administratif dans un délai d'un mois après la notification de la mesure ou la notification de son renouvellement. Pour les juges « compte tenu de l'atteinte qu'une telle mesure porte aux droits de l'intéressé, en limitant à un mois le délai dans lequel l'intéressé peut demander l'annulation de cette mesure et en laissant ensuite au juge un délai de deux mois pour statuer, le législateur a opéré une conciliation manifestement déséquilibrée entre les exigences constitutionnelles précitées et l'objectif de valeur constitutionnelle de prévention des atteintes à l'ordre public ». Ensuite, les mêmes dispositions prévoyaient que toute décision de renouvellement de la mesure étant notifiée à la personne en cause au plus tard cinq jours avant son entrée en vigueur, celle-ci pouvait saisir, dans les quarante-huit heures, le juge des référés du tribunal administratif, sur le fondement de l'article L. 521-2 du Code de justice administrative, afin qu'il ordonne toutes les mesures nécessaires à la sauvegarde de ses droits et libertés. Le recours est suspensif. Or, ce recours, tel qu'il est concçu, ne vise qu'à sanctionner les atteintes graves et manifestement illégales aux libertés fondamentales. Il en résulte « qu'en permettant que la mesure contestée soit renouvelée au-delà de trois mois sans qu'un juge ait préalablement statué, à la demande de la personne en cause, sur la régularité et le bien-fondé de la décision de renouvellement, le législateur a opéré une conciliation manifestement déséquilibrée entre les exigences constitutionnelles précitées et l'objectif de valeur constitutionnelle de prévention des atteintes à l'ordre public ». Au regard du caractère manifestement excessif des conséquences que cette censure pourrait avoir, la date de l'abrogation des dispositions litigieuses a toutefois été reportée au 1er octobre 2018.

§ IV – La notion jurisprudentielle de circonstances exceptionnelles

En dehors de l'application de ces textes, la notion de circonstances exceptionnelles a également été reconnue par la jurisprudence (CE, 28 juin 1918, Heyriés : Rec. p. 651 ; S. 1922, III, p. 49, note Hauriou). Cette jurisprudence a vocation à s'appliquer dans des circonstances extrêmement troublées, en cas de guerre ou en cas de grave catastrophe naturelle, comme par exemple une éruption volcanique (CE, 18 mai 1983, requête numéro 25308, Rodes : Rec. p. 199) ou la menace d'effondrement d'un immeuble (CAA Lyon, 21 mai 1991, requête numéro LY00406, Ville de Lyon : Rec. p. 524).

En cas de circonstances exceptionnelles, l'autorité administrative pourra être dispensée des conditions de forme et de procédure qui sont normalement exigées par les textes. Du point de vue du contenu des actes, elle pourra prendre des décisions qui, dans des circonstances considérées comme normales, seraient considérées comme illégales.

Exemple :
-CE, 18 mai 1983, Rodes (préc.) : le régime d'activité d'une ampleur inhabituelle qu'a connu le volcan « La Soufrière » au début du mois de juillet 1976, l'aggravation qui s'est produite au mois d'août, la menace d'une importante éruption prévue pour le 15 août ont constitué des circonstances exceptionnelles de temps et de lieu autorisant le préfet de la Guadeloupe, dans l'intérêt de l'ordre public et compte tenu de l'urgence et du caractère limité de la zone géographique concernée, à prendre des mesures d'interdiction de la circulation, d'évacuation de la population et d'interdiction de la navigation de certains navires de commerce.

La reconnaissance de circonstances exceptionnelles, si elle permet une extension des compétences et des pouvoirs des autorités administratives, donne toutefois lieu à un étroit contrôle de proportionnalité des mesures prises par le juge administratif. Ainsi, lorsqu'il n'apparaît pas d'impossibilité d'agir légalement, et si la mesure n'est pas strictement nécessaire, elle sera censurée par le juge de l'excès de pouvoir

Exemple :
-CE Ass., 12 juillet 1969, Chambre de commerce et d'industrie de Saint-Etienne (Rec. p. 379) : les « événements » de mai 1968 ne justifiaient pas que le ministre de l'Education nationale prenne par arrêté des mesures relevant normalement d'un décret. L'annulation des examens n'était par ailleurs pas nécessaire, dès lors que le ministre aurait pu se contenter de prévoir des aménagements.

Pour aller plus loin :

- **Drago (R.)**, L'état d'urgence et les libertés publiques : RDP 1955, p. 670

- **Haguenau-Moizard (C.)**, La législation sur l'état d'urgence – une perspective comparative : D. 2016, p. 655.

- **Mayaud (Y.)**, L'état d'urgence récupéré par le droit commun ?.- ou de l'état d'urgence à l'état de confusion : JCP A 2016, doctr. 344.

- **Wachsmann (P.)**, De la marginalisation du juge judiciaire en matière de libertés et des moyens d'y remédier : D. 2016, p. 473.

CHAPITRE DEUX – SANCTION DU PRINCIPE DE LEGALITE

Le contrôle de légalité des actes administratifs unilatéraux peut être opéré par différents juges et dans le cadre de différentes procédures.

Ce contrôle peut, dans certaines hypothèses, être mis en œuvre par le juge judiciaire. Tel est cas, en particulier, du juge répressif qui est compétent, selon les dispositions de l'article L. 111-5 du Code pénal, pour interpréter et apprécier la légalité des actes administratifs règlementaires ou non « lorsque, de cet examen, dépend la solution du procès pénal qui lui est soumis ».

Cependant, c'est le juge administratif qui demeure le juge « naturel » de la légalité des actes administratifs unilatéraux. Ce contrôle peut d'abord être opéré dans le cadre de l'examen d'une exception d'illégalité, dans celui - rarissime - d'un recours en déclaration d'inexistence- ou dans les contentieux objectifs de pleine juridiction. Toutefois, c'est le recours pour excès de pouvoir, qui a été principalement créé à cette fin, qui demeure le principal moyen de contestation de la légalité des actes administratifs unilatéraux. Se pose alors la question des cas d'ouverture de ce recours et celui de l'étendue du contrôle juridictionnel.

Section I – Cas d'ouverture du recours pour excès de pouvoir

Selon la classification établie par Laferrière (Traité de la juridiction administrative et des recours contentieux, 2ème éd.1887, t. 2, p.496 et s.), les cas d'ouverture du recours pour excès de pouvoir peuvent être répartis en quatre catégories, qui se regroupent au sein de deux causes juridiques qui relèvent, l'une, de la légalité externe, l'autre, de la légalité interne de l'acte.

Cette distinction est importante puisque le débat juridique ouvert par le demandeur est cristallisé à la date à laquelle le délai de recours contentieux a expiré. Les conclusions présentées après l'expiration du délai de recours contentieux sont donc en principe irrecevables. De même, le juge doit rejeter comme irrecevables les moyens nouveaux présentés après l'expiration du délai de recours contentieux. Cependant, seuls les moyens tirés d'une cause juridique nouvelle seront déclarés irrecevables (CE Sect., 20 février 1953, Société Intercopie : Rec. p. 88 ; S. 1953, III, p.77, note M. L.- V. également CE, 31 mars 2017, requête numéro 399123, Durudaud) ainsi que les moyens d'ordre public. Ainsi, le requérant aura tout intérêt à soulever, à l'appui de sa requête, dans le délai de recours contentieux, au moins un moyen de légalité externe et un moyen de légalité interne pour ne pas s'interdire la possibilité de soulever de nouveaux moyens relevant de l'une ou l'autre de ces causes juridiques avant la clôture de l'instruction.

§ I – Moyens touchant à la légalité externe de l'acte attaqué

L'examen de la légalité externe porte d'abord sur l'incompétence de l'auteur de l'acte, qui constitue un moyen d'ordre public qui doit être soulevé d'office par les juges. Les juges recherchent également la présence d'un vice de procédure et d'un vice de forme, qui ne constituent pas des moyens d'ordre public, et qui doivent donc être soulevés par les parties.

I – Incompétence

Le juge de l'excès de pouvoir sanctionne les trois types d'incompétence qui peuvent entacher d'illégalité un acte administratif : l'incompétence ratione materiae, l'incompétence ratione loci et l'incompétence ratione temporis (sur cse questions V. infra p. 425 s.).

En outre, les juges assimilent à l'incompétence certains vices de procédure, ce qui leur permet de soulever d'office ce moyen. Tel est le cas, notamment, lorsqu'il apparaît que le gouvernement n'a pas respecté l'obligation de décider seulement après avis du Conseil d'Etat, dans les cas où la saisine de cette institution est obligatoire.

A l'origine, dans cette hypothèse, c'est un vice d'incompétence qui était sanctionné par le juge administratif.

> Exemple :
> - CE Ass., 3 juillet 1998, requête numéro 177248, requête numéro 177320 requête numéro 177387, Syndicat national de l'environnement CFDT (Rec. p.272 ; AJDA 1998, p.780, chron. Raynaud et Fombeur ; JCP 1999, I, 128, chron. Petit ; RFDA 1998, p.1059) : lorsqu'un décret comporte la mention « le Conseil d'Etat entendu » et ne précise pas que certaines de ses dispositions pourront être modifiées par décret simple, il ne peut être modifié que par décret en Conseil d'Etat. Les dispositions du décret contesté, lequel est un décret simple qui déroge aux règles fixées par un autre décret en Conseil d'Etat, sont donc entachées d'incompétence.

La légitimité de cette solution était sujette à caution depuis que le Conseil d'Etat, pour des raisons d'impartialité, ne se considère plus comme le coauteur des décisions sur lesquelles il rend un avis (CE, 11 juillet 2007, requête numéro 30204, requête numéro 302137, Union syndicale des magistrats administratifs, Ligue des droits de l'homme et a. : Rec. tables, p.638). Si l'absence de saisine du Conseil d'Etat, dans les cas où elle est obligatoire en application de l'article L. 111-2 du code de justice administrative n'est donc plus un vice d'incompétence, elle présente néanmoins la particularité de constituer un vice de procédure qui entache systématiquement d'illégalité l'acte contesté et qui doit être, en raison de sa gravité, soulevé d'office par le juge administratif (CE, 17 juillet 2013, requête numéro 358109, Syndicat national des professionnels de santé au travail, préc.).

Enfin, il faut relever que les cas d'incompétence négative, qui concernent des hypothèses où une autorité administrative reste en deçà des limites de sa propre compétence (particulièrement si elle considère agir dans le cadre d'une compétence liée alors qu'elle dispose d'un pouvoir discrétionnaire), sont constitutifs, comme on le verra, d'une erreur de droit.

II – Vice de procédure

Il y a vice de procédure lorsque l'auteur d'une décision méconnaît l'une des règles organisant la procédure d'élaboration des actes administratifs.

Traditionnellement les juges opéraient une distinction entre les vices de procédure substantiels, qui sont sanctionnés, et les vices de procédure non substantiels qui ne sont pas sanctionnés. Cependant, il arrivait que la violation de formalités substantielles n'entraîne pas l'annulation de l'acte contesté dès lors qu'il apparaissait que dans les circonstances de l'espèce l'inobservation de ces formalités n'avait pas eu d'influence sur la décision prise.

Exemple :
- CE, 3 juillet 1998, requête numéro 162464, Association de défense de l'environnement de Saint-Come d'Olt (Rec. p.283 ; Droit adm. 1998, 278, obs. L.T. ; RFDA 1998, p.1060) : le fait que, contrairement à ce qu'exigent les dispositions des articles R.11-14-5 et R.11-14-7 du code de l'expropriation, l'avis publié avant le début de l'enquête ne mentionnait pas les jours et heures auxquels le commissaire enquêteur serait présent dans l'unique mairie d'une commune de 1500 habitants environ concernée par l'enquête est, en l'espèce, resté sans incidence sur la régularité de la procédure, dès lors qu'il ressort des pièces du dossier que 64 personnes ont présenté des observations et qu'il n'est pas établi que cette omission ait eu pour conséquence de priver quiconque de la faculté de présenter des observations.

De même, le non-respect d'une règle de procédure n'est pas sanctionné, dès lors que le respect de cette règle s'est avéré impossible au cas d'espèce.

Exemple :
- CE, 29 juillet 1994, requête numéro 135097, Commune de Grand-Bourg-de-Marie-Galante : si le délai de deux mois imparti au conseil de discipline pour donner son avis n'est pas prescrit à peine de nullité, la carence de ce conseil ne saurait avoir pour effet de priver le maire du pouvoir d'exercer ses attributions en matière disciplinaire.

En dépit de ces aménagements, l'opposition entre formalités non substantielles et formalités substantielles était assez largement critiquée. Selon le vice-président du Conseil d'Etat il convenait de s'interroger sur « la portée de la notion de formalité substantielle : trop d'annulations sont prononcées ou d'exceptions d'illégalité accueillies pour des défauts de consultation d'organismes marginaux ou pour des vices mineurs affectant la composition de l'organisme à consulter ou le déroulement de la consultation » (Courrier du vice-président du Conseil d'Etat du 31 octobre 2008 cité par J.-L Warsmann, Simplifions nos lois pour guérir un mal français, La documentation française 2009, p.35).

L'article 70 de la loi n°2011-525 du 17 mai 2011 de simplification et d'amélioration de la qualité du droit (JO 11 mai 2011) marque l'abandon de la distinction entre vices de procédure substantiels et vices de procédure non substantiels. Désormais : « lorsque l'autorité administrative, avant de prendre une décision, procède à une consultation d'un organisme, seules les irrégularités susceptibles d'avoir exercé une influence sur le sens de la décision prise au sens de l'avis rendu peuvent, le cas échéant, être invoquées à l'encontre d'une décision ».

Ce texte conduit donc le juge à avoir une démarche très concrète qui le conduit à évaluer quelle est l'influence de la règle violée sur la décision qui a été prise. En d'autres termes, cette évolution « place le juge en arbitre subjectif des intentions plutôt qu'en marqueur des irrégularités » (EDCE 2011, p.126).

Dans son arrêt d'Assemblée Danthony du 23 décembre 2011 (requête numéro 335033, préc.) le Conseil d'Etat a voulu préciser les conditions de mise en œuvre de l'article 70 de la loi du 17 mai 2011. Les juges considèrent que ces dispositions s'inspirent « du principe selon lequel, si les actes administratifs doivent être pris selon des formes et conformément aux procédures prévues par les lois et règlements, un vice affectant le déroulement d'une procédure administrative préalable, suivie à titre obligatoire ou facultatif, n'est de nature à entacher d'illégalité la décision prise que s'il ressort des pièces du dossier qu'il a été susceptible d'exercer, en l'espèce, une influence sur le sens de la décision prise ou qu'il a privé les intéressés d'une garantie ».

Ainsi, toute violation d'une règle de procédure n'est pas nécessairement sanctionnée par le juge.

Exemples :
- CE, 3 juin 2013, requête numéro 345174, Commune de Noisy-le-Grand (Dr. rur. 2013, 206, note Tifine) : s'il appartient à l'autorité administrative de procéder à la publicité de l'ouverture de l'enquête publique dans les conditions fixées par l'article R. 11-4 du Code de l'expropriation, la méconnaissance de ces dispositions n'est de nature à vicier la procédure et donc à entraîner l'illégalité de la décision prise à l'issue de l'enquête publique que si elle a pu avoir pour effet de nuire à l'information de l'ensemble des personnes intéressées par l'opération ou si elle a été de nature à exercer une influence sur les résultats de l'enquête et, par suite, sur la décision de l'autorité administrative.
- CE, 26 février 2014, requête numéro 351202, Société Gestion Camping Caravaning : il appartient à une commune souhaitant modifier son projet de plan local d'urbanisme avant l'ouverture de l'enquête publique, notamment pour tenir compte de l'avis rendu par une personne publique associée à son élaboration, de consulter à nouveau l'ensemble des personnes publiques associées, afin que le dossier soumis à l'enquête publique comporte des avis correspondant au projet modifié. Toutefois, l'omission de cette nouvelle consultation n'est de nature à vicier la procédure et à entacher d'illégalité la décision prise à l'issue de l'enquête publique que si elle a pu avoir pour effet de nuire à l'information du public ou si elle a été de nature à exercer une influence sur cette décision.

Cette solution est susceptible de s'appliquer également dans le contentieux de l'annulation des clauses réglementaires d'un contrat (CE, 30 juin 2016, requête numéro 393805, Syndicat des compagnies aériennes autonomes : Contrats-Marchés publ. 2016, 248, note Devillers).

Les juges posent deux tempéraments à la règle définie par l'arrêt Danthony. Tout d'abord elle ne s'applique pas lorsque le vice allégué a privé l'intéressé d'une garantie, par exemple du respect des droits de la défense.

Exemples :
- CE, 16 décembre 2013, requête numéro 367007, Département du Loiret (Rec. tables, p. 653) : est considéré comme privant les intéressés d'une garantie, le défaut d'entretien préalable à la fin du détachement d'un agent sur un emploi fonctionnel.
- CE, 31 janvier 2014, requête numéro 369718, X. : il résulte de l'article 65 de la loi du 22 avril 1905 qu'un agent public faisant l'objet d'une mesure prise en considération de sa personne, qu'elle soit ou non justifiée par l'intérêt du service, doit être mis à même

d'obtenir communication de son dossier. La demande d'un agent, informé de la volonté du ministre d'engager la procédure de retrait d'emploi, de consulter son dossier administratif étant restée sans réponse, celui-ci n'a pas pu prendre connaissance de son dossier avant l'adoption de la mesure litigieuse. Ayant été ainsi effectivement privé de la garantie prévue par l'article 65 de la loi du 22 avril 1905, le décret mettant fin à ses fonctions est intervenu selon une procédure irrégulière et doit être annulé.

Notons toutefois que dans de nombreuses affaires où cette question est soulevée, le Conseil d'Etat dénie le caractère de « garantie » des règles de procédure dont la violation est alléguée.

Exemples :
-CE, 12 février 2014, requête numéro 352878, de Latour (Rec. tables, p. 827) : dans le cadre d'une procédure de licenciement pour insuffisance professionnelle, la communication du rapport émanant de l'autorité ayant le pouvoir disciplinaire, en temps utile avant la séance, au fonctionnaire déféré devant le conseil de discipline et aux membres de celui-ci satisfait aux fins en vue desquelles sa lecture a été prévue par les textes, notamment au respect des droits de la défense. Ainsi la lecture du rapport en séance ne peut être regardée, en elle-même, comme une garantie dont la seule méconnaissance suffirait à entacher d'illégalité la décision prise à l'issue de la procédure.
- CE, 30 décembre 2015, requête numéro 382756, Centre indépendant d'éducation de chiens guides d'aveugles et a. : la méconnaissance du délai de convocation et de communication des documents de la séance du Conseil national consultatif des personnes handicapées (CNCPH), saisi préalablement à l'édiction d'un décret, ne prive pas les intéressés d'une garantie au sens de la jurisprudence.
-CE, 23 octobre 2015, requête numéro 369113, Société CFA Méditerranée (AJDA 2015, p. 2382, concl. Bohnert ; Contrats-Marchés publ. 2015, 292, note Ubaud-Bergeron ; JCP A 2016, 2248, note Martin ; RDI 2016, p. 36, obs. Foulquier) : la consultation du service des domaines prévue au 3e alinéa de l'article L. 2241-1 du code général des collectivités territoriales préalablement à la délibération du conseil municipal portant sur la cession d'un immeuble ou de droits réels immobiliers par une commune de plus de 2000 habitants ne présente pas le caractère d'une garantie au sens de la jurisprudence Danthony.

Ensuite la règle est écartée lorsqu'est en cause une procédure obligatoire si cette omission a pour effet d'affecter la compétence de l'auteur de l'acte.

Enfin doit être mis à part, parmi les vices de procédure, le défaut de consultation du Conseil d'Etat, dans les hypothèses visées par l'article L. 111-2 du Code de justice administrative où elle est rendue obligatoire. Le Conseil d'Etat considère en effet que «eu égard au rôle … dévolu au Conseil d'Etat, le défaut de saisine de ce dernier entraîne l'illégalité des actes administratifs dont le projet devait lui être obligatoirement soumis » (CE, 17 juillet 2013, requête numéro 358109, Syndicat national des professionnels de santé au travail, préc.). Contrairement aux autres vices de procédure, le moyen est ici d'ordre public et il doit être soulevé d'office par les juges.

La logique de la jurisprudence Danthony, qui privilégie la sécurité juridique au détriment du principe de légalité, trouve d'autres illustrations (V. en particulier CE, Ass. 13 juillet 2016, Czabaj, requête numéro 387763, préc.). Dans le domaine de la sanction des vices de procédure et des vices de forme elle inspire les solutions retenues par le Conseil d'Etat dans ses arrêts d'Assemblée du 18 mai 2018, Syndicat CGT de l'administration centrale et des services des ministères économiques et financiers et du Premier ministre (requête numéro 411045) et Fédération des finances et affaires économiques de la CFDT (requête numéro 414583). Dans ces deux décisions, le Conseil d'Etat encadre les moyens pouvant être soulevés contre un acte réglementaire dans le cadre d'un recours pour excès de pouvoir en distinguant les contestations par voie d'action de celles diligentées par voie d'exception. Par voie d'action, tous les moyens peuvent être soulevés, qu'ils touchent à la compétence de l'auteur de l'acte, aux vices de forme, aux vices de procédures, au détournement de pouvoir ou à la légalité des règles générales et impersonelles énoncées. Après l'expiration du délai de recours contentieux, en revanche, les moyens qui peuvent être invoqués, dans le cadre d'une exception d'illégalité soulevée à l'encontre d'un acte faisant application de l'acte réglementaire litigieux, sont limités. Il en va de même en cas de recours pour excès de pouvoir dirigé contre la décision de refus d'abrogation de l'acte réglementaire. En effet, le Conseil d'Etat refuse désormais, dans ces deux hypothèses, de contrôler les vices de procédure et de forme entachant cet acte.

III – Vice de forme

Dans la classification établie par Laferrière, le vice de forme est confondu avec le vice de procédure. Cependant, la plupart des auteurs estiment aujourd'hui que ces deux notions se distinguent très nettement. En effet, alors que le vice de procédure entache le processus même de l'élaboration de l'acte, le vice de forme concerne la présentation extérieure de l'acte : l'existence d'un acte écrit lorsque cette forme est exigée, la présence d'une motivation et d'une signature.

Les juges distinguent les vices de forme substantiels des vices non substantiels qui ne sont pas susceptibles d'entraîner l'annulation de l'acte contesté. Il faut ici relever que la loi n°2011-525 du 17 mai 2011 qui abandonné cette distinction pour la question des vices de procédure ne concerne pas les vices de forme.

Exemples :
- CE, 3 juin 2013, requête numéro 342673, Commune de Lamastre (Rec. tables, p. 879 : BJDU 2013, p. 291, concl. de Lesquen ; RDI 2003, 382, obs. Soler-Couteaux) : si l'arrêté contesté ne comporte pas, en méconnaissance des dispositions de l'article 4 de la loi du 12 avril 2000, l'indication du prénom et du nom de son signataire, il ressort des pièces du dossier, notamment de la circonstance que le requérant avait été destinataire de plusieurs autres arrêtés du maire comportant ces indications, que le maire de la commune pouvait être identifié comme étant également l'autorité signataire de l'arrêté litigieux. Dès lors, la méconnaissance des dispositions susvisées n'a pas, dans les circonstances de l'espèce, revêtu un caractère substantiel justifiant l'annulation de la décision attaquée.
- CAA Paris, 2 octobre 2006, requête numéro 04PA02289, Rutman : l'article 4 de la loi du 6 fructidor an II, qui créé le principe d'immutabilité du nom de famille, prévoit « (qu'il) est expressément défendu à tous fonctionnaires publics de désigner les citoyens dans les actes autrement que par le nom de famille, les prénoms portés en l'acte de naissance …. ni d'en exprimer d'autres dans les expéditions et extraits qu'ils délivreront

à l'avenir ». Ces formalités ne présentant pas un caractère substantiel, leur non-respect n'est pas susceptible d'entacher d'illégalité l'acte contesté.

De même, il ne saurait être reproché à une autorité administrative le non-respect d'une règle de forme dont l'accomplissement se révèle, pour une raison ou pour une autre, impossible.

Exemple :
- CE, 10 avril 2002, requête numéro 226352, Société des agrégés de l'Université : si l'article L. 311-5 du code de l'éducation, dispose que « les avis et propositions du conseil national des programmes sont rendus publics », aucune disposition législative ou règlementaire ne définit les modalités de cette publicité. Par suite, la circonstance qu'elle n'aurait pas été assurée préalablement à l'intervention des arrêtés du ministre de l'Education nationale modifiant les programmes de certains enseignements n'est pas de nature à entacher d'illégalité lesdits arrêtés.

§ II – Moyens touchant à la légalité interne de l'acte attaqué

Les juges contrôlent la légalité interne des actes administratifs unilatéraux à trois niveaux différents : ils contrôlent le contenu de l'acte, les mobiles de son auteur, ainsi que ses motifs.

I – Contrôle du contenu de l'acte

Le juge contrôle d'abord « la violation directe de la loi », c'est-à-dire qu'il confronte le contenu de l'acte attaqué aux règles juridiques qui sont supérieures à cet acte, qu'il s'agisse d'une norme constitutionnelle, internationale, législative, réglementaire ou encore d'un principe général du droit, ce qui ne présente aucune difficulté majeure.

Exemple :
- CAA Bordeaux, 9 novembre 2000, requête numéro 97BX31632, Signon : une mesure de suspension d'un fonctionnaire n'étant pas une sanction disciplinaire, les dispositions de la loi du 3 août 1995 portant amnistie ne sauraient trouver application en l'espèce.

II – Contrôle des mobiles de l'auteur de l'acte

Dans ce cas de figure, qui a été visé pour la première fois dans l'arrêt du Conseil d'Etat Pariset du 26 novembre 1875 (Rec. p.934, concl. David), l'acte contesté a toutes les apparences de la légalité. Il est toutefois censuré s'il apparaît que l'auteur de l'acte a utilisé ses pouvoirs dans un but autre de celui pour lequel ils lui ont été conférés.

Dans certains cas, le pouvoir est utilisé dans l'intérêt personnel de l'auteur de l'acte ou pour favoriser ou pour nuire à d'autres intérêts privés.

Exemples :
- CE, 23 avril 1997, requête numéro 115523, Commune des Gets (Rec. p. 662) : est en cause en l'espèce un arrêté municipal qui avait décidé du transfert sur un nouvel emplacement du marché hebdomadaire de la commune. Les juges relèvent que cet

arrêté avait eu pour motif, non de remédier aux difficultés de stationnement alléguées par la commune, mais de protéger les intérêts des commerçants sédentaires de la localité. En effet, les difficultés de stationnement et de circulation des véhicules aux abords de la place où se tenait le marché avait pour cause l'abandon, décidé à l'initiative des commerçants sédentaires, du plan de circulation qui y avait remédié. Ainsi l'arrêté est entaché de détournement de pouvoir et encourt l'annulation.
- CE, 17 septembre 1999, requête numéro 176174, Nasica et a. (AJDI 2000, p. 131, note Hostiou) : est illégale l'opération d'expropriation visant à satisfaire exclusivement les intérêts privés d'un habitant de la commune concernée en permettant le désenclavement de sa propriété.
-TA Lille, 13 février 2017, requête numéro1701245, Association secours catholique (JCP A 2017, 2015, obs. Untermaier-Kerléo) : l'arrêté par lequel le maire de Calais a autorisé ses services à occuper le domaine public communal pour poser une benne à matériaux devant l'un des accès desservant des locaux du Secours Catholique avait pour objet d'empêcher l'accès d'un camion transportant une construction modulaire destinée à compléter un dispositif de douches à destination des migrants. Il est entaché, en conséquence, d'un détournement de pouvoir.

Dans d'autres cas, l'acte administratif est pris dans un intérêt public, mais qui n'est pas celui pour lequel les pouvoirs nécessaires pour prendre l'acte ont été conférés à son auteur.

Exemple :
- CE, 20 mars 1953, Bluteau (Rec. p.590) : le Conseil d'Etat censure une déclaration d'utilité publique, au motif que cette décision avait pour seul objet de faire réaliser des économies à l'Etat en lui permettant de s'affranchir des clauses d'un bail. Or, même s'il s'agit à l'évidence d'un intérêt public, cet intérêt n'est pas celui pour la défense duquel une telle procédure a été instituée.

Toutefois, le détournement de pouvoir ne sera pas retenu si l'auteur de l'acte poursuit également un but légal considéré comme déterminant. Dans ce cas, les objectifs qui pourraient caractériser un détournement de pouvoir seront jugés surabondants.

Exemple :
- CE, 20 juillet 1971, Ville de Sochaux (requête numéro 80804 : Rec. p. 561 ; AJDA 1972, p. 227, note Homont) : en acceptant l'offre d'une société privée de procéder à un échange de terrains et de financer sur ses fonds le coût d'une opération d'expropriation, l'Etat s'est proposé de réaliser celle-ci dans les meilleures conditions financières. L'avantage des finances publiques n'ayant cependant pas été le motif déterminant de l'expropriation, celle-ci n'est pas entachée de ce fait d'illégalité.

Il existe une hypothèse proche de celle du détournement de pouvoir qui est celle du détournement de procédure. Dans ce cas, l'administration utilise, pour arriver à un but précis, une procédure réservée par les textes à des fins autres que celles qu'elle poursuit, ce qui lui permettra d'éviter d'accomplir les formalités plus lourdes prévues par la procédure qui aurait normalement dû être utilisée.

Exemple :
- CE, 16 janvier 1998, requête numéro 168168, SIVOM du canton d'Accous (Constr.-urb. 1998, 204) : est annulée la déclaration d'utilité publique prononcée dans le seul but de modifier les règles applicables à un lotissement et d'éviter d'utiliser une procédure qui aurait engendré davantage de difficultés pour la collectivité.

Le détournement de procédure peut dans certains cas être assimilé à une erreur de droit, lorsque l'auteur de l'acte n'est pas mu pas une intention coupable, c'est-à-dire lorsqu'elle résulte exclusivement d'une mauvaise interprétation des textes.

Il est primordial de relever qu'il est très rare que le juge censure un détournement de pouvoir, dès lors que celui-ci est suffisamment bien camouflé. Cette difficulté tient au fait que l'illégalité repose non pas sur un élément matériel, mais sur un élément psychologique. Cet élément n'apparaît pas dans l'acte lui-même, mais dans les intentions de l'auteur de l'acte, ce qui pose un problème de preuve souvent insurmontable.

III – Contrôle des motifs de l'acte

Le contrôle des motifs de l'acte administratif conduit les juges à rechercher la cause de l'acte, c'est-à-dire ce pourquoi il a été pris, au regard des éléments qu'il contient.

Il faut relever que si les motifs n'apparaissent pas clairement dans la décision, le juge peut ordonner un supplément d'instruction en vue de demander à l'administration de les préciser. En cas de silence de l'administration le juge présumera exacts les motifs allégués par le requérant qui les conteste (CE Ass., 28 mai 1954, Barel et a., préc.).

Par ailleurs, le juge de l'excès de pouvoir a la possibilité de procéder, à la demande de l'administration, à une substitution des motifs de la décision attaquée. Cette solution a été admise à l'occasion de l'arrêt Hallal du 6 février 2004 (requête numéro 240560 : Rec. p.48, concl. Silva ; RFDA 2004, p.740, concl. Silva ; AJDA 2004, p.436, chron. Donnat et Casas ; JCPA, 1154, note Tchen) dont il résulte que l'illégalité des motifs de la décision peut être régularisée si son auteur invoque, durant l'instruction, un ou plusieurs motifs de droit ou de fait qui sont susceptibles de la fonder légalement. Elle ne peut être demandée que par l'auteur de la décision attaquée, et par conséquent, le juge n'a pas le pouvoir d'invoquer d'office la substitution de motifs (CE, 5 février 2014, requête numéro 367815, Société Pludis), sauf dans les cas où la décision a été prise dans l'exercice d'une compétence liée (CE, 7 janvier 1983, requête numéro 26725, Ministre de l'industrie c/ Sogeba : Rec. p.1).

Toutefois, cette possibilité est soumise au respect de quatre conditions :

-Les motifs invoqués ne doivent pas être postérieurs à l'acte contesté (ce qui est lié au fait qu'en matière de recours pour excès de pouvoir la légalité de la décision s'apprécie à la date à laquelle elle a été prise) ;

-Le requérant ne doit pas être privé d'une garantie procédurale (par exemple de la consultation de la commission du titre de séjour pour un étranger auquel a été refusé un titre de séjour : CAA Paris, 20 juin 2005, requête numéro 04PA03625, Erdogan) ;

-Le requérant doit avoir été mis à même de présenter ses observations sur la substitution demandée (V. par ex. CE, 4 février 2013, requête numéro 346584, Section de commune de Brousse-et-Selves) ;

-Le juge doit apprécier si l'administration aurait pris la même décision si elle s'était fondée initialement sur ce motif.

Le juge de l'excès de pouvoir peut, de la même façon, procéder à une substitution de base légale « lorsqu'il constate que la décision contestée devant lui aurait pu être prise, en vertu du même pouvoir d'appréciation, sur le fondement d'un autre texte que celui dont la méconnaissance est invoquée ». (CE Sect., 3 décembre 2003, requête numéro 240267, Préfet de Seine-Maritime c. El Bahi : AJDA 2004, p.202, chron. Donnat et Casas ; RFDA 2003, p.733, concl. Stahl). Contrairement à l'hypothèse de la substitution de motif, il peut procéder d'office à la substitution de base légale (CE, 12 juillet 2013, requête numéro 348967, Commune de Chasse-sur-Rhône). Dans cette hypothèse également, le principe du contradictoire doit être respecté et il est exigé que l'intéressé ait bénéficié des garanties dont est assortie l'application du texte sur le fondement duquel la décision aurait dû être prononcé.

Exemple :
- CE, 25 septembre 2009, requête numéro 311597, Vergerau : en utilisant ses pouvoirs de police générale pour suspendre un médecin le préfet n'a pas fait bénéficier le requérant des garanties prévues par l'article L. 4113-14 du Code de la consommation. En effet, cet article prévoit que le médecin doit être auditionné dans un délai de trois jours à compter de la décision et que la période de suspension est limitée à cinq mois. La substitution de base légale est donc impossible.

Les raisons de l'adoption d'un acte administratif apparaissent au terme d'un syllogisme, dont chaque étape peut receler une erreur :

1. Une règle de droit prévoit telle chose. A ce niveau, une erreur de droit peut être commise.

2. Les faits de l'espèce sont les suivants. Ici, le juge peut censurer une erreur de fait.

3. Compte tenu des deux premiers éléments, la décision de l'administration est la suivante. A ce niveau, le juge peut censurer une erreur sur la qualification juridique des faits.

A – Erreur de droit

L'erreur de droit est fréquemment sanctionnée par le juge administratif et elle peut être liée à plusieurs causes différentes. Elle peut, comme on l'a déjà évoqué, résulter d'un détournement de procédure.

Un autre cas est celui d'un défaut de base légale de la décision contestée, dans les hypothèses où l'administration a mis en œuvre une norme inexistante ou, le plus souvent, inapplicable.

Exemple :
- CE Ass., 2 février 1987, requête numéro 81131, requête numéro 82432 requête numéro 82437 requête numéro 82443, Société TV6 et a. (Rec. p.28; AJDA 1987, p.314,

chron. Azibert et de Boisdeffre ; Droit adm. 1987, 155 ; RFDA 1987, p.29, concl. Fornacciari) : est entaché d'erreur de droit le décret résiliant le contrat de concession d'une chaîne de télévision privée fondé sur un projet de loi non encore adopté.
- CE 28 déc. 2001, requête numéro 223892, Franzetti : est dépourvue de base légale et est donc illégale une décision de l'autorité de régulation des télécommunications relative à l'utilisation des installations de radioamateurs, fondée sur un arrêté ministériel précédemment annulé par le Conseil d'Etat.

Le troisième cas est celui où l'administration a pris une décision, conformément à une norme qui est, elle, illégale en raison de sa non-conformité avec une norme supérieure.

Exemple :
- CE, 10 novembre 1997, requête numéro 175804, Gherbi : est illégal un arrêté de reconduite à la frontière pris sur le fondement d'une décision elle-même illégale refusant à la requérante la délivrance d'un certificat de résidence.

Enfin, il y a erreur de droit lorsque l'administration a pris une décision sur le fondement d'une norme régulière, mais qu'elle a mal interprété.

Exemples :
- CE, 28 mai 1954, Barel et a. (préc.) : le ministre chargé d'arrêter la liste des candidats admis à se présenter au concours d'entrée à l'Ecole nationale d'administration a cru pouvoir établir des discriminations en prenant en compte les opinions politiques de certains d'entre eux.
- CE, 16 février 1994, requête numéro 135733, Hayot (Rec. p.1023) : en prenant en considération l'exercice par l'agent d'un recours contentieux formé à l'encontre d'une décision du chef de juridiction dans l'appréciation de son activité professionnelle, l'auteur de la décision de notation attribuée à un magistrat a commis une erreur de droit.
- CE, 27 juillet 1990, requête numéro 65180 requête numéro 65181, Université de Paris-Dauphine (Rec. p.238 ; AJDA 1991, p.151, obs. Chevallier ; Droit adm. 1990, 499 ; LPA 8 mars 1991, p.14, note Fialaire) : les textes sur l'admission des étudiants en premier ou second cycle universitaire ne prévoient aucune sélection sur la qualité des dossiers. Par conséquent, un refus d'admission prononcé pour cause de non-satisfaction à des épreuves de sélection est frappé d'erreur de droit.

Une variante de ce dernier type d'erreur de droit concerne le cas dit « d'incompétence négative » où une autorité administrative méconnaît l'étendue de sa compétence lorsqu'elle se croit, à tort, tenue de prendre une décision dans un sens donné. Cette confusion entre pouvoir discrétionnaire et compétence liée est sanctionnée par le juge de l'excès de pouvoir.

Exemple :
- CE Sect., 20 juin 2003, requête numéro 248242, Stilinovic (Rec. p.258 ; AJDA 2003, p. 1334, chron. Donnat et Casas) : dans une affaire mettant en cause une décision sanctionnant un magistrat, le garde des Sceaux doit être regardé comme ayant renoncé à exercer le pouvoir d'appréciation qui lui appartient de mettre en œuvre lorsque, après avoir fait savoir publiquement qu'il se conformerait à l'avis du Conseil supérieur de la magistrature, il s'est entièrement approprié les motifs et la portée de l'avis rendu par

cette institution. Le garde des Sceaux a, dans ces conditions, méconnu l'étendue de sa compétence et entaché sa décision d'une erreur de droit. On peut en effet considérer qu'il a renoncé à exercer le pouvoir discrétionnaire qui lui est reconnu par les textes pour se prononcer dans le cadre d'une compétence liée.

B – Erreur de fait

L'acte administratif contesté est annulé s'il apparaît que les faits qui servent de fondement à la décision sont erronés, comme cela a été précisé par le Conseil d'Etat dans son arrêt Camino du 14 janvier 1916 (Rec. p. 15 ; RDP 1917, p. 463, concl. Corneille, note Jèze ; S. 1922, III, p.10, concl. Corneille).

Dans cette affaire, le Conseil d'Etat était saisi d'un recours contre une décision gouvernementale révoquant un maire au motif qu'il n'aurait pas veillé, comme la loi le lui impose, à la décence d'un convoi funèbre. En effet, il aurait fait passer le cercueil par une brèche ouverte dans le mur d'enceinte du cimetière et fait creuser une fosse trop petite pour marquer son mépris vis-à-vis du défunt. Or, ces faits étaient matériellement inexacts, ce qui justifie l'annulation de l'acte de révocation.

C – Erreur de qualification juridique des faits

La qualification juridique des faits est l'opération par laquelle l'administration décide d'appliquer une règle de droit déterminée aux faits de l'espèce. Si les faits sont mal qualifiés, l'acte contesté sera annulé.

Cette notion a été précisée par le Conseil d'Etat dans son arrêt du 4 avril 1914 Gomel (Rec. p.488 ; S. 1917, III, p.25, note Hauriou).

Le Conseil d'Etat était saisi, dans cette affaire, d'un recours pour excès de pouvoir dirigé contre une décision rejetant une demande de permis de construire. Cette décision était motivée par le fait que la construction projetée aurait porté atteinte à une perspective monumentale. La question qui se posait alors était de savoir si la place sur laquelle était projetée la construction formait une perspective monumentale, et dans l'affirmative si la construction projetée portait atteinte à cette perspective. Autrement dit, le problème consistait à déterminer si les faits de l'espèce avaient été correctement qualifiés par l'administration et justifiaient ainsi la décision prise.

Le Conseil d'Etat a estimé en l'espèce que la place Beauveau ne pouvait être regardée dans son ensemble comme présentant une perspective monumentale. Par conséquent, le préfet de la Seine avait excédé ses pouvoirs en refusant l'autorisation de construire un immeuble sur cette place, par le motif qu'il serait porté atteinte à une perspective monumentale.

Section II – Etendue du contrôle juridictionnel

La question de l'étendue du contrôle juridictionnel concerne exclusivement l'opération de qualification juridique des faits. Elle donne lieu à des solutions nuancées inspirées à la fois par la nécessité d'assurer un contrôle de légalité efficace de l'activité administrative, et par la volonté de laisser une certaine marge de manœuvre à l'administration dans son action.

L'étendue du contrôle juridictionnel dépend principalement de la nature du pouvoir exercé par l'auteur de l'acte : le contrôle sera plus strict dans l'hypothèse d'une compétence liée qu'en cas d'exercice d'un pouvoir discrétionnaire. En outre, dans cette seconde hypothèse, l'intensité du contrôle du juge sur la qualification juridique des faits est variable.

§ I – Pouvoir discrétionnaire et compétence liée

Il s'agit de deux hypothèses dans lesquelles l'administration, devant une situation donnée, a une possibilité de choix de décisions limitée.

Le pouvoir discrétionnaire se caractérise par la possibilité ouverte à l'administration, non pas de choisir n'importe quelle décision, mais de choisir entre au moins deux décisions qui seront également conformes à la légalité.

Ainsi, par exemple, l'administration a le choix entre poursuivre et ne pas poursuivre un agent coupable de manquement à la discipline. De même, en cas de poursuites disciplinaires, le comportement de l'agent peut donner lieu au prononcé de sanctions plus ou moins sévères prévues par les textes.

En cas de compétence liée, en revanche, l'administration ne dispose d'aucune marge de manœuvre dans la prise de décision.

Exemples :
- CE, 8 octobre 2001, requête numéro 21770, Union française contre les nuisances des aéronefs (Rec. p. 457) : la commission nationale du débat public a compétence liée pour refuser l'organisation d'un débat après la publication de la décision arrêtant les caractéristiques principales d'un projet d'aménagement.
- CE, 22 avril 1992, requête numéro 99671, Frady (JCP G 1992, IV, p. 211) : l'administration a une compétence liée pour radier des cadres un fonctionnaire déchu de ses droits civiques.

Il est logique, compte tenu de ces différences, que le juge administratif contrôle de façon plus souple l'administration lorsqu'elle utilise un pouvoir discrétionnaire que lorsqu'elle est en situation de compétence liée.

Ainsi, en cas de compétence liée, l'acte sera annulé si l'administration prend une décision autre que celle qu'elle était tenue de prendre. Dans l'hypothèse contraire, les moyens par lesquels le requérant contesterait la légalité de la décision prise seraient voués à l'échec. Le juge les déclarera « inopérants », quand bien même ils seraient fondés, ce qui se justifie par le fait qu'il est inutile de demander l'annulation d'une décision qui ne pouvait pas ne pas être prise.

En cas de compétence discrétionnaire, l'administration aura commis une erreur de droit si elle prend une décision qu'elle se croyait tenue de prendre. Il s'agit de l'hypothèse d'incompétence négative évoquée plus haut. A l'opposé, il serait logique de considérer que le requérant est irrecevable à contester le choix réalisé par l'administration entre les deux possibilités - ou plus - qui lui étaient ouvertes. En effet, une telle contestation paraît porter davantage sur l'opportunité de la décision prise, plus que sur sa légalité. Pourtant, en général, le juge accepte de contrôler, de façon plus ou moins approfondie, la qualification juridique des faits opérée par l'administration.

§ II – Modalités d'exercice du contrôle juridictionnel

Selon les cas, les juges opèrent un contrôle normal ou un contrôle restreint de la qualification juridique des faits opérée par l'administration. Il existe toutefois également des modalités particulières de contrôle.

I – Contrôle normal et contrôle restreint

La question de la variation de l'étendue du contrôle de la qualification juridique des faits concerne les hypothèses où la décision contestée a été prise dans l'exercice du pouvoir discrétionnaire. En effet, en cas de compétence liée, ce contrôle est forcément opéré, puisque l'administration ne dispose d'aucun pouvoir d'appréciation et qu'elle n'a pas d'autre choix que d'appliquer à une situation donnée une solution précise.

Dans ce cas, les juges mettent en œuvre un contrôle normal qui implique, comme on l'a vu, la censure de toutes les erreurs de qualification commises par l'autorité compétente, même si elles ne présentent pas un caractère manifeste.

S'agissant du pouvoir discrétionnaire, les juges opèrent en principe un contrôle restreint. Cependant, la notion même de contrôle restreint a évolué dans le sens d'un accroissement des contrôles opérés par les juges.

Traditionnellement, lorsqu'ils devaient contrôler un acte pris dans l'exercice d'un pouvoir discrétionnaire, les juges refusaient d'opérer un contrôle de la qualification juridique des faits.

> Exemple :
> - CE, 6 avril 1973, requête numéro 86690, Jacques (Rec. p.288) : est soumise au contrôle minimum du juge de l'excès de pouvoir l'appréciation à laquelle s'est livrée le ministre pour refuser à un candidat, dans l'intérêt du service, de prendre part à un concours ouvert pour le recrutement d'agents des postes et télécommunications. En d'autres termes, les juges refusent de contrôler l'adéquation de la décision prise aux faits reprochés à l'agent.

La situation a progressivement évolué puisque la règle aujourd'hui généralement appliquée dans le cadre du contrôle restreint est que le juge vérifie que l'administration n'a pas commis « d'erreur manifeste d'appréciation ».

Il en résulte que les juges censurent l'administration lorsqu'il apparaît que les faits qui servent de support à la décision ont été qualifiés de façon manifestement, c'est-à-dire gravement, erronée. En d'autres termes, l'administration a pris une décision que son pouvoir discrétionnaire lui permettait normalement de prendre, et il n'y a donc pas erreur de droit. Cependant, une erreur importante a été commise au niveau de l'appréciation des faits qui ne justifiaient pas la solution retenue.

Exemples :
- CE, 3 février 1975, requête numéro 94108, Ministre de l'Intérieur c. Pardov (Rec. p. 83 ; AJDA 1975, p. 131, chron. Franc et Boyon ; Droit social, p. 448, obs. Colson ; RCDIP 1976, p. 301, note Dubouis) : pour décider l'expulsion d'un ressortissant étranger, le ministre de l'Intérieur s'était fondé sur ce que l'intéressé était entré et séjournait en France dans des conditions irrégulières et sur ce qu'il ne se livrait à aucune activité et était dépourvu de ressources normales. En estimant que ces faits, partiellement démentis par les pièces du dossier, permettaient de considérer que la présence de l'étranger sur le territoire français constituait une menace pour l'ordre public au sens de la législation en vigueur, le ministre a commis une erreur manifeste d'appréciation.
- CE, 25 mai 1990, requête numéro 94461, Kiener (AJDA 1990, p.740, obs. Salon) : un gendarme est révoqué après avoir commis un vol dans un supermarché. Compte tenu de la faible valeur des objets volés, le juge considère qu'en révoquant le gendarme, les autorités compétentes ont commis une erreur manifeste d'appréciation (sur l'évolution du contrôle juridictionnel appliqué aux sanctions prononcées à l'encontre des fonctionnaires V. supra p.221).
- CE Ass., 16 décembre 1988, requête numéro 77713, Bleton (Rec. p. 451, concl. Vigouroux ; AJDA 1989, p. 102, chron. de Boisdeffre ; JCP G 1989, II, 21228, note Gabolde ; RFDA 1989, p. 522, note Baldous et Négrin) : le juge de l'excès de pouvoir exerce un contrôle restreint sur la décision de nomination au tour extérieur d'un inspecteur général des bibliothèques. En l'espèce, la décision de nomination contestée est annulée, le requérant ne possédant aucune expérience dans le domaine des bibliothèques et de l'information scientifique et technique.

Par conséquent, dans l'état actuel de la jurisprudence, le principe est que lorsque le juge opère un contrôle normal, il vérifie que la décision prise est en rapport exact avec les faits. Dans le cas d'un contrôle restreint, il ne vérifie que l'absence d'une disproportion excessive entre les faits et la décision prise sur leur fondement.

II – Modalités particulières de contrôle

Dans certaines hypothèses, les juges opèrent une limitation du contrôle restreint, ou ils réalisent au contraire un contrôle maximum sur la qualification juridique des faits opérée par l'administration, dans le sens où il va contrôler que l'acte était le mieux adapté à la situation litigieuse qu'il n'existait aucune autre solution plus satisfaisante.

A – Limitation du contrôle restreint

Dans différentes hypothèses - qui concernent principalement des questions techniques souvent situées à la frontière entre légalité et opportunité - le juge retient l'ancienne conception du contrôle restreint qui exclut tout contrôle de la qualification juridique des faits, y compris de l'erreur manifeste d'appréciation.

Ainsi, notamment, le juge refuse de discuter :

- Des appréciations des jurys d'examens et de concours sur la valeur des candidats (V. par exemple CE, 7 novembre 2006, requête numéro 298459, Langlois) ;

- Du choix de l'opportunité d'un tracé dans le cadre d'une opération d'aménagement (V. par exemple CE, 13 novembre 2006, requête numéro 282487, Commune de Sernhac et a.) ;

- Du choix du mode de gestion d'un service public (V. par exemple : CE, 7 juin 1995, requête numéro 143647 requête numéro 143648, Lagourgue et Mellier : CJEG 1995, p. 371, concl. Denis-Linton ; JCP G 1995, IV, 1843, obs. Rouault).

B – Contrôle maximum

Dans certains cas, le juge administratif approfondit le contrôle normal. Il s'agit alors d'apprécier l'exacte adéquation, ou encore la parfaite proportionnalité, entre les faits et la décision prise par l'administration. Dans ce cadre, le juge va définir lui-même les conditions auxquelles est subordonné l'exercice par l'administration de son pouvoir discrétionnaire. Il va ensuite substituer son appréciation des faits à celle de l'administration et, en cas de discordance, annuler la décision qui lui est déférée.

La technique du contrôle maximum est d'abord apparue en matière de police administrative, à l'occasion de l'arrêt de Section du 15 décembre 1933, Benjamin (Rec. p.541 ; S. 1934, I, concl. Michel, note Mestre ; D. 1933, III, p.354, concl. Michel.- V. infra p.524). Elle se retrouve ensuite sous la forme de la théorie du bilan, dans le domaine du contrôle des déclarations d'utilité publique. Elle est également utilisée dans plusieurs domaines, notamment celui de la police spéciale du cinéma et celui du contrôle des sanctions disciplinaires prises à l'encontre des fonctionnaires. On évoquera également le domaine du contrôle des décisions d'interdiction des publications étrangères. Si le pouvoir de pouvoir de police administrative spéciale n'existe plus dans ce domaine, cette hypothèse constitue un très bon exemple de l'approfondissement du contrôle de qualification juridique des faits opéré par le juge administratif.

1° Théorie du bilan et contrôle de la légalité interne des déclarations d'utilité publique

Il s'agit ici d'établir un bilan entre les avantages présentés par la solution retenue et les inconvénients qui en résultent. Si le bilan est négatif, le juge estime qu'une erreur de qualification juridique des faits a été commise, et l'acte contesté est annulé.

La théorie du bilan trouve son champ d'élection dans le domaine du droit de l'expropriation, pour le contrôle des déclarations d'utilité publique, en application de la solution dégagée par l'arrêt d'Assemblée du Conseil d'Etat du 28 mai 1971, Fédération de défense des personnes concernées par le projet actuellement dénommé Ville Nouvelle Est (Rec. p. 409, concl. Braibant ; D. 1972, jurispr. p. 194, note Lemasurier ; RDP 1972, p. 454, note Waline ; AJDA 1971, p. 404, chron. Labetoulle et Cabanes, concl. Braibant ; Rev. adm. 1971, p. 422, concl. Braibant ; JCP 1971, II, 16873, note Homont ; CJEG 1972, p. 35, note Virole).

Il résulte de cet arrêt qu'une « opération ne peut être légalement déclarée d'utilité publique que si les atteintes à la propriété privée, le coût financier et éventuellement les inconvénients d'ordre social qu'elle comporte ne sont pas excessifs eu égard à l'intérêt qu'elle présente ».

Cette formule a été quelque peu modifiée à l'occasion de l'arrêt de Section Société civile Sainte-Marie de l'Assomption du 20 octobre 1972, le Conseil d'Etat ajoutant à la formule de l'arrêt de 1971 la prise en compte de « l'atteinte à d'autres intérêts publics » (Rec. p. 657, concl. Morisot ; RDP 1973, p. 843, concl. Morisot ; AJDA 1972, p. 576, chron. Cabanes et Léger : JCP G 1973, II, 17470, note Odent ; CJEG 1973, p. 60, note Virole).

Plus récemment, elle a été complétée par la prise en compte de « la mise en cause de la protection et de la valorisation de l'environnement » (CE, 10 mars 2010, requête numéro 314114, requête numéro 314476, requête numéro 314463, requête numéro 314477, requête numéro 314581, Alsace nature : Rec. tables p.672 ; BJCL 2010, p. 170, concl. Roger-Lacan, obs. M.G. ; Constitutions 2010, 433, obs. Aguila ; JCP A 2011, act. 239 ; JCP G 210, 741 ; Nouv. Cah. Cons. const. 2010, p. 268, note Vidal-Naquet).

Enfin, « dans l'hypothèse où un projet comporterait un risque potentiel justifiant qu'il soit fait application du principe de précaution, cette appréciation est portée en tenant compte, au titre des inconvénients d'ordre social du projet, de ce risque de dommage tel qu'il est prévenu par les mesures de précaution arrêtées et des inconvénients supplémentaires pouvant résulter de ces mesures et, au titre de son coût financier, du coût de ces dernières » (CE, 12 avril 2013, requête numéro 342409, requête numéro 342569, requête numéro 342689, requête numéro 342740, requête numéro 342748, requête numéro 342821, Assoc. coordination interrégionale stop THT et a. c/ Min. Ecologie, Développement durable, Energie, préc.).

Les juges vont donc substituer leur appréciation à celle de l'administration, ce qui donne lieu à une jurisprudence très casuistique.

Cependant, si l'apparition de la théorie du bilan paraît avantageuse pour les requérants, elle aboutit assez peu fréquemment, dans la pratique, à des annulations. Une étude approfondie de la jurisprudence permet ainsi d'observer que plus une opération est d'envergure, plus le juge aura tendance à estimer que les avantages qu'elle présente sont supérieurs aux inconvénients occasionnés. Dans la plupart des cas, seules les erreurs manifestes sont sanctionnées ce qui, de façon tout à fait paradoxale, rapproche le contrôle maximum du contrôle restreint (V. sur ce point P. Wachsmann, Un bilan du bilan en matière d'expropriation : la jurisprudence Ville Nouvelle Est 30 ans après, in Gouverner, administrer, juger, Liber amicorum Jean Waline, Dalloz 2002, p. 733). Ceci conduit certains auteurs à défendre l'idée d'un « contrôle de légalité extrinsèque » de la déclaration d'utilité publique qui intègrerait une comparaison entre la solution retenue par l'administration et les autres options envisageables, notamment pour les ouvrages de voirie, en matière de tracé (V. en particulier B. Seiller, Pour un contrôle de la légalité extrinsèque des déclarations d'utilité publique : AJDA 2003, p. 1472). On peut toutefois opposer qu'une telle solution confinerait au contrôle de l'opportunité de la déclaration publique, frontière que ne veut pas franchir le juge administratif.

De fait, depuis l'arrêt Ville nouvelle-est, le juge administratif n'a censuré que très peu de projets d'envergure sur le fondement de la théorie du bilan.

Exemples :
- CE Ass., 28 mars 1997, requête numéro 170856 requête numéro 170857, Association contre le projet d'autoroute transchablaisienne et a. (Rec. p. 121 ; AJDA 1997, p. 545, obs. Chrestia ; RDP 1997, p. 1433, note Waline ; RFDA 1997, p. 739, concl. Denis-

Linton, note Rouvillois ; RJE 1997, p. 397, concl. Denis-Linton) : le Conseil d'Etat annule une déclaration d'utilité publique relative à un projet de construction d'autoroute compte tenu de son caractère très coûteux et peu utile en raison de l'abandon de la partie suisse du projet.

- CE Sect., 22 octobre 2003, requête numéro 231953, Association SOS-Rivières et environnement et a. (Rec. p.417 ; AJDA 2004, p. 1193, note Hostiou ; Collectivités-intercommunalité 2004, 5, obs. Erstein) : le Conseil d'Etat a considéré que le projet de construction d'un barrage ne présentait qu'une faible utilité au regard des objectifs annoncés de cette opération qui visaient à favoriser la production d'huîtres dans le bassin de Marennes-Oléron, et soutenir les débits d'étiage de la Charente et de la Boutonne. Le coût présenté par le projet ainsi que les inconvénients sur l'environnement permettaient de conclure à un bilan négatif, justifiant l'annulation de la déclaration d'utilité publique.
- CE, 15 avril 2016, requête numéro 388441, Fédération nationale des associations d'usagers des transports : le coût de construction du projet de ligne à grande vitesse Poitiers-Limoges, dont le financement n'est, en l'état, pas assuré, est évalué à 1,6 milliards d'euros. Les temps de parcours affichés font l'objet d'incertitudes et l'évaluation de la rentabilité économique et sociale du projet est inférieure au niveau habituellement retenu par le gouvernement pour apprécier si une opération peut être regardée comme utile, en principe, pour la collectivité. Si le projet est principalement justifié par des considérations d'aménagement du territoire, la liaison qu'il prévoit se présente comme un simple barreau se rattachant au réseau ferroviaire à grande vitesse dont il n'est pas envisagé le prolongement. Sa mise en œuvre aura, en outre pour effet un report massif de voyageurs de la ligne Paris-Orléans-Limoges-Toulouse vers la ligne à grande vitesse, impliquant une diminution de la fréquence du trafic sur cette ligne et donc une dégradation de la desserte des territoires situés entre Orléans et Limoges. Enfin, en déclarant d'utilité publique et urgents les travaux de construction, dont l'engagement est envisagé entre 2030 et 2050, le gouvernement n'a pas satisfait à la réserve formulée par la commission d'enquête tendant à ce que ces travaux soient programmés à un horizon suffisamment rapproché. Ainsi, l'adoption immédiate du décret porte une atteinte très importante aux droits des propriétaires des terrains dont la déclaration d'utilité publique autorise l'expropriation dans un délai de quinze ans. Les inconvénients du projet l'emportent sur ses avantages dans des conditions de nature à lui faire perdre son caractère d'utilité publique.

2° Contrôle des décisions prises dans le cadre de la police spéciale du cinéma

La police spéciale du cinéma relève actuellement de la compétence du ministre de la Culture. Elle consiste, pour l'essentiel, à délivrer des visas d'exploitation aux œuvres cinématographiques, lesquels peuvent être notamment assortis d'une restriction d'âge ou d'un classement X.

Le Conseil d'Etat a développé une nouvelle hypothèse de contrôle maximum à l'occasion de son arrêt d'Assemblée du 24 janvier 1975, Société Rome Paris films qui concernait un recours pour excès de pouvoir dirigé contre une décision refusant de délivrer un visa d'exploitation et d'exportation à un film (requête numéro 72868 : Rec. p. 57 ; RDP 1975 p. 286, concl. Rougevin-Baville ; Gaz. Pal. 1975 jur., p. 385 et doctr., p. 350, chron. Mourgeon ; JCP 1976, II, 18395, note Bazex).

La législation relative à la police du cinéma se bornait à attribuer ce pouvoir au ministre de l'Information, sans préciser que son exercice était soumis à des conditions de fond particulières. Le Conseil d'Etat a adopté une démarche constructive en estimant, alors même que la loi ne posait aucune condition, que le ministre était tenu « de concilier les intérêts généraux dont il a la charge avec le respect dû aux libertés publiques et notamment la liberté d'expression ».

Comme dans la théorie du bilan, le juge a établi lui-même les critères qui lui permettent d'apprécier la légalité de l'acte contesté. En cas de divergence d'appréciation, il censure cet acte. Il passe alors d'un contrôle restreint à un contrôle maximum.

Le juge est allé encore plus loin dans cette voie en contrôlant, au regard de critères plus précis, la pertinence des restrictions liées à l'âge, notamment en raison du contentieux généré par l'association « promouvoir » qui s'est fait une spécialité des recours contre les mesures prises dans ce domaine qu'elle considère comme étant trop laxistes.

Exemples :
-CE, 4 février 2004, requête numéro 261804, Association promouvoir (JCP G 2004, II, 10045, note Tifine) : il s'agissait de déterminer, dans cette affaire, s'il y avait lieu d'annuler un arrêté du ministre de la Culture accordant un visa d'exploitation assorti d'une interdiction aux moins de seize ans au film Ken Park. Dans son arrêt, le Conseil d'Etat a très précisément décrit le contenu du film pour décider s'il devait être interdit au moins de 16 ans, aux moins de 18 ans, ou classé X. En l'espèce, l'arrêté est annulé, le Conseil d'Etat estimant - en utilisant une grille d'interprétation qu'il a lui-même défini faisant notamment référence à la présence de « scènes de sexe non simulées » - que le film aurait dû être interdit aux moins de 18 ans.
- CE, 1er juin 2015, requête numéro 372057, Association promouvoir (Dr. adm. 2015, 65, note Quiriny) : à l'occasion du recours dirigé contre le visa d'exploitation assorti d'une interdiction aux moins de 16 ans et d'un avertissement délivré au film « saw 3D chapitre final » le Conseil d'Etat précise la méthodologie que doit suivre le juge administratif lorsque se pose la question d'un film comportant des scènes violentes, à l'exclusion de toutes scènes de sexe non simulées. Dans un premier temps, le Conseil d'Etat considère qu'il appartient au juge de rechercher la présence de « l'existence de scènes de très grande violence justifiant une interdiction de la projection à des mineurs ». Dans l'hypothèse où le juge retient une telle qualification, il lui revient ensuite « d'apprécier la manière dont ces scènes sont filmées et dont elles s'insèrent au sein de l'œuvre considérée », pour déterminer quel est le classement le plus approprié. Mais dès lors que ces scènes existent, il ne peut s'agir que d'une interdiction aux moins de 18 ans ou un classement « X », contrairement à ce qui avait été retenu par les juges du fond. En l'espèce, c'est une simple interdiction du film aux moins de 18 ans qui a été jugée pertinente par le Conseil d'Etat.

Relevons enfin que le Conseil d'Etat, lorsqu'il statue sur les pourvois en cassation dirigés contre des jugements statuant sur la légalité de visas d'exploitation exerce un contrôle de qualification juridique sur l'appréciation par les juges du fond des motifs justifiant la classification choisie (CE, 28 septembre 2016, requête numéro 395535, Association promouvoir et a.).

3° Contrôle des sanctions disciplinaires prises à l'encontre des fonctionnaires

Le Conseil d'Etat a longtemps exclu tout contrôle du choix de la sanction disciplinaire infligée à un agent public (CE, 23 janvier, 1935, Four : Rec. p.91). A l'occasion de l'arrêt Lebon du 9 juin 1978, les juges ont ensuite opéré un contrôle de l'erreur manifeste d'appréciation (CE, 9 juin 1978, requête numéro 05911 : Rec. p. 245 ; AJDA 1978, p. 573, concl. Genevois, note S.S. ; D. 1979, jurispr. p. 275, obs. Sinay ; RDP 1979, p.227, note Auby). Ils ont considéré dans cette affaire « qu'en prononçant, à raison (des faits), la sanction de la mise à la retraite d'office du sieur Lebon, le recteur s'est livré à une appréciation qui n'est pas entachée d'erreur manifeste ».

Cette solution était de plus en plus contestable, et cela pour plusieurs raisons. Tout d'abord, l'article 6 § 1 de la Convention européenne des droits de l'homme relatif au procès équitable a progressivement pénétré le droit de la fonction publique (V. notamment CEDH, Grande chambre, 8 décembre 1999, affaire numéro 28541/95, Pellegrin c/ France : Rec. CEDH 1999, VIII ; RTDH 2000, p. 819, note Wachsmann ; AJFP mai-juin 2000, p. 52 ; LPA 2000, n° 98, p. 10, note Melleray.- CEDH, 19 avril 2007, affaire numéro 63235/00, Eskelinen c/ Finlande : Rec. CEDH 2007, I ; AJDA 2007, p. 887), ce qui posait nécessairement la question de la conformité à ces stipulations d'une jurisprudence par laquelle le juge limitait lui-même l'exercice de ses pouvoirs. Ensuite, il résulte de la jurisprudence du Conseil constitutionnel que l'article 8 de la Déclaration des droits de l'Homme et du citoyen, selon lequel « la loi ne doit établir que des peines strictement et évidemment nécessaires », ne concerne pas seulement « les peines prononcées par les juridictions répressives mais s'étend à toute sanction ayant le caractère d'une punition même si le législateur a laissé le soin de la prononcer à une autorité de nature non judiciaire » (CC, 30 décembre 1987, numéro 87-237 DC, Loi de finances pour 1988 : Rec. CC, p. 63). A priori, cette solution devait également conduire à un contrôle élargi des sanctions disciplinaires prises à l'encontre des fonctionnaires. Cette évolution s'était d'ailleurs déjà produite s'agissant d'autres types de sanctions et notamment celles infligées à des élèves de l'enseignement public (CE, 27 novembre 1996, requête numéro 170207, requête numéro 170208, Ligue islamique du Nord : Rec. p.461 ; Dr. adm. 1997, 6 ; JCP G 1997, II, 22808, note Seiller), à des professionnels exerçant des professions réglementées (CE Sect., 22 juin 2007, requête numéro 272650, Arfi : Rec. p. 263 ; RFDA 2007, p. 1199, concl. Guyomar) ou à des sportifs (CE, 2 mars 2010, requête numéro 324439, Fédération française d'athlétisme : Rec. tables, p. 894 ; AJDA 2010, p. 664, chron. Liéber et Botteghi ; Dr. adm. 2010, 82, note Melleray).

Finalement le Conseil d'Etat a fait évoluer sa jurisprudence de façon décisive à l'occasion de l'arrêt d'Assemblée Dahan du 13 novembre 2013 (requête numéro 347704 : Rec. p. 279 ; AJDA 2013, p. 2432, chron. Bretonneau et Lessi ; AJFP 2014, p.5, concl. Keller ; Dr. adm. 2014, 11, note Duranthon ; JCP A 2014, 2241, note Bailleul ; JCP G 2014, 149, note Vautrot-Schwartz ; LPA 4 février 2014, p. 6, note Charron ; RFDA 2013, p. 1175, concl. Keller). Mettant un terme définitif aux interrogations soulevées par deux arrêts rendus quelques années auparavant (CE, 27 mai 2009, requête numéro 310493, Hontang : Rec. p. 207 ; Dr. adm. 2009, 104, note Melleray.- CE, 30 juin 2010, requête numéro 325319, Ponsard) les juges énoncent qu'il « appartient au juge de l'excès de pouvoir, saisi de moyens en ce sens, de rechercher si les faits reprochés à un agent public ayant fait l'objet d'une sanction disciplinaire constituent des fautes de nature à justifier une sanction et si la sanction retenue est proportionnée à la gravité de ces fautes ». C'est donc un contrôle maximum des sanctions prises à l'encontre des fonctionnaires qui est désormais mis en œuvre par le Conseil d'Etat. Cette solution s'applique notamment aux militaires (CE, 25 janvier 2016, requête numéro 391178, Parent : Rec. tables, p. 643. – CE, 14 mars 2016, requête numéro 389361, Machaux), y compris aux officiers généraux (CE, 22 septembre 2017, requête numéro 404921, Piquemal : Dr. adm. 2018, 3, note Eveillard).

Cette solution a également été transposée à l'hypothèse des sanctions prononcées contre les détenus. Alors qu'il privilégiait auparavant un contrôle restreint (CE, 20 mai 2011, requête numéro 326084, Letona Biteri : Rec. p. 246 ; AJDA 2011, p. 1364, chron. Domino et Bretonneau), le Conseil d'Etat a finalement décidé qu'il appartient au juge de l'excès de pouvoir saisi de moyens dans ce sens « de vérifier si les faits reprochés à un détenu qui a fait l'objet d'une sanction disciplinaire constituent des fautes de nature à justifier une sanction et si la sanction retenue est proportionnée à la gravité de ces fautes » (CE, 1er juin 2015, requête numéro 380449, Boromée : Rec. p.185, concl. Bretonneau ; AJDA 2015, p. 1695, concl. Bretonneau ; AJ pénal 2015, p. 447, obs. Péchillon ; D. 2016, p. 1220, obs. Céré, Evans et Péchillon ; Dr. adm. 2015, 68, note Eveillard ; JCP A 2015, act. 519, obs. Langelier). Enfin, le Conseil d'Etat a récemment jugé que les décrets prononçant la déchéance de nationalité à l'égard de français naturalisés condamnés par la justice pénale pour des faits liés au terrorisme devaient également faire l'objet d'un plein contrôle de proportionnalité (CE, 8 juin 2016, requête numéro 394348, Turk : AJDA 2016, p. 1758, concl. Domino ; Dr. adm. 2016, 61, note Eveillard).La juridiction administrative suprême confirme ici que le contrôle normal constitue désormais la règle pour les sanctions disciplinaires en abandonnant « l'ultime vestige du contrôle de l'erreur manifeste d'appréciation en matière de contrôle de la sévérité des sanctions administratives » (G. Eveillard, JCP G 2015, 1442).

3° Contrôle des mesures d'interdiction des publications étrangères

Le domaine de la police des publications étrangères constitue un très bon exemple de l'intensification du contrôle juridictionnel opéré graduellement par le Conseil d'Etat dans différents domaines.

A l'origine, le Conseil d'Etat refusait purement et simplement de procéder à l'examen de la régularité des mesures prises par l'autorité administrative dans le cadre de la police des étrangers (CE, 2 août 1836, Naundorff : Rec. p.380). Par la suite, les juges ont opéré un contrôle restreint, limité au contrôle de la légalité externe, du détournement de pouvoir, de l'exactitude matérielle des faits et de l'erreur de droit (CE, 19 février 1958, Société des éditions de la Terre de feu : Rec. p. 114). Puis, à l'occasion de l'arrêt d'Assemblée du 2 novembre 1973, SA Librairie François Maspero, le Conseil d'Etat a décidé qu'il lui appartenait également de rechercher la présence d'une erreur manifeste d'appréciation commise par l'administration, lorsqu'il contrôle une décision interdisant une publication étrangère en application de l'article 14 de la loi du 29 juillet 1881 sur la presse (Rec. p. 611 ; JCP 1974, II, 432, note Pellet ; AJDA 1973, p.577, chron. Franc et Boyon ; D. 1974, jurispr. p. 436, note Pellet ; Gaz. Pal. 174, 1, p. 100, note Pacteau).

L'arrêt d'Assemblée du 9 juillet 1997, Association Ekin marque le passage d'un contrôle normal à un contrôle maximum exercé sur ces décisions (requête numéro 151064 : Rec. p. 300 ; AJDA 1998, p.374, note Verdier ; D. 1998, p.317, note Dreyer ; LPA 14 novembre 1997, n°137, p.9, note Tamion ; RFDA 1997, p. 1284, concl. Denis-Linton, note Pacteau ; RUDH 1997, p. 169, chron. Rouget).

Comme pour la police du cinéma, la loi qui confiait le pouvoir au ministre de l'Intérieur d'interdire des publications étrangères ne soumettait son exercice à aucune condition de fond. Le Conseil d'Etat a alors défini lui-même les conditions auxquelles ce pouvoir peut être exercé. Ainsi, « les restrictions apportées au pouvoir du ministre résultent de la nécessité de concilier les intérêts généraux dont il a la charge avec le respect dû aux libertés publiques, et notamment à la liberté de la presse ». En l'espèce, le Conseil d'Etat annule la mesure d'interdiction contestée en estimant que l'atteinte grave à la liberté de la presse que constitue cette mesure n'était pas justifiée, compte tenu des intérêts généraux dont le ministre à la charge, et notamment de la sécurité publique et de l'ordre public.

Il faut ici relever que la législation française sur les publications étrangères a été jugée non conforme à l'article 10 de la Convention européenne des droits de l'homme relatif à la liberté d'expression à l'occasion de l'arrêt Ekin contre France du 17 juillet 2001 (affaire numéro 39288/98 : AJDA 2002, p. 52, note Julien-Laferrière ; RTDH 2002, p. 685, note Fontbressin ; Légipresse 2002, n° 185, III, p. 169, note Derieux, LPA 22 février 2002, p. 12, note Pech). Le décret n°2004-1044 du 4 Octobre 2004 a pris acte de cette décision en abrogeant l'article 14 de la loi du 29 juillet 1881, ce qui a eu pour effet de faire disparaître la police des publications étrangères.

Pour aller plus loin :

-**Boutayeb (C.)**, Le contrôle de l'utilité publique par le juge administratif en matière d'expropriation : RDP 1997, p.1385.

-**Eveillard (G.)**, Les évolutions récentes du contentieux répressif : Dr. adm. 2014, 3.

-**Braibant (G.)**, Le principe de proportionnalité, Mélanges Waline 1974, p.297.

-**Domino (X.), Bretonneau (A.)**, Jurisprudence Danthony : Bilan après 18 mois : AJDA 2013, p. 1733.

-**Fromont (M.)**, Le principe de proportionnalité : AJDA 1995, n° spécial, p.156.

-**Hummel (J.)**, La théorie de la moralité administrative et l'erreur manifeste d'appréciation : Rev. adm. 1996, p.335.

-**Rouvière (J.)**, Réflexions sur l'erreur manifeste : EDCE 1988, n°39, p.65.

-**Seiller (Bertrand)**, Pour un contrôle de la légalité extrinsèque des déclarations d'utilité publique : AJDA 2003, p. 1472.

-**Wachsmann (P.)**, Un bilan du bilan en matière d'expropriation : la jurisprudence Ville Nouvelle Est 30 ans après : Gouverner, administrer, juger, Liber amicorum Jean Waline, Dalloz 2002, p. 733.

-**Woerhrling (J.-M)**, Le contrôle du pouvoir discrétionnaire en France : Rev. Administration n° spécial, 1999, n°7, p.75.

TROISIEME PARTIE – LA JUSTICE ADMINISTRATIVE

L'étude de la justice administrative sera menée à partir de deux chapitres consacrés à la juridiction administrative et au procès administratif.

CHAPITRE UN – LA JURIDICTION ADMINISTRATIVE

S'il existe des juridictions administratives de droit commun - Conseil d'Etat, cours administratives d'appel, tribunaux administratifs - qui sont en principe compétentes pour connaître de l'ensemble du contentieux administratif, il existe également des juridictions administratives spéciales, dont le champ de compétence est plus restreint et dont l'identification peut poser un certain nombre de difficultés.

Section I – Identification des juridictions administratives

Il est assez fréquent que des organismes soient créés sans qu'un texte ne précise leur nature. Deux questions sont alors susceptibles de se poser : l'organisme en cause est-il une juridiction ou un autre type d'organisme, et notamment une autorité administrative ? Si cet organisme est une juridiction, s'agit-il d'une juridiction administrative ?

§ I – Notion de juridiction

La reconnaissance du statut de juridiction présente un intérêt majeur : elle implique le respect de toute une série de garanties - respect des droits de la défense, publicité des débats, caractère contradictoire de la procédure, etc. - qui sont moindres devant les autorités administratives. La distinction entre les juridictions et les autres types d'institutions est opérée par le législateur, ou elle résulte, en cas de carence, de l'application de critères jurisprudentiels.

I – Qualification opérée par le législateur

Un texte peut directement qualifier l'autorité qu'il institue de juridiction.

Dans l'hypothèse où une loi précise expressément qu'un organisme est une juridiction, il ne se pose aucun problème. En effet, d'après l'article 34 de la Constitution, c'est au législateur qu'il appartient de fixer les règles concernant « la création de nouveaux ordres de juridiction et le statut des magistrats ».

A contrario, la compétence reconnue au législateur implique qu'un acte administratif ne peut pas créer de juridiction, ce qui a été confirmé par le Conseil d'Etat dans son arrêt d'Assemblée du 2 mars 1962 Rubin de Servens et a. (requête numéro 55049, requête numéro 55055, préc.).

Dans certains cas, la qualification de juridiction n'apparaît pas dans le texte de la loi, mais elle peut être facilement déduite ou au contraire exclue à partir d'éléments que ce texte contient

Exemple :
- L'article 48-8 de loi n°86-1067 du 30 septembre 1986 modifiée précise que certaines décisions du Conseil supérieur de l'audiovisuel peuvent faire l'objet d'un recours de pleine juridiction devant le Conseil d'Etat. Ceci signifie indirectement que les décisions de cet organisme ne sont pas des jugements. En effet, si tel avait été le cas, c'est un recours en appel ou un recours en cassation qui aurait été ouvert.
- Selon l'article L. 612-16 du Code monétaire et financier, les décisions prononcées par la Commission des sanctions de l'autorité de contrôle prudentiel peuvent faire l'objet d'un recours de pleine juridiction devant le Conseil d'Etat.

II – Qualification opérée par le juge

En l'absence de qualification opérée de façon directe ou indirecte par le législateur, c'est le juge qui apprécie le caractère juridictionnel des organismes dont le statut pose problème. S'il s'avère qu'un décret a créé une autorité qui, d'après les critères dégagés par la jurisprudence, a un caractère juridictionnel, ce décret sera illégal en raison de l'incompétence de son auteur en application de l'article 34 de la Constitution.

Il faut souligner, au préalable, en application de ces critères, qu'une institution peut être une juridiction pour une partie de ses attributions et une autorité administrative pour une autre partie. C'est le cas notamment des ordres professionnels qui ont à la fois des attributions administratives et des attributions juridictionnelles.

Trois conditions cumulatives doivent être réunies pour qu'un organisme soit qualifié de juridiction : l'organisme doit être doté d'un pouvoir de décision ; il doit présenter un caractère collégial ; il doit exercer une mission similaire à celle d'un tribunal.

A – Existence d'un pouvoir de décision

Il n'est pas concevable qu'une juridiction ne dispose pas d'un tel pouvoir. Un organisme qui ne peut qu'exprimer des avis ou formuler des propositions n'est donc pas une juridiction.

Exemples :
- CE, requête numéro 09323, requête numéro 10591, 13 février 1980, Nal (Rec. p.82) : les commissions d'indemnisation des greffiers, qui se bornent à donner un avis au gouvernement sur le montant de l'indemnité due aux greffiers pour la perte du droit de présenter un successeur ne sauraient être considérées comme des juridictions.
- CE, 18 octobre 2000, requête numéro 208168, Terrail (Rec. p.430 ; AJDA 2001, p. 288, note Rouault ; JCP G 2001, IV, 2333, obs. Rouault ; JCP G 2002, II, 10011, note Lanoy ; RFDA 2000, p. 1368) le Conseil supérieur de la magistrature, dans sa formation compétente à l'égard des magistrats du parquet, lorsqu'il est appelé à connaître de

l'éventualité d'infliger une sanction disciplinaire, ne dispose d'aucun pouvoir de décision et se borne à émettre un avis à l'autorité compétente sur le principe du prononcé d'une sanction disciplinaire et, s'il y a lieu, sur son quantum. Dans le cadre de ces attributions, il n'est donc pas assimilable à une juridiction.

Il est nécessaire, également que l'organisme considéré soit indépendant vis-à-vis de l'administration active et donc soustrait à la hiérarchie administrative

Exemple :
-CE, 27 janvier 1950, Sieur Billard (Rec. p. 58, concl. Letourneur, S. 1950. III. 41) : les commissions de remembrement ne sont pas des juridictions dès lors que leurs décisions peuvent être contestées devant le ministre de l'Agriculture.

B – Caractère collégial de l'organisme

Si la loi n'en dispose pas autrement - ce qui est de plus en plus fréquent pour les juridictions administratives - il y a incompatibilité entre juge unique et juridiction, ce qui se justifie de deux points de vue différents. D'une part, la collégialité est une garantie d'impartialité. D'autre part, un système de juge unique évoque un peu trop précisément, pour une autorité dont le statut est incertain, l'ancien système, fort décrié, de l'administrateur juge.

Cette condition revêt comme la première un caractère impératif : même si tous les autres indices sont favorables à la reconnaissance du caractère juridictionnel de l'autorité en cause, l'absence de collégialité suffira à lui dénier ce caractère.

Exemple :
- CE Sect., 20 novembre 1970, requête numéro 77133, requête numéro 77297, Bouez et UNEF (Rec. p.690 ; AJDA 1971, p.483, note Chevallier et concl. Théry) : il s'agissait en l'espèce de savoir si les recteurs d'académie avaient la qualité de juges lorsqu'ils exerçaient des pouvoirs de répression disciplinaire. L'absence de collégialité conduit le Conseil d'Etat à écarter cette solution.

C – Nature de la mission exercée par l'organisme

Longtemps, la jurisprudence a été hésitante sur le choix d'un troisième critère, deux possibilités étant ouvertes. Tout d'abord, le choix d'un critère formel en vertu duquel un organisme collégial doté d'un pouvoir de décision est une juridiction si sa composition et les règles de procédure utilisées devant lui sont similaires à celles d'un tribunal. L'hésitation portait, d'autre part, sur le choix d'un critère matériel selon lequel un organisme collégial doté d'un pouvoir de décision est une juridiction si la nature de sa mission est similaire à celle exercée par un tribunal.

L'arrêt d'Assemblée du Conseil d'Etat du 12 décembre 1953, de Bayo, paraît avoir tranché en faveur de ce second critère (Rec. p. 544 ; RPDA 1954, p. 3, concl. Chardeau ; AJDA 1954, II, p. 138, note de Soto et II bis, p. 2, chron. Gazier et Long). Il résulte de cet arrêt qu'un organisme est une juridiction « eu égard à la nature de la matière » dans laquelle il intervient et « quelles que soient les formes » dans lesquelles il statue.

Ceci étant, toutes les difficultés n'ont pas été résolues par cet arrêt.

D'une part, si le Conseil d'Etat a tranché en faveur du critère matériel, il n'a pas précisé quelles sont les matières qui dénotent l'existence d'une juridiction. Il résulte toutefois de la jurisprudence, telle qu'elle a été judicieusement interprétée par René Chapus, qu'un organisme est susceptible d'être qualifié de juridiction s'il exerce une mission de répression disciplinaire (Droit du contentieux administratif, coll. Domat, Montchrestien, 12 éd. 2006, p.116).

Exemples :
- Dans l'arrêt de Bayo, le Conseil d'Etat décide que les ordres professionnels rendent des décisions de justice lorsqu'ils statuent sur des poursuites disciplinaires. En revanche, ils n'ont pas le caractère de juridiction lorsqu'ils statuent sur des recours qui visent à régler des litiges qui ont pour origine des décisions qui n'ont pas le caractère d'une sanction. Il en résulte que ces décisions peuvent faire l'objet d'un recours pour excès de pouvoir, et non pas d'une procédure d'appel ou de cassation, puisqu'il s'agit d'actes administratifs et non pas de jugements. C'est le cas dans l'affaire de Bayo où était contestée par le requérant une décision d'inscription d'un concurrent au tableau de l'Ordre des vétérinaires de la région de Paris.
- Une décision abrogeant une précédente décision d'inscription d'un praticien au tableau de l'ordre des chirurgiens-dentistes doit faire l'objet d'un recours pour excès de pouvoir, et non d'un recours en cassation puisqu'elle met en cause la mise en œuvre d'une attribution administrative et non juridictionnelle de l'ordre (CE Sect., 6 mars 2009, requête numéro 306084, Coulibaly : Dr. adm. 2009, 64, note Melleray ; RFDA 2009, p. 215, concl. de Salins et p. 439, note Eveillard ; AJDA 2009, p. 817, note Liéber et Botteghi ; RLCT 2009/47, p. 50, note Sudres).

Ainsi, un même organe, selon la formation dans laquelle il statue, et selon la nature de la question qu'il tranche, peut adopter une décision administrative ou juridictionnelle.

Le second problème réside dans le fait que si le critère matériel joue un rôle essentiel, il n'a pas totalement supplanté le critère formel. C'est cette constatation qui conduit une partie de la doctrine à considérer que le Conseil d'Etat n'a jamais clairement abandonné ce dernier critère (V. notamment : Auby et Drago, Traité de contentieux administratif, Montchrestien 1998, t. 1, n° 279.- O. Gohin, Qu'est-ce qu'une juridiction pour le juge français : Rev. Droits 1989, n° 9, p. 93)

En effet, si le critère matériel joue un rôle essentiel, le critère formel réapparaît lorsque la création de l'organisme en cause résulte d'une initiative privée et lorsque les sanctions qu'il édicte résultent des statuts d'une association. Ainsi, il résulte notamment d'un arrêt de Section Hechter du 19 décembre 1980 que les fédérations sportives ne sauraient être considérées comme des juridictions, y compris lorsqu'elles statuent en matière disciplinaire (requête numéro11320: Rec. p. 488 ; D. 1981, p. 286, note Plouvin et p. 431, note Simon ; Gaz. Pal. 1981, 2, p. 544, concl. Genevois ; JCP G 1982, II, 19784, note Pacteau). Cette particularité paraît toutefois devoir s'expliquer, comme le souligne M. Degoffe, et même si cette explication n'est pas entièrement convaincante, par le fait que le pouvoir juridictionnel des fédérations sportives est « insuffisamment organisé » à la différence, notamment, de celui qui est conféré à ces autres personnes morales de droit privé que constituent les ordres professionnels (M. Degoffe, Juridictions administratives spécialisées, Répertoire de contentieux administratif, Dalloz 2003, n°33).

Il faut ajouter sur ce point que l'approche matérielle de la notion de juridiction est conforme à l'interprétation faite par les juridictions françaises de l'article 6§1 de la Convention européenne des droits de l'Homme. Il en résulte qu'un organisme qui n'est pas une juridiction au regard du droit interne - et plus précisément d'une loi - devra néanmoins respecter le principe du procès équitable rappelé par ces dispositions, et particulièrement le principe d'impartialité qui est une de ses composantes, « eu égard à la nature, à la composition et aux attributions » qui sont les siennes (CE Ass., 3 novembre 1999, requête numéro 207434, Didier, préc .- Voir également : CE, 2 novembre 2005, requête numéro 271202, Société banque privée Fideuram Wargny.- CE, 6 janvier 2006, requête numéro 279596, Société Lebanese communication group). Cette jurisprudence s'applique notamment aux autorités administratives indépendantes dotées d'un pouvoir de sanction. Elles doivent en effet être regardées, au sens de l'article 6§I susvisé, comme des tribunaux décidant du bien-fondé d'accusations en matière pénale, et cela même si le Conseil d'Etat, plutôt que de se référer directement à cet article, préfère parfois viser « le principe des droits de la défense, rappelé par l'article 6 § 1 de la convention européenne » (CE Sect., 27 octobre 2006, requête numéro 276069, Parent : Rec. p. 54 ; AJDA 2007, p. 80, note Collet ; LPA 20 décembre 2006, p. 4, concl. Guyomar.- V. également CE, 20 janvier 2016, requête numéro 374950, Caisse d'épargne et de prévoyance du Languedoc-Roussillon.- CE, 3 février 2016, requête numéro 36998, Président de l'Autorité des marchés financiers).

Exemples :
- L'arrêt Didier a été rendu à propos de l'activité du Conseil des marchés financiers siégeant en matière disciplinaire. Si cet organisme n'est pas une juridiction en droit interne, il constitue néanmoins un tribunal au sens de l'article 6 §1 de la Convention européenne des droits de l'Homme et est donc soumis au respect du principe d'impartialité.
- CE, 19 mai 2010, requête numéro 327255, Compagnie Majestic Exécutive Aviation AG: les dispositions de l'article L. 227-4 du Code de l'aviation civile, qui prévoient que la personne poursuivie devant l'autorité de contrôle des nuisances sonores aéroportuaires puisse répondre aux observations du procès-verbal de constat de l'infraction, procès-verbal dont la notification engage la procédure de sanction, est conforme aux stipulations de l'article 6 §1 de la Convention européenne des droits de l'homme.

En matière répressive, les autorités compétentes pour édicter des sanctions administratives devront également se conformer à la jurisprudence du Conseil constitutionnel. En effet l'exercice du pouvoir de sanction doit être assorti par la loi de mesures destinées à sauvegarder les droits et libertés constitutionnellement garantis. En particulier « doivent être respectés les principes de la nécessité et de la légalité des peines, ainsi que les droits de la défense, principes applicables à toute sanction ayant le caractère d'une punition, même si le législateur a laissé le soin de la prononcer à une autorité de nature non juridictionnelle » (CC, 27 juillet 2000, numéro 2000-433 DC, Loi modifiant la loi n°86-1067 du 30 septembre 1986 relative à la liberté de communication.- V. également : CC, 30 mars 2006, numéro 2006-535 DC, Loi pour l'égalité des chances.- CC,

10 juin 2009, numéro 2009-580 DC, Loi favorisant la diffusion et la protection de la création sur internet : Journal Officiel 13 Juin 2009 ; Rec. CC, p. 107 ; Rev. sc. crim. 2009, p. 609 ; AJDA 2009, p. 1132 ; RTD civ. 2009, p. 754, obs. Revet ; D. 2009, p. 1770, obs. Bruguière ; Rev. sc. crim. 2010, p. 209, obs. de Lamy ; p. 415, note Capello ; D. 2010, p. 1508, chron. Bernaud et Ga).

Notons enfin que le principe d'impartialité a été expressément qualifié de principe général du droit par le Conseil d'Etat à l'occasion de son arrêt Karsenty et fondation d'Aguessau du 28 avril 2006 (requête numéro 261706, requête numéro 261712 : AJDA 2005, p. 1732, note Lascombe et Vandendriessche ; Droit adm. 2005, 105, note Lombard ; JCP 2005, I, 177, obs. Levoyer ; RFDA 2005, p.693).

§ II – Notion de juridiction administrative

La qualification de juridiction administrative résulte soit d'un texte de loi soit, à défaut, de critères jurisprudentiels.

I – Qualification opérée par le législateur

La qualification législative peut être directe ou indirecte, certaines règles appliquées à l'institution en cause dénotant, à coup sûr, qu'il s'agit d'une juridiction.

Exemples :
- D'après l'article L. 4122-3 du Code de la santé publique, les décisions rendues par la chambre disciplinaire nationale qui siège auprès du conseil national de l'ordre des médecins, sur appel des décisions rendues par les chambres disciplinaires de première instance, sont susceptibles de recours devant le Conseil d'Etat. La référence à un appel dénote le caractère juridictionnel des décisions concernées, et l'existence d'un recours devant le Conseil d'Etat leur rattachement à l'ordre de juridiction administratif.
- D'après l'ancien article L. 323-35 du Code du travail, les commissions départementales des travailleurs handicapés, des mutilés de guerre et assimilés (CDTH) devaient statuer sous le contrôle de cassation du Conseil d'Etat, sur les contestations des décisions administratives prises par les commissions techniques d'orientation et de reclassement professionnel (COTOREP) concernant la reconnaissance de la qualité de travailleur handicapé, ou le classement des intéressés en fonction de la gravité de leur handicap et l'orientation qui en résulte. Seules les décisions des juridictions administratives pouvant faire l'objet d'un recours en cassation devant le Conseil d'Etat, les CDTH étaient donc bien des juridictions administratives.

II – Qualification opérée par le juge

Dans le silence des textes, les juges se réfèrent à un critère matériel défini à l'occasion de l'arrêt d'Assemblée du Conseil d'Etat d'Aillières du 7 février 1947 (Rec. p.50 ; JCP 1947, 3508, note Morange ; RDP 1947, p.68, concl. Odent, note Waline).

La qualification de la juridiction dépendra alors « de la nature des affaires » qui lui sont soumises. Ceci signifie que le Conseil d'Etat va apprécier si les questions soumises à la juridiction pour laquelle se pose un problème de qualification sont plutôt des questions de droit public ou bien des questions de droit privé.

Exemples :
- CE Ass., 12 juillet 1969, L'Etang (Rec. p. 388 ; AJDA 1969, p. 558, chron. Dewost et Denoix de Saint-Marc ; RDP 1970, p. 387, note Waline) : le Conseil supérieur de la magistrature statue sur les litiges qui « intéressent l'organisation du service public de la justice ». Il s'agit là de questions de droit public. Le Conseil supérieur de la magistrature est donc une juridiction administrative.
Il faut toutefois noter que le Conseil supérieur de la magistrature, comme les ordres professionnels, ne rend pas que des jugements : il adopte également des décisions administratives (CE, 17 avril 1953, Falco et Vidaillac : Rec. p. 175).
- CE Sect., 17 janvier 1949, Adam (Rec. p.7 ; D. 1950, p.5, note J.G) : la commission de remembrement urbain tranche des litiges « concernant les questions de propriété immobilière », questions relevant par nature des juridictions judiciaires. Il s'agit donc d'une juridiction judiciaire.

Parfois, la solution n'est pas aussi tranchée. Ainsi, dans l'affaire d'Aillières se posait la question du statut des jurys d'honneur. Ces organes avaient été institués pour statuer sur les demandes de personnes déchues de leurs droits civiques après la libération. Dans ses conclusions, le commissaire du gouvernement Odent estimait que les jurys d'honneur, qui avaient le pouvoir de mettre fin à des inéligibilités prononcées pour des motifs politiques étaient des juridictions politiques, de la même façon que la Haute Cour de justice (Constitution, art. 67) ou la Cour de justice de la république (Constitution, art. 68-1 et 68-2) sont des juridictions politiques sous la Cinquième République. Comme on l'a vu, le Conseil d'Etat en a pourtant décidé autrement et a estimé qu'il s'agissait de juridictions administratives.

Section II – Juridictions administratives de droit commun

Il existe deux grandes catégories de juridictions administratives. Il s'agit d'abord des juridictions administratives spéciales qui sont compétentes dans des domaines particuliers (Cour des comptes, Conseil supérieur de la magistrature, sections disciplinaires des conseils d'administration des universités etc.…) et dont les décisions peuvent contestées en dernier ressort devant le Conseil d'Etat. Il s'agit ensuite des juridictions administratives de droit commun qui exercent une compétence de principe et sur lesquelles on va se concentrer. Les juridictions administratives de droit commun sont de trois ordres : les tribunaux administratifs, les cours administratives d'appel et le Conseil d'Etat.

§ I – Conseil d'Etat

Le Conseil d'Etat a été créé par la Constitution du 22 frimaire an VIII et son organisation actuelle est définie par les articles L.111-1 à L. 137-1 et R. 112-1 à R.137-4 du Code de justice administrative.

I – Composition

Le Conseil d'Etat est présidé par le Premier ministre. Cependant, cette présidence n'est qu'honorifique. Il a été jugé qu'elle ne méconnaît pas les dispositions de l'article 6§1 de la Convention européenne des droits de l'homme relatif au procès équitable, puisqu'elle ne concerne que l'Assemblée générale du Conseil d'Etat, qui est une formation administrative distincte de l'Assemblée du contentieux (CE, 13 janvier 1997, requête numéro 181138, Seidel : RFDA 1998, p. 1210, obs. Andriantsimbazoniva, Labayle et Sudre). Par ailleurs, l'article L. 121-1 du Code de justice administrative se borne à préciser que l'Assemblée générale du Conseil d'Etat « peut » être présidée par le Premier ministre et « en son absence » par le garde des Sceaux.

En réalité, c'est le vice-président du Conseil d'Etat, qui est nommé par décret en Conseil des ministres, sur proposition du garde des Sceaux, qui exerce la présidence effective de cette institution. Il compose, avec les sept présidents de section, le secrétaire général et les secrétaires généraux adjoints le bureau des présidents, institution dont l'existence n'est pourtant pas prévue par les textes, mais qui exerce un rôle central pour la résolution des questions relatives au fonctionnement de l'institution.

Le vice-président prépare et organise les travaux avec l'assistance du secrétaire général du Conseil d'Etat (CJA, art. R. 121-9). Il est également en charge de l'administration du Conseil d'Etat, dans la mesure où c'est sous son autorité que le secrétaire général du Conseil en dirige les services (CJA, art. R. 121-9). Comme on l'a mentionné, il assure la présidence effective de l'Assemblée générale, qui est la plus haute formation administrative du Conseil d'Etat, mais il préside également l'Assemblée du contentieux qui est la formation de jugement la plus élevée (CJA, art. R. 122-20). En application de l'article R.121-14 du Code de justice administrative il est également l'ordonnateur principal du budget du Conseil d'Etat et il conclut les marchés et contrats passés par l'institution. Enfin, en application de l'article R. 231-3 du Code de justice administrative il assure la gestion du corps des tribunaux administratifs et des cours administratives d'appel.

Les membres actuels du Conseil d'Etat (232 au 1er janvier 2014) sont recrutés pour environ les deux tiers par concours. Le tiers restant provient du tour extérieur (membres du corps des conseillers des tribunaux administratifs et des cours administratives d'appel, fonctionnaires appartenant aux cadres supérieurs de l'administration active, etc.).

Ils se répartissent en trois grades. Les auditeurs sont recrutés exclusivement par le concours de l'Ecole nationale d'administration (CJA, art. L. 133-6). Les maîtres des requêtes sont choisis pour les trois quarts parmi les auditeurs et pour le quart restant au tour extérieur (CJA, art. L. 133-4). Les conseillers d'Etat sont choisis pour les deux tiers parmi les maîtres des requêtes et pour le tiers restant au tour extérieur (CJA, art. L. 133-3).

Il faut relever que le principe retenu pour l'avancement entre ces différents grades est celui de l'ancienneté. Il s'agit ici d'une garantie de l'indépendance des membres du Conseil d'Etat, qui compense l'absence des garanties qui sont reconnues, par ailleurs, aux magistrats de l'ordre judiciaire. En effet, les membres du Conseil d'Etat ne sont pas des magistrats soumis au statut de la magistrature défini par l'article 64 de la Constitution. Ainsi, ils ne bénéficient pas de l'inamovibilité et le pouvoir disciplinaire, les concernant, appartient au Président de la République qui statue sur proposition du garde des Sceaux, après un simple avis d'une commission composée de membres du Conseil d'Etat.

A côté des membres ordinaires du Conseil d'Etat, il existe également des conseillers d'Etat en service extraordinaire qui sont, en application de l'article L. 121-4 du Code de justice administrative, « des personnalités qualifiées dans les différents domaines de l'activité nationale ». Ils sont nommés par décret en Conseil des ministres sur la proposition du Garde des sceaux pour une durée de cinq ans non renouvelable avant l'expiration d'un délai de deux ans.

A l'origine, les conseillers d'Etat en service extraordinaire siégeaient à l'assemblée générale et ils pouvaient être appelés à participer aux séances des autres formations administratives. En revanche, ils ne pouvaient être affectés à la section du contentieux. Les règles en vigueur ont toutefois été modifiées par la loi n°2016-483 du 20 avril 2016, qui permet de les affecter également à la section du contentieux. Dans cette hypothèse ils doivent désormais être « choisis parmi les personnes que leur compétence et leur activité dans le domaine du droit qualifient particulièrement pour l'exercice de ces fonctions ». Notons que pour les conseillers d'Etat en service extraordinaire, les nominations à la section du contentieux ou à une section administrative sont exclusives l'une de l'autre.

La loi n°2012-1347 du 12 mars 2012 a créé une nouvelle catégorie des membres extraordinaires : les maîtres des requêtes en service extraordinaire. Le nouvel article L. 133-9 du Code de justice administrative, est beaucoup plus précis que l'article L. 121-4 puisqu'il énumère les catégories d'agents qui peuvent être nommés. Il s'agit par exemple des fonctionnaires appartenant à un corps recruté par la voie de l'Ecole nationale d'administration, des magistrats de l'ordre judiciaire ou encore des professeurs et maîtres de conférences titulaires des universités. Ils ne peuvent être nommés - par le vice-président du Conseil d'Etat et non pas par le Président de la République - que pour une durée de quatre ans maximum non renouvelable. Ils « exercent les fonctions dévolues aux maîtres des requêtes » et ils peuvent donc être affectés à la section du contentieux.

II – Organisation

Le Conseil d'Etat est organisé en sept sections : six sections administratives (intérieur, finances, travaux publics, sociale, du rapport et des études et depuis le décret n°2008-225 du 6 mars 2008 de l'administration) et une section du contentieux.

En vertu du principe de double appartenance, institué par le décret n°63-766 du 30 juillet 1963, les membres ordinaires, à l'exception des présidents de section et de chambre (de sous-section à l'époque de ce texte), étaient affectés à la fois à une section administrative et à la section du contentieux. Cette réforme, issue de la crise survenue suite à l'arrêt d'Assemblée Canal, Robin et Godot du 19 octobre 1962 (requête numéro 58502 : Rec. p.552 ; AJDA 1962 p.612, obs. de Laubadère ; JCP 1963, II, 13068, note Debbasch ; Rev. Adm. 1962, p.623, note Liet-Veaux), était censée permettre aux juges administratifs de mieux connaître l'administration active et ses difficultés de fonctionnement.

Toutefois, le décret n°2008-225 du 6 mars 2008, puis le décret n°2010-164 du 22 février 2010 ont assoupli cette règle. Désormais, en effet, selon l'article R. 121-3 du Code de justice administrative : « les conseillers d'Etat en service ordinaire, les maîtres des requêtes et les auditeurs peuvent être affectés soit à une, soit à deux sections. Toutefois, les maîtres des requêtes et les auditeurs qui comptent moins de trois années de service dans une juridiction administrative sont affectés uniquement à la section du contentieux ». On relèvera également que depuis l'entrée en vigueur de la loi n°2016-483 du 20 avril 2016, les conseillers d'Etat en service extraordinaire appartiennent exclusivement soit à une section administrative soit à la section du contentieux (V. respectivement CJA, art. L. 121-4, II et L. 121-4, III).

L'organisation du Conseil d'Etat pose la question de l'impartialité d'une instance juridictionnelle qui peut conseiller le gouvernement, pour la rédaction des décrets et des arrêtés ministériels, mais qui est également susceptible de juger de la légalité des mêmes textes.

La Cour européenne des droits de l'Homme a jugé, dans un arrêt Procola c. Luxembourg du 28 septembre 1995, que l'article 6§I de la Convention européenne des droits de l'Homme s'oppose à ce qu'une même personne cumule les fonctions consultatives et juridictionnelles à propos d'une « même affaire » ou d'une « même décision » (affaire numéro 14570/89 : RFDA 1996, p.777). Pour qu'il y ait « même affaire » ou « même décision » la Cour a précisé, dans sa décision Kleyn c. Pays-Bas du 6 mai 2003 que les faits doivent être les mêmes et qu'ils doivent avoir été appréciés sous le même angle (affaire numéro 39343/98, affaire numéro 39651/98, affaire numéro 43147/98, affaire numéro 46664/99 : AJDA 2003, p. 1490, note Rolin ; LPA 2 mars 2004, n° 44, p. 9 note de Bernardinis).

Exemple :
- Tel n'est pas le cas dans la dernière espèce, le Conseil d'Etat néerlandais ayant rendu un avis relativement au projet de loi sur la planification des infrastructures de transport, tandis que les recours formés par les requérants étaient dirigés contre un arrêté de tracé. Plus précisément, la Cour considère que les avis consultatifs rendus sur le projet de loi et la procédure subséquente d'examen des recours introduits contre l'arrêté de tracé ne peuvent passer pour représenter la « même affaire » ou la « même décision ».

Ces solutions ont inspiré le Conseil d'Etat dans un arrêt d'Assemblée du 4 juillet 2003, Dubreuil (requête numéro 234353 : Dr. adm. 2003, 173, note M.G.- V. également CE, 4 février 2005, requête numéro 269233, Procureur général près la Cour des comptes, Ministère public près la Cour de discipline budgétaire et financière : Collectivités territoriales – Intercommunalité 2005, 79, note Erstein) qui concerne la Cour de discipline budgétaire et financière, mais dont la solution peut être aisément transposée à la juridiction administrative suprême. Les juges relèvent qu'aucune règle ni aucun principe « ne s'opposent à ce que, pour sanctionner les manquements des ordonnateurs aux règles de la comptabilité publique, soit institué un organe à compétence juridictionnelle qui comprenne des membres de la Cour des comptes, alors même que celle-ci est chargée de juger les comptes des comptables publics, et peut, en cas de gestion de fait, connaître de manquements commis par les ordonnateurs ». Toutefois, « une telle composition ne doit ...pas conduire à ce qu'un membre de la Cour de discipline budgétaire et financière ait à juger d'accusations relatives à des faits qu'il a déjà eu à apprécier dans le cadre d'autres fonctions ». Ce principe a notamment vocation à s'appliquer « lorsqu'un membre de la Cour de discipline budgétaire et financière a antérieurement siégé lors d'une procédure de gestion de fait mettant en cause la même personne ou a pris part à l'adoption du rapport public de la Cour des comptes, ... si les faits soumis à l'appréciation de la Cour de discipline budgétaire et financière ont été présentés dans ce rapport comme établis et irréguliers ».

En revanche, dans son arrêt d'Assemblée Labor Metal du 23 février 2000 (requête numéro 195715 : Rec. p. 83 ; AJDA 2000, p. 415, chron. Collin et Guyomar ; Dr. adm. 2000, 61 ; RDP 2000. p. 323, étude Prétot ; RFDA 2000, p. 435, concl. Seban), le Conseil d'Etat avait auparavant estimé que « eu égard à la nature des pouvoirs du juge des comptes et aux conséquences de ses décisions pour les intéressés, tant le principe d'impartialité que celui des droits de la défense font obstacle à ce qu'une décision juridictionnelle prononçant la gestion de fait soit régulièrement rendue par la Cour des comptes alors que, comme en l'espèce, celle-ci a précédemment évoqué cette affaire dans un rapport public en relevant l'irrégularité des faits ».

S'agissant de l'organisation du Conseil d'Etat français, la question de la dualité des fonctions administratives et juridictionnelles avait été abordée par l'article 20 de la loi du 24 mai 1872 qui précisait que « les membres du Conseil ne pourront participer au jugement des recours dirigés contre les décisions qui ont été préparées par les sections auxquelles ils appartiennent s'ils ont pris part à la délibération ». Si ce principe n'a pas été repris par l'ordonnance n°45-1708 du 31 juillet 1945 portant sur le Conseil d'Etat, il subsista néanmoins comme règle coutumière y compris avec l'apparition, suite à l'arrêt Canal, Robin et Godot (préc.), de la règle de la double appartenance.

Finalement, mettant un terme à ces ambiguïtés, le décret n°2008-225 du 6 mars 2008 a porté création d'un nouvel article R. 122-21-1 du Code de justice administrative selon lequel « les membres du Conseil d'Etat ne peuvent participer au jugement des recours dirigés contre les actes pris après avis du Conseil d'Etat, s'ils ont pris part à la délibération de cet avis ».

L'article R. 122-21-2 créé par le même décret précise quant à lui que « lorsque le Conseil d'Etat est saisi d'un recours contre un acte pris après avis d'une de ses formations consultatives, la liste des membres ayant pris part à la délibération de cet avis est communiquée au requérant qui en fait la demande ».

Enfin, dans le but de mieux garantir l'équité de la procédure, l'article R. 122-21-3, créé par le décret n°2011-1950 du 23 décembre 2011, précise que « les membres du Conseil d'Etat qui participent au jugement des recours dirigés contre des actes pris après avis du Conseil d'Etat ne peuvent pas prendre connaissance de ces avis, dès lors qu'ils n'ont pas été rendus publics, ni des dossiers des formations consultatives relatifs à ces avis ». Il faut ici relever que ces dispositions n'ont pas été remises en cause par la décision du Président de la République du 15 janvier 2015 décidant de rendre publics les avis du Conseil d'Etat, dès lors que seuls les avis sur les projets de lois sont concernés.

Le cumul des fonctions du Conseil d'Etat n'a pas été condamné par la Cour européenne des droits de l'homme qui considère que cette organisation ne révèle en tant que telle une « impartialité structurelle ». Le fait qu'aucun membre de la formation de jugement saisie du recours contre l'acte contesté n'avait précédemment délibéré sur l'avis rendu sur le même texte suffit en effet à respecter le principe d'impartialité (CEDH, 9 novembre 2006, affaire numéro 65411/01 , Société Sacilor Lormines c. France : Rec. CEDH 2006-XIII ; JCP A 2007, 2002, note Szymczak ; RFDA 2007, p. 342, note Autin et Sudre .- CEDH, 30 juin 2009, affaire numéro 39699/03, Union fédérale consommateurs « Que choisir ? » de Côte-d'Or c. France : RFDA 2009, p.885, note Pacteau).

III – Attributions

Le Conseil d'Etat exerce traditionnellement une double mission de conseil du gouvernement et de juge suprême de l'administration. La loi n°2016-1547 du 18 novembre 2016 lui octroie de nouveaux pouvoirs en matière de médiation.

On notera toutefois au préalable que depuis la révision constitutionnelle du 23 juillet 2008, l'article 39 de la Constitution permet également au président d'une assemblée parlementaire de saisir le Conseil d'Etat d'une demande d'avis sur une proposition de loi déposée devant l'assemblée, sauf si le parlementaire auteur de cette proposition s'y oppose. Ces dispositions ont été précisées par la loi n°2009-689 du 15 juin 2009 qui a modifié l'article L. 112-1 du Code de justice administrative lequel prévoit désormais que « le Conseil d'Etat émet un avis sur les propositions de loi, déposées sur le bureau d'une assemblée parlementaire et non encore examinées en commission, dont il est saisi par le président de cette assemblée ».

A – Le Conseil d'Etat, conseiller du gouvernement

L'article L. 112-1 du Code de justice administrative permet de distinguer deux hypothèses : celles où la consultation du Conseil d'Etat est obligatoire et celles où elle est simplement facultative.

1° Consultations obligatoires

Il convient d'évoquer quelles sont les hypothèses de consultation obligatoire du Conseil d'Etat avant de décrire la procédure applicable.

A – Hypothèses de consultation obligatoire du Conseil d'Etat

Comme cela est précisé par les articles 38 et 39 alinéa 2 de la Constitution, et rappelé par l'article L. 112-1 du Code de justice administrative, la consultation du Conseil d'Etat est obligatoire avant que les projets de lois et d'ordonnances n'aient été délibérés en Conseil des ministres. Le Conseil d'Etat participe donc à la confection des projets de lois et d'ordonnances. S'agissant des projets de lois, les documents relatifs à leur étude d'impact sont également transmis au Conseil d'Etat (loi organique n°2009-403 du 15 avril 2009, art. 8).

Cette consultation est en principe facultative pour les décrets sauf, d'une part, dans le cas où la saisine du Conseil d'Etat est rendue obligatoire par un texte et pour la modification des décrets pris dans le cadre de cette procédure (CE Ass., 3 juillet 1998, requête numéro 177248, requête numéro 177320, requête numéro 177387, Syndicat national de l'environnement CFDT : Rec. p.272 ; AJDA 1998, p. 780, chron. Raynaud et Fombeur ; JCP G 1999, I, 128, chron. Petit ; RFDA 1998, p. 1059 ; LPA 12 janvier 1999, n° 8, note Moniolle) et, d'autre part, lorsque le gouvernement a recours à la procédure de délégalisation de l'article 37 alinéa 2 de la Constitution.

Le Conseil d'Etat a récemment précisé que «eu égard au rôle ainsi dévolu au Conseil d'État, le défaut de saisine de ce dernier entraîne l'illégalité des actes administratifs dont le projet devait lui être obligatoirement soumis » (CE, 17 juillet 2013, requête numéro 358109, Syndicat national des professionnels de santé au travail, préc.). Il s'agit donc d'un moyen d'ordre public qui doit être soulevé d'office par les juges.

En revanche, le gouvernement n'est pas tenu de suivre l'avis qui a été formulé. Ainsi, il peut décider de maintenir son texte dans sa rédaction initiale malgré un avis négatif du Conseil d'Etat, comme il peut l'abandonner ou renoncer à son projet. Il peut également retenir, sur certains points, la rédaction initiale du texte, et sur d'autres faire siennes les modifications suggérées par le Conseil d'Etat (CE, 16 octobre 1968, Union nationale des grandes pharmacies de France : Rec. p. 488). Il est nécessaire, dans ce cas, que l'ensemble de ces dispositions ne forme pas un tout indissociable (CE, 20 décembre 2013, requête numéro 357198, Fédération française des artisans coopérateurs du bâtiment : JCP A 2014, 2304, note Erstein), En tout état de cause, le gouvernement n'a pas la possibilité de retenir une nouvelle rédaction du texte qui constituerait alors un nouveau projet nécessitant une nouvelle saisine du Conseil d'Etat (CE, 9 février 1994, requête numéro 129243, Préfet de Seine-et-Marne : Rec. p.60). Notons toutefois qu'une modification de pure forme n'entache pas d'irrégularité la procédure (CE, 7 mai 2012, requête numéro 337700, Syndicat CFDT des personnels de l'administration centrale du Ministère de la Justice et de la légion d'honneur).

Sur la question des projets de lois, le Conseil constitutionnel a une position plus nuancée puisqu'il estime que « l'ensemble des questions posées par le texte adopté par le Conseil des ministres doivent avoir été soumises au Conseil d'Etat lors de sa consultation » (CC, 3 avril 2003, numéro 2003-468 DC, Loi relative à l'élection des conseillers régionaux et des représentants au Parlement européen ainsi qu'à l'aide publique aux partis politiques : JO, 2 avril 2003, p. 6493 ; Rec. CC 2003, p. 325 ; Collectivités-Intercommunalité 2003, 5 et 6). Il en résulte que si le Conseil d'Etat doit être consulté sur toutes les questions soulevées par le texte, toute modification de celui-ci postérieure à la consultation par voie d'amendement n'est pas interdite (CC, 30 mars 2006, numéro 2006-535 DC, Loi pour l'égalité des chances : JO, 2 avril 2006, p. 4964 ; LPA, 5 avril 2006, n°68, p. 3 et 6 avril 2006, n°69, p.3, note Schoettl ; RDP 2006, p.769, note Camby ; AJDA 2006, p.1961, note Geslot).

B – Procédure

Le projet est d'abord soumis à la section administrative compétente en vue de son instruction. Ce rôle consultatif ne concerne toutefois que les sections de l'intérieur, des finances, des travaux publics, de l'administration ainsi que la section sociale. La section du rapport et des études joue un autre rôle puisqu'elle a pour principale mission d'attirer l'attention de l'exécutif sur des questions de portée générale, et suggérer des réformes dans son rapport annuel. Elle peut également procéder à des études à la demande du Premier ministre et elle joue un rôle important en matière d'exécution des décisions de justice (CJA, art. R. 123-5).

Une fois l'instruction terminée, l'avis est rendu par l'Assemblée générale ordinaire qui comprend notamment le vice-président du Conseil d'Etat et les différents présidents de sections.

Cependant, le gouvernement peut décider que le texte est urgent. Dans ce cas, l'avis est rendu par une formation moins solennelle, la commission permanente du Conseil d'Etat, qui est composée de représentants des différentes sections intéressées (CJA, art. R. 123-21 s.).

En outre, le décret n°2008-225 du 6 mars 2008 a modifié l'article R. 123-20 du Code de justice administrative dans le sens d'un assouplissement. Désormais, le vice-président du Conseil d'Etat peut décider de ne pas faire examiner les projets de lois ou d'ordonnances par l'Assemblée générale, lorsque ceux-ci ne soulèvent pas de difficultés. A l'opposé, sur décision du vice-président, après avis du président de la section ou de la commission compétente, le projet de texte peut être porté à l'ordre du jour de l'assemblée générale plénière du Conseil d'Etat. Le renvoi à l'assemblée général plénière peut également être décidé par l'assemblée générale ordinaire.

2° Consultations facultatives

Le gouvernement à la possibilité, par l'intermédiaire de son secrétariat général, de solliciter le Conseil d'Etat qui va réaliser alors, en quelque sorte, des consultations juridiques. Plus généralement, le gouvernement peut toujours soumettre un texte au Conseil d'Etat afin qu'il donne son avis, même dans les cas où sa saisine n'est pas obligatoire.

B – Le Conseil d'Etat, juge suprême de l'administration

Le Conseil d'Etat est le juge suprême de l'ordre juridictionnel administratif comme la Cour de cassation est le juge suprême de l'ordre judiciaire. A ce titre il assure, comme juge de cassation, l'unité de la jurisprudence. Toutefois, il est également, pour certains litiges, juge d'appel ou juge en premier et dernier ressort. Les décisions du Conseil d'Etat sont susceptibles d'être rendues par des formations de jugement différentes. En dehors de ses décisions, le Conseil d'Etat peut être également saisi pour avis par les tribunaux administratifs et les cours administratives d'appel.

1° Formations de jugement

Le Conseil d'Etat rend environ 10 000 décisions par an qui peuvent émaner de formations de jugement différentes. L'essentiel des jugements sont rendus au sein de la section du contentieux. Il faut ici relever que les dix sous-sections de la section du contentieux sont désormais dix chambres depuis la loi n°2016-483 du 20 avril 2016 relative à la déontologie et aux droits et obligations des fonctionnaires.

Elle comprend en outre la formation spécialisée prévue à l'article L. 773-2 du Code de justice administrative depuis l'entrée en vigueur de la loi n°2015-912 du 24 juillet 2015 relative au renseignement une formation spécialisée chargée du contentieux de la mise en œuvre des techniques de renseignement soumises à autorisation et des fichiers intéressant la sûreté de l'Etat. Cette formation comprend, outre le président qui est désigné pour une durée de quatre ans, par arrêté du Premier ministre, sur proposition du garde des sceaux, deux membres ayant au moins le grade de conseiller d'Etat ainsi que deux suppléants ayant au moins le grade de maître des requêtes, désignés par arrêté du président de la section du contentieux, après avis des présidents adjoints.

En dehors de cette hypothèse particulière, il existe quatre types de formations de jugement :

- La chambre jugeant seule : la même chambre instruit l'affaire et la juge. La chambre jugeant seule est composée du président de la chambre chargée de l'affaire, de l'un de ses deux assesseurs, et d'un rapporteur. Elle ne peut délibérer que si au moins trois membres ayant voix délibérative sont présents (CJA, art. R. 122-14). Cette formation est chargée de juger les litiges qui présentent le moins de difficultés. En particulier elle peut rejeter les pourvois en cassation qui ne sont pas admis.

- Les chambres réunies : en principe, dans cette hypothèse, une chambre instruit l'affaire qui est jugée par une autre chambre. Cependant, depuis l'entrée en vigueur du décret n°2010-164 du 22 février 2010, les chambres de la section du contentieux peuvent désormais également se regrouper par trois ou quatre (CJA, art. R. 122-11). Chaque année, un arrêté du vice-président du Conseil d'Etat doit intervenir pour fixer le groupement de chambres en formation de jugement. Cet arrêté doit être pris sur proposition du président de la section du contentieux.

Cette formation est présidée par l'un des présidents adjoints de la section du contentieux, par le vice-président du Conseil d'Etat ou par le président de la section du contentieux. Outre son président et le rapporteur, elle comprend : les présidents des chambres ; les assesseurs des chambres ou, lorsque les chambres réunies sont au nombre de quatre, l'assesseur le plus ancien dans ses fonctions de chaque chambre ; lorsque les chambres réunies sont au nombre de deux ou de quatre, un conseiller d'Etat appartenant à la section du contentieux désigné par le président de celle-ci, en dehors des chambres qui siègent, selon un tour de rôle établi deux fois par an.

Dans tous les cas, elles ne peuvent statuer que si cinq membres au moins ayant voix délibérative sont présents (CJA, art. R. 122-16).

- La section du contentieux (CJA, art. R. 122-18) : cette formation est composée du président de la section des trois présidents adjoints, des présidents de chambres et d'un rapporteur.

- L'assemblée du contentieux (CJA, art. R. 122-20) : cette formation est composée du vice-président du Conseil d'Etat ; des présidents de section, des trois présidents adjoints de la section du contentieux, du président de la chambre sur le rapport de laquelle l'affaire est jugée ou, si l'instruction a été faite dans les conditions prévues au premier alinéa de l'article R. 611-20, le président de la chambre à laquelle l'affaire a été initialement attribuée, des quatre présidents de chambres les plus anciens dans leurs fonctions en dehors du précédent, d'un rapporteur.

La grande majorité des décisions sont rendues par les chambres jugeant seules et par les chambres réunies. Les formations de section du contentieux ainsi que l'assemblée du contentieux sont choisies en fonction de la difficulté des questions de droit soumises à la juridiction administrative suprême.

Notons toutefois qu'il existe de très nombreuses hypothèses, visées par l'article R. 122-12 du Code de justice administrative, où un juge peut statuer seul par voie d'ordonnance. Il pourra s'agir du président de la section du contentieux, d'un président adjoint de cette section, d'un président de chambre ou encore d'un conseiller d'Etat chargés de fonction d'assesseur. Cette hypothèse peut se présenter, notamment, pour donner acte de désistements, pour rejeter des requêtes manifestement irrecevables, mais aussi - depuis l'entrée en vigueur du décret n°2016-1480 du 2 novembre 2016 - pour statuer sur les requêtes relevant d'une série (CJA, art. R. 221-1).

2° Saisine pour avis du Conseil d'Etat sur une question de droit par les tribunaux administratifs et les cours administratives d'appel

L'article L. 113-1 du Code de justice administrative dispose que : « avant de statuer sur une requête soulevant une question de droit nouvelle, présentant une difficulté sérieuse et se posant dans de nombreux litiges, le tribunal administratif ou la cour administrative d'appel peut, par une décision qui n'est susceptible d'aucun recours, transmettre le dossier de l'affaire au Conseil d'Etat ».

Cette procédure permet au Conseil d'Etat d'unifier le contentieux. Lorsqu'il est saisi, il est tenu d'examiner dans un délai de trois mois la question soulevée. Il est alors sursis à toute décision sur le fond de l'affaire jusqu'à l'avis du Conseil d'Etat ou, à défaut, jusqu'à l'expiration de ce délai.

C – Le rôle du Conseil d'Etat en matière de médiation

Dans l'objectif de favoriser les modes alternatifs de règlement des différends l'article 5 de la loi n° 2016-1547 du 18 novembre 2016 de modernisation de la justice a introduit dans le Code des juridictions administratives des dispositions relatives à la médiation, qui devient une nouvelle modalité de droit commun de résolution des litiges. Dans ce sens, le Conseil d'Etat et le Conseil national des barreaux ont signé, lundi 13 décembre 2017, une convention dont l'objectif est de « promouvoir le recours à la médiation auprès des avocats, des magistrats, des acteurs publics et des justiciables et à mettre en oeuvre toute action tendant à faciliter l'accès à une médiation de qualité en matière administrative ».

Le nouvel article L. 114-1 du Code de justice administrative précise que « lorsque le Conseil d'Etat est saisi d'un litige en premier et dernier ressort, il peut, après avoir obtenu l'accord des parties, ordonner une médiation pour tenter de parvenir à un accord entre celles-ci ».

Le même article renvoie aux dispositions relatives à la médiation devant les tribunaux administratifs et les cours administratives d'appel (notons également qu'il existe des procédures de conciliation ou de médiation dans un cadre non juridictionnel visées par l'article L.421-1 et suivants du Code des relations entre le public et l'administration).

La médiation se définit comme « tout processus structuré, quelle qu'en soit la dénomination, par lequel deux ou plusieurs parties tentent de parvenir à un accord en vue de la résolution amiable de leurs différends, avec l'aide d'un tiers, le médiateur, choisi par elles ou désigné, avec leur accord, par la juridiction » (CJA, art. L. 213-1). Il existe donc deux modalités de médiation : à l'initiative des parties et à l'initiative du juge. Si ce processus va à son terme le Conseil d'Etat peut « homologuer et donner force exécutoire à l'accord issu de la médiation » (CJA, art. L. 213-4). On notera toutefois que la saisine de la juridiction aux fins d'homologation d'un accord éventuellement partiel intervenu au titre d'une action de groupe est obligatoire (CJA, art. L. 77-10-14). Il en va de même si cet accord intervient à l'issue d'une médiation (CJA, art. L. 77-10-17).

Il ne faut pas confondre la conciliation, telle que l'on vient de la décrire, et la procédure d'homologation des transactions extrajudiciaires qui est possible en application de la solution dégagée par le Conseil d'Etat dans un avis du 6 décembre 2002, Syndicat intercommunal des établissements second cycle du second degré l'Hay-les-roses (avis numéro 249153 : Rec. p. 54, concl. le Chatelier ; AJDA 2003, p. 280, chron. Donnat et Casas ; BJCP 2003, p. 54, concl. le Chaterlier ; CJEG 2003, p. 543, note Gourdou et Terneyre ; LPA 2003, n° 119, p. 12, note Mahinga ; RDP 2003, p. 417, note Guettier ; RFDA 2003, p. 291, concl. le Chatelier, note Pacteau.- V. également CE, 9 décembre 2016, requête numéro 391840, Société Foncière Europe). Toutefois, ce n'est qu'à titre exceptionnel que cette homologation est possible en dehors de toute instance. Pour le Conseil d'Etat « la recevabilité d'une telle demande (doit) être admise, dans l'intérêt général, lorsque la conclusion d'une transaction vise à remédier à une situation telle que celle créée par une annulation ou la constatation d'une illégalité qui ne peuvent donner lieu à régularisation, ou lorsque son exécution se heurte à des difficultés particulières ». Les juges précisent que « tel peut notamment être le cas en matière de marchés publics et de délégations de service public ». Il est à noter, enfin, que l'homologation d'une transaction conclue en cours d'instance ne soulève pas de telles difficultés : de fait cette hypothèse est assimilable à celle où il s'agit de donner force exécutoire à un accord issu de d'une médiation.

§ II – Cours administratives d'appel

Les cours administratives d'appel ont été instituées par la loi n° 87-1127 du 31 décembre 1987 portant réforme du contentieux administratif. Il existe actuellement huit juridictions relevant de cette catégorie, depuis l'entrée en vigueur, au 1er septembre 2004, du décret n°2004-585 du 22 juin 2004 qui porte création de la Cour administrative d'appel de Versailles.

I – Composition et organisation

Les conseillers des cours administratives d'appel sont des juges indépendants qui appartiennent au corps des conseillers des tribunaux administratifs et des cours administratives d'appel. Ces juridictions ont à leur tête un président qui est un conseiller d'Etat en service ordinaire (CJA, art. L. 222-3). Ils ont tous la qualité de magistrat, reconnue par la loi n°86-14 du 6 janvier 1986 fixant les règles garantissant l'indépendance des membres des tribunaux administratifs, ce qui leur garantit notamment l'inamovibilité (le bénéfice de ce statut a par la suite été étendu aux membres des cours administratives d'appel, V. CJA, art. L. 231-1).

Chaque cour comprend plusieurs chambres, dont le nombre est déterminé chaque année par le vice-président du Conseil d'Etat (CJA, art. R. 221-8). Les jugements sont rendus soit par une chambre, soit par les chambres réunies, soit par l'assemblée plénière de la Cour (CJA, art. R. 222-25).

Il faut aussi relever que le décret n°2003-543 du 24 juin 2003 a généralisé l'obligation du ministère d'avocat devant les cours administratives d'appel (CJA, art. R. 811-7). Cette mesure se justifiait par la volonté de limiter les recours dirigés contre les décisions des tribunaux administratifs, pour faire diminuer le stock d'affaires en attente de jugement devant les cours qui était, avant la réforme, du triple de la capacité de jugement annuel de ces juridictions. La mesure est efficace puisqu'on a observé en 2004 une baisse de 8% des affaires enregistrées au niveau des cours administratives d'appel.

La dispense d'avocat ne concerne plus deux hypothèses :

- L'appel des jugements de tribunal administratif sur les contraventions de grande voirie.

- Les demandes d'exécution d'un arrêt définitif de la cour administrative d'appel ou d'un jugement rendu par un tribunal administratif situé dans le ressort de la cour et frappé d'appel devant celle-ci.

Relevons enfin que depuis l'entrée en vigueur du décret n°2016-1480 du 2 novembre 2016 le ministère d'avocat est obligatoire pour le contentieux de l'excès de pouvoir à hauteur d'appel dans le domaine de la fonction publique.

II – Compétences

A l'origine, la compétence pour connaître en appel des jugements des tribunaux administratifs était à peu près équitablement partagée entre les cours et le Conseil d'Etat. Mais par la suite, différents textes ont progressivement étendu la compétence des cours, et notamment la loi n°95-125 du 8 février 1995 relative à l'organisation des juridictions et à la procédure civile, pénale et administrative.

Selon l'actuel article L. 321-1 du Code de justice administrative, les cours administratives d'appel connaissent des jugements rendus en premier ressort par les tribunaux administratifs « sous réserve des compétences que l'intérêt d'une bonne administration de la justice conduit à attribuer au Conseil d'Etat ». Sont également exclues les hypothèses visées par les articles L. 552-1 et L. 552-2 du même code qui attribuent compétence en appel, pour certains types de référés fiscaux, aux tribunaux administratifs, voire même aux tribunaux de grande instance.

L'article R. 321-1 du même code prévoit que le Conseil d'Etat demeure compétent « pour statuer sur les appels formés contre les jugements des tribunaux administratifs rendus sur les litiges relatifs aux élections municipales et cantonales ». Il est à noter que depuis l'entrée en vigueur du décret n°2015-1145 du 15 septembre 2015, les tribunaux administratifs statuent en premier et dernier ressort sur les recours sur renvoi de l'autorité judiciaire et sur les saisines de l'autorité judiciaire en application de l'article 49 du Code de procédure civile. Dès lors, ces décisions ne peuvent plus être contestées devant le Conseil d'Etat que dans le cadre d'un recours en cassation. Le Conseil d'Etat est également compétent comme juge d'appel en cas de recours contre les ordonnances de référé liberté (CJA, art. L. 523-1).

Il existe, par ailleurs, des hypothèses où les cours administratives d'appel sont compétentes en premier et dernier ressort. Jusqu'au décret n°2013-730 du 13 août 2013, cette compétence était exclusivement reconnue à la Cour administrative d'appel de Paris, et seulement pour connaître des recours dirigés contre les arrêtés du ministre chargé du travail relatifs à la représentativité des organisations syndicales. Le décret du 13 août 2013 a étendu cette compétence aux recours contre une partie des décisions du Conseil supérieur de l'audiovisuel, qui ne relèvent donc plus directement du Conseil d'Etat (CJA, art. R. 311-2). Plus précisément, sont en cause les autorisations qui concernent les radios, les télévisions et les ressources radioélectriques, à l'exception de celles concernant les services de télévision à vocation nationale. Par la suite le décret n°2017-150 du 8 février 2017 a étendu cette compétence aux recours dirigés contre les décisions du ministre chargé de la culture prises dans le cadre de la police spéciale du cinéma.

En outre, depuis l'entrée en vigueur du décret du 13 août 2013, l'ensemble des cours administratives d'appel sont désormais compétentes pour statuer sur les recours contre les décisions de la Commission nationale d'aménagement commercial, en application de l'article L. 752-17 du Code de commerce (CJA, art. R. 311-3). Depuis l'entrée en vigueur du décret n°2015-268 du 10 mars 2015 cette compétence s'étend également aux décisions prises par la Commission nationale d'aménagement cinématographique en application de l'article L. 212-10-3 du Code du cinéma et de l'image animée.

Depuis l'entrée en vigueur du décret n°2016-9 du 8 janvier 2016, la cour administrative d'appel de Nantes s'est vue - elle seule - attribuer compétence en premier et dernier ressort pour connaître des litiges concernant notamment certaines décisions relatives aux installations de production d'énergie renouvelable en mer et leurs ouvrages connexes

Enfin, les présidents de cour administrative d'appel, les premiers vice-présidents des cours, les présidents de formation de jugement des cours et les magistrats ayant une ancienneté minimale de deux ans et ayant atteint au moins le grade de premier conseiller désignés à cet effet par le président de leur juridiction peuvent statuer seul en prenant des ordonnances dans les hypothèses visées par l'article R. 222-1 du Code de justice administrative.

La question de la compétence territoriale des cours administratives d'appel ne pose pas de difficultés particulières, l'article R. 322-1 du Code de justice administrative prévoyant que « la cour administrative d'appel territorialement compétente pour connaître d'un appel formé contre un jugement d'un tribunal … est celle dans le ressort de laquelle a son siège ce tribunal … ». Lorsqu'est en cause une décision de la Commission nationale d'aménagement commercial ou de la Commission nationale d'aménagement cinématographique, la cour compétente est celle du lieu du siège de la commission départementale d'aménagement commercial ou de la commission départementale d'aménagement cinématographique qui a pris la décision initiale (CJA, art. R. 311-3).

En dehors de leurs fonctions juridictionnelles, les cours administratives d'appel exercent une fonction consultative, qui est beaucoup plus accessoire que celle du Conseil d'Etat. L'article R. 212-1 du Code de justice administrative prévoit en effet que les cours administratives d'appel peuvent être appelées à donner leur avis sur les questions qui leur sont soumises par les préfets de région.

Enfin, comme le Conseil d'Etat, les cours peuvent aujourd'hui exercer une mission de médiation en vue d'aboutir à la résolution amiable d'un litige.

§ III – Tribunaux administratifs

L'origine des tribunaux administratifs remonte à la loi du 28 pluviôse an VIII qui créait un conseil de préfecture dans chaque département. Ces juridictions, présidées à l'origine par le préfet, avaient une compétence d'attribution très limitée. Les conseils de préfecture ont été remplacés par le décret n°53-934 du 30 septembre 1953 portant réforme du contentieux administratif par des tribunaux administratifs qui sont juges de droit commun en premier ressort du contentieux administratif. Il existe actuellement 42 tribunaux administratifs, dont 11 outre-mer.

Alors que le nombre des tribunaux judiciaires a été réduit, le nombre des tribunaux administratifs est en constante augmentation. Ainsi, le tribunal administratif de Toulon a été créé par le décret n°2008-819 du 21 août 2008 et le tribunal administratif de Montreuil par le décret n°2009-945 du 29 juillet 2009.

Ceci étant, le fonctionnement de ces tribunaux révèle un certain souci d'économie, notamment pour ce qui concerne l'outre-mer. Ainsi, par exemple, les magistrats du tribunal administratif de Wallis-et-Futuna sont également ceux qui composent le tribunal administratif de Nouvelle-Calédonie.

I – Composition et organisation

Les juges des tribunaux administratifs sont issus du même corps que les conseillers des cours administratives d'appel.

Les tribunaux administratifs ont à leur tête un président et ils comprennent un nombre de conseillers qui varie en fonction de leur importance.

Chaque cour comprend plusieurs chambres, dont le nombre est déterminé chaque année par le vice-président du Conseil d'Etat (CJA, art. R. 221-4). Le tribunal administratif de Paris présente la particularité de regrouper plusieurs chambres au sein de sections (CJA, art. R. 221-6).

La formation de jugement la plus courante est la chambre. Toutefois, les tribunaux administratifs peuvent statuer dans la formation des chambres réunies, qui peut présenter deux versions différentes (CJA, art. R. 222-19-1) ou en formation élargie. Par ailleurs des règles spécifiques s'appliquent au tribunal administratif de Paris (CJA, art. R. 222-21).

En outre, la loi n°95-125 du 8 février 1995 relative à l'organisation des juridictions et à la procédure civile, pénale et administrative a multiplié les contentieux dans lesquels un magistrat peut statuer seul par voie d'ordonnances. Ce magistrat est soit le président du tribunal administratif, soit le conseiller qu'il désigne.

Avant 1995, cette hypothèse se rencontrait principalement dans le domaine des procédures d'urgence. Désormais, le juge unique se rencontre dans un ensemble de matières hétéroclites visées par l'art. R. 222-13 du Code de justice administrative, lequel a récemment été modifié par le décret n°2016-1480 du 2 novembre 2016. Il est notamment compétent, en application des dispositions combinées de cet article et de l'article R. 222-14, pour statuer sur les demandes indemnitaires dont le montant n'excède pas 10 000 euros (sauf en matière de commande publique). De même il statue, par exemple, sur les litiges relatifs aux refus de concours de la force publique pour exécuter une décision de justice, sur les litiges en matière de permis de conduire et sur les litiges relatifs aux prestations, allocations ou droits attribués au titre de l'aide ou de l'action sociale, du logement ou en faveur des travailleurs privés d'emploi.

II – Compétences

Comme les cours administratives d'appel, les tribunaux administratifs peuvent être appelés à donner leur avis sur les questions qui leur sont soumises par les préfets (CJA, art. R. 212-1). Ils peuvent aussi exercer une mission de médiation en vue d'aboutir à la résolution amiable d'un litige.

L'essentiel de leurs attributions est toutefois d'ordre contentieux, les tribunaux administratifs étant les juges administratifs de droit commun du contentieux administratif. En d'autres termes, seuls les litiges expressément exclus du champ de leur compétence leur échappent. Ils sont juges en premier ressort, ce qui signifie que leurs jugements peuvent faire l'objet d'un appel, généralement devant une cour administrative d'appel, mais également dans certains cas, comme on l'a vu, devant le Conseil d'Etat.

Les présidents de tribunal administratif, les premiers vice-présidents des tribunaux, le vice-président du tribunal administratif de Paris et les présidents de formation de jugement des tribunaux ayant une ancienneté minimale de deux ans et ayant atteint au moins le grade de premier conseiller désignés à cet effet par le président de leur juridiction peuvent également prendre un certain nombre d'ordonnance. C'est le cas, notamment, pour donner acte de désistements, pour rejeter des requêtes manifestement irrecevables, mais aussi depuis l'entrée en vigueur du décret n°2016-1480 du 2 novembre 2016 pour statuer sur les requêtes relevant d'une série (CJAart. R. 222-1).

Le décret n°2003-543 du 24 juin 2003 relatif aux cours administratives d'appel et modifiant la partie règlementaire du Code de justice administrative a créé différents cas de figure dans lesquels les tribunaux administratifs sont juges en premier et dernier ressort. C'est le cas, notamment, pour les actions indemnitaires, lorsque le montant des indemnités demandées est inférieur à 10000 euros (CJA, art. R. 811-1, R. 222-13, R. 222-14 et R. 222-15). La plupart des hypothèses visées sont celles où c'est un juge unique qui est compétent, même si le décret n°2013-730 du 13 août 2013 a réécrit les articles R. 222-13 et R. 811-1, distinguant plus nettement la question du juge unique et celle de la compétence en premier et dernier ressort.

Les règles de compétence territoriale sont inspirées, quant à elles, par deux impératifs, dont l'un est particulier à la juridiction administrative. Il s'agit, d'une part, d'éviter que plusieurs tribunaux ne soient saisis d'un même litige, ce qui pourrait aboutir à des contrariétés de décisions. Il convient, d'autre part, d'éviter l'engorgement du tribunal administratif de Paris qui pourrait résulter du fait que les autorités administratives les plus importantes, celles qui prennent le plus d'actes administratifs, ont leur siège à Paris.

Pour éviter ces problèmes, différentes techniques ont été mises en œuvre. Ainsi, par exemple, selon l'article R. 311-1 du Code de justice administrative, lorsque l'acte attaqué est un décret, une ordonnance ou un acte règlementaire d'un ministre ou d'une autre autorité à compétence nationale, une circulaire ou une instruction de portée générale, c'est le Conseil d'Etat qui est compétent en premier et dernier ressort.

Dans les autres hypothèses que celles visées par cet article, on applique normalement une règle identique à celle qui existe en matière de procédure civile : le tribunal administratif compétent est celui dans le ressort duquel « a légalement son siège l'autorité qui, soit en vertu de son pouvoir propre, soit par délégation, a pris la décision attaquée » (CJA, art. R.312-1). Dans le cas particulier où l'acte a été signé par plusieurs autorités, le tribunal administratif compétent est celui dans le ressort duquel a son siège la première des autorités dénommées dans cet acte.

Cependant, ce principe comporte lui-même de nombreuses exceptions.

Exemples :
- L'article R. 312-7 du Code de justice administrative prévoit que « les litiges relatifs aux déclarations d'utilité publique, au domaine public, aux affectations d'immeubles, au remembrement, à l'urbanisme et à l'habitation, au permis de construire, d'aménager ou de démolir, au classement des monuments et des sites et, de manière générale, aux décisions concernant des immeubles relèvent de la compétence du tribunal administratif dans le ressort duquel se trouvent les immeubles faisant l'objet du litige».
- L'article R. 312-11 du Code de justice administrative précise que « en matière précontractuelle, contractuelle et quasi contractuelle le tribunal administratif compétent est celui dans le ressort duquel se trouve le lieu prévu pour l'exécution du contrat». Cependant, par exception « Si son exécution s'étend au-delà du ressort d'un seul tribunal administratif ou si le lieu de cette exécution n'est pas désigné dans le contrat ou quasi-contrat, le tribunal administratif compétent est celui dans le ressort duquel l'autorité publique compétente pour signer le contrat ou la première des autorités publiques dénommées dans le contrat a son siège, sans que, dans ce cas, il y ait à tenir compte d'une approbation par l'autorité supérieure, si cette approbation est nécessaire ».

D'une façon générale, l'application de ces règles soulève de nombreuses difficultés. Jusqu'en 1972, le tribunal qui s'estimait incompétent se bornait à rendre un jugement d'incompétence. Le décret n°72-143 du 22 février 1972 a fait obligation au juge administratif qui s'estime incompétent de « prendre toute mesure pour résoudre le problème de compétence » (V. désormais CJA, art. R. 351-1 et suivants).

Pour aller plus loin :

-Brenet (F.) et Claeys (A.)**, La procédure de saisine pour avis du Conseil d'Etat : pratique contentieuse et influence et droit positif : RFDA 2002, p.525.**

-**Degoffe (M.)**, La juridiction administrative spécialisée, LGDJ, coll. « Bibliothèque de droit public », t. 186, 1996.

-**Donnat (F.) et Casas (D.)**, La composition des juridictions administratives spécialisées et l'article 6§1 de la Convention européenne des droits de l'homme du 4 novembre 1950 : AJDA 2003, chron. p. 492.

-**Long (M.)**, Le Conseil d'Etat, rouage de l'administration et juge administratif suprême : Rev. Adm. 1995, p.5.

-**Long (M.)**, Mon expérience de la fonction consultative au Conseil d'Etat : RDP 1998, p.1421.

-**Noyer (B.), Melleray (F.)**, Une nouvelle étape de la réforme des juridictions administratives. - Commentaire du décret n°2010-164 du 22 février 2010 relatif aux compétences et au fonctionnement des juridictions administratives :Droit adm. 2010, étude 10.

-**Plessix (B.)**, Les modes alternatifs de règlement des litiges entre les personnes publiques : Dr. adm. 2017, 13.

-**Section du rapport et des études du Conseil d'Etat**, L'avenir des juridictions spécialisées dans le domaine social, Les études du Conseil d'Etat, 2004.

CHAPITRE DEUX – COMPETENCE DE LA JURIDICTION ADMINISTRATIVE

Le principe de séparation des autorités administrative et judiciaire et le dualisme juridictionnel qui en découle donne lieu à des conflits de compétence fréquents entre les deux ordres de juridiction. La répartition des compétences est elle-même opérée au moyen de critères qui sont essentiellement d'origine jurisprudentielle.

Section I – Résolution des conflits de compétence

Les conflits entre les deux ordres de juridiction peuvent survenir à deux niveaux différents.

Ils peuvent d'abord concerner l'attribution des litiges aux juridictions administrative et judiciaire. On parle ici de conflits d'attribution : soit un juge de l'ordre judiciaire se déclare compétent et cette compétence est contestée par le représentant de l'administration active, soit les juges des deux ordres de juridiction se déclarent incompétents. On parle de conflit positif d'attribution dans le premier cas et de conflit négatif d'attribution dans le second.

Ensuite, ces difficultés peuvent concerner le fond du droit. Dans cette hypothèse, les juges des deux ordres de juridiction se déclarent compétents, mais ils rendent sur le fond des décisions aboutissant à un déni de justice pour le requérant du fait d'une appréciation contradictoire des règles applicables.

§ I – Les conflits d'attribution

Les procédures de conflit d'attribution sont apparues durant la première moitié du XIX° siècle, avant même que ne soit créé un Tribunal des conflits. Des règles particulières s'appliquent aux conflits positifs d'attribution et aux conflits négatifs d'attribution.

I – Apparition des procédures de conflit d'attribution et du Tribunal des conflits

Il est notable de constater que l'apparition des procédures de conflit est antérieure à la création d'une juridiction spécialisée pour en juger.

A – L'antériorité des procédures

La procédure de conflit positif d'attribution est apparue antérieurement à la procédure de conflit négatif, ce qui s'explique par le fait que ces procédures ont d'abord été envisagées dans un sens unique : conformément aux dispositions de la loi des 16 et 24 août 1790 il s'est d'abord agit exclusivement de protéger l'administration du juge judiciaire. C'est pourquoi l'administration dispose aujourd'hui encore d'un rôle important dans le déclenchement de la procédure de conflit positif.

Sous l'Ancien Régime, les agents du Roi revendiquaient déjà les affaires soumises aux tribunaux ordinaires mettant en cause l'administration. Lorsque ce pouvoir de revendication était exercé, les tribunaux n'avaient pas d'autre choix que de se dessaisir.

Sous la Révolution, ce système s'est prolongé, mais il n'était pas satisfaisant dans la mesure où il présentait un risque évident d'arbitraire de la part de l'administration.

La procédure de revendication a été réformée par une ordonnance du 1er juin 1828 qui met en place une procédure dite de conflit positif d'attribution. Cette ordonnance a été récemment abrogée par la loi n°2015-177 du 16 février 2015 qui ne modifie toutefois pas de façon substantielle cette procédure.

A l'origine, dans le cadre de la procédure de conflit positif, c'est le Conseil d'Etat qui est chargé de statuer sur l'arrêté de conflit, et qui tranche définitivement la question de compétence. Cette procédure était d'autant moins équitable que c'était un système de justice retenue qui prévalait alors.

B – Le Tribunal des conflits

Longtemps régi par des textes anciens, le Tribunal des conflits a connu des évolutions récentes. Il occupe, par ailleurs, une place singulière dans l'organisation juridictionnelle française.

1° Evolutions

La Constitution de 1848 a prévu la création d'une juridiction spécialisée en vue de résoudre ces difficultés, le Tribunal des conflits. Le Tribunal des conflits a été supprimé avec la chute de la Seconde République, ce qui fait que sous le Second Empire, c'est à nouveau le Conseil d'Etat qui est le juge des conflits d'attribution.

La loi du 24 mai 1872 a finalement rétabli le Tribunal des conflits, dans la même composition que celle prévue par la Constitution de 1848 : trois conseillers à la Cour de cassation nommés par leurs collègues, trois membres du Conseil d'Etat en service ordinaire élus par les conseillers d'Etat en service ordinaire et deux membres et membres suppléants élus par la majorité des autres juges. Les juges sont élus pour trois ans.

Il faut relever qu'il n'existait aucune condition au sujet des membres ainsi élus. Il pouvait donc s'agir de personnalités étrangères aux deux ordres juridictionnels, sans aucune garantie, par ailleurs, que le paritarisme soit respecté. Toutefois, dans les faits, il semble qu'il l'ait été de facto. La loi n°2015-177 du 16 février 2015 a finalement résolu cette difficulté potentielle en prévoyant que la formation ordinaire du Tribunal comprend quatre conseillers d'Etat en service ordinaire élus par l'Assemblée générale du Conseil d'Etat et quatre magistrats du siège hors hiérarchie de la Cour de cassation élus par leurs pairs.

A l'origine, le ministère public était assuré par des commissaires du gouvernement désignés chaque année par le Président de la République sur une base également partiaire : deux étaient choisis parmi les maîtres des requêtes au Conseil d'Etat, deux autres parmi les membres du parquet de la Cour de cassation. Depuis la loi du 16 février 2015, l'appellation de commissaires du gouvernement a été remplacée par celle de rapporteur public, ce qui était déjà le cas depuis 2009 pour les juridictions administratives. Leur désignation relève désormais des deux juridictions suprêmes qui les élisent dans les mêmes conditions que les autres membres du Tribunal.

Avant l'entrée en vigueur de la loi du 16 février 2015, cette juridiction était présidée par le Garde des Sceaux qui n'intervenait, dans les faits, qu'en cas de partage des voix. Cette circonstance ne s'est présentée que onze fois alors que le Tribunal des conflits a rendu depuis l'origine plus de 3000 décisions. La présidence par le Garde des sceaux demeurait toutefois très critiquée, en tant qu'elle constituait une immixtion du pouvoir exécutif dans la répartition des compétences juridictionnelles. Selon l'expression utilisée par M. Pierre Sargos, suite à sa démission du Tribunal des conflits en 1997 après une intervention du Garde des sceaux, cette situation pouvait être qualifiée de « vestige de justice retenue ». La loi n° 2015-177 du 16 février 2015 et son décret d'application n°2015-233 du 27 février 2015 ont finalement opéré une réforme du Tribunal des conflits. La loi de 2015 modifie, d'abord, l'article 3 de la loi du 24 mai 1872. Désormais, les membres du Tribunal des conflits « choisissent parmi eux, pour trois ans, un président issu alternativement du Conseil d'Etat et de la Cour de cassation, au scrutin secret à la majorité des voix ». Cette règle est calquée sur celle qui instaurait auparavant un système d'alternance pour la désignation du vice-président du Tribunal des conflits.

Si cette règle met fin à un archaïsme critiqué, elle rend nécessaire l'instauration d'un nouveau mécanisme permettant de remédier à la situation d'un partage de voix. Il aurait pu être envisagé de donner une voix prépondérante, dans une telle hypothèse, au président du Tribunal des conflits. Cette solution n'aurait toutefois été guère satisfaisante, dès lors qu'elle aurait rompu avec le strict paritarisme voulu par la loi du 16 février 2015. C'est donc une autre voix qui a été choisie, faisant reposer la résolution de ces difficultés sur un mécanisme à double détente. Dans un premier temps, en cas de partage des voix, le président réunit le Tribunal dans la même formation pour procéder à une nouvelle délibération, ce qui peut permettre une évolution de l'appréciation de certains membres et aboutir à dégager une majorité à l'occasion de la nouvelle délibération. En cas de persistance du blocage, une nouvelle séance en formation élargie est organisée. Vont alors se joindre aux huit membres ordinaires du Tribunal des conflits quatre membres supplémentaires, qui sont également paritairement issus du Conseil d'Etat et de la Cour de cassation. Toutefois, pour éviter les nominations qui pourraient résulter d'un esprit militant, ces membres supplémentaires sont élus dans les mêmes conditions et au même moment que les membres de la formation ordinaire. Il est ainsi espéré que cette solution pourra permettre de parvenir à une majorité.

On notera enfin que le Tribunal des conflits, abandonnant une jurisprudence ancienne (TC, 4 novembre 1880, Marquigny c/ Préfet du Nord : Rec. p. 795, concl. Ronjat) a récemment admis, dans le silence des textes, la possibilité pour les parties de récuser l'un des juges, y compris le président du tribunal, dont l'impartialité serait mise en cause (TC, 6 juillet 2015, requête numéro 3995, Krikorian et a. : AJDA 2016, p. 265, note Carpentier ; Dr. adm. 2015, 69, note Eveillard). Cette solution a vocation à s'appliquer dans le cas où un membre du Tribunal des conflits a été amené à présider la formation de jugement ayant rendu une des décisions de justice portées devant lui (même décision). Cette nouvelle règle ne peut à l'évidence que renforcer l'impartialité du Tribunal des conflits.

2° Place du Tribunal des conflits dans le système juridictionnel français

Le Tribunal des conflits apparaît aujourd'hui comme le « vrai régulateur de la séparation des autorités administratives et judiciaires, et son arbitre » (B. Pacteau, Contentieux administratif : PUF, 3e éd., 1994, n° 103). De fait, cette institution a rendu des décisions extrêmement importantes - l'arrêt Blanco, l'arrêt Bac d'Eloka notamment - dont l'intérêt dépasse largement la seule question de la répartition des compétences.

En revanche, le Tribunal des conflits ne saurait être considéré comme une juridiction suprême. S'il est très fréquent que ses décisions fassent jurisprudence, il n'en va donc pas toujours nécessairement ainsi. L'apparition de la catégorie des services publics sociaux, à l'occasion de l'arrêt Naliato du 29 janvier 1955 (D. 1956, p.58, note Eisenmann) constitue une parfaite illustration de ce phénomène. A cette occasion, le Tribunal des conflits avait dû de se prononcer sur une question de compétence concernant une demande de dommages et intérêts exercée contre l'Etat à raison d'un accident survenu à un enfant dans une colonie de vacances organisée par un ministère. Le tribunal, estimant que cette colonie était organisée comme une colonie de vacances privée, le juge judiciaire devait être compétent pour connaître des litiges occasionnés par son fonctionnement. Logiquement, cette jurisprudence aurait dû s'étendre aux autres services de ce type, par exemple aux centres aérés et aux garderies. Or, il n'en fut rien. En effet, le Conseil d'Etat s'est toujours arrangé pour éluder l'application de cette jurisprudence. Certes, les juges ne sont jamais allés directement à l'encontre de la jurisprudence Naliato en refusant de reconnaître l'existence de services publics sociaux. Mais chaque fois qu'il a été saisi dans ce cadre, le Conseil d'Etat a estimé que, compte tenu des particularités présentées par le fonctionnement du service en cause, celui-ci ne saurait être assimilé à une œuvre privée (V. par ex. pour un centre aéré municipal CE, 27 janvier 1971, requête numéro 72707, Caisse des écoles de la Courneuve : D. 1973, p.521, note Lachaume). Des solutions d'une inspiration identique étaient également retenues par la Cour de cassation (Cass. Civ. I, 30 octobre 1957 : D. 1958, p.423, note Chapus). Incapable d'imposer sa jurisprudence à la Cour de cassation et au Conseil d'Etat, le Tribunal des conflits a finalement fait machine arrière en abandonnant la catégorie des services publics sociaux à l'occasion de l'arrêt Gambini du 4 juillet 1983 (requête numéro 0236 : Rec. p. 540 ; JCP G 1984, II, 20275, concl. Labetoulle ; RDSS 1984, p. 553, concl. Labetoulle ; RDP 1983, p.1381).

Le sort des services publics sociaux confirme que le Tribunal des conflits est seulement, en dehors des exceptions que l'on évoquera plus loin, un juge répartiteur des compétences. Ce n'est pas une cour suprême située au-dessus des deux ordres de juridiction. En effet, le Tribunal des conflits ne dispose d'aucun moyen d'obliger les deux ordres de juridiction à prendre à leur compte sa jurisprudence.

II – Règles applicables à la procédure de conflit positif

L'ordonnance du 1er juin 1828 définit les conditions de constitution des conflits positifs et décrit la procédure applicable. Ces règles ont été reprises dans leurs grandes lignes par la loi du 16 février 2015 et par le décret n°2015-233 du 27 février 2015 relatif au Tribunal des conflits et aux questions préjudicielles.

A – Conditions de constitution d'un conflit positif

Il faut bien cerner l'objet de la procédure de conflit positif avant d'en étudier les conditions de mise en œuvre.

1° Objet de la procédure de conflit positif

Il faut insister sur le fait que le conflit positif d'attribution n'est pas un conflit entre deux juridictions, mais un conflit entre l'administration active, généralement représentée par le préfet, et le juge judiciaire. Cette procédure est mise en œuvre, conformément au principe de séparation des autorités administrative et judiciaire, en vue de soustraire le litige à la compétence du juge judiciaire. Il ne s'agit donc, en aucun cas, de revendiquer la compétence du juge administratif.

Plus précisément, l'article 6 de l'ordonnance du 1er juin 1828 prévoyait que le conflit positif peut être élevé « alors même que l'administration ne serait pas en cause ». Ceci signifie que le préfet est susceptible d'intervenir dans un litige mettant en cause une autre personne publique que l'Etat (V. par ex. TC, 25 mars 1996, requête numéro 03000, Berkani : Rec. p. 536, concl. Martin ; JCP G 1996, II, 22664, note Moudoudou ; AJDA 1996, p. 355 et 399, chron. Stahl et Chauvaux ; AJFP 4/1996, p. 4, note Boutelet, AJFP 7/1997, p. 1, note Boutelet), mais également, dans les cas où le juge judiciaire ne serait pas compétent, pour un litige entre deux personnes privées (V. par ex. TC, 23 octobre 1995, requête numéro 02864, Société Canal+immobilier et a. c. SEMEA XVe et a. : Rec. p. 500 ; RFDA 1996, p. 150). Cette règle a été reprise par l'article 13 de la loi du 16 février 2015.

Dans la grande majorité des cas, si le préfet met en œuvre la procédure de conflit positif, c'est implicitement parce qu'il estime que le juge administratif est compétent. Mais cela n'est pas nécessairement le cas, comme l'illustre très bien l'arrêt du Tribunal des conflits du 2 février 1950, Société Radio-Andorre (requête numéro 01243 : Rec. p. 652 ; S. 1950, III, p. 73, concl. Odent ; JCP 1950, II, 5542, note Rivero ; RDP 1950, p. 418, concl. Odent et chron. Waline). En l'espèce, il avait été contesté devant le juge civil une décision du ministre de l'Information ordonnant le brouillage des ondes d'une station de radio étrangère. Le Tribunal des conflits confirme en l'espèce l'arrêté de conflit pris par le préfet. En effet, la décision se rattachait non pas à l'activité administrative, mais à l'activité gouvernementale, et plus précisément aux relations internationales. Il s'agissait donc d'un acte de gouvernement qui ne pouvait être attaqué ni devant le juge judiciaire ni devant le juge administratif. On voit donc bien, dans cette affaire, que la procédure de conflit positif n'a pas pour objet d'attribuer compétence au juge administratif, mais bien de soustraire au juge judiciaire des affaires mettant en cause l'administration.

Il est à noter, enfin, que l'article 26 de la loi du 24 mai 1872, permettait aux ministres de revendiquer « devant le Tribunal des conflits les affaires portées à la section du contentieux et qui n'appartiendraient pas au contentieux administratif ». Cependant, cette procédure, qui est en quelque sorte l'antithèse de la procédure de conflit positif, n'avait jamais été utilisée et elle n'a pas été reprise par la loi du 16 février 2015.

2° Tribunaux devant lesquels la procédure de conflit positif peut être mise en œuvre

La procédure de conflit positif ne peut être mise en jeu que devant les juges judiciaires. En application de l'ordonnance 1er juin 1828, puisqu'elle ne pouvait concerner que les tribunaux qui disposent d'un ministère public, cette procédure avait longtemps été exclue, par exemple, devant les tribunaux d'instance, les tribunaux de commerce et les conseils des prud'hommes. Depuis la loi du 10 juillet 1970, qui généralise la représentation du parquet devant les juridictions judiciaires du 1er degré, l'obstacle avait toutefois été levé. La procédure du conflit était donc ouverte devant l'ensemble des juridictions judiciaires du premier degré, y compris les tribunaux statuant en référé, les juges d'instruction et les chambres d'accusation. Cette situation n'a pas été fondamentalement modifiée par le décret du 27 avril 2015. Toutefois, en application de l'article 19 de ce décret, c'est désormais le greffe du tribunal et non plus le ministère public qui doit être saisi par le préfet.

Pour les cours d'appel, l'article 4 de l'ordonnance du 1er juin 1828 précisait que « il ne pourra jamais être élevé de conflit après des jugements rendus en dernier ressort ou acquiescés ou après des jugements définitifs ». Selon la jurisprudence, les jugements visés par l'article 4 de l'ordonnance du 1er juin 1828 sont des jugements sur la compétence. Il en résulte que le conflit ne peut plus être élevé dès lors que l'autorité judiciaire a définitivement statué sur sa compétence, alors même qu'elle n'a pas statué au fond (V. par exemple TC, 25 mars 1996, Préfet de l'Aude c. CA Montpellier, requête numéro 3016, Epoux de Lassus Saint-Geniès c. Etat.- CA Paris, 22 novembre 2013, numéro 11/10375, Association Fédération française de football et a. c/ Association Ternes Paris ouest football club sportif et a.). Cependant, la procédure de conflit d'attribution positif peut être déclenchée en appel dans certains cas. Tel est le cas, notamment, lorsque l'administration n'a pas été mise en cause lors d'un premier jugement rendu au fond. Dans cette hypothèse, le conflit pourra être élevé en appel, mais seulement à l'égard de la seule administration, ce qui a pour effet d'exclure la personne mise en cause dans le premier jugement (TC, 27 novembre 1961, Compagnie la Providence et Dame Duclos : Rec. p. 88).

L'article 18 du décret du 27 février 2015 précise plus sobrement que les anciennes dispositions en vigueur que « le conflit peut être élevé tant qu'il n'a pas été statué sur la compétence par une décision passée en force de chose jugée ». Ces dispositions confirment donc la jurisprudence antérieure.

Enfin, devant la Cour de cassation, la procédure de conflit positif d'attribution ne peut jamais être mise en œuvre.

3° Matières dans lesquelles le conflit positif peut être élevé

La règle en vigueur paraît simple et elle se justifie par le fait que le législateur a voulu que l'administration n'utilise pas la procédure de conflit positif pour protéger ses agents en cas de crimes et de délits commis par eux.

Par voie de conséquence, l'élévation du conflit positif est autorisée en matière civile, mais elle est interdite en matière pénale. Ce principe, qui s'applique dans toute sa rigueur en matière criminelle, souffre toutefois de deux exceptions en matière correctionnelle : le conflit peut être élevé sur une question préjudicielle relevant de la compétence du juge administratif tout comme dans le cas où le tribunal est saisi de poursuites dont le jugement appartient à la juridiction administrative (comme c'est le cas notamment pour les contraventions de grande voirie qui ont pour objet de sanctionner les infractions à la police de la conservation des dépendances du domaine public). Notons cependant que ces deux hypothèses qui étaient visées par l'ordonnance du 1er juin 1828 n'ont pas été explicitement reprises par l'article 14 de la loi du 16 février 2015 qui se borne à mentionner que « le conflit d'attribution entre les juridictions judiciaires et administratives ne peut être élevé en matière pénale ». Toutefois, il semble que les deux exceptions susvisées doivent se maintenir, dès lors qu'elles résultent de règles particulières de répartition des compétences.

Qui plus est, l'application de la règle en vigueur pose une difficulté majeure, puisque la distinction opérée ne recouvre pas celle existant entre les tribunaux civils et les tribunaux répressifs, ces derniers pouvant en effet statuer en matière pénale comme en matière civile.

Il en résulte que le conflit peut être élevé devant les tribunaux répressifs lorsqu'à l'action pénale est jointe une action civile. Dans ce cas, cependant, le conflit ne pourra être élevé que sur la seule action civile, lorsque le préfet estime que ce n'est pas la responsabilité personnelle de l'agent qui doit être mise en cause, mais celle du service (TC, 22 décembre 1880, trois arrêts, Roucanières c. Doniol et Chauvin, Taupin et Thébault c. Obissier, Douste et Delalonde, Kervennic c. Assiot : Rec. p. 1040, concl. Chantegrellet.- V. pour un exemple récent TC, 12 décembre 2005, requête numéro C3401, M. Claude X.).

Cependant, l'élévation du conflit demeure toujours impossible, y compris dans cette hypothèse, lorsque l'action civile est dirigée contre les agents de personnes publiques pour cause « d'atteinte à la liberté individuelle », en application de l'article 136 du Code de procédure pénale auquel renvoie l'article 14 de la loi du 16 février 2015. Il en va de même lorsque c'est une juridiction d'instruction qui est saisie en matière civile (TC, 6 octobre 1989, requête numéro 02554, Préfet des Bouches-du-Rhône c. Laplace : Rec. p. 295 ; AJDA 1989, p. 768, chron. Honorat et Baptiste).

B – Déroulement de la procédure

En application de la procédure de conflit positif, le représentant de l'administration active - qui est en principe le préfet (ce qui exclut notamment la compétence des ministres.- V. TC, 22 mars 2004, requête numéro 3398, Le Sourd et Société Bristol Myers Squibb [BMS] c/ Ministre de l'Intérieur : Rec. p. 516) - lorsqu'il estime qu'un juge de l'ordre judiciaire est saisi d'une affaire mettant en cause l'administration va adresser au greffe de la juridiction concernée un déclinatoire de compétence. Le déclinatoire de compétence prend la forme d'un mémoire dans lequel le préfet, après avoir exposé ses motifs, demande au juge judiciaire de se déclarer incompétent. Il ne s'agit pas nécessairement d'un document individuel. En effet, la jurisprudence admet la possibilité pour le préfet de viser plusieurs jugements dans un seul déclinatoire (TC, 10 juillet 1990, requête numéro 2621, Préfet des Hauts-de-Seine c/ TGI Nanterre : Rec. tables, p. 646). En application de l'article 18 du décret du 27 février 2015 le déclinatoire peut être présenté « tant qu'il n'a pas été statué sur la compétence par une décision passée en force de chose jugée ».

Il est à noter que la décision par laquelle le préfet refuse de saisir le juge judiciaire d'un déclinatoire de compétence n'est pas détachable de la procédure judiciaire à laquelle elle se rapporte. Cette décision ne peut donc être contestée devant le juge administratif (CE, 20 avril 2005, requête numéro 255417, Régie départementale des transports de l'Ain et a. : Rec. p. 150 ; AJDA 2005, p. 1509, concl. Aguila, note Pontier ; JCP A 2005, 1264, note Moreau).

Lorsque le juge judiciaire est saisi par le procureur du déclinatoire de compétence, il doit traiter en priorité la question de compétence. S'il rejette le déclinatoire, il n'est pas pour autant habilité à statuer sur le fond du litige. Cependant, il n'est pas rare, dans la pratique, que le juge judiciaire passe outre et rende malgré tout un jugement au fond. Ceci étant, cela n'empêchera pas, dans un tel cas, la procédure de conflit de se poursuivre et d'aboutir, le Tribunal des conflits estimant qu'un tel jugement est nul et non avenu (V. par exemple TC, 26 septembre 2005, requête numéro C3490, M.A.). Toutefois, le jugement qui avait été rendu au fond sera considéré comme valable par les juridictions civiles si, à l'issue de la procédure, l'arrêté de conflit est annulé (Cass. 1re civ., 7 février 1955, Ministre des anciens combattants c. Grusoy : Bull. civ. 1955, I, n° 59). Une solution contraire est toutefois retenue par le Tribunal des conflits (TC, 4 juillet 1991, requête numéro 02670, Pillard : Rec. p. 469).

Pour le reste, la procédure de conflit positif a été assez profondément remaniée par le décret du 27 février 2015. Désormais, contrairement à ce qui résultait jusqu'alors de la jurisprudence du Tribunal des conflits, le greffe de la juridiction saisie doit informer les parties du déclinatoire et les inviter à faire connaître leurs observations écrites dans un délai de quinze jours à compter de la réception de cette notification. Le greffe transmet également le déclinatoire au ministère public afin qu'il puisse faire connaître son avis dans le même délai de quinze jours à compter de la réception de cette notification. Dès qu'il réceptionne l'avis du ministère public, le greffe le porte à la connaissance du préfet mais aussi des parties par lettre remise contre signature (D. n°2015-233, 27 février 2015, art. 19). Il est à noter que le délai de quinze jours imparti au préfet ne court pas si le jugement ne lui est pas régulièrement signifié (TC, 16 novembre 2015, requête numéro 4036, Belhafiane : Rec. p. 515). En revanche, la méconnaissance des dispositions prévoyant que le déclinatoire de compétence est communiqué par le greffe aux parties qui ont quinze jours pour faire connaître leurs observations écrites, n'est pas sanctionnée dès lors qu'il apparaît que les parties ont été en mesure de présenter leurs observations sur le déclinatoire de compétence (même arrêt).

La juridiction doit ensuite statuer sans délai, selon les règles de procédure qui lui sont applicables, sur le déclinatoire de compétence (D. n°2015-233, 27 février 2015, art. 20). Le préfet ne dispose toutefois d'aucun moyen contraignant le tribunal à statuer. En conséquence, sera considéré comme nul l'arrêté de conflit qui serait déposé avant que le tribunal ait statué sur le déclinatoire (TC, 14 mars 1914, Dubecq c/ Corps de troupe garnison Mascara : Rec. p. 359 ; S. 1921, III, p. 3). Il en ira toutefois autrement dans les hypothèses où le juge se prononce sur sa compétence tout en omettant de statuer sur le déclinatoire (TC, 4 juillet 1983, requête numéro 0236, Gambini, préc.).

Lorsque la juridiction a statué sur le déclinatoire, le greffe adresse sans délai copie du jugement au préfet et aux parties par lettre remise contre signature. Le ministère public est également avisé (D. n°2015-233, 27 février 2015, art. 21).

Plusieurs situations doivent alors être envisagées. Tout d'abord, si le tribunal se range à l'avis du préfet, il rendra un jugement d'incompétence, ce qui mettra un terme à la procédure de conflit positif. Relevons toutefois que si le jugement a admis le déclinatoire et si une partie fait appel, le préfet peut saisir la juridiction d'appel d'un nouveau déclinatoire et, en cas de rejet de celui-ci, élever le conflit dans les mêmes conditions qu'en première instance (D. n°2015-233, 27 février 2015, art. 22). En revanche, s'il rejette le déclinatoire, le préfet disposera de quinze jours pour élever le conflit, c'est-à-dire pour prendre un arrêté de conflit motivé dans lequel il va réitérer les motifs pour lesquels il estime que le juge saisi est incompétent. Si le préfet ne prend pas d'arrêté de conflit dans ce délai, le juge judiciaire pourra poursuivre la procédure et rendre un jugement sur le fond. Toutefois, le conflit peut également être élevé si le tribunal, avant l'expiration du délai de quinze jours, est passé outre et a jugé au fond.

Alors que la jurisprudence du Tribunal des conflits était très peu formaliste sur cette question, l'article 23 du décret du 27 février 2015 mentionne expressément que l'arrêté de conflit doit viser le jugement ou l'arrêt rejetant le déclinatoire et être motivé à peine d'irrecevabilité.

L'arrêté de conflit, accompagné des pièces qu'il vise, est remis contre signature par le préfet au greffe de la juridiction devant laquelle est élevé le conflit (D. n°2015-233, 27 février 2015, art. 24).

Dès la réception de l'arrêté de conflit au greffe, la juridiction doit surseoir à statuer, ce qui n'était pas prévu par la réglementation antérieure (D. n°2015-233, 27 février 2015, art. 26).

Conformément à l'évolution de la composition du Tribunal des conflits, ce n'est plus le Garde de sceaux, mais le greffe qui transmet au secrétariat du Tribunal des conflits l'arrêté de conflit, le déclinatoire, l'avis du ministère public, le jugement rejetant le déclinatoire et, le cas échéant, les observations des parties ainsi que les pièces utiles (D. n°2015-233, 27 février 2015, art. 28).

Lorsqu'il est saisi d'un arrêté de conflit, le juge des conflits dispose d'un délai de trois mois pour statuer. Toutefois, en cas de nécessité ou s'il a été fait application de la procédure de départage, le délai peut être prorogé par son président, dans la limite de deux mois (D. n°2015-233, 27 février 2015, art. 29).

Si l'arrêté est annulé, l'instance reprend devant le juge judiciaire. Mais si l'arrêté est confirmé, la partie intéressée peut saisir la juridiction administrative si elle est compétente.

III – Règles applicables à la procédure de conflit négatif

La procédure de conflit négatif a été instituée par un décret du 26 octobre 1849 déterminant les formes de procéder du Tribunal des conflits. Plus récemment, le décret n°60-728 du 26 juillet 1960, a attribué à cette juridiction une mission plus générale de simplification de la procédure qui lui permet notamment de prévenir la survenance de tels conflits.

A – Résolution des conflits négatifs

Contrairement au conflit positif, qui oppose l'administration active à un juge de l'ordre judiciaire, le conflit négatif oppose un juge administratif à un juge judiciaire qui se considèrent tous deux incompétents pour connaître de la même affaire. Cette procédure va dès lors avoir pour objet la désignation de la juridiction compétente. Comme l'a écrit Cormenin il s'agit donc de « rétablir l'ordre entravé des juridictions et faire droit aux parties » (Droit administratif, Thorel-Pagnerre 1840, t. 1, p. 461).

En application de l'article 17 du décret du 26 octobre 1828, le recours devant le Tribunal des conflits, pour faire régler la question de compétence, devait être exercé directement par les parties intéressées, sans condition de délai. Désormais, toutefois, l'article 38 du décret du 27 février 2015 prévoit que ce recours doit être introduit dans les deux mois à compter du jour où la dernière en date des décisions d'incompétence est devenue irrévocable. L'article 37 du même décret précise aussi que la requête expose les données de fait et de droit ainsi que l'objet du litige et qu'elle est accompagnée de la copie des décisions intervenues.

Le Tribunal des conflits va ensuite annuler le jugement du tribunal qu'il estime compétent. Le requérant devra alors introduire un nouveau recours devant le tribunal ainsi désigné, qui statuera au fond.

Pour qu'il y ait conflit négatif, et pour que le Tribunal des conflits puisse être saisi, quatre conditions doivent être réunies.

Tout d'abord, chaque tribunal doit avoir refusé par une décision irrévocable de connaître du litige en opposant à l'action l'incompétence de son ordre juridictionnel. Ceci signifie notamment qu'une simple décision d'incompétence du tribunal saisi, qui ne tranche pas la question de la compétence des autres tribunaux de l'ordre auquel il appartient ne permet pas de regarder cette condition comme satisfaite.

> Exemple :
> - Dans un arrêt du 26 juin 1989, Veuve Plouin et a. (requête numéro 02456 : Rec. p. 294 ; CJEG 1990, p. 219 ; D. 1991, jurispr. p. 57, note Carrias ; JCP G 1995, II, 21606, obs. Bernard ; Quot. jur. 2 août 1990, p. 4, note Rouault) le Tribunal des conflits a ainsi décidé que cette condition n'est pas remplie dans le cas où un tribunal de grande instance rend un jugement d'incompétence au motif que l'affaire relève du juge de l'expropriation, lequel appartient également à l'ordre de juridiction judiciaire.

Ensuite, l'une des déclarations d'incompétence doit être erronée. Tel n'est pas le cas, par exemple, dans une hypothèse où le juge estime que le litige dont il est saisi relève, non pas de la compétence d'un tribunal de l'un des deux ordres de juridiction, mais du Conseil constitutionnel.

Enfin, les déclarations d'incompétence doivent se rapporter au « même litige » où, comme le prévoyait le décret du 26 octobre 1849, à la « même question » ce qui a priori était plus large. Toutefois, le Tribunal des conflits a récemment considéré qu'il il y a identité de litige, alors même que la juridiction d'un ordre a statué en référé et que la juridiction de l'autre ordre s'est prononcée au principal, ce qui implique que la différence de terminologie entre les deux textes n'a a priori aucune portée (TC, 4 juillet 2016, requête numéro 4036, Agence Pena & Pena c/ Althabegoïty et Bayle : Rec. p. 916).

Un « même litige » ou une « même question » signifie trois choses : une identité des parties ; une identité de cause (c'est-à-dire que le fondement juridique des demandes doit être identique.- V. sur ce point TC, 19 mai 2014, requête numéro 3942, Département du Nord : Dr. adm. 2015, 59, note Eveillard) ; une identité d'objet (le requérant demande la même chose aux deux juridictions).

Exemple :
- TC, 2 juin 1945, Epoux Cuvillier (Rec. p.276) : le 6 février 1934, un couple qui se promène dans le quartier latin à Paris est violemment agressé par des policiers. Les policiers en question avaient été dépêchés dans ce quartier pour réprimer la manifestation qui devait être organisée le soir même par des ligues d'extrême droite. C'est le juge judiciaire que saisissent les époux Cuvillier qui estiment que les dommages subis par eux sont liés à l'émeute du 6 février 1934. En effet, une loi du 5 avril 1884 prévoyait la compétence du juge judiciaire pour réparer les dommages occasionnés par une émeute et engager la responsabilité de l'Etat. Mais le juge judiciaire, estimant qu'au moment de l'agression l'émeute n'avait pas débuté, se déclare incompétent. Les époux Cuvillier sont donc contraints d'attaquer l'Etat devant le juge administratif, en raison de la faute commise par ses agents. Le juge administratif se déclare à son tour incompétent puisque, selon lui, la loi de 1884 était bien applicable.
On observe ici que les trois éléments visés par les textes sont réunis.
Il y a identité de parties puisque devant les deux juges, les époux Cuvillier attaquent l'Etat.
Il y a identité d'objet, puisque les époux Cuvillier demandent devant les deux juges la réparation des dommages subis.
Il y a identité de cause puisque le débat juridique porte, devant les deux juges, sur la question du champ d'application de la loi du 5 avril 1884.
Le Tribunal des conflits a donc résolu le conflit négatif et il a finalement renvoyé l'affaire au juge judiciaire, estimant que les dommages dont il était demandé réparation étaient bien liés à la répression d'une émeute.

Enfin une quatrième condition de constitution des conflits négatifs a été précisée par l'article 37 du décret du 27 février 2015 : il est désormais exigé que le Tribunal des conflits n'ait pas été saisi sur renvoi par la dernière juridiction saisie, dans le cadre des mécanismes de prévention des conflits négatifs (V. infra).

B – Mission générale de simplification de la procédure

Cette mission a été organisée par le décret n°60-728 du 25 juillet 1960, modifiant le décret du 26 octobre 1849. Elle relève désormais des dispositions de l'article 38 du décret du 27 février 2015. Deux types de mécanismes sont visés.

Dans sa version originelle, le premier mécanisme permettait à une juridiction souveraine – Cour de cassation ou Conseil d'Etat – lorsqu'elle est saisie d'un litige qui présente à juger une question de compétence soulevant une difficulté sérieuse et mettant en jeu la séparation des autorités administrative et judiciaire de renvoyer au Tribunal des conflits le soin de statuer sur cette question de compétence. Dans ce cas, il est sursis à toute procédure jusqu'à la décision de ce tribunal. Cette procédure était peu utilisée puisqu'elle donnait lieu en moyenne à 5 saisines annuelles du Tribunal des conflits.

Le second mécanisme, qui consiste à prévenir les conflits négatifs, était en revanche beaucoup plus utilisé, puisqu'il représentait avant la réforme de 2015 plus de 60% des saisines annuelles du Tribunal des conflits. Dans le cadre de cette procédure, lorsqu'un juge d'un ordre de juridiction a été saisi d'un litige et s'est déclaré incompétent, le juge d'un autre ordre qui sera ensuite saisi de ce litige, s'il s'estime également incompétent, ne pourra rendre de jugement dans ce sens. Dans ce cas, ce second juge aura l'obligation de transmettre directement le dossier au Tribunal des conflits qui désignera le juge compétent.

Ceci étant, ce mécanisme de prévention n'élimine pas totalement les risques de conflit négatif. En effet, le second tribunal n'est tenu de saisir le Tribunal des conflits que si le premier jugement est devenu définitif, ce qui fait que le conflit pourra malgré tout être constitué, par exemple parce que le jugement rendu par le juge judiciaire n'a pas été régulièrement signifié (V. TA Lyon, 5 avril 2012, n° 0904906, Société rhodanienne de distribution : JCP A 2012, 2228, note Béroujon).

S'il était fréquemment recouru à cette procédure c'est qu'il en était souvent fait un usage abusif par les juges du fond qui avaient tendance à saisir le Tribunal des conflits y compris dans des hypothèses où la question de compétence ne posait pas de réelles difficultés. Il en résultait, paradoxalement, que cette procédure de prévention des conflits dont l'objet était de raccourcir les délais de procédure contribuait bien au contraire, dans de nombreuses hypothèses, à les rallonger.

C'est dans l'espoir de corriger cette dérive que le décret du 27 février 2015 a modifié le premier mécanisme de simplification de la procédure en permettant désormais à toute juridiction - et non plus seulement aux juridictions suprêmes - de renvoyer directement les difficultés de compétence au Tribunal des conflits. Toutefois, pour éviter un engorgement du Tribunal, le président a la faculté de statuer une ordonnance prise conjointement avec le membre du tribunal le plus ancien appartenant à l'autre ordre de juridiction lorsque la solution de la question soumise s'impose avec évidence.

§ II – Le Tribunal des conflits juge du fond

L'ordonnance du 1er juin 1828 et le décret du 26 octobre 1849 n'avaient attribué au Tribunal des conflits qu'une mission de répartiteur des compétences, ce qui fait que si le Tribunal des conflits statue sur la compétence, il ne tranche pas l'affaire au fond. Une loi du 24 avril 1932 a ensuite confié à titre accessoire au Tribunal des conflits la mission de trancher les conflits résultant d'une contrariété de jugements au fond. Plus récemment, la loi du 16 février 2015 lui a confié la mission de réparer le préjudice découlant d'une durée excessive des procédures mettant en cause les deux ordres de juridiction.

I – Conflits résultant d'une contrariété de jugements au fond

Dans certains cas, extrêmement rares, c'est bien un conflit au fond aboutissant à un déni de justice pour le requérant qui survient entre les deux ordres de juridiction, ce qui était notamment le cas dans la célèbre affaire Rosay. Un individu avait été blessé lors d'une collision entre un véhicule privé et un véhicule militaire. La victime a alors intenté une action en responsabilité devant le juge judiciaire contre le conducteur du véhicule privé. Le juge judiciaire s'est estimé compétent, puisqu'était mise en cause une personne privée, mais il rejeta sa demande au motif que l'accident n'était pas imputable au conducteur du véhicule privé. La victime s'est alors dirigée vers le juge administratif. Le juge administratif s'est estimé à son tour compétent, puisque c'est l'Etat qui était mis en cause. Cependant, le Conseil d'Etat rejeta la demande du requérant au motif que l'accident n'était pas imputable au conducteur du véhicule militaire.

Dans une telle hypothèse, on aboutit à un déni de justice : il n'y a pas de doute sur le fait que la victime doit être indemnisée, mais les décisions contradictoires sur le fond des juges des deux ordres de juridiction ne lui permettent pas d'obtenir satisfaction. Il ne s'agit pas de conflits de compétence et, par conséquent, le Tribunal des conflits ne peut être saisi sur le fondement des dispositions applicables en matière de conflit positif.

L'affaire Rosay a fait scandale ce qui a conduit à l'adoption de la loi du 20 avril 1932 qui charge le Tribunal des conflits de juger au fond ce type d'affaires. Cette loi s'est d'ailleurs vue doter d'un caractère rétroactif pour pouvoir s'appliquer à l'affaire Rosay (V. TC, 8 mai 1933, Rosay : Rec. p. 1236 ; DH 1933, p. 336 ; S. 1933, III, p.117).

Selon l'article 1er de la loi du 20 avril 1932, « peuvent être déférées au Tribunal des conflits, lorsqu'elles présentent contrariété conduisant à un déni de justice, les décisions définitives rendues par les tribunaux administratifs et les tribunaux judiciaires dans les instances introduites devant les deux ordres de juridictions, pour des litiges portant sur le même objet ». Ces dispositions ont été réintroduites dans une version similaire à l'article 15 de la loi du 24 mai 1872 par la loi du 16 février 2015.

La procédure n'est donc pas applicable si l'une des deux décisions émane d'une juridiction qui ne relève pas de l'ordre judiciaire ou de l'ordre administratif.

> Exemple :
> - TC, 4 novembre 1996, requête numéro 2943, Cheq (Rec. p. 1137) : les décisions de la commission des requêtes de la Cour de justice de la République ne sont pas au nombre des décisions visées par l'article 1er de la loi du 20 avril 1932. Le requérant n'est donc pas recevable à se prévaloir de la contrariété qu'elles pourraient présenter avec les autres décisions qu'il invoque.

Quant à la notion de contrariété conduisant à un déni de justice, le Tribunal des conflits a précisé, dans un arrêt Ratinet du 14 février 2000 (requête numéro 02929, préc.) qu'il « existe … lorsqu'un demandeur est mis dans l'impossibilité d'obtenir une satisfaction à laquelle il a droit, par suite d'appréciations inconciliables entre elles portées par les juridictions de chaque ordre, soit sur des éléments de fait, soit en fonction d'affirmations juridiques contradictoires ».

Si les conditions visées par la loi sont réunies, le Tribunal des conflits devra être saisi par la victime du déni de justice dans les deux mois suivant la date à laquelle le dernier jugement rendu est devenu définitif.

Il est important d'insister sur le fait qu'il existe un point commun entre les conditions exigées pour la mise en œuvre de la procédure de conflit négatif et pour celle de jugement au fond : dans le premier cas le décret du 26 octobre 1949 exige une identité d'objet, de parties et de cause, alors que dans le second cas l'article 15 de la loi du 24 mai 1872 n'exige qu'une identité d'objet.

Certes, même si cette condition n'est pas expressément visée par la loi de 1872, le Tribunal des conflits considère que la procédure de résolution du conflit au fond nécessite la présence de deux jugements au fond, ce qui est logique et ce qui fait qu'a priori les deux procédures envisagées ne peuvent se recouper.

Ce point de vue doit toutefois être doublement nuancé.

D'une part, le Tribunal des conflits a certes récemment rappelé que les dispositions figurant actuellement à l'article 15 de la loi de 1872 ne trouvent pas à s'appliquer lorsqu'un des deux ordres de juridiction se borne à décliner sa compétence (TC, 9 juillet 2009, requête numéro 3692, Bonato c. Association pour l'expansion industrielle de la Lorraine : JCP A 2009, act. 950, note Rouault ; RFDA 2009, p. 1229, note Pouyaud). Cependant, dans la même affaire, les juges ont estimé que la procédure de jugement au fond était néanmoins applicable « lorsque, du rapprochement d'une décision d'incompétence et d'une décision au fond, résulte une contrariété ». Il peut donc y avoir conflit au fond en présence d'un jugement au fond et d'un jugement d'incompétence.

D'autre part, il existe souvent une imbrication étroite entre les règles de compétence et de fond, ce qui peut amener les juges à requalifier une décision d'incompétence de décision au fond, ou à l'inverse à requalifier un jugement au fond de jugement d'incompétence.

Exemples :
- TC, 25 mars 1957, Gohin (Rec. p.815) : un jugement du Conseil d'Etat rejette une demande d'indemnité dirigée contre l'Etat au motif que l'accident dont il est demandé réparation est dépourvu de tout lien avec le service. Pour les juges, en statuant ainsi, le Conseil d'Etat avait « implicitement reconnu son incompétence » relativement à l'action dirigée contre l'agent auteur de l'accident. Les juridictions civiles s'étant quant à elles déclarées incompétentes dans le cadre de l'action intentée contre l'agent, les conditions du conflit négatif sont réunies.
- TC, 8 juillet 1944, Massein (Rec. p.336) : la victime d'un accident saisit le juge judiciaire qui se déclare incompétent au motif que le dommage est dû à un mauvais entretien d'un ouvrage public. Le conseil de préfecture rejette la requête au fond au motif que le requérant n'apporte pas la preuve d'une faute de service. La première décision est requalifiée de jugement au fond, ce qui permet au Tribunal des conflits de trancher lui-même l'affaire au fond.

Cette difficulté étant réglée, lorsque les conditions communes sont réunies - à savoir une identité d'objet entre les deux litiges - les requérants ont tout intérêt à demander au Tribunal des conflits de faire usage des pouvoirs qui lui ont été conférés à l'origine par la loi du 20 avril 1932. En effet, lorsqu'il utilise cette procédure, le Tribunal des conflits met définitivement un terme au litige, ce qui marque pour les victimes la fin d'un contentieux au long cours. En revanche, dans le cadre de la procédure de conflit négatif, il ne fait que désigner l'ordre de juridiction compétent et la procédure peut encore durer plusieurs années.

Cependant, le Tribunal des conflits est très réticent à utiliser ses compétences de juge du fond. Il s'estime en effet avant tout répartiteur des compétences. Par conséquent, dès que cela sera possible, il optera pour la procédure de conflit négatif, plutôt que pour la procédure de règlement au fond du conflit.

Exemple :
Dans deux affaires dont les faits sont très proches, et qui sont relatives à l'application de la loi du 5 avril 1937 sur la responsabilité des membres de l'enseignement public - qui

permet la substitution de la responsabilité de l'Etat à celle de ces personnels - les juges optent pour des voies procédurales distinctes.

- TC, 14 janvier 1980, requête numéro 02136, Falanga (Rec. p.503 ; Dr. adm. 1980, 44) : suite à un accident dont a été victime un élève, un tribunal administratif puis une cour d'appel se déclarent incompétents pour connaître de l'action en responsabilité intentée par le père de la victime contre l'Etat en raison d'une interprétation contradictoire de la loi du 5 avril 1937. Le Tribunal des conflits estime qu'il s'agit en l'espèce d'un conflit négatif, les conditions tenant à l'identité de parties, de cause et d'objet étant réunies. Il ne s'agit donc pas, comme le prétendait pourtant le requérant, d'une contrariété conduisant à un déni de justice au sens de la loi du 20 avril 1932.

-TC, 2 juillet 1979, requête numéro 02116, CPAM de Béziers-Saint-Pons c. Ministre de l'Education (Rec. p. 570) : un enfant est victime d'un accident de la circulation à une heure où il aurait dû se trouver en étude surveillée. Le tribunal de grande instance saisi rejette l'action dirigée contre l'Etat au motif que l'étude surveillée était organisée par la commune, et que la loi du 5 avril 1937 était donc inapplicable. Le Conseil d'Etat rejette ensuite l'action dirigée contre la commune au motif que la loi du 5 avril 1937 était bien applicable. Par rapport à la précédente affaire le problème posé est exactement le même puisqu'il s'agit bien de déterminer le champ d'application de la loi du 5 avril 1937. Cependant, en l'espèce, l'utilisation de la procédure de conflit négatif est impossible puisque la condition d'identité des parties devant les deux ordres de juridiction n'est pas remplie. Le Tribunal des conflits a donc statué sur le fond, en application des dispositions de la loi du 20 avril 1932.

Ainsi, la loi du 20 avril 1932 présente des effets paradoxaux : ses conditions de mise en œuvre sont très souples, et pourtant elle n'est que rarement utilisée par le Tribunal des conflits. En effet, le juge des conflits ne statuera sur le fond que s'il n'existe pas d'autres solutions pour résoudre le litige, c'est-à-dire lorsque les conditions du conflit négatif ne sont pas remplies.

II – Réparation du préjudice découlant d'une durée excessive des procédures mettant en cause les deux ordres de juridiction.

La loi du 16 février 2015 a créé un nouvel article 16 inséré dans la loi du 24 mai 1872 accordant un nouveau chef de compétence de juge du fond au Tribunal des conflits. Désormais : « Le Tribunal des conflits est seul compétent pour connaître d'une action en indemnisation du préjudice découlant d'une durée totale excessive des procédures afférentes à un même litige et conduites entre les mêmes parties devant les juridictions des deux ordres en raison des règles de compétence applicables et, le cas échéant, devant lui ». Elle revient sur la jurisprudence Bernardet dont il résultait que dans un tel cas c'est l'ordre de juridiction finalement compétent pour connaître du fond du litige qui était également compétent pour porter une appréciation globale sur la durée de la procédure devant les deux ordres de juridiction et, le cas échéant, devant le Tribunal des conflits (TC, 30 juin 2008, requête numéro 3682, Bernardet : Rec. tables, p. 1055 ; Dr. adm. 2008, 6 ; JCP A 2008, II, 10153, note Cholet ; RFDA 2008, p. 1165, concl da Silva et p. 1172, note Seiller.- V. également TC, 8 juillet 2013, requête numéro 3904, Gentili : Rec. p. 373 .- V. infra partie 6). Cette solution paraît judicieuse. En effet, dans ce type d'affaires, le préjudice est davantage une conséquence malheureuse du dualisme juridictionnel qu'un problème de dysfonctionnement imputable à l'un ou l'autre – ou l'un et autre – des deux ordres de juridiction. C'est le cas en particulier dans l'hypothèse d'un conflit négatif. Il apparaissait donc légitime de conférer la réparation de ce préjudice au Tribunal des conflits, juridiction paritaire placée en quelque sorte à l'intersection entre les deux ordres de juridiction, plutôt qu'au Conseil d'Etat ou à la Cour de cassation. Cette solution permet également de constituer une entorse moins grave au principe de séparation des autorités administrative et judiciaire que celle qui autorisait une juridiction suprême d'un ordre de juridiction à porter un jugement sur les éventuels dysfonctionnements de l'autre ordre de juridiction.

Section II – Critères de répartition des compétences entre les deux ordres de juridiction

L'arrêt Blanco du Tribunal des conflits du 8 février 1873 (requête numéro 00012, préc.) a dégagé la notion de service public en tant que critère de répartition des compétences entre les deux ordres de juridiction. La jurisprudence ultérieure a remis en cause ce critère à travers la notion de service public industriel et commercial et en reconnaissant qu'une personne privée pouvait prendre en charge un service public et disposer dans ce cadre de prérogatives de puissance publique. S'il a résulté de cette évolution une certaine incertitude du point de vue des règles de répartition des compétences, les juges ont néanmoins défini un domaine exclusif de compétence du juge administratif.

§ I – Critère de service public

La loi des 16 et 24 août 1790 pose le principe selon lequel les juges judiciaires n'ont pas le droit de s'immiscer dans les affaires de l'administration. Comme on l'a vu ce texte est rédigé exclusivement de façon négative : il ne précise pas quelle autorité est compétente pour connaître des litiges mettant en cause l'administration, mais il ne précise pas non plus la ligne de partage entre ce qui relève des juridictions judiciaires et ce qui échappe à leur compétence.

Pendant au moins les deux premiers tiers du XIX° siècle, les juges des deux ordres de juridiction ont tenté d'étendre leurs compétences respectives. D'un côté, le juge judiciaire se reconnaissait souvent compétent pour connaître d'actions mettant en cause l'administration, et notamment les communes qui étaient souvent considérées à l'époque comme des personnes privées. De son côté, l'autorité administrative faisait un usage fréquent de la procédure de conflit positif, dans de nombreuses affaires où l'administration où un de ses agents était mis en cause.

Dans ce contexte conflictuel, deux principaux critères de répartition des compétences ont été utilisés.

Il s'agit d'abord du critère de l'Etat-débiteur, tiré de la loi du 17 juillet et du 8 août 1790 et d'un décret du 26 septembre 1973. En application de ce critère, seul le juge administratif pouvait condamner l'administration à verser une somme d'argent

Doit ensuite être mentionné un critère tiré du principe de séparation des autorités administratives et judiciaires, et plus précisément du décret du 16 fructidor an III qui défend aux juges judiciaires de connaître « des actes d'administration ».

Toutefois, l'application de ces critères demeurait incertaine. En effet, pour qu'un critère de répartition des compétences soit efficace, il doit être reconnu et défini de la même façon par les juges des deux ordres de juridiction. Or, tel n'était pas le cas.

Par exemple, concernant le second critère, le juge judiciaire avait tendance à estimer que le verbe connaître signifiait « interpréter un acte dont la signification est douteuse », alors que pour le juge administratif ce mot devait être employé au sens commun. Ainsi, pour le juge administratif, dès lors qu'un litige avait un rapport avec l'existence d'un acte administratif, le juge judiciaire était incompétent. Mais pour le juge judiciaire, cette incompétence n'existait que lorsqu'il se posait une question d'interprétation de ce texte.

L'arrêt Blanco du Tribunal des conflits du 8 février 1873 (requête numéro 00012, préc.) a posé une règle très simple en apparence en faisant de la notion de service public le critère de compétence de la juridiction administrative. Cependant, si cette notion apparaît simple, elle soulève deux problèmes majeurs.

Celui, tout d'abord, de la définition de la notion de service public qui constitue, comme l'énonce M. Chapus une activité « assurée ou assumée par une personne publique en vue d'un intérêt public » (Droit administratif général, t.1, préc. p.579). Cette notion est difficile à cerner, et la jurisprudence est extrêmement casuistique sur cette question.

Exemples :
- La loterie nationale a été reconnue comme une activité de service public (CE Sect., 17 décembre 1948, Angrand : Rec. p. 485) avant que le Conseil d'Etat ne lui dénie cette qualité (CE Sect., 27 octobre 1999, requête numéro 171169, requête numéro 171170, requête numéro 172384, Rolin : Rec. p. 327, concl. Daussun ; AJDA 1999, p.1011, chron. Fombeur et Guyomar.- V. également pour les paris sportifs CE, 23 décembre 2011, requête numéro 344711, Association européenne des jeux et des paris en ligne).
-CE, 24 février 1999, requête numéro 185113, Wildenstein (Rec. tables, p.702.- V. également CE,) : les juges estiment que les sociétés de courses, en tant qu'elles sont chargées d'organiser les courses et le pari mutuel, ne sont pas investies d'une mission de service public. Cependant la loi n°2010-476 du 12 mai 2010 a investi officiellement l'ensemble des sociétés de courses de chevaux d'une mission de service public. Ce texte modifie l'article 2 de la Loi du 2 juin 1891 ayant pour objet de réglementer l'autorisation et le fonctionnement des courses de chevaux. Désormais, ces sociétés « participent, notamment au moyen de l'organisation des courses de chevaux, au service public d'amélioration de l'espèce équine et de promotion de l'élevage, à la formation dans le secteur des courses et de l'élevage chevalin ainsi qu'au développement rural ».
-CE, 4 avril 1995, avis numéro 357274, Commune de Vaujany (EDCE 1995, n° 47, p. 414) : les jeux autorisés « concourent au développement touristique des communes concernées » et ainsi les casinos doivent être considérés comme ayant en charge un service public administratif. Cette solution été précisée par le Conseil d'Etat dans un arrêt SA Partouche du 19 mars 2012 (requête numéro 341562 : Rec. p. 91 ; BJCP 2012, p. 193, concl. Boulouis, obs. R. S ; Contrats-Marchés publ. 2012, 157 note Eckert ; JCP A 2012, 2319, note Ngampio-Obélé-Bélé ; RJEP 2012, 41, note Pellissier ; RLC 2012/32, n° 2108, note Fort et Morales.). Les juges ont considéré que certes, les textes

> en vigueur imposent à la commune de conclure avec le titulaire de l'autorisation de jeux une convention et d'assortir celle-ci d'un cahier des charges fixant des obligations au cocontractant, relatives notamment à la prise en charge du financement d'infrastructures et de missions d'intérêt général en matière de développement économique, culturel et touristique. En revanche, les jeux de casinos ne constituent pas, par eux-mêmes, une activité de service public, ce qui est une affirmation nouvelle. Il n'en demeure pas moins que les conventions obligatoirement conclues pour leur installation et leur exploitation, dès lors que le cahier des charges impose au cocontractant une participation à des missions de service public - qui concourent au développement touristique, économique et culturel de la commune - et que sa rémunération est substantiellement assurée par les résultats de l'exploitation, ont le caractère de délégations de service public.

Ensuite, la notion de service public recouvre trois éléments distincts : l'intervention d'une personne publique (élément organique), l'existence d'une activité d'intérêt général (élément matériel), l'utilisation par la personne publique de procédés dérogatoires du droit commun (élément formel).

A l'époque de l'arrêt Blanco, on peut parler de coïncidence entre ces différentes acceptions du service public. Cette coïncidence va par la suite être doublement remise en cause à travers de ce que la doctrine a appelé « les crises du service public ».

I – Crises du service public

Le juge a admis l'existence de services publics à caractère industriel et commercial (remise en cause de l'élément formel) et la possibilité pour une personne privée de prendre en charge une activité de service public (remise en cause de l'élément organique).

A – Services publics administratifs et services publics industriels et commerciaux

La jurisprudence a reconnu qu'une personne publique peut gérer une activité d'intérêt général dans les mêmes conditions que les particuliers, et notamment les entreprises privées, ce qui entraîne un partage de compétence en cas de litige entre le juge judiciaire et le juge administratif. Ce type d'activité sera également qualifié de service public, mais en l'absence de l'élément formel ou parlera de services publics à caractère industriel et commercial, par opposition aux services publics administratifs. Cette distinction pose un certain nombre de difficultés, et elle influe sur la détermination de la juridiction compétente et du droit applicable en cas de litige.

1° Identification des services publics industriels et commerciaux

La jurisprudence relative aux services publics industriels et commerciaux a été initiée par l'arrêt du Tribunal des conflits du 22 janvier 1921, Société commerciale de l'ouest africain (affaire dite du bac d'Eloka, requête numéro 00706 : Rec. p. 91 ; D. 1921, III, p. 1, concl. Matter ; S. 1924, III, p. 34). Dans cette affaire, les juges relèvent « qu'en effectuant, moyennant rémunération, les opérations de passage des piétons et des voitures d'une rive à l'autre (d'une) lagune, la colonie de la Côte-d'Ivoire exploite un service de transport dans les mêmes conditions qu'un industriel ordinaire ».

Ceci étant, la distinction entre les services publics industriels et commerciaux et les services publics administratifs n'est pas aussi aisée à établir et elle suppose la référence soit à des critères jurisprudentiels de distinction, soit à des textes.

a- Difficultés inhérentes à la distinction entre les services publics administratifs et les services publics industriels et commerciaux

Certains auteurs contestent la pertinence de l'idée selon laquelle les services publics industriels et commerciaux seraient gérés de la même façon que les entreprises privées (V. notamment J.-F Lachaume, C. Boiteau, H. Pauliat, Les grands services publics, Armand Collin, 3ème éd. 2004). En effet, contrairement aux entreprises privées, l'administration n'a pas pour vocation première la recherche du profit. Tel est le cas, par exemple, de la SNCF qui, tout en ayant en charge un service public industriel et commercial, est obligée par l'Etat à exploiter certaines lignes de chemin de fer qui ne sont pas rentables.

D'ailleurs, la jurisprudence a parfois évolué sur la question de la détermination de la nature juridique de tel ou tel service public. Ainsi, notamment, comme on l'a vu, le Tribunal des conflits a estimé qu'un service de bac à péage exploité par une collectivité publique pour transporter des piétons et des véhicules entre les deux rives d'une lagune est industriel et commercial (TC, 22 janvier 1921, Société commerciale de l'ouest africain, arrêt précité). Or, dans l'arrêt de Section Denoyez et Chorques du 14 mai 1974 (requête numéro 880032, requête numéro 88148 : Rec. p.274; AJDA 1974, I, p. 298 et II, p. 341 ; Rev. adm. 1974, p. 440, note Moderne ; RDP 1975, p. 467, note Waline), qui concernait l'hypothèse proche d'un pont à péage, le Conseil d'Etat a estimé qu'un tel service public constitue un service public administratif, car son objet principal, qui est distinct de celui que peuvent rechercher des entrepreneurs privés, est d'assurer la continuité territoriale entre le continent et l'île qu'il relie.

Traditionnellement, les missions industrielles et commerciales sont assurées par des établissements publics industriels et commerciaux (EPIC).

Toutefois, s'il est admis que les EPIC sont soumis au droit privé, notamment commercial, leur caractère public leur confère certaines particularités : leurs biens sont insaisissables ce qui implique l'impossibilité d'exercer contre eux les voies d'exécution de droit commun. En outre, certains de leurs biens sont soumis au régime de la domanialité publique.

Le droit de l'Union européenne, qui est d'inspiration libérale, a fini par mettre en cause le statut des grands établissements publics de l'Etat, et leur rôle dans l'économie (décision Comm. UE, 16 décembre 2003, décision numéro 2003/145/CE : CJEG 2004, p. 423, note Barthélémy ; CJEG 2004, p. 404, note Lemaire ; CJEG 2004, p. 417, note Delion ; RRJ 2004, p. 1964, note Chenevoy-Guériaud). La Commission a estimé que l'impossibilité pour EDF, alors établissement public, de faire faillite équivaut à une garantie générale portant sur l'ensemble des engagements de l'entreprise. Cette garantie illimitée dans sa couverture, dans le temps et dans son montant, permet au groupe d'emprunter dans des conditions plus favorables sur les marchés financiers internationaux. Elle ne satisfait donc pas les critères de l'article 87 du Traité CE et constitue une aide d'Etat illégale.

Cette décision a conduit le gouvernement français à transformer la plupart des grands EPIC nationaux en sociétés commerciales de droit privé.

Tel est le cas notamment pour :

- EDF et GDF (Loi n°2004-803 du 9 août 2004 : JO 11 Aout 2004) ;

-France Telecom (Loi n°96-660 du 26 juillet 1996 : JO 16 Juillet 1996) ;

- Paris aéroports (Loi n°2005-357 du 20 avril 2005, relative aux aéroports : Journal Officiel 21 Avril 2005) ;

- L'Agence nationale de valorisation de la recherche (Ordonnance n°2005-722 du 29 juin 2005 : JO 30 Juin 2005) ;

- La poste (Loi n° 2010-123 du 9 février 2010 : JO 10 février 2010.- Décret n° 2010-191 du 26 février 2010).

On n'omettra pas enfin de mentionner le cas de la SNCF dont l'évolution du statut devrait lui conférer, dans le courant de l'année 2018, la qualité de société anonyme.

La plupart de ces sociétés ont toutefois des capitaux majoritairement publics. Mais cela peut évoluer comme cela a été le cas pour GDF depuis sa fusion avec Suez en 2008. En effet, la loi du 9 août 2004 avait prévu que l'Etat devait détenir « plus de 70 % du capital » de GDF. L'article 39 de la loi relative au secteur de l'énergie a réduit cette participation minimale, s'agissant de la nouvelle entité « GDF – Suez » (Engie depuis 2015) à « plus d'un tiers » (loi n° 2006–1537 du 7 décembre 2006 relative au secteur de l'énergie). Plus précisément, au 30 septembre 2017, l'Etat ne détient plus que 24, 1% du capital de Engie. L'Etat conserve toutefois une « golden share » ou « action spécifique » lui permettant par exemple de s'opposer à toute décision qui lui semblerait non conforme à la sécurité des approvisionnements en gaz (V. plus généralement ord. n°2014-948 du 20 août 2014 relative à la gouvernance et aux opérations sur le capital des sociétés à participation publique, art. 31-1 .- V. également, validant ce mécanisme dans le secteur du gaz pour des motifs liés à la sécurité énergétique, CJCE, 4 juin 2002, affaire numéro C-503/99, Commission c/ Belgique : JOCE, 13 Juillet 2002).

Cette évolution conduit à relativiser la distinction entre les services publics administratifs et les services publics industriels et commerciaux. En effet, d'une part, dans le silence de la loi, ces services publics peuvent être pris en charge indifféremment par une personne publique ou par une personne privée. D'autre part, la différence de régime juridique entre ces deux types d'activités à tendance à s'estomper, à la fois parce qu'elles sont toutes deux soumises au droit de la concurrence et au droit de la consommation (V. sur ce point supra p. 176 s.) mais également en raison de l'importance toujours plus grand d'un droit de l'Union européenne en partie en décalage avec la notion de service public « à la française » (V. sur ce point infra p. 579).

b- Critères jurisprudentiels et distinction

Les critères de distinction entre les services publics administratifs et les services publics industriels et commerciaux ont été précisés par l'arrêt d'Assemblée du Conseil d'Etat du 16 novembre 1956, Union syndicale des industries aéronautiques (Rec. p.759, concl. Laurent ; D. 1956, p. 759 ; S. 1957, p. 38, concl. Laurent ; AJDA 1956, II, p. 489, chron. Fournier et Braibant ; JCP G 1957, II, 9968, note Blaevoët). Ces critères ont été repris par le Conseil constitutionnel qui a considéré que la distinction entre les services publics administratifs et les services publics industriels et commerciaux est une matière réglementaire (CC, 16 janvier 2001, numéro 2000-439 DC, Loi relative à l'archéologie préventive : AJDA 2001, p. 223, note Fatôme).

Trois indices ont été définis par le Conseil d'Etat. Pour qu'un service public soit qualifié de service public industriel et commercial, tous les indices doivent être concordants. En revanche, si un, deux ou la totalité des indices sont favorables à la reconnaissance du caractère administratif du service, il sera qualifié de service public administratif.

Le premier indice concerne l'objet du service, c'est-à-dire les opérations qui concrétisent son exécution.

Exemples :
- CAA Marseille, 4 juillet 2006, requête numéro 03MA00060, M. X. : les juges relèvent que l'activité prise en charge par une « halle à marée » a pour objet « la vente des produits de la pêche du quartier maritime de Martigues » ainsi que « de faciliter, de centraliser et de constater tant le débarquement de ces produits que leur vente, d'assurer l'enregistrement des transactions, leur publicité et leur comptabilisation en garantissant leur sincérité de telle sorte que les usagers, producteurs et acheteurs soient sauvegardés». Ce type d'activité pouvant être pris en charge par une personne privée, l'indice est favorable à la qualification de service public industriel et commercial.
- CE, avis, 20 octobre 2000, requête numéro 222672, Torrent (Rec. p.469 ; AJDA 2001, p.394, concl. Chauvaux ; Droit adm. 2000, 254 ; RFDA 2000, p.1373) : le monopole du service public transfusionnel assuré par l'établissement français du sang « se rattache par son objet au service public de caractère administratif alors même qu'une part importante de (ses) ressources est constituée par la cession de produits sanguins labiles et que le régime administratif, budgétaire, financier et comptable de cet établissement, précisé par le décret n° 99-413 du 29 décembre 1999, fait application de règles adaptées à la nature particulière de ses missions et qui peuvent être semblables à celles généralement appliquées aux établissements publics industriels et commerciaux ».

Le second indice se rapporte à l'origine des ressources du service. Ainsi, le fait que le service dispose de ressources issues de redevances perçues sur les usagers en contrepartie des prestations fournies est un indice favorable à la reconnaissance d'un service public industriel et commercial. En revanche, un financement provenant essentiellement de subventions des collectivités publiques et de recettes fiscales non proportionnelles avec le coût du service indique que le service est un service public administratif.

Exemples :
- TC, 25 avril 1994, requête numéro 02917, Syndicat mixte d'équipement de Marseille (Rec. p.856) : un parc de stationnement dont le financement est assuré de façon prépondérante par les subventions versées par une commune est un service public administratif.
-TC, 21 mars 2005, requête numéro3413, Alberti-Scott (Rec. p. 651 ; BJCL 2995, p. 396, note Duprat, obs. M.D. ; RFDA 2006, p. 119, note Lachaume) : le service public de distribution de l'eau est en principe, de par son objet, un service public industriel et commercial. Il en va ainsi même si, s'agissant de son organisation et de son financement, ce service est géré en régie par une commune, sans disposer d'un budget annexe, et si le prix facturé à l'usager ne couvre que partiellement le coût du service. En revanche le service ne peut revêtir un caractère industriel et commercial lorsque son coût ne fait l'objet d'aucune facturation périodique à l'usager.
- Cass. 1er civ., 4 mai 2011, pourvoi numéro 10-10.989 : l'activité du site internet créé par une chambre de commerce et d'industrie s'exerce dans les mêmes conditions que celles de nombreux sites privés offrant un service gratuit financé par la publicité ou le

partenariat d'entreprise. L'activité en cause a donc, en dépit de sa gratuité, un caractère industriel et commercial.
- TC, 16 octobre 2006, requête numéro C3533, Communauté de communes de l'île d'Oléron : les juges relèvent qu'il « résulte des articles L.2333-76 et L.2333-79 du Code général des collectivités territoriales que les communes, leurs groupements ou les établissements publics locaux qui assurent l'enlèvement des ordures, déchets et résidus, peuvent instituer une redevance calculée en fonction de l'importance du service rendu dont la création entraîne la suppression de la taxe d'enlèvement des ordures ménagères ; qu'ainsi, en substituant une rémunération directe du service par l'usager à une recette de caractère fiscal, le législateur a entendu permettre à ces collectivités publiques de gérer ce service comme une activité industrielle ou commerciale ».

Le dernier indice est relatif aux modalités de fonctionnement du service. En particulier, s'il fonctionne à perte, il sera qualifié de service public administratif.

Exemple :
- TC, 24 octobre 1994, requête numéro 02937, Préfet de Mayotte (Rec. p.607 ; D. 1995, inf. rap. p.11) : constitue un service public administratif une activité de distribution à la population de Mayotte de pétrole lampant à un prix de vente sensiblement inférieur à son coût.

c- Qualification opérée par un texte

Il peut arriver que la qualification donnée à une institution, un établissement public dans la grande majorité des cas, ne corresponde pas exactement à la nature de ses activités. Ainsi, par exemple, un établissement public à caractère industriel et commercial peut exercer certaines activités de type administratif, l'inverse étant également vrai.

Ce constat a donné lieu, tout d'abord, à la jurisprudence des établissements publics à visage inversé.

Exemple :
- TC, 24 juin 1968, Société distilleries bretonnes et Société d'approvisionnements alimentaires (Rec. p. 801 ; JCP G 1969, II, 15764, concl. Gégout, note Dufau ; D. 1969, jurispr. p. 116, note Chevallier ; AJDA 1969, p. 311, note de Laubadère) : était ici en cause l'activité du fonds d'orientation et de régulation des activités agricoles (FORMA), qualifié d'établissement public industriel et commercial par le décret qui l'institue. Or, cet établissement public a en réalité une activité de régulation des marchés agricoles qui est purement administrative. Par conséquent, le Tribunal des conflits passe outre la qualification décrétale et décide que le Conseil d'Etat est compétent pour connaître des litiges liés à l'activité de l'établissement public en cause.

Cette solution n'est pas valable, en revanche, lorsque la qualification de l'établissement public résulte d'un texte de loi.

Est également concernée la jurisprudence des établissements publics à double visage.

Exemple :
- TC, 9 juin 1986, requête numéro 02428, Commune de Kintzheim c. Office national des forêts (RDP 1987, p.492, note Gaudemet) : sont en cause, dans cette affaire, les

activités de l'Office national des forêts (ONF) qui est qualifié d'établissement public industriel et commercial par la loi qui l'institue. Or, les juges observent que l'ONF exerce deux types d'activités : la gestion et l'équipement de la forêt qui a un caractère industriel et commercial ; la protection, la conservation et la surveillance de la forêt qui a un caractère administratif. La détermination de la juridiction compétente dépend dès lors de la nature des activités en cause (V. également, à propos de voies navigables de France : CE, 2 février 2004, requête numéro 247369, Blanckeman : Rec. p. 18 ; JCP A 2004, 1345, note Rouault ; Dr. adm. 2005, 73, note Naud ; JCP A, 1345, note Rouault).

Pratiquement, les établissements publics à double visage sont très majoritairement des établissements publics à caractère industriel et commercial, ce qui résulte - pour ceux qui sont créés par une loi - de la volonté du Parlement de les faire échapper artificiellement aux règles de la comptabilité publique ainsi qu'à l'application des règles du droit administratif et à la compétence du juge administratif. Le mouvement se fait plus rarement en sens inverse : il en va ainsi de Voies navigables de France (VNN) qui est devenu un établissement public administratif suite à la loi n°2012-77 du 24 janvier 2012 (V. Code des transports, art. L. 4311-1), alors que pourtant ses missions sont de plus en plus de nature industrielle et commerciale. En effet, la mission de police administrative de surveillance du domaine est aujourd'hui plutôt secondaire, alors que les activités industrielles et commerciales se développent de plus en plus (par exemple l'exploitation à titre accessoire de l'énergie hydraulique, la valorisation du domaine public par la réalisation d'opérations d'aménagement complémentaires à ses missions, la création de filiales et la prise de participations dans des sociétés, etc.). Cette évolution se justifie essentiellement pour deux raisons : 93 % des agents de VNN sont des agents de droit public et 85 % de ses ressources proviennent de taxes et en particulier de la taxe hydraulique.

Si l'on met de côté ce cas atypique, le Tribunal des conflits a fini par cantonner l'application de la notion d'établissement public à double visage pour les EPIC tenant leur qualité de la loi, à l'occasion de son arrêt Blanckeman du 29 décembre 2004 (préc.). Selon cet arrêt « lorsqu'un établissement public tient de la loi la qualité d'établissement public industriel et commercial, les litiges nés de ses activités relèvent de la compétence judiciaire, à l'exception de ceux relatifs à celles de ses activités qui, telles la règlementation, la police, ou le contrôle, ressortissent par leur nature de prérogatives de puissance publique » (sur les conséquences de cette jurisprudence en matière contractuelle V. TC, 16 octobre 2006, requête numéro 3506, Caisse centrale réassurance c/ Mutuelle des architectes français : AJDA 2006, p. 2382, chron. Landais et Lenica ; BJCP 2006, p. 419, concl. Stahl ; JCP A 2007, 2077, note Plessix ; RFDA 2007, p. 284, concl. Stahl et p. 290, note Delaunay). TC, 28 mars 2011, requête numéro 3787, Groupement forestier de Beaume Haie : JCP A 2011, 2386, note Martin).

Ainsi, désormais, la nature des missions exercées n'est plus préalablement qualifiée par les juges. Elles sont présumées privées, la présomption cédant si le litige met en cause l'exercice de prérogatives de puissance publique, ce qui limite les conséquences contentieuses du double visage de l'établissement public en cause.

Exemple :

- CE, 31 mai 2013, requête numéro 346876, requête numéro 34694, X. c/ Office national des forêts : en confiant à l'Office national des forêts la mission d'assurer l'affichage de ses arrêtés temporaires d'interdiction de circuler et la mission de contrôler l'état des chemins, le préfet ne lui a pas confié de prérogatives de puissance publique. L'ONF n'exerce pas davantage de telles prérogatives en pourvoyant à la signalisation de sentiers de randonnée. Il s'ensuit qu'il n'appartient pas à la juridiction administrative de connaître des conclusions tendant à ce que la responsabilité de l'ONF soit engagée à raison de l'absence de signalisation du danger à l'entrée de l'itinéraire non aménagé menant aux lieux de l'accident.

2° Règles de compétence juridictionnelle appliquées au contentieux des services publics industriels et commerciaux

Les règles de compétence juridictionnelle appliquées aux services publics industriels et commerciaux varient selon que le contentieux est contractuel ou extracontractuel.

a- Contentieux contractuel

La détermination du juge compétent dépend du caractère administratif ou privé du contrat en cause, question que l'on évoquera plus loin. Si le critère organique prévaut pour les contrats passés avec les tiers – quelle que soit la nature de l'activité en cause – les contrats passés avec les usagers des services publics industriels et commerciaux sont en principe toujours des contrats de droit privé.

b- Contentieux extracontractuel

Les services publics industriels et commerciaux, même s'ils s'apparentent à des activités privées, ne relèvent pas exclusivement de la compétence du juge judiciaire en cas de litige.

Le principe retenu, cependant, est qu'en cas de litige entre le service et ses usagers, c'est le juge judiciaire qui est compétent. Ceci s'explique par le fait que les rapports entre ces services publics et leurs usagers sont similaires à ceux qui existent en droit privé entre une entreprise et ses clients. Cette solution s'applique, même si le service public intervient sur le domaine public, le litige l'opposant à un usager étant « par nature détachable de l'occupation domaniale » (TC, 17 novembre 2014, requête numéro 3965, Chambre de commerce et d'industrie de Perpignan et des Pyrénées-Orientales : AJDA 2015, p. 250). Les mêmes solutions s'appliquent pour les litiges opposant les services publics industriels et commerciaux à leur personnel ou à des tiers.

Néanmoins, ce principe connaît un certain nombre d'exceptions qui s'expliquent, pour les deux premières, par le fait que le litige est fortement marqué par la présence de l'idée de puissance publique, c'est-à-dire par l'existence d'actes ou de pouvoirs qui appartiennent par essence à l'administration. La troisième exception, est liée à l'effet attractif de la notion de travail public et la dernière au statut de certains personnels employés par les services publics industriels et commerciaux.

La première exception concerne le contentieux mettant en cause l'organisation du service, qui doit être opposée au fonctionnement du service. Ainsi, les actes administratifs à caractère règlementaire qui organisent le service relèvent de la compétence du juge administratif.

Exemples :
- TC, 15 janvier 1968, requête numéro 01908, Compagnie Air France c. Epoux Barbier (Rec. p. 789, concl. Kahn ; AJDA 1968, p. 225, chron. Massot et Dewost ; D. 1969,

p. 202, note Auby ; Dr. soc. 1969, p. 51, note Savatier ; RDP 1968, p. 893, note Waline ; RDP 1969, p. 142) : si la Compagnie nationale Air-France est une société anonyme c'est-à-dire une personne morale de droit privé, et si, par suite, il n'appartient qu'aux tribunaux de l'ordre judiciaire de se prononcer au fond sur les litiges individuels concernant les agents non fonctionnaires de cet établissement, les juridictions administratives demeurent, en revanche, compétentes pour apprécier, par voie de question préjudicielle, la légalité des règlements émanant du conseil d'administration qui, touchant à l'organisation du service public, présentent un caractère administratif. Il en va ainsi d'un article du règlement du 20 avril 1958 qui prévoir que le mariage des hôtesses de l'air entraîne, de la part des intéressées, la cessation de leurs fonctions

Cette solution a vocation à s'appliquer que le service public industriel et commercial en cause soit pris en charge par une personne publique ou - comme dans l'arrêt Epoux Barbier – par une personne privée. La Cour de cassation, puis le Conseil d'Etat et le Tribunal des conflits ont toutefois établi, s'agissant d'une activité prise en charge par une personne privée, une distinction qui n'est pas toujours évidente à appréhender, entre l'organisation du service public et l'organisation interne de l'établissement qui relève de la compétence du juge judicaire (V. respectivement Cass. 1ère civ., 28 juin 2005, pourvoi numéro 03-18500, EDF-GRDF.- CE, 23 juin 2010, requête numéro 306237, Comité mixte à la production de la direction des achats d'EDF : Rec. tables, p. 690.- TC, 9 février 2015, requête numéro 3987, Union interprofessionnelle CFDT de Saint-Pierre et Miquelon.- V. également TC, 11 janvier 2016, requête numéro 4038, Comité d'établissement de l'unité clients et fournisseurs Île-de-France des sociétés ERDF et GRDF : Rec. tables, p. 690 ; Dr. adm. 2016, 44, note Eveillard).

Exemples :

-CE, 11 février 2011, requête numéro 324233, Borvo : Rec. p. 18 ; AJDA 2010, p. 670, chron. Liéber et Botteghi ; RFDA 2010, p. 776 concl. Theillay : la délibération du conseil d'administration de France Télévisions chargeant son président-directeur général de mettre en œuvre de nouvelles règles de commercialisation des espaces publicitaires affecte la garantie des ressources de la société, lesquelles constituent un élément essentiel pour assurer la réalisation des missions de service public confiées à cette société, dont celles de diversité, pluralisme, qualité et innovation dans les programmes mis à disposition des publics. Cette délibération, qui touche à l'organisation même du service public, relève de la compétence de la juridiction administrative.

-CE, ord. réf., 17 mars 2010, requête numéro 336710, Girard : si les décisions de France Télévisions qui affectent la garantie de ses ressources, lesquelles constituent un élément essentiel pour assurer la réalisation de ses missions de service public, touchent à l'organisation même du service public et relèvent à ce titre de la compétence de la juridiction administrative, tel n'est pas le cas des autres décisions que prend cette personne morale de droit privé, en l'espèce de la délibération contestée par laquelle le conseil d'administration de France Télévision mandate son président pour céder 70 % de sa participation dans le capital de sa régie publicitaire. Cette décision est, par elle-même, sans incidence sur le financement de la société France Télévisions non plus que, de manière générale, sur l'organisation du service public dont elle a la charge. Ainsi, la contestation de cette délibération, qui n'a pas le caractère d'un acte administratif, ne relève pas de la compétence de la juridiction administrative

Par ailleurs, les décisions non règlementaires relatives à la gestion du service public sont des actes de droit privé, ce qui s'explique par le fait que les modes de gestion de ces services publics sont de nature privée.

La seconde exception concerne l'hypothèse où le litige met en cause l'exercice d'une prérogative de puissance publique, c'est-à-dire un pouvoir d'essence régalienne qui permet à son titulaire d'imposer unilatéralement se volonté à des personnes privées.

Exemples :
- TC, 22 novembre 1993, requête numéro 02876, Matisse (Rec. p. 410 ; CJEG 1994, p. 599, concl. Abraham ; Dr. adm. 1994, 29 ; RFDA 1994, p. 184) : ce litige mettait en cause l'émission par la poste d'un timbre-poste reproduisant une toile de Matisse, sans que le consentement des ayants-droits de ce peintre n'ait été sollicité. Pour le Tribunal des conflits « la demande des héritiers de Matisse tend à la réparation des préjudices résultant des atteintes au droit d'auteur constituées par la reproduction sans autorisation d'une œuvre de ce peintre et par les modifications apportées à son œuvre ... la responsabilité de la Poste est ainsi recherchée sur le fondement de fautes qu'elle aurait commises dans la gestion du service industriel et commercial, sans que soit mis en cause l'exercice de la prérogative de puissance publique d'émettre des timbres postaux qu'elle tient du législateur ». C'est donc le juge judiciaire qui est compétent en l'espèce.
- Cass. Ass. plénière, 18 juin 1999, pourvoi numéro 97-12651, Monnet c. Ministre de l'Economie et des Finances (Bull. civ. n°5, p.9) : après avoir rappelé qu'il n'entre pas dans la compétence des juridictions de l'ordre judiciaire de connaître d'une contestation mettant en cause l'exercice d'une prérogative de puissance publique, la Cour s'estime incompétente pour connaître de la demande tendant à l'interruption de l'émission de pièces de monnaie frappées à l'effigie de Jean Monnet.
- CAA Marseille, 24 janvier 2011, requête numéro 09MA00103, SARL Clavis : la commission nationale paritaire de la formation continue conventionnelle ne dispose que d'un pouvoir d'incitation ou de coordination des actions de formation à destination des infirmiers libéraux et n'a aucun pouvoir de sanction à l'égard des prestataires de service chargés de mettre en œuvre sa politique de formation. Ainsi, la décision litigieuse d'annuler certaines actions de formation ne procède pas de l'exercice de prérogatives de puissance publique et constitue, par suite, un acte de droit privé. Le litige n'est dès lors pas au nombre de ceux dont il appartient à la juridiction administrative de connaître.
-CE, 31 mai 2013, requête numéro 346876, Consorts Dejardin : le fait que l'ONF ait été chargé par un préfet de l'affichage d'arrêtés de police ne confère pas à cet EPIC des prérogatives de puissance publique justifiant la compétence de la juridiction administrative.

Une troisième exception concerne les cas où est en cause le fonctionnement d'un ouvrage public utilisé par le service. Lorsque la victime est un tiers par rapport à l'ouvrage public, l'effet attractif de la notion de travail public joue et le juge administratif est compétent en application, à l'origine, de l'article 4 de la loi du 28 pluviôse an VIII (CE, 25 avril 1958, Barbaza : Rec. p. 228 ; AJDA 1958, p. 222, obs. Fournier et Combarnous ; CJEG 1958, p. 28, note Carron ; D. 1960, jurispr. p. 62, note Blaevoët ; JCP G 1958, II, 10180, note Blaevoët ; RPDA 1958, n° 203).

Exemple :
-CE, 8 juin 2015, requête numéro 362783, M. A. B. c/ Commune du Rouret : la demande de l'intéressé tendant à la condamnation de la commune à effectuer les travaux d'extension du réseau d'assainissement collectif vers son habitation et à l'indemniser de ses préjudices résultant des frais qu'il a dû engager dans l'attente de ces travaux doit être regardée comme se rattachant à un refus d'exécution de travaux publics et non à un litige opposant un service public industriel et commercial à un usager. Par suite, cette demande ressortit à la compétence du juge administratif.

En revanche, cette exception ne joue pas dans les cas où la victime est un usager du service public, et c'est donc le juge judiciaire qui est compétent.

Exemple :
-TC, 28 mai 2015, requête numéro 4004, Michon : les prestations de mise en conformité des installations d'assainissement non collectif proposées par une commune à leurs propriétaires constituaient un prolongement direct des missions d'entretien de ces installations que la commune pouvait prendre en charge dans le cadre du service public de l'assainissement non collectif. Dès lors, le dommage subi par les requérants du fait du fonctionnement défectueux de leur installation doit être regardé comme un dommage causé à des usagers du service public de l'assainissement, lequel a le caractère d'un service public industriel et commercial. En conséquence, c'est le juge judiciaire qui est compétent pour connaître du litige.

Enfin, une dernière série d'exceptions à la compétence du juge judiciaire concerne spécifiquement le contentieux des services publics industriels et commerciaux avec leurs agents. Comme on l'a vu il s'agit en principe d'un contentieux d'ordre privé. Ceci étant, dans la pratique, le législateur peut faire bénéficier les personnels de certains établissements publics à caractère industriel et commercial, voire même des sociétés anonymes de droit privé, d'un statut de fonctionnaires (V. par exemple TC, 24 octobre 1994, requête numéro 2936, Préfet de la région Ile-de-France, préfet de Paris c. Fédération syndicale SUD PTT : Rec. p. 608 ; AJDA 1995, p. 165, note Salon).

Il existe également, s'agissant des agents des services publics industriels et commerciaux, une exception jurisprudentielle au principe de compétence du juge judiciaire dégagée aux termes d'une longue évolution (CE, 26 janvier 1923, de Rbert Lafreygère : Rec. p. 67 ; RDP 1923, p. 237, concl. Rivet.- CE Sect., 8 mars 1957, Jalenques de Labeau : D. 1957, p.378, concl. Mosset, note de Laubadère). Il résulte de cette jurisprudence que le juge administratif est compétent en cas de litige avec l'agent qui exerce la direction de l'ensemble du service ou de l'établissement public qui assure ce service ou avec le chef des services comptables s'il a la qualité de comptable public.

Exemple :
- Cass. soc., 23 avril 2003, pourvoi numéro 01-40127, Chauvet c. Régie départementale des voies ferrées Dauphine (JCP A 2003, 1621) : le juge administratif est seul compétent pour connaître du litige opposant le directeur général d'une régie départementale des voies ferrées et l'administration qui l'emploie dès lors que cet agent est « chargé de l'organisation de l'ensemble des services » et que tous les agents du service sont placés « sous son autorité ».

Il en ira autrement, cependant, lorsque les personnels concernés relèvent d'un statut établi par le législateur qui leur confère la qualité de salarié de droit privé. Cette solution s'applique ainsi aux directeurs de régies municipales d'électricité (CE, 20 mars 2015, requête numéro 370628, Le Saux : Energie – Environnement – Infrastructures 2015, 59, note Boda et Ayrault).

B – Services publics gérés par des personnes privées

Le juge administratif a mis longtemps à admettre que des personnes privées peuvent gérer des services publics, et notamment des services publics à caractère administratif, en dehors de toute habilitation contractuelle. Se pose également la question de l'identification des activités de service public dévolues aux personnes privées, celle-ci conditionnant notamment l'application des règles concernant les délégations de service public.

1° Reconnaissance de l'existence de services publics administratifs pris en charge par des personnes privées

Dans un premier temps, le Conseil d'Etat a admis, à l'occasion d'un arrêt du 20 décembre 1935 Société des établissements Vezia (requête numéro 39234 : Rec. p.1212 ; RDP 1936, p. 119, concl. Latournerie) qu'une société privée de prévoyance exerce une « mission d'intérêt public » qui lui permet de recourir à la procédure d'expropriation. La périphrase employée à cette occasion permettait d'éviter de qualifier d'activité de service public une activité prise en charge par une personne privée. Il faut attendre l'arrêt du 13 mai 1938, Caisse primaire aide et protection (requête numéro 57302 : D. 1939, III, p.65, concl. Latournerie, note Pépy) pour voir le Conseil d'Etat admettre que ces organismes, qui sont des personnes morales de droit privé, gèrent le service public de la sécurité sociale qui leur a été unilatéralement confié par l'Etat.

Mais si le Conseil d'Etat admet, à cette occasion, que des personnes privées peuvent gérer un service public, il demeure réticent à considérer que des personnes privées peuvent prendre, dans ce cadre, des actes administratifs. Ce qui pose problème, par conséquent, c'est reconnaître que des personnes privées peuvent être dotées de prérogatives de puissance publique.

Ces hésitations sont très visibles dans les arrêts d'Assemblée Monpeurt du 31 juillet 1942 (requête numéro 71398 : Rec. p. 239 ; D. 1942, p. 138, concl. Ségalat, note PC ; S. 1942, III, p. 37 ; RDP 1943, p. 57, concl, note Bonnard ; JCP 1942, 2046, concl. Laroque) et Bouguen du 2 avril 1943 (requête numéro 72210 : Rec. p. 86 ; D.1944, p.52, concl. Lagrange, note Donnedieu de Vabres ; JCP 1944, II, 2565, note Célier ; S. 1944, III, p.1, concl. Lagrange, note Mestre). Ces deux affaires concernaient des recours dirigés, l'un contre une décision d'un comité d'organisation, l'autre contre une décision d'un ordre professionnel. Le Conseil d'Etat se déclare compétent dans les deux affaires, ce qui signifie que les décisions contestées sont bien des actes administratifs, manifestement pris dans le cadre d'une mission de service public. Toutefois, le Conseil d'Etat se contente de préciser que les organismes en cause, dont la nature juridique n'est pas précisée par les textes, « ne sont pas des établissements publics ». En revanche, les juges refusent de qualifier ces organismes de personnes morales de droit privé.

Finalement, ce n'est qu'avec l'arrêt Morand du 28 juin 1946 que le Conseil d'Etat va reconnaître qu'une personne privée, gérant un service public, peut prendre des actes administratifs (Rec. p.183). Curieusement, cet arrêt est passé totalement inaperçu, et il faut attendre l'arrêt de Section Magnier du 13 janvier 1961 (Rec. p.33 ; RDP 1961 p.155, concl. Fournier ; AJDA 1961 p.142, note C.P. ; Dr. social 1961, p.72, note Teitgen) pour voir cette solution enfin admise. En l'espèce, était en cause un recours dirigé contre un acte émanant d'une fédération départementale de lutte contre les ennemis des cultures. La rédaction de l'arrêt est on ne peut plus claire. Les juges relèvent que l'activité en cause a le caractère de « service public administratif dont la gestion est confiée, sous le contrôle de l'administration, à des organismes de droit privé ». Les décisions prises par ces organismes ont « le caractère d'actes administratifs relevant de la compétence de la juridiction administrative ». Finalement, comme l'a écrit le commissaire du gouvernement Fournier dans ses conclusions, « la nature publique ou privée de la personne morale en cause reste sans influence sur la détermination de la juridiction compétente pour connaître des actes de ces organismes ».

2° Identification de l'activité de service public

Dans son arrêt de Section Narcy du 28 juin 1963 (CE Sect., 28 juin 1963 : Rec. p. 401 ; AJDA 1964, p. 91, note Laubadère ; RDP 1963, p. 1186, note Waline), le Conseil d'Etat subordonne la définition même de la notion de service public à l'existence de trois éléments :

- Une mission d'intérêt général ;
- Un contrôle par l'administration ;
- L'existence de prérogatives de puissance publique.

L'enjeu est important puisqu'il conditionne, en dehors des questions de compétence juridictionnelle, l'application des règles de publicité et de mise en concurrence préalable applicables aux délégations de service public.

Il résulte de l'arrêt Narcy « (qu') une personne privée qui assure une mission d'intérêt général sous le contrôle de l'administration et qui est dotée à cette fin de prérogatives de puissance publique est chargée de l'exécution d'un service public ». En cas de litige, c'est le juge administratif qui est compétent.

Il ressort du même arrêt qu'en l'absence de prérogatives de puissance publique, le caractère de service public d'une activité peut également résulter d'un texte de loi.

Ainsi, par exemple, la loi du 31 décembre 1970 qui porte création du service public hospitalier précise que ce service public est composé d'établissements d'hospitalisation publics et d'établissements d'hospitalisation privés. Pourtant, les cliniques privées ne disposent d'aucune prérogative de puissance publique (TC, 6 novembre 1978, requête numéro 02087, Bernardi : Rec. p. 659 ; D. 1979, p.249, obs. Amselek et Waline.- TC, 28 avril 1980, requête numéro 02140, Girinon : Rec. p.641 ; AJDA 1981, II, p.158, note Brard). En cas de litige, c'est le juge judiciaire qui est compétent.

En dehors de l'application de textes de loi, en revanche, c'est l'existence de prérogatives de puissance publique qui indique qu'une personne privée a en charge un service public et relève, en cas de litige, de la compétence du juge administratif (CE Sect., 13 octobre 1978, requête numéro 03335, ADASEA Rhône : Rec. p. 368 ; AJDA 1979, p. 22, chron. Dutheillet de Lamothe et Robineau ; D. 1979, p.249, note Waline et Amselek ; RDP 1979, p. 899, note Jacques Robert).

Une précision à cette jurisprudence a été apportée par l'arrêt du Conseil d'Etat du 23 mars 1983 SA Bureau Veritas (requête numéro 33803, requête numéro 34462 : Rec. p.134 ; CJEG 1983, p.313, note Dupiellet ; D. 1984, inf. rap. p.345, obs. Moderne et Bon). Dans cette affaire était en cause une personne morale de droit privé chargée de procéder à des opérations d'homologation, ce qui dénote l'exercice de prérogatives de puissance publique. A cette occasion, le Conseil d'Etat précise que le fait qu'une personne morale de droit privé exerçant une mission de service public dispose de prérogatives de puissance publique ne suffit pas à attribuer compétence au juge administratif. Encore faut-il, en effet, que le litige mette en cause l'exercice même de ces prérogatives. Dans le cas contraire, c'est donc le juge judiciaire qui est compétent.

Après l'arrêt Narcy, et la jurisprudence qui suit cet arrêt, une question était toujours discutée : l'existence d'une mission de service public, dans le silence de la loi, et en l'absence de prérogatives de puissance publique, peut-elle être admise ?

La jurisprudence a fini par évoluer à l'occasion de l'arrêt du 20 juillet 1990, Ville de Melun et Association Melun culture loisirs c/ Vivien (requête numéro 69867 : Rec. p. 220) dans lequel le Conseil d'Etat a estimé que, même dans le silence de la loi, la détention de prérogatives de puissance publique n'était pas nécessaire à la reconnaissance d'une activité de service public. La portée de cet arrêt était toutefois incertaine, l'association en cause étant transparente, et donc pas réellement distincte de la commune à laquelle elle était étroitement liée.

L'arrêt du Conseil d'Etat Société Textron du 17 février 1992 (requête numéro 73230 : AJDA 1992, p.450) a suscité d'autres interrogations. Le Conseil d'Etat a considéré en l'espèce que l'activité principale de l'Association française de normalisation consiste à participer à l'élaboration des normes homologuées, et qu'il s'agit d'une activité de service public, sans qu'il soit nécessaire de rechercher l'existence de prérogatives de puissance publique. Mais au contraire, l'activité accessoire de ce même organisme, qui consiste à enregistrer des normes, « ne relève de l'exercice d'aucune prérogative de puissance publique... » et elle peut donc être l'objet de « litige(s) qui ne se rattache(nt) pas à l'exécution par l'Association française de normalisation d'une mission de service public ». S'agissant de cette activité accessoire, contrairement à ce qui a été retenu pour l'activité principale de la personne privée en cause, c'est l'absence de prérogatives de puissance publique qui est à l'origine du refus du Conseil d'Etat de conclure à l'existence d'une activité de service public.

L'arrêt de Section APREI du 22 février 2007, sans revenir sur la jurisprudence Narcy, mais en la combinant avec la jurisprudence Association Melun culture loisirs, a reformulé les règles jurisprudentielles de façon plus claire (requête numéro 264541 : AJDA 2007, p. 793, chron. Lenica et Boucher ; JCP A 2007, 2066, concl. Vérot, note Rouault et 2145, note Guglielmi et Koubi).

Le Conseil d'Etat vient ici perfectionner la méthode jurisprudentielle d'identification d'un service public assuré par un organisme privé en distinguant, dans le silence de la loi, deux situations auxquelles correspondent deux faisceaux d'indices : soit l'organisme privé dispose de prérogatives de puissance publique, soit il n'en détient pas.

Le raisonnement du Conseil d'Etat peut être retracé en trois points :

1. La loi peut reconnaître ou, à l'inverse, exclure qu'une activité prise en charge par une personne privée est un service public ;

2. Dans le silence de la loi, il faut considérer qu'une personne privée qui assure une mission d'intérêt général sous le contrôle de l'administration et qui est dotée à cette fin de prérogatives de puissance publique est chargée de l'exécution d'un service public ;

Sur ce point, le Conseil d'Etat confirme donc la jurisprudence Narcy.

3. Même en l'absence de telles prérogatives, une personne privée peut être regardée, dans le silence de la loi, comme assurant une mission de service public lorsque : « eu égard à l'intérêt général de son activité, aux conditions de sa création, de son organisation ou de son fonctionnement, aux obligations qui lui sont imposées ainsi qu'aux mesures prises pour vérifier que les objectifs qui lui sont assignés sont atteints, il apparaît que l'administration a entendu lui confier une telle mission ». Il s'agit là du véritable apport de l'arrêt APREI, qui vient ici dissiper les doutes qui résultaient de la jurisprudence Ville de Melun.

Cet ensemble d'indices dégagés par le juge va lui permettre de vérifier que l'administration a bien une véritable emprise sur l'activité en cause. Ces indices ne sont pas cumulatifs mais, bien évidemment, s'ils sont convergents, il sera plus aisé de retenir la qualification de service public (CE Sect., 6 avril 2007, requête numéro 284736, Commune d'Aix-en-Provence : AJDA 2007, p. 1020, chron. Lenica et Boucher ; JCP A 2007, 2111, note Karpenschif et 2125, note Linditch et 2128, note Pontier).

Parmi ces indices, la référence à des mesures de vérification fait clairement écho à l'arrêt Narcy, ce qui paraît lui conférer un caractère déterminant. Dans ce sens, il a été jugé qu'une activité prise en charge par une personne privée n'est pas un service public, en raison notamment de l'absence d'obligation imposée par une commune et de « contrôle objectif » (CE, 5 octobre 2007, requête numéro 298773, Société UGC-Ciné-Cité : Rec. p. 418 ; AJDA 2007, p. 2261, note Dreyfus ; BJCP 2007, p. 483, concl. Casas ; Contrats - Marchés publ. 2007, 308, note Eckert ; Dr. adm. 2007, 165, note Ménéménis ; JCP A 2007, 2294, note Linditch ; RJEP 2008, 19, note Moreau). En revanche, une délibération autorisant une association à ouvrir une piscine dans le but de l'exploiter et décidant de conclure à cet effet une convention de subventionnement et d'objectifs, a pour effet de confier à cette association une mission de service public consistant à gérer la piscine. Les juges ont ici notamment relevé que constituaient des obligations de service public « celle d'assurer une durée minimale d'ouverture de la piscine, d'accueillir les groupes scolaires et de fournir un compte-rendu bimensuel de l'activité et de la situation financière de cette activité » (CAA Lyon, 18 avril 2013, requête numéro 12LY01547, Commune de Saint-Nectaire : Contrats-Marchés publ. 2013, 168, obs. Eckert)

Le Tribunal des conflits s'est aligné sur la jurisprudence APREI à l'occasion de l'arrêt du 8 juin 2009, Fédération française aéronautique et a. c. Groupement pour la sécurité de l'aviation civile (requête numéro 3713 : Rec. p. 586 ; JCPA 2009, 2241, note Pontier).

L'arrêt APREI confirme donc qu'il peut y avoir mission de service public sans prérogatives de puissance publique, l'existence de cette mission pouvant transparaître, dans un tel cas, à travers l'utilisation d'autres indices. Toutefois, cet élément ne change rien à la question de la répartition des compétences : si le litige ne met pas en cause l'exercice de prérogatives de puissance publique, c'est le juge judiciaire qui est compétent.

Si l'activité en cause est un service public, elle est soumise aux principes de fonctionnement des services publics ainsi qu'aux règles régissant le domaine public ou les travaux publics. Mais surtout l'activité aura dû faire l'objet d'une procédure de délégation de service public, ce qui implique l'obligation pour la personne publique délégante de respecter des obligations en matière de publicité et de mise en concurrence préalable.

Cette question a notamment donné lieu à une passe d'armes entre la cour administrative d'appel de Paris et le Conseil d'Etat dans l'affaire du stade Jean Bouin. A l'occasion de son arrêt du 13 janvier 2010, Association Paris Jean Bouin et Ville de Paris (requête numéro 329576, requête numéro 329625 : JCPA 2010, 2069, concl. Olléon et note Devès ; Contrat et Marchés publ. 2010, 116, note Eckert), le Conseil d'Etat a prononcé la suspension du jugement du tribunal administratif de Paris qui avait estimé que la convention confiant à un opérateur privé la gestion d'équipements publics sportifs constitue non pas une convention d'occupation du domaine public, mais un contrat de délégation de service public supposant le respect de la procédure prévue par les articles L. 1411-1 s. du Code général des collectivités territoriales (TA Paris, 31 mars 2009, requête numéro 607283/7, Société Paris Tennis : AJDA 2009, p.1149, note Dreyfus ; Contrats-Marchés publ. 2009, 203, obs. Eckert ; RLCT 2009/48, p.61, note Carpentier .- Confirmé par CAA Paris, 24 juin 2009, requête numéro 09PA01921, Association Paris Jean Bouin). Cette solution sera reprise sur le fond du litige (CE Sect., 3 décembre 2010, requête numéro 338272, requête numéro 338527, Ville de Paris et Association Paris Jean Bouin), alors que la Cour administrative d'appel de Paris avait confirmé la qualification de convention de délégation de service public retenue par les premiers juges (CAA Paris, plén., 25 mars 2010, requête numéro 09PA01920, requête numéro 09PA02632, requête numéro 09PA03008, Association Paris Jean Bouin et Ville de Paris : Contrats-Marchés publ. 2010, 189, note Eckert ; Dr. Adm. 2010, 93, obs. Brenet ; AJDA 2010, p. 774, obs. Lelièvre ; BJCP 2010, n° 71, p. 297).

Contrairement aux juges du fond, le Conseil d'Etat privilégie une interprétation stricte de la jurisprudence APREI dont il résulte qu'en l'absence de qualification légale et de prérogatives de puissance publique, la reconnaissance d'une mission de service public nécessite la recherche de l'existence d'obligations de service public et de mesures prises par la collectivité publique permettant de vérifier que les objectifs assignés au cocontractant sont atteints. Selon les termes utilisés par le rapporteur public, M. Olléon, la reconnaissance d'une mission de service public implique que la collectivité publique propriétaire de l'équipement a « entendu l'affecter au service public », ce qui n'est pas le cas lorsque le cocontractant privé est « totalement libre de fixer les conditions de l'exploitation de l'installation en cause ». Dans ce cas « il … paraît très difficile d'identifier une quelconque mission de service public : le contrat a alors pour simple objet de permettre à des fins exclusives l'occupation d'une dépendance du domaine public communal ».

En l'espèce, d'une part, les différentes clauses du contrat n'excèdent pas le contrôle normal d'un maître du domaine. Mais surtout, d'autre part, le Conseil d'Etat rejette l'approche dite de la « méthode du faisceau d'indices élargi » qui avait été proposée devant le tribunal administratif de Paris par le rapporteur public Mme. Villalba. Cette méthode, retenue par les juges du fond, conduisait non seulement à l'analyse de la lettre de la convention, mais également à une recherche de la « réalité des intentions des parties et leur pratique » dans la mesure où « se référer aux seuls termes d'une convention consisterait pour le juge à se voiler la face » (conclusions citées par G. Eckert).

C'est donc une lecture littérale de la jurisprudence APREI qu'il convient de retenir et qui conduit les juges à considérer que l'ensemble des éléments relevés n'étaient pas de nature à caractériser la dévolution, par la convention conclue entre la Ville de Paris et l'association Paris Jean Bouin, d'une mission de service public. Il convenait, par conséquent, d'écarter les arguments tirés de la convention conclue entre l'association Paris Jean Bouin et le club du Stade français, annexée à la convention litigieuse, dont les dispositions faisaient référence à un planning d'accueil des « scolaires ».

On notera toutefois que cette solution, écartant une mise en concurrence, est aujourd'hui clairement condamnée par la jurisprudence de la Cour de justice de l'Union européenne qui indique que la délivrance d'un titre d'occupation du domaine public à un opérateur économique suppose la mise en oeuvre d'une procédure transparente (CJUE, 14 juillet 2016, affaire numéro C-458/14, Promoimpresa Srl c/ Consorzio dei comuni della Sponda Bresciana del Lago di Garda e del Lago di Idro.- CJUE, 14 juillet 2016,affaire numéro C-67/15, Regione Lombardia et Mario Melis e.a. c/ Comune di Loiri Porto San Paolo et Provincia di Olbia Tempio : AJDA 2016, p. 2176, note Noguellou). Surtout l'ordonnance numéro 2017-562 du 19 avril 2017 a introduit cette obligation de mise en concurrence à l'article L. 2122-1-1 du Code général de la propriété des personnes publiques. Selon cet article « sauf dispositions législatives contraires, lorsque le titre (...) permet à son titulaire d'occuper ou d'utiliser le domaine public en vue d'une exploitation économique, l'autorité compétente organise librement une procédure de sélection préalable présentant toutes les garanties d'impartialité et de transparence, et comportant des mesures de publicité permettant aux candidats potentiels de se manifester ».

Dans une autre affaire concernant un équipement sportif, la Cour administrative de Lyon a considéré, en revanche, que le contrat litigieux était une délégation de service public (CAA Lyon, 18 avril 2013, requête numéro 12LY01547, Commune de Saint-Nectaire, préc.). Dans cette affaire cependant, les obligations de service public, et notamment celle d'accueil des groupes scolaires ressortait directement de la convention litigieuse.

Au final, si l'arrêt APREI a voulu clarifier les critères d'identification des services publics, l'utilisation de ces critères continue de poser un certain nombre de difficultés. On peut ainsi observer que dans ces hypothèses très proches, les solutions peuvent varier.

Exemple :

-Si une association, qui occupe un ensemble immobilier destiné à la pratique de l'aviron dont elle est propriétaire a une activité d'intérêt général, elle ne peut être regardée, eu égard à ses modalités d'organisation et de fonctionnement, notamment à l'absence de tout contrôle de la commune et de toute définition par celle-ci d'obligations particulières auxquelles elle serait soumise, comme chargée d'une mission de service public (TC, 13 octobre 2014, requête numéro 3963, SA AXA France IARD : AJCT 2015, p. 48, obs. Juilles ; AJDA 2014, p. 2180, chron. Lessi et Dutheillet de Lamothe ; Contrats-Marchés publ. 2014, 322, note Eckert ; Dr. adm. 2015, 3, note Brenet ; JCP A 2015, 2010, note Pauliat ; RFDA 2014, p. 1068, concl. Desportes). Une solution différente est retenue dans une affaire où une commune s'est réservée un droit de regard sur l'activité d'une autre association, occupante de parcelles du domaine public destinées à la pratique de l'aviron, en application d'une convention de mise à disposition, puisque la collectivité veillait à la coordination des plannings avec les autres associations de sport nautique présentes sur le site et qu'il était prévu que lui soient transmises des informations sur les adhérents. Par ailleurs, la convention prévoyait que le logo de la ville soit associé à ses interventions dans les médias et à ses supports de communication. Dans ces conditions, les locaux en question étaient le siège d'une activité de service public reconnue par la commune, à la différence du cas dont a eu à connaître le Tribunal des conflits (CAA Lyon, 25 février 2016, requête numéro 15LY01792, Association les Régates Sénonaises).

§ II – Domaine de compétence exclusif du juge administratif

Toutes les règles que nous venons de voir ont un caractère jurisprudentiel. Ceci signifie que le législateur peut déroger à ces règles, et que le juge ne peut remettre en cause cette qualification législative qui ne concorderait pas avec ses propres critères jurisprudentiels de qualification. En revanche, le juge peut faire prévaloir les règles définies par lui lorsqu'est en cause un décret.

Pendant longtemps, la possibilité ouverte au législateur d'aller à l'encontre des principes jurisprudentiels ne connaissait aucune limite, ce qui s'expliquait par le fait qu'aucune règle de valeur constitutionnelle ne garantissait le domaine de compétence du juge administratif.

La situation a évolué avec la décision du Conseil constitutionnel du 23 janvier 1987, Conseil de la concurrence qui a constitutionnalisé un domaine de compétence exclusif réservé au juge administratif (numéro 86-224 DC, préc.). Il s'est agit, en d'autres termes, de définir des matières qui échappent, par nature, au juge judiciaire et relèvent de la compétence de la juridiction administrative.

La loi déférée avait pour objet de transférer le contentieux du Conseil de la concurrence (l'actuelle Autorité de la concurrence), qui est une autorité administrative indépendante, à la cour d'appel de Paris. Selon le Conseil constitutionnel, il existe un principe fondamental reconnu par les lois de la République « selon lequel, à l'exception des matières réservées par nature à l'autorité judiciaire, relève en dernier ressort de la compétence de la juridiction administrative l'annulation ou la réformation des décisions prises, dans l'exercice des prérogatives de puissance publique, par les autorités exerçant le pouvoir exécutif, leurs agents, les collectivités territoriales de la République ou les organismes publics placés sous leur autorité ou leur contrôle ».

Le Tribunal des conflits a par la suite précisé que « le juge administratif est en principe seul compétent pour statuer, le cas échéant par voie de question préjudicielle, sur toute contestation de la légalité de telles décisions, soulevée à l'occasion d'un litige relevant à titre principal de l'autorité judiciaire » (TC, 12 décembre 2011, Société Green Yellow c. EDF, requête numéro 3841 : AJDA 2012, p. 27, chron. Guyomar et Domino ; JCP A 2012, 2061, note Pauliat).

De même, le Tribunal des conflits, dans son arrêt du 12 mai 1997, Préfet de police c. TGI de Paris (requête numéro 3056 : JCP G 1997, II, 22861 ; LPA 21 janvier 1998 p. 9, note Viala ; RFDA 1997, p. 514, concl. Arrighi de Casanova ; AJDA 1997, p.575, chron. Chauvaux et Girardot) a précisé que « le pouvoir d'adresser des injonctions à l'administration, qui permet de priver les décisions de celle-ci de leur caractère exécutoire, est de même nature que celui consistant à annuler ou à réformer les décisions prises par elle dans l'exercice de ses prérogatives de puissance publique ».

Il est à relever que le Conseil constitutionnel et le Tribunal des conflits ont seulement défini le noyau dur de la compétence administrative, c'est-à-dire ce qui ne peut être modifié par le législateur. En l'absence de lois, ce sont donc les règles jurisprudentielles, qui accordent au juge administratif une compétence plus étendue, qui ont vocation à s'appliquer.

Qui plus est, dans sa décision Conseil de la concurrence, le Conseil constitutionnel a également précisé que le législateur « dans l'intérêt d'une bonne administration de la justice » peut attribuer en bloc à l'un des ordres juridictionnels l'ensemble du contentieux d'une législation déterminée. Cette possibilité peut être utilisée, précise le Conseil constitutionnel, lorsque le respect des règles normales de compétence provoquerait la dispersion de ce contentieux vers les deux ordres de juridiction. Il faudra alors attribuer compétence à l'ordre « principalement intéressé ». C'est ce qui a justement été admis pour le contentieux du Conseil de la concurrence pour lequel un impératif de bonne administration de la justice commandait l'attribution de ce contentieux à la juridiction judiciaire. En effet, les décisions administratives rendues à propos de pratiques anticoncurrentielles peuvent donner lieu à un contentieux devant le juge administratif, mais également entraîner des conséquences aux niveaux civil et pénal, le juge judiciaire étant donc « principalement intéressé », ce qui justifie la création d'un bloc de compétence. Relevons enfin que pour le Conseil constitutionnel, un tel transfert de compétences est une simple faculté et non pas une obligation (CC, 26 novembre 2010, numéro 2010-71 QPC).

§ III – Exceptions aux règles normales de répartition des compétences

Les exceptions aux règles normales de répartition des compétences, telles qu'elles sont issues des principes de répartition définis par la jurisprudence administrative, peuvent être aisément réparties en deux catégories : on distingue les hypothèses de concurrence entre les deux ordres de juridiction des hypothèses de compétence exclusive du juge judiciaire pour juger l'administration.

I – Hypothèses de concurrence entre les deux ordres de juridiction

Il est important de bien définir quelles sont les données du problème avant d'évoquer la compétence du juge civil et celle du juge pénal.

A – Données du problème

Il est fréquent qu'à l'occasion d'un litige relevant de sa compétence, le juge judiciaire se trouve confronté à l'application d'un acte administratif. Cette fréquence s'explique par le fait qu'une grande partie du droit positif a pour origine des décrets et des arrêtés, donc des actes administratifs.

Exemple :
-TC, 15 janvier 1968, requête numéro 01908, Compagnie Air France c. Epoux Barbier (préc.) : est en cause dans cette affaire un litige de droit du travail relevant du juge judiciaire. Cependant, le litige pose également la question de la légalité de la règlementation appliquée à Air France qui impose une clause de célibat aux hôtesses de l'air.

Deux types de problèmes peuvent alors se rencontrer : l'acte administratif n'est pas clair et il s'agira alors de savoir si le juge judiciaire peut l'interpréter ; l'une des parties met en cause la légalité d'un acte administratif et il s'agit alors de savoir si le juge judiciaire peut apprécier la légalité de cet acte.

Si le juge judiciaire tranche lui-même ces difficultés on parlera de résolution d'une question préalable. En revanche, s'il s'estime incompétent, il renverra cette question préjudicielle au juge administratif. Dans cette seconde hypothèse, le juge judiciaire va surseoir à statuer jusqu'à la réponse du juge administratif.

Mettons de côté d'abord l'hypothèse, tout à fait particulière, où la question d'interprétation ne concerne pas une décision administrative mais une décision du juge administratif. Dans ce cas, cette question relève de la compétence du juge administratif (CE, 11 octobre 2017, requête numéro 397604, Me Raymond agissant en qualité de liquidateur judiciaire de la SARL Lezeau : ; Dr. fisc. 2018, 189, concl. Benard ; JCP A 2017, act. 482, obs. Tesson ; Procédures 2017, 324, note Chifflot)

Si l'on revient aux actes administratifs, et si l'on applique de façon stricte la règle de séparation des autorités administrative et judiciaire, toute compétence du juge judiciaire devrait être déniée en la matière. En effet, ces textes interdisent à celui-ci de s'immiscer dans les affaires de l'administration, et plus particulièrement, selon le décret du 16 fructidor an III, de « connaître de ses actes ».

Cependant, du point de vue de l'opportunité et de la bonne administration de la justice, une telle position serait très contestable, puisqu'elle multiplierait les questions préjudicielles et allongerait considérablement les délais contentieux. C'est pour cette raison que la jurisprudence du Tribunal des conflits a multiplié les hypothèses dans lesquelles le juge judiciaire est compétent en la matière. Une distinction doit toutefois être faite sur ce point entre le juge civil et le juge pénal dont la compétence est plus étendue.

B – Compétence du juge civil

Les règles applicables devant le juge civil ont été définies à l'origine par l'arrêt du Tribunal des conflits du 16 juin 1923 Septfonds (Rec. p. 498 ; D.1924, III, p. 41 ; S. 1923, III, p. 49).

En application de cette jurisprudence, le juge civil est compétent pour interpréter les actes administratifs règlementaires. Ceci se justifie par le fait que comme les lois les actes règlementaires édictent des dispositions de caractère général et impersonnel. En outre, le juge civil applique très fréquemment de telles dispositions, et s'il était incompétent pour les interpréter, cela aboutirait à une multiplication très importante des questions préjudicielles qui pourrait paralyser le fonctionnement de la juridiction administrative.

En revanche, le juge civil est incompétent pour interpréter les actes administratifs individuels. Traditionnellement, il était également incompétent pour apprécier la légalité des actes administratifs, qu'ils présentent un caractère règlementaire ou individuel, sauf en cas de voie de fait (TC 30 octobre 1947, Barinstein : Rec. p.511).

Cette jurisprudence a toutefois récemment évolué à l'occasion de l'arrêt du Tribunal des conflits du 17 octobre 2011 SCEA Chéneau c/ INAPORC et M. C. et a. c/ CNIEL (requête numéro 3828, requête numéro 3829 : AJDA 2012, p. 27, chron. Guyomar et Domino ; D. 2011, p. 3046, note Donnat et p. 244, obs. Fricero ; Dr. Adm. 2012, 10, note Melleray ; RFDA 2011, p. 1122, concl. Sarcelet, p. 1129, note Seiller et p. 1136, note

Roblot-Troizier ; RTD civ. 2011, p. 735, obs. Rémy-Corlay ; RTDE 2012, p. 135, étude Ritleng).

Après avoir rappelé la jurisprudence Septfonds, le Tribunal des conflits précise que « ces principes doivent être conciliés tant avec l'exigence de bonne administration de la justice qu'avec les principes généraux qui gouvernent le fonctionnement des juridictions, en vertu desquels tout justiciable a droit à ce que sa demande soit jugée dans un délai raisonnable ». Il en résulte que « si en cas de contestation sérieuse portant sur la légalité d'un acte administratif, les tribunaux de l'ordre judiciaire statuant en matière civile doivent surseoir à statuer jusqu'à ce que la question préjudicielle de la légalité de cet acte soit tranchée par la juridiction administrative, il en va autrement lorsqu'il apparaît manifestement, au vu d'une jurisprudence établie, que la contestation peut être accueillie par le juge saisi au principal ».

Le Tribunal des conflits a eu notamment l'occasion d'appliquer ces principes dans une affaire où la conformité d'un acte règlementaire au principe général du droit de non-rétroactivité des actes administratifs était en cause (TC, 12 décembre 2011, requête numéro 3841, Société Green Yellow c. EDF, préc.- V. également en matière de contrats administratifs, Cass. 1re civ., 24 avril 2013, pourvoi numéro 12-18.180, Commune de Sancoins c/ Société les fils de Mme Géraud).

Un second assouplissement est prévu par l'arrêt du 17 octobre 2011 s'agissant du cas particulier du droit de l'Union européenne, au regard de l'article 88-1 de la Constitution et du principe d'effectivité du droit de l'Union européenne. Ainsi « le juge national chargé d'appliquer les dispositions du droit de l'Union a l'obligation d'en assurer le plein effet en laissant au besoin inappliquée, de sa propre autorité, toute disposition contraire. A cet effet, il doit pouvoir, en cas de difficulté d'interprétation de ces normes, en saisir lui-même la Cour de justice à titre préjudiciel ou, lorsqu'il s'estime en état de le faire, appliquer le droit de l'Union, sans être tenu de saisir au préalable la juridiction administrative d'une question préjudicielle, dans le cas où serait en cause devant lui, à titre incident, la conformité d'un acte administratif au droit de l'Union européenne ». Pour assurer le respect du principe de l'effectivité du droit de l'Union européenne le juge judiciaire se voit donc autorisé à opérer un contrôle par voie d'exception de la conventionalité des actes règlementaires.

Notons enfin que le Conseil d'Etat, reprenant la jurisprudence SCEA Cheneau, mais inversant le raisonnement du Tribunal des conflits, a considéré dans un arrêt Fédération Sud Santé sociaux du 23 mai 2012, qu'il pouvait être compétent pour apprécier la validité d'une convention collective, dans le cadre de l'examen d'un arrêté prononçant l'extension ou l'agrément d'une convention ou d'un accord collectif de travail (CE, 23 mai 2012, requête numéro 331805, Fédération Sud Santé sociaux : Rec. p. 102 ; AJDA 2012, p. 1583, note Marc ; Dr . adm. 2012, 56, note Melleray ; RFDA 2012, p. 429, concl. Landais.- V. également CE, 1er juin 2015, requête numéro 369914, Fédération UNSA spectacle et communication : Rec. p. 180 .- CE, 17 mars 2017, requête numéro 396835, Syndicat national des prestataires de services d'accueil). Le Conseil d'Etat ne se borne toutefois pas à reprendre les deux exceptions à la jurisprudence Septfonds dégagées par le Tribunal des conflits, puisqu'il en dégage une troisième qui est celle où le législateur a prévu que les mesures prises pour l'application de la loi seront définies par un accord collectif conclu entre les partenaires sociaux, dont l'entrée en vigueur est subordonnée à l'intervention d'un arrêté ministériel d'extension ou d'agrément. Dans ce cas, il appartient également au juge de l'excès de pouvoir, saisi d'un recours dirigé contre cet arrêté, de se prononcer lui-même, compte tenu de la nature particulière d'un tel accord, sur les moyens mettant en cause sa légalité.

C – Compétence du juge pénal

Cette question a connu une évolution remettant en cause les règles issues de l'arrêt du Tribunal des conflits du 5 juillet 1951 Avranches et Desmarets (Rec. p.638 ; D. 1952 p.271, note Blavoët ; JCP 1951, II, 6623, note Homont ; Rev. adm. 1951, p.492, note Liet-Veaux ; S. 1952, III, p.1 note Auby). En application de cette jurisprudence, le juge pénal était compétent pour interpréter et apprécier la légalité des règlements administratifs « qui servent de fondement à la poursuite ou qui sont invoqués comme moyen de défense ». En revanche, il était incompétent pour apprécier la légalité des actes individuels.

Cependant, cette position n'avait jamais été admise par la chambre criminelle de la Cour de cassation. En particulier, la chambre criminelle s'estimait compétente pour apprécier la légalité de tous les actes administratifs, individuels ou règlementaires, dès lors qu'ils étaient assortis d'une sanction pénale (Voir notamment Cass. Crim., 21 décembre 1961, Le roux, D. 1962, p.102, rapp. Costa.- Cass. Crim., 1er juin 1967, Canivet : JCP 1968, 15505, note Lamarque).

Finalement, la réforme du Code pénal de 1992, entrée en vigueur le premier mars 1994, simplifie considérablement les règles applicables.

Selon l'article L. 111-5 du Code pénal, le juge pénal a en effet compétence pour interpréter et apprécier la légalité des actes administratifs règlementaires ou non « lorsque, de cet examen, dépend la solution du procès pénal qui lui est soumis ». Ces dispositions ont été récemment précisées par un arrêt de la chambre criminelle de la Cour de cassation du 13 décembre 2016 (pourvoi numéro 16-84.794, pourvoi numéro 16-82.176 : AJ pénal 2017, p. 30, note Herran et Lacaze ; Dr. adm. 2017, 20, note Eveillard ; Dr. pén. 2017, étude 6, Ribeyre). Il résulte de cet arrêt que la cour n'entend plus limiter sa compétence aux seuls actes administratifs qui commandent l'incrimination, c'est-à-dire ceux dont la méconnaissance est pénalement sanctionnée et ceux qui incriminent un comportement. Cette compétence s'étend désormais aux actes administratifs relatifs à la procédure de poursuite. Ainsi, en l'espèce était en cause un ordre de perquisition administrative émis en application de la loi du 3 avril 1955 sur l'état d'urgence qui avait permis la constatation de faits de nature à justifier l'engagement d'une procédure pénale. Il s'agit ici d'une compétence concurrente avec celle du juge administratif qui peut être saisi d'un recours pour excès de pouvoir visant à contester la légalité des ordres de perquisition administrative (CE Ass., avis numéro 398234, avis, 16 juillet 2016, numéro 399135 et numéro 399135, Napol et a., préc.).

II – Hypothèses de compétence exclusive du juge judiciaire

Les hypothèses de compétence exclusive du juge judiciaire concernent d'abord le cas très particulier des litiges liés au fonctionnement des tribunaux de l'ordre judiciaire. Elles concernent ensuite différents cas dans lesquels le juge judiciaire apparaît comme une sorte de gardien du droit de propriété et des libertés fondamentales.

A – Litiges liés au fonctionnement des tribunaux judiciaires

Le service public de la justice est un service public administratif, et par conséquent il devrait logiquement relever du contentieux administratif. Toutefois, reconnaître cette compétence, s'agissant de la justice judiciaire, reviendrait à faire échec au principe de séparation des pouvoirs et mettrait ainsi en cause l'indépendance du juge judiciaire. Pour éviter cela, le Tribunal des conflits a précisé des règles particulières de compétence à l'occasion de l'arrêt Préfet de Guyane du 27 novembre 1952 (Rec. p. 642 ; JCP G 1953, II, 7598, note Vedel).

D'après cet arrêt, les litiges relatifs à l'organisation du service public de la justice judiciaire -par exemple les mesures de création ou de suppression de tribunaux, ou encore les mesures relatives au recrutement et à la carrière des magistrats- relèvent du juge administratif alors que les litiges relatifs à l'exercice de la fonction juridictionnelle - c'est-à-dire la décision de justice elle-même ainsi que les actes qui la préparent et qui visent à assurer son exécution - relèvent de la compétence du juge judiciaire.

Exemples :
- CE Sect., 4 novembre 1994, requête numéro 157435, Korber (Rec. p.489 ; JCP 1995, II, 22422, note Lemaire) : la décision par laquelle le juge de l'application des peines ou le garde des Sceaux accorde à un condamné une libération conditionnelle ou la révoque, totalement ou partiellement, ne se rattache pas au fonctionnement administratif du service pénitentiaire, mais elle constitue une mesure qui modifie les limites de la peine. Par suite, une demande de ce condamné tenant d'une part, au sursis à l'exécution de l'arrêté par lequel le garde des Sceaux a révoqué sa libération conditionnelle et, d'autre part, à ce que le juge des référés administratif ordonne, notamment au juge de l'application des peines, de lui communiquer les documents relatifs à cette mesure ne relèvent pas de la compétence de la juridiction administrative.
- TC, 19 novembre 2001, requête numéro 3255, Visconti c. Commune de Port Saint Louis du Rhône (Rec. p.754) : les actes intervenus au cours d'une procédure judiciaire ne peuvent être appréciés, soit en eux-mêmes, soit dans leurs conséquences, que par l'autorité judiciaire. Il en va ainsi notamment de la plainte adressée, fût-ce par une autorité administrative, au procureur de la République aux fins d'engagement de poursuites, la plainte n'étant pas détachable de la procédure pénale.
- CE, 30 juin 2003, requête numéro 244965, Observatoire international des prisons (RFDA 2003, p.839) : s'agissant d'un recours dirigé contre un décret de grâce collective du Président de la République, le Conseil d'Etat précise qu'il n'appartient pas à la juridiction administrative de connaître des litiges relatifs à la nature et aux limites d'une peine infligée par une juridiction judiciaire et dont l'exécution est poursuivie à la diligence du ministère public.

Cette distinction entre l'organisation et le fonctionnement d'une institution dotée de pouvoirs juridictionnels s'applique également au Conseil constitutionnel. C'est ce qui ressort de l'arrêt d'Assemblée du Conseil d'Etat Brouant du 25 octobre 2002 (requête numéro 235600 : Rec. p. 345, concl. Goulard ; AJDA 2002, p. 1332, chron. Donnat et Casas ; D. 2002, p. 3034, note Moutouh ; JCP 2003, II, 10008, note Chaminade ; RDP 2002, p. 1855, note Camby ; RFDA 2003, p.1, concl. Goulard et p. 14, note Favoreu et note Gonod et Jouanjan). Dans cette affaire, le Conseil d'Etat a décidé, contrairement aux conclusions du commissaire du gouvernement Guillaume Goulard, que les règles d'accès aux archives du Conseil constitutionnel affectent le fonctionnement de cette institution et ne relèvent donc pas de la compétence de la juridiction administrative. Cette jurisprudence a été confirmée à plusieurs reprises par le Conseil d'Etat.

Exemples :
- CE, 9 novembre 2005, requête numéro 258180, Moitry : Il n'appartient pas à la juridiction administrative de connaître des actes qui se rattachent à l'exercice par le Conseil constitutionnel des missions qui lui sont confiées par la Constitution ou par des lois organiques prises sur son fondement. Il en est ainsi de la publication sur son site internet de commentaires concernant le sens et la portée de sa jurisprudence.
- CE, ord. réf., 6 juin 2016, n° 400382, Bidalou (Dr. adm. 2016, 55, note Charité) : saisi dans le cadre de l'article L. 521-2 du Code de justice administrative, le juge des référés du Conseil d'Etat se refuse à enjoindre au Conseil constitutionnel de prendre des actes juridictionnels. En effet, l'exercice de de cette compétence n'est pas dissociable des conditions dans lesquelles le Conseil constitutionnel exerce les missions qui lui sont confiées par la Constitution.

Simple en apparence, la distinction opérée entre l'organisation et le fonctionnement de la justice judiciaire pose de nombreuses difficultés, ce qui s'explique par le fait que les questions d'organisation et de fonctionnement de ce service public sont parfois imbriquées entre elles. Ainsi, des décisions relatives à l'organisation du service public de la justice judiciaire relèvent-elles de la compétence du juge judicaire dès lors qu'elles ont un lien étroit avec le fonctionnement de ce service public. Cela peut être le cas lorsqu'une autorité judiciaire désigne un collaborateur, même s'il faut souligner que longtemps la jurisprudence n'était pas d'une parfaite clarté sur cette question.

Exemples :
-TC, 8 avril 2002, requête numéro 3282, Melennec (Rec. p. 543) : relève du fonctionnement du service public le choix opéré par la commission nationale technique de sécurité – qui est une juridiction judiciaire – du médecin chargé de procéder à l'examen préalable du dossier soumis en appel aux commissions régionales de la sécurité sociale.
-CE, 18 février 1959, Cendrier (Rec. p. 123) : relève de l'organisation du service public la décision annuelle d'une cour d'appel fixant la liste des tribunaux de première instance auprès desquels les avoués avaient le droit de plaider.

Cette question a finalement été clarifiée par le Tribunal des conflits à l'occasion d'un arrêt Hoareau du 7 septembre 2015 (requête numéro 4019 : Rec. p. 510 ; AJDA 2016, p. 2370, chron. Dutheillet de Lamothe et Odinet). Plutôt que de viser le fonctionnement du service public de la justice judiciaire, les juges se réfèrent à la « fonction juridictionnelle », revenant ainsi à la lettre de l'arrêt Préfet de Guyane. En l'espèce, la décision de procureurs de la République refusant d'agréer l'exploitant d'une auto-école pour des stages de sensibilisation « ne se rattache pas à la fonction juridictionnelle, sur l'exercice de laquelle les attributions de la personne agréée n'ont pas d'effets ». La mesure contestée relève donc de l'organisation du service public et de la compétence des juridictions administratives. Si cette solution ne règle pas l'ensemble des difficultés engendrées par le partage de compétences entre les deux ordres de juridiction, elle présente au moins le mérite de préciser les règles applicables en la matière. Ainsi, un litige relatif à la rémunération d'enquêteurs sociaux relève de la compétence du juge judiciaire dès lors que chacune des missions confiées au requérant, qui est un collaborateur occasionnel du service public de la justice, a été ordonnée par une décision de la juridiction judiciaire (TC, 12 février 2018, requête numéro 4111, Ministre de la Justice : Dr. adm. 2018, 24, note Lemaire).

Dans le même ordre d'idées, des difficultés peuvent survenir dans les cas où une autorité publique met en œuvre son obligation de signalement au ministère public des faits qu'elle considère comme infractionnels. En principe, cette hypothèse peut mettre en cause le fonctionnement du service public de la justice judiciaire. Il en va autrement, cependant, lorsque cette dénonciation révèle un fonctionnement défectueux de l'autorité publique dénonciatrice (TC, 8 décembre 2014, requête numéro 3974, Bedoian : Rec. p. 475 ; Dr. adm. 2015, 33, note Eveillard.- V. également TC, 15 juin 2015, requête numéro 4007, Verhoeven ; Dr. adm. 2015, 73, note Eveillard).

B – Le juge judiciaire, gardien traditionnel des libertés fondamentales et du droit de propriété

La raison d'être de la compétence du juge judiciaire dans ce domaine est historique. Elle est liée au fait qu'il n'y avait pas de distinction réelle, à l'origine, entre l'administration active et l'administration juridictionnelle en raison de la théorie de l'administrateur juge et du système de justice retenue en vigueur jusqu'à la fin du XIX° siècle. Dans ces circonstances, il est tout naturellement apparu que le juge judiciaire était plus à même de protéger les libertés et le droit de propriété que le juge administratif.

Cette compétence est toujours consacrée, pour ce qui concerne la seule liberté individuelle, dans le droit positif, par l'article 66 de la Constitution du 4 octobre 1958 qui prévoit que le principe selon lequel « nul ne peut être arbitrairement détenu » est assuré par « l'autorité judiciaire, gardienne de la liberté individuelle ». Ces dispositions sont toutefois interprétées strictement par la Conseil constitutionnel. (CC, 28 juillet 1989, numéro 89-261 DC, Loi relative aux conditions de séjour et d'entrée des étrangers en France : Rec. CC 1989, p. 81 ; RFDA 1989, p. 621, note Genevois ; AJDA 1989, p. 619, note Chevallier ; D. 1990, jurispr. p. 161, note Prétot.- CC, 13 mars 2003, numéro 2003-467 DC, Loi pour la sécurité intérieure).

La même règle ne se trouve pas dans la Constitution pour ce qui concerne la protection du droit de propriété. Le Conseil constitutionnel a quant à lui écarté l'existence d'un principe fondamental selon lequel « le juge judiciaire (serait) le gardien de la propriété privée » (CC, 17 juillet 1985, numéro 85-189 DC : Rec. CC 1985, p. 49). En revanche, sans pour autant en indiquer le fondement, le Conseil constitutionnel a reconnu l'existence d'un principe fondamental reconnu par les lois de la République interdisant au législateur de méconnaître « l'importance des attributions conférées à l'autorité judiciaire en matière de protection de la propriété immobilière ». Ce principe implique la compétence du juge judiciaire pour fixer le montant de l'indemnité, en cas de dépossession d'une propriété immobilière (CC, 25 juillet 1989, numéro 89-256 DC, consid. 23 : Rec. CC 1989, p. 53 ; CJEG 1990, 1, note Genevois ; RFDA 1989, p. 1009, note Bon).

Quoi qu'il en soit, traditionnellement, la jurisprudence, à travers les théories de la voie de fait et de l'emprise, ainsi que différents textes de lois ont toujours reconnu la compétence du juge judiciaire en la matière, de la même façon que cette compétence est reconnue en matière de protection des libertés fondamentales.

1° Illustrations législatives du principe

Ponctuellement, différentes lois ont attribué compétence au juge judiciaire dans des domaines où les libertés fondamentales ou le droit de propriété sont menacés.

C'est le cas, notamment, en matière de contentieux de l'hospitalisation d'office dans les hôpitaux psychiatriques, qui relève essentiellement du juge judiciaire en application de l'article L. 3213-1 du Code de la santé publique. Comme l'a précisé le Conseil d'Etat « s'il appartient à la juridiction administrative d'apprécier la régularité de la décision administrative ordonnant l'hospitalisation d'office ... l'autorité judiciaire est seule compétente tant pour apprécier la nécessité d'une mesure d'hospitalisation d'office en hôpital psychiatrique que, lorsque la juridiction administrative s'est prononcée sur la régularité de la décision administrative d'hospitalisation, pour statuer sur l'ensemble des conséquences dommageables de cette décision, y compris celles qui découlent de son irrégularité » (CE Sect., 1er avril 2004, requête numéro 264627, Laporte). Dans une décision M. B. c/ France du 18 novembre 2010 (affaire numéro 35935/03) a toutefois considéré que ce partage de compétences portait atteinte au droit à un recours effectif. La loi n°2011-803 du 5 juillet 2011 a en conséquence créé l'article L. 3216-1 du Code la santé publique qui précise désormais que l'ensemble de ce contentieux relève des juridictions judiciaires, y compris les questions de légalité externe des décisions administratives intervenues dans le cadre de la procédure. L'unification du contentieux n'est toutefois pas totale puisque cet article exclut implicitement tout le contentieux lié à l'application du chapitre Ier du titre I du code.

Mais surtout, en dehors des solutions législatives ponctuelles, l'article 136 du Code de procédure pénale octroie apparemment une compétence plus générale au juge judiciaire. D'après ce texte, en effet, « dans tous les cas d'atteinte à la liberté individuelle, le conflit ne peut jamais être élevé par l'autorité administrative et les tribunaux de l'ordre judiciaire sont toujours exclusivement compétents ». Ainsi, le respect de ce texte paraît imposer la reconnaissance de la compétence exclusive des tribunaux judiciaires pour statuer sur les demandes de dommages-intérêts en cas d'atteinte par l'administration à la liberté individuelle.

Le Tribunal des conflits a toutefois interprété l'article 136 du Code de procédure pénale de la façon la plus stricte qui soit, de façon à pratiquement le vider de son sens (TC, 16 novembre 1964, Clément : Rec. p.76 ; AJDA 1965, p.221, chron. Puybasset et Puissochet ; JCP 1965, 12286, note Langavant ; Rev. adm. 1965, p.225, note Breton ; D. 1965, p.142, note Demichel.- V. également : TC, 17 février 1997, requête numéro 03045, Préfet de la région Ile-de-France c/ Menvielle : Gaz. Pal. 19-20 décembre 1997, 2, p. 16, concl. Sainte-Rose, note Petit.- TC, 12 mai 1997, requête numéro 3056, Préfet de police c. TGI Paris, préc.).

Pour le Tribunal des conflits, cette interprétation stricte est liée au fait que cet article doit être compris comme une dérogation au principe de séparation des autorités administrative et judiciaire. Par conséquent, si les tribunaux judiciaires sont compétents pour réparer les dommages subis, ils ne le sont pas pour apprécier la légalité des décisions administratives à l'origine de l'atteinte à la liberté. Confronté à l'une de ces décisions, le juge judiciaire est donc tenu de saisir le juge administratif d'une question préjudicielle. Il en résulte que c'est le juge administratif qui, dans ce cas, décide du bien-fondé de l'action en dommages-intérêts. Le juge judiciaire n'est dès lors plus compétent que pour évaluer ces dommages-intérêts. De cette façon, l'efficacité de l'article 136 du Code de procédure pénale est pratiquement réduite à néant, ce qui explique qu'il n'est que très rarement invoqué.

2° Voie de fait

La voie de fait est une notion ancienne, apparue à l'occasion de l'arrêt du Conseil d'Etat Rousseau du 21 septembre 1827 (Rec. p. 504). Il est important, de prime abord, de bien cerner ce que recouvre le domaine de la voie de fait et quelle est la portée de la reconnaissance d'une voie de fait. On verra ensuite quelles sont les conditions de la reconnaissance d'une voie de fait avant d'évoquer l'actualité de cette théorie.

a- Domaine de la voie de fait et portée de la reconnaissance d'une voie de fait

Contrairement à l'emprise (V. infra p. 302), la reconnaissance de la voie de fait aboutit à attribuer une plénitude de compétence au juge judiciaire. Ainsi, le juge judiciaire peut non seulement réparer les conséquences de la voie de fait, mais il peut également constater son existence et adresser à l'administration des injonctions pour y mettre fin. Ce dernier point est très important puisque, comme on le verra, jusqu'à une époque récente, le juge administratif ne disposait pas de ce type de pouvoir.

L'idée est que la voie de fait est une atteinte tellement grave à la propriété privée ou à la liberté individuelle que l'action de l'administration se trouve totalement dénaturée : par conséquent il n'y a plus de raisons, dans de tels cas, de lui faire bénéficier d'un privilège de juridiction et de lui appliquer des règles dérogatoires du droit commun.

Selon la distinction classique opérée par le professeur Chapus (Droit administratif général, Tome I, ouv. précité p.873), il existe deux types de voies de fait.

Il s'agit tout d'abord des voies de fait par manque de droit, qui concernent des hypothèses où l'administration fait exécuter une décision manifestement insusceptible de se rattacher à un pouvoir qui lui est légalement reconnu.

> Exemple :
> - TC, 19 novembre 2001, pourvoi numéro 01-03.272, Préfet de police c. TGI Paris et Mohammed c. Ministre de l'Intérieur (AJDA 2002, p. 234, Petit ; D. 2002, p. 1446, concl. Bachelier) : constitue une voie de fait une décision de refus prolongé de restituer un passeport.

Il s'agit ensuite des voies de fait par manque de procédure qui concernent des cas d'exécution forcée d'une décision, même légale, par l'administration dans des hypothèses où elle n'avait pas le pouvoir d'y procéder et où elle aurait dû, par conséquent, saisir un juge.

> Exemple :
> - TC, 4 novembre 1991, requête numéro 02666, Beladjimi (Rec. p.749 ; LPA, 1er juillet 1992, p.9, note Rouault) : un véhicule automobile qui avait été laissé en stationnement, pendant plus de sept jours consécutifs, a été enlevé par la fourrière et détruit le même jour par les services municipaux. Le Code de la route permettait effectivement, dans sa

rédaction de l'époque, l'enlèvement par la fourrière d'un véhicule laissé en stationnement pendant plus de sept jours. Mais le même code précisait que ne pouvaient être livrés à la destruction que les véhicules laissés en fourrière et réputés abandonnés à l'expiration d'un délai de 10 jours à compter de la mise en demeure faite au propriétaire. La destruction du véhicule du requérant est donc constitutive d'une voie de fait.

b- Conditions de la reconnaissance d'une voie de fait

Le caractère radical des effets de la reconnaissance d'une voie de fait justifie qu'il en soit donné une définition stricte. Ces conditions ont récemment évolué, dans un sens plus restrictif, suite à l'arrêt du Tribunal des conflits Bergoend du 17 juin 2013 (requête numéro 3911 : AJDA 2013, p. 1568, chron. Domino et Bretonneau ; Dr. adm. 2013, 86, note Gilbert ; JCP A 2013, 2301, note Dubreuil ; JCP G 2013, 1057, note Biagini-Girard ; RFDA 2013, p. 1041, note Delvolvé ; RJEP 2014, 19, note Lebon). La voie de fait est reconnue si elle aboutit à l'extinction du droit de propriété ou à une atteinte à la liberté individuelle et dès lors qu'elle constitue une mesure manifestement hors des compétences de l'administration.

α- Extinction du droit de propriété ou atteinte à la liberté individuelle

Jusqu'à l'arrêt Bergoend, la voie de fait devait être constituée par une atteinte grave à la propriété privée ou par une atteinte grave à une liberté fondamentale (TC, 8 avril 1935, Action française : Rec. p. 1126).

Si la notion de gravité n'apparaît plus dans la jurisprudence, le champ de la voie de fait n'en est pas moins aujourd'hui restreint, s'agissant des atteintes à la propriété privée comme des atteintes aux libertés, aux domaines exclusifs de compétence du juge judiciaire reconnus par le Conseil constitutionnel.

Tout d'abord, la voie de fait n'est désormais retenue qu'en cas « d'extinction du droit de propriété ». Cette formule est éminemment restrictive et elle n'est en tout cas pas assimilable à une simple privation, dépossession ou aliénation. Pourtant, au sens de la jurisprudence constitutionnelle, le juge judiciaire doit être reconnu comme compétent plus largement pour indemniser les préjudices en cas de « dépossession » du droit de propriété (CC, 13 décembre 1985, numéro 85-198 DC, Loi portant diverses dispositions relatives à la communication audiovisuelle : Rec. CC 1985, p. 78 ; JCP G 1986, I, 3237, note Dufau ; AJDA 1986, p. 171, note Boulouis ; D. 1986, jurispr. p. 345, note Luchaire ; Rev. adm. 1985, p. 572, note Etien). Ceci étant, dans son arrêt Epoux Panizzon du 9 décembre 2013 (requête numéro 3931 : AJDA 2014, p. 216, chron. Bretonneau et Lessi ; Dr. adm. 2014, 25, note Gilbert ; RD imm. 2014, p. 261, note Foulquier ; RFDA 2014, p.61) le Tribunal des conflits a assimilé « extinction » du droit de propriété et « dépossession définitive ».

Si l'on s'en tient à la lettre de l'arrêt Bergoend, la compétence du juge judiciaire ne peut s'appliquer qu'à des hypothèses où le droit de propriété est totalement vidé de sa substance, particulièrement dans l'hypothèse de la destruction d'un bien. En d'autres termes, le propriétaire doit être privé de l'ensemble des éléments composant son droit : usus, abusus et fructus. Mais encore faut-il préciser qu'on doit entendre cette notion dans un sens non pas matériel mais juridique. Ainsi, la destruction matérielle d'un bien immobilier n'est pas toujours assimilable à la dépossession définitive du droit de propriété dès lors que ce bien est susceptible de faire l'objet d'une remise en état (Cass. 3e civ., 25 janvier 2018, pourvoi numéro 16-25.138).

Dans l'affaire Bergoend, le Tribunal des conflits refuse de considérer qu'une atteinte aussi grave au droit de propriété que l'implantation, sans titre, d'un ouvrage public sur le terrain d'une personne privée est assimilable à l'extinction d'un droit de propriété. Par ailleurs, la solution retenue exclut nécessairement les titulaires de droits réels immobiliers, qui pouvaient bénéficier auparavant de l'application de cette théorie (V. encore récemment à propos du bénéficiaire d'une servitude, Cass. 3e civ., 23 avril 2013, pourvoi numéro 12-15.771, M. X.). En revanche, les atteintes à la propriété mobilière devraient toujours être concernées par la théorie de la voie de fait, en particulier dans l'hypothèse où elle se caractérise par la destruction d'un bien mobilier.

Quoi qu'il en soit il résulte de cette évolution que de nombreuses hypothèses qui étaient auparavant qualifiées de voie de fait relèvent désormais de la compétence de la juridiction administrative.

Exemple :

-Cass civ. I, 13 mai 2014, pourvoi numéro 12-28.248 : une cour d'appel avait retenu que des travaux d'aménagement réalisés par une commune avec l'assentiment de la requérante avaient conduit à supprimer les signes distinctifs de la limite entre sa terrasse et le domaine public, entraînant ainsi une occupation irrégulière de sa propriété privée par les automobilistes. Elle avait également constaté que la commune, qui ne disposait que d'un point d'ancrage permettant l'accrochage d'une lanterne sur la façade de l'immeuble appartenant à la requérante avait sans avoir sollicité l'accord de cette dernière, créé trois points d'ancrage supplémentaires. L'arrêt est cassé par la Cour de cassation qui constate qu'aucun de ces agissements n'aboutissaient à une extinction du droit de propriété de l'intéressée.

Ensuite, la voie de fait ne s'applique plus désormais qu'aux atteintes à la liberté individuelle, alors qu'auparavant elle concernait toutes formes d'atteintes graves aux libertés fondamentales, comme par exemple la liberté d'aller et de venir (TC, 9 juin 1986, requête numéro 02434, Eucat : AJDA 1986, p. 456, chron. Azibert et de Boisdeffre ; D. 1986, p. 493, note Gavalda ; JCP G 1987, II, 20746, note Pacteau ; RDP 1987, p. 1073, note Robert et p.1082, concl. Latournerie ; RFDA 1987, p. 57, concl. Latournerie), la liberté de la presse (TC, 8 avril 1935, Action française, préc.), la liberté du commerce et de l'industrie (Cass. 1ère Civ., 16 avril 1991, pourvoi numéro 89-21105, Guez : D 1991, inf. rapp. p.155) ou encore la libre administration des collectivités territoriales (CE Sect., 18 janvier 2001, requête numéro 229247, Commune de Venelles : Rec. p. 18, concl. Touvet ; JCP G 2001, IV, 2976.- TC, 19 novembre 2007, requête numéro 3653, Préfet du Val-de-Marne c. Cour d'appel de Paris et Maire de Limeil-Brévannes c. Préfet du Val-de-Marne : AJDA 2008, p.885, note Verpeaux ; JCP G 2007, IV, 3319).

Bien évidemment la liberté individuelle est une liberté fondamentale et, en conséquence, elle relevait déjà du champ d'application de la théorie de la voie de fait (V. par ex. CE, 18 octobre 1989, requête numéro 75096, Brousse : Rec. p. 545 ; Dr. adm. 1989, 629 ; JCP G 1989, IV, 415 ; concl. Stirn ; AJDA 1990, p. 54).

Le Conseil d'Etat se référant, dans les visas de l'arrêt Bergoend, à l'article 66 de la Constitution, et compte tenu de sa volonté de limiter le domaine de la voie de fait, il est probable qu'il faille privilégier l'interprétation restrictive de ces dispositions, telle qu'elle résulte de la jurisprudence du Conseil constitutionnel. Si cette analyse est correcte, la voie de fait ne pourrait plus être retenue qu'en cas d'arrestations et de détentions arbitraires.

Finalement, en raison de la superposition du champ recouvert par la voie de fait et par l'article 66 de la Constitution en cas d'atteinte à une liberté individuelle, l'utilité de la théorie de la voie de fait, comme notion autonome, apparaît désormais bien limitée.

γ- Exercice d'un pouvoir n'appartenant manifestement pas à l'administration

Cette condition a été mentionnée pour la première fois par le Conseil d'Etat dans son arrêt d'Assemblée du 18 novembre 1949 Carlier (RDP 1950, p.172, concl. Gazier, note Waline) et elle concerne les hypothèses de voie de fait par manque de droit.

A l'origine, la formule de l'arrêt Carlier trouvait à s'appliquer dans les cas où l'administration utilisait un pouvoir qui ne lui appartenait en aucun cas.

Exemple :
- CE, 13 juillet 1966 Guignon (Rec. 1966, p.380 ; RDP 1970, p.774, note Waline) : est en cause en l'espèce la décision de l'autorité militaire de faire poser des scellés sur la porte d'entrée du logement privé d'un officier.

Par la suite, la jurisprudence a interprété différemment cette condition, dans un sens plus favorable à la reconnaissance de la voie de fait. C'est ce qu'on appelle la jurisprudence des passeports. Dans ce cadre, les juges ne reconnaissent plus seulement la voie de fait dans des cas où l'administration utilise un pouvoir qui ne lui appartient pas. Ils vont vérifier si, dans l'affaire qui lui leur est soumise, le texte qui fonde les pouvoirs de l'administration permet l'exercice de la prérogative en cause.

Exemples :
- TC, 9 juin 1986, Eucat (requête numéro 02434, préc.) : cette affaire concerne une demande de restitution d'un passeport. Les deux premières conditions de la voie de fait sont remplies en l'espèce puisqu'une mesure de retrait d'un passeport constitue une atteinte grave à la liberté d'aller et de venir. En revanche, si l'on applique la jurisprudence Carlier, on devrait considérer que la troisième condition de la reconnaissance de la voie de fait n'est pas remplie en l'espèce. En effet, un décret du 7 décembre 1792 permet à l'administration de procéder à un retrait de passeport. Il s'agit donc bien d'un pouvoir qui appartient à l'administration. Mais dans l'arrêt Eucat, le juge est allé plus loin dans son analyse. Il a en effet vérifié quelles sont les différentes hypothèses qui autorisent l'administration à retirer un passeport. Or, d'après le décret du 7 décembre 1792, le retrait de passeport ne peut être réalisé que dans deux hypothèses : en cas de risques pour la sécurité nationale ou la sécurité publique ; en cas de poursuites et de condamnation pénale. Or, en l'espèce, le motif invoqué par l'administration était que le requérant était redevable d'un arriéré d'impôt. Il ne s'agit pas ici de l'une des deux hypothèses visées par le décret du 7 décembre 1792 et dans la mesure où les autres conditions sont réunies, il y a donc voie de fait.
- TC, 12 janvier 1987, requête numéro 02450, Grizivatz (Rec. p.442 ; AJDA 1987, p.425, obs. Prétot) : dans cette affaire le retrait du passeport était motivé par l'existence d'une condamnation pénale avec contrainte par corps. Dans cette hypothèse, il n'y a donc pas

de voie de fait puisque l'administration a bien utilisé un pouvoir lui appartenant en poursuivant l'un des objectifs visés par le décret du 7 décembre 1792.

Cette jurisprudence avait pour conséquence d'étendre le domaine de la voie de fait, y compris dans des cas où l'atteinte portée à une liberté fondamentale ou à la propriété privée résultait d'une simple illégalité, ce qui rendait très délicate la répartition des compétences entre le juge judiciaire et le juge administratif.

Le Tribunal des conflits est finalement revenu sur cette conception extensive, à partir de l'arrêt du Tribunal des conflits du 12 mai 1997, Préfet de police c. TGI Paris (préc.) qui a marqué un retour à une conception plus orthodoxe de la voie de fait.

Exemple :
- TC, 23 octobre 2000, Boussadar (requête numéro 3227 : AJDA 2001, p.143, chron. Guyomar et Collin) : l'autorité administrative ayant agi sur le fondement des dispositions de l'article 5 de l'ordonnance n° 45-2658 du 2 novembre 1945 modifiée relative aux conditions d'entrée et de séjour des étrangers en France et du décret n° 47-77 du 13 janvier 1947, le refus de visa ne saurait être regardé comme manifestement insusceptible de se rattacher à un pouvoir de l'administration. Conformément à la jurisprudence Carlier, les juges visent le texte applicable sans vérifier quelles sont les hypothèses précises prévues par ce texte qui peuvent fonder une décision de refus de visa.

c- Actualité de la voie de fait

Au XIX° siècle, et jusqu'à une époque récente, la théorie de la voie de fait constituait la seule hypothèse dans laquelle des injonctions pouvaient être prononcées à l'encontre de l'administration. Or, de nos jours, le juge administratif dispose, dans certaines hypothèses, de la même possibilité. Les lois n°80-539 du 16 juillet 1980, et la loi n°95-125 du 8 février 1995 permettent ainsi aux juridictions administratives de prononcer des injonctions assorties d'astreintes pour obliger l'administration à exécuter les décisions de justice la condamnant. Toutefois, suite à ces lois, cette possibilité n'était toujours pas ouverte dans le cas où l'administration commettait une simple illégalité, et n'avait pas encore été condamnée, ce qui pouvait poser de graves difficultés et déboucher sur des solutions contestables du point de vue de l'équité.

La solution rendue par le Tribunal des conflits, sur partage du garde des Sceaux, dans son arrêt du 12 mai 1997, Préfet de police c. TGI de Paris (préc.) a ainsi fait scandale, entraînant la démission de l'un de ses membres.

Des passagers clandestins avaient été appréhendés à bord d'un navire. Plutôt que de faire débarquer les passagers et de les placer en zone d'attente, comme l'impose la loi, l'autorité administrative avait décidé de les consigner à bord. Les passagers clandestins, qui craignaient que le navire ne reparte avant qu'il ne soit statué sur leur sort, ont alors saisi le juge judiciaire en invoquant l'existence d'une voie de fait de façon à ce que celui-ci enjoigne à l'administration de les faire débarquer. Le Tribunal des conflits, saisi dans le cadre d'une procédure de conflit positif décide que la voie de fait n'était pas constituée. Implicitement, cela revenait à dire que c'est devant le juge administratif qu'aurait dû être portée l'affaire. Cependant, le juge administratif ne disposant pas de pouvoir d'injonction au principal, il ne pouvait en aucun cas contraindre l'administration à faire débarquer les passagers clandestins, ce qui fait que le recours à ce juge s'avérait inutile. Cette affaire était symptomatique d'une conception extensive de la voie de fait de la part du juge judiciaire, justifiée par le fait que lui seul pouvait efficacement rendre la justice dans ce type d'affaires.

La loi n°2000-597 du 30 juin 2000 relative aux référés devant la justice administrative a créé une procédure de référé liberté qui tend à résoudre ces difficultés. Selon l'article L. 521-2 du Code de justice administrative « saisi d'une demande en ce sens justifiée par l'urgence, le juge des référés peut ordonner toutes mesures nécessaires à la sauvegarde d'une liberté fondamentale à laquelle une personne morale de droit public ou un organisme de droit privé chargé de la gestion d'un service public aurait porté, dans l'exercice d'un de ses pouvoirs, une atteinte grave et manifestement illégale ».

Ainsi, le juge administratif peut désormais enjoindre à l'administration de faire cesser une atteinte à une liberté fondamentale lorsqu'il n'y a pas voie de fait, de la même façon que le juge judiciaire dans le cadre de la théorie de la voie de fait.

Cependant, dans un premier temps, la théorie de la voie de fait n'avait pas été pour autant remise en cause. En effet, pour qu'il y ait voie de fait, il est nécessaire que la mesure prise soit manifestement insusceptible d'être rattachée à un pouvoir appartenant à l'administration. Or, dans le cadre du référé liberté, l'administration porte atteinte à une liberté fondamentale « dans l'exercice de l'un de ses pouvoirs », ce qui constitue à l'évidence un élément discriminant entre les deux procédures.

L'utilité de la théorie de la voie de fait a ainsi été confirmée à plusieurs reprises par le Tribunal des conflits, dans des hypothèses où la différence entre le domaine de la voie de fait et celui du référé liberté n'est pas toujours très nette.

Exemples :

- TC, 19 novembre 2001, requête numéro 3272, Dlle. Mohamed c. Ministre de l'Intérieur (préc.) : en l'espèce, l'intéressée s'était vue confisquer son passeport lors d'un contrôle effectué dans un aéroport. Dans l'attente d'un contrôle de son identité et de sa nationalité, elle avait été placée en zone d'attente pendant quatre jours. La durée excessive de ce placement conduit les juges à considérer qu'une voie de fait a été commise par l'administration.
- TC, 15 février 2010, requête numéro 3722, Taharu (RFDA 2010, p.1057, chron. Terneyre) : constitue une voie de fait l'abattage d'arbres situés sur un terrain privé, sans l'accord du propriétaire, par des détenus, à l'instigation et sur les instructions du directeur du centre pénitentiaire, avec les matériels du centre, pour améliorer la vue depuis son logement de fonction. Dès lors, le litige introduit par la requérante pour obtenir l'indemnisation de ses préjudices consécutifs à cette voie de fait relève de la juridiction judiciaire, sans préjudice de la possibilité pour l'Etat d'exercer l'action récursoire contre son agent dans la mesure où il apparaîtrait que la faute présenterait un caractère personnel.

On pouvait pourtant s'interroger sur la légitimité de la survivance de la théorie de la voie de fait puisqu'il n'existe plus aujourd'hui aucune raison d'ordre juridique ou pratique susceptible de justifier l'existence de cette théorie. Bien au contraire, le maintien de cette théorie ne faisait que compliquer les choses pour le requérant lequel, en raison de la difficulté de définir précisément les domaines respectifs de la voie de fait et du référé liberté, risque de se tromper de juge.

C'est pour cette raison que la jurisprudence a fini par évoluer dans le cadre d'un processus qui s'est déroulé en plusieurs temps.

Dans un premier temps, le juge du référé liberté a accepté de se reconnaître compétent dans des affaires relevant de la voie de fait par manque de procédure. Ainsi, dans une ordonnance Société Lidl du 23 mars 2001 (requête numéro 231559 : Rec. p.154 ; BJDU 2001 p.111, note Bonichot ; RFDA 2001, p.765) le juge des référés s'est reconnu compétent pour connaître d'une demande contestant le maintien de scellés sur un bâtiment commercial, ce qui constitue de façon évidente une exécution forcée caractéristique d'une voie de fait. Cette solution n'était toutefois pas très surprenante puisque l'article L. 521-2 du Code de justice administrative vise expressément les atteintes commises par l'administration dans l'exercice de ses pouvoirs, par opposition à celles commises en dehors de ses pouvoirs, hypothèse caractéristique d'une voie de fait par manque de droit.

On peut ainsi considérer que la rédaction de l'article L. 521-2 n'excluait pas la compétence du juge du référé liberté en cas de voie de fait pour manque de procédure. Il en va tout autrement, en revanche, concernant les voies de fait par manque de droit.

En dépit de la rédaction non ambiguë de l'article L. 521-2 le juge du référé liberté s'est pourtant reconnu à plusieurs reprises compétent pour ordonner des mesures propres à faire cesser une voie de fait par manque de droit, mais sans pour autant qualifier expressément les agissements en cause de voie de fait.

Exemple :
- CE, 9 avril 2004, requête numéro 263759, Vast (Rec. p. 173 ; JCP A 2004, 1318, note Rouault ; JCP A 2004, 1319, note Moreau ; RFDA 2004, p. 778, concl. Boissard) : il est enjoint au maire d'une commune de donner à ses services toutes instructions pour qu'il soit immédiatement mis fin à l'application de la note du 5 novembre 2003 prescrivant l'ouverture systématique des plis adressés aux adjoints du maire.

Finalement, le juge des référés du Conseil d'Etat, privilégiant une lecture pour le moins audacieuse de l'article L. 521-2 du Code de justice administrative a décidé que « sous réserve que la condition d'urgence soit remplie, il appartient au juge administratif des référés … d'enjoindre à l'administration de faire cesser une atteinte grave et manifestement illégale au droit de propriété, lequel a le caractère d'une liberté fondamentale, quand bien même cette atteinte aurait le caractère d'une voie de fait » (CE, ord. réf., 23 janvier 2013, Commune de Chirongui, requête numéro 365262 : AJDA 2013, p. 788, chron. Domino et Bretonneau ; Dr. adm. 2013, 2, note Gilbert ; JCP A 2013, 2047, note Pauliat et 2048, note Le Bot ; RFDA 2013, p. 299, note Delvolvé).

Cette décision est contestable sur le plan des principes, puisqu'elle s'applique à des cas de voie de fait par manque de droit, donc à des hypothèses où l'administration est sortie du cadre de ses pouvoirs, alors que, rappelons-le, l'article L. 521-2 du Code de justice administrative vise l'hypothèse où elle exerce l'un de ses pouvoirs. En revanche, cette solution est conforme à la notion de bonne administration de la justice ainsi qu'à la garantie d'un recours effectif. Notons également que si cette solution reconnaît au juge administratif, concurremment au juge judiciaire, compétence pour constater la voie de fait et ordonner qu'il y soit mis un terme, la compétence pour réparer les conséquences de la voie de fait appartient toujours exclusivement au juge judiciaire.

Il était néanmoins évident, à partir de cette décision, que le justiciable bien informé avait tout intérêt, en cas d'atteinte grave et manifestement illégale portée par l'administration au droit de propriété ou à une liberté fondamentale, à saisir le juge du référé liberté plutôt que le juge judiciaire. Il avait ainsi l'assurance de ne pas se tromper de juge, le juge des référés acceptant désormais de se prononcer alors même qu'une voie de fait est constituée, en tout cas si la condition d'urgence visée par l'article L. 521-2 du Code de justice administrative est remplie. En revanche, s'il saisit le juge judiciaire, il s'exposera à une éventuelle décision d'incompétence ou au déclenchement d'une procédure de conflit positif, dans le cas où ce juge ou le préfet considérerait que l'administration a agi « dans le cadre de ses pouvoirs ». Réduite ainsi dans son utilité pratique, la théorie de la voie de fait avait vocation sinon à disparaître, au moins à voir son utilisation fortement réduite.

Ce mouvement ne peut qu'être accéléré par la jurisprudence Bergoend et on peut considérer, au final, que la voie de fait peut très bien disparaître. Certes, le juge judiciaire demeurerait compétent en cas d'extinction du droit de propriété et d'atteinte à la liberté individuelle, dans le sens restreint qui lui est donné par la jurisprudence constitutionnelle. Mais dans la deuxième hypothèse, la référence à la voie de fait paraît aujourd'hui inutile, dès lors que la compétence du juge judiciaire peut être directement fondée sur les dispositions de l'article 66 de la Constitution.

3° Emprise

L'emprise, telle est conçue à l'origine, concerne les atteintes portées par l'administration à la propriété privée lorsqu'elles se manifestent par une occupation ou une dépossession, temporaire ou définitive, partielle ou totale (TC, 17 mars 1949, Société Hôtel du Vieux Beffroi : Rec. p.592.- TC, 17 mars 1949, Société Rivoli-Sébastopol : Rec. p.594 ; S. 1950, p.31, concl. Delvolvé, note Mathiot ; D. 1949, p.209, concl. Delvolvé et note P.-L. J.). Par ailleurs, elle concerne seulement la propriété privée des immeubles, ce qui exclut non seulement les meubles, mais également les différents démembrements du droit de propriété.

> Exemple :
> - TC, 26 octobre 1981, requête numéro 02197, Syndicat des copropriétaires de l'immeuble Armenonville c. Ville de Cannes (Rec. p. 501 ; CJEG février 1982, p. 71, note Maillot ; AJDA 1982, p. 528) : l'emprise n'est pas constituée dans un cas où l'administration porte atteinte à une servitude de passage.

Toutefois, s'agissant des démembrements de la propriété privée, cette jurisprudence connaissait une exception notable pour les titulaires de concessions funéraires (TC, 6 juillet 1981, requête numéro 02193, Jacquot c. Commune de Maixe : Rec. p. 507 ; Gaz. Pal. 1982, 1, 290, note Melin.- CAA Marseille, requête numéro 99MA00943, 9 février 2004, M. Sauveur Y.), ce qui se justifie par le caractère très particulier de ce droit.

La jurisprudence distingue deux types d'emprises.

Il s'agit tout d'abord de l'emprise régulière. Dans ce cas l'occupation ou la dépossession ont été opérées en vertu d'un texte, et la juridiction administrative est alors seule compétente (V. ainsi réitérant ce principe Cass. 1re civ., 15 juin 2016, pourvoi numéro 15-21.628, SARL les Horizons) sauf si le texte en dispose autrement. Le principe susmentionné s'applique notamment au cas des réquisitions municipales visées par l'article L. 2212-2 4°du Code général des collectivités territoriales.

Il s'agit ensuite de l'emprise irrégulière, qui présente ce caractère dans les cas où elle n'a pas été autorisée.

Exemples :
- Cass. 3ème civ., 7 mai 1996, pourvoi numéro 93-15.179, SCI Azul résidence et a. c. SEMAP : la Cour casse une ordonnance d'expropriation alors que l'administration avait déjà pris possession des lieux. L'annulation juridictionnelle ayant un caractère rétroactif, l'occupation du terrain est donc irrégulière.
- TC, 21 juin 2004, requête numéro C3400, SCI Camaret (Mon. TP 17 septembre 2004, p. 87 et 388 ; AJDA 2004, p. 1722 ; JCP A 2005, 1116, note Rouault) : constitue une emprise irrégulière l'implantation d'une canalisation qui s'écarte de 20 à 40 mètres du tracé du plan annexé à la convention préalablement conclue.
- TC, 13 décembre 2010, requête numéro 3798, Valladon (RFDA 2011, p.427) : les travaux réalisés par une commune sur une parcelle, alors présumée n'avoir pas de maître et susceptible, à ce titre, d'être appréhendée par l'Etat, procèdent d'une emprise irrégulière relevant de la compétence de la juridiction judiciaire, la prise de possession ayant précédé une décision préfectorale d'appréhension qui n'est pas intervenue.

Dans ce second cas, il a été longtemps établi un partage de compétence. D'une part, le juge administratif devait se prononcer sur le caractère régulier ou irrégulier de l'emprise dès lors que celle-ci soulevait une question relative à l'appréciation de la légalité ou à l'interprétation d'un acte administratif.

Exemple :
- CE, 23 juillet 2010, requête numéro 332761, Françoise P. (Dr. adm. 2010, 147, note Melleray) : le juge judiciaire n'avait pas à saisir le juge administratif d'une question préjudicielle dès lors que EDF ne justifiait en l'espèce d'aucun titre l'autorisant à instaurer une servitude sur une parcelle appartenant à la requérante.

Si l'emprise était irrégulière, c'est le juge judiciaire qui en réparait ses conséquences.

Cette solution a toutefois vu son champ d'application restreint par l'arrêt du Tribunal des conflits du 9 décembre 2013, Epoux Panizzon (requête numéro 3931, préc.- V. également TC, 11 janvier 2016, requête numéro 4040, Réseau ferré de France : AJDA 2016, p. 1344, note Sudres). Désormais, c'est le juge administratif qui est compétent pour statuer sur les demandes d'indemnisation de préjudices nés d'une emprise irrégulière, sauf si celle-ci est caractérisée par « l'extinction » du droit de propriété, celle-ci étant assimilée, comme on l'a évoqué plus haut, à « une dépossession définitive ». On retrouve donc ici la même exception à la compétence du juge administratif qu'en matière de la voie de fait, ce qui a pour effet indirect de rendre inopérante du point de vue de la répartition des compétences juridictionnelles la distinction entre emprise régulière et emprise irrégulière. Dans ce sens, la jurisprudence Epoux Panizzon est directement liée à la jurisprudence Bergoend et elle est inspirée par la même idée de bonne administration de la justice.

Il faut enfin relever que dans le cadre de la théorie de l'emprise, le juge judiciaire n'est pas compétent pour adresser des injonctions à l'administration, notamment en vue qu'elle restitue les lieux (Cass. 1ère civ., 1er juin 2011, pourvoi numéro numéro 10-30.710,

Champigny c. Commune de Messemé : JCPA 2012, 2062, note Renard-Payen). De ce point de vue également, la simplification introduite par l'arrêt Epoux Panizzon est la bienvenue : plutôt que de saisir le juge administratif en vue qu'il annule l'acte à l'origine de l'emprise irrégulière et qu'il prononce une injonction d'y mettre fin, avant de saisir le juge judiciaire pour obtenir une indemnisation, le justiciable peut désormais faire sanctionner l'emprise irrégulière par le seul juge administratif. Selon cette nouvelle approche, la théorie de l'emprise semble tout aussi en danger que celle de la voie de fait.

Pour aller plus loin :

-**Arrighi de Casanova (J.), Stahl (J.-H.)**, Tribunal des conflits : l'âge de la maturité : AJDA 2015, p. 575.

-**Chabanol (D.)**, Faut-il brûler le Tribunal des conflits ? : AJDA 1988, p.736.

-**Bouthinon-Dumas (H.), Sotiropoulou (A.)**, Pour quelles raisons les privilèges des actionnaires publics fondés sur le droit des sociétés entravent-ils la liberté de circulation des capitaux ? .- Analyse critique de la jurisprudence de la CJCE sur les golden shares de seconde génération : Rev. Droit bancaire et financier 2009, 21.

-**Eveillard (G.)**, Les matières réservées par nature à l'autorité judiciaire : AJDA 2017, p. 101.

-**Fatôme (E.)**, À propos de la distinction entre établissements publics à caractère administratif et établissements publics à caractère industriel et commercial : Mélanges Chapus, 1992, p. 171.

-**Fouchet (J.)**, L'attribution d'une mission de service public aux sociétés de courses de chevaux : JCP A 2011, 2091.

-**Gazier (F.)**, Réflexions sur les symétries et dissymétries du Tribunal des conflits : RFDA 1990, p. 745.

-**Hocquet-Berg (S.)**, La lente agonie de la voie de fait : Resp. civ. et assur. 2004, étude 13.

-**Long (M.)**, Service public, services publics : déclin ou renouveau ? : RFDA 1995, p.497.

-**Machelon (J.-P)**, La loi de 1838 sur les aliénés : la résistance au changement : RDP 1984, p.1005.

- **Melleray (F.)**, Que reste-t-il de la jurisprudence Septfonds ?, note sur TC, 17 octobre 2011, SCEA Chéneau c. INAPORC et M. C. et a. c. CNIEL : Dr. adm. 2012, 10.

-**Normand (J.)**, Le juge judiciaire, juridiction d'exception des atteintes portées par les autorités administratives à la liberté individuelle : RTDC 1998, p.181.

-**Pouyaud (D.)**, note sur TC, 6 juillet 2000, Bonato c. APEILOR : RFDA 2009, p.1229.

-**Schultz (P.)**, La fonction d'arbitrage des compétences juridictionnelles par le renvoi des cours souveraines au Tribunal des conflits, RDP 1994, p.767.

-**Seiller (B.)**, Evolution de la conception française du service public et de son dualisme : AJDA 2007, p. 1752

-**Seiller (B.)**, L'érosion de la distinction SPA – SPIC : AJDA 2005, p. 407.

-**Seiller (B.)**, Le Tribunal des conflits renforcé : JCP A 2015, 2082.

-**Tukov (Ch.)**, L'autorité judiciaire, gardienne exclusive de la liberté individuelle ? : AJDA 2016, p. 936.

CHAPITRE TROIS – CONTENTIEUX ADMINISTRATIF

L'étude du contentieux administratif nécessite que soit au préalable définie sa structure. On s'interrogera ensuite sur les conditions de recevabilité des recours contentieux et sur le déroulement du procès administratif. Enfin, on s'intéressera aux voies de recours et aux procédures de référé.

Section I – Structure du contentieux

Il existe plusieurs typologies des recours contentieux. Une première typologie, établie par Laferrière (Traité de la juridiction administrative et des recours contentieux, 2ème éd.1887, t. 1, p.15 et s.), est fondée sur la prise en compte de la nature et de l'étendue des pouvoirs du juge.

Elle conduit à distinguer quatre types de recours contentieux.

Il s'agit d'abord du « contentieux de pleine juridiction » appelé également « plein contentieux » dans lequel le juge exerce les pouvoirs les plus larges. Il peut non seulement annuler réformer ou modifier une décision administrative, mais il peut également prononcer des condamnations pécuniaires en particulier pour la réparation de préjudices. Autrement dit, il exerce la plénitude de ses pouvoirs.

Doit ensuite être mentionné le « contentieux de l'annulation », qui concerne essentiellement le recours pour excès de pouvoir dont l'objet exclusif consiste à obtenir l'annulation d'une décision administrative.

Une troisième catégorie est formée par le « contentieux de l'interprétation » qui permet au juge, saisi d'un recours en interprétation ou en appréciation de légalité, de déclarer le sens d'un acte administratif manquant de clarté ou de déclarer s'il est entaché d'illégalité. Toutefois, dans le cadre de ce recours, le juge ne peut tirer aucune conséquence de sa décision, ce pouvoir n'appartenant qu'aux juges judiciaires devant lesquels le litige est pendant.

Enfin, Laferrière distingue le « contentieux de la répression » qui concerne le contentieux des contraventions de grande voirie relatives aux infractions commises aux lois et règlements qui protègent le domaine public.

Une typologie plus récente établie par Léon Duguit (Traité de droit constitutionnel, t. 2, ouv. précité p.458 s.) et reprise par d'autres auteurs (V. notamment M. Waline, Vers un reclassement des recours contentieux ?: RDP 1935, p. 305) prend en compte, quant à elle, la nature de la situation juridique qui fonde le recours. Elle conduit à distinguer seulement deux types de contentieux.

Il s'agit d'abord du contentieux objectif qui consiste à confronter l'acte administratif qui fait l'objet du recours aux différentes normes qui s'imposent à l'administration dans le cadre de son action.

Il s'agit ensuite du contentieux subjectif qui tend au rétablissement d'un droit dont le requérant se prétend titulaire, comme par exemple un droit à des dommages-intérêts.

Une autre typologie proposée par René Chapus se propose de distinguer le contentieux des recours - lui-même subdivisé en deux branches : le contentieux de pleine juridiction et le contentieux de l'excès de pouvoir – et le contentieux des poursuites (Droit du contentieux administratif, ouv. précité, p. 205).

Cette dernière approche paraît la plus satisfaisante, dès lors qu'elle permet de classer efficacement les différents types de recours contentieux. Elle conduit à distinguer le contentieux de la légalité du contentieux de pleine juridiction et du contentieux répressif.

§ I – Contentieux de la légalité

Le contentieux de la légalité regroupe le contentieux de l'excès de pouvoir, le recours en appréciation de légalité et le recours en déclaration d'inexistence.

I – Recours pour excès de pouvoir

Selon la célèbre expression de Laferrière le recours pour excès de pouvoir « est un procès fait à un acte » (Traité de la juridiction administrative et des recours contentieux, préc., t. 2, p.560). Il s'agit également d'une action opposant deux parties –l'administration et un administré - ce qui explique, notamment, l'exigence d'un intérêt à agir, l'interdiction faite au juge de statuer ultra petita, ou encore la possibilité de tierce opposition lorsque le requérant apporte un moyen nouveau de fait ou de droit (CE, 29 novembre 1912, Boussuge : Rec. p.1128, concl. Blum).

Dans le cadre de ce recours, le requérant demande l'annulation d'un acte, qu'il estime contraire aux normes juridiques qui lui sont supérieures. Le juge de l'excès de pouvoir apprécie la légalité de l'acte à la date de son édiction (CE Sect., 22 juillet 1949, Société des automobiles Berliet : Rec. p.264).

Si l'acte attaqué est effectivement contraire à ces normes, le juge l'annulera, sans considération du comportement des personnes concernées. En outre, le juge ne fera rien d'autre que prononcer cette annulation.

Cette caractéristique a longtemps nuit à l'efficacité du recours pour excès de pouvoir, jusqu'à ce que les lois n°80-539 du 16 juillet 1980 et n°95-125 du 16 juillet 1995 reconnaissent la possibilité d'assortir ce recours d'une demande d'injonction éventuellement assortie d'une astreinte, de façon à contraindre l'administration à prendre des mesures concrètes suite à l'annulation de l'acte attaqué, qu'il s'agisse de prendre une décision dans un sens donné ou de réexaminer une demande (V. sur ce point infra). Il s'agit d'une évolution notable qui constitue le premier jalon d'une évolution qui fait qu'aujourd'hui que le recours pour excès de pouvoir ne plus seulement être conçu comme un simple procès fait à un acte (V. infra p. 342).

Le recours pour excès de pouvoir a longtemps été réservé aux seuls actes administratifs unilatéraux. La jurisprudence récente a néanmoins admis que les clauses règlementaires des contrats (CE Ass., 10 juillet 1996, requête numéro 138536, Cayzeele : RFDA 1997, p. 89, note Delvolvé ; AJDA 1996, p. 732, chron. Chauvaux et Girardot ; CJEG 1996, p. 382, note Terneyre ; LPA 18 décembre 1996, note Viviano), ainsi que les contrats de recrutement des agents publics (CE Sect., 30 octobre 1998, requête numéro 149663, Ville de Lisieux : Rec. p.375 ; AJDA 1998, p. 969 et 977, chron. Raynaud et Fombeur ; JCP G 1999, II, 10445, note Haïm ; Dr. adm. 1998, 374 ; RFDA 1999, p.128, concl. Stahl et note Pouyaud ; AJFP 1999/1, p. 4) pouvaient faire l'objet d'un tel recours. Cependant, puisqu'il s'agit d'un contentieux objectif, les requérants ne sont pas recevables dans le cadre de ce recours à invoquer des moyens tirés de la violation de clauses contractuelles, celles-ci concernant les relations entre les parties, donc un droit subjectif (CE, 14 mars 1997, requête numéro 119055, Compagnie d'aménagement des coteaux de Gascogne : Rec. p. 638 ; RFDA 1997, p.349, note Delvolvé).

Enfin, il faut insister sur le fait que, selon l'expression de R. Chapus, le recours pour excès de pouvoir est un recours « d'utilité publique » (Droit administratif général, t.1, préc. p.788). En effet, le respect de la légalité par l'administration doit être conçu comme relevant de l'intérêt général. Comme l'a exprimé le président Pichat dans ses conclusions sur l'arrêt Lafage du 8 mars 1912 (Rec. p.348, concl. Pichat ; D. 1914, III, p.49, concl. Pichat ; RDP 1912, p.266, note Jèze ; S. 1913, III, p.7, concl. Pichat et note Hauriou) le recours pour excès de pouvoir doit ainsi être envisagé comme un « instrument mis à la portée de tous au service de la légalité méconnue »

Ceci explique pourquoi un décret du 2 novembre 1864 a posé pour principe que le recours pour excès de pouvoir est dispensé du ministère d'avocat. De même, comme l'a précisé le Conseil d'Etat dans l'arrêt d'Assemblée Dame Lamotte du 17 février 1950 (préc.), il existe un principe général du droit en vertu duquel le recours pour excès de pouvoir est ouvert contre toute décision administrative. Ainsi, le recours pour excès de pouvoir n'est exclu que dans les hypothèses où cette exclusion est expressément mentionnée par un texte de loi.

II – Recours en appréciation de légalité

Le recours en appréciation de légalité est nécessairement lié à une instance pendante devant le juge judiciaire. Dans cette hypothèse, le juge judiciaire est bien compétent pour juger l'affaire dont il a été saisi, mais la résolution du litige principal suppose que soit tranchée au préalable une difficulté sérieuse relative à la légalité d'un acte administratif. Cette difficulté sérieuse constitue une question préjudicielle qui impose en principe au juge judiciaire de surseoir à statuer et de renvoyer cette question au juge administratif.

Exemple :
- CE, 16 décembre 2005, requête numéro 273861, Commune d'Arpajon (Rec. p.567 ; Collectivités territoriales – intercommunalité 2006, 42, note Pellissier et 60, note Erstein) : une servitude de passage instituée en vertu d'un acte de droit privé au bénéfice d'une commune sur une propriété appartenant à son domaine privé constitue un bien communal. Si les litiges nés d'un acte de gestion du domaine privé relèvent de la compétence du juge judiciaire, le juge administratif est seul compétent pour apprécier la légalité de la décision du maire renonçant à cette servitude.

Il s'agit bien d'un contentieux objectif puisque le juge administratif tranche une question relative à la légalité d'un acte administratif. Ce recours est recevable non seulement à l'égard des actes administratifs règlementaires ou individuels, mais il peut également s'appliquer à des actes unilatéraux sans caractère décisoire, ainsi qu'à des contrats. Comme le recours pour excès de pouvoir, il est dispensé du ministère d'avocat.

En revanche, à la différence du recours pour excès de pouvoir, le recours en appréciation de légalité ne conduit pas à l'annulation de la décision en cause. Le juge se borne à déclarer que l'acte est légal ou illégal et c'est au juge judiciaire qu'il appartiendra d'en tirer toutes les conséquences dans le cadre de l'instance qui reprendra devant lui.

III – Recours en déclaration d'inexistence

Très rarement mis en œuvre, le recours en déclaration d'inexistence a pour objet de faire juger qu'en raison de la gravité des irrégularités entachant la décision attaquée, celle-ci n'a aucune existence juridique. Ce recours est également dispensé du ministère d'avocat et il n'est soumis à aucune condition de délai (V. CAA Paris, 9 août 2006, requête numéro 06PA01227, Michel B. : JCP A 2006, 1297). Il s'agit bien d'un contentieux objectif, puisqu'il s'agit d'apprécier la légalité d'un acte administratif. Toutefois, le juge ne prononce pas l'annulation de l'acte, puisqu'il se borne à en constater l'inexistence en le déclarant nul et non avenu.

§ II – Contentieux de pleine juridiction

Dans ce cadre, le juge a le pouvoir d'aller plus loin qu'une simple annulation. Il peut en effet prononcer des condamnations pécuniaires, mais il peut surtout substituer sa propre décision à celle qui est attaquée. Ainsi « le plein contentieux est aussi hétérogène qu'est homogène le contentieux de l'excès de pouvoir » (R. Chapus, ouv. précité, t. 1, p.790).

En matière de responsabilité et en matière contractuelle notamment, il s'agit manifestement, pour le requérant, de se voir reconnaître un droit. Il s'agit donc bien d'un recours subjectif.

En revanche, le plein contentieux présente un caractère objectif dans le cadre de certains contentieux spéciaux, comme le contentieux électoral, le contentieux fiscal ou encore le contentieux des pensions civiles et militaires de retraite. S'il s'agit bien ici de questions de légalité, les recours concernés sont rangés dans la catégorie du plein contentieux au regard des pouvoirs conférés au juge qui peut faire plus qu'annuler la décision contestée en prenant une décision positive.

Exemples :

- Dans le contentieux électoral, le juge peut rectifier les résultats proclamés par l'administration ce qui peut le conduire à déclarer vainqueur un candidat différent de celui arrivé en tête à l'issue du scrutin (CE, 20 février 2002, requête numéro 235473, Elections municipales de Saint-Elie).
- Dans le contentieux fiscal, il peut modifier le montant de l'impôt mis à la charge du contribuable.
- Dans le contentieux des pensions civiles et militaires de retraite il appartient au juge de se prononcer lui-même sur les droits des intéressés (V. par exemple CE, 7 janvier 2004,

2 arrêts, requête numéro 232465, requête numéro 225451, Colombani et Gresselle : Rec. p.1 ; AJDA 2004, p.1653, note Dord).

Dans le cadre du plein contentieux subjectif, le requérant peut soulever des moyens autres que ceux résultant de la violation d'une norme supérieure.

Exemples :
- Dans le cadre d'une action en responsabilité, c'est une faute de l'administration qui peut être invoquée.
- En matière contractuelle, le requérant peut invoquer la violation des stipulations contractuelles par son cocontractant.

A cela, il faut ajouter que des textes récents, ainsi que la jurisprudence, ont substitué, dans certains domaines, le recours de plein contentieux au recours pour excès de pouvoir. Ceci permet au juge non seulement d'annuler, le cas échéant, la décision déférée, mais surtout de substituer à cette décision celle qu'il estimera justifiée. Pour l'essentiel, les hypothèses visées par des textes concernent les recours exercés contre les décisions de sanction prononcées par des autorités administratives indépendantes.

Exemple :
- L'article L. 151-3 du Code monétaire et financier prévoit que les décisions de sanction prononcées à l'encontre des professionnels par l'Autorité des marchés financiers ne peuvent être contestées que dans le cadre d'un recours de plein contentieux. Ceci permettra notamment au juge de substituer à la décision de sanction qu'il annule une sanction qu'il estime plus appropriée.

Les illustrations issues de la jurisprudence concernent des cas assez hétérogènes.

Exemples :
- CE Sect., 27 avril 1988, requête numéro 74319, Mbakam (Rec. p.172 ; AJDA 1988, p.438, chron. Azibert et de Boisdeffre) : les états exécutoires ne peuvent être contestés que dans le cadre d'un recours de plein contentieux, ce qui autorise le juge à modifier le montant des sommes réclamées.
- CE Ass., 26 juin 1992, 2 arrêts, Lepage-Huglo, Pezet et San Marco (requête numéro 137345, requête numéro 134980, requête numéro 134981, requête numéro 134983, requête numéro 134984, requête numéro 134985 : Rec. p.246 et p.252, concl. Le Chatelier ; AJDA 1992, p.649, chron. Maugüé et Schwartz ; JCP 1992, 21937, note Chaminade) : le contentieux des autorisations de plaider pour le compte des collectivités territoriales relève également du plein contentieux. Ceci permet au Conseil d'Etat, qui est en la matière compétent en premier et dernier ressort, soit d'accorder lui-même l'autorisation refusée par une décision (non juridictionnelle) du tribunal administratif, soit de modifier les termes de cette autorisation.
- CE, 23 décembre 2011, Ministre de l'Intérieur (requête numéro 348647, requête numéro 348678, préc.) : le déféré préfectoral dirigé contre les contrats qui était à l'origine considéré comme une variante du recours pour excès de pouvoir relève désormais du plein contentieux. Il en résulte que lorsqu'il constate une illégalité, le juge n'est pas tenu d'annuler la décision litigieuse. Comme le précise le Conseil d'Etat « il lui revient, après avoir pris en considération la nature de l'illégalité éventuellement

commise, soit de prononcer la résiliation du contrat ou de modifier certaines de ses clauses, soit de décider de la poursuite de son exécution, éventuellement sous réserve de mesures de régularisation par la collectivité contractante, soit enfin, après avoir vérifié si l'annulation du contrat ne porterait pas une atteinte excessive à l'intérêt général ou aux droits des cocontractants, d'annuler, totalement ou partiellement, le cas échéant avec un effet différé, le contrat ».

Cette évolution est également notable en matière de recours contre les sanctions administratives prononcées à l'égard des administrés. Dans un arrêt d'Assemblée Le Cun du 1er mars 1991 (requête numéro 112820 : Rec. p.70) le Conseil d'Etat avait considéré que ces sanctions ne pouvaient être contestées que dans le cadre d'un recours pour excès de pouvoir. Cette solution a été abandonnée à l'occasion de l'arrêt d'Assemblée Société ATOM du 16 février 2009 (requête numéro 274000 : Rec. p.25, concl. Legras ; AJDA 2009, p.583, chron. Liéber et Botteghi ; JCP A 2009, 2089, note Bailleul ; RFDA 2009, p.259, concl. Legras ; RJEP 2009, 30, note Melleray.- V. également sur la question du retrait du permis à points CE, avis, 9 juillet 2010, requête numéro 336556, Bertaux : Dr. Adm. 2011, 133, note Bailleul). Le Conseil d'Etat s'est inspiré de la jurisprudence de la Cour européenne des droits de l'homme. En effet, si à l'origine la Cour considérait que le contrôle normal du juge de l'excès de pouvoir suffisait à garantir le respect de l'article 6§I de la Convention européenne (CEDH, 30 juin 1993, affaire numéro 18.845/91, X c. France), sa jurisprudence s'était par la suite infléchie. Dans un arrêt Gradinger c.Autriche du 23 octobre 1995 (affaire numéro 15963/90.- V. également CEDH, 27 septembre 2011, affaire numéro 43509/08, A. Menarini diagnostics SRL c.Italie) elle a estimé que le juge compétent pour connaître des sanctions administratives doit être doté des attributs « d'un organe de pleine juridiction » et ce qui implique notamment le pouvoir de « réformer en tous points, en fait comme en droit ».

Ceci étant le Conseil d'Etat a voulu cantonner cette évolution aux seules sanctions administratives c'est-à-dire aux sanctions ayant un caractère pénal. Plus précisément, il faut considérer qu'une sanction administrative est « une décision unilatérale prise par une autorité administrative agissant dans le cadre de prérogatives de puissance publique » et qui « inflige une peine sanctionnant une infraction aux lois et règlements » (EDCE 1995, p.35).

La jurisprudence ATOM ne concerne donc pas les sanctions professionnelles, les sanctions disciplinaires prises à l'égard des agents publics (CE, 27 juillet 2009, requête numéro 313588, Ministre de l'Education nationale c. B. : JCPA 2009, 2245, note Jean-Pierre), les sanctions prises par les fédérations sportives (CE, 2 mars 2010, Fédération française d'athlétisme, requête numéro 324439) ou les mesures disciplinaires prises à l'égard des détenus (CE, 20 mai 2011, requête numéro 326084, Letona Biteri , préc.). S'agissant de ces sanctions, qui échappent au recours de plein contentieux, le juge de l'excès de pouvoir exerce néanmoins un contrôle maximum, ce qui implique qu'il contrôle leur proportionnalité, y compris désormais pour les décisions sanctionnant les agents publics (solution initiée par CE, Ass, 13 novembre 2013, Dahan, requête numéro 347704, préc.) et les détenus (CE, 1er juin 2015, requête numéro 380449, Boromée, préc.).

Il faut aussi relever, qu'à la différence du juge de l'excès de pouvoir, le juge du plein contentieux doit se prononcer sur les droits des intéressés « d'après l'ensemble des circonstances de fait dont il est justifié par l'une et l'autre des parties à la date de sa propre décision » (CE Sect., 8 janvier 1982, requête numéro 24948, Aldana Barrena : Rec. p.9, concl. Genevois). C'est notamment cet élément, favorable aux droits des justiciables, qui a justifié l'évolution de la jurisprudence du Conseil d'Etat en matière de sanctions administratives.

Relevons aussi que par exception à la jurisprudence ATOM, le Conseil d'Etat a récemment décidé que les décrets prononçant la déchéance de nationalité à l'égard de français naturalisés condamnés par la justice pénale pour des faits liés au terrorisme continuent de relever de la compétence du juge de l'excès de pouvoir (CE, 8 juin 2016, requête numéro 394348, Turk : AJDA 2016, p. 1758, concl. Domino ; Dr. adm. 2016, 61, Eveillard). Il s'agit pourtant bien ici de sanctions qui ne présentent pas un caractère disciplinaire.

Enfin, se rattache au contentieux de pleine juridiction le recours en interprétation qui a pour objet d'obtenir du juge qu'il se prononce sur le sens qui doit être donné à un acte administratif obscur (CE, 9 juillet 2010, requête numéro 313989, Commune de Lembezat : JCP A 2011, 2022, note Rouault). Ce recours peut être exercé à titre principal - ce qui le différencie du recours en appréciation de légalité- ou de façon incidente, lorsqu'il est lié à une instance judiciaire en cours.

A la différence du recours pour excès de pouvoir, le recours de pleine juridiction est soumis à l'obligation du ministère d'avocat dès lors qu'il a pour objet, comme le précise l'article R. 431-2 du Code de justice administrative, le paiement d'une somme d'argent, la décharge ou la réduction de sommes dont le paiement est réclamé au requérant. La même règle s'applique en matière de contentieux de l'exécution des contrats. Des exceptions sont toutefois prévues, exclusivement devant les tribunaux administratifs, par l'article R. 431-3. Sont dispensés du ministère d'avocat les litiges en matière de contributions directes, de taxes sur le chiffre d'affaires et de taxes assimilées ; les litiges d'ordre individuel concernant les fonctionnaires ou agents de l'Etat et des autres personnes ou collectivités publiques ainsi que les agents ou employés de la Banque de France; les litiges en matière de pensions, de prestations, allocations ou droits attribués au titre de l'aide ou de l'action sociale, du logement ou en faveur des travailleurs privés d'emploi, d'emplois réservés et d'indemnisation des rapatriés ; les litiges dans lesquels le défendeur est une collectivité territoriale, un établissement public en relevant ou un établissement public de santé ; les demandes d'exécution d'un jugement définitif. En revanche, depuis l'entrée en vigueur du décret n°2016-1480 du 2 novembre 2016 les litiges en matière de travaux publics, de contrats relatifs au domaine public et de contraventions de grande voirie ne sont plus dispensés du ministère d'avocat.

Il faut également relever que lorsque dans une même requête le requérant présente des conclusions en annulation et en réparation du préjudice causé par l'illégalité de la décision attaquée, cela n'a plus pour effet de donner à l'ensemble des conclusions le caractère d'une demande de plein contentieux depuis l'arrêt de Section Marcou du 9 décembre 2011 (requête numéro 337255 : Rec. p. 616, concl. Keller ; AJDA 2012, p. 897, note Legrand ; AJFP 2014, p.198, note Berthoud ; Dr. adm. 2012, 19, note Melleray ; JCP A 2012, 2175, note Pacteau ; RFDA 2012, p.279, concl. Keller et p. 441, note Rambaud). Dans le même arrêt, le Conseil d'Etat considère qu'à l'occasion d'un litige portant sur le versement d'une somme d'argent, les conclusions ayant trait au principal et celles ayant trait aux intérêts sont de même nature. Ainsi, lorsqu'en application de la jurisprudence Lafage (préc.), le requérant est recevable à demander par la voie du recours pour excès de pouvoir l'annulation de la décision administrative qui l'a privé de cette somme, il est également recevable à demander, par la même voie, l'annulation de la décision qui l'a privé des intérêts qui y sont attachés. Enfin, les conclusions à fin d'injonction peuvent également être présentées sans ministère d'avocat - dès lors que les conclusions au principal en sont également dispensées- et elles peuvent porter à la fois sur le versement de la somme retenue et sur les intérêts.

§ III – Contentieux répressif

Ce contentieux présente un caractère marginal par rapport au contentieux de la légalité et au contentieux de pleine juridiction. Il est quantitativement moins important et il ne concerne pas un recours dirigé contre un acte mais des poursuites dirigées contre des personnes en vue du prononcé de sanctions.

Comme on l'a déjà évoqué, le contentieux répressif concerne d'abord, historiquement, le contentieux des contraventions de grande voirie.

Se rattache également à cette catégorie le contentieux répressif des juridictions financières (Cour des comptes, chambres régionales des comptes, Cour de discipline budgétaire et financière).

Exemples :
- La Cour des comptes et les chambres régionales des comptes peuvent infliger des amendes aux comptables qui n'ont pas produit leurs comptes dans les délais impartis ou qui n'ont pas répondu aux injonctions qui leur ont été adressées.
- La Cour de discipline budgétaire et financière est compétente pour juger les personnels de l'administration et des entreprises publiques qui ont méconnu les règles de la gestion financière.

Enfin, relèvent du contentieux répressif les juridictions professionnelles, lorsqu'elles prononcent des sanctions disciplinaires professionnelles.

Dans toutes ces hypothèses, le juge administratif est soumis aux règles du procès équitable visées par l'article 6 §1 de la Convention européenne des droits de l'homme. En effet, au sens de cet article, ces autorités sont susceptibles de décider « du bien-fondé d'accusations en matière pénale ». Elles doivent également se conformer aux principes fondamentaux de la répression pénale énoncés par les articles 8 et 9 de la Déclaration des droits de l'Homme et du citoyen et par le Code pénal.

Exemples :
- CE, 23 avril 1997, requête numéro 153899, Razzouk (RDP 1997, p.1505) : dans le cadre du contentieux répressif, le juge administratif a l'obligation d'appliquer le principe de non-cumul des peines qui veut que, sauf texte de loi contraire, un même fait ne peut faire l'objet de plus d'une sanction.
- CE Sect., 22 novembre 2000, requête numéro 207697, Société Crédit agricole Indosuez Chevreux (Rec. p. 537 ; AJDA 2000, p.997, chron. Guyomar et Collin ; CJEG 2001, p.68, concl. Seban ; D. 2001, p. 237, obs. Boizard ; JCP 2000, 10531, note Salomon ; EDCE 2001, n°52, p.34 ; Rev. sc. crim. 2001, p. 600, obs. Riffault) : le principe de la personnalité des peines faisait obstacle à ce que le Conseil des marchés financiers inflige à une société absorbant une autre société un blâme à raison des manquements commis par la première société avant son absorption.

Section II – Conditions de recevabilité des recours contentieux

Les conditions de recevabilité sont systématiquement examinées par le juge préalablement à l'analyse du fond du recours. Ces conditions portent sur quatre points : la nature de l'acte attaqué, le requérant, les délais et l'absence de recours parallèle.

§ I – Conditions relatives à l'acte attaqué

En principe, les recours juridictionnels ne peuvent être dirigés que contre des décisions, à condition toutefois que ces décisions soient attaquables.

I – Règle de la décision préalable

Le juge administratif ne peut en principe être saisi d'un recours que contre une décision, expresse ou implicite, ce qui aura pour effet de lier le contentieux. Cette règle est énoncée par l'article R. 421-1 du Code de justice administrative qui précise que « la juridiction ne peut être saisie que par voie de recours formé contre une décision, et ce, dans les deux mois à partir de la notification ou de la publication de la décision attaquée ».

La règle de la décision préalable a vocation à s'appliquer dans le cadre du contentieux de l'excès de pouvoir, ce qui ne pose guère de difficultés, mais également, ce qui est moins évident, en matière de contentieux de pleine juridiction.

Exemple :
- Une personne est victime d'un dommage alors qu'elle fait l'objet d'une hospitalisation dans un établissement de santé public. Avant de saisir le juge, elle devra obligatoirement demander réparation à l'administration. Ce n'est donc pas directement que le juge connaîtra d'une action en dommages-intérêts, mais à travers un recours contre une décision de l'administration refusant l'octroi d'une réparation à la victime.

Par exception, les victimes de dommages de travaux publics pouvaient toutefois saisir directement le juge, ce qui avait pour effet de les soustraire au délai de recours de deux mois contre les décisions administratives. Cette solution est toutefois abandonnée depuis l'entrée en vigueur du décret n°2016-1480 du 2 novembre 2016 dit « justice administrative de demain » portant modification du Code de justice administrative.

Il faut aussi relever que le même texte prévoit également que dans les litiges indemnitaires, le juge ne pourra désormais être saisi que si une décision de rejet par l'administration est préalablement intervenue. Dans l'état du droit antérieur, le Conseil d'Etat admettait la régularisation du recours non précédé d'une demande préalable lorsque cette demande était formée en cours d'instance et que le silence de l'administration avait fait naître une décision de rejet avant la décision de première instance (CE, 11 avril 2008, requête numéro 281374, Etablissement français du sang : Rec. p. 168.- CE, 4 décembre 2013, requête numéro 354386, Meliane : Rec. tables, p. 787). Il n'y a donc plus de possibilité de régulariser a posteriori l'absence de liaison du contentieux.

Il existe toutefois une exception logique à l'exigence d'une décision préalable dans le cadre de certains référés administratifs (c'est ce qui est expressément visée par les textes pour le référé mesures utiles, le référé constat, le référé instruction et le référé provision.- V. respectivement art. L.521-3, art. R. 531-1, R. 532-1 et R. 541-1 CJA).

II – Actes inattaquables

Certains actes sont jugés insusceptibles de lier le contentieux, et par voie de conséquence sont insusceptibles de recours.

En effet, en principe, seuls les actes unilatéraux de l'administration peuvent faire l'objet d'un tel recours, ce qui exclut - sauf exceptions- les contrats. De même, tous les actes pris par les autorités administratives ne sont pas des actes administratifs, ce qui est le cas des actes de gouvernement. Enfin, certains actes, qui se rattachent à l'activité administrative, ne font pas grief et ne peuvent donc en principe faire l'objet d'un recours pour excès de pouvoir : il s'agit des actes préparatoires, des circulaires, des lignes directrices et des mesures d'ordre intérieur (sur ces questions V. infra).

§ II – Conditions relatives au requérant

Le requérant doit disposer de la capacité pour agir et avoir un intérêt pour agir.

I – Capacité pour agir

Le requérant doit remplir les conditions générales pour ester en justice fixées par le droit civil. Il doit donc être majeur et capable juridiquement, ce qui signifie qu'il doit jouir de ses droits civiques. Cependant, la seconde condition est appréciée de façon assez souple en fonction de la nature de la décision contestée.

> Exemple :
> - CE, 10 juin 1959, Dame Poujol (Rec. p.355) : certaines personnes, incapables selon le droit civil, peuvent exercer un recours pour excès de pouvoir contre les décisions affectant « le principe fondamental de la liberté individuelle ». C'est le cas, en l'espèce, d'une personne placée d'office dans un hôpital psychiatrique.

De même, si le requérant doit avoir la personnalité juridique - ce qui n'est pas le cas par exemple d'une régie municipale (CE, 20 juin 1958, Régie municipale du gaz et de l'électricité de Bordeaux (Rec. p. 371) - le juge administratif estime recevables les recours exercés par des institutions en voie de formation.

> Exemple :
> - CE, 10 février 1997, requête numéro 168238, Société coopérative ouvrière de service de lamanage (Rec. tables, p.992) : en l'espèce, le Conseil d'Etat connaît du recours d'une société dont les statuts n'ont pas encore été signés par les associés, dirigé contre la décision rejetant sa demande d'agrément. La juridiction administrative suprême décide qu'eu égard à l'objet et aux modalités d'octroi de l'agrément sollicité, la société doit être regardée comme ayant la capacité d'agir en justice pour demander l'annulation du refus d'agrément qui lui a été opposé.

De même, les associations dissoutes ont capacité pour demander l'annulation de la décision qui prononce leur dissolution (CE, 22 avril 1955, Association franco-russe dite Rousky-Dom : Rec. p.205 ; AJDA 1955, II, p.9, note Long ; Rev. Adm. 1955, p. 404, concl. Heumann). Cette solution s'applique également, par exemple, aux établissements publics de coopération intercommunale dissous (CE, 28 décembre 2005, requête numéro 283249, Syndicat intercommunal de Lens-Avion : Dr. adm. 2006, 67, obs. Glaser).

Dans le même ordre d'idées, une particularité doit être relevée concernant les associations non déclarées qui, du fait de cette absence de déclaration, en application des dispositions des articles 5 et 6 de la loi du 1er juillet 1901, ne peuvent faire valoir en justice leurs droits patrimoniaux. Malgré tout, le Conseil d'Etat a reconnu, dans son arrêt d'Assemblée du 31 octobre 1969, Syndicat de défense des eaux de la Durance (Rec. p.462 ; RDSS 1970, p. 62, obs. Lavagne.- V. également CE, 21 avril 1997, requête numéro 156370, Karrich : D. 1997, inf. rap. p. 126 ; RTD com. 1997, 3, p. 478) que ces associations peuvent exercer un recours pour excès de pouvoir contre les décisions portant atteinte aux intérêts collectifs qu'elles défendent. Cette solution ne s'applique pas, en revanche, aux associations d'Alsace-Moselle, qui ne relèvent pas de la loi du 1er juillet 1901, et dont l'existence est conditionnée par une inscription sur le registre du tribunal d'instance compétent (CAA Nancy, 2 juin 2008, requête numéro 07NC00154, Société OFPI : Environnement 2017, 113, note Gillig).

II – Intérêt pour agir

Cette condition a été posée pour de simples motifs d'opportunité. Il s'agit en effet d'éviter une contestation systématique de l'action administrative, mais également un encombrement des tribunaux alors même que l'on pourrait estimer - au moins pour le recours pour excès de pouvoir - que tout administré devrait être considéré comme ayant intérêt au respect de la légalité par l'administration.

Par conséquent, seules certaines personnes dont le cercle est déterminé par la nature de l'acte attaqué pourront invoquer un intérêt à agir contre cet acte.

Il n'y a pas lieu, sur ces questions, de dissocier le recours pour excès de pouvoir du plein contentieux. Comme l'expose en effet René Chapus « il ne faut pas croire que la recevabilité d'un recours tendant à la reconnaissance d'un droit serait subordonnée, comme on l'affirme généralement, à la justification d'un droit lésé ; cette justification se rapporte à l'examen du bien-fondé du recours » (Droit du contentieux administratif, ouv. précité p. 457).

Sur ce point, la jurisprudence est à la fois très complexe et nuancée, ce qui s'explique par le fait que le juge doit concilier deux impératifs contradictoires : la protection de l'intérêt général et des intérêts particuliers pouvant être atteints par un acte administratif, d'une part, et le rejet de « l'action populaire » qui permettrait à n'importe quelle personne de contester n'importe quel acte, d'autre part.

Un texte peut également intervenir, en général pour limiter l'accès au prétoire. Tel est notamment l'objet de l'ordonnance n°2003-638 du 18 juillet 2003 relative au contentieux de l'urbanisme, qui limite à certaines catégories de requérants le recours pour excès de pouvoir contre un permis de construire, de démolir ou d'aménager (V. Code de l'urbanisme, art. L. 600-1-2.- V. également CE, 10 juin 2015, requête numéro 386121,

Brodelle et Gino : Constr.-urb. 2015, 119, note Santoni ; RDI 2015, p. 434, obs. Soler-Couteaux ; RFDA 2015, p. 993, concl. Lallet).

Si l'on s'en tient à la jurisprudence, deux conditions cumulatives doivent être réunies pour qu'un requérant se voit reconnaître un intérêt à agir : la première tient à la nature de l'intérêt invoqué, la seconde est relative à la qualité du requérant.

A – Condition relative à la nature de l'intérêt invoqué

L'intérêt invoqué par le requérant peut revêtir des formes très variées : il peut être matériel ou moral, individuel ou collectif.

1° Intérêt matériel ou moral

La reconnaissance d'un intérêt à agir est beaucoup plus évidente, car plus tangible, lorsque le requérant invoque un intérêt matériel, d'ordre patrimonial, plutôt qu'un simple intérêt moral. Sur cette dernière question la jurisprudence est particulièrement nuancée.

Exemples :
- CE, 4 avril 1997, requête numéro 177987, Marchal (Rec. p.131 ; AJDA 1997, p.508, concl. Stahl) : l'habitant d'une commune a intérêt à agir pour demander l'annulation du décret portant changement de nom de cette commune.
- CE, 27 octobre 2006, requête numéro 286569, Mme Marie-Dominique C. et a. : un architecte n'a pas intérêt à agir contre un permis de construire qui aurait pour effet d'entraîner la destruction de l'aménagement de la place de la gare de Strasbourg réalisée quelques années auparavant selon ses plans.
- CE, 17 mai 2002, requête numéro 231905, Hofmann : les requérants, qui se prévalent de leur qualité de résidents alsaciens ayant des convictions laïques, n'ont pas d'intérêt à agir contre un décret relatif au régime des cultes catholique, protestant et israélite dans les départements du Bas-Rhin du Haut-Rhin et de la Moselle.

2° Intérêt individuel ou collectif

Le plus souvent, le recours émane d'un individu et porte sur un acte lésant ses intérêts personnels. C'est le cas par exemple d'un fonctionnaire qui demande l'annulation de la nomination d'autres fonctionnaires en invoquant la méconnaissance des conditions de possession de diplômes exigés par la réglementation en vigueur (CE, 11 décembre 1903, Mot : Rec. p. 780 ; S. 1904, III, p. 113, note Hauriou).

Mais dans certains cas, c'est une personne morale - généralement une association ou un syndicat - qui intente un recours pour excès de pouvoir contre une décision portant atteinte aux intérêts collectifs qu'elle a vocation à défendre.

Cette jurisprudence a été inaugurée par l'arrêt du Conseil d'Etat du 21 décembre 1906, Syndicat des propriétaires et contribuables du quartier Croix-de-Seguey-Tivoli (Rec. p. 962, concl. Romieu ; D. 1907, III, p. 41, concl. Romieu ; S. 1907, III, p. 33, note Hauriou). En l'espèce, la juridiction administrative suprême a considéré qu'était recevable un recours intenté par cette association représentant les intérêts collectifs des usagers des transports publics, contre une décision concernant le fonctionnement de ce service.

Pour que l'intérêt à agir des personnes morales soit reconnu, encore faut-il que l'intérêt allégué ait une relation directe avec leur vocation initiale.

Exemples :
- CE, 28 décembre 2005, requête numéro 274527, Union syndicale des magistrats administratifs (AJDA 2006, p. 940, note Pontier) : des dispositions règlementaires qui donnent compétence, pour connaître des appels formés contre certaines décisions, aux cours administratives d'appel en dérogeant aux règles relatives à la compétence territoriale des cours ainsi qu'au délai d'appel, ont des conséquences sur les conditions d'emploi et de travail des membres des juridictions administratives. Par suite, un syndicat de magistrats administratifs justifie d'un intérêt lui donnant qualité pour contester ces dispositions. En revanche, en tant qu'il organise la procédure d'arbitrage, le décret ne porte atteinte ni aux droits et prérogatives des magistrats administratifs, ni à leurs conditions d'emploi et de travail. L'Union syndicale des magistrats administratifs est donc dépourvue d'intérêt à demander l'annulation de ces dispositions.
- CE Sect., 18 avril 1986, requête numéro 53934, Compagnie des mines de potasse d'Alsace (AJDA 1986, p.292) : une collectivité locale étrangère est recevable à agir contre une décision d'une autorité administrative française susceptible de porter atteinte à l'intérêt collectif de ses habitants.

B – Condition relative à la qualité invoquée

Seuls certains requérants, en raison de leur titre ou de leur qualité, ont vocation à recourir contre l'acte qu'ils estiment illégal. Il doit exister un lien suffisamment étroit entre l'acte attaqué, l'intérêt allégué par le requérant et le requérant lui-même. Il s'agit d'éviter que des personnes non directement concernées ne se posent en défenseurs de la légalité, le cas échéant contre le gré des principaux intéressés.

Le requérant doit ainsi faire partie d'un « cercle d'intéressés » admis à critiquer l'acte, lequel est déterminé en fonction de son contenu (V. B. Chenot, conclusions sur CE, 10 février 1950, Gicquel : Rec. p.100).

L'arrêt Casanova du 20 mars 1901 (Rec. p. 333 ; S. 1901, III, p.76) constitue un excellent exemple de cette notion. En l'espèce, les juges reconnaissent que la qualité de contribuable d'une commune confère intérêt à agir contre les décisions des autorités de ces communes ayant pour conséquence d'augmenter les dépenses publiques. On voit bien dans cette affaire la distinction entre les deux éléments conférant intérêt pour agir : le requérant peut invoquer un intérêt de nature matérielle, et en tant que contribuable il se voit reconnaître la qualité pour défendre cet intérêt.

Bien évidemment, l'existence d'un intérêt direct et personnel sera plus largement admise lorsque l'acte attaqué est un acte règlementaire. A l'opposé, si l'acte est individuel, les personnes ayant intérêt pour agir ne seront en général que celles nommées par l'acte.

Sur la question de la qualité du requérant, également, la jurisprudence présente un caractère casuistique marqué.

Exemples :
- CE, 23 novembre 1988, requête numéro 94282, Dumont (Rec. p.418) : contrairement a ce qui a été reconnu par le Conseil d'Etat dans l'arrêt Casanova, pour le contribuable d'une commune, le Conseil d'Etat estime que le recours d'un contribuable de l'Etat contre une décision susceptible d'accroître les dépenses de la nation est irrecevable.

- CE Sect., 28 mai 1971, requête numéro 78951, Damasio (Rec. p.391, concl. Théry) : un hôtelier a un intérêt direct et personnel à agir contre un arrêté ministériel fixant la date des vacances scolaires, celles-ci perturbant l'activité d'une station thermale en ne permettant de n'organiser que trois périodes de cure au lieu de quatre.
- CE, 4 décembre 2006, requête numéro 293965, Le Pen : la qualité de conseiller régional d'Ile-de-France ne confère pas à elle seule qualité à agir contre un décret admettant un ancien ministre au bénéfice de l'amnistie.
- CE, 13 mars 2002, requête numéro 177509, requête numéro 180544, Union fédérale des consommateurs : la qualité d'usager d'un service public donne un intérêt pour agir à l'encontre d'une décision administrative affectant les conditions d'utilisation de ce service. Un usager des transports parisiens a donc intérêt à demander l'annulation d'une décision tarifaire concernant les transports de la région Ile-de-France. En revanche, cette qualité d'usager ne lui confère pas un intérêt pour agir à l'encontre des dispositions tarifaires relatives aux militaires contenues dans cette même décision. Cependant, dans la mesure où ces dispositions ne forment pas un tout indivisible avec celles à l'encontre desquelles le requérant a intérêt pour agir, la requête de ce dernier est recevable.
- CE, 17 mai 2006, requête numéro 268938, Bellanger c. Ministre de l'Emploi (AJDA 2006, p. 1513, concl. Keller ; Droit adm. 2006, 154, note Taillefait ; JCPA 2006, 1212, note Jean-Pierre ; Collectivités territoriales – intercommunalité, 114, note Bentilola) : un agent en état d'ébriété tue une personne dans un accident de la circulation, prend la fuite et livre de fausses déclarations sur les circonstances de l'accident. Le fils de la victime exerce un recours contre la sanction prononcée par l'administration à l'encontre de l'agent, considérant que celle-ci n'est pas assez sévère. Sa requête est jugée irrecevable, faute d'intérêt pour agir. En effet, comme le précise le Conseil d'Etat, les sanctions infligées par l'administration à ses agents ont « pour seul objet de tirer, en vue du bon fonctionnement du service, les conséquences que le comportement (des agents) emporte sur (leur) situation vis-à-vis de l'administration ».
--CE Sect., 21 novembre 2016, requête numéro 392560, Thalineau (AJDA 2017, p. 999, note Costa) : les qualités de membre de la communauté chrétienne appartenant au diocèse de Tours, de résident du ressort de ce diocèse et d'usager du service public des monuments historiques dont se prévaut le requérant ne suffisent pas à lui donner intérêt pour agir contre la décision par laquelle le ministre de l'intérieur a autorisé l'inhumation d'un ancien archevêque et cardinal dans la cathédrale de Tours.

D'autres difficultés se posent concernant les recours intentés par les personnes morales, et plus particulièrement - une fois encore - par les associations et les syndicats. En toute logique, la qualité à agir s'apprécie au regard des statuts de la personne morale. Ainsi, une association dont l'objet statutaire est trop général et dont le champ d'action est national, ne justifie pas d'un intérêt lui donnant qualité à agir pour demander l'annulation d'une décision qui n'a d'effet que dans une aire géographique limitée (CE, 29 avril 2002, requête numéro 227742, Association en toute franchise.- V. également CAA Douai, 27 novembre 2013, requête numéro 12DA00884, Ligue française pour la défense des droits de l'homme et du citoyen : JCP A 2014, 2032, concl. Eliot).

Exemple :
-CE, 24 août 2011, requête numéro 336268, SAS Distribution Casino France : eu égard au caractère national de son champ d'intervention, à la généralité de son objet social et

aux missions qui lui sont conférées, l'assemblée permanente des chambres de métiers ne justifie pas d'un intérêt pour intervenir contre une autorisation d'équipement commercial. Il en va autrement, en revanche, s'agissant d'une société exploitant un hypermarché dans la zone de chalandise concernée.

La jurisprudence s'est toutefois récemment assouplie dans ce domaine. Certes, le Conseil d'Etat maintient le principe selon lequel le fait qu'une décision administrative « ait un champ d'application territorial fait obstacle à ce qu'une association ayant un ressort national justifie d'un intérêt lui donnant qualité pour en demander l'annulation ». Toutefois « il peut en aller autrement lorsque la décision soulève, en raison de ses implications, notamment dans le domaine des libertés publiques, des questions qui, par leur nature et leur objet, excèdent les seules circonstances locales » (CE, 4 novembre 2015, requête numéro 375178, Ligue française pour la défense des droits de l'homme et du citoyen : Rec. p. 375 ; AJDA 2016, p. 316, note Doubovetsky JCP A 2015, 2370, note Pauliat.- V. également CE, 7 février 2017, requête numéro 392758, Association Aides).

Exemple :
-Dans l'affaire Ligue française pour la défense des droits de l'homme et du citoyen étaient contestés deux arrêtés municipaux : l'un interdisant la fouille des poubelles, conteneurs et autres lieux de regroupement de déchets, l'autre interdisant la mendicité, dans un contexte marqué par l'installation dans la commune d'un nombre significatif de personnes d'origine « rom ». L'association requérante était recevable à contester ces arrêtés dès lors que « la mesure de police édictée par l'arrêté attaqué était de nature à affecter de façon spécifique des personnes d'origine étrangère présentes sur le territoire de la commune et présentait, dans la mesure notamment où elle répondait à une situation susceptible d'être rencontrée dans d'autres communes, une portée excédant son seul objet local ».

En outre, dans l'arrêt du 28 décembre 1906, Syndicat des patrons coiffeurs de Limoges (Rec. p. 977, concl. Romieu ; S. 1907, III, p. 23 ; RDP 1907, p. 25, note Jèze), le Conseil d'Etat a précisé que les associations et les syndicats ne sont recevables à agir que pour la défense d'intérêts collectifs, et non pas pour le seul intérêt de l'un de leurs membres.

En application d'une approche restrictive de l'intérêt pour agir, le Conseil d'Etat a récemment précisé sur ce point, que lorsque l'objet d'un syndicat est défini par la loi, il convient de se référer à celle-ci, à l'exclusion des dispositions des statuts par lesquelles il s'attribuerait des missions supplémentaires. Ainsi, le syndicat de la magistrature, dont l'objet est limité à la défense des intérêts collectifs de ses membres, ne saurait être autorisé à agir en justice au nom de la défense des libertés et des principes démocratiques, ni même au nom de l'indépendance de la justice (CE, 27 mai 2015, requête numéro 388705, Syndicat de la magistrature : AJDA 2015, p. 1543, concl. Bretonneau ; Procédures 2015, 281, note Deygas ; JCP G 2015, act. 660, obs. Langelier).

Il faut ici relever que la mise en œuvre des principes issus de la jurisprudence Syndicat des patrons coiffeurs de Limoges est très délicate, dans la mesure où la ligne de démarcation entre intérêt individuel et intérêt collectif est extrêmement vague. En principe, l'intérêt des personnes morales sera toutefois assez largement admis dans le cadre de recours dirigés contre un acte règlementaire alors que, normalement, le juge estimera que le recours pour excès de pouvoir contre un acte individuel relève de l'initiative de son destinataire. Il en va autrement, cependant, lorsque le juge considère qu'une mesure individuelle a des conséquences sur tout un groupe de personnes, comme c'est le cas pour des actes qui profitent à leurs destinataires, mais qui excluent par là même d'autres personnes.

Exemple :
- CE, 2 juin 2010, requête numéro 309445, Centre communal d'action sociale de Loos (JCPA 2010, 2345, note Jean-Pierre) : une union syndicale de fonctionnaires est recevable à contester un arrêté de promotion.

Cette solution a vocation à s'appliquer y compris si le fonctionnaire concerné par la décision négative est le représentant élu de ce syndicat (CE, 23 juillet 2014, requête numéro 362559, Fédération des fonctionnaires).

En outre, restreignant la portée de la jurisprudence Croix-de-Seguey-Tivoli, le Conseil d'Etat a fait évoluer récemment sa jurisprudence concernant les recours contre les actes détachables des contrats. Désormais « si des tiers peuvent poursuivre l'annulation des actes détachables d'un contrat, la recevabilité d'un tel recours est subordonné à la condition que les stipulations du contrat en cause soient de nature à les léser dans leurs intérêts de façon suffisamment directe et certaine » (CE, 11 mai 2011, requête numéro 331153, Société lyonnaise des eaux France : Rec. tables, p. 1065 ; AJDA 2011, p.989, obs. Biget ; JCPA 2011, 2213, note Busson). En l'espèce, « la cour administrative d'appel a commis une erreur de droit en reconnaissant l'intérêt à agir de l'association au regard de son objet social sans rechercher si la transaction avait eu pour effet de léser les usagers dans leurs intérêts en affectant l'organisation ou le fonctionnement du service public de l'eau dont le syndicat a la responsabilité, ou en augmentant les tarifs payés par les usagers du service public de l'eau ». En d'autres termes, l'examen de l'objet social de l'association ne suffit pas à lui conférer intérêt à agir. Encore faut-il, en effet, que cet intérêt soit effectivement lésé, ce qui veut dire que l'association n'a plus nécessairement qualité pour le défendre. Il faut relever, toutefois, que l'intérêt de cette solution doit être relativisé, dès lors que le recours contre les actes détachables préalables à la conclusion du contrat est en principe désormais fermé aux tiers (V. infra).

Enfin, des règles particulières s'appliquent en matière d'action de groupe et d'action en reconnaissance de droits, notions introduites dans le Code de justice administrative par la loi n°2016-1547 du 18 novembre 2016 de modernisation de la justice du XXIe siècle. Il s'agit, dans ces deux cas, de mécanismes d'accès collectif au juge dont les règles – complexes – sont définies par les articles L. 77-10-1 et suivants Code de justice administrative.

L'action de groupe permet d'obtenir la cessation du manquement à l'origine d'un dommage et/ou d'engager la responsabilité de la personne ayant causé ce dommage et d'obtenir la réparation des préjudices subis (CJA art. L. 77-10-3). Seules les associations agréées et les associations régulièrement déclarées depuis cinq ans au moins et dont l'objet statutaire comporte la défense d'intérêts auxquels il a été porté atteinte peuvent exercer cette action (CJA, art. L. 77-10-4) qui est soumise à la règle de la décision préalable (CJA, art. L. 77-10-5).

La seconde action collective est une action en reconnaissance de droits. Elle permet à une association régulièrement déclarée ou à un syndicat professionnel régulièrement constitué de déposer une requête tendant à la reconnaissance de droits individuels résultant de l'application de la loi ou du règlement en faveur d'un groupe indéterminé de personnes ayant le même intérêt, à la condition que leur objet statutaire comporte la défense dudit intérêt. Il s'agit donc d'une exception notable à la jurisprudence Syndicat des patrons coiffeurs de Limoges (préc.). Cette action peut poursuivre trois finalités différentes visées par l'article L. 77-12-1 CJA. Elle permet, tout d'abord de « déposer une requête tendant à la reconnaissance de droits individuels résultant de l'application de la loi ou du règlement en faveur d'un groupe indéterminé de personnes ayant le même intérêt, à la condition que leur objet statutaire comporte la défense dudit intérêt ». En revanche, cette action ne peut tendre à la reconnaissance d'un préjudice, ce qui est le terrain d'élection de l'action de groupe. Toutefois, l'action en reconnaissance de droits peut aussi « tendre au bénéfice d'une somme d'argent légalement due », ainsi qu'à « la décharge d'une somme d'argent illégalement réclamée ».

§ III- Condition relative aux délais

Normalement, le recours n'est recevable que dans un délai de deux mois suivant l'accomplissement des formalités de publicité exigées : publication, affichage ou notification (CJA, art. R. 421-1).

Le délai est franc, ce qui veut dire que ne sont pas pris en compte ni le jour où commence à courir le délai, ni celui auquel le délai cesse de courir. Le calcul se fait de quantième à quantième.

Exemple :
- Un décret paraît au Journal officiel le 1er janvier 2014. Le délai court à compter du 2 janvier à 0 heures. Les deux mois sont achevés le 1er mars, mais le recours est recevable jusqu'au 2 mars à minuit. Dans le cas où ce jour est un dimanche ou un jour férié, le délai est prolongé jusqu'au premier jour ouvrable suivant à 24 heures.

Cependant, pour le cas des décisions implicites de rejet, le délai court à compter du lendemain du jour où est intervenue la décision.

Exemple :
- L'administration est saisie le 1er janvier 2014. La décision implicite de rejet intervient le 1er mars à minuit, même s'il s'agit d'un dimanche ou d'un jour férié. Le délai de recours court à compter du 2 mars à 0 heure pour expirer le 2 mai à minuit.

Il faut noter, cependant, que lorsqu'une décision explicite de rejet intervient avant l'expiration du délai de deux mois à compter de la date de la décision implicite de rejet, elle fait à nouveau courir le délai de recours (CJA, art. R. 421-2).

L'article R. 421-3 CJA prévoit toutefois que « l'intéressé n'est forclos qu'après un délai de deux mois à compter du jour de la notification d'une décision expresse de rejet » dans deux hypothèses : dans le contentieux de l'excès de pouvoir, si la mesure sollicitée ne peut être prise que par décision ou sur avis des assemblées locales ou de tous autres organismes collégiaux ; dans le cas où la réclamation tend à obtenir l'exécution d'une décision de la juridiction administrative. La portée de ces dispositions a été sérieusement restreinte depuis l'entrée en vigueur du décret n°2016-1480 du 2 novembre 2016, puisque la règle visée par l'article R. 421-3 ne s'applique plus aux recours de plein contentieux. Cette ancienne règle impliquait que dans les hypothèses où la demande préalable a fait naître une décision implicite de rejet, le requérant ne soit enfermé dans aucun délai. L'action contentieuse n'était plus alors limitée que par le délai de prescription quadriennale. Désormais, il n'est donc plus indispensable pour l'administration de notifier le rejet d'une demande relevant du plein contentieux pour que les délais et voies de recours soient opposables. Par exception, cependant, le Conseil d'Etat a considéré que ces dispositions n'étaient pas applicables en matière de plein contentieux fiscal. En effet, « en cas de silence gardé par l'administration fiscale sur la réclamation pendant six mois, le contribuable peut soumettre le litige au tribunal administratif, le délai de recours contentieux ne peut courir à son encontre tant qu'une décision expresse de rejet de sa réclamation, laquelle doit être motivée et, conformément aux prévisions de l'article R. 421-5 du Code de justice administrative, comporter la mention des voies et délais de recours, ne lui a pas été régulièrement notifiée (CE, 7 décembre 2016, requête numéro 384309, EURL Cortansa).

Dans le cas de non accomplissement des formalités de publicité, le délai de recours contentieux demeure perpétuellement ouvert. Il en va de même, pour les actes individuels uniquement, lorsque la notification de la décision ne mentionne pas les délais et les voies de recours ouverts aux requérants (CJA, art. R. 421-5).

Toutefois, la portée de cette règle a été atténuée suite à l'arrêt d'Assemblée du Conseil d'Etat Czabaj du 13 juillet 2016 (requête numéro 387763, préc.- V. également CE Sect., 31 mars 2017, requête numéro 389842, Ministre des Finances et des Comptes publics c/ Amar.- CE, 9 mars 2018, requête numéro 401386, Communauté d'agglomération du pays ajaccien, préc.- CE, 9 mars 2018, requête numéro 405355, Communauté de communes du pays roussillonnais). Dans cet arrêt, conformément à l'objectif de valeur constitutionnel de bonne administration de la justice et au principe de sécurité juridique, lequel ne bénéficie pas exclusivement aux administrés (CE Sect., 13 décembre 2006, requête numéro 287845, Lacroix, préc.), les juges posent le principe d'un délai raisonnable au-delà duquel les requérants seront forclos introduire un recours pour excès de pourvoir, alors même que les voies et délais de recours ne seraient pas indiqués par la décision contestée. En l'espèce, le requérant avait mis vingt-deux ans à contester une décision qui ne portait pas l'indication de la juridiction compétente pour connaître d'un éventuel recours et il ne niait pas avoir reçu notification. Le Conseil d'Etat décide d'encadrer le recours par un délai raisonnable qu'il fixe, sauf circonstances particulières, à un an à compter de la notification de la décision ou, en l'absence de notification ou s'il est impossible de rapporter la preuve de son existence, de la prise de connaissance effective de la décision par l'administré.

Il faut également relever que le délai du recours contentieux peut être prorogé du fait d'un recours gracieux ou hiérarchique exercé dans le même délai que le recours contentieux. La prorogation ne peut cependant jouer qu'une seule fois.

Enfin, en cas d'expiration des délais, le recours est irrecevable. Cependant, les administrés ne seront pas totalement démunis, puisqu'il leur restera deux possibilités pour contester un acte illégal, alors même que les délais seraient expirés.

Tout d'abord, l'administration est obligée d'abroger les règlements illégaux dès l'origine, ou devenus illégaux en raison d'un changement des circonstances de droit ou de fait (CE Ass., 3 février 1989, Compagnie Alitalia, requête numéro 74052, préc.- dispositions codifiées à l'article 243-1 CRPA). Si l'administration refuse d'abroger le règlement, sa décision, qu'elle soit expresse ou non, pourra faire l'objet d'un recours pour excès de pouvoir dans un délai de deux mois.

Ensuite, lorsqu'un acte règlementaire fait l'objet de mesures individuelles d'application, le requérant peut se prévaloir à l'encontre d'un recours contre l'une de ces mesures, de l'illégalité de l'acte règlementaire. L'illégalité de cet acte contaminera la décision individuelle qui sera annulée. Cependant, cette annulation ne remettra pas en cause l'acte règlementaire lui-même qui subsistera. On n'omettra pas enfin de rappeller que dans ses arrêts d'Assemblée du 18 mai 2018, Syndicat CGT de l'administration centrale et des services des ministères économiques et financiers et du Premier ministre (requête numéro 411045, préc.) et Fédération des finances et affaires économiques de la CFDT (requête numéro 414583, préc.), selon la même approche du principe de sécurité juridique favorable à l'administration de celle retenue par l'arrêt Czabaj, le Conseil d'Etat a exclu la possibilité pour le requérant de se prévaloir, dans le cadre de son recours, de vices de forme ou de procédure entachant l'acte réglementaire.

§ IV- Condition tenant à l'absence de recours parallèle

En principe, le recours pour excès de pouvoir est irrecevable lorsque le requérant peut obtenir le résultat qu'il recherche par une autre action, plus efficace.

Exemples :
- CE, 13 mars 2006, requête numéro 265582, Réseau ferré de France, Société nationale des chemins de fer : les contributions au fonds du service public de la production d'électricité déterminées par la Commission de régulation de l'énergie ne peuvent être contestées par la voie du recours pour excès de pouvoir. Ces contributions constituent, en effet, un impôt, contestable seulement devant le juge de l'impôt qui pourra non seulement annuler la décision contestée, mais surtout la réformer.
-CE Ass., 4 avril 2014, requête numéro 358994, Département du Tarn-et-Garonne (préc.): le recours de plein contentieux ouvert à certaines catégories de tiers contre un contrat administratif exclut pour eux la possibilité d'exercer un recours pour excès de pouvoir à l'encontre des actes détachables intervenus avant la conclusion du contrat.

Une hypothèse proche, relevant de la même logique de subsidiarité, a été dégagée par le Conseil d'Etat à l'occasion d'un arrêt Cassinari du 28 avril 2006 (requête numéro 280878 : Rec. p. 210 ; AJDA 2007, p. 266, note Claeys ; BJCL 2006, p. 599, concl. Devys ; JCP A 2006, 1198, note Moreau.- V. également CE, 24 septembre 2010, requête numéro 330886, Barthélémy). Dans cette affaire, les juges ont considéré qu'un contribuable ne peut être autorisé à exercer une action appartenant à la commune dès lors qu'il dispose d'un intérêt le rendant recevable à agir par la voie du recours pour excès de pouvoir.

Par le passé, l'exception de recours parallèle était très développée, mais l'évolution du recours pour excès de pouvoir, qui a progressivement pénétré des domaines jusqu'alors réservés au plein contentieux, l'a fait reculer. Dans certains cas, la remise en cause de l'exception de recours parallèle présente un caractère indirect et elle est liée à la progression de la théorie de la détachabilité. Dans d'autres cas, en revanche, la remise en cause est plus directe et permet de substituer à l'exercice du recours pour excès de pouvoir un recours de pleine juridiction.

I – Remise en cause indirecte de l'exception de recours parallèle liée à la progression de la théorie de la détachabilité

Le recours pour excès de pouvoir a pénétré des domaines qui étaient autrefois le terrain d'élection du plein contentieux. Les juges vont ainsi identifier des actes administratifs unilatéraux détachables pouvant faire l'objet d'un recours pour excès de pouvoir. Cette théorie a notamment vocation à s'appliquer en matière de contentieux électoral, contractuel et fiscal.

A – Contentieux électoral

Le juge administratif est compétent à l'égard des actes détachables relatifs à une élection (CE, 7 août 1903, Chabot : D. 1904, III, p.1, note Hauriou), comme peuvent l'illustrer un certain nombre d'exemples :

- CE, 28 janvier 1994, requête numéro 148596, requête numéro 150024, requête numéro 150286, requête numéro 150650, Elections municipales de Saint-Tropez (Rec. p.38 ; AJDA 1994, p.193, chron. Maugüé et Touvet ; RDP 1994, p.830, concl. le Chatelier) : décisions portant convocation des électeurs.
- CE Ass., 12 mars 1993, requête numéro 145858, requête numéro 145859, Union nationale écologiste et Parti pour la défense des animaux (Rec. p. 67 ; AJDA 1993, p. 336, chron. Maugüé et Touvet, p. 375 ; RFDC 1993, p. 410, concl. Kessler) : mesures concourant à l'organisation des élections législatives.

En revanche, revenant sur sa position initiale, le Conseil d'Etat s'est déclaré incompétent à l'égard de décrets décidant de soumettre un projet de loi à référendum et organisant le référendum et la campagne en vue du scrutin (CE Ass., 1er septembre 2000, requête numéro 223890, requête numéro 223949, requête numéro 224054, requête numéro 224066, requête numéro 224502, Larrouturou et a. : Rec. p. 365, concl. Savoie ; AJDA 2000, p. 858 et 803, chron. Guyomar et Collin ; D. 2001, p. 1844, obs. Ghevontian ; JCP G 2000, IV, 1091, note Rouault ; RFDA 2000, p. 889, concl. Savoie, note Ghevontian). Le Conseil d'Etat a pris acte de l'évolution de la jurisprudence du Conseil constitutionnel qui s'était lui-même reconnu compétent à l'égard de ce type d'actes (CC, 25 juillet 2000, décision numéro 2000-21 REF, Hauchemaille : Rec. CC, p.117 ; RFDA 2000, p. 1004, note Ghevontian).

B – Contentieux contractuel

Les juges estiment que différents actes unilatéraux se détachent du contrat, lorsque leur existence ne repose pas sur un accord de volonté entre les parties, mais sur l'intervention unilatérale de l'administration. Cette solution s'est longtemps appliquée aux actes détachables préalables à la conclusion du contrat, c'est-à-dire à ceux qui autorisent ou refusent d'autoriser la conclusion d'un contrat, ou encore qui portent approbation d'un contrat (CE, 4 août 1905, Martin : Rec. p. 749, concl. Romieu ; D. 1907, jurispr. p. 49, concl. Romieu ; S. 1906, III, p. 49, concl. Hauriou ; RDP 1906, p. 249, note Jèze). Elle n'est toutefois plus d'actualité, lorsqu'est en cause un contrat administratif, le Conseil d'Etat ayant récemment décidé que tous les tiers lésés dans leurs intérêts de manière « suffisamment directe et certaine » peuvent directement recourir contre le contrat (CE, 4 avril 2014, requête numéro 358994, Département du Tarn-et-Garonne). Le recours pour excès de pouvoir contre les actes préalables à la conclusion des contrats administratifs leur est désormais fermé, excepté pour le préfet dans le cadre de son contrôle de légalité, tant que le contrat n'a pas été signé.

En revanche, demeurent des actes détachables du contrat, certains actes unilatéraux survenus durant l'exécution du contrat, comme une décision de modification unilatérale ou de résiliation unilatérale du contrat. Toutefois, le recours pour excès de pouvoir contre ces actes n'est ouvert qu'au bénéfice des tiers au contrat (sur ces questions V. infra).

C – Contentieux fiscal

Depuis l'arrêt Breil du 28 février 1913 (Rec. p.289 ; S. 1918-1919, III, p.37), les juges considèrent qu'il existe, en matière fiscale, des actes détachables de la procédure d'imposition.

Cette jurisprudence s'applique d'abord à l'ensemble des actes règlementaires qui ont un lien avec la procédure d'imposition.

Exemples :
- CE, 1er juin 1990, requête numéro 91413, Commune de Levallois-Perret (Dr. fisc. 1991, 367, concl. Fouquet) : est recevable le recours pour excès de pouvoir dirigé contre un décret fixant la délimitation des zones et les taux de la redevance en région Ile-de-France sur les bureaux et locaux de recherches.
- CE Sect., 4 mai 1990, requête numéro 55124, requête numéro 55137, Association freudienne : est recevable le recours pour excès de pouvoir dirigé contre une instruction administrative qui, au sein de la catégorie des psychanalystes non docteurs en médecine, distingue une sous-catégorie, celle des titulaires d'un diplôme de psychologie, auxquels elle étend le bénéfice de l'exonération de taxe sur la valeur ajoutée, alors que les requérants n'appartiennent pas à cette sous-catégorie.

S'agissant maintenant des actes non règlementaires relatifs à l'accomplissement d'une opération concernant l'assiette ou le recouvrement de l'impôt, la jurisprudence est plus nuancée. A l'égard des tiers, ces actes sont détachables de la procédure d'imposition et ne peuvent donc faire l'objet d'un recours pour excès de pouvoir. Cette solution se justifie par le fait que ces tiers, à la différence du contribuable, ne disposent pas d'une voie de recours spécifique devant le juge de l'impôt.

Exemple :
- CE, 11 juin 1980, requête numéro 11673, Ministre de l'Economie et des Finances c. Commune de Mauzé-Thouarsais, (Rec. p.265 ; Dr. fisc. 1981, 912 et 1434, concl. Fabre) : la décision de classement d'une propriété non bâtie dans l'une des catégories

servant de base à la taxe foncière sur les propriétés non bâties est détachable de la procédure d'imposition et peut faire l'objet d'un recours pour excès de pouvoir de la part d'une commune.

En revanche, à l'égard de leurs destinataires, ces actes ne sont normalement pas considérés comme détachables des opérations d'établissement et de recouvrement de l'impôt.

Exemples :
- CE Sect., 30 juin 1995, requête numéro 119848, Dame Coutaud (Quot. Jur. 31 octobre 1995, p.3 ; Dr. fisc. 1996, p. 121, 37) : la notification de pénalités n'est, pas davantage que la notification de redressements qui l'a précédée, détachable de la procédure d'imposition dont la requérante a fait l'objet. Elle ne peut, dès lors, être contestée que dans le cadre du litige contentieux concernant l'imposition elle-même, après son établissement.
- CE 26 mars 2008, requête numéro 278858, Association pro-musica (BDCF 2008, n°80, concl. Séners ; JCP A 2008, 2175, note Dieu) : une lettre par laquelle l'administration fiscale avait indiqué à une association qu'elle était redevable d'impôts pouvait être regardée comme une décision faisant grief, mais elle ne constituait pas pour autant un acte détachable de la procédure d'imposition susceptible d'être attaqué par la voie du recours pour excès de pouvoir.

Ce dernier principe connaît toutefois un certain nombre d'exceptions, notamment concernant des décisions prises sur des demandes d'agréments qui, si elles sont accordées, permettent aux contribuables de bénéficier de réductions d'impôts ou d'exonérations (CE Sect., 23 mai 1969, Société distillerie Brabant et Cie. : Rec. p.264, concl. Questiaux ; AJDA 1969, p. 640, note Tournier ; D. 1970, jurispr. p. 762, note Fromont).

II – Remise en cause directe de l'exception de recours parallèle

A partir de l'arrêt Lafage du 8 mars 1912 (préc.), la jurisprudence a développé des hypothèses dans lesquelles le requérant dispose d'un choix entre l'exercice d'un recours de plein contentieux et un recours pour excès de pouvoir.

Cet arrêt pose le principe selon lequel le recours pour excès de pouvoir peut être exercé en lieu et place d'un recours de plein contentieux contre une décision à objet pécuniaire, lorsque la question à juger est exclusivement celle de la légalité de cette décision, et que le requérant ne demande rien de plus que son annulation. Dans l'arrêt Lafage, par exemple, le requérant se plaignait d'une décision le privant de frais de représentation d'un montant minime.

Cette solution était justifiée de deux points de vue. Tout d'abord, si des réclamations sur des sommes minimes ne pouvaient être portées devant le juge administratif que par l'intermédiaire d'un avocat, comme cela est obligatoire dans le plein contentieux, les frais de procédure excéderaient le montant de la condamnation. Ensuite, déclarer irrecevable le recours pour excès de pouvoir dans de telles hypothèses, laisserait subsister dans l'ordre juridique des décisions illégales.

Par conséquent, dès lors qu'une décision, même si elle a une portée pécuniaire, viole la légalité, le recours pour excès de pouvoir est recevable. Evidemment, dans un tel cas, le juge ne peut pas aller plus loin qu'annuler la décision illégale prise par l'administration. Il ne peut pas, par exemple, condamner l'administration à verser des dommages intérêts au requérant. Toutefois il est possible d'assortir le recours en annulation d'une demande d'injonction, ce qui permettra de garantir le paiement des sommes en litige. Par ailleurs, s'agissant d'un contentieux de type objectif, le juge ne pourra connaître que de moyens mettant en cause la légalité de l'acte contesté.

Exemples :
- CE, 19 juin 1991, requête numéro 82265, Meyet (Rec. p.250) : un usager d'un service public administratif peut contester par la voie du recours pour excès de pouvoir la décision par laquelle un chef de service a refusé de lui rembourser une somme qu'il estimait avoir été trop perçue.
- CE, 8 décembre 1999, requête numéro 200941, Chassey : peut faire l'objet d'un recours pour excès de pouvoir la décision par laquelle le ministre de la Défense a refusé la prise en charge par l'Etat de l'intégralité des frais de déménagement d'un militaire à l'occasion d'un changement de résidence.

La faculté ouverte au requérant par la jurisprudence Lafage peut susciter un certain nombre de difficultés. Il a ainsi été jugé que dans le cas où l'annulation est suivie d'une demande d'indemnités, les intérêts courront non pas à compter de la date de la demande d'annulation, mais à compter de celle de la date de demande d'exécution du jugement (CAA Bordeaux, 23 juin 2009, requête numéro 08BX00627, Ministre de l'Intérieur : JCPA 2009, 2247, obs. Pacteau).

Section III – L'instance

Selon la définition de R. Chapus « l'instance est le processus qui, déclenché par la saisine du juge, se déroule, de façon plus ou moins simple et plus ou moins rapide, jusqu'à ce que soit rendu un jugement destiné à y mettre fin » (Droit du contentieux administratif, ouv. précité, p.749).

La procédure est peu onéreuse. Elle est même gratuite depuis la suppression du droit de timbre de 35 euros au 1er janvier 2014, conformément à l'article 128 de la loi n°2013-1278 du 29 décembre 2013 et de l'article 8 du décret n°2013-1230 du même jour.

L'instance doit se dérouler dans un délai raisonnable, cette exigence résultant à la fois des stipulations de l'article 6 §1 de la Convention européenne des droits de l'homme et, « des principes généraux qui gouvernent le fonctionnement des juridictions administratives » (CE Ass., 28 juin 2002, requête numéro 239575, Ministre de la Justice c. Magiera : Rec. p.247, concl. Lamy ; RFDA 2002, p. 756, concl. Lamy ; AJDA 2002, p. 596, chron. Donnat et Casas ; D. 2003, p.23, note Holderbach-Martin ; Dr. adm. 2002, 167, note Lombard ; LPA octobre 2002, n°197, concl. Lamy ; LPA novembre 2002, n°221, note Rouault ; JCP G 2003, II 10151, note Menuret). Lorsque le droit des justiciables à ce que leurs requêtes soient jugées dans un délai raisonnable n'a pas été respecté, la responsabilité de l'Etat pourra être engagée pour faute simple en raison du « fonctionnement défectueux du service public de la justice ».

L'instruction, qui se situe en amont de la procédure, doit respecter un certain nombre de principes généraux. Dans le cadre de l'instance, le juge dispose de pouvoirs strictement délimités. A l'issue de la procédure, il prend une décision à laquelle sont tenues de se conformer les parties.

§ I – Caractère généraux de la procédure d'instruction

La procédure d'instruction est secrète, écrite, inquisitoriale et contradictoire.

I – Secret

Si en application des dispositions de l'article L. 6 du Code de justice administrative, les débats ont lieu en audience publique (CE, 3 novembre 1999, requête numéro 203748, Zurmely : Rec. tables, p. 1015 ; RFDA 2000, p.1079, concl. Roul), les tiers n'ont pas la possibilité de prendre connaissance des mémoires des parties, ce qui constitue un point commun entre la procédure administrative contentieuse et la procédure civile. Comme l'a précisé le Conseil d'Etat dans un autre arrêt Zurmely du 7 juin 2000 (requête numéro 206362 : Rec. tables, p.1059) « aucun principe général du droit, non plus que les stipulations de l'article 6§I de la Convention européenne de sauvegarde des droits de l'homme et des libertés fondamentales ou de l'article 14 du Pacte international relatif aux droits civils et politiques, n'impose la publicité de la procédure préalable d'instruction ».

Les personnes qui, à un titre quelconque, participent ou assistent au délibéré sont soumises à l'obligation d'en respecter le secret sous peine des sanctions visées par l'article 226-13 du Code pénal (CJA, art. R. 731-5).

II – Caractère écrit

La procédure administrative contentieuse est essentiellement une procédure écrite. Elle donne lieu à la rédaction de mémoires qui sont échangés par les parties et à l'examen des procès-verbaux des mesures d'instruction. Toutes les pièces doivent figurer dans le dossier, les plaidoiries et les observations orales à l'audience ne pouvant que développer le contenu de ces pièces. On aura toutefois l'occasion de souligner que les évolutions récentes de la procédure administrative contentieuse font aujourd'hui une place plus grande à l'oralité. De la même façon, la procédure peut ou doit être dématérialisée selon les cas (décret n°2012-1437 du 21 décembre 2012, V. CJA, art. R. 414-1 s. pour ce qui concerne le dépôt des requêtes et art. R. 611-8-2 s. CJA pour ce qui concerne l'échange des mémoires et des pièces).

Il faut aussi relever que le décret n°2010-164 du 22 février 2010 a inséré dans le Code de justice administrative un article R. 611-8-1, dont la rédaction est très largement inspirée par l'article 753 du Code de procédure civile, qui précise que « le président de la formation de jugement ou, au Conseil d'Etat, le président de la chambre chargée de l'instruction peut demander à l'une des parties de reprendre, dans un mémoire récapitulatif, les conclusions et moyens précédemment présentés dans le cadre de l'instance en cours, en l'informant que, si elle donne suite à cette invitation, les conclusions et moyens non repris seront réputés abandonnés ». De même, en appel « il peut être demandé à la partie de reprendre également les conclusions et moyens présentés en première instance qu'elle entend maintenir ». Le décret n°2016-1480 du 2 novembre 2016 a complété ces dispositions en prévoyant une sanction. Désormais l'autorité compétente peut « en outre fixer un délai, qui ne peut être inférieur à un mois, à l'issue duquel, à défaut d'avoir produit le mémoire récapitulatif (...) la partie est réputée s'être désistée de sa requête ou de ses conclusions incidentes ». Le même article précise que la demande de production d'un mémoire récapitulatif doit informer la partie concernée des conséquences du non-respect du délai fixé.

III – Caractère inquisitorial

Contrairement à la procédure civile, qui présente un caractère accusatoire, la procédure administrative est une procédure inquisitoriale. En d'autres termes, c'est le juge, et non pas les parties, qui commande la marche du procès.

Cette différence fondamentale s'observe d'abord du point de vue de la technique de saisine du juge. Ainsi, l'article R. 411-1 du Code de justice administrative prévoit que « la juridiction est saisie par requête », ce qui signifie que le requérant s'adresse directement au juge. En revanche, selon l'article 54 du Code de procédure civile le demandeur fait une « assignation » à son adversaire de se présenter devant le juge civil.

De même, la conduite de l'instruction relève du juge et plus précisément du rapporteur qui aura été désigné et qui devra prendre ou faire prendre toutes les mesures qui permettront au juge d'établir sa conviction. Selon l'article R. 611-10 du Code de justice administrative, qui est applicable aux tribunaux administratifs : « sous l'autorité du président de la formation de jugement à laquelle il appartient, le rapporteur fixe, eu égard aux circonstances de l'affaire, le délai accordé aux parties pour produire leurs mémoires. Il peut demander aux parties, pour être jointes à la procédure contradictoire, toutes pièces ou tous documents utiles à la solution du litige » (pour les cours administratives d'appel V. art. R. 611-16 s., pour le Conseil d'Etat V. R. 611-20 s.).

Notamment, le juge peut « exiger de l'administration compétente la production de tous documents susceptibles d'établir la conviction du juge et de permettre la vérification des allégations des requérants » (CE Ass., 28 mai 1954, Barel et a., préc.). Le juge peut notamment exiger de l'administration qu'elle lui fasse connaître les motifs de sa décision (V. également CE, 29 octobre 2013, requête numéro 346569, Vidon).

Comme en matière civile, la charge de la preuve appartient en principe au demandeur. Toutefois, le juge s'octroie la possibilité de renverser la charge de la preuve. Dans un arrêt Cordière du 26 novembre 2012 (requête numéro 354108 : Rec. p. 394, concl. Bourgeois-Machureau ; AJDA 2012, p. 2373, chron. Domino et Bretonneau ; Droit adm. 2013, 14, note Eveillard.- V. également CE, 27 janvier 2017, requête numéro 385998, SCI La Cigalière, la SCI La Rose des vents et a.), le Conseil d'Etat a ainsi rappelé qu'il appartient au juge « de former sa conviction sur les points en litige au vu des éléments versés au dossier par les parties ». Dans le cadre de son office, s'il peut « écarter des allégations qu'il jugerait insuffisamment étayées, il ne saurait exiger de l'auteur du recours que ce dernier apporte la preuve des faits qu'il avance ». Le cas échéant, il revient au juge « avant de se prononcer sur une requête assortie d'allégations sérieuses non démenties par les éléments produits par l'administration en défense, de mettre en œuvre ses pouvoirs généraux d'instruction des requêtes et de prendre toutes mesures propres à lui procurer, par les voies de droit, les éléments de nature à lui permettre de former sa conviction, en particulier en exigeant de l'administration compétente la production de tout document susceptible de permettre de vérifier les allégations du demandeur ».

IV – Caractère contradictoire

Le principe du contradictoire impose que l'ensemble des éléments de l'affaire à juger soient connus par les parties qui doivent avoir la possibilité d'en discuter. A l'origine, en dehors des hypothèses visées par les textes, l'exigence d'une procédure contradictoire s'appliquait aux juridictions disciplinaires et elle était liée au principe plus général de respect des droits de la défense (CE, 20 juin 1913, Téry : Rec. p. 736, concl. Corneille ; S. 1920, III, p. 13). Le principe du contradictoire constitue, selon le Conseil constitutionnel, le corollaire du principe constitutionnel du respect des droits de la défense (CC, 29 décembre 1989, numéro 89-268 DC, Loi de finances pour 1990 : JO, 30 décembre 1989, p.16498 ; RJF 1990, p. 127 ; Dr. fisc. 1990, 57). Il constitue également l'un des principaux aspects du droit à un procès équitable défini par l'article 6§1 de la Convention européenne des droits de l'homme. Son champ d'application est toutefois plus général puisqu'il s'agit désormais d'un principe général du droit applicable à l'ensemble des juridictions administratives (CE Sect., 12 mai 1961, Société La Huta : Rec. p. 313).

Le principe du contradictoire a vocation à s'appliquer tout au long de la procédure d'instruction. Il implique, notamment, l'obligation pour le juge de demander aux parties de présenter leurs observations lorsqu'il entend relever d'office un moyen d'ordre public (CJA, art. R. 611-7).

Dans le but de dynamiser l'instruction, et suivant la réforme du contentieux de l'urbanisme opérée en 2013 (Code de l'urbanisme, art. 600-4), les présidents de la formation de jugement et, au Conseil d'Etat, le président de la chambre chargée de l'instruction, peuvent désormais d'office et dans tous les litiges, fixer une date à partir de laquelle de nouveaux moyens ne pourront plus être invoqués (CJA, art. R. 611-7-1). Cette cristallisation du litige est une simple faculté à l'initiative du juge. Elle ne concerne toutefois pas les moyens d'ordre public et ne s'applique pas lorsque des dispositions contraires s'y opposent (V. par ex. l'article L. 199 C du livre des procédures fiscales qui permet au demandeur de soulever devant le juge de l'impôt tout moyen jusqu'à la clôture de l'instruction).

Par ailleurs, le Conseil d'Etat s'oppose à ce que les parties aient connaissance de l'intégralité des conclusions du rapporteur public avant leur prononcé (CE, 29 juillet 1998, requête numéro 179635, requête numéro 180208, Esclatine : Rec. p.320, concl. Chauvaux ; JCP 1999, I, 128, chron. Petit ; D. 1999, jurispr. p. 85, concl. Chauvaux ; AJDA 1999, p. 69, note Rolin. – CE Sect., 21 juin 2013, requête numéro 352427, Communauté d'agglomération du pays de Martigues : AJDA 2013, p. 1276, chron. Domino et Bretonneau ; RFDA 2013, p. 805, concl. de Lesquen). Notons toutefois que le décret n° 2009-14 du 7 janvier 2009 a institutionnalisé la pratique qui consiste, avant l'audience, à communiquer aux parties le sens des conclusions (CJA, art. R. 711-3 et R. 712-1). Il a été précisé que lorsque le rapporteur public, après une première communication, modifie le sens de ses conclusions, il doit en avertir les parties (CE, 4 mai 2016, requête numéro 380548, Delay)

La Cour européenne des droits de l'homme avait estimé, dans son arrêt Kress c. France du 7 juin 2001 (affaire numéro 39594/98 : AJDA 2001, p. 675, note Rolin ; Dr. adm. 2001, 75 ; D. 2001, inf. rap. p.1998 ; JCP G 2001, II, 10578, note Sudre ; RFDA 2001, p. 991, obs. Genevois et p. 1000, obs. Autin et Sudre), que le statut de l'ancien commissaire du gouvernement était conforme aux exigences du procès équitable, réserve faite de son assistance au délibéré (V. également sur ce point : CEDH, 12 avril 2006, affaire numéro 58675, Martinie c. France : JCP A 2996, 1131, note Andriantsimbazovina ; Droit fiscal 2006, 544). S'agissant plus précisément du principe du contradictoire, la Cour avait estimé, dans sa décision APBP c. France du 21 mars 2002 (affaire numéro 38436/97 : RDP 2003, p.694, note Gonzalez), que le fait que les parties puissent répliquer après l'audience aux conclusions du commissaire du gouvernement par une note en délibéré rédigée dans un délai suffisant et expressément visée par l'arrêt contribue au respect de ce principe. Cette jurisprudence a été reprise à son compte par le Conseil d'Etat qui veille à ce que le juge prenne connaissance de la note en délibéré avant de rendre sa décision (CE, 12 juillet 2002, requête numéro 236125, Leniau : Rec. p.278 ; RFDA 2003, p. 307, concl. Piveteau. – CE, 21 novembre 2003, requête numéro 244820, A. B.-G.).

S'agissant plus spécialement de la participation au délibéré du rapporteur public l'article R. 732-2 du Code de justice administrative, créé par le décret n°2006-964 du 1er août 2006, précise que « la décision est délibérée hors la présence des parties et du rapporteur public ». En revanche, s'agissant du Conseil d'Etat, l'article R. 733-3 du même code prévoit que « sauf demande contraire d'une partie, le rapporteur public assiste au délibéré. Il n'y prend pas part ». Ces dispositions également introduites par le décret du 1er août 2006 mettent un terme aux difficultés que posait la présence au délibéré du rapporteur public au regard de l'article 6§I de la Convention européenne des droits de l'homme, selon les jurisprudences Kress et Martinie. La Cour a en effet considéré, en dépit des doutes que pouvait faire naître la rédaction de l'article R. 733-3, que ce nouveau dispositif était désormais compatible avec ces stipulations (CEDH, 15 septembre 2009, affaire numéro 11396/08, Etienne c. France : AJDA 2009, p. 1920.- V. également CE, 25 mai 2007, requête numéro 296327, Courty : AJDA 2007, p. 1424, concl. Keller). Cette solution a été confortée par une décision Marc-Antoine c/France du 4 juin 2013 (affaire numéro 54984/09 : AJDA 2013, p.1580, note Platon), dans laquelle la Cour européenne des droits de l'homme a estimé que la communication du projet de décision du rapporteur au seul rapporteur public ne méconnaissait pas le droit à un procès équitable, et plus précisément le principe d'égalité des armes. Elle valide ainsi l'ensemble du dispositif concernant le rapporteur public. Selon la Cour, en effet, cette « particularité procédurale » permet aux justiciables de « saisir la réflexion de la juridiction pendant qu'elle s'élabore et de faire connaître leurs dernières observations avant que la décision ne soit prise ».

§ II – Déroulement de l'audience

L'affaire est appelée à l'invitation du président de formation, par le greffier d'audience. Cet appel consiste en l'énoncé des références du dossier, des noms des parties et le cas échéant de leur mandataire assorti de la mention de leur présence ou absence.

Les affaires sont appelées sans ordre particulier, en principe individuellement, sauf en cas de jonction d'instance. Il peut y avoir jonction d'instance lorsqu'il existe un lien de connexité entre plusieurs affaires.

Exemple :
- CE, prés. sect. cont., requête numéro 131572, 2 décembre 1992, Raja : sont ici jointes les requêtes rédigées en termes identiques par des époux qui demandent l'annulation de l'arrêté de reconduite à la frontière qui les concernent respectivement.

Le rapporteur lit son rapport.

Devant le Conseil d'Etat les avocats au Conseil d'Etat représentant les parties peuvent ensuite présenter leurs observations orales (CJA, art. R. 733-1).

En revanche, ce n'est plus le cas devant les tribunaux administratifs et les cours administratives d'appel où ces observations orales n'interviennent plus qu'après le prononcé des conclusions du rapporteur public. L'inversion de la prise de parole, devant les tribunaux administratifs et les cours administratives d'appel, avait été expérimentée par le décret n°2009-14 du 2 janvier 2009. Elle a été généralisée par le décret n°2011-1950 du 23 décembre 2011 (CJA, art. R. 732-1).

Par ailleurs, la loi n°2011-525 du 17 mai 2011 a créé l'article L. 732-1 du Code de justice administrative qui permet au président de la formation de jugement, devant les tribunaux administratifs et les cours administratives d'appel, de dispenser le rapporteur public d'exposer à l'audience ses conclusions sur une requête. Cette dispense est prononcée « eu égard à la nature des questions à juger » dans les matières visées par l'article R. 732-1-1 du Code de justice administrative, créé par le décret n°2011-1950 du 23 décembre 2011. Sont concernés notamment les contentieux relatifs au permis de conduire, à la naturalisation ou encore à l'entrée, au séjour et à l'éloignement des étrangers à l'exception des expulsions. La liste énumérée par l'article R. 732-1-1 est exhaustive. Il ainsi été jugé qu'un litige relatif à la taxe d'enlèvement des ordures ménagères ne figurant pas dans cette liste, il ne peut donc donner lieu à une dispense de conclusions (CE, 27 mars 2017, requête numéro 401205, Société Auchan France). L'objectif poursuivi par le législateur est de permettre au rapporteur public de ne plus être « contraint de se disperser, voire de s'épuiser, sur des dossiers qui posent des questions récurrentes dans un cadre juridique parfaitement déterminé » (Questions à Jean-Marc Sauvé, vice-président du Conseil d'Etat : AJDA 2011, p. 412). Si ce dispositif a été jugé conforme à la Constitution, le Conseil constitutionnel n'en a pas moins rappelé que la loi aurait été « contraire au principe d'égalité devant la justice en ce qu'elle conférerait au rapporteur public et au président de la formation de jugement un pouvoir discrétionnaire pour décider, au cas par cas, d'une telle dispense » (CC 12 mai 2011, numéro 2011-629 DC, Loi de simplification et d'amélioration de la qualité du droit).

Exceptées les hypothèses susvisées, le rapporteur public prononce ses conclusions.

Devant les tribunaux administratifs et les cours administratives d'appel, les parties peuvent ensuite présenter soit en personne, soit par un avocat au Conseil d'Etat et à la Cour de cassation, soit par un avocat, des observations orales à l'appui de leurs conclusions écrites. Cependant, le président a la faculté de leur retirer la parole si elles ne sont pas en mesure de discuter leur cause avec la modération ou la clarté requises. La formation de jugement peut également entendre les agents de l'administration compétente ou les appeler devant elle pour fournir des explications (CJA, art. R. 732-1).

Devant le Conseil d'Etat, cette possibilité de s'exprimer après la lecture du rapport est laissée aux seules parties et aux avocats au Conseil d'Etat représentant les parties (CJA, art. R. 733-1), y compris dans les matières où le ministère d'avocat n'est pas obligatoire (CE, 25 octobre 1996, requête numéro 128723, Commune d'Olivet : Rec. p. 1100). Mais il s'agira ici de présenter de « brèves observations orales », ce qui est normal puisque devant le Conseil d'Etat les « observations orales » interviennent avant que le rapporteur public ne prononce ses conclusions. Il est à noter que la possibilité de reprendre la parole après le rapporteur public n'a pas à être mentionnée dans le jugement (CE, 16 décembre 2009, requête numéro 327619, Ezelin).

Postérieurement au prononcé des conclusions du rapporteur public, toute partie à l'instance peut adresser au président de la formation de jugement une note en délibéré qui permet de répondre par écrit aux conclusions du rapporteur public (CJA, art. R. 731-3). Cette possibilité est également ouverte dans les cas de dispense de conclusions.

Le délibéré débute par la lecture de la note en délibéré, lorsqu'elle a été produite. La note est lue par le rapporteur avant qu'il ne lise le projet de décision et que ne soient entamés les débats. La décision n'aura pas à répondre aux arguments invoqués par la note puisqu'il ne s'agit pas d'une pièce de la procédure contradictoire. Cependant, si la note fait apparaître une difficulté ou un élément nouveau susceptible d'avoir une incidence sur le sens de la solution, l'affaire est rayée et l'instruction contradictoire rouverte.

§ III – Pouvoirs du juge

Le cadre du procès est délimité par les conclusions des parties. Ainsi, à l'image du juge judicaire, le juge administratif n'a pas le droit de statuer au-delà ou en deçà de ce que demandent les parties.

Toutefois, le juge a la possibilité, et même l'obligation, de relever d'office les moyens d'ordre public qui n'auraient pas été invoqués par les parties. C'est le cas, par exemple, des moyens tirés de la violation des règles de compétence juridictionnelle ou des règles de recevabilité. De même, peuvent être concernés des moyens relatifs au fond du droit comme l'incompétence de l'auteur d'une décision administrative ou la méconnaissance d'une annulation prononcée dans le cadre d'un recours pour excès de pouvoir.

En revanche, si l'on excepte les cas des injonctions d'instruction, le juge n'a pas le droit d'adresser des injonctions à l'administration, c'est-à-dire de la condamner à des obligations de faire ou de ne pas faire.

Ce principe connaît une dérogation majeure visée par les articles L. 911-1 s. du Code de justice administrative. Ces textes permettent en effet au juge administratif d'adresser des injonctions à l'administration, éventuellement assorties d'astreintes, en vue de l'exécution de la chose jugée. Ceci concerne les cas où la chose jugée « implique nécessairement » qu'une mesure d'exécution déterminée soit prise, soit immédiatement, soit au terme d'une nouvelle instruction de l'affaire.

Relevons ici que si ces dispositions sont rédigées de façon générale, et peuvent donc concerner une grande variété de domaines, un cas particulier est désormais visé par l'article L. 911-1-1 du Code de justice administrative créé par la loi n°2016-1691 du 9 décembre 2016. Cet article permet expressément à la juridiction de prescrire de réintégrer toute personne ayant fait l'objet d'un licenciement, d'un non-renouvellement de son contrat ou d'une révocation en méconnaissance de la protection des lanceurs d'alerte en matière de conflits d'intérêt ou ayant relaté un crime ou un délit.

Cependant, le juge n'a pas la possibilité de prononcer des injonctions à titre principal dans le cadre d'une procédure juridictionnelle ordinaire (en revanche cette possibilité lui est ouverte dans le cadre de la procédure de référé liberté visée par l'article L. 521-2 du Code de justice administrative et dans le cadre de ses pouvoirs d'instruction).

Exemple :
- CAA Nancy, 22 avril 2004, requête numéro 99NC02146, Mme. Nicole X. : l'annulation de la notation d'un agent administratif pour l'année 1998 implique nécessairement que la commune procède à une nouvelle notation de l'intéressée pour cette même année. En revanche, les conclusions présentées par la requérante demandant aux juges d'enjoindre à la commune de réviser à la hausse sa fiche de notation, de revaloriser sa qualification, de conformer son échelon de rémunération à son ancienneté et de récupérer ses heures de travail cumulées sous forme de congés, tendent au prononcé d'une injonction à titre principal et sont donc irrecevables.

§ IV – Obligation de se conformer à la chose jugée

Les décisions du juge administratif entraînent un certain nombre d'effets. Toutefois, la portée de ces décisions est parfois difficile à appréhender, et il sera nécessaire, dans certains cas, que le juge incite, voire contraigne, l'administration à s'exécuter.

I – Effets des décisions du juge administratif

Les décisions du juge administratif sont rendues au nom du peuple français et elles sont directement exécutoires. Elles constituent un titre qui permettra éventuellement de recourir à l'exécution forcée et elles sont revêtues de l'autorité de la chose jugée, ce qui fait qu'elles ne pourront plus être contestées que dans le cadre des voies de recours.

Il pourra cependant être fait échec à l'obligation d'exécuter la chose jugée dans les cas où le législateur exerce le pouvoir de validation qui lui appartient. L'exercice de ce pouvoir va permettre d'éviter les difficultés inextricables que peut poser l'exécution de certaines décisions de justice. Par exemple, l'annulation des opérations d'un concours de recrutement de la fonction publique doit conduire à considérer que les fonctionnaires recrutés, qui ont parfois débuté leur carrière depuis plusieurs années, ne l'ont jamais été. Dans un tel cas, une loi de validation pourra intervenir pour valider, non pas le concours lui-même, mais les nominations qui ont été prononcées à son issue (CC, 22 juillet 1980, numéro 80-119 DC, Loi portant validation d'actes administratifs, préc).

Ce pouvoir de validation législative est toutefois strictement encadré par la jurisprudence. D'une part, la validation ne saurait avoir pour effet de valider des actes définitivement annulés, ce qui ferait obstacle à la fois au respect dû à la chose jugée et au principe de séparation des pouvoirs (CC, 29 décembre 2005, numéro 2005-531 DC, Loi de finances pour 2006 : Droit adm. 2006, 32 ; LPA, 13 janvier 2006, p. 4, note Mathieu et 16 janvier

2006, p.7, note Schoettl). Elle doit également respecter le principe de non-rétroactivité des sanctions pénales et administratives. L'acte validé ne doit méconnaître aucun principe de valeur constitutionnelle, réserve faite de cas où « le but d'intérêt général visé par la validation serait lui-même de valeur constitutionnelle ». Enfin, conformément aux exigences du procès équitable visées par l'article 6§1 de la Convention européenne des droits de l'homme, la validation législative doit être justifiée par « (d')impérieux motifs d'intérêt général ». (CEDH, 28 octobre 1999, affaire numéro 24846/94, 34165/96, 34173/96, Zielinski et Pradal, Gonzalez et a. c/ France: AJDA 2000, p. 533, obs. Flauss ; D. 2000, p. 184, obs. Fricero ; RFDA 2000, p. 1254, étude Bolle ; RTD civ. 2000, p. 436, obs. Marguénaud et p. 629, obs. Perrot). Cette solution a été reprise par la Cour de cassation (Cass. Ass. plén., 24 janvier 2003, pourvoi numéro 01-41.757 : Bull. ass. plén., no 2 ; D. 2003. 1648, note Paricard-Pioux ; RFDA 2003, p. 470, note Mathieu ; RDSS 2003, p. 306, note Boulmiere) par le Conseil d'Etat (CE, 23 juin 2004, requête numéro 257797, Société des Laboratoires Genevrier : Rec. p. 256 ; RDSS 2004, p. 916, note Peigné.- V. toutefois admettant la possibilité d'un contrôle d'intensité variable selon la nature du droit en cause, CE Ass., 27 mai 2005, requête numéro 277975, Provin : AJDA 2005, p.1455, chron. Landais et Lenica ; RFDA 2005, p.893) puis par le Tribunal des conflits (TC, 13 décembre 2010, Société Green Yellow c/ Electricité de France, préc.) De son côté, le Conseil constitutionnel a longtemps exigé que la loi de validation poursuive un « but d'intérêt général suffisant », ce qui paraît constituer une exigence moindre (CC, 21 décembre 1999, numéro 99-422 DC, Loi de financement pour la sécurité sociale pour 2000 : Rec. CC, p. 143). Mais finalement, à l'occasion d'une décision du 14 février 2014, le Conseil constitutionnel s'est également aligné sur la jurisprudence de la Cour européenne des droits de l'homme (décision numéro 2013-366 QPC : AJDA 2014, p. 377, noter Roux ; RFDA 2014, p. 589, chron. Roblot-Troizier et Tusseau ; RTD civ. 2014, p. 604, obs. Deumier.- V. également CC, 24 juillet 2014, numéro 2014-695 DC : AJCT 2014, p. 400, note Lasserre Capdeville ; Constitutions 2014, p. 360, note de Baecke ; RTD com. 2014, p.669, obs. Legeais).

Si l'on met de côté la question des validations législatives, les jugements statuant dans le cadre de l'excès de pouvoir ont normalement l'autorité absolue de chose jugée et leur respect est d'ordre public (CE, 22 mars 1961, Simonet, Rec. p. 211). De la même façon, les jugements et décisions statuant sur la légalité d'actes sont reconnus par les deux ordres de juridictions comme ayant une autorité absolue de chose jugée dont le respect est d'ordre public. Cette solution est de longue date admise par la Cour de cassation (Cass. crim., 4 décembre 1930, Abbé Gautrand, rapport Bourdon et obs. Appleton D. 1931.I.33 ; V. également Cass. 1ère civ., 19 juin 1985, pourvoi numéro 84-11.528, Office national de la chasse, D. 1985, p. 426, rapport Sargos). En revanche, le Conseil d'Etat considérait à l'origine que les jugements rendus sur recours préjudiciels comme n'étant soumis qu'à une autorité relative de la chose jugée (CE, 5 juin 1981, requête numéro 23721, Layani : RDP 1982 p. 528.- CE Sect., 2 mars 1990, requête numéro 84590, Commune de Boulazac : Rec. p. 57 ; CE, 3 juillet 1997, requête numéro 112171, Ministre de l'Equipement : Rec. p. 259). Cependant, le Conseil d'Etat a finalement procédé à un revirement de sa jurisprudence et a aligné sa position sur celle de la Cour de Cassation (CE, 29 décembre 2001, requête numéro 205369, Syndicat CNT des PTE de Paris et a. : AJDA 2002, p. 547, obs. Seiller).

Dans un arrêt de Section Anschling du 28 avril 2014 (requête numéro 357090 : AJDA 2014, p. 1274, chron. Bretonneau et Lessi ; Dr. adm. 2014, 53, note Eveillard ; JCP A 2014, 2293, note Traoré ; RFDA 2014, p. 512, note de Barmon et p. 721, étude Seiller), le Conseil d'Etat a précisé quelles sont les conséquences qu'un organisme public doit tirer d'une décision du juge administratif déclarant l'illégalité d'un acte réglementaire. En l'espèce, cette déclaration d'illégalité concernait des délibérations fixant les tarifs des services de l'eau. Le Conseil d'Etat rappelle que cette déclaration n'a eu pour effet ni de faire disparaître rétroactivement ces délibérations de l'ordonnancement juridique (V. dans ce sens, CE, 27 mai 2002, requête numéro 227338, SA Transolver Service), ni de faire revivre la délibération précédemment applicable (V. dans ce sens, CE Ass., 18 janvier 1980, requête numéro 14397, Bargain : Rec. p. 29). Les juges considèrent ensuite « qu'eu égard à la nature et à l'objet des redevances pour service rendu, qui constituent la rémunération des prestations fournies aux usagers », la déclaration d'illégalité ne les déchargeait pas « de toute obligation de payer une redevance en contrepartie du service dont ils ont effectivement bénéficié » (V également CE, 28 mai 2014, requête numéro 359738, Compagnie des Bateaux Mouches). Ainsi, le Conseil d'Etat admet que l'autorité administrative compétente avait pu « légalement, pour régulariser les situations nées de ces litiges, adopter une délibération fixant de manière rétroactive, dans le respect des motifs constituant le support nécessaire du jugement du tribunal administratif (...) le tarif de l'eau devant être appliqué, (...) aux usagers ayant bénéficié du service et contesté, par la voie contentieuse, les montants de redevance mis à leur charge ». Cette solution constitue une exception au principe de non-rétroactivité des actes administratifs qui avait déjà été reconnue dans le cas d'annulation par le juge de l'acte réglementaire fixant des tarifs (CE, 19 mars 2010, requête numéro 305047, requête numéro 305049, requête numéro 312221, requête numéro 312883, requête numéro 313595, Syndicat des compagnies aériennes autonomes).

II – Problèmes de détermination de la portée de la chose jugée

Dans de nombreuses hypothèses, l'administration n'éprouvera aucune difficulté à déterminer la portée de la décision la condamnant. Tel est le cas, notamment, dans le cadre du plein contentieux, lorsqu'elle est condamnée au versement de dommages intérêts où lorsque le juge de l'élection rectifie les résultats d'un scrutin.

En revanche, la portée de l'annulation d'un acte administratif est parfois difficile à apprécier. En principe, l'acte disparaît rétroactivement. Toutefois, le Conseil d'Etat a admis, de façon exceptionnelle, que dans les cas où l'annulation rétroactive aurait des conséquences manifestement excessives pour les intérêts publics ou privés en présence, le juge a la possibilité de moduler dans le temps l'effet de ses décisions. Ainsi, il peut estimer que tout ou partie des effets antérieurs de l'acte doivent être considérés comme définitifs, ou encore que la décision d'annulation ne prendra effet qu'à compter d'une date ultérieure à la décision (CE Ass., 11 mai 2004, requête numéro 255886, Association AC ! et a. : Rec. p.97, concl. Devys ; AJDA 2004, p.1183, chron. Landais et Lenica et p. 1049, tribune Bonichot ; D. 2004, p. 1603, chron. Mathieu ; Droit adm. 2004, 115, note Lombard ; JCPA 2004, 1828, note Bigot ; LPA 2004, n°208, chron. Melleray et n°230, note Monford ; LPA 2005, n°25, note Crouzatier-Duran ; RFDA 2004, p. 438 et 454 note préparatoire Stahl et Courrèges et concl. Devys ; RDP 2005, p.536, obs. Guettier.- CE

Sect., 25 février 2005, requête numéro 247866, France télécom : Rec. p.86 ; AJDA 2005, p.997, chron. Landais et Lenica ; JCPA 2005, 1162, note Saunier-Cassia et 1263, note Breen ; RDP 2005, p.1643, note Idoux ; RFDA 2005, p.802, concl. Prada-Bordenave. – CE, 19 décembre 2008, requête numéro 312553, Kierzkowski-Chatal et a. : JCP G 2009, II, 10042, note Dupic et Tifine.- CE, 10 février 2010, requête numéro 329100, Perez : Dr. Adm. 2004, 54, note Melleray.- CE Sect., 30 décembre 2010, requête numéro 329513, Robert : Dr adm. 2011, 25, note Melleray.- CE, 17 juin 2011, requête numéro 324816, Société canal plus distribution : D. 2011, p. 1678 ; RLDI 2011, n° 73, actualités, obs. L. C.- CE Ass., 23 décembre 2011, requête numéro 335033, Danthony, préc. - CE, 28 mars 2012, requête numéro 341067, Confédération générale des petites et moyennes entreprises.- CE Ass., 11 avril 2012, requête numéro 322326, GISTI.- CE, 1er juin 2012, requête numéro 341775, requête numéro 343288, requête numéro 343336, requête numéro 343362, Fédération des syndicats généraux de l'éducation nationale et de la recherche publique : JCP A 2012, 2254, note Touzeil-Divina .- CE Ass., 23 décembre 2013, requête numéro 363702, requête numéro 363719, Société Métropole Télévision, Société Télévision Française : Dr. adm. 2014, 29, note Bazex ; RJEP 2014, 33, note Idoux.- CE, 14 mai 2014, requête numéro 355924, Fédération UNSA spectacle et communication.- CE, 9 juillet 2015, requête numéro 375542, Football Club des Girondins de Bordeaux.- CE, 5 octobre 2015, requête numéro 383956, requête numéro 383957, requête numéro 383958, Association France nature environnement.- CE, 17 janvier 2018, requête numéro 410280, Cimade et a.). Cette solution s'applique également à l'hypothèse d'un refus d'annulation d'un acte dont la suspension avait été auparavant obtenue dans le cadre d'une procédure de référé (CE, 27 octobre 2006, Société Techna SA et a., requête numéro 260791, requête numéro 260792 : Rec. p. 451 ; RFDA 2007, p. 265, concl. Séners ; JCP A 2006, II, 10208, note Damarey ; RFDA 2007, p. 265, concl. Séners.- V. également CE, 20 janvier 2014, requête numéro 360791, Conseil national des professions de l'automobile).

Il faut noter que dans l'hypothèse où la Cour de justice de l'Union européenne a été saisie d'une question préjudicielle, et qu'elle a refusé de faire usage du pouvoir de modulation dans le temps de ses arrêts qui lui appartient également, le juge national ne pourra ensuite contredire la délimitation par la Cour du champ d'application dans le temps de sa décision en recourant à la jurisprudence AC ! (CE, 28 mai 2014, requête numéro 324852, Association Vent de colère : AJDA 2014, p. 1784, note Mamoudy ; Dr. adm. 2014, 54, note Bazex ; Dr. fisc. 2014, 450, concl. Legras, note Maitrot de la Motte et Dubout ; JCP A 2014, act. 465, obs. Touzeil-Divina ; Procédures 2014, 254, note Deygas ; RFDA 2014, p. 783, concl. Legras). Une telle modulation opérée par le juge national constituerait en effet une atteinte à l'autorité de la chose jugée. En revanche, la Cour de justice estime que lorsqu'une illégalité est établie au regard du droit de l'Union européenne, la modulation n'est possible qu'à titre exceptionnel, en raison d'une nécessité impérieuse et compte tenu des circonstances spécifiques de chaque affaire. Il est également exigé « qu'aucun doute raisonnable n'existe quant à l'interprétation et l'application des conditions posées par (la jurisprudence de la Cour) à une telle limitation » (CJUE 28 février 2012, affaire numéro C-41/11, Inter-environnement Wallonie ASBL : AJDA 2012, p. 995, chron. Aubert, Broussy et Donnat . - CJUE 28 juill. 2016, aff. C-379/15, France nature environnement (Assoc.) c/ Premier ministre et ministre de l'écologie, du développement durable et de l'énergie : AJDA, p. 2209, chron. Broussy, Cassagnabère et Gänser, et note Mamoudy). C'est cette solution qui a été admise par le Conseil d'Etat dans une affaire où, après avoir annulé un décret réglementant les prix du gaz au regard du droit de l'Union européenne, il a estimé que les effets antérieurs de ce décret doivent être maintenus en raison des « incertitudes graves qu'une annulation rétroactive ferait naître sur la situation contractuelle passée de plusieurs millions de consommateurs et de la nécessité impérieuse de prévenir l'atteinte à la sécurité juridique qui en résulterait » (CE Ass., 19 juillet 2017, requête numéro 370321, Association nationale des opérateurs détaillants en énergie : AJDA 2017, p. 1879, chron. Odinet et Roussel ; RTD comm. 2017, p. 853, note Lombard).

Le Conseil d'Etat a également été amené à préciser l'hypothèse où après avoir, par une précédente décision, annulé pour excès de pouvoir un acte et sursis à statuer sur la date d'effet de cette annulation, il décide de limiter, par une décision postérieure, les effets de cette annulation. Dans ce cas, les actions contentieuses contre les actes pris sur le fondement de l'acte annulé qu'il est tenu de réserver, sont celles engagées à la date de la décision ayant prononcé l'annulation de cet acte, et non à la date de la décision par laquelle il en a limité les effets dans le temps (CE, 15 mai 2013, requête numéro 337698, Fédération nationale des transports routiers : Rec. tables, p. 797 ; AJDA 2013, p. 1876, note Connil).

Dans la lignée de la jurisprudence AC ! le Conseil d'Etat a également admis la possibilité de maintenir certains effets de l'acte annulé, dans des circonstances encore plus exceptionnelles (CE, 23 juillet 2014, requête numéro 349717, Société Octapharma France : Rec. p. 243 ; AJDA 2014, p. 2315, note Mamoudy). Les difficultés qui peuvent résulter de l'annulation d'une décision peuvent ainsi conduire le juge non pas à différer dans le temps les effets de celle-ci mais à définir le droit applicable pour une période transitoire.

Toujours dans le but de limiter les effets brutaux d'une annulation contentieuse, le Conseil d'Etat a reconnu, à l'occasion de l'arrêt de Section Commune d'Emerainville du 1er juillet 2016 (requête numéro 363047 : AJCT 2016, p.46, note Didriche ; AJDA 2016, p. 1859, chron. Dutheillet de Lamothe et Odinet ; RFDA 2017, p. 289, note Daumas) la possibilité pour l'administration, dans certains cas, de régulariser l'acte administratif entaché d'une irrégularité de forme ou de procédure. Dans cette hypothèse, il s'agira, pour l'administration compétente, d'adopter lorsque cela est possible un nouvel acte administratif reprenant le dispositif d'un précédent acte tout en corrigeant rétroactivement le vice comporté par cet acte. Ce régime est identique quel que soit le moment de la régularisation, avant ou après l'annulation juridictionnelle de l'acte régularisé. En l'espèce les juges estiment que « la juridiction, saisie de conclusions tendant à ce qu'il soit enjoint à l'administration de recouvrer la subvention attribuée sur le fondement d'une décision annulée pour un motif d'irrégularité de forme ou de procédure, doit alors subordonner la restitution de la somme réclamée à l'absence d'adoption par l'administration, dans le délai déterminé par sa décision, d'une nouvelle décision attribuant la subvention ».

Ces jurisprudences dénotent une évolution de l'office du juge de l'excès de pouvoir dans le sens d'une subjectivisation. En d'autres termes, le juge de l'excès de pouvoir ne se borne plus à annuler mécaniquement les actes illégaux sans tenir compte des effets de son annulation. Toutefois, il est important de souligner que ces solutions n'ont toutefois vocation à s'appliquer que dans des cas exceptionnels. En principe, par conséquent, la décision annulée n'est censée n'avoir jamais existé et l'administration devra prendre toute mesure destinée à effacer les conséquences de ces actes.

Dans certains cas, ceci implique l'obligation pour l'administration de réexaminer le dossier et de prendre une nouvelle décision. On devrait également considérer que les effets de droit produits par l'acte annulé devraient être réduits à néant. Cependant, une position trop stricte sur ce point peut présenter de graves inconvénients. Elle pourrait en effet aboutir à la remise en cause de situations qui paraissaient acquises. Pour éviter que le principe de légalité ne l'emporte systématiquement sur la stabilité des relations juridiques, des aménagements ont ainsi été prévus par la jurisprudence.

Ainsi, l'annulation d'un acte règlementaire est sans incidence sur les décisions individuelles prises sur son fondement dès lors qu'elles sont créatrices de droits (CE Section, 1er avril 1960, Qériaud : Rec. p. 245, concl. Henry). En particulier, l'exécution du jugement par lequel un acte réglementaire a été annulé n'implique pas que le juge, saisi sur le fondement des dispositions de l'article L. 911-1 du Code de justice administrative enjoigne à l'administration de revenir sur les mesures individuelles prises en application de cet acte (CE, avis, Sect., 13 mars 1998, Vindevogel : Rec. p. 78 ; AJDA 1998, p. 408, chron. Raynaud et Fombeur).

Il arrive cependant que des solutions plus nuancées s'appliquent dans certains domaines et notamment en matière d'urbanisme.

Exemple :
- CE, 28 janvier 1987, requête numéro 39146, Comité de défense des espaces verts c. SA Le Lama (Rec. p. 20 ; AJDA 1987, p.281, concl. Vigouroux) : si un permis de construire ne peut être délivré que pour un projet de construction respectant la règlementation d'urbanisme applicable, il ne constitue pas un acte d'application de cette règlementation. Par conséquent, l'annulation d'un document de planification n'entraîne pas de plein droit celle d'un permis de construire délivré sous l'empire de ce document. Ce principe trouve toutefois exception dans le cas où cette annulation aurait été prononcée en raison de l'illégalité d'une disposition ayant pour objet de rendre possible l'octroi du permis litigieux. En dehors de ce cas, il appartient au juge, s'il est saisi de moyens en ce sens par la partie qui critique le permis, de rechercher si le projet de construction autorisé est ou non compatible avec les dispositions d'urbanisme redevenues applicables à la suite de l'annulation de ce document.

Pour ce qui concerne les actes individuels, l'administration est tenue de prendre toute mesure nécessaire au rétablissement de la situation préexistant à l'acte qui a été annulé.

Exemple :
- CE, 26 décembre 1925, requête numéro 88369, Rodière (Rec. p. 1065 ; S. 1925, III, p. 49 note Hauriou) : l'annulation d'un tableau d'avancement de fonctionnaires oblige le ministre compétent à reconstituer la carrière des fonctionnaires irrégulièrement nommés.

La jurisprudence est toutefois extrêmement nuancée, le juge faisant parfois prévaloir un certain pragmatisme sur la logique juridique.

Exemple :
- CE Sect., 10 octobre 1997, requête numéro 134766, Société Strasbourg FM (Rec. p.355, concl. Pécresse ; Dr. adm. 1998, 27 ; JCP G 1997, IV, p. 398) : l'annulation d'une

décision de refus d'attribution de fréquence par le Conseil supérieur de l'audiovisuel n'entraîne pas l'obligation de retirer les fréquences octroyées simultanément au refus et devenues définitives.

III – Mécanismes visant à inciter ou à contraindre l'administration à respecter la chose jugée

Conformément à l'article 16 de la Constitution, le Conseil constitutionnel considère que constitue le corollaire du droit au juge le fait que toute décision de justice a force exécutoire (CC 29 juillet 1998, décision numéro 98-403 DC). Pour la Cour européenne des droits de l'homme, le droit à l'exécution effective des décisions de justice est également une composante du droit au procès équitable et au recours effectif (CEDH, 19 mars 1997, affaire numéro 18357/91, Hornsby c. Grèce : Rec. CEDH 1997-II ; GACEDH, n° 28 ; AJDA 1997, p. 977, obs. Flauss ; JCP G 1997, II, 22949, obs. Dugrip et Sudre), ce qui impose à l'administration de prendre toutes les mesures qu'implique l'annulation de la décision contestée. Pour autant, la condamnation de l'administration n'est pas toujours suivie des effets qu'implique le respect de la chose jugée. Comme on l'a déjà évoqué, l'administration peut éprouver des difficultés à appréhender la portée de la décision qui la condamne. Elle peut également, mais c'est beaucoup plus rare, refuser délibérément de respecter cette décision. Pour éviter que les décisions de justice ne restent lettre morte il existe différents mécanismes auxquels il peut être recouru pour inciter ou contraindre l'administration à respecter la chose jugée.

A – Incitation à l'exécution

Alors que cette question était jusqu'alors totalement ignorée par le pouvoir réglementaire, le décret n°63-766 du 30 juillet 1963 a institué des procédures non juridictionnelles destinées à faciliter l'exécution des jugements condamnant l'administration. En particulier ce texte a institué la procédure de demande d'éclaircissement qui permet à l'administration condamnée d'obtenir des précisions sur les modalités d'exécution du jugement. La commission du rapport et des études du Conseil d'Etat - devenue la section du rapport et des études en 1985 - était à l'origine seul compétente en la matière, jusqu'à ce que le décret n°2015-1145 du 15 septembre 2015 déconcentre ce pouvoir au profit des cours administratives d'appel et des tribunaux administratifs pour leurs propres décisions. Le président du tribunal administratif ou de la cour administrative d'appel concerné peut toutefois, dans l'intérêt d'une bonne administration de la justice, renvoyer la demande d'éclaircissements au Conseil d'Etat (CJA art. R. 921-1 et R. 931-1). Il faut aussi préciser que depuis l'entrée en vigueur du décret du 30 juillet 1963 le rapport annuel du Conseil d'Etat signale les difficultés rencontrées dans l'exécution des décisions des juridictions administratives.

Le décret n°2017-493 du 6 avril 2012 a supprimé la procédure non juridictionnelle d'aide à l'exécution de l'article R. 931-2 du Code de justice administrative qui permettait aux parties - en fait au bénéficiaire du jugement condamnant l'administration - de « signaler » les difficultés qu'elles peuvent rencontrer pour obtenir l'exécution d'une décision à la section du rapport et des études. Désormais les parties peuvent demander au Conseil d'État de « prescrire les mesures nécessaires ». La nouvelle procédure, qui calque pour l'essentiel celle qui existait déjà au niveau des juridictions du fond (CJA, art. R. 921-5 s.), distingue deux phases : une phase non juridictionnelle puis éventuellement une phase juridictionnelle. Dans un premier temps, toutes les demandes adressées au Conseil d'Etat sont enregistrées par la section du rapport et des études, qui effectue des diligences en vue de parvenir à l'exécution de la décision. Ensuite, en cas d'échec de ces diligences, le président de la section du contentieux ouvre une procédure juridictionnelle qui peut conduire au prononcé d'injonction et d'astreintes (V. infra p. 346 s.). Le décret permet aussi au président de la section du rapport et des études Conseil d'Etat, de sa propre initiative, de demander à l'administration de justifier de l'exécution de certaines décisions rendues par la section du contentieux (CJA, art. R. 931-6).

Il faut également relever que les juges ont de plus en plus tendance à faire œuvre de pédagogie, allant même jusqu'à rédiger un véritable « guide de l'exécution » lorsqu'ils pressentent que l'exécution de leur décision risque de poser des difficultés d'interprétation pour l'administration condamnée.

Plus précisément, les juges vont préciser, dans les motifs de la décision, quelles sont les obligations que comporte l'annulation prononcée pour l'auteur de cette décision (prise de mesures dans un délai raisonnable, obligation de statuer dans tel ou tel sens sur les demandes individuelles présentées dans l'intervalle, etc.).

Cette tendance est d'ailleurs ancienne. On en trouve une trace dans l'arrêt Rodière du 26 décembre 1925 (préc.) dans lequel le Conseil d'Etat estime que c'est à bon droit qu'un ministre, suite à l'annulation d'un tableau d'avancement dans un corps de fonctionnaires, avait reconstitué rétroactivement la carrière des intéressés comme si le tableau annulé n'avait jamais existé.

Sous une forme plus moderne, cette tendance s'observe notamment lorsque le juge prononce une « annulation en tant que ne pas », c'est-à-dire lorsqu'il censure non pas des dispositions que contient un texte, mais l'absence de dispositions qui devraient y figurer.

Exemple :
- CE Ass., 29 juin 2001, requête numéro 213229, Vassilikiotis (Rec. p.300, concl. Lamy ; AJDA 2001, p. 1046, chron. Guyomar et Collin ; LPA octobre 2001, n° 212, note Damarey ; Europe 2001, 265, note Cassia ; RDP 2002, p.748, note Guettier) : le Conseil d'Etat définit très précisément les obligations de l'administration consécutives à l'annulation d'un arrêté qui avait pour effet d'empêcher les ressortissants de la Communauté européenne d'être guides de musée, leur cas n'étant pas prévu. Notamment, en attendant la rédaction d'un nouveau texte, l'autorité compétente est tenue de mettre en place un régime transitoire pour statuer sur les demandes de cartes professionnelles présentées par les demandeurs concernés.

Mais cette tendance ne se retrouve pas seulement dans ce type d'hypothèses.

Exemple :
- CE Ass., 25 juin 2001, requête numéro 234363, SAOS Toulouse football club (LPA, 28 septembre 2001, p.4, concl. de Silva ; AJDA 2001, p.887, note Simon) : en refusant de prononcer la sanction du match perdu à l'encontre de l'Association sportive de Saint-Etienne et en décidant d'homologuer les résultats de la rencontre jouée avec le Toulouse football club, alors qu'elle avait relevé que deux joueurs de ce club avaient usé de

passeports établis dans des conditions frauduleuses, la commission fédérale d'appel de la Fédération française de football a commis une illégalité. Il résulte de ce qui précède que la requérante est fondée à demander l'annulation de la décision de la commission d'organisation des compétitions de la Ligue nationale de football en date du 22 mai 2001 homologuant le classement final du championnat de France professionnel de première division pour la saison 2000-2001. Les juges précisent ensuite que cette décision a nécessairement pour conséquence qu'appelée à se prononcer de nouveau sur l'homologation du classement final du championnat, la commission d'organisation des compétitions de la Ligue nationale de football applique pour la rencontre du 2 décembre 2000 la sanction prévue à l'article 187 des règlements généraux en retirant trois points à l'Association sportive de Saint-Etienne et en les attribuant au Toulouse Football club. Il lui appartient également, le cas échéant, d'infliger la même sanction pour tout autre match qui présenterait une irrégularité de même nature et dont les résultats n'auraient pas encore été définitivement homologués.

B – Contrainte à l'exécution

Il résulte de la jurisprudence que toute décision non conforme à la chose jugée sera annulée en cas de recours et donnera lieu au versement de dommages intérêts.

Par ailleurs, la loi n°73-6 du 3 novembre 1973, telle qu'elle avait été modifiée par la loi n°76-1211 du 24 novembre 1976, avait attribué compétence au Médiateur de la république pour adresser des injonctions pour contraindre l'administration à exécuter les décisions passées en force de chose jugée. Ce mécanisme était toutefois inefficace, la seule sanction prévue par le texte consistant en la publication au journal officiel d'un rapport spécial constatant l'inexécution. La nouvelle institution du Défenseur des droits, créée par la révision constitutionnelle du 23 juillet 2008, en remplacement notamment du Médiateur de la République, ne dispose plus de pouvoirs dans ce domaine.

En revanche, les lois n°80-539 du 16 juillet 1980 et n°95-125 du 16 juillet 1995 ont mis en place des mécanismes de contrainte beaucoup plus efficaces.

L'article 1er de la loi du 16 juillet 1980 prévoit tout d'abord que lorsqu'une décision juridictionnelle passée en force de chose jugée a condamné l'administration au paiement d'une somme d'argent dont le montant est fixé par la décision elle-même, cette somme doit être ordonnancée dans un délai de deux mois à compter de la notification de la décision de justice. A défaut d'ordonnancement dans ce délai, le comptable assignataire de la dépense doit, à la demande du créancier et sur présentation de la décision de justice, procéder au paiement. Dans le cas d'une condamnation à l'encontre d'une collectivité territoriale ou d'un établissement public passée en force de chose jugée, le préfet ou l'autorité de tutelle, à l'expiration d'un délai de deux mois, procède au mandatement d'office.

Par ailleurs, la loi du 16 juillet 1980 avait mis en place un système d'injonctions éventuellement assorties d'astreintes en vue de contraindre l'administration à prendre des mesures concrètes visant à assurer le respect de la chose jugée. Toutefois à l'époque, seul le Conseil d'Etat était compétent pour prononcer ces mesures. En outre, la section du rapport et des études ne pouvait être saisie qu'a posteriori, c'est-à-dire après que l'inexécution du jugement a été constatée. La loi du 16 juillet 1995 a permis une évolution sur ces deux points. D'une part, elle a déconcentré le pouvoir de prononcer des injonctions et des astreintes au niveau des tribunaux administratifs et des cours administratives d'appel pour les jugements rendus par eux. D'autre part, elle a introduit un mécanisme d'injonctions a priori, c'est-à-dire accompagnant le jugement condamnant l'administration. Ces solutions s'appliquent à la fois dans le contentieux de l'excès de pouvoir et dans le contentieux de pleine juridiction.

Désormais, le Code de justice administrative permet ainsi aux juridictions à compétence générale, d'ordonner dans la décision elle-même les mesures d'exécution que celle-ci implique, assorties, le cas échéant, d'une astreinte (CJA, art. L. 911-3).

Ce mécanisme permet tout d'abord à la juridiction, lorsque sa décision implique nécessairement que soit prise « une mesure d'exécution dans un sens déterminé », lorsqu'elle est saisie de conclusions dans ce sens, de prescrire, par la même décision, cette mesure assortie, le cas échéant, d'un délai d'exécution (CJA, art. L. 911-1). Le juge de l'exécution devra alors prendre en compte la situation de droit et de fait existant à la date de sa décision (CE, 4 juillet 1997, requête numéro 156298, Bouzerak : Rec. p. 278 ; AJDA 1997. 584, chron. Chauvaux et Girardot RFDA 1997, p. 815, concl. Abraham ; RDP 1998, p. 271, note Waschmann), alors qu'il se place à la date de la décision contestée lorsqu'il statue sur un recours pour excès de pouvoir.

Exemples :
- CE, 28 juillet 2000, requête numéro 204024, Association France nature environnement (Rec. p.322 ; Collectivités-Intercommunalité 2000, 307) : le Conseil d'Etat enjoint au Premier ministre de prendre dans un délai de six mois un décret fixant la liste des communes soumises à la loi littoral dans les estuaires.
- CAA Paris, 24 octobre 2006, requête numéro 04PA00716, Mme. Gisèle X. : après avoir annulé le jugement du tribunal administratif rejetant une demande d'annulation d'une décision de refus de délivrance d'un titre de séjour, la cour enjoint à l'autorité compétente la délivrance à Mlle X, dans le délai de deux mois à compter de la notification de l'arrêt, une carte de séjour temporaire portant la mention « vie privée et familiale ».
- CAA Nancy, 24 mars 2005, requête numéro 03NC00869, requête numéro 04NC00925, Commune de Clouange c. Schutz (AJDA 2005, p.1684, note Janicot ; LPA 2006, n° 152, note Tifine): les juges annulent la décision du maire de la commune qui avait refusé de faire publier un article de l'opposition dans le bulletin municipal d'information et enjoignent à la commune de publier l'article rédigé par les conseillers de l'opposition si, le bulletin d'information devant être à nouveau édité, elle est saisie d'une demande en ce sens.

De même, lorsque la décision juridictionnelle implique que l'autorité administrative prenne une mesure, parmi plusieurs solutions, le juge, lorsqu'il est saisi de conclusions dans ce sens, a la possibilité de lui enjoindre de prendre cette mesure dans un délai déterminé. Ainsi, le pouvoir de l'administration de choisir entre plusieurs solutions légales est respecté, mais il lui est imposé de décider rapidement (CJA, art. L. 911-2).

Exemple :
- CE, 31 janvier 2005, requête numéro 267600, Charkaoui c. Préfet de la Seine-saint-Denis: il appartient au juge administratif, lorsqu'il prononce l'annulation d'un arrêté de

reconduite à la frontière et qu'il est saisi de conclusions en ce sens, d'user des pouvoirs qu'il tient de l'article L. 911-2 du Code de justice administrative, pour fixer le délai dans lequel la situation de l'intéressé doit être réexaminée, au vu de l'ensemble de la situation de droit et de fait existant à la date de ce réexamen.

Par ailleurs, lorsque le juge administratif a déjà rendu une décision sans prononcer d'injonction, le bénéficiaire de cette décision peut le saisir une nouvelle fois en vue qu'il assure l'exécution de cette décision en prononçant une injonction éventuellement assortie d'astreintes (CJA, art. L. 911-4 et L. 911-5). Dans cette hypothèse, il est également possible de saisir ce juge après que des injonctions a priori ont été prononcées à l'occasion du jugement condamnant l'administration. Si des mesures d'exécution ont déjà été prescrites, « dans l'hypothèse où elles seraient entachées d'une obscurité ou d'une ambigüité », le juge de l'exécution peut en préciser la portée (CE, 23 mars 2015, requête numéro 366813, Veysset). Surtout, le juge peut édicter de nouvelles mesures en se plaçant à la date de sa décision, mais à condition de ne pas remettre en cause les mesures d'exécution déjà prescrites, « ni méconnaître l'autorité qui s'attache aux motifs qui sont le soutien nécessaire du dispositif de la décision juridictionnelle dont l'exécution lui est demandée ». En d'autres termes, il ne saurait rectifier des erreurs de droit ou de fait dont serait entaché le jugement, ces questions devant nécessairement être tranchées dans le cadre des voies de recours.

Enfin, si le pouvoir d'injonction est étroitement encadré par les textes, il existe deux hypothèses, en dehors du référé liberté et des injonctions d'instruction, dans lesquelles le Conseil d'Etat utilise ce pouvoir, en dehors de l'application des articles L. 911-1 et suivants du Code de justice administrative.

Tout d'abord, dans son arrêt du 21 mars 2011, Ville de Béziers, dit « Béziers II » (requête numéro 304806, préc.) le Conseil d'Etat a admis la possibilité pour le cocontractant de l'administration de contester une décision de résiliation devant le juge du contrat, lequel pourra décider la reprise des relations contractuelles, à compter d'une date qu'il fixe, le cas échéant en ajoutant une indemnité.

Ensuite, le Conseil d'Etat a récemment admis que la victime d'une carence fautive de l'administration peut, dans le cadre d'un recours indemnitaire, demander au juge administratif non seulement la réparation des préjudices qu'elle a subis en raison de cette carence mais également d'enjoindre à l'administration de prendre les mesures pour y mettre fin (CE, 27 juillet 2015, requête numéro 367484, Baey : Rec. p. 285 ; AJCT 2016, p. 48, obs. Defix ; AJDA 2015, p. 2277, note Perrin ; JCP A 2015, act. 723, obs. Langelier). D'un point de vue pragmatique, l'intérêt de cette solution est évident. En effet, la victime ne se retrouve plus contrainte d'exercer un recours pour excès de pouvoir contre la décision à l'origine de ce comportement ou le refus d'y mettre fin, en assortissant ce recours d'une demande d'injonction.

Section IV – Voies de recours

L'article L. 4 du Code de justice administrative définit comme principe que « sauf dispositions législatives spéciales, les requêtes n'ont pas d'effet suspensif s'il n'en est autrement ordonné par la juridiction ». Cette règle, qui découle du privilège du préalable, s'applique notamment en matière d'appel, ce qui constitue un point de différence notable avec la procédure civile.

Les deux principales voies de recours sont l'appel et la cassation. Elles coexistent avec des voies de recours spéciales.

§ I – Recours en appel

L'appel doit être formé dans un délai de deux mois contre les jugements rendus en premier ressort, devant une cour administrative d'appel ou devant le Conseil d'Etat (CJA, art. R. 811-2). Ce délai court contre toute partie à l'instance à compter du jour où la notification a été faite à cette partie dans les conditions prévues aux articles R. 751-3 à R. 751-4-1 du Code de justice administrative. Il a un effet dévolutif, ce qui signifie que le juge d'appel est saisi de l'ensemble du litige et qu'il va juger une seconde fois avec les mêmes pouvoirs que le premier juge. Il s'agit d'une conséquence du principe de double degré de juridiction.

Toutefois, la mission du juge d'appel ne se limite pas à cette fonction. En effet, le juge d'appel, selon l'expression du professeur Chapus (Droit du contentieux administratif, Montchrestien, ouv. précité, p.1199), exerce deux missions complémentaires : il juge le jugement et il rejuge le litige.

En effet, d'une part, il vérifie la régularité externe de la décision rendue. Sur ce point, les irrégularités peuvent concerner une erreur sur la compétence, c'est-à-dire des hypothèses dans lesquelles les premiers juges se sont déclarés à tort compétents ou incompétents. L'erreur peut également porter sur la recevabilité du recours, par exemple lorsque la demande du requérant a été présentée après l'expiration du délai de recours contentieux. Peuvent également être sanctionnées des irrégularités dans la composition de la formation de jugement, la violation du principe du contradictoire, etc.

D'autre part, le juge d'appel rejuge le litige, c'est-à-dire qu'il va connaître de l'ensemble des éléments de droit et de fait qui ont déjà été soumis aux premiers juges.

A partir de là plusieurs cas de figure sont susceptibles de se présenter.

Le juge d'appel peut d'abord estimer que la première décision est régulière. Il fait alors jouer l'effet dévolutif de l'appel et rejuge l'affaire sur le fond.

Il peut ensuite estimer que le premier jugement est irrégulier, ce qui va conduire à son annulation. Dans une telle hypothèse, le juge d'appel dispose d'une alternative.

Il peut d'abord choisir de renvoyer l'affaire aux premiers juges, puisque cette solution est la seule qui permette de respecter la règle du double degré de juridiction. En effet, l'annulation du premier jugement a un effet rétroactif, ce qui fait que ce jugement est censé n'être jamais intervenu. Par conséquent, si le juge d'appel statue sur le fond du litige, il n'aura été régulièrement jugé qu'une seule fois.

Il peut toutefois évoquer le litige et statuer sur le fond, cette solution paraissant conforme à l'idée de bonne administration de la justice qui suppose qu'une procédure juridictionnelle aboutisse dans des délais raisonnables. En outre, dans un tel cas, la dérogation apportée au principe de double de degré de juridiction est généralement limitée. En effet si, en droit, le premier jugement est censé n'avoir jamais existé, dans les faits, les premiers juges ont déjà néanmoins connu de l'ensemble des éléments de fait et de droit du litige. Ceci étant, cette observation n'est pas valable dans les cas où les premiers juges ont rendu un jugement d'incompétence ou déclarant irrecevable le recours. Dans cette hypothèse, en effet, en cas d'évocation, le fond de l'affaire ne sera abordé pour la première fois qu'en appel.

Il se pose alors la question de savoir ce qui va conduire le juge d'appel à choisir l'une ou l'autre de ces solutions.

Dans certaines hypothèses, le juge d'appel a l'obligation d'utiliser la technique de l'évocation après avoir annulé le premier jugement. C'est le cas, notamment, en matière de contentieux des contraventions de grande voirie, ce qui va permettre que les poursuites soient jugées le plus rapidement possible (CE, 14 juin 1967, Nouveau syndicat intercommunal de la vallée d'Orge, Rec. p.905). Cette solution est manifestement inspirée des principes généraux de la procédure pénale qui obligent le juge à évoquer le litige. Toutefois, elle n'a pas été étendue aux autres contentieux répressifs relevant de la compétence des juridictions administratives.

Hormis ces rares hypothèses, le principe retenu est que le juge d'appel est pratiquement libre d'évoquer l'affaire ou de la renvoyer aux premiers juges. Pour que l'évocation soit possible, il suffit que la juridiction d'appel soit saisie de conclusions des parties - c'est-à-dire de demandes - tendant à ce qu'elle statue sur le fond. Cette restriction est liée à l'idée que le juge ne peut pas statuer ultra petita, c'est-à-dire au-delà de ce que demandent les parties. Toutefois, cette règle est appréciée très souplement par la jurisprudence : celle-ci n'exige pas, en effet, que l'une des parties demande expressément au juge d'évoquer. Il suffit simplement que l'appelant ou l'intimé soulèvent devant le juge d'appel une question touchant au fond du litige. Par conséquent, l'évocation n'est impossible que dans les cas, extrêmement rares, ou les parties ne discutent en appel que de la régularité du premier jugement.

Il n'existe plus d'autres limites à la faculté d'évoquer depuis l'arrêt de Section Dlle Bloc'h du 22 mai 1981 (Rec. p.236 ; AJDA 1982, p.166, concl. Costa). Avant le revirement provoqué par cet arrêt, la jurisprudence soumettait la faculté d'évoquer à l'obligation que l'affaire soit en l'état d'être jugée. En d'autres termes, pour que le juge d'appel puisse évoquer, il fallait qu'il soit en mesure de statuer immédiatement, sans qu'il lui soit nécessaire de prescrire des mesures d'instruction ni de mettre en cause de nouvelles parties qui ne l'avaient pas été devant les premiers juges.

§ II – Recours en cassation

Alors que la compétence d'appel appartient aux cours administratives d'appel et au Conseil d'Etat, celle de juge de cassation n'appartient qu'au Conseil d'Etat, juridiction suprême de l'ordre administratif. Il convient d'examiner la question de l'exercice du recours en cassation, avant d'évoquer les moyens de cassation et la décision du juge de cassation.

I – Exercice du recours en cassation

Le recours en cassation est ouvert de plein droit contre toutes les décisions des juridictions administratives, ce qui veut dire que ce recours est ouvert même si aucun texte ne le prévoit, sauf pour ce qui concerne les décisions du Conseil d'Etat et des juges statuant en premier ressort dans les cas où leurs décisions peuvent faire l'objet d'un appel.

Ce principe a été dégagé par le Conseil d'Etat dans son arrêt d'Assemblée d'Aillières du 2 février 1947 (Rec. p. 50 ; RDP 1947, p. 68, concl. Odent, note Waline ; JCP G 1947, II, 3508, note Morange). Après avoir décidé que les jurys d'honneur sont des juridictions administratives, il se posait la question dans cette affaire de savoir si leurs décisions pouvaient être attaquées. Or, la loi instituant les jurys d'honneur se bornait à préciser que leurs jugements ne sont susceptibles d'aucun recours. Pour le Conseil d'Etat, cette disposition ne pouvait être interprétée « en l'absence d'une volonté contraire clairement manifestée » par le législateur, « comme excluant le recours en cassation devant le Conseil d'Etat ». Par conséquent, le recours en cassation est en principe ouvert, sauf dans les cas où il est expressément exclu par le législateur.

Toutefois, pour qu'un jugement fasse l'objet d'un examen par le juge de cassation, il doit passer par le filtre de la procédure préalable d'admission prévu à l'origine par l'article 11 de la loi n° 87-1127 du 31 décembre 1987, cette procédure étant exercée non plus, comme cela était le cas à l'origine, devant une commission spéciale, mais devant chacune des chambres depuis le décret n°97-1177 du 24 décembre 1997 (CJA, art. R. 822-1 s.). La non-admission doit être justifiée soit par l'irrecevabilité du recours, soit par l'absence de moyens sérieux dans le pourvoi (CJA, art. L. 822-1). Elle n'est susceptible que d'un recours en rectification d'erreur matérielle ou d'u recours en révision (CJA, art. R. 822-3).

Pour être recevable, le recours en cassation doit être exercé dans un délai qui est en principe de deux mois à compter de la notification régulière de la décision contestée (CJA, art. R. 821-1 s.). Le ministère d'un avocat aux conseils est en principe obligatoire (CJA, art. R. 821-3 s.).

II – Moyens de cassation

Le régime de la cassation est inspiré par les règles applicables dans l'ordre judiciaire : l'idée principale est que le juge de cassation n'est pas un troisième degré de juridiction. Il ne rejuge donc pas de l'intégralité du litige. Ce qui lui est soumis, ce sont uniquement des questions de droit et non pas des questions de fait. Par conséquent, et sauf exceptions, les questions de fait selon l'expression consacrée « relèvent de l'appréciation souveraine des juges du fond ».

Le contrôle de cassation porte sur la régularité externe des jugements qui précède l'examen de leur régularité interne.

A – Contrôle de la régularité externe des jugements

La violation des règles de compétence, de procédure et de forme est susceptible de provoquer la cassation des jugements attaqués devant le Conseil d'Etat.

Exemple :
- CE, 16 mars 1998, requête numéro 139738, Ruggiu (Rec. p.89 ; Droit adm. 213, obs. R.S.) : en se bornant à regarder les faits reprochés à un entrepreneur comme constitutifs d'une faute assimilable à une fraude ou à un dol sans rechercher leur caractère intentionnel et sans se prononcer sur la gravité de leurs conséquences, la cour administrative d'appel a insuffisamment motivé sa décision qui est cassée par le Conseil d'Etat.

- CE, 8 juillet 1983, requête numéro 31170, Association gestionnaire de l'école Violet : Rec. p. 304 : la décision du conseil supérieur de l'éducation nationale, qui, tout en faisant état des améliorations apportées ou projetées au fonctionnement de l'école d'électricité et de mécanique industrielle dite école Violet, lui retire la faculté de délivrer des diplômes d'ingénieurs, est entachée tout à la fois d'insuffisance et de contradiction de motifs et encourt l'annulation.

B – Contrôle de la régularité interne des jugements

Du point de vue du contrôle de la régularité interne des jugements, le juge de cassation contrôle l'existence d'une erreur de droit, d'une erreur de fait et d'une erreur sur la qualification juridique des faits.

1° Contrôle de l'erreur de droit

Il y a erreur de droit lorsque les juges du fond ont mal appliqué un texte où mal apprécié la portée de règles jurisprudentielles.

Exemple :
- CE Sect., 5 juillet 1991, requête numéro 108826, Société Mondial auto (Rec. p. 272 ; RDP 1992, p. 557 ; RFDA 1991, p. 949, concl. Gaeremynck) : les juges d'appel refusent de faire bénéficier une société d'une exonération fiscale concernant des installations de magasinage, au motif que celles-ci ne sont pas exclusivement réservées au magasinage. L'arrêt est cassé par le Conseil d'Etat qui relève que le texte qui prévoit l'exonération n'a pas posé une telle restriction à sa mise en œuvre.

De même, il y a erreur de droit lorsque les juges du fond ont appliqué un texte ou un principe inapplicable, ou au contraire lorsqu'ils ont écarté l'application d'un texte ou d'un principe applicable.

Exemple :
- CE, 9 mai 2001, requête numéro 210944, Entreprise de transports personnelle Freymuth (préc.) : le principe de confiance légitime, qui fait partie des principes généraux du droit communautaire, ne trouve à s'appliquer, dans l'ordre juridique national, que dans le cas où la situation juridique dont a à connaître le juge administratif français est régie par le droit communautaire. Tel n'est pas le cas en l'espèce. Par conséquent, en rejetant la demande de l'entreprise au motif que les conditions d'application du principe de confiance légitime n'étaient pas réunies, alors qu'il était en réalité inapplicable, la cour administrative d'appel a entaché son arrêt d'une erreur de droit.

2° Contrôle de l'erreur de fait

Il y a erreur de fait lorsque les faits pris en considération par les juges du fond et qui conditionnent l'issue du litige n'existent pas. Cet élément est contrôlé par le Conseil d'Etat alors que selon la Cour de cassation, la matérialité des faits relève de « l'appréciation souveraine des juges du fond » (Cass. Ch. Réunies, 2 février 1808, S. 1908, I, p.183).

Cette solution a été retenue à l'occasion de l'arrêt Moineau du 2 février 1945 (Rec. p. 27). Les juges distinguent, dans cette affaire, la matérialité des faits qui est contrôlée, de l'appréciation juridique des faits qui ne l'est pas. Il a été jugé dans cette affaire « qu'il ne ressort pas des pièces du dossier au vu duquel a statué la chambre de discipline de l'ordre national des médecins que sa décision soit fondée sur des faits matériellement inexacts ». Les juges relèvent ensuite que « l'appréciation que la chambre de discipline a faite de la valeur de certaines méthodes pratiquées par le sieur Moineau échappe au contrôle du juge de cassation… compte tenu de cette appréciation souveraine, les actes reprochés au requérant étaient de nature à motiver le refus de son inscription au tableau de l'ordre des médecins ».

Il est très rare, en pratique, qu'un jugement fasse l'objet d'une cassation pour erreur de fait.

Exemple :

- CE, 5 juillet 2013, requête numéro 367316, Sakkriou : le juge des référés avait rejeté la requête du requérant comme manifestement irrecevable au motif que la copie de la requête tendant à l'annulation des décisions litigieuses n'était pas jointe à la requête à fin de suspension. Toutefois, il ressort des pièces du dossier soumis au juge des référés que la copie du recours en annulation était au nombre des pièces jointes à la demande de suspension, conformément à l'inventaire annexé à cette demande. Par suite, le requérant est fondé à soutenir que le juge des référés s'est fondé sur des faits matériellement inexacts.

3° Contrôle de la qualification juridique des faits

Le Conseil d'Etat censure les juges du fond qui ont improprement décidé que les faits dont ils ont à connaître rentrent dans une catégorie juridique donnée, ce qui se justifie par le fait qu'une telle erreur influe directement sur les règles appliquées.

Exemple :

- Le comportement d'un agent public est qualifié de faute de service par les premiers juges. Cette décision sera cassée si le Conseil d'Etat estime que ces faits sont constitutifs d'une faute personnelle.

Ceci étant, la notion de qualification juridique des faits est très délicate à aborder. En effet, on se situe ici à la frontière entre les questions de droit et celles de fait, le pouvoir du juge de cassation étant borné par « l'appréciation souveraine des juges du fond ». Ceci signifie que le juge de cassation, s'il peut contrôler l'existence des faits, ne contrôle pas en principe leur appréciation par les juges du fond (CE, 2 février 1945, Moineau, préc.).

Toutefois, ce dernier principe souffre d'une exception qui concerne les cas où le juge d'appel a dénaturé les faits qui lui ont été soumis, c'est-à-dire lorsqu'il a donné une interprétation des faits fausse ou tendancieuse (CE Ass., 4 janvier 1952, Simon : Rec. p. 13, concl. Letourneur). Même si elle s'en rapproche, cette hypothèse ne doit pas être confondue avec celle de l'erreur de fait : il y erreur de fait en cas d'inexactitude des faits, alors que la dénaturation résulte d'une erreur d'analyse des faits par les juges du fond qui le conduisent à en faire une interprétation erronée.

Exemple :

- CE, 3 décembre 1975, requête numéro 98671, Bové : le Conseil d'Etat est saisi d'un recours en cassation dirigé contre une décision de la commission des objecteurs de conscience. L'article 41 de la loi du 10 juin 1971 portant Code du service national

> prévoyait que « les jeunes gens qui, avant leur incorporation, se déclarent en raison de leurs convictions religieuses ou philosophiques, opposés en toute circonstance à l'usage personnel des armes » peuvent bénéficier du statut d'objecteur de conscience. En l'espèce, le requérant s'était réclamé de la non-violence et avait notamment déclaré « les méthodes non violentes sont incompatibles avec les concepts actuels de défense ». Par suite, en affirmant que cette requête consiste en une simple « critique de la société ainsi que de la législation relative au service national », cette juridiction a dénaturé les faits qui lui étaient soumis.

Ce problème mis à part, une difficulté majeure résulte du fait que les notions d'appréciation des faits et de qualification juridique des faits sont très proches, et qu'il n'existe pas de moyens fiables de les distinguer. En effet, comme l'expose le professeur Chapus « la notion d'appréciation des faits n'est pas susceptible de définition. Si elle est à mi-chemin entre l'opération de constatation des faits et celle de leur qualification juridique, elle est liée à la fois à la première comme à la seconde » (Droit du contentieux administratif, ouv. précité, p.1274).

Ainsi, le raisonnement du juge suivrait trois étapes chronologiques la première et la dernière étant systématiquement contrôlées, la seconde n'étant contrôlée qu'en cas de dénaturation des faits.

Dans certains cas, cette distinction est assez simple à opérer.

> Exemple :
> - CE, 4 octobre 1991, requête numéro 100064, Milhaud (Rec. p.320 ; AJDA 1992, p.233, obs. Théron ; RFDA 1991, p.1026) : un médecin pratique des expérimentations, ce qui relève de la constatation des faits (le juge de cassation contrôle qu'il n'y a pas d'erreur de fait). Le juge d'appel apprécie les faits et estime que l'expérimentation comportait des risques non justifiés et ne présentait aucun intérêt direct pour le patient (cet élément n'est pas contrôlé, sauf en cas de dénaturation des faits). Compte tenu de ces éléments, le juge d'appel qualifie juridiquement les faits en retenant que l'expérimentation a été réalisée en violation avec les règles du Code de déontologie, ce qui justifie une sanction (cet élément est toujours contrôlé).

En réalité, cependant, il est très difficile, dans de nombreux cas, de distinguer ce qui relève de l'appréciation des faits de ce qui relève de leur qualification juridique. Compte tenu du caractère souvent artificiel de cette distinction, le commissaire du gouvernement Hubert, dans ses conclusions sur l'arrêt de Section Salva-Couderc du 3 juillet 1998 (requête numéro 172736 : Rec. p. 297 ; AJDA 1998, p. 847, chron. Raynaud et Fombeur ; D. 1999, jurispr. p. 101, note Hostiou ; Dr. adm. 1998, 345 ; RFDA 1999, p. 112, concl. Hubert, note Bourrel ; LPA, 11 juin 1999, n° 116, p. 15, note Morand-Deviller ; RDI 1999, p. 623, chron. Morel et Hubert ; BJDU 1998, n° 5, p. 375, concl. Hubert), est même allé jusqu'à proposer la suppression de la distinction entre appréciation des faits et qualification juridique des faits. Cette proposition n'a toutefois pas été retenue, mais il faut bien constater que ce sont essentiellement des questions de politique jurisprudentielle qui conduisent le Conseil d'Etat à classer les questions qui lui sont soumises dans l'une ou l'autre de ces catégories.

L'examen du contrôle de cassation en matière de responsabilité du fait des dommages de travaux publics ou liés à l'existence d'un ouvrage public constitue une très bonne illustration de cette politique jurisprudentielle. Le régime de responsabilité appliqué dans ce domaine varie en fonction de la qualité de la victime. S'il s'agit d'un tiers, il bénéficie d'un régime de responsabilité sans faute. L'usager bénéficie, quant à lui, d'un régime de présomption. Pour ne pas être condamnée, l'administration devra apporter la preuve qu'elle a normalement entretenu l'ouvrage public. Toutefois, si l'ouvrage en cause a le caractère « d'ouvrage public exceptionnellement dangereux », l'usager bénéficie d'un régime de responsabilité sans faute.

Dans l'arrêt de Section du 26 juin 1992, Commune de Béthoncourt (requête numéro 114728 : Rec. p. 268 ; RFDA 1993, p. 71, concl. le Chatelier) le Conseil d'Etat a décidé que la question de l'existence d'un défaut d'entretien normal relève de l'appréciation souveraine des juges du fond. En revanche, dans un autre arrêt de Section du 5 juin 1992, Epoux Cala (requête numéro 115331 : Rec. p. 224 ; RFDA 1993, p. 68, concl. le Chatelier ; AJDA 1992, p. 650, chron. Maugüé et Schwartz), le Conseil d'Etat a estimé que la question de savoir si un ouvrage public présente un caractère exceptionnellement dangereux est une question de qualification juridique.

Comme on le voit, dans ces deux cas, la question qui se posait au juge de cassation était pourtant d'une nature identique : il s'agissait de savoir si les faits soumis aux juges du fond justifiaient ou non le déclenchement de l'un ou l'autre des régimes de responsabilité appliqués aux usagers.

La seule justification de cette différence de solutions se situe du point de vue de l'opportunité et des conséquences de la décision du juge d'appel. Dans l'affaire Commune de Béthoncourt, il s'agissait simplement de savoir s'il y avait lieu d'engager la responsabilité de l'administration. Dans l'affaire Cala, la question de l'application d'un régime de responsabilité déterminé se posait également, mais ce n'était pas la seule. Il s'agissait en effet de s'assurer que les juges du fond n'avaient pas une conception trop extensive du régime de responsabilité sans faute qui s'applique aux usagers, lequel est censé demeurer d'application exceptionnelle. Il était donc nécessaire de préserver la frontière entre le régime de responsabilité sans faute et celui de présomption de faute qui est normalement appliqué. La question présentait un enjeu qui dépasse la seule affaire Cala et nécessitait manifestement d'être contrôlée par le Conseil d'Etat.

III – Décision du juge de cassation

Le juge de cassation rejette le pourvoi en cassation ou il annule le jugement attaqué.

Dans le second cas, il dispose d'une alternative : il peut renvoyer le litige ou décider de le retenir, c'est-à-dire de juger lui-même l'affaire sur le fond (CJA, art. L. 821-2).

Lorsqu'il prononce le renvoi, le Conseil d'Etat peut renvoyer l'affaire à la même juridiction du fond qui devra statuer dans une autre formation, ou la renvoyer à une autre juridiction du fond lorsque cela est possible (c'est le cas si l'arrêt a été rendu par une cour administrative d'appel, mais cette possibilité n'existe pas lorsque la décision cassée a été prise, par exemple, par la Cour des comptes).

Dans tous les cas, le juge de renvoi a l'obligation de se conformer à la chose jugée dès le premier renvoi, contrairement à la règle qui prévaut devant les juridictions civiles (CE, 8 juillet 1904, Botta : Rec. p. 557, concl. Romieu ; D. 1906, III, p.33, concl. Romieu ; S. 1905, III, p.81, note Hauriou).

Pour ce qui concerne le règlement au fond litige, il est obligatoire seulement dans le cas où le Conseil d'Etat est saisi d'un deuxième pourvoi en cassation après un premier renvoi de l'affaire et qu'il prononce une nouvelle cassation (CJA, art. L. 821-2.- V. par ex. CE, 27 octobre 2006, requête numéro 244353, Commune de Saint-Paul-en-Pareds).

Dans tous les autres cas, le règlement au fond du litige est une faculté, l'article L. 821-2 du Code de justice administrative se bornant à préciser que le Conseil d'Etat juge de cassation peut juger au fond les litiges « si l'intérêt d'une bonne administration de la justice le justifie ». Dans cette hypothèse, le Conseil d'Etat va se comporter comme s'il était une juridiction d'appel, ce qui est logique puisqu'il se substitue à elle pour rejuger l'affaire sur le fond.

Dans la pratique, le Conseil d'Etat fait une utilisation très fréquente de la possibilité de retenir les litiges. En effet, environ 80% des arrêts de cassation sont suivis d'un jugement au fond, ce qui peut se justifier de différents points de vue.

Il peut s'agir, dans des affaires complexes, de la volonté de rendre un arrêt de principe.

De même, lorsque l'affaire se rattache à un contentieux de masse, la volonté d'éviter d'encombrer les juridictions du fond peut entrer en ligne de compte.

Enfin, dans certains cas, la solution au litige devient évidente après la cassation, sans qu'il soit besoin de rentrer dans des questions de fait.

Exemple :
- CE Sect., 28 juillet 1989, requête numéro 92631, Département des Hauts-de-Seine (Rec. p. 169 ; AJDA 1989, p. 726, obs. Prétot ; D. 1990, p. 187, note Prétot ; RTDSS 1990, p. 132, concl. Tuot ; RFDA 1989, p. 919, note Tuot) : le Conseil d'Etat casse un arrêt de la caisse centrale d'aide sociale qui mettait à la charge du département des Hauts-de-Seine certaines dépenses. Le Conseil d'Etat a estimé que cette juridiction administrative spéciale avait commis une erreur de droit et que ces dépenses incombaient, en réalité, à l'Etat. Le renvoi apparaissait inutile, puisque la solution sur le fond découlait directement de l'arrêt de cassation.

A l'opposé, s'il reste des éléments à juger, le Conseil d'Etat aura plutôt tendance à renvoyer l'affaire.

Exemple :
-CE Sect., 5 juin 1992, Cala (préc.) : le Conseil d'Etat casse l'arrêt d'appel qui avait décidé d'engager la responsabilité sans faute de l'administration, la voie publique sur laquelle l'accident à l'origine du dommage dont la réparation est demandée s'était produit n'étant pas, on l'a vu, un ouvrage public exceptionnellement dangereux. Dans cette hypothèse, le renvoi est motivé par le fait qu'il reste à décider s'il peut être mis à la charge de l'administration un défaut d'entretien normal de la voie, auquel cas sa responsabilité sera engagée dans le cadre d'un régime de présomption de faute.

§ III – Voies de recours spéciales

Les voies de recours spéciales constituent non pas des voies de réformation, mais des voies de rétractation qui ont vocation à être portées devant le juge qui a rendu la décision litigieuse.

Le recours en interprétation est toutefois irréductible à cette distinction, puisqu'il ne constitue ni une voie de rétractation, ni une voie de réformation. Ce recours, qui est ouvert sauf texte contraire devant toutes les juridictions, permet de saisir la juridiction qui a déjà statué et il « n'est recevable que s'il émane d'une partie à l'instance ayant abouti au prononcé de la décision dont l'interprétation est sollicitée et dans la seule mesure où il peut être valablement argué que cette décision est obscure ou ambiguë » (CE, ord. réf., 24 novembre 2005, requête numéro 287348, Moissinac Massenat). Il peut être exercé sans condition de délai. Toutefois, l'erreur doit présenter un caractère véritablement matériel, c'est-à-dire qu'elle ne doit pas conduire le juge à reconsidérer les questions de droit qui lui ont été préalablement soumises.

Exemples :
- CE, 7 novembre 1979, requête numéro 16837, Etablissements Chaumeil (RDP 1980, p.1212) : le recours en interprétation est recevable à l'encontre d'une décision qui ne mentionnait pas le point de départ des intérêts légaux produits par une indemnité.
- CAA Marseille, 16 décembre 2004, requête numéro 04MA01027, Brun : la contestation d'une méthode d'évaluation de détermination de l'assiette de la taxe foncière sur les propriétés bâties concernant le bien-fondé de l'arrêt de la Cour, ce moyen n'est pas recevable devant le juge de l'interprétation.

Au demeurant, le recours sera irrecevable s'il apparaît que la décision en cause n'était ni obscure ni ambigüe (CE, 13 mars 2013, requête numéro 339943, Département du Tarn-et-Garonne : Rec. tables p. 759). En particulier, il n'est pas recevable s'il a « pour objet d'obtenir la correction d'une erreur contenue dans la décision juridictionnelle en cause » (CE, 27 juillet 2016, requête numéro 388098, Duc).

Comme le recours en interprétation, l'opposition et la tierce opposition sont des voies de recours spéciales, ouvertes sauf texte contraire devant toutes les juridictions. Cependant, à la différence du recours en interprétation, elles relèvent de la catégorie des voies de rétractation.

L'opposition a pour objet de faire rétracter un jugement rendu par défaut (V. CJA, art. R. 831-1 s.). Elle est ouverte à la partie qui n'a pas produit d'observations écrites lors de l'instruction initiale et elle est recevable dans un délai de deux mois. L'article R. 831-6 du Code de justice administrative précise que les jugements et ordonnances des tribunaux administratifs ne sont pas susceptibles d'opposition. Il faut aussi relever que l'expiration du délai d'opposition, sans que cette voie de recours ne soit exercée, a pour effet de régulariser le pourvoi en cassation introduit prématurément (CE Sect., 20 novembre 1992, requête numéro : Rec. p. 417 ; AJDA 1993, p. 130, concl. Arrighi de Casanova).

La tierce opposition permet à une personne de contester le jugement qui préjudicie à ses droits (sur cette notion V. par exemple CE, 4 avril 2012, requête numéro 356401, Société Céphalon France : JCP A 2012, 2302.- CE, avis, 29 mai 2015, requête numéro 381560, Association Nonant Environnement : Dr. adm. 2015, 63, note Eveillard), dès lors que ni elle ni ceux qu'elle représente n'ont été présents ou régulièrement appelés dans l'instance ayant abouti à cette décision (V. CJA, art. R. 832-1 s.). Le délai de recours est également de deux mois, mais à la différence de l'opposition, la tierce opposition est ouverte devant toutes les juridictions. En outre, en l'absence de notification régulière, le délai ne court pas, même si l'auteur de la tierce opposition a eu connaissance du jugement (CE, 8 janvier

1958, Consorts de Batz de Tranquelléon : Rec. p. 18.- CE, 18 décembre 1987, requête numéro 60892, Masse : Rec. tables, p. 877).

Le recours en révision présente, quant à lui, la particularité de n'être ouvert que lorsqu'un texte le prévoit expressément : c'est le cas devant le Conseil d'Etat, contre ses propres arrêts (CJA, art. R. 834-1 s.) et devant certaines juridictions administratives spéciales, comme la Cour des comptes et les chambres régionales des comptes (Code des juridictions financières, art. L. 245-3 et R. 142-15). Devant le Conseil d'Etat, ce recours doit être exercé dans un délai de deux mois et il n'est recevable que dans trois hypothèses : si la décision a été rendue sur pièces fausses (sur cette notion V. CE, 17 décembre 2014, requête numéro 369035, X.); si la partie a été condamnée faute d'avoir produit une pièce décisive qui était retenue par son adversaire (V. par ex., CE, 1er mars 2006, requête numéro 271355, Rousseau) ; si la décision est intervenue sans qu'aient été observées les dispositions du Code de justice administrative relatives à la composition de la formation de jugement, à la tenue des audiences ainsi qu'à la forme et au prononcé de la décision (par exemple en cas de méconnaissance de la règle selon laquelle les parties sont mises en mesure de connaître le sens des conclusions du rapporteur public avant la tenue de l'audience, V. CE, 10 juillet 2013, requête numéro 357359, Société Stanley international betting limited).

Un arrêt récent du Conseil d'Etat a étendu considérablement le champ du recours en révision. Cette extension concerne les juridictions administratives spéciales qui ne relèvent pas du Code de justice administrative et pour lesquelles aucun texte n'a prévu l'existence d'une telle voie de recours. Le recours en révision peut néanmoins être formé, en vertu d'une règle générale de procédure découlant des exigences de la bonne administration de la justice. Ceci exclut donc les tribunaux administratifs et cours administratives d'appel, le Code de justice administrative n'envisageant ce recours que devant le Conseil d'Etat. Ce recours est ouvert à l'égard d'une décision passée en force de chose jugée, dans l'hypothèse où cette décision l'a été sur pièces fausses ou si elle l'a été faute pour la partie perdante d'avoir produit une pièce décisive qui était retenue par son adversaire. Cette possibilité est ouverte à toute partie à l'instance, dans un délai de deux mois courant à compter du jour où la partie a eu connaissance de la cause de révision qu'elle invoque (CE Sect., 14 juin 2012, requête numéro 331346, Serval : Rec. p. 225 ; AJDA 2012, p. 1397, chron. Domino et Bretonneau ; Dr. adm. 2012, 68, note Melleray ; JCP A 2012, 2296, note Claeys ; RFDA 2012, p 730, concl. Roger-Lacan).

Enfin, il existe deux voies de recours spéciales qui sont ouvertes même en l'absence de texte, mais devant certaines juridictions seulement : le recours en rectification d'erreur matérielle et le recours dans l'intérêt de la loi.

L'article R. 833-1 du Code de justice administrative prévoit que « lorsqu'une décision d'une cour administrative d'appel ou du Conseil d'Etat est entachée d'une erreur matérielle susceptible d'avoir exercé une influence sur le jugement de l'affaire, la partie intéressée peut introduire devant la juridiction qui a rendu la décision un recours en rectification ». Il résulte également de la jurisprudence que ce recours est ouvert « même en l'absence de texte le prévoyant » devant « toute juridiction statuant en dernier ressort » (CE Ass., 4 mars 1955, Veuve Sticotti : Rec. p.131 ; RDP 1955, p.733, concl. Jacomet). Elle peut donc être exercée devant une juridiction administrative spéciale et même devant le Tribunal des conflits (TC, 7 juin 1999, requête numéro 3158, Bergas : Rec. p. 456). Ainsi, sauf texte dérogeant à ce principe, un jugement de première instance qui comporte une erreur matérielle ne peut faire l'objet d'une correction que par la voie de l'appel. Toutefois, pour éviter autant que possible les lourdeurs de la procédure d'appel, l'article R. 741-11 du Code de justice administrative prévoit que « lorsque le président du tribunal administratif constate que la minute d'un jugement ou d'une ordonnance est entachée d'une erreur ou d'une omission matérielle, il peut y apporter, par ordonnance rendue dans le délai d'un mois à compter de la notification aux parties de ce jugement ou de cette ordonnance, les corrections que la raison commande ».

Enfin, le recours dans l'intérêt de la loi est ouvert même en l'absence de texte et sans condition de délai, mais seulement devant les juridictions souveraines (V. CE, 1er octobre 1997, requête numéro 180661, Ministre de la Défense c. Martin : Rec. p.324 ; RFDA 1997, p.1330), ce qui ne concerne - depuis la disparition de la commission supérieure des dommages de guerre et de la commission spéciale de cassation des pensions - que le Conseil d'Etat. Le recours est réservé aux seuls ministres et il a pour objet de supprimer, dans des décisions juridictionnelles, les erreurs juridiques. Il ne concerne que les jugements définitifs, à l'exception des jugements rendus par le Conseil d'Etat lui-même. Les décisions rendues dans le cadre de ce recours n'ont qu'une portée doctrinale et elles n'auront, par conséquent, aucune incidence sur la situation des parties à l'instance dans laquelle le jugement contesté a été rendu. Il s'agit exclusivement de purger le jugement de l'erreur juridique qu'il contient pour éviter que celle-ci ne se perpétue dans les décisions qui seront ultérieurement rendues.

Section V – Procédures de référé

Les procédures de référé permettent d'accélérer la procédure et d'obtenir en quelques semaines, voire en quelques jours, une décision qui n'aurait été obtenue que beaucoup plus tardivement dans le cadre d'une procédure ordinaire.

Le Code de justice administrative distingue trois grands types de référés : les référés d'urgence de droit commun, les référés de droit commun non conditionnés par l'urgence, et les référés spéciaux.

§ I – Référés d'urgence de droit commun

Jusqu'à l'entrée en vigueur de la loi n°2000-597 du 30 juin 2000 il existait deux grands types de procédures d'urgence de droit commun : le sursis à exécution qui avait pour objet l'obtention de la suspension d'un acte administratif et le référé conservatoire ou référé mesures utiles, qui permettait principalement au juge de prononcer des injonctions à l'encontre de personnes privées qui refusaient de respecter des décisions administratives.

La loi du 30 juin 2000 a remplacé la procédure de sursis à exécution par une procédure de référé suspension. Si la procédure de référé mesures utiles subsiste, la loi a créé une nouvelle procédure de référé liberté qui permet notamment au juge de prononcer des injonctions à l'encontre de l'administration.

Notons également que, concernant l'ensemble des référés d'urgence de droit commun, l'article L. 522-3 du Code de justice administrative permet au juge d'opérer un tri des requêtes en amont de la procédure : lorsque la demande ne présente pas un caractère d'urgence ou lorsqu'il apparaît manifeste qu'elle ne relève pas de la compétence de la juridiction administrative, qu'elle est irrecevable ou qu'elle est mal fondée, la requête peut être rejetée par une ordonnance motivée. Lorsqu'il fait usage de ces dispositions, le juge des référés n'organisera pas d'audience publique et le principe du contradictoire n'aura pas vocation à s'appliquer.

I – Référé suspension

La procédure de référé suspension succède à l'ancienne procédure de sursis à exécution. Il conviendra d'en apprécier le champ d'application avant d'étudier ses conditions de mise en œuvre.

A – Référé suspension et sursis à exécution

La suspension de l'exécution d'une décision administrative permet de faire échec au caractère exécutoire de cette décision qui constitue, selon la formule de l'arrêt d'Assemblée Huglo du 2 juillet 1982 « la règle fondamentale du droit public » (requête numéro 25288, requête numéro 25323 : Rec. p. 257 ; AJDA 1982, p. 657, concl. Biancarelli, note Lukaszewicz ; D. 1983, chron. p. 327, Dugrip ; Dr. adm. 1982, 627). Comme on l'a vu, en effet, en droit administratif, les voies de recours ne sont pas suspensives. Pour obtenir cette mesure, l'intéressé doit assortir son recours contre la décision contestée d'une demande de suspension, ce qui implique le dépôt de requêtes distinctes, à défaut de quoi la demande de suspension serait irrecevable (CE, 26 janvier 2007, requête numéro2997991, Association la Providence : AJDA 2007, p.872). Il sera ensuite statué sur cette demande selon une procédure d'urgence, avant que le recours ne soit examiné sur le fond. Il s'agit ainsi d'éviter qu'une éventuelle annulation postérieure de la mesure soit rendue inutile du fait que celle-ci a été déjà exécutée, en partie ou partiellement.

Le juge des référés - qui est en principe un juge unique (V. CJA, art. L. 511-2) - statue par voie d'ordonnances qui peuvent faire l'objet d'un pourvoi en cassation devant le Conseil d'Etat. Ce pourvoi doit être présenté dans les 15 jours de la notification de l'ordonnance.

Le régime de la suspension des décisions administratives a été assez profondément modifié par la loi n°2000-597 du 30 juin 2000 sur le référé devant les juridictions administratives.

Avant cette loi, deux conditions étaient exigées dans le cadre de la procédure de sursis à exécution de droit commun : l'existence de moyens sérieux, c'est-à-dire de moyens qui jettent un doute sérieux sur la légalité de la mesure contestée ; l'exécution de la décision contestée devait entraîner des conséquences difficilement réparables.

Ces règles ont été modifiées par la loi du 30 juin 2000 qui a créé une procédure de référé suspension. Selon l'article L. 521-1 du Code de justice administrative « quand une décision administrative, même de rejet, fait l'objet d'une requête en annulation ou en réformation, le juge des référés, saisi d'une demande en ce sens, peut ordonner la suspension de l'exécution de cette décision, ou de certains de ses effets, lorsque l'urgence le justifie et qu'il est fait état d'un moyen propre à créer, en l'état de l'instruction, un doute sérieux quant à la légalité de la décision. Lorsque la suspension est prononcée, il est statué sur la requête en annulation ou en réformation de la décision dans les meilleurs délais. La suspension prend fin au plus tard lorsqu'il est statué sur la requête en annulation ou en réformation de la décision ».

B – Domaine du référé suspension

Une demande de référé suspension peut être dirigée contre l'ensemble des actes administratifs unilatéraux, qu'ils soient exprès ou implicites.

En revanche, les juges ont longtemps considéré que les décisions de rejet ne pouvaient faire l'objet d'un sursis à exécution, en application de l'arrêt d'Assemblée du Conseil d'Etat du 23 janvier 1970, Ministre d'Etat chargé des Affaires sociales c. Amoros (requête numéro 77861 : Rec. p. 51 ; AJDA 1970, p. 174, note Delcros ; RDP 1970, p. 1035, Waline).

Cette position était justifiée par le fait que la suspension d'un acte ne serait utile qu'à l'encontre des décisions exécutoires, le caractère exécutoire des actes administratifs impliquant que l'administration peut, par ses décisions, modifier l'état du droit, créer une règle opposable aux administrés. Or, une décision de rejet ne fait généralement qu'entériner l'état du droit existant. Par conséquent, elle ne présenterait pas de caractère exécutoire, et une demande de sursis dirigée contre une telle décision serait donc sans objet.

La jurisprudence Amoros était également justifiée par le fait que, à l'époque où cet arrêt a été rendu, le juge administratif n'avait pas le pouvoir d'adresser des injonctions à l'encontre de l'administration, excepté dans le cadre de l'instruction des affaires portées devant lui (CE Ass., 28 mai 1954, Barel et a., préc.). Or, prononcer le sursis à exécution d'un acte de rejet revient à enjoindre à l'administration de prendre une décision contraire.

> Exemple :
> - Si le juge suspend l'exécution d'une décision rejetant une demande de permis de construire, cela revient à enjoindre à l'administration d'accorder ce permis ou au moins de réexaminer la demande.

En dépit de ces justifications, la jurisprudence Amoros était toutefois assez largement critiquée par la doctrine. D'une part, il faut en effet constater que les décisions de rejet ont des conséquences sur la situation des personnes intéressées, ne serait-ce que parce que si elles ne modifient pas leur situation juridique, elles ne leur accordent pas de droits. Ainsi, par exemple, il est difficile d'affirmer qu'une décision de rejet d'une demande d'obtention d'un permis de construire ne présente pas de caractère exécutoire. D'autre part, la législation récente a multiplié les hypothèses dans lesquelles le juge administratif s'est vu reconnaître un pouvoir d'injonction. C'est le cas de la loi n°80-539 du 16 juillet 1980 relative aux astreintes prononcées en matière administrative et à l'exécution des jugements par les personnes morales de droit public et de la loi n° 95-125 du 8 février 1995 relative à l'organisation des juridictions et à la procédure civile, pénale et administrative.

Pour toutes ces raisons, le Conseil d'Etat a finalement abandonné la jurisprudence Amoros à l'occasion de l'arrêt de Section Ouatah du 20 décembre 2000 (requête numéro 200647 : AJDA 2001, p. 146, chron. Guyomar et Collin ; RFDA 2001, p. 371 s., concl. Lamy).

Cependant, cet arrêt n'a fait qu'anticiper l'entrée en vigueur, au premier janvier 2001, de la loi du 30 juin 2000. En effet, cette loi précise expressément que les demandes de référé suspension sont recevables à l'encontre des décisions de rejet.

Exemples :
-CE, 5 décembre 2001, requête numéro 237189, Commune de Contes (BJDU 1/2002, p. 60, concl. Austry) : en application de l'article L. 521-1 du Code de justice administrative, le juge des référés suspend l'exécution d'un certificat d'urbanisme négatif et enjoint à l'autorité administrative de délivrer un nouveau certificat dans un délai de deux mois après réexamen de la demande.
-CE, ord. réf., 17 octobre 2014, requête numéro 384757, Rigollet (AJDA 2015 : p. 200) : l'exécution de la circulaire du 2 juillet 2014 de la ministre de l'Education nationale, de l'Enseignement supérieur et de la Recherche, relative aux modalités d'attribution des bourses d'enseignement supérieur sur critères sociaux et des aides à la mobilité internationale pour l'année 2014-2015 est suspendue en tant qu'elle supprime l'aide au mérite pour les étudiants qui ne bénéficiaient pas pendant l'année universitaire 2013-2014 de cette aide. Cette solution revient à enjoindre à la ministre de verser aux étudiants concernés l'aide au mérite que la circulaire avait voulu supprimer.
-CE, 1er juin 2017, requête numéro 406103, Marne Fourmies : le juge des référés suspend le refus du préfet d'accorder le concours de la force publique à l'exécution d'une décision de justice ordonnant l'expulsion d'occupants sans titre d'un bien. Il est enjoint au préfet de la Gironde de prendre toutes mesures nécessaires afin de procéder à cette expulsion dans un délai de trois mois.

Le Conseil d'Etat a récemment précisé les contours des pouvoirs du juge des référés dans une telle hypothèse. L'idée, dans tous les cas, est de lui permettre de pouvoir prendre une mesure d'injonction sans pour autant que les conséquences en résultant puissent être définitives (CE Sect., 7 octobre 2016, requête numéro 395211, Commune de Bordeaux : AJDA 2016, p. 2155, chron. Dutheillet de Lamothe et Odinet ; Dr. adm. 2017, 8, note Eveillard ; JCP G 2016, 1360, note Cassia ; JCP N 2016, 1310, note Debouy ; Procédures 2016, 386, note Deygas ; RFDA 2016, p. 1177, concl. de Lesquen). Dans une telle hypothèse, s'il n'y pas nécessairement lieu pour l'administration d'accorder au demandeur la mesure qu'il sollicite, elle devra au moins réexaminer sa demande ce qui peut être ordonné par une injonction du juge des référés. Dans ce cas, elle ne pourra renouveler son refus pour un motif identique à celui qui a suscité un doute sérieux sur la légalité de la décision prise. Si elle favorable au demandeur, la nouvelle décision aura, comme l'ordonnance de référé, un caractère provisoire. En conséquence, l'administration pourra la retirer une fois que la juridiction se sera prononcée sur le fond, ou si le demandeur se désiste de son action, toujours sur le fond, ou si le juge des référés met lui-même fin à la suspension. Ce retrait doit intervenir « dans un délai raisonnable » qui est est celui du retrait des actes créateurs de droit. Ce délai est décompté, soit à partir de la notification de la décision de justice infirmative, soit de l'infirmation de sa position initiale par le juge des référés lui-même (V. CJA, art. L. 521-4) ou au terme de l'exercice d'une voie de recours en référé, soit à compter du désistement par le requérant de son recours au fond.

C – Conditions d'obtention des mesures de suspension

Selon l'article L. 521-1 du Code de justice administrative l'obtention d'une mesure de suspension est conditionnée par la réunion de deux conditions : l'urgence et l'existence d'un doute sérieux quant à la légalité de la décision.

Toutefois, il faut relever au préalable que même si les deux conditions sont réunies, le juge n'est pas tenu de prononcer la mesure de suspension. En effet, le texte actuellement en vigueur, qui reprend une solution qui avait déjà été consacrée par la jurisprudence dans l'arrêt d'Assemblée du Conseil d'Etat du 13 février 1976, Association de sauvegarde du quartier Notre-dame (requête numéro 99708 : Rec. p. 100 ; D. 1977, chron. p. 115, Pellet ; AJDA 1976, p. 300, Nauwelaers et Fabius ; RDP 1976, p. 303, Drago ; Rev. adm. 1976, p. 381, concl. Morisot), précise que si ces deux conditions sont réunies, le juge « peut » prononcer la suspension de la décision contestée, ce qui implique qu'il n'est pas obligé de le faire. Cette faculté, qui a vocation à demeurer d'application « exceptionnelle » (CE, 15 juin 2001, requête numéro 230637, Société Robert Nioche et ses fils SA), s'explique par le fait que, selon la formule de l'arrêt Huglo (préc.), le caractère exécutoire des décisions administratives demeure « la règle fondamentale du droit public ».

Exemple :
-CE, 15 juin 2001, requête numéro 230637, Société Robert Nioche et ses fils SA, préc. : ne commet pas d'erreur de droit le juge des référés qui rejette une demande de suspension d'un arrêté interdisant la circulation sur un pont en jugeant que les moyens de légalité externe soulevés devant lui ne sont pas, quels que soient leurs mérites, de nature à justifier la suspension de cet arrêté, alors que n'existe aucun doute sérieux sur le fait que celui-ci repose sur des faits matériellement exacts et a été rendu nécessaire, compte tenu du mauvais état du pont, par des motifs de sécurité publique.

1° Urgence

La condition d'urgence remplace la condition tenant à l'existence d'un préjudice difficilement réparable qui était exigée dans l'ancienne procédure de référé suspension, ce qui conduit à s'interroger sur la portée de cette modification.

Il faut relever, d'une part, que si l'exécution de la décision contestée est susceptible de créer un préjudice difficilement réparable, il sera nécessairement urgent d'y mettre fin. Par conséquent, l'ancienne condition est entièrement incluse dans la nouvelle. D'autre part, si l'urgence recouvre la condition d'existence d'un préjudice difficilement réparable, l'inverse n'est pas vrai.

Ainsi, avant l'entrée en vigueur de la loi du 30 juin 2000, les juges refusaient très fréquemment de reconnaître l'existence d'un préjudice difficilement réparable dès lors que ce préjudice pouvait être réparé ultérieurement par le versement d'une somme d'argent. Or, dans un tel cas, il peut désormais y avoir urgence à prononcer la mesure de référé suspension.

Dans l'arrêt de Section Confédération nationale des radios libres du 19 janvier 2001 (requête numéro 228815 : Rec. p. 29 ; AJDA 2001, p. 150, chron. Guyomar et Collin ; LPA 2001, n° 30, p. 10, note Chahid-Nouraï et Lahami-Depinay ; Dr. adm. 2001, 153, note L.T ; RFDA 2001, p. 378, concl. Touvet ; D. 2001, p. 1414, note Seiller ; D. 2002, p. 2220, note Vandermeeren ; RDP 2002, p. 756, chron. Guettier), le Conseil d'Etat a ainsi estimé que la condition d'urgence pouvait être remplie « alors même que cette décision n'aurait un objet ou des répercussions que purement financières et que, en cas d'annulation, ses effets pourraient être effacés par une réparation pécuniaire ».

Exemple :
- CE, ord. ref., 8 mars 2001, requête numéro 230748, Association pour la protection de la population et de l'environnement des vallées de la Creuse et de la Gartempe : en matière d'expropriation, le juge avait tendance à rejeter systématiquement les demandes de suspension des arrêtés portant déclaration d'utilité publique. En effet, la mesure n'était pas considérée comme ayant des conséquences difficilement réparables puisque le Code de l'expropriation prévoit l'indemnisation ultérieure des personnes évincées. Désormais, une mesure de référé suspension contre de telles décisions peut être prononcée.

La loi du 30 juin 2000 n'a pas défini la condition d'urgence, mais ce point a été précisé par l'arrêt Confédération nationale des radios libres (préc.) selon lequel « la condition d'urgence ... doit être considérée comme remplie lorsque la décision administrative contestée préjudicie de manière suffisamment grave et immédiate a un intérêt public, à la situation du requérant ou aux intérêts qu'il défend ».

Cette formule a été précisée par l'arrêt de Section du 28 février 2001, Préfet des Alpes-maritimes et société sud-est assainissement (requête numéro 229562, requête numéro 229563 requête numéro 229721 : AJDA 2001, p. 46 ; Collectivités-Intercommunalité 2001, 126) dont il résulte que l'urgence s'apprécie « objectivement et compte tenu de l'ensemble des circonstances de chaque espèce ».

C'est donc au cas par cas, de façon globale et concrète, que sera appréciée l'urgence, ce qui explique le caractère très casuistique de la jurisprudence dans ce domaine.

Exemple :
- Comme on l'a vu, le juge des référés accepte désormais de considérer qu'il peut y avoir urgence à demander la suspension d'une déclaration d'utilité publique (CE, ord. réf., 8 mars 2001, Association pour la protection de la population et de l'environnement des vallées de la Creuse et de la Gartempe, préc.). Toutefois, les conséquences qui s'attachent à une déclaration d'utilité publique ne sont pas par elles-mêmes de nature à caractériser une situation d'urgence (CE, ord. réf., requête numéro 345466, 26 décembre 2002, Association pour la protection des intérêts de Cazaubon-Barbotan : AJDA 2003, p. 674, note Hostiou). Cependant, si les travaux sont sur le point de commencer - en tout cas s'ils sont susceptibles de débuter avant l'intervention du jugement au fond - la condition d'urgence sera en principe satisfaite (CE, 3 juillet 2002, requête numéro 245236, Commune de Beauregard-de-Terrasson, Association Alerte 89 et a. c. Société autoroutes du sud de la France : AJDA 2002, p. 751, concl. Chauvaux ; RD imm. 2003, p. 52, obs. F.D. ; Ann. de la voirie 2002, n° 72, p. 233, note Duval ; Collectivités-Intercommunalité 2002, 237, obs. Célérier).

C'est en principe au requérant d'apporter la démonstration de l'urgence, celle-ci ne pouvant découler de manière automatique du caractère irréversible d'une situation de fait. Pour certains types de décisions, cependant, l'urgence est présumée.

Il en va ainsi concernant la suspension des permis de construire (CE, 27 juillet 2001, requête numéro 230231, Commune de Tulle : RD imm. 2001, p.542, chron. Soler-Couteaux ; BJDU 2001, p.381, concl. Chauvaux) et des permis d'aménagement (CE, 3 juillet 2009, requête numéro 321634, Lelin : Rec. tables, p.992 ; AJDA 209, p.1345 ; BJDU 2009, p.285, concl. Geffray), pour les arrêtés de cessibilité (CE, 5 décembre 2014, requête numéro 369522, Consorts Le Breton : Dr. adm. 2015, 26, note Eveillard), ou encore pour un arrêt portant dissolution d'un EPCI (CE, 28 décembre 2005, requête numéro 283249, Syndicat intercommunal de Lens-Avion : Rec. tables, p. 1029 ; AJDA 2006, p. 63 .- CE, 17 mars 2017, requête numéro 404891, Ministre de l'Intérieur c/ Communautés de communes du Cordais et du Causse).

Cependant, il ne s'agit pas ici de présomptions irréfragables.

Exemple :
-CE, 22 mars 2010, requête numéro 324763, Seghier (AJDA 2010, p.646, obs. Biget) : s'agissant d'un permis de construire, compte tenu de l'intérêt public qui s'attache à l'exécution de la décision litigieuse et de la faible dimension de la construction autorisée, alors que la requérante fait seulement valoir en termes généraux que cet ouvrage offrira à ses utilisateurs un point de vue sur sa propriété et pourra être source de désagréments, la condition d'urgence, qui doit s'apprécier objectivement et globalement, ne peut être regardée comme remplie.

Au demeurant, la présomption ne joue pas concernant les décisions de retrait d'un permis (CE, 30 juillet 2003, requête numéro 255368, Ministre de l'Equipement, du Transport, du Logement, du Tourisme et de la Mer : Rec. tables, p.923 ; BJDU 2003, p.411, note Maugüé, obs. J.-C B. ; Dr. Adm. 2003, 232, note C.M.) ou de sursis à statuer sur une demande de permis de construire (CE, 23 janvier 2004, requête numéro 257779, Commune de Meyreuil : BJDU 2004, p.63, concl. de Silva). Elle ne joue pas non plus si la construction objet du permis est achevée (CE, 26 mai 2004, requête numéro 260462, Société Alsatia) ou quasiment achevée (CE, 26 juin 2002, requête numéro 240487, Demblas : Rec. tables, p. 863).

On retrouve le même type de raisonnement dans des cas où sont en cause des décisions de préemption. En effet, si le juge des référés accepte de présumer l'urgence en faveur de l'acquéreur évincé sollicitant la suspension d'une décision de préemption (CE, 23 novembre 2002, requête numéro 248851, Hourdin : Rec. p.396 ; BJDU 2002, p.460, concl. Stahl, obs. J.-C B.; RFDA 2003, p.203 ; RDI imm.2003, p.205, obs. P. S.-C.), il refuse d'en faire bénéficier le vendeur (CE, 14 novembre 2003, requête numéro 258248, Colladant : Rec. p. 924 ; Constr.-urb. 2004, 89, note Rousseau).

2° Moyen propre à créer un doute sérieux quant à légalité de la décision

L'appréciation d'un tel moyen soulevé par le requérant doit s'opérer, précise le texte, « en l'état de l'instruction » ce qui signifie que le juge des référés doit soupeser les chances d'aboutir de la requête présentée sur le fond. Là encore, tout est question d'appréciation, le juge des référés devant déterminer au cas par cas s'il existe un doute véritablement sérieux sur la légalité de la décision.

II – Référé liberté

Le référé liberté est la grande innovation de la loi du 30 juin 2000. Cette procédure permet au juge des référés, en cas d'urgence, « d'ordonner toutes mesures nécessaires à la sauvegarde d'une liberté fondamentale à laquelle l'administration aurait porté, dans l'exercice de ses pouvoirs, une atteinte grave et manifestement illégale » (CJA, art. L. 521-2). Le juge des référés devra alors se prononcer dans un délai de 48 heures, son ordonnance pouvant ensuite faire l'objet d'un appel devant le Conseil d'Etat dans les quinze jours de sa notification. En cas d'appel, le juge des référés du Conseil d'Etat doit statuer dans un délai de quarante-huit heures.

La principale innovation de ce texte est qu'il permet au juge des référés d'ordonner toutes mesures visant à faire cesser le trouble causé par l'administration. Ceci signifie que le juge des référés se voit reconnaître, entre autres, un pouvoir d'injonction à l'encontre de l'administration : ce n'est donc pas seulement une décision qui peut être mise en cause, mais un agissement de l'administration. Ceci explique que, contrairement à la procédure de référé suspension, la recevabilité de la demande de référé liberté n'est pas subordonnée au dépôt d'un recours sur le fond.

Un pouvoir d'injonction avait été certes attribué au Conseil d'Etat, par la loi n°80-539 du 16 juillet 1980, puis aux tribunaux administratifs et aux cours administratives d'appel en application de la loi n°95-125 du 8 février 1995, mais seulement pour contraindre l'administration à exécuter une décision de justice. Désormais, ce pouvoir leur est reconnu pour imposer à l'administration de réparer les conséquences d'un comportement illicite. Toutefois, la possibilité ainsi reconnue est subordonnée au respect d'un certain nombre de conditions. On ne reviendra pas ici sur les rapports entretenus entre la voie de fait et la procédure de référé liberté, et sur le fait que la jurisprudence ne limite plus la compétence du juge du référé liberté aux seuls cas où l'administration a agi « dans l'exercice de ses pouvoirs » (V. sur ces questions supra p. 302). Sont exigées les conditions suivantes : une situation d'urgence, une atteinte à une liberté fondamentale qui doit être à la fois « grave » et « manifestement illégale ».

A – Condition d'urgence

La condition d'urgence s'apprécie de façon plus restrictive dans la procédure de référé liberté que dans celle de référé suspension, comme l'a précisé une ordonnance du juge des référés du Conseil d'Etat du 28 février 2003 Commune de Pertuis (requête numéro 254411 : Rec. p. 68 ; AJDA 2003, p. 1171, note Cassia et Béal ; BJCL 2003, p.606, concl. Austry ; JCP A 2003, 1584, note Quillien.- V. également CE, ord. réf., 28 mars 2008, requête numéro 314368, Commune de Raincy : AJDA 2008, p.729 ; Constr.-urb. 2008, 87, note Février ; BJDU 2008, p.133, obs. J.-C B. ; LPA 17 avril 2009, note Le Bot ; Gaz. Pal. 4 décembre 2008, jurispr. p.16, note Graveleau).

Cette différence n'est toutefois pas radicale dans la mesure où l'urgence doit d'abord être appréciée de façon concrète et globale, comme cela est le cas pour la procédure de référé suspension en application de la jurisprudence Confédération nationale des radios libres (préc.). De même, comme dans le cadre du référé suspension, dans certains cas, l'urgence peut être présumée. Il en va ainsi en cas de référé liberté dirigé contre une mesure d'assignation à résidence prononcée dans le cadre de l'état d'urgence (CE Sect.,

11 décembre 2015, requête numéro 395009, Domenjoud, préc.). Il existe même une hypothèse de présomption irréfragable d'urgence lorsque le droit à la vie est menacé par la décision attaquée (CE Ass., 14 février 2014, requête numéro 375081, requête numéro 375090, requête numéro 375091, Mme Lambert et a. : Rec. p. 31, concl. Keller ; AJDA 2014, p. 790, chron. Bretonneau et Lessi ; JCP A 2014, 2234, obs. Moquet-Anger ; LPA 4 avril 2014, p. 8, note Mémeteau ; RDSS 2014, p. 506, note Thouvenin).

L'ordonnance Commune de Pertuis ajoute toutefois un élément supplémentaire à cette définition : l'urgence doit être immédiate, ce qui veut dire que la situation doit rendre nécessaire l'intervention du juge des référés dans le délai de 48 heures qui lui est spécifiquement imparti dans le cadre de la procédure de référé liberté. Si la nécessité qu'il soit statué aussi rapidement n'apparaît pas, la procédure de référé liberté ne pourra être mise en œuvre.

Exemple :
- Dans l'affaire Commune de Pertuis, était en cause une délibération d'un conseil municipal modifiant le règlement intérieur de ce conseil. Cette mesure portait atteinte à la liberté d'expression, qui est une liberté fondamentale, mais la condition d'urgence propre à la procédure de référé liberté n'était pas remplie en l'espèce.

B – Condition d'atteinte à une liberté fondamentale

La procédure de référé liberté ne peut être utilisée qu'en cas d'atteinte à une liberté fondamentale. Si le droit de propriété n'est pas expressément visé par l'article L. 521-2 du Code de justice administrative, il résulte de la jurisprudence que ce droit est également protégé par la procédure de référé liberté. Enfin, il est nécessaire que l'atteinte portée à une liberté fondamentale ou au droit de propriété présente un caractère de gravité suffisant et qu'elle soit manifestement illégale.

1° Notion de liberté fondamentale

La notion de liberté fondamentale est difficile à saisir. Si, très souvent, elle se rattache à des principes de valeur constitutionnelle, certaines décisions qui font référence à des libertés fondamentales « au sens de l'article L. 521-2 du Code de justice administrative » paraissent indiquer le caractère autonome de cette notion dans le cadre de la procédure de référé liberté. Il en résulte une jurisprudence assez casuistique emprunte d'une grande subjectivité.

Ainsi, par exemple, constituent des libertés fondamentales :

- La liberté d'aller et de venir (CE, ord. réf., 9 janvier 2001, requête numéro 228928, Deperthes) ;
- Le principe du caractère pluraliste de l'expression des courants d'opinion et de pensée (CE, ord. réf., 24 février 2001, requête numéro 230611, Tibéri : Rec. p.85 ; D. 2001, p.1748, note Ghevontian ; RFDA 2001, p.629, note Malignier) ;
- Le droit constitutionnel d'asile et son corollaire, le droit de solliciter le statut de réfugié et de demeurer en France le temps nécessaire à l'examen de la demande (CE, ord. réf., 12 janvier 2001, requête numéro 229039, Hyacinthe : Rec. p.12 ; AJDA 2001, p.589, note Morri et Slama ; Droit adm. 2001, 102 ; JCP A 2001, I, 318, obs. Boiteau) ;

- Le principe de libre administration des collectivités territoriales (CE Sect., 18 janvier 2001, requête numéro 229247, Commune de Venelles et Morbelli : Rec. p.18, concl. Touvet ; AJDA 2001, p.153, chron. Guyomar et Collin ; D. 2002, somm. comm. p.227, obs. Vandermeeren ; D. 2001, inf. rap., p.525 ; RDP 2002, p.753, obs. Guettier ; LPA février 2001, n°30, note Chahid-Nouraï et Lahami-Depinay ; Droit adm. 2001, 155, obs. L.T.) ;
- Le droit de ne pas être soumis à des traitements inhumains ou dégradants (CE, ord. réf., 23 novembre 2015, requête numéro 394540, Ministre de l'Intérieur et Commune de Calais.- CE, ord. réf., 31 juillet 2017, requête numéro 412125, Commune de Calais et a. : JCP A 2017, 2225, concl. Dieu ; JCP G 2018, 2065, note Le Bot) ;
- La liberté d'association (TA Dijon, 2 mars 2001, Association pour les adultes et jeunes handicapés, comité de l'Yonne : AJDA 2001, p. 783, note Laidié ; Dr. adm. 2001, 153, obs. Sauvageot).

En revanche, d'autres libertés n'ont pas été considérées comme fondamentales par le juge administratif.

Exemples :
- CE, ord. réf., 22 octobre 2001, requête numéro 239194, Caillat, Maleczki et Smajlagic et Association Livry-Gargan Handball (D. 2002, somm. p.2709, obs. Lachaume) : droit de participer à une activité sportive et de concourir aux compétitions organisées par une fédération.
- CE, 29 novembre 2002, requête numéro 247518, Arakino : une mesure d'exclusion d'un élève d'un lycée pour motif disciplinaire ne peut être regardée comme portant atteinte à une liberté fondamentale.
- CE, ord. réf., 8 septembre 2005, requête numéro 247518, Garde des Sceaux c/B. (Rec. p.388 ; AJDA 2006, p. 376, note Laudijois ; D. 2006, p. 124, note Bioy) : si la protection de la santé publique constitue un principe à valeur constitutionnelle, il n'en résulte pas que le droit à la santé soit au nombre des libertés fondamentales au sens de l'art. L. 521-2 du Code de justice administrative.

2° Extension aux atteintes portées au droit de propriété

Le droit de propriété n'est pas expressément visé par l'article L. 521-2 du Code de justice administrative. Ceci étant, certains aspects de ce droit sont indirectement protégés par cette procédure.

Exemple :
- CE, ord. réf., 23 mars 2001, requête numéro 231559, Société Lidl (préc.) : une mesure de référé liberté peut être prononcée à l'encontre d'une décision portant atteinte à la libre disposition de son bien par un propriétaire.
- CE, 29 mars 2002, requête numéro 243338, SCI Stephaur (Rec. p.117 ; AJDA 2003, p.345, note Grosieux ; D. 2003, p.1114, note Martin ; JCP G 2002, I, 142, chron. Braconnier et 10179, note Zarka ; RFDA 2003, p.386, note Lequette) : il en va de même lorsqu'est en cause le droit du locataire de disposer librement des biens pris à bail, qui est qualifié de corollaire du droit de propriété.

Cette solution a ensuite été reprise concernant les atteintes au droit de propriété des personnes publiques qui a été expressément qualifié de liberté fondamentale par le

Conseil d'Etat (CE, ord. réf., 9 octobre 2015, requête numéro 393895, Commune de Chambourcy : AJDA 2015, p. 1888, obs. Pastor et AJDA 2015, p. 2388, note Foulquier ; Dr. adm. 2016, 2, note Cornille ; JCP A 2015, 2360, note Pauliat).

C – Gravité de l'atteinte portée à une liberté fondamentale

L'atteinte à la liberté fondamentale doit être grave, ce qui doit être apprécié au cas par cas par le juge des référés.

Exemples :
- CE Sect., 30 octobre 2001, requête numéro 238211, Dame Tliba (AJDA 2001, p. 1055 ; RFDA 2002, p. 324, concl. de Silva ; JCP G 2002, IV, 2468, obs. Rouault) : la condition de gravité de l'atteinte portée à la liberté de vivre avec sa famille par une décision d'expulsion doit être regardée comme remplie si trois éléments sont présents : la mesure contestée doit pouvoir faire l'objet d'une exécution d'office par l'autorité administrative ; elle ne doit pas être susceptible de recours suspensif devant le juge de l'excès de pouvoir ; elle doit faire directement obstacle à la poursuite de la vie en commun des membres d'une famille. Doit ainsi faire l'objet d'une mesure de suspension, « une mesure d'expulsion du territoire français, susceptible d'une exécution d'office, s'opposant au retour en France de la personne qui en fait l'objet, et prononcée à l'encontre d'un ressortissant étranger qui justifie qu'il mène une vie familiale en France ».
- CE, ord. réf., 2 mai 2001, requête numéro 232997, Ministre de l'Intérieur c. Dziri (Rec. p. 227 ; D. 2001, p. 3478, note Julien-Laferrière ; JCP G 2001, I, 344, obs. Ondoua) : était en cause en l'espèce une demande d'asile qui avait été rejetée par l'administration. Il y avait donc atteinte à une liberté fondamentale. Cependant, cette requête aurait dû être présentée devant un autre Etat, l'administration ne faisant ici que rejeter la possibilité que lui ouvrent les textes de traiter elle-même la demande. L'existence de ce qui est, non pas une obligation, mais une simple faculté, explique que l'atteinte à la liberté fondamentale n'est pas assez grave pour que soit prononcée une mesure d'urgence.
- CE, ord. réf., 3 mai 2005, requête numéro 279999, CFTC : la liberté du salarié de ne pas être astreint à accomplir un travail forcé est une liberté fondamentale au sens de l'article L. 521-2 du Code de justice administrative. Cependant, pour la mise en œuvre des dispositions de cet article, le degré de gravité que peut revêtir une mesure affectant la liberté du travail doit prendre en compte les limitations de portée générale apportées à cette liberté qui ont été introduites par le législateur pour permettre certaines interventions jugées nécessaires de la puissance publique dans les relations du travail notamment sur la durée du travail, les jours fériés et les congés. La demande du requérant, qui tendait à ce que soit enjoint au ministre de l'Emploi, du Travail et de la Cohésion sociale de suspendre l'exécution de la « journée de solidarité » fixée au lundi de Pentecôte est donc rejetée.

D – Caractère manifestement illégal de l'atteinte portée à une liberté fondamentale

Le référé liberté est conçu comme une procédure d'exception. Ainsi, l'existence d'une simple illégalité ne suffit pas à permettre sa mise en œuvre. Cette illégalité doit en effet présenter un caractère manifeste.

Exemple :
- CE, ord. réf., 8 septembre 2005, requête numéro 284803, Garde des Sceaux (JCPA, act. 568, obs. Rouault) : le consentement libre et éclairé du patient aux soins médicaux qui lui sont prodigués ainsi que le droit de chacun au respect de sa liberté personnelle qui implique en particulier qu'il ne puisse subir de contraintes excédant celles qu'imposent la sauvegarde de l'ordre public ou le respect des droits d'autrui est une liberté fondamentale. Cependant, l'installation d'un détenu atteint d'un cancer du myocarde, avec deux non-fumeurs et un fumeur qui « s'efforce de ne pas fumer en cellule par égard pour ses voisins », n'est pas manifestement illégale.

Il résulte également de la jurisprudence du Conseil d'Etat que n'est pas manifeste, au sens de l'article L. 521-2 du Code de justice administrative, l'illégalité susceptible d'entacher une décision prise sur le fondement de dispositions comportant une ambiguïté.

Exemple :
-CE, ord. réf., 18 mars 2002, requête numéro 244081, GIE Sport libre (JCP G 2002, I, 142, chron. Boiteau) : est en cause en l'espèce une décision de la ligue nationale de football de lancer une procédure d'appel d'offres pour la commercialisation des droits radiophoniques relatifs aux compétitions qu'elle organise. Il s'agit de déterminer si la commercialisation de ces droits est conforme aux dispositions de la loi du 16 juillet 1984 relative à l'organisation des activités sportives qui prévoit la possibilité de percevoir des droits d'exploitation. Pour les requérants, ce texte ne s'applique qu'aux retransmissions télévisuelles la loi se référant à la commercialisation « d'images ». Le juge relève cependant que le texte est ambigu puisqu'il se réfère également aux « services de communication audiovisuelle » ce qui peut donc également concerner les radios. Compte tenu de cette ambiguïté, l'illégalité susceptible d'entacher la décision contestée n'est pas manifeste.

Enfin, dans une ordonnance Diakité du 16 juin 2010 (requête numéro 340250, 16 juin 2010 : AJDA 2010, p. 1355, chron. Liéber et Botteghi, note Le Bot ; Constitutions 2010, p.399, obs. Barthélemy et Boré ; JCP A 2010, ac. 510 ; JCP 2010, 739, note Cassia ; Procédures 2010, 332, obs. Deygas ; RTDE 2010, p.975, chron. Ritleng, Kovar et Bouveresse), le juge du référé liberté du Conseil d'Etat a considéré qu'une question prioritaire de constitutionnalité peut être soulevée devant lui. Il peut, dans cette hypothèse, rejeter la requête pour défaut d'urgence, irrecevabilité ou incompétence de la juridiction administrative. S'il ne rejette pas les conclusions qui lui sont soumises pour l'un de ces motifs, il lui appartient de se prononcer sur la transmission de la QPC. Il peut aussi prendre immédiatement toutes les mesures provisoires ou conservatoires nécessaires. A ce stade, il ne s'agit toutefois pas de paralyser l'action du législateur, mais uniquement de vérifier si l'administration ne méconnaît pas la loi de façon grossière. Ce n'est qu'après la réponse du Conseil constitutionnel à la QPC qu'il appartiendra au juge des référés d'en tirer toutes les conséquences (CE Sect., 11 décembre 2015, requête numéro 395009, Domenjoud, préc.).

Par ailleurs, il avait été jugé qu'eu égard à l'office du juge du référé liberté, un moyen tiré de l'incompatibilité de dispositions législatives avec les règles du droit de l'Union européenne n'est de nature à être retenu qu'en cas de méconnaissance manifeste des exigences qui découlent du droit de l'Union (CE, ord. réf., 16 juin 2010, requête numéro 340250, Diakité : préc.). Dans une autre décision, très médiatique, le Conseil d'Etat avait également décidé d'ignorer l'interdiction de connaître en référé d'un moyen tiré de l'incompatibilité de la loi Leonetti avec les stipulations de la Convention européenne des droits de l'homme (CE Ass., 24 juin 2014, requête numéro 375081, Lambert et a., préc.- V. également CE Sect., 11 décembre 2015, requête numéro 395009, Domenjoud, préc.). De même, le Conseil d'Etat avait précisé que « eu égard à l'office du juge des référés, un moyen tiré de la contrariété de la loi à des engagements internationaux n'est pas, en l'absence d'une décision juridictionnelle ayant statué en ce sens, rendue soit par le juge saisi au principal, soit par le juge compétent à titre préjudiciel, susceptible d'être pris en considération ». A contrario, si l'un de ces juges a conclu à l'illégalité des dispositions en cause, le juge du référé liberté est susceptible de retenir l'existence d'un doute sérieux quant à la légalité des actes administratifs dont la suspension est demandée (CE, 21 octobre 2005, requête numéro 285577, Association aides et a. : Rec. p. 438 ; AJDA 2006, p. 944, note Rihal.).

Toutefois, en dehors de ces hypothèses, le principe retenu a longtemps été qu'un moyen tiré de la contrariété de la loi à des engagements internationaux n'était pas, en l'absence d'une décision juridictionnelle ayant statué en ce sens, rendue soit par le juge saisi au principal, soit par le juge compétent à titre préjudiciel, susceptible d'être pris en considération. Cette solution, qui n'est ni plus ni moins qu'une réminiscence de la théorie de la loi-écran, est d'abord apparue dans le contentieux du référé suspension (CE, 30 décembre 2002, requête numéro 240430, Ministre de l'Aménagement du territoire et de l'Environnement c/ Carminati : Rec. p. 510 ; AJDA 2003, p. 1065, obs. Le Bot) et avait ensuite été transposée dans le cadre du référé liberté (CE, ord. réf., 9 décembre 2005, requête numéro 287777, Allouache : Rec. p. 562 ; AJDA 2006, p. 1875, étude Girardot).

Cette solution, dont la rigueur avait déjà été atténuée par les arrêts Diakité, Lambert et Association aides susvisés, a été abandonnée à l'occasion de l'arrêt d'Assemblée Mme. Gonzalez-Gomez du 31 mai 2016 (requête numéro 396848 : Rec. p. 208, concl. Bretonneau ; AJDA 2016, p. 1398, chron. Dutheillet de Lamothe et Odinet ; D. 2016, p. 1472, note Fulchiron ; RFDA 2016, p. 740, concl. Bretonneau, note Delvolvé ; RTD civ. 2016, p. 578, obs. Deumier). Désormais, en effet, le juge du référé liberté « eu égard à son office, qui consiste à assurer la sauvegarde des libertés fondamentales » peut prendre en cas d'urgence « toutes les mesures qui sont de nature à remédier aux effets résultant d'une atteinte grave et manifestement illégale portée, par une autorité administrative, à une liberté fondamentale, y compris lorsque cette atteinte résulte de l'application de dispositions législatives qui sont manifestement incompatibles avec les engagements européens ou internationaux de la France, ou dont la mise en œuvre entraînerait des conséquences manifestement contraires aux exigences nées de ces engagements ».

III – Référé mesures utiles

L'article L. 521-3 du Code de justice administrative prévoit que « en cas d'urgence et sur simple requête qui sera recevable même en l'absence de décision administrative préalable, le juge des référés peut ordonner toutes autres mesures utiles sans faire obstacle à l'exécution d'aucune décision administrative ».

Cette procédure, qui avait été instituée par l'ordonnance du 31 juillet 1945 relative à l'organisation du Conseil d'Etat, a été reprise, dans ses grandes lignes, par la loi du 30 juin 2000. Elle permet au juge de prendre une grande variété de décisions, mais sa mise en œuvre est soumise au respect de conditions précises.

A – Mesures prononçables

Comme l'expose M. Chapus, les mesures prononcées par le juge des référés dans le cadre de la procédure de référé mesures utiles « ont pour objet de prévenir la survenance ou l'aggravation d'une situation dommageable, la prolongation d'une situation illicite, ou d'assurer la protection des droits et intérêts d'une partie ou de sauvegarder l'intérêt général » (Droit du contentieux administratif, Montchrestien, ouv. précité, p.1404).

Elles consisteront, en général, en des injonctions prononcées à l'encontre de personnes privées, éventuellement assorties d'astreintes.

Exemples :
- CE Sect., 13 juillet 1956, Office HLM de la Seine (Rec. p.343, concl. Chardeau ; AJDA 1956, II, p. 312, concl. Chardeau et p. 398, chron. Fournier et Braibant ; RDP 1957, p. 296, note Waline) : le juge ordonne à un entrepreneur de travaux publics de rapporter les matériels qu'il a retirés d'un chantier où il travaillait.

Fréquemment ces injonctions pourront être prononcées à l'encontre d'occupants sans titre du domaine public.

Exemple :
- TA Grenoble, ord. réf., 20 Mars 2006, requête numéro 0601123, Université Joseph Fourier, Université Pierre Mendès France, Université Stendhal (AJDA 2006, p. 629, obs. Brondel) : le juge enjoint aux personnes occupant les trois universités grenobloises « de mettre fin au blocage de l'accès à ces bâtiments et de libérer les lieux sans délai ». L'occupation « qui ne permet plus aux personnels enseignants et administratifs comme aux étudiants d'accéder aux locaux fait obstacle au fonctionnement régulier et continu du service public … elle met en cause la sécurité des bâtiments qui n'est plus assurée par des personnes qualifiées ».

Notons qu'il existe une variante du référé mesures utiles prévu par l'article L. 744-5 du Code de l'entrée et du séjour des étrangers et du droit d'asile qui prévoit que « lorsque, après une décision de rejet définitive (d'une demande d'asile), le délai de maintien dans un lieu d'hébergement (…) prend fin, l'autorité administrative compétente peut, après mise en demeure restée infructueuse, demander en justice qu'il soit enjoint à cet occupant sans titre d'évacuer ce lieu ». Le même article renvoie, quant aux règles d'instruction et de jugement, à la procédure du référé mesures utiles. Il prévoit en effet que « la demande est portée devant le président du tribunal administratif, qui statue sur le fondement de l'article L. 521-3 du Code de justice administrative et dont l'ordonnance est immédiatement exécutoire » (V. CE, 21 avril 2017, requête numéro 405164, Ministre de l'Intérieur c/ Gjeta.- CE, 21 avril 2017, requête numéro 406065, Ministre de l'Intérieur c/ Makiese).

Plus rarement, les injonctions seront prononcées à l'encontre de personnes publiques.

Exemple :
- CE Sect., 6 février 2004, requête numéro 256719, Masier (Rec. p.45 ; RDP 2005, p.521, obs. Guettier ; RFDA 2004, p.1170, concl. Stahl ; Collectivités-Intercommunalité 2004, 92, obs. Pelissier ; JCP A 2004, 1180, obs. Noguellou ; Dr. adm. 2004, 221) : le juge peut, sur le fondement de l'article L. 521-3 du Code de justice administrative, et alors que des travaux étaient en cours malgré un référé suspension, suivi de l'annulation du permis construire, enjoindre à l'administration de procéder à un procès-verbal, de prononcer l'interruption desdits travaux et de transmettre copie dudit procès-verbal au procureur de la République.
-CE, 5 mars 2018, requête numéro 414859, M. A...B... (AJDA 2018, p. 801, concl. Bretonneau) : les données archivées par un détenu sur ses comptes de messagerie électronique doivent être regardés comme des biens personnels. Eu égard à sa qualité de détenu, le requérant ne pouvait être autorisé à utiliser un ordinateur connecté à un réseau informatique relié avec l'extérieur du centre de détention afin d'accéder à ses comptes de messagerie électronique pour prévenir la destruction des données y figurant et en conserver l'usage. Dans ces conditions, les demandes formées par l'intéressé, qui présentent un caractère conservatoire et ne font obstacle à l'exécution d'aucune décision administrative, notamment de refus, sont, sous réserve de l'existence d'une situation d'urgence, de leur utilité pour la sauvegarde du droit mis en cause et de l'absence de contestation sérieuse, au nombre de celles dont peut être saisi le juge des référés sur le fondement de l'article L. 521-3 du Code de justice administrative.

B – Conditions

Le juge des référés est susceptible de prononcer une mesure conservatoire lorsque trois conditions sont réunies : il faut qu'il y ait une situation d'urgence, que la mesure requise soit utile et qu'elle ne fasse pas échec à l'exécution d'une décision administrative.

1° Urgence

Il est nécessaire, tout d'abord, qu'il y ait urgence, c'est-à-dire que le comportement litigieux soit de nature à créer une situation dommageable ou une situation dangereuse difficilement réversible.

Le Conseil d'Etat a pu préciser que le juge du référé mesures utiles ne pouvait pas subordonner la reconnaissance de l'urgence au caractère irréversible de la situation invoquée par le demandeur (CE, 26 octobre 2005, requête numéro 279441, Société des crématoriums de France : Rec. p. 447). La façon dont est appréhendée l'urgence dans le cadre de cette procédure s'apparente donc à la façon dont elle est appréhendée dans le cadre du référé suspension, de manière globale et concrète, ce qui donne nécessairement lieu à une jurisprudence casuistique.

Exemples :
- CE Sect., 18 juillet 2006, requête numéro 283474, Elissondo Labat (Rec. p. 369 ; AJDA 2006, p. 1839, chron. Landais et Lenica ; RFDA 2007, p. 314, concl. Chauvaux) : en vue de « prévenir ou faire cesser un dommage dont l'imputabilité à des travaux publics ou à un ouvrage public ne se heurte à aucune contestation sérieuse », le juge des référés peut « enjoindre au responsable du dommage de prendre des mesures conservatoires destinées à faire échec ou mettre un terme aux dangers immédiats présentés par l'état de l'immeuble ».
- CE, 11 avril 2012, requête numéro 355356, Société Prathotels : la poursuite sur le domaine public de l'activité de la société requérante, en violation tant des dispositions régissant l'occupation du domaine public que des règles de police administrative en matière d'hygiène et de sécurité, circonstances ayant conduit à la fermeture de l'établissement, constituait un trouble manifeste à l'ordre public qu'il était urgent de faire cesser.

Par exception aux règles de droit commun, l'article L. 521-3-1 du Code de justice administrative précise que la condition d'urgence n'est pas requise en cas de requête relative à une occupation non autorisée de la zone des cinquante pas géométriques, ce qui renvoie à la protection du domaine public maritime outre-mer. Toutefois, lorsque la demande tend à l'expulsion d'occupants sans titre d'une parcelle du domaine public provenant pour partie seulement de la zone des cinquante pas géométriques, la condition d'urgence demeure requise pour l'autre partie de la parcelle (CE, 3 décembre 2014, requête numéro 375364, Province sud de Nouvelle-Calédonie). Le même article précise qu'en cas d'évacuation forcée, l'autorité chargée de l'exécution de la décision du juge doit s'efforcer par tous moyens de proposer un relogement aux occupants sans titre en situation régulière sur le territoire national. Dès lors qu'une proposition adaptée de relogement a été faite, le juge peut ensuite ordonner la démolition de la construction illégale.

2° Utilité de la mesure requise

La mesure doit être « utile », ce qui implique principalement que le juge des référés n'a pas la possibilité de prendre une mesure que l'administration pourrait prendre elle-même, en vertu de la jurisprudence Préfet de l'Eure (CE, 30 mai 1913 : S. 1915, III, p. 9, note M. Hauriou).

Exemple :
- CE, 15 novembre 2006, requête numéro 293370, Ministre des Transports, de l'Equipement, du Tourisme et de la Mer (Rec. p.464 ; Dr. Adm. 2007, 6) : le juge judiciaire est compétent pour connaître de la demande d'une commune visant à ce que soit ordonnée l'évacuation de « résidences mobiles » stationnées sur une propriété privée ou publique située sur son territoire dans l'hypothèse où ce stationnement méconnaîtrait un arrêté d'interdiction de stationnement, ou risquerait de porter atteinte à la salubrité, à la sécurité ou à la tranquillité publiques. Les juges estiment néanmoins que les textes en vigueur n'ont pas pour effet de priver un « propriétaire public, autre que la commune, ou un propriétaire privé de la faculté de faire valoir ses droits en cas d'occupation sans droit ni titre par des résidences mobiles d'un bien lui appartenant ». En cas d'occupation sans titre de terrains appartenant au domaine public de l'Etat, le juge administratif peut

donc être saisi dans le cadre de la procédure de l'article L. 521-3 du Code de justice administrative.

L'utilité de la mesure sollicitée s'apprécie également eu égard à l'existence d'un recours au fond. Ainsi, un référé mesures utiles ne peut être utilisé pour obtenir la communication d'un document administratif dans le cas où un recours au fond a déjà été formé, le juge du fond pouvant ordonner cette communication en vertu des pouvoirs généraux d'instruction dont il dispose (CE, 20 février 2012, requête numéro 353134, Valery : Dr. adm. 2012, 58, note Ferrari). Une solution comparable a été retenue dans une affaire où l'expertise sollicitée avait déjà été diligentée dans le cadre d'une procédure de règlement amiable (CE, 4 octobre 2010, requête numéro 332836, Jeljeli : Rec. tables, p. 896).

Enfin, l'utilité de la mesure doit également s'apprécier au regard des autres procédures que le requérant aurait pu utiliser. En effet, le référé mesures utiles présente un caractère subsidiaire par rapport au référé suspension et au référé liberté (CE Sect., 27 mars 2015, requête numéro 385332, Section française de l'Observatoire international des prisons ; Rec. p. 132, concl. Crepey ; AJDA 2015, p. 979, chron. Lessi et Dutheillet de Lamothe ; Dr. adm. 2015, 47, note Eveillard ; JCP A 2015, act. 321, obs. Langelier ; RFDA 2015, p. 491). Par conséquent, « le juge saisi sur ce fondement ne peut prescrire les mesures qui lui sont demandées lorsque leurs effets pourraient être obtenus par les procédures de référé régies par les articles L. 521-1 et L 521-2 » (CE Sect., 5 février 2016, requête numéro 393540, Benabdellah : AJDA 2016, p. 474, chron. Dutheillet de Lamothe et Odinet ; Dr. adm. 2016, 29, note Eveillard ; JCP A 2016, act. 125, obs. Touzeil-Divina et 2205, note Barque).

3° Absence d'obstacle à l'exécution d'une décision administrative

Cette condition limite fortement la possibilité pour le juge de prononcer des injonctions à l'encontre de l'administration.

Exemple :
- CE, 30 décembre 2002, requête numéro 248787, Commune de Pont-Audemer : en ordonnant à un maire d'interrompre les travaux de démolition entrepris par la commune sur un bien relevant de son domaine public, le juge des référés, saisi en application de l'article L. 521-3 du Code de justice administrative, fait obstacle à l'exécution d'une décision administrative révélée par l'engagement desdits travaux et excède ainsi les compétences qu'il tenait de cet article.

Elle s'applique y compris pour une décision refusant d'adopter les mesures ensuite demandées au juge, sauf en matière de travaux publics (CE Sect., 18 juillet 2006, requête numéro 283474, Elissondo Labat, préc.), ce qui s'expliquait par le fait que ce contentieux était dispensé de la règle de la décision préalable. Cette solution devrait toutefois être remis en cause dès lors que le décret n°2016-1480 du 2 novembre 2016, modifiant l'article R. 421-1 du Code de justice administrative ne soustrait plus le contentieux des travaux publics à cette règle.

Dans les autres contentieux, toutefois, cette condition continue à être écartée dans l'hypothèse où la saisine du juge des référés a pour objet de « prévenir un péril grave » (CE Sect., 5 février 2016, requête numéro 393540, Benabdellah, préc.).

En dehors de ce cas particulier, la procédure de référé mesures utiles, lorsqu'elle est utilisée par un administré à l'encontre de l'administration est pratiquement limitée aux demandes de communication de documents détenus par elle.

Toutefois les décisions qui accordent des autorisations et qui, ainsi, n'ont pas de caractère impératif, peuvent également donner lieu à une procédure de référé mesures utiles.

Exemple :
- CE, 16 janvier 1985, requête numéro 57106, Codorniu (Rec. tables, p.176 ; Dr. adm. 1985, 205) : le juge peut prescrire la suspension de travaux autorisés par un permis de construire devenu définitif jusqu'à ce que soit tranchée la question de l'appartenance de la parcelle litigieuse au domaine public maritime.

§ II – Référés de droit commun non conditionnés par l'urgence

Même si elles ne sont pas conditionnées par l'urgence, ces procédures de droit commun donneront également lieu à un jugement rapide par un juge unique qui statuera au terme d'une procédure allégée. On distingue à ce titre : le référé constat, le référé instruction et le référé provision.

I – Référé constat

Selon l'article R. 531-1 du Code de justice administrative « s'il n'est rien demandé de plus que la constatation de faits, le juge des référés peut, sur simple requête qui peut être présentée sans ministère d'avocat et même en l'absence d'une décision administrative préalable, désigner un expert pour constater sans délai les faits qui seraient susceptibles de donner lieu à un litige devant la juridiction ». Depuis l'entrée en vigueur du décret n°2013-730 du 13 août 2013 il peut désigner une personne figurant sur le tableau d'expert auprès de la cour administrative d'appel ou toute autre personne de son choix.

De façon tout à fait dérogatoire, et puisqu'il s'agit uniquement de faire constater des faits par un expert, cette procédure n'est pas soumise au respect du principe du contradictoire. Le juge des référés a pour simple obligation d'aviser de l'ordonnance les défendeurs éventuels. Toutefois, rien n'empêche le juge des référés d'organiser la contradiction (CE, 9 janvier 1985, requête numéro 58067, Société manufacture du Val de Vienne : Rec. p. 8 ; AJDA 2005, p. 235, note Moreau ; JCP 1986, 205489, note Gohin). L'ordonnance est susceptible d'appel devant la cour administrative d'appel dans la quinzaine de sa notification (CJA, art. R. 533-1).

II – Référé instruction

L'article R. 532-1 du Code de justice administrative prévoit que « le juge des référés peut, sur simple requête et même en l'absence de décision administrative préalable, prescrire toute mesure utile d'expertise ou d'instruction ». Ceci lui permettra notamment d'enjoindre à l'administration de communiquer les motifs d'une décision, comme cela avait déjà été admis par le Conseil d'Etat à l'occasion de l'arrêt d'Assemblée Barel et a. du 28 mai 1954 (préc.). En outre, ce pouvoir d'injonction peut également être mis en œuvre à l'égard de tiers et des administrations en vue qu'ils communiquent des pièces, documents ou informations nécessaires à la vérification des allégations des parties. Dans cette hypothèse, le juge devra soumettre le résultat de ses investigations à la contradiction des parties, dans la limite du respect des secrets protégés par la loi (CE Sect., 1er octobre 2014, requête numéro 349560, Erden : Rec. p. 288, concl. Hédéry ; AJDA 2014, p. 2185, note Lessi et Dutheillet de Lamothe ; Dr. adm. 2015, 2, note Eveillard).

La mesure prononcée peut faire l'objet d'un appel dans un délai de 15 jours à l'issue duquel le président de la cour, ou le magistrat délégué par lui, pourra immédiatement suspendre provisoirement l'exécution de l'ordonnance si elle est « de nature à préjudicier gravement à un intérêt public ou aux droits de l'appelant » (CJA, art. R. 533-2).

La seule condition posée par le texte est que la mesure d'instruction soit utile au règlement du litige principal. Il résulte de la jurisprudence que « l'utilité d'une mesure d'instruction ou d'expertise ... doit être appréciée dans la perspective d'un litige principal, actuel ou éventuel, relevant lui-même de la compétence de la juridiction à laquelle ce juge appartient, et auquel cette mesure est susceptible de se rattacher » (CE, 30 décembre 2002, requête numéro 241793, Office public d'habitation de Nice et des Alpes-Maritimes : AJDA 2013, p. 960.- CE, 12 avril 2013, requête numéro 363282, SCI Châlet des Aulnes : Dr. adm. 2013, 51, note Gillig).

Exemples :
- CAA Marseille, 21 octobre 2003, requête numéro 03MA00560, SA G. Vila et Cie : présente un caractère utile une mesure d'expertise visant à déterminer et évaluer les travaux de remise en état d'une grotte, à constater les désordres et dégradations et les disparitions de mobilier et à définir les mesures propres à y remédier ainsi que leur coût.
- CAA Bordeaux, 26 mars 2001, requête numéro 00BX01760, Lurton c. Commune de Haims : est inutile une demande d'expertise visant à établir un rapport entre des travaux d'entretien de fossés et l'inaccessibilité à des parcelles privées, ce lien étant évident et non contesté par la commune défenderesse.
- CE, 23 décembre 2016, requête numéro 401066, Davillé : est utile, dans un litige de responsabilité hospitalière, une mesure ordonnant une expertise judiciaire sur des faits qui ont donné lieu à une expertise amiable dès lors que celle-ci n'a pas présenté pas des garanties suffisantes d'objectivité.

Toutefois, même si cela n'est pas expressément visé par les textes, le juge n'a pas la possibilité de confier à un expert une mission comportant l'examen de questions de droit, celui-ci devant se borner à des constatations factuelles.

Exemple :
- CAA Paris, 27 novembre 2001, requête numéro 01PA02498, Port autonome de Paris : par l'ordonnance attaquée, le juge des référés avait donné pour mission à l'expert de fournir « les éléments susceptibles de caractériser les éventuelles fautes » du requérant. Même si cette mesure est utile au sens de l'article R. 532-1 du Code de justice administrative, elle implique qu'une appréciation soit portée par l'expert sur la qualification des faits constatés au cours de ses investigations, ce qui a pour effet de lui donner pour mission de trancher des questions de droit. L'ordonnance contestée est donc annulée.

III – Référé provision

L'article R. 541-1 du Code de justice administrative prévoit que « le juge des référés peut, même en l'absence d'une demande au fond, accorder une provision au créancier qui l'a saisi lorsque l'existence de l'obligation n'est pas sérieusement contestable. Il peut, même d'office, subordonner le versement de la provision à la constitution d'une garantie ».

Cette procédure est l'équivalent du référé provision judiciaire qui est visé par l'article 849 du Code de procédure civile. Elle permet au requérant d'obtenir une avance sur les sommes qui leur seront allouées, en attendant que le montant exact de leur créance soit déterminé.

Toutefois, en application de jurisprudence Préfet de l'Eure (préc.), cette procédure n'est en principe pas ouverte aux personnes publiques. Ainsi, est irrecevable une demande présentée par une personne publique qui aurait dû établir un état exécutoire susceptible de recouvrement forcé à l'encontre d'un usager avec qui elle n'était pas dans une situation contractuelle (CE, 3 février 2016, requête numéro 388643, Hôpital de Prades : JCPA 2016, 2225, note Kerdéis-Cardinet ; RDSS 2016, p.332, note Decout-Paolini). En revanche, une personne publique peut saisir le juge du référé provision au titre d'une créance d'origine contractuelle (CE, 24 février 2016, requête numéro 395194, Département de l'Eure : JCPA 2016, 2073, note Colmant).

Le décret n° 2000-1115 du 22 novembre 2000 ayant supprimé la condition tenant à l'exigence d'une « demande au fond », le succès du référé dépend désormais exclusivement de l'existence d'une obligation non sérieusement contestable.

L'ordonnance peut faire l'objet d'un appel devant la cour administrative d'appel dans la quinzaine de sa notification (CJA, art. R. 541-3). C'est toutefois un recours en cassation qui doit être exercé dans les hypothèses où l'obligation dont le requérant se prévaut pour demander la provision se rattache à l'une des matières qui, au fond, sont jugées en premier et dernier ressort par le tribunal administratif (CE, 9 décembre 2015, requête numéro 391626, Commune du Cannet et a. : Procédures 2016, 78, note Deygas).

§ III – Référés spéciaux

Il existe de nombreuses procédures d'urgence spécifiques qui se caractérisent, pour la plupart, par un allégement des conditions d'obtention d'une mesure d'urgence exigées dans le cadre des procédures de droit commun.

En premier lieu, le préfet peut assortir ses déférés en annulation des actes des collectivités territoriales d'une demande de suspension. Contrairement à la procédure de référé suspension de droit commun, la condition d'urgence n'est pas exigée. L'article L. 554-1 du Code de justice administrative, qui renvoie à l'article L. 2131-6, al. 3 du Code général des collectivités territoriales, prévoit en effet qu'il « est fait droit à cette demande si l'un des moyens invoqués paraît, en l'état de l'instruction, propre à créer un doute sérieux quant à la légalité de l'acte attaqué ». Le juge des référés dispose d'un délai d'un mois pour statuer.

Par ailleurs, selon l'article L. 554-3 du Code de justice administrative, qui renvoie à l'article L. 2131-6, al. 5 du Code général des collectivités territoriales, « lorsque l'acte attaqué est de nature à compromettre l'exercice d'une liberté publique ou individuelle, le président du tribunal administratif ou le magistrat délégué à cet effet en prononce la suspension dans les quarante-huit heures ». La décision relative au sursis peut faire l'objet d'un appel devant le Conseil d'Etat dans la quinzaine de sa notification et dans ce cas, le juge des référés doit statuer dans un délai de 48 heures. Il s'agit donc ici d'une procédure qui est très proche de celle de référé liberté, mais qui ne peut viser qu'à obtenir la suspension d'un acte. Par ailleurs, cette procédure protège les « libertés publiques ou individuelles » alors que le référé liberté protège les « libertés fondamentales », ce qui est plus restrictif. Il existe également des procédures de suspension automatique en matière d'urbanisme, de marchés ou de délégations de service public (CJA, art. L. 554-2. - renvoyant à CGCT, art. L. 2131-6, al. 4), ainsi que pour les actes pris dans le cadre d'une expérimentation normative (CGCT, art. LO 1113-4).

La procédure de référé précontractuel visée par les articles L. 551-1 et suivants du Code de justice administratif permet quant à elle de censurer la violation des règles de publicité et de mise en concurrence qui doivent être respectées préalablement à la conclusion de certains contrats administratifs notamment ceux « qui ont pour objet l'exécution de travaux, la livraison de fournitures, avec une contrepartie économique constituée par un prix ou un droit d'exploitation, la délégation d'un service public ou la sélection d'un actionnaire opérateur économique d'une société d'économie mixte à opération unique». Le juge pourra ordonner à l'auteur du manquement « de se conformer à ses obligations et suspendre l'exécution de toute décision qui se rapporte à la passation du contrat, sauf s'il estime, en considération de l'ensemble des intérêts susceptibles d'être lésés et notamment de l'intérêt public, que les conséquences négatives de ces mesures pourraient l'emporter sur leurs avantages » (CJA, art. L. 551-2). Il a également la possibilité d'annuler les décisions qui se rapportent à la passation du contrat et supprimer les clauses ou prescriptions destinées à figurer dans le contrat et qui méconnaissent lesdites obligations. Il existe également une procédure de référé contractuel, visée par les articles L. 551-13 et suivants du Code de justice administrative, qui peut s'exercer après la conclusion du contrat par les personnes « qui ont un intérêt à conclure le contrat et qui sont susceptibles d'être lésées par des manquements aux obligations de publicité et de mise en concurrence auxquelles sont soumis ces contrats, ainsi que le représentant de l'Etat dans le cas des contrats passés par une collectivité territoriale ou un établissement public local » (CJA, art. L. 551-14). Le juge dispose d'une large gamme de pouvoirs qui vont de l'annulation du contrat - qu'il prononce obligatoirement dans certains cas notamment en l'absence de mesures de publicité (CJA, art. L. 551-18) - jusqu'à une simple pénalité financière (CJA, art. L. 551-19).

Enfin, la suspension d'une décision d'aménagement soumise à une enquête publique préalable prise après des conclusions défavorables du commissaire enquêteur ou de la commission d'enquête est accordée si cette demande comporte un moyen propre à créer, en l'état de l'instruction, un doute sérieux quant à la légalité de celle-ci (CJA, art. L. 554-12 renvoyant au Code de l'environnement, art. L. 123-16). Le Conseil d'Etat a toutefois décidé que le juge des référés pouvait ne pas prononcer la suspension de la décision, alors même que toutes les conditions susvisées sont remplies, dès lors que cette suspension « porterait à l'intérêt général une atteinte d'une particulière gravité » (CE, 16 avril 2012, requête numéro 355792, Commune de Conflans-Sainte-Honorine : Dr. adm. 2012, 59, note Melleray ; RGD mai 2012, note Cossalter). Le même article précise également que le juge des référés fait droit à toute demande de suspension d'une décision prise sans que l'enquête publique requise ait eu lieu ou en l'absence d'évaluation environnementale, d'étude d'impact ou des documents visés aux articles L. 122-1-1 et L. 122-8 du Code de l'environnement s'ils sont exigés.

Il existe enfin des référés en matière fiscale (CJA, art. L. 552-1 et L. 552-3) et en matière de communications audiovisuelle et électronique (CJA, art. L. 553-1).

Pour aller plus loin :

-**Bailleul (D.)**, Les nouvelles méthodes du juge administratif : AJDA 2004, p. 1626.

-**Broyelle (C.)**, De l'injonction légale à l'injonction prétorienne : le retour du juge administrateur : Droit adm. 2004, 6.

-**Chifflot (N.)**, Accès collectif au juge administratif : l'action de groupe et l'action en reconnaissance de droits : Procédures 2017, étude 5.

-**Derosier (J.-P)**, La nouvelle réforme de la justice administrative. - Le décret du 13 août 2013 portant modification de la partie réglementaire du Code de justice administrative : JCPA 2013, 2022.

-**Dubos (O.) et Melleray (F.)**, La modulation dans le temps des effets de l'annulation d'un acte administratif : Droit adm. 2004, étude n°15.

- **Frier (P.-L.)**, L'ordre de recettes, acte charnière : RFDA 1987, p.130 et p.315.

-**Ghevontian (R.)**, Un labyrinthe juridique : le contentieux des actes préparatoires en matière d'élections politiques : RFDA 1994, p.793.

-**Glenard (C.)**, Les critères d'identification d'une liberté fondamentale au sens de l'article L. 521-2 du Code de justice administrative : AJDA 2003, p.2008.

-**Hecquard-Theron (M.)**, De l'intérêt collectif : AJDA 1986, p. 65.

-**Laligant (M.)**, La notion d'intérêt pour agir et le juge administratif : RDP 1971, p. 43.

-**Lepetit-Collin (H.), Perrin (A.)**, La distinction des recours contentieux en matière administrative. Nouvelles perspectives : RFDA 2011, p. 813.

-**Lessi (J.), Dutheillet de Lamothe (O.)**, chron. sur CE Sect., 1er octobre 2014, Erden : AJDA 2014, p. 2185.

-**Melleray (F.)**, La distinction des contentieux est-elle un archaïsme ? : JCPA 2005, 1296.

-**Mamoudy (O.)**, L'action en reconnaissance de droits : AJDA 2016, p.2264.

-**Mignon (M.)**, Une évolution inachevée : la notion d'intérêt ouvrant le recours pour excès de pouvoir : D. 1953, chron. p. 121.

-**Nandan (V.)**, Quelques remarques sur l'utilité d'une modulation à l'envers : l'inexistence en question, Dr. Adm. 2010, étude 12.

-**Pacteau (B.)**, Du recours pour excès de pouvoir au recours de pleine juridiction ? : Rev. adm., numéro spécial 1999, p. 51.

-**Renaudie (O.)**, L'intérêt à agir : coll. Au cœur du débat, Berger-Levrault 2016 (dir.).

-**Tercinet (J.)**, Le retour de l'exception de recours parallèle : RFDA 1993, p.115.

-**Toutée (H.)**, L'intérêt pour agir des syndicats pour la défense des intérêts individuels de leurs membres : RFDA 1993, p. 250.

-**Truchet (D.)**, Office du juge et distinction des contentieux : renoncer aux branches : RFDA 2015, p. 657.

-**Vier (Ch.-L)**, Le rapporteur public et la simplification, paradoxes d'une réforme : AJDA 2011, p. 1189.

-**Waline (J.)**, Plein contentieux et excès de pouvoir : RDP 2015, p. 1551.

-**Waline (M.),** Vers un reclassement des recours contentieux ? : RDP 1935, p. 305.

QUATRIEME PARTIE – LES ACTES ADMINISTRATIFS

Classiquement l'identification d'un acte administratif résulte de la conjonction de trois éléments.

Un élément organique selon lequel l'acte doit être pris par une personne publique ou au nom d'une personne publique.

Un élément matériel dont il résulte que l'acte doit être pris dans le cadre d'une mission d'intérêt général.

Un élément formel en vertu duquel l'acte est soumis à un régime juridique particulier, dérogatoire du droit commun, et soumis en conséquence à la compétence du juge administratif.

Cette définition classique a été remise en cause. En effet, il a notamment été admis que des personnes privées peuvent prendre des actes administratifs. En réalité, seul l'élément formel est réellement déterminant, le caractère exécutoire des décisions administratives constituant la principale manifestation des prérogatives de puissance publique.

Le régime applicable à ces actes n'est pas uniforme. On opère ainsi une distinction entre deux grandes catégories d'actes, en fonction de la manifestation de volonté qui est l'origine de l'acte : on va ainsi distinguer les actes administratifs unilatéraux des contrats administratifs.

CHAPITRE UN – LES ACTES ADMINISTRATIFS UNILATERAUX

Si la notion d'acte administratif unilatéral paraît simple de prime abord, son appréhension suscite en réalité un certain nombre de difficultés. On évoquera ensuite l'élaboration, l'application et la sortie de vigueur des actes administratifs unilatéraux

Section I – Notion d'acte administratif unilatéral

Il n'est pas toujours évident d'identifier les actes administratifs unilatéraux. Par ailleurs, certains actes administratifs unilatéraux sont insusceptibles de recours contentieux.

§ I – Identification des actes administratifs unilatéraux

Les actes administratifs unilatéraux peuvent être identifiés au moyen de deux critères : un critère organique et un critère matériel.

Le critère organique est toujours prédominant de nos jours. D'utilisation simple, il permet de considérer qu'un acte administratif est un acte dont l'auteur est une autorité administrative. Le second critère s'attache non plus à l'auteur de l'acte mais à son contenu, ce qui permet de considérer que tous les actes pris par des autorités administratives ne sont pas nécessairement des actes administratifs et que des personnes privées peuvent prendre de tels actes. Il résulte de la combinaison de ces deux critères qu'un acte administratif peut émaner d'un organe non administratif et qu'un organe administratif peut prendre des actes qui ne sont pas des actes administratifs. Enfin, caractérisant également l'importance du critère matériel, il est admis que des organes administratifs peuvent prendre des actes de droit privé.

I – Actes administratifs émanant d'organes non administratifs

Les organes juridictionnels, les organes participant au pouvoir législatif, mais également les personnes privées sont susceptibles de prendre des actes administratifs.

A – Actes administratifs adoptés par des organes juridictionnels

Les mesures prises par les autorités judiciaires qui sont relatives à l'organisation du service public de la justice présentent un caractère administratif, à la différence des mesures prises dans le cadre de l'exécution de ce service public (TC, 27 novembre 1952, Préfet de Guyane, préc.- V. également TC, 7 septembre 2015, requête numéro 4019, Hoarau, préc.). Cette solution ne pose guère de difficultés lorsque sont en cause des mesures relatives au recrutement et à la carrière de magistrats lesquelles, à l'évidence, présentent le caractère d'actes administratifs.

Exemples :
- CE, 27 janvier 1982, requête numéro 29523, Bertin (Rec. p. 37 ; AJDA 1982, p. 401, obs. SS ; D. 1982, p. 177, concl. Stirn) : pour l'établissement de la liste des candidats au concours de recrutement des magistrats, le procureur de la République et le garde des Sceaux interviennent « comme autorités administratives et non comme autorités judiciaires ».
- CE, 14 mai 2003, requête numéro 251481, Maron (JCPA 2003, 1637, note Taillefait) : constitue un acte administratif la décision du garde des Sceaux de procéder à l'évaluation d'un magistrat.

En revanche, la notion d'acte administratif est entendue plus strictement dès lors que la mesure contestée a un lien, même étroit, avec une procédure juridictionnelle. Ainsi, les actes des organes administratifs « intervenus au cours d'une procédure judiciaire ou se rattachant directement à celle-ci ne peuvent être appréciés soit en eux-mêmes, soit dans leurs conséquences que par l'autorité judiciaire » (TC, 2 juillet 1979, requête numéro 02134, Agelasto : Rec. p. 273)

Exemples :
- CE Sect., 27 juillet 1984, requête numéro 33630, Association SOS Défense (Rec. p. 284 ; AJDA 1984, p. 560) : la demande d'une association tendant à ce que le garde des Sceaux donne des instructions aux secrétariats-greffes de diverses juridictions de l'ordre judiciaire relatives aux conditions de la délivrance de copies de jugements ou d'arrêts, intéresse le fonctionnement du service public de la justice et ressort de la compétence de la juridiction judiciaire.

- CE Ass., 7 juillet 1978, requête numéro 10079, Croissant (Rec. p.292) : lorsqu'une chambre d'accusation donne un avis motivé sur une demande d'extradition, elle doit être considérée comme ayant exercé une attribution administrative. Cependant, si un requérant peut contester la régularité de la composition de la chambre d'accusation lors de l'examen de sa demande d'extradition, il n'est pas recevable à mettre en cause la légalité d'une délibération de l'assemblée générale et d'une ordonnance du premier président de la cour d'appel fixant la composition de cette chambre, lesquelles constituent des décisions prises par l'autorité judiciaire pour assurer le fonctionnement du service public de la justice.
- CE Sect., 15 avril 2011, requête numéro 346213, Ribailly : la décision par laquelle le juge d'instruction décide de suspendre ou de supprimer le permis qu'il a accordé à une personne pour qu'elle rende visite à un prévenu, qu'elle soit prise en application des dispositions de l'article D. 408 du Code de procédure pénale en raison des troubles causés par le visiteur et signalés par le chef d'établissement pénitentiaire ou d'une autre disposition du Code de procédure pénale, ne saurait être regardée comme détachable de la conduite de la procédure judiciaire et relever de la compétence de la juridiction administrative.
- TC, 11juin 2011, requête numéro 3795, Brugia : l'avis donné, en application de l'article 493 du Code civil dans sa rédaction alors en vigueur, par le président du conseil général de l'Essonne au juge des tutelles, relatif à la situation de danger dans laquelle se trouvait, selon lui, l'intéressée n'est pas détachable de la décision par laquelle le juge des tutelles a décidé de l'ouverture de la procédure judiciaire.

Une autre difficulté se pose en matière de décisions des organes administratifs relatives à l'exécution des peines. La jurisprudence distingue les décisions relatives au fonctionnement du service public pour lesquelles les juridictions administratives sont compétentes et celles qui sont « relatives à la nature et à la limite d'une peine infligée par une juridiction judiciaire » (TC, 22 février 1960, Dame veuve Fargeaud d'Epied : Rec. p. 855). Il en résulte que les mesures d'individualisation de la peine, telles une semi-liberté ou une mesure de libération conditionnelle sont des mesures qui modifient le prononcé initial d'une peine et elles relèvent donc de la compétence du juge judiciaire. En revanche « les décisions (d'un) magistrat prises pour l'exécution du service pénitentiaire constituent des décisions administratives qui ne relèvent que de la juridiction administrative » (CE Sect., 5 février 1971, requête numéro 74850, Dame veuve Picard : Rec. p. 101 ; AJDA 1971, p. 147, chron. Labetoulle et Cabannes ; D. 1971, p. 503, note Moderne ; JCP 1973, éd. G, II, 17517, note Franses-Magre).

Exemple :
- CE, 26 octobre 2011, requête numéro 350081, Beaumont (Rec. tables, p. 838 ; Droit adm. 2012, 9, note Fleury) : si la décision par laquelle le juge chargé de l'application des peines détermine la durée du placement sous surveillance électronique mobile, modifie, complète ou supprime les obligations résultant de ce placement, est relative au contenu et aux limites d'une modalité d'aménagement de la peine, les mesures prises par les services de l'administration pénitentiaire pour assurer le bon état du dispositif de surveillance se rattachent au fonctionnement du service public de l'administration pénitentiaire.

B – Actes administratifs adoptés par des organes participant au pouvoir législatif

En principe, les décisions prises par les autorités des assemblées, élues ou non, ne sont pas des actes administratifs unilatéraux.

Exemples :
- CE Sect., 29 décembre 1995, requête numéro 153187, Sabaty : les décisions prises par l'Assemblée nationale d'allouer des secours à d'anciens députés se trouvant sans emploi, ainsi que la lettre refusant de communiquer ces décisions n'ont pas le caractère d'actes administratifs susceptibles d'être déférés à la juridiction administrative.
- CE, 21 juillet 1995, requête numéro 16179, Mayneris : la décision d'un parlementaire refusant de saisir le médiateur de la République n'a pas le caractère d'une décision administrative.
- CE, 16 avril 2010, requête numéro 304176, Fédération chrétienne des témoins de Jéhovah de France : l'acte par lequel le président de l'Assemblée nationale rend public le rapport d'une commission d'enquête parlementaire est indissociable de la fonction parlementaire de contrôle dont les commissions créées par cette Assemblée et les rapports qu'elles élaborent, notamment en vue de les rendre publics, sont l'un des éléments. Il échappe de ce fait par nature au contrôle du juge de l'excès de pouvoir. La circonstance qu'en vertu de la tradition constitutionnelle française de séparation des pouvoirs, aucune juridiction ne puisse être saisie d'un tel litige, ne saurait avoir pour conséquence d'autoriser le juge administratif à se déclarer compétent.

Par exception, cependant, l'ordonnance n°58-1110 du 17 novembre 1958 relative au fonctionnement des assemblées parlementaires a prévu la compétence de la juridiction administrative pour connaître de tous litiges d'ordre individuel concernant les agents titulaires des services des assemblées parlementaires (V. par ex. CAA Paris, 9 octobre 2006, requête numéro 03PA00167, M. Frédéric X.). En revanche, le juge administratif demeure incompétent pour connaître des recours exercés directement contre les actes règlementaires des assemblées parlementaires relatifs à leurs personnels (CAA Paris, 18 mai 2006, requête numéro 05PA03662, requête numéro 05PA03663, Becq et Szabo : AJDA 2006, p. 1482, note Trouilly). Il accepte toutefois de contrôler par voie d'exception la légalité des dispositions règlementaires adoptées par les assemblées et relatives à leurs agents, à l'occasion d'un litige portant sur la situation individuelle de ces derniers (CE, 16 janvier 1996, Escriva, requête numéro 148631 : Rec. p.10.- CE, 28 janvier 2011, requête numéro 335708, Patureau : JCP G 2011, act. 154, obs. Dubreuil).

Il est à noter que par une décision du 13 mai 2011 (numéro 2011-129 QPC : JCP A 2011, 2212, note Domingo) le Conseil constitutionnel a déclaré conformes à la Constitution, et plus précisément au droit à un recours juridictionnel effectif visé par l'article 16 de la Déclaration des droits de l'Homme et du citoyen, les dispositions de l'article 8 de l'ordonnance du 17 novembre 1958 concernant les litiges relatifs aux agents des assemblées parlementaires. Les juges ont considéré « qu'en ne permettant pas à une (organisation syndicale) de saisir directement la juridiction administrative d'un recours contre un acte statutaire pris par les instances d'une assemblée parlementaire, le législateur a assuré une conciliation qui n'est pas disproportionnée entre le droit des personnes intéressées à exercer un recours juridictionnel effectif et le principe de séparation des pouvoirs garantis par l'article 16 de la Déclaration de 1789 ».

Si une évolution s'est donc produite concernant les agents des assemblées parlementaires, tel n'est pas le cas s'agissant statut des parlementaires eux-mêmes ce qui se comprend aisément au regard du principe de séparation des pouvoirs. Sont en effet en cause des décisions mettant en cause un statut qui « se rattache à l'exercice de la souveraineté nationale par les membres du Parlement » (CE Ass., 4 juillet 2003, requête numéro 254850, Papon : Rec. p. 308 ; AJDA 2003, p. 1603, chron. Donnat et Casas ; RDP 2003, p. 1227, note Camby ; RFDA 2003, p. 917, concl. Vallée). Le juge administratif refuse en conséquence de se prononcer sur ce statut, par voie d'action comme par voie d'exception. Dans l'affaire Papon, il a ainsi été jugé qu'il n'appartient pas au juge administratif de connaître des litiges relatifs au régime des pensions des parlementaires (V. dans le même sens CE, 28 décembre 2009, requête numéro 320430, Ouattara). Une solution identique s'applique en matière de sanctions infligés aux parlementaires (CE, ord. réf., 28 mars 2011, requête numéro 347869, Gremetz : D. 2011, p. 1540, note Renaudie. – CAA Paris, 12 juillet 2016, requête numéro 15PA03424, Aubert : AJDA 2016, p. 2058, concl. Cantié ; AJDA 2017, p. 41, note Sorin).

Une seconde exception, qui concerne les litiges individuels en matière de marchés publics, a été introduite dans l'ordonnance du 17 novembre 1958 par loi n°2003-710 du 1er août 2003. Est ainsi consacrée la solution retenue par le Conseil d'Etat dans son arrêt d'Assemblée du 5 mars 1999, Président de l'Assemblée nationale (requête numéro 163328 : Rec. p. 42, concl. Bergeal ; AJDA 1999, p. 409, chron. Raynaud et Fombeur ; D. 1999, jurispr. p. 627, Brunet ; Dr. adm. 1999, 142, note Haquet ; JCP G 1999, II, 10090, note Desclodures ; Rev. adm. 1999, p. 164, note Molandin ; RDP 1999, p. 1785, note Thiers ; CJEG 1999, p. 181, concl. Bergeal; RFDA 1999, p. 333, concl. Bergeal ; RFDC1999, p. 615, note Trémeau).

C – Actes administratifs adoptés par des personnes privées

Sont des actes administratifs les actes des personnes privées investies d'une mission de service public dès lors qu'elles mettent en œuvre des prérogatives de puissance publique confiées par habilitation à ces organismes. Pour le dire autrement, l'acte est administratif s'il est pris « dans l'accomplissement d'un service public et dans l'exercice de prérogatives de puissance publique » (CE Sect., 22 novembre 1974, requête numéro 89828, Fédération des industries françaises de sport : Rec. p. 577).

Exemple :
- CE, 25 juin 2001, requête numéro 234363, SAOS Toulouse football club (préc.) : constitue un acte administratif la décision de la fédération française de football portant homologation des résultats du championnat de France.

Cette hypothèse concerne notamment certaines décisions prises par les ordres professionnels, par des organismes financiers ou sociaux, ou encore par des fédérations sportives. S'agissant des fédérations sportives, les juges contrôlent également le respect des règles de procédure internes auxquelles elles se sont elles-mêmes soumises.

Exemple :
- CAA Versailles, 29 juin 2006, requête numéro 06VE00038, Fédération française de handball : l'article 6 du règlement du jury d'appel de la fédération français de handball, lequel a pour mission de traiter tous les appels formés contre les décisions des commissions nationales, précise que cette instance « comporte au moins au minimum 5 membres et au maximum 18 membres en réunion … Des membres compétents en matière de gestion économique et financière (au minimum 3, au maximum 10), peuvent être appelés à se joindre au jury d'appel pour traiter en appel des dossiers traités en première instance par la commission nationale du contrôle de gestion ». Si le jury d'appel n'est pas tenu de faire appel à des personnalités qualifiées en matière de gestion économique et financière, cette possibilité n'étant qu'une faculté qui lui est offerte, il résulte cependant des dispositions susvisées que lorsque le jury d'appel exerce cette faculté, les membres compétents en matière de gestion économique et financière doivent être au moins au nombre de trois. Or en l'espèce, le jury d'appel a eu recours, lors de la séance au cours de laquelle a été prise la décision attaquée, à une seule personnalité compétente en matière de gestion économique et financière. Ainsi, la composition de la commission était entachée d'une irrégularité de nature à avoir influé sur le sens de la décision attaquée.

En revanche, lorsque l'acte en cause ne concerne pas l'exécution même du service public, mais l'organisation interne de l'activité et notamment, pour les fédérations sportives, les règles purement sportives, il sera considéré comme une simple décision qui ne se distingue en rien de celles que peuvent prendre n'importe quelles personnes privées.

Exemples :
- CE, 29 septembre 2003, requête numéro 248140, Société UMS Pontault-Combault handball : ni l'application des dispositions techniques propres à chaque discipline ni l'appréciation des performances des participants ne peuvent être discutées devant le juge administratif. L'association requérante ne peut donc pas utilement invoquer des moyens tendant à contester l'application par un jury d'appel de la règle technique de la fédération française de handball relative au temps mort au cours d'un match.
- CE, 12 décembre 2003, requête numéro 21913, Syndicat national des enseignants professionnels de judo, jujitsu (AJDA 2004, p. 992, note Joubert-Rifaux) : le requérant demandait l'annulation de la décision implicite de rejet opposée par la fédération française de judo, jujitsu, kendo et disciplines associées à sa demande d'abrogation de certaines dispositions de ses statuts et de son règlement intérieur. La juridiction administrative est incompétente, le litige portant, d'une part, sur les statuts d'une fédération sportive qui sont des actes de droit privé et, d'autre part, sur des dispositions du règlement intérieur de cette fédération qui se bornent à reprendre lesdites clauses statutaires.

Ce raisonnement s'applique également dans d'autres domaines que celui des activités sportives.

Exemple :
- TC, 16 juin 1997, requête numéro 3050, Breton : Une assistante maternelle a reçu des enfants confiés par des associations qui, même si elles sont investies d'une mission de service public et bénéficient de financements publics, constituent des personnes morales

de droit privé. Les rapports entre cette assistante maternelle et ces associations ne peuvent être que des rapports de droit privé.

II – Actes non administratifs émanant d'organes administratifs

Les plus hautes autorités administratives peuvent édicter certains actes de nature législative ainsi que des actes de gouvernement qui ont pour point commun de ne pas constituer des actes administratifs.

A – Actes législatifs

Dans des périodes de crise, des mesures prises par le pouvoir exécutif peuvent se voir reconnaître valeur législative par le juge. Tel a été le cas, notamment, des ordonnances prises par le Comité français de libération nationale et par le gouvernement provisoire de la République entre 1944 et 1946 (CE, 22 février 1946, Botton : Rec. p. 58 ; S. 1946, III, p. 56, note P.H.) ou encore des ordonnances de l'article 92 qui ont permis au gouvernement de mettre en place les institutions de la Cinquième République (CE, 12 février 1960, Société Eky, préc.). Il faut également mentionner les ordonnances de l'article 16 qui permettent au Président de la République de prendre des actes qui relèvent normalement de la compétence du législateur, et qui seront inattaquables devant le juge administratif (CE Ass., 2 mars 1962, Rubin de Servens, requête numéro 55049, requête numéro 55055, préc.).

B – Actes de gouvernement

Les actes de gouvernement sont des actes pris par des autorités administratives dans différents domaines qui, en raison de leur nature, échappent à la compétence du juge administratif et plus généralement à tout contentieux de la légalité, par voie d'action ou par voie d'exception (CE, 12 février 2016, requête numéro 387931, Lecuyer). L'immunité juridictionnelle conférée aux actes de gouvernement n'a été jugé contraire ni à l'article 6§1 de la Convention européenne des droits de l'homme (CEDH, grde ch., 14 décembre 2006, affair numéro 1398/03, Markovic c/ Italie) ni à l'article 13 de la même Convention garantissant un recours effectif (CE, 30 décembre 2015, requête numéro 384321, Dupin : Rec. p. 486 ; Dr. adm. 2016, 35, note Eveillard).

En revanche, les conséquences d'un acte de gouvernement peuvent entraîner la responsabilité de l'Etat. Certes, en la matière, la responsabilité pour faute de l'Etat est exclue (CE Sect., 1er juin 1951, Société des étains et wolfram du Tonkin : Rec. p. 312). En revanche, sa responsabilité sans faute peut le cas échéant être engagée sur le fondement de la rupture de l'égalité devant les charges publiques, mais seulement si ce préjudice est lié à l'application d'une convention internationale (CE Ass., 30 mars 1966, Compagnie générale d'énergie radioélectrique : Rec. p. 257 ; AJDA 1966, p. 350, chron. Puissochet et Lecat ; D. 1966, p. 582, note Lachaume ; JCP 1967, 15000, note Dehaussy ; RDP 1966, p. 774, concl. Bernard et p. 995, note Waline.- V. sur ces questions infra p. 700 s.).

La catégorie des actes de gouvernement est assez difficilement appréhendable, ce qui tient notamment au fait que l'expression même d'acte de gouvernement n'apparaît pratiquement dans aucune décision (V. cependant, pour des contre-exemples récents :

CE, 20 octobre 2000, requête numéro 201061, requête numéro 201063, requête numéro 201137, Bukspan : RDP 2001, p. 311, concl. Mitjaville.- CE, 21 novembre 2017, requête numéro 415289, Association nationale d'assistance aux frontières pour les étrangers et a.).

Elle est également en constant recul, les exigences de l'Etat de droit n'étant guère compatibles avec l'idée que certains actes sont « au-dessus » de tout contentieux. La catégorie des actes de gouvernement persiste néanmoins ce qui doit conduire à s'interroger sur le contenu de cette notion ainsi que sur son évolution.

D'abord conçue de façon assez large, la catégorie des actes de gouvernement a en grande partie été vidée de son contenu. Cette évolution, qui n'est certainement pas achevée, a été rendue possible par l'abandon du critère du mobile politique qui soutenait la conception originelle de l'acte de gouvernement.

1° Conception originelle de l'acte de gouvernement

Au début du XIX° siècle, l'acte de gouvernement pouvait être défini comme tout acte de l'administration pris en considération de motivations politiques.

Cette conception apparaît très clairement dans l'arrêt du Conseil d'Etat Laffitte du 1er mai 1822 (Rec. p.371). Dans cette affaire, le Conseil d'Etat refuse de connaître de la demande d'un banquier relative au paiement des arrérages d'une rente qui lui avait été cédée par un membre de la famille Bonaparte. Les juges estiment en effet que cette réclamation « tient à une question politique dont la décision appartient exclusivement au gouvernement ».

Cette jurisprudence était confortée par le règlement du Conseil d'Etat qui prévoyait que de fortes amendes pouvaient être infligées aux avocats qui le saisissaient de recours contre des actes relevant de cette catégorie. Toutefois, une telle immunité accordée à certains actes émanant d'organes administratifs n'était guère choquante. En effet, dans un système de justice retenue et sous l'empire de la théorie de l'administrateur juge, c'est de toute façon toujours le gouvernement et le chef de l'Etat qui statuaient en dernier ressort.

L'octroi définitif au Conseil d'Etat de la justice déléguée par la loi du 24 mai 1872 lui a conféré une nouvelle liberté d'action par rapport au pouvoir politique, ce qui a permis de revenir à une conception plus étroite de l'acte de gouvernement, concrétisée par l'arrêt Prince Napoléon du 19 février 1875 (Rec. p. 155, concl. David ; D. 1875, III, p.18, concl. David). Cet arrêt marque l'abandon du critère du mobile politique au profit de critères plus objectifs.

En l'espèce, le Conseil d'Etat était saisi d'un recours du neveu de l'Empereur déchu contre la décision radiant son nom de la liste des généraux figurant sur l'annuaire militaire. A l'évidence, cette mesure avait été prise pour un mobile politique lié au changement de régime consécutif à la défaite de 1870. Le Conseil d'Etat a pourtant décidé de suivre les conclusions de son commissaire du gouvernement selon lesquelles « pour présenter le caractère exceptionnel qui le mette en dehors et au-dessus de tout contrôle juridictionnel, il ne suffit pas qu'un acte, émané du gouvernement ou de l'un de ses représentants, ait été délibéré en Conseil des ministres ou qu'il ait été dicté par un motif politique ».

Cependant, l'arrêt Prince Napoléon n'a pas fait disparaître la catégorie des actes de gouvernement. Il a seulement restreint leur domaine, cette restriction étant la conséquence de l'abandon du critère du mobile politique.

2° Conception actuelle de l'acte de gouvernement

Comme l'expose R. Odent l'acte de gouvernement peut être défini comme « un acte accompli par le pouvoir exécutif, dans ses relations avec une autorité échappant à tout contrôle juridictionnel, c'est-à-dire principalement le législateur ou une puissance étrangère » (Contentieux administratif, cours IEP Paris 1970-1971, p. 304). Les actes de gouvernement peuvent être ainsi répartis en deux catégories : une première catégorie concerne le fonctionnement des pouvoirs publics constitutionnels, une seconde la conduite des relations internationales.

a- Actes se rattachant au fonctionnement des pouvoirs publics constitutionnels

Cette première catégorie concerne d'abord les différents actes liés aux rapports constitutionnels entre le pouvoir exécutif et le pouvoir législatif.

Ainsi, constituent des actes de gouvernement :

- Une décision refusant de déposer un projet de loi (CE, 29 novembre 1968, Tallagrand : Rec. p. 607 ; D. 1969, p. 386, note Silvera ; RDP 1969, p. 686, note Waline), alors même qu'il s'agirait de respecter les engagements internationaux de la France (CE, 26 novembre 2012, requête numéro 350492, Krikorian et a. : Rec. tables, p. 528.- TC, 6 juillet 2015, requête numéro 3995, Krikorian et a., préc.).
- Un décret de promulgation d'une loi (CE, 3 novembre 1933, Desreumeaux : Rec. p. 993 ; D. 1934, III, p.9, note Allibert.- CE, 27 octobre 2015, requête numéro 388807, Fédération démocratique alsacienne).
- Une décision de nommer un membre du Conseil constitutionnel (CE Ass., 9 avril 1999, requête numéro 195616, Ba : Rec. p. 124 ; AJDA 1994, p. 409, chron. Raynaud et Fombeur ; D. 2000, p. 335, note Serrand ; Droit adm. 1999, 141 ; RDP 1999, p. 1573, note Camby ; RDP 2000, p.376, obs. Guettier ; RFDA 1999, p.566, concl. Salat-Baroux).
- Le refus du ministre de la Défense de faire droit à une demande de modification des « conditions d'application » d'une loi (CE, 18 décembre 2009, requête numéro 310317, Association des ingénieurs divisionnaires en retraite et des anciens préparateurs en laboratoire d'électronique ministère de la Défense : JCP A 2010, 2047, note Rouault).

En revanche, il a été jugé que ne constituent pas des actes de gouvernement :

- La décision du Premier ministre de mettre en œuvre, ou de ne pas mettre en œuvre, la procédure de délégalisation de l'article 37 al. 2 de la Constitution (CE Sect., 3 décembre 1999, requête numéro 164789, requête numéro 165122, Association ornithologique et mammalogique de Saône-et-Loire, préc.).
- Un décret du Président de la République déclarant l'état d'urgence en application des dispositions de la loi du 3 avril 1955, l'intervention du Parlement appelé à décider de la prorogation de ce régime d'exception n'étant pas certaine au moment de l'édiction du décret (CE, 24 mars 2006, requête numéro 286834, Rolin et Boisvert : préc).
- La délibération par laquelle le bureau du Conseil économique, social et environnemental déclare l'irrecevabilité d'une pétition qui lui est remise (CE, 15 déc. 2017, requête numéro 402259, Brillault : Dr. adm. 2018, 18, note Eveillard).

Par extension, la théorie de l'acte de gouvernement a également vocation à s'appliquer aux rapports entre le Parlement et les institutions de l'Union européenne. Le Conseil d'Etat a ainsi jugé, à l'occasion d'un arrêt d'Assemblée du 7 novembre 2008, Comité national des interprofessions des vins à appellation d'origine et a. (requête numéro 282920 : JCPA

2008, act. 956 ; RFDA 2009, p. 111) qu'un recours contre une décision du Premier ministre notifiant une loi instituant une aide d'Etat « n'est pas détachable de la procédure d'examen par la Commission » du projet d'aide. En revanche, il ressort du même arrêt qu'une décision refusant de notifier un texte au titre de la règlementation européenne des aides d'Etat se rattache à l'exercice, par le gouvernement, d'un pouvoir qu'il détient seul aux fins d'assurer l'application du droit de l'Union européenne et le respect des exigences inhérentes à la hiérarchie des normes. Une telle décision est, y compris lorsque le texte en cause est de nature législative, susceptible d'être contestée par la voie du recours pour excès de pouvoir. Le juge devra alors déterminer si le texte dont la notification est demandée est relatif à une aide d'Etat dont la Commission doit être informée.

Peuvent également être qualifiés d'actes de gouvernement des actes concernant les rapports entre le Président de la République, le Premier ministre et le gouvernement. Ainsi, les décrets relatifs à la nomination du Premier ministre et à la composition du gouvernement mettent en cause les « rapports d'ordre constitutionnel institués entre le Président de la République, le Premier ministre et le gouvernement » et sont donc insusceptibles de contentieux (CE, 16 septembre 2005, requête numéro 282171, requête numéro 282172, requête numéro 282173, Hoffer : JCPA 2005, act. 582).

Pour ce qui concerne maintenant l'autorité judiciaire, qui fait l'objet du titre VIII de la Constitution du 4 octobre 1958, il existait traditionnellement une seule illustration de la théorie des actes de gouvernement, celle où le chef de l'Etat exerçait son droit de grâce. La position du Conseil d'Etat a toutefois évolué sur cette question puisque s'il se déclare toujours incompétent pour connaître de telles décisions, c'est pour d'autres motifs que ceux tenant à la théorie de l'acte de gouvernement. Dans l'arrêt d'Assemblée Gombert du 28 mars 1947, le Conseil d'Etat a ainsi motivé l'irrecevabilité du recours contre une décision prise par le Président de la République dans l'exercice de son droit de grâce par le fait que cette décision est relative à la nature et aux limites d'une peine et relève donc de la compétence des juridictions de l'ordre judiciaire (Rec. p. 138 ; RDP 1947, p. 95, note Waline ; S. 1947, III, p. 89, concl. Celier.- CE, 30 juin 2003, requête numéro 244965, Observatoire international des prisons, section française : AJDA 2003, p. 1790). Une solution identique a été appliquée pour un recours dirigé contre une circulaire du garde des Sceaux relative à l'application d'un décret de grâce collective (CE, 19 avril 2011, requête numéro 339518, Boissier).

b- Actes se rattachant à la conduite des relations internationales

Les actes concernant la conduite des relations internationales sont insusceptibles de faire l'objet d'un recours contentieux.

Ont ainsi le caractère d'un acte de gouvernement :

- La décision par laquelle le gouvernement a suspendu les stipulations des accords en vigueur entre la France et un certain nombre d'Etats en vertu desquelles les ressortissants de ces Etats étaient dispensés de la formalité du visa pour l'entrée sur le territoire national (CE, 30 juillet 1997, requête numéro 155760, Etienne : Rec. p. 626) ;

- La décision du Président de la République de reprendre des essais nucléaires (CE Ass., 29 septembre 1995, requête numéro 171277, Association Greenpeace France : Rec. p. 347 ; AJDA 1995, p. 749, chron. Stahl et Chauvaux ; RDP 1996, p. 256, concl. Sanson ; JCP G 1996, II, 22582, note Moreau ; LPA 1995, n° 141, p. 23, note Nguyen Van Tong ; RFDA 1996, p. 383, chron. Ruzié ; D. 1996, p. 205, note Braconnier) ;

- La décision du chef de l'Etat d'engager des troupes en Yougoslavie et les décisions déterminant les objectifs militaires à atteindre et les moyens à mettre en œuvre (CE, 5 juillet 2000, requête numéro 206303, requête numéro 206965, Mégret et Mekhantar : AJDA 2001, p. 95, note Gounin ; RFDA 2000, p. 1144) ;

- Une circulaire par laquelle le ministre de l'Education nationale demande aux établissements d'enseignement supérieur de ne plus inscrire des étudiants irakiens pendant la première guerre du golfe (CE, 23 septembre 1992, requête numéro 120437, requête numéro 120737, GISTI et MRAP : Rec. p. 346 ; JCP G 1992, IV, 2796, obs. Rouault ; AJDA 1992, p. 572, concl. Kessler).

- Les décisions par lesquelles le groupe français de la Cour permanente d'arbitrage propose ou refuse de proposer une candidature à l'élection des juges à la Cour pénale internationale, dès lors qu'elles ne sont pas détachables de la procédure d'élection de ces juges par l'Assemblée des Etats parties à la convention portant statut de cette juridiction internationale (CE, 28 mars 2014, requête numéro 373064, de Baynast : Dr. adm. 2014, 43, note Eveillard).

- Une décision par laquelle le gouvernement s'oppose à la tenue, sur le territoire français, d'opérations permettant aux ressortissants d'un Etat étranger - l'Etat syrien en l'espèce - qui résident en France de voter à un scrutin politique organisé par les autorités de ce pays (CE, 23 mai 2014, requête numéro 380560, Daoud : Dr. adm., 57, note de Montis).

- Une décision du ministre des Affaires étrangères reconnaissant le statut diplomatique d'une institution étrangère, en l'occurrence l'Institut pour le commerce extérieur italien (CE, 30 décembre 2015, requête numéro 384321, Dupin).

Cependant, le régime juridique des actes de gouvernement n'a vocation à s'appliquer qu'aux seuls actes qui concernent les relations d'Etat à Etat. Puisqu'il s'agit d'un régime dérogatoire au droit commun, il n'a ainsi vocation à s'appliquer qu'à des hypothèses précisément circonscrites. Par conséquent, lorsque des éléments juridiques peuvent être détachés d'un acte de gouvernement, ils ne seront pas eux-mêmes qualifiés comme tels et pourront dès lors être soumis au contrôle du juge administratif. Plus précisément, comme l'expose M. Ricci « l'acte est dit détachable lorsqu'il peut être examiné, en droit ou en fait, en lui-même, car il forme un tout suffisamment cohérent en soi et suffisamment autonome par rapport à son environnement juridique pour être appréhendé et traité juridiquement tout seul » (Droit administratif général, 5ème éd., Hachette 2006, p.128).

Cette théorie, qui peut également concerner le fonctionnement des pouvoirs publics constitutionnels (V. par exemple, à propos d'un décret chargeant un parlementaire d'une mission temporaire CE, 25 septembre 1998, requête numéro 195499, Mégret : Rec. p. 341 ; Dr. adm. 1998, 351 ; RFDA 1999, p. 345, note Baghestani-Perrey ; AJDA 1999, p. 240 et p. 409, chron. Fombeur et Raynaud) a surtout vocation à s'appliquer en matière de relations internationales.

Ainsi, par exemple, sont détachables des relations diplomatiques :

- Une décision rejetant une demande d'extradition (CE Ass., 15 octobre 1993, requête numéro 142178, Royaume-Uni de Grande Bretagne et d'Irlande du Nord, Gouverneur de la Colonie royale de Hong-Kong : Rec. p. 267, concl. Vigouroux ; RFDA 1993, p. 1179, concl. Vigouroux ; AJDA 1993, p. 886, chron. Maugüé et Touvet ; RDP 1994, p. 525, note Fines ; D. 1994, p. 108, note Julien-Laferriere, JCP G 1993, IV, 2643, obs. Rouault) ;

- Une décision retirant un décret d'extradition (CE, 14 décembre 1994, requête numéro 156490, gouvernement suisse : Rec. p. 549 ; AJDA 1995, p. 56, concl. Vigouroux ; RDP 1995, p. 781, note Chappez ; RFDA 1995, p. 109, obs. Labayle) ;

- Une décision d'inscription d'un organisme sur la liste des entités dont les opérations de change, mouvements de capitaux et règlements financiers de toutes sortes sont soumis à autorisation (CE, 3 novembre 2004, requête numéro 262626, Association Secours mondial de France).

-Si la notification de la décision de la France de réintroduire temporairement le contrôle aux frontières intérieures prévue à l'article 27 du Code frontières Schengen n'est pas détachable de la procédure d'information des autres Etats membres et de la Commission dans laquelle elle s'inscrit, la décision nationale que cette notification porte à connaissance constitue une décision administrative dont il appartient au juge administratif de connaître par la voie du recours pour excès de pouvoir (CE, 28 décembre 2017, requête numéro 415291, Association nationale d'assistance aux frontières pour les étrangers).

La jurisprudence concernant les actes de gouvernement est donc extrêmement subtile. Un dernier exemple, qui ne concerne pas la théorie de la détachabilité, est fourni par l'arrêt d'Assemblée du Conseil d'Etat du 30 juillet 2014, Kodric et Heer (requête numéro 349789 : AJDA 2014, p. 2145, note Pontier ; JCP G 2014, 995, note Biagini-Girard ; JCP A 2014, act. 676, obs. Tesson ; RFDA 2014, p. 1092, note Lavialle). Il ressort de cet arrêt que si la décision de la France de saisir une œuvre d'art à la fin de la Seconde Guerre mondiale inscrite au répertoire « Musées nationaux récupération » est un acte de gouvernement, la décision de refus de restituer l'œuvre à celui qui se prétend son légitime propriétaire est un acte administratif unilatéral susceptible de recours devant le juge administratif. Et encore, dans cette hypothèse, le juge judicaire devra être saisi à titre préjudiciel en cas, notamment, de questions accessoires relatives à la propriété de l'œuvre concernée.

III – Actes de droit privé pris par des organes administratifs

L'édiction d'actes administratifs constitue la principale manifestation de l'exercice des prérogatives de puissance publique par les autorités administratives, et le cas échéant par des personnes privées. Il arrive toutefois que des décisions prises par des autorités administratives ne manifestent pas l'exercice de telles prérogatives et qu'elles se voient alors qualifiées d'actes de droit privé.

La principale hypothèse concerne les actes individuels relatifs à la gestion des services publics industriels et commerciaux, y compris ceux pris en charge par des personnes publiques (CE Sect., 15 décembre 1967, Level : Rec. p. 501 ; AJDA 1968, p. 230, chron. Massot et Dewost, concl. Braibant ; D. 1968, p. 387, note Leclercq), par opposition aux actes réglementaires qui constituent des actes administratifs (CE, 26 juin 1989, requête numéro 91356, Association Etudes et consommation -CFDT : CJEG 1990, p. 180, note Lachaume). Il s'agit ici d'éviter de compliquer les règles de répartition des compétences juridictionnelles en refusant d'opérer une distinction entre les services publics industriels et commerciaux selon qu'ils sont pris en charge par une personne publique ou bien par une personne privée.

Un autre cas particulier concerne les actes unilatéraux de gestion du domaine privé des collectivités publiques, conformément à la célèbre distinction établie par le commissaire du gouvernement Romieu dans ses conclusions sur l'arrêt Terrier du 6 février 1903 (préc.). En effet, ces actes ne sont pas pris dans le cadre d'une mission de service public (TC, 15 janvier 2007, requête numéro 3521, Ouhramoune c/ Ville de Paris) et ils ne mettent « en œuvre aucune prérogative de puissance publique distincte de l'exercice par un particulier de son droit de propriété » (TC, 24 octobre 1994, requête numéro 02922, Duperray et SCI Les Rochettes : Rec. p. 606 ; Bull. confl. n°15, p. 18 ; Dr. adm. 1995, 69.- CE, 3 juin 1988, requête numéro 173186, requête numéro 173186, Commune de Saint-Palais-sur-Mer).

Dans son arrêt Brasserie du théâtre du 22 novembre 2010 (requête numéro 3764 : AJDA 2010, p. 2423, chron. Botteghi et Lallet ; BJCP 2011, p. 55, concl. Collin ; JCP A 2011, 2041, note. Sorbara ; Dr. adm. 2011, 20 note Melleray ; BJCL 2011, p. 439, note Martin ; Contrats-Marchés publ. 2011, 26, note Devillers ; RJEP mars 2011, p. 12, note Pélissier), le Tribunal des conflits a précisé les règles de compétence juridictionnelle en cas de litige concernant l'une de ces décisions. Le tribunal a considéré que « la contestation par une personne privée de l'acte par lequel une personne morale de droit public ou son représentant, gestionnaire du domaine privé, initie avec (une) personne privée, conduit ou termine une relation contractuelle, quelle qu'en soit la forme, dont l'objet est la valorisation ou la protection de ce domaine … ne met en cause que des rapports de droit privé et relève, à ce titre, de la compétence du juge judiciaire ». Toutefois, c'est le juge administratif qui est compétent pour statuer sur les refus d'une commune de conclure un contrat relatif à la gestion de son domaine privé avec une personne privée, alors même que c'est le juge judiciaire qui est compétent une fois le contrat conclu (TC, 5 mars 2012, requête numéro 3833, Dewailly c/ Centre communal d'action sociale de Caumont : JCPA 2012, 2180, note Martin). Le juge administratif est également compétent dans deux autres cas. Le premier, visé par l'arrêt Brasserie de théâtre, est celui où la décision en cause affecte le périmètre ou la consistance du domaine public. C'est le cas, par exemple, s'agissant d'un acte mettant fin à une promesse unilatérale de vente portant sur un bien du domaine privé (CE, 2 avril 2015, requête numéro 364539, Commune de Case-Pilote : JCP A 2015, 2251, note Martin). Dans cette hypothèse, cependant, ce sont les règles du Code civil et non pas celle de droit administratif qui ont vocation à s'appliquer. La seconde concerne le cas où le contrat relatif au domaine privé contient une clause exorbitante du droit commun (CE, 19 novembre 2010, requête numéro 331837, Office national des forêts : Dr. adm. 2011,19, note Brenet).

§ II – Actes administratifs unilatéraux insusceptibles de recours contentieux

L'acte administratif unilatéral peut revêtir différentes formes : décret, arrêté, délibération, décision, etc. Mais par-delà cet aspect formel, il peut être établi une distinction entre deux catégories d'actes administratifs : les actes administratifs décisoires et les actes administratifs non décisoires.

En principe, selon une approche classique, seuls les actes présentant un caractère décisoire peuvent être attaqués devant le juge administratif, sauf s'ils présentent le caractère d'actes de gouvernement. Ils relèvent du droit dur, lequel est caractérisé par la contrainte exercée sur les administrés, par l'existence de droits et d'obligations que ces actes édictent.

Selon la définition donnée par le commissaire du gouvernement Laroque dans ses conclusions sur l'arrêt Laboratoire Goupil du 27 mai 1987 ; « Le caractère décisoire de l'acte résulte de la modification qu'il apporte à l'ordonnancement juridique : la circonstance qu'il fasse grief à un administré ne suffit pas à rendre ce dernier recevable à former un recours pour excès de pouvoir, si cet acte n'est pas susceptible par lui-même de modifier sa situation juridique » (requête numéro 83292 : Rec. p. 181).

A l'opposé, les actes qui n'ont pas de caractère décisoire ne peuvent normalement pas faire l'objet d'un recours pour excès de pouvoir. Ils relèvent en principe du droit souple, mais, comme on le verra en examinant plus précisément les actes concernés, cette distinction pose en réalité de nombreuses difficultés, notamment parce qu'il n'est pas toujours facile de déterminer si un acte relève ou non du droit souple et s'il produit ou non des effets juridiques. Si cette appréciation peut être délicate, elle s'inscrit néanmoins dans une approche traditionnelle que l'on peut qualifier de kelsénienne selon laquelle la recevabilité du recours dépend de la contrainte résultant de l'acte attaqué.

Plus novatrice, en revanche, est la récente jurisprudence du Conseil d'Etat qui admet que des actes relevant du droit souple et dénués d'effets juridiques peuvent néanmoins faire l'objet d'un recours pour excès de pouvoir, eu égard aux autres effets qu'ils sont susceptibles de produire.

Il existe enfin une catégorie d'actes administratifs décisoires - relevant donc incontestablement du droit dur - qui sont inattaquables : les mesures d'ordre intérieur.

I – Actes administratifs unilatéraux à caractère non décisoire

Cette catégorie comprend d'abord trois types d'actes : les mesures préparatoires, les circulaires et les lignes directrices. Normalement, ces actes sont inattaquables sauf dans les cas où ils produisent, en dépit de leur qualification, des effets juridiques suffisamment importants pour justifier l'exercice d'un contrôle juridictionnel. Mais dans cette hypothèse précise, il y a lieu de considérer que les actes concernés ne relèvent plus du droit souple. Il en va autrement pour d'autres types d'actes relevant du droit souple qui peuvent néanmoins faire l'objet d'un recours pour excès de pouvoir alors même qu'ils ne produisent pas d'effets juridiques.

A – Mesures préparatoires

En principe, les mesures préparatoires, qui participent à l'élaboration d'un futur acte normateur, sont insusceptibles de faire l'objet d'un recours contentieux.

Exemples :
- CE Ass., 15 avril 1996, requête numéro 120273, Syndicat CGT des hospitaliers de Bédarieux (AJDA 1996, p. 405, chron. Stahl et Chauvaux ; RFDA 1996, p. 610) : l'irrecevabilité du recours pour excès de pouvoir « s'étend aux délibérations à caractère préparatoire des collectivités territoriales et de leurs établissements publics, même à raison des vices propres allégués … il ne peut être fait exception à la règle selon laquelle un acte préparatoire ne saurait donner lieu à un recours pour excès de pouvoir que dans les cas où il en est ainsi disposé par la loi ».

- CE, 19 janvier 2011, requête numéro 332635, Mazroui : les avis des autorités consulaires saisies par le préfet dans le cadre de l'examen d'une demande de titre de séjour sont insusceptibles de recours contentieux.

En revanche, par la voie de l'exception d'illégalité, il est possible d'obtenir l'annulation de la décision finale en invoquant l'illégalité d'une mesure préparatoire. La solution paraît opportune du point de vue du principe de bonne administration de la justice. D'une part, elle évite la multiplication des recours contentieux éventuellement dilatoires pour des actes concourant à la même procédure. D'autre part, elle permet au juge saisi d'un recours contre l'acte normateur final de porter un regard rétrospectif sur l'ensemble de la procédure.

Exemples :
- CE, 26 octobre 1990, requête numéro 69039, Ministre de l'Intérieur (Rec. p. 818 ; LPA 28 octobre 1991, n° 129, p. 6, note Holleaux) : l'illégalité de la délibération d'un conseil municipal demandant au préfet qu'il soit recouru à la procédure d'expropriation peut être invoquée à l'appui d'un recours dirigé contre la déclaration d'utilité publique.
- CE, 30 décembre 2013, requête numéro 355556, Société immobilière d'économie mixte de la Ville de Paris et Ville de Paris (Dr. rur. 2014, 47, note Tifine) : l'acte par lequel une personne privée chargée d'une mission de service public et ayant reçu délégation à cette fin en matière d'expropriation demande au préfet l'expropriation d'un immeuble pour cause d'utilité publique traduit l'usage de prérogatives de puissance publique et constitue ainsi un acte administratif. Cette délibération constitue un acte préparatoire aux arrêtés portant déclaration d'utilité publique et cessibilité. Par suite, son illégalité peut être utilement invoquée à l'appui d'un recours contre l'arrêté déclarant d'utilité publique l'acquisition de cet immeuble et contre celui qui le déclare cessible.
- CE, avis, 6 avril 2016, requête numéro 395916 : la décision imposant la réalisation d'une évaluation environnementale en vertu du IV de l'article R. 122-18 du Code de l'environnement est un acte faisant grief. Tel n'est pas le cas, en revanche, de l'acte par lequel l'autorité de l'Etat compétente en matière d'environnement décide de dispenser d'évaluation environnementale un plan, schéma, programme ou autre document de planification mentionné à l'article L. 122-4 du Code de l'environnement. Un tel acte a le caractère d'une mesure préparatoire à l'élaboration de ce plan, schéma, programme ou document, insusceptible d'être déférée au juge de l'excès de pouvoir, eu égard tant à son objet qu'aux règles particulières prévues au IV de l'article R. 122-18 du Code de l'environnement pour contester la décision imposant la réalisation d'une évaluation environnementale. Cette décision pourra toutefois être contestée à l'occasion de l'exercice d'un recours contre la décision approuvant le plan, schéma, programme ou document.

En outre, certaines mesures en apparence préparatoires entraînent des effets décisoires notables, et se détachent de l'acte administratif en cours d'élaboration. Dans de telles hypothèses, ils peuvent faire isolément l'objet d'un recours pour excès de pouvoir. Tel est le cas, par exemple, d'une délibération d'un conseil municipal prise en vue de la passation d'un marché public ou d'une délégation de service public. De même, si l'acte qui décide du principe même d'un projet d'aménagement est attaquable (CE Sect., 30 octobre 1992, requête numéro 140220, Ministre des Affaires étrangères et Secrétaire d'Etat aux Grands travaux c/ Association de sauvegarde du site Alma Champ de Mars : Rec. p. 384.- CE

Sect., 6 mai 1996, requête numéro 121915, Association Aquitaine Alternatives : Rec. p. 144), il en va autrement de la décision d'approbation du dossier de réalisation d'une zone d'aménagement concerté (CE, avis, 4 juillet 2012, requête numéro 356221, Biglione : Rec. p. 269 ; JCP A 2012, 2331, note Sire) ou encore de la délibération qui arrête le dossier définitif d'un projet d'aménagement (CE Sect., 30 mars 2016, requête numéro 383037, Molinier).

La jurisprudence peut évoluer sur ces questions. Ainsi, le Conseil d'Etat a-t-il longtemps rejeté les recours formés contre la notation des fonctionnaires au motif qu'il s'agissait de simples mesures préparatoires à l'établissement des tableaux d'avancement. Ce n'est qu'à partir de l'arrêt Camara du 23 novembre 1962 que le juge a opéré un revirement en admettant la recevabilité de ces recours (Rec. p.627 ; AJDA 1962, p. 666, chron. Gentot et Fournier ; JCP 1963, II., 13111, note Gandolfi).

B – Circulaires

On évoquera la notion de circulaire avant d'étudier la question de la recevabilité du recours contre les circulaires et celle de leur légalité.

1° Notion de circulaire

La circulaire - appelée également note de service ou instruction - est l'instrument par lequel les chefs de service, et notamment les ministres, exercent leur pouvoir hiérarchique sur leurs subordonnés. En effet, le pouvoir hiérarchique implique la possibilité d'adresser aux agents du service des instructions qui vont les guider dans l'accomplissement de leurs missions. Le but recherché est que l'ensemble des agents du service adoptent une solution identique aux problèmes qui leurs sont soumis. La circulaire est une manifestation de ce pouvoir d'instruction : elle a pour principal objet d'interpréter la législation et la règlementation en vigueur et de définir la politique à suivre par l'administration concernée.

Il est à noter que si le premier Ministre n'est pas à proprement parler le chef hiérarchique des autres membres du gouvernement, il est également compétent pour édicter des circulaires, conformément aux dispositions de l'article 21 de la Constitution qui fait de lui le chef du gouvernement (CE, 26 décembre 2012, requête numéro 358226, Association « Libérez les Mademoiselles » : Rec. p. 501 ; JCP A 2013, 30, note Tollinchi et 31, note Pauliat ; RFDA 2013, p. 233, concl. Bourgeois-Machureau).

Les circulaires sont extrêmement nombreuses ce qui peut nuire à la lisibilité du droit. En réaction, une circulaire du Premier ministre du 17 juillet 2013 (numéro 5667/SG) a voulu limiter leur usage à « la diffusion d'instructions pour la mise en œuvre d'une politique publique ». Elles seront signées personnellement par les ministres et ne pourront comporter plus de cinq pages. Un examen rapide des dernières circulaires publiées démontre que ces principes ne sont pas toujours respectés. Notons enfin que la circulaire du 17 juillet 2013 mentionne, les précisions techniques ou méthodologiques nécessaires à la mise en œuvre d'un texte sont désormais transmises via les outils intranet des ministères, ce qui devrait éviter l'édiction de nouvelles circulaires.

L'article L. 312-2 du Code des relations entre le public et l'administration précise quant à lui que les instructions, les circulaires ainsi que les notes et réponses ministérielles qui comportent une interprétation du droit positif ou une description des procédures administratives font l'objet d'une publication. L'article R. 312-8 du même code prévoit que les circulaires et instructions adressées par les ministres aux services et établissements de l'Etat doivent être tenues à la disposition du public sur un site internet relevant du Premier ministre (circulaires.legifrance.gouv.fr). Une circulaire ou une instruction qui ne figure pas sur ce site n'est pas applicable et les services ne peuvent en aucun cas s'en prévaloir à l'égard des administrés dans le cadre de la prise de décisions individuelles (CE, ord. réf., requête numéro 405471, association La Cimade, service oecuménique d'entraide). Notons également que la circulaire du Premier ministre du 15 juillet 2015 précise que ces documents doivent aussi être rendus publics sur les sites internet de chaque ministère.

Le décret n°2008-1281 du 8 décembre 2008, qui était seul à organiser avant l'entrée en vigueur au 1er janvier 2016 la publication des circulaires, prévoyait également que les circulaires et instructions déjà signées sont réputées abrogées si elles n'avaient pas été reprises sur le site internet dédié à la date du 1er mai 2009 (V. par ex. CE, 23 février 2011, requête numéro 334022, Association la Cimade), ce qui a amené un auteur à parler de « Saint-Barthélémy des circulaires et instructions ministérielles » (S. Slama).

Enfin, pour les autres circulaires ministérielles, des modalités particulières de publication peuvent être prévues par un arrêté du Premier ministre (CRPA, art. R. 312-9).

2° Recevabilité des recours dirigés contre les circulaires

Les circulaires ne présentent pas, en principe, de caractère décisoire puisqu'elles ne modifient pas l'état du droit. Cependant, une circulaire peut contenir des éléments qui ne se limitent pas à un simple rappel des règles applicables, et dans cette hypothèse le recours sera recevable. Dans son arrêt d'Assemblée du 29 janvier 1954, Institution Notre-dame du Kreisker, le Conseil d'Etat a ainsi opéré une distinction entre les circulaires interprétatives - inattaquables - et les circulaires contenant des dispositions règlementaires qui peuvent faire l'objet d'un recours pour excès de pouvoir (Rec. p.64 ; AJDA 1954, 2 bis, p. 5, chron. Gazier et Long ; Droit adm. 1954, p. 50, concl. Tricot).

Dans cette affaire, un recours pour excès de pouvoir était dirigé contre une circulaire du ministre de l'Education nationale relative à la constitution de dossiers de demandes de subvention présentées par des établissements d'enseignement privés. Certaines dispositions de cette circulaire ne faisaient manifestement qu'interpréter la loi en vigueur, et donc la mettre en application : par exemple, le ministre pouvait dresser une liste des documents que les établissements privés devaient produire à l'appui de leurs demandes de subvention. De cette façon, le ministre ne faisait que permettre aux conseils académiques de statuer efficacement sur les demandes, ce qui est une compétence qui leur était reconnue par la loi en vigueur. En revanche, d'autres dispositions présentaient un caractère règlementaire. En particulier, la circulaire soumettait l'octroi des subventions à l'acceptation, par les établissements privés, d'un contrôle de leurs enseignements et de leur gestion financière. Or, ces conditions n'étaient pas instituées par la loi. Par conséquent, la circulaire avait modifié l'état du droit résultant des textes applicables et présentait donc un caractère règlementaire.

La reconnaissance du caractère règlementaire de certaines dispositions d'une circulaire permettait au requérant de demander leur annulation au juge administratif. Sur le fond, les circulaires à caractère règlementaire étaient souvent illégales, puisque leur auteur n'était généralement pas compétent pour modifier les textes en vigueur. Si tel n'était pas le cas, et si elle n'était pas entachée de vices autres que l'incompétence de leur auteur, la circulaire était invocable par les administrés et elle leur était opposable.

Dans l'arrêt de Section Duvignères du 18 décembre 2002 (requête numéro 233618 : RFDA 2003, p. 280, concl. Fombeur ; AJDA 2003, p. 487, chron. Donnat et Casas ; JCP A 2003, 5, note Moreau ; LPA 23 juin 2003, p.8, note Combeau : Dr. adm. 2003, 73 et repère 3), le Conseil d'Etat a inauguré une nouvelle distinction entre les circulaires dénuées de caractère impératif et les circulaires impératives. Cependant, la portée de cette évolution doit être relativisée : si la terminologie évolue, cette nouvelle distinction recoupe en partie l'ancienne distinction entre circulaires interprétatives et circulaires réglementaires.

Il ressort de l'arrêt Duvignères que l'interprétation que l'autorité administrative donne, par voie de circulaires, des lois et règlements qu'elle a pour mission de mettre en œuvre, n'est pas susceptible d'être déférée au juge de l'excès de pouvoir dès lors qu'elle est dénuée de caractère impératif. En d'autres termes, une circulaire est inattaquable si elle n'a pas pour objectif de conditionner les décisions qui seront ultérieurement prises.

Exemples :

- CE, 1er mars 2004, requête numéro 254081, Syndicat national des professions du tourisme CGC : le précis de fiscalité édité par le ministère des finances, qui a pour seul objet de présenter sous une forme facilement consultable les dispositions essentielles du droit fiscal et qui indique, dans son avant-propos, ne pas se substituer aux documentations administratives officielles, ne peut être regardé comme étant au nombre des prises de position de l'administration fiscale pouvant lui être opposées par un contribuable sur le fondement de l'article L. 80 A du livre des procédures fiscales. Par suite, il ne contient aucune disposition impérative à caractère général.
- CE, 4 février 2004, requête numéro 248647, OPHLM de Seine-et-Marne : une instruction fiscale qui se borne à résumer les modifications apportées par le législateur à un dispositif donné et à rappeler le régime en vigueur n'a pas pour objet de donner de ces dispositions législatives une interprétation qui, par son caractère impératif, devrait être regardée comme faisant grief. Par suite, le recours pour excès de pouvoir dirigé contre une telle instruction n'est pas recevable.
- CE, 3 octobre 2003, requête numéro 240270, Boonen (AJDA 2003, p.1847) : ne fait pas grief une circulaire de la Commission nationale informatique et libertés qui n'écarte pas de manière impérative la possibilité de photocopier des documents contenus dans le fichier des renseignements généraux.
- CE, 6 avril 2006, requête numéro 280303, Paris : en faisant connaître par avance les aspects de la contribution au bon fonctionnement du service public de la justice qu'il entendait plus particulièrement prendre en compte à l'occasion de la fixation des taux individuels de prime des magistrats de son ressort, un premier président de cour d'appel ne fixe aucune règle impérative.

En revanche, les dispositions impératives à caractère général d'une circulaire ou d'une instruction font grief, tout comme le refus de les abroger. Elles ne seront ni invocables par les administrés, ni opposables à eux par l'administration.

Ainsi, le recours pour excès de pouvoir est notamment recevable contre les circulaires qui dictent aux agents une conduite à tenir, sans qu'il soit nécessaire de déterminer si elles modifient ou non l'état du droit.

Exemples :
- CE, 8 octobre 2004, requête numéro 269077, Union française pour la cohésion nationale (Rec. p. 367 ; AJDA 2005, p. 43, note Rolin ; RFDA 2004, p. 977, concl. Keller ; JCPA 2004, 1849, note Tawil) : en rappelant que la loi n°2004-228 du 15 mars 2004 interdit, dans les écoles, collèges et lycées publics, le port de signes ou tenues par lesquels les élèves manifestent ostensiblement une appartenance religieuse et en reprenant des exemples cités lors des travaux préparatoires de cette loi, le ministre de l'Education nationale, de l'Enseignement supérieur et de la Recherche a précisé l'interprétation de ce texte qu'il prescrit à ses services d'adopter. Le recours pour excès de pouvoir est donc recevable.
- CE, 6 mars 2006, requête numéro 262982, Syndicat national des enseignants et artistes : une instruction qui se borne à résumer les modifications apportées par le législateur au dispositif concernant les déductions pour frais professionnels est susceptible d'être déférée au juge de l'excès de pouvoir dès lors qu'elle présente un caractère impératif.
- CE, 26 décembre 2012, Association « Libérez les Mademoiselles » (préc.) : dans la circulaire litigieuse le Premier ministre a prescrit aux membres du gouvernement, aux préfets de région et aux préfets de département de donner instruction aux services placés sous leur autorité « d'éliminer autant que possible de leurs formulaires et correspondances » le terme « Mademoiselle » en lui substituant celui de « Madame ». La circulaire litigieuse présente donc un caractère impératif.
- CE, 26 avril 2018, requête numéro 407989, Préfet du Val d'Oise : l'instruction portée à la connaissance du préfet du département par courrier du 30 juin 2014, par laquelle le président du conseil général du Val-d'Oise a demandé aux services du département d'orienter systématiquement vers le service intégré d'accueil et d'orientation, à compter du 1er septembre suivant, toute demande d'hébergement d'urgence et d'évaluer la situation des femmes enceintes et des mères isolées avec leurs enfants de moins de trois ans exclusivement « dans le cadre d'une information préoccupante », telle que prévue au 5° de l'article L. 221-1 du Code de l'action sociale et des familles, présente un caractère impératif.

Comme l'a exprimé le Conseil d'Etat dans son rapport public de 2013, même si ces circulaires ne créent pas de règles nouvelles « leur caractère impératif et le fait qu'elles émanent d'une autorité exerçant un pouvoir hiérarchique doivent (…) conduire à retenir (…) leur appartenant au droit dur » ce qui n'est pas le cas des circulaires dénuées de caractère impératif (Le droit souple, la Documentation française 2013, p. 59).

En outre, bien évidemment, une circulaire qui créée une règle nouvelle est nécessairement impérative et donc attaquable. Il peut arriver que dans une telle hypothèse les juges se réfèrent au caractère « règlementaire » de la circulaire - comme dans l'ancienne jurisprudence Institution Notre-Dame du Kreisker - ce qui n'a aucune incidence sur les règles qui seront appliquées.

Exemple :
- CE, 30 septembre 2011, requête numéro 337334, requête numéro 337389, Comité d'action syndicale de la psychiatrie et a. : la circulaire contestée a pour objet de fixer plusieurs conditions de forme qu'il était demandé aux représentants de l'Etat dans le département de faire respecter, lorsque leur étaient adressées des propositions de sorties d'essai formulées par les psychiatres des établissements d'accueil. Au nombre de ces conditions, dont le respect conditionne la recevabilité de la demande, figurent notamment plusieurs pièces et renseignements individuels non spécifiquement prévus par le Code de la santé publique, un délai minimum d'examen de 72 heures, ou le principe selon lequel la demande doit être dactylographiée. Ces dispositions qui précisent la forme, le contenu et le délai de présentation des propositions de sortie à l'essai formulées par les psychiatres des établissements d'accueil, revêtent un caractère règlementaire.

3° Légalité des dispositions des circulaires pouvant faire l'objet d'un recours

Une fois la recevabilité du recours admise, les juges procèdent à l'examen du contenu de la circulaire dont les dispositions litigieuses pourront fait l'objet d'une annulation dans deux hypothèses.

Il s'agit, tout d'abord, de l'hypothèse où la circulaire fixe une règle nouvelle entachée d'incompétence, ce qui sera souvent les cas, comme dans le cadre de la jurisprudence concernant les anciennes circulaires règlementaires illégales. Dans cette hypothèse, la circulaire crée des droits et des obligations supplémentaires sans que la personne qui l'édicte ne détienne de pouvoir règlementaire. Elle est donc susceptible d'être annulée pour vice d'incompétence.

Exemples :
- CE, 6 mars 2006, Syndicat national des enseignants et artistes (préc.) : le ministre de l'Economie, des Finances et de l'Industrie a, par l'instruction attaquée, prévu, en faveur des artistes musiciens, la possibilité d'opérer des déductions de 14 % et 5 % du montant total de leur rémunération nette annuelle au titre des frais réels. Le ministre ne tenant d'aucune disposition législative le pouvoir d'édicter de telles normes, la circulaire attaquée est annulée.
- CE, 30 septembre 2011, Comité d'action syndicale de la psychiatrie et a. (préc.) : les psychiatres des établissements d'accueil n'étant pas placés sous l'autorité hiérarchique des ministres, ceux-ci ne tenaient pas dès lors de leurs pouvoirs d'organisation de leurs services la compétence pour édicter des dispositions relatives à la forme, au contenu et au délai de présentation des propositions de sortie à l'essai. La circulaire attaquée est donc annulée.
- CE, 16 juin 2008, requête numéro 306295, Association Vivre et vieillir ensemble en citoyens et Association des directeurs au service des personnes âgées (JCPA 2008, act. 587) : la circulaire du ministre de la Santé attaquée déterminait, notamment, les modalités de calcul de la dotation de soins allouée aux établissements hébergeant des personnes âgées dépendantes pour l'année 2007. Les juges estiment que le ministre ne s'est pas borné à interpréter les dispositions législatives applicables à la fixation des dotations en cause mais a édicté des règles nouvelles relatives au plafonnement des dotations et aux engagements devant être souscrits par les établissements en contrepartie de leur allocation. Or, il ne résulte ni des dispositions de l'article L. 314-3

du Code de l'action sociale et des familles, ni d'aucune autre disposition législative ou règlementaire que le ministre serait compétent pour édicter de telles règles.

La seconde hypothèse est celle où la circulaire est entachée d'erreur de droit.

Tel est le cas, tout d'abord, où l'interprétation méconnaît le sens et la portée des textes qu'elle interprète.

Exemples :
- CE, 10 janvier 2007, requête numéro 286701, Collectif pour la défense des loisirs verts: l'annexe 1 de la circulaire du 6 septembre 2005 du ministre de l'Ecologie et du Développement durable relative à la circulation des quads et autres véhicules à moteur dans les espaces naturels méconnaît la portée de la règlementation en vigueur en indiquant que le permis de conduire de la sous-catégorie B1 est obligatoire pour la conduite des quads, sans mentionner qu'il n'est requis que pour les quadricycles lourds à moteur.
- CE, 26 juillet 2006, requête numéro 284930, Société Natexis Banques Populaires (Droit fisc. 2006, 69, note Gest et 791, concl. Collin) : le Conseil d'Etat interprète comme conformes à la convention fiscale franco-brésilienne les dispositions du paragraphe II de l'instruction du 5 décembre 1997 du ministre chargé des Finances qui précise que les intérêts de source brésilienne ne donnent droit à aucun crédit d'impôt en France lorsqu'ils n'ont pas été imposés au Brésil.
- CE, 26 mars 2012, requête numéro 338856, Syndicat national des inspecteurs en santé publique vétérinaire : en ordonnant à ses services de recruter des vétérinaires inspecteurs non titulaires à temps incomplet par voie de contrats conclus sur le fondement de l'article 4 de la loi n°84-16 du 11 janvier 1984, alors que cet article ne permet pas le recrutement d'agents contractuels pour assurer des fonctions qui, correspondant à un besoin permanent, impliquent un service à temps incomplet, le ministre a entaché sa note de service d'erreur de droit.
- CE, 20 septembre 2017, requête numéro 401294, Association Enerplan : il résulte des dispositions de l'article 266 quinquies C du Code des douanes qu'elles prévoient l'exonération de l'électricité consommée pour les besoins de l'activité de son producteur, à condition que la production annuelle des installations qu'il exploite n'excède pas 240 millions de kilowattheures par site de production. Ces dispositions, qui visent à favoriser l'autoconsommation d'électricité, n'ont pas subordonné le bénéfice de cette exonération à la condition que le producteur consomme l'intégralité de l'électricité qu'il produit. Dès lors, en prévoyant que celui-ci ne peut pas en bénéficier pour la partie autoconsommée de l'électricité produite si l'autre partie est revendue à des tiers, le ministre des Finances et des Comptes publics a ajouté à la loi une condition d'éligibilité à l'exonération qu'elle ne prévoit pas. Il suit de là que les dispositions contestées de la circulaire sont entachées d'incompétence.

Enfin est concernée l'hypothèse, plus rare, où la circulaire réitère une règle juridique contraire à une norme supérieure. Ainsi, est désormais recevable le recours contre une circulaire prescrivant l'application d'un décret non conforme à une loi, ce qui n'était pas le cas dans la jurisprudence antérieure.

Exemple :
- CE, 2 décembre 2011, requête numéro 333472, CFTC (JCP A 2011, act. 763, obs. Dubreuil ; JCP S 2012, 1069, note d'Allende) : si la circulaire contestée du 26 mars 1997 se borne à tirer les conséquences de l'article 2 du décret n°91-1266 du 19 décembre 1991 portant application de la loi n°91-647 du 10 juillet 1991 relative à l'aide juridique elle réitère néanmoins, au moyen de dispositions impératives à caractère général, la règle qu'a illégalement fixée cette disposition.

Dans le cas, en revanche, où la circulaire litigieuse interprète une décision de justice, il n'appartient pas au juge de l'excès de pouvoir d'apprécier le bien-fondé de cette décision. Il ne pourra qu'apprécier, dans la limite des moyens soulevés, si l'interprétation retenue par la circulaire ne méconnaît pas le sens et la portée de cette décision (CE, 24 avril 2012, requête numéro 345301, Afane-Jacquard : Rec. tables, p. 924 ; AJDA 2012, p. 915).

C – Les lignes directrices

La notion de lignes directrices est nouvelle puisqu'elle est apparue à l'occasion de l'arrêt du Conseil d'Etat Jousselin du 19 septembre 2014 (requête numéro 364385 : Rec. p. 272 ; AJDA 2014, p. 2262, concl. Dumortier ; Dr. adm. 2014, 70, note Auby ; JCP A 2014, act. 759, obs. Tesson ; JCP A 2014, act. 821, Libres propos Cassia). Elle succède à l'ancienne notion de directive, sans pour autant présenter de différences notables avec cette dernière. Le Conseil d'Etat se conforme ici aux préconisations de son propre rapport public de 2013 (Le droit souple, préc. p. 13). De fait, le terme de directive pouvait prêter à confusion avec les directives de l'Union européenne, qui ont peu à voir avec elles, tant du point de vue de leur fonction que de celui de leur régime juridique. Ensuite, le terme même de directive évoque l'idée d'une contrainte et d'une impérativité qui ne leur est justement pas reconnue. L'appellation de « ligne directrice » apparaît plus fidèle au contenu de ces actes qui visent avant tout à orienter les agents. Il s'agit, plus précisément, de documents d'orientation dotés, certes, d'une valeur fortement incitative à l'égard des agents qui en sont destinataires, mais non absolument impérative puisqu'il leur est permis d'y déroger.

Sur le fond, en revanche, l'ancienne jurisprudence consacrée aux directives peut être transposée aux nouvelles lignes directrices.

Comme les circulaires, les lignes directrices - anciennement dénommées directives - constituent un moyen par lequel les chefs de service indiquent à leurs subordonnés la façon d'interpréter et mettre en œuvre un texte. Il s'agit ainsi de rationaliser et de rendre cohérente l'action des agents appartenant à un même service.

L'objet des lignes directrices n'est toutefois pas identique à celui des circulaires. Comme on l'a vu, les circulaires s'intéressent à expliquer le contenu du texte qu'elles interprètent. A l'opposé, les directives définissent un cadre pour les décisions individuelles qui seront prises en application de ces textes. Il s'agit donc, en quelque sorte, de définir une politique à suivre par le service. Ainsi, par exemple, une circulaire peut définir de quelle façon seront composés des dossiers de demande de subvention, alors que des lignes directrices peuvent fixer le cadre d'analyse selon lequel ces subventions seront attribuées.

Comme les circulaires, les lignes directrices devaient être publiées, conformément à la loi n°78-753 du 17 juillet 1978. Toutefois, de façon assez inexplicable, cette obligation de publication n'a pas été expressément reprise par le Code des relations entre le public et l'administration.

Il ne faut pas non plus confondre les lignes directrices et les orientations générales qui peuvent être définies par une circulaire. A propos de la circulaire dite « Valls » du 28 novembre 2012 relative aux conditions d'examen des demandes d'admission au séjour déposées par des ressortissants étrangers en situation irrégulière le Conseil d'Etat, au terme d'un raisonnement qui ne manque pas de subtilité, a ainsi pu considérer que si un étranger « peut, à l'appui d'un recours pour excès de pouvoir formé contre une décision préfectorale refusant de régulariser sa situation par la délivrance d'un titre de séjour, soutenir que la décision du préfet, compte tenu de l'ensemble des éléments de sa situation personnelle, serait entachée d'une erreur manifeste d'appréciation, il ne peut utilement se prévaloir des orientations générales que le ministre de l'Intérieur a pu adresser aux préfets pour les éclairer dans la mise en œuvre de leur pouvoir de régularisation » (CE Sect., 4 février 2015, requête numéro 383267, requête numéro 383268, Ministre de l'Intérieur c/ Cortes Ortiz : Rec. p. 17, concl. Bourgeois-Machureau ; AJDA 2015, p. 443, chron. Lessi et Dutheillet de Lamothe ; Dr. adm. 2015, doctr. 637, note Eveillard ; JCP A 2015, 2196, note Marti.- V. également CE, 16 octobre 2017, requête numéro 408344, Sadeqi.- CE, 16 octobre 2017, requête numéro 408374, M. et Mme Khodadad : AJDA 2017, p. 2424, concl. Odinet ; Dr. adm. 2018, 10, note Mouchette ; JCP A 2017, act. 501 et 502, obs. Erstein). Il s'agit donc ici, pour l'autorité compétente, de définir des « orientations générales » en vue de l'adoption de « mesures de faveur » susceptibles d'être octroyées à titre gracieux aux personnes intéressées (V. sur ce point J. Mouchette, note précitée).

On notera que comme pour les circulaires, le juge ne s'arrête pas à la dénomination de l'acte pour en déterminer le régime juridique. Ainsi, il n'est pas rare qu'une circulaire contienne en réalité des lignes directrices, l'inverse étant également possible (V. ainsi à propos d'une « directive » qui est en réalité une simple circulaire interprétative CE, 23 septembre 1983, requête numéro 29408, Association Information-Défense-Action-Retraite : Rec. p. 369 ; RDSS 1984, p. 525, concl. Genevois).

Si elles n'ont pas un caractère impératif, puisque les agents peuvent y déroger, les lignes directrices conditionnent néanmoins assez fortement les décisions qu'ils vont prendre. C'est pour cette raison qu'un auteur parle à propos de ces actes d'une « force mi-impérative mi-référentielle » (D. Costa, Des directives aux lignes directrices : une variation en clairs-obscurs : AJDA 2015, p. 806) et que le Conseil d'Etat, les classe dans une catégorie intermédiaire entre le droit souple et le droit dur (Le droit souple, préc. p. 69), ce qui ne saurait être le cas, même si la frontière entre ces notions est pour le moins imprécise, des orientations générales.

Le régime juridique des directives - nouvellement lignes directrices - a été précisé par le Conseil d'Etat dans son arrêt de Section du 11 décembre 1970 Crédit foncier de France c. Dlle Gaupillat et Dame Ader (Rec. p. 750, concl. Bertrand ; AJDA 1971, p. 196, chron. HTC ; RDP 1971, p. 1224, note Waline ; D. 1971, p. 674, note Loschak ; JCP G 1972, II, 17232, note Fromont) complété par l'arrêt de Section du 29 juin 1973, Société Géa (Rec. p. 453 ; AJDA 1973, p. 587, chron. Franc et Boyon, note Vier ; RDP 1974, p. 547, note Waline ; D. 1974, p. 141, note Durupty).

Les lignes directrices ne présentent pas de caractère décisoire, puisqu'elles se contentent d'orienter les mesures qui seront prises ultérieurement. Il s'agit de déterminer des critères permettant de mettre en oeuvre le texte en cause mais sans édicter aucune condition nouvelle par rapport à ce texte ni méconnaître les buts qu'ils visent. L'arrêt de Section Société Géa du 29 juin 1973 avait également précisé que l'autorité compétente devait respecter, dans l'édiction des directives, les principes généraux du droit (Rec. p. 453 ; AJDA 1973, p. 587, chron. Franc et Boyon et p. 589, note Vier ; D. 1974, p. 141, note Durupty ; RDP 1974, p. 547, note Waline).

Par conséquent, comme les circulaires, ces actes ne peuvent pas faire l'objet d'un recours pour excès de pouvoir, à moins qu'elles ne présentent un caractère impératif, c'est-à-dire si elles ne laissent aucune marge de manœuvre à l'autorité compétente.

Exemple :
-CE, 3 mai 2004, requête numéro 254961, Comité anti-amiante Jussieu et a. (Rec. p. 193 ; JCP A 2004, 1466, note Benoît ; Dr. adm. 2004, 131) : les délibérations du conseil d'administration du fonds d'indemnisation des victimes de l'amiante se bornent à définir des orientations et ne font pas obstacle à ce que, en fonction de la situation de chaque demandeur, les autorités compétentes s'écartent des directives qui leur sont ainsi adressées. Dès lors, ces délibérations dont les termes sont dénuées de caractère impératif, ne sont pas susceptibles de faire l'objet d'un recours pour excès de pouvoir.

Il en va de même lorsque les lignes directrices définissent des orientations contraires ou nouvelles au regard des actes législatifs ou réglementaires en vigueur.

Exemple :
- CE 18 novembre 2013, requête numéro 358046, Syndicat Sud travail affaires sociales : en l'absence de disposition législative ou réglementaire prévoyant une telle condition, le ministre chargé du travail ne pouvait compétemment subordonner la promotion de grade d'un membre du corps de l'inspection du travail à l'accomplissement d'une mobilité au moment de cette promotion ou antérieurement à celle-ci. La note de service ici attaquée paraît assimilable à des lignes directrices.

Ainsi, comme pour les circulaires, le recours pour excès de pouvoir est recevable lorsqu'il apparaît que les lignes directrices ne laissent en réalité aucune marge de manœuvre dans la prise de décision à l'autorité compétente. Dans ce cas, la directive pourra directement faire l'objet d'un recours pour excès de pouvoir. Il peut aussi arriver qu'un texte qui est dénommé « lignes directrices » s'apparente, matériellement, à une circulaire, l'inverse étant également possible.

Le Conseil d'Etat a toutefois récemment admis, en droite ligne de sa jurisprudence récente consacrée au droit souple (V. sur ces questions infra p. 412 s.), la recevabilité du recours pour excès de pouvoir contre les lignes directrices des autorités de régulation alors mêmes qu'elles ne produisent pas d'effets juridiques (CE, 13 décembre 2017, requête numéro 401799, Société Bouygues télécom : Dr. adm. 2018, 26, note Mouchette). Est ainsi recevable le recours contre des lignes directrices « introduit par un requérant justifiant d'un intérêt direct et certain à leur annulation lorsqu'elles sont de nature à produire des effets notables, notamment de nature économique, ou ont pour objet d'influer de manière significative sur les comportements des personnes auxquelles elles s'adressent ». Sont ici particulièrement visées les lignes directrices prises par certaines autorités administratives indépendantes - l'ARCEP en l'espèce - et l'influence qu'elles peuvent avoir sur le comportement des acteurs du marché.

Au demeurant, les lignes directrices ne s'imposent pas nécessairement à l'administration. En effet, avant d'appliquer les critères retenus par la directive, l'administration doit procéder « à un examen particulier de chaque affaire », cet examen pouvant permettre à l'administration de déroger à la ligne fixée par la directive.

Cependant, la dérogation à l'application de directives n'est possible que dans deux cas : s'il existe des motifs d'intérêt général ou s'il existe des motifs tirés des particularités de la situation de l'intéressé par rapport aux normes édictées.

Exemple :
-CE, 12 décembre 1997, requête numéro 147007, ONIFLHOR (Rec. tables, p.676 ; Dr. adm. 1998, 4, concl. Stahl) : pour refuser à la société Hortiflor la subvention qu'elle sollicitait en vue de la construction de serres horticoles, l'office national interprofessionnel des fruits, des légumes et de l'horticulture s'est fondé sur un motif tiré de ce que le capital social de cette société était détenu par des actionnaires n'ayant pas le statut d'exploitant agricole. Il ne résulte ni de la loi du 6 octobre 1982 relative à la création d'offices d'intervention dans le secteur agricole, ni du décret du 18 mars 1983 modifié portant création d'un office national interprofessionnel des fruits, des légumes et de l'horticulture, que les aides que cet office est susceptible d'accorder en vue d'améliorer la rentabilité et la compétitivité des entreprises ainsi que la qualité des productions soient réservées aux entreprises dont les actionnaires ont le statut d'exploitant agricole. Un tel motif qui n'est pas davantage prévu par la circulaire - qui matériellement s'apparente à une directive - du 2 novembre 1988 n'est pas susceptible de fonder légalement la décision attaquée.
-CE, 20 mars 2017, requête numéro 401751, Région Aquitaine-Limousin-Poitou-Charentes (JCPG 2017, 772, note Lanneau) : L'Autorité de régulation des activités ferroviaires et routières a adopté des lignes directrices relatives à l'instruction des demandes d'interdiction ou de limitation des services routiers sur les liaisons régulières interurbaines par autocar inférieures ou égales à 100 kilomètres. Si l'Autorité était tenue de suivre la méthode d'analyse qu'elle s'était ainsi donnée pour prendre l'avis contesté, il lui incombait, pour porter son appréciation sur le projet d'interdiction du service d'une société de transport par autocar, de prendre en compte l'ensemble des circonstances pertinentes de la situation particulière qui lui était soumise. Si les lignes directrices applicables prévoyaient que l'analyse de la substituabilité entre le service conventionné et le service librement organisé au regard de certaines caractéristiques de l'offre et de la demande devait porter sur la comparaison des horaires, les fréquences journalières et hebdomadaires proposées et les temps de parcours, il incombait à l'Autorité, eu égard au projet qui lui était soumis, de prendre en compte également, pour apprécier de façon pertinente la substituabilité, la localisation des arrêts du service proposé par la société.

Par conséquent, les directives sont opposables aux administrés. De même elles sont invocables par eux, ce qui n'est pas le cas en principe pour les circulaires (CE Sect., 4 février 2015, requête numéro 383267, requête numéro 383268, Ministre de l'Intérieur c/ Cortes Ortiz, préc.). Ainsi, l'administration peut fonder une décision individuelle sur une directive. De même, un administré peut fonder un recours contre une décision rejetant sa demande au motif que l'auteur de cette décision aurait dû se fonder sur les indications contenues dans une directive ou, au contraire, y déroger.

D – Les actes relevant du droit souple.

Apparue dans le domaine du droit international dans les années 1930, puis en droit de l'Union européenne, la notion de droit souple ou « soft law » a progressivement pénétré le droit interne, et plus particulièrement le droit administratif, jusqu'à faire l'objet de l'étude thématique insérée dans le rapport public annuel du Conseil d'Etat pour 2013. Comme on l'a vu, dès lors qu'elles n'ont pas d'effets juridiques, les circulaires dénuées de caractère impératif relèvent du droit souple, alors que les lignes directrices et certainement les mesures préparatoires se rapportent à un acte normateur futur, ce qui les situent à la frontière entre droit dur et droit souple.

Dans un contexte où la notion de régulation se substitue parfois à celle de réglementation, le droit souple se manifeste plus généralement par l'édiction d'actes qui ont pour point commun de ne pas prescrire des droits et des obligations précises. Ces actes sont très divers : il peut s'agir d'avis, de chartes, de guides de déontologie, de codes de conduite, de lettres d'intention ou encore de recommandations d'autorités administratives indépendantes.

Comme on l'a vu, la distinction entre actes décisoires et actes non décisoires doit être appréciée non pas d'un point de vue formel, en fonction du type d'acte qui fait l'objet d'un recours, mais d'un point de vue matériel, au regard du contenu de l'acte et des effets juridiques qu'il emporte. En d'autres termes, un acte relevant en principe du droit souple pourra néanmoins faire l'objet d'un recours pour excès de pouvoir dès lors qu'il comporte des éléments impératifs.

Dans ce sens, le Conseil d'Etat a pu juger qu'un communiqué par lequel la Commission des sondages donne l'interprétation des lois et règlements qu'elle a pour mission de mettre en œuvre, au moyen de dispositions impératives à caractère général, peut faire l'objet d'un recours pour excès de pouvoir (CE 18 juin 1993, requête numéro 137317, IFOP : Rec. p. 178). De même, peut faire l'objet d'un recours une délibération du Conseil supérieur de l'audiovisuel énonçant les critères devant lui permettre d'apprécier le respect, par les services de radio et de télévision, de leurs obligations en matière de pluralisme politique et, en cas de méconnaissance de ces critères, d'adresser à ces services une mise en demeure puis, le cas échéant, une sanction (CE, 8 avril 2009, requête numéro 311136, Hollande et Mathus : Rec. p. 140 ; AJDA 2009, p. 1096, chron. Liéber et Botteghi ; RFDA 2009, p. 351, concl. de Salins). Plus récemment, à l'occasion d'un arrêt Formindep du 27 avril 2011 (requête numéro 334396 : AJDA 2011, p. 1326, concl. Landais : D. 2011, p. 2565, obs. Laude ; RDSS 2011, p. 483, note Peigné) le Conseil d'Etat a accepté de connaître du recours dirigé contre une recommandation de bonnes pratiques de la Haute autorité de santé au motif que celle-ci, en définissant ce qu'est l'état de l'art, était susceptible d'être ultérieurement prise en compte pour apprécier l'obligation déontologique du médecin.

Toutefois, la recevabilité du recours pour excès de pouvoir n'est pas exclusivement déterminée par la distinction traditionnellement opérée entre les actes décisoires et les actes non décisoires, comme l'illustre l'arrêt Dame Duvignères (requête numéro 233618, préc.) qui admet la recevabilité du recours pour excès de pouvoir contre les circulaires impératives ne créant pas de règles juridiques nouvelles.

C'est cette solution qui a été transposée pour les actes de droit souple dans un arrêt du Conseil d'Etat du 26 septembre 2005, Conseil national des médecins (requête numéro

270234 : Rec. p. 395 ; AJDA 2005, p. 308, note Markus). Il a été jugé dans cette affaire que si les recommandations de bonnes pratiques établies par l'Agence nationale d'accréditation et d'évaluation en santé et homologuées par arrêté du ministre chargé de la santé n'ont pas en principe le caractère de décision faisant grief « elles doivent toutefois être regardées comme ayant un tel caractère, tout comme le refus de les retirer, lorsqu'elles sont rédigées de façon impérative ». De même, il a été jugé que si les recommandations de la HALDE ne peuvent en principe faire l'objet d'un recours pour excès de pouvoir, « il en irait, en revanche, différemment de recommandations de portée générale, qui seraient rédigées de façon impérative » (CE, 13 juillet 2007, requête numéro 294195, Société Editions Tissot : Rec. p. 335 ; AJDA 2007, p. 2145, concl. Derepas).

Il y a donc deux éléments qui sont pris en compte pour déterminer la recevabilité du recours pour excès de pouvoir dirigé contre des actes relevant en principe du droit souple : la rédaction impérative de l'acte ; la possibilité qu'interviennent ultérieurement des décisions dont le contenu est susceptible d'être influencé par le sens de cet acte. Il faut toutefois considérer, dans ces différentes hypothèses, que les actes litigieux, en dépit de leur apparence, ne sont pas des actes de droit souple, dès lors qu'ils emportent des effets juridiques, même limités. Dans ses arrêts Société Casino Guichard-Perrachon (requête numéro 357193 : AJDA 2012, 2373, chron. Domino et. Bretonneau ; RTD com. 2012, p.747, obs. Claudel) et Société ITM Entreprises et a. du 11 octobre 2012 (requête numéro 346378, requête numéro 346444 : D. 2013, p. 732, obs. Ferrier), le Conseil d'Etat a systématisé ces solutions en précisant que si les prises de position et les recommandations de l'Autorité de la concurrence « ne constituent pas des décisions faisant grief (...) il en irait toutefois différemment si elles revêtaient le caractère de dispositions générales et impératives ou de prescriptions individuelles dont l'Autorité pourrait ultérieurement censurer la méconnaissance ». C'est ce considérant de principe qui est repris par le Conseil d'Etat dans ses arrêts d'Assemblée du 21 mars 2016 Société Fairvesta International GMBH et a. (requête numéro 368082, requête numéro 368083, requête numéro 368084 : Rec. p. 77, concl. von Coester ; AJDA 2016, p. 717, chron. Dutheillet de Lamothe et Ondinet ; Dr. adm. 2016, 10, concl. von Coster et concl. Daumas ; Gaz. Pal. 2016, n°22, p. 31, note Seiller ; JCP 2016, 623, note Perroud et 671, note Aguila et Froger ; LPA 2016, n°185, p. 11, note Chaltiel ; RDP 2017, p. 482, note Pauliat ; RFDA 2016, p. 506, concl. von Coester ; RTD civ. 2016, p. 571, note Deumier ; RTD com. 2016, p. 298, obs. Rontchevsky et p. 711, note Lombard) et Société NC Numéricable (requête numéro 390023 : Rec. 89, concl. Daumas ; RFDA 2016, p. 497, concl. Daumas).

L'évolution de la jurisprudence du Conseil d'Etat l'a ainsi conduit à appréhender des instruments de droit souple, mais seulement dans les hypothèses où ils entraînent des effets juridiques, ce qui fait que dans ces hypothèses on ne peut plus considérer qu'ils relèvent du droit souple.

Cette approche, somme toute classique, ne rend toutefois pas parfaitement compte des effets concrets que sont susceptibles de produire certains de ces actes, particulièrement lorsqu'ils émanent des autorités de régulation dans l'exercice de leurs missions. C'est cette dimension qui a été prise en compte, exclusivement pour certains actes émanant de ces autorités, par les arrêts d'Assemblée du 21 mars 2016.

Désormais, le recours pour excès de pouvoir est également recevable contre les normes de droit souple qui « sont de nature à produire des effets notables, notamment de nature économique » ou qui « ont pour objet d'influer de manière significative sur les comportements des personnes auxquelles ils s'adressent ». De tels actes font grief, alors même qu'ils ne créent ni droits ni obligations, et ils peuvent donc être contestés devant le juge de l'excès de pouvoir » (sur la transposition de ce raisonnement aux lignes directrices V. supra p.410).

Si l'on prend l'hypothèse visée par l'arrêt Fairvesta International GMBH et a., ce sont des communiqués de presse publiés par l'Autorité des marchés financiers (AMF) sur son site internet qui font l'objet d'un recours contentieux. Dans ces communiqués, l'AMF avait voulu inviter les investisseurs à la vigilance concernant certains placements immobiliers qu'elle estimait commercialisés de façon « très active par des personnes tenant des discours parfois déséquilibrés au regard des risques encourus ».

Certes, les communiqués de presse publiés par l'AMF - ainsi que la prise de position de l'Autorité de la concurrence dans l'arrêt Société NC Numéricable - n'emportaient aucune conséquence juridique, dans le sens où ils n'avaient pas pour effet de prescrire aux acteurs du marché un comportement à suivre. Il n'en demeure pas moins, cependant, que de par leur contenu, ces actes exercent une forte influence sur ces acteurs. Concrètement, si l'on revient à l'arrêt Fairvesta International GMBH et a., les conseils de prudence de l'AMF à destination des investisseurs concernant les placements immobiliers proposés par les sociétés requérantes auront certainement pour effet de détourner une partie d'entre eux de ces placements, ce qui entraîne des conséquences économiques notables pour ces sociétés.

Mais s'il autorise la contestation de certains actes de droit souple, le Conseil d'Etat a voulu réserver l'accès au juge aux seuls requérants pouvant justifier d'un « intérêt direct et certain à leur annulation ». En d'autres termes, si le Conseil d'Etat a fait sauter un verrou, il entend canaliser le contentieux que ne manquera pas de susciter l'évolution de sa jurisprudence.

Concernant l'appréciation de la légalité des actes de droit souple pouvant faire l'objet d'un recours pour excès de pouvoir, le Conseil d'Etat précise qu'il appartient au juge de vérifier que les actes contestés entrent bien dans les compétences de leur auteur. C'est bien le cas s'agissant de l'AMF qui est compétente, dans sa mission de régulation, pour adresser des mises en garde aux épargnants ou investisseurs.

Enfin, du point de vue de la légalité interne, l'intensité du contrôle sur la qualification juridique des faits opérée par l'autorité compétente est variable. S'agissant des communiqués de l'AMF appelant les investisseurs à faire preuve de vigilance à l'égard de placements immobiliers offerts au public, le contrôle opéré est restreint et en conséquence seule une erreur manifeste d'appréciation, qui n'est pas retenue en l'espèce, peut donner lieu à une annulation par le juge.

En revanche, concernant les prises de position de l'Autorité de la concurrence, visées par l'arrêt Société NC Numéricable, dont les effets sont plus directs, c'est un contrôle normal qui doit être opéré par le juge de l'excès de pouvoir. Dans cette seconde affaire, le juge considère toutefois que l'Autorité de la concurrence n'a commis aucune erreur dans son analyse et elle l'a donc confirmée. Cette différence de degré de contrôle des actes concernés démontre à quel point il y aura lieu pour le juge de l'excès d'opérer une analyse précise des actes de droit souple portés devant lui en vue de leur appliquer le régime juridique approprié, ce qui ne manquera pas de donner naissance à une jurisprudence peu fournie qui ne pourra être rien d'autre que casuistique (V. ainsi annulant des actes de droit souple : CE Sect., 13 juillet 2016, requête numéro 388150, Société GDF Suez : JCP A 2016, act. 632 ; JCP A 2016, 2252, note Le Bot .- CE, 19 juillet 2017, requête numéro 399766, Société Menarini France et Société Daiichi Sankyo France : Rec. tables, p.2017. V. en revanche estimant le recours irrecevable CE, 22 juillet 2016, requête numéro 397014, Alliance française des industries du numérique. V. enfin rejetant le recours au fond CE, 10 novembre 2016, requête numéro 384691, Marcilhacy et a.- CE, 20 juin 2016, requête numéro 384297, Fédération française des sociétés d'assurances : Rec. tables p.2016 ; RD bancaire et fin. 2016, comm. 186).

Si l'exposé de ces nouvelles solutions jurisprudentielles a été nécessairement long il faut encore insister sur le fait qu'elles ont vocation à s'appliquer de façon exceptionnelle à certains actes pris par des autorités de régulation.

Une solution assez proche a toutefois été également retenue par le Conseil d'Etat concernant la recevabilité du recours pour excès de pouvoir dirigé contre les rescrits fiscaux, dès lors qu'ils produisent des conséquences extra-fiscales que le contentieux devant le juge de l'impôt ne permettrait pas de réparer dans le cadre d'un recours de plein contentieux (CE, 2 décembre 2016, requête numéro 387613, requête numéro 387631, requête numéro 387632, requête numéro 387633, requête numéro 387635, requête numéro 387636, requête numéro 387637, requête numéro 387638, Ministre des Finances et des Comptes publics c/ Société Export Press : Dr. adm. 2017, 11, note Rigaudeau et 1143, note Eveillard ; Dr. fisc. 2017, 172, note Ménard et Lieb ; JCP G 2017, 88, note Collet ; RFDA 2017, p. 351, note Plessix). Les juges admettent d'abord qu'une « prise de position formelle de l'administration sur une situation de fait au regard d'un texte fiscal en réponse à une demande présentée par un contribuable (…) a, eu égard aux effets qu'elle est susceptible d'avoir pour le contribuable et, le cas échéant, pour les tiers intéressés, le caractère d'une décision ». Le recours pour excès de pouvoir est admis dès lors que « le fait de se conformer à la prise de position de l'administration aurait pour effet, en pratique, de faire peser sur le contribuable de lourdes sujétions, de le pénaliser significativement sur le plan économique ou encore de le faire renoncer à un projet important pour lui ou de l'amener à modifier substantiellement un tel projet ». En d'autres termes, c'est le fait que les prises de position de l'administration fiscale peuvent représenter des « enjeux économiques » essentiels qui justifie la recevabilité du recours pour excès de pouvoir.

II – Mesures d'ordre intérieur

Les mesures d'ordre intérieur sont des décisions qui concernent, selon l'expression de Jean Rivero, la « vie intérieure » des services (Les mesures d'ordre intérieur administratives. Essai sur les caractères juridiques de la vie intérieure des services : Sirey 1934). Bien qu'il s'agisse de décisions, les recours en annulation dirigés contre elles sont irrecevables, ce qui se justifie de deux points de vue.

D'un point de vue juridique, tout d'abord, certaines décisions ont des conséquences juridiques très limitées (de minimis non curat prætor). C'est le cas, notamment, des sanctions bénignes, telles celles qui consistent à infliger une retenue à un élève ou à supprimer la permission d'un militaire. L'annulation de telles décisions ne présente guère d'intérêt, dans la mesure où elles ne modifient pas la situation juridique de leurs destinataires. Selon une expression classique, « elles ne font pas grief », et par conséquent les recours dirigés contre elles sont irrecevables.

D'un point vue pratique, ensuite, les mesures d'ordre intérieur sont extrêmement nombreuses et déclarer recevables les recours dirigés contre elles aboutirait à un encombrement inutile des tribunaux. Cela conduirait à remettre en cause l'autorité des donneurs d'ordre et nuirait à la nécessaire rapidité dans l'élaboration et l'exécution des décisions mineures.

Cependant, la jurisprudence a une conception de plus en plus restrictive de la notion de mesures d'ordre intérieur qui résulte de la prise de conscience, par les juges, de l'effet que peuvent avoir certains actes sur la situation juridique de leurs destinataires. Cette évolution est particulièrement sensible dans deux domaines : les recours dirigés contre les mesures touchant à l'aménagement interne des services et les recours dirigés contre les mesures prises à destination des détenus et des militaires.

A – Mesures d'aménagement interne des services

Traditionnellement, le juge administratif refusait de connaître des recours dirigés contre de tels actes, particulièrement contre les règlements internes régissant le fonctionnement du service.

Exemples :
- CE, 21 octobre 1938, Lote (Rec. p. 786 ; DH 1939, p. 25) : irrecevabilité du recours dirigé contre une décision interdisant aux élèves d'une école le port d'insignes religieux.
- CE, 20 novembre 1954, Chapou (Rec. p. 541 ; D. 1954, p. 789) : irrecevabilité du recours dirigé contre une décision interdisant le port de pantalons de ski dans une école.

La position du Conseil d'Etat a finalement évolué avec l'arrêt Kherouaa du 2 novembre 1992 relatif au port du voile islamique (requête numéro 130394, préc.). Dans cet arrêt, le Conseil d'Etat déclare recevable le recours pour excès de pouvoir exercé contre la décision d'un directeur d'école d'interdire « le port de tout signe distinctif, vestimentaire ou autre, d'ordre religieux, politique ou philosophique ».

L'arrêt Kherouaa ne signifie pas, pour autant, que le Conseil d'Etat déclare désormais recevables l'ensemble des recours dirigés contre des décisions touchant l'aménagement interne des services. En revanche, l'irrecevabilité de ces recours n'est plus systématique. Le Conseil d'Etat vérifie, au cas par cas, si la décision contestée porte ou non atteinte à la situation juridique de ses destinataires. Ainsi, la solution qui est retenue en matière de port d'insignes religieux - avant la loi n°2004-228 du 15 mars 2004 qui les interdit dans les écoles, collèges et lycées publics - ne remet pas en cause, par exemple, la jurisprudence Chapou.

La même réflexion peut être faite à propos des mesures prononcées à l'égard des agents publics par leur chef de service. Comme l'a récemment rappelé le Conseil d'Etat à l'occasion d'un arrêt Bourjolly du 25 septembre 2015 (requête numéro 372624 : Rec. p. 322 ; AJDA 2015, p. 2147, chron. Dutheillet de Lamothe et Odinet ; Dr. adm. 2015, 5, note Eveillard ; RFDA 2015, p. 1107, concl. Pellissier, note Defoort) sont considérées comme des mesures d'ordre intérieur celles qui « tout en modifiant leur affectation ou les tâches qu'ils ont à accomplir, ne portent pas atteinte aux droits et prérogatives (que les agents) tiennent de leur statut ou à l'exercice de leurs droits et libertés fondamentaux, ni n'emportent perte de responsabilités ou de rémunération ». Ces actes demeurent toutefois attaquables s'ils constituent une sanction - déguisée ou non - ou s'ils emportent une discrimination, de telles mesures faisant nécessairement grief. Ainsi, dans cette affaire, le Conseil d'Etat conclut-il à l'irrecevabilité du recours pour excès de pouvoir dirigé contre une décision changeant le lieu d'activité un agent communal, étant entendu que ce nouveau lieu d'activité est toujours situé sur le territoire de la commune. En revanche, une décision retirant à un professeur des universités-praticien hospitalier des responsabilités d'animation et de coordination, si elle est sans incidence sur la rémunération et les perspectives de carrière de l'intéressé et ne porte pas atteinte à son statut ou à une garantie, entraîne une diminution sensible de ses attributions et responsabilités et ne constitue donc pas une simple mesure d'ordre intérieur insusceptible de recours (CE, 7 octobre 2015, requête numéro 377036, X.)

Dans un autre domaine, les règlements intérieurs des collectivités territoriales sont également désormais susceptibles de recours pour excès de pouvoir, conformément à l'article L. 2121-8 du Code général des collectivités territoriales dont la rédaction est issue de la loi n°92-125 du 6 février 1992. A l'opposé, les recours dirigés contre les règlements intérieurs des assemblées parlementaires sont toujours irrecevables (CE, 28 janvier 2011, requête numéro 335708, Patureau : Rec. p. 23 ; AJDA 2011, p. 1851, note Chifflot ; AJFP 2011, p. 199, note Jeannard).

B – Mesures prises à l'encontre des militaires et des détenus

Traditionnellement, le juge administratif considérait que les mesures de sanction prises à l'encontre des militaires et des détenus ne faisaient pas grief et qu'elles ne pouvaient, par conséquent, faire l'objet d'un recours pour excès de pouvoir.

Exemples :

- CE, 27 janvier 1984, requête numéro 27329, Caillol (Rec. p. 541 ; AJDA 1984, p. 72, chron. Lasserre et Delarue ; *D.* 1983, jurispr. p. 587, note Regourd) : est irrecevable le recours dirigé par un détenu contre la décision de le placer dans un « quartier de plus grande sécurité ».
- CE Sect., 11 juillet 1947, Dewavrin (Rec. p.307) : une solution identique avait été appliquée au cas d'un militaire puni de plusieurs jours de forteresse.

Pourtant, dans les deux cas, les mesures prises avaient des conséquences indéniables sur la situation juridique de leur destinataire. En effet, les décisions contestées ont un caractère disciplinaire avéré et, en outre, elles ont des conséquences qui ne se limitent pas à une simple punition. En effet, pour ce qui concerne le détenu, la décision qui le concerne pourra avoir des conséquences sur des mesures futures d'aménagement de sa peine, notamment sur l'obtention d'une libération conditionnelle. Pour ce qui concerne le militaire, s'il est sous contrat, la sanction subie pourra notamment justifier un non renouvellement ultérieur de ce contrat.

De telles solutions étaient contestables puisque le juge s'interdisait de connaître de décisions portant gravement atteinte à la situation juridique des intéressés et surtout, éventuellement, de censurer de telles décisions qui seraient illégales.

La jurisprudence a toutefois fini par évoluer à l'occasion de deux arrêts d'Assemblée du 17 février 1995, Hardouin et Marie (requête numéro 107766, requête numéro 97754 : Rec.

p. 84, concl. Frydman ; AJDA 1995, p. 420, chron. Touvet et Stahl, p. 379 ; LPA 1995, n° 51 p. 11, note Vlachos ; LPA 1995, n° 69, p. 16, note Nguyen Van Tuong ; LPA 1995, n° 93, p. 28, note Otekpo ; RDP 1995, p. 1340, note Gohin).

L'affaire Hardouin concernait un recours dirigé contre une punition de 10 jours d'arrêts infligée à un militaire qui avait refusé de se soumettre à un alcootest à un retour sur l'unité navale sur laquelle il servait. Les juges relèvent que « tant par ses effets directs sur la liberté d'aller et venir du militaire, en dehors du service, que par ses conséquences sur l'avancement ou le renouvellement des contrats d'engagement, la punition des arrêts constitue une mesure faisant grief, susceptible d'être déférée au juge de l'excès de pouvoir ».

L'affaire Marie concernait, quant à elle, un recours dirigé par un détenu contre une décision lui infligeant une punition de cellule. Comme dans l'affaire précédente, le Conseil d'Etat examine si cette décision fait grief pour décider de la recevabilité du recours. Les juges relèvent que cette punition consiste à enfermer un détenu dans une cellule qu'il doit occuper seul, qu'elle le prive de cantine, de visites et qu'elle impose une restriction de sa correspondance. En outre, elle peut avoir des conséquences sur l'octroi de réductions de peine. Il en résulte « eu égard à la nature et à la gravité de cette mesure, que la punition de cellule constitue une décision faisant grief susceptible d'être déférée au juge de l'excès de pouvoir ». Le recours est donc recevable, ce qui permet au juge de contrôler la légalité interne de la décision.

Cette évolution, fortement inspirée par la jurisprudence de la Cour européenne des Droits de l'homme (V. notamment CEDH, 28 juin 1994, affaire numéro 7818/77, affaire numéro 7819/77, Campbell et Fell c. Royaume-Uni) est à mettre en parallèle avec le décret n°96-287 du 2 avril 1996 qui encadre étroitement le régime disciplinaire appliqué aux détenus. Le droit des sanctions disciplinaires infligées aux prisonniers a par la suite été réformé par la loi pénitentiaire n° 2009-1436 du 24 novembre 2009 précisée par le décret n° 2010-1634 du 23 décembre 2010. Le juge de l'excès de pouvoir exerce désormais un plein contrôle proportionnalité des sanctions (CE, 1er juin 2015, requête numéro 380449, Boromée, préc.). Ainsi il vérifie que « la nature et le quantum (de la sanction ne soient pas) manifestement disproportionnés à la nature et à la gravité de la faute disciplinaire commise » (V. par ex. CAA Douai, 7 décembre 2017, requête numéro 16DA00715, M. A...D...).

Dans le même sens, le nouveau statut général des militaires, issu de la loi n°2005-270 du 24 mars 2005, abolit la catégorie des punitions en les fusionnant avec les sanctions disciplinaires. Le Conseil constitutionnel a eu l'occasion de préciser, quant à lui, que la sanction des arrêts prévue par l'article L. 4137-2 du Code de la défense n'est pas contraire à la Constitution (CC, 27 février 2015, numéro 2014-450 QPC : Rec. CC p. 159 ; AJFP 2015, p. 244, note Videlin ; RFDA 2015, p. 608, note Roblot-Troizier).

Si les juges n'opposent plus une irrecevabilité de principe aux recours dirigés contre les mesures prises à l'encontre des détenus et des militaires, ils n'acceptent de connaître que des mesures qui portent réellement atteinte à leur situation juridique, ce qui n'est toujours aisé à déterminer. Toutefois, dans une décision récente, le Conseil d'Etat, qui statuait en l'espèce sur une mesure d'avertissement, a considéré que désormais toutes les décisions de sanction infligées aux détenus peuvent faire l'objet d'un recours pour excès de pouvoir

(CE, 21 mai 2014, requête numéro 359672, Garde des Sceaux : JCP A 2014, act. 444, obs. Touzeil-Divina ; Rec. p. 139).

La solution retenue dans les arrêts Hardouin et Marie concerne d'autres hypothèses que celle des recours exercés par des détenus ou des militaires. Ainsi, s'agissant des fonctionnaires, les juges considèrent que si une décision de changement d'affectation constitue une mesure d'ordre intérieur relative « à l'organisation du service », elle devient attaquable dès lors qu'elle porte atteinte aux droits statutaires de l'agent (CE, 29 décembre 1999, numéro 202822, Saint-Aubin.- CE, 14 mars 2012, requête numéro 343768, Carmier.- CE, 4 décembre 2013, requête numéro 359753, X.).

Si l'on revient au cas des détenus, le Conseil d'Etat a considéré, dans un premier temps, qu'à partir du moment où, d'après le Code de procédure pénale, une mesure prise à l'encontre d'un détenu ne présentait pas un caractère disciplinaire, elle ne pouvait être attaquée. Dans un arrêt Fauqueux du 28 février 1996, les juges ont ainsi rejeté un recours pour excès de pouvoir dirigé contre une mesure prononçant la mise à l'isolement d'un détenu contre la volonté de celui-ci (requête numéro 106582 : RFDA 1996, p. 397 ; JCP G 1996, IV, 1102, obs. Rouault). Les juges ont en effet constaté que d'après l'article D.171 du Code de procédure pénale la « mise à l'isolement (d'un détenu) ne constitue pas une mesure disciplinaire. Les détenus qui en font l'objet sont soumis au régime ordinaire de détention ». Le Conseil d'Etat en a déduit qu'une telle mesure, qui n'a pas pour effet d'aggraver les conditions de détention, n'est pas, par nature, susceptible d'exercer une influence sur la situation juridique de la personne qui en est l'objet. Elle constitue donc une mesure d'ordre intérieur qui ne peut être déférée au juge administratif par la voie du recours pour excès de pouvoir.

Cette solution pouvait paraître contestable. En effet, même si la mise à l'isolement n'est pas une sanction selon le Code de procédure pénale, elle peut être prise contre la volonté du détenu et constituer ainsi une sorte de sanction déguisée. En tout cas, le fait même qu'une décision de ce type soit attaquée par son prétendu bénéficiaire paraît aller dans ce sens.

Le Conseil d'Etat a finalement opéré un revirement de jurisprudence à l'occasion de l'arrêt Remli du 30 juillet 2003 (requête numéro 252712 : Rec. p. 366 ; JCP G 2004, II, 10067, note Petit ; Droit adm. 2003, 224, note Lombard ; AJDA 2003, p. 2090, note Costa). Les juges ont relevé en l'espèce que cette mesure prive la personne qui en fait l'objet de l'accès aux activités qui sont proposées de façon collective aux autres détenus (sport, enseignement, travail rémunéré…). En outre, une telle mesure peut être prononcée pour une durée qui peut atteindre trois mois et être prolongée. Il en résulte que « dans ces conditions, et alors même que l'article D. 283-2 du Code de procédure pénale dispose que la mise à l'isolement ne constitue pas une mesure disciplinaire… le placement à l'isolement d'un détenu contre son gré constitue, eu égard à l'importance de ses effets sur les conditions de détention, une décision susceptible de faire l'objet d'un recours pour excès de pouvoir ». Il ne s'agit donc plus d'une mesure d'ordre intérieur.

Une solution identique a été également retenue à propos du placement d'un détenu en régime différencié de détention « portes fermées » dans un arrêt Bennay du 28 mars 2011 (requête numéro 316977 : JCP G, act. 430, obs. Dubreuil.- CAA Nancy, 23 février 2012, requête numéro 11NC00318, Garde des Sceaux, ministre de la Justice et des Libertés). En effet « par sa nature et par ses effets sur ses conditions de détention, notamment au regard de l'objectif de réinsertion sociale (cette décision) alors même qu'elle n'affecte pas ses droits d'accès à une formation professionnelle, à un travail rémunéré, aux activités physiques et sportives et à la promenade, constitue une décision susceptible de faire l'objet d'un recours pour excès de pouvoir ». Cette solution se justifie eu égard à la durée de la mesure – un mois renouvelable – et à ses conséquences sur la vie quotidienne du détenu. Celui-ci est en effet isolé en cellule individuelle, y compris pendant les repas, et soumis à une surveillance accrue. Ses déplacements sont réduits, et son accès aux activités culturelles et d'enseignement est limité.

De même, le Conseil d'Etat considérait à l'origine qu'une décision de placement à titre préventif dans une cellule disciplinaire en vue de préserver l'ordre intérieur dans l'établissement, conformément à l'article D.250-3 du Code de procédure pénale, était une mesure d'ordre intérieur (CE, 12 mars 2003, requête numéro 237437, Ministre de la Justice c. Frérot : Rec. p. 121 ; AJDA 2003, p. 1271, concl. Olson ; JCP A 2003, 1703, note Guillet). Désormais toute mesure de mise à l'isolement prononcée contre la volonté du détenu est attaquable, quelle que soit ses motifs (CE, 17 décembre 2008, requête numéro 293786, Section française de l'Observatoire international des prisons : Rec. p. 463 ; Gaz. Pal. 2009, n° 55, concl. Guyomar ; JCP G 2009, II, 10049, note Merenne).

En revanche, d'autres mesures qui affectent de manière beaucoup plus superficielle la situation personnelle d'un détenu ou d'un militaire ne sont toujours pas considérées comme faisant grief et ne peuvent donc faire l'objet d'un recours pour excès de pouvoir.

Exemples :
- CE, 7 juin 2006, requête numéro 275601, Matelly : l'ordre verbal donné à un officier de gendarmerie de s'abstenir désormais de toute communication avec la presse audiovisuelle, à la suite et sur les sujets d'un entretien donné à un quotidien national, relatif à la présentation des statistiques de la gendarmerie nationale sur la délinquance est une mesure d'ordre intérieur, insusceptible de faire l'objet d'un recours pour excès de pouvoir.
- CAA Lyon, 19 mai 2011, requête numéro 10LY00334, Nouri : la privation de téléviseur pendant une durée de 10 jours, au surplus assortie d'un sursis, n'a entraîné que peu d'effets sur les conditions de détention du requérant alors même qu'elle sanctionnait la méconnaissance de l'interdiction de fumer dans l'établissement qui, n'étant pas l'objet mais le motif de la mesure, ne saurait entrer en ligne de compte dans l'appréciation du caractère décisoire de celle-ci.
- CAA Marseille, 3 février 2011, requête numéro 09MA01135, Garde des Sceaux, ministre de la Justice : s'il résulte des dispositions des articles D. 99 à D.102 du Code de procédure pénale que le travail auquel les détenus peuvent prétendre constitue pour eux non seulement une source de revenus mais encore un mode de meilleure insertion dans la vie collective de l'établissement, tout en leur permettant de faire valoir des capacités de réinsertion, et si par suite, eu égard à sa nature et à l'importance de ses effets sur la situation des détenus, une décision de déclassement d'emploi constitue un acte administratif susceptible de faire l'objet d'un recours pour excès de pouvoir, il en va autrement d'une mesure suspendant le requérant de ses fonctions d'auxiliaire d'étage à titre conservatoire dans l'attente de sa comparution devant la commission de discipline. En effet, de par son caractère provisoire et conservatoire en l'attente du passage de l'intéressé en commission de discipline, cette mesure n'a pu par elle-même affecter de

manière substantielle la situation de l'intéressé, ni mettre en cause ses libertés et ses droits fondamentaux. Cette mesure d'ordre intérieur est donc insusceptible de faire l'objet d'un recours pour excès de pouvoir.
-CAA Marseille, 23 avril 2018, requête numéro16MA01968, M. D... C... : le refus de laisser au requérant l'usage en cellule d'un sceau et de cire à cacheter, qui ne constitue pas une mesure disciplinaire, a été motivé par l'administration par l'objectif d'éviter un détournement de l'utilisation de ces objets pour des raisons de maintien de la sécurité. Cette décision n'a pas eu d'effet notable sur les conditions de vie en détention de l'intéressé qui n'a pas été privé de la propriété de ces objets. Enfin, la mesure en litige n'entraîne aucun effet par elle-même ni sur le libre exercice par le détenu de son droit de correspondre avec des personnes extérieures, ni sur le respect par l'administration du secret des correspondances dans les conditions prévues par les textes. Elle ne met, dès lors, pas en cause les libertés et droits fondamentaux des détenus. Par suite, le refus opposé à la demande de restitution de ces objets par le directeur de la maison d'arrêt de Grasse constituait une mesure d'ordre intérieur insusceptible de recours pour excès de pouvoir.

Le Conseil d'Etat a eu également l'occasion de préciser la portée de la jurisprudence Hardouin et Marie à l'occasion de trois arrêts d'Assemblée du 14 décembre 2007 (CE Ass., 14 décembre 2007, requête numéro 290420, Planchenault.- CE Ass., 14 décembre 2007, requête numéro 290730, Garde des sceaux, ministre de la Justice c. Boussouar.- CE Ass., 14 décembre 2007, requête numéro 306432, Payet). La première affaire concerne une mesure de déclassement d'emploi édictée à l'encontre d'un détenu (V. également CAA Bordeaux, 12 février 2008, requête numéro 05BX01961, Turquin). La seconde porte sur une décision de transfèrement d'un détenu d'un établissement vers un autre. Enfin, la troisième est relative à des mesures constituant une « rotation de sécurité », visant à prévenir notamment les tentatives d'évasion en changeant fréquemment l'affectation d'un détenu. Dans ces différentes affaires, le Conseil d'Etat admet la recevabilité du recours pour excès de pouvoir (V. également, concernant une mesure d'inscription au répertoire des détenus particulièrement signalés, CAA Paris, 22 mai 2008, requête numéro 05PA00853, Kehli : AJDA 2008, p. 1483, note Bachini).

En particulier, l'arrêt Boussouar permet au Conseil d'Etat de censurer le raisonnement des juges de la cour administrative d'appel de Paris qui avaient estimé qu'une mesure de transfèrement d'un détenu est attaquable dès lors que les modalités de la détention sont appréhendées par des dispositions législatives et règlementaires venant avec détail encadrer les pouvoirs de l'administration et conférer des garanties aux usagers (CAA Paris, 19 décembre 2005, requête numéro 05PA00868, Boussouar : RFDA 2006, p. 981, concl. Bachini).

Cet arrêt était donc en décalage par rapport à la jurisprudence Marie puisque, selon la cour, le recours pour excès de pouvoir était automatiquement recevable contre certaines catégories de décisions sans qu'il soit nécessaire de déterminer, au cas d'espèce, si la décision contestée fait grief « eu égard à (sa) nature et à (sa) gravité ».

Cet arrêt est cassé par le Conseil d'Etat qui en profite pour préciser la jurisprudence Marie : « pour déterminer si une décision relative à un changement d'affectation d'un détenu d'un établissement pénitentiaire à un autre constitue un acte administratif susceptible de recours pour excès de pouvoir, il y a lieu d'apprécier sa nature et l'importance de ses effets sur la situation des détenus ». On relèvera toutefois que cette approche très concrète n'est plus valable dans les cas où c'est une mesure de sanction qui est attaquée. Comme on l'a vu, en effet, les sanctions disciplinaires prises à l'encontre des détenus peuvent désormais faire l'objet d'un recours pour excès de pouvoir, et cela quelle que soit leur gravité (CE, 21 mai 2014, requête numéro 359672, Garde des Sceaux, préc.).

Dans l'affaire Boussouar, les juges relèvent que d'après le Code de procédure pénale, le régime de la détention en établissement pour peines constitue le mode normal de détention des condamnés. Il se caractérise, par rapport aux maisons d'arrêt, par des modalités d'incarcération différentes et, notamment, par l'organisation d'activités orientées vers la réinsertion. Ainsi « eu égard à sa nature et à l'importance de ses effets sur la situation des détenus, une décision de changement d'affectation d'un établissement pour peines, à une maison d'arrêt constitue un acte administratif susceptible de faire l'objet d'un recours pour excès ». En revanche, les juges précisent qu'il en va autrement pour « des décisions d'affectation consécutives à une condamnation, des décisions de changement d'affectation d'une maison d'arrêt à un établissement pour peines ainsi que des décisions de changement d'affectation entre établissements de même nature, sous réserve que ne soient pas en cause des libertés et des droits fondamentaux des détenus » (V. également CE, 13 novembre 2013, requête numéro 355742, requête numéro 355817, Ministre de la Justice et Puci.- CE, 13 novembre 2013, requête numéro 338720, Agamemnon : Rec. tables, p. 748).

L'hypothèse dans laquelle sont en cause des libertés et des droits fondamentaux a été illustrée par l'arrêt du Conseil d'Etat Rogier du 9 avril 2008 (requête numéro 308221 : AJDA 2008, p.1827, note Costa). En l'espèce, le requérant avait fait l'objet d'un changement d'affectation d'une maison d'arrêt vers un établissement pour peines. Selon lui, sa nouvelle affectation n'était pas adaptée à son état de santé et elle constituait un traitement inhumain et dégradant au sens de l'article 3 de la Convention européenne des droits de l'homme. Le Conseil d'Etat rejette cette demande au motif que le requérant est en phase de rémission depuis deux ans et qu'il peut être efficacement suivi par un centre hospitalier disposant d'un service adapté à sa pathologie. Ainsi, la mesure d'affectation du requérant ne portant pas atteinte à ses droits fondamentaux, il s'agit donc d'une mesure d'ordre intérieur insusceptible de recours. En revanche, il a été jugé que le transfert d'un détenu d'une maison centrale située à 60 kilomètres des domiciles de ses filles et de sa compagne, qui pouvaient lui rendre visite chaque semaine, à une autre située à plus de 800 kilomètres de leurs domiciles, les moyens financiers de sa famille ne leur permettant que de procéder à des visites mensuelles, alors qu'il a fait l'objet d'une condamnation à une longue peine d'emprisonnement, bouleverse, dans des conditions qui excèdent les restrictions inhérentes à la détention, son droit de conserver des liens familiaux. Le Conseil d'Etat estime en conséquence que les libertés et droits fondamentaux de l'intéressé étant en cause, et que ce transfèrement constitue une décision susceptible de recours (CE, 27 mai 2009, requête numéro 322148, Miloudi : Rec. p. 209).

Une autre illustration de cette évolution jurisprudentielle peut être fournie par l'arrêt du Conseil d'Etat du 26 novembre 2010, Ministre de la Justice c. Bompard (requête numéro 329564). Les juges considèrent ici que la décision par laquelle un chef d'établissement pénitentiaire fixe les modalités essentielles de l'organisation des visites aux détenus, notamment le nombre de visiteurs admis simultanément à rencontrer un détenu, est indissociable de l'exercice effectif du droit de visite. Cette décision affecte directement le maintien des liens des détenus avec leur environnement extérieur. Eu égard à sa nature et à ses effets sur les détenus, notamment sur leur vie privée et familiale, elle ne constitue pas une mesure d'ordre intérieur et est toujours un acte faisant grief qui peut donc faire l'objet d'un recours pour excès de pouvoir. A contrario, seule est donc susceptible de continuer à constituer une mesure d'ordre intérieur la détermination des modalités non essentielles du droit de visite, c'est-à-dire celles n'affectant pas le nombre de personnes que le détenu est autorisé à rencontrer.

Enfin, dans un arrêt du 9 novembre 2015 (requête numéro 383712 : JCP A, act. 963, obs. Touzeil-Divina), le Conseil d'Etat, a considéré que « « si une mesure de contrôle par l'administration pénitentiaire des équipements informatiques des détenus, eu égard à sa nature et à l'importance de ses effets sur la situation des détenus, ne constitue pas, en elle-même, un acte administratif susceptible de faire l'objet d'un recours pour excès de pouvoir, tel n'est en revanche pas le cas de la décision distincte de retenue de ces équipements ». Concrètement si une décision refusant au détenu la possibilité d'acquérir un système d'exploitation pour son ordinateur - le système « linux » en l'occurrence - ne constitue pas un acte susceptible de faire l'objet d'un recours pour excès de pouvoir, il en va autrement s'agissant d'une mesure qui aurait pour effet de priver la personne détenue de la possibilité effective d'utiliser cet équipement.

Section II – Elaboration des actes administratifs unilatéraux

L'acte administratif unilatéral doit émaner d'une autorité compétente. Il doit également respecter des règles de procédure et des règles de forme.

§ I – Autorité compétente

Une autorité administrative ne peut intervenir que si une règle de droit l'y autorise. Généralement, cette règle de droit désigne précisément l'autorité compétente pour prendre la mesure. Celle-ci doit donc, pour être valable, être signée par l'autorité désignée.

La violation des règles de compétence est sévèrement sanctionnée par le juge administratif. En effet, il s'agit de règles d'ordre public, ce qui signifie que l'incompétence de l'auteur de l'acte contesté est un moyen d'annulation qui doit être soulevé d'office par le juge, et cela même si les parties ne l'ont pas invoqué.

La compétence peut être appréciée de différents points de vue : en fonction de la matière traitée (compétence ratione materiae), en fonction du lieu du siège de l'auteur de l'acte (compétence ratione loci), en fonction de la date d'intervention de l'acte (compétence ratione temporis). Ces règles connaissent une dérogation commune lorsque à vocation à s'appliquer la jurisprudence des fonctionnaires de fait.

I – Compétence ratione materiae

On évoquera les principes en vigueur et les exceptions à ces principes.

A – Principes

Seule l'autorité habilitée à intervenir dans un domaine particulier peut prendre un acte administratif relatif à ce domaine, cette habilitation émanant en général de normes écrites constitutionnelles ou législatives.

Exemples :
- Le pouvoir règlementaire de droit commun est confié au Premier ministre par les articles 21 et 37 de la Constitution du 4 octobre 1958.
- Le pouvoir règlementaire du Président de la République est défini par l'article 13 de la Constitution du 4 octobre 1958.
- L'article L. 2212-1 du Code général des collectivités territoriales prévoit que « le maire est chargé, sous le contrôle administratif du représentant de l'Etat dans le département, de la police municipale, de la police rurale et de l'exécution des actes de l'Etat qui y sont relatifs ».

Notons également que lorsqu'une compétence est reconnue conjointement à plusieurs autorités, il ne suffit pas que chacune de ces autorités consulte l'autre lorsqu'elle prend une décision au titre de cette compétence. Ces autorités doivent prendre conjointement la décision, cette compétence conjointe étant attestée par leur signature personnelle (CAA Nancy, 12 novembre 2009, requête numéro 09NC00398, Garde des Sceaux, ministre de la Justice c. Wiesser).

Cependant, il arrive que certaines compétences dont l'exercice s'avère indispensable ne soient attribuées à aucune autorité, ce qui donne lieu à l'application de règles supplétives d'origine jurisprudentielle.

Ainsi, à l'occasion de l'arrêt de Section Jamart du 7 février 1936, le Conseil d'Etat a reconnu que les chefs de service et notamment les ministres disposent d'un pouvoir règlementaire de droit commun pour l'organisation de leurs services (préc.).

Exemples :
- Dans l'affaire Jamart, le ministre de la Santé avait interdit à un médecin l'accès à ses services dont il troublait le fonctionnement. Le Conseil d'Etat annule la mesure prise mais il juge, pour des raisons pratiques, que « même dans le cas où les ministres ne tiennent d'aucune disposition législative un pouvoir réglementaire, il leur appartient, comme à tout chef de service, de prendre les mesures nécessaires au bon fonctionnement de l'administration placée sous leur autorité ».
- CE Sect., 29 décembre 1995, requête numéro 143017, Syndicat national des personnels de préfecture CGT-FO (Dr. adm. 1996, 57 ; Cah. fonct. publ. 1996, n° 147, p. 19, concl. Maugüé) : en l'absence d'habilitation textuelle, le ministre de l'Intérieur et de la Sécurité publique est néanmoins compétent pour instituer des organes départementaux chargés de participer à la définition et à la gestion de l'action sociale au profit des agents du ministère.
-CE, 21 septembre 2015, requête numéro 382119, Uguen (Rec. p. 311 ; AJDA 2015, p. 1935, concl. Dumortier) : un décret s'était borné à déterminer le plafond d'une indemnité et les possibilités d'en moduler le montant en fonction de l'ancienneté de l'agent, sans fixer ce montant. Il revient ainsi à chaque ministre, dans l'exercice de ses prérogatives d'organisation des services placés sous son autorité, d'établir, dans le

respect des règles générales fixées par le décret, la réglementation applicable au versement de cette indemnité au sein de son administration.
-CE, 24 septembre 2014, requête numéro 362472, Association Ban Public (Rec. p. 493) : le ministre de la Justice est compétent pour édicter des règles relatives aux mesures de bon ordre à l'égard de détenues mineures au titre de son pouvoir réglementaire d'organisation des services placés sous son autorité.

Ce pouvoir règlementaire, qui s'exprime fréquemment par des circulaires, est également reconnu aux autres chefs de service, par exemple les maires (CE, 25 juin 1975, requête numéro 90273, Biscarrat et Rouquairol : Rec. p.898), les organes dirigeants des établissements publics (CE, 7 janvier 1976, requête numéro 92162, Centre hospitalier régional d'Orléans : Rec. p. 10 ; AJDA 1976, p. 57) ou encore les directeurs de services de l'Etat (CE, 13 novembre 1992, requête numéro 83177, requête numéro 83702, Syndicat national des ingénieurs des études et de l'exploitation de l'aviation civile et Union syndicale de l'aviation civile CGT, p. 966).

Il peut même être reconnu aux dirigeants d'un organisme privé responsable d'un service public (CE Ass., 12 avril 2013, requête numéro 329570, requête numéro 329683, requête numéro 330539, requête numéro 330847, Fédération FO énergie et mines et a. : Rec. p. 94 ; AJDA 2013, p. 1052, chron. Bretonneau et Domino ; Dr. adm. 2013, 59, note Eveillard ; Dr. Soc. 2013, p. 608, note Gadoun ; JCP A 2013, act. 373, obs. Dubreuil et 2308, note Pauliat ; RFDA 2013, p. 637, concl. Aladjidi et p. 663, chron. Roblot-Troizier).

Enfin, le Conseil d'Etat a reconnu, concernant le Premier ministre, qu'il « lui est toujours loisible, sur le fondement des dispositions de l'article 21 de la Constitution en vertu desquelles il dirige l'action du gouvernement, d'adresser aux membres du gouvernement et aux administrations des instructions par voie de circulaire, leur prescrivant d'agir dans un sens déterminé ou d'adopter telle interprétation des lois et règlements en vigueur (CE, 26 décembre 2012, requête numéro 358226, Association « Libérez les Mademoiselles », préc.).

Par ailleurs, la jurisprudence a reconnu que lorsqu'une autorité est compétente en vertu d'un texte pour prendre une décision, elle est également compétente pour prendre la décision contraire. C'est ce qu'on appelle la règle du parallélisme des compétences.

Exemple :
- CE, 9 février 1995, requête numéro 148127, Ministre de la Défense c. Delprat (Rec. p.61) : en l'absence de toute disposition contraire, le pouvoir de mettre fin au report d'incorporation de l'article L. 9 du Code du service national appartient au ministre compétent pour accorder le report.

B – Hypothèses les plus courantes d'incompétence ratione materiae

Comme l'a exposé le président Odent, « toute autorité administrative qui sort de ses attributions légales est... incompétente, que l'autorité à la compétence de laquelle elle porte atteinte lui soit hiérarchiquement supérieure ou inférieure ou lui soit étrangère » (Contentieux administratif : Les cours de droit 1972, p. 1796). Il existe donc deux grands types d'incompétence ratione materiae : l'empiètement d'une autorité supérieure sur les compétences d'un subordonné et l'empiètement d'un subordonné sur les compétences de son supérieur hiérarchique.

1° Empiètement d'une autorité supérieure sur les compétences d'un subordonné

Le supérieur hiérarchique peut donner à son subordonné des instructions, le sanctionner, et réformer ses actes. En revanche, le pouvoir hiérarchique n'implique pas la possibilité, pour le supérieur hiérarchique, de se substituer à son subordonné pour prendre un acte relevant de la compétence de celui-ci. Pour que cette substitution puisse être réalisée, il faut en effet qu'elle soit organisée par un texte.

Exemple :
- Le préfet est compétent, après une mise en demeure restée sans résultat, pour se substituer au maire en cas de carence de celui-ci dans l'utilisation de ses pouvoirs de police en application des dispositions de l'article L. 2215-1 du Code général des collectivités territoriales.

2° Empiètement d'un subordonné sur les compétences de son supérieur hiérarchique

Il s'agit d'un cas manifeste d'incompétence ratione materiae. Toutefois, si la solution est aisément compréhensible lorsque les compétences sont clairement fixées par les textes, un problème particulier se pose dans le cadre de l'application de la jurisprudence Jamart et du pouvoir réglementaire des chefs de service.

L'étude de la jurisprudence permet d'observer que le pouvoir des chefs de service connaît trois types de limites.

Tout d'abord, la mesure prise par le chef de service doit réellement concerner l'organisation ou le fonctionnement du service.

Exemple :
- CE Sect., 23 mai 1969, Société distillerie Brabant et cie (Rec. p. 264, concl. Questiaux ; AJDA 1969, p. 64, concl. Questiaux, note Tournié ; D. 1970, p. 762, note Fromont ; RDP 1969, p. 1127, concl. Questiaux) : le ministre des Finances est incompétent pour fixer les critères d'octroi d'agréments fiscaux.

Ensuite, ce pouvoir ne peut s'exercer que dans la mesure où les nécessités du service l'exigent.

Exemples :
- CE Sect., 6 janvier 1995, requête numéro 91224, Syndicat national des personnels de l'équipement CGT (Rec. p. 5 ; JCP G 1995, IV, 769, obs. Rouault ; Dr. adm. 1995, 260) : le président du conseil général est compétent pour prendre les mesures relatives à l'organisation interne des services dont il est le chef et à la gestion de leurs agents. En revanche, il appartient à la seule assemblée délibérante de décider de créer ou de supprimer des services publics, d'en fixer les règles générales d'organisation et, de façon générale, de prendre toutes les mesures portant sur la définition des missions remplies par les services du département. Ainsi, la décision de confier les missions assumées par un service du département à une entreprise privée relève de la seule compétence du conseil général.
- CE, 27 novembre 2013, requête numéro 359801, Syndicat Sud (JCP A 2014, 2198, concl. Lallet) : s'il était loisible au ministre, en sa qualité de chef de service, de fixer un

délai raisonnable d'information préalable, il a, en retenant un délai de 48 heures pour informer de la venue d'un représentant syndical dans les services du ministère, fixé une condition excessive au regard des nécessités d'un bon fonctionnement du service et, par suite, excédé sa compétence.

Enfin, l'exercice de ce pouvoir ne peut en aucun cas aller à l'encontre de dispositions législatives ou règlementaires.

Exemples :
- CE Ass., 30 juin 2000, requête numéro 216130, Association Choisir la vie et a. (JCP G 2000, II, 10423, note Peigné ; AJDA 2000, p. 729, concl. Boissard ; Dr. adm. 2000, 183) : le Conseil d'Etat relève que s'il appartient au ministre de l'Education nationale de promouvoir la santé des élèves, « il ne peut faire usage de ce pouvoir que sous réserve des compétences attribuées à d'autres autorités par des textes législatifs et règlementaires et dans le respect des lois et règlements qui régissent les activités qu'il entend confier à ces agents ». Or, en l'espèce, le ministre a violé un texte de loi en confiant le rôle de prescription et de délivrance d'un médicament aux infirmières scolaires, alors que la loi prévoyait que ce médicament devait être délivré en pharmacie.
- CE, 22 octobre 2003, requête numéro 243332, Ecole nationale supérieure des arts et industries textiles : l'école nationale supérieure des arts et industries textiles n'entre pas dans le champ du décret du 21 mars 1959 qui fixe la durée de l'année universitaire à 39 semaines. En l'absence de texte règlementaire fixant la durée de l'année dans cet établissement, avant l'intervention du décret du 4 janvier 2000 qui la fixe désormais à 35 semaines, il appartenait à l'établissement de fixer ce nombre de semaines compte tenu d'une part des obligations hebdomadaires de service fixées par le décret du 27 mars 1973 relatif à cette école et d'autre part de la durée des études dans l'année.
- CE, 11 avril 2008, requête numéro 298059, Union générale des syndicats pénitentiaires CGT (AJDA 2008, p.1142, concl. Landais) : le garde des Sceaux pouvait, sans méconnaître ni sa compétence ni les dispositions de l'article L. 232-2 du Code du travail et celles de l'article D. 220 du Code de procédure pénale, proscrire la détention et la consommation d'alcool dans l'ensemble du périmètre des établissements pénitentiaires, aux fins d'assurer le bon fonctionnement du service et de prévenir les risques liés à la consommation d'alcool pour la sécurité des personnels et des détenus. Il pouvait également déterminer des modalités d'entrée en vigueur progressive de ces mesures.
- CE, 8 février 2010, requête numéro 306558, Ministre de la Défense : le ministre de la Défense ne tient d'aucune disposition législative ou règlementaire compétence pour fixer par instruction les conditions d'accès au cycle de formation des aspirants, lesquelles relèvent, en application de l'article 5 de la loi n°72-662 du 13 juillet 1972, d'un décret en Conseil d'Etat.

Il est à noter, cependant, concernant cette dernière condition, la particularité des pouvoirs reconnus au ministre de la Défense en tant que « responsable de l'emploi des militaires placés sous son autorité et du maintien de l'aptitude de ces derniers aux missions qui peuvent à tout moment leur être confiées ». Dans ce cadre précis, en effet, le ministre peut empiéter sur le domaine de la loi, et plus précisément sur celles qui régissent les libertés, notamment en imposant des vaccinations aux militaires appelés à servir outre-mer ou en opérations extérieures (CE Ass., 3 mars 2004, requête numéro 222918, Association « Liberté, information, santé » : Rec. p. 112 ; AJDA 2004, p. 971, chron.

Donnat et Casas ; RDSS 2004, p. 608, note Deguergue ; RFDA 2004, p. 581, concl. Le Chatelier).

C – Exceptions aux règles normales de compétence ratione materiae

Il existe deux catégories d'exceptions aux règles de compétence ratione materiae : les délégations d'une part, l'intérim et la suppléance d'autre part.

1° Délégation

En principe, les compétences ne se délèguent pas. Toutefois, ce principe connaît un certain nombre d'atténuations pour une raison pratique évidente : il est matériellement impossible pour certaines autorités de signer l'ensemble des décisions qui relèvent de leur compétence. Certaines compétences pourront donc être déléguées, voire subdéléguées.

a- Conditions de la délégation

Quatre conditions doivent être réunies pour que la délégation soit possible.

Elle doit d'abord être établie par un texte législatif ou règlementaire.

Exemple :
- Le décret n°2005-850 du 27 juillet 2005 définit le régime de la délégation de signature des membres du gouvernement aux agents des administrations centrales.

Elle doit être suffisamment précise quant au contenu des matières déléguées et quant à l'identité du déléguant et du délégataire.

Exemple :
- CE, 27 mai 1991, requête numéro 104723, requête numéro 105548, requête numéro 105572, requête numéro 105768, requête numéro 106176, requête numéro 106671, requête numéro 106711, requête numéro 111211, Ville de Genève (AJDA 1991, p.690, chron. Maugüé et Schwartz ; CJEG 1991, p. 317, concl. Legal et note Cardon) : il résulte de l'article 3 du décret du 11 décembre 1963 relatif aux installations nucléaires qu'en cas de modification d'une installation, les conditions auxquelles est soumise la mise en exploitation de l'installation ainsi modifiée doivent être déterminées par décret. Plus précisément, l'article 3 du décret du 10 janvier 1989 pris en application de ce texte renvoie à des décisions ministérielles le pouvoir de mettre en exploitation la centrale sans y apporter d'autres restrictions que la durée de la mise en exploitation et son point de départ. En omettant ainsi de fixer les autres conditions auxquelles une décision de mise en exploitation est subordonnée et de définir, avec une précision suffisante, les modalités suivant lesquelles ces conditions doivent être mises en œuvre, le gouvernement a illégalement subdélégué les pouvoirs qu'il tient des dispositions précitées du décret du 11 décembre 1963. Par suite, est illégal l'article 3 du décret du 10 janvier 1989.

La délégation doit faire l'objet de mesures de publicité suffisantes. Il pourra s'agir d'une publication au journal officiel ou, pour les actes des autorités locales, dans un recueil des actes administratifs des collectivités territoriales. A défaut, les actes pris en vertu de la délégation ne seront pas opposables aux administrés.

Exemples :
- CE, 21 mai 2008, requête numéro 294711, Groupe hospitalier SUD Réunion : la décision par laquelle le directeur d'un établissement public hospitalier délègue sa signature n'entre en vigueur que si elle a fait l'objet d'une publicité suffisante. Les juges estiment que l'affichage constitue une mesure de publicité suffisante dès lors qu'il est fait sur des panneaux spécialement aménagés à cet effet et aisément consultables par les personnels et les usagers.
- CAA Nancy, 15 novembre 2007, requête numéro 06NC01331, Ville de Metz : l'arrêté de délégation est exécutoire à compter de la date de son affichage, sans qu'il soit besoin d'attendre qu'il soit publié dans le recueil des actes administratifs de la commune. Par suite, c'est à tort que le tribunal administratif a annulé le refus de titularisation d'un agent municipal au motif qu'il aurait été signé par une autorité incompétente qui ne détenait pas une délégation de signature régulière.

La preuve de la publication doit être rapportée par l'autorité qui a pris l'acte attaqué.

Exemple :
- CAA Douai, 13 novembre 2007, requête numéro 06DA01520, B. c. Université Lille II (JCP A 2008, 2114, obs. Mesmin) : il ressort des pièces du dossier que le président de l'Université de Lille II a, par arrêté du 1er mars 2004, donné à M. Y délégation pour signer « tous documents administratifs ou comptables en cas d'absence ou d'empêchement du président », comme l'y autorisait l'article L. 712-2 du Code de l'éducation. Mais si l'université soutient que cet arrêté a fait l'objet d'une publicité par voie d'affichage dans les locaux de l'université comme l'est « traditionnellement » ce type d'actes, cette affirmation est sérieusement contestée par la requérante. En s'abstenant notamment de préciser la date, la durée et le lieu exact de cet affichage et de produire toute pièce de nature à établir l'effectivité de celui-ci, l'Université de Lille II ne peut être regardée comme justifiant de la régularité de la publicité de l'arrêté de délégation du 1er mars 2004.

Enfin, la délégation doit être partielle. Dans le cas contraire, les actes pris en vertu d'une délégation de compétence ou de signature seront annulés pour incompétence. Cette règle est reprise par différents textes et notamment par l'article 21 alinéa 2 de la Constitution qui prévoit que le Premier ministre peut déléguer « certains » de ses pouvoirs.

Une condition supplémentaire est exigée lorsqu'est en cause une subdélégation : en toute logique, seul le titulaire d'une délégation de compétence peut subdéléguer, et seulement sous la forme d'une délégation de signature. En effet, comme l'a précisé à plusieurs reprises le Conseil d'Etat « le bénéficiaire d'une délégation de signature … s'il est habilité à exercer les pouvoirs du délégant, n'est pas autorisé à en disposer » (V. par ex. CE, 28 juin 1996, requête numéro 167824, Groupement français de l'hélicoptère). Quant au titulaire d'une délégation de signature, il n'a pas la possibilité de subdéléguer sa signature, sauf si un texte le prévoit expressément. Ainsi, par exemple, l'article L. 2122-23 du Code général des collectivités territoriales prévoit que « sauf disposition contraire dans la délibération portant délégation, les décisions prises en application de celle-ci peuvent être signées par un adjoint ou un conseiller municipal agissant par délégation du maire ».

b- Effets de la délégation

Il existe deux types de délégations : les délégations de compétence (ou de pouvoir), et les délégations de signature.

Dans la première hypothèse, il y a transfert de compétence d'une autorité vers une autre. Le déléguant est privé de la compétence ainsi transférée au délégataire. Pour reprendre cette compétence, il devra, en vertu de la règle du parallélisme des procédures, prendre un acte de la même nature que celui qui a réalisé le transfert. A défaut, l'acte pris par le déléguant dans l'une des matières transférées sera illégal pour incompétence de son auteur.

Dans la seconde hypothèse, le déléguant conserve sa compétence, mais il allège sa tâche en confiant au délégataire la mission de prendre certains actes. Il peut donc à tout moment décider en lieu et place du délégataire.

Il existe une autre différence majeure entre délégation de compétence et délégation de signature. Dans le premier cas, on estime que la délégation se fait d'autorité à autorité, alors qu'elle se fait de personne à personne dans le second. Par conséquent, le changement d'identité du bénéficiaire de la délégation ou du déléguant n'a pas de conséquences dans la première hypothèse, alors que cet événement met fin à la délégation de signature.

Cette distinction n'est toutefois pas valable concernant la délégation de signature des membres du gouvernement aux agents des administrations centrales telle qu'elle est organisée par le décret n°2005-850 du 27 juillet 2005. En effet, selon l'article 1er du décret « le changement de ministre ou de secrétaire d'Etat ne met pas fin … » à la délégation de signature, ce qui permet d'assurer la continuité des activités de l'exécutif. En revanche, la subdélégation consentie en application de ce décret relève du régime traditionnel des délégations de signature.

Par ailleurs, il convient de mentionner l'hypothèse particulière de la « délégation de fonctions » visée par le Code général des collectivités territoriales. Cette technique permet au maire, au président du conseil départemental ou du conseil régional de déléguer « sous sa surveillance et sa responsabilité … une partie de ses fonctions » à un ou plusieurs adjoints ou vice-présidents, voire à de simples conseillers (CGCT, art. L. 2122-18, art. L. 3221-3 et art. L. 4231-3). Elle présente des traits communs à la fois avec la délégation de compétence et avec la délégation de signature. Comme la délégation de compétence elle permet de transférer un certain nombre de compétences à l'autorité déléguée. Elle a également pour effet de dessaisir l'autorité délégante de ses compétences pour les matières déléguées. Mais d'un autre côté, la délégation de fonctions se fait de personne à personne. Elle va donc tomber en cas de changement de la personne du déléguant ou du délégataire, ce qui rapproche cette technique de la délégation de signature.

2° **Suppléance et intérim**

La suppléance et l'intérim constituent deux mécanismes qui permettent de pallier l'absence ou la cessation de fonctions du titulaire normal d'une compétence.

C'est la suppléance qui entraîne les effets les plus complets : le suppléant assure de plein droit les mêmes fonctions que la personne qu'il supplée (CE, 29 janvier 1955, Mollaret :

Rec. p.61). Cependant, cette solution ne peut être mise en œuvre que lorsqu'elle a été prévue par un texte.

Exemples :
- L'article L. 2122-17 du Code général des collectivités territoriales prévoit qu'en cas d'absence, de révocation ou d'empêchement du maire, celui-ci est suppléé par un adjoint.
- L'article 65 de la Constitution précise que le Conseil supérieur de la magistrature est présidé par le Président de la République. Le ministre de la Justice en est le vice-président de droit et il peut suppléer le Président de la République.

La mise en œuvre d'une suppléance est susceptible de poser un certain nombre de problèmes au contentieux.

Exemple :
- CE Sect., 30 décembre 2010, requête numéro 329513, Robert (AJDA 2011, p. 4) : le ministre de la Justice, qui assurait la présidence de la séance du Conseil supérieur de la magistrature et qui, en sa qualité de suppléant, exerçait la plénitude des attributions relevant du Président de la République et pouvait notamment décider de surseoir à l'examen d'un point inscrit à l'ordre du jour, a différé l'examen du projet de nomination du requérant en qualité d'avocat général à la Cour de cassation. En conséquence est irrégulière la nomination par le président de la République qui n'a pas été précédée de l'avis du Conseil supérieur de la magistrature.

En l'absence de texte législatif ou règlementaire organisant la suppléance c'est la solution de l'intérim qui est appliquée. L'intérim résulte soit d'une décision spéciale de l'autorité supérieure qui organise ainsi son remplacement, soit d'une adaptation ponctuelle à un empêchement de l'autorité normalement compétente. Il peut également être prévu par un texte.

Exemple :
- L'article R. 222-19-2 du Code de l'éducation prévoit que « en cas de vacance momentanée du poste de recteur, le secrétaire général d'académie assure l'intérim ».

L'intérim doit nécessairement être de brève durée (CE, 6 février 1970, Association des administrateurs civils du ministère du Travail : AJDA 1970, p. 506, note V. S.) prend fin dès que le titulaire d'une fonction est en mesure d'occuper effectivement son emploi.

Exemple :
- CE Ass., 31 octobre 1980, requête numéro 11629, requête numéro 11692, requête numéro 11733, requête numéro 11739, Fédération de l'éducation nationale et a. (Rec. p. 394 ; RDP 1981, p. 499, concl. Franc ; JCP G 1983, II, 20003, note Auby) : en conférant au garde des Sceaux, par un décret du 18 janvier 1978, les pouvoirs du Premier ministre que « celui-ci n'exercera pas en raison de son absence », le Président de la République a pris les dispositions nécessaires pour assurer la continuité de l'action gouvernementale. Ce texte n'est contraire à aucune disposition de la Constitution. Par suite, le garde des Sceaux est compétent, en application de ce décret du 18 janvier 1978, pour signer un décret.

II – Compétence ratione loci

Une décision administrative doit être prise par l'autorité localement compétente, ce qui peut soulever ponctuellement un certain nombre de difficultés.

Exemple :
- CE Sect., 9 mai 1980, requête numéro 15533, Commune de Champagne-de-Blanzac (Rec. p. 221 ; Dr. adm. 1980, 208 ; AJDA 1981, p. 103, note Bélanger.- V. également CAA Douai, 25 mai 2004, requête numéro 01DA00413, Marin : JCPA 2004, 1474, note Moreau) : la police de la circulation sur une voie communale dont l'axe délimite les territoires de deux communes doit être exercée en commun par les maires de ces communes, et la règlementation doit être édictée sous forme, soit d'arrêtés concordants signés par chacun d'eux, soit d'un arrêté unique signé par les deux maires.

En principe, l'autorité administrative ne peut intervenir que dans le cadre de sa circonscription, mais il existe des exceptions. Ainsi, une commune peut agir sur le territoire d'une autre commune sur le territoire de laquelle elle possède un bien. Cette hypothèse concerne essentiellement les cimetières (CE, 15 mai 1914, Commune de Livry : Rec. p. 514.- CE Sect., 18 février 1972, requête numéro 77277, Chambre syndicale des entreprises artisanales du bâtiment de Haute-Garonne : JCP G 1973, II, 17446, note Bouyssou). Il a également été reconnu qu'une commune peut décider de recourir à la procédure d'expropriation en vue d'implanter un ouvrage public sur le territoire d'une autre commune, si elle ne dispose pas sur son territoire des terrains nécessaires à cette implantation (CE Sect., 6 mars 1981, requête numéro 00120, Association de défense des habitants du quartier de Chèvre-Morte et a. : Rec. p. 125 ; AJDA 1981, p. 250, chron. Feffer et Pinault ; Rev. adm. 1981, p. 600, concl. Labetoulle ; RDP 1981, p. 600, concl. Labetoulle et p. 1695, note Auby ; D. 1981, inf. rap. p. 281, obs. Delvolvé).

III – Compétence ratione temporis

L'auteur de l'acte doit être compétent à la fois au jour de la signature de l'acte et au jour de l'entrée en vigueur de cet acte et ces deux dates doivent être séparées par un délai raisonnable. Dans la pratique, l'application de ces principes pose trois problèmes majeurs.

A – Décisions prises par des autorités non encore investies ou qui ont cessé d'être investies

Une autorité ne peut jamais exercer sa compétence avant son investiture officielle. L'effet de l'investiture part, dès lors qu'est en cause un acte individuel favorable à son destinataire, à compter de la signature de l'acte de nomination, et non pas à compter de la publication de cet acte (CE Sect., 10 janvier 1958, Deville : Rec. p. 27).

Pour ce qui concerne les autorités qui ont cessé d'être investies, la règle est moins rigoureuse ce qui s'explique par la nécessité d'assurer la continuité du service public, jusqu'à la prise de fonction par le successeur de l'autorité concernée.

Dans certains cas, la compétence de l'autorité anciennement investie est expressément prévue par un texte.

Exemple :
-L'article L. 2122-15 du Code général des collectivités territoriales prévoit que « le maire et les adjoints continuent l'exercice de leurs fonctions jusqu'à l'installation de leurs successeurs ».

Dans tous les cas qui ne sont pas réglés par un texte, il résulte de la jurisprudence que l'autorité qui n'est plus investie peut procéder à la gestion des affaires courantes. C'est notamment le cas dans l'hypothèse d'un changement de gouvernement ou d'un remaniement ministériel.

Exemples :
- Des précisions sur la notion d'affaires courantes ont été apportées par le Conseil d'Etat dans un arrêt d'Assemblée du 4 avril 1952, Syndicat régional des quotidiens d'Algérie pour l'hypothèse précise d'un gouvernement démissionnaire (Rec. p.210 ; S. 1952, III, p.49, concl. Delvolvé ; RDP 1952, p.1029, note Waline ; JCP 1952, II, 7138, note Vedel ; Gaz. Pal. 1952, I, p.261, concl. Delvolvé). Dans ses conclusions, le commissaire du gouvernement Delvolvé a ainsi distingué trois types d'affaires : les affaires courantes par nature qui ne présentent aucune particularité par rapport à la masse des affaires traitées et qui peuvent être réglées par un gouvernement démissionnaire ; les affaires importantes qui ne peuvent être réglées qu'en cas d'urgence par un gouvernement démissionnaire ; « les grands règlements statutaires et les règlements modifiant les dispositions légales ou les droits reconnus par la loi » qui ne peuvent jamais être pris par un gouvernement démissionnaire. En l'espèce était contesté un décret d'application d'une loi, celle-ci prévoyant qu'un tel décret d'application pouvait étendre ses dispositions à l'Algérie et éventuellement en adapter le contenu. Cet acte relevant de la troisième catégorie, son auteur était donc incompétent.
- CE, 23 décembre 2011, requête numéro 348647, requête numéro 348678, Ministre de l'Intérieur, de l'Outre-mer, des Collectivités territoriales et de l'Immigration (préc.) : l'organe délibérant d'un établissement public de coopération intercommunale, à la suite du renouvellement général des conseils municipaux des communes membres de cet établissement, ne peut que gérer les affaires courantes jusqu'à l'installation du nouvel organe délibérant. Cependant, les circonstances que la procédure de passation d'un marché avait été engagée antérieurement aux élections municipales et que la commission d'appel d'offres avait émis un avis favorable, ne permettaient à elles seules de regarder la conclusion du marché litigieux comme relevant de la gestion des affaires courantes.

B – Décisions anticipées et décisions tardives

L'auteur d'une décision ne peut prévoir une date d'entrée en vigueur trop lointaine. En effet, dans un tel cas, l'autorité anticipe sur sa compétence future. Le juge administratif estime donc qu'il s'agit d'un cas d'incompétence ratione temporis.

Exemple :
-CE, 24 décembre 1926, Sylvain (Rec., p. 1138) : est illégale une décision de mise en retraite qui ne doit entrer en vigueur qu'un an après son édiction.
-CE, 31 janvier 1986, requête numéro 56445, Ministre de l'Intérieur et de la Décentralisation : un arrêté d'expulsion pris à l'égard d'un étranger incarcéré en France et qui doit encore y subir deux ans d'emprisonnement n'est pas entaché d'illégalité pour

erreur de droit du fait de sa précocité, dès lors que la décision est suffisamment motivée au regard de la loi du 11 juillet 1979 et qu'elle n'est pas fondée sur le seul fait de la condamnation pénale, mais résulte de l'examen complet du cas de l'intéressé.

De même, une circulaire qui fait connaître aux préfets, avant l'adoption de textes législatifs ou réglementaires, les modifications que le gouvernement entend apporter aux textes en vigueur « doit être regardée comme ayant elle-même édicté, à la date où elle a été signée, des dispositions relevant du domaine de la loi ou du décret qui (n'ont) pas encore été adoptées et se trouve donc entachée d'incompétence » (CE, 9 juillet 1997, requête numéro 183880, Office public d'HLM de Saint-Priest)

En revanche, sauf disposition expresse dans ce sens, les délais impartis par un texte à une autorité administrative pour prendre ses mesures d'application ne sont pas prescrits à peine de nullité.

Exemple :
-CE ; 23 octobre 1992, requête numéro 138187, Diemert (Rec. p. 374, concl. Legal ; AJDA 1992, p.785, chron. Maugüé et Schwartz) : si le législateur a manifesté sa volonté que le gouvernement prenne, avant la date fixée par la loi, les mesures nécessaires pour que le permis à points puisse être effectivement appliqué à l'échéance qu'il a fixée, il n'a pas entendu décider que la loi ne sera pas appliquée, au cas où le gouvernement ne prendrait pas de décret dans le délai prévu, Il en résulte que le gouvernement n'était pas incompétent pour prendre le décret litigieux au-delà de ce délai.

C – Décisions rétroactives

Il résulte de la jurisprudence du Conseil constitutionnel que « sauf en matière pénale, la loi peut comporter des dispositions rétroactives » (CC, 22 juillet 1980, numéro 80-119 DC, Loi portant validation d'actes administratifs, préc.). Elle peut également valider implicitement la rétroactivité des décisions administratives (CE, 30 janvier 1952, Syndicat de la boulangerie d'Indre-et-Loire : Rec. p. 72).

Cette hypothèse mise à part, le Conseil d'Etat a estimé, dans son arrêt d'Assemblée du 25 juin 1948 Société du journal l'Aurore, qu'il existe un principe général du droit « en vertu duquel les règlements ne disposent que pour l'avenir » (requête numéro 94511 : Rec. p. 289 ; S. 1948, III, p. 69, concl. Letourneur ; D. 1948, jurispr. p. 437, note Waline ; JCP G 1948, II, 4427, note Mestre). Puisqu'il s'agit d'un principe général du droit, que l'on peut aujourd'hui rattacher au principe plus large de sécurité juridique, cette règle s'impose à l'administration sauf dans l'hypothèse où un texte de loi l'habilite à y déroger.

Exemple :
-CE, 23 mars 2005, requête numéro 261252, requête numéro 261253, requête numéro 261940, requête numéro 261941, requête numéro 261942, requête numéro 261943, Smart (AJDA 2005, p. 1309) : est entachée de rétroactivité illégale une circulaire définissant de nouvelles règles de calcul d'exonérations partielles de frais de scolarité prise postérieurement au début de l'année scolaire à laquelle elle s'applique. L'irrégularité de la circulaire est invocable à l'encontre des décisions individuelles qui l'ont appliquée.

Toutefois, l'existence de dispositions rétroactives n'entraîne pas nécessairement l'annulation de tout l'acte administratif incriminé, mais seulement des dispositions qui lui confèrent un effet rétroactif.

Exemple :
-CE, 10 février 1995, requête numéro 78545, Royer et Magnat (Rec. p. 642) : un arrêté recrutant un agent contractuel, qui fixe son entrée en vigueur à une date antérieure à celle de son édiction, comporte un effet rétroactif illégal. Il est annulé mais seulement en tant qu'il s'applique rétroactivement.

Par ailleurs, le principe de rétroactivité ne s'oppose pas à une application immédiate des règlements. Comme l'a précisé le Conseil d'Etat dans l'arrêt de Section Angeli du 11 décembre 1998 « si la situation présente a été définitivement constituée dans le passé, l'application de mesures nouvelles relatives à la constitution même de cette activité ne constituerait pas une application immédiate, mais comporterait rétroactivité » (requête numéro 170717 : Rec. p. 46, concl. Lamy ; CJEG 1999, p. 134, concl. Lamy). Si une règlementation nouvelle peut s'appliquer aux prolongements actuels d'une situation constituée sous l'empire d'une règlementation ancienne, elle ne peut donc s'appliquer à la constitution de cette situation.

Exemple :
- CE, 28 juillet 1989, requête numéro 93722, Biscay : un décret est applicable aux demandes formées avant son entrée en vigueur dès lors que la décision qui en résulte est née postérieurement à cette date.

En outre, comme l'a précisé le Conseil d'Etat à l'occasion de l'arrêt Lacroix du 13 décembre 2006 « l'exercice du pouvoir règlementaire implique pour son détenteur la possibilité de modifier à tout moment les normes qu'il définit sans que les personnes auxquelles sont, le cas échéant, imposées de nouvelles contraintes, puissent invoquer un droit au maintien de la règlementation existante .... en principe, les nouvelles normes ainsi édictées ont vocation à s'appliquer immédiatement, dans le respect des exigences attachées au principe de non-rétroactivité des actes administratifs » (requête numéro 287845, préc.) Cependant, pour préserver les intérêts publics ou privés d'une atteinte excessive, il appartient à « l'autorité investie du pouvoir règlementaire, agissant dans les limites de sa compétence et dans le respect des règles qui s'imposent à elle, d'édicter, pour des motifs de sécurité juridique, les mesures transitoires qu'implique, s'il y a lieu, cette règlementation nouvelle ... il en va ainsi lorsque l'application immédiate de celle-ci entraîne, au regard de l'objet et des effets de ses dispositions, une atteinte excessive aux intérêts publics ou privés en cause ». Il s'agit ici d'une application du principe de sécurité juridique (CE Ass., 24 mars 2006, requête numéro 288460, requête numéro 288465, requête numéro 288474, requête numéro 288485, Société KPMG, préc.).

Il existe enfin un certain nombre d'exceptions au principe de non rétroactivité prévues par la jurisprudence. En particulier, le Conseil d'Etat admet aujourd'hui la possibilité de régulariser les décisions administratives entachées d'un vice de forme ou de procédure (CE Sect., requête numéro 363047, Commune d'Emerainville, préc.). Il peut également admettre la rétroactivité d'actes administratifs dans des cas où ne pas l'admettre conduirait à des difficultés inextricables (V. ainsi admettant la rétroactivité de nouveaux tarifs applicables aux usagers d'un service de distribution d'eau auxquels les tarifs initiaux n'avaient pu être appliqués suite à une décision juridictionnelle les déclarant illégaux CE, 28 avril 2014, Anschling, requête numéro 357090).

IV – Dérogations exceptionnelles aux règles de compétence : la jurisprudence des fonctionnaires de fait

Lorsqu'un acte est pris par une personne extérieure à l'administration, cet acte est en principe considéré comme illégal en raison de l'incompétence de son auteur.

Cependant, une position trop stricte sur ce point pourrait présenter de graves inconvénients, puisqu'elle peut aboutir à la remise en cause de situations qui paraissaient acquises, pour les bénéficiaires de la décision comme pour les tiers.

Pour éviter de tels inconvénients, la jurisprudence a prévu deux types d'aménagements.

Le premier aménagement concerne le cas de l'annulation par le juge administratif de l'acte désignant une autorité administrative. L'annulation d'un acte administratif ayant un effet rétroactif, tous les actes pris par l'autorité concernée devraient être anéantis. Le Conseil d'Etat, pour des raisons évidentes d'opportunité, a toutefois adopté une règle contraire en vertu de laquelle les actes pris par l'autorité dont l'acte de désignation a été annulé subsistent, lorsqu'ils sont intervenus avant la date du jugement devenu définitif (CE, 2 novembre 1923, Association des fonctionnaires de l'administration centre des postes et télégraphes : Rec. p.699).

> Exemple :
> - CE, 16 mai 2001, requête numéro 231717, Préfet de police c. Mtimet (AJDA 2001, chron. Guyomar et Collin, p. 643 et p.672, note Legrand ; Dr. adm. 2001, 178, note Laurent ; JCP G 2001, 344, obs. Aubin ; RDP 2001, p. 645, note Prétot ; AJFP janvier 2002, p. 27, étude Traoré ; Droit et Défense 2001, n° 3, p. 29, note de la Burgade): un arrêté de reconduite à la frontière n'est pas illégal du seul fait que le préfet de police qui en est l'auteur avait été maintenu en fonctions au-delà de la limite d'âge.

Dans de telles hypothèses, les juges plutôt que de se référer à la théorie des fonctionnaires de fait, peuvent choisir de moduler dans le temps les effets de décision annulant une nomination ou une élection, conformément à la jurisprudence Association AC ! (CE Ass., 11 mai 2004, requête numéro 255886, préc.). Dans un arrêt Sire du 12 décembre 2007, le Conseil d'Etat a ainsi considéré que si «l'irrégularité de la nomination d'un magistrat est de nature à entraîner la nullité des jugements et procédures auxquels il a concouru ... compte tenu de la nature du motif d'annulation retenu et alors qu'aucun autre moyen n'est de nature à justifier l'annulation prononcée par la présente décision, l'annulation rétroactive de la nomination de M. Sire porterait, eu égard à la nature et à la durée des fonctions qu'il a exercées en qualité de procureur de la République près le tribunal de grande instance de Narbonne, une atteinte manifestement excessive au fonctionnement du service public de la justice » (requête numéro 296072 : Rec. p. 471 ; AJDA 2008, p. 368, concl. Guyomar ; AJFP 2008, p. 172, note Gueguen).

Le second aménagement concerne l'hypothèse d'une personne totalement étrangère à l'administration. Dans des circonstances exceptionnelles, les juges considèrent que les actes pris par ces personnes sont des actes administratifs et qu'ils permettent notamment d'engager la responsabilité de l'administration.

Exemple :
- CE Ass., 7 janvier 1944, Lecocq (Rec. p.5 ; JCP 1944, II, 2663, note Charlier ; RDP 1944, p.331, concl. Léonard, note Jèze.- V. également CE, 5 mars 1948, Marion : Rec. 1948, p. 113 ; D. 1949, p. 147 ; S. 1948, 3, p. 53, note Calon) : pendant la débâcle, des habitants de la ville de Fécamp ont constitué un comité local d'administration de la ville. Ce comité a décidé de la réouverture de commerces, désigné des gérants pour ces commerces et créé une taxe sur les ventes. Ces actes sont considérés comme légaux par le Conseil d'Etat, compte tenu des circonstances exceptionnelles durant lesquelles ils ont été élaborés.

§ II – Procédure d'adoption des actes administratifs unilatéraux

La procédure d'adoption des actes administratifs unilatéraux peut être fixée par des textes. A défaut, l'administration devra respecter un certain nombre de règles qui ont été fixées par la jurisprudence.

Longtemps dispersées dans différents textes, de nombreuses règles applicables à la procédure d'adoption des actes administratifs ont été regroupées dans le Code des relations entre le public et les administrations créé par l'ordonnance n°2015-1341 du 23 octobre 2015.

La procédure d'élaboration de l'acte peut donner lieu, le cas échéant, à des consultations et à des enquêtes préalables. Qui plus est, pour ce qui concerne certains types de décisions, l'autorité compétente sera tenue de respecter le principe du contradictoire.

I – Consultations préalables

Il existe deux types de consultations préalables : celles qui présentent un caractère facultatif et celles qui sont obligatoires.

A – Consultations facultatives

Une autorité peut toujours s'assurer de tous les avis qu'elle juge opportuns, et cela même si ces avis ne sont pas prévus par des textes. A partir du moment où elle s'est elle-même astreinte à cette formalité elle est tenue de respecter une procédure régulière. Si tel n'est pas le cas, et si l'avis a influencé le sens de la décision, celle-ci sera annulée pour vice de procédure.

Exemples :
- CE, 25 février 1998, requête numéro 150708, requête numéro 150819, Commune d'Evreux (Rec. p.696) : dès lors que le maire d'une commune, alors même qu'aucune disposition législative ou règlementaire ne lui en fait obligation, a constitué, en vue de l'élaboration d'un projet de plan d'occupation des sols révisé, un groupe de travail, ce groupe ne peut siéger valablement que si le quorum de ses membres est atteint. Or, lors de l'unique réunion du groupe, moins de la moitié des personnes convoquées étaient

présentes et des personnes qui n'étaient pas membres de ce groupe ont participé à la réunion. Ces irrégularités sont susceptibles d'avoir exercé une influence sur la délibération du conseil municipal et entachent donc d'illégalité la décision arrêtant le projet de révision du plan d'occupation des sols de la commune
- CE, 5 septembre 2008, requête numéro 301506, requête numéro 301668, Société Seroba, ministre du Travail : en l'absence de changement dans les circonstances de fait ou de droit, un inspecteur du travail peut prendre une nouvelle décision relative à l'autorisation de licenciement d'un salarié protégé sans procéder à nouveau à l'enquête contradictoire prévue par l'ancien article R. 463-4 du Code du travail. Cependant, dès lors qu'il procède à une nouvelle enquête, celle-ci doit être conduite dans des conditions régulières.

Cette solution a été consacrée par l'article 70 de la loi n°2011-525 du 17 mai 2011 de simplification et d'amélioration de la qualité du droit selon lequel « lorsque l'autorité administrative, avant de prendre une décision, procède à la consultation d'un organisme, seules les irrégularités susceptibles d'avoir exercé une influence sur le sens de la décision prise au vu de l'avis rendu peuvent, le cas échéant, être invoquées à l'encontre de la décision ». La loi ne distingue plus, comme le faisait auparavant la jurisprudence, les vices non substantiels, qui ne pouvaient jamais entraîner l'annulation de la décision contestée, des vices substantiels qui entraînaient l'annulation de la décision, dès lors que les irrégularités soulevées avaient eu une influence sur la décision prise.

On rappellera que dans son arrêt d'Assemblée Danthony du 23 décembre 2011 (requête numéro 335033, préc.- V. par ailleurs supra p. 202) le Conseil d'Etat a considéré qu'il existe un principe dont s'inspire la règle énoncée par l'article 70 selon lequel : « si les actes administratifs doivent être pris selon les formes et conformément aux procédures prévues par les lois et règlements, un vice affectant le déroulement d'une procédure administrative préalable, suivie à titre obligatoire ou facultatif, n'est de nature à entacher d'illégalité la décision prise que s'il ressort des pièces du dossier qu'il a été susceptible d'exercer, en l'espèce, une influence sur le sens de la décision prise ou qu'il a privé les intéressés d'une garantie ».

Une solution identique à celle susvisée s'applique dans les cas où il apparaît que le manquement à une règle de procédure n'a pas privé les personnes intéressées des garanties auxquelles elles avaient le droit.

Exemple :
- CE, 18 mai 2005, requête numéro 256017, M. Mourad X. : il ressort du 2° de l'article 24 de l'ordonnance du 2 novembre 1945 que le directeur des affaires sanitaires et sociales n'est pas au nombre des personnes qui composent la commission d'expulsion. Dès lors, l'absence du directeur départemental des affaires sanitaires et sociales lors de la réunion de la commission, à laquelle il n'est pas contesté qu'il avait été dûment convoqué, n'entache pas l'avis de la commission d'expulsion d'un vice de procédure substantiel.

De même, le non-respect d'une règle de procédure n'est pas sanctionné, dès lors que le respect de cette règle s'est avéré impossible au cas d'espèce.

Exemple :
- CE, 29 juillet 1994, requête numéro 135097, Commune de Grand-Bourg-de-Marie-Galante : si le délai de deux mois imparti au conseil de discipline pour donner son avis n'est pas prescrit à peine de nullité, la carence de ce conseil ne saurait avoir pour effet de priver le maire du pouvoir d'exercer ses attributions en matière disciplinaire.

Sur le fond, lorsque l'administration se conforme à une procédure consultative alors qu'elle n'y était pas obligée, elle reste libre d'apporter au projet de texte qu'elle avait soumis volontairement pour avis toutes les modifications, même substantielles, qu'elle souhaite, sans être contrainte de soumettre de nouveau le projet à l'instance sollicitée (CE Sect., 15 mars 1974, requête numéro 85703, Syndicat national CGT-FO des fonctionnaires et agents du commerce intérieur et des prix : Rec. p. 188 ; AJDA 1974, p. 432, chron. Boyon et Franc.- CE, 4 juin 2012, requête numéro 351976, Société BT France : AJDA 2013. 1733, chron. Domino et Bretonneau).

Enfin, il faut relever qu'une autorité administrative peut renoncer à la consultation en prenant sa décision sans attendre que l'avis ait été formulé (CE Sect., 28 avril 1967, Fédération nationale des syndicats pharmaceutiques : Rec. p. 180 ; AJDA 1967, p. 401, concl. Galabert).

B – Consultations obligatoires

Dans l'hypothèse où la consultation est rendue obligatoire par un texte, deux cas de figure doivent être envisagés : l'avis rendu peut être facultatif ou bien l'autorité qui le sollicite doit s'y conformer. Par ailleurs, l'article 16 de la loi du 17 mai 2011, dont les dispositions sont désormais reproduites dans le Code des relations entre le public et l'administration, permet de substituer, dans certains cas, un mécanisme de consultation ouverte aux consultations obligatoires.

1° Avis facultatif

Lorsque l'avis rendu a un caractère facultatif, l'accomplissement régulier de la formalité de consultation est suffisant. Les modalités de fonctionnement des commissions facultatives sont désormais visées par les articles R. 133-3 et suivants du Code des relations entre le public et l'administration. Toutefois, elles peuvent également résulter de règles particulières applicables à des organes consultatifs en particulier.

Dans les cas où la consultation est régulière, un problème est susceptible d'intervenir concernant le délai entre la date à laquelle l'avis a été rendu et celle de la décision.

Exemple :
- CE, 2 octobre 1996, requête numéro 91296, Ministre de l'intérieur c. Consorts Hottinguer (Rec. p. 950 ; Dr. adm. 1996, 533, obs. L.T.- comp. CE, 3 février 2016, requête numéro 387140, Bordeaux Métropole) : le service des domaines doit être obligatoirement consulté dans le cadre d'une procédure d'expropriation avant que l'opération ne soit déclarée d'utilité publique. Cependant, l'avis rendu, qui concerne la valeur des biens à exproprier, a une portée facultative. Dans cette affaire, il s'est écoulé onze ans entre la date de l'avis et l'acte portant déclaration d'utilité publique. Le Conseil d'Etat décide que le changement de circonstances de droit et de fait nécessitait que soit requis un nouvel avis. En effet, la règlementation en matière d'urbanisme avait

changé ainsi que la valeur des terrains. Par conséquent, l'acte portant déclaration d'utilité publique est annulé.

La principale hypothèse de consultation obligatoire débouchant sur un avis consultatif concerne les décrets en Conseil d'Etat, qui s'opposent à la catégorie des décrets simples. Ces décrets sont facilement identifiables par la mention « le Conseil d'Etat entendu » et ils se rencontrent dans quatre hypothèses :

- En application de l'article 37 alinéa 2 de la Constitution les textes de forme législative antérieurs à 1958, et qui relèvent désormais du domaine du règlement, peuvent être modifiés par décrets pris après avis du Conseil d'Etat ;

- En application d'une loi qui précise que ses décrets d'application doivent être pris sur avis du Conseil d'Etat ;

- En application d'un décret qui renvoie lui-même à de futurs décrets en Conseil d'Etat ;

- En raison de la volonté du gouvernement lorsqu'il souhaite donner une certaine solennité à un texte qui lui paraît particulièrement important. Mais il s'agit ici d'une hypothèse de consultation facultative qui obéit, par conséquent, aux règles susvisées.

Lorsque la consultation du Conseil d'Etat, ou d'une autre autorité, est obligatoire en vertu d'une disposition formelle, le défaut de consultation rend le décret illégal (CE Ass., 3 juillet 1998, requête numéro 177248, requête numéro 177320, requête numéro 177387, Syndicat national de l'environnement CFDT : Rec. p. 272 ; AJDA 1998, p. 780, chron. Raynaud et Fombeur ; JCP G 1999, I, 128, chron. Petit ; RFDA 1998, p. 1059 ; LPA 12 janvier 1999, n° 8, note Moniolle. – CE, 24 mai 2000, requête numéro 204657, Conseil supérieur de l'administration de biens : Dr. fisc. 2000, 40, 742 ; RJF 2000, 976).

Si l'autorité compétente peut retenir un texte qui diverge de l'avis rendu, il ne peut s'agir d'un texte différent de celui dont l'autorité qui doit émettre l'avis a été saisie. La consultation sera considérée comme régulière lorsqu'elle a porté sur l'ensemble des questions traitées par le texte définitif (CE, 26 janvier 2007, requête numéro 276928, Syndicat professionnel de la géomatique, préc.- V. également à propos de la consultation d'un comité technique paritaire : CE, 12 mars 2007, requête numéro 277979, Syndicat national de l'environnement). Dans le cas où, après avoir recueilli son avis, l'autorité compétente pour prendre le texte envisage d'apporter à son projet des modifications qui posent des questions nouvelles, elle doit procéder à une nouvelle consultation de cet organisme (CE Ass., 23 octobre 1998, requête numéro 169797, Union des fédérations CFDT : Rec. p. 360.- CE Sect., 5 novembre 2014, requête numéro 378140, Ceccaldi : Rec. p. 324, concl. Bretonneau ; AJDA 2014, p. 2419, chron. Lessi et Dutheillet de Lamothe). Par ailleurs, l'autorité compétente peut retenir, sur certains points, le texte initial de son projet et faire siennes, sur d'autres points, les modifications souhaitées par l'autorité consultée (CE, 16 octobre 1968, Union nationale des grandes pharmacies de France et a. : Rec. p. 488).

2° Avis conforme

Dans certains cas, l'autorité qui sollicite l'avis a l'obligation de s'y conformer. Dans ces hypothèses, on peut pratiquement considérer que l'institution qui rend l'avis possède en réalité un véritable pouvoir de codécision, celle-ci ne pouvant intervenir sans son aval.

Exemple :
- Les articles L. 521-1 et L. 522-1 du Code de l'expropriation précisent que la procédure d'expropriation d'extrême urgence, qui limite les garanties des personnes expropriées, doit faire l'objet d'un décret pris sur avis conforme du Conseil d'Etat.

3° Consultations ouvertes

Selon l'article L. 132-1 du Code des relations entre le public et l'administration, qui reprend l'essentiel des dispositions de l'article 16 de la loi n°2011-525 du 17 mai 2011 « lorsque l'administration est tenue de procéder à la consultation d'une commission consultative préalablement à l'édiction d'un acte réglementaire, elle peut décider d'organiser une consultation ouverte permettant de recueillir, sur un site internet, les observations des personnes concernées ». Dans ce cadre, les commissions administratives qui auraient dû normalement être saisies peuvent toutefois formuler un avis dans le cadre de la procédure de consultation ouverte.

L'autorité qui organise la consultation ouverte est tenue d'assurer l'information des personnes concernées ainsi que la publication des résultats de la consultation sous la forme d'une synthèse des observations formulées.

En principe, cette consultation ouverte se substitue à la consultation obligatoire. Plusieurs interdictions du recours aux consultations ouvertes sont toutefois prévues : pour les consultations d'autorités administratives indépendantes prévues par les textes législatifs et réglementaires ; pour les procédures d'avis conforme ; pour celles qui concernent l'exercice d'une liberté publique, constituent la garantie d'une exigence constitutionnelle, traduisent un pouvoir de proposition ou mettent en œuvre le principe de participation.

Enfin, il est également possible d'organiser une consultation ouverte sur internet sans que celle-ci ne se substitue à la consultation d'une commission, ce qui peut être utile en vue d'une meilleure association du public au processus de décision.

Le régime juridique applicable aux consultations ouvertes a été précisé par le Conseil d'Etat dans un arrêt d'Assemblée du 11 juillet 2016, Association citoyenne « Pour Occitanie Pays Catalan » et a. (requête numéro 403928 : AJDA 2017, p. 1662, chron. Odinet et Roussel ; Dr. adm. 2017, 49, note Eveillard ; JCP A 2017, act. 515 ; JCP A 2017, 2228, concl. Daumas JCP G 2017, 942, note Testard ; Procédures 2017, 253, note Chifflot). Les juges ont d'abord considéré que cette procédure pouvait être utilisée pour demander aux personnes consultées d'exprimer un choix parmi plusieurs propositions qui leur sont formulées, alors même qu'il existe dans les textes ses procédures de référendum local (CGCT, art. LO. 1112-1) et consultation locale (CGCT, art. L. 1112-15) qui sont susceptibles de remplir la même fonction. D'un point de vue procédural, aux garanties prévues par le Code des relations entre le public et l'administration, dont la portée est précisée, le Conseil d'Etat ajoute une exigence de respect des principes d'égalité et d'impartialité, dont il découle que la consultation doit être sincère. Enfin, dans l'hypothèse où la consultation ouverte serait entachée d'un vice de procédure, dans la droite ligne de la jurisprudence Danthony (V. supra p.202), « il appartient au juge administratif, avant d'en tirer les conséquences sur la légalité de l'acte pris à l'issue de la procédure comportant cette consultation, d'apprécier si elle a privé les intéressés d'une garantie ou a été susceptible d'exercer une influence sur l'acte attaqué ».

II – Enquêtes préalables

Ce sont des opérations destinées à compléter les informations de l'administration avant la prise de décision. Elles vont lui permettre de réaliser une consultation la plus large possible de toutes les personnes intéressées par cette décision.

Exemple :
- L'enquête publique préalable à la déclaration d'utilité publique permet d'informer les intéressés sur la nature du projet qui nécessite des expropriations. Le Code de l'expropriation et le Code de l'environnement prévoient une procédure très complexe et très formaliste en la matière dont le non-respect permet de faire annuler les actes subséquents pris par l'autorité administrative compétente.

III – Principe du contradictoire

Longtemps, le caractère contradictoire de la procédure d'élaboration de certaines décisions administratives était garanti à la fois par un principe général du droit et par une disposition législative issue de la loi n°2000-321 du 12 avril 2000, dont le champ d'application et les modalités de mise en œuvre se recoupaient en partie. Le Code des relations entre le public et l'administration, tout en reprenant l'essentiel des acquis du droit positif, a voulu clarifier et homogénéiser les règles applicables en les regroupant dans un texte unique. Il conviendra également de mentionner que pour l'élaboration de certaines sanctions administratives, les règles du procès équitable doivent être respectées, ce qui renforce encore les exigences.

A – Droit de présenter des observations avant l'intervention de certaines décisions

On évoquera le champ d'application du principe du contradictoire avant d'aborder la question de la mise en œuvre de ce principe.

1° Champ d'application du principe du contradictoire

A la différence de la procédure juridictionnelle, la procédure administrative non - contentieuse ne présente pas, en principe, un caractère contradictoire. Ceci signifie que les personnes intéressées n'ont pas la possibilité d'imposer à l'auteur d'un acte administratif de les entendre avant l'adoption de cet acte.

Cependant, cette règle connaît une exception importante dans les cas où il est reconnu aux administrés le droit de présenter des observations avant l'intervention de la décision.

C'est d'abord dans la jurisprudence du Conseil d'Etat qu'est apparu ce droit sous la forme d'un principe général du droit. Ce principe résulte d'une extrapolation par le Conseil d'Etat des obligations imposées à l'administration par la loi du 22 avril 1905. Cette loi avait été adoptée suite à « l'affaire des fiches » qui avait consisté à répertorier les opinions politiques et religieuses dans l'armée française en vue de favoriser la promotion d'officiers républicains. Elle prévoit que « tous les fonctionnaires civils et militaires, tous les employés et ouvriers de toutes administrations publiques ont droit à la communication personnelle et confidentielle de toutes les notes, feuilles signalétiques et tous autres documents composant leur dossier, soit avant d'être l'objet d'une mesure disciplinaire ou d'un déplacement d'office, soit avant d'être retardé dans leur avancement à l'ancienneté. Il s'agit de lui permettre de connaître les griefs qui lui sont reprochés et d'organiser sa défense devant l'administration puis, en cas de sanction, devant le juge.

Comme on le voit, le champ d'application de ce texte était doublement limité : il ne bénéficiait qu'aux seuls fonctionnaires et il ne concernait que des hypothèses de sanction.

Le Conseil d'Etat s'est pourtant inspiré de ce texte pour dégager un principe général du droit susceptible de s'appliquer, même sans texte, à l'ensemble des administrés, à l'occasion de son arrêt de Section du 5 mai 1944, Dame Veuve Trompier-Gravier (préc.).

Dans cette affaire, le Conseil d'Etat était saisi d'un recours dirigé contre une décision du préfet de la Seine retirant une autorisation d'exploiter un kiosque à journaux au motif que sa titulaire aurait voulu extorquer des fonds à son gérant. Le Conseil d'Etat annule cette décision au motif que le préfet a commis une violation des droits de la défense. En effet, « eu égard à la gravité de cette sanction, une telle mesure ne pouvait légalement intervenir sans que la dame veuve Trompier-Gravier eût été mise à même de discuter les griefs formulés contre elle ».

Cette solution a ensuite été confirmée par l'arrêt d'Assemblée Aramu du 26 octobre 1945 lequel, à la différence de l'arrêt Dame Veuve Trompier-Gravier, se réfère expressément à la notion de principe général du droit (préc.). Elle a reçu une consécration constitutionnelle avec la décision du Conseil constitutionnel du 28 décembre 1990, Loi de finances pour 1991 (numéro 90-285 DC : JO, 30 décembre 1990, p. 1609 ; AJDA 1991, p. 475, note Prétot ; RDP 1991, p.136, note Philip et p.145, note Favoreu).

A l'époque des arrêts Dame Veuve Trompier-Gravier et Aramu, le principe du respect des droits de la défense ne concerne que les décisions de sanction.

La jurisprudence a ensuite étendu ce principe à l'ensemble des mesures prises en considération de la personne ou pour des motifs relatifs à la personne, qu'il s'agisse ou non d'une sanction.

Exemples :
- CE Sect., 9 décembre 1955, Garysas (Rec. p.585 ; AJDA 1956, p.46 ; RDP 1956, p.330, note Waline) : le principe du respect des droits de la défense a vocation à s'appliquer à une décision de licenciement pour cause d'insuffisance professionnelle.
- CE, 6 avril 1992, requête numéro 119653, Procureur de la République près le tribunal de grande instance d'Aix-en-Provence c. Pirozzelli (Rec. p. 150 ; RFDA 1992, p. 609) : la décision par laquelle le procureur de la République retire l'agrément donné à un agent de police municipale est prise en considération de la personne de l'intéressé. Elle ne peut donc intervenir sans que l'intéressé ait pu présenter ses observations.

Plus généralement le principe du respect des droits de la défense a vocation à s'appliquer à des décisions individuelles qui ne constituent pas des sanctions, mais qui ont des conséquences négatives sur leurs destinataires. En somme, comme l'avait indiqué le président Genevois « le principe des droits de la défense implique qu'une mesure individuelle d'une certaine gravité, reposant sur l'appréciation d'une situation personnelle, ne peut être prise par l'administration sans entendre au préalable la personne qui est susceptible d'être lésée dans ses intérêts moraux ou matériels par cette mesure » (conclusions sur CE Sect., 9 mai 1980, requête numéro 10404, Société des établissements Cruse fils et frères : Rec. p. 127).

Exemples :
- CE, 5 juin 2002, requête numéro 219840, Simoens (JCP E 2002,1768, note D.F.) : lorsqu'une imposition est, telle la taxe professionnelle, assise sur la base d'éléments qui doivent être déclarés par le redevable, l'administration ne peut établir, à la charge de celui-ci, des droits excédant le montant de ceux qui résulteraient des éléments qu'il a déclarés qu'après l'avoir, conformément au principe général des droits de la défense, mis à même de présenter ses observations.
- CE, 20 décembre 2006, requête numéro 259019, Matringhem (JCP G 2007, IV, 122) : l'article L. 411-32 du Code rural prévoit qu'une autorisation préfectorale est nécessaire, dans certains cas, pour permettre à un propriétaire de résilier le bail sur des parcelles dont la destination agricole peut être changée. Cette autorisation ayant pour effet de priver le preneur du droit d'utiliser et d'exploiter les parcelles dont le bailleur entend changer la destination, elle ne peut légalement intervenir sans que le preneur ait été mis en mesure de présenter ses observations, en application du principe général de respect des droits de la défense.

En revanche, d'autres mesures étaient clairement exclues du champ d'application du principe jurisprudentiel de respect des droits de la défense.

C'est le cas, tout d'abord, des mesures par lesquelles l'administration se borne à tirer les conséquences d'une situation objective, sans porter d'appréciation sur le comportement du destinataire de la mesure.

Exemples :
- CE, 26 mars 1982, requête numéro 20155, Dlle Sarrabay (Rec. p.720 ; Rev. adm. 1982, p. 389, obs. Pacteau) : le principe du respect des droits de la défense n'a pas vocation à s'appliquer dans le cadre d'une procédure de licenciement d'un stagiaire résultant de son échec à un examen.

Sont ensuite concernées, sauf texte contraire, les mesures de police. Toutefois, l'élaboration des mesures visées par l'article 24 de la loi n°2000-321 du 12 avril 2000, qui peuvent être des mesures de police, devaient également respecter une procédure contradictoire en application de ces dispositions.

L'article L. 121-1 du Code des relations entre le public et l'administration permet de simplifier les principes applicables en supprimant cette distorsion entre les règles jurisprudentielles et les règles législatives relatives au principe du contradictoire. Désormais, en effet « exception faite des cas où il est statué sur une demande, les décisions individuelles qui doivent être motivées en application de l'article L. 211-2, ainsi que les décisions qui, bien que non mentionnées à cet article, sont prises en considération de la personne, sont soumises au respect d'une procédure contradictoire préalable ». Ces dispositions s'appliquent à « l'administration », c'est-à-dire à l'ensemble des organes visés par l'article L. 100-3, 1° du code, ainsi qu'à tous les organismes et personnes chargés d'une mission de service public industriel et commercial pour les décisions prises dans le cadre de cette mission.

Le renvoi à l'article L. 211-2 du Code des relations entre le public et l'administration remplace celui qui était fait par l'article 24 de la loi du 12 avril 2000 aux articles 1 et 2 de la loi n°79-587 du 11 juillet 1979 relative à la motivation des actes administratifs.

Les décisions visées par la loi de 1979, dont l'adoption devait donc respecter le principe du contradictoire, étaient : les décisions administratives individuelles défavorables (et donc notamment certaines mesures de police) et les décisions administratives individuelles qui dérogent aux règles générales fixées par la loi ou le règlement.

Il faut toutefois relever deux points de différences entre les règles résultant de l'article L. 121-1 du Code des relations entre le public et l'administration et celles qui étaient issues de la loi du 12 avril 2000.

D'une part, l'article L. 121-1 intègre la notion de décisions « prises en considération de la personne », lesquelles ne relevaient pas à l'origine du champ d'application de la loi du 12 avril 2000.

D'autre part, le même article renvoie aux seules dispositions de l'article L. 211-2 du même code qui vise exclusivement les décisions individuelles défavorables. Il ne renvoie pas, en revanche, à l'article L. 211-3 relatif aux décisions administratives individuelles qui dérogent aux règles générales fixées par la loi ou le règlement, lesquelles se retrouvent donc soustraites à l'application du principe du contradictoire.

Enfin, l'article L. 121-2 du Code des relations entre le public et l'administration, confirmant l'état du droit antérieur, prévoit plusieurs exceptions au respect du principe du contradictoire, en dehors de l'hypothèse susvisée où il est statué sur une demande, notamment en cas d'urgence, de circonstances exceptionnelles, lorsqu'il existe une loi instituant une procédure législative particulière (par ex. en matière d'extradition V. CE Ass., 8 mars 1985, requête numéro 64106, Garcia Henriquez : Rec. p. 70) et lorsque la mise en œuvre de ce principe serait de nature à compromettre l'ordre public ou la conduite des relations internationales. Le même article précise, toujours dans le même esprit de continuité, que les agents publics ne bénéficient pas des dispositions de l'article L. 121-1 dès lors qu'ils se voient principalement appliquer les règles résultant de leur statut.

2° Mise en œuvre du principe du contradictoire

Le Code des relations entre le public et l'administration a également voulu corriger les distorsions qui résultaient de la dualité des sources - jurisprudentielle et législative - du principe du contradictoire. En particulier, les obligations mises à la charge de l'administration étaient plus lourdes en application de la loi du 12 avril 2000 qui mentionnait non seulement des observations écrites, mais également des observations orales. Ainsi, sauf en cas de demande abusive, le refus opposé à l'intéressé de présenter des observations orales en complément d'observations écrites entachait la procédure d'irrégularité.

Exemple :
- CE, 3 avril 2002, requête numéro 232628, Société Labo'Life Espana (Rec. p. 120) : la suspension par le directeur de l'agence française de sécurité sanitaire des produits de santé de l'importation de médicaments homéopathiques pour défaut d'autorisation constitue une mesure de police. A ce titre, elle entre dans le champ d'application de l'article 24 de la loi du 12 avril 2000. Il en résulte que le refus de faire droit à la présentation d'observations orales en complément d'observations écrites justifie l'annulation de la procédure.

Désormais, l'article L. 122-1 du code impose que les décisions concernées n'interviennent qu'après que la personne intéressée a été mise à même de présenter des observations écrites et, le cas échéant, sur sa demande, des observations orales. Si le texte ne le mentionne pas expressément, il est utile de préciser que pour que l'intéressé puisse efficacement faire connaître ses observations, il doit bénéficier d'un délai raisonnable qui le mette en mesure de présenter utilement sa défense (V. par ex. CE, 12 juin 1995, requête numéro 117244, Ministre de la protection sociale). L'administration doit respecter le délai qu'elle a fixé et elle ne peut s'y soustraire que dans les cas d'urgence (CE, 4 avril 2005, requête numéro 266665, BASF-AGRO).

En outre, la personne concernée peut se faire assister par un conseil ou représenter par un mandataire de son choix. Toutefois, le même article précise que l'administration n'est pas tenue de satisfaire les demandes d'audition abusives, notamment par leur nombre ou leur caractère répétitif ou systématique.

L'article L. 122-2 précise quant à lui des règles spécifiques concernant les mesures de sanction qui ne peuvent intervenir qu'après que la personne en cause a été informée des griefs formulés à son encontre et a été mise à même de demander la communication du dossier la concernant (CE, 29 juin 2016, requête numéro 398398, Eurl DLM Sécurité). Sur ce point, il résulte de la jurisprudence que ce principe n'impose pas de communiquer à l'intéressé préalablement tous les éléments de preuve dont dispose l'administration (CE, 25 juillet 2008, requête numéro 315723, Association nouvelle Boulogne Boys : JCPA 2008, act. 730). Surtout, en matière de sanctions, l'administration est soumise à d'autres obligations.

B – Règles applicables à certaines sanctions administratives

En matière répressive, les autorités compétentes pour édicter des sanctions administratives devront se conformer à la jurisprudence du Conseil constitutionnel et à des règles qui ont été initialement conçues pour les sanctions pénales.

Dans un premier temps, le Conseil constitutionnel a ainsi considéré que le législateur avait la possibilité de conférer un pouvoir répressif à des autorités administratives. En effet « le principe de séparation des pouvoirs non plus qu'aucun principe ou règle de valeur constitutionnelle ne fait obstacle à ce qu'une autorité administrative agissant dans le cadre de prérogatives de puissance publique, puisse exercer un pouvoir de sanction dès lors, d'une part, que la sanction susceptible d'être infligée est exclusive de toute privation de liberté, d'autre part, que l'exercice du pouvoir de sanction est assorti par la loi de mesures destinées à sauvegarder les droits et libertés constitutionnellement garantis » (CC, 28 juillet 1989, décision numéro 89-260 DC, préc.). En application de ces principes, le Conseil constitutionnel a pu considérer que dès lors qu'une mesure d'interdiction d'accès à l'internet est une mesure privative de liberté, et plus spécialement parce qu'elle porte atteinte à la liberté de communication et d'expression, elle ne peut être prononcée que par une juridiction (CC, 10 juin 2009, numéro 2009-580 DC du 10 juin 2009, Loi sur la protection de la création sur internet : D. 2009, p. 1770, note Bruguière ; JCP 2009, II,101, note Feldman).

Il faut aussi préciser que l'exercice du pouvoir de sanction doit être assorti par la loi de mesures destinées à sauvegarder les droits et libertés constitutionnellement garantis ». En particulier « doivent être respectés les principes de la nécessité et de la légalité des peines, ainsi que les droits de la défense, principes applicables à toute sanction ayant le caractère d'une punition, même si le législateur a laissé le soin de la prononcer à une autorité de nature non juridictionnelle » (CC, 27 juillet 2000, numéro 2000-433 DC, Loi modifiant la loi n°86-1067 du 30 septembre 1986 relative à la liberté de communication, préc.). Il en résulte que dans le cadre de la procédure d'élaboration des sanctions administratives, les autorités compétentes sont tenues de respecter les principes de la répression pénale.

Exemple :
-CE Sect., 6 juin 2008, requête numéro 299203, Société Tradition Securities and Futures (AJDA 2008, p. 1321, chron. Bourgeois-Machureau et Geffray ; JCP A 2008, I, 191, chron. Plessix.- V. également CE Sect., 6 juin 2008, requête numéro 300619, Société CM CIC Securities) : principe du caractère personnel des sanctions.
-CE, 23 avril 2009, requête numéro 31284, Société Air France (Rec. tables, p. 850) : principe de proportionnalité des sanctions.
-CE, 21 juin 2013, requête numéro 345500, B. (Dr. adm. 2014, 3, note Eveillard) : principe selon lequel nul ne peut être condamné deux fois pour les mêmes faits (ou principe non bis in idem).
-CE Sect., 17 novembre 2006, requête numéro 276926, Société CNP assurances (Rec. p.473 : JCP 2007, I, 120, obs. Plessix; LPA 2007, no 133, p. 14, note Dubrulle, RGDA 2007, p. 379, note Bigot): principe non-rétroactivité de la loi pénale.
- CE Sect., avis, 5 avril 1996, requête numéro 17661, Houdmond (Rec. p. 116 ; RFDA 1997, p. 843, note Petit) : exception au principe de non-rétroactivité de la loi pénale pour la pénale plus douce.

Le statut des sanctions administratives ne trouve toutefois pas sa source unique dans la Constitution. En effet, l'obligation de motivation de ces actes ainsi que leur procédure d'élaboration sont également régis, on l'a vu, par le Code des relations entre le public et l'administration. De même, le principe d'impartialité et le principe d'égalité des armes ont été expressément qualifiés de principe général du droit par le Conseil d'Etat à l'occasion de son arrêt Karsenty et fondation d'Aguessau du 28 avril 2006 (requête numéro 261706, requête numéro 261712, préc.).

En revanche, Le Conseil d'Etat a longtemps considéré que les règles du procès équitable définies par l'article 6§1 de la Convention européenne des droits de l'homme n'étaient pas applicables à la procédure d'élaboration des actes administratifs.

Exemple :
- CE, 4 mai 1998, requête numéro 164294, Société de Bourse Patrice Wargny (préc.) : l'ancien Conseil du marché à terme, même lorsqu'il statue en matière disciplinaire, n'est

pas une juridiction. Ainsi, le moyen tiré de ce que la procédure suivie devant lui ne respecterait pas les stipulations de l'article 6§1 de la Convention européenne des droits de l'homme est inopérant.

L'arrêt d'Assemblée Didier du 3 novembre 1999 marque un important revirement de jurisprudence, le Conseil d'Etat décidant que les règles du procès équitable peuvent s'appliquer à certaines procédures non juridictionnelles (CE Sect., 3 novembre 1999, requête numéro 207434, Didier, préc.). Désormais « eu égard à sa nature, à sa composition et à ses attributions » un organisme administratif peut être qualifié de « tribunal » au sens de l'article 6§1 de la convention. Cette évolution concerne un certain nombre d'autorités collégiales non juridictionnelles, notamment les autorités administratives indépendantes, lorsqu'elles exercent un pouvoir de sanction puisque, même s'il s'agit d'actes administratifs, sont en cause des « accusations en matière pénale » au sens de l'article 6§1.

Ainsi, notamment, doivent respecter les règles du procès équitable lorsqu'ils prennent des décisions de sanction :

- Le Conseil supérieur de l'audiovisuel (CE, 6 janvier 2006, requête numéro 279596, Société Lebanese communication group, préc.).

- La Commission de contrôle des assurances (CE, 28 octobre 2002, requête numéro 244643, Laurent : Rec. p.361 ; AJDA 2002, p.1492, note Costa ; RDP 2002, p.1607, note Prétot ; RFDA 2002, p.1176).

-La formation restreinte de la Commission nationale de l'informatique et des libertés (CE, 12 mars 2014, requête numéro 353193, Société pages jaunes groupe : AJDA 2014, p. 590).

-L'autorité de la concurrence, lorsqu'elle retire une autorisation de concentration en raison du non-respect de leurs engagements par les parties à cette opération (CE, 21 décembre 2012, requête numéro 353856, Société Groupe Canal Plus).

En revanche ne doivent pas être considérés comme un tribunal au sens de l'article 6§1 de la Convention européenne et ne sont pas astreints au respect des règles du procès équitable :

- Le Conseil supérieur de la magistrature lorsqu'il émet des avis (CE, 18 octobre 2000, requête numéro 208168, Terrail, préc.).

- Le Conseil national de l'ordre des médecins lorsqu'il se prononce en matière d'inscription au tableau (CE, 6 novembre 2000, requête numéro 196407, Lefebvre : Rec. p.486).

De même, le droit au procès équitable n'est pas applicable à la procédure d'élaboration des mesures de police. En effet, ces mesures ne sont pas des sanctions, et par conséquent elles ne relèvent pas du champ de l'article 6§I (CE Ass., 21 décembre 2012, requête numéro 362347, Société Groupe Canal Plus : AJDA 2013, p. 215, chron. Domino et Bretonneau ; Dr. adm. 2013, 18 et 27, note Bazex ; RFDA 2013, p. 55, concl. Daumas.- CE, avis, 6 février 2013, requête numéro 363532, A.). Ceci s'explique par le fait que la mesure de police doit intervenir en vue de la préservation de l'ordre public, et en conséquence son existence ne dépend pas de l'existence d'une faute. Ceci étant, la distinction entre mesures de police et sanctions administratives n'est pas toujours aisée à établir.

Exemples :
-La suspension administrative du permis de conduire d'un automobiliste menaçant la sécurité routière est une mesure de police administrative, alors pourtant qu'il s'agit bien de réprimer un automobiliste fautif (CE, 19 mars 2003, requête numéro 191271, Leclerc). En revanche, une mesure de retrait de points est qualifiée de punition dès lors qu'elle tend à empêcher la réitération des agissements qu'elle vise (CE, avis, 27 septembre 1999, requête numéro 208242, Rouxel : RFDA 1999, p. 1290)
-CE, 16 mars 2001, requête numéro 207646, Ministre de l'Intérieur c/ Provensal (Dr. adm. 2002, 151) : le retrait de l'agrément délivré à un employé de casino est une mesure de police s'il est destiné à préserver le bon ordre de l'établissement. En revanche, il s'agit d'une sanction dès lors qu'il punit un comportement.

Pour ce qui concerne les mesures de police, seul le respect des dispositions issues du Code des relations entre le public et l'administration vont s'imposer.

Exemple :
- CE, 22 juin 2001, requête numéro 193392, Société Athis (AJDA 2012, p. 634, chron. Guyomar et Collin) : les stipulations de l'article 6, paragraphe 1 de la Convention européenne de sauvegarde des droits de l'homme et des libertés fondamentales ne sauraient être utilement invoquées à l'encontre d'une décision de retrait de l'agrément d'une société de gestion de portefeuille prononcée par la commission des opérations de bourse au titre de ses pouvoirs de police.

En revanche, lorsqu'elles s'appliquent aux sanctions administratives, les règles du procès équitable sont plus contraignantes que celles résultant de l'application du principe du contradictoire. Elles impliquent le respect de l'ensemble des principes visés par l'article 6§1, mais également des principes de la répression pénale mentionnés par l'article 6§2 et 3 de la Convention.

Exemples :
-CE, 13 novembre 2013, requête numéro 344490, SAS Novartis pharma (RDSS 2013, p. 1134, obs. Peigné) : principe d'impartialité.
-CE, 24 mars 2006, requête numéro 257330, SA Martell § Co : principe de présomption d'innocence.

Toutefois, la procédure que doivent suivre les organismes concernés, si elle est très proche de celle que suivent les juridictions, n'a pas à être totalement identique à partir du moment où leurs décisions sont susceptibles d'un recours de pleine juridiction devant une juridiction dotée d'un régime procédural conforme aux exigences de l'article 6§1 (ce qui est généralement le cas). De cette façon les éventuels manquements constatés durant la phase d'élaboration de l'acte pourront être corrigés par le juge compétent.

§ III – Formes de l'acte administratif unilatéral

Ce qui est pris ici en considération, ce n'est pas le processus d'élaboration de l'acte mais sa présentation extérieure, dans la mesure toutefois où cet acte est exprès. Même si le droit administratif est peu formaliste, l'acte devra dans certains cas être motivé.

I – Actes à caractère exprès et actes à caractère implicite

L'acte administratif unilatéral peut se présenter sous une forme écrite. Toutefois, il peut également se présenter sous deux autres formes différentes : il peut être verbal et il peut être implicite.

L'acte implicite résulte en principe du silence gardé par l'administration et de l'expiration d'un délai. La règle originelle avait été introduite par un décret du 2 novembre 1864, qui concernait l'hypothèse du silence en cas de recours hiérarchique formé devant les ministres contre les décisions de leurs subordonnés. Cette solution avait été ensuite étendue à toutes les autorités administratives par une loi du 17 juillet 1900.

En dépit de sa rigueur apparente, elle était bénéfique aux administrés, puisqu'elle permettait de considérer que l'inertie de l'administration n'empêchait pas la naissance d'une décision attaquable devant les juridictions administratives. La loi du 17 juillet 1900 avait en effet créé un véritable droit au juge, en définissant une règle permettant de susciter une décision attaquable devant lui.

L'article 21 de la loi n°2000-321 du 12 avril 2000 a modifié la règle applicable en la matière en faisant passer le délai au terme duquel une demande faite à l'administration est réputée rejetée de quatre mois à deux mois.

La règle en vertu de laquelle le silence gardé par l'administration vaut décision de rejet était donc fermement ancrée dans la tradition juridique française, à tel point d'ailleurs qu'elle a été qualifiée à deux reprises de principe général du droit par le Conseil constitutionnel (CC, 26 juin 1069, décision numéro 69-55 DC, Protection des sites : Rec. CC, p. 27.- CC, 18 janvier 1995, décision numéro 94-352 DC, Vidéosurveillance : Rec. CC, p. 170).

Ces dispositions ont pourtant été modifiées par la loi n°2013-1005 du 12 novembre 2013 qui renverse, en apparence, le principe jusqu'alors en vigueur. L'actuel article L. 231-1 du Code des relations entre le public et l'administration prévoit en effet désormais que « le silence gardé pendant deux mois par l'autorité administrative sur une demande vaut décision d'acceptation ».

Toutefois, cette évolution est moins significative qu'il n'y paraît de prime abord, en raison des nombreuses exceptions prévues par l'article L. 231-4 du Code des relations entre le public et l'administration. En particulier, cette solution ne s'applique pas, et c'est l'ancienne règle qui prévaut, « lorsque la demande ne tend pas à l'adoption d'une décision présentant le caractère d'une décision individuelle » ou encore lorsqu'elle concerne « les relations entre les autorités administratives et leurs agents ».

Plus généralement encore, des décrets en Conseil d'Etat et en conseil des ministres peuvent écarter le principe selon lequel le silence de l'administration vaut décision implicite de rejet « eu égard à l'objet de la décision ou pour des motifs de bonne administration » (CRPA, art. L. 235-5). En outre, des décrets en Conseil d'Etat peuvent fixer un délai plus long que le délai de deux mois, « lorsque l'urgence ou la complexité de la procédure le justifie » (CRPA, L. 235-6). La loi a donc été complétée dans un premier temps par quarante-deux décrets intervenus le 23 octobre 2014, énumérant pas moins de 1686 nouvelles dérogations à la règle qu'elle définit. D'autres textes sont ensuite intervenus. On peut citer, à titre d'exemples, trois décrets en date du 10 novembre 2015 introduisant de nouvelles dérogations pour les actes des collectivités territoriales et de leurs établissements publics.

En dépit de l'apparente révolution réalisée par la loi du 12 novembre 2013, l'équilibre entre le régime de décision implicite de rejet et le régime de décision implicite d'acceptation, qui concernait tout de même plusieurs centaines d'hypothèses (la plus célèbre étant celle de l'article R. 424-1 du Code de l'urbanisme qui prévoit que le silence de l'administration sur une demande de permis de construire vaut permis de construire tacite), n'a donc pas été modifié de façon significative. On comprend bien, eu égard à la complexité des règles en vigueur, que les articles D. 231-2 et D. 231-3 du Code des relations entre le public et l'administration contraint les pouvoirs publics à publier sur legifrance la liste des procédures pour lesquelles le silence gardé sur une demande vaut décision d'acceptation, en mentionnant pour chaque procédure l'autorité à laquelle doit être adressée la demande ainsi que le délai au terme duquel l'acceptation est acquise. En réalité ce ne sont pas moins de quatre listes qui ont été établies dont la principale - qui concerne les services de l'Etat – fait pas moins de 114 pages au 1er mai 2018 ! On peut douter dans ses conditions que l'ambition de simplification du droit qui a présidé à l'élaboration de la loi du 12 novembre 2013 ait été réalisée.

II – Signature des actes administratifs

L'article 4 de la loi n°2000-321 du 12 avril 2000 relative aux droits des citoyens dans leurs relations avec l'administration avait eu pour effet de lever l'anonymat de l'administration dans ses rapports avec le public. Cet article précisait dans son alinéa 2 que toute décision prise par une administration comporte « outre la signature de son auteur, la mention, en caractères lisibles, du prénom, du nom et de la qualité de celui-ci ». Cette règle a été reprise à l'article L. 212-1 du Code des relations entre le public et l'administration. Elle est toutefois appréciée de façon assez souple par les juges.

> Exemple :
> -CE, 7 mai 2012, requête numéro 337077, Commune de Lapalud : si les arrêtés attaqués ne mentionnent pas, en méconnaissance des dispositions de l'article 4 de la loi du 12 avril 2000, le nom et le prénom du maire, ils comportaient sa qualité et sa signature et il n'en résultait, en l'espèce, pour l'intéressé aucune ambiguïté quant à l'identité du signataire.

Notons enfin que la loi n°2017-258 du 28 février 2017 relative à la sécurité intérieure a introduit une exception à l'obligation de signature des actes administratifs. Cette exception concerne les décisions fondées sur des motifs en lien avec la prévention d'actes de terrorisme qui « sont prises dans des conditions qui préservent l'anonymat de leur signataire ». Concrètement seule une ampliation de la décision peut être notifiée à la personne concernée ou communiquée à des tiers. L'original signé, qui seul fait apparaître les nom, prénom et qualité du signataire, est conservé par l'administration.

II – Motivation des actes administratifs

Un acte administratif ne saurait être arbitraire. Il est en effet réputé avoir des motifs qui le justifient, ces motifs résultant d'une combinaison d'éléments de droit et de fait. La motivation d'un acte administratif consiste, par conséquent, à exposer dans l'acte lui-même ces différents motifs.

A – Champ d'application de l'obligation de motivation

Avant l'entrée en vigueur de la loi n°79-587 du 11 juillet 1979, la règle était que l'administration n'avait pas à motiver ses décisions, à l'exception des hypothèses où la loi en disposait autrement (comme par exemple l'actuel article L. 2121-6 du Code général des collectivités territoriales qui impose la motivation des décrets portant dissolution des conseils municipaux), et dans le cas des décisions prises par des organismes collégiaux composés de représentants des professions intéressées (CE Ass., 27 novembre 1970, Agence maritime Marseille-fret : Rec. p. 704 ; D. 1971, juripr. p. 344, note Pacteau ; JCP G 1971, III, 16757, note Moderne ; RDP 1971, p. 987, concl. Gentot).

Si elle ne remet pas en cause ces solutions ponctuelles, la loi du 11 juillet 1979 posait comme principe, comme on l'a vu, que doivent être motivées les décisions individuelles défavorables ainsi que les décisions individuelles qui dérogent aux règles générales fixées par la loi ou le règlement. Ces dispositions ont été reprises par les articles L. 211-2 et suivants du Code des relations entre le public et l'administration.

Toutefois, l'obligation de motivation, s'agissant de ces deux catégories d'actes, comporte deux exceptions majeures.

La première concerne les cas d'urgence absolue. Toutefois, si l'intéressé en fait la demande, dans le délai du recours contentieux, l'autorité qui a pris la décision devra, dans un délai d'un mois, lui en communiquer les motifs (CRPA, art. L. 211-6).

La seconde exception concerne le cas où la communication des motifs de la décision porterait atteinte au secret médical, ainsi qu'à d'autres secrets tels ceux des délibérations du gouvernement et de la défense nationale.

L'article L. 232-4 du code précise également qu'une décision implicite intervenue dans les cas où la décision explicite aurait dû être motivée n'est pas illégale du seul fait qu'elle n'est pas assortie de cette motivation. Cependant, à la demande de l'intéressé, formulée dans les délais du recours contentieux, les motifs de toute décision implicite de rejet devront lui être communiqués dans le mois suivant cette demande. Dans ce cas, le délai du recours contentieux contre cette décision est prorogé jusqu'à l'expiration d'un délai de deux mois suivant le jour où les motifs auront été communiqués (V. CAA Nancy, 10 décembre 2007, requête numéro 06NC00839, Société Royal kebab).

B – Contenu de l'obligation de motivation

L'article L. 211-5 du Code des relations entre le public et l'administration exige une motivation écrite comportant l'énoncé des considérations de droit et de fait qui constituent le fondement de la décision.

Ces dispositions impliquent que la motivation des actes administratifs ne saurait être stéréotypée, l'application de la règle de droit qui constitue le fondement de la décision devant être justifiée en fonction des faits à l'origine de cette décision.

Exemple :
- CE, 18 mai 1990, requête numéro 91858, Association arménienne d'aide sociale (Rec. p.128 ; AJDA 1990, p.722, concl. Stirn) : une lettre-type de refus, adressée à plusieurs demandeurs, ne permet pas de déterminer le critère retenu par la Commission nationale

de la communication et des libertés pour fonder son refus d'une demande relative à l'usage d'une fréquence pour la diffusion d'un service de radiodiffusion sonore.

Toutefois, l'interprétation du texte par les juges demeure assez libérale. En particulier, il ressort de la jurisprudence que l'obligation de motiver est satisfaite dès lors que les motifs sont exposés, non pas dans la décision elle-même, mais dans un document qui lui est joint.

Exemple :
- CE, 9 novembre 1984, requête numéro 44983, Comité dauphinois d'hygiène industrielle (Rec. p. 355 ; RFDA 1985, p. 439, concl. Lasserre ; AJDA 1985, p. 287, chron. Hubac et Schoettl) : une décision du directeur régional du travail et de l'emploi comportant refus partiel d'approbation de décisions du comité définissant la compétence géographique et professionnelle du service doit être motivée. En l'espèce, la lettre d'accompagnement de la décision précisant à l'association requérante les éléments de fait et de droit qui en constituent le fondement, l'obligation de motivation a été respectée.

Section III – Application des actes administratifs unilatéraux

En principe, les conditions d'application des actes administratifs unilatéraux sont uniformes. Cependant, certaines modalités d'application de ces actes varient selon leur contenu. On distingue à cet égard deux grandes catégories d'actes administratifs unilatéraux : les actes individuels et les actes règlementaires. Les premiers concernent une ou plusieurs personnes qu'ils désignent nommément, alors que les seconds ont un caractère général et impersonnel.

Il est important de préciser que cette distinction présente un caractère qualitatif et non pas quantitatif. Ainsi, un acte peut être règlementaire alors même qu'il ne concerne qu'une personne (ce sera par exemple le cas d'un décret relatif au statut du maire de Paris). A l'inverse, un acte administratif individuel peut viser plusieurs dizaines de personnes, citées nommément (comme, par exemple, un acte portant nomination des différents membres de jurys de concours administratifs). On désigne cette sous-catégorie d'actes individuels par la qualification « d'actes collectifs ».

Il existe une troisième catégorie d'actes administratifs unilatéraux qui correspondent à un certain nombre de décisions qu'il serait difficile de classer dans l'une ou l'autre des deux premières catégories. Ces actes sont qualifiés d'actes non individuels et non règlementaires ou de décisions d'espèce. Comme les actes règlementaires, ils présentent un caractère impersonnel et général. Cependant, à la différence des actes règlementaires, qui s'appliquent sans restriction, ce caractère général et abstrait se rapporte à une situation précise et ponctuelle, ce qui rapproche ces actes d'actes individuels. Pourtant, il ne s'agit pas non plus d'actes individuels dans la mesure où ils ne visent pas une ou plusieurs personnes en particulier.

Exemple :
- Une déclaration d'utilité publique autorise l'autorité administrative à procéder ultérieurement à une opération d'expropriation. Il s'agit donc bien d'un acte qui

s'applique à une opération précise et ponctuelle -une opération d'expropriation déterminée- mais qui ne s'adresse pas à une ou plusieurs personnes en particulier.

De la nature de l'acte administratif dépendent les mesures d'information des administrés qui devront être prises par l'auteur de l'acte. Une fois les mesures de publicité accomplies se pose la question de l'exécution de l'acte administratif.

§ I – Information des administrés

L'acte administratif, quel qu'il soit, doit en principe faire l'objet de mesures de publicité. L'information des administrés est complétée par la possibilité d'avoir accès aux documents administratifs.

I – Mesures de publicité

On évoquera l'importance que revêtent les mesures de publicité avant d'étudier les modalités qu'elles peuvent revêtir et l'aménagement aux principes que constitue la théorie de la connaissance acquise.

A – Importance des mesures de publicité

Un acte administratif n'est applicable à l'égard des tiers que s'il a fait l'objet de mesures de publicité suffisantes, ce qui est conforme à l'idée de sécurité juridique. Lorsque ces formalités sont accomplies, les décisions administratives deviennent opposables aux administrés et elles sont invocables par eux.

L'ordonnance n° 2004-164 du 20 février 2004 relative aux modalités et effets de la publication des lois et de certains actes administratifs, a modifié l'article 1er du Code civil qui dispose désormais que « les lois et, lorsqu'ils sont publiés au Journal officiel de la République française, les actes administratifs entrent en vigueur à la date qu'ils fixent ou, à défaut, le lendemain de leur publication. Toutefois, l'entrée en vigueur de celles de leurs dispositions dont l'exécution nécessite des mesures d'application est reportée à la date d'entrée en vigueur de ces mesures ». Selon le même texte, cependant, ces dispositions ne sont pas applicables aux actes individuels.

L'absence de publicité n'a en revanche aucune conséquence sur la légalité de l'acte, et puisqu'il ne s'agit ni d'une question de légalité ni d'une question d'interprétation, l'inopposabilité pourra être constatée sans restriction par les juges de l'ordre judiciaire.

La date à laquelle l'acte devient opposable a plus d'importance que celle à laquelle il a été édicté. En effet, jusqu'à la date d'accomplissement des formalités de publicité, l'administration ne peut légalement imposer l'application d'un acte administratif aux administrés. De même, la date d'accomplissement des formalités de publicité détermine en principe le déclenchement du délai du recours pour excès de pouvoir. Dès que ces formalités sont accomplies, toute personne intéressée peut exercer ce recours dans un délai de deux mois. En revanche, tant qu'elles n'ont pas été réalisées, le délai de recours demeure perpétuellement ouvert.

Ceci ne signifie pas pour autant que la date à laquelle l'acte a été édicté n'est pas importante. En effet, comme l'a précisé le Conseil d'Etat dans l'arrêt de Section Daunizeau du 27 janvier 1961 (Rec. p. 57 ; AJDA 1961, p. 106, chron. Galabert et Gentot), « l'existence d'un acte législatif ou administratif n'est pas conditionnée par sa publication », ce qui entraîne cinq conséquences majeures.

Tout d'abord, si les décisions défavorables ne sont applicables qu'après avoir été notifiées, les décisions individuelles favorables à leurs destinataires, particulièrement celles qui sont créatrices de droits, entrent en vigueur dès leur signature, sans attendre leur notification (CE Sect., 19 décembre 1952, Mattei : Rec. p.594). Il a ainsi été jugé qu'un « décret de promotion dans la Légion d'honneur « crée par lui-même des droits au profit du bénéficiaire » (CE Ass., 14 mai 1954, Clavel : Rec. p. 270, concl. Laurent ; D. 1954, 574, note Marion ; RDP 1954, p. 801, note Waline). Concrètement, dès lors que la personne concernée a acquis la connaissance de l'existence de l'acte, elle peut exiger son exécution à son profit. Le fait que l'acte soit considéré comme créateur de droit aura notamment pour conséquence de limiter les possibilités de retrait ou d'abrogation par l'autorité compétente (CE Sect., 19 décembre 1952, Mattei, préc.- sur ces questions V. infra p. 471).

Ensuite, le recours pour excès de pouvoir dirigé contre un tel acte est recevable, ce qui constitue également une manifestation de la théorie de la connaissance acquise. Ceci se justifie par le fait que le refus de procéder aux mesures de publicité requises prive les personnes concernées par la décision de la possibilité de se prévaloir de ses dispositions. Le Conseil d'Etat a d'ailleurs estimé, à l'occasion d'un arrêt du 12 décembre 2003, Syndicat des commissaires et hauts fonctionnaires de la police nationale, que l'obligation dans laquelle l'autorité administrative se trouve de publier dans un délai raisonnable les règlements qu'elle édicte, sauf lorsqu'elle justifie, sous le contrôle du juge, de circonstances particulières y faisant obstacle, constitue un principe général du droit (requête numéro 243430, préc.).

De même, toujours en cas de recours pour excès de pouvoir, c'est à la date de la signature de l'acte que le juge appréciera sa légalité (CE, 9 novembre 1951, Lassus et Cottin : Rec. p. 518.- V. également CE, 30 juillet 2003, requête numéro 237201, Groupement des éleveurs mayennais de trotteurs : Rec. p. 346).

En outre, c'est à partir de la date de la signature de l'acte que sera calculé le délai de retrait de cet acte (V. sur ce point infra p. 474).

Enfin, l'acte non publié peut servir de fondement à d'autres décisions administratives qui ont pour objet d'en assurer la mise en œuvre. Sur ce dernier point, cependant, une distinction doit être opérée entre les actes règlementaires et les actes individuels.

Les actes règlementaires ne seront pas jugés illégaux du fait de la non-entrée en vigueur du texte dont ils procèdent à la date à laquelle ils ont été édictés. En revanche, ils n'entreront en vigueur qu'à compter de la date à laquelle le texte de base sera lui-même entré en vigueur (CE, 18 juillet 1913, Syndicat national des chemins de fer : Rec. p. 875, concl. Helbronner ; RDP 1913, p. 506, concl., Helbronner, note Jèze ; S. 1914, III, p.1, concl., Helbronner, note Hauriou). Cette solution a été confirmée par l'article L. 221-2 du Code des relations entre le public et l'administration.

Quant aux actes individuels, ils seront annulés pour défaut de base légale en cas de recours, l'entrée en vigueur ultérieure de l'acte dont elles procèdent n'ayant aucune influence en la matière.

Exemple :
- CE, 7 juillet 1999, requête numéro 197499, Glaichenhaus (Rec. p. 241 ; RFDA 1999, p. 1119) : la circonstance que le décret par lequel le ministre de l'Aménagement du territoire, de l'Equipement et des Transports a fixé les modalités d'attribution des majorations d'une prime n'a pas été publié, si elle est sans incidence sur la légalité du décret, a pour effet de le rendre insusceptible de recevoir exécution. Ainsi, la décision par laquelle le ministre a réduit le montant de la majoration de la prime du requérant, qui a été prise en application de ce décret, est dépourvue de base légale.

B – Différentes modalités de publicité des actes administratifs

Les règles en vigueur sont inspirées par une idée très simple : les personnes concernées par un acte administratif doivent être informées de son existence pour que cet acte puisse leur être appliqué et pour leur permettre, le cas échéant, de l'attaquer devant le juge administratif. Elles sont aujourd'hui codifiées aux articles L. 221-2 et suivants du Code des relations entre le public et l'administration.

Ainsi, les actes règlementaires doivent faire l'objet d'une publicité de caractère général, la publication ou l'affichage. La publication aura généralement lieu dans un organe officiel : le journal officiel, les bulletins officiels des différents ministères, ou encore un recueil d'actes des collectivités territoriales, le cas échéant sur des supports dématérialisés. Dans certains cas la publication ou l'affichage doivent être accompagnés d'autres mesures.

Exemple :
- Selon l'article L. 2131-1 du Code général des collectivités territoriales, les actes des autorités communales qui doivent être transmis au préfet n'entrent en vigueur que s'ils ont été non seulement publiés, affichés, ou notifiés, mais également si cette transmission a été réalisée.

Ces solutions s'appliquent à la fois aux actes réglementaires (CRPA, art. L 221-1) et aux actes ni réglementaires ni individuels (CRPA, art. L. 221-7).

Dans un arrêt Voies navigables de France du 24 avril 2012 (requête numéro 339669 : AJDA 2013, p. 998, note Joubert), le Conseil d'Etat a considéré, en l'absence de précisions textuelles, que « les délibérations ayant un caractère réglementaire d'un établissement public sont opposables aux tiers à compter de la date de leur publication au bulletin officiel de cet établissement ou de celle de leur mise en ligne, dans des conditions garantissant sa fiabilité, sur le site internet de cette personne publique … toutefois, compte tenu de l'objet des délibérations et des personnes qu'elles peuvent concerner, d'autres modalités sont susceptibles d'assurer une publicité suffisante ».

Pour les actes individuels, ainsi que pour les actes non règlementaires et non individuels, la situation est plus complexe.

L'article L. 221-8 du Code des relations entre le public et l'administration précise que « Sauf dispositions législatives ou réglementaires contraires ou instituant d'autres formalités préalables, une décision individuelle expresse est opposable à la personne qui en fait l'objet au moment où elle est notifiée ».

Il existe nombre de règles définies par la loi ou par le règlement qui s'appliquent dans certaines hypothèses précisément circonscrites.

Exemple :
- Selon l'article R. 424-15 du Code de l'urbanisme, mention du permis construire explicite ou tacite ou de la déclaration préalable de travaux doit être affichée sur le terrain, de manière visible de l'extérieur, par les soins de son bénéficiaire. Un extrait du permis ou de la déclaration est également publié par voie d'affichage à la mairie pendant deux mois.

Ceci étant, en principe, les décisions individuelles doivent faire l'objet d'une notification à leur destinataire et l'acte n'est opposable qu'à la réception de la lettre de notification. Toutefois, si la décision individuelle concerne un nombre important de personnes, ou si comme un permis de construire, elle produit aussi des effets à l'égard des tiers, il pourra être exigé par les textes une publicité collective.

Enfin, les décisions implicites sont opposables au demandeur dès la date à laquelle elles interviennent.

Ces questions donnent lieu à un contentieux important, qui présente un caractère casuistique marqué.

Exemple :
- CAA Bordeaux, 8 janvier 2008, requête numéro 05BX01139, Commune de Le Barp : le public peut être avisé de la mise à disposition des documents constitutifs du budget communal par tout moyen de publicité au choix du maire. En conséquence, ce dernier n'est pas tenu de procéder à l'affichage sur la porte de la mairie dès lors qu'il a choisi de procéder à l'affichage sur les panneaux habituellement utilisés à cet effet dans les locaux de l'hôtel de ville.

C – Théorie de la connaissance acquise

La théorie de la connaissance acquise s'applique dès lors qu'il est établi que le requérant avait connaissance de l'existence de la décision contre laquelle il exerce un recours. Elle permettra d'opposer la forclusion à des requérants qui, en raison de leur situation, ne pouvaient ignorer l'existence de l'acte et cela en dépit de l'absence des publicités officielles requises.

Exemples :
-CE, 11 avril 2008, requête numéro 307085, Société Défi France (JCP A 2008, 2160, note Pacteau) : les requérants contestent une autorisation donnée par arrêté municipal à une entreprise d'installer un dispositif publicitaire lumineux sur un toit d'immeuble. En l'espèce, les formalités de publicité exigées n'ont pas été accomplies, mais le requérant avait reçu communication individuelle de la décision litigieuse, laquelle a eu pour effet de déclencher le délai de recours contentieux.
- CE, 4 août 1905, Martin (Rec. p. 749, concl. Romieu ; D. 1907, III, p. 49, concl. Romieu; RDP 1906, p. 249, note Jèze ; S. 1906, III, p. 49, note Hauriou) : le requérant, membre de l'organe collégial ayant adopté la décision qu'il conteste, est censé connaître cette décision dès le jour de la réunion au cours de laquelle elle a été adoptée. Cette solution s'applique dès lors que le requérant a été régulièrement convoqué et que l'ordre du jour de la réunion lui a été communiqué, alors même qu'il n'y a pas assisté.

La théorie de la connaissance acquise est toutefois en constant recul.

Elle ne s'applique pas, tout d'abord, aux actes règlementaires (CE, 19 février 1993, requête numéro 106792, Nainfa : Rec. tables, p. 946) et, plus généralement, à l'ensemble des actes qui doivent faire l'objet d'une publication (V. à propos d'un arrêté préfectoral de création d'un établissement public de coopération intercommunale CE, 2 octobre 1996, requête numéro 158247, Ministre de l'Intérieur et de l'Aménagement du territoire c/ Commune de Boncourt-le-Bois : Rec. tables, p. 1079 ; AJDA 1996, p. 1022, concl. Touvet). Pour ces actes, seule la publication fait courir les délais de recours.

S'agissant des décisions individuelles, la théorie de la connaissance acquise ne s'applique pas en cas d'absence d'indication des voies et délais de recours, lorsque celle-ci est exigée, dans la décision contestée ou dans la décision rejetant le recours administratif dirigé contre elle. Rappelons ici que l'article R. 421-5 du Code de justice administrative précise que « les délais de recours contre une décision administrative ne sont opposables qu'à la condition d'avoir été mentionnés, ainsi que les voies de recours, dans la notification de la décision ». C'est cette règle que fait prévaloir le Conseil d'Etat sur la théorie de la connaissance acquise qui pourrait être déduite du fait que le requérant a exercé au préalable un recours gracieux contre l'acte litigieux (CE Sect., 13 mars 1998, requête numéro 120079, Mauline : Rec. p. 80 ; Dr. adm. 1998, 167 ; Dr. adm. 1998, 167, concl. Combrexelle ; JCP G 1998, I, 181, chron. Petit. – CE Sect., 13 mars 1998, requête numéro 175199, Assistance publique – Hôpitaux de Paris : Rec. p. 81 ; JCP G 1998, IV, 2385 ; AJDA 1998, p. 613). Comme l'explique P. Caille cette solution est logique dès lors que « ce n'est pas parce qu'il connaît l'existence d'une décision qu'un administré est nécessairement au fait de la juridiction compétente pour en connaître et du délai pour la saisir » (Contentieux administratif, EJFA 2016, p. 224). Cette solution s'applique y compris dans l'hypothèse où c'est l'exercice d'un recours contentieux en référé qui révèle la connaissance que le justiciable avait de la décision (CE, 8 juillet 2002, requête numéro 229843, Hôpital local de Valence-d'Agen : Rec., p. 265 ; AJDA 2003, p. 42, note Claeys). Ainsi, seul l'exercice d'un recours au fond est susceptible de démontrer que le requérant avait la connaissance acquise de la décision contestée. On n'omettra pas cependant de rappeler qu'à rebours de ce raisonnement, la jurisprudence Czabaj limite désormais à un an, en principe, le délai de recours contre une décision dont le destinataire a eu connaissance alors même que toutes les formalités requises pour le déclenchement de ce délai n'ont pas été accomplies (requête numéro 387763, préc.).

La jurisprudence Mauline ne s'applique pas, en revanche, dans les hypothèses où l'article R. 421-5 du Code de justice administrative n'est pas applicable, dans le cas où le requérant n'est pas le destinataire de la décision (CE, 18 décembre 2002, requête numéro 244925, Haagen et Stocky : Rec. tables, p. 965) et dans celui où le requérant soulève plus de deux mois après la date de saisine du tribunal des moyens qui relèvent d'une cause juridique différente de celle dont relevaient les moyens invoqués dans ce délai (CE, 28 octobre 2009, requête numéro 299252, Delanoue : Rec. tables, p. 885). Elle ne s'applique pas non plus lorsque le recours est dirigé contre une décision implicite, laquelle ne peut évidemment pas être concernée par l'obligation de mention des délais et voies de recours (CE, 17 décembre 2010, requête numéro 314431, Tissot : Rec. tables, p. 893).

Doit également être mentionné le cas très particulier où un recours en contestation d'un titre de pension est exercé postérieurement à un recours en révision de la pension. Dans ce cas, l'exercice du premier recours démontre que le requérant a eu connaissance de la pension contestée (CE, 22 février 2012, requête numéro 340353, Lesage : Rec. tables, p. 902).

Plus récemment, le Conseil d'Etat a également fait jouer la théorie de la connaissance acquise dans une hypothèse où l'article R. 421-5 avait pourtant également vocation à jouer. L'hypothèse visée est celle où le requérant exerce deux recours successifs (CE, 11 décembre 2013, requête numéro 365361, N'dre Regnault : Rec. p. 311 ; AJDA 2014, p. 358, concl. Pelissier ; Dr. adm. 2014, 24, note Eveillard ; JCP A 2014, 2218, note Le Bot). Dans cette hypothèse, en effet, « l'auteur d'un recours juridictionnel tendant à l'annulation d'une décision administrative doit être réputé avoir eu connaissance de la décision qu'il attaque au plus tard à la date à laquelle il a formé son recours ». Ainsi, lorsqu'un premier recours contre une décision notifiée sans mention des voies et délais de recours a été rejeté, son auteur ne peut introduire un second recours contre la même décision que dans un délai de deux mois à compter de la date d'enregistrement du premier au greffe de la juridiction saisie. Il n'est pas exclu que cette exception à une application rigoureuse de l'article R. 421-5 du Code de justice administrative n'aboutisse, à terme, à un abandon de la jurisprudence Mauline. Toutefois, le Conseil d'Etat a récemment précisé que le principe défini par la jurisprudence N'dre Regnault ne s'applique que dans l'hypothèse où ce sont deux recours consécutifs devant des juridictions administratives compétentes qui ont été exercés. En revanche, ni le recours contre un acte notifié sans mention des voies et délais de recours devant une juridiction incompétente, ni la notification d'une décision de rejet par une telle juridiction ne sont de nature à faire courir les délais de recours devant le juge administratif à l'encontre de la décision contestée (CE, 25 mars 2016, requête numéro 387755, Mission locale régionale de Guyane).

Enfin, doit être mentionné le cas où un requérant a saisi le juge de l'excès de pouvoir d'un recours tendant à l'annulation partielle d'un acte administratif divisible qui n'a pas fait l'objet d'une publicité régulière. Dans ce cas « le délai de recours contre d'autres dispositions divisibles du même acte court, au plus tard, à compter, pour ce qui concerne ce requérant, de l'introduction de son recours initial » (CE, 17 avril 2015, requête numéro 375685, Stade Toulousain Rugby : JCP A 2015, 2305, chron. Le Bot).

II – Accès aux documents administratifs

Les documents administratifs sont l'ensemble des pièces préparatoires ou annexes aux actes administratifs. Avant la loi n°78-753 du 17 juillet 1978 la communication de ces documents constituait l'exception, la règle générale étant celle du secret des documents administratifs. Ainsi, le droit d'accès aux documents administratifs n'était garanti que dans les cas précis visés par une loi.

Exemple :
- La loi du 5 avril 1884 relative à l'organisation municipale reconnaît aux habitants des communes le droit à la communication des procès-verbaux du conseil municipal, des budgets et des comptes de la commune, ainsi que des arrêtés municipaux (V. l'actuel art. L. 2121-26 CGCT).

Le principe a été renversé par la loi du 17 juillet 1978 qui ouvre aux intéressés, dans son article 1er, le libre accès aux documents administratifs. La loi définit quels sont les documents concernés par ce droit d'accès ainsi que les modalités pratiques selon lesquelles ce droit est mis en œuvre. Ses dispositions ont été reprises par les articles L. 300-1 et suivants du Code des relations du public et de l'administration.

A – Champ d'application du droit d'accès

Le champ d'application du droit d'accès aux documents administratifs est très vaste. Cependant, un certain nombre de ces documents sont exclus du droit d'accès, ou leur accès fait l'objet de restrictions.

1° Documents concernés

Les documents concernés par le droit d'accès sont très largement définis par l'article L. 300-2 du Code des relations entre le public et l'administration : il s'agit « notamment » des « dossiers, rapports, études, comptes rendus, procès-verbaux, statistiques, instructions, circulaires, notes et réponses ministérielles, correspondances, avis, prévisions et décisions ».

Exemple :
- CE, 6 octobre 2008, requête numéro 289389, Fromentin (AJDA 2008, p.1920 ; JCPA 2008, act. 891) : un document comptable établi pour le compte d'un organisme chargé de gérer un service public par un prestataire extérieur est un document administratif relevant du droit d'accès.

Ces documents peuvent être écrits, mais il peut aussi s'agir d'enregistrements sonores ou visuels et de documents informatiques.
L'identité de l'auteur de ces documents importe peu. Il peut bien évidemment s'agir de personnes publiques, mais sont également concernées les personnes privées chargées de la gestion d'un service public.

Exemple :
- CE, 5 mai 2008, requête numéro 294645, Thiebeaux : les pièces administratives et comptables qui retracent les conditions dans lesquelles sont opérées les préemptions et rétrocessions de terres par les SAFER se rattachent directement à l'activité de service public de ces organismes et constituent, par leur nature et par leur objet, des documents administratifs au sens de la loi du 17 juillet 1978.

Toutefois, parmi les documents détenus par un organisme privé chargé d'une mission de service public qui exerce également une activité privée, seuls ceux qui présentent un lien suffisamment direct avec la mission de service public peuvent être regardés comme des documents administratifs (CE, 17 avril 2013, requête numéro 342372, La Poste : Rec. tables, p. 601.- CE, 14 février 2018, requête numéro 401352, Association des propriétaires de la ZAC « Mes Coteaux de Sainte-Musse »).

Exemples :
-CE, 24 avril 2014, requête numéro 338649, Lesain : les documents relatifs à l'élection d'un organe délibérant d'une fédération sportive, qui a le statut d'une association à but non lucratif régie par la loi du 1er juillet 1901, relèvent du fonctionnement interne de

celle-ci et ne sont pas des documents administratifs, faute d'un lien suffisamment direct avec la mission de service public impartie à la fédération.
- CE, 21 avril 2017, requête numéro 395952, Régie autonome des transports parisiens l'instruction contestée était relative aux règles générales et impersonnelles de rémunération de l'encadrement supérieur d'un établissement public industriel et commercial. Dès lors qu'il n'était pas soutenu qu'elle aurait en tout ou partie concerné des personnels exclusivement affectés à la poursuite des activités à caractère privé de l'établissement, cette instruction présentait un lien suffisamment direct avec la mission de service public impartie à la RATP et devait être regardée comme un document administratif.

L'obligation porte également sur les documents « détenus » par l'administration, c'est-à-dire les documents dont elle est en possession, quand bien même elle n'en est pas l'auteur, comme des copies d'examen par exemple.

Notons enfin que des règles particulières s'appliquent dans les hypothèses où une décision individuelle est prise sur le fondement d'un traitement algorithmique. L'article L. 311-3-1 du Code des relations entre le public et l'administration exige dans ce cas que la décision individuelle prise comporte une mention explicite informant l'intéressé de ce traitement. Dans cette hypothèse, de plus fréquente à l'heure des big data et de la révolution numérique, le destinataire de cette décision a le droit de se voir communiquer des informations concernant : le degré et le mode de contribution du traitement algorithmique à la prise de décision ; les données traitées et leurs sources ; les paramètres de traitement et, le cas échéant, leur pondération, appliqués à la situation de l'intéressé ; les opérations effectuées par le traitement. Compte-tenu de la complexité technique des algorithmes et de l'inutilité pour un administré lambda de se voir communiquer un code source, ces informations doivent être présentées « sous une forme intelligible et sous réserve de ne pas porter atteinte à des secrets protégés par la loi » (CRPA, art. R. 311-3-1-2).

2° Hypothèses d'exclusion du droit d'accès

Sont exclus du droit d'accès les actes visés par l'article L. 311-5 du Code des relations entre le public et l'administration. Sont notamment concernés les avis du Conseil d'Etat et des juridictions administratives ainsi que les documents de la Cour des comptes.

Le même article précise également que ne sont pas communicables les documents dont la consultation ou la communication porterait atteinte, notamment au secret des délibérations du gouvernement et des autorités responsables relevant du pouvoir exécutif, au secret de la défense nationale ou encore à la conduite de la politique extérieure de la France.

Ceci étant ces exceptions sont généralement interprétées strictement par le juge.

Exemple :
- CE, 5 mai 2008, requête numéro 309518, SA Baudin Châteauneuf (Dr. adm. 2008, 91, note Melleray ; JCP A 2008, 2182, note Darcy ; RJEP 2008, 33, concl. Landais ; JCP G 2008, act. 341, obs. Rouault) : le Conseil d'Etat annule le refus de communication d'un rapport transmis à l'autorité judiciaire. En effet, d'une part, un tel document ne perd pas son caractère de document administratif du fait de sa transmission au parquet ou au juge d'instruction. D'autre part, cette transmission ne suffit pas par elle-même à établir que la communication du document porterait automatiquement atteinte au bon déroulement

de la procédure judiciaire ou au secret de l'instruction. Par conséquent, c'est à l'autorité administrative qu'il revient, sous le contrôle du juge, d'apprécier, au cas par cas, si la communication est ou non possible.

Sont également exclus du droit à communication, en application de l'article L. 311-2 du Code des relations entre le public et l'administration, certains documents préparatoires, en tout cas tant que la décision administrative est en cours d'élaboration.

Exemple :
- CE, 13 avril 1992, requête numéro 106816, Association SOS défense : le rapport établi par l'inspection générale des finances sur « les dépenses consenties par l'Etat au titre des frais de justice » a été demandé par le Garde des Sceaux en vue d'une réforme de l'aide judiciaire. En raison des propositions qu'il comporte, il n'est pas séparable du processus de décision qui devait conduire à l'intervention de cette réforme. Dès lors, il n'a pas le caractère de document auquel s'applique le droit à communication.

Il en va de même, en vertu du même article, concernant les documents qui ne sont pas achevés. Dans un arrêt de Section du 11 février 1983, Ministre de l'Urbanisme et du Logement, le Conseil d'Etat avait déjà précisé que la loi de 1978 « ne s'applique qu'à des documents achevés et non aux états partiels ou provisoires d'un document tant qu'il est en cours d'élaboration » (requête numéro 35565 : Rec. p. 56 ; Dr. adm. 1983, 80 ; CJEG 1983, p. 374, concl. Dondoux ; AJDA 1983, p. 432, chron. Lasserre et Delarue ; Rev. adm. 1983, p. 473, note Pacteau ; D. 1983, inf. rap. p. 237, obs. Delvolvé ; Quot. jur. 26 mai 1983, p. 3, note Ch. B. ; LPA 1er juin 1983, p. 9, note Morand-Deviller). Dans cet arrêt, le Conseil d'Etat a estimé que les états successifs d'un projet de schéma directeur d'aménagement et d'urbanisme ne sont communicables qu'après l'adoption du projet par la commission chargée de son élaboration. Il en va de même de tous les documents préparatoires, fussent-ils par eux-mêmes achevés, inséparables du travail d'élaboration, tels que les procès-verbaux des réunions de la commission.

Enfin, ne relèvent pas non plus du champ d'application du droit d'accès les documents qui ont déjà fait l'objet d'une diffusion publique (CE, 23 octobre 1987, requête numéro 36546, Bertin : Dr. adm. 1987, 573 ; JCP 1988, IV, p.15). Dans ce cas, en effet, la communication perd tout objet puisque le document est censé être connu de tous.

En revanche, le dépôt aux archives publiques des documents administratifs communicables ne fait pas obstacle au droit à communication à tout moment.

3° Hypothèses de restriction du droit d'accès

Certains documents ne peuvent être communiqués qu'à la personne directement intéressée. Selon l'article L. 311-6 du Code des relations entre le public et l'administration, il s'agit : des documents dont la publication porterait atteinte au secret de la vie privée et des dossiers personnels, au secret médical et au secret en matière commerciale et industrielle ; des documents qui portent une appréciation ou un jugement de valeur sur une personne physique, nommément désignée ou facilement identifiable ; des documents faisant apparaître le comportement d'une personne, dès lors que la divulgation de ce comportement pourrait lui porter préjudice. La loi précise également que les informations à caractère médical sont communiquées à l'intéressé, selon son choix, directement ou par l'intermédiaire d'un médecin qu'il désigne à cet effet, conformément aux dispositions de l'article L. 1111-7 du Code de la santé publique.

Enfin, dans le cas où le document comporte des mentions qui ne sont pas communicables, mais où une occultation ou une disjonction est possible, le document peut être communiqué au demandeur après qu'il a été opéré à cette occultation ou à cette disjonction (CRPA, art. L. 311-7).

B – Modalités d'accès aux documents administratifs

Les règles gouvernant les modalités d'accès aux documents administratifs sont définies par les articles L. 311-9 et suivants du Code des relations entre le public et l'administration.

L'administré doit adresser une demande à l'administration concernée. Si celle-ci accepte, il peut venir consulter gratuitement sur place le document ou se voir délivrer une copie réalisée à ses frais. L'ordonnance n°2005-650 du 6 juin 2005, avait modifié l'article 4 de la loi du 17 juillet 1978 en précisant que l'accès peut également s'exercer par courrier électronique et sans frais lorsque le document est disponible sous forme électronique. Ces dispositions sont aujourd'hui reprises à l'article L. 311-9 du Code des relations entre le public et l'administration. Cet article a été complété par la loi L. n°2016-1321 du 7 octobre 2016 qui précise que l'accès aux documents administratifs peut se faire par une publication des informations en ligne, à moins que les documents ne soient communicables qu'à l'intéressé en application de l'article L. 311-6 du même code

En cas de refus, exprès ou résultant de l'écoulement d'un délai d'un mois, l'intéressé dispose d'un délai de deux mois pour saisir la Commission d'accès aux documents administratifs (CADA.- V. CRPA, art. R. 342-1 s.). La saisine de cette autorité administrative indépendante est obligatoire, ce qui implique qu'un recours contentieux contre une décision de refus de communication est irrecevable si cette formalité n'a pas été préalablement accomplie dans les délais. Il s'agit d'une « irrecevabilité manifeste insusceptible d'être couverte en cours d'instance » (CE, 24 février 1984, requête numéro 47141, Rompler).

Le délai de saisine d'un mois n'est toutefois opposable que si la décision de refus de communication a été notifiée avec indication des voies et délais de recours, y compris l'obligation de saisir préalablement la commission (CADA, avis numéro 200080701, 6 mars 2008).

La CADA émet un avis relatif au caractère communicable du document demandé. Cet avis est ensuite adressé à l'administration concernée qui dispose alors d'un nouveau délai de deux mois pour se prononcer. Si elle réitère son refus de laisser l'intéressé accéder au document, que ce refus soit exprès ou qu'il résulte de l'écoulement d'un délai de deux mois, l'auteur de la demande dispose de deux mois, à compter de la date de ce nouveau refus, pour attaquer cette décision.

§ II – Exécution des actes administratifs

Les conditions d'exécution des actes administratifs sont marquées par l'idée de puissance publique. En effet, contrairement à une personne privée, l'administration peut prendre unilatéralement des actes directement exécutoires, sans avoir besoin de recourir au préalable à un juge. C'est ce qu'on appelle le privilège du préalable, ou encore, le privilège de la décision exécutoire, qui constitue, selon l'arrêt d'Assemblée Huglo du 2 juillet 1982 « la règle fondamentale du droit public » (requête numéro 25288, requête numéro 25323, préc.).

Cette règle a pour corollaire le principe selon lequel l'administration n'a pas la possibilité de saisir le juge pour obtenir le prononcé de mesures qu'elle pourrait elle-même édicter (CE, 30 mai 1913, Préfet de l'Eure, préc.). Elle n'a donc pas la possibilité de renoncer au privilège du préalable et elle se doit donc d'assurer l'exécution des décisions qu'elle prend.

Ceci étant, ce privilège est d'ordre purement juridique. Il ne permet pas à l'administration, sauf exceptions, d'exécuter elle-même, matériellement, sa propre décision en employant la force. En effet, le privilège du préalable ne doit pas être confondu avec l'exécution forcée : en d'autres termes si l'administration prend, contrairement aux personnes privées, des actes exécutoires, elle ne peut en principe procéder à leur exécution forcée. Pour contraindre les administrés à respecter les décisions administratives, des sanctions pénales, des sanctions administratives, voire des sanctions civiles, peuvent leur être infligées. Dans de rares hypothèses, contrairement au principe susvisé, l'administration se verra également reconnaître le droit de recourir à l'exécution forcée.

I – Sanctions pénales et sanctions administratives

En cas de refus d'exécution d'une décision administrative, c'est en principe le juge pénal qui doit être saisi en application de l'article R. 610-5 du Code pénal qui permet d'infliger une contravention de première classe en cas de « violation des interdictions ou (de) manquement aux obligations édictées par les décrets et arrêtés de police ».

Ceci étant, les sanctions pénales ne sont possibles que pour autant qu'elles sont prévues par un texte. Or, tous les actes administratifs ne sont pas visés par cet article. Qui plus est, la procédure est longue et les sanctions prévues sont tout à fait modestes puisque actuellement le montant d'une contravention de première classe est fixé à 38 euros au maximum (Code pénal, art. 131-13).

Pour pallier l'inefficacité de ces mécanismes, il est de plus en plus recouru aux sanctions administratives. Dans cette hypothèse, c'est l'administration elle-même qui sanctionne le non-respect des actes administratifs. Il faut toutefois préciser que lorsque la définition des obligations auxquelles est soumis l'exercice d'une activité relève du législateur, il n'appartient qu'à la loi de fixer le régime des sanctions administratives dont la méconnaissance de ces obligations peut être assortie (CE Sect., 18 juillet 2008, requête numéro 300304, Fédération de l'hospitalisation privée : AJDA 2008, p.1812, note Geffray et Liéber). En outre, la circonstance que la loi a renvoyé à un décret le soin de définir ses modalités ou ses conditions d'application n'a eu ni pour objet, ni pour effet d'habiliter le pouvoir règlementaire à intervenir dans le domaine de la loi pour définir ces éléments (même arrêt).

Le pouvoir de sanction est fréquemment reconnu aux autorités administratives indépendantes.

Exemple :
- L'article L. 36-11 du Code des postes et télécommunications prévoit que l'Autorité de régulation des communications électroniques et des postes peut, soit d'office, soit à la demande du ministre chargé des communications électroniques, d'une collectivité territoriale ou d'un groupement de collectivités territoriales, d'une organisation professionnelle, d'une association agréée d'utilisateurs ou d'une personne physique ou morale concernée, sanctionner les manquements qu'elle constate de la part des exploitants de réseau, des fournisseurs de services de communication au public en ligne ou des gestionnaires d'infrastructures d'accueil.

D'autres autorités administratives peuvent également se voir reconnaître ce pouvoir.

Exemple :
- L'article L. 262-52 du Code de l'action sociale et des familles, prévoit que la fausse déclaration ou l'omission délibérée de déclaration ayant abouti au versement indu du revenu de solidarité active est passible d'une amende administrative prononcée par le président du Conseil départemental.

Le pouvoir de prononcer des sanctions administratives, s'il a été reconnu conforme au principe de séparation des pouvoirs, est toutefois strictement encadré, l'autorité compétente devant notamment se conformer au principe du respect des droits de la défense (CC, 17 janvier 1989, numéro 88-248 DC, Loi modifiant la loi n° 86-1067 du 30 septembre 1986 relative à la liberté de communication : Rec. CC, p. 18 ; JO 18 janvier 1989, p. 754 ; JCP 1994, II, 22350, note Rouault ; RDP 1989, p.429, note Favoreu ; Rev. Adm. 1989, p. 223). Mais surtout, depuis l'arrêt d'Assemblée Didier du 3 décembre 1999, le Conseil d'Etat admet que certains organes administratifs, eu égard à leur nature, leur composition et leurs attributions relèvent de l'article 6§1 de la Convention européenne des droits de l'homme, dans la mesure où sont en cause des « accusations en matière pénale » (requête numéro 207434, préc.). L'édiction de sanctions administratives est donc soumise aux règles du procès équitable ce qui emporte un certain nombre de conséquences : impartialité de la procédure, respect du contradictoire, respect des principes de la répression pénale et existence obligatoire d'un contrôle juridictionnel.

II – Recours à l'exécution forcée

En principe, l'administration n'a pas le droit d'exécuter directement par la contrainte physique ses propres décisions.

Toutefois, ce principe connaît trois exceptions majeures.

Dans certains cas, tout d'abord, l'exécution forcée par l'administration de ses propres décisions est autorisée par les textes.

Exemple :
- Les articles R. 413-48 et suivants du Code de l'environnement précisent qu'en cas d'inobservation des conditions imposées à l'exploitant d'un établissement détenant des animaux d'espèces non domestiques ou des règles de détention des animaux, le préfet met ce dernier en demeure de satisfaire à ces conditions ou de se conformer à ces règles dans un délai déterminé. A l'expiration de ce délai, si l'exploitant n'a pas obtempéré à

cette injonction, le préfet peut faire procéder d'office, aux frais de l'exploitant, à l'exécution des mesures prescrites.

Les deux autres exceptions ont été dégagées par le Tribunal des conflits dans son arrêt du 2 décembre 1902, Société immobilière Saint-Just (Rec. p.713 ; S. 1904, 3, p. 17, note Hauriou).

L'exécution forcée est possible, tout d'abord, en cas d'inexistence de voie de droit permettant de sanctionner le comportement des administrés. En d'autres termes, l'exécution forcée est possible dans les cas - très rares - où il n'existe pas de sanctions pénales civiles ou administratives permettant d'exercer une contrainte sur l'administré récalcitrant.

Ensuite, l'exécution forcée est possible en cas d'urgence, et cela même si d'autres voies de droit sont ouvertes. Comme l'a exposé le commissaire du gouvernement Romieu dans ses conclusions sur l'arrêt Société immobilière Saint-Just : « il n'est pas besoin de textes en cette matière ; tout le monde reconnaît qu'il est de l'essence même du rôle de l'administration d'agir immédiatement et d'employer la force publique sans délai ni procédure, lorsque l'intérêt immédiat de la conservation publique l'exige ; quand la maison brûle, on ne va pas demander au juge l'autorisation d'y envoyer les pompiers ».

En dehors des cas de figure où l'exécution forcée est permise, l'administration commet normalement une voie de fait en procédant à l'exécution forcée de ses propres décisions (V. par exemple TC, 16 janvier 1995, requête numéro 02938, Préfet de la Gironde : Rec. p.490). Au moins commet-elle, compte tenu de la restriction du domaine de la voie de fait opérée par l'arrêt Bergoend du 17 juin 2013 (requête numéro 3911 : préc.), une grave illégalité qui peut être désormais sanctionnée par le juge administratif. Au demeurant, l'existence d'une voie de fait était écartée en cas de circonstances exceptionnelles, conformément à la solution retenue par le Tribunal des conflits dans son arrêt Dame de la Murette du 27 mars 1952 (Rec. p. 626 ; S. 1952, III, p. 81, note Grawitz ; Rev. adm. juin 1952, p. 268, note Liet-Veaux ; D. 1954, 291, note Eisenmann; JCP G 1952, II, 7158, obs. Blaevoet).

Section IV – Sortie de vigueur des actes administratifs unilatéraux

En dehors de l'annulation juridictionnelle de l'hypothèse de caducité (cas où un texte dispose qu'il cessera d'être applicable à partir d'une certaine date ou d'un évènement prédéterminés, ce qui concerne par exemple une circulaire lorsque la loi où le règlement qu'elle commente sort de vigueur, V. CE, 12 novembre 2014, requête numéro 360264, Fédération de l'hospitalisation privée-Médecine chirurgie obstétrique : AJDA 2015, p. 166, concl. Vialettes) et de celle de péremption (anéantissement d'un acte en raison du non-respect d'un délai), il existe deux techniques qui permettent de faire sortir de vigueur un acte administratif : le retrait qui fait disparaître l'acte de façon rétroactive et l'abrogation qui consiste à faire disparaître un acte pour l'avenir. Les règles applicables à ces techniques ont longtemps résulté d'un enchevêtrement complexe de textes de lois et de principes jurisprudentiels. Elles résultent désormais des dispositions des articles L. 240-1 et s. du Code des relations entre le public et l'administration. Ces nouvelles règles s'appliquent, selon l'article L. 241-1, « sous réserve des exigences découlant du droit de l'Union européenne et de dispositions législatives et réglementaires spéciales ».

Si ces règles opèrent toujours une distinction entre deux types de techniques, elles dépendent en réalité moins de la technique utilisée que de la nature des droits en cause. C'est d'ailleurs cette présentation, qui correspond à l'état antérieur du droit, qui est reprise par le Code des relations entre le public et l'administration qui est articulé autour d'une opposition entre les décisions créatrices de droits, d'une part, et les décisions réglementaires et non réglementaires non créatrices de droits, d'autre part. La distinction entre les techniques d'abrogation et de retrait ne concerne, en réalité, que cette seconde catégorie d'actes.

§ I – Prise en compte de la nature des droits en cause

Les règles applicables au retrait et à l'abrogation des actes administratifs unilatéraux dépendent essentiellement du caractère créateur de droit ou non de ces actes.

Les actes règlementaires ne sont pas créateurs de droits alors que les actes non réglementaires sont susceptibles d'être créateurs de droits. Cette distinction apparaît dans le Code des relations entre le public et l'administration. Elle aurait toutefois pu être libellée autrement, dès lors que les actes non individuels et non réglementaires, comme les actes réglementaires, ne sont jamais créateurs de droits. En réalité, seules les décisions individuelles sont donc susceptibles d'être créatrices de droits.

S'agissant de cette dernière catégorie d'actes, la jurisprudence a pu dans certains cas évoluer. Le Conseil d'Etat a ainsi opéré un revirement de jurisprudence à l'occasion de l'arrêt de Section Soulier du 6 novembre 2002 (requête numéro 223041 : Rec. p. 369 ; JCP A 2002, 1176, note Jean-Pierre ; JCP A 2002, 1342, note Moreau ; RFDA 2002, p. 225, concl. Austry, note Delvolvé) en considérant qu'une décision accordant un avantage financier est créatrice de droits, y compris dans des cas où l'administration avait l'obligation de refuser cet avantage. Cependant, le maintien indu du versement d'un avantage financier, alors même que le bénéficiaire a informé l'ordonnateur qu'il ne remplit plus les conditions de l'octroi de cet avantage, n'a pas le caractère d'une décision accordant un avantage financier et constitue une simple erreur de liquidation. Il ne s'agit donc pas d'une décision créatrice de droits (CE Sect., 12 octobre 2009, requête numéro 310300, Fontenille : JCP A 2009, 2271, note Jean-Pierre).

Il est en revanche de jurisprudence constante que des décisions recognitives ne sont pas créatrices de droits, puisqu'elles se contentent de tirer les conséquences juridiques d'une situation de droit ou de fait préexistante.

Exemple :

- CAA Lyon, 18 septembre 1998, requête numéro 96LY00895, Touati : l'attestation de rapatriement délivrée par l'administration en vue de l'obtention des avantages prévus par l'article 2 de la loi n°85-1274 du 4 décembre 1985 portant amélioration des retraites des rapatriés, se borne à constater que les intéressés remplissent les conditions prévues par ces dispositions, à une date qu'elle précise, en ce qui concerne notamment le lieu d'établissement, conformément à l'article 3 du décret du 13 mars 1986. Dès lors, cette attestation ne constituant pas une décision créatrice de droits, elle pouvait être rapportée à tout moment et la requérante n'est pas fondée à soutenir que l'attestation qui lui avait été délivrée lui avait reconnu définitivement la qualité de rapatriée et soutenir que le ministre ne pouvait revenir sur sa décision après l'expiration du délai de recours contentieux.

De la même façon, certaines décisions ne confèrent pas à leurs destinataires un droit acquis à leur maintien. C'est le cas en particulier des autorisations domaniales ou de police, des permissions de voirie et des agréments.

Il en va de même pour les décisions administratives assorties d'une condition, suspensive ou résolutoire, explicite ou même implicite. Ces décisions sont créatrices de droits, mais seulement dans la mesure où la condition, fixée par l'acte lui-même ou par le texte le régissant, est satisfaite. Dès lors que cette condition n'est plus satisfaite, l'acte litigieux n'est plus considéré comme créateur de droits.

Exemple :
- CE, 8 février 1985, requête numéro 42940, Syndicat intercommunal de la Marana (Rec. p. 28 ; AJDA 1985, p. 293, obs. Moreau) : les arrêtés d'un préfet, pris pour l'exécution des délibérations d'un conseil général et portant attribution de subventions en annuités à un syndicat intercommunal, permettant l'allègement des charges d'emprunt contracté par le syndicat pour la réalisation de travaux d'adduction d'eau, sont, par nature, des décisions individuelles à caractère pécuniaire créatrices de droits. Le versement d'une subvention ayant cependant pour objet d'alléger la charge annuelle du syndicat, l'exécution des décisions accordant les subventions en annuités doit être regardée comme implicitement subordonnée à la condition que la charge supportée par le syndicat demeure au moins égale au montant de la subvention annuelle prévue pour l'emprunt considéré. Il s'ensuit que les arrêtés litigieux n'étaient susceptibles de créer des droits que dans la mesure où la condition précitée demeurait, pour chacun d'entre eux, satisfaite.

S'agissant des décisions accordant une subvention, elles ne sont considérées comme créatrices de droit que si le « le bénéficiaire de la subvention respecte les conditions mises à son octroi, que ces conditions découlent des normes qui la régissent, qu'elles aient été fixées par la personne publique dans sa décision d'octroi, qu'elles aient fait l'objet d'une convention signée avec le bénéficiaire, ou encore qu'elles découlent implicitement mais nécessairement de l'objet même de la subvention » (CE, 5 juillet 2010, requête numéro 308615, Chambre de commerce et de l'industrie de l'Indre : JCP A 2010, 2285, note Markus ; RJEP 2011, 38, concl. Cortot-Boucher).

Ces solutions sont reprises par l'article L. 242-2 du Code des relations entre le public et l'administration. Ce texte confirme cependant qu'une distinction doit être établie entre les décisions créatrices de droits dont le maintien est subordonné à une condition qui n'est plus remplie et les décisions accordant une subvention lorsque les conditions mises à son octroi n'ont pas été respectées : au-delà du délai de quatre mois, les premières peuvent être seulement abrogées alors que les secondes peuvent être retirées. Cette différence de solutions peut s'expliquer par le fait que, pour la première catégorie de décisions, le fait de remplir les conditions détermine le caractère créateur de droit ou non de l'acte en cause, alors que pour la seconde catégorie, le fait de ne pas remplir les conditions doit conduire à considérer que l'acte est illégal.

Conformément à cette distinction, les décisions individuelles prises en exécution d'une décision de justice ont récemment été qualifiées de décisions conditionnelles. En conséquence, ces actes ne peuvent être retirés que dans le délai de quatre mois à compter de leur naissance, et pour illégalité. En revanche, ils peuvent être abrogés à tout moment lorsque la décision de justice en exécution de laquelle ils ont été pris fait l'objet d'une infirmation (CE, 19 décembre 2014, requête numéro 384144, Ministre des Finances c/ Société H et M Hennes et Mauritz SARL : Dr. adm. 2015, 31, note Eveillard).

Les décisions inexistantes, c'est-à-dire celles affectées d'une irrégularité grossière, ne sont pas non plus créatrices de droit.

Exemple :
- CE, 11 janvier 2006, requête numéro 281704, Benavent (AJDA 2006, p. 621) : la survenance de la limite d'âge d'un fonctionnaire, telle qu'elle est déterminée par les dispositions législatives et réglementaires en vigueur, entraîne de plein droit la rupture du lien de cet agent avec le service. En conséquence, une décision de prolongation d'activité au-delà de la limite d'âge ne crée pas de droits.

Il faut aussi relever qu'il peut être procédé au retrait ou à l'abrogation d'un acte obtenu par fraude, sans qu'aucune condition de délai ne soit exigée. Cependant, un acte non-créateur de droits n'est pas pour autant inexistant. Ainsi, tant que cet acte n'est pas retiré, l'administration doit en tirer toutes les conséquences (CE, 29 novembre 2002, requête numéro 223027, Assistance publique – hôpitaux de Marseille : Rec. p.414 ; AJDA 2003, p.277, chron. Donnat et Casas ; Dr. Adm. 2003, 1 ; RFDA 2003, p. 233, concl. Bachelier et p.240, note Delvolvé).

Enfin, lorsque le recours contentieux à l'encontre d'une décision créatrice de droits est subordonné à l'exercice préalable d'un recours administratif et que ce recours a été régulièrement présenté, le retrait ou l'abrogation de la décision est possible jusqu'à l'expiration du délai imparti à l'administration pour se prononcer sur le recours administratif préalable obligatoire (CRPA, art. L. 242-5).

§ II – Retrait

Le retrait a les mêmes effets qu'une annulation d'un acte prononcée par un juge : il fait non seulement disparaître l'acte pour l'avenir, mais il l'anéantit également de façon rétroactive. Ainsi, le retrait a des conséquences beaucoup plus graves que l'abrogation, puisqu'il remet en cause de façon plus radicale des situations qui paraissaient acquises. Une distinction doit être opérée, du point de vue de ces conditions, entre les actes créateurs de droits et les actes non créateurs de droits.

I – Actes créateurs de droits

Si le juge administratif a posé des principes relativement simples pour le retrait des actes créateurs de droit, ces principes connaissent un certain nombre d'exceptions.

A – Principe

Il n'existe aucune possibilité, pour l'administration, de procéder au retrait des actes créateurs de droits réguliers.

En revanche, pour les actes irréguliers, le retrait est possible sous certaines conditions. Les règles applicables résultaient à l'origine de l'arrêt Dame Cachet du 3 novembre 1922 (Rec. p. 790 ; RDP 1922, p. 552, concl. Rivet). Pour que le retrait soit possible, il résultait de la jurisprudence Dame Cachet que l'acte devait être illégal et ne pas être devenu définitif, c'est-à-dire qu'il devait pouvoir encore faire l'objet d'une annulation juridictionnelle. Par conséquent, l'arrêt Dame Cachet posait le principe d'un parallélisme entre le délai dont disposent les administrés pour demander l'annulation d'un acte administratif au juge, qui court en principe à compter de l'accomplissement des formalités de publicité, et celui dont dispose l'administration pour retirer cet acte.

Ces règles ont été modifiées de façon substantielle par l'arrêt d'Assemblée Ternon du 26 octobre 2001 (requête numéro 197018 : Rec. p.497, concl. Seners ; RFDA 2002, p. 77, concl. Seners et note Delvolvé ; Dr. adm. 2001, 253, obs. Michallet ; Dr. adm. 2001, repère p. 3, obs. Auby ; BJDU 5/2001, p. 353 ; AJDA 2001, p. 1034, chron. Guyomar et Collin). Cet arrêt opère une dissociation totale entre le délai du recours contentieux et celui du retrait. Plus précisément, cet arrêt modifie le délai dans lequel l'administration peut opérer le retrait d'une décision individuelle créatrice de droits mais illégale.

En application de cette jurisprudence, l'administration ne peut plus retirer une décision illégale au-delà d'un délai de quatre mois qui suit son intervention expresse.

La jurisprudence Ternon change donc deux choses essentielles par rapport à la jurisprudence Dame Cachet.

D'une part, le délai du retrait n'est pas le même. Il est porté de façon prétorienne à quatre mois, ce qui ne tient pas à des considérations juridiques, mais à un impératif pratique puisque, comme l'a relevé le commissaire du gouvernement Seners dans ses conclusions, le délai de deux mois « laisserait peu de recul à l'administration ». Comme les autres délais en matière administrative il ne s'agit pas d'un délai franc (CE, 14 octobre 2002, requête numéro 246583, SARL Détroit c/ Commune de Granville).

> Exemple :
> - CE, 30 juillet 2003, requête numéro 255368, Ministre de l'Equipement, des Transports et du logement c/ Thénault : le délai de quatre mois ouvert pour prononcer le retrait d'un acte créateur de droits intervenu le 6 août 2002 expire le 6 décembre 2002.

D'autre part, et surtout, ce n'est plus la date à laquelle l'acte a été publié qui permet de calculer le point de départ du délai à partir duquel l'administration peut retirer l'acte. Ce qui est pris en compte c'est, d'après l'arrêt Ternon, « la prise de décision de l'acte », c'est-à-dire sa date de signature.

Ces règles ont été confirmées et leur champ d'application a été étendu par le Code des relations entre le public et l'administration. En effet, les règles définies à l'origine par l'arrêt Ternon s'appliquent désormais aux décisions implicites en application de l'article L. 242-1 du Code des relations entre le public et l'administration. Il résulte de cette évolution la disparition des régimes spécifiques de retrait des décisions implicites d'acceptation (Loi n° 2000-321, 12 avril 2000, art. 23) et des décisions implicites de rejet créatrices de droits à l'égard des tiers (CE, 26 janvier 2007, requête numéro 284605, SAS Kaefer-Wanner ; Rec. p. 24 ; AJDA 2007, p. 537, concl. Struillou ; RDP 2007, p. 1617, note Ba).

B – Exceptions

L'application des nouveaux principes issus de l'article L. 242-3 du Code des relations entre le public et l'administration est exclue dans les hypothèses où un texte législatif ou règlementaire aurait explicitement organisé des règles qui dérogent aux principes qu'elle définit..

Des textes peuvent ainsi instituer un mécanisme de recours préalable obligatoire où ils peuvent fixer, pour certaines catégories d'actes créateurs de droits, une autre règle que celle dégagée par cet arrêt. Il est à noter que la modification par les textes des conditions du retrait ne saurait avoir pour conséquence de rouvrir des délais de retrait déjà expirés (CE, 21 octobre 2013, requête numéro 361173, Anane : Rec. p. 258 ; Dr. adm. 2014, 10, note Eveillard).

Ainsi, l'article L. 55 du Code des pensions civiles et militaires de retraite prévoit que les pensions accordées aux fonctionnaires peuvent, en cas d'erreur de droit, être révisées dans un délai d'un an à compter de la notification de la décision de concession initiale. Il a également été jugé que l'article R. 436-6 du Code du travail, résultant du décret n°2001-532 du 20 juin 2001, en vertu duquel le ministre, saisi d'un recours hiérarchique sur une décision de licenciement d'un salarié protégé dans le délai de deux mois suivant la notification de la décision de l'inspecteur du travail, dispose d'un délai de quatre mois pour statuer, son silence à l'expiration de ce délai valant rejet du recours, constitue une exception aux principes du retrait (CE, 28 septembre 2005, requête numéro 266023, Société Soinne et associés : Rec. p. 397 ; JCP S 2005, 1336, note Kerbourc'h .- V. également CE, 26 janvier 2007, requête numéro 284605, SAS Kaefer Wanner : JCP S 2008, 1576, note Noury).

En revanche, est sans incidence sur l'application ces principes, puisqu'il ne s'agit pas d'un recours administratif obligatoire, la circonstance que le préfet peut demander des pièces complémentaires et présenter un recours gracieux, avant de déférer la décision en cause au juge administratif (CE, avis contentieux, 27 juin 2007, requête numéro 300143, Viaud : Dr. adm. 2008, 15, note Glaser). De même, le recours gracieux du préfet demandant au maire de retirer un permis de construire n'a pas pour effet d'interrompre le délai de quatre mois dont dispose l'autorité administrative pour retirer une décision individuelle explicite créatrice de droits (CAA Nancy, 19 octobre 2006, requête numéro 05NC00146, Commune de Schiltigheim, JCPA 2007, 2087, chron. Dubuy).

L'impossibilité du retrait au-delà d'un délai de quatre mois à compter de la date à laquelle l'acte a été pris connaît un certain nombre d'exceptions qui sont d'origine jurisprudentielle et qui ont été reprises par le Code des relations entre le public et l'administration.

Tout d'abord, ce qui est logique, le retrait peut intervenir à tout moment dans la mesure où il est prononcé pour satisfaire à une demande du bénéficiaire de l'acte qui veut obtenir une décision encore plus favorable (CRPA, art. L. 242-4). En effet, dès lors qu'il ne lèse les droits d'aucun tiers, l'acte doit pouvoir continuer à être retiré au-delà du délai de quatre mois.

Exemple :
- CE, avis, 6 juillet 2005, requête numéro 277276, Corcia (AJDA 2005, p. 2138) : si un permis de construire modificatif peut être requalifié du fait de son objet et de sa portée, en nouveau permis de construire, qui se substitue alors au permis initial, la délivrance d'un tel permis n'entre pas dans le champ du principe de la jurisprudence Ternon, dès lors qu'elle intervient sur la demande du bénéficiaire.

Il est à noter, concernant cette hypothèse, que le retrait est même obligatoire si la décision en cause est illégale et si le retrait peut intervenir dans le délai de quatre mois suivant l'édiction de la décision (CRPA, art. L. 242-3).

Ensuite, comme on l'a vu, les décisions administratives assorties d'une condition, suspensive ou résolutoire, explicite ou même implicite, sont créatrices de droits mais seulement dans la mesure où la condition, fixée par l'acte lui-même ou par le texte le régissant, est satisfaite. Dès lors que cette condition n'est plus satisfaite, l'acte en litige n'est plus considéré comme créateur de droits et peut être retiré à tout moment (CE, 5 juillet 2010, requête numéro 308615, Chambre de commerce et de l'industrie de l'Indre, préc.).

La même solution s'applique en cas de fraude commise par le bénéficiaire de l'acte (CE, 29 novembre 2002, requête numéro 223027, Assistance publique – hôpitaux de Marseille, préc.- CRPA, art. L. 241-2).

L'article L. 241-1 du Code des relations entre le public et l'administration prévoit également que les règles générales applicables au retrait des décisions créatrices de droit sont mises en œuvre « sous réserve des exigences découlant du droit de l'Union européenne ». Cette exception avait été à l'origine dégagée par la jurisprudence à l'occasion de l'arrêt Centre d'exportation du livre français du 29 mars 2006 (requête numéro 274923 : Rec. p. 173 ; Droit adm. 2006, 112, note Bazex et Blazy ; JCP A 2006, p. 635, note Karpenschif ; RJEP 2006, p. 378, note Girardot). Pour le Conseil d'Etat « les règles de droit national selon lesquelles les décisions pécuniaires créatrices de droit ne peuvent être retirées au-delà d'un délai de quatre mois, dès lors que ces règles ne peuvent faire obstacle à la pleine effectivité du droit communautaire et remettre en cause l'obligation pour l'Etat de tirer toutes les conséquences de l'illégalité des aides qu'il a accordées ». Saisie dans la même affaire de questions préjudicielles concernant la restitution d'aides illégales mais non reconnues incompatibles avec le droit de l'Union européenne, la Cour de justice a interprété les stipulations des traités comme n'imposant pas aux juges nationaux d'ordonner la récupération d'une aide versée en méconnaissance de ces stipulations lorsque la Commission a finalement déclaré cette aide compatible avec le marché commun. Toutefois, dans cette hypothèse, les juges nationaux doivent ordonner au bénéficiaire de l'aide le paiement d'intérêts au titre de la période pendant laquelle cette aide a pu être regardée comme illégale (CJCE, 12 février 2008, affaire numéro C-199/06, CELF c/ SIDE : Rec. CJCE 2008, I, p. 469 ; Dr. adm. 2008, 50, note Bazex et Blazy ; AJDA 2008, p. 277 ; LPA 13 mars 2008, p. 4, chron. Chaltiel). Le Conseil d'Etat a ensuite précisé que la récupération d'une aide illégale peut être effectuée conformément aux règles nationales. Mais dans ce cas, l'application de ces règles devra respecter les principes établis par le droit de l'Union européenne. En d'autres termes, l'application des principes aujourd'hui codifiés à l'article L. 242-1 du Code des relations entre le public et l'administration ne doit pas avoir pour effet de rendre pratiquement impossible la répétition de l'indu ni bénéficier à un opérateur qui n'est pas de bonne foi (CE, 28 octobre 2009, requête numéro 302030, Office national interprofessionnel des fruits, des légumes, des vins et de l'horticulture (VINIFLHOR) : Rec. p. 400 ; AJDA 2009, p. 2437, chron. Nicinski ; JCPA 2010, 2087, note Martin.- V. également CE Sect., 13 mars 2015, requête numéro 364612, Office de développement de l'économie agricole d'outre-mer : AJDA 2016, p. 1646, note Mamoudy ; Dr. adm. 2015, 45, note Eveillard.- CAA Nancy, 17 septembre 2015, requête numéro 14NC1766, EARL Ferme de la Holhmatt : Dr. rur. 2015, 30, concl. Favret). Si ce n'est pas le cas, au regard notamment des modalités d'instruction des demandes d'aides, de versement des aides et de contrôle définies par les textes, la décision de retrait survenue au-delà du délai de quatre mois est illégale. Notons enfin, sur ces questions que la restitution d'aides indues n'est pas contraire au principe de la confiance légitime (CE, 27 juillet 2009, requête numéro 292620, Société Lactalis Industrie : RJEP 2010, comm. 4, concl. Glaser).

Il existe également une exception aux règles du retrait des actes créateurs de droits qui n'a pas pour effet de faciliter le retrait des actes administratifs unilatéraux, mais au contraire de le rendre impossible. Dans un arrêt de Section Mme Tacite du 1er octobre 2010 (requête numéro 311938 : Dr. Adm. 2010, 153, note Melleray ; JCP A 2011, 2090, note Balfanti ; JCP G 2010, act. 136, obs. Erstein ; RDP 2011, p. 554, note Pauliat) le Conseil d'Etat a ainsi considéré qu'excepté dans les cas où le statut de la magistrature le prévoit - c'est-à-dire jamais - l'acte de nomination d'un magistrat ne peut jamais être retiré. Ce n'est bien sûr pas la sécurité juridique qui motive cette décision, mais le principe de séparation des pouvoirs et celui de l'indépendance de l'autorité judiciaire - que traduisent les dispositions de l'article 64 de la Constitution et de l'article 16 de la Déclaration des droits de l'homme et du citoyen - ces principes imposant que des garanties particulières s'attachent à la qualité de magistrat de l'ordre judiciaire. Or, à l'évidence, le retrait de l'acte de nomination d'un magistrat porte atteinte à ces principes. Si cette hypothèse s'apparente à un cas d'espèce, elle n'est pas expressément visée par les dispositions du Code des relations entre le public et l'administration. Elle devrait néanmoins se maintenir eu égard à la nature constitutionnelle des principes auxquels une décision de retrait d'un acte de nomination d'un magistrat est susceptible de porter atteinte. Elle pourrait même, selon le rapporteur public Matthias Guyomar (cité dans sa note sur l'arrêt Tacite par F. Melleray), être étendue dans sa portée aux membres des juridictions administratives.

Une dernière hypothèse de retrait autorisé par le juge a été dégagée par le Conseil d'Etat dans son arrêt de Section du 7 octobre 2016 Commune de Bordeaux (requête numéro 395211, Commune de Bordeaux, préc.). Est ici en cause le retrait d'une mesure prise par l'administration suite à une injonction prononcée par le juge des référés dans le cadre d'un recours dirigé contre une décision de refus. Dans cette hypothèse, le retrait de cette mesure favorable à l'administré doit intervenir « dans un délai raisonnable » qui est décompté selon des modalités particulières : soit à partir de la notification de la décision de justice infirmative, soit de l'infirmation de sa position initiale par le juge des référés lui-même (V. CJA, art. L. 521-4) ou au terme de l'exercice d'une voie de recours en référé, soit à compter du désistement par le requérant de son recours au fond.

II – Actes non créateurs de droits

S'agissant des actes non créateurs de droits, la jurisprudence opérait une distinction entre les actes réglementaires et les actes non réglementaires.

S'il n'existe pas de droit au maintien pour l'avenir des actes réglementaires, qui peuvent donc être abrogés à tout moment (V. infra), l'exercice du retrait pour ces actes se heurte au principe de non-rétroactivité.

En vertu des règles jurisprudentielles, dans les hypothèses, nécessairement rares, où l'acte réglementaire n'avait reçu aucune application, le retrait pouvait être opéré à tout moment et pour tout motif tenant à son illégalité ou à son inopportunité (CE Ass. 21 octobre 1966, Société Graciet : Rec. p.560). Dans les autres cas, en revanche, l'acte réglementaire ne pouvait être retiré que s'il était illégal et seulement dans le délai du recours contentieux (CE, 19 mars 2010, requête numéro 305047, Syndicat des compagnies aériennes autonomes). Ce sont donc les règles issues de la jurisprudence Dame Cachet qui continuaient à s'appliquer dans cette hypothèse, ce qui pouvait apparaître normal, dès lors que l'arrêt Ternon avait pour seul effet de régir le retrait des décisions administratives individuelles.

Pour ce qui concernait les décisions non réglementaires non créatrices de droits, le retrait était permis à toute époque dès lors que la décision en cause était entachée d'illégalité. En revanche, si l'acte était régulier, l'exercice du retrait était impossible. Toutefois, pour des raisons d'opportunité, les juges admettaient la possibilité de retirer des actes individuels défavorables, dès lors qu'ils n'avaient pas créé de droits pour des tiers.

Exemple :
-CE, 30 juin 1950, Quéralt (Rec. p.413 ; Dr. soc. 1951, p. concl. Delvolvé) : l'administration peut retirer à tout moment une décision autorisant le licenciement d'un salarié protégé.

Il faut enfin relever que l'autorité compétente, lorsqu'elle était saisie d'une demande de retrait d'un acte irrégulier, et que les conditions de ce retrait étaient remplies, avait l'obligation d'y procéder.

Exemple :
-CE, 10 février 1992, requête numéro 96124, Roques (Rec. p.55 ; RFDA 1992, p. 841, concl. Laroque) : l'autorité compétente était tenue d'annuler la délibération d'un jury de thèse dès lors d'une part, que l'un des actes précédant la décision relative à la délivrance du diplôme, même devenus définitifs ou cette décision seraient intervenus en méconnaissance de la réglementation en vigueur, d'autre part, que le délai du recours contentieux n'aurait pas été expiré à l'encontre de cette dernière décision.

Toutefois, l'auteur d'une décision administrative illégale n'était tenu de la retirer que s'il était saisi d'une demande dans ce sens. Si tel n'était pas le cas, le retrait était une simple faculté.

Exemple :
-CE, 7 juillet 2008, requête numéro 310985, Auquier (AJDA 2008, p. 1407) : s'il résulte de l'article 23 de la loi du 12 avril 2000 qu'à supposer qu'un permis tacite illégal ait été

délivré à l'intéressé, le maire était fondé à le retirer dans les délais prévus par ces dispositions, ce retrait constituait une faculté et non une obligation dès lors que le maire n'était pas saisi d'une demande en ce sens.

Ces règles complexes ont finalement été modifiées par l'article L. 243-3 du Code des relations entre le public et l'administration. Désormais, les règles applicables sont identiques que l'acte non-créateur de droit en cause présente un caractère réglementaire où un caractère non-réglementaire. C'est le principe général de l'article L. 242-3 qui prévaut : l'administration ne peut donc retirer un acte réglementaire ou un acte non réglementaire non créateur de droits que s'il est illégal et si le retrait intervient dans le délai de quatre mois suivant son édiction. Ce principe connaît toutefois une exception visée par l'article L. 243-4 qui concerne les mesures à caractère de sanction infligées par l'administration qui peuvent être retirées à tout moment.

§ III – Abrogation

Le régime juridique de l'abrogation des actes administratifs unilatéraux a été considérablement simplifié par l'arrêt d'Assemblée Compagnie Alitalia du 3 février 1989 (requête numéro 74052, préc.). Le régime applicable dépend de la nature de l'acte en cause.

I – Abrogation des actes réglementaires

En principe, les actes règlementaires peuvent être abrogés à tout moment par l'autorité administrative compétente et cela y compris avant même que le texte ne soit entré en vigueur (CE Sect., 29 mars 2000, requête numéro 198264, Confédération nationale des syndicats dentaires : Rec. p.146 ; RFDA 2000, p.1021, concl. Fombeur), ou avant même le terme qu'il a lui-même fixé (CE, 25 juin 1954, Syndicat national de la meunerie à seigle : Rec. p.379).

Cependant, le principe de sécurité juridique impose désormais à l'autorité compétente l'obligation d'édicter les mesures transitoires qu'implique, s'il y a lieu, une règlementation nouvelle (CE Ass., 24 mars 2006, requête numéro 288460, requête numéro 288465, requête numéro 288474, requête numéro 288485, Société KPMG, préc.). Il en va ainsi, en particulier, lorsque les règles nouvelles sont susceptibles de porter une atteinte excessive à des situations contractuelles en cours qui ont été légalement nouées.

Ces règles ont été reprises et synthétisées par l'article L. 243-1 du Code des relations entre le public et l'administration dont il résulte que « un acte réglementaire ou un acte non réglementaire non créateur de droits peut, pour tout motif et sans condition de délai, être modifié ou abrogé sous réserve, le cas échéant, de l'édiction de mesures transitoires ... ».

Comme le précise l'article L. 221-6 du même code ces mesures peuvent être de trois ordres. Il peut s'agir :

- de prévoir une date d'entrée en vigueur différée des règles édictées ;

- de préciser, pour les situations en cours, les conditions d'application de la nouvelle réglementation ;

- d'énoncer des règles particulières pour régir la transition entre l'ancienne et la nouvelle réglementation.

La possibilité d'abroger les actes règlementaires se transforme en obligation pour les actes règlementaires illégaux (CE Ass., 3 février 1989, Compagnie Alitalia, préc.). Cette obligation s'applique aux règlements illégaux ab initio (V. par exemple CE, 20 octobre 1999, requête numéro 196702, Lavau : Rec. p. 319 ; Dr. adm. 2000, 34, obs. R. S.) mais également aux règlements dont l'illégalité résulte de circonstances de droit ou de fait postérieures à cette date. Dans la lignée de cette solution, le Conseil d'Etat a récemment précisé que « lorsqu'elle est saisie d'une demande tendant à la réformation d'un règlement illégal, l'autorité compétente est tenue d'y substituer des dispositions de nature à mettre fin à cette illégalité », cette obligation étant toutefois écartée en cas d'impossibilité pratique d'opérer une modification légale (CE, 31 mars 2017, requête numéro 393190, FGTE-CFDT : Dr. adm. 2017, 37, note Eveillard).

Exemples :
- CE, 7 février 2003, requête numéro 243634, GISTI (Rec. p. 30 ; Dr. adm. 2003, 84, note Tchen ; AJDA 2003, p. 996, note Julien-Laferrière ; RDP 2003, p. 903, note Mouzet ; RFDA 2003, p. 972, chron. Fitte-Duval et Rabiller) : est illégale la décision du Premier ministre refusant d'abroger les dispositions du décret du 6 mai 1939 relatif au contrôle de la presse étrangère, modifiant l'article 14 de la loi du 29 juillet 1881 sur la liberté de la presse, ces dispositions méconnaissant les stipulations de l'article 10 de la Convention européenne des droits de l'homme.
- CE, 30 juin 2004, requête numéro 264295, Commune de Bertrange (AJDA 2004, p. 1839) : un arrêté interdisant la circulation des véhicules de plus de 3,5 tonnes sur une route ou sur un pont est susceptible d'être abrogé dès lors qu'il apparaît que cette route et ce pont ont fait l'objet d'une réfection.

Il faut toutefois se garder de considérer que l'obligation d'abrogation faite à l'administration pour les règlements illégaux représente une réelle contrainte pour elle. En effet, cette obligation ne pourra être sanctionnée, en cas d'inertie de l'administration, que si un administré lui demande expressément de procéder à l'abrogation d'un règlement illégal. En cas de refus, cette décision pourra faire l'objet d'un recours pour excès de pouvoir assorti d'une demande d'injonction tendant à ce que l'autorité compétente procède effectivement à l'abrogation demandée.

L'article 1er de la loi du 20 décembre 2007 avait repris et complété la jurisprudence Alitalia en insérant dans la loi n°2000-321 du 12 avril 2000, dans un souci d'intelligibilité du droit, un nouvel article 16-1 qui étend l'obligation d'abrogation aux règlements « sans objet ». Ces règles ont été reprises par l'article L. 243-2 du Code des relations entre le public et l'administration. On peut toutefois douter de la volonté de l'administration de procéder à de telles abrogations, sachant que dans cette hypothèse il n'y a guère de chance qu'elle soit aiguillonnée par une demande qui lui serait faite par un administré.

Les principes ainsi définis connaissent toutefois une exception lorsque l'illégalité du règlement a cessé à la date où l'administration se prononce sur la demande d'abrogation, en raison d'un changement de circonstances de droit ou de fait (CE, 10 octobre 2013, requête numéro 359219, Fédération française de gymnastique : Rec. p. 251 ; AJDA 2014, p. 213, chron. Bretonneau et Lessi ; Dr. adm. 2014, 23, note Mauger ; JCP A 2014, JCP G

2013, act. 1109, obs. Touzeil-Divina). Cette jurisprudence a été également consacrée par l'article L. 243-2 du Code des relations entre le public et l'administration et son champ d'application étendu aux actes non réglementaires non créateurs de droits. La même solution s'applique si l'illégalité du règlement a été corrigée (CE, 20 mars 2017, requête numéro 295126, Section française de l'observatoire international des prisons : AJDA 2017, p. 655)

Dans le cas où l'administration procède de manière expresse ou implicite à l'abrogation demandée avant que le juge n'ait statué, il est logique de considérer que le litige né du refus d'abroger a perdu son objet et qu'il n'y a donc plus lieu pour le juge de statuer (CE, 24 janvier 2007, requête numéro 243976, GISTI : JCP 2007, I, 120).

En revanche, une difficulté se pose lorsque la décision ultérieure de l'autorité administrative a pour effet de modifier au fond les dispositions dont le refus d'abrogation est contesté. Le Conseil d'Etat, après avoir considéré dans un premier temps que le litige ne perdait pas son objet (même arrêt), a finalement estimé qu'une modification de fond est équivalente à une abrogation et que, dans ce cas, le litige perd également son objet (CE Sect., 5 octobre 2007, requête numéro 282321, Ordre des avocats du barreau d'Evreux : JCP G 2007, IV, 2983). En revanche, il en ira autrement lorsque l'autorité compétente reprend, dans un nouveau règlement, les dispositions qu'elle abroge, sans les modifier ou en ne leur apportant que des modifications de pure forme (même arrêt).

II – Abrogation des actes non réglementaires

La possibilité d'abroger à tout moment des actes non réglementaires non créateurs de droits, qu'ils soient légaux ou illégaux, est très largement admise par le juge, à partir du moment où sont invoqués des motifs tenant à l'intérêt général, à l'intérêt du service ou encore au fait que le bénéficiaire de la décision ne remplit plus les conditions requises (CE Ass., 10 mai 1968, Commune de Broves).

Exemple :

- CE, 19 février 2003, requête numéro 232067, Tarpin (Dr. adm. 2003, 122, note Schwartz) : l'ordre des médecins a le pouvoir d'accorder des exemptions à l'obligation de participer au service de garde. Ces exemptions présentent par nature un caractère temporaire et peuvent être abrogées à l'occasion de l'établissement d'un nouveau tableau de garde ou lorsque les conditions qui avaient fondé leur octroi cessent d'être réunies.

Comme on l'a vu, certaines catégories d'actes - notamment les autorisations domaniales ou de police, les permissions de voirie et les agréments - ne confèrent pas à leurs destinataires un droit acquis à leur maintien. Si les conditions de leur retrait sont strictement encadrées - puisqu'elles créent des droits - des motifs d'intérêt général pourront justifier leur abrogation par l'autorité compétente.

L'article L. 243-1 aligne en conséquence les règles applicables à l'abrogation des actes non réglementaires non créateurs de droit sur celui appliqué aux actes réglementaires. En conséquence, l'acte peut être abrogé pour tout motif et sans condition de délai, sous réserve, le cas échéant, de l'édiction de mesures transitoires.

Pour les actes créateurs de droit la jurisprudence précisait à l'origine que ces actes ne pouvaient être abrogés que s'ils n'étaient pas devenus définitifs et à condition qu'ils soient illégaux (CE, 21 janvier 1991, requête numéro 100596, Pain : Rec., tables, p. 692 ; Quot. jur. 31 octobre 1991, p. 2, obs. Deguergue). La règle applicable était donc calquée sur celle du retrait des actes créateurs de droit, telle qu'elle résulte de la jurisprudence Dame Cachet.

Les règles ont ensuite évolué à partir de l'arrêt de Section Soulier du 6 novembre 2002 (requête numéro 223041, préc.). Il résulte de cet arrêt que si le retrait est strictement encadré, l'abrogation est possible à toute époque. En effet, aucun principe n'interdit à l'administration de ne pas maintenir ou de ne pas renouveler une décision lorsque les conditions mises à sa délivrance ne sont plus remplies. En l'espèce, le Conseil d'Etat permet à l'autorité compétente d'abroger une décision qui avait accordé illégalement une prime à un agent plus de six mois après l'intervention de cette décision. Cet arrêt opère ainsi une dissociation entre les conditions du retrait pour le passé, qui ne peut intervenir, conformément à la jurisprudence Ternon, que dans un délai de quatre mois à compter de l'édiction de la décision, et de l'abrogation pour l'avenir qui peut intervenir à tout moment.

Les règles vont encore évoluer suite à l'arrêt de Section Coulibaly du 6 mars 2009, (requête numéro 306084 : Rec. p. 79, concl. de Salins ; AJDA 2009, p. 817, chron. Liéber, Botteghi ; Dr. adm. 2009, 64, note Melleray ; RFDA 2009, p. 215, concl. de Salins; p. 439, note Eveillard). Le Conseil d'Etat était saisi en l'espèce d'une affaire dans laquelle un chirurgien-dentiste d'origine ivoirienne contestait la décision de son ordre de mettre fin pour l'avenir à son inscription. Cette décision d'abrogation était intervenue six mois après la décision d'inscription, l'ordre s'étant aperçu que le diplôme de praticien avait été délivré à l'étranger et n'était pas reconnu en France.

Le Conseil d'Etat précise, au nom du respect des droits acquis, que toute remise en cause d'une décision individuelle créatrice de droits doit être impossible après l'expiration d'un délai de quatre mois suivant son intervention, quand bien même cette décision est illégale.

Comme on peut l'observer cet arrêt aligne le régime de l'abrogation des actes administratifs individuels créateurs de droits sur celui du retrait : ce qui détermine le régime applicable ce n'est plus la technique utilisée par l'administration, mais la nature des droits auxquels il est porté atteinte.

Comme on l'a déjà mentionné, on retrouve ce principe inscrit à l'article L. 242-1 du Code des relations entre le public et l'administration.

Dans certains cas, cependant, un acte illégal peut être abrogé au-delà d'un délai de quatre mois. Tel est le cas lorsque les conditions légales de l'édiction de l'acte, qui étaient remplies à l'origine, ne sont plus satisfaites. Dans ce cas l'acte ne peut pas être retiré – puisque cela porterait atteinte à des droits acquis – mais il peut être abrogé. Cette exception à la limitation dans le temps de procéder à l'abrogation d'un acte individuel créateur de droit est reprise par l'article L. 242-2 du Code des relations entre le public et l'administration.

Il n'est pas évident, en revanche, que la solution qui permet l'abrogation d'une décision illégale ab initio au-delà de quatre mois soit maintenue. Dans un arrêt de Section Portalis du 14 mars 2008 (requête numéro 283943, Portalis : Rec. p. 99, concl. Boulouis ; AJDA 2008. p. 800, chron. Boucher et Bourgeois-Machureau ; Dr. adm. 2008, 63, note Melleray ; JCP A 2008, 2123, note Jean-Pierre ; RFDA 2008, p. 482, concl. Boulouis et p. 931, note Seiller), le Conseil d'Etat avait estimé que lorsqu'il est saisi d'une demande de protection fonctionnelle, le ministre ne peut refuser d'y faire droit qu'en opposant le caractère de faute personnelle des faits à l'origine des poursuites au titre desquelles la protection est demandée. Dans le cas où, à l'inverse, il a accordé la protection, il peut mettre fin à celle-ci pour l'avenir s'il constate postérieurement, sous le contrôle du juge, l'existence d'une faute personnelle. En revanche, sauf en cas de fraude, le caractère d'acte créateur de droits de la décision accordant la protection de l'Etat s'oppose à son retrait au-delà d'un délai de quatre mois. La possibilité d'abroger au-delà du délai de quatre moins une telle décision créatrice de droits, qui n'est pas conditionnelle au sens de l'article L 242-2 du Code des relations entre le public et l'administration, paraît devoir être remise en cause.

Font également exception aux principes les décisions obtenues par fraude en application du principe général défini par l'article L. 241-2 du même code. Comme en matière de retrait, il peut aussi exister des régimes spéciaux d'abrogation des actes individuels créateurs de droits et il peut y avoir lieu, le cas échéant, à déroger aux principes en vue de respecter les exigences du droit du l'Union européenne (CRPA, art. L. 241-1). Enfin - autre similitude avec les règles applicables au retrait - sur demande de son bénéficiaire, l'administration peut, sans condition de délai, abroger une décision créatrice de droits, même légale, dès lors que son abrogation n'est pas susceptible de porter atteinte aux droits des tiers et s'il s'agit de la remplacer par une décision plus favorable au bénéficiaire (CRPA, art. L. 242-4).

Comme pour les actes réglementaires, l'administration a l'obligation d'abroger à toute époque les actes non règlementaires et non créateurs de droits devenus illégaux en raison d'une évolution des circonstances de droit ou de fait (CE, 30 novembre 1990, requête numéro 103889, Association Les Verts : Rec. p.339 ; AJDA 1991, p. 114, chron. Honorat et Schwartz ; RFDA 1991, p.571, concl. Pochard.- V. également CE, CE, 24 octobre 2012, requête numéro 343001, Commune de Saint-Ouen : Dr. Adm. 2013, 22, note Eddazi). Cette jurisprudence a été consacrée par l'article L. 243-2, al. 2 du Code des relations entre le public et l'administration. Le même article étend l'obligation d'abrogation aux actes non réglementaires non créateurs de droits devenus sans objet. Il faut noter également que ces dispositions ne soumettent plus l'obligation d'abrogation à une demande faite par un administré. Toutefois, comme on l'a vu, en l'absence d'initiative de l'autorité compétente, seule une demande d'un administré pourra conduire à contraindre l'administration à procéder à l'abrogation d'un acte non réglementaire non créateur de droits.

En revanche, cette obligation n'existe pas lorsque l'illégalité de l'acte existe dès l'origine, ce qui s'explique par le fait que si l'exception d'illégalité est perpétuelle à l'égard des actes réglementaires, elle ne peut plus être soulevée une fois les délais de recours expirés à l'encontre des actes non réglementaires. Comme pour l'exception d'illégalité, la demande d'abrogation n'est donc recevable que si l'acte n'est pas devenu définitif.

En outre, la solution retenue dans l'arrêt Association Les Verts ne s'applique pas aux actes non réglementaires illégaux créateurs de droits. Dans cette hypothèse, l'administration ne pourra faire droit à une demande d'abrogation que si le délai de quatre mois visé par l'arrêt Coulibaly n'est pas expiré au moment où elle statue sur la demande.

Pour aller plus loin :

- **Auby (J.-M)**, Le contentieux administratif du service pénitentiaire : RDP 1987, p.547.

- **Bouju (D.)**, Le détenu face aux mesures d'ordre intérieur : RDP 2005, p.597.

- **Boucher (J.) et B. Bourgeois-Machureau (B.)**, Le juge administratif et le détenu : AJDA 2008, p. 128.

- **Brisson (J.-F)**, Les pouvoirs de sanction des autorités de régulation et l'article 6§1 de la Convention européenne des droits de l'homme : AJDA 1999, p.847.

- Gounin (Y.), Laluque (L.), La réforme du droit d'accès aux documents administratifs : AJDA 2000, p.486.

- **Caudal (S.)**, La procédure contradictoire en dehors du contentieux : RFDA 2001, p.13.

- **Combeau (P.)**, Les fonctions juridiques de l'interprétation administrative : RFDA 2004, p.1069.

- **Combeau (P.)**, note sur CE Sect., 18 décembre 2002, Duvignères : LPA juin 2003, n°124.

- **Costa (D.)**, Des directives aux lignes directrices : une variation en clairs-obscurs : AJDA 2015, p. 806.

- **Costa (J.-P)**, La contradiction sous l'influence de l'article 6§1 : RFDA 2001, p.31.

- **Delvolvé (P.)**, Le nouveau statut des délégations de signature, in : Mélanges en l'honneur de Louis Favoreu, Dalloz, 2007, p. 1173.

- **Desfonds (L.)**, La notion de mesure préparatoire en droit administratif français : AJDA 2003, p.12.

- **Gaudemet (Y.)**, Faut-il retirer l'arrêt Ternon : AJDA 2002, p.738.

- **Gonzalez (G.)**, La caducité des actes administratifs unilatéraux : RDP 1991, p. 1675.

- **Guettier (C.)**, Le contrôle juridictionnel des actes du président de la République : RDP 1998, p.1719.

- **Melleray (F.)**, L'immunité juridictionnelle des actes de gouvernement en question : RFDA 2001, p.1086.

- **Moderne (F.)**, La sanction administrative : RFDA 2002, p.483.

- **Moderne (F.)**, Le pouvoir de sanction administrative au confluent du droit interne et des droits européens : RFDA 1997, p.1.

- **Nasri (A.)**, De quelques problèmes posés par le retrait des actes administratifs : LPA 25 avril 2000, p. 4.

- **Noguellou (R.)**, L'abrogation des actes administratifs non règlementaires créateurs de droits : Dr. adm. 2003, chron. 12.

- **Perdu (S.)**, Le retrait des aides publiques, à propos d'un revirement de jurisprudence : Dr. adm. 2003, chron. 13.

- **Petit (J.)**, Police et sanction, JCPA 2013, 2073.

- **Ribes (D.)**, Le nouveau principe « Silence de l'administration vaut acceptation » : AJDA 2014, p. 389.

-**Saunier (S.)**, La signature de la décision administrative : RFDA 2010, p.489.

- **Schwartz (R.)**, Le pouvoir d'organisation du service : AJDA 1997, p.47.

-**Seiller (B.)**, La sortie de vigueur des actes administratifs : RFDA 2016, p. 58.

- **Vergely (D.)**, Accessibilité du droit : instructions et circulaires portées à la connaissance du citoyen.- Portée et limite du décret n°2008-1281 du 8 décembre 2008 : JCP A 2009, 2088.

CHAPITRE DEUX – LES CONTRATS ADMINISTRATIFS

Trois problématiques seront successivement évoquées : la notion de contrat administratif, le régime des contrats administratifs et le contentieux des contrats administratifs.

Section I – Notion de contrat administratif

La qualification de contrat administratif peut résulter d'un texte de loi. A défaut, les juges ont recours à des critères jurisprudentiels de qualification.

§ I – Contrats administratifs par détermination de la loi

Lorsque la qualification de contrat administratif est précisée par la loi, le juge administratif est tenu de la respecter :

Exemples :
- Depuis la loi n°2001-1168 du 11 décembre 2001 portant mesures urgentes de réformes à caractère économique et financier (loi dite « MURCEF », art. 2), les marchés passés en application du Code des marchés publics sont des contrats administratifs. Ce texte avait mis fin à la jurisprudence du Tribunal des conflits selon laquelle le fait qu'un contrat était soumis, en raison de son montant, au Code des marchés publics, ne pouvait suffire à lui conférer le caractère de contrat administratif (TC, 5 juillet 1999, requête numéro 3142, Commune de Sauve c. Société Gestetner : AJDA 1999, p. 554, chron. Raynaud et Fombeur ; Dr. adm. 1999, 248, obs. Schwartz ; RDP 2000, p. 247, note Llorens ; RFDA 1999, p. 1163, concl. Schwartz).
- L'ordonnance n°2016-65 du 29 janvier 2016 relative aux contrats de concession précise que ces contrats sont des contrats administratifs.

Il faut aussi relever que lorsque le cocontractant public devient, en cours d'exécution, une personne privée, par exemple en cas de privatisation d'un établissement public à caractère industriel et commercial, les juges considèrent que « sauf disposition législative contraire, la nature juridique d'un contrat s'apprécie à la date à laquelle il a été conclu » (TC, 16 octobre 2006, requête numéro 3506, Caisse centrale de réassurance c. Mutuelle des architectes français : AJDA 2006, p. 2382, chron. Landais et Lenica ; CJEG 2007, p. 30, concl. Stahl ; Contrats-marchés publ. 2016, 319, note Zimmer ; Dr. adm. 2006, focus 21, obs. Noguellou ; JCPA 2007, 2077, note Plessix ; RFDA 2007, p.284, concl. Stahl, note Delaunay). Cette solution s'applique y compris en cas de cession du contrat par la nouvelle société à une autre société privée (TC, 11 avril 2016, requête numéro 4043, Société Fosmax Lng c/ Société TCM FR, Tecnimont et Saipem : Contrats-Marchés publ. 2016, 146, note Pietri.- V. également TC, 4 juillet 2016, requête numéro 4055, Société JSC Investissement et Société SODEC Commercialisation et Gestion c/ Société Aéroports de Paris).

§ II – Critères jurisprudentiels de qualification

Dans le silence des textes, la jurisprudence a dégagé différents critères de qualification des contrats. Un contrat administratif doit d'abord mettre en présence au moins une personne publique (critère organique). Il doit ensuite soit contenir une clause exorbitante du droit commun, soit avoir pour objet l'exécution même du service public (critère matériel). Pour qu'un contrat soit qualifié de contrat administratif le critère organique et le critère matériel doivent être satisfaits de façon cumulative.

I – Critère organique

En principe, un contrat ne peut être un contrat administratif que si au moins l'une des parties est une personne publique. Ce principe fait cependant l'objet d'un certain nombre d'aménagements.

A – Principe

Un contrat passé uniquement entre des personnes privées est en principe toujours un contrat de droit privé soumis aux règles du Code civil.

Ce principe s'applique y compris dans les hypothèses où l'une des personnes privées signataires exerce une mission de service public et dispose de prérogatives de puissance publique.

Exemple :
- CE, 15 mars 1999, requête numéro 199889, Union des Mutuelles de la Drôme (RFDA 2002, p. 350, note Lichère) : les conventions d'objectifs passées par les caisses mutuelles régionales, qui sont des personnes morales de droit privé gérant un service public, sont des contrats de droit privé.

Il en va de même lorsque le contrat porte sur l'exécution d'un travail public (TC, 21 juillet 1972, requête numéro 78563, SA Entreprise ossude : Rec. p.562) ou s'il est conclu pour la mise en œuvre d'une mission de service public (CE Sect., 13 décembre 1963, Syndicat des praticiens de l'art dentaire du département du Nord et Merlin : Rec. p. 623).

Ainsi, l'élément organique joue un rôle majeur, ce qui constitue une différence notable entre le régime des contrats et celui appliqué aux actes administratifs unilatéraux. En effet, pour les actes unilatéraux, les considérations organiques s'effacent : lorsqu'est contesté un acte administratif unilatéral pris par une personne privée, c'est le juge administratif qui est compétent.

B – Aménagements

Il existe des hypothèses où un contrat conclu entre deux personnes privées est néanmoins qualifié de contrat administratif. En revanche, ce n'est pas parce qu'un contrat est passé par deux personnes publiques qu'il est nécessairement un contrat administratif.

1° Contrats conclus entre personnes privées

Dans un arrêt Société d'HLM pour Paris du 14 décembre 2009 (requête numéro C3716), le Tribunal des conflits a rappelé que « le contrat conclu entre deux personnes morales de droit privé est présumé être un contrat de droit privé » dès lors en tout cas qu'elles ont agi pour leur « propre compte »

La jurisprudence admet en effet qu'une personne publique dont la présence est exigée au contrat peut ne pas l'avoir signé, à condition qu'elle soit en quelque sorte représentée par l'une des parties privées signataires. Trois hypothèses sont ici à distinguer : celle où le contrat est conclu par une association transparente, celle du mandat et celle où le contrat litigieux est l'accessoire d'un contrat administratif.

a- Contrats conclus par des associations transparentes

Une association est transparente lorsqu'elle est créée à l'initiative d'une personne publique qui en contrôle l'organisation et le fonctionnement et qui lui procure l'essentiel de ses ressources. Il en résulte que « les contrats qu'elle conclut pour l'exécution de la mission de service public qui lui est confiée sont des contrats administratifs » (CE, 21 mars 2007, requête numéro 281796, Commune de Boulogne-Billancourt : Rec. p. 130 ; BJCP 2007, 230, concl. Boulouis, note Ch. M. ; AJDA 2007, p. 915, note Dreyfus ; RJEP 2007, p. 270, note N. E.- V. également CAA Nancy, 22 mars 2012, requête numéro 11NC00238, Si Abdallah : LPA 22 avril 2013, p. 10, note Tifine).

b- Mandat

Avant d'évoquer précisément la question du mandat administratif il faut relever que les juges ont longtemps considéré que l'objet du contrat, c'est-à-dire la nature de certaines prestations réalisées par une personne privée, pouvait permettre de reconnaître le caractère administratif d'un contrat. Plus précisément, le juge estimait, dans certains cas, que la personne privée concernée a agi sans mandat mais pour le compte d'une personne publique, et le critère organique était alors indirectement satisfait.

Cette hypothèse avait été dégagée par le Tribunal des conflits dans son arrêt Société entreprise Peyrot du 8 juillet 1963 (Rec. p. 787 ; AJDA 1963, p. 463, chron. Gentot et Fourré ; D. 1963, jurispr. p. 543, concl. Lasry, note Josse ; JCP G 1963, II, 13375, note Auby ; RDP 1963, p. 766, concl. Lasry ; RDP 1964, p. 767, note Fabre et Morin). Dans cette affaire, les juges relèvent que la construction des routes nationales et des autoroutes appartient par nature à l'Etat. Toutefois elle peut être concédée à des sociétés d'économie mixte, lesquelles sont assimilables à des personnes privées. Mais puisque le concessionnaire agit pour le compte de l'Etat, les contrats passés par le maître de l'ouvrage avec ses sous-traitants - qui ne peuvent être qualifiés de marchés publics - sont soumis aux règles du droit public, que la construction soit assurée par l'Etat ou par un concessionnaire. La solution retenue permettait ainsi de soumettre au seul juge administratif ce type de contrats, que l'autoroute ait été directement construite par l'Etat ou que sa construction ait été concédée.

Cette jurisprudence avait été étendue à d'autres hypothèses assez proches.

Exemple :
- TC, 4 novembre 1996, requête numéro 02990, Espinosa (Rec. p.553) : présentent une nature administrative les contrats passés par le concessionnaire d'une autoroute, fût-ce avec d'autres personnes privées, dès lors que leur objet est d'édifier les ouvrages principaux ou accessoires de l'autoroute. Cette règle s'applique aux contrats dont l'objet est de permettre la réalisation des travaux nécessaires pour lutter contre le bruit provoqué par cette infrastructure de transports terrestres, et cela même si ces travaux doivent être réalisés hors de l'emprise de l'autoroute ou sur un immeuble privé.

Ceci étant, cette jurisprudence avait vocation à s'appliquer peu fréquemment, la notion de travaux « appartenant par nature à l'Etat » étant entendue de façon très restrictive.

Exemple :
- TC, 12 décembre 2001, requête numéro C3274, Hartmann et Association P.R.I.S.M.E, (Contrats Marchés publ. 2002, 66 ; RFDA 2002, p. 43) : une association chargée de sélectionner l'artiste qui devra édifier une œuvre d'art sur la place publique d'une commune ne saurait être considérée comme agissant au nom et pour le compte de cette commune.

Le fait même que la jurisprudence Peyrot était demeurée isolée et cantonnée à une hypothèse précise remettait en cause sa pertinence : si l'on peut admettre l'idée selon laquelle certaines activités appartiennent par nature à l'Etat - alors même que l'on serait bien embarrassé de devoir définir exactement le contenu de ces activités - on ne voit pas pourquoi cette notion ne s'appliquerait qu'au type d'activités visées par l'arrêt Peyrot.

Finalement, le Tribunal des conflits a opéré un revirement de jurisprudence à l'occasion de son arrêt du 9 mars 2015, Rispal c/ Société des Autoroutes du Sud de la France (requête numéro 3984 : AJCT 2015, p. 403, obs. Dreyfus ; AJDA 2015, p. 1204, chron. Lessi et Dutheillet de Lamothe et p. 601, tribune Clamour ; Dr. adm. 2015, 34, note Brenet ; Contrats-marchés publ. 2015, 110, note Devillers ; JCP A 2015, 2157, note Sestier et 2157, chron. Hul ; RFDA 2015, p. 265, concl. Escaut et p. 273, note Canedo-Paris ; RTD com. 2015, p. 247, chron. Orsoni.- V. également CE, 17 juin 2015, requête numéro 383203, Société des Autoroutes Paris-Rhin-Rhône : JCPA 2015, 2359, note Martin). Il résulte de cet arrêt « qu'une société concessionnaire d'autoroute qui conclut avec une autre personne privée un contrat ayant pour objet la construction, l'exploitation ou l'entretien de l'autoroute ne peut, en l'absence de conditions particulières, être regardée comme ayant agi pour le compte de l'Etat » et « que les litiges nés de l'exécution de ce contrat ressortissent à la compétence des juridictions de l'ordre judiciaire ». Notons toutefois qu'eu égard aux conséquences de ce revirement, le Tribunal des conflits a décidé de moduler ses effets : la qualification des contrats signés avant le 9 mars 2015 – soit la date de lecture l'arrêt Rispal – n'est pas remise en cause. Le revirement ne vaut donc que pour l'avenir. Par ailleurs on peut s'interroger sur la portée de la référence faite par le

Tribunal des conflits à des « conditions particulières » qui pourraient conduire à considérer que, dans certains cas, le contrat litigieux pourrait malgré tout être qualifié de contrat administratif.

Ce revirement de jurisprudence ne remet pas en cause le cas où une personne privée, en concluant un contrat, agit en tant que mandataire d'une personne publique. Dans cette hypothèse, ce n'est pas l'objet particulier du contrat, mais le lien de l'une des personnes privées contractante avec une personne publique qui justifie le caractère administratif du contrat. L'hypothèse du mandat administratif est un cas de figure très proche de celui du mandat en droit civil (sur ces questions V. M. Canedo, Le mandat administratif, LGDJ, coll. Bibliothèque de droit public 2001, t. 216). Dans ce cadre, le mandataire a le pouvoir de faire un ou des actes juridiques au nom et pour le compte du mandant.

Le mandat peut être exprès, et dans ce cas il n'y a aucun obstacle à considérer que le critère organique est satisfait puisque le mandataire ne fait que représenter une personne morale de droit public qui est partie au contrat. Cette hypothèse est notamment visée par l'article 3 de loi n° 85-704 du 12 juillet 1985 relative à la maîtrise d'ouvrage publique et à ses rapports avec la maîtrise d'œuvre privée, qui prévoit que dans la limite du programme et de l'enveloppe financière prévisionnelle qu'il a arrêtés, le maître de l'ouvrage peut confier à un mandataire tout ou partie de ses attributions.

Le Conseil d'Etat dans son arrêt de Section du 30 mai 1975, Société d'équipement de la région montpelliéraine a ensuite admis la possibilité d'un mandat implicite dans certaines hypothèses (requête numéro 86738 : Rec. p. 326 ; AJDA 1975, p. 345, chron. Franc et Boyon ; D. 1976, jurispr. p. 3, note Moderne ; RDP 1976, p. 1730.- V. également TC, 7 juillet 1975, requête numéro 02013, Commune d'Agde : Rec. p. 798). Les juges estiment en l'espèce que présente un caractère administratif le contrat par lequel une société, concessionnaire de l'aménagement d'une zone à urbaniser en priorité, a confié à une entreprise la construction des voies publiques traversant cette zone au motif qu'elle « agissait non pas pour son propre compte, ni en sa qualité de concessionnaire mais pour le compte des collectivités publiques auxquelles les voies devaient être remises ».

Si les juges se réfèrent également à des contrats conclus « pour le compte » d'une personne publique, ce n'est donc pas le seul objet du contrat, comme dans la jurisprudence Peyrot, qui permet de conclure à son caractère administratif, mais différents indices tirés des relations très étroites entre l'une des parties au contrat et une personne publique extérieure à ce contrat.

Cette différence est patente dans l'arrêt de Section du Conseil d'Etat, du 1er juillet 2010, Société Bioenerg (requête numéro 333275 : Rec. p. 687 ; BJCL 2011, p. 86, concl. Colin ; JCPA 2010, 2359, note Pacteau ; RJEP 2011, 17, concl. Colin). Etait en cause dans cette affaire un contrat conclu entre EDF, société anonyme de droit privé et des producteurs d'électricité privés. Les juges relèvent que ces contrats « contribuent au service public de l'électricité ». Cependant, « les contrats conclus entre eux ne peuvent être regardés comme conclus pour le compte d'une personne publique, alors que la production d'électricité ne relève de l'Etat ou d'une autre personne publique, ni par nature ni par détermination de la loi, et est au contraire une activité économique exercée par des entreprises privées … ». La jurisprudence Peyrot, qui était encore en vigueur, n'a pas vocation à s'appliquer. Les juges précisent ensuite que « EDF n'exerce donc dans ce domaine aucune mission pour le compte d'une personne publique et n'est pas placée, pour la mission de service public à laquelle elle contribue, sous l'autorité de l'Etat ou d'une autre personne publique ». La jurisprudence Société d'équipement de la région montpelliéraine n'ayant donc vocation à recevoir application, le contrat litigieux est donc un contrat de droit privé.

Contrairement à la jurisprudence Peyrot, qui est demeurée limitée au domaine des travaux routiers et autoroutiers, la jurisprudence Société d'équipement de la région montpelliéraine s'est étendue à d'autres hypothèses.

Elle a vocation, tout d'abord, à s'appliquer à d'autres travaux que les travaux routiers et autoroutiers.

Exemple :
- TC, 20 mai 1993, requête numéro 02840, Société Wanner Isofi Isolation et Société Nersa (Dr. adm. 1993, 349 ; RFDA 1994, p. 181 ; CJEG 1994, p. 86, concl. Martin, note Delpirou) : le marché passé par la société Nersa a pour objet la construction d'un ouvrage public concourant à la réalisation des mêmes objectifs que ceux d'Electricité de France.
Les juges relèvent dans cette affaire plusieurs indices.
Tout d'abord, la constitution de la société Nersa a été autorisée par un décret en application d'une loi prévoyant la création d'entreprises exerçant en France une activité d'intérêt « européen » en matière d'électricité et en conformité avec la loi du 8 avril 1946 sur la nationalisation de l'électricité et du gaz.
Ensuite, l'exploitation des centrales doit se faire dans les conditions prévues par la loi du 8 avril 1946.
De même, le personnel français de la société Nersa est soumis au même statut que celui d'Electricité de France.
Enfin, Electricité de France - qui est à l'époque une personne publique - détient 51 % des actions de la société Nersa.
Compte tenu de ces indices, le marché passé par cette société a pour objet la construction d'un ouvrage public concourant à la réalisation des mêmes objectifs que ceux d'Electricité de France. La société Nersa doit donc être regardée comme agissant pour le compte de cet établissement public. Dès lors, le marché litigieux est un marché de travaux publics.

Dans toutes ces hypothèses, la solution retenue présente pour intérêt d'attribuer compétence au juge administratif pour des litiges qui portent sur la construction d'ouvrages qui ont fait l'objet d'un financement public alors même qu'ils n'ont pas été réalisés au moyen d'un marché public de travaux.

S'agissant des travaux publics, la portée de cette solution a toutefois été remise en cause par le Conseil d'Etat dans un arrêt du 11 mars 2011, Communauté d'agglomération du Grand Toulouse (requête numéro 330722 : BJCP 2011, p.222, concl. Boulouis, obs. R.S. ; BJDU 2011, p. 198, concl. Boulouis, obs. Ch. L ; RJEP 2011, étude 4, note Llorens ; Contrats-Marchés publ. 2011, 130, note Devillers ; JCP A 2011, 2205, note Devès ; RD imm. 2011, p. 278, note Noguellou ; Construction - Urb. 2011, 67, obs. Couton). Il résulte de cette décision qu'un aménageur qui ne réalise pas exclusivement des équipements ou ouvrages devant être remis à la collectivité publique dès leur achèvement ou leur réception ne peut être regardé comme agissant pour le compte de la personne publique. Cette solution a été ensuite reprise par le Tribunal des conflits dans son arrêt SARL Port croisade du 15 octobre 2012 (requête numéro 3853 : Rec. tables, p. 653 ; Contrats-

Marchés publ. 2013, 17, note Eckert.- V. également TA Strasbourg, 31 mars 2016, requête numéro 1601218, Société Eiffage Énergie Alsace Franche-Comté : Contrats-Marchés publ. 2016, 131, note Ubaud-Bergeron). Dans cette affaire, sont qualifiés de contrats de droit privé des conventions passées par une société titulaire d'une convention publique d'aménagement, au motif que celle-ci n'a pas pour unique objet la réalisation d'ouvrages publics, dès lors qu'elle prévoit également la construction puis la vente de logements privés par ce titulaire.

Les critères du mandat ont ensuite été reformulé dans un sens tout aussi restrictif par le Tribunal des conflits à l'occasion de l'arrêt Commune de Capbreton du 11 décembre 2017 (requête numéro 4103). Les juges posent d'abord le principe que « le titulaire d'une convention conclue avec une collectivité publique pour la réalisation d'une opération d'aménagement ne saurait être regardé comme un mandataire de cette collectivité ». Il n'en ira autrement que si les stipulations de la convention définissant les missions du cocontractant de la collectivité publique ou un « ensemble de conditions particulières prévues pour l'exécution de celle-ci » permettent d'affirmer que la convention est, en tout ou partie, un « contrat de mandat par lequel la collectivité publique demande seulement à son cocontractant d'agir en son nom et pour son compte, notamment pour conclure les contrats nécessaires ». Il en ira ainsi notamment lorsqu'il est prévu « le maintien de la compétence de la collectivité publique pour décider des actes à prendre pour la réalisation de l'opération ou la substitution de la collectivité publique à son cocontractant pour engager des actions contre les personnes avec lesquelles celui-ci a conclu des contrats ».

Si cette jurisprudence manque encore de clarté, il faut enfin souligner que la logique de la jurisprudence Société d'équipement de la région montpelliéraine s'est étendue à d'autres hypothèses que celles des travaux publics qui, si elles sont rares, ne paraissent pas devoir être remises en cause.

Exemples :
- CE, avis, 16 mai 2001, requête numéro 229811, requête numéro 229810, Joly et Padroza (AJFP 2001, n° 5, p. 4, concl. Fombeur ; RDP 2001, p. 1513, note Canedo) : il appartient au juge administratif de rechercher, en recourant à la méthode du faisceau d'indices, si l'Etat peut être désigné comme l'employeur d'une personne recrutée par une association dans le cadre d'un contrat emploi solidarité.
- TC, 23 septembre 2002, requête numéro C3300, Société Sotrame et Metalform c. GIE SESAM Vitale (AJDA 2002, p. 1437, chron. Donnat et Casas) : un litige mettant en cause la responsabilité extra contractuelle de la personne morale de droit privé chargée de l'exécution même du service public administratif de mise en œuvre du système de saisie électronique des données de l'assurance maladie, qu'elle assume au nom et pour le compte des caisses qui l'ont constituée et notamment de la caisse nationale de l'assurance maladie des travailleurs salariés, ressortit à la compétence du juge administratif.

c- Théorie de l'accessoire

Le recours à la théorie de l'accessoire, suivant l'ancien principe civiliste accessorium sequitur principale, peut permettre de qualifier de contrats administratifs des contrats conclus entre personnes privées. Longtemps cette théorie a été essentiellement cantonnée aux contrats de cautionnement accessoires d'un marché public (CE Sect., 13 octobre

1972, SA de Banque Le Crédit du Nord : AJDA 1973, p. 213. – CE, 22 mars 1974, Banque Alexandre de Saint-Phalle : Rec. p. 211.- V. également CE, 10 juillet 2013, requête numéro 361122, Banque calédonienne d'investissement : Rec. tables, p. 698). Cette utilisation limitée a notamment conduit les juges à dénier le caractère administratif d'un contrat de crédit-bail emportant occupation du domaine public, lequel ne saurait être considéré comme l'accessoire d'une délégation du service public (TC, 21 mars 2005, requête numéro 3436, Société Slibail énergie c/ Ville Conflans-Sainte-Honorine : Rec. p. 653 ; AJDA 2005, p. 1186, note Dreyfus ; BJCL 2005, p. 302, concl. Roul, obs. B. P. ; BJCP 2005, p. 241 ; CJEG 2005, 293, concl. Roul ; Contrats-marchés publ. 2005, étude 14, Tenailleau et Tixier ; Dr. adm. 2005, 115, note Ménéménis). Selon cet arrêt, en effet, le contrat de crédit-bail ne pouvait être qualifié de contrat administratif dès lors qu'il « se borne à mettre en place une opération de financement entre deux sociétés commerciales ». Une autre hypothèse admise était celle d'un contrat passé entre des entrepreneurs et des architectes en vue de régler à l'amiable un litige relatif à l'exécution de travaux publics (CE, 23 octobre 1970, requête numéro 73663, Clot et Société Orefice : Rec. p. 616).

Dans un arrêt du 8 juillet 2013 (requête numéro 3906, Société d'exploitation des énergies photovoltaïques : Contrats-Marchés publ. 2013, 241, note Devillers ; Dr. rur. 2013, 14, note Tifine), le Tribunal des conflits a paru vouloir donner une place plus importante à la théorie de l'accessoire, le considérant de principe de cet arrêt visant expressément cette hypothèse comme une dérogation possible à l'exigence du critère organique. Ainsi, « les contrats conclus entre personnes privées sont en principe des contrats de droit privé, hormis le cas où l'une des parties agit pour le compte d'une personne publique ou celui dans lequel ils constituent l'accessoire d'un contrat de droit public ».

Il est toutefois difficile, en l'état actuel de la jurisprudence d'apprécier la portée de cette évolution puisque les juges ont considéré, en l'espèce, que le contrat de raccordement d'une installation de production d'électricité photovoltaïque au réseau EDF ne peut pas être considéré comme l'accessoire du contrat d'achat d'électricité (ce dernier contrat étant un contrat administratif en application de la loi n° 2000-108 du 10 février 2000). Il s'agissait pourtant d'une hypothèse dans laquelle on aurait pu envisager l'application de la théorie de l'accessoire. Quoi qu'il en soit, il n'est pas sûr que l'introduction de cette théorie, parmi les critères de qualification des contrats administratifs, conduira à une extension du domaine des contrats administratifs. S'agissant des montages contractuels complexes, on peut même redouter qu'elle introduise davantage de confusion en rendant plus incertaine la qualification des contrats conclus entre personnes privées dans le cadre de ces montages.

2° Contrats conclus entre personnes publiques

Pour ces contrats, le respect du critère organique est évident. La question qui se pose est alors de savoir si ces contrats obéissent à un statut particulier, qui diffèrerait de celui des autres contrats administratifs, qu'ils soient passés entre deux personnes privées, ou entre une personne privée et une personne publique. Plus précisément, il s'agit de déterminer si la présence au contrat de deux personnes publiques suffit à qualifier ces contrats de contrats administratifs.

Dans son arrêt du 21 mars 1983 UAP (requête numéro 02256 : Rec. p. 537 ; AJDA 1983, p. 356, concl. Labetoulle ; D. 1984, jurispr. p. 33, note Auby et Hubrecht ; Rev. adm.

1983, p. 368, note Pacteau), le Tribunal des conflits semble s'être prononcé en faveur du statut particulier des contrats conclus entre deux personnes publiques. Il a en effet posé une présomption selon laquelle « un contrat conclu entre deux personnes publiques revêt en principe un caractère administratif ».

Cependant, la jurisprudence ultérieure a démontré que cette présomption n'avait aucune valeur juridique. La formule de l'arrêt UAP établit une sorte de constat : il est logique de présumer, en effet, qu'un contrat conclu entre deux personnes publiques est un contrat administratif. Cependant, comme pour tous les autres contrats, ces conventions n'ont un caractère administratif que si le critère matériel de qualification est également satisfait. Dans le cas contraire, elles seront qualifiées de contrat de droit privé.

Exemple :
- CE, 11 mai 1990, requête numéro 60247, Bureau d'aide sociale de Blénod-lès-Pont-à-Mousson (Rec. p. 123 ; CJEG 1990, p. 347, concl. Hubert) : aux termes d'une « convention de location » passée entre un office public d'HLM et un bureau d'aide sociale, le premier a donné à bail au second pour une durée d'un an renouvelable un ensemble de bâtiments moyennant une redevance fixée en fonction de la législation sur les HLM, et la convention stipulant que le bureau d'aide sociale aurait « la responsabilité entière et exclusive de tous les services... fonctionnant dans les lieux loués ». Dès lors, eu égard à son objet, le contrat n'a fait naître entre l'office et le bureau que des rapports de droit privé (V. également TC, 4 juillet 2016, requête numéro 4057, Commune de Gélaucourt c/ Office public d'habitat de la ville de Toul : Contrats-Marchés publ. 2016, 230, note Pietri) .

Ceci implique clairement qu'en dépit de la rédaction de l'arrêt UAP, les contrats conclus entre deux personnes publiques ne sont pas soumis à un régime particulier. Le critère matériel est également requis.

Un raisonnement inspiré par la jurisprudence UAP a récemment été adopté par le Tribunal des conflits à propos des contrats conclus par les établissements publics industriels et commerciaux avec une personne privée (TC, 7 avril 2014, requête numéro 3949, Société d'édition de ventes publicitaires (SEVP) c/ Office du tourisme de Rambouillet (Dr. adm. 2014, 49, note Sée). Il résulte de cet arrêt que sauf disposition législative contraire, le contrat est un contrat de droit privé « à l'exception de ceux comportant des clauses exorbitantes du droit commun ou relevant d'un régime exorbitant du droit commun ainsi que de ceux relatifs à celles de ses activités qui ressortissent par leur nature de prérogatives de puissance publique ». Là encore, il s'agit plus d'un constat : normalement ces contrats sont de droit privé, mais ce ne sera pas le cas si, le critère organique étant respecté, les autres critères de qualification des contrats administratifs sont également satisfaits.

II – Critère matériel

Ce critère se cumule au critère organique, mais il se présente sous une forme alternative : pour être considéré comme administratif, le contrat qui satisfait au critère organique doit en outre soit comprendre des clauses exorbitantes du droit commun, soit avoir pour objet l'exécution même du service public.

A – Clauses exorbitantes du droit commun

Ce critère est apparu à l'occasion de l'arrêt du Conseil d'Etat du 31 juillet 1912, Société des granits porphyroïdes des Vosges (Rec. p. 909, concl. Blum ; RDP 1914, p. 145, note Jèze). Cette affaire concernait un litige relatif à un contrat entre la ville de Lille et cette société sur le montant du prix d'une livraison de pavés. Le Conseil d'Etat se borne à relever que ce contrat « avait pour objet unique des fournitures à livrer selon les règles et conditions des contrats intervenus entre particuliers ». Par conséquent, les litiges liés à l'exécution de ces contrats, qui ne contiennent aucune clause exorbitante du droit commun, relèvent du juge judiciaire. Cette notion de « clauses exorbitantes du droit commun » a été constamment utilisée par le juge administratif depuis 1912. Elle a été redéfinie par le Tribunal des conflits à l'occasion de l'arrêt SA Axa IARD du 13 octobre 2014 (requête numéro 3963).

Le recours à cette notion, telle qu'elle résulte de l'arrêt du 31 juillet 1912, présentait un certain nombre d'inconvénients, qui sont tous liés au caractère négatif de sa définition. Selon le Conseil d'Etat il s'agit de clauses qui ont « pour effet de conférer aux parties des droits ou de mettre à leur charge des obligations étrangers par leur nature à ceux qui sont susceptibles d'être librement consentis par quiconque dans le cadre des lois civiles et commerciales » (CE Sect., 20 octobre 1950, Stein : Rec. p. 505). Le Conseil d'Etat a pu également se référer à « des clauses attribuant à la puissance publique des prérogatives exorbitantes du droit commun » (CE, 21 janvier 1948, Société Penaroya : S. 1949, III, p. 6). Un arrêt d'une cour d'appel se réfère quant à lui à « une clause qui serait illicite ou impossible à insérer dans un contrat de droit privé » (CA Caen, 26 juin 2008, numéro 08/00826, Le Cleach c/ Commune de Ranes : Loyers et Copropriété 2008, 271, note Vial-Pedroletti). A contrario, ne présentent pas un caractère exorbitant du droit commun les clauses « qui diffèrent par leur nature de celles qui peuvent être stipulées dans un contrat analogue de droit privé » (Cass. 1re civ., 18 février 1992, pourvoi numéro 90-18.826, Compagnie d'assurances La Mondiale : Bull. civ. 1992, I, n° 59) ou qui imposent au cocontractant des « obligations particulières … dans un intérêt public » (CE Sect., 17 décembre 1954, Grosy : Rec. p. 674).

Exemples :
- CE, 19 novembre 2010, requête numéro 331837, Office national des forêts (Contrats-Marchés publ. 2011, 36, note Devillers) : en l'espèce, un particulier avait été autorisé à occuper une parcelle de forêt relevant du domaine privé de l'Etat afin d'établir un centre équestre, avant que l'Office national des forêts (ONF) ne prononce la résiliation du contrat. Le Conseil d'Etat identifie plusieurs clauses exorbitantes du droit commun : l'ONF dispose d'un pouvoir de contrôle direct de l'ensemble des documents comptables du titulaire ; l'ONF peut exécuter des travaux sur la voie publique ou sur des immeubles voisins et dans ce cas le titulaire n'aura aucun recours contre l'ONF et ne pourra prétendre à aucune indemnité, ni diminution de loyer ; le cocontractant doit observer les instructions que pourraient lui donner les agents assermentés de l'ONF, compétents pour rechercher et constater les contraventions et délits dans les forêts et terrains soumis au régime forestier.
-CE, 14 octobre 2005, requête numéro 275446, Commune de Chantonnay c. Robert : cette affaire est relative à un contrat de bail conclu entre une commune et des particuliers. Constitue une clause exorbitante du droit commun, une clause du contrat

qui stipule que les preneurs s'engagent, au cas où la commune bailleresse aurait besoin de récupérer le logement, à le libérer dans un délai de deux mois à compter de la réception d'un simple préavis et sans pouvoir prétendre à la moindre indemnité.
- TC, 20 juin 2005, requête numéro C3446, SNC Société hôtelière Guyanaise c. Centre national d'études spatiales : était ici en cause un contrat en vue de la vente d'un hôtel et d'un terrain attenant en vertu duquel la société acquéreuse s'engageait à réaliser des travaux d'extension de l'hôtel au profit du Centre national d'études spatiales (CNES). Pour le Tribunal des conflits, le contrat contenait des clauses exorbitantes car il conférait au CNES un pouvoir de contrôle sur son cocontractant en lui imposant des modalités d'exploitation en lui réservant, postérieurement à la vente, l'appréciation de la qualité du projet architectural ainsi que des normes et du prix des chambres de l'ensemble hôtelier dont la réalisation était à entreprendre avant la réitération des actes définitifs de vente, en garantissant un taux d'occupation des locaux, et en prévoyant des conditions de remboursement pouvant aboutir à une revente en faveur du CNES à un coût déterminé et non au prix du marché.

L'utilisation de cette définition est délicate et elle manque de fiabilité puisqu'elle est entièrement dépendante du droit des obligations, tel qu'il est interprété par le juge administratif.

Or, d'une part, la notion même de clause exorbitante du droit commun est évolutive. Ainsi, une clause de résiliation unilatérale n'est plus nécessairement considérée comme une clause exorbitante du droit commun, ce qui est lié à l'évolution du droit civil des obligations qui admet aujourd'hui plus facilement qu'une telle clause peut être stipulée dans un contrat de droit privé. Ainsi, lorsqu'est en cause une convention d'occupation temporaire du domaine privé, une clause permettant à la personne publique de reprendre la jouissance de l'immeuble à tout moment et pour tout motif n'est pas considérée comme une clause exorbitante du droit commun (TC, 20 février 2008, requête numéro 08-03623, Verrière c. COURLY : Contrats - Marchés publ., 2008, 122, note Eckert.- V. également TC, 12 décembre 2011, requête numéro 3824, Commune de Nouméa c/Société Lima : Rec. tables, p. 843). En effet, la juridiction judiciaire admet la conclusion de conventions d'occupation précaire, exonérées du régime des baux commerciaux, à condition que leur caractère provisoire soit justifié par des circonstances spéciales connues des deux parties (Cass. 3e civ., 14 novembre 1973, pourvoi numéro 72-13.043 : D. 1974, p. 139. – Cass. 3e civ., 25 mai 1977, pourvoi n°76-102.26 : Bull. civ. 1977, III, n° 220).

D'autre part, les juges ne procèdent pas à une analyse clause par clause du contrat, mais ils prennent en compte l'équilibre général de la convention. En d'autres termes, le critère ne sera pas satisfait dès lors qu'une clause imposant une sujétion au cocontractant privé est contrebalancée par un avantage qui lui est concédé et qui est également inusuel dans un contrat de droit privé. Ainsi, dans l'arrêt Verrière c/ COURLY du 20 février 2008 (préc.), si le contrat permet au bailleur d'utiliser librement le bien, l'ensemble des dépenses liées à l'entretien sont à sa charge, ce qui fait que la première clause n'est pas considérée comme étant exorbitante du droit commun.

C'est pour tenter de résoudre les difficultés liées à la définition « en creux » de la notion de clause exorbitante que le Tribunal des conflits à fait évoluer sa jurisprudence en imposant une définition positive du critère des clauses exorbitantes.

Dans ses conclusions sur l'arrêt SA Axa IARD (préc.), le commissaire du gouvernement Desportes est revenu sur les difficultés liées à la notion de clause exorbitante en insistant sur le fait qu'en « se bornant à désigner cette clause comme celle qui ne se trouve pas dans les contrats de droit privé, la définition donne peu d'indications permettant de déterminer, de manière positive, l'élément objectif caractérisant l'existence d'une relation de droit public ». Le commissaire du gouvernement a alors proposé de « revenir à ce qui fait la spécificité de l'action administrative : l'accomplissement d'une mission d'intérêt général par la mise en œuvre de prérogatives de puissance publique ».

C'est cette nouvelle approche qui a été choisie par le Tribunal des conflits, les clauses exorbitantes se définissant alors « comme celles qui, dans un but d'intérêt général, soit confèrent à la personne publique, des prérogatives ou des avantages exorbitants, soit imposent à son cocontractant des obligations ou des sujétions exorbitantes ». Ainsi, deux conditions cumulatives sont désormais nécessaires pour considérer qu'une clause est exorbitante du droit commun : elle doit nécessairement s'exercer dans un but d'intérêt général et, soit conférer « à la personne publique, des prérogatives ou des avantages exorbitants », soit imposer « à son cocontractant des obligations ou des sujétions exorbitantes ».

Cette nouvelle approche permet de mieux comprendre des solutions jurisprudentielles qui, comme on l'a évoqué plus haut, sont souvent très nuancées. Si l'on revient sur l'arrêt Verrière c/ COURLY du 20 février 2008 (préc.), on peut ainsi considérer que c'est aussi l'absence d'une telle finalité d'intérêt général dans une convention d'occupation précaire du domaine privé qui a conduit les juges à considérer qu'une clause dotant la collectivité publique contractante d'un pouvoir de résiliation unilatérale n'était pas exorbitante.

Il semble toutefois que cette évolution ne soit pas de nature à dissiper toutes les difficultés liées à l'utilisation du critère des clauses exorbitantes, notamment parce que le juge fait référence à la notion éminemment imprécise « d'intérêt général ». L'intérêt pratique de la jurisprudence SA Axa IARD apparaît limité et il est probable que son application au cas par cas n'emportera pas d'évolutions notables sur la qualification des contrats soumis au juge administratif.

Il faut enfin relever l'existence d'une variante au critère des clauses exorbitantes du droit commun droit qui résulte de l'arrêt de Section du Conseil d'Etat du 19 janvier 1973, Société d'exploitation électrique de la rivière du Sant (requête numéro 82338 : Rec. p. 48 ; CJEG 1973, p. 239, concl. Rougevin-Baville, note Carron ; AJDA 1973, p.358, chron. Léger et Boyon ; JCP G 1974, II, 17629, note Pellet ; Rev. adm. 1973, p. 633, note Amselek). Plutôt qu'à la notion de clause exorbitante du droit commun, c'est à celle de régime exorbitant du droit commun en application duquel le contrat a été conclu que se réfère le juge. Prosper Weil a pu écrire, à propos de ces conventions, qu'il s'agit de contrats conclus dans une « ambiance de droit public » (Le critère du contrat administratif en crise, Mélanges Waline, p.847).

L'arrêt de 1973 concernait le régime des contrats passés entre EDF et les producteurs privés propriétaires de mini centrales électriques. Le Conseil d'Etat constate notamment que les producteurs sont obligés de contracter avec EDF pour vendre leur électricité et, en cas de litige, qu'ils doivent obligatoirement saisir le ministre de l'Industrie préalablement à tout recours juridictionnel. L'existence de ce régime particulier conduit à qualifier les conventions en cause de contrats administratifs. Dans cette affaire, c'est donc le régime du contrat qui justifie ce caractère administratif, alors qu'en principe, à l'inverse du raisonnement du Conseil d'Etat, c'est le régime du contrat qui devrait être la conséquence de sa qualification.

Il est à noter cependant que, concernant les contrats d'achat d'électricité, cette jurisprudence n'est plus d'actualité depuis la transformation d'EDF en société anonyme. Dans son arrêt Société Bioenerg du 1er juillet 2010 (requête numéro 333275, préc.) le Conseil d'Etat a en effet estimé que « à supposer que le contrat soit soumis à un régime exorbitant du droit commun, ce qui ne peut résulter des seules conditions relatives à sa passation, cette circonstance serait en tout état de cause sans incidence, s'agissant d'un contrat entre deux personnes privées ».

Notons cependant que cette jurisprudence a été remise en cause par l'article 88 III de la loi n°2010-788 du 12 juillet 2010 portant engagement national sur l'environnement. Cette loi a modifié l'article 10 de la loi n°2000-108 du 10 février 2000 qui précise désormais que les contrats d'achat d'électricité sont des contrats administratifs.

Quoi qu'il en soit le critère du régime exorbitant du droit commun peut s'appliquer à d'autres catégories de contrats.

> Exemple :
> - Cass. 1re civ., 30 septembre 2003, pourvoi numéro 01-03717, SMPDC c. Société CGU Courtage et a. (AJDA 2003, p. 2205, note Dreyfus) : un syndicat mixte avait souscrit une convention avec une société intervenant comme mandataire de l'Etat, puis d'un établissement public administratif, en vue de gérer un fonds alimenté par des deniers publics dont les interventions étaient limitées par les dispositions qui l'avaient créé et qui ne pouvait fonctionner qu'avec le concours d'assureurs dont l'action s'inscrivait dans un contexte administratif et selon des règles exorbitantes du droit commun et dont les garanties ne pouvaient jouer qu'en fonction du dépassement des engagement financiers dudit fonds administrés par un mandataire de la puissance publique.

La persistance de ce critère a été très clairement rappelée par le Tribunal des conflis à l'occasion de son arrêt du 7 avril 2014, Société d'édition de ventes publicitaires (SEVP) c/ Office du tourisme de Rambouillet (requête numéro 3949 : préc.). Il résulte en effet de cet arrêt que sauf disposition législative contraire, lorsqu'un établissement public tient de la loi la qualité d'établissement public industriel et commercial « les contrats conclus pour les besoins de ses activités relèvent de la compétence de la juridiction judiciaire, à l'exception de ceux comportant des clauses exorbitantes du droit commun ou relevant d'un régime exorbitant du droit commun ainsi que de ceux relatifs à celles de ses activités qui ressortissent par leur nature de prérogatives de puissance publique ».

B – Objet du contrat

Apparu au début du XXème siècle, ce critère a connu une éclipse avant d'être à nouveau utilisé à partir du milieu des années 1950. Sa mise en œuvre suscite cependant un certain nombre de difficultés.

1° Apparition du critère de l'objet du contrat

Ce critère a été dégagé par le Conseil d'Etat dès l'arrêt Thérond du 4 avril 1910 (Rec. p.193 ; D. 1912, III, p.57, concl. Pichat, note Hauriou ; RDP 1910, p.249, note Jèze). Il est donc antérieur à celui tiré de l'existence de clauses exorbitantes du droit commun. Très longtemps, cependant, ces critères ont été exclusifs l'un de l'autre.

Dans l'affaire Thérond, la ville de Montpellier avait confié le service public de capture et de mise en fourrière des chiens errants et d'enlèvement des animaux morts à une personne privée. Le Conseil d'Etat a alors considéré que l'objet du contrat, ajouté au fait qu'une des parties était une personne publique, lui conférait un caractère administratif.

La solution dégagée par l'arrêt Thérond a cependant été abandonnée à l'occasion de l'arrêt Société des granits porphyroïdes des Vosges (préc.) au profit du critère tiré de l'existence de clauses exorbitantes du droit commun. Cet abandon n'a toutefois jamais été total, ce critère réapparaissant dans des espèces isolées (V. ainsi TC, 6 avril 1946, Société franco-tunisienne d'armement : Rec. p. 327).

Ce n'est toutefois qu'avec les arrêts de Section du 20 avril 1956, Epoux Bertin et ministre de l'Agriculture c/ Consorts Grimouard (Rec. p.167 et 168 ; AJDA 1956, II, p.272, concl. Long, chron. Fournier et Braibant ; RDP 1956, p.869, concl. Long, note Waline ; D. 1956, p.433, note de Laubadère ; Rev. Adm. 1956, p.496, note Liet-Veaux) que le Conseil d'Etat a réhabilité le critère de l'objet du contrat, tout en conservant l'autre critère dégagé en 1912.

Les arrêts de 1956 visent deux hypothèses. Celle, tout d'abord où le contrat confie au cocontractant privé l'exécution même du service public.

Dans l'arrêt Epoux Bertin, le Conseil d'Etat relève ainsi qu'un contrat conclu entre les requérants et l'administration pour qu'ils assurent l'hébergement et la nourriture de réfugiés « a eu pour objet de confier aux intéressés l'exécution même du service public alors chargé d'assurer le rapatriement des réfugiés de nationalité étrangère ». Ainsi, en vertu de cette jurisprudence, les contrats de délégation de service public étaient des contrats administratifs, bien avant que cette qualification ne leur soit reconnue par l'article 3 de l'ordonnance n°2016-65 du 29 janvier 2016. Cette solution connaît un prolongement dans l'hypothèse de contrats conclus avec des agents en charge d'une mission de service public administratif (V. sur ce point infra p. 503).

La seconde hypothèse est celle où le contrat constitue « une modalité d'exécution » du service public par l'administration elle-même.

C'est l'hypothèse de l'arrêt Grimouard dans lequel était en cause une opération de reboisement opérée par l'Etat sur des terrains privés, à la suite d'un contrat conclu avec les propriétaires.

Une dernière hypothèse a été dégagée par le Conseil d'Etat dans son arrêt de Section Département de la Moselle du 31 mars 1989 (requête numéro 57000, requête numéro 60384 : Rec. p. 105 ; AJDA 1989, p. 315, chron. Baptiste et Honorat ; Rev. adm. 1989, p. 341, note Terneyre ; RFDA 1989, p. 466, concl. Fornacciari ; RDP 1989, p. 1171, note Llorens). Elle concerne spécifiquement les contrats conclus entre deux personnes en charge d'une mission de service public, dès lors que le contrat a pour objet l'organisation d'un service public et notamment la coordination entre deux personnes publiques (TC, 16 janvier 1995, requête numéro 02946, Préfet de la région Île-de-France, Préfet de Paris, Compagnie nationale du Rhône c/ EDF : Rec. p. 489 ; CJEG 1995, p. 259, concl. Martin, note Delpirou.- V. également CE, 24 novembre 2008, requête numéro 290540, Syndicat mixte d'assainissement de la région du Pic Saint-Loup : Rec. tables, p. 648 ; AJDA 2009, p. 319, note Dreyfus ; Contrats-Marchés publ. 2009, 7, note Eckert ; Dr. adm. 2009, 19, note Melleray ; JCP G 2009, I, 130, chron. Plessix ; RJEP 2009, 21, note Pellissier).

Ainsi, dans l'arrêt Département de la Moselle, le contrat conclu entre un département et l'Etat, en vertu duquel celui-ci s'engage à continuer d'assurer le service de la paye des personnels de police de l'Etat, est qualifié de contrat administratif.

Par conséquent, désormais, un contrat a un caractère administratif si, d'une part, l'une des parties est une personne publique - sous réserve des aménagements évoqués plus haut - et si, d'autre part, le contrat contient une clause exorbitante du droit commun ou bien s'il concerne l'exécution du service public.

2° Difficultés liées à l'application du critère

Le critère tiré de l'objet du contrat pose un certain nombre de difficultés. Un premier problème concerne la portée de ce critère. Une seconde difficulté concerne un type particulier de contrats : les contrats d'engagement des agents des services publics à caractère administratif.

a- Portée du critère

On pourrait penser, de prime abord, que le critère de l'objet du contrat devrait conduire à une conception très extensive de la notion de contrat administratif, notamment en ce qu'il permet de considérer, conformément à la jurisprudence Grimouard, qu'un contrat peut être administratif dès lors qu'il est conclu par l'administration dans le but d'exercer ses missions de service public. En effet, puisque les contrats conclus par les personnes publiques se rattachent en général à leurs missions de service public, l'outil contractuel apparaît comme le moyen privilégié d'accomplissement de ces missions.

Il convient cependant de distinguer les contrats visant à l'exécution du service public des contrats qui sont conclus pour les besoins du service public. Dans la première hypothèse, la personne privée cocontractante est associée à l'exécution des missions de service public prises en charge par l'administration. Dans la seconde hypothèse, la personne privée ne fait que fournir au service public les biens travaux ou services nécessaires à son exécution. Cette distinction entre ce qui est un contrat de délégation de service public et ce qui est un marché public est essentielle, non pas parce qu'elle aboutit à déterminer la nature publique ou privée du contrat - il s'agit de contrats administratifs par détermination de la loi dans les deux cas - mais parce qu'elle détermine quelle procédure de passation devra utilisée par la collectivité publique contractante. Dans certains cas se pose toutefois la question de savoir si l'activité en cause est ou non une activité de service public, ce qui détermine ici le caractère administratif ou privé du contrat.

La qualification est parfois difficile à établir, puisqu'elle nécessite que soit déterminée exactement la consistance du service public concerné.

Exemples :
- TC, 17 décembre 2007, requête numéro C3646, Société clinique de l'espérance : La convention conclue entre un centre hospitalier intercommunal, personne morale de droit public, et la clinique, personne morale de droit privé, réalisant la cession d'une entité économique, dans le contexte des difficultés financières que cette clinique

connaissait, alors même qu'elle a pour effet de concourir à la rationalisation de l'offre locale de soins, ne porte pas sur l'organisation du service public de la santé et n'a pas pour objet de faire participer la clinique à l'exécution de ce service public.
- CE, 2 mai 2016, requête numéro 381370, Centre hospitalier régional universitaire de Montpellier (AJDA 2016, p. 929 ; BJCP 2016, p. 333, concl. Marion ; Contrats-Marchés publ. 2016, 169, note Pietri ; JCP A 2017, 2063, note Harada) une « charte du tour de rôle des transports sanitaires privés agréés et des sociétés de taxis conventionnées » a pour seul objet de faciliter la mise en relation des patients sortants avec des entreprises de transport privé. Ce contrat ne comporte ni de « dispositions relatives au transport des usagers vers le CHRU … ni à leur transport du CHRU vers d'autres établissements ou professionnels de santé au cours de leur prise en charge pour la réalisation d'actes médicaux ». Ce contrat ne confie donc aucune mission de service public à la société. En l'absence de clause exorbitante, il s'agit donc d'un contrat de droit privé.

Un exemple plus frappant encore peut être fourni par le cas des contrats de location d'appareils de télévision :

- TC, 23 novembre 1998, requête numéro 3124, Bergas (Rec. p.50 ; JCP 1999, IV, 770 ; RFDA 1999, p.426) : un contrat liant une maison d'arrêt à une entreprise par lequel cette dernière s'engage, d'une part, à fournir à la maison d'arrêt le matériel et la technique nécessaires à l'installation d'une antenne collective de télévision et au câblage de tous les locaux de détention, d'autre part, à louer un téléviseur à chaque détenu qui en ferait la demande, n'a pas pour objet de faire participer l'entreprise à l'exécution du service public administratif.
- CE, 28 mai 2003, requête numéro 90818, Assistance publique - Hôpitaux de Paris (BJCP 2003, n° 30, p. 385) : un contrat de location de téléviseurs à des malades hospitalisés relève de la compétence administrative aux motifs que « le service hospitalier comprend non seulement la dispense de soins mais également l'aménagement des conditions de séjour des malades … la fourniture d'appareils de télévision aux personnes hospitalisées relève des éléments de confort proposés aux intéressés pendant cette période ».

Cette différenciation, assez étonnante, entre deux types d'activités de service public, n'est toutefois pas opérée par le Tribunal des conflits qui considère qu'un contrat portant sur la gestion et l'exploitation d'un réseau d'appareils de télévision mis à la disposition des malades d'un hôpital n'a pas pour objet de faire participer l'entreprise titulaire du contrat à l'exécution du service public administratif, mais seulement de permettre d'assurer les besoins du service (TC, 21 mai 2007, requête numéro C3609, SA Codiam : AJDA 2008, p. 200, note Robbe).

Le Conseil d'Etat a ensuite eu l'occasion de nuancer cette solution en appliquant les critères dégagés par l'arrêt APREI (requête numéro 264541, préc.) pour qualifier un contrat conclu par un établissement de santé pour des prestations de mise à disposition des patients d'abonnements de télévision, mais également de téléphone et d'accès à internet, ainsi que pour des prestations associées (CE, 7 mars 2014, requête numéro 372897, Centre hospitalier universitaire de Rouen : AJDA 2014, p. 1497, note Hardy ; Contrats-Marchés publ. 2014, 151, note Eckert ; Dr. adm. 2014, 32, note Sée). Les juges considèrent que le contrat ne porte pas sur une simple prestation de service mais qu'il a bien pour effet de confier à une personne privée une mission d'intérêt général « liée à l'activité de soins de l'hôpital ». En outre, les éléments contenus dans le cahier des clauses administratives et techniques démontrent que la prestation est effectuée sous le contrôle de la personne publique. Ainsi, le pouvoir adjudicateur a entendu confier à la personne privée contractante une mission de « service public portant sur l'ensemble de la communication extérieure des patients ».

b- Problème des contrats d'engagement des personnels employés dans les services publics administratifs

La résolution de ce problème ne concerne évidemment pas les fonctionnaires qui sont des agents statutaires et qui bénéficient d'un statut de droit public. Elle ne concerne pas non plus les agents des services publics industriels et commerciaux qui se voient appliquer des règles particulières (V. sur ce point supra p. 277).

S'agissant maintenant des agents contractuels des services publics administratifs, la solution est apparemment simple : on devrait considérer, sans difficultés, que ces contrats ont pour objet l'exécution même du service public et qu'ils sont donc des contrats administratifs si le critère organique est également respecté.

Cette solution trouve exception, logiquement, pour les catégories de contrats qualifiés de contrats de droit privé par le législateur, particulièrement des contrats dits « aidés ». Tel est le cas notamment des contrats uniques d'insertion - contrats d'accompagnement dans l'emploi visés par l'article L. 5134-20 du Code du travail.

Par ailleurs, l'hypothèse de qualification législative mise à part, la jurisprudence a longtemps considéré qu'une distinction devait être réalisée entre les différents agents contractuels des services publics administratifs. Cette solution avait été dégagée à l'occasion des arrêts de Section du 4 juin 1954, Vingtain et Affortit (Rec. p.342, concl. Chardeau ; AJDA 1954, II, p.6, chron. Gazier et Long.- V. également CE Sect. 20 mars 1956, Lauthier : Rec. p. 198 ; AJDA 1959, p. 68, chron. Combarnous et Galabert ; D. 1960, jurispr. p. 280, note de Laubadère ; RDP 1959, p. 770, concl. Bernard). Ces arrêts précisaient que seuls étaient unis au service par un lien administratif les agents qui participaient directement à son exécution. Ceci signifiait que seuls les agents dont les qualifications répondaient à la spécialisation du service étaient liés à ce service par un contrat administratif. Tel était le cas, par exemple, d'un enseignant vacataire recruté par un établissement scolaire. A l'inverse, le juge considérait qu'une femme de service, ou qu'une femme de ménage, recrutée dans un même établissement, était liée par un contrat de droit privé. Cette solution s'expliquait par le fait que ces personnels ne participaient pas à l'exécution même du service public de l'enseignement.

Il résultait de cette jurisprudence des situations parfois absurdes.

Exemple :
- TC, 25 novembre 1963, Veuve Mazerand (Rec. p.792 ; JCP G 1964, 13466, note R.L.) : Mme Mazerand, agent contractuel, est employée par une commune comme femme de ménage dans une école. Par la suite, elle a été chargée de prendre en charge la garderie de cette école. Est alors survenu un litige avec la commune concernant la rémunération de Mme Mazerand et couvrant l'ensemble de la durée de son contrat. La détermination du juge compétent va alors dépendre du caractère administratif ou privé de ce contrat. Cette question a été soumise au Tribunal des conflits qui a statué dans le cadre d'une

procédure de conflit positif. Le Tribunal des conflits a estimé que le contrat de Mme Mazerand était d'abord un contrat de droit privé avant de devenir un contrat de droit public lors de son changement de fonction. Ceci impliquait que Mme Mazerand devait intenter deux actions contre la commune devant deux juges différents.

Finalement, le Tribunal des conflits est revenu à une solution beaucoup plus simple avec l'arrêt du 25 mars 1996, Berkani c CROUS de Lyon Saint-Etienne (requête numéro 03000 : Rec. p.535, concl. Martin ; AJDA 1996, p.355, chron. Stahl et Chauvaux ; D. 1996, p.598, note Saint-Jours ; Droit adm. 1996, 319, obs. J.B.A ; Droit soc. 1996, p.735, obs. Prétot ; JCP G 1996, 22664, note Moudoudou ; RFDA 1996, p.819, concl. Martin). Le litige concernait le contrat d'un aide-cuisinier d'un CROUS. Le Tribunal des conflits précise que « les personnels non statutaires travaillant pour le compte d'un service public administratif sont des agents contractuels de droit public, quel que soit leur emploi ».

Cette solution a été reprise par le Conseil d'Etat (CE, 26 juin 1996, requête numéro 135453, Commune de Céreste : Rec. p. 246 ; Dr. adm. 1996, 536 ; RFDA 1996, p. 851) et par la Cour de cassation (Cass. soc., 18 juin 1996, pourvoi numéro 95-40.491, Gonin : Dr. adm. 1996, 536). Elle est toujours valable sauf - on l'a vu - dans les cas où la loi prévoit que le contrat conclu entre un service public administratif et son agent est un contrat de droit privé. De telles exceptions, qui concernent essentiellement les contrats aidés, ne sont pas motivées par des raisons d'ordre juridique, mais par des considérations d'ordre politique : il s'agit de faire baisser artificiellement les chiffres de l'emploi public en France tout en insistant sur le fait que les personnes recrutées n'ont pas vocation à être intégrées, à terme, dans la fonction publique.

Il ne s'agit toutefois pas de la seule explication de ces exceptions. Ainsi, par exemple, en sens inverse, l'article L. 6322-3 du Code des transports déroge à la règle selon laquelle un agent public mis à la disposition d'un organisme de droit privé pour accomplir un travail pour le compte de celui-ci et sous sa direction est lié à cet organisme par un contrat de travail (V. Cass. soc., 29 septembre 2014, pourvoi numéro 13-11.191).

Une autre dérogation à l'application de la jurisprudence Berkani avait été prévue par l'arrêt de Section du Conseil d'Etat du 22 octobre 2004, Lamblin (requête numéro 245154 : AJDA 2004, p.2153, chron. Landais et Lenica et p. 2241, obs. de Montecler ; JCP A 2004, 14788, note Jean-Pierre ; Gaz. cnes, 15 novembre 2004, p.82). Cet arrêt concernait l'hypothèse de reprise en régie par une personne publique d'un service public administratif dont la gestion avait été jusqu'alors déléguée à une personne privée. Dans un tel cas, il se pose la question de la reprise des contrats des agents du service. Les juges estiment en l'espèce qu'en « l'absence de dispositions législatives spécifiques, et réserve faite du cas où le transfert entraînerait un changement d'identité de l'entité transférée, la collectivité a le choix soit de maintenir le contrat de droit privé des intéressés, soit de leur proposer un contrat de droit public reprenant les clauses substantielles de leur ancien contrat ».

Il résultait donc de l'arrêt Lamblin qu'en cas de reprise en régie par une collectivité publique d'un service public à caractère administratif, les contrats de droit privé des agents concernés pouvaient être maintenus, ce qui faisait échec à la jurisprudence Berkani.

Les règles issues de l'arrêt Lamblin ont toutefois été modifiées par la loi n°2005-843 du 26 juillet 2005 portant diverses mesures de transposition du droit communautaire à la fonction publique. L'article 20 de cette loi, aujourd'hui codifié à l'article L. 1224-3 du Code du travail précise notamment que lorsqu'une personne publique gérant un service public administratif reprend une activité employant des salariés de droit privé, elle doit proposer à ces salariés un contrat de droit public à durée déterminée ou indéterminée selon la nature du contrat dont ils sont titulaires. Précisons également que ce contrat doit reprendre les clauses substantielles du contrat dont les salariés sont titulaires, en particulier celles qui concernent la rémunération. En conséquence, la voie ouverte par l'arrêt Lamblin de conserver les contrats de droit privé des salariés est définitivement fermée.

Section II – Régime juridique des contrats administratifs

Même si le régime juridique des contrats administratifs est marqué par un déséquilibre entre les parties au profit de l'administration, le contrat administratif est formé par un échange de consentements. Les règles relatives à la formation de ces contrats sont assez strictement encadrées par les textes, notamment pour ce qui concerne la conclusion des marchés publics, alors que les règles relatives à leur exécution sont essentiellement d'origine jurisprudentielle.

§ I – Formation du contrat

La question de la formation du contrat administratif suppose que l'on s'interroge sur l'autorité compétente pour contracter, sur la forme des contrats, sur les procédures à respecter et sur le contenu du contrat.

I – Autorité compétente

La décision administrative de contracter doit être prise par l'autorité compétente, telle qu'elle est déterminée par les règles générales de compétence applicables à l'Etat, aux collectivités territoriales et aux différents établissements publics.

A – Etat

Les contrats de l'Etat sont en général signés par le ministre compétent ou par la personne désignée par lui. A l'échelon déconcentré, cette compétence est en principe exercée par le préfet.

Dans certaines hypothèses, le contrat devra faire l'objet d'une approbation par une loi ou par un décret. Ainsi, par exemple, l'article L. 122-4 du Code de la voirie routière prévoit que les contrats de concessions d'autoroutes doivent être approuvés par décret en Conseil d'Etat.

B – Collectivités territoriales

Pour ce qui concerne les collectivités territoriales, le contrat est signé par l'exécutif de l'autorité, dûment habilité par l'assemblée délibérante. Ce principe, dont la mise en œuvre est assez lourde, connaît néanmoins un certain nombre d'aménagements.

Ainsi, l'article L. 2122-22 du Code général des collectivités territoriales permet au conseil municipal de déléguer au maire la compétence de « prendre toute décision concernant la préparation, la passation, l'exécution et le règlement des marchés de travaux, de fournitures et de services qui peuvent être passés sans formalités préalables en raison de leur montant, lorsque les crédits sont inscrits au budget » (des dispositions équivalentes sont prévues pour le conseil départemental et le conseil régional, V. respectivement CGCT, art. L. 3221-11 et L. 4231-8).

De même, l'article L. 2122-21-1 du Code général des collectivités territoriales prévoit qu'en l'absence de délégation « la délibération du conseil municipal chargeant le maire de souscrire un marché déterminé peut être prise avant l'engagement de la procédure de passation de ce marché. Elle comporte alors obligatoirement la définition de l'étendue du besoin à satisfaire et le montant prévisionnel du marché ». Cette possibilité, instituée par l'ordonnance n° 2005-645 du 6 juin 2005 relative aux procédures de passation des marchés publics des collectivités territoriales, permet de faire échec à la jurisprudence Commune de Montélimar qui avait posé pour principe que le maire ne pouvait signer un marché public au nom de la commune que s'il avait été habilité par une délibération du conseil municipal se prononçant sur les éléments essentiels du contrat (CE, 13 octobre 2004, requête numéro 254007, Commune de Montélimar : Rec. p. 369 ; Contrats-Marchés publ.2004, étude 10, concl. Casas ; AJDA 2004, p. 2107, note Dreyfus ; Dr. adm. 2004, 172, note Ménéménis ; JCP A 2004, RDI 2004, p. 564, note Dreyfus). La règle définie par l'article L 2122-21-1 est toutefois limitée aux seuls marchés publics, ce qui implique notamment leur exclusion pour les délégations de service public (CE, 10 janvier 2007, requête numéro 284063, Société des Pompes funèbres et conseillers funéraires du Roussillon : AJDA 2007, p. 636, note Deryfus).

Conformément aux dispositions du Code général des collectivités territoriales, la délibération doit être transmise au préfet avant la signature, à défaut de quoi le Conseil d'Etat a longtemps considéré que « l'absence de transmission de la délibération autorisant le maire à signer un contrat avant la date à laquelle le maire procède à sa conclusion entraîne l'illégalité dudit contrat, ou s'agissant d'un contrat privé, de la décision de signer le contrat » (CE, avis, 10 juin 1996, requête numéro 176873, requête numéro 176874, requête numéro 178875, Préfet de la Côte d'Or, préc.). La jurisprudence est longtemps demeurée très ferme sur ce point, les juges estimant en particulier qu'une transmission ultérieure de la décision ne pouvait régulariser la situation (CE, 20 octobre 2000, requête numéro 196553, Citécâble-Est : RFDA 2009, p.359, concl. Savoie). Cette solution a toutefois évolué à l'occasion de l'arrêt d'Assemblée Ville de Béziers du 28 décembre 2009, dit arrêt « Béziers I » (requête numéro 304802, Rec. p. 509, concl. Glaser ; AJDA 2010, p. 142, chron. Liéber et Botteghi ; AJDA 2011, p. 665, chron. Lallet et Domino ; Contrats Marchés publ. 2010, 123, note Rees ; Gaz. Pal. 16 mars 2010, p. 13, note Seiller ; JCPA 2010, 2072, note Linditch ; RD imm. 2010, p. 265, note Noguellou ; RDP 2010, p. 553, note Pauliat ; RFDA 2010, p. 506, concl. Glaser et p. 519, note Pouyaud ; RJEP 2010, note Gourdou et Terneyre). Le Conseil d'Etat estime désormais, en se fondant sur l'exigence de la loyauté contractuelle, que l'absence de transmission de la délibération n'entraîne pas nécessairement la nullité du contrat.

Une solution comparable, mais qui n'a rien avoir avec l'exigence susvisée est retenue lorsque le préfet défère au juge administratif un contrat qui ne lui a pas été transmis, et qu'il accompagne son recours d'une demande de suspension au titre de l'article L. 554-1 du Code de justice administrative. Le Conseil d'Etat a en effet considéré qu'un tel vice n'entraîne pas nécessairement l'illégalité du contrat si les conditions de la transmission n'ont pas privé le préfet de sa capacité à exercer le contrôle de légalité et dès lors que cette délibération a été prise avant la signature du contrat (CE, 9 mai 2012, requête numéro 355665, Syndicat départemental des ordures ménagères de l'Aude : Rec. p. 192 ; AJDA 2012, p.1688, note Martin ; JCP A 2012, 2291, note Pontier).

C – Etablissements publics

Pour ce qui concerne les établissements publics, l'autorité compétente est déterminée par les textes qui les instituent. Selon le cas, l'exécutif peut être seul désigné, mais il est plus fréquent que cette compétence s'exerce après autorisation de l'assemblée délibérante. L'approbation du contrat par une autre autorité est parfois exigée.

II – Formes du contrat

Un contrat administratif peut, le cas échéant, être conclu oralement, mais cela demeure une hypothèse exceptionnelle (v. pour un exemple classique de contrat oral: CE Sect., 20 avril 1956, Époux Bertin, préc.). Qui plus est, l'obligation de l'écrit est fréquemment mentionnée par les textes applicables aux différentes catégories de contrats.

Exemples :
- L'article 15 du décret n°2016-360 du 5 mars 2016 relatif aux marchés publics précise que « les marchés publics répondant à un besoin dont la valeur estimée est égale ou supérieure à 25 000 euros HT sont conclus par écrit ».
- Les contrats ou engagements d'agents non titulaires de la fonction publique d'Etat, territoriale et hospitalière doivent être obligatoirement écrits (Voir respectivement D. n°86-83 du 17 janvier 1986, art. 4 ; D. n°88-145 du 15 février 1988, art. 3 ; D. n°91-155 du 6 février 1991, art. 4 .- V. cependant, sur les conséquences de l'absence d'écrit et la possibilité de reconnaître l'existence d'un contrat verbal : CE, 17 janvier 1996, requête numéro 152713, Thoury : Rec. p. 995 ; AJFP 1/1996, p. 47, note Mathieu.- CAA Marseille, 22 février 2005, requête numéro 03MA00640, Angélique X. c. Commune de Rogliano : JCPA 2005, 1230, note Jean-Pierre).

III – Choix du cocontractant

Sous la pression du droit de l'Union européenne, une règlementation récente a renforcé les mécanismes de publicité et de mise en concurrence, principalement pour les marchés publics et les contrats de concession.

A – Règles applicables aux marchés publics

Selon l'article 4 de l'ordonnance n°2015-899 du 23 juillet 2015 relative aux marchés publics « les marchés (publics) sont les contrats conclus à titre onéreux par un ou plusieurs acheteurs soumis à la présente ordonnance avec un ou plusieurs opérateurs économiques, pour répondre à leurs besoins en matière de travaux, de fournitures ou de services ».

Les procédures de marché public ont pour objectif, comme le précise l'article 52 de la même ordonnance, de permettre aux collectivités publiques de choisir « l'offre économiquement la plus avantageuse ».

La procédure formalisée de droit commun - même si elle n'est plus expressément qualifiée comme telle par les textes en vigueur - est celle de l'appel d'offres, mais il peut être recouru à une procédure adaptée moins formaliste, en fonction essentiellement du montant du marché. Il existe également des procédures spéciales qui s'appliquent dans différentes hypothèses, et notamment celles où la collectivité acheteuse éprouve des difficultés à définir ses besoins. Tel est le cas, notamment, des marchés à bons de commande, de la procédure de dialogue compétitif, des marchés négociés ou encore de la procédure de concours.

Il faut ajouter que certains contrats qui ne sont pas définis comme des marchés publics, pourront néanmoins être considérés comme tels, et donc soumis aux règles de publicité préalable et de mise en concurrence organisées, lorsqu'ils répondent à la définition de cette notion donnée par le même code. Tel est le cas, en particulier, des contrats de mobilier urbain, ainsi que l'a précisé le Conseil d'Etat dans son arrêt d'Assemblée du 4 novembre 2005, Société Jean-Claude Decaux (requête numéro 247299, requête numéro 247299 : Rec. p. 476, concl. Casas ; AJDA 2006, p.120, note Ménéménis ; Dr. adm. 2006, 25, note Auby ; RFDA 2005, p.1083, concl. Casas). Les juges ont en effet estimé que ces contrats, qui portent sur la fourniture, l'installation et l'entretien sur le domaine public d'éléments de mobilier urbain entrent dans le champ d'application du Code des marchés publics alors en vigueur. Une décision plus récente nuance cette solution, le Conseil d'Etat considérant désormais que dans certains cas, au regard de leur contenu, ces contrats peuvent être qualifiés de conventions d'occupation domaniale non soumise à une obligation de mise en concurrence (CE, 15 mai 2013, requête numéro 364593, Ville de Paris : AJDA 2013, p. 1271, chron. Domino et Bretonneau ; BJCP 2013, p. 359, concl. Dacosta ; Contrats-Marchés publ. 2013, 199, note Eckert ; Dr. adm. 2013, 63, note Brenet ; JCP A 2013, act. 453, obs. Dubreuil et 2180, note Giacuzzo ; RDI 2013, p. 1023, obs. Braconnier ; RJEP 2013, 39, concl. Dacosta.- V. également CE, 3 décembre 2014, requête numéro 384170, Etablissement public Tisséo : BJCP 2015, n° 99, p. 128 ; JCP A 2014, act. 983 ; Contrats-Marchés publ. 2015, 48 ; conclusions Pellissier). C'est le cas dans l'arrêt Ville de Paris où les juges prennent en compte « l'affectation culturelle des mobiliers » dans un litige concernant l'installation et l'exploitation à Paris des célèbres « colonnes Morris ». En effet, si la promotion d'activités culturelles sur son territoire répond à un intérêt général pour la ville « elle ne concerne pas des activités menées par les services municipaux ni exercées pour leur compte ». Il s'agit donc bien ici seulement d'autoriser une personne privée à utiliser le domaine public. En effet, « aucune disposition législative ou réglementaire ni aucun principe n'imposent à une personne publique d'organiser une procédure de publicité préalable à la délivrance d'une autorisation ou à la passation d'un contrat d'occupation d'une dépendance du domaine public, ayant dans l'un ou l'autre cas pour seul objet l'occupation d'une telle dépendance ». Cette solution était toutefois douteuse au regard de la définition des contrats de concession, notion issue du droit de l'Union européenne et introduite en droit français par l'ordonnance n°2016-65 du 29 janvier 2016 (V. infra p. 464 s.). Elle est clairement condamnée par l'ordonnance n°

2017-562 du 19 avril 2017 qui impose la mise en oeuvre, à compter du 1er janvier 2017, d'une procédure de sélection préalable lorsqu'il s'agit de permettre au titulaire du contrat d'occuper ou d'utiliser le domaine public en vue d'une exploitation économique (V. CGCT, art. L. 2122-1-1 s.)

Enfin, des contrats qui ne sont pas des marchés publics au regard des critères de définition fixés par les textes seront néanmoins considérés comme tels, au regard des directives européennes, lorsque celles-ci ont vocation à s'appliquer en raison du montant du marché. C'était le cas, à l'origine, des contrats de partenariat public privé « qui ont vocation à être passés avec un ou plusieurs opérateurs économiques et en vertu desquels la rémunération du cocontractant fait l'objet d'un paiement par la personne publique » (CE Sect., 29 octobre 2004, requête numéro 269814, requête numéro 271357, requête numéro 271362, Sueur et a. : Mon. TP 5 nov. 2004, suppl. TO, p. 248). Plus précisément, les contrats de partenariat public privé étaient considérés comme des marchés publics dès lors qu'ils dépassaient les seuils financiers définis par la directive 2004/18/CE du Parlement européen et du Conseil du 31 mars 2004 relative à la coordination des procédures de passation des marchés publics de travaux, de fournitures et de services. Désormais, en application de l'ordonnance n°2015-899 du 23 juillet 2015, les contrats de partenariat public privé ont été expressément qualifiés des marchés de partenariat. Il s'agit donc bien de marchés publics comme le précise l'article 4 de l'ordonnance.

B – Règles applicables aux contrats de concession

Il faut entendre ici la notion de concession au sens européen du terme, et non pas au sens restreint qui désigne un type de contrat en particulier relevant de la sous-catégorie des concessions de service et plus précisément de la sous-sous-catégorie des délégations de service public.

Selon l'article 5 de l'ordonnance n°2016-65 du 29 janvier 2016, qui introduit cette nouvelle approche de la concession en droit interne, il s'agit de contrats « conclus par écrit, par lesquels une ou plusieurs autorités concédantes soumises à la présente ordonnance confient l'exécution de travaux ou la gestion d'un service à un ou plusieurs opérateurs économiques, à qui est transféré un risque lié à l'exploitation de l'ouvrage ou du service, en contrepartie soit du droit d'exploiter l'ouvrage ou le service qui fait l'objet du contrat, soit de ce droit assorti d'un prix. »

Comme on l'a dit, traditionnellement en droit français, le contrat de concession - tel qu'il est apparu dans le courant du XIX ° siècle - désigne non pas un ensemble de contrats mais un contrat en particulier, relevant de la catégorie plus vaste des contrats de délégation de service public. La terminologie utilisée par l'ordonnance du 29 janvier 2016 est donc pour le moins ambiguë : un contrat de concession au sens de l'ordonnance de 2016 peut être un contrat de concession relevant de la catégorie particulière des délégations de service public, mais il peut s'agir tout aussi bien d'un contrat d'affermage, lequel se définit habituellement par opposition au contrat de concession au sens de délégation du service public.

Les délégations de service public étaient considérées à l'origine comme des contrats intuitu personae pour lesquels l'administration, pour des raisons tenant à l'intérêt général, disposait d'une grande latitude pour fixer les obligations imposées au délégataire.

La transposition en France de directives communautaires favorisant la libre concurrence a abouti à l'adoption de lois visant à lutter contre la corruption dont le champ d'application a été étendu à l'ensemble des contrats de délégation de service public. C'est le cas en particulier de la loi n° 93-122 du 29 janvier 1993 relative à la prévention de la corruption et à la transparence de la vie économique et des procédures publiques, dite loi « Sapin »).

La loi Sapin avait abouti à nuancer l'opposition existant entre les contrats de délégation de service public et les marchés publics. Elle avait notamment conduit à exiger, pour les contrats de délégation de service public, le respect de mesures de publicité préalable.

Suite à la directive concession n°2014/23 du 26 février 2014 la loi Sapin a été partiellement abrogée et les dispositions nationales relèvent désormais de l'ordonnance n°2016-65 du 29 janvier 2016 relative aux contrats de concession (au sens large du terme) et du décret n°2016-86 du 1er février 2016.

Ces textes ne se bornent toutefois pas à transposer la directive du 26 février 2014. Ils ont en effet pour objectif de simplifier et de rationaliser le droit des concessions en rassemblant dans un même texte notamment deux catégories de contrats qui relevaient jusqu'alors de règles distinctes : les délégations de service public régies par la loi Sapin et les concessions de travaux qui relevaient jusqu'alors de l'ordonnance n° 2009-864 du 15 juillet 2009.

Ces nouvelles dispositions font référence non seulement aux concessions de travaux mais également aux concessions de services dont les délégations de service public constituent une sous-catégorie toujours régie par les articles L. 1411-1 et suivant du Code général des collectivités territoriales. Sont concernés, en application de cet article, les contrats de concession qui confient « la gestion d'un service public à un ou plusieurs opérateurs économiques »,

Au final, le droit de la commande publique se retrouve organisé, dans son ensemble, autour de la summa divisio européenne marchés publics-concession.

L'ordonnance du 23 juillet 2014 relative aux marchés, et l'ordonnance du 29 janvier 2016 poursuivent également le mouvement initié par la loi Sapin en rapprochant encore les règles procédurales afférentes aux marchés publics et aux concessions. En particulier, l'article 1er de l'ordonnance du 29 janvier 2016 précise que, comme pour les marchés publics, les contrats de concession respectent « les principes de liberté d'accès à la commande publique, d'égalité de traitement des candidats et de transparence des procédures ».

Comme pour les marchés publics, les formalités de publicité et les règles de mise en concurrence dépendent essentiellement du montant du contrat de concession.

Dans l'hypothèse où le contrat est passé par une collectivité territoriale, il est également nécessaire, après que l'assemblée délibérante s'est prononcée sur le principe même de la délégation, qu'une commission dresse la liste des candidats admis à présenter une offre, en fonction de leurs garanties professionnelles et financières, de leur respect de l'obligation d'emploi des travailleurs handicapés prévue aux articles L. 5212-1 à L. 5212-4 du Code du travail et de leur aptitude à assurer la continuité du service public et l'égalité des usagers devant le service public. La collectivité adresse alors à chacun des candidats un document définissant les caractéristiques quantitatives et qualitatives des prestations ainsi que, s'il y a lieu, les conditions de tarification du service rendu à l'usager.

A l'issue de la procédure (V. Ordonnance n°2016-65 du 29 janvier 2016, art. 46 et plus spécialement pour les délégations de service public, CGCT, art. L. 1411-4 s.), le principe de l'intuitu personae reparaît, puisque l'autorité concédante négocie librement les offres et choisit le délégataire au terme de ces négociations. Toutefois, la liberté de négociation doit respecter l'égalité entre les candidats (V. par exemple CE, 9 août 2006, requête numéro 286107, Compagnie générale des eaux : AJDA 2006, p. 2064, note Morel ; BJCP 2006, p. 448, concl. Casas, obs. C.M. ; Contrats - Marchés publ. 2006, 267, obs. Delacour). En outre, l'article 47 de l'ordonnance du 29 janvier 2016 précise que « le contrat de concession est attribué au soumissionnaire qui a présenté la meilleure offre au regard de l'avantage économique global pour l'autorité concédante sur la base de plusieurs critères objectifs, précis et liés à l'objet du contrat de concession ou à ses conditions d'exécution ». En tout état de cause, le même article précise que « les critères d'attribution n'ont pas pour effet de conférer une liberté de choix illimitée à l'autorité concédante et garantissent une concurrence effective ».

C – Sanctions du non-respect des règles de mise en concurrence

La violation des règles de mise en concurrence peut donner lieu à la mise en œuvre de la procédure de référé précontractuel qui permet au juge administratif des référés d'interdire la signature du contrat (CJA, art. L. 551-1).

Il existe également une procédure de référé contractuel qui peut être exercée après que le contrat a été conclu et qui a également pour objet de sanctionner les manquements aux obligations des règles de publicité et de mise en concurrence préalable (CJA, art. L. 551-13 s.). Peuvent agir les personnes qui ont un intérêt à conclure le contrat et qui sont susceptibles d'être lésées par ces manquements, ainsi que le représentant de l'Etat dans le cas des contrats passés par une collectivité territoriale ou un établissement public local.

Enfin, des sanctions pénales sont prévues en cas d'atteintes à l'égalité entre les candidats. Sont plus précisément concernés les délits de prise illégale d'intérêt (Code pénal, art. 432-12) et de favoritisme (Code pénal, art. 432-14).

IV – Contenu du contrat

La liberté contractuelle conduit à considérer que le contenu des contrats administratifs peut être extrêmement variable. Toutefois, ici encore, des textes peuvent imposer un contenu plus ou moins précis, en fonction du type de contrats qu'ils visent, ainsi que la présence de documents annexes.

Exemple :
- Les conditions d'exécution des marchés publics sont définies par des cahiers des charges. Les règles générales sont définies par les cahiers des clauses administratives générales et les cahiers des clauses techniques générales qui sont des documents types établis par arrêté du ministre de l'Economie et des Finances. Les conditions particulières à chaque marché considéré, qui dérogent à ces documents, sont mentionnées, quant à elles, par le cahier des clauses administratives particulières et le cahier des clauses techniques particulières.

§ II – Exécution des contrats

Les conditions dans lesquelles sont exécutés les contrats administratifs dénotent un fort déséquilibre entre les parties, au profit de l'administration. Toutefois, ce déséquilibre est en partie compensé par la reconnaissance de garanties reconnues aux cocontractants privés de l'administration.

I – Pouvoirs de l'administration

L'administration contractante dispose d'un certain nombre de prérogatives qu'elle peut exercer sur son cocontractant : pouvoir d'exiger l'exécution personnelle du contrat, pouvoir de contrôle et de direction, pouvoir de sanction et pouvoir de modification et de résiliation unilatérale.

A – Pouvoir d'exiger l'exécution personnelle du contrat

Le titulaire d'un contrat administratif, et notamment d'un marché public, est tenu d'exécuter personnellement ses obligations. Ce principe connaît néanmoins une exception dont l'importance pratique est réelle : au titre de la loi n°75-1334 du 31 décembre 1975, le cocontractant de l'administration est en effet autorisé à sous-traiter certaines parties d'un marché public. Cependant, la sous-traitance, qui concerne les marchés de travaux et de service, n'est possible - si elle intervient après le dépôt de l'offre - que lorsqu'elle est autorisée explicitement par l'administration. Plus précisément, l'administration doit agréer la personne du sous-traitant ainsi que ses conditions de paiement. Dans cette hypothèse, un rapport direct est établi entre l'administration et le sous-traitant. Ce dernier peut notamment être directement payé par l'administration pour la partie du marché dont il a assuré l'exécution lorsque le montant du contrat de sous-traitance est égal ou supérieur à 600 euros TTC ((D. n° 2016-360 du 25 mars 2016, art. 135).

La sous-traitance doit être distinguée de l'hypothèse de la cession qui correspond à l'hypothèse où un contractant est substitué à un autre, avec l'agrément de la collectivité publique, sans qu'un contrat ne soit conclu entre le cédé et le cessionnaire.

Enfin, précisons que la sous-traitance est possible dans le cadre d'une délégation de service public. Il faut alors parler, plutôt que de sous-traitance, de sous-délégation de service public (V. par exemple CE, avis, 16 mai 2002, requête numéro 366305 : EDCE 2003, n° 54, p. 201 EDCE 2003, p. 201 ; BJCP 2003, p. 235, note Glaser et Mauguë.- V. également Rép. min. n°12577 : JO Sénat, 2 juin 2011, p. 1470).

B – Pouvoir de contrôle et de direction

L'administration peut vérifier à tout moment que son cocontractant privé se comporte conformément aux clauses du contrat. Elle peut ainsi exiger que celui lui fournisse tous les renseignements qui lui permettent d'effectuer ces vérifications.

En outre, l'administration exerce un véritable pouvoir de direction. Notamment, elle peut exiger de son cocontractant qu'il emploie certains procédés d'exécution de ses prestations, où encore lui imposer l'ordre dans lequel il devra les réaliser. Elle peut également adresser un ordre de service écrit à son cocontractant, par exemple pour l'enjoindre de débuter ses prestations dans le cadre d'un marché de travaux.

C – Pouvoir de sanction

L'administration peut infliger des sanctions à son cocontractant privé en cas d'inobservation, par celui-ci, des clauses du contrat ou des instructions reçues.

Dans un premier temps, si le Conseil d'Etat avait admis qu'un cocontractant défaillant pouvait être sanctionné même en l'absence de sanction prévue par le contrat (CE, 31 mai 1907, Deplanque : Rec. p.513, concl. Romieu ; D. 1907, III, p.81, concl. Romieu ; RDP 1907, p.678, note Jèze ; S. 1907, III. p.113, note Hauriou), seul le juge pouvait allouer une indemnité à l'administration ou prononcer la résiliation du contrat. Mais ensuite, les juges ont admis que l'administration, en vertu du privilège du préalable, pouvait elle-même infliger une sanction au cocontractant défaillant.

Ces sanctions ne peuvent toutefois pas être prononcées d'office, ce qui signifie qu'elles devront donner lieu à une mise en demeure préalable du cocontractant privé réalisée par l'administration. Plus précisément, l'administration sera tenue de respecter les droits de la défense de son cocontractant et de lui notifier précisément les manquements qu'elle lui reproche. Ces sanctions sont de trois ordres : elles peuvent être pécuniaires, coercitives ou consister en la résiliation du contrat.

1° Sanctions pécuniaires

Les sanctions pécuniaires consistent en des pénalités, prévues par le contrat lui-même, ou en des amendes fixées par l'administration. Toutefois, pour que la sanction soit légale, elle doit correspondre effectivement à un manquement fautif du cocontractant de l'administration.

Exemple :

- CE, 1er juillet 2005, requête numéro 269342, requête numéro 269343, Commune de Saint-Paul de la Réunion (Contrats-Marchés publ. 2005, 281, note Delacour) : le cahier des charges d'un contrat de délégation de service public prévoyait que, pour l'exécution du service, le cocontractant privé devait reprendre des agents du personnel communal affectés auparavant au même service. Or, malgré des offres réitérées d'embauche dont le contenu correspondait aux conditions de rémunération et de reprise d'ancienneté offertes par le marché du travail local, aucun agent communal n'avait accepté de conclure un contrat de travail avec la société en question. Le Conseil d'Etat en a déduit que la société n'avait pas commis de faute contractuelle en n'embauchant aucun agent communal.

2° Sanctions coercitives

Dans ce cas, le cocontractant privé est pénalisé plus fortement, mais sans que cela aboutisse à la rupture du contrat, l'administration se substituant au cocontractant ou lui substituant un tiers.

Dans les deux hypothèses, l'exécution des prestations se poursuit aux frais et risques du cocontractant sanctionné. On parle ainsi, notamment, de « mise sous séquestre » d'un contrat de concession ou encore de « mise en régie » d'un marché de travaux publics.

Dans un arrêt de Section Office public d'HLM d'Avignon du 6 mai 1985 (requête numéro 44130 : RDP 1985 p.1706) le Conseil d'Etat a précisé qu'il s'agit de « pouvoirs de coercition inhérents à tout contrat passé pour l'exécution du service public ». Il a récemment rappelé que la mise en régie d'un contrat en cas de manquement du cocontractant initial « résulte des règles générales applicables aux contrats administratifs » (CE, 14 février 2017, requête numéro 405157, Société de manutention portuaire d'Aquitaine et Grand port maritime de Bordeaux : Contrats-Marchés publ. 2017, 99 et 100, note Eckert).

3° Résiliation sanction

L'administration peut également résilier le contrat à titre de sanction et dans ce cas aucune indemnité ne sera en principe due au cocontractant privé. Toutefois, l'administration ne peut utiliser cette possibilité qu'en cas de faute d'une particulière gravité commise par son cocontractant.

Exemple :
- CE, 12 mars 1999, requête numéro 176694, SA Méribel 92 (Rec. p. 61 ; BJCP 1999, p. 444, concl. Bergeal ; RD imm. 1999, p. 244 ; Dr. adm. 1999, 190) : un retard dans la réalisation de travaux, si elle apparaît constitutive d'une faute en l'espèce, n'est pas d'une gravité suffisante pour justifier la déchéance du concessionnaire.
-CE, 26 février 2014, requête numéro 365546, Société Environnement service (AJDA 2014, p. 1561, note Lombard) : en n'étant pas en mesure d'exécuter les prestations objet du marché à compter du délai stipulé pour la réalisation des installations indispensables au conditionnement des déchets ménagers et assimilés la société requérante a commis une faute de nature à justifier la résiliation à ses torts exclusifs sans qu'y fasse obstacle l'absence de bons de commande, ni l'omission, dans la mise en demeure qui lui a été adressée, d'un délai de réalisation de ces installations.

S'il apparaît que la sanction était disproportionnée, l'administration peut être condamnée au versement de dommages-intérêts (V. par exemple CE, 10 février 2016, requête numéro 387769, Société Signacité : Contrats – Marchés publ. 2016, 98, note Ubaud-Bergeron). De même l'indemnité peut être minorée s'il apparaît que la défaillance du cocontractant privé s'explique en partie par des faits imputables à l'administration (V. par exemple CE, 17 mars 2004, requête numéro 24341, Ville d'Aix-en-Provence : Contrats-Marchés publ. 2004, 150 ; Collectivités-Intercommunalité 2004, 167).

En outre, même si la sanction est fondée, lorsqu'est en cause un contrat de délégation de service public, le délégataire de service public a le droit d'être indemnisé des investissements réalisés au profit de la collectivité délégante qui n'ont pas été amortis à la date à laquelle cette rupture est prononcée (CE, 20 mars 1957, Société des Etablissements thermaux d'Ussat-les-Bains : Rec. p. 182). Le Conseil d'Etat a récemment précisé que la circonstance que l'exploitation de la délégation aurait été déficitaire si elle avait été poursuivie jusqu'au terme fixé est indifférente (CE, 4 mai 2015, requête numéro 383208, Société Domaine Porte des neiges : Contrats-Marchés publ. 2015, comm. 182, note Devillers).

Il faut aussi noter que le pouvoir de résiliation ne pouvait, à l'origine, en principe, être exercé par l'administration elle-même en matière de contrats de concession. Notons que dans ce domaine on parle plutôt de déchéance que de résiliation. Ce principe pouvait cependant être contourné lorsque le cahier des charges du contrat prévoyait que l'administration pouvait résilier elle-même le contrat (CE, 20 janvier 1905, Compagnie départementale des eaux et services municipaux : Rec. p. 57, concl. Romieu.- V. également CE, 25 mars 1991, requête numéro 90747, Copel : Rec. tables, p. 1045), ou lorsque le pouvoir de résiliation était conféré par le contrat à une autre autorité (CE, 22 novembre 1967, Société générale technique : CJEG 1969, p. 263, note A.P).

En outre, le pouvoir de résiliation peut toujours être prévu par un texte de loi.

Exemple :
- L'article L. 1321-6 du Code de la santé publique, qui concerne le service public de l'alimentation en eau potable et de l'assainissement prévoit que « en cas de condamnation du délégataire par application des dispositions de l'article L. 1324-3, le ministre chargé de la Santé peut, après avoir entendu le délégataire et demandé l'avis de la collectivité territoriale intéressée, et après avis du Haut Conseil de la santé publique, prononcer la déchéance de la délégation, sauf recours devant la juridiction administrative ».

Ces exceptions mises à part, seul le juge pouvait prononcer la résiliation du contrat de concession, ce qui s'expliquait par le fait que dans le cadre d'un tel contrat, le concessionnaire doit à la fois exploiter un service public, mais également en principe construire les ouvrages nécessaires à son fonctionnement. Conférer un pouvoir unilatéral de résiliation sanction à l'administration pouvait donc entraîner des conséquences très graves, ce qui justifiait la compétence de principe du juge en la matière. Ceci explique que cette solution se soit ensuite étendue à l'ensemble des contrats de longue durée exigeant, de la part du cocontractant de l'administration, des investissements importants (CE, 30 septembre 1983, requête numéro 26611, SARL Comexp : Rec. p.393).

Toutefois, l'évolution des règles du contentieux contractuel, dans un sens plus favorable à la préservation des droits des cocontractants de l'administration, avait conduit à relativiser l'intérêt de ce principe du recours au juge. Dans son arrêt du 21 mars 2011, Ville de Béziers, dit « Béziers II » (requête numéro 304806 : Rec. p. 117 ; AJDA 2011, p. 670, note Lallet ; Dr. Adm. 2011, 46, note Brenet et Melleray ; RDI 2010, p. 270, obs. Braconnier ; RFDA 2011, p. 507, concl. Cortot-Boucher et p. 518, note Pouyaud) le Conseil d'Etat a ainsi admis la possibilité pour le cocontractant de l'administration de contester une décision de résiliation devant le juge du contrat, lequel pourra décider la reprise des relations contractuelles, à compter d'une date qu'il fixe, le cas échéant en ajoutant une indemnité. De même, le Conseil d'Etat a admis la possibilité pour le juge des référés de suspendre, en application de l'article L. 521-1 du Code de justice administrative, une décision de résiliation d'une délégation de service public (CE, 17 juin 2015, Commune d'Aix-en-Provence : AJDA 2015, p. 2127 ; RFDA 2015, p. 930, concl. Pellissier).

C'est dans ce contexte que le Conseil a finalement décidé, dans un arrêt Société le jardin d'acclimatation du 12 novembre 2015, de poser le principe en vertu duquel en « l'absence même de stipulations du contrat lui donnant cette possibilité, le concédant dispose de la faculté de résilier unilatéralement le contrat pour faute et sans indemnité ». Il ne s'agit toutefois ici que d'une faculté, l'administration contractante ayant toujours la possibilité de choisir de saisir le juge en vue qu'il prononce la déchéance du contrat (requête numéro 387660 : Rec. tables, p. 395 ; AJDA 2016, p. 911, note Marcantoni ; Contrats-Marchés publ. 2016, comm. 16, note Ubaud-Bergeron et comm. 2123, note Hoffmann).

Le Conseil d'Etat a aussi voulu récemment préciser quelles étaient les conséquences d'une décision de résiliation d'un contrat portant exécution d'un service public (CE Sect., 19 décembre 2014, requête numéro 368294, Commune de Propriano : Contrats-Marchés publ. 2015, 46, note Eckert ; Dr. adm. 2015, 20, note Brenet ; JCP A 2015, act. 32, obs. Langelier). Dans cette hypothèse, en effet, il y a lieu de combiner pouvoir de résiliation de l'administration contractante et principe de continuité du service public. Pour ménager ce dernier principe, l'administration contractante va se substituer de plein droit à son ancien cocontractant pour l'exécution des contrats conclus avec les usagers ou avec d'autres tiers pour l'exécution même du service. Toutefois, la substitution de la personne publique n'emporte pas le transfert des dettes et créances nées de l'exécution antérieure des contrats conclus par l'ancien cocontractant de la personne publique Une exception est également faite au principe de cession du contrat, concernant les « engagements anormalement pris, c'est-à-dire des engagements qu'une interprétation raisonnable du contrat relatif à l'exécution d'un service public ne permettait pas de prendre au regard notamment de leur objet, de leurs conditions d'exécution ou de leur durée, à moins que, dans ce cas, la personne publique n'ait donné, dans le respect de la réglementation applicable, son accord à leur conclusion ».

Notons enfin que, traditionnellement, le juge administratif considérait que le cocontractant de l'administration ne pouvait disposer d'un pouvoir de résiliation unilatérale du contrat (CE, 15 janvier 1986, requête numéro 37321, Société l'habitat moderne). Cette solution est liée à l'idée que conformément au principe de continuité du service public, le cocontractant de l'administration, contrairement à l'hypothèse où le contrat est de droit privé, ne saurait bénéficier d'une exception d'inexécution. Selon cette approche, s'il cessait l'exécution de son contrat, le cocontractant privé commettait une faute susceptible d'engager sa responsabilité. En conséquence, s'il considérait que le contrat devait être résilié, il devait saisir l'administration d'une demande dans ce sens, une décision de refus pouvant ensuite être contestée devant le juge du plein contentieux contractuel (CE, 7 octobre 1988, requête numéro 68729, OPHLM du Havre).

Le Conseil d'Etat a toutefois récemment admis la légalité des clauses pouvant autoriser le cocontractant d'une personne publique à prononcer unilatéralement la résiliation de certains contrats administratifs en cas de méconnaissance par la personne publique de ses obligations contractuelles (CE, 8 octobre 2014, requête numéro 370644, Société Grenke location : Rec. p. 302, concl. Pellissier ; AJDA 2015, p. 396, obs. Melleray ; BJCP 2015, p. 3, concl. Pellissier ; D. 2015, p. 145, note Pugeault ; Dr. adm. 2015, 12, obs. Brenet ; JCP E 2014, 1623, obs. Sée ; JCP A 2014, 2327, obs. Ziani ; Contrats-Marchés publ. 2014, 329, obs. Eckert ; RFDA 2015, p. 47, note Pros-Philippon.- V. également CAA Douai, 4 février 2016, requête numéro 15DA01296, SA d'économie mixte Séquano Aménagement et Communauté d'agglomération creilloise : Contrats-marchés publ. 2016, 110, note Eckert). Si cette avancée est bénéfique pour le cocontractant privé de l'administration, cette possibilité est toutefois très encadrée, eu égard notamment à la prise en compte de l'intérêt général. En effet, demeure le principe selon lequel « le cocontractant lié à une personne publique par un contrat administratif est tenu d'en assurer l'exécution, sauf en cas de force majeure, et ne peut notamment pas se prévaloir des manquements ou défaillances de l'administration pour se soustraire à ses propres obligations contractuelles ou prendre l'initiative de résilier unilatéralement le contrat ». Une clause de résiliation unilatérale pouvant être utilisée par le cocontractant privé peut toutefois être introduite dans le contrat mais uniquement si celui-ci n'a pas pour objet l'exécution même du service public. En outre, « le cocontractant ne peut procéder à la résiliation sans avoir mis à même, au préalable, la personne publique de s'opposer à la rupture des relations contractuelles pour un motif d'intérêt général, tiré notamment des exigences du service public ». Si ce motif d'intérêt général existe, le cocontractant privé devra poursuivre l'exécution du contrat et il s'expose, en cas de manquement à ses obligations, à une résiliation à ses torts exclusifs. Il ne pourra alors que contester devant le juge du contrat le motif d'intérêt général qui lui est opposé en vue d'obtenir des indemnités.

D – Pouvoirs de modification et de résiliation unilatérale

L'existence de tels pouvoirs déroge au principe civiliste selon lequel le contrat est la loi des parties. Ils constituent les principales manifestations du pouvoir exorbitant accordé à l'administration dans le cadre des contrats. Les règles en la matière sont essentiellement d'origine jurisprudentielle. Toutefois, s'agissant des contrats de concession (au sens européen du terme) et les marchés publics les conditions de modification unilatérale et de résiliation unilatérale ont été précisées par les nouveaux textes édictés en 2015 et en 2016. Comme on le verra elles sont susceptibles de remettre en cause une construction jurisprudentielle qui constitue l'une des principales spécificités du régime juridique des contrats administratifs.

La justification théorique de l'existence de ces pouvoirs se trouve dans la notion d'intérêt général qui est en principe poursuivi chaque fois que l'administration conclut un contrat.

Le pouvoir de modification unilatérale a été reconnu à l'administration partie à un contrat par le Conseil d'Etat à l'occasion de l'arrêt du 10 février 1902, Gaz de Déville-les-Rouen (Rec. p. 5 ; S. 1902, III, p. 17, note Hauriou). En l'espèce une commune avait concédé à une société privée le service public d'éclairage. A l'époque où ce contrat avait été conclu, en 1874, l'éclairage des villes était assuré au gaz. Quelques années plus tard, la commune a demandé à son cocontractant de modifier la nature de ses prestations en vue qu'il accepte d'assurer l'éclairage au moyen de l'électricité. Dans cette affaire, le Conseil d'Etat a reconnu que l'administration avait le pouvoir de mettre en demeure son cocontractant d'accepter les modifications des prestations initialement prévues. Ainsi, l'intérêt général commandait une modification du contrat qui pouvait être imposée au cocontractant privé.

Dans l'arrêt du 2 février 1983, Union des transports urbains et régionaux (requête numéro 34027 : Rec. p. 33 ; RFDA 1984, p. 45, note Llorens ; RDP 1984, p.212, note Auby), le Conseil d'Etat a estimé que l'existence d'un tel pouvoir de modification unilatérale est « une règle générale applicable aux contrats administratifs ». Par conséquent, ce pouvoir peut être exercé par l'administration, même s'il n'est pas prévu dans les clauses du contrat. Cette solution, qui sous-tendait déjà le raisonnement du Conseil d'Etat dans l'arrêt Compagnie des tramways du 11 mars 1910 (Rec. p. 216, concl. Blum ; D. 1912, III, p. 49, concl. Blum ; S. 1911, III, p. 1, concl. Hauriou ; RDP 1910, p. 270, note Jèze), se démarque de la logique de l'arrêt Gaz de Déville-les-Rouen qui fondait le pouvoir de modification unilatérale sur la recherche de la commune volonté des parties.

Ce n'est que lorsque la modification unilatérale entraîne un bouleversement de l'équilibre du contrat qu'elle pourra justifier une demande de résiliation présentée par le cocontractant de l'administration (CAA Paris, 6 décembre 2005, requête numéro 02PA03983, Sapim c. Commune de Tremblay-en- France: Contrats-Marchés publ. 2006, 86 , note Delacour).

Le non-respect de l'obligation d'exécution du contrat modifié est constitutif d'une faute de nature à justifier la résiliation du contrat administratif (CE, 27 octobre 2010, requête numéro 318617, Syndicat intercommunal des transports publics de Cannes, Le Cannet, Mandelieu-la Napoule : Dr. adm. 2011, 3, note Brenet).

Bien évidemment, l'exercice de ce pouvoir ne se fait pas sans contrepartie : si elle met à la charge du cocontractant privé des prestations plus onéreuses, l'administration devra l'indemniser en vue de rétablir l'équilibre financier du contrat. En revanche, sera considérée comme illégale une clause d'un marché public de services qui prévoit que l'indemnité versée au délégataire peut excéder le montant du préjudice subi par celui-ci, du fait de cette résiliation (CAA Versailles, 7 mars 2006, requête numéro 04VE01381, Commune de Davreil : Contrats-marchés publ. 2006, 136, note Delacour). En outre, la réparation n'est due que si c'est bien l'administration qui est à l'origine de la modification. Ainsi, il n'y a aura pas lieu à verser des indemnités lorsque c'est son cocontractant qui a suggéré la modification (CAA Paris, 21 mars 1996, requête numéro 94PA01130, SARL Citra-Pacifique : Dr. adm. 1996, 309).

Par ailleurs, ce pouvoir ne peut s'exercer sur l'ensemble des éléments du contrat. En effet, en principe, il ne peut pas concerner les clauses financières qui ne peuvent être modifiées que d'un commun accord entre les parties, sauf rectification d'erreurs matérielles (CE, 23 mai 1936, Commune du Vésinet : Rec. p. 59). Une cour administrative d'appel a décidé qu'une modification unilatérale pouvait également intervenir au terme d'un processus de renégociation organisé par le contrat (CAA Nancy, 20 décembre 2007, requête numéro 05NC00897, Société Vivendi c. Commune de Saint-Dizier : Contrats-Marchés publ. 2008, 77, note Frérot). Dans ce cas, en effet, la modification unilatérale des clauses financières n'est qu'une conséquence de l'accord initial des parties. L'autorité délégante peut donc modifier unilatéralement les clauses financières du contrat lorsque le délégataire a refusé de signer l'avenant élaboré en application d'une clause du contrat.

On retrouve la même logique dans le pouvoir qui est conféré à l'administration de résilier unilatéralement les contrats qu'elle souscrit. Ici encore, c'est l'intérêt général, ou plus précisément, selon les termes employés dans la plupart des arrêts, l'intérêt du service, qui justifie ce pouvoir.

Exemples :
- CE, 7 mai 2013, requête numéro 365043, Société auxiliaire de parcs de la région parisienne (AJDA 2013, p. 1271, chron. Domino et Bretonneau ; JCP A 2013, 2297 note Vila) : eu égard à l'impératif d'ordre public imposant de garantir, par une remise en concurrence périodique, la liberté d'accès des opérateurs économiques aux contrats de délégation de service public et la transparence des procédures de passation, la nécessité de mettre fin à une convention dépassant la durée prévue par la loi d'une délégation de service public constitue un motif d'intérêt général justifiant sa résiliation unilatérale par la personne publique, sans qu'il soit besoin qu'elle saisisse au préalable le juge.
-CE, 10 juillet 1996, requête numéro 140606, Coisne (Rec. tables, p. 1006, concl. Chantepy ; RFDA 1997, p. 504) : en invoquant pour la résiliation d'une convention de prestation de service relative à l'information communale des motifs tirés de l'imprécision de ses dispositions, des irrégularités de rédaction notamment en ce qui

concerne sa résiliation et pour la résiliation de la convention relative à la promotion de la ville, des motifs tirés de la nécessité d'une meilleure cohérence entre les différents organismes intervenant dans ce domaine, la commune de Divonne-les-Bains qui a informé les conseillers municipaux, au cours de cette même séance que la gestion de ces activités serait mieux assurée par le biais d'une régie, a suffisamment motivé sa décision. Ces motifs doivent être regardés comme des motifs d'intérêt général de nature à justifier la mesure litigieuse.

Dans cette hypothèse, il ne s'agit pas, comme dans le cadre de la résiliation sanction, de punir le cocontractant (sur les difficultés de distinction entre ces deux hypothèses de résiliation, V. CAA Nancy, 27 juin 2013, requête numéro 12NC01799, Commune de Verdun : LPA 5 mai 2014, p.11, note Tifine). Pour cette raison, celui-ci percevra une indemnité, ce qui n'est pas le cas en principe dans le cadre de la résiliation sanction.

Exemple :
- CE, 21 décembre 2007, requête numéro 293260, Région du Limousin (AJDA 2008, p.481, note Dreyfus) : le Conseil d'Etat engage la responsabilité contractuelle de l'Etat à l'égard d'une région avec laquelle il avait conclu une convention relative à la modernisation d'une liaison ferroviaire, pour ensuite modifier unilatéralement son engagement. L'Etat est donc condamné à indemniser la région des dépenses d'études effectuées en application de la convention.

L'administration contractante doit prendre garde de ne pas se tromper de motif de résiliation. Ainsi, dans l'hypothèse où le contrat est résilié pour motif d'intérêt général, elle ne saurait écarter l'indemnisation du manque à gagner en invoquant les fautes qui auraient été commises par le délégataire (CE, 31 juillet 2009, requête numéro 316534, Société Jonathan Loisirs : Rec. tables, p. 739 ; Dr. adm. 2009, 129 ; RJEP 2010, 17, note Chamard-Heim).

Le pouvoir de résiliation est reconnu par la jurisprudence dans des termes aussi généraux que celui de modification unilatérale. Comme l'a précisé le Conseil d'Etat, dans son arrêt d'Assemblée du 2 mai 1958, Distillerie de Magnac-Laval, l'administration contractante peut « en tout état de cause … en vertu des règles générales applicables aux contrats administratifs … mettre fin aux contrats administratifs … sous réserve des droits à indemnité des intéressés » (Rec. p. 246 ; AJDA 1958, II, p. 282 ; D. 1958, p. 73, note de Laubadère). Dans le cas particulier où est en cause est une convention de coopération entre personnes publiques un simple déséquilibre financier ne constitue pas un motif suffisant. Il est exigé, dans ce cas, un bouleversement de son équilibre où - c'est une autre hypothèse - une disparition de la cause du contrat (CE, 27 février 2014, requête numéro 357028, Commune de Béziers : Contrats-Marchés publ. 2015, 101, note Eckert ; JCP G 2015, act. 301, obs. Erstein ; AJDA 2015, p. 1482, note Bourdon).

En application des principes dégagés par la jurisprudence, il a été jugé que si une personne publique peut aménager les conditions dans lesquelles elle sera susceptible de procéder à cette résiliation (CE, 11 mai 1990, requête numéro 68689, OPHLM de la Ville Toulon) elle n'a pas la possibilité d'y renoncer à l'avance par une stipulation contractuelle (CE, 6 mai 1985, requête numéro 41589, requête numéro 41699, Association Eurolat et Crédit foncier de France : Rec. p. 141 ; AJDA 1985, p. 620, note Fatôme et Moreau ; LPA, 23 octobre 1985, p.4, note Llorens ; RFDA 1986, p. 21, concl. Genevois ; RDP 1986, p. 21).

Enfin, on ne manquera pas de noter que les nouveaux textes relatifs aux concessions et aux marchés sont susceptibles de remettre en cause les règles jurisprudentielles dégagées par le Conseil d'Etat. En effet, ces textes limitent les cas dans lesquels le cocontractant public peut modifier unilatéralement le contrat. En particulier, les modifications apportées au contrat ne peuvent être « substantielles » ce qui veut dire qu'elles ne peuvent changer « la nature globale » du contrat (V. pour les contrats de concession : Ord. n°2016-65 du 29 janvier 2016, art. 55 et D. n°2016-86 du 1er février 2016, art. 36.- Pour les marchés publics : Ord. n°2015-899 du 23 juillet 2015, art. 65 et D. n°2016-360 du 25 mars 2016, art. 139). Par ailleurs, le montant des modifications prévues ne peut être supérieur à 50 % du montant du marché public initial (V. respectivement D. n°2016-86 du 1er février 2016, art. 36 et D. n°2016-360 du 25 mars 2016, art. 140). Il s'agit ici de limites sérieuses à l'exercice de son pouvoir de modification unilatérale par l'administration contractante.

La question, au regard de ces mêmes textes, de l'exercice d'une pouvoir de résiliation unilatérale pour motif d'intérêt général ne se pose pas exactement dans les mêmes termes. En effet, ce pouvoir peut être exercé dès lors que « l'exécution du contrat ... ne peut être poursuivie sans une modification contraire aux dispositions prévues par (les ordonnances encadrant ce pouvoir de modification) » (Ord. n°2016-65 du 29 janvier 2016, art. 55 et Ord. n°2015-899 du 23 juillet 2015, art. 65). Il semble donc que si l'exercice d'un pouvoir de modification unilatérale pour motif d'intérêt général est strictement encadré par les textes susvisés, le pouvoir de résiliation unilatérale exercé pour le même motif devrait avoir un champ d'application au moins aussi large que celui qui lui est actuellement reconnu.

II – Droits du cocontractant de l'administration

Le cocontractant de l'administration bénéficie du droit d'être rémunéré pour les prestations réalisées prévues au contrat, ainsi que du droit d'être indemnisé de certaines dépenses supplémentaires qui n'étaient pas prévues à l'origine.

A – Rémunération du cocontractant

Le cocontractant privé a le droit d'être payé pour les prestations réalisées.

Les marchés publics donnent lieu au paiement d'un prix, alors que les contrats de délégation de service public, selon la définition donnée par l'article 3 de la loi MURCEF n°2001-1168 du 11 décembre 2001, codifié à l'article L. 1411-1 du Code général des collectivités territoriales, étaient des contrats « par (lesquels) une personne morale de droit public confie la gestion d'un service public dont elle a la charge à un délégataire public ou privé, dont la rémunération est substantiellement liée aux résultats de l'exploitation du service ».

Ainsi, pour qu'un contrat soit qualifié de contrat de délégation de service public, il était nécessaire que la part variable de la rémunération soit suffisamment importante pour que la rémunération du cocontractant puisse être considérée comme « substantiellement liée aux résultats de l'exploitation », ce qui était susceptible de poser un certain nombre de problèmes d'appréciation.

Exemple :
- CE, 30 juin 1999, requête numéro 198147, Syndicat mixte du traitement des ordures ménagères centre-ouest et seine-et-marnais (Rec. p. 299 ; AJDA 1999 p. 714, concl. Bergeal et note Peyrical ; LPA 28 février 2000, p. 10, note Boiteau ; RFDA 1999, p. 1134, note Douence et Vidal ; RGCT 1999, p. 440, note Mescheriakoff) : une part de recettes tirées de l'exploitation du service représentant 30 % du total des recettes perçues doit être considérée comme substantielle.

Cet élément de définition du contrat de délégation du service public avait été remis en cause par la jurisprudence du Conseil d'Etat qui avait fini par privilégier le critère du risque d'exploitation. En d'autres termes l'exploitant, s'il attend un bénéfice du contrat, doit également être en en mesure de supporter un éventuel déficit. Il s'agissait ici d'un alignement sur la distinction opérée par la Cour de justice des communautés européennes entre les marchés publics et les contrats de concessions (CJCE, 13 octobre 2005, affaire numéro C-458/03, Parking Brixen Gmbh : AJDA 2005, p. 1983. – CJCE, 18 juillet 2007, affaire numéro C-382/05, Commission c. Italie. – CJCE, 10 septembre 2009, affaire numéro C- 206/08, Wasser Gotha : Contrats-Marchés publ. 2009, 329, note Zimmer).

La nouvelle directive sur l'attribution de contrats de concession (PE et Cons. UE 2014/23) précise quant à elle dans son article 5 que « le concessionnaire est réputé assumer le risque d'exploitation lorsque, dans des conditions d'exploitation normales, il n'est pas certain d'amortir les investissements qu'il a effectués ou les coûts qu'il a supportés lors de l'exploitation des ouvrages ou services qui font l'objet de la concession ». Elle indique également que « la part de risque transférée au concessionnaire implique une réelle exposition aux aléas du marché, telle que toute perte potentielle estimée qui serait supportée par le concessionnaire ne doit pas être purement nominale ou négligeable »

Ce critère avait été expressément repris par le Conseil d'Etat dans son arrêt Département de la Vendée du 7 novembre 2008 (requête numéro 291794 : Rec. tables, p. 805 ; AJDA 2009, p. 2454, note Richer et Le Chatelier ; Contrats-Marchés publ. 2009, 296, note Eckert ; CP-ACCP mars 2009, p. 59, note Le Chatelier ; BJCP 2009, p. 76, note Pez ; Dr. adm. 2009, 5.- V. également CE, 5 juin 2009, requête numéro 298641, Société Avenance enseignement santé : Contrats - Marchés publ. 2009, 236, note Eckert.- CE, 1er avril 2009, requête numéro 323585, Communauté urbaine Bordeaux et Société Koélis : Contrats-Marchés publ. 2009, 162, note Soler-Couteaux.- CE, 19 novembre 2010, requête numéro 320169, Dingreville : BJCP 2011, p. 95, concl. Dacosta ; Contrats-Marchés publ. 2011, 22, note Eckert.). En l'espèce, un contrat relatif à un service de transport scolaire est qualifié de convention de délégation de service public seulement parce que le cocontractant assumait « une part significative du risque d'exploitation ».

La transposition en droit français de la directive du 26 février 2014 a conduit à rendre les textes nationaux cohérents avec le droit de l'Union européenne. En effet, l'article 5 de l'ordonnance n°2016-65 du 29 janvier 2016 sur les contrats de concession précise que « les contrats de concession sont les contrats conclus par écrit, par lesquels une ou plusieurs autorités concédantes soumises à la présente ordonnance confient l'exécution de travaux ou la gestion d'un service à un ou plusieurs opérateurs économiques, à qui est transféré un risque lié à l'exploitation de l'ouvrage ou du service, en contrepartie soit du droit d'exploiter l'ouvrage ou le service qui fait l'objet du contrat, soit de ce droit assorti d'un prix ». L'article L. 1411-1 du Code général des collectivités territoriales qui vise plus spécialement, parmi les contrats de concession au sens du droit de l'Union européen, les délégations de service public, adopte une définition similaire en visant les contrats confiant « la gestion d'un service public à un ou plusieurs opérateurs économiques, à qui est transféré un risque lié à l'exploitation du service, en contrepartie soit du droit d'exploiter le service qui fait l'objet du contrat, soit de ce droit assorti d'un prix ».

B – Droit à l'indemnisation de certaines dépenses

Il peut arriver que le cocontractant privé réalise certaines dépenses non prévues au contrat, ce qui peut être lié à quatre types de circonstances : l'exercice du pouvoir de modification unilatérale du contrat dont dispose l'administration contractante, des difficultés matérielles non prévues, des travaux indispensables, ou encore un aléa administratif ou économique.

1° Dépenses liées à l'exercice du pouvoir de modification unilatérale du contrat

Dans ce cas, comme on l'a évoqué, le cocontractant privé a le droit à une compensation intégrale des charges nouvelles qu'il subit. L'équilibre financier initial du contrat est rétabli, même si le déséquilibre du contrat ne présente qu'un caractère mineur.

2° Dépenses liées à des difficultés matérielles non prévues

Elaborée en matière de travaux publics, la théorie des sujétions imprévues permet à l'entrepreneur qui se heurte à des obstacles naturels exceptionnels non prévus dans le cahier des charges à obtenir une indemnité. Ce droit bénéficie également au sous-traitant (CAA Lyon, 15 mai 2008, requête numéro 07LY02701, Société entreprise Martoia). Plus précisément, le Conseil d'Etat a précisé que les sujétions imprévues sont « des difficultés matérielles rencontrées lors de l'exécution d'un marché, présentant un caractère exceptionnel, imprévisibles lors de la conclusion du contrat et dont la cause est extérieure aux parties » (CE, 30 juillet 2003, requête numéro 223445, Commune de Lens : Rec. p. 862 ; BJCP 2003, p.462, concl. Piveteau ; AJDA 2003, p. 1727, note Dreyfus).

Les difficultés susceptibles de provoquer l'application de la théorie des sujétions imprévues tiennent le plus souvent à des sujétions liées à la composition du sous-sol : roches dures, poches de sable, nappes d'eau dont les sondages n'avaient pu déceler la présence, etc. Elles peuvent également résulter de pluies diluviennes inattendues ayant entravé l'activité d'un chantier (CE, 13 mai 1987, requête numéro 35374, Société Citra-France : Rec. p. 821 ; D. 1987, somm. p. 433, obs. Terneyre ; RDP 1988, p. 1426).

La difficulté consiste, dans tous les cas, à apprécier le caractère imprévisible des obstacles rencontrés.

> Exemple :
> CAA Marseille, 21 novembre 2000, requête numéro 98MA00892, Département du Var : l'augmentation du coût des travaux a été occasionnée par une définition insuffisante de la consistance de ces travaux et non par la rencontre de sujétions techniques imprévues comme la présence de parties du sous-sol friables ne pouvant permettre l'assise des fondations de l'ouvrage. Les services départementaux étaient, en effet, en mesure

d'identifier la nature particulière du terrain en menant des investigations peu onéreuses et ne nécessitant pas la mise en œuvre de moyens techniques exceptionnels.

Dans cette hypothèse, une solution identique à celle du cas précédent s'applique et le cocontractant de l'administration a donc le droit au rétablissement de l'équilibre financier initial du contrat. En revanche, l'indemnité ne couvre ni les aléas normaux du chantier ni une marge bénéficiaire supplémentaire, par rapport à celle incluse dans le prix initial du marché (CE, 7 novembre 2008, requête numéro 290699, Société Guintoli et a. : les aléas normaux sont évalués à 5% du surcoût global du chantier).

En matière de marchés publics, les solutions dégagées par la jurisprudence avaient été reprises par le Code des marchés publics de 2006 dont l'article 20 précisait que « sauf en cas de sujétions techniques imprévues ne résultant pas du fait des parties, un avenant ne peut bouleverser l'économie du marché ». On ne manquera toutefois pas de signaler que la question de la pérennité de la théorie des sujétions imprévues doit se poser eu égard aux nouveaux textes relatifs aux marchés publics et aux concessions. Certes, selon ces textes, un contrat peut être modifié « lorsque ... la modification est rendue nécessaire par des circonstances qu'une autorité concédante (ou un acheteur) diligent(e) ne pouvait pas prévoir » (D. n°2016-86, relatif aux contrats de concession, art. 36, 3° ; D. n°2016-360 relatif aux marchés publics, art. 139, 3°). Toutefois, lorsque le contrat est conclu par un pouvoir adjudicateur, le montant des modifications ne doit pas être supérieur à 50 % du montant du contrat initial (décret n° 2016-86, art. 37, I ; décret n°2016-360, art. 140, I), ce qui pose problème au regard du principe retenu jusqu'alors par la jurisprudence dans le cadre de la théorie des sujétions imprévues en vertu de laquelle cette limitation n'existe pas.

3° Travaux indispensables

Dans le cadre d'un marché de travaux, le titulaire du marché peut réaliser spontanément des travaux non prévus, dès lors qu'ils sont « indispensables à la bonne exécution des ouvrages compris dans les prévisions du marché » (CE Sect., 17 octobre 1975, requête numéro 93704, Commune de Canari : Rec. p. 516 ; CJEG 1976, p. 26, note Le Galcher et Michel ; AJDA 1975, p. 562, chron. Boyon et Nauwelaers.- CE, 20 décembre 2017, requête numéro 401747, Communauté d'agglomération du Grand Troyes : Contrats-Marchés pub. 2018, 33, obs. Ubaud-Bergeron). Dans ce cas, l'entreprise sera payée conformément aux conditions fixées par le contrat. En revanche, des travaux simplement « utiles » à la bonne exécution du marché, ne feront pas l'objet d'une indemnisation en l'absence d'ordre de service du maître d'ouvrage (même arrêt).

On notera enfin, comme en matière de sujétions imprévues, que la possibilité de réaliser des travaux indispensables est limitée par la règle qui veut que le montant des modifications ne doit pas être supérieur à 50 % du montant du contrat initial (D. n°2016-360, art. 140, I). Il semble toutefois que s'agissant de travaux en général accessoires à ceux prévus par le marché que cette limitation ne constitue pas un réel obstacle à l'indemnisation du cocontractant de l'administration.

4° Dépenses liées à un aléa administratif ou à un aléa économique

L'aléa administratif et l'aléa économique sont des évènements extérieurs à la volonté des parties, agissant en tant que parties au contrat, imprévisibles, mais en aucun cas irrésistibles. Dans ces deux cas de figure des principes généraux s'appliquent. S'y ajoutent des règles spécifiques à l'aléa économique et à l'aléa administratif.

a- Principes généraux applicables

La survenance d'un aléa administratif, ou d'un aléa économique, peut conduire le juge à appliquer, concurremment ou isolément, deux théories jurisprudentielles.

Il s'agit, en premier lieu, de la théorie du fait du prince qui concerne exclusivement le cas d'un aléa administratif. Cette théorie est susceptible de jouer lorsque l'intervention de la puissance publique influe sur l'exécution du contrat.

Il s'agit ensuite de la théorie de l'imprévision qui concerne à la fois le cas d'un aléa administratif et celui d'un aléa économique : on parle d'état d'imprévision lorsque le fait du prince, ou tout autre événement extérieur aux relations contractuelles, aboutit à un bouleversement de l'équilibre financier du contrat.

Dans les deux hypothèses visées, le principe, qui connaît quelques exceptions, est que l'existence d'une simple rupture de l'équilibre financier résultant de l'aggravation des charges du cocontractant n'est normalement pas réparée. L'idée générale qui sous-tend la jurisprudence, c'est que l'administration contractante, si elle n'est pas à l'origine de cette aggravation, ne doit pas, en principe, d'indemnités. En effet, les difficultés de la personne privée sont liées, qu'il s'agisse d'un aléa administratif ou bien d'un aléa économique, à un événement extérieur au contrat.

Toutefois, si la réparation n'est pas due, en principe, en cas de simple rupture de l'équilibre financier du contrat, l'administration devra indemniser son cocontractant en cas de véritable bouleversement de cet équilibre mettant en danger l'exécution même du contrat. En effet, un tel déséquilibre peut rendre impossible, pour le cocontractant privé, l'exécution de ses obligations. Dans ce cas, la personne publique partie au contrat devra en quelque sorte aider son cocontractant à continuer d'exécuter ses prestations en lui versant une indemnité, si toutefois cette exécution demeure possible. Là encore, cette solution est justifiée par la notion d'intérêt général. Toutefois, la jurisprudence relative à l'imprévision pourrait être remise en cause par les textes récents relatifs aux marchés publics et aux concessions.

b- Théorie du fait du prince

La théorie du fait du prince recouvre elle-même deux hypothèses différentes qui donnent lieu à des solutions distinctes. Dans les deux cas, cependant, c'est une intervention de l'administration qui est à l'origine de l'aggravation des charges du cocontractant privé.

α- Intervention d'une personne publique autre que celle qui est partie au contrat

Un exemple classique de cette jurisprudence est fourni par l'arrêt du Conseil d'Etat du 15 juillet 1949, Ville d'Elbeuf (Rec. p.359 ; D. 1950, p. 60, note Blaevoet ; S. 1950, III, p.61, note Mestre). Dans cette affaire, l'aggravation des charges du cocontractant privé, concessionnaire du service public d'électricité, résultait, non pas de l'action de la commune liée par la convention, mais de l'intervention d'un décret augmentant de façon substantielle les cours de l'énergie.

Le principe est que le fait du prince extérieur aux parties contractantes n'ouvre pas le droit au rétablissement de l'équilibre financier du contrat. Il n'en va autrement que si ce déséquilibre est tel, qu'il constitue un véritable bouleversement de l'économie du contrat rendant presque impossible l'exécution par le cocontractant privé de ses obligations. Dans cette hypothèse, pour permettre la continuation du contrat, la théorie de l'imprévision s'appliquera et le cocontractant pourra percevoir une indemnité.

β- Intervention de la personne publique contractante agissant à un autre titre que celui de partie au contrat

Ce cas de figure peut être illustré par l'arrêt du Conseil d'Etat du 18 janvier 1985 Association le relais culturel d'Aix-en-Provence (requête numéro 51534 : RDSS 1985, n° 4, p. 537.- V. également CE, 21 décembre 2007, requête numéro 293260, requête numéro 293261, requête numéro 293262, requête numéro 293263, Région Limousin : JCP A 2008, 205, note Pontier).

Dans cette affaire, était en cause un contrat conclu entre cette association et la ville d'Aix-en-Provence. Une délibération du conseil municipal intervient et supprime la subvention jusqu'alors versée à l'association. Celle-ci est alors dans l'impossibilité de continuer à assurer ses prestations, du fait d'un agissement de son cocontractant agissant à un autre titre que celui de cocontractant.

Sur ce point précis, la jurisprudence est à la fois rare et incertaine. Elle paraît cependant distinguer deux cas de figure.

Si la mesure prise par la personne publique frappe spécifiquement son cocontractant privé - ce qui est le cas dans l'arrêt du 18 janvier 1985 - l'administration partie au contrat devra verser une indemnité à l'intéressé, comme dans les cas où elle utilise son pouvoir de modification unilatérale. Plus précisément, c'est l'intégralité du préjudice subi qui sera réparé, quelle que soit son importance, même lorsque l'équilibre financier du contrat n'est pas bouleversé

En revanche, si la mesure prise par la personne publique ne frappe pas exclusivement son cocontractant, si elle présente un caractère général, la réparation du préjudice est en principe écartée.

> Exemple :
> -CAA Paris, 25 mai 1993, requête numéro 91PA00863, Société Renoveco (Rec. p. 874 ; Dr. adm. 1993, 446) : un contrat conclu entre l'Etat et cette société prévoyait le remboursement partiel ou total d'une aide spéciale en cas de non réalisation des objectifs économiques et financiers fixés par ce contrat. Pour le Conseil d'Etat, les modifications règlementaires apportées par l'Etat dans les conditions de passation des marchés de travaux d'économie d'énergie et dans les modalités de prêts ainsi que dans les avantages fiscaux et financiers consentis aux particuliers en ce domaine, ne sont pas constitutives d'un fait du prince de nature à l'exonérer de son obligation de rembourser.

Toutefois, par exception, le cocontractant de l'administration percevra une indemnité si la mesure prise porte atteinte à un élément essentiel du contrat. C'est la solution qui a été retenue par le Conseil d'Etat dans un arrêt Compagnie marseillaise de navigation du 20 mai 1904 (Rec. p. 425 ; D. 1906, III, p. 17, concl. Teissier). Cette affaire mettait en cause un contrat conclu entre l'Etat et une société de transport maritime qui s'engageait à assurer ses prestations à des prix réduits, voire gratuitement dans certains cas. La mise en place par un décret de droits de péage dans les ports constitue ici un fait du prince indemnisable.

Par ailleurs, en application de la théorie de l'imprévision, une indemnité sera due en cas de bouleversement de l'équilibre du contrat. Ainsi, il n'y aura lieu à indemnisation du cocontractant privé que dans les cas où son versement aura pour objet de permettre à la personne privée de continuer d'exécuter ses prestations.

Tel est le cas, par exemple, dans une affaire où des réductions de tarifs importantes, mettant en danger la continuation d'un contrat, avaient été imposées par la signature d'une convention internationale (CE Sect., 22 décembre 1961, SNCF : Rec. p. 738).

Au final, il apparaît que la théorie du fait du prince connaît un certain recul en raison de la concurrence que lui fait la théorie de l'imprévision. En effet, comme on l'a vu, le fait du prince ne donne en principe lieu à une indemnité qu'en cas de bouleversement de l'équilibre financier du contrat. Les seules hypothèses où la théorie du fait du prince s'applique de façon autonome paraissent marginales : il s'agit du cas où le déséquilibre a pour origine une mesure prise par la personne publique, n'agissant pas en sa qualité de cocontractant, et touchant exclusivement son cocontractant privé et celui d'une mesure générale portant atteinte à un élément essentiel du contrat.

c- Imprévision

En principe, toute activité économique est considérée comme soumise à certains aléas. Ainsi, lorsqu'en droit privé l'exécution d'un contrat s'avère être une mauvaise affaire pour l'une des parties, elle n'a le droit à aucune indemnité. C'est ce qui résulte clairement du célèbre arrêt « Canal de Craponne » du 6 mars 1876, rendu au visa de l'article 1134 du Code civil, dans lequel on peut lire que « dans aucun cas, il n'appartient aux tribunaux, quelque équitable que puisse leur paraître leur décision, de prendre en considération le temps et les circonstances pour modifier les conventions des parties et substituer des clauses nouvelles à celles qui ont été librement acceptées par les contractants » (D. 1876, I, p. 193, note Giboulot .- V. toutefois sur l'introduction récente de la théorie de l'imprévision en droit privé, infra p.532).

Tel n'est pas le cas pour les contrats administratifs ce qui est lié, une fois encore, à la notion d'intérêt général qui, pour une fois, bénéficie au cocontractant privé. Ainsi, lorsque les conditions économiques d'exécution d'un contrat administratif sont bouleversées et compromettent cette exécution, le cocontractant privé doit bénéficier d'une aide financière lui permettant de poursuivre cette exécution.

α- Apparition de la théorie

La théorie de l'imprévision est apparue à l'occasion de l'arrêt du Conseil d'Etat du 30 mars 1916, Compagnie générale d'éclairage de Bordeaux (Rec. p.125, concl. Chardenet ; RDP 1916, p.206 et p.388, concl. Chardenet, note Jèze ; S. 1916, III, p.17, concl. Chardenet, note Hauriou).

En l'espèce, la société requérante, concessionnaire du service public d'éclairage de la ville de Bordeaux, demande à la ville le versement d'une indemnité réparant la perte que lui a fait subir la hausse du prix du charbon. En un an, le prix du charbon avait en effet été multiplié par quatre, ce qui s'expliquait par les circonstances de guerre et l'occupation par l'ennemi des principales régions productrices.

Le Conseil d'Etat pose alors pour principe que le contrat litigieux règle d'une façon définitive jusqu'à son expiration les obligations respectives des parties. Par conséquent, le cocontractant privé est tenu d'exécuter les prestations prévues, à ses risques et périls. Ainsi, en principe, la variation du prix des matières premières est un aléa du marché qui demeure à sa charge.

Toutefois, ce principe connaît un aménagement qui est lié à la notion d'intérêt général. Les juges précisent que lorsqu'il survient un évènement qui dépasse les prévisions des parties au moment de la conclusion du contrat, et qui aboutit à un bouleversement de son économie, la personne publique cocontractante est tenue de verser une indemnité pour permettre la poursuite du contrat.

β- Conséquences de l'état d'imprévision

En cas d'imprévision, l'indemnisation du cocontractant n'est pas intégrale. Généralement, l'indemnité ne couvre en effet que 90 à 95% des charges supplémentaires subies par le cocontractant privé, ce qui se justifie de deux points de vue différents.

D'une part, l'alourdissement des charges du contractant privé n'est pas le fait de l'administration agissant en tant que partie au contrat. S'il est logique de la contraindre à indemniser intégralement la personne privée lorsqu'elle use de son pouvoir de modification unilatérale, il est également logique de ne pas mettre entièrement à sa charge les conséquences de circonstances extérieures au contrat.

D'autre part, les juges réalisent une distinction entre les aléas normaux pouvant survenir durant l'exécution du contrat, qui restent à la charge du cocontractant privé, et les évènements exceptionnels qui remettent en cause son équilibre économique. Il convient, dès lors, de prendre en compte, dans le calcul de l'indemnité, la part de l'aléa normal susceptible d'affecter l'exécution du contrat.

L'indemnité d'imprévision permet à l'administration d'aider son cocontractant privé à exécuter ses prestations. Il s'agit donc d'assurer, dans un but d'intérêt général, la continuité du service public. Il est donc normal de considérer qu'il n'y a pas lieu de verser d'indemnités, quand bien même les conditions visées par la jurisprudence Compagnie générale d'éclairage de Bordeaux seraient respectées, dans deux cas de figure.

En premier lieu, l'indemnité d'imprévision n'est pas due lorsque le cocontractant privé a interrompu ses prestations (CE Sect., 5 novembre 1982, requête numéro 19413, Société Propétrol : Rec. p. 381 ; AJDA 1983, p.259, concl. Labetoulle ; D. 1983, jurispr. p. 245, note Dubois ; JCP G 1984, II, 20168, note Paillet).

En second lieu, l'indemnité d'imprévision n'est versée que si les difficultés d'exécution du contrat présentent un caractère temporaire. Tel n'est pas le cas si ces difficultés constituent un cas de force majeure, c'est-à-dire un événement imprévisible, extérieur à la volonté des parties et également irrésistible. En effet, la survenance d'un cas de force majeure rend inutile le versement d'une indemnité d'imprévision puisque, de toutes façons, le contrat ne peut plus faire l'objet d'une exécution. Comme l'a précisé le Conseil d'Etat dans son arrêt du 9 décembre 1932, Compagnie des tramways de Cherbourg (Rec. p.1050, concl. Josse) lorsque « contrairement aux prévisions essentielles du contrat … le fonctionnement d'un service a cessé d'être viable … la situation nouvelle ainsi créée constitue un cas de force majeure et autorise à ce titre (les parties) à demander au juge la résiliation du contrat ». Dans cette hypothèse, l'une ou l'autre des parties est habilitée à solliciter la résiliation judiciaire du contrat (CE, 14 juin 2000, requête numéro 184722, Commune de Staffelfelden : Rec. p. 227 ; BJCP 2000, p. 434, concl. Bergeal ; LPA 8 décembre 2000, p. 14, note Jégouzo-Viénot). Le cocontractant privé peut également obtenir le remboursement des amendes mises à sa charge pour inexécution de ses obligations contractuelles infligées par l'administration.

En suivant la même logique, on devrait également estimer que la théorie de l'imprévision ne devrait pas recevoir application lorsque le contrat dont l'économie a été bouleversée est venu à son terme. En effet, dans ce cas de figure, il n'y a plus lieu de verser une indemnité qui aurait pour objet d'assurer le prolongement de l'exécution du contrat. Pourtant, depuis l'arrêt de Section du Conseil d'Etat du 12 mars 1976 Département des Hautes-Pyrénées (requête numéro 91471 : AJDA 1976, p.552, concl. Labetoulle), le Conseil d'Etat accepte de condamner l'administration contractante au versement d'une indemnité dans de tels cas. Cette solution, qui est conforme à l'équité, rompt manifestement avec la logique de la théorie de l'imprévision.

Dans le même ordre d'idées, mais de façon plus contestable, le Conseil d'Etat estime désormais que le cocontractant de l'administration peut percevoir une indemnité d'imprévision alors même que le contrat a fait l'objet d'une décision de résiliation par l'administration. Cette solution s'explique par le fait que même si ce contractant n'a pas respecté ses obligations, il a pu subir les conséquences d'un bouleversement imprévisible des conditions d'exécution du contrat (CE, 10 février 2010, requête numéro 301116, Société Prest'action : ACCP 94/2009, p. 15, obs. Jouguelet ; Contrats –Marchés publ. 2010, 133). En revanche, cette solution ne s'applique pas pour un marché entaché de nullité. Ceci s'explique par le fait que la théorie de l'imprévision « a nécessairement un fondement contractuel » et que dans une telle hypothèse le contrat a été anéanti rétroactivement (CAA Marseille, 8 février 2010, requête numéro 07MA02181, Société Securitas France SARL).

Enfin, il faut relever que dans la pratique, la théorie de l'imprévision a conduit à introduire dans les contrats des clauses de révision qui permettent une adaptation aux évolutions de la situation économique et financière, ce qui évite généralement d'avoir recours à cette théorie.

Exemples :
- CAA Bordeaux, 3 mai 2011, requête numéro 10BX01996, Société Gagne (Contrats-Marchés publ. 2011, 207, obs. Llorens) : dans l'hypothèse où un événement extérieur aux parties, imprévisible au moment de la conclusion du contrat, a pour effet de bouleverser l'économie du contrat, le titulaire du marché est en droit de réclamer au maître d'ouvrage une indemnité représentant la part de la charge extracontractuelle qu'il a supportée en exécutant les prestations dont il avait la charge. Une augmentation de 3 % du montant global du marché imputable à la hausse du prix de l'acier ne modifie pas l'économie du contrat dans une proportion suffisante pour ouvrir droit, au profit de l'intéressé, à l'allocation d'une indemnité pour charges extracontractuelles. En tant que professionnel avisé, l'entrepreneur ne pouvait ignorer que la formule contractuelle de révision du prix du marché ne permet de prendre en compte que de manière très partielle les hausses des prix de l'acier utilisé qui doivent ainsi entrer dans ses prévisions.
- CAA Nancy, 27 janvier 2011, requête numéro 10NC00154, Société EUROVIA Champagne Ardenne (Contrats- Marchés publ. 2011, 145, obs. Llorens) : si la société

requérante soutient que lors de la formulation de son offre et de la signature des marchés, l'augmentation brutale du prix des produits pétroliers n'était pas prévisible, le prix du pétrole est régulièrement soumis à de fortes variations se répercutant sur le coût de produits à forte teneur en bitume comme ceux utilisés pour la réalisation des prestations des marchés en cause. La société, qui ne pouvait méconnaître la situation du marché des produits pétroliers, n'est pas fondée à soutenir que de telles variations des prix des produits utilisés présentaient un caractère imprévisible. Alors même que les clauses de révision des prix prévues aux contrats n'auraient pas corrigé l'évolution des prix des produits pétroliers, elle ne saurait prétendre à une indemnité d'imprévision.

Ceci ne veut pas dire pour autant que la théorie de l'imprévision a perdu de son utilité. On relèvera d'ailleurs qu'elle vient d'être introduite en droit privé par l'ordonnance n°2016-131 du 10 février 2016 qui remet en cause la solution plus que centenaire rendue par la Cour de cassation à l'occasion de l'arrêt « Canal de Craponne » (préc.). Ces dispositions, introduites par l'ordonnance n°2016-131 du 10 février 2016, modifient l'article 1195 du Code civil dont il résulte désormais que « si un changement de circonstances imprévisible lors de la conclusion du contrat rend l'exécution excessivement onéreuse pour une partie qui n'avait pas accepté d'en assumer le risque, celle-ci peut demander une renégociation du contrat à son cocontractant. Elle continue à exécuter ses obligations durant la renégociation ».

γ- Remise en cause possible de la théorie de l'imprévision

Les textes récents applicables à la fois aux marchés publics et aux concessions pourraient aboutir à une remise en cause de la théorie de l'imprévision, au moment même où cette théorie fait son entrée dans le Code civil.

Tout d'abord, en effet, les textes en vigueur, s'ils sont inspirés par la notion européenne de « circonstances imprévisibles » ne font pas référence à un fait extérieur aux parties, ni au bouleversement de l'économie du contrat, lesquelles constituent les conditions de reconnaissance de la théorie de l'imprévision.

Ensuite, la mise en œuvre de cette théorie n'entraînait pas nécessairement la modification du contrat, puisqu'il s'agissait en réalité d'un mécanisme d'aide extracontractuelle.

Enfin, comme on l'a évoqué plus haut, la modification du contrat est désormais plafonnée à une augmentation de 50 % du montant du contrat initial, alors que cette limite n'existait pas dans le cadre de la théorie de l'imprévision (D. n° 2016-86, art. 37, I ; D. n° 2016-360, art. 140, I),

Il n'est pas dit, pour autant, que le Conseil d'Etat renoncera à la théorie jurisprudentielle de l'imprévision, en complément des hypothèses résolues par les nouveaux textes en vigueur, et cela alors même (et peut-être en raison du fait) que son application demeure extrêmement rare.

Section III – Contentieux des contrats administratifs

Le contentieux des contrats administratifs est soumis à des règles qui divergent de celles du contentieux de l'annulation des actes administratifs unilatéraux : les règles de compétence juridictionnelle ne sont pas les mêmes et, surtout, le recours pour excès de pouvoir est en principe irrecevable en matière contractuelle. Le contentieux contractuel a été entièrement reconfiguré par plusieurs décisions récentes du Conseil d'Etat, qui sont inspirées par la recherche d'un équilibre entre sécurité des contractants et légalité, qu'il s'agisse du contentieux de la formation des contrats administratifs comme du contentieux de leur exécution. Par ailleurs, le recours pour excès de pouvoir en matière contractuelle demeure recevable, par exception, contre certaines clauses des contrats et contre une catégorie particulière de contrats administratifs.

§ I – Contentieux de la formation des contrats administratifs

L'illégalité de la procédure de conclusion de certaines catégories de contrats administratifs peut être sanctionnée dans le cadre d'une procédure de référé précontractuel. Une fois le contrat conclu, il est également possible pour les certains tiers de faire sanctionner la méconnaissance des règles relatives à sa formation dans le cadre d'une procédure de référé contractuel ou dans le cadre d'un recours en contestation de la validité du contrat. Les parties disposent quant à elle d'un recours de plein contentieux. En revanche, le recours contre les actes détachables préalables à la conclusion du contrat n'est plus en principe ouvert aux requérants.

I – Référé précontractuel

Conformément aux directives communautaires « recours » (Directives 86/665 du 21 décembre 1989 et 92/13 du 25 février 1992, modifiées par la directive 2007/66/CE du 11 décembre 2007), en vue de mieux sanctionner les manquements aux obligations de publicité préalable et de mise concurrence, notamment en matière de marchés publics, le législateur a créé une procédure de référé précontractuel. Selon l'article L. 551-1 du Code de justice administrative sont concernés les « contrats administratifs ayant pour objet l'exécution de travaux, la livraison de fournitures ou la prestation de services, avec une contrepartie économique constituée par un prix ou un droit d'exploitation, la délégation d'un service public ou la sélection d'un actionnaire opérateur économique d'une société d'économie mixte à opération unique ». Saisi avant la conclusion du contrat - étant précisé que l'autorité compétente doit respecter un délai de 11 jours entre l'attribution du contrat et sa signature (D. n°2016-360, art. 101 pour les marchés publics et D. n°2016-86, art. 29 pour les contrats de concession) - le juge dispose d'un délai de 20 jours pour statuer (CJA, art. R. 551-5). Il peut « ordonner à l'auteur du manquement de se conformer à ses obligations et suspendre l'exécution de toute décision qui se rapporte à la passation du contrat » (CJA, art. L. 551-2) Il peut également « annuler les décisions qui se rapportent à la passation du contrat et supprimer les clauses ou prescriptions destinées à figurer dans le contrat et qui méconnaissent lesdites obligations » (Ibid.). Toutefois le juge du référé précontractuel dispose d'un pouvoir d'appréciation qui lui permet de renoncer à de telles mesures « s'il estime, en considération de l'ensemble des intérêts susceptibles d'être lésés et notamment de l'intérêt public, que les conséquences négatives de ces mesures pourraient l'emporter sur leurs avantages» (Ibid.).

Le référé précontractuel est irrecevable dès lors qu'il est présenté après la signature du contrat (CE Sect., 3 novembre 1995, requête numéro 157304, Chambre de commerce et d'industrie de Tarbes et des Hautes-Pyrénées, Société Stentofon-Communications : Rec. p. 394, concl. Chantepy ; AJDA 1995, p. 888, chron. Stahl et Chauvaux ; CJEG 1996, p. 167, concl. Chantepy ; RFDA 1995, p. 1177, concl. Chantepy.- CE, 7 mars 2005, requête numéro 270778, Saco : Rec. p. 96).

Il avait été jugé que si contrat est signé après la saisine du juge des référés, sans attendre sa décision, le juge ne peut que constater qu'il n'y a plus lieu de statuer, la demande ayant perdu son objet (CE, 28 mai 2003, requête numéro 251719, Société PK7-Certinomis : Rec. p. 916). Compte tenu de la « course à la signature » que favorisait cette jurisprudence, l'ordonnance n°2009-515 du 7 mai 2009 a introduit dans le Code de justice administrative un nouvel article L. 551-4 qui précise désormais que « le contrat ne peut être signé à compter de la saisine du tribunal administratif et jusqu'à la notification au pouvoir adjudicateur de la décision juridictionnelle ». Cette solution n'exclut pas que l'administration signe le contrat en méconnaissance de cette obligation de suspension, ce qui provoquera un non-lieu à statuer. Toutefois, dans cette hypothèse le recours en contestation de validité et surtout le référé contractuel sont désormais ouverts pour contrer une telle manœuvre.

Si cette évolution corrige un travers qui avait été dénoncé à de multiples reprises par la doctrine, une autre évolution, jurisprudentielle celle-ci, a voulu corriger un autre aspect critiquable de la procédure qui conduisait le juge à sanctionner systématiquement tout manquement aux règles de publicité et de mise en concurrence préalable. Dans l'arrêt de Section SMIRGEOMES du 3 octobre 2008 (CE, 3 octobre 2008, requête numéro 305420 : Rec. p. 324, concl. Dacosta ; AJDA 2008, p. 855, 2161, chron. Geffray et Liéber et p. 2374, étude Cassia ; Contrats-Marchés publ. 2008, 264, note Pietri ; Dr. adm. 2008, 154, note Bonnet et Lalanne ; JCP A 2008, 2262, note Linditch ; RD imm. 2008, p. 499, note Braconnier; RFDA 2008, p. 1128, concl. Dacosta, note Delvolvé), le Conseil d'Etat a ainsi considéré que le requérant ne peut plus se prévaloir des manquements à ces règles que s'il a été lésé ou s'il risque d'être lésé par ces manquements.

En outre, cette procédure ne vise qu'à sanctionner des manquements aux règles de publicité et de mise en concurrence. Par exemple, il a été jugé qu'il n'appartient pas au juge du référé précontractuel de contrôler le respect par un établissement public de coopération intercommunale du principe de spécialité qui s'impose à lui (CE, 21 juin 2000, requête numéro 209319, Syndicat intercommunal de la Côte d'Amour et de la presqu'île guérandaise : Rec. p. 283 ; CJEG 2000, 362, concl. Bergeal ; RFDA 2000, p. 1031, concl. Bergeal). Comme on va le voir, de tels vices peuvent en revanche être sanctionnés dans le cadre du recours en contestation de la validité du contrat.

II – Recours en contestation de la validité du contrat et référé contractuel

Classiquement, une fois le contrat signé, le juge du contrat n'était accessible qu'aux seuls cocontractants. Cette solution a toutefois été progressivement remise en cause, d'abord par le juge, qui a admis l'existence d'un recours en contestation de la validité du contrat qui a été progressivement ouvert, puis par le législateur qui a créé une nouvelle procédure de référé contractuel.

A – Le recours en contestation de la validité du contrat

Le Conseil d'Etat a bouleversé des principes fermement établis en créant un nouveau recours à l'occasion de l'arrêt d'Assemblée Société Tropic travaux signalisation du 16 juillet 2007 (requête numéro 291545, préc.).

Cet arrêt a admis que certains tiers peuvent contester la validité d'un contrat administratif soumis à concurrence auprès du juge du plein contentieux qui dispose, en la matière, d'une grande variété de pouvoirs.

Il résulte de cet arrêt que tout concurrent évincé de la conclusion d'un contrat administratif est recevable à former, devant le juge du contrat, un recours de plein contentieux accompagné d'une demande indemnitaire. Plus précisément, est concerné tout candidat évincé dans le cadre de la passation d'un contrat soumis à une mise en concurrence qui se plaindrait d'une violation des règles de concurrence et de publicité préalable. Ce recours ne peut être exercé que dans le délai de deux mois à compter de la date à laquelle la conclusion du contrat est rendue publique, par des mesures de publicité appropriées. Ce délai ne s'impose toutefois pas aux conclusions indemnitaires accessoires lesquelles obéissent aux règles du droit commun de la responsabilité et notamment à la règle de la décision préalable (CE, avis, 11 mai 2011, requête numéro 347002, Société Rebillon Schmit Prevot : AJDA 2011, p. 932 ; BJCP 2011, p. 226, concl. Boulouis, obs. Poitreau ; Contrats-Marchés publ. 2011, 220, note Pietri ; Dr. adm. 2011, 66, note Brenet ; RD imm. 2011, p. 397, obs. Noguellou).

Le champ du recours en contestation de la validité du contrat a été ensuite étendu par le Conseil d'Etat dans son arrêt d'Assemblée du 4 avril 2014 Département du Tarn-et-Garonne (requête numéro 358994, préc.). Désormais, ce recours, pour les contrats de la commande publique, est ouvert à « tout tiers à un contrat administratif susceptible d'être lésé dans ses intérêts de façon suffisamment directe et certaine par sa passation ou ses clauses ». Le recours est donc plus largement ouvert, mais dans l'esprit de la jurisprudence SMIRGEOMES (préc.), seuls seront sanctionnés les manquements invoqués qui ont effectivement lésé le requérant dans ses intérêts ou ceux d'une gravité telle que le juge a l'obligation de les soulever d'office.

En conséquence, en vertu de l'exception de recours parallèle, le recours pour excès de pouvoir contre les actes détachables préalables à la conclusion du contrat est désormais en principe fermé pour les tiers. Une exception est toutefois faite pour le préfet, dans le cadre du contrôle de légalité. Il peut en effet, lui seul, demander l'annulation des actes détachables du contrat préalables à sa conclusion tant que celui-ci n'est pas signé. Il peut donc s'opposer à la conclusion du contrat.

Par ailleurs, lorsqu'il choisit d'exercer le recours en contestation de la validité du contrat devant le juge du plein contentieux, le préfet, compte tenu des intérêts dont il a la charge, peut invoquer tout moyen à l'appui de son recours. Cette possibilité est également ouverte aux membres de l'organe délibérant de la collectivité territoriale ou du groupement de collectivités territoriales concerné.

Notons également que la solution issue de la jurisprudence Département du Tarn-et-Garonne ne vaut que dans les hypothèses où le contrat litigieux est un contrat administratif. En revanche, la décision administrative constitutive d'un acte détachable d'un contrat de droit privé conclu par une collectivité publique peut toujours faire l'objet d'un recours pour excès de pouvoir (CE, 27 octobre 2015, requête numéro 386595, Arrou : JCP A 2016, 2247, note Martin).

En outre ce sont « la légalité du choix du cocontractant, de la délibération autorisant la conclusion du contrat et de la décision de le signer » qui ne peuvent être contestées dans le cadre d'un recours de plein contentieux. Cette liste est limitative. Ainsi, le recours pour excès de pouvoir demeure recevable contre une délibération se prononçant sur le principe de recourir à une délégation de service public ou encore contre l'acte d'approbation d'un contrat administratif (CE, 23 décembre 2016, requête numéro 392815, Association études et consommation CFDT du Languedoc-Roussillon).

Dans le cadre du recours de plein contentieux, lorsqu'il constate l'existence de vices entachant le contrat, le juge en tirera des conséquences, en prenant en compte l'ensemble des intérêts en présence.

Compte tenu de ces éléments, il peut soit décider que la poursuite de l'exécution du contrat est possible, soit inviter les parties à prendre des mesures de régularisation dans un délai qu'il fixe, sauf à résilier ou résoudre le contrat.

En présence d'irrégularités qui ne peuvent être couvertes par une mesure de régularisation et qui ne permettent pas la poursuite de l'exécution du contrat, le juge prononcera, le cas échéant avec un effet différé, après avoir vérifié que sa décision ne portera pas une atteinte excessive à l'intérêt général, soit la résiliation du contrat, soit, si le contrat a un contenu illicite ou s'il se trouve affecté d'un vice de consentement ou de tout autre vice d'une particulière gravité que le juge a l'obligation de relever d'office, l'annulation totale ou partielle de celui-ci.

Il peut également, s'il en est saisi, faire droit, y compris lorsqu'il invite les parties à prendre des mesures de régularisation, à des conclusions tendant à l'indemnisation du préjudice découlant de l'atteinte à des droits lésés.

Il faut enfin relever que la requête contestant la validité du contrat peut être accompagnée d'une demande tendant à la suspension de l'exécution du contrat, conformément aux dispositions de l'article L. 521-1 du code de justice administrative.

B – Référé contractuel

Les règles applicables au contentieux contractuel ont également évolué avec l'ordonnance n°2009-515 du 7 mai 2009 qui crée un « référé contractuel », ouvert aux personnes ayant un « intérêt à conclure le contrat ». Les nouvelles dispositions sont entrées en vigueur après l'adoption du décret n°2009-1456 du 27 novembre 2009. Il s'agit de la transposition en France de la directive 2007/66/CE modifiant les directives 89/665/CEE et 92/13/CEE du Conseil en ce qui concerne l'amélioration de l'efficacité des procédures de recours en matière de passation des marchés publics (directives « recours »).

Ce recours permet aux candidats évincés de faire sanctionner d'éventuels manquements aux obligations de publicité et de mise en concurrence susceptibles de les avoir lésés.

Il pallie les insuffisances du référé précontractuel - qui concerne les mêmes contrats - liées à la brièveté du délai dans lequel il doit être mis en œuvre.

En matière de référé contractuel, lequel peut être exercé après la conclusion du contrat, le juge dispose d'une large gamme de pouvoirs, allant de l'annulation du contrat, la réduction de sa durée ou le prononcé d'une simple pénalité financière sans incidence sur le contrat lui-même.

La remise en cause du contrat s'impose toutefois pour les manquements les plus graves : passation du contrat sans aucune mesure de publicité préalable ou encore signature du contrat pendant la période qui, après l'attribution du contrat, doit permettre aux candidats non retenus de former un référé précontractuel (sur l'indemnisation du cocontractant de l'administration en cas d'annulation du contrat V. CE Sect., 10 avril 2008, requête numéro 244950, Société Decaux : Rec. p. 151 ; AJDA 2008, p. 1092, chron. Boucher et Bourgeois-Machureau ; BJCP 2008, p. 280, concl. B. Dacosta .- Contrats-Marchés publ. 2008, comm. 128, note Pietri ; Dr. adm. 2008, comm. 78, obs. Melleray ; JCP A 2008, 2116, concl. Dacosta ; RJEP 2008, comm. 26, concl. Dacosta.- CE, 6 octobre 2017, requête numéro 395268, Société CEGELEC Perpignan : AJDA 2017, p. 2189, chron. Roussel et Nicolas ; Contrats-Marchés pub. 2017, 285, note Ubaud-Bergeron ; JCP A 2017, 2282, note Martin).

La procédure du référé contractuel est donc très proche du recours en contestation de la validité du contrat. Pour autant, elle s'en distingue sur plusieurs points.

Le premier point de différence porte sur les délais de recours. Alors que le délai est fixé à deux mois pour le recours en contestation de la validité du contrat, il est fixé à trente jours suivant la publication de l'avis d'attribution du contrat ou, en l'absence de publication, à six mois à compter de sa conclusion pour le référé contractuel. Il en résulte, de façon tout à fait paradoxale, que les « petits marchés » qui ne sont pas soumis à l'obligation de publication d'un avis d'attribution sont plus longtemps attaquables que les marchés d'un montant plus important. Pour éviter ce phénomène, le pouvoir adjudicateur peut décider de publier son intention de conclure le contrat et observer un délai de onze jours avant de le signer (CJA, art. L. 551-15). Dans cette hypothèse, le référé contractuel ne pourra plus être exercé contre le contrat.

Il est à noter que si le demandeur a déjà fait usage du référé précontractuel, il ne pourra normalement pas agir dans le cadre du référé contractuel, sauf par exemple en cas de non-respect par l'autorité publique de la décision rendue par le premier juge (CJA, art. L. 551-14).

La seconde différence porte sur les pouvoirs du juge qui sont davantage encadrés et moins modulables avec, comme on l'a vu, l'obligation pour celui-ci de prononcer la nullité du contrat pour les vices les plus graves.

Enfin, la troisième différence porte sur les moyens susceptibles d'être développés, qui sont plus réduits. Il s'agit uniquement des manquements aux obligations de publicité et de mise en concurrence là où tout moyen pouvait être soulevé dans le cadre du recours en contestation de la validité du contrat.

III – Recours de plein contentieux des parties au contrat

A l'origine, les parties contractantes étaient recevables à demander au juge de constater la nullité de tout ou partie du contrat (CE, 4 mai 1990, requête numéro 17707, Compagnie industrielle maritime : Rec. p. 113 ; RFDA 1990, p. 591, concl. de Guillenschmidt ; AJDA 1990, p. 735, obs. Auby. – CE, 1er juillet 2009, requête numéro 306756, Compagnie des transports de la Roche-sur-Yon : Contrats-Marchés publ. 2009, 287, note Pietri). Elles pouvaient également soulever de tels moyens à l'occasion d'un litige relatif à l'exécution du contrat, afin d'obtenir que le juge en écarte l'application.

Les parties étaient ainsi autorisées à tout moment à porter atteinte à la pérennité du contrat en invoquant devant le juge une cause de nullité de celui-ci. Ces solutions étaient contestables du point de vue de la stabilité juridique puisqu'elles permettaient aux parties de se prévaloir de motifs entachant de nullité le contrat, alors que ces motifs ne constituaient pas un obstacle à la bonne exécution de ce contrat. Le juge se retrouvait contraint de constater la nullité du contrat alors que les parties avaient pourtant trouvé un accord pour l'appliquer. Elles permettaient à une partie de se délier à tout moment d'un contrat administratif en invoquant un vice dans la conclusion du contrat, y compris lorsque ce vice lui était imputable. Tel était le cas, notamment, lorsque la délibération autorisant la conclusion d'un contrat n'était pas transmise au préalable au contrôle de légalité et que ce vice était invoqué par la collectivité publique contractante (CE, 10 juin 1996, avis numéro 176873, requête numéro 176874, requête numéro 176875, Préfet de la Côte d'Or, préc.)

L'arrêt Commune de Béziers du 28 décembre 2009 (requête numéro 304802, préc.) entend résoudre ces difficultés en plaçant au centre de son raisonnement le principe de l'exigence de loyauté contractuelle, ce qui renvoie directement à la notion civiliste de bonne foi. Le Conseil d'Etat procède à cette occasion à une véritable reconfiguration du plein contentieux contractuel ouvert aux parties en créant une nouvelle procédure de contestation de la validité du contrat en distinguant l'hypothèse où le juge est saisi d'une action en nullité de celle où il est saisi d'une exception de nullité.

Concernant le premier cas, le juge administratif doit d'abord vérifier si les parties soulèvent avec loyauté les vices entachant de nullité le contrat, ce qui a pour effet de cantonner les cas de nullité. En outre, il n'existe que deux hypothèses dans lesquelles la nullité doit être soulevée d'office : en cas de caractère illicite du contenu du contrat et en cas de vice d'une particulière gravité notamment relatif aux conditions dans lesquelles les parties ont donné leur consentement. En revanche, le Conseil d'Etat a pu préciser que les vices affectant la procédure de publicité et de mise en concurrence d'un contrat ne font pas partie des vices justifiant l'annulation du contrat au sens de la jurisprudence Commune de Béziers (CE, 12 janvier 2011, requête numéro 338551, Manoukian : AJDA 2011, p. 665, chron. Lallet et Domino : Contrats-Marchés publ. 2011, 88, note Pietri et repère 3 ; Dr. adm. 2011, 29, note Brenet).

En dehors des deux hypothèses susvisées, le Conseil d'Etat, qui s'inspire manifestement de la jurisprudence « Tropic » (préc.), offre au juge de la contestation de la validité du contrat une large palette de pouvoirs. En prenant en considération la nature de l'illégalité commise et en tenant compte de l'objectif de stabilité des relations contractuelles, il peut : décider que la poursuite de l'exécution du contrat est possible, éventuellement sous réserve de mesures de régularisation prises par la personne publique ou convenues entre les parties ; prononcer, le cas échéant avec un effet différé, après avoir vérifié que sa décision ne portera pas une atteinte excessive à l'intérêt général, la résiliation du contrat.

Concernant l'exception de nullité soulevée à l'occasion d'un litige relatif à l'exécution du contrat, le Conseil d'Etat précise qu'il incombe au juge, eu égard à l'exigence de loyauté des relations contractuelles, de faire application du contrat. Comme dans l'hypothèse de l'action en nullité, le contrat ne sera écarté que dans le cas où le juge constate une irrégularité invoquée par une partie ou relevée d'office par lui, tenant au caractère illicite du contenu du contrat ou à un vice d'une particulière gravité relatif notamment aux conditions dans lesquelles les parties ont donné leur consentement. Tel n'est pas le cas en l'espèce, le Conseil d'Etat estimant que le contrat n'est pas nul au seul motif que la délibération du conseil municipal n'avait pas été transmise au préfet avant la signature du contrat par le maire.

IV – Le rétrécissement de la catégorie des actes détachables préalables à la conclusion du contrat

Les juges estiment que différents actes se détachent du contrat, lorsque leur existence ne repose pas sur un accord de volonté entre les parties, mais sur l'intervention unilatérale de la puissance publique. Par conséquent, ces actes détachables pourront, sous certaines conditions, faire l'objet d'un recours pour excès de pouvoir. Cette exception ne fait que contourner le principe de l'irrecevabilité du recours pour excès de pouvoir contre les contrats, le juge considérant que des actes administratifs unilatéraux peuvent intervenir préalablement à la conclusion du contrat, ou dans le cadre de son exécution.

Toutefois, la catégorie des actes détachables préalables à la conclusion du contrat est quasiment éteinte.

Les actes détachables ici visés pouvaient consister, par exemple, en une délibération d'un conseil municipal autorisant son maire à conclure un contrat, ou encore en une décision d'un préfet ou d'un ministre portant approbation d'un contrat. Plus généralement, était « considéré comme acte détachable tout acte par lequel l'autorité administrative décide ou refuse de passer ou d'approuver le contrat » (M. Long, P. Weil ; G. Braibant ; P. Delvolvé ; B. Genevois, Les grands arrêts de la jurisprudence administrative, Dalloz 13ème éd. 2001, p.94)

Dans son arrêt Martin du 4 août 1905 (Rec. p. 749, concl. Romieu ; D. 1907, jurispr. p. 49, concl. Romieu ; S. 1906, III, p. 49, concl. Hauriou ; RDP 1906, p. 249, note Jèze), le Conseil d'Etat avait jugé que sont recevables les recours pour excès de pouvoir dirigés contre de tels actes, que le requérant soit une partie au contrat, ou qu'il soit un tiers par rapport au contrat.

Si l'acte détachable est illégal, cet acte devait être annulé. En revanche - ce qui compliquait singulièrement les choses - cette annulation n'emportait pas l'annulation du contrat lui-même qui demeurait la loi des parties. Dans ses conclusions sur l'arrêt Martin, le commissaire du gouvernement Romieu expliquait que cette absence d'effet était liée à la distinction des contentieux en application de laquelle le pouvoir d'annuler le contrat appartient au seul juge du contrat et échappe au juge de l'excès de pouvoir.

Les conséquences de l'annulation de l'acte détachable n'ont jamais fait pas l'objet de solutions jurisprudentielles simples, le requérant pouvant dans certains cas saisir trois juges, qui seront souvent organiquement les mêmes :

- Le juge de l'excès de pouvoir qui pouvait annuler les actes détachables qu'il estimait illégaux ;

- Le juge de l'exécution des décisions d'annulation des actes détachables, qui pouvait enjoindre à l'administration, de procéder à la résiliation du contrat ou de saisir le juge du contrat ;

- Le juge du contrat qui pouvait constater la nullité du contrat.

Cependant, le juge de l'exécution de l'annulation de l'acte détachable n'allait pas nécessairement enjoindre à l'autorité compétente de mettre un terme au contrat, comme l'avait précisé le Conseil d'Etat dans son arrêt du 21 février 2011, Société Ophrys et Communauté d'agglomération Clermont-Communauté (requête numéro 337349 : BJCP 2011, p. 133, concl. Dacosta, obs. Dourlens et de Moustier, obs. R.S. ; LPA 2011, n° 127, p. 3, obs. Rouault ; Gaz. Pal. 2011, n° 149-151, p. 12, obs. Seiller ; Gaz. Pal. 2011, n° 140-141, p. 47, obs. Bain-Thouverez ; RDI 2011, p. 277, note Noguellou ; Procédures 2011, 190, note Deygas ; Contrats-Marchés publ. 2011, 123, note Pietri ; AJDA 2011, p. 356, obs. de Montecler). Cette évolution était manifestement liée à la place nouvelle qu'occupe « l'objectif de stabilité des relations contractuelles » dans la jurisprudence récente (CE Sect., 28 décembre 2009, Commune de Béziers, requête numéro 304802, préc.).

Pour tenir compte de cet objectif, les pouvoirs du juge de l'exécution devaient en effet être modulés comme l'ont été ceux du juge saisi d'un recours en annulation d'un contrat par une partie contractante (V. infra p. 539 s.).

Dès lors, suite à l'annulation d'un acte détachable, le juge de l'exécution n'avait plus un choix limité entre deux solutions possibles, l'une consistant à ne pas prononcer d'injonction, l'autre consistant à enjoindre à l'autorité compétente de saisir le juge du contrat pour qu'il en prononce nécessairement la nullité. Comme le précise le Conseil d'Etat dans son arrêt du 21 février 2011 : « l'annulation d'un acte détachable d'un contrat n'implique pas nécessairement la nullité dudit contrat … il appartient au juge de l'exécution, après avoir pris en considération la nature de l'illégalité commise, soit de décider que la poursuite de l'exécution du contrat est possible, éventuellement sous réserve de mesures de régularisation prises par la personne publique ou convenues entre les parties, soit, après avoir vérifié que sa décision ne portera pas une atteinte excessive à l'intérêt général, d'enjoindre à la personne publique de résilier le contrat, le cas échéant avec un effet différé, soit, eu égard à une illégalité d'une particulière gravité, d'inviter les parties à résoudre leurs relations contractuelles ou, à défaut d'entente sur cette résolution, à saisir le juge du contrat afin qu'il en règle les modalités s'il estime que la résolution peut être une solution appropriée ».

Le respect de l'orthodoxie contentieuse aboutissait donc à des solutions extrêmement complexes qui ont été heureusement simplifiées par le Conseil d'Etat dans son arrêt d'Assemblée Département du Tarn-et-Garonne du 4 avril 2014 (préc.).

Désormais, les tiers intéressés n'ont plus la possibilité d'exercer un recours pour excès de pouvoir contre les actes détachables préalables à la conclusion du contrat.

Ils bénéficient en revanche d'un recours de plein contentieux, plus efficace, qui leur permet d'attaquer directement le contrat.

Comme on l'a vu, seul le préfet, dans le cadre du contrôle de légalité, peut continuer à demander l'annulation des actes détachables du contrat préalable à sa conclusion tant que celui-ci n'est pas signé. La portée de cette exception devrait toutefois demeurer limitée. D'une part, en effet, les recours déjà engagés et non encore jugés perdent leur objet à la date de la signature du contrat. D'autre part, le préfet peut également, une fois que le contrat a été signé, exercer le recours en contestation de validité, lequel est par nature plus efficace que le recours pour excès de pouvoir.

En revanche, mais ce n'est pas une hypothèse expressément visée par l'arrêt Département du Tarn-et-Garonne, la décision administrative constitutive d'un acte détachable d'un contrat de droit privé conclu par une collectivité publique peut toujours faire l'objet d'un recours pour excès de pouvoir (CE, 27 octobre 2015, requête numéro 386595, Arrou, préc.). De même, l'irrecevabilité du recours pour excès de pouvoir ne concerne que « la légalité du choix du cocontractant, de la délibération autorisant la conclusion du contrat et de la décision de le signer » qui ne peuvent être contestées que dans le cadre d'un recours de plein contentieux. Cette liste étant, comme on l'a déjà évoqué, limitative, le recours pour excès de pouvoir demeure recevable contre une délibération se prononçant sur le principe de recourir à une délégation de service public ou encore contre l'acte d'approbation d'un contrat administratif (CE, 23 décembre 2016, requête numéro 392815, Association études et consommation CFDT du Languedoc-Roussillon).

§ II – Contentieux de l'exécution et de la fin des contrats

Sur ce point encore, la jurisprudence a défini des règles complexes qui pour certaines d'entre elles ont récemment évolué. Elle nécessite de distinguer le cas des tiers de celui des parties au contrat.

I – Le recours exercé par les tiers

Jusqu'à récemment, les tiers étaient admis à exercer un recours pour excès de pouvoir contre les actes administratifs unilatéraux intervenus dans le cadre de l'exécution du contrat. Sont principalement concernées des décisions acceptant ou refusant de résilier un contrat. Cette solution avait été admise par le Conseil d'Etat à l'occasion de l'arrêt du 6 mai 1955, Société des grands travaux de Marseille (AJDA 1955, p. 327). Elle avait été exprimée de façon très générale dans un arrêt SA de livraisons industrielles et commerciales du 24 avril 1964, dont il ressort que la société requérante était « en sa qualité de tiers par rapport à ladite convention, recevable à déférer au juge de l'excès de pouvoir, en excipant de leur illégalité, tous les actes qui bien qu'ayant trait soit à la passation soit à l'exécution du contrat, peuvent néanmoins être regardés comme des actes détachables dudit contrat » (requête numéro 53518 : Rec. p. 239 ; AJDA 1964, p.308, concl. Combarnous).

Dans la logique de subjectivisation du contentieux contractuel et d'équilibre entre légalité et stabilité contractuelle qui est celle de la jurisprudence Département du Tarn-et-Garonne (préc.), le Conseil d'Etat a finalement substitué au recours pour excès de pouvoir un recours de plein contentieux ouvert aux tiers contre les actes à l'occasion d'un arrêt du 30 juin 2017, Syndicat mixte de promotion de l'activité transmanche (requête numéro 398445 : AJDA 2017, p. 1669, chron. Odinet et Roussel ; RFDA 2017, p. 937, concl. Pellissier). Il était saisi, en l'espèce, d'un recours dirigé contre une décision de refus de résiliation d'un contrat. Toutefois, les conditions d'accès au juge du contrat pour les tiers, telle qu'elles sont définies par cet arrêt, sont très restrictives. D'une part, en effet, le tiers doit être susceptible d'être lésé dans ses intérêts de façon suffisamment directe et certaine par le refus de résilier le contrat. Comme dans le cadre de la jurisprudence Département du Tarn-et-Garonne, ce recours est également ouvert aux membres de l'organe délibérant de la collectivité territoriale ou du groupement de collectivités territoriales concerné ainsi qu'au préfet. D'autre part, les moyens susceptibles d'être soulevés à l'appui de ce nouveau recours sont limitativement énumérés. Il s'agit des « moyens tirés de ce que la personne publique contractante était tenue de mettre fin à son exécution du fait de dispositions législatives applicables aux contrats en cours, de ce que le contrat est entaché d'irrégularités qui sont de nature à faire obstacle à la poursuite de son exécution et que le juge devrait relever d'office ou encore de ce que la poursuite de l'exécution du contrat est manifestement contraire à l'intérêt général ». A ce titre, s'ils peuvent se prévaloir d'inexécutions d'obligations contractuelles qui, par leur gravité, compromettent manifestement l'intérêt général, ils ne peuvent en revanche se prévaloir d'aucune autre irrégularité, notamment pas celles tenant aux conditions et formes dans lesquelles la décision de refus a été prise. Compte tenu des moyens soulevés par le requérant, qui doivent être en rapport direct avec l'intérêt lésé dont le tiers requérant se prévaut, à moins qu'il ne s'agisse du préfet ou du membre de l'organe délibérant de la collectivité publique dont l'acte est contesté « il appartient au juge du contrat d'apprécier si les moyens soulevés sont de nature à justifier qu'il y fasse droit et d'ordonner, après avoir vérifié que sa décision ne portera pas une atteinte excessive à l'intérêt général, qu'il soit mis fin à l'exécution du contrat, le cas échéant avec un effet différé ».

II – Le recours ouvert aux parties

En matière d'exécution du contrat, le recours au juge par les parties demeure l'exception. Le recours à la conciliation, à l'arbitrage et à la transaction est assez fréquent.

Du point de vue de contentieux, le principe retenu était que le juge de l'excès de pouvoir n'avait pas la possibilité d'annuler les actes intervenus dans le cadre de l'exécution du contrat. En effet, ces actes se rattachent, du point de vue des parties, au cadre contractuel, et plus précisément à l'exécution du contrat : ils ne peuvent donc, dans un tel cas, qu'exercer un recours de plein contentieux en vue de l'obtention d'une indemnité (CE, 20 février 1868, Goguelat). Comme l'avait précisé le Conseil d'Etat dans un arrêt Centre hospitalier de Moutiers du 29 juin 1990 : Le juge du contrat n'a pas le pouvoir de prononcer, à la demande de l'une des parties, l'annulation de mesures prises par l'autre partie (requête numéro 68025) En d'autres termes, selon la formule du commissaire du gouvernement Kahn, ces actes « ont un caractère essentiellement bilatéral, qui tient tant à leur contexte qu'à leur objet, et ne dépend ni des moyens de la requête, ni de la qualité du requérant » (conclusions sur CE, 5 décembre 1958, Secrétaire d'Etat à l'Agriculture c. Union des pêcheurs à la ligne : AJDA 1959, II, p. 57).

Cette règle s'appliquait à l'ensemble des mesures d'exécution du contrat qu'il s'agisse d'ordres de service (CE, 17 février 1978, requête numéro 99193, Société compagnie française d'entreprises : Rec. p. 88), de mesures de modification du contrat (CE, sect., 9 déc. 1983, Lebon 498 ; RFDA 1984, p. 39, concl. Genevois) ou une mesure de résiliation du contrat.

S'agissant de cette dernière hypothèse, les règles applicables ont été modifiées par l'arrêt du Conseil d'Etat du 21 mars 2011 Ville de Béziers dit « Béziers II » (requête numéro 304806, préc.) : les juges admettent désormais la possibilité pour le cocontractant de l'administration de contester une décision de résiliation devant le juge du contrat, lequel peut décider la reprise des relations contractuelles, à compter d'une date qu'il fixe, le cas échéant en ajoutant une indemnité. Cette possibilité est toutefois exclue dans l'hypothèse où le contrat aurait pu faire l'objet d'une résiliation ou d'une annulation à l'occasion d'un recours en contestation de sa validité en application de la jurisprudence « Béziers I » (CE, 1er octobre 2013, requête numéro 349099, Société Espace Habitat Construction : AJDA 2013, p. 1943, obs. Poupeau ; Contrats-marchés publ. 2013, 322, note Devillers).

Ce recours peut être assorti d'un référé suspension, propre à garantir l'effectivité de cette voie de droit, dans la mesure où la demande de reprise des relations contractuelles perd son objet dès lors que le terme du contrat est dépassé (CE, 23 mai 2011, requête numéro 23468, Société d'aménagement d'Isola 2010).

§ III – Recours pour excès de pouvoir dirigé contre le contrat

Jusqu'à une époque récente, il n'existait aucune exception directe au principe de l'irrecevabilité du recours pour excès de pouvoir directement exercé contre le contrat. Désormais, il existe deux exceptions de ce type dégagées par la jurisprudence. Toutefois, ces exceptions, qui concernent exclusivement des recours exercés par des tiers, ont vocation à s'appliquer dans des domaines restreints.

I – Recours pour excès de pouvoir contre les clauses réglementaires des contrats

Dans son arrêt d'Assemblée Cayzeele du 10 juillet 1996, le Conseil d'Etat a admis que le recours pour excès de pouvoir est recevable à l'encontre des clauses règlementaires des contrats (requête numéro 138536 : RFDA 1997, p. 89, note Delvolvé ; AJDA 1996, p. 732, chron. Chauvaux et Girardot ; CJEG 1996, p. 382, note Terneyre ; LPA, 18 décembre 1996, note Viviano).

Cette solution prolonge la jurisprudence Croix-de-Seguey-Tivoli, et elle s'applique spécifiquement aux contrats qui ont pour objet de confier à une personne privée l'exécution d'un service public.

Ainsi, en l'espèce, les juges étaient saisis d'un recours pour excès de pouvoir dirigé contre les clauses d'un contrat relatif à la collecte et à l'évacuation des ordures ménagères obligeant les usagers du service à faire l'acquisition de containers. L'idée est que ces clauses, qui sont relatives à l'organisation et au fonctionnement du service public, ne font pas que fixer les rapports entre l'administration et le cocontractant. Elles ont en effet un caractère règlementaire, puisqu'elles établissent des obligations et des droits, non seulement vis-à-vis du cocontractant, mais également vis-à-vis des administrés.

Le recours pour excès de pouvoir est désormais recevable contre ces clauses qui sont considérées, en raison de leur caractère règlementaire, comme détachables du contrat. Il est à noter que dans son arrêt de Section Association Alcaly et a. du 8 avril 2009 (requête numéro 209604 : JCPA 2009, 2215, note Guillemot), le Conseil d'Etat, mettant fin à une controverse entre certains juges du fond, a précisé que « les clauses règlementaires d'un contrat sont par nature divisibles de l'ensemble du contrat ».

En revanche, les conclusions à fin d'annulation dirigées contre des stipulations contractuelles qui n'ont pas un caractère règlementaire restent hors de portée du recours pour excès de pouvoir (CE, 14 mars 1997, requête numéro 119055, Compagnie d'aménagement des coteaux de Gascogne : RFDA 1997, p. 349.- CE, 31 mars 2014, requête numéro 360904, Union syndicale du Charvet et a.).

II – Recours pour excès de pouvoir dirigé contre certains contrats

Cette hypothèse concerne des contrats qui ne comportent pas de clauses règlementaires, mais qui ont pour effet de placer le cocontractant privé dans une situation règlementaire. C'est le cas des contrats de recrutement des agents publics, l'idée étant que la situation de ces personnels n'est pas très différente de celle des fonctionnaires. En effet, comme les fonctionnaires, les agents contractuels sont astreints aux règles d'organisation et de fonctionnement du service, lesquelles présentent un caractère règlementaire. Le recours pour excès de pouvoir est donc recevable contre ces contrats, comme l'a précisé le Conseil d'Etat dans son arrêt de Section du 30 octobre 1998, Ville de Lisieux (requête numéro 149663 : Rec. p.375 ; AJDA 1998, p. 969 et 977, chron. Raynaud et Fombeur ; JCP G 1999, II, 10445, note Haïm ; Dr. adm. 1998, 374 ; RFDA 1999, p.128, concl. Stahl et note Pouyaud ; AJFP 1999/1, p. 4 ; LPA 1999, n°4, note Rouault ; RGCT 1999, p.171, note Bourdon ; Procédures 1999, 52, note Deygas.- V. également CE, 2 février 2015, requête numéro 373520, Commune d'Aix-en-Provence). En effet « eu égard à la nature particulière des liens qui s'établissent entre une collectivité publique et ses agents-non titulaires, les contrats par lesquels il est procédé au recrutement de ces derniers sont au nombre des actes dont l'annulation peut être demandée au juge administratif par un tiers ».

Pour aller plus loin :

-Amselek (P.), Une méthode peu usuelle d'identification des contrats administratifs : l'identification directe : Rev. Adm. 1973, p.633.

- Antoine (J.), La mutabilité contractuelle née de faits nouveaux extérieurs aux parties : RFDA 2004, p.80.

- Benoit (F.-P), De l'inexistence d'un pouvoir de modification unilatérale dans les contrats administratifs : JCP G 1963, I, 1775.

- Brenet (F.), La théorie du contrat administratif. Evolutions récentes : AJDA 2003, p.919.

-Canedo (M.), Le mandat administratif : LGDJ, coll. Bibliothèque de droit public 2001, t. 216.

- Clouzot (L.), La théorie de l'imprévision en droit des contrats administratifs : une improbable désuétude : RFDA 2010, p.937.

- De Laubadère (A.), Du pouvoir de l'administration d'imposer unilatéralement des changements aux dispositions des contrats administratifs : RDP 1954, p. 36.

- **Delvolvé (P.)**, Les nouveaux pouvoirs du juge administratif dans le contentieux des contrats, Mélanges Perrot : Dalloz, 1996, p. 83.

- **Eckert (G.)**, Les pouvoirs de l'administration dans l'exécution du contrat et la théorie générale des contrats administratifs : Contrats-Marchés publ. 2010, étude 9.

- **Elisabeth (A.), Raynaud (J.)**, Regards dubitatifs de juristes de droit privé sur la clause exorbitante : Mélanges - Guibal, Presses de la Faculté de Droit de Montpellier, 2006, t. 1, p. 783.

- **Fardet (C.)**, La clause exorbitante et la réalisation de l'intérêt général : AJDA 2000, p.115.

- **Haïm (V.)**, Le choix du juge dans le contentieux des contrats administratifs : AJDA 1992, p. 315.

- **Hoepffner (H.)**, La modification des contrats : D. 2016, p. 280.

- **Lichère (F.)**, L'évolution du critère organique du contrat administratif : RFDA 2002, p.341.

- **Llorens (F.), Soler-Couteaux (P.)**, La théorie administrative de l'imprévision est-elle dépassée ?, Contrats-Marchés publ. 2018, repère 3.

- **Macagno (F.)**, Le Grenelle II et la nature administrative des contrats d'achat d'électricité : Contrats-marchés publ. 2011, étude 1.

-**Ménéménis (A.),** Contentieux des contrats : AJDA 2011, p.308.

- **Mollion (G.)**, La théorie de l'accessoire dans les contrats publics : Contrats-Marchés publ. 2009, étude 10.

- **Pouyaud (D.)**, Que reste-t-il du recours pour excès de pouvoir dans le contentieux des contrats ? : RFDA 2015, p. 727.

- **Richer (L.)**, Le contrat de mandat au risque du droit administratif : CJEG 1999, p.127.

-**Sorbara (J.-G),** La modernisation du droit des propriétés publiques par l'ordonnance n°2017-562 du 19 avril 2017.

- **Tenailleau (F.), Weill (S.)**, Le marché de partenariat : JCP 2015, 2292.

- **Weil (P.)**, Le critère du contrat administratif en crise, Mélanges Waline, p.847.

CINQUIEME PARTIE – LES ACTIVITES ADMINISTRATIVES

Les activités administratives sont multiples et hétérogènes. Cependant, elles sont classiquement réparties en deux catégories.

Certaines se rattachent aux missions de règlementation du comportement des particuliers. Elles ont pour objet essentiel de maintenir l'ordre public dans le cadre des relations sociales. On parle alors d'activités de police administrative.

Certaines se rattachent à la prise en charge par des personnes publiques ou privées de besoins considérés d'intérêt général. Dans cette hypothèse, l'administration n'exerce plus une activité de règlementation, mais elle devient prestataire de services. On parle ici d'activités de service public.

Cette distinction classique mérite toutefois d'être relativisée. En effet, le Conseil d'Etat considère que l'activité de police elle-même est un service public (CE Ass., 12 avril 1957, Mimouni, D. 1957 p.413, concl. Contraire Tricot). Cependant, si l'activité de police est bien une activité de service public, elle est assurée dans des conditions différentes que les autres services publics ce qui justifie de la traiter à part.

CHAPITRE UN – POLICE ADMINISTRATIVE

Il est important, tout d'abord, de définir précisément la notion de police administrative, avant d'étudier quelles sont les autorités de police et d'évoquer les particularités du contrôle de légalité opéré sur les mesures de police.

Section I – Définition de la police administrative

Les activités de police administrative se caractérisent par leur caractère préventif et par les objectifs qui leur sont assignés.

§ I – Caractère préventif de l'activité de police administrative

Le caractère préventif de la police administrative permet de la distinguer de la police judiciaire qui a un caractère répressif. Plus précisément, c'est l'intention poursuivie par l'auteur de l'acte qui est prise en compte pour qualifier l'opération de police.

En effet, la police judiciaire a pour but la recherche des infractions et l'identification de leurs auteurs en vue de l'application de sanctions pénales (CE Sect., 11 mai 1951, Consorts Baud : Rec. p.265 ; S. 1952, III, p.13, 1ère esp., concl. Delvolvé, note Drago.- TC 5 juin 1951, Dame Noualek : Rec. p.636, concl. Delvolvé). L'article 14 du Code de procédure pénale précise quant à lui que la police judiciaire a pour objet de « constater les infractions à la loi pénale, d'en rassembler les preuves et d'en rechercher les auteurs tant qu'une information n'est pas ouverte ». De même « lorsqu'une information est ouverte » elle consiste à exécuter « les délégations des juridictions d'instruction » et à déférer « à leurs réquisitions ».

Exemple :
- TC, 26 septembre 2005, requête numéro 3461, Chauvel c. Ministre de l'Intérieur : l'opération consistant à interpeller et appréhender un individu en application de l'article 12 du Code de procédure pénale relève de l'exercice de la police judiciaire. Les litiges relatifs aux dommages que peuvent causer les fonctionnaires de police dans de telles circonstances, et sans même qu'il soit besoin de déterminer si le dommage trouve son origine dans une faute personnelle détachable du service, relèvent de la compétence des tribunaux judiciaires.

A l'opposé, la police administrative consiste à prévenir la réalisation de telles infractions.

La distinction entre les deux types de polices a des conséquences du point de vue contentieux : en matière de police administrative, c'est le juge administratif qui est compétent, alors qu'en matière de police judiciaire, les litiges doivent être portés devant le juge judiciaire. En outre, il résulte de la jurisprudence du Conseil constitutionnel qu'en application du principe de séparation des pouvoirs, seule l'autorité judiciaire est compétente pour diriger ou surveiller des opérations de police judiciaire (CC, 19 janvier 2006, DC numéro 2005-532, Loi relative à la lutte contre le terrorisme). En revanche, si les opérations de police administrative relèvent en principe de l'exécutif, le Conseil constitutionnel admet que certaines opérations de police administrative peuvent être soumises à un régime de police judiciaire, celui-ci ayant pour effet de renforcer les garanties des administrés (CC, 19-20 janvier 1981, DC numéro 81-127, Sécurité et liberté).

Si elle paraît assez évidente, la distinction entre les deux types de polices pose un certain nombre de difficultés pratiques, ce qui est lié à l'utilisation du critère finaliste et au fait que ce sont pratiquement les mêmes autorités et agents qui sont en charge de ces missions.

Les juges ont donc dû préciser la frontière entre les activités de police administrative et de police judiciaire.

Il a ainsi été jugé que la police judiciaire concerne aussi bien les infractions commises, que celles qui risquent d'être commises.

Exemple :
- TC, 15 janvier 1968, Consorts Tayeb (Rec. p. 791 ; D. 1968, jurispr. p. 417, concl. Schmelck) : pour admettre qu'un acte relève de la police judiciaire il suffit que les agents aient pu estimer que le comportement d'une personne « était de nature à laisser supposer qu'elle se disposait à commettre un délit ».

De même, relèvent de la police judiciaire les infractions réellement commises, mais également les infractions supposées.

Exemple :
- CE, 18 mai 1981, requête numéro 7502, Consorts Ferran (Rec. p.148 ; D. 1981, inf. rap. p.283, obs. Delvolvé ; RDP 1981, p.1464) : se rattache à la police judiciaire une opération de mise en fourrière d'un véhicule, alors même que l'autorité de police qui a

prescrit son enlèvement aurait commis une erreur relative au caractère irrégulier du stationnement.

Dans le même ordre d'idées, le juge s'attache à contrôler l'intention réelle de l'auteur de l'acte, ce qui permet la censure d'éventuels détournements de procédure. Une telle censure a été réalisée à l'occasion d'une affaire qui mettait en cause une opération de saisie de journaux, laquelle peut revêtir, selon les cas un caractère administratif ou judiciaire (CE Ass., 24 juin 1960, Société Frampar : Rec. p. 412, concl. Heumann ; RDP 1960, p. 815, concl. Heumann ; AJDA 1960, 1, p. 154, chron. Combarnous et Galabert ; S. 1960, p. 348, note Debbasch ; D. 1960, p. 744, note Robert ; JCP 1960, II, 11743, note Gour). Les juges estiment en l'espèce que des saisies qui ont « pour objet, non de constater des crimes ou délits contre la sûreté intérieure ou la sûreté extérieure de l'Etat et d'en livrer les auteurs aux tribunaux chargés de les punir, mais d'empêcher (une) diffusion (...) présente, en réalité, le caractère de mesures administratives ».

D'autres difficultés peuvent concerner, non pas la définition du contenu des activités de police judiciaire et administrative, mais la coexistence entre ces activités ou leur changement de nature.

Il peut ainsi exister des hypothèses de cumul entre une opération de police administrative et une opération de police judiciaire.

Exemple :
- TC, 29 octobre 1990, requête numéro 02617, Morvan (Rec. p.400) : des policiers effectuent une ronde de surveillance tout en ayant reçu la consigne d'intercepter des individus dont le signalement leur a été donné. Dans cette hypothèse, il y a coexistence entre une activité de police administrative et une activité de police judiciaire. Cependant, les dommages dont il était demandé réparation en l'espèce ont été occasionnés lors de la tentative d'interception des individus recherchés, donc à l'occasion d'une activité de police judiciaire.

De la même façon, une opération de police administrative peut se transformer en opération de police judiciaire ou, à l'inverse, une opération de police judiciaire peut se transformer en opération de police administrative.

Exemple :
- TC, 5 décembre 1977, requête numéro 02060, Dlle. Motsch (Rec. p.671 ; AJDA 1978, p.444, chron. Dutheillet de Lamothe et Robineau) : un véhicule prend en stop une autostoppeuse. Sur la route, le véhicule est arrêté à un barrage organisé par la police en vue de réaliser des contrôles d'identité. Le véhicule force le barrage et les policiers se mettent en chasse. A ce moment précis, l'opération de police administrative se transforme et devient une opération de police judiciaire. Les dommages subis par la victime durant la poursuite relèvent donc de la compétence des juridictions judiciaires.

Dans certains cas, la distinction entre les deux phases de l'opération n'est pas aussi nette que dans le précédent exemple, ce qui peut entraîner de graves problèmes de compétence.

Exemples :
- TC, 12 juin 1978, requête numéro 02082, Société le profil (Rec. p.648, concl. Morisot ; AJDA 1978, p.444, chron. Dutheillet de Lamothe et Robineau ; D. 1978, p.626, note

Moulin ; D. 1979, inf. rap. p.50, obs. Moderne) : la caissière d'une société se fait dérober de l'argent de retour de la banque alors qu'elle était escortée par deux policiers. La société réclame réparation à l'Etat, responsable des opérations de police. La difficulté survient en l'espèce du fait que le vol est lié à deux causes différentes : la mauvaise organisation de l'escorte, ce qui relève de la police administrative ; l'inaction des agents, ce qui met en cause la police judiciaire.
- CAA Nancy, 7 janvier 2010, requête numéro 09NC00031, Epoux Girodie c. Ministre de l'intérieur, de l'Outre-mer et des Collectivités territoriales (JCP A 2010, 2122, note Vila ; LPA 10 février 2011, p.12, note Tifine) : exploitants d'une boutique de parfumerie depuis 1979 à Vitry-le-François, les requérants avaient été cambriolés 11 fois en 12 ans et cela en dépit des mesures de protection prises et de la mise en place d'un dispositif d'alarme raccordé au commissariat de police situé seulement à 150 mètres. Leur préjudice peut trouver son origine à la fois dans défaillance des services de police à organiser et à assurer la protection du magasin et dans leur éventuelle incapacité à rechercher et arrêter les auteurs des vols.

Si l'on applique le critère de distinction entre les deux types de polices, les requérants devraient intenter, dans ces affaires, une action contre l'Etat devant le juge judiciaire et une action contre l'Etat devant le juge administratif, ce qui serait extrêmement compliqué.

Pour simplifier les choses, dans de tels cas, il convient de déterminer quelle est la cause principale des dommages subis. Ainsi, dans l'affaire Société le Profil, le préjudice subi résulte « essentiellement » des conditions d'organisation et de transports des fonds, c'est-à-dire d'une opération de police administrative. C'est donc le juge administratif qui est exclusivement compétent. Dans l'affaire Girodie, c'est la mauvaise organisation des services de police qui est également en cause et la même solution s'applique.

On relèvera enfin que le critère finaliste dégagé à l'occasion des arrêts Consorts Baud et Dame Noualek a été quelque peu perturbé par une ordonnance du juge des référés du Conseil d'Etat du 9 janvier 2014 indiquant « qu'il appartient ... à l'autorité (de police) administrative de prendre les mesures de nature à éviter que des infractions pénales soient commises » (CE, ord. réf., 9 janvier 2014, requête numéro 374508, Ministre de l'Intérieur c/ Société Les Productions de la Plume et M'bala M'bala : Rec. p. 1 ; AJCT 2014, p. 157, note Le Chatelier ; AJDA 2014, p. 129, tribune Seiller, p. 473, tribune Broyelle et p. 866, note Petit ; D. 2014, p. 200, note Maus ; Dr. adm. 2014, repère 2, obs. Auby, et 33, note Eveillard ; JCP A 2014, act. 56, obs. Touzeil-Divina et 2014, note Tukov ; LPA 20 janvier 2014, p. 3, note Frison-Roche ; RFDA 2014, p. 87, note Gohin). On pouvait alors considérer que la prévention des infractions pénales devenait un but de police administrative, concurrençant ainsi la police judiciaire. Toutefois, le sens de cette jurisprudence a ensuite été précisé par une autre ordonnance du juge des référés du Conseil d'Etat du 9 novembre 2015 (requête numéro 376107, Association générale contre le racisme et pour la défense de l'identité française chrétienne et SARL Les productions de la Plume et a., : AJCT 2016, p. 220, obs. Gaté ; Dr. adm. 2016, 17, note Eveillard ; JCP A 2016, 2065, note Pauliat) qui restreint les possibilités d'intervention du titulaire du pouvoir de police administrative générale qui peut « prendre les mesures pour prévenir la commission des infractions pénales susceptibles de constituer un trouble à l'ordre public ». Ainsi, l'intervention de l'autorité de police administrative n'est possible que si le risque de commission d'une infraction pénale est susceptible de porter atteinte à l'ordre public, les notions d'infraction pénale et de trouble à l'ordre public pouvant se recouper.

§ II – Objet de l'activité de police administrative

Alors que la police administrative générale a pour objet la protection de l'ordre public, les polices administratives spéciales peuvent se voir assigner d'autres buts, ou en tout cas elles présentent un certain nombre de spécificités.

I – Protection de l'ordre public

La notion d'ordre public est très largement différente de celle retenue par les civilistes, telle qu'on la retrouve notamment à l'article 6 du Code civil selon lequel « on ne peut déroger, par des conventions particulières, aux lois qui intéressent l'ordre public et les bonnes mœurs ». La notion publiciste d'ordre public recouvre tous les aspects de la vie en société, y compris certains aspects de la vie privée.

Il existe une conception traditionnelle assez restreinte de la notion d'ordre public qui a connu une extension récente de son champ d'application.

A – Conception traditionnelle de l'ordre public

A l'origine, l'ordre public c'est ce que Hauriou appelait « l'ordre matériel et extérieur considéré comme un Etat de fait opposé au désordre, l'Etat de paix, opposé à l'Etat de trouble … en d'autres termes elle ne poursuit pas l'ordre moral dans les idées et dans les sentiments, elle ne pourchasse pas les désordres moraux, elle est pour cela radicalement incompétente : si elle l'essayait, elle verserait immédiatement dans l'inquisition et dans l'oppression des consciences à cause de la lourdeur de son mécanisme » (Précis de droit administratif et de droit public, 12ème éd., Sirey 1933, p.549).

Il résulte de cette définition que les troubles à l'ordre public sont nécessairement matériels et non pas simplement moraux. Ainsi, traditionnellement, la notion d'ordre public recouvre trois éléments, que l'on retrouve notamment dans l'actuelle définition des pouvoirs de police des maires qui figure à l'article L. 2212-2 du Code général des collectivités territoriales.

Il s'agit, tout d'abord, de la sécurité publique. A ce titre, par exemple, le maire est chargé dans sa commune de règlementer la circulation et le stationnement, ce qui vise notamment à éviter les accidents. De même, un préfet peut procéder à la suspension administrative d'un permis de conduire en cas d'infraction grave au Code de la route. Cette mesure relève de la police administrative, puisqu'elle vise à empêcher la réalisation d'autres infractions.

Est ensuite concernée la tranquillité publique qui peut par exemple permettre à l'autorité de police de prendre des mesures visant à lutter contre le bruit ou à éviter les émeutes où les rixes.

Enfin, le troisième élément de cette trilogie traditionnelle est constitué par la salubrité publique qui permet, par exemple, à un maire de prendre un arrêté en vue d'organiser le ramassage des ordures dans sa commune ou encore de lutter contre la pollution. De même, le Premier ministre peut prendre une mesure relative à l'abattage des animaux destinés à l'alimentation humaine (CE, 5 juillet 2013, requête numéro 361441, Œuvre d'assistance aux bêtes d'abattoirs : Dr. adm. 2013, 85, note Eveillard).

Outre les composantes traditionnelles de l'ordre public, l'article L. 2212-2 du Code général des collectivités territoriales se réfère à la notion de bon ordre et à celle de sûreté. Cependant, ces notions paraissent ne pas avoir de signification autonome et devoir se fondre dans les autres composantes de l'ordre public. Selon ce texte, en effet, l'autorité de police garantit « tout ce qui intéresse la sûreté et la commodité du passage dans les rues, quais, places et voies publiques ... », ce qui se rattache à l'objectif de sécurité. La même remarque peut être formulée à propos de la notion de bon ordre qui doit être maintenu « dans les endroits où il se fait de grands rassemblements d'hommes, tels que les foires, marchés, réjouissances et cérémonies publiques, spectacles, jeux, cafés, églises et autres lieux publics ».

En revanche, les juges ont refusé de reconnaître que certains motifs, qui pourraient aisément être qualifiés d'intérêt général, pouvaient être englobés dans l'ordre public.

Exemples :
- CE, 12 novembre 1997, requête numéro 169295, Ministre de l'Intérieur c. Association communauté tibétaine en France (Rec. p.417 ; D. 1997, inf. rap. p. 262) : l'autorité de police ne peut interdire des manifestations qui seraient susceptibles de « porter atteinte aux relations internationales de la République ». En effet, ce motif « ne fait pas référence à des risques de troubles à l'ordre public ».
- TA Versailles, 23 janvier 1998, requête numéro 971245, Préfet de l'Essonne (Dr. adm. 1998, 190) : l'autorité de police n'a pas le pouvoir de contraindre les individus à s'abriter car « l'errance de personnes sans domicile fixe en période de grands froids n'est pas de nature à porter atteinte à l'ordre public ».
-CE ord. réf., 26 août 2016, requête numéro 402742, requête numéro 402777, Ligue des droits de l'homme et a. et Association de défense des droits de l'homme – Collectif contre l'islamophobie (Rec. p. 390 ; AJDA 2016, p. 2122, note Gervier ; Dr. adm. 2016, 59, note Eveillard ; JCP G 2016, 1560, note Lenoir ; RJDH 2017, p. 407, note Wattier ; RFDA 2016, p. 1227, note Bon) : le Conseil d'Etat reconnaît ici de façon implicite que la laïcité n'est pas une composante de l'ordre public.

Sur certaines questions, la position du juge administratif a été amenée à évoluer. Ainsi, le Conseil d'Etat a-t-il longtemps admis que des considérations d'esthétique pouvaient fonder l'intervention d'un maire dans le cadre de ses pouvoirs de police administrative générale, par exemple pour la réglementation des enseignes (CE, 3 juin 1938, Société des usines Renault : Rec. p. 531) ou de l'affichage (CE, 14 mars 1941, Compagnie nouvelle chalets de nécessité : Rec. p. 44). Toutefois, cette jurisprudence paraît abandonnée (CE, 28 février 1972, Chambre syndicale du bâtiment de la Haute Garonne : AJDA 1972, p. 250), ce qui s'explique par le fait que la protection de l'esthétique des villes relève aujourd'hui davantage d'une multitude de polices spéciales, relevant également du maire, notamment en matière d'urbanisme et de réglementation des enseignes et des pré-enseignes.

B – Evolution de la notion d'ordre public

D'abord conçue comme se rapportant à « l'ordre matériel et extérieur », la notion d'ordre public s'est étendue à d'autres domaines, et plus particulièrement à la protection de la moralité publique et au respect de la dignité de la personne humaine.

1° Ordre public et moralité publique

Si l'on envisage l'ordre public comme « l'ordre matériel et extérieur », il est évident que la moralité publique ne fait pas partie de ses composantes. En effet, dans ce cas, l'atteinte à la moralité publique ne se concrétise pas par des manifestations extérieures, mais seulement par un trouble psychologique, une atteinte portée à la conscience de certains administrés. Elle est exclusivement abstraite.

La jurisprudence a considérablement évolué jusqu'à intégrer la protection de la moralité publique parmi les composantes de l'ordre public.

Cette jurisprudence a connu de rares illustrations dans la première moitié du XX° siècle. Le Conseil d'Etat, dans un arrêt Chambre syndicale des marchands de vins et liquoristes de Paris du 17 décembre 1909 a ainsi pu considérer que le préfet de police, en prenant des mesures en vue de lutter contre la prostitution « n'a fait qu'user des pouvoirs qu'il tient de la loi des 16-24 août 1790 en vue d'assurer le bon ordre et la moralité publique » (Rec. p. 990). Peut également être mentionné l'arrêt du Conseil d'Etat du 7 novembre 1924, Club sportif châlonnais (Rec. p.683. D. 1924. III. p.58, concl. Cahen-Salvador). Dans cette affaire, le Conseil d'Etat confirme l'arrêté d'interdiction d'une réunion de boxe pris par un maire pour des raisons « d'hygiène morale ». Enfin, un arrêt Baugé du 30 mai 1930 réglemente la tenue des baigneurs « pour assurer le maintien du bon ordre et de la décence sur le rivage de la mère » (Rec. p. 582).

Il ne s'agit pas ici d'ordre matériel et extérieur, mais bien de protéger la moralité publique. Cependant, ces arrêts sont demeurés isolés jusqu'à l'arrêt de Section du Conseil d'Etat du 18 décembre 1959, Société les films Lutetia (Rec. p.693 ; S. 1960, p.9, concl. Mayras ; AJDA 1960, 1, p.20, chron. Combarnous et Galabert ; D. 1960, p.171, note Weil ; JCP 1961, 11898, note Mimin ; Rev. Adm. 1960, p.31, note Juret). Le maire de Nice avait pris un arrêté d'interdiction de projection dans sa commune du film « le feu dans la peau », justifié par des considérations de moralité publique. Le Conseil d'Etat juge « qu'un maire, responsable du maintien de l'ordre dans sa commune, peut interdire sur le territoire de celle-ci la représentation d'un film auquel le visa ministériel d'exploitation a été accordé mais dont la projection est susceptible d'entraîner des troubles sérieux ou d'être, à raison du caractère immoral dudit film et de circonstances locales, préjudiciable à l'ordre public ».

Par conséquent, deux types de circonstances, visées par l'arrêt, sont désormais susceptibles de légitimer l'intervention de l'autorité de police.

Il s'agit, tout d'abord, du risque de « troubles sérieux », c'est-à-dire de manifestations concrètes à l'encontre du film projeté. Ainsi, le maire peut toujours interdire la projection d'un film, notamment si cette projection risque, en raison du thème traité, de porter atteinte à la sécurité publique. Il s'agit ici de la conception traditionnelle de l'ordre public.

Il s'agit ensuite de troubles à la moralité publique, ce qui renvoie à des troubles de nature exclusivement psychologique. Toutefois, pour que l'autorité de police puisse agir dans ce cas encore faut-il qu'une condition supplémentaire soit remplie : l'intervention de cette autorité, dans un but de protection de la moralité publique, doit être légitimée par l'existence de circonstances locales particulières.

Cette jurisprudence pouvait être critiquée d'un double point de vue.

En premier lieu, reconnaître qu'une autorité de police peut intervenir au nom de la moralité publique porte atteinte à la liberté de conscience. Elle tend à imposer un ordre moral « municipal ».

En second lieu, la condition de l'existence de circonstances locales particulières ressemble, pour reprendre l'expression utilisée dans sa note par Prosper Weil à « une clause de style ». Ainsi, dans l'arrêt Société les films Lutetia, le Conseil d'Etat confirme l'arrêté du maire qui invoquait, comme circonstances locales particulières, « l'existence d'une vague d'immoralité déferlant sur la ville de Nice au début de l'année 1954 », ce qui est assez peu convaincant.

De fait, la jurisprudence Lutetia paraissait conférer un pouvoir quasi-discrétionnaire d'interdiction des films aux maires dans leur commune.

Pourtant, l'évolution des mœurs aidant, la jurisprudence s'est dirigée vers une conception de plus en plus restrictive de leur intervention. En particulier, le juge administratif a examiné avec plus de précision les circonstances locales particulières invoquées par les maires (V. par exemple, à propos du film « le pull-over rouge » CE, 26 juillet 1985, requête numéro 43468, Ville d'Aix-en-Provence : Rec. p.236 ; RFDA 1896, p.439, concl. Genevois).

L'évolution des mœurs a entraîné une certaine raréfaction de l'intervention des maires, en tout cas en matière d'interdiction d'œuvres cinématographiques. Aujourd'hui, la notion de moralité publique a plutôt tendance à être utilisée dans d'autres domaines.

Exemples :
- CE, 8 décembre 1997, requête numéro 171134, Commune d'Arcueil : le caractère immoral d'un affichage publicitaire en faveur de messageries roses peut justifier son interdiction par un maire.
- CE, ord. réf., 8 juin 2005, requête numéro 281084, Commune de Houilles (JCP A 2005, act. 319, obs. Rouault ; Collectivités territoriales-intercommunalité 2005, 163) : sur le fondement de ses pouvoirs de police générale, le maire peut interdire l'ouverture d'un sex-shop à proximité d'établissements scolaires et de services municipaux destinés aux jeunes.

Le débat sur la moralité publique paraissait apaisé jusqu'à une affaire récente qui a donné lieu à l'arrêt de Section du Conseil d'Etat du 30 juin 2000, Association Promouvoir et a. Toutefois, il ne s'agit plus ici de police administrative générale, mais de la police spéciale du cinéma qui consiste, pour le ministre de la Culture, à délivrer des visas d'exploitation à des œuvres cinématographiques. A l'occasion de l'arrêt du 30 juin 2000, le Conseil d'Etat annule le visa d'exploitation assorti d'une interdiction aux moins de 16 ans accordé au film « baise-moi » (requête numéro 222194, requête numéro 222195 : AJDA 2000, p.674, chron. Guyomar et Collin ; D. 2001, p.590, chron. Boitard ; RFDA 2000, p.1282, note Canedo et p.1311, note Morange ; RDP 2001, p.367, note Guettier ; Com. comm. électr. septembre 2000, 95, obs. Lepage ; LPA, 15 décembre 2000, n° 250, p. 9, note Lecucq) Le Conseil d'Etat motive sa décision par le fait que ce film « composé pour l'essentiel d'une succession de scènes de grande violence et de scènes de sexe non simulées ... constitue ... un message pornographique et d'incitation à la violence ... qui pourrait relever des dispositions de l'art. 227-24 du Code pénal ». Notons au passage que cette jurisprudence ne concerne pas la police administrative générale du maire, mais la police spéciale du cinéma qui relève actuellement de la compétence du ministre de la Culture.

Cet arrêt a été très critiqué. Pourtant, si une critique devait être formulée, elle devait être adressée au gouvernement et non pas au Conseil d'Etat. En effet, dans un but de libéralisation, le décret n°90-174 du 23 février 1990 avait supprimé la possibilité de délivrer le visa d'exploitation assorti d'une interdiction aux moins de 18 ans, en la remplaçant par une interdiction aux moins de 16 ans. Or, l'article 227-24 du Code pénal punit de 3 ans d'emprisonnement le fait d'exposer à la vue d'un mineur un message à caractère violent ou pornographique. En application de ces textes, il paraissait logique d'interdire le film « Baise-moi » aux mineurs. Ainsi, du fait de la suppression de l'interdiction aux moins de 18 ans, le ministre aurait dû le classer X, ce qui entraîne deux conséquences majeures : un régime fiscal très défavorable et une restriction de la distribution en salle. L'arrêt du Conseil d'Etat a eu au moins le mérite de révéler ce problème ce qui a finalement entraîné un changement de règlementation, le décret n°2001-618 du 12 juillet 2001 rétablissant la possibilité de délivrer un visa d'exploitation assorti d'une interdiction aux moins de 18 ans.

Le débat suscité par cet arrêt et le procès gagné par l'association requérante ont conduit à une multiplication des recours dans ce domaine, généralement intentés par la même association.

Exemple :
- CE, 25 novembre 2009, requête numéro 328677, Association promouvoir et a. : le ministre chargé de la Culture a assorti le visa d'exploitation du film « antichrist » d'une interdiction aux mineurs de 16 ans en reprenant les termes de l'avis de la commission de classification, qui s'était bornée, pour justifier sa proposition, à faire état du climat violent du film. La décision du ministre est annulée pour insuffisance de motivation.

Plus rarement, aujourd'hui, le recours émane d'une société de distribution qui se plaint d'une classification trop restrictive.

Exemple :
- CE, 6 octobre 2008, requête numéro 311017, Société cinéditions : les juges relèvent que le film « Quand l'embryon part braconner » comporte, par la représentation d'une rencontre banale entre un homme et une femme, de nombreuses scènes de torture et de sadisme d'une grande violence physique et psychologique, et présente une image des relations entre les sexes fondée sur la séquestration, l'humiliation et l'avilissement du personnage féminin, dont la mise en scène est de nature à heurter la sensibilité des mineurs. Ainsi, le ministre de la Culture et de la Communication n'a pas commis d'erreur d'appréciation en interdisant la diffusion du film en cause aux mineurs de moins de 18 ans.

2° Ordre public et principe du respect de la dignité de la personne humaine

Cette nouvelle composante de l'ordre public a été dégagée à l'occasion d'une affaire très particulière qui a donné lieu aux arrêts d'Assemblée du Conseil d'Etat du 27 octobre 1995, Commune de Morsang-sur-orge et Ville d'Aix-en-Provence (requête numéro 136727, requête numéro 143578 : Rec. p.372, concl. Frydman ; AJDA 1995, p.878, chron. Stahl et Chauvaux ; D. 1996, p.177, note Lebreton ; JCP G 1996, II, 22630, note Hamon ; RFDA 1995, p. 1204, concl. Frydman ; RDP 1996, p.536, notes Gros et Froment). Le Conseil d'Etat devait ici connaître de la légalité d'arrêtés municipaux interdisant des spectacles de lancers de nains ce qui lui a donné l'occasion d'établir comme principe que « le respect de la dignité de la personne humaine est une composante de l'ordre public ». Le Conseil d'Etat a ensuite fait valoir que le fait d'utiliser « comme un projectile une personne affectée d'un handicap physique et présentée comme telle … porte atteinte à la dignité de la personne humaine ».

Il n'existe que de rares illustrations de cette jurisprudence. La première est fournie par l'ordonnance du juge des référés du Conseil d'Etat du 5 janvier 2007, Ministre de l'Intérieur c. Association « Solidarité des Français » (requête numéro 300311). Dans cette affaire, le juge a estimé que l'interdiction de plusieurs rassemblements liés à la distribution sur la voie publique d'aliments contenant du porc pouvait être prononcée pour prendre en considération les risques de réactions à une démonstration susceptible de porter atteinte à la dignité des personnes privées du secours proposé.

La seconde illustration concerne l'arrêt Syndicat mixte de la vallée de l'Oise, Commune de Fresnières et Communauté de communes du Pays des sources (requête numéro 301151 : Rec. p.439 ; AJDA 2008, p. 2252, obs. Jégouzo ; AJDA 2009, p.32, concl. Guyomar ; BJCL 2009, p. 33, concl. Guyomar ; Dr. Adm. 2008, 9 ; Gaz. Pal. 3-4 juillet 2009, p. 32, note Cassara) dans lequel le Conseil d'Etat a décidé que les décisions en matière d'installations classées pour la protection de l'environnement doivent respecter les principes fondamentaux relatifs au respect de la dignité humaine.

Une autre illustration est fournie par les multiples épisodes de la célèbre affaire « Dieudonné ». Etait ici en cause un spectacle intitulé « le mur », contenant notamment des propos de caractère antisémite et incitant à la haine raciale. Dans son ordonnance Ministre de l'Intérieur du 9 janvier 2014 (requête numéro 374508, préc.- V. également CE, ord. réf., 10 janvier 2014, requête numéro 374528, SARL les productions de la Plume.- CE, ord. réf., 11 janvier 2014, requête numéro 374552, SARL les productions de la Plume) le juge des référés du Conseil d'Etat valide l'interdiction du spectacle au regard du « risque sérieux que soient de nouveau portées de graves atteintes au respect des valeurs et principes, notamment de dignité de la personne humaine, consacrés par la Déclaration des droits de l'homme et du citoyen et par la tradition républicaine ». Comme on l'a vu les juges relèvent également qu'il appartient « à l'autorité administrative de prendre les mesures de nature à éviter que des infractions pénales soient commises » ce qui permet donc d'interdire à titre préventif de nouvelles représentations du spectacle. Il est à noter enfin, que concernant un autre spectacle de Dieudonné, édulcoré de ses propos antisémites, le Conseil d'Etat a refusé de faire droit à un nouvel arrêté d'interdiction notamment fondé sur l'atteinte à la dignité de la personne humaine (CE, 6 février 2015, requête numéro 387726, Commune de Cournon d'Auvergne ; Rec. p. 55 ; AJDA 2015, p. 1658, note Saillant-Maraghni ; D. 2015, p. 544, note Quiriny.- V. aussi pour un spectacle organisé à Marseille CE, ord. réf., 13 novembre 2017, requête numéro 415400, Société les productions de La plume et a.- V. par ailleurs dans d'autres affaires refusant d'appliquer les principes jurisprudence Commune de Morsang-sur Orge : CE, 11 décembre 2014, requête numéro 386328, Centre Dumas-Pouchkine des Diasporas et Cultures Africaines et a.- CE, 16 avril 2015, requête numéro 389372, Société Grasse boulangerie : JCP A 2015, 2138, note Pauliat).

Dans toutes ces affaires, sont en cause, comme dans la jurisprudence consacrée à la moralité publique, des atteintes abstraites à l'ordre public. L'appréciation de l'existence de telles atteintes est donc, une fois encore, totalement subjective. Le lien entre le nouveau principe dégagé par le Conseil d'Etat et la moralité publique a d'ailleurs été bien mis en valeur par le commissaire du gouvernement Frydman dans ses conclusions sur les arrêts de 1995, celui-ci ayant clairement précisé que le respect de la personne humaine « traduit une exigence morale » et « constitue lui-même l'une des composantes essentielles de la moralité publique ».

Cependant, par exception à la jurisprudence consacrée à la moralité publique, le Conseil d'Etat estime que l'autorité de police peut intervenir « même en l'absence de circonstances locales particulières » lorsqu'est en cause ce principe. L'exigence d'une telle condition aurait, de fait, rendue totalement inutile l'inclusion de cette notion parmi les composantes de l'ordre public. En effet, à la rigueur, on peut estimer que des circonstances locales particulières peuvent être invoquées à l'appui d'une mesure d'interdiction d'un film pour des motifs liés à la moralité publique. A l'opposé, on ne voit pas comment de telles circonstances pourraient être invoquées relativement à un principe aussi absolu que celui du respect de la dignité de la personne humaine.

L'absence de référence à la condition de circonstances locales particulières a été assez vivement critiquée par une partie de la doctrine. On peut en effet penser que le Conseil d'Etat aurait dû annuler les arrêtés municipaux contestés en raison de l'incompétence de leur auteur, ce type de mesure, en l'absence de circonstances locales particulières susceptibles d'être invoquées, devant relever du titulaire des pouvoirs de police au niveau national, c'est-à-dire, en application de la jurisprudence Labonne (CE, 8 août 1919, Labonne, préc.) du Premier ministre.

II – Particularités des polices spéciales

Contrairement à la police administrative générale, qui a pour objet la protection de l'ordre public dans un ressort géographique donné, la police administrative spéciale s'exerce dans un cadre plus restreint.

Les différences entre ces deux types de polices peuvent être observées sur trois points et, selon les cas, ces points de différences seront ou non cumulés.

Une police est spéciale si elle est attribuée à une autorité différente de celle qui est en principe territorialement compétente pour protéger l'ordre public. Ainsi, par exemple, la police des gares, des aérodromes, de la chasse et de la pêche relèvent, non pas de la compétence du maire de la commune concernée, mais de celle du préfet. De même, la police spéciale du cinéma, qui consiste à délivrer les visas d'exploitation et d'importation des films, appartient non pas au Premier ministre mais au ministre de la Culture.

Une police est également spéciale si elle est exercée selon des procédures différentes de celles auxquelles la police générale est assujettie. Ainsi, par exemple, dans le cadre de la police du cinéma, le ministre de la Culture ne peut prendre de décisions qu'après avis de la commission de classification des œuvres cinématographiques.

Enfin, une police est spéciale si elle a une finalité en tout ou partie différente de celle de la police générale. Cette finalité, comme c'était le cas à l'origine pour la police du cinéma qui pouvait être exercée « pour la protection de tous les intérêts généraux », peut être plus vaste que de simples considérations liées à la préservation de l'ordre public. Cependant, elle aura généralement un objet qui lui est propre et qui est plus restreint que la notion traditionnelle d'ordre public. C'est le cas, par exemple, de la police de la chasse qui a pour objet la préservation du gibier ou encore de la police de l'affichage, de la publicité et des enseignes qui tend à la sauvegarde de l'esthétique et à la protection de l'environnement. De même, concernant la police du cinéma « le visa peut être refusé ou sa délivrance subordonnée à des conditions pour des motifs tirés de la protection de l'enfance et de la jeunesse ou du respect de la dignité humaine » (Code du cinéma et de l'image animée, art. L. 211-1).

Section II – Autorités de police

Les autorités de police se répartissent en deux catégories : certaines ont une compétence générale, alors que d'autres n'exercent qu'une compétence spéciale. Dans le premier cas, on parle d'autorités investies d'un pouvoir de police administrative générale. Ces autorités ont pour mission d'intervenir dans le but de protéger l'ordre public dans tous les domaines de la vie sociale. Dans le second cas, on parle d'autorités investies d'un pouvoir de police administrative spéciale. Cependant, la séparation entre ces deux types d'autorités n'est pas absolue et il existe des possibilités d'interactions entre elles.

§ I – Autorités de police administrative générale

La répartition des compétences entre les autorités de police administrative générale est intimement liée à l'organisation territoriale : il faut ainsi distinguer les autorités de police au niveau national, des autorités de police au niveau local. La séparation entre ces deux types d'autorités n'est toutefois pas étanche, le concours entre les mesures de police administrative générale émanant de deux autorités différentes étant possible.

I – Autorité de police au niveau national

Le Premier ministre a hérité du pouvoir de prendre des règlements de police applicables à l'ensemble du territoire qui avait été reconnu au chef de l'Etat, chef de l'exécutif sous les Troisième et Quatrième Républiques, à l'occasion de l'arrêt Labonne du 8 août 1919 (préc.).

Reprenant presque mot pour mot le considérant de principe de l'arrêt Labonne, le Conseil d'Etat a ainsi décidé, dans son arrêt du 2 mai 1973, Association culturelle des israélites nord-africains de Paris « qu'il appartient au Premier ministre en dehors de toute délégation législative, et en vertu de ses pouvoirs propres » de déterminer les mesures de police qui sont applicables à l'ensemble du territoire (requête numéro 81861, Rec. p.313 ; Rev. Dr. Rural 1974, p.13, note Moreau). Il peut, par exemple, prendre une mesure dont l'objet est d'assurer la sécurité des conducteurs de voitures automobiles et des personnes transportées (à propos de la ceinture de sécurité obligatoire V. CE, 4 juin 1975, requête numéro 92161, requête numéro 92685, Bouvet de la Maisonneuve : Rec. p.330 ; Dr. adm. 1975, 250). De la même façon il a été récemment jugé que le Premier ministre est compétent pour réintroduire temporairement un contrôle aux frontières intérieures de l'espace Schengen (CE, 28 décembre 2017, requête numéro 415291, Association nationale d'assistance aux frontières pour les étrangers).

Cette solution a été confirmée par le Conseil constitutionnel qui a estimé que les dispositions de l'article 34 de la Constitution selon lesquelles la loi seule fixe « les garanties fondamentales accordées aux citoyens pour l'exercice des libertés publiques » n'ont pas retiré au Premier ministre « les attributions de police générale qu'il exerçait antérieurement en vertu de ses pouvoirs propres et en dehors de toute habilitation législative » (CC, 20 février 1987, numéro 87-149 DC, Nature juridique de dispositions du Code rural et de divers textes relatifs à la protection de la nature : Rec. CC p.22 ; JO 26 février 1987, p.2208 ; RDP 1987, p.399, note Favoreu).

Le Premier ministre dispose également de la possibilité de renvoyer à des arrêtés ministériels, à condition toutefois que soit défini avec une précision suffisante le cadre et l'objet des mesures à intervenir (CE, 4 juin 1975, requête numéro 92161, requête numéro 92685, Bouvet de la Maisonneuve, préc.- V. également CE, 23 novembre 2011, requête numéro 345021, Association France nature environnement).

II – Autorités de police au niveau local

Au niveau de la commune, c'est en principe le maire, et plus en plus les présidents d'EPCI, qui exercent les compétences de police administrative, alors que cette compétence appartient au préfet dans le département.

A – Maire et présidents d'EPCI

Comme le précise l'article L. 2212-1 du Code général des collectivités territoriales « le maire est chargé, sous le contrôle administratif du représentant de l'Etat dans le département, de la police municipale, de la police rurale et de l'exécution des actes de l'Etat qui y sont relatifs ».

En dehors de ces dispositions, qui confèrent au maire un pouvoir de police générale, celui-ci dispose de pouvoirs de police administrative spéciale dans des domaines particuliers visés par les articles L. 2213-1 et suivants du Code général des collectivités territoriales. Sont visées par ces dispositions : la police de la circulation et du stationnement (CGCT, art. L. 2213-1 et s.), la police des funérailles et des inhumations (CGCT, art. L. 2213-7 s.), la police dans les campagnes (CGCT, art. L. 2213-16 s.), la police des baignades et des activités nautiques (CGCT, art. L. 2213-23), etc. Il dispose également de nombreux pouvoirs de police administrative spéciale issus d'autres dispositions, par exemple en matière de police rurale et en matière de protection de l'environnement.

L'activité des maires en matière de police a pour objectif la prévention des infractions. Il s'agit donc essentiellement pour les autorités communales d'édicter des réglementations et de prendre des décisions particulières (autorisations, interdictions, etc.) et non pas de punir des infractions, comme cela a été rappelé à plusieurs reprises par le Conseil constitutionnel. Certes, en vertu de l'article 16 du Code de procédure pénale et de l'article L. 2122-31 du Code général des collectivités territoriales, le maire et ses adjoints ont également la qualité d'officier de police judiciaire, ce qui leur permet notamment de constater des faits constitutifs d'une infraction pénale. Mais il s'agit ici d'une compétence qui relève non pas de la décentralisation, mais de la déconcentration, le maire et ses adjoints se trouvant, dans cette hypothèse, sous l'autorité hiérarchique du procureur de la République.

Logiquement, les activités des agents de la police nationale agissant sous l'autorité du maire pour des compétences en matière de police administrative peuvent permettre d'engager la responsabilité de la commune (CE, 3 avril 1981, requête numéro 12870, requête numéro 18293, Ville de Bayonne : Rec. tables, p. 902 ; D. 1982, inf. rapp. p. 57, obs. Moderne et Bon). Mais comme on le verra, si ces compétences ont été transférées au préfet, c'est la responsabilité de l'Etat qui devra être recherchée.

Pour permettre l'accomplissement des missions de police administrative générale qui lui sont dévolues, le maire peut créer une police municipale (CGCT, art. L. 2212-5 renvoyant au titre 1er du livre 5 du Code de sécurité intérieure). S'ils exercent l'essentiel de leurs missions pour l'exécution des décisions prises par le maire dans le cadre de ses pouvoirs de police administrative, ces personnels n'ont en revanche que la qualité d'agents de police judiciaire adjoints. Ils exercent en conséquence des pouvoirs limités, ce qui a notamment été rappelé par le Conseil d'Etat à l'occasion d'un arrêt Commune de Marcq-en-Bareuil du 19 juin 2002 selon lequel « les missions des agents de police municipale, leurs modalités de recrutement et de formation, ainsi que leurs statuts, diffèrent de ceux des agents de la police nationale » (CE, 19 juin 2002, requête numéro 221500, requête numéro 221502, requête numéro 221503, requête numéro 221504, requête numéro 221505, requête numéro 2215061 : AJDA 2002, p. 852).

De son côté, le Conseil constitutionnel a pu considérer que « l'exigence de direction et de contrôle de l'autorité judiciaire sur la police judiciaire ne serait pas respectée si des pouvoirs généraux d'enquête criminelle ou délictuelle étaient confiés à des agents qui, relevant des autorités communales, ne sont pas mis à la disposition des officiers de police judiciaire ». Il en résulte qu'en permettant aux policiers municipaux de procéder à des contrôles et des vérifications d'identité, alors qu'ils ne sont pas mis à la disposition des officiers de police judiciaire, la loi déférée méconnaissait l'article 66 de la Constitution (CC, 10 mars 2011, décision numéro 2011-625 DC). Il n'en demeure pas moins que les compétences de police judiciaire des agents de police municipale se sont considérablement développées ces dernières années. Ils peuvent par exemple verbaliser la grande majorité des contraventions prévues par le Code de la route (V. Code de la route, art. R. 130-2) ainsi que de nombreuses contraventions prévues par le Code pénal ne nécessitant pas d'actes d'enquête et ne réprimant pas des atteintes à l'intégrité des personnes (V. Code de procédure pénale, art. R. 15-33-29-3). Ils peuvent aussi prescrire la mise en fourrière d'un véhicule automobile (V. Code de la route, art. L. 325-2) ou encore constater le délit d'attroupement portant atteinte à la libre circulation dans les parties communes des immeubles (V. Code de la construction et de l'habitation, art. L. 126-3)

Le pouvoir de police administrative du maire peut être transféré - ou il doit l'être - au président de l'EPCI à fiscalité propre dont fait partie la commune. L'article L. 5211-9-2 du Code général des collectivités territoriales précise ainsi que les maires des communes de l'EPCI peuvent ou doivent transférer au président de cet établissement tout ou partie des attributions de police générale ou spéciale qui se rattachent au champ de compétences transféré à cet établissement.

Le transfert des pouvoirs de police est en principe obligatoire pour les compétences transférées en matière d'assainissement, de collecte des déchets ménagers, de voirie - pour la police de la circulation et du stationnement et pour la délivrance des autorisations de stationnement sur la voie publique aux exploitants de taxi -, de constructions et d'habitation - en matière de lutte contre l'habitat indigne essentiellement - et pour ce qui concerne la réalisation des aires d'accueil ou de terrains de passage des gens du voyage. Toutefois, les maires peuvent s'opposer aux transferts de compétences et les présidents des ECPI y renoncer. Dans le cas où les maires s'opposent à ces transferts, il y est mis fin, mais pour les seules communes dont les maires ont notifié leur opposition.

Le transfert est possible pour les compétences transférées en matière de sécurité des manifestations culturelles et sportives organisées dans des établissements communautaires et de défense extérieure contre l'incendie. Dans ces différentes hypothèses, le transfert se fait sur proposition d'un ou de plusieurs maires des communes intéressées. Il donne lieu à un arrêté du ou des représentants de l'Etat dans le ou les départements concernés, après accord de tous les maires des communes membres et du président de l'EPCI. Cependant, des règles spéciales s'appliquent aux communautés urbaines. Pour cette catégorie d'EPCI, le transfert est décidé par arrêté du ou des représentants de l'Etat dans le ou les départements, après accord du président de la communauté urbaine et des deux tiers au moins des maires des communes membres dont la population représente plus de la moitié de la population totale, ou de la moitié des maires de communes membres dont la population représente plus des deux tiers de la population totale.

B – Préfet

Selon les dispositions de l'article 34 de la loi n°82-213 du 2 mars 1982 modifiée, le préfet de département « a la charge des intérêts nationaux, du respect des lois, de l'ordre public ». L'article L. 122-1 du Code de sécurité intérieure précise quant à lui qu'il « anime et coordonne la prévention de la délinquance et l'ensemble du dispositif de sécurité intérieure ». Il est également autorité de police administrative spéciale dans de nombreuses hypothèses (par exemple en matière de chasse, de gares et d'aéroports, ainsi que, notamment, dans de nombreuses hypothèses visées par le Code de l'environnement).

En principe, dans le cadre de ses pouvoirs de police administrative générale, il ne peut agir que pour prendre des mesures dont le champ d'application excède le territoire d'une commune, puisque sinon c'est le maire qui est compétent. Qui plus est, cette compétence ne peut être exercée que si des « circonstances particulières » l'exigent.

Exemples :
- CE, 3 juillet 1992, requête numéro 120448, Ministre de l'Intérieur c. Société Carmag (Dr. adm. 1992, 379 ; D. 1992, inf. rap. p. 232 ; RFDA 1992, p. 932) : les juges annulent un arrêté du préfet de Seine-et-Marne interdisant, sur l'ensemble du département, la vente de boissons alcooliques dans les stations-services entre 22 heures et 6 heures du matin, cette mesure n'ayant pas été prise en considération de circonstances particulières au département concerné.
- CE, 3 mars 1993, requête numéro 116550, SA Carmag (Rec. p. 52 ; Gaz. Pal. 1994, 1, pan. dr. adm. p. 2) : le préfet du Var était compétent pour prendre une mesure interdisant la vente de boissons alcooliques dans l'ensemble des stations -du département entre 22 heures et 6 heures. Le préfet avait en effet pris en considération

des circonstances particulières au département concerné, en s'appuyant sur une enquête de gendarmerie et une enquête de police démontrant qu'un pourcentage important des 926 accidents corporels de la circulation survenus dans le département, étaient liés à l'alcoolémie et s'étaient produits entre 22 heures et 6 heures du matin.

La mesure de police administrative générale prise par le préfet peut concerner l'ensemble du département, ou seulement certaines communes. A l'opposé, en principe, le préfet ne peut prendre une mesure de police administrative générale applicable dans une seule commune, ce qui aurait pour effet de concurrencer le pouvoir de police administrative générale des maires.

Par exception, il existe cependant des cas où le préfet est habilité à prendre des mesures de police qui ont vocation à s'appliquer dans une commune en particulier.

Ainsi, l'article L. 2215-1, 1°du Code général des collectivités territoriales permet au préfet de se substituer au maire, après une mise en demeure restée sans résultat, pour prendre les mesures nécessaires à la préservation de l'ordre public.

Exemple :
- CE, 31 janvier 1997, requête numéro 156276, SARL Camping « Les clos » : un préfet a mis en demeure un maire d'interdire l'installation de tentes, caravanes et maisons mobiles dans le secteur inondable d'un camping situé dans une zone à risque majeur. Cette mise en demeure étant restée sans suite pendant trois semaines, le préfet pouvait légalement se substituer au maire pour prendre à sa place la mesure d'interdiction.

Il faut relever, cependant, qu'en cas d'urgence le préfet est dispensé de mettre en demeure le maire avant de se substituer à lui.

Exemple :
- CE, 25 novembre 1994, requête numéro 148962, requête numéro 149018, Ministre de l'Intérieur (Rec. tables, p. 832 ; Quot. Jur. 28 mars 1995, note Moreno) : l'urgence justifie que le préfet puisse ordonner la fermeture provisoire d'une boucherie-charcuterie dont les produits comportent des souches épidémiques de listériose, sans mise en demeure préalable du maire.

Plus spécifiquement, concernant le service de l'aide sociale à l'enfance, l'inaction du président du conseil départemental - qui rappelons-le ne dispose pas de pouvoir de police administrative générale - susceptible de mettre en cause la santé, la sécurité ou la moralité d'un mineur isolé peut justifier l'intervention de l'autorité de police (CE, 27 juillet 2016, requête numéro 400055, Département du Nord).

Relevons également que l'article L. 2215-1, 1° du Code général des collectivités territoriales n'autorise pas le préfet à donner aux sous-préfets compétence générale à l'effet de se substituer aux maires dans l'exercice de leurs pouvoirs (CE, 31 juillet 1992, requête numéro 101623, Commune de Petite-Île).

Notons aussi que l'article L. 2215-3 du Code général des collectivités territoriales organise un mécanisme de mise en demeure préalable et de substitution identique à celui prévu par l'article L. 2215-1, 1° du même code. Il permet au préfet de se substituer au maire pour interdire, par arrêté motivé, l'accès de certaines voies ou de certaines portions de voies ou de certains secteurs d'une ou de plusieurs communes « aux véhicules dont la circulation sur ces voies ou dans ces secteurs est de nature à compromettre soit la tranquillité publique, soit la protection des espèces animales ou végétales, soit la protection des espaces naturels, des paysages ou des sites ou leur mise en valeur à des fins esthétiques, écologiques, agricoles, forestières ou touristiques ».

La carence du préfet dans l'exercice de ce pouvoir est susceptible d'entraîner la condamnation de l'Etat, à condition qu'elle soit considérée comme constitutive d'une faute lourde.

Exemple :
- CE, 25 juillet 2007, requête numéro 283000, Société France Télécom et Société Axa Corporate Solutions Assurance et CE, 25 juillet 2007, requête numéro 293882, Ministre d'Etat, ministre de l'Intérieur et de l'Aménagement du territoire (Rec. tables, p.707 ; Dr. adm. 2008, 2, note Dieu ; RLCT, décembre 2007, p. 24, obs. Glaser) : suite à des dégradations subies par un central téléphonique depuis l'installation de gens du voyage sur un terrain voisin, le préfet s'est déplacé sur les lieux et a provoqué une réunion au cours de laquelle il a préconisé les mesures à prendre et décidé de maintenir les rondes quotidiennes de gendarmerie aux abords du site. La détermination de mesures nouvelles à prendre était difficile en raison de l'absence de lien de causalité certain entre les déprédations et la présence de gens du voyage. Il en résulte que l'absence de mise en œuvre par le préfet des pouvoirs de substitution ne révèle pas, dans les circonstances de l'espèce, l'existence d'une faute lourde de l'Etat.

Le préfet est également compétent pour prendre certaines mesures de police administrative générale dans les communes dont la police a été étatisée. Sont concernés, en application des articles L.2214-1 et R. 2214-1 du Code général des collectivités territoriales : les chefs-lieux de département et les ensembles de communes de plus de 20000 habitants où les caractéristiques de la délinquance sont celles des zones urbaines. Il a été jugé, en application de ces dispositions, que le régime de la police d'Etat peut être supprimé sur le territoire d'une ou de plusieurs communes soit lorsque la population de cette commune ou de cet ensemble de communes est inférieure à 20 000 habitants, soit lorsque les caractéristiques de la délinquance sur le territoire de cette commune ou de cet ensemble de communes ne sont pas celles des zones urbaines (CE, 16 janvier 2008, requête numéro 297648, Commune de Marmande : JCPA 2008, 2063, note Moreau). Il résulte également de la jurisprudence que le juge de l'excès de pouvoir exerce un contrôle normal sur l'appréciation portée par l'autorité administrative quant aux caractéristiques de la délinquance sur le territoire de la circonscription de sécurité publique en cause (CE, 30 novembre 2001, requête numéro 224800, de Courson et a. : Rec. p. 617 ; AJDA 2002, p. 539, concl. Mignon).

Les préfets exercent une fraction des pouvoirs de police administrative générale dans les communes dont la police a été étatisée. Ils exercent en effet, au nom de l'Etat, un pouvoir de police administrative générale dans le domaine de la protection de la tranquillité publique, sauf pour ce qui concerne notamment la lutte contre les bruits du voisinage qui continue de relever du maire (sur cette distinction V. CE, 27 juillet 2005, requête numéro 257394, Commune de Noisy-le-Grand : Rec. tables, p.758). Les préfets ont plus précisément la charge du bon ordre quand il se fait occasionnellement de grands rassemblements d'hommes, par exemple en cas d'émeutes ou de manifestations.

Les juges veillent scrupuleusement à la préservation des compétences du préfet. Ainsi, le Conseil d'Etat a pu juger que dans les communes où est instituée une police d'Etat, le préfet a seule qualité pour prononcer l'interdiction d'une manifestation sur la voie publique de nature à troubler l'ordre public et cela même si le maire a tenté de fonder sa compétence sur la gêne apportée par la manifestation à la circulation publique (CE, 28 avril 1989, requête numéro 74018, Commune de Montgeron : Rec. p. 119 ; AJDA 1989, p. 644, obs. Prétot). En sens inverse, il a été jugé que le maire est compétent pour réglementer les heures d'ouverture des commerces à emporter et des épiceries de nuit pour des motifs tirés de la quiétude du voisinage (TA Nice, 6 juillet 2010, requête numéro 1001757, SARL Anteo et a. : BJCL 2010, p. 601, concl. Laso).

Cette délimitation des pouvoirs du maire et du préfet n'en est pas moins susceptible de poser un certain nombre de difficultés.

Exemples :
- CE, 20 décembre 1995, requête numéro 145908, Commune de Bourg-en-Bresse : la réduction de la durée quotidienne d'exploitation d'une salle de jeux, prise suite à des incidents provoqués en dehors de l'établissement par des bandes de jeunes et dans le but de limiter les troubles à l'ordre public ainsi constatés relève de la compétence du préfet et non de celle du maire.
- TA Caen, 18 novembre 2003, Préfet du Calvados (BJCL 2004, p. 175, concl. Hommeril) : le maire n'est pas compétent pour interdire la prostitution dès lors que l'arrêté litigieux est fondé sur des considérations de tranquillité publique.

III – Concours entre les mesures de police administrative générale

Cette possibilité de concours a été reconnue par le Conseil d'Etat dans son arrêt du 18 avril 1902 Commune de Néris-les-bains (Rec. p.275 ; S. 1902, III, p.81, note Hauriou ; Rev. Gen. d'adm. 1902, II, p.297, note Legouix).

L'idée qui sous-tend cette jurisprudence est que les actes pris par l'autorité hiérarchiquement supérieure établissent des règles qui constituent un minimum. Par conséquent, l'autorité hiérarchiquement inférieure ne peut prendre de mesures qui atténuent leur portée. En revanche, en raison de circonstances particulières de temps et de lieu, elles peut décider d'aggraver ces mesures.

En l'espèce, un préfet avait interdit les jeux d'argent dans son département, sauf dérogation accordée par le ministre de l'Intérieur pour les stations thermales. Le maire de Néris-les-bains a alors pris un arrêté interdisant de manière absolue les jeux d'argent dans sa commune, sans possibilité de dérogation. Cet arrêté est légal alors même qu'il établit une interdiction plus rigoureuse que celle édictée par le préfet.

§ II – Autorités de police administrative spéciales

Contrairement à la police administrative générale, qui a pour objet, comme on l'a vu, la protection de l'ordre public dans un ressort géographique donné, la police administrative spéciale s'exerce dans un cadre plus restreint. Les pouvoirs de police administrative spéciale peuvent être dévolus à de nombreuses autorités. Parfois, comme on l'a vu, elles coïncident avec celles compétentes en matière de police administrative générale, mais ce n'est pas nécessairement le cas.

Les concours entre la police administrative spéciale et la police administrative générale sont envisageables si deux conditions sont réunies.

Pour que le concours soit possible, les objectifs des pouvoirs de police concernés doivent se recouper, ce qui implique que la police administrative spéciale considérée doit avoir, parmi ses objets, la préservation de tout ou partie des éléments composant l'ordre public.

De même, le concours n'est possible que s'il n'est pas expressément exclu par un texte.

Exemples :
- CE, 10 avril 2002, requête numéro 238212, Ministre de l'Equipement et des Transports (Rec. p. 123 ; RFDA 2002, p. 676) : l'existence du pouvoir de police spéciale confié au ministre chargé de l'aviation civile en matière de circulation aérienne exclut la possibilité pour le maire d'user des pouvoirs de police administrative générale pour règlementer les évolutions des aéronefs d'écoles de pilotage au-dessus du territoire de sa commune.
- CE, 8 mars 1993, requête numéro 102027, Commune des Molières (Rec. tables, p.655 ; RFD aérien, p.333, concl. Lasvignes ; JCP 1993, II, 22157, note Lascombe et Vandendriessche ; D. 1994, somm. 110, obs. Maillard Desgrées du Loû) : les dispositions du Code de l'aviation civile, qui confient au ministre chargé de l'Aviation civile la faculté d'interdire le survol de certaines zones du territoire français pour des raisons de sécurité publique, n'ont pas pour objet et ne sauraient avoir pour effet de priver le maire d'une commune de la possibilité d'user de ses pouvoirs de police administrative générale pour réglementer, en vue d'assurer la tranquillité et la sécurité des habitants de sa commune, l'utilisation des appareils d'aéromodélisme sur le territoire de cette commune.
- CE, 29 septembre 2003, requête numéro 18217, Houillères du bassin de Lorraine (AJDA 2003, p. 2164, concl. Olson ; Gaz. Pal. 19 juill. 2004, pan. dr. adm. p. 112) : s'il appartient au maire, responsable de l'ordre public sur le territoire de sa commune, de prendre les mesures de police générale nécessaires au bon ordre, à la sûreté, à la sécurité et à la salubrité publiques, la police spéciale des installations classées a été attribuée au préfet et, à l'échelon national, au Gouvernement par la loi du 19 juillet 1976. En l'absence de péril imminent, le maire ne saurait par conséquent s'immiscer dans l'exercice de cette police spéciale.
- CE Ass., 26 octobre 2011, 3 arrêts, requête numéro 326492, requête numéro 329904, requête numéro 341767, requête numéro 341768, Commune de Saint-Denis, Commune des Pennes-Mirabeau, SFR (AJCT 2012, p.37, obs. Moliner-Dubost ; AJDA 2011, p.2219, chron. Stahl et Domino ; Dr. adm. 2012, 8, note Melleray ; JCP A 2012, 2004, note Charmeil et 2005, note Billet ; JCP G 2012, 60, note Del Prete et Borel ; RDI 2012, p. 153, obs. Van Lang) : le législateur a organisé une police spéciale des communications électroniques confiée à l'Etat et règlementée par le Code des postes et des communications électroniques. Si le législateur a prévu par ailleurs que le maire serait informé à sa demande de l'état des installations radioélectriques exploitées sur le territoire de la commune et si les articles L. 2212-1 et L. 2212-2 du Code général des collectivités territoriales habilitent le maire à prendre les mesures de police générale nécessaires au bon ordre, à la sûreté, à la sécurité et à la salubrité publiques, celui-ci ne saurait, sans porter atteinte aux pouvoirs de police spéciale conférés aux autorités de

l'Etat, adopter sur le territoire de la commune une règlementation portant sur l'implantation des antennes relais de téléphonie mobile et destinée à protéger le public contre les effets des ondes émises par ces antennes.
- CE, 24 septembre 2012, requête numéro 342990, Commune de Valence (JCP A 2013, 2006, note Billet) : s'il appartient au maire, responsable de l'ordre public sur le territoire de sa commune, de prendre les mesures de police générale nécessaires au bon ordre, à la sûreté, à la sécurité et à la salubrité publiques, il ne saurait en aucun cas s'immiscer dans l'exercice de la police spéciale de la dissémination volontaire d'organismes génétiquement modifiés confiée à l'Etat par l'édiction d'une réglementation locale.

Lorsqu'elle est reconnue, la possibilité de concours entre la police administrative spéciale et la police administrative générale entraîne trois conséquences majeures.

Tout d'abord, une autorité détentrice d'un pouvoir de police administrative spéciale et d'un pouvoir de police administrative générale peut préférer utiliser l'une ou l'autre de ses compétences, dans le respect des conditions posées pour leur exercice (à défaut, il y aurait en effet détournement de procédure).

Exemples :
- CE, 2 juillet 1997, requête numéro 161369, Bricq (D. 1997, inf. rap. p. 199 ; Quot. jur. 6 nov. 1997 ; Dr. adm. 1997, 323 ; Lettre J.-Cl. Env. 4/1997, p. 2) : l'existence de pouvoirs de police spéciale attribués au maire par l'ancien article L.2 du Code de la santé publique, ne fait pas obstacle à ce qu'il use de ses pouvoirs de police générale pour règlementer l'utilisation en plein air d'outils à moteurs tels que les tondeuses à gazon dans le but de sauvegarder la tranquillité publique.
-CE, 27 juillet 2015, requête numéro 367484, Boey (Rec. p. 285 ; AJDA 2015, p. 2277, note Perrin) : l'octroi au maire de pouvoirs de police spéciale en matière de contrôle des installations d'assainissement non collectif (CGCT, art. L. 2224-8 et Code de la santé publique, art. L. 1331-1-1) ne l'empêche pas d'intervenir dans le cadre de ses pouvoirs de police générale. Il peut ainsi intervenir en se fondant sur la salubrité publique pour faire cesser les pollutions de toute nature.

De même, lorsque, dans une situation déterminée, un pouvoir de police administrative spéciale n'a pas été utilisé par son détenteur, l'autorité détentrice du pouvoir de police administrative générale peut agir pour assurer le maintien de l'ordre public. Cependant, l'intervention de cette autorité devra être justifiée par l'existence de circonstances locales particulières.

Exemple :
- CE, 8 avril 1998, requête numéro 165034, Commune de Lattes : un maire peut prendre une mesure relative à la diffusion de publications destinées à la jeunesse alors même que le ministre de l'Intérieur, détenteur de la police spéciale des publications dangereuses pour la jeunesse n'est pas intervenu. En l'espèce, cependant, la mesure prise est jugée illégale, en l'absence de circonstances locales particulières.

Enfin, alors même que l'autorité investie d'un pouvoir de police administrative spéciale est intervenue, l'autorité détentrice de la police administrative générale peut prendre une mesure plus rigoureuse, une fois encore si des circonstances locales particulières le justifient.

Exemple :
- CE Sect., 18 décembre 1959, Société Les films Lutetia (préc.): le maire peut interdire un film sur le territoire de sa commune en cas d'atteinte à la moralité publique et si des circonstances particulières le justifient, alors même que ce film a obtenu du ministre compétent, chargé de la police spéciale du cinéma, un visa d'exploitation.

Section III – Légalité des mesures de police administrative

Comme tous les actes administratifs, les mesures de police sont soumises au principe de légalité, qu'il s'agisse de légalité externe ou de légalité interne.

Exemples :
- CE Sect., avis, 22 novembre 2000, requête numéro 223645, Société L§P Publicité SARL (JO, 19 décembre 2000 ; AJDA 2001, p.198, note Rouault ; Dalloz-affaires 2001, n°26, p.2110, note Albert ; RDP 2001, p.393, obs. Guettier ; RGCT 2000, p.551, note Bonfils) : dès lors que l'exercice de pouvoirs de police administrative est susceptible d'affecter des activités de production, de distribution ou de services, la circonstance que les mesures de police ont pour objectif la protection de l'ordre public ou, dans certains cas, la sauvegarde des intérêts spécifiques que l'administration a pour mission de protéger ou de garantir n'exonère pas l'autorité investie de ces pouvoirs de police de l'obligation de prendre en compte également la liberté du commerce et de l'industrie et les règles de concurrence.
- CE, 5 mars 2008, requête numéro 288540, Bermond (AJDA 2008, p.1334, note Deliancourt) : un maire ne peut décider de rouvrir à la circulation publique une voie privée qui avait, pour des raisons de sécurité, été interdite à la circulation, si les propriétaires, ou même une partie d'entre eux, s'y opposent.

Le juge contrôle que l'acte contesté émane bien de l'autorité compétente, et que les règles de forme et de procédure ont été respectées. S'il s'agit d'une mesure prise dans le cadre de la police administrative générale, il vérifie qu'elle a bien pour objet la protection de l'ordre public, à défaut de quoi elle sera annulée pour détournement de pouvoir (V. par exemple CE, 23 avril 1997, requête numéro 115523, Commune des Gets : Rec. p. 662). De même, lorsque la mesure de police intervient dans un domaine où une loi a déjà été adoptée, les juges vérifient que cette mesure n'a pas pour effet ni de « méconnaître la loi ni (d'en) altérer la portée » (CE Sect., 22 décembre 1978, requête numéro 04605, Union des chambres syndicales d'affichage : Rec. p. 530.- CE, 5 juillet 2013, requête numéro 361441, Œuvre d'assistance aux bêtes d'abattoirs, préc.).

Mais surtout, ce qui est plus original, le juge vérifie que la mesure contestée est bien de celles que l'autorité de police est habilitée à édicter et qu'elle est nécessaire à la réalisation de son objet.

§ I – Mesures prohibées

Si l'autorité de police a le pouvoir d'édicter des interdictions, elle n'est pas compétente, sauf si cela est expressément prévu par la loi (V. ainsi pour l'activité des casinos, Code de sécurité intérieure, art. L. 321-1 et L. 321-2), pour prendre des règlementations subordonnant l'exercice d'une activité à une déclaration ou à une autorisation préalable.

Exemples :
- CE Ass., 22 juin 1951, Daudignac (Rec. p.362 ; D. 1951, p.589, concl. Gazier, note J.C.) : est illégale une décision subordonnant à autorisation l'activité de photographes-filmeurs.
- CE, 8 décembre 1999, requête numéro 154395, Commune de Pont-à-Mousson (JCP 2000,10331, note Strebler) : si la loi n°79-1150 du 29 décembre 1979 donne compétence au maire pour délimiter des zones de publicité autorisée, restreinte ou élargie, et pour fixer les prescriptions qui s'y appliquent, aucune disposition de cette loi n'habilite le maire, sauf cas particuliers régis par les articles 8 et 42-II de la loi, à instituer des règles de procédure à caractère contraignant, telles qu'une obligation de déclaration préalable ou un régime d'autorisation.

Ce principe, qui se justifie par la protection de « la liberté de l'industrie et du commerce garantie par la loi », ne connaît qu'une exception en dehors des textes, qui concerne les hypothèses où l'exercice de l'activité en cause suppose une occupation privative du domaine public.

Exemple :
- CE, 22 juin 1983, requête numéro 38274, Ville de Lyon (Rec. p.269 ; Droit adm. 1983, 338) : en subordonnant l'occupation d'un emplacement dans le marché aux timbres à une autorisation municipale, soit provisoire, soit permanente qu'il lui appartient, le cas échéant, et sous le contrôle du juge, de retirer pour un motif tiré de l'intérêt général, le maire de la commune a pris une mesure de police qui ne porte pas, par elle-même, une atteinte illégale au principe de la liberté du commerce.

En outre, les pouvoirs de police doivent nécessairement être exercés à titre gratuit et se manifester par l'édiction d'actes unilatéraux, ce qui interdit de déléguer ces activités en absence d'habilitation législative. Ce principe a été reconnu par le Conseil d'Etat à l'occasion de l'arrêt d'Assemblée Commune de Castelnaudary du 17 juin 1932 (Rec. p.595 ; D. 1932, p. 26, note Josse.- V. également CE, 8 mars 1985, Association Les amis de la Terre : Rec. p. 73 ; AJDA 1985, p. 382, obs. J. Moreau RFDA 1985, p. 363, concl. Jeanneney).

Exemple :
-CE, 1er avril 1994, requête numéro 144152, requête numéro 144241, Commune de Menton et a. (Rec. p. 175 ; D. 1994, inf. rap. p. 138 ; Dr. adm. 1994, 10, concl. Lasvignes ; Quot. jur. 18 oct. 1994, p. 2 ; RDP 1994, p. 1825, note Auby) : le service de la police du stationnement, par sa nature, ne saurait être confié qu'à des agents placés sous l'autorité directe du maire. Sont illégales des conventions prévoyant que les agents municipaux chargés de la constatation des infractions au stationnement payant sur la voie publique seront mis à la disposition d'une société chargée par ces mêmes conventions de la gestion du stationnement payant sur voirie de la commune qui assurera l'encadrement et l'organisation de leur travail.

Le Conseil d'Etat a toutefois jugé que cette prohibition n'avait pas de valeur constitutionnelle (CE, 4 avril 2012, requête numéro 350952, SNIASS). Plus précisément, l'article 12 de la Déclaration de 1789, pas plus qu'aucun principe de valeur constitutionnelle « n'exige (…) que les missions de police administrative comportant l'exercice de prérogatives de puissance publique ne soient confiées par des personnes publiques qu'à des fonctionnaires ou à des agents liés à elles par des contrats de droit public ».

Il semble aujourd'hui qu'une distinction doit être établie entre les activités normatives de police, qui ne sauraient être déléguées, parce qu'elles sont directement liées à l'exercice de prérogatives de puissance publique, et les activités matérielles de police qui peuvent dans certains cas être déléguées.

Il est ainsi interdit d'investir unilatéralement une personne privée de pouvoirs de police « aux lieu et place de la puissance publique » (CC., 25 février 1992, décision numéro 92-307 DC). A l'occasion de sa décision « LOPPSI 2 » du 10 mars 2011 (décision numéro 2011-625 DC, préc.), le Conseil constitutionnel a pu considérer qu'une loi ne saurait habiliter des personnes privées à contrôler, dans le cadre d'opérations de vidéosurveillance, les abords de « lieux susceptibles d'être exposés à des actes de terrorisme ou particulièrement exposés à des risques d'agression ou de vol » ni déléguer l'exploitation et le visionnage des images. De telles dispositions sont inconstitutionnelles puisque les prérogatives qu'elles confient à des personnes privées sont assimilables à une délégation de « compétences de police administrative générale inhérentes à l'exercice » de la force publique.

A l'opposé, les hypothèses où des personnes privées sont associées à des activités matérielles de police, pour des tâches techniques sont nombreuses.

Exemples :

-L'article L. 332-1 du Code du sport précise que les organisateurs de manifestations sportives à but lucratif peuvent être tenus d'y assurer un service d'ordre dans les conditions prévues à l'article L. 211-11 du Code de la sécurité intérieure. Ils peuvent même, en application de l'article L. 613-3 de ce code précise que les agents du service d'ordre peuvent procéder, sous le contrôle d'un officier de police judiciaire et avec le consentement exprès des personnes, à des palpations de sécurité. Ils peuvent enfin procéder à l'inspection visuelle des bagages et, avec le consentement de leur propriétaire, à leur fouille.

-CE, 10 octobre 2011, requête numéro 337062, Ministre de l'Alimentation, de l'Agriculture et de la Pêche (Rec. p. 556 ; BJCP 2012, p. 51, concl. Liéber ; RFDA 2012, p. 481, note Delaunay ; RJEP 2012, 8, note Bon) : est en cause un contrat administratif passé entre l'Etat et une société à qui a été confiée l'exécution de tâches matérielles se rapportant à des mesures de police sanitaire prescrites dans le cadre de sa mission de lutte contre les épizooties. Ce contrat qui associe une personne privée à la mise en œuvre d'une opération décidée dans le cadre de pouvoirs de police, devait être exécuté sous le contrôle et la responsabilité de l'administration.

§ II – Nécessité des mesures de police

Les mesures de police portent généralement atteinte aux libertés publiques, ce qui justifie certaines restrictions. Il s'agit, plus précisément, de concilier protection de l'ordre public et respect des libertés publiques dans la mesure où, comme l'a écrit le commissaire du gouvernement Corneille dans ses conclusions sur l'arrêt Baldy du 10 août 1917 « la liberté est la règle et la restriction de police l'exception » (Rec. p.638).

Par conséquent, le juge va toujours contrôler que les mesures de police qui ont pour effet de restreindre une liberté publique, sont bien nécessaires en vue d'assurer la préservation de l'ordre public. Il annule la mesure contestée s'il apparaît que l'ordre public n'était pas menacé et également lorsqu'une mesure moins attentatoire aux libertés publiques aurait pu être prise pour assurer sa préservation.

Cette solution a été consacrée par le Conseil d'Etat dans son arrêt de Section du 15 décembre 1933, Benjamin (Rec. p.541 ; S. 1934, I, concl. Michel, note Mestre ; D. 1933, III, p.354, concl. Michel).

Dans cette dernière affaire, M. Benjamin voulait organiser à Nevers une conférence publique intitulée « deux auteurs comiques : Courteline et Sacha Guitry ». Le maire, saisi par des syndicats d'instituteurs qui avaient annoncé qu'ils s'opposeraient par tous les moyens à un homme « qui avait sali dans ses écrits le personnel de l'enseignement laïc » décide alors d'interdire la manifestation. Suite à ce premier arrêté d'interdiction, M. Benjamin décide d'organiser une conférence privée qui est également interdite par le maire. Le Conseil d'Etat décide que « s'il incombe au maire de prendre les mesures qu'exige le maintien de l'ordre public, il doit concilier l'exercice de ses pouvoirs avec le respect de la liberté de réunion ». Par conséquent, les arrêtés attaqués sont annulés. L'idée, c'est que la menace à l'ordre public représentée par l'organisation des conférences n'était pas telle qu'elle justifiait une mesure d'interdiction. En l'espèce, un simple déploiement des forces de l'ordre aurait suffi à assurer la préservation de l'ordre public.

Le contrôle des mesures de police administrative s'est ensuite perfectionné dans le sillage de la décision du Conseil constitutionnel du 21 février 2008 qui inaugure en droit français la méthode dite du « triple test de proportionnalité » (CC n°2008-562 DC : AJDA 2008, p.714, note Jan ; D. 2008, p. 1359, note Mayaud). Cette méthode - sous-jacente jusqu'alors - a été appliquée de façon explicite par le juge administratif à partir de l'arrêt d'Assemblée du 26 octobre 2011, Association pour la promotion de l'image (requête numéro 317827 : Rec. p. 505, concl. Boucher ; AJDA 2012, p. 35, chron. Guyomar et Domino ; Dr. adm. 2012, 1, note Tchen.- V. également CE Ass., 21 décembre 2012, requête numéro 353856, Groupe Canal Plus, Vivendi Universal : Rec. p.446 ; AJDA 2013, chron. Domino et Bretonneau ; RFDA 2013, p. 55, concl. Daumas). Elle implique de contrôler que les mesures de police administrative soient « adaptées, nécessaires et proportionnées ».

On retrouve ce raisonnement dans l'arrêt du Conseil d'Etat Commune de Cournon d'Auvergne du 6 février 2015, concernant l'interdiction d'un spectacle de Dieudonné (requête numéro 387726, préc.). Se plaçant uniquement sur le terrain de l'ordre public matériel et extérieur, le Conseil d'Etat relève notamment que le spectacle incriminé avait déjà été joué de nombreuses fois sans heurts (ce qui n'était pas le cas pour les spectacles interdits en janvier 2014). De même, les juges relèvent qu'il n'avait pas encore été démontré, notamment dans le cadre d'actions en justice qu'il comprenait notamment les propos antisémites prêtés à Dieudonné. Enfin, les contextes généraux (suite aux actes terroristes de janvier 2015) et locaux n'étaient pas assez caractérisés pour fonder un arrêté d'interdiction.

Le même type de raisonnement se retrouve dans l'arrêt rendu par le Conseil d'Etat jugeant illégal un arrêté d'un conseil municipal interdisant le port du burkini (CE ord. réf., 26 août 2016, requête numéro 402742, requête numéro 402777, Ligue des droits de l'homme et a. et Association de défense des droits de l'homme – Collectif contre l'islamophobie, préc.). Les juges estiment en effet que « les mesures de police que le maire d'une commune du littoral édicte en vue de réglementer l'accès à la plage et la pratique de la baignade doivent être adaptées, nécessaires et proportionnées au regard des seules nécessités de l'ordre public, telles qu'elles découlent des circonstances de temps et de lieu, et compte tenu des exigences qu'impliquent le bon accès au rivage, la sécurité de la baignade ainsi que l'hygiène et la décence sur la plage » (V. également sur les modalités particulières de contrôle des mesures de police lorsqu'elles sont susceptibles de présenter un caractère discriminatoire CE, 15 novembre 2017, requête numéro 403275, Ligue des droits de l'homme : Dr. adm. 2018, 15, note Eveillard).

La jurisprudence Benjamin implique également, en principe, la prohibition des interdictions présentant un caractère général et absolu.

Exemples :
- CE, 5 février 1960, Commune de Mougins (Rec. p.83.- V. dans le même sens TA Lille, 26 juin 2002, requête numéro 002270, Sculba : Rec. tables, p.831) : le Conseil d'Etat annule un arrêté municipal précisant que «seraient réprimés les aboiements et les hurlements des chiens».
- CE, 12 novembre 1997, requête numéro 169295, Association Communauté tibétaine en France (préc.) : le Conseil d'Etat annule une mesure d'interdiction générale des manifestations prévues par cette association à l'occasion de la visite à Paris du Premier ministre chinois.

Ceci étant, la jurisprudence est plus nuancée qu'il n'y paraît et cela pour trois raisons.

Tout d'abord, dans certains cas, l'interdiction est la seule mesure que peut prendre l'autorité de police pour faire cesser un trouble à l'ordre public. Une telle mesure sera alors légale.

Exemples :
- CE Ass., 23 décembre 1936, Bucard (Rec. p.1151) : cet arrêt s'inscrit en contrepoint de la jurisprudence Benjamin. Le Conseil d'Etat confirme ici un arrêté d'interdiction de plusieurs réunions privées, disséminées en plusieurs points d'un département, au motif que les forces de l'ordre étaient insuffisantes pour assurer la préservation de l'ordre public
- CE Ass., 27 octobre 1995, requête numéro 136727, requête numéro 143578, Commune de Morsang-sur-Orge et Ville d'Aix-en-Provence (préc.) : l'interdiction pure et simple de la manifestation projetée était la seule mesure que pouvait prendre le maire en vue de la préservation du respect de la dignité de la personne humaine.
- CE, ord. réf., 5 janvier 2007, requête numéro 300311, Ministre de l'Intérieur c. Association « Solidarité des Français » (préc.) : le respect de la liberté de manifestation ne fait pas obstacle à ce que l'autorité de police administrative interdise une activité si une telle mesure est seule de nature à prévenir un trouble à l'ordre public.

Dans d'autres cas, il est difficile d'apprécier si une mesure d'interdiction présente ou non un caractère général et absolu. Comme l'écrit R. Chapus, ce que censure le juge, ce sont en fait ce qu'il va considérer comme des interdictions « trop générales et trop absolues », c'est-à-dire des interdictions qu'il n'estime pas nécessaires en vue de la protection de l'ordre public (Droit administratif général, Montchrestien, t .1, ouv. précité p.730). Or, une telle appréciation portée par le juge sera fréquemment très subjective.

Exemples :
- TA Bastia, ord. réf. 6 septembre 2016, requête numéro 1600975, Association Ligue des droits de l'homme : contrairement à ce qui avait été jugé dans une autre affaire (CE, ord., 26 août 2016, requête numéro 402742, requête numéro 402777, Ligue des droits de l'Homme et a., préc.) le juge des référés considère que compte tenu d'évènement violents récents survenu sur la plage de la commune de Sisco, de leur retentissement et du fait que l'émotion n'est pas retombée, que la présence sur cette plage d'une femme portant un burkini serait dans les circonstances particulières de l'espèce de nature à générer des risques avérés d'atteinte à l'ordre public qu'il appartient au maire de prévenir. Le tribunal considère que le maire de Sisco n'a donc pas pris une mesure qui ne serait pas adaptée, nécessaire et proportionnée au regard des nécessités de l'ordre public.
- CE, 13 mars 1968, Epoux Leroy (Rec. p.178 ; AJDA 1968, p.221, chron. Massot et Dewost) : le Conseil d'Etat est saisi d'un recours dirigé contre un arrêté du préfet de la Manche interdisant l'activité des photographes filmeurs pendant la saison touristique sur la route conduisant au Mont-Saint-Michel. Pour le Conseil d'Etat, l'affluence exceptionnelle des touristes pendant l'été, l'encombrement de la voie concernée, justifient l'interdiction, ce qui n'était pas si évident.
- CAA Bordeaux, 3 juin 2008, requête numéro 06BX01912, Société Dolphin jet school (AJDA 2008, p.1725, concl. Viard) : en désignant un point unique de mise à l'eau autorisé pour les scooters de mer, le maire n'a pas porté une atteinte excessive à la liberté du commerce et de l'industrie. En effet, l'interdiction de procéder à la mise à l'eau en d'autres lieux que celui autorisé est motivée par la nécessité de règlementer en période estivale cette mise à l'eau qui, s'effectuant en tout point de la presqu'île et à toute heure, se traduit par des nuisances sonores importantes portant atteinte à la tranquillité des riverains ainsi que par des troubles à la circulation liés à un stationnement désordonné des remorques des jets skis dans les ruelles durant les sorties en mer.

Dans certains cas, enfin, il sera reproché à la mesure de police, non pas son caractère trop rigoureux, mais au contraire son caractère trop laxiste. Les juges vont également vérifier, dans cette hypothèse, que la mesure prise est bien proportionnée à la menace à l'ordre public qu'elle est censée prévenir.

Exemple :
- CE, 5 juillet 2013, requête numéro 361441, Œuvre d'assistance aux bêtes d'abattoirs, (préc.) : le Conseil d'Etat juge que sont légales les dispositions de l'article R. 214-70 du Code rural et de la pêche maritime, concernant l'abattage rituel, et la dérogation qu'elles consentent à l'obligation d'étourdissement préalable des animaux dans un souci de « concilier les objectifs de police sanitaire et l'égal respect des croyances et traditions religieuses ».

Dans le même ordre d'idées, un maire commet une illégalité s'il s'abstient de prendre des mesures en cas de menace pour l'ordre public. Dans cette hypothèses, la démonstration d'une faute simple suffit à engager la responsabilité de la commune (CE, 28 novembre 2003, requête numéro 238349, Commune de Moissy-Cramayel : AJDA 2004, p. 989, note Deffigier ; BJCL 2004, p. 60, concl. le Chatelier, obs. Bonichot ; Dr. adm. 2004, 36 ; RFDA 2004, p. 205 ; JCP A 2004, 1053, note Moreau).

Pour aller plus loin :

- **Ach (N.), Tifine (P.)**, La police du cinéma et la liberté artistique (à propos du décret n°2001-618 du 12 juillet 2001) : LPA 18 décembre 2001, p. 14.

-**Delvolvé (P.),** L'ordre public immatériel : RFDA 2016, p. 890.

- **Deliancour (S.)**, Concours de polices : l'identification des compétences et moyens des autorités locales : JCP A, 2114.

- **Dreifuss (M.)**, L'articulation entre les pouvoirs de police générale et de police spéciale en matière de risques industriels : D. 2000, chron. p.642.

-**Frydman (P.)**, Le juge administratif et la police : anniversaire de trois grands arrêts : Couitéas, Benjamin et Maspero : RFDA 2013, p. 1001.

- **Lebreton (G.)**, Le juge administratif face à l'ordre moral : Mélanges Peiser, P.U. Grenoble, 1995, p.363.

- **Ligneau (P.)**, Le procédé de déclaration préalable : RDP 1976, p.679.

- **Moreau (J.)**, De l'interdiction faite à l'autorité de police d'utiliser une technique d'ordre contractuel : AJDA 1965, p.3.

- **Moreau (J.)**, police administrative et police judiciaire, Recherche d'un critère de distinction : AJDA 1963, p.68.

- **Péchillon (E.)**, Protection de la jeunesse et contrôle des publications. Les limites d'un pouvoir de police spéciale : Rev. Jur. Centre-Ouest 1998, p.467.

- **Petit (J.)**, Nouvelles d'une antinomie. Contrat et police : Mélanges Moreau, Economica 2003, p.345.

- **Pontier (J.-M.)**, La multiplication des polices spéciales : pourquoi ?, JCP G 2012, 2113.

- **Roulhac (C.)**, La mutation du contrôle des mesures de police administrative – retour sur l'appropriation du « triple test de proportionnalité » par le juge administratif : RFDA 2018, p. 343.

- **Saint-James (V.)**, Réflexions sur la dignité de l'être humain en tant que concept juridique du droit français : D. 1997, chron. p.61.

- **Thérond (J.-P)**, Dignité et libertés. Propos sur une jurisprudence contestable : Mélanges Mourgeon, Bruylant 1998, p.295.

- **Vandermeeren (R.)**, Police administrative et service public : AJDA 2004, p.1916.

- **Videlin (J.-C)**, Le régime juridique des rave parties : AJDA 2004, p.1070.

Chapitre deux – Services publics

Il conviendra de tenter de définir la notion de service public avant d'évoquer les grands principes de son fonctionnement et les modalités selon lesquelles ces activités peuvent être prises en charge.

Section I – Notion de service public

Il est particulièrement malaisé de définir ce qu'est un service public. Il s'agit d'un concept vague dont l'existence même, ou en tout cas les spécificités, sont remises en cause par l'influence grandissante du droit de l'Union européenne.

§ I – Difficultés d'appréhension de la notion de service public

Comme on l'a déjà évoqué il existe trois approches possibles de la notion de service public.

Une approche organique qui désigne les agents et les services d'une personne publique qui est en charge d'une mission de service public.

Une approche matérielle qui désigne une activité d'intérêt général prise en charge par l'administration.

Une approche formelle selon laquelle le service public se caractérise par le caractère exorbitant des règles qui lui sont appliquées.

Ces trois approches concordaient à l'époque de l'arrêt Blanco, mais suite à ce qu'on a appelé les « crises » du service public, les éléments matériels et organiques de la définition du service public ont été remis en cause. D'une part, il est aujourd'hui admis qu'une activité de service public peut être prise en charge selon des règles similaires à celles appliquées dans le secteur privé, ce qui a donné naissance à la notion de service public industriel et commercial. D'autre part, il est également acquis qu'une mission de service public peut être prise en charge par une personne privée.

Seule l'approche matérielle demeure donc pertinente pour rendre compte de ce qu'est un service public. Cependant, cette approche matérielle, c'est-à-dire la justification de l'application d'un régime juridique qui est de moins en moins spécifique par le caractère d'intérêt général de l'activité en cause, et donc la notion de service public elle-même, est aujourd'hui remise en cause par une partie de la doctrine. On ne peut en effet que constater que réduire la notion de service public à la notion d'intérêt général aboutit à une impasse, ces deux notions étant aussi imprécises l'une que l'autre.

C'est ce constat qui a conduit M. Truchet à considérer que le service public serait non pas une notion juridique devenue insaisissable mais un simple « label » attribué à certaines autorités par les pouvoirs publics ou par le juge dans les affaires qui lui sont soumises. En d'autres termes, pour reprendre l'expression du président Chenot, le service public relèverait d'une approche « existentialiste » qui rendrait une définition d'ensemble impossible (B. Chenot, La notion de service public dans la jurisprudence économique du Conseil d'Etat : EDCE 1950, p. 77).

§ II – Influence du droit de l'Union européenne

La remise en cause de la notion de service public est en partie liée à l'influence du droit de l'Union européenne. Plus précisément est en cause la confrontation du « service public à la française » à la notion de service d'intérêt économique général qui est issue des traités.

Traditionnellement, dans la conception française, le service public est considéré comme un facteur de cohésion sociale. Selon la formule de Léon Duguit la notion de service public désigne « toute activité dont l'accomplissement doit être assuré, réglé et contrôlé par les gouvernants, parce que l'accomplissement de cette activité est indispensable à la réalisation et au développement de l'interdépendance sociale, et qu'elle est de telle nature qu'elle ne peut être réalisée complètement que par l'intervention de la force gouvernementale » (Traité de droit constitutionnel, Fontemoing, 2ème éd. 1911, p. 71).

Pour dire les choses simplement, si le service public est traditionnellement considéré comme « hors du marché », il est conçu « dans le marché » par le droit de l'Union européenne. Plus précisément, le droit de l'Union européenne fait référence aux services d'intérêt général (SIG) qui sont des services marchands ou non marchands « que les autorités publiques considèrent comme étant d'intérêt général et soumettent à des obligations de service public » (Livre blanc de la Commission européenne du 12 mai 2005). C'est une notion fonctionnelle, ce type de service pouvant être indifféremment pris en charge par une personne publique ou privée. Les services non marchands sont exclus de la logique du marché et ils échappent aux règles de la concurrence. Il s'agit notamment des services régaliens, mais également de l'éducation, de la culture, de la santé ou encore de l'environnent.

A l'opposé, parmi les services d'intérêt général, figurent les services d'intérêt économique général (SIEG) qui concernent « les activités de service marchand remplissant des missions d'intérêt général et soumises de ce fait, par les Etats membres à des obligations spécifiques de service public » (Communication de la commission, 20 septembre 2000). C'est le cas en particulier des services en matière de réseaux de transport, d'énergie, de communication.

Relevons cependant qu'il existe également dans le droit de l'Union européenne une notion de « service universel » qui sous-tend, appliquée dans le secteur des services de réseau, l'idée de mise à disposition des personnes les plus démunies d'un service de qualité mais avec des prestations basiques, à un coût abordable.

Très proches par la nature des activités en cause de la notion de service public, les services d'intérêt économique général sont en principe ouverts à la concurrence. En effet, selon l'article 106-1 du Traité sur le fonctionnement de l'Union européenne « les Etats membres, en ce qui concerne les entreprises publiques et les entreprises auxquelles ils accordent des droits spéciaux ou exclusifs, n'édictent ni ne maintiennent aucune mesure contraire aux règles des traités, notamment à celles prévues aux articles 18 et 101 à 109 inclus ».

Toutefois l'article 106-2 prévoit un assouplissement en mentionnant que « les entreprises chargées de la gestion de services d'intérêt économique général ou présentant le caractère d'un monopole fiscal sont soumises aux règles des traités, notamment aux règles de concurrence, dans les limites où l'application de ces règles ne fait pas échec à l'accomplissement en droit ou en fait de la mission particulière qui leur a été impartie ».

La Cour de justice a ainsi considéré que des droits exclusifs conférés à une entreprise en charge d'un service d'intérêt économique général n'étaient pas incompatibles avec les principes susvisés, dès lors qu'ils étaient « nécessaires pour permettre à l'entreprise investie d'une telle mission d'intérêt général d'accomplir celle-ci » (CJCE, 19 mai 1993, affaire numéro C-320/91, Corbeau. – CJCE, 27 avril 1994, affaire numéro C-393/92, Commune d'Almelo) et qu'elles n'affectaient pas le développement des échanges dans une mesure contraire à l'intérêt de la Communauté (CJCE, 23 octobre 1997, affaire numéro C-158/94, Commission c. Italie. – CJCE, 23 octobre 1997, affaire numéro C-159/94, Commission c. France).

Ces solutions ont manifestement inspiré le Conseil d'Etat à l'occasion d'un arrêt Union nationale des industries de carrières et de matériaux de construction et a. du 30 avril 2003 (requête numéro 244139 : Rec. p.191 ; AJDA 2003, p. 1508, note Frier ; Dr. adm. 2003, 168, note Bazex et Blazy).

Dans cette affaire, les juges considèrent que les activités de l'Institut national de recherches archéologiques préventives (INRAP), qui consistent en la réalisation de diagnostics et d'opérations de fouilles d'archéologie préventive, doivent être regardées comme des activités économiques. Malgré son statut d'établissement public à caractère administratif, l'INRAP doit donc être considéré, du fait de l'exercice de telles activités, comme une entreprise au sens de l'art. 86 du Traité instituant la communauté européenne (actuel article 106 du Traité sur le fonctionnement de l'Union européenne). Toutefois, les juges considèrent que ces activités relèvent, compte tenu de la nécessité de protéger le patrimoine archéologique à laquelle elles répondent et de la finalité scientifique pour laquelle elles sont entreprises, de missions d'intérêt général. Eu égard aux liens que ces opérations comportent avec l'édiction des prescriptions d'archéologie préventive et le contrôle de leur respect par l'Etat, aux conditions matérielles dans lesquelles elles doivent être entreprises, et au besoin de garantir l'exécution de ces opérations sur l'ensemble du territoire et, en conséquence, de les financer par une redevance assurant une péréquation nationale des dépenses exposées, le législateur pouvait doter l'établissement public national de droits exclusifs en vue de permettre l'accomplissement des missions d'intérêt général.

Section II – Création et suppression des services publics

La création ou la suppression d'un service public résulte nécessairement d'un acte formel d'une autorité publique.

De façon tout à fait exceptionnelle, il est cependant admis que l'administration a la possibilité de transformer des activités privées d'intérêt général en activités de service public. En application de la théorie des services publics virtuels, une autorisation unilatérale donnée à une personne privée pour exercer une activité d'intérêt général sur le domaine public peut ainsi être subordonnée à l'accomplissement de véritables obligations de service public, alors même qu'aucune décision de création expresse du service n'a été prise (CE Sect., 5 mai 1944, Compagnie Maritime de l'Afrique orientale : Rec. p.129 ; D. 1944, jurispr., p. 164, note Chenot ; RDP 1944, p. 236, note Jèze).

Toutefois, cette catégorie de services publics a perdu de son actualité, et il faut donc considérer qu'un acte formel est nécessaire pour créer ou supprimer un service public. Il convient dès lors de déterminer l'autorité compétente pour prendre un tel acte et les conditions selon lesquelles cette compétence peut être exercée.

§ I – Autorité compétente

Les règles applicables en la matière varient selon que l'on envisage les services publics au niveau de l'Etat ou au niveau des collectivités territoriales.

I – Autorité compétente au niveau de l'Etat

Avant 1958, la compétence pour créer un service public de caractère national appartenait exclusivement au législateur. Or, désormais, l'article 34 de la Constitution du 4 octobre 1958 ne vise pas expressément, parmi les matières réservées au Parlement, la création des services publics nationaux.

Cependant, la compétence législative en cette matière résulte indirectement de certaines dispositions constitutionnelles du même article, lorsque celles-ci sont en cause.

Tout d'abord, le législateur est compétent pour fixer les règles concernant « la création de catégories d'établissements publics ». Il ressort de la jurisprudence du Conseil constitutionnel que relèvent d'une même catégorie d'établissements publics, et ne constituent donc pas deux catégories distinctes, les établissements publics qui ont un même rattachement territorial et qui exercent une mission analogue.

Exemples :
-CC, 25 juillet 1979, Nature juridique des dispositions des articles L. 330-1 à L. 330-9 du Code du travail relatifs à l'Agence nationale pour l'emploi (numéro 79-108 DC : Rec. CC p.45) : l'ANPE entre dans une catégorie déjà représentée par l'Office national d'immigration (ONI actuellement dénommé Office des migrations internationales). En effet, ces deux établissements publics sont rattachés à l'Etat et ont pour mission d'agir sur le marché de l'emploi. Par conséquent, c'est au pouvoir règlementaire qu'il appartient de décider de la création de l'ANPE.
-CE, 29 juillet 1994, requête numéro 130503, CAMIF : eu égard à son objet, à la nature de ses activités et aux règles de tutelle auxquelles cet établissement est soumis, l'Union de groupement des achats publics (UGAP) est comparable à l'Economat des armées, établissement public industriel et commercial créé par la loi n° 59-869 du 22 juillet 1959 et chargé, sous la tutelle de l'Etat, de l'approvisionnement en denrées et fournitures des corps de troupe. Ne constituant pas à elle seule une catégorie d'établissements publics, l'UGAP pouvait être créée par le décret n°85-801 du 30 juillet 1985.

Il résulte également de l'article 34 de la Constitution que la loi fixe les règles concernant « les nationalisations d'entreprises ».

Enfin, toujours en application du même article, la loi détermine les principes fondamentaux de « l'organisation générale de la défense nationale », de « l'enseignement » et de « la sécurité sociale ». On peut en déduire que la création de services publics relevant de ces trois domaines relève du législateur.

Une fois que le service public a été créé par le législateur, celui-ci est également compétent pour en déterminer les modalités d'organisation. Toutefois, le pouvoir règlementaire dispose d'une certaine marge de manœuvre en la matière.

En effet, d'une part, le législateur peut laisser au pouvoir règlementaire le soin de définir des règles d'organisation du service, à condition toutefois qu'il ne soit pas porté atteinte à « des règles de nature législative » (CE, 17 décembre 1997, requête numéro 181611, Ordre des avocats à la Cour de Paris, préc.).

D'autre part, en vertu de la jurisprudence Jamart, les chefs de service disposent d'un pouvoir règlementaire autonome qui leur permet de prendre des mesures d'organisation des services dont ils ont la charge (CE Sect., 7 février 1936, préc.).

Enfin, en application de la règle de parallélisme des compétences, l'autorité qui a pris la décision de créer un service public peut également le supprimer, si elle respecte un certain nombre de conditions que l'on verra plus loin.

II – Autorité compétente au niveau des collectivités territoriales

Les assemblées délibérantes des collectivités territoriales sont compétentes pour créer les services publics propres à satisfaire, dans la limite des compétences attribuées à ces collectivités, les besoins de la population. Rappelons simplement que depuis l'entrée en vigueur de la loi NOTRe n°2015-991 du 7 août 2015, les départements et les régions, à la différence des communes, ne disposent plus d'une clause générale de compétence. Les départements et les régions ont une compétence d'attribution déterminée par les textes, ce qui ne doit toutefois pas conduire à considérer, particulièrement pour les régions, que cette évolution marque un reflux de leurs compétences. En outre, si les communes bénéficient bien d'une clause de compétence générale, la portée de cette clause est triplement limitée : par le législateur qui peut réserver l'exercice de certaines compétences à d'autres niveaux de collectivités territoriales, par les moyens financiers plus ou moins importants dont dispose la commune, mais également par le fait que de nombreuses compétences qui lui appartenait à l'origine ont été transférées à l'EPCI à fiscalité directe dont elle est membre.

§ II – Droit à la création et au maintien des services publics

Des règles différentes s'appliquent selon que le service public considéré présente un caractère obligatoire ou seulement facultatif.

I – Services publics obligatoires

Les administrés ont le droit à la création ou au maintien des services publics dont l'existence est prévue par un texte.

C'est le cas, en particulier, pour les services publics visés par les lois de décentralisation. Ainsi, notamment, la loi n°2004-809 du 13 août 2004 relative aux libertés et responsabilités locales a transféré de nombreux services publics autrefois à la charge de l'Etat, aux régions, aux départements et aux communes.

Exemples :
- Les départements ont en charge le service public de la construction et de l'entretien de la voirie départementale (CGCT, art. L. 3321-1, 16°).
- Les régions ont pour mission de créer et d'assurer le fonctionnement des lycées et des établissements d'éducation spécialisée (Code de l'éducation, art. L. 214-6).

De même, comme l'a précisé le Conseil constitutionnel dans sa décision des 25-26 juin 1986, Loi autorisant le gouvernement à prendre diverses mesures d'ordre économique et social, « la nécessité de certains services publics nationaux découle de principes ou de règles de valeur constitutionnelle » (numéro 86-207 DC : Rec. CC, p. 61 ; JO 27 juin 1986, p. 7978 ; AJDA 1986, p.575, note Rivero).

Il en résulte que le législateur ne peut porter atteinte à l'existence de ces services publics constitutionnels.

Exemples :
- L'existence des services de police et de gendarmerie peut être reliée aux dispositions de l'article 12 de la Déclaration des Droits de l'Homme et du Citoyen selon lequel « la garantie des droits de l'Homme et du Citoyen nécessite une force publique ».
- L'existence d'un enseignement public trouve son fondement à l'alinéa 13 du Préambule de la Constitution de 1946 qui prévoit que « la Nation garantit l'égal accès de l'enfant et de l'adulte à l'instruction, à la formation professionnelle et à la culture ».

A côté des services publics constitutionnels, il existe un certain nombre de services publics nationaux dont l'existence « est laissée à l'appréciation du législateur ou de l'autorité règlementaire selon les cas » (CC., 25-26 juin 1986, Loi autorisant le gouvernement à prendre diverses mesures d'ordre économique et social, préc.). Il en résulte que « le fait qu'une activité ait été érigée en service public par le législateur sans que la Constitution l'ait exigé ne fait pas obstacle à ce que cette activité fasse, comme l'entreprise qui en est chargée, l'objet d'un transfert au secteur privé » (Ibid.). Toutefois, les dispositions de l'alinéa 9 du Préambule de la Constitution de 1946 qui imposent que « tout bien ou toute entreprise dont l'exploitation a ou acquiert les caractères d'un service public national … doit devenir la propriété de la collectivité », impliquent que les services publics nationaux ne peuvent être transférés au secteur privé qu'après qu'il leur a été enlevé leurs caractéristiques de service public national.

Il est à noter toutefois que la notion de service public national est appréciée de façon assez stricte par la jurisprudence. Ainsi, dans un arrêt de Section de 27 septembre 2006, Bayrou et Association des usagers des autoroutes publiques de France et a. (requête numéro 290716 : AJDA 2006, p. 2056, chron. Landais et Lenica ; Contrats-marchés publ. 2006, 303, note Eckert ; Dr. adm. 2006, p. 22, note Glaser ; RFDA 2006, p. 1147, concl. Glaser et note de Bellescize, p. 1163), le Conseil d'Etat a considéré que « l'exploitation d'une entreprise ne peut avoir les caractères d'un service public national … que si elle est exercée à l'échelon national ». Or, aucune des sociétés chargées de la construction et de l'exploitation de réseaux autoroutiers ne s'est vu attribuer de concession, à l'échelon national, pour l'ensemble des autoroutes (et cela alors même que le réseau d'autoroute innerve l'ensemble du territoire national). Il en résulte que l'exploitation des concessions autoroutières n'est pas un service public national.

II – Services publics facultatifs

On envisagera la question de la création des services publics facultatifs avant d'évoquer celle de leur suppression.

A – Création des services publics facultatifs

L'Etat, ainsi que les collectivités territoriales, peuvent créer un service public doit l'existence n'est rendue obligatoire ni par des dispositions constitutionnelles ni par des dispositions législatives. Cette création est toutefois remise en cause pour les régions et les départements par la suppression de la clause générale opérée par la loi NOTRe du 7 août 2015.

La création de ces services publics facultatifs résulte donc, essentiellement, d'un choix politique dont l'exercice est cependant entouré d'un certain nombre de garanties.

Comme on l'a déjà souligné, la création de ces services publics doit d'abord donner lieu à un acte formel, qu'il s'agisse d'une loi ou d'un acte administratif.

Il résulte ensuite de la jurisprudence du Conseil constitutionnel que « s'il est loisible au législateur d'apporter à la liberté d'entreprendre, qui découle de l'article 4 de la Déclaration des droits de l'homme et du citoyen de 1789, des limitations liées à des exigences constitutionnelles ou justifiées par l'intérêt général, (c'est à) condition qu'il n'en résulte pas d'atteintes disproportionnées au regard de l'objectif poursuivi» (CC, 16 janvier 2001, numéro 2000-439 DC, Loi relative à l'archéologie préventive : Rec. CC, p. 42 ; JO 18 janvier 2001, p. 931 ; AJDA 2001, p.182, note Frier ; LPA 12 février 2001, p 18, note Schoettl ; RDP 2001 p.947, note Rueda). Cette formule tranche de façon assez nette avec la jurisprudence antérieure qui était moins protectrice de la liberté d'entreprendre.

Lorsqu'est en cause un acte administratif qui porte création d'un service public facultatif, les juges vérifient que cette création ne porte pas atteinte à la liberté du commerce et de l'industrie.

Il est toutefois admis que « la liberté du commerce et de l'industrie ne fait pas obstacle à ce que l'Etat (ou une collectivité territoriale) satisfasse, par ses propres moyens, aux besoins de ses services » (CE, 29 avril 1970, Unipain : RDP 1970, p. 1423, note Waline.- CE Ass., 26 octobre 2011, requête numéro 317827, Association pour la promotion de l'image : Rec. p. 506, concl. Boucher ; AJDA 2012, p. 35, chron. Guyomar et Domino ; Dr. adm. 2012, 1, note Tchen). Dans l'affaire « Unipain », le Conseil d'Etat décide qu'est légale l'extension de la fourniture de pain par une boulangerie militaire à des établissements pénitentiaires, cette décision, motivée par des raisons d'économie, étant conforme à l'intérêt général.

De même, ces collectivités peuvent prendre en charge des activités qui constituent le complément normal d'un service public administratif.

> Exemple :
> - CE Sect., 17 octobre 1997, requête numéro 181611, Ordre des avocats à la Cour d'appel de Paris (préc.) : le pouvoir règlementaire est compétent pour organiser un service public de diffusion des données publiques en complément de son action de production de ces données.

Ces exceptions mises à part, les personnes publiques n'ont pas la possibilité d'instituer des services publics à vocation industrielle et commerciale susceptibles de concurrencer des entreprises privées.

Ainsi, il résulte des règles définies par le Conseil d'Etat à l'occasion de l'arrêt de Section du 30 mai 1930 Chambre syndicale du commerce de Nevers (Rec. p.583 ; RDP 1930, p.530, concl. Josse ; S. 1931, III, p.73, concl. Josse, note Alibert), que l'intervention des collectivités publiques est possible si deux conditions cumulatives sont réunies : il est nécessaire que soit constatée une carence de l'initiative privée et que l'intervention de la collectivité publique présente un intérêt général.

Si les conditions posées par cet arrêt sont aujourd'hui appréciées de façon plutôt favorable à l'action des collectivités territoriales, la mise en œuvre de ces principes donne lieu à une jurisprudence contrastée.

Exemples :
- CE, 4 juillet 1984, requête numéro 20046, Département de la Meuse c. Poilera (RFDA 1985, p. 58, obs. Douence ; RDP 1985, p. 199, note de Soto) : les circonstances locales ne justifient pas, en l'espèce, la création, par un conseil général, d'une caisse départementale des incendies.
- CAA Nancy, 17 mai 2001, requête numéro 96NC03097, Fédération départementale de l'industrie hôtelière des Vosges : est légale, compte tenu de la carence de l'initiative privée, la délibération d'un conseil municipal décidant de l'exploitation en régie d'une cafétéria située dans un centre de loisirs communal.

Par ailleurs, sous l'influence directe du droit de l'Union européenne, qui ignore largement la notion de « service public à la française », la nature des restrictions à l'activité économique des personnes morales de droit public a évolué. A l'époque de l'arrêt Chambre syndicale du commerce de Nevers, Raphael Alibert pouvait évoquer le principe « d'inactivité commerciale » des collectivités territoriales, assortie d'exceptions qui se sont par la suite multipliées. Aujourd'hui, si l'exigence d'un intérêt public local est toujours requise, les collectivités territoriales peuvent agir plus largement sur le terrain des activités industrielles et commerciales, mais en respectant les principes du droit de la concurrence, et notamment le principe d'égalité.

Cette évolution est précisément exposée par le Conseil d'Etat dans son arrêt d'Assemblée du 31 mai 2006, Ordre des avocats du barreau de Paris (requête numéro 275531 : JCP A 2006, 1133, note Linditch ; Contrats-Marchés publ. 2006, 2002, note Eckert ; AJDA 2006, p. 1592, chron. Landais et Lenica ; Dr. Adm. 2006, 129, note Bazex ; Concurrences 2006, p. 167, obs. du Marais ; BJCP 2006, p. 295, note Casas ; JCP E 2006, 2127 ; JCP G 2006, act. 277 et IV, 2390) : « pour intervenir sur un marché (les collectivités publiques) doivent, non seulement agir dans la limite de leurs compétences, mais également justifier d'un intérêt public, lequel peut résulter notamment de la carence de l'initiative privée ; qu'une fois admise dans son principe, une telle intervention ne doit pas se réaliser suivant des modalités telles qu'en raison de la situation particulière dans laquelle se trouverait cette personne publique par rapport aux autres opérateurs agissant sur le même marché, elle fausserait le libre jeu de la concurrence sur celui-ci ». Deux enseignements peuvent être tirés de cet arrêt. Tout d'abord, l'initiative des collectivités territoriales en matière d'activités industrielles et commerciales est toujours bridée par l'existence d'un intérêt public local, même si celui-ci est assez largement conçu. Ensuite, la carence de l'initiative privée - qui était une condition de cette intervention dans la jurisprudence Chambre syndicale du commerce de Nevers - n'est plus envisagée que comme un élément, parmi d'autres, de l'intérêt public.

Ainsi, l'existence d'un « intérêt public » suffit à lui seul à justifier l'intervention de la collectivité, que cet intérêt réside ou non d'une réponse à la carence de l'initiative privée, mais à condition de respecter le droit de la concurrence.

Exemples :
- CE, 18 mai 2005, requête numéro 254199, Territoire de la Polynésie française (AJDA 2005, p.2130, note Nicinski ; RLCT 2006, n°6, p.50, obs. Clamour) : l'intérêt public justifiant l'intervention économique d'une collectivité publique peut s'apprécier au regard des besoins futurs de développement de cette collectivité. En l'espèce, la bonne desserte aérienne de la Polynésie française, indispensable à ses relations avec le reste du monde et à son développement, constitue un intérêt public local qui peut s'apprécier au regard des besoins futurs du développement touristique du territoire.
- CE, 3 mars 2010, requête numéro 306911, Département de la Corrèze (AJDA 2010, p. 957, concl. Boulouis et p. 1251, note Glaser ; Dr. adm. 2010, 73) : le service de téléassistance aux personnes âgées et handicapées créé par un département dans le cadre de son action en matière d'aide sociale, a pour objet de permettre à toutes les personnes âgées ou dépendantes du département, indépendamment de leurs ressources, de pouvoir bénéficier d'une téléassistance pour faciliter leur maintien à domicile. Même si des sociétés privées offrent des prestations de téléassistance, la création de ce service, ouvert à toutes les personnes âgées ou dépendantes du département, indépendamment de leurs ressources, satisfait aux besoins de la population et répond à un intérêt public local. Par suite, cette création n'a pas porté une atteinte illégale au principe de liberté du commerce et de l'industrie.

Par ailleurs, dans un arrêt Province des îles de Loyauté du 20 octobre 2010 (requête numéro 300347 : JCP A 2011, 2037, note Markus), le Conseil d'Etat a considéré qu'un intérêt public pouvait être reconnu alors même que la collectivité territoriale en cause exerce une partie essentielle d'une activité de fret maritime en dehors de son territoire. Plus précisément, dans la même approche libérale que celle de l'arrêt Ordre des avocats du barreau de Paris, le Conseil d'Etat a considéré que « la circonstance que les moyens par lesquels l'activité sera assurée soient également utilisés en dehors du territoire de la collectivité, que l'équilibre financier de l'activité résulte de ressources provenant de cet usage extérieur au territoire de la collectivité, ou que des activités similaires soient déjà assurées par des entreprises privées, mais dans des conditions ne permettant pas la satisfaction du besoin local tel qu'il revient à la collectivité de l'apprécier, ne peuvent priver d'intérêt local une telle décision ».

B – Suppression des services publics facultatifs

Comme en matière de création des services publics facultatifs, les collectivités publiques disposent en la matière d'un pouvoir discrétionnaire. Les usagers n'ont par conséquent aucun droit acquis au maintien de ces services publics (CE Sect., 18 mars 1977, requête numéro 97939, requête numéro 97940, requête numéro 97941, Chambre de commerce et d'industrie de la Rochelle et a. : Rec. p. 153, concl. Massot).

L'absence d'utilité d'un service public, mais également une rentabilité insuffisante, peuvent ainsi justifier la décision portant suppression de ce service public.

Exemple :
- CAA Lyon, 22 novembre 1994, requête numéro 93LY00730, SARL Etablissement Dessert_(Quinzaine jur. 1995, n° 58, p.2) : une collectivité publique peut décider de supprimer un abattoir public qui n'est plus rentable.

En vertu de la règle du parallélisme des compétences, la décision de supprimer un service public facultatif appartient à l'autorité qui l'a créé. Les juges n'exercent qu'un contrôle restreint sur les décisions de suppression d'un service public, qui est limité au contrôle de l'erreur manifeste d'appréciation (CE, 16 janvier 1991, requête numéro 116212, requête numéro 116224, Fédération nationale des associations d'usagers des transports : Rec. p. 14 ; CJEG 1991, p. 279, note Lachaume).

Section III – Principes régissant le fonctionnement des services publics

Ces différents principes sont généralement dénommés les « lois de Rolland », du nom de l'auteur qui est réputé les avoir dégagés dans les années 1930 (Cours de DES, 1934). On regroupe sous cette appellation les principes de continuité, de mutabilité, d'égalité.

Ces principes recoupent en partie ceux visés par l'article 1er du protocole numéro 26 annexé au traité sur l'Union européenne et au traité sur le fonctionnement de l'Union européenne qui précise que « les valeurs communes de l'Union concernant les services d'intérêt économique général au sens de l'article 14 du traité sur le fonctionnement de l'Union européenne comprennent notamment … un niveau élevé de qualité, de sécurité et quant au caractère abordable, l'égalité de traitement et la promotion de l'accès universel et des droits des utilisateurs ».

§ I – Continuité du service public

Il s'agit du seul principe que Louis Rolland a expressément qualifié de « loi du service public ». A l'origine, ce principe est particulièrement important et a permis notamment d'exclure le droit de grève dans les services publics. Par la suite, le droit de grève a acquis une importance réelle, et ce développement a amené la jurisprudence à concilier ce droit et le principe de continuité du service public.

I – Rapports entre le principe de continuité et le droit de grève

A l'origine le principe de continuité exclut la possibilité de l'exercice du droit de grève dans les services publics. Par la suite ces deux principes ont dû être conciliés.

A – Exclusion initiale du droit de grève

L'exclusion du droit de grève dans les services publics résulte de l'arrêt Winkell du 7 août 1909 (Rec. p.826 et 1296, concl. Tardieu ; S. 1909, III, p.145, concl. Tardieu, note Hauriou ; RDP 1909, p.494, note Jèze). Dans cette affaire, le Conseil d'Etat a estimé que l'agent qui se met en grève s'exclut de lui-même du service et, par voie de conséquence, du bénéfice des garanties disciplinaires. En l'espèce, le requérant n'était donc pas recevable à contester son licenciement qui avait pourtant été prononcé sans que lui ait été communiqué au préalable son dossier, comme l'exigeait la loi du 22 avril 1905.

Comme l'écrivait à l'époque Duguit, la grève était considérée, ni plus ni moins, comme « un crime » contre le service public (Traité de droit constitutionnel, t. 3, de Boccard 1927, p. 221). Sur le même thème Hauriou estimait que « le droit de grève c'est le droit de guerre privé ». Les faits de grève sont « des faits révolutionnaires, des faits de guerre ». En conséquence le gouvernement peut utiliser « le droit de la guerre » et user de « représailles » contre les grévistes (note sur CE, 7 août 1909, Winkell, préc.).

Cette jurisprudence a ensuite été consacrée par la loi du 14 septembre 1941 portant statut des fonctionnaires, ce qui n'est guère surprenant. Toutefois, cette loi vichyste a été déclarée nulle par l'ordonnance du 9 août 1944 portant rétablissement de la légalité républicaine.

B – Conciliation entre droit de grève et principe de continuité

La position initiale du Conseil d'Etat pouvait s'expliquer par le fait que, jusqu'à une époque récente, il n'existait aucune consécration constitutionnelle du droit de grève.

Cette situation a changé avec le Préambule de la Constitution de 1946 dont l'alinéa 7 prévoit que « le droit de grève s'exerce dans le cadre des lois qui le règlementent ». Ainsi, le droit de grève est reconnu et les auteurs du Préambule de la Constitution invitent le législateur à le règlementer.

Or, si la loi du 19 octobre 1946 relative au statut des fonctionnaires reconnaissait le droit syndical dans la fonction publique, elle demeurait muette sur la question du droit de grève.

Le Conseil d'Etat a été amené à statuer sur ce problème à l'occasion de l'arrêt d'Assemblée Dehaene du 7 juillet 1950 (préc.).

Rappelons qu'à cette occasion le Conseil d'Etat a d'abord considéré que le Préambule de la Constitution de 1946, et donc les principes qu'il contient, a une valeur constitutionnelle. Plus tard, le Conseil constitutionnel qualifiera également la grève de principe à valeur constitutionnelle (CC, 28 juillet 1987, numéro 87-230 DC, Loi portant diverses mesures d'ordre social : RFDA 1987, p. 807, note Genevois).

Dans l'arrêt Dehaene, les juges interprètent les dispositions susvisées comme une invitation faite par les rédacteurs de la Constitution au législateur en vue que celui-ci « opère la conciliation nécessaire entre la défense des intérêts professionnels dont la grève constitue une modalité et la sauvegarde de l'intérêt général auquel elle peut être de nature à porter atteinte ».

Ainsi, le principe de continuité n'exclut plus l'exercice du droit de grève. Il s'agit désormais de concilier ces deux notions.

En cas d'absence de cadre législatif, les juges précisent qu'il appartient au gouvernement de « fixer la nature et la limitation qui doivent être apportées à ce droit ... en vue d'en éviter un usage abusif ou contraire aux nécessités de l'ordre public ». Ainsi, en l'espèce, le gouvernement pouvait légalement faire interdire et réprimer la participation de chefs de bureau de préfecture à une grève, ce mouvement portant « une atteinte grave à l'ordre public ».

Il est à noter que si la loi n° 63-777 du 31 juillet 1963 modifiée relative à certaines modalités de la grève dans les services publics et codifiée aux articles L. 2512-1 et suivants du Code du travail a apporté un certain nombre de précisions sur les conditions d'exercice du droit de grève, le Conseil d'Etat considère que ce texte ne saurait « comme l'indique d'ailleurs son exposé des motifs constituer à (lui seul) l'ensemble de la règlementation du droit de grève annoncée par la Constitution » (CE, 4 février 1966, Syndicat national des fonctionnaires et agents du groupement des contrôles Radio-Electriques, Paul et Longin : Rec. p. 80 ; CJEG 1966, p. 121, concl. Bertrand ; D. 1966, jurispr., p. 720, note Gilli ; JCP G 1966, II, 14802, note Debbasch ; RDP 1966, p. 324, concl. Bertrand). De fait, ce texte se borne à imposer le dépôt d'un préavis de grève et à interdire les grèves tournantes et les grèves surprise. Plus récemment, le Conseil d'Etat a rappelé, à propos de la loi n°2007-1224 du 21 août 2007 concernant les transports terrestres réguliers de voyageurs que « en l'absence de la complète législation annoncée par la Constitution, la reconnaissance du droit de grève ne saurait avoir pour conséquence d'exclure les limitations qui doivent être apportées à ce droit, comme à tout autre, en vue d'en éviter un usage abusif ou contraire aux nécessités de l'ordre public » (CE, 11 juin 2010, requête numéro 333262, Syndicat Sud-RATP : Rec. tables, p. 606 ; AJDA 2010, p. 1719, concl. Lenica ; JCP A 2011, 2218, note Terrien ; RJEP 2010, 60, concl. Lenica). Le dispositif organisé par cette loi a ensuite inspiré le dispositif de la loi n° 2012-375 du 19 mars 2012 relative à l'organisation du service et à l'information des passagers dans les entreprises de transport aérien de passagers.

Il faut aussi relever qu'il n'appartient pas aux ministres de préciser les modalités d'exercice du droit de grève dans les établissements placés sous leur tutelle (CE, 1er décembre 2004, requête numéro 260551, Onesto : Droit adm. 2005, 19, note Lombard). En effet, cette compétence n'appartient qu'aux seuls dirigeants de l'établissement public concerné. La même solution s'applique, en l'absence de loi, aux organes dirigeants des personnes privées chargées d'une mission de service public, en vertu de leurs pouvoirs généraux d'organisation des services (CE Ass., 12 avril 2013, requête numéro 329570, requête numéro 329683, requête numéro 330539, requête numéro 330847, Fédération FO énergie et mines et a., préc.).

Dans le même ordre d'idées, le Conseil constitutionnel a récemment validé une limitation au droit de grève de certains opérateurs privés dans le secteur de la distribution de produits pétroliers, au regard de l'objectif de préservation de l'ordre public économique à l'occasion d'une décision du 11 décembre 2015 rendue dans le cadre de la procédure de QPC (CC, 11 décembre 2015, numéro 2015-507 QPC : Dr. adm. 2016, 16, note Boda). Cette décision portait sur l'article L. 671-2 du Code de l'énergie qui prévoit qu'un plan de prévention des ruptures d'approvisionnement de produits pétroliers est établi dans certains collectivités territoriales de l'outre-mer. Contrairement à l'hypothèse visée par l'arrêt du 12 avril 2013, il ne s'agissait donc pas de transposer la logique de l'arrêt Dehaene dans un service public géré par une personne privée, mais dans une activité purement privée.

En termes d'exercice du pouvoir de réglementation du droit de grève, le Conseil d'Etat est allé encore plus loin dans la logique de l'arrêt Dehaene à l'occasion des arrêts Hotz et Fédération nationale des syndicats du personnel des industries de l'énergie électrique, nucléaire et gazière du 17 mars 1997 (requête numéro 123912, requête numéro 160684 : AJDA 1997, II, p. 533, note Bellanger et Darcy ; JCP G, IV, 2089 et 2090, obs. Rouault ; Dr. adm. 1997, 209).

Dans l'affaire Hotz, par exemple, le Conseil d'Etat était saisi d'un recours dirigé contre une décision du directeur de la production et du transport d'EDF fixant les modalités de retenue sur salaires en cas de grève des agents de conduite des centrales thermiques ou nucléaires. Le Conseil d'Etat rappelle, tout d'abord, les principes de l'arrêt Dehaene, c'est-à-dire la possibilité pour le gouvernement de prendre une mesure de règlementation du droit de grève en cas de silence du législateur. Cependant, en l'espèce, le gouvernement n'était pas non plus intervenu. Le Conseil d'Etat se réfère alors implicitement à la jurisprudence Jamart (CE Sect., 7 février 1936, préc.), dont l'arrêt Dehaene constitue d'ailleurs une application. Il estime, en effet, que les principes de la jurisprudence Dehaene ne font pas obstacle à ce que les organes chargés de la direction d'un établissement public, agissant en vertu des pouvoirs généraux d'organisation des services placés sous leur autorité, règlementent le droit de grève en vue d'éviter qu'il en soit fait un usage abusif. Par conséquent, le Conseil d'Etat admet que de simples chefs de services peuvent règlementer le droit de grève. Cette solution avait déjà été retenue auparavant pour les directeurs d'administration centrale (CE Sect., 18 janvier 1962, Bernardet : Rec. p. 49 ; D. 1962, jurispr. p. 202, note Leclercq) et les organes exécutifs des collectivités territoriales (CE, 9 juillet 1965, Pouzenc : Rec. p. 421 ; D. 1966, jurispr. p. 720, note Gilli ; JCP G 1967, II, 15058, note Sinay). Le considérant de principe qui figure dans l'arrêt Dehaene a été modifié : là où l'arrêt Dehaene se réfère à la compétence du gouvernement pour réglementer le droit de grève, l'arrêt Fédération FO énergie et mines et a. du 12 novembre 2013 (préc.) vise la compétence de « l'autorité administrative responsable du bon fonctionnement d'un service public ». Dans les arrêts du 17 mars 1997, le Conseil d'Etat va même plus loin puisqu'en l'espèce, ce n'est pas le directeur général d'EDF qui avait pris la mesure contestée, mais, sur délégation, le directeur de la production et du transport.

Il faut enfin relever que la jurisprudence du Conseil d'Etat a été reprise par le Conseil constitutionnel dans sa décision du 25 juillet 1979, Loi modifiant les dispositions de la loi n° 74-696 du 7 août 1974 relatives à la continuité du service public de la radio et de la télévision en cas de cessation concertée du travail (numéro 79-105 DC : Rec. CC p.33 ; Droit soc. 1980, p.7, note Leymarie et p.440, note Turpin ; Rev. adm. de l'est de la France 1980, p.87, note Jarnevic ; D. 1980, p.101, note Paillet et p.333, note Hamon ; AJDA 1980, p.191, note Legrand ; RDP 1979, p.1705, note Favoreu ; JCP 1981, II, 19547).

Le Conseil constitutionnel reprend ici presque exactement les termes de l'arrêt Dehaene pour poser un principe de conciliation entre la continuité du service public et le droit de grève. En l'espèce, il censure des dispositions de la loi déférée qui permettaient aux présidents des organismes concernés de requérir du personnel en vue d'assurer un service normal. Le Conseil constitutionnel a estimé que ces dispositions faisaient obstacle au droit de grève, dont l'utilisation n'aurait plus été efficace. Pour les juges, en effet, une telle interdiction ne pouvait être prévue que pour les agents dont la présence est indispensable en vue d'assurer le fonctionnement des éléments du service dont l'interruption porterait atteinte aux besoins essentiels du pays.

II – Mise en œuvre de la conciliation

En fonction du service public considéré, et des impératifs liés à la continuité de ce service, l'exercice du droit de grève peut être plus ou moins limité. Le législateur a également prévu la possibilité, pour certains services publics, d'instaurer un service minimum ou d'autres aménagements au droit de grève, et certaines modalités d'exercice du droit de grève sont interdites.

A – Relativité du rapport entre droit de grève et principe de continuité

Selon le service public en cause, les impératifs de continuité du service public seront plus ou moins limitatifs de l'exercice du droit de grève.

Dans certains cas, la nature du service exercé justifie une interdiction totale par le législateur du droit de grève. Cette interdiction concerne, par exemple, les militaires, les policiers, les magistrats ou encore les agents chargés du contrôle et de la protection des matières nucléaires.

Dans le silence de la loi, en application de la jurisprudence Dehaene, et toujours dans l'hypothèse où la nature du service le justifie, le Gouvernement est compétent pour prendre une mesure d'interdiction du droit de grève.

Exemple :
- CE Ass., 23 octobre 1964, Fédération des syndicats chrétiens de cheminots (Rec. p.484) : le Conseil d'Etat estime qu'est légale une décision gouvernementale refusant le droit de grève aux gardiens de passages à niveaux.

Toutefois, le juge censure de telles interdictions lorsqu'il apparaît que l'intérêt général pouvait être préservé par des mesures moins rigoureuses qu'une interdiction pure et simple.

Exemples :
- CE, 4 février 1981, requête numéro 211731, Fédération CFTC des personnels de l'environnement (AJDA 1981, p. 543, obs. S.S) : une grève des agents chargés de la manœuvre des écluses de la section internationale de la Moselle ne mettrait pas nécessairement en péril, quels qu'en soient les motifs, la date et la durée, soit la conservation des installations et des matériels, soit le fonctionnement d'un service dont la continuité est indispensable à l'action gouvernementale ou à l'ordre public. Ainsi, en interdisant le droit de grève à ceux de ces agents placés sous son autorité, le chef du service de la navigation de Nancy a outrepassé les limites qui peuvent être apportées au droit de grève de ceux-ci.
- CE, 9 décembre 2003, requête numéro 262186, Aiguillon (Rec. p.497 ; Dr. soc. 2004, p. 172, concl. Stahl ; JCP A 2004, 1054, obs. Moreau et 1096, obs. Maillard Desgrées du Loû) : si le préfet, dans le cadre des pouvoirs qu'il tient du 4° de l'article L. 2215-1 du Code général des collectivités territoriales, peut légalement requérir les agents en

grève d'un établissement de santé dans le but d'assurer le maintien d'un effectif suffisant pour garantir la sécurité des patients et la continuité des soins, il ne peut toutefois prendre que les mesures imposées par l'urgence et proportionnées aux nécessités de l'ordre public, au nombre desquelles figurent les impératifs de santé publique.
- CE, ord. réf., 27 octobre 2010, requête numéro 343966, Fédération nationale des industries chimiques et a. (Dr. Adm. 2010, 157, obs. Andreani) : le préfet peut légalement, sur le fondement de l'article L. 2215-1 4° du Code général des collectivités territoriales, requérir des salariés en grève d'une entreprise privée dont l'activité présente une importance particulière pour le maintien de l'activité économique, la satisfaction des besoins essentiels de la population ou le fonctionnement des services publics, lorsque les perturbations résultant de la grève créent une menace pour l'ordre public. Il ne peut toutefois prendre que les mesures nécessaires, imposées par l'urgence et proportionnées aux nécessités de l'ordre public. En l'espèce, la réquisition de salariés d'un dépôt pétrolier géré par une entreprise privée est justifiée, entre autres, par l'épuisement des stocks de carburant aérien de l'aéroport Roissy Charles de Gaulle, l'incapacité de l'aéroport à alimenter les avions en carburant aérien pouvant conduire au blocage de nombreux passagers, notamment en correspondance, et menacer la sécurité aérienne en cas d'erreur de calcul des réserves d'un avion. Le préfet, après avoir indiqué les motifs de la réquisition, sa durée, les prestations requises, les effectifs requis ainsi que leur répartition, a laissé à l'exploitant de l'établissement le soin d'en gérer l'activité dans ces conditions. Cette circonstance ne constitue pas, selon le juge des référés, une illégalité manifeste au sens de l'article L. 521-2 du Code de justice administrative.

B – Organisation d'un service minimum et autres aménagements

Le législateur organise fréquemment un service minimum en vue de concilier le droit de grève et les intérêts généraux auxquels ce droit est susceptible de porter atteinte.

Ainsi, la loi n°84-1286 du 31 décembre 1984 organise un service minimum dans les services de la navigation aérienne.

De même, la loi n°2007-1224 du 12 août 2007 sur le dialogue social et la continuité du service public dans les transports terrestres réguliers de voyageurs prévoit, quant à elle, qu'en cas de grève, l'employeur définit un « plan de prévisibilité » dans lequel il est précisé que « les salariés informent, au plus tard 48 heures avant de participer à la grève, le chef d'entreprise de leur intention d'y participer ». Ainsi, cette loi met en place une obligation de déclaration individuelle en vue de participer à une grève. Dans un arrêt du 19 mai 2008, Syndicat SUD RATP (requête numéro 312329 : AJDA 2008, p.1718, note Chifflot ; RJEP 2008, 32, concl. Lenica ; JCP A 2008, act. 492) le Conseil d'Etat a estimé que ces dispositions devaient être interprétées comme établissant l'obligation, pour le salarié, de déclarer au chef d'entreprise son intention de participer à la grève au moins 48 heures avant d'y participer lui-même. Est ainsi censurée l'interprétation de la RATP selon laquelle la déclaration préalable devait être faite 48 heures avant le début de la grève fixé par le préavis ou, pour les agents n'étant pas en service le premier jour de grève, 48 heures avant la date de reprise effective de leur service.

Dans le silence de la loi, en application de la jurisprudence Dehaene, le gouvernement, et subsidiairement les ministres et les autres chefs de service, sont compétents pour organiser un service minimum.

Exemple :
- CE, 30 novembre 1998, requête numéro 183359, Rosenblatt et a. : le directeur d'un centre hospitalier est compétent pour prévoir, en cas de grève d'une durée illimitée des infirmiers spécialisés en anesthésie et réanimation, un tableau du service minimum.

Relève également de la règlementation du droit de grève l'exercice d'un droit de réquisition.

En particulier, l'article L. 2215-1 du Code général des collectivités territoriales permet au préfet, dans le cadre de ses pouvoirs de police administrative générale de « réquisitionner tout bien ou service, requérir toute personne nécessaire au fonctionnement de ce service ou à l'usage de ce bien (…) ». A l'occasion d'une ordonnance du 9 décembre 2003, Aguillon (requête numéro 262186, préc.), le juge des référés du Conseil d'Etat a estimé que ce pouvoir de réquisition pouvait être exercé à l'égard de grévistes. Dans une autre ordonnance du 27 octobre 2010, Fédération nationale des industries chimiques (requête numéro 343966, préc.) le même juge des référés a précisé que l'autorité compétente pouvait également requérir « les salariés en grève d'une entreprise privée dont l'activité présente une importance particulière pour le maintien de l'activité économique, la satisfaction des besoins essentiels de la population ou le fonctionnement des services publics, lorsque les perturbations résultant de la grève créent une menace pour l'ordre public ».

Enfin, pour ce qui concerne les écoles maternelles et primaires, la loi n° 2008-790 du 20 août 2008 créée un droit d'accueil au profit des élèves (Code de l'éducation, art. L. 133-2 à L. 133-12). Il résulte notamment de cette loi que les communes doivent mettre en place le service d'accueil dès lors que le nombre des personnes qui ont déclaré leur intention de participer à la grève est égal ou supérieur à 25 % du nombre de personnes qui exercent des fonctions d'enseignement dans cette école. Pour l'organisation de ce service public, qui est complémentaire du service public de l'éducation, l'Etat verse aux communes une compensation financière. Il a été jugé qu'une commune ne pouvait utilement se prévaloir des difficultés éventuelles d'organisation du dispositif d'accueil, ni de l'absence de volontaires au sein des services municipaux pour assurer le dispositif d'accueil (CAA Lyon, 1er avril 2010, requête numéro 09LY01396, Préfet du Puy-de-Dôme. – V. également CAA Versailles, 25 février 2010, requête numéro 09VE01541, Commune de Plessis-Paté.– CAA Douai, 11 mars 2010, requête numéro 09DA00485, Commune de Venizel).

C – Interdiction de certaines modalités d'exercice du droit de grève

En droit public, comme en droit privé, la grève se définit comme « un arrêt collectif et concerté du travail en vue d'appuyer des revendications professionnelles » (Cass. Soc. 23 octobre 2007, pourvoi numéro 06-17.802, D. 2008, p. 662, note Bugada). On peut déjà tirer deux enseignements de cette définition. D'une part, la prohibition de la grève pour motifs politiques, même si naturellement la protestation contre un projet de loi gouvernemental peut conduire à mêler motifs professionnels et motifs politiques. D'autre part, seuls les agents publics peuvent exercer le droit de grève, à l'exclusion des usagers. Si cette assertion semble évidente, elle permet notamment de considérer que des étudiants bloquant les locaux de leur université ne sauraient en aucun cas être qualifiés de grévistes. Enfin « la grève perlée » qui consiste à exécuter le travail au ralenti, partiellement, ou dans des conditions défectueuses, n'est pas une grève au sens légal du terme dès lors qu'il ne s'agit pas d'un arrêt de travail.

La loi n° 63-777 du 31 juillet 1963, actuellement codifiée aux articles L. 2512-1 et s. du Code du travail, encadre l'exercice du droit de grève dans les services publics.

L'article L. 2512-2 interdit la grève surprise en imposant que toute grève dans les services publics soit précédée par un préavis qui doit parvenir cinq jours francs avant le déclenchement de la grève à l'autorité hiérarchique ou à la direction de l'établissement, de l'entreprise ou de l'organisme intéressé. Ce préavis doit mentionner le champ géographique et l'heure du début ainsi que la durée, limitée ou non, de la grève envisagée.

L'article L. 2512-3 interdit quant à lui la grève tournante par échelonnements successifs ou par roulement affectant les divers secteurs ou catégories professionnelles d'un même établissement ou service

Est également interdite la grève sur le tas, qui consiste en une occupation des lieux de travail. Comme l'a précisé le Conseil d'Etat dans son arrêt de Section Legrand du 11 février 1966 (Rec : p.110) : « les locaux ne sauraient être utilisés à des fins autres que celles correspondant aux besoins des services publics auxquels ils sont directement affectés ».

Tout comportement relevant de l'une ou l'autre de ces pratiques prohibées est susceptible de faire l'objet de poursuites disciplinaires en sus des retenues sur salaire qu'implique le fait de faire grève.

§ II – Mutabilité

Ce principe suppose que le régime des services publics doit pouvoir être adapté en fonction de l'évolution des besoins sociaux et des exigences de l'intérêt général.

Au niveau du droit de l'Union européenne, il est ainsi prévu de réexaminer la portée du service universel « à la lumière des évolutions sociale, économique et technologique, compte tenu, notamment, de la mobilité et des débits de données à la lumière des technologies les plus couramment utilisées par la majorité des abonnés » (PE et Cons. UE, directive n° 2002/22/CE, 7 mars 2002, concernant le service universel et les droits des utilisateurs au regard des réseaux et services de communications électroniques, art. 15).

En droit interne, ce principe trouve d'abord à s'appliquer en matière contractuelle. En effet, même s'il n'est jamais mentionné expressément, c'est le principe de mutabilité qui justifie que l'administration dispose vis-à-vis de son cocontractant d'un pouvoir de modification et de résiliation unilatérale pour motif d'intérêt général (CE, 10 janvier 1902, Compagnie nouvelle de gaz de Deville-lès-Rouen, préc.). Cette règle est plus clairement exprimée dans l'arrêt Compagnie générale française des tramways du 11 mars 1910 (préc.). Selon cet arrêt les règles du service public, même pour un service délégué « impliquent pour l'administration le droit, non seulement d'approuver les horaires des trains au point de vue de la sécurité et de la commodité de la circulation, mais encore de prescrire les modifications et les additions nécessaires pour assurer, dans l'intérêt du public, la marche normale du service ».

L'application de ce principe permet également d'expliquer pourquoi les usagers ne sont pas en principe recevables à contester une modification des règles de fonctionnement ou d'organisation des services publics.

Exemple :
- CE, 12 février 1982, requête numéro 27098, requête numéro 27099, requête numéro 27100, Université de Paris VII (Rec. p.70 ; D. 1983, inf. rap. p.233, obs. Delvolvé) : le statut des usagers du service public de l'enseignement supérieur étant défini par des textes législatifs et règlementaires, le droit aux avantages qui en résultent est subordonné au maintien en vigueur de ces textes. Par suite, en ne prévoyant pas de dispositions transitoires pour permettre aux étudiants de troisième cycle d'achever leurs études dans l'établissement où ils les ont commencées, une décision de refus de renouvellement d'habilitation ne méconnaît aucun droit acquis des étudiants en cours d'études.

Le même principe s'applique aux agents des services publics, qu'ils soient titulaires ou bien contractuels.

Exemple :
- CE, 11 octobre 1995, requête numéro 142644, Institut géographique national (Rec. p.620) : l'autorité compétente peut « fixer et modifier librement les dispositions statutaires qui régissent les agents des services publics, même contractuels, et notamment celles qui sont relatives aux conditions de leur rémunération ».

Comme les cocontractants de l'administration, les usagers ne bénéficient pas en principe d'un droit au maintien des services publics (CE Sect., 27 janvier 1961, Vannier : Rec. p. 60, concl. Kahn).

Exemple :
- CE, 2 mars 2010, requête numéro 325255, Réseau ferré de France (JCPA 2010, 2149, note Terrien ; Rev. Dr. transports, 214, note Martin) : Réseau ferré de France a pu, sans commettre d'erreur manifeste d'appréciation, décider la fermeture de la section de ligne en cause où le trafic avait cessé depuis décembre 1980 et alors qu'aucune perspective de reprise n'était prévue.

Il en va autrement, cependant, s'il s'agit de services publics obligatoires visés par la loi ou par la Constitution.

Par ailleurs, les usagers, comme les agents des services publics, bénéficient de certaines protections qui visent à les mettre à l'abri de mesures arbitraires.

Tout d'abord, l'administration est tenue, lorsqu'elle prend des mesures modifiant l'organisation ou le fonctionnement d'un service public, de respecter les lois et les règlements en vigueur.

S'agissant plus spécialement des usagers, ceux-ci ont également le droit au fonctionnement normal du service, ce qui signifie que l'administration doit respecter les règles juridiques qui le régissent, tant que ces règles n'ont pas été modifiées.

Exemple :
- TA Versailles, 3 novembre 2003, requête numéro 0104490, Kepeklian c. Ministre de l'Education nationale et a. (Resp. civ. Assurances, 2004, 233, note Guettier) : la mission d'intérêt général d'enseignement qui lui est confiée impose au ministre de l'Education nationale l'obligation légale d'assurer l'enseignement de toutes les matières obligatoires inscrites aux programmes d'enseignement tels qu'ils sont définis par les dispositions législatives et règlementaires en vigueur selon les horaires règlementairement prescrits.

Le manquement à cette obligation légale qui a pour effet de priver, en l'absence de toute justification tirée des nécessités de l'organisation du service, un élève d'un enseignement pendant une période appréciable, est constitutif d'une faute de nature à engager la responsabilité de l'Etat

Enfin, les modifications apportées par l'administration ne peuvent valoir que pour l'avenir, en application de la solution dégagée par le Conseil d'Etat dans son arrêt d'Assemblée du 25 juin 1948, Société du journal l'Aurore (préc.). Dans cet arrêt, le Conseil d'Etat précise que le prix des consommations en électricité ne peut pas être calculé sur la base d'un tarif qui est entré en vigueur postérieurement à la date à laquelle ces consommations ont été réalisées.

§ III – Egalité

Le principe d'égalité trouve sa source dans les articles 1 et de la Constitution et 1 et 6 de la Déclaration des Droits de l'Homme et du Citoyen. En droit interne, il s'agit à la fois d'un principe de valeur constitutionnelle et il est à l'origine de plusieurs principes généraux du droit.

Le principe d'égalité comporte de nombreux aspects : égalité devant l'accès aux emplois publics, égalité devant l'impôt, égalité devant la loi, etc.

S'agissant des questions liées au fonctionnement des services publics, il convient surtout de mentionner le principe de neutralité du service public, qui est une notion très liée à celle d'égalité. Doivent également être relevés le principe d'égal accès au service public ainsi que le principe d'égalité de traitement des usagers du service public.

I – Egalité et neutralité

Le principe de neutralité, qui constitue un aspect du principe d'égalité de traitement entre les usagers, comporte lui-même deux principaux aspects.

Il est d'abord censé faire échec à la politisation du service public.

Exemple :
- TA Lille, 18 décembre 2007, requête numéro 0601575, Desurmont (AJDA 2008, p.709, note Deliancourt) : le principe de neutralité s'oppose à ce que soient apposés sur les édifices publics des signes symbolisant la revendication d'opinions politiques, religieuses ou philosophiques. Ce principe fait également obstacle à ce que soit attribué à une école le nom d'un homme politique en activité.
- TA Caen, 26 avril 2010, requête numéro 1000282, Préfet du Calvados : le fait d'accrocher dans une mairie le portrait de Philippe Pétain parmi les portraits des chefs d'Etat français depuis 1871 est contraire au principe de neutralité du service public.
- CAA Bordeaux, 26 octobre 2010, requête numéro 10BX00170, Commune de Billère : les graffitis réalisés à l'initiative du maire de Billère, sur le thème de l'accueil des étrangers en France, opposent la devise de la République aux termes de honte, précarité et arbitraire. Par ces graffitis, qui expriment une critique explicite de l'application de la législation sur l'entrée et le séjour des étrangers en France, le maire de Billère a entendu

prendre parti dans un conflit de nature politique, et a ainsi méconnu le principe de neutralité.

Le principe de neutralité se veut ensuite garant de la laïcité du service public, conformément à l'article 1er de la Constitution qui garantit le caractère laïc de la République française.

Exemple :
- CE, 7 août 2008, requête numéro 310220, Fédération chrétienne des témoins de Jehovah de France : pour prévenir les risques de dérives sectaires de mouvements qui revendiquent un but religieux, la mission interministérielle de vigilance et de lutte contre les dérives sectaires peut signaler les références d'un ouvrage relatant le témoignage d'un ancien membre des témoins de Jéhovah et reproduire la couverture de l'ouvrage. Cette décision ne méconnaît ni le principe de neutralité et de laïcité de la République, ni l'obligation d'impartialité qui s'impose à l'autorité administrative, ni le principe de liberté du culte.

Plus généralement, le principe de neutralité a vocation à s'appliquer pour faire échec au prosélytisme, quel que soit son objet.

Exemples :
- CE, 15 octobre 2014, requête numéro 369965, Confédération nationale des associations familiales catholiques (Dr. adm. 2015, 14, note Eveillard) : en application du Code de l'éducation, les autorités chargées du service public de l'éducation nationale doivent apporter aux élèves de l'enseignement public une information relative à la lutte contre les discriminations fondées notamment sur l'orientation sexuelle, information pour laquelle elles peuvent avoir recours à l'intervention d'associations spécialisées en la matière. L'information ainsi apportée doit être adaptée aux élèves auxquels elle est destinée, notamment à leur âge, et être délivrée dans le respect du principe de neutralité du service public de l'éducation nationale et de la liberté de conscience des élèves. Tel n'est pas le cas en l'espèce. En effet, sur son site internet, l'association « Ligne Azur » présentait l'usage de drogues comme susceptible de « faire tomber les inhibitions » et comme « purement' associé à des moments festifs » sans mentionner l'illégalité de cette pratique, et elle définissait la pédophilie comme une « attirance sexuelle pour les enfants », sans faire état du caractère pénalement répréhensible des atteintes ou agressions sexuelles sur mineurs. Le site renvoyait, en outre, à une brochure intitulée « Tomber la culotte », laquelle incitait à la pratique de l'insémination artificielle par sperme frais, interdite par le Code pénal. Même si le site internet n'avait pas entendu faire preuve de complaisance à l'égard de tels comportements, en la seule absence de mention du caractère illégal de ces pratiques, la décision du ministre d'inviter les recteurs à relayer cette campagne de communication relative à la « Ligne azur » portait atteinte au principe de neutralité du service public de l'éducation nationale.
- CAA Nancy, 14 février 2008, requête numéro 07NC00335, Association Couleurs gaies (JCP A 2008, 2132, note Ach) : la lutte contre les discriminations liées à l'orientation sexuelle revêt un caractère d'intérêt général qui justifie l'annulation du refus d'agrément opposé par le rectorat de Nancy-Metz à une association dès lors qu'elle s'est « engagée à respecter le principe de neutralité et à ne faire aucun prosélytisme ».

Ceci étant l'administration peut difficilement éviter le fait religieux, ce qui est particulièrement le cas des établissements pénitentiaires, dont les règles de fonctionnement doivent prendre en compte, dans une certaine mesure, les croyances religieuses.

Exemple :
- CE, 10 février 2016, requête numéro 385929, Khadar (JCP A 2016, act. 145, obs. Erstein) : il appartient à l'administration pénitentiaire, qui n'est pas tenue de garantir aux détenus, en toute circonstance, une alimentation respectant leurs convictions religieuses, de permettre, dans toute la mesure du possible eu égard aux contraintes matérielles propres à la gestion de ces établissements et dans le respect de l'objectif d'intérêt général du maintien du bon ordre des établissements pénitentiaires, l'observance des prescriptions alimentaires résultant des croyances et pratiques religieuses.

Ces dernières années, c'est surtout du point de vue de la laïcité que la question de la neutralité a été abordée. Il convient d'aborder cette question du point de vue des usagers du service public, principalement dans le domaine de l'éducation, puis de celui des fonctionnaires. On envisagera également la question de l'extension du principe de laïcité dans l'espace public.

A – Neutralité et usagers du service public

La question des signes d'appartenance à une religion a alimenté la jurisprudence récente notamment à travers l'avis du Conseil d'Etat Kherouaa du 27 novembre 1989 (numéro 346893 : AJDA 1990, p. 39, note J.-P. C. ; RFDA 1990, p. 1, note Rivero) qui concerne spécifiquement le service public de l'éducation.

Les juges relèvent en l'espèce que le droit à une formation scolaire est un moyen de contribuer à l'épanouissement de l'enfant et surtout « à l'exercice de ses responsabilités d'homme et de citoyen ». La notion de citoyenneté apparaît ici primordiale, l'exercice de la liberté de conscience, et plus précisément la manifestation des convictions religieuses, ne devant pas faire obstacle à l'accomplissement des missions dévolues à l'école. A ce titre, le Conseil d'Etat relève que le service public de l'éducation doit inculquer aux usagers « le respect de l'individu, de ses origines et de ses différences, garantir et favoriser l'égalité entre les hommes et les femmes ».

Le Conseil d'Etat tire de ces considérations deux conséquences majeures.

Tout d'abord, la manifestation d'appartenance à une religion n'est pas incompatible en soi avec le principe de laïcité. Ceci est justifié par le fait que cette manifestation « constitue l'exercice de la liberté d'expression ».

Cependant, cette liberté comporte des limites, lorsque cette manifestation « constitue un acte de pression, de provocation, de prosélytisme ou de propagande qui porterait atteinte à la dignité ou à la liberté de l'élève ou d'autres membres de la communauté éducative, perturberait les activités d'enseignement et le rôle éducatif des enseignants, troublerait l'ordre dans l'établissement ou le fonctionnement normal du service public ».

Cet avis a donné lieu à une jurisprudence très nuancée.

Exemples :
- CE, 2 novembre 1992, requête numéro 130394, Kherouaa (préc.) : le Conseil d'Etat est saisi de la légalité d'un recours dirigé contre le règlement intérieur d'un collège dont un article interdisait le port de tout signe distinctif notamment d'ordre religieux. Les juges estiment que « par la généralité de ses termes, cet article institue une interdiction générale et absolue en méconnaissance … notamment de la liberté d'expression reconnue aux élèves dans le cadre des principes de neutralité et de laïcité de l'enseignement public ».
- CE Ass., 14 avril 1995, requête numéro 157653, Koen et Consistoire central des israélites de France (Rec. p.168, concl. Aguila ; AJDA 1995, p.501, chron. Stahl et Chauvaux ; D. 1995, p.481, note Koubi ; JCP 1995, 22437, note Nguyen Van Tuong ; RDP 1996, p.867, note Haguenau ; RFDA 1995, p.585, concl. Aguila) : le Conseil d'Etat est saisi d'un recours dirigé contre un refus d'inscription d'un élève de confession juive en classe préparatoire. Cette mesure était notamment motivée par le fait que le candidat avait demandé une dispense pour les cours du samedi matin, alors que le règlement intérieur de l'établissement prévoyait que tous les cours étaient obligatoires. Le Conseil d'Etat estime que « les contraintes inhérentes au travail des élèves en classe de mathématiques supérieures font obstacle à ce qu'une scolarité normale s'accompagne d'une dérogation systématique à l'obligation de présence le samedi, dès lors que l'emploi du temps comporte un nombre important de cours et de contrôles de connaissances organisés le samedi matin ».

La loi n°2004-228 du 15 mars 2004 encadrant, en application du principe de laïcité, le port de signes ou de tenues manifestant une appartenance religieuse dans les écoles, collèges et lycées publics a remis en cause cette jurisprudence.

Sur le fond, le texte rompt avec la règle très nuancée définie dans les affaires Kherouaa. Elle entend ainsi répondre aux deux critiques majeures que cette jurisprudence suscitait : elle posait un risque soit d'intransigeance, soit de laxisme des règlements intérieurs ; elle faisait peser une responsabilité excessive sur les chefs d'établissement puisqu'il n'existait pas de règles claires et précises pouvant faire l'objet d'une application uniforme.

L'article 1er de la loi qui porte création de l'article L. 141-5-1 du Code de l'éducation précise que « dans les écoles, les collèges et les lycées publics, le port de signes ou tenues par lesquels les élèves manifestent ostensiblement une appartenance religieuse est interdit ». Le même article ajoute que « le règlement intérieur rappelle que la mise en œuvre d'une procédure disciplinaire est précédée d'un dialogue avec l'élève ».

Si elle paraît claire dans sa formulation, la loi a néanmoins suscité un certain nombre d'interrogations.

Tout d'abord, il peut paraître surprenant que son champ d'application ne concerne que les écoles, collèges et lycées publics alors que le principe de laïcité a vocation à s'appliquer à l'ensemble des services publics.

Exemple :
- CE, ord. réf., 6 mai 2008, requête numéro 315631, Bounemcha : les autorités gestionnaires d'une cité universitaire doivent respecter « tant les impératifs d'ordre public, de neutralité du service public et de bonne gestion des locaux que le droit de

chaque étudiant à pratiquer, de manière individuelle ou collective et dans le respect de la liberté d'autrui, la religion de son choix ».

Au sein même de l'Education nationale, les dispositions susvisées ne s'appliquent pas aux établissements d'enseignement supérieur ce qui peut également entraîner des difficultés.

Exemple :
- CE, 28 juillet 2017, requête numéro 390740, Boutaleb et a. (Dr. adm. 2018, 5, note Eveillard) : les instituts de formation paramédicaux étant des établissements d'enseignement supérieur, leurs élèves ont, lorsqu'ils suivent des enseignements théoriques et pratiques en leur sein, la qualité d'usagers du service public. Ils sont, en cette qualité, sauf lorsqu'ils suivent un enseignement dispensé dans un lycée public, libres de faire état de leurs croyances religieuses, y compris par le port de vêtement ou de signes manifestant leur appartenance à une religion, sous réserve de ne pas perturber le déroulement des activités d'enseignement et le fonctionnement normal du service public notamment par un comportement revêtant un caractère prosélyte ou provocateur. En revanche, lorsqu'ils effectuent un stage dans un établissement de santé chargé d'une mission de service public, les élèves infirmiers doivent respecter les obligations qui s'imposent aux agents du service public hospitalier (V. sur ce point infra p.603). S'ils bénéficient de la liberté de conscience qui interdit toute discrimination fondée sur la religion, le principe de laïcité fait obstacle à ce qu'ils manifestent leurs croyances religieuses dans le cadre du service public. Lorsque les élèves infirmiers effectuent leur stage dans un établissement n'ayant aucune mission de service public, ils doivent respecter, le cas échéant, les dispositions du règlement intérieur de cet établissement qui fixent les conditions dans lesquelles ses agents peuvent faire état de leurs croyances religieuses.

Ensuite, il était loin d'être sûr que l'interdiction prescrite soit uniformément appliquée et qu'elle pouvait régler les problèmes qu'elle était supposée résoudre.

Pour tenter d'élucider ces difficultés d'interprétation, le ministre de l'Education nationale a voulu préciser le texte dans une circulaire du 27 mai 2004. Selon cette circulaire « les signes et tenues qui sont interdits sont ceux dont le port conduit à se faire immédiatement reconnaître par son appartenance religieuse tels que le voile islamique, quel que soit le nom qu'on lui donne, la kippa ou une croix de dimension manifestement excessive ».

La légalité de ces dispositions de la circulaire a été confirmée par le Conseil d'Etat à l'occasion de son arrêt Union française pour la cohésion nationale du 10 octobre 2004 (requête numéro 269077 : préc.).

En dépit de cette circulaire, d'autres problèmes se sont posés.

Exemples :
- CE, ord. réf., 8 octobre 2004, requête numéro 272926, El Hussein (JCP A 2005, 1849, note Tawil) : l'article L. 141-5-1 du Code de l'éducation prévoit que sont autorisés les « accessoires communément portés par les élèves, en dehors de toute signification religieuse ». La question qui se pose alors est de savoir s'il faut considérer que le bandana porté comme un foulard islamique constitue un signe religieux ostentatoire. En l'espèce, le juge des référés du Conseil d'Etat estime qu'il n'apparaissait pas « que l'administration, en décidant de maintenir en permanence Mlle El Hussein tout en

poursuivant un dialogue avec sa famille, ait procédé à une application de la loi du 15 mars 2004 qui serait entachée d'une illégalité manifeste alors même qu'un doute existe, en l'état de l'instruction, sur le motif du port d'un bandana par la jeune élève ».
- CE, 5 décembre 2007, requête numéro 285394, Singh (Rec. p. 463 ; RFDA 2008, p. 529, concl. Keller) : est fondée la décision d'exclusion d'un lycée d'un élève de confession sikh au motif que le sous-turban, ou keshi sikh, qu'il portait dans l'enceinte de l'établissement constitue un signe par lequel il manifeste ostensiblement son appartenance à une religion.

Ceci étant, la loi paraît avoir obtenu le succès escompté : alors qu'en 2003, on a compté 1500 signes ostensibles, 600 seulement ont été recensés à la rentrée 2005 et seulement 47 décisions ont été prononcées à l'issue de la procédure de dialogue avec les familles prévue par la loi (Lettre de la justice administrative, n°9, octobre 2005, p.1).

On doit enfin relever que la question de la neutralité dans le domaine de l'enseignement public ne se limite pas à la question du port de signes ou de tenues vestimentaires.

Exemples :
- CAA Lyon, 18 septembre 2007, requête numéro 07LY00704, Charles X c. IA-DSDEN Haute-Loire (AJDA 2008, p.105, note Toulemonde) : un prêtre a intérêt à agir contre la décision d'un inspecteur d'académie d'autoriser un conseil d'école à organiser la semaine scolaire selon la règle d'un mercredi matin travaillé sur deux. Comme le prévoit en effet l'article L. 141-3 du Code de l'éducation : « Les écoles élémentaires vaquent un jour par semaine en outre du dimanche, afin de permettre aux parents de faire donner, s'ils le désirent à leurs enfants, l'instruction religieuse, en dehors des édifices scolaires ». S'il est vrai que l'organisation du temps scolaire arrêtée par l'inspecteur d'académie fait obstacle à ce que l'instruction religieuse puisse être dispensée un mercredi matin sur deux, « cette seule circonstance ne constitue pas une atteinte à la liberté de l'instruction religieuse ».

B – Neutralité des agents des services publics

Si la jurisprudence antérieure à la loi du 15 mars 2004 était nuancée s'agissant d'usagers du service public de l'éducation, elle appréciait - et elle apprécie encore - plus sévèrement l'application du principe de laïcité s'agissant de fonctionnaires ou plus généralement d'agents publics.

Dans un avis Demoiselle Marteaux du 3 mai 2000 (requête numéro 217017 : RFDA 2001, p. 146, concl. Schwartz ; AJDA 2000, p. 602, chron. Guyomar et Collin ; RRJ 2001, p. 2107, étude Armand), le Conseil d'Etat a ainsi estimé que « le fait pour un agent du service de l'enseignement public de manifester dans l'exercice de ses fonctions ses croyances religieuses, notamment en portant un signe destiné à marquer son appartenance à une religion, constitue un manquement à ses obligations ».

Ces solutions ont été reprises par la loi n°2016-483 du 20 avril 2016 qui a modifié l'article 25 du titre I du statut général de la fonction publique qui précise désormais que « dans l'exercice de ses fonctions, (le fonctionnaire) est tenu à l'obligation de neutralité. (Il) exerce ses fonctions dans le respect du principe de laïcité. A ce titre, il s'abstient notamment de manifester, dans l'exercice de ses fonctions, ses opinions religieuses ».

Cette règle a vocation à s'appliquer à l'ensemble des agents publics et pas seulement à ceux de l'enseignement public.

Exemples :
- CAA Lyon, 27 novembre 2003, requête numéro 03LY0192, Ben Abdallah : AJDA 2003, p. 1951 ; JCP A 2003, 2026, obs. Taillefait ; JCP G 2003, I, 182, obs. Aubin): le port, par la requérante, qui détient, eu égard à sa fonction de contrôleur du travail, des prérogatives de puissance publique, d'un foulard dont elle a expressément revendiqué le caractère religieux, et le refus réitéré d'obéir à l'ordre qui lui a été donné de le retirer, alors qu'elle était avertie de l'état non ambigu du droit applicable a, dans les circonstances de l'espèce, constitué une faute grave de nature à justifier légalement la mesure de suspension dont elle a fait l'objet.
- CE, 15 octobre 2003, requête numéro 244428, Odent (JCP A 2003, 2003, note Jean-Pierre ; AJFP janvier 2004, p. 31, obs. Guillaumont ; AJDA 2003, p. 1959 ; D. 2003, inf. rap. p. 2279 ; Cah. fonct. publ., mars 2004, 232, obs. Guyomar ; Comm. com. électr. 2004, 11, obs. Lepage) : constitue une faute disciplinaire, le fait pour un fonctionnaire d'utiliser l'adresse électronique de son service a des fins personnelles d'échanges entrepris en sa qualité de membre de l'Association pour l'unification du christianisme mondial.
- CAA Versailles, 6 octobre 2011, requête numéro 09VE02048, Abderahim : le port d'un bandana est assimilé à un signe religieux ce qui justifie le licenciement d'une assistante maternelle pour faute grave.

C – L'extension du champ du principe de laïcité dans l'espace public

Du point de vue des pouvoirs étatiques, tel qu'il a été appréhendé par la jurisprudence du Conseil d'Etat, le principe de laïcité a longtemps été doublement cantonné aux seuls services publics et aux seuls agents du service public.

On l'a vu, la loi n°2004-228 du 15 mars 2004, en interdisant le port de tenues ou signes manifestant ostensiblement une appartenance religieuse aux élèves des écoles primaires, lycées et collèges de l'enseignement public a prévu une exception pour cette catégorie particulière d'usagers du service public. Cette interdiction est alors strictement cantonnée à cette catégorie d'usagers.

La loi n°2010-1192 du 11 octobre 2010 est allée plus loin dans ce sens en interdisant le port du voile intégral, en prohibant la dissimulation du visage non seulement dans le cadre des services publics, mais également dans l'espace public, c'est-à-dire, selon l'article 2 de la loi, sur les voies publiques ainsi que dans les lieux ouverts au public ou affectés à un service public. Cette loi a été jugé conforme à la Convention européenne des droits de l'Homme (CEDH, 1er juillet 2014, requête numéro 43835/11, SAS c/ France : JCPA 2014, 2355, note Dieu).

Le Conseil constitutionnel a considéré que les pratiques sanctionnées par cette loi « peuvent constituer un danger pour la sécurité publique et méconnaissent les exigences minimales de la vie en société ». Il mentionne également que le législateur a estimé que les femmes dissimulant leur visage, volontairement ou non, se trouvent placées dans une situation d'exclusion et d'infériorité manifestement incompatible avec les principes constitutionnels de liberté et d'égalité » (CC, 7 octobre 2010, numéro 2010-613 DC :

AJDA 2010, p. 1273, note Verpeaux ; D. 2011, p. 1166, note Cayla ; JCP G 2010, 1018, note Mathieu et 1043, note Levade ; RFDC 2011, p. 548, note Fatin-Rouge, Stefanini et Philippe).

Ce qui est donc en cause ici, plus largement que le principe de laïcité, c'est « le socle minimal d'exigence réciproques et de garanties essentielles du vivre-ensemble républicain » (B. Plessix, Droit administratif général, Lexisnexis 2016, p. 806).

Cette notion est encore peu reprise par la jurisprudence. On en trouve néanmoins une illustration intéressante, dans le domaine de la police spéciale des étrangers, dans un arrêt Aberkane du 27 novembre 2013 (requête numéro 365587 : Rec. p. 304). Dans cette affaire, le Conseil a estimé qu'est légal le décret s'opposant à l'acquisition de la nationalité française, pour « défaut d'assimilation », par une personne qui « refuse d'accepter les valeurs essentielles de la société française et notamment l'égalité entre les hommes et les femmes ».

En revanche, on peut considérer que la notion de « vivre ensemble » est au centre de toute une série de problématiques qui ont été récemment soumises au juge administratif et qui concernent le champ d'extension des principes de neutralité et de laïcité.

On peut ainsi mentionner la jurisprudence du Conseil d'Etat sur les crèches de noël. Dans deux décisions pour le moins nuancées, le Conseil d'Etat opère une distinction entre les « bâtiments publics, sièges d'une collectivité publique ou d'un service public », dans lesquels l'installation d'une crèche est, sauf circonstances particulières, non conforme au principe de neutralité des personnes publiques, et les « autres emplacements publics » dans lesquels une installation est possible à condition qu'elle ne constitue pas un acte de prosélytisme ou de revendication d'une opinion religieuse (CE Ass., 9 novembre 2016, requête numéro 395122, Commune de Melun et requête numéro 395223, Fédération de la libre pensée de Vendée : AJCT 2017, p. 90, obs. de la Morena et Yazi-Roman ; AJDA 2016, p. 2375, chron. Dutheillet de Lamothe et Odinet ; D. 2016, p. 2456, entretien Maus ; Dr. adm. 2017, 18, note Eveillard ; RFDA 2017, p. 127, note Morange.- V. également CAA Marseille, 3 avril 2017, requête numéro 15MA03863, Garcia : JCPA 2017, 2216, note Dounot.- CAA Douai, 16 novembre 2017, requête numéro 17DA00054, M. C...A...).

Une autre difficulté concerne les parents accompagnateurs de sorties scolaires, et plus particulièrement le port du voile par les mères des enfants. Dans une décision Osman du 22 novembre 2011 (requête numéro 1012015, Osman : Dr. adm. 2012, 16, note Taillefait ; JCP A 2011, 2384, concl. Restino ; D. 2012, p. 72, note Girard ; AJDA 2011, p. 2319, obs. de Montecler ; AJDA 2012, p. 163, note Hennette-Vauchez) le tribunal administratif de Montreuil avait considéré, en combinant principe de laïcité et théorie de la collaboration occasionnelle - mais sans toutefois recourir expressément à cette notion - que si les parents d'élèves participant au service public de l'éducation bénéficient de la liberté de conscience qui interdit toute discrimination fondée sur leur religion ou sur leurs opinions, le principe de neutralité de l'école laïque fait obstacle à ce qu'ils manifestent, dans le cadre de l'accompagnement d'une sortie scolaire, par leur tenue ou par leurs propos, leurs convictions religieuses, politiques ou philosophiques. Cette solution doit être rapprochée d'une décision plus ancienne du Conseil d'Etat qui avait expressément qualifié une accompagnatrice dans le cadre d'une sortie scolaire de « collaboratrice occasionnelle du service public » dans une affaire où il était question de l'engagement de la responsabilité de l'Etat à son égard (CE Sect., 13 janvier 1993, requête numéro 63044 et requête numéro 66929, Galtié : Rec. p. 11).

Cette appréciation a toutefois été démentie par le Conseil d'Etat à l'occasion d'une étude du 23 décembre 2013, demandée par le Défenseur des droits en application de l'article 19 de la loi organique n°2011-333 du 29 mars 2011. Le Conseil d'Etat qui pose ici une règle aussi nuancée que celle issue de l'avis Kherouaa (préc.). Les juges précisent d'abord que les parents accompagnateurs sont de simples usagers. Ils ne sont donc pas directement concernés par « les exigences de neutralité religieuse ». Toutefois, les juges rappellent que la liberté des convictions religieuses doit être conciliée « avec les exigences particulières découlant des principes de laïcité et de neutralité des pouvoirs publics ». Ainsi, « les exigences liées au bon fonctionnement du service public de l'éducation peuvent conduire l'autorité compétente, s'agissant des parents qui participent à des déplacements ou des activités scolaires, à recommander de s'abstenir de manifester leur appartenance ou leurs croyances religieuses ». L'autorité compétente, en l'occurrence le ministre de l'Education nationale ou la direction de l'établissement, peut donc accepter ou non la présence des mères accompagnatrices voilées. Dans ce sens, les directeurs d'établissements peuvent s'appuyer sur la circulaire Chatel du 27 mars 2012 qui recommande de rappeler les principes de laïcité et de neutralité dans les enseignements scolaires, et qui vise notamment le cas des accompagnants scolaires. En l'absence de lois, la responsabilité d'interdire ou non le port de signes religieux à ces accompagnants repose sur les chefs d'établissement, ce qui peut donner lieu à des différences notables d'un établissement à l'autre (sur cette question V. encore TA Nice, 9 juin 2015, requête numéro 1305386 : AJDA 2015, p. 1933, notre Brice-Delajoux).

Dans un sens plus favorable à l'extension du champ du principe de laïcité, le Conseil d'Etat a en revanche estimé, dans un arrêt Halfon et a. du 23 décembre 2011 (requête numéro 323309 : Dr. Adm. 2012, 29, note Fleury) que si des commerçants qui exercent leur activité professionnelle au sein des halles et marchés municipaux bénéficient du droit de demander des dérogations au règlement fixant les jours et heures d'ouverture de ces lieux pour motifs religieux, le maire peut refuser de telles dérogations si elles sont de nature à porter atteinte au bon fonctionnement du marché, et notamment à sa continuité. La solution peut paraître ici surprenante puisqu'elle applique le principe de continuité non pas à des agents publics, mais à des usagers de ce service public.

Enfin, la Cour de cassation, privilégiant une approche matérielle à une approche organique, a considéré que le principe de laïcité doit être appliqué dans les établissements privés gérant un service public (Cass. Soc., 19 mars 2013, pourvoi numéro n°12-11.690, Abibouraguimane : AJDA 2013, p. 1069, note Dreyfus ; D. 2013, p. 1026, note Lokiec et Porta ; Dr. soc. 2013, p. 388, étude Dockès). Tel est le cas pour les salariés d'une caisse primaire d'assurance maladie. La Cour fait ici application des dispositions du Code du travail qui autorisent les restrictions à la liberté religieuse des salariés dès lors qu'elles sont justifiées par la nature de la tâche à accomplir, qu'elles répondent à une exigence professionnelle essentielle et déterminante et qu'elles sont proportionnées au but recherché (V. notamment C. trav., art. L. 1121-1).

En revanche, dans une décision très remarquée, la Cour de cassation a considéré que le principe de laïcité n'a pas vocation à s'appliquer dans les établissements privés non gestionnaires d'un service public. C'est le cas pour une crèche privée, qui même si elle exerce une mission d'intérêt général et si elle perçoit des financements publics, ne saurait être considérée comme étant en charge d'une mission de service public, à défaut de contrôle exercé sur elle par une personne publique (Cass. Soc., 19 mars 2013, pourvoi numéro 11-28.845, Association Baby Loup : AJDA 2013, p. 1069, note Dreyfus ; D. 2013, p. 761, obs. Rome et p. 956, concl. Aldigé ; Dr. adm. 2013, 35, note Brice-Delajoux ; JCP G 2013, 542, note Corrignan-Carsin ; JCP A 2013, 2131, note Dieu ; JCP A 2013, 2132, note Vila ; JCP S 2013, 1146, note Bossu ; Rev. dr. soc. 2013, p. 388, note Dockès ; Rev. dr. trav. 2013, p. 385, étude Adam et 2014, p. 94, étude Calvès). L'Assemblée plénière de la Cour de cassation, après un nouveau pourvoi contre l'arrêt rendu sur renvoi par la cour d'appel de Paris (CA Paris, 27 novembre 2013, pourvoi numéro 13/02981 : AJCT 2014, p. 63, obs. Dreyfus ; D. 2014, p. 65, note Mouly ; Dr. soc. 2014, p. 4, note Ray et p. 100, étude Laronze), a confirmé qu'une entreprise privée qui n'est pas en charge d'une mission de service public n'est pas soumise au principe constitutionnel de laïcité et à l'exigence de neutralité religieuse qui en découle (Cass. Ass. plénière, 25 juin 2014, pourvoi numéro 13-28.839 : AJCT 2014, p. 337, tibune de La Morena ; AJDA 2014, p. 1293, obs. Pastor ; D. 2014, p. 1536, entretien Radé ; Dr. ouvrier 2014, p. 835, note Wolmark ; Dr. soc. 2014, p. 811, note Mouly ; RDT 2014, p. 607, note Adam ; JCP S 2014, 1297, note Bossu). Toutefois, elle considère, contrairement à la chambre sociale, que la restriction à la liberté de manifester sa religion résultant du règlement intérieur de la crèche est légale au regard des dispositions de l'article L. 1121-1 du Code du travail, notamment au regard de la taille de la structure et du nombre réduit de salariés qui conduit nécessairement le personnel à être en contact avec les enfants et leurs parents, et cela quelle que soit la nature exacte de leurs fonctions.

Cette application discutable de la jurisprudence APREI (V. supra p. 281) pourrait être mise en échec par une loi qui reconnaîtrait le caractère de service public des crèches, même privées.

II – Egalité des usagers devant le service public

Les usagers ont le droit à un égal accès au service public et d'être traités de la même façon. Toutefois, l'existence de tels principes n'exclut pas la légalité de certains types de discriminations réalisées entre les usagers. Ainsi, des conditions peuvent être posées en vue de limiter l'accès à un service public si ces conditions présentent un caractère objectif.

Exemples :
- Seules les personnes ayant obtenu le baccalauréat peuvent en principe s'inscrire en première année de licence à l'université.
- Il est possible de fixer des tarifs plus élevés sur les lignes de chemin de fer qui assurent aux usagers un voyage plus rapide et plus confortable (CE, 10 octobre 2014, requête numéro 368206, Région Nord-Pas-de-Calais).

De la même façon, le principe d'égalité de traitement peut s'accommoder de différenciations tarifaires entre les usagers, les cas des différenciations possibles ayant été définis par le Conseil d'Etat dans son arrêt de Section Denoyez et Chorques du 10 mai 1974 (requête numéro 88032, requête numéro 88148 : Rec. p.274 ; AJDA 1974, p.298, chron. Franc et Boyon ; D. 1975, p.393, note Tedeschi ; Rev. Adm. 1974, p.440, note Moderne ; RDP 1975, p.467, note Waline).

Le Conseil d'Etat était saisi dans cette affaire d'un recours pour excès de pouvoir dirigé contre une délibération instituant les tarifs du péage du pont de l'île de Ré. La délibération prévoyait l'édiction de trois tarifs : le premier pour les habitants de l'île, le second pour les habitants non-insulaires du département et le dernier pour les autres usagers. Le Conseil d'Etat précise que de telles discriminations sont possibles dans trois hypothèses : lorsque la loi le prévoit ; lorsqu'il existe un motif d'intérêt général ; lorsqu'il existe une différence de situation appréciable entre les différentes catégories d'usagers. Les deux premières hypothèses n'étant pas applicables en l'espèce, il s'agissait de savoir s'il existait « une différence de situation appréciable » entre les trois catégories visées par la délibération pouvant justifier des différenciations tarifaires. Le Conseil d'Etat adopte une solution nuancée. En effet, s'il est possible de discriminer les usagers qui n'habitent pas dans le département concerné, les juges estiment qu'il n'est pas possible d'opérer une distinction entre les différents habitants du département, selon qu'ils résident ou non sur l'île.

Plus généralement, le Conseil d'Etat a décidé que la redevance versée à une personne privée contre une prestation qui lui est fournie « devait être établie selon des critères objectifs et rationnels, dans le respect du principe d'égalité entre les usagers du service public et des règles de la concurrence » (CE, 16 juillet 2007, requête numéro 293229, Syndicat national de défense de l'exercice libéral de la médecine à l'hôpital .- CE, 7 octobre 2009, requête numéro 309499, Société d'équipement de Tahiti et des Iles.- CE, 21 mai 2010, requête numéro 309734, Société polynésienne des eaux et de l'assainissement.- CAA Marseille, 17 juin 2010, requête numéro 08MA04049, Communauté de communes de Calvi Balagne.- V. également CE, 18 juillet 2008, requête numéro 291602, SNCF).

Des règles particulières s'appliquent également aux services publics à caractère facultatif, qui sont ceux que les personnes publiques n'ont pas légalement l'obligation d'assurer. Il peut s'agir notamment - pour ce qui concerne les communes - de crèches municipales, d'écoles de musique ou encore de centres aérés.

La jurisprudence relative à ces services publics s'est notamment développée dans le cadre des discriminations à l'accès au service ainsi qu'aux différences de traitement opérées entre leurs usagers.

Le Conseil d'Etat a notamment précisé la notion de différence de situation appréciable qui est susceptible d'autoriser les différenciations.

Exemple :
- CE, 13 mai 1994, requête numéro 116549, Commune de Dreux (Rec. p.233 ; AJDA 1994, p.652, obs. Hecquard-Théron ; RFDA 1994, p.711, concl. Daël) : le Conseil d'Etat est saisi d'un recours pour excès de pouvoir dirigé contre une délibération d'un conseil municipal prévoyant que l'école de musique communale ne peut accueillir que les enfants dont les parents ont leur domicile dans cette commune, ainsi que les élèves adultes qui y habitent. Pour les autres élèves, la délibération contestée exige qu'un financement extérieur soit apporté. Le Conseil d'Etat relève que le service assuré est un service public non obligatoire « dont l'objet n'exclut pas que son accès puisse être réservé à certaines catégories d'élèves ». Ainsi, le principe d'égalité n'est pas violé si cet accès est limité aux élèves « qui ont un lien particulier avec la commune et se trouvent de ce fait dans une situation différente de l'ensemble des autres usagers potentiels du service ». Pour autant, le Conseil d'Etat annule la délibération contestée. En effet, pour les juges, tous les élèves potentiels qui sont scolarisés ou qui travaillent dans la commune ont un lien particulier avec elle. Par conséquent, il était illégal d'exclure des prestations assurées les élèves adultes qui travaillent à Dreux, sans y résider.

Dans sa jurisprudence récente, le Conseil d'Etat s'est également montré de plus en plus favorable à reconnaître que des différences de traitement entre les usagers pouvaient être motivées par des circonstances liées à l'intérêt général.

Cette reconnaissance a pu d'abord être observée dans le cadre des services publics facultatifs à caractère social.

Exemple :
- CE, 20 janvier 1989, requête numéro 89691, Centre communal d'action sociale de la Rochelle (Rec. p.8 ; AJDA 1989, p.398, obs. Prétot) : le Conseil d'Etat était ici saisi de la question de la légalité d'une délibération fixant les tarifs applicables à une crèche. Ces tarifs variaient en fonction d'un quotient familial calculé à partir des ressources des familles ainsi que du nombre de personnes les composant. Le Conseil d'Etat estime que « l'intérêt général qui s'attache à ce que la crèche puisse être utilisée par tous les parents ... sans distinction selon les disponibilités financières dont dispose chaque foyer » justifie une telle discrimination. Toutefois, une limite est instituée : « les tarifs les plus élevés doivent demeurer inférieurs au coût de fonctionnement de la crèche ».

Ainsi, l'intérêt général visé par le Conseil d'Etat réside dans la volonté de faciliter l'accès au service public. De façon assez paradoxale, l'inégalité de traitement apparaît donc comme un moteur de l'égalité d'accès des usagers. La condition limitative des discriminations s'explique de la même façon : il s'agit d'éviter une différenciation trop grande entre les tarifs institués, qui risquerait d'exclure les personnes bénéficiant de revenus hauts et moyens.

Cependant, ce qui était valable pour les crèches a longtemps été exclu pour d'autres services publics à caractère facultatif et notamment pour les écoles de musique, ainsi que l'a décidé le Conseil d'Etat dans son arrêt de Section Ville de Tarbes du 26 avril 1985 (requête numéro 41169 : Rec. p.119, concl. Lasserre ; AJDA 1985, p.409, chron. Hubac et Schoettl ; D. 1985, p.592, note Hamon ; RFDA 1985, p.707, concl. Lasserre). Le Conseil d'Etat annulait ici la délibération d'un conseil municipal établissant un nouveau barème des droits d'inscription à une école de musique, élaborés à partir d'un quotient familial. Les juges estimaient, en effet, qu'aucune nécessité d'intérêt général ne justifiait une différenciation fondée sur les seules différences de ressources entre les usagers.

Par conséquent, on peut estimer que le Conseil d'Etat établissait une distinction entre les services publics facultatifs à vocation sociale et les services publics facultatifs de loisirs. En effet, l'intérêt général d'un égal accès de tous les candidats usagers aux services publics n'était reconnu que pour les services relevant de la première catégorie.

La situation a toutefois évolué avec les arrêts de Section du 29 décembre 1997, Commune de Gennevilliers et Commune de Nanterre, à l'occasion desquels le Conseil d'Etat a aligné le régime juridique appliqué aux services publics facultatifs de loisirs sur celui jusqu'alors réservé aux services publics facultatifs à vocation sociale (requête numéro 157425, requête numéro 134341 : Rec. p.499 ; AJDA 1998, p.102, chron. Girardot et Raynaud ; Droit adm. 1998, 41 ; JCP 1998, I, 165, chron. Petit ; LPA mai 1998, n°59, note Alloiteau ; Rev. adm. 1998, p.406, note Pontier ; RDP 1998, p.899, note Borgetto et p.539, concl. Stahl). Dans la seconde affaire, il était ainsi question de tarifs différenciés en fonction des ressources familiales et du nombre des personnes composant le foyer pour l'accès à un conservatoire de musique et de danse. Le Conseil d'Etat relève qu'il existe un intérêt général qui s'attache à ce que le conservatoire puisse être fréquenté par les élèves qui le souhaitent, sans distinction selon leurs possibilités financières. Par conséquent, dans la mesure également où les droits les plus élevés restent inférieurs au coût par élève du fonctionnement de l'école, le principe d'égalité n'a pas été violé en l'espèce.

Cette jurisprudence a finalement été reprise par la loi n°98-657 du 29 juillet 1998 relative à la lutte contre les exclusions qui dispose dans son article 147 que « les tarifs des services publics administratifs à caractère facultatif peuvent être fixés en fonction des revenus des usagers et du nombre de personnes vivant au foyer. Les droits les plus élevés ainsi fixés ne peuvent être supérieurs au coût par usager de la prestation concernée ».

Plus récemment, s'est posée la question de savoir si la gratuité de l'accès aux musées, résultant de décisions du centre des monuments nationaux et de l'établissement public du musée du Louvre pouvait implicitement exclure les jeunes non ressortissants d'un Etat de l'Union européenne et de l'Espace économique européen et notamment les résidents irréguliers sur le territoire d'un de ces Etats (CE Sect., 18 janvier 2013, requête numéro 328230, Association SOS Racisme : AJDA 2013, p. 674, chron. Glaser et p. 1010, concl. Hedary ; JCP A 2013, act. 71, obs. Touvier ; JCP A 2013, 2091, note Pauliat). Les juges considèrent qu'il existe un motif d'intérêt général qui justifie de favoriser l'accès à la culture des jeunes usagers, dès lors qu'ils ne disposent pas, en général, des ressources leur permettant de fréquenter les musées et d'en devenir des usagers assidus. En conséquence « il était loisible aux établissements concernés de distinguer les personnes qui ont vocation à résider durablement sur le territoire national, des autres, la gratuité concédée devant avoir pour résultat de rendre durable la fréquentation habituelle des institutions concernées et n'ayant donc nécessairement pas de justification pour les personnes qui ne sont pas appelées à séjourner durablement sur le territoire ».

§ IV – La question de la gratuité des services publics

S'il n'existe pas de principe général de gratuité des services publics, la gratuité pour les usagers pour certains de ces services publics peut être instituée par un texte.

I – Absence d'un principe de gratuité

Les auteurs s'accordent pour estimer qu'il n'existe pas de principe de gratuité qui s'applique directement aux différents services publics. Qui plus est, la notion même de gratuité peut être définie de façon différente.

Si l'on entend la notion de gratuité dans un sens général, il est clair qu'elle est inconcevable. En effet, tout service public a un coût de fonctionnement. Or, si le service est gratuit pour l'usager, il sera nécessairement financé par le contribuable.

En revanche, si l'on entend la notion de gratuité dans un sens plus restreint, l'idée est plus acceptable. En effet, certains services publics sont gratuits pour les usagers, même s'ils sont financés, par ailleurs, par le contribuable. C'est le cas, par exemple, des services de l'état civil ou encore du service d'enlèvement des ordures ménagères lorsqu'il est financé par une taxe.

Cependant, même si, dans un sens restreint, la gratuité des services publics est concevable, son existence, en tant que principe de fonctionnement s'imposant directement aux différents services publics, a été clairement déniée par la jurisprudence.

Exemple :
- CE Ass., 10 juillet 1996, requête numéro 168702, requête numéro 168734, requête numéro 169631, requête numéro 169951, Société Direct Mail promotion (Rec. p.277 ; AJDA 1996, p. 189, note Maisl ; RFDA 1997, p. 115, concl. Denis-Linton) : saisi d'un recours pour excès de pouvoir contre un décret relatif à la rémunération de certains services rendus par l'INSEE, le Conseil d'Etat relève « (qu') aucun principe général du droit ni aucune disposition législative ne font obstacle à ce que les services rendus par l'INSEE énumérés par le décret fassent l'objet d'une rémunération ».

Il faut enfin noter, comme on l'a vu, qu'au regard du droit de l'Union européenne, le service public n'est pas envisagé en dehors du marché, mais dans le marché. Le libéralisme économique dont s'inspire le droit de l'Union européenne paraît en effet guère conciliable avec l'idée de gratuité. La notion de gratuité a été en quelque sorte remplacée par celle de « service universel » qui sous-tend l'idée de mise à disposition des personnes les plus démunies d'un service de qualité, non pas gratuit, mais dont le coût est abordable.

II – Possibilité d'instituer la gratuité de certains services publics

S'il n'existe pas de principe de gratuité des services publics, rien n'empêche le législateur d'instituer la gratuité de tel ou tel service public.

Bien évidemment, cette possibilité ne peut concerner que les services publics administratifs. Pour les services publics industriels et commerciaux, en effet, la gratuité n'aurait aucun sens, ces services se caractérisant justement par le fait qu'ils sont financés par les redevances versées par les usagers. Ceci étant, on n'omettra pas ici de rappeler que le législateur peut parfaitement qualifier d'établissement public industriel et commercial une personne publique dont l'activité est en réalité purement administrative et dont les prestations peuvent être gratuites (V. sur ce point supra p. 272).

Pour les services publics administratifs, en revanche, la gratuité appliquée aux usagers est davantage la norme. Sur ce point, il est cependant utile de réaliser une distinction entre les services publics administratifs à caractère obligatoire et les services publics facultatifs.

A – Services publics obligatoires

Il s'agit des services que les collectivités publiques sont légalement tenues d'assurer. En principe, leurs prestations sont gratuites, ce qui peut être expressément prévu par la loi.

Exemples :
- L'article L. 2224-12-1 du Code général des collectivités territoriales prévoit la gratuité de l'eau fournie par les réseaux publics pour la lutte contre l'incendie.
- L'article L. 324-1 du Code des relations entre le public et l'administration précise que la réutilisation d'informations publiques est gratuite.

Cependant, des redevances peuvent être exigées lorsqu'il apparaît que les usagers ont directement bénéficié de prestations personnalisées, c'est-à-dire de prestations qui excèdent celles normalement réalisées par le service concerné. Cette solution est justifiée par le fait que, dans de tels cas, le service public a fonctionné non pas dans l'intérêt général, mais dans l'intérêt propre de son bénéficiaire.

Exemple :
- CE, 19 février 1998, requête numéro 49338, requête numéro 49809, SARL Pore gestion (Rec. p.77 ; LPA 14 septembre 1998, p.2, note Moderne) : le Conseil d'Etat reconnaît la légalité de l'institution d'une redevance mise à la charge de brocanteurs exerçant sur un « marché aux puces ». Les juges considèrent en effet que les frais supplémentaires représentés par les interventions de la commune dans les domaines de la circulation, de la sécurité et de la salubrité excédent « les besoins normaux » auxquels elle est tenue de pourvoir dans l'intérêt général.

A l'opposé, les juges estiment que des prestations qui constituent le prolongement normal d'activités obligatoires doivent également être gratuites. Cette question se pose notamment à propos des missions du service départemental de lutte contre l'incendie et de secours. Selon l'article L. 1424-2 du Code général des collectivités territoriales ce service exerce « 1° la prévention et l'évaluation des risques de sécurité civile ; 2° La préparation des mesures de sauvegarde et l'organisation des moyens de secours ; 3° La protection des personnes, des biens et de l'environnement ; 4° Les secours d'urgence aux personnes victimes d'accidents, de sinistres ou de catastrophes ainsi que leur évacuation ». L'article L. 742-11 du Code de sécurité intérieure précise quant à lui que toutes ces dépenses sont prises en charge par le service départemental d'incendie et de secours. Il s'agit d'une conséquence du principe de gratuité des secours dont l'origine remonte à dans l'ordonnance royale de Louis XIV du 11 mars 1733. L'article L. 1424-42 du même code indique toutefois que « le service départemental d'incendie et de secours n'est tenu de procéder qu'aux seules interventions qui se rattachent directement à ses missions de service public définies à l'article L. 1424-2. S'il a procédé à des interventions ne se rattachant pas directement à l'exercice de ses missions, il peut demander aux personnes bénéficiaires une participation aux frais, dans les conditions déterminées par délibération du conseil d'administration ». L'application de ces dispositions fait l'objet de solutions nuancées.

Exemples :
- CE, 5 décembre 1984, requête numéro 48639, Ville de Versailles (Rec. p. 399 ; Quot. Jur. 30 avril 1985, note Moderne ; AJDA 1985, p. 104, note J. C.) : le Conseil d'Etat est saisi d'un recours pour excès de pouvoir dirigé contre une décision mettant à la charge de la victime d'un accident de la circulation ses frais de transport par des sapeurs-pompiers à l'hôpital. Cette décision était fondée sur les dispositions du Code général des collectivités territoriales qui prévoient que si la commune doit supporter les frais d'intervention des sapeurs-pompiers, « les frais exposés pour des prestations particulières qui ne relèvent pas de la nécessité publique » sont à la charge des personnes secourues. Le Conseil d'Etat a pourtant annulé la décision contestée au motif que le transport par les sapeurs-pompiers a été « le prolongement normal des missions de secours d'urgence » qui leur sont normalement dévolues.

- CAA Douai, 5 juillet 2005, requête numéro 05DA00005, SDIS de l'Eure (AJDI 2006, p.144) : les interventions effectuées par un service d'incendie et de secours qui ont pour seul objet la désincarcération de personnes bloquées dans un ascenseur affecté par un défaut de fonctionnement ne peuvent être regardées comme se rattachant directement à l'exercice des missions de prévention des risques de sécurité civile, d'organisation des moyens de secours, de protection des personnes et de secours d'urgence aux accidentés dévolues au service d'incendie et de secours par l'article L. 1424-2 précité du Code général des collectivités territoriales ». Par suite, la cour juge que le SDIS est fondé, en application des dispositions de l'article L. 1424-42 du Code général des collectivités territoriales, à demander « aux personnes bénéficiaires » de telles interventions une participation aux frais.

B – Services publics facultatifs

Il s'agit des différents services institués dans un intérêt général par des collectivités publiques, alors même qu'elles n'avaient aucune obligation légale de les créer. Dans ce cas de figure, il n'existe aucun obstacle de principe qui interdise de subordonner les prestations de ces services au versement d'une redevance. Toutefois, comme on l'a vu, l'institution de telles redevances doit respecter le principe d'égalité de traitement entre les usagers du service public.

Section IV – Modes de gestion de services publics

Dans le silence de la loi, les collectivités publiques sont libres de déterminer le mode de gestion des services publics qu'elles ont en charge. Elles peuvent soit assurer elles-mêmes « en régie » la gestion de ces services soit les confier à une autre personne publique ou à une personne privée.

§ I – Gestion en régie

La gestion en régie recouvre deux hypothèses distinctes.

Il s'agit tout d'abord de celle de la régie simple. Dans cette hypothèse, rien ne distingue le service géré en régie de la collectivité qui l'assure. Il n'y a aucune individualisation du service en régie parmi les autres activités exercées par la collectivité. Ainsi, s'il s'agit d'un service communal, c'est le budget général de la commune qui finance le service, ce sont les agents de la commune qui l'assurent, et ce sont le maire et le conseil municipal qui prennent les décisions relatives à sa gestion et à son fonctionnement.

Il s'agit ensuite de la régie dotée de la seule autonomie financière : dans cette hypothèse, les services concernés sont individualisés, puisqu'un conseil d'exploitation est institué. Les comptes de ces régies sont retracés dans un budget annexe, ce qui va permettre l'affectation de ressources. Toutefois, le conseil d'exploitation et son directeur n'exercent qu'un rôle secondaire, puisque les principales décisions relatives au fonctionnement et à l'organisation de la régie continuent de relever des organes délibérant et exécutif de la collectivité concernée. En cas de gestion en régie, et à défaut de la création d'une régie personnalisée, c'est ce mode de gestion qui est imposé pour les services publics industriels et commerciaux locaux. Il s'agit ainsi d'assurer le contrôle de l'équilibre financier de ces activités. Le recours à ce type de gestion en régie est cependant également possible pour les services publics administratifs.

La régie - et plus précisément encore la régie simple - constitue le mode de gestion des services publics le plus répandu. Il faut nettement distinguer cette hypothèse de celle de la régie personnalisée, qui consiste à confier le service à une personne publique distincte placée sous le contrôle de la collectivité et qui constitue en réalité une catégorie particulière d'établissement public, et la régie intéressée qui constitue l'une des modalités de délégation d'un service public par une personne privée.

§ II – Gestion par une institution spécialisée

Plutôt que de prendre en charge elles-mêmes une activité de service public, l'Etat ou les collectivités territoriales peuvent la confier à une institution spécialisée publique - qui sera généralement comme on l'a vu un établissement public - ou privée, en ayant recours soit à une habilitation unilatérale soit à la voie contractuelle.

I – Habilitation unilatérale d'une personne privée

A l'occasion de l'arrêt du 13 mai 1938, Caisse primaire aide et protection (préc.), le Conseil d'Etat a admis que des personnes privées peuvent être habilitées unilatéralement à gérer un service public.

Ce mode de gestion des services publics s'est depuis considérablement développé, aussi bien pour les services publics administratifs que pour les services publics industriels et commerciaux. Comme l'a précisé le Conseil d'Etat une personne publique ne peut attribuer la gestion d'un service public par un acte unilatéral que lorsque cela est « prévu par un texte » (CE, avis, 9 mars 1995, requête numéro 356931 : EDCE 1995, n° 47, p. 399. – CE, avis, 28 septembre 1995, requête numéro 357262 et requête numéro 357263 : EDCE 1995, n° 47, p. 402).

Cette habilitation peut résulter d'un texte de loi comme celle du 2 décembre 1940 qui crée les ordres professionnels ou encore l'article L. 301-14 du Code du sport qui prévoit que pour chaque discipline sportive, une seule fédération peut recevoir délégation pour organiser des compétitions sportives. Elle peut également résulter d'un acte règlementaire ou d'un acte individuel lorsqu'un texte le prévoit.

Exemple :
- L'article L. 2223-23 du Code général des collectivités territoriales précise que le préfet peut habiliter une entreprise ou une association dans le cadre du service public de pompes funèbres.

Il existe enfin des hypothèses où, contrairement à l'ordre normal des choses, la création spontanée d'une activité d'intérêt général par une personne privée précède la transformation de cette activité en service public. Ainsi, par exemple, dans l'arrêt de Section Commune d'Aix-en-Provence du 6 avril 2007 (requête numéro 284736, préc.), le Conseil d'Etat considère qu'une activité peut « se voir reconnaître un caractère de service public, alors même qu'elle n'a fait l'objet d'aucun contrat de délégation de service public procédant à sa dévolution, si une personne publique, en raison de l'intérêt général qui s'y attache et de l'importance qu'elle revêt à ses yeux, exerce un droit de regard sur son organisation et, le cas échéant, lui accorde, dès lors qu'aucune règle ni aucun principe n'y font obstacle, des financements ».

Exemples :
- A l'occasion de l'arrêt du 6 avril 2007, le Conseil d'Etat relève que l'Association pour le festival international d'art lyrique et l'Académie européenne de musique d'Aix-en-Provence a pour objet statutaire exclusif la programmation et l'organisation de ce festival et de cette académie. Elle se compose de trois représentants de l'Etat, de quatre représentants des collectivités territoriales et de cinq personnalités qualifiées, dont une est nommée par le maire d'Aix-en-Provence et trois par le ministre chargé de la culture, ainsi que, le cas échéant, de membres actifs ou bienfaiteurs ou encore d'entreprises, dont la demande d'adhésion doit être agréée par le bureau et qui ne disposent pas de voix délibérative au sein de l'association. Son conseil d'administration est composé de quinze membres, dont onze sont désignés par les collectivités publiques. Les subventions versées par les collectivités publiques représentent environ la moitié des ressources de l'association qui bénéficie en outre, de la part de la commune, de différentes aides, comme la mise à disposition de locaux dans lesquels se déroule le festival et des garanties d'emprunt. L'Etat, la région Provence-Alpes-Côte d'Azur, le département des Bouches-du-Rhône et la commune d'Aix-en-Provence ont ainsi décidé, sans méconnaître aucun principe, de faire du festival international d'Aix-en-Provence un service public culturel.
-CE, 15 février 2016, requête numéro 384228, Société Cathédrale d'Images (Contrats Marchés publ. 2016, comm. 108, obs. Eckert et Chron. 1, obs. Eckert ; ibid. mars 2017, chron. Llorens et Soler-Couteaux ; Dr. adm. 2016, 29, note Brenet ; JCPA 2016, 2183, note Pauliat ; RD imm. 2016. 472, obs. Foulquier : la commune ne fait preuve d'aucune implication dans l'organisation des spectacles ou la tarification des manifestations données par une société. En conséquence l'activité, qui présente pourtant un intérêt général, ne peut être qualifiée de service public.

II – Habilitations contractuelles

L'Etat, une collectivité territoriale, ou même une personne publique spécialisée, peuvent confier par voie contractuelle l'exécution d'un service public, généralement à une personne privée.

Il peut s'agir également de personnes publiques, et notamment d'établissement publics, dès lors qu'elles agissent dans des conditions d'égale concurrence envers les autres opérateurs (CE, avis, 8 novembre 2000, requête numéro 222208, Société Jean-Louis Bernard consultant, préc.- V. également CE Ass., 30 décembre 2014, requête numéro 355563, Société Armor SNC, préc.).

Doivent également être mentionnées certaines formes juridiques visées par le Code général des collectivités territoriales. Il s'agit des sociétés d'économie mixte locales (SEML.- V. CGCT, art. L. 1521-1 s.) ainsi que des sociétés publiques locales (SPL.- V. CGCT, art. L. 1531-1) créées par la loi n°2010-559 du 28 mai 2010 qui se caractérisent, à la différence des premières, par un actionnariat entièrement public. La loi n°2014-774 du 2 juillet 2014 a également créé les sociétés d'économie mixte à opération unique

(SEMOP.- V. CGCT, art. L. 1541-1 s.) qui ont vocation à n'exécuter que le seul objet du contrat qui leur est attribué par une collectivité publique, lequel peut porter sur l'exécution d'un service public.

Quelle que soit la nature juridique du délégataire, des règles de publicité et de mise en concurrence préalable doivent être respectées. Une exception est toutefois prévue pour les sociétés publiques locales qui exercent leurs activités pour le compte de leurs actionnaires (V. CAA Lyon, 16 mars 2017, requête numéro 16LY02652, SEMERAP : AJCT 2017, p. 213, obs. Devès ; RTD eur. 2017, p. 810, obs. Muller) et sur le territoire des collectivités territoriales et des groupements de collectivités territoriales qui en sont membres (CGCT, art. L. 1531-1). Cependant, le Conseil d'Etat a précisé que cette solution ne s'applique pas vis-à-vis de personnes publiques qui ne sont que des actionnaires minoritaires de la société et qui ne participent pas à ses organes de direction (CE, 6 novembre 2013, requête numéro 365079, Commune de Marsannay-la-Côte : Rec. p. 261 ; AJDA 2014, p. 60, note Clamour ; Constr.-Urb. 2013, 164, note Santoni ; Contrats-Marchés publ. 2014, 19, note Amilhat ; Dr. adm. 2014, 4, note Brenet ; JCP A 2013, act. 884, obs. Erstein ; JCP A 2014, 215, obs. Linditch ; RJEP 2014, 14, concl. Dacosta.- V. également CAA Marseille, 6 juillet 2015, requête numéro 13MA03152 : Constr.-Urb. 2016, 2, note Santoni). Les sociétés publiques locales ne doivent donc pas être considérées comme des structures « in house » à l'égard de cette catégorie d'actionnaires et elles doivent donc s'astreindre, dans les relations qu'elles entretiennent avec celles-ci, aux règles de publicité et de mise en concurrence exigées par le droit de la commande publique. Relevons également que pour ce qui concerne les SEMOP, la mise en concurrence est organisée non pas pour l'attribution du contrat mais pour le choix de l'actionnaire privé de la structure en voie de constitution.

Il faut aussi rappeler que depuis l'entrée en vigueur de l'ordonnance n°2016-65 du 29 janvier 2016 relative aux contrats de concession, les délégations de service public ne sont plus qu'un sous-ensemble au sein de cette nouvelle catégorie. Selon l'article 5 de l'ordonnance : « les contrats de concession sont les contrats conclus par écrit, par lesquels une ou plusieurs autorités concédantes soumises à la présente ordonnance confient l'exécution de travaux ou la gestion d'un service à un ou plusieurs opérateurs économiques, à qui est transféré un risque lié à l'exploitation de l'ouvrage ou du service, en contrepartie soit du droit d'exploiter l'ouvrage ou le service qui fait l'objet du contrat, soit de ce droit assorti d'un prix ». L'ordonnance opère ensuite une distinction entre les délégations de travaux et les délégations de service qui « ont pour objet la gestion d'un service (et qui) peuvent consister à déléguer la gestion d'un service public ». Le même article précise que « le concessionnaire peut être chargé de construire un ouvrage ou d'acquérir des biens nécessaires au service ». L'article L. 1411-1 du Code général des collectivités territoriales énonce ainsi qu'une « délégation de service public est un contrat de concession au sens de l'ordonnance n° 2016-65 du 29 janvier 2016 relative aux contrats de concession »

Les nouvelles règles visées par l'ordonnance du 29 janvier 2016 n'ont toutefois pas remis en cause l'existence de trois grandes catégories de contrats de délégation de service public : la concession (non pas au sens européen mais au sens restreint résultant de la jurisprudence du Conseil d'Etat), l'affermage et - ce qui est moins évident - la régie intéressée.

A – Concession

Historiquement, c'est le premier type de contrat de délégation de service public qui est apparu dès le début du XIX° siècle. Selon la définition de M. Guglielmi et Mme. Koubi : « c'est un mode de gestion par lequel une personne publique dite concédante confie par contrat la gestion opérationnelle d'un service public à une personne physique ou morale, publique ou privée, dite concessionnaire, qu'elle a librement choisi » (Droit du service public, ouv. précité). Il s'agit donc d'un type particulier de concession au sens de l'ordonnance du 29 janvier 2016, qui ne se confond pas avec la notion plus large utilisée par ce texte, lequel emploie une terminologie directement empruntée au droit de l'Union européenne.

Ce contrat est d'abord apparu dans la pratique, avant d'être identifié et de voir son régime juridique défini par le juge administratif. Plus précisément, c'est le commissaire du gouvernement Chardenet qui a défini dans l'arrêt Compagnie générale d'électricité de Bordeaux du 30 mars 1916 les trois éléments caractéristiques du contrat de concession (Rec. p.125, concl. Chardenet ; D. 1916, III, p.25, concl. Chardenet ; RDP 1916, p.206 et 388, concl. Chardenet, note Jèze ; S. 1916, III, p.17, concl. Chardenet, note Hauriou) : le concessionnaire gère le service public à ses frais et risques, ce principe connaissant toutefois une exception lorsque s'applique la théorie de l'imprévision ; il est tenu de respecter le cahier des charges qui lui est imposé ; il se rémunère principalement par des redevances perçues sur les usagers.

On rappellera toutefois que conformément à l'ordonnance n°2016-65 du 29 janvier 2016, le critère du prix a été remplacé par celui de risque d'exploitation. Il ainsi été récemment jugé par le conseil d'Etat qu'un contrat dénommé « concession provisoire de service public » qui ne fait en réalité peser qu'un risque économique mineur sur le délégataire constitue non pas un contrat de concession mais un marché public (CE, 24 mai 2017, requête numéro 407213, Société Régal des îles : AJCT 2017, p.513 ; AJDA 2017, p. 1957, note Martin ; BJCP 2017, p. 279, concl. Pellissier : Contrats-Marchés publ. 2017, 182, note Eckert).

Très souvent, la concession d'un service public s'accompagne d'une concession de travaux publics. En d'autres termes, le concessionnaire est généralement tenu de supporter les frais de premier établissement des ouvrages publics nécessaires à l'exploitation du service qu'il est chargé d'assurer. Ceci explique pourquoi les contrats de concession sont conclus pour une durée qui est généralement longue, bien qu'elle soit aujourd'hui limitée comme pour l'ensemble des délégations de service public (V. CGCT, art. L. 1411-2) : il s'agit de permettre au concessionnaire de couvrir ses frais et de tirer un bénéfice de son exploitation.

S'agissant des ouvrages qui sont construits une distinction est faite entre deux types de biens : les biens de retour, c'est-à-dire ceux qui sont nécessaires au service exploité, qui appartiennent dans le silence du contrat dès leur réalisation ou leur acquisition à la personne publique et qui lui sont remis gratuitement à l'expiration de la concession ; les biens de reprise, c'est-à-dire ceux qui sont seulement utiles au service, qui demeurent la propriété du concessionnaire sauf en cas de rachat par la collectivité publique (CE Ass., 21 décembre 2012, requête numéro 342788, Commune de Douai : Rec. p. 477, concl. Dacosta ; AJCT 2013, p. 91, note Didriche ; AJDA 2013, p. 457, chron. Domino et Bretonneau et p. 724, note Fatôme et Terneyre ; BJCP 2013, p. 136, concl. Dacosta ;

Contrats-marchés publ. 2013, 2, note Llorens et Soler-Couteaux et 41, note Eckert ; Dr. adm. 2013, 20, note Eveillard ; JCP A 2013, 2044, note Boda et Guellier ; RFDA 2013, p. 513, note Janicot et Lafaix).

B – Affermage

Ce contrat est très proche de la concession, mais il s'en éloigne toutefois sur certains points. Selon la définition de M. Guglielmi et de Mme. Koubi « c'est un contrat par lequel la personne publique responsable du service charge un tiers, appelé fermier, de gérer le service public, éventuellement grâce à des ouvrages qu'elle lui remet, moyennant le versement à cette personne publique d'une rémunération prélevée sur les redevances versées par les usagers » (Droit du service public, ouv. précité).

Il existe ainsi deux différences majeures entre le contrat d'affermage et le contrat de concession.

Tout d'abord, le fermier ne supporte pas les frais de premier établissement des ouvrages nécessaires au fonctionnement du service public qu'il a en charge. Cette caractéristique explique que les contrats d'affermage sont conclus pour des durées généralement moins longues que les contrats de concession. Néanmoins, le fermier peut faire l'avance d'un fond de roulement financier (CE, 3 juin 1987, requête numéro 56733, Société nîmoise de tauromachie : LPA 15 juin 1988, note Poujade) et il peut également financer des installations à condition qu'elles ne présentent qu'un caractère accessoire.

La seconde différence porte sur le mode de rémunération : il est déduit de la rémunération du fermier une redevance, généralement appelée surtaxe, qui est reversée à la personne publique délégante. Il s'agit ainsi de permettre à cette personne publique de compenser les charges liées à la mise à disposition des ouvrages publics nécessaires à l'exploitation du service. Dans tous les cas, cependant, le montant de la surtaxe ne saurait excéder le montant des frais exposés par l'administration pour la construction des ouvrages ainsi que pour l'amortissement du renouvellement de ces ouvrages.

Dans un arrêt Commune d'Elancourt du 29 avril 1987 (requête numéro 51022 : Rec. p.152 ; AJDA 1987, p.543, obs. Prétot ; RFDA 1987, p.525, concl. Robineau) le Conseil d'Etat requalifie ainsi un contrat dénommé par les parties « traité de concession » en contrat d'affermage dans la mesure où « si l'article 1er du contrat stipule que la concession a pour objet le captage, l'adduction, le traitement et la distribution d'eau potable dans les communes du syndicat, il est constant que les ouvrages de service étaient déjà établis à la date de passation du contrat et ont été remis par le syndicat intercommunal à la société S., laquelle s'engageait à lui verser une redevance en contrepartie de cette remise ».

La distinction entre affermage et concession a également des conséquences en matière de responsabilité. En effet, lorsque la délégation est limitée à la seule exploitation de l'ouvrage, comme c'est le cas en matière d'affermage, la responsabilité des dommages imputables à l'existence, à la nature et au dimensionnement d'un ouvrage incombent à la personne publique délégante. C'est uniquement « en cas de concession de service public, c'est-à-dire d'une délégation de sa construction et de son fonctionnement, que peut être réclamée par des tiers la seule responsabilité du concessionnaire, sauf insolvabilité de ce dernier, en cas de dommages imputables à l'existence ou au fonctionnement de cet ouvrage » (CE, 26 novembre 2007, requête numéro 279302, Migliore : AJDA 2008, p. 210, note Dreyfus.- V. également CAA Douai, 7 août 2013, requête numéro 12DA01374, Veolia Eau – Compagnie générale des eaux : Contrats-Marchés publ. 2013, 292, obs. Devillers).

C – Régie intéressée

Selon la définition de M. Guglielmi et de Mme. Koubi « c'est un contrat de transfert de la gestion opérationnelle des services publics, dans lequel une personne publique responsable du service en confie la gestion à un tiers, appelé régisseur, qui agit pour le compte de la personne publique et reçoit d'elle une rémunération indexée sur les résultats financiers du service » (Droit du service public, ouv. précité). Ainsi, l'adjectif intéressé doit être compris dans le sens où le régisseur est intéressé aux bénéfices réalisés par le service. Pour le reste, ce mode de gestion des services publics se rapproche à la fois de la régie et de la concession.

D'une part, à la différence du concessionnaire qui agit pour son propre compte, le régisseur intéressé agit pour le compte de la collectivité publique contractante qui assure la direction de l'exploitation.

D'autre part, cependant, le régisseur bénéficie d'une autonomie de gestion qui rapproche ce type de contrat de la concession et le différencie de la régie. Cependant, il existe deux différences essentielles entre la situation du concessionnaire et celle du régisseur intéressé. Tout d'abord, les modes de rémunération du concessionnaire et du régisseur intéressé diffèrent. En effet, la rémunération du régisseur intéressé est assurée par un intéressement versé par la personne publique. Plus précisément, le régisseur intéressé touche une prime fixée en pourcentage du chiffre d'affaire, complétée d'une prime variable calculée en fonction des résultats de l'exploitation et éventuellement par une part des bénéfices. Ensuite, le régisseur intéressé n'est pas normalement tenu de supporter les frais de premier établissement, ni les pertes du service.

Manifestement, les contrats de régie intéressée correspondaient aux deux critères de définition du contrat de délégation de service public tels qu'ils résultaient de la loi n°93-122 du 29 janvier 1993 : la prise en charge d'un service public ; une rémunération substantiellement liée aux résultats de l'exploitation. Cette solution a été expressément admise par le Conseil d'Etat à l'occasion de l'arrêt Syndicat mixte du traitement des ordures ménagères centre ouest Seine-et-marnais (SMITOM) du 30 juin 1999 (requête numéro 198147, préc. - V. également, CAA Douai, 29 janvier 2004, requête numéro 01DA01060, Commune d'Amiens c/ Société d'exploitation de la gare d'Amiens).

Toutefois, un contrat de régie intéressé qui prévoirait certes un intéressement aux résultats d'exploitation, mais dans une proportion qui ne pourrait être considérée comme « substantielle », serait qualifié de marché public par la jurisprudence. Ceci étant, le lien entre rémunération et résultat de l'exploitation devant être seulement « substantiel », il est admis que la rémunération liée à l'exploitation connaisse des modalités variées et puisse ne pas être majoritaire : tel est le cas dans l'affaire « SMITOM », où la part des recettes autres que celles correspondant au prix payé était d'environ 30 %.

Cependant, la jurisprudence Département de la Vendée (CE, 7 novembre 2008, requête numéro 291794, préc.) puis l'ordonnance n°2016-65 du 29 janvier 2016, en privilégiant le critère du risque d'exploitation, devait nécessairement aboutir à une remise en cause de cette analyse. Au cas d'espèce, les juges ont estimé « (qu'une) part significative du risque d'exploitation demeurant à la charge (du) cocontractant, sa rémunération doit être regardée comme substantiellement liée aux résultats de l'exploitation ». Cette nouvelle approche doit aboutir plus facilement à qualifier de marchés publics les contrats de régie intéressée, ces contrats étant conçus généralement pour effacer tout risque de perte pour le cocontractant de l'administration. C'est d'ailleurs ce qui avait été retenu dans une ordonnance déjà ancienne du juge des référés du tribunal administratif de Besançon, qui retient la qualification de marché public dans un cas où « le mode d'intéressement du cocontractant de l'administration ne fait dépendre qu'à la marge sa rémunération de l'efficacité de sa gestion et des résultats qu'il aura obtenus » (TA Besançon, ord. réf., 26 novembre 2001, Société Gesclub : BJCP 2002, p. 154, obs. Schwartz). Ce n'est que dans les cas où, d'après les clauses du contrat de régie intéressé, le cocontractant assume une part signification du risque d'exploitation que la qualification de délégation de service public devrait être retenue.

Pour aller plus loin :

- **Bligh (G.)**, De la grève comme d'un conflit civil : l'évolution du pouvoir de réquisition des grévistes en droit administratif : RFDA 2017, p.958.

- **Bui-Xuan (O.)**, les ambiguïtés de l'étude du Conseil d'Etat relative à la neutralité religieuse dans les services publics : AJDA 2014, p. 249.

- **Chenot (B.),** La notion de service public dans la jurisprudence économique du Conseil d'Etat : EDCE, 1950, p. 77.

- **Chevallier (J.)**, Les transformations du statut d'établissement public : JCP 1972, 2496.

- **Degoffe (M.)**, A propos du service public virtuel : CJEG 1993, p. 535.

- **Delannoy (V.), Bourgeois (M.)**, La loi relative à la gratuité et aux modalités de la réutilisation des informations du secteur public : JCP A2016, 2034.

- **Donnier (V.)**, Les lois du service public : entre tradition et modernité : RFDA 2007, p. 1219.

- **Douence (J.-C)**, Les contrats de délégation de service public : RFDA 1993, p. 936.

- **Douence (J.-C)**, Les incidences du caractère national ou local du service public : AJDA 1997, n° spécial, p. 118.

- **Dreyfus (J.-D)**, Associations et délégations de service public : AJDA 2002, p.894.

- **Durand-Prinborgne (C.)**, La loi sur la laïcité, une volonté politique au centre des débats de société : AJDA 2004, p.704.

- **Eckert (G.)**, La SEMOP, instrument du renouveau de l'action publique locale ? : AJDA 2014, p. 1941.

- **Eckert (G.)**, Le champ d'application du nouveau droit des concessions : Contrats-Marchés publ. 2016, dossier 2.

- **Fatôme (E.)**, A propos du rattachement des établissements publics : Mélanges Moreau, Economica 2003, p.138.

- **Jean-Pierre (D.)**, Le principe de laïcité des agents publics : JCP A 2015, 2308.

- **Lecerf (M.) et Blanc (G.)**, La gratuité des services publics à l'égard des usagers : JCP 1998, I, 168.

- **Linditch (F.)**, Les contrats de délégation de service public après l'ordonnance du 29 janvier 2016, Contrats-marchés publ. 2017, dossier 6.

- **Lombard (M.)**, Mots et valeurs du service public : AJDA 2008, p.1225.

- **Lombard (M.)**, Service public et service universel ou la double inconstance : Mélanges Jeanneau, Dalloz 2002, p.507.

- **Marcou (G.)**, Maintenir l'expression et la notion de service public : AJDA 2008, p.833.

- **Ménéménis (A.)**, note sur CE 28 juin 2006, Syndicat intercommunal d'alimentation en eau de la moyenne vallée du Gier : Droit adm. 2006, 85.

- **Quiot (G.)**, La doctrine et la distinction des services publics nationaux et des services publics locaux : observations critiques. Mélanges H. Charles : PU Nice Sophia Antipolis, 2001, p. 305.

- **Schwartz (R.)**, Laïcité et enseignement public : Cahiers FP 1999, n°176, p.14.

- **Toulemonde (B.)**, Le port de signes d'appartenance religieuse à l'école : la fin des interrogations ? : AJDA 2005, p.2044.

- **Truchet (D.)**, Renoncer à l'expression « service public » : AJDA 2008, p.553.

- **Venezia (J.-C)**, Le principe d'adaptation : Clés pour le siècle, Dalloz 2000, p.1661.

SIXIEME PARTIE – RESPONSABILITE ADMINISTRATIVE

Les règles de responsabilité permettent d'abord de déterminer quelle est la personne publique responsable du préjudice dont il est demandé réparation et d'opérer une distinction entre la responsabilité de l'administration et celle de ses agents. Elles définissent également les conditions d'engagement de la responsabilité administrative.

CHAPITRE UN – DETERMINATION DE LA PERSONNE PUBLIQUE RESPONSABLE

Le principe est que la personne publique responsable est celle qui exerce la compétence à laquelle est rattaché le préjudice dont il est demandé réparation.

Si la règle apparaît simple dans son énoncé, sa mise en œuvre suscite un certain nombre de difficultés.

Exemples :
- CE, 27 février 2004, requête numéro 217257, Popin (Rec. p. 86, concl. Schwartz ; AJDA 2004, p. 423, étude Courtial et p.653, chron. Donnat et Casas, concl. Schwartz ; Dr. adm. 2004, 86, note Lombard ; D. 2004, p. 1922, note Legrand ; LPA n° 208, 18 octobre 2004, p. 13, note Melleray) : la justice est rendue de façon indivisible au nom de l'Etat. Dès lors, il n'appartient qu'à celui-ci de répondre, à l'égard des justiciables, des dommages pouvant résulter pour eux de l'exercice de la fonction juridictionnelle assurée, sous le contrôle du Conseil d'Etat, par les juridictions administratives. Il en va ainsi alors même que la loi a conféré à des instances relevant d'autres personnes morales - en l'espèce était en cause la section disciplinaire du conseil d'administration d'une université - compétence pour connaître, en premier ressort ou en appel, de certains litiges.
- CE Sect., 12 mai 2004, requête numéro 236834, Gillot (Rec. p. 221 ; AJDA 2007, p. 1484, note Deguergue ; D. 2004, p. 261, note Weisse-Marchal ; Europe 2004, 249, note Cassia ; JCP A 2004, 1422, note Moreau ; RFDA 2004, p. 1021, concl. Seners) : un règlement communautaire est directement applicable dans l'ordre juridique interne et ne laisse aux autorités nationales aucun pouvoir d'appréciation pour la mise en œuvre des règles qu'il fixe. Ces autorités sont tenues, aussi longtemps que la juridiction communautaire compétente n'a pas constaté leur invalidité, d'appliquer ces dispositions. Dès lors, à supposer même qu'un règlement soit contraire à une norme juridique supérieure et qu'une circulaire nationale qui, sans prescrire l'application d'aucune mesure qui n'ait été prévue par le règlement, ni méconnaître son sens ou sa portée, le réitère et soit, pour ce motif, entachée d'illégalité, la faute ainsi commise ne serait pas de nature à engager la responsabilité de l'Etat.

Si ces difficultés concernent la détermination de la personne publique responsable qui peut être attaquée devant le juge administratif, elles peuvent également déboucher sur des questions de compétence de la juridiction administrative.

Exemple :
- CE Sect., 21 décembre 2007, requête numéro 305966, Lipietz et a. (Rec. p. 540 ; Dr. adm. 2008, 39, note Melleray ; RFDA 2008, p.80, concl. Prada-Bordenave) : le juge administratif ne peut être saisi de la responsabilité d'une personne privée que « si le dommage se rattache à l'exercice par cette personne... de prérogatives de puissance publique qui lui ont été conférées pour l'exécution de la mission de service public dont elle a été investie ».

Enfin, dans l'hypothèse où le préjudice subi par le requérant trouve son origine directe non pas dans une convention internationale – hypothèse permettant de rechercher la responsabilité sans faute de l'Etat – mais dans le fait d'un Etat étranger, la responsabilité sans faute de l'Etat français sur le terrain de l'égalité devant les charges publiques doit être écartée (CE, 20 décembre 2013, requête numéro 335235, Fano et a. : Rec. tables, p. 826 ; AJDA 2014, p. 1241 ; JCPA 2014, 40, note Zianu).

CHAPITRE DEUX – RESPONSABILITE ADMINISTRATIVE ET RESPONSABILITE DES AGENTS DE L'ADMINISTRATION

Dans les hypothèses où un agent de l'administration occasionne un préjudice dont il est demandé réparation, trois questions vont se poser (R. Chapus, Droit administratif général, t.1, ouv. précité, p. 1383 s.).

Il s'agit, tout d'abord, de déterminer s'il convient d'engager la responsabilité personnelle de l'agent, la responsabilité de l'administration dont il relève ou bien les deux.

Si c'est la responsabilité de l'administration qui est recherchée, il faut ensuite déterminer si elle doit supporter la charge définitive de la responsabilité, ou si elle peut se retourner contre son agent.

Enfin, si c'est au contraire l'agent qui est attaqué, il se pose la question de l'exercice éventuel d'une action récursoire à l'encontre de l'administration.

La résolution de la première question suppose que l'on s'interroge sur la distinction entre la faute de service et la faute personnelle. La résolution des deux autres questions pose le problème de la répartition de la charge de la dette.

Section I – Faute personnelle et faute de service

La distinction opérée entre la responsabilité personnelle et la responsabilité du service public est issue de l'arrêt Pelletier du Tribunal des conflits du 30 juillet 1873 (Rec. 1er supplt, concl. David ; D. 1974, III, p.5, note David), qui fait suite à l'abandon du système de la garantie des fonctionnaires qui résultait de l'article 75 de la Constitution de l'an VIII.

En application de ce texte, un agent public ne pouvait voir sa responsabilité civile ou pénale mise en cause qu'en cas d'autorisation donnée par le Conseil d'Etat.

Ce système, qui a été source de nombreux abus, avait été supprimé par un décret-loi du 19 septembre 1870. Cet abandon ne signifiait pas, pour autant, que les fonctionnaires pouvaient désormais être attaqués devant les juridictions judiciaires pour l'ensemble des dommages résultant de leurs activités. Le Tribunal des conflits a donc défini une règle de compétence qui conduit à distinguer deux hypothèses : celle où les faits reprochés à l'agent se rapportent à un fait personnel et celle où ils se rapportent à un fait de fonction.

La terminologie employée par le Conseil d'Etat a ensuite évolué pour aboutir à une nouvelle distinction établie entre la faute de service, qui n'est pas détachable de l'exercice des fonctions, et les autres fautes qui sont qualifiées de fautes personnelles.

§ I – Notion de faute de service

A l'époque des arrêts Blanco (requête numéro 00012, préc.) et Pelletier, il n'est pas encore question de responsabilité pour faute de l'administration. Cependant, la distinction entre la faute de service et la faute personnelle avait déjà été ébauchée par Laferrière dans ses conclusions sur l'arrêt du Tribunal des conflits du 5 mai 1877 Laumonnier-Carriol : « si l'acte dommageable est impersonnel, s'il révèle un administrateur ... plus ou moins sujet à erreur, et non l'homme avec ses faiblesses, ses passions, ses imprudences, l'acte reste administratif et ne peut être déféré aux tribunaux » (Rec. p. 437). On pourrait ajouter à cette définition très actuelle l'hypothèse de fautes professionnelles caractérisées, qui dénotent une incompétence et un manque de sérieux avéré de la part de l'agent.

Cette approche permet de distinguer deux types de fautes de service.

Dans certains cas, la faute de service est anonyme, c'est-à-dire qu'il est impossible ou très difficile de déterminer la personne physique qui est l'auteur des agissements qui la constituent.

> Exemple :
> - CE Ass., 10 avril 1992, requête numéro 79027, Epoux V. (Rec. p.171, concl. Legal ; AJDA 1992, p.355, concl. Legal ; RFDA 1992, p.571, concl. Legal ; D. 1993 somm. comm. p.146, obs. Bon et Terneyre ; JCP 1992, II, 218881, note Moreau ; LPA 3 juillet 1992, note Haïm) : une succession d'erreurs commises par plusieurs agents d'un établissement de santé public sont constitutifs d'une faute de nature à engager la responsabilité de cet établissement.

Dans cette hypothèse, les juges se bornent à relever l'existence d'un dysfonctionnement qui permet d'engager la responsabilité de l'administration.

Même s'il s'agit d'une fiction - et plus précisément d'un anthropomorphisme - ils considèrent que c'est l'administration elle-même qui est l'auteur de la faute, négligeant par là même l'agissement individuel qui est nécessairement à son origine.

> Exemple :
> - CAA Marseille, 8 février 2007, requête numéro 03MA01445, Commune de Cavalaire-sur-mer : les « fautes commises » par l'Etat, la commune de Cavalaire-sur-mer, la commune de la Croix Valmer et le SIVOM du littoral des Maures permettent de

regarder ces personnes morales de droit public comme responsables du préjudice subi par une société à l'occasion de la mise en œuvre d'une opération d'aménagement.

Dans d'autres cas, l'auteur de l'agissement à l'origine de la faute de service est identifié, mais la faute n'est pas considérée comme détachable du service et seule l'administration peut être poursuivie.

Exemple :
- TC, 5 novembre 2004, requête numéro C3426, Préfet des Hauts-de-Seine : les propos tenus par le directeur de la police aux frontières d'un aéroport, dans l'exercice de ses fonctions, en réponse aux questions d'un journaliste, qui visait à expliquer les motifs d'une décision prise par l'autorité administrative, sur sa proposition, à l'encontre d'un fonctionnaire employé à la sécurité aérienne dont il n'a pas révélé l'identité, ne saurait être regardés comme constitutifs d'une faute personnelle détachable du service.

§ II – Notion de faute personnelle

La notion de faute personnelle présente un certain nombre de spécificités et elle peut revêtir différents aspects.

I – Spécificité de la notion de faute personnelle

La notion de faute personnelle présente un caractère original, qui ne permet pas de la confondre avec d'autres notions.

Ainsi, la faute personnelle ne se confond pas avec la faute pénale (TC, 14 janvier 1935, Thépaz : Rec. p. 1224 ; S. 1935, III, p. 17, note Alibert).

Exemple :
- CAA Nantes, 28 décembre 2006, requête numéro 06NT00975, Fonds de garantie des victimes d'actes de terrorisme et autres infractions : une patiente, placée dans la salle d'isolement du service psychiatrique d'un centre hospitalier des armées, a volontairement déclenché un incendie qui a provoqué la mort de cinq patients. A raison de ces faits, le tribunal correctionnel de Rennes a condamné le médecin-chef et l'officier de sécurité du centre hospitalier à dix mois d'emprisonnement avec sursis pour homicide involontaire, à titre de peine principale, mais a déclaré irrecevables, en l'absence de faute personnelle détachable du service commise par ces deux officiers, les demandes de dommages-intérêts présentées par les ayants droits des victimes. En l'espèce, la cour relève que les dommages subis sont imputables à la fois à l'auteur de l'incendie et à l'absence de consignes et d'exercices pratiques concernant les problèmes d'incendie et la prise en charge spécifique des malades devant être isolés en secteur psychiatrique, ainsi qu'à l'absence d'une installation centralisée de détection incendie. Ces faits ont été aggravés par l'absence de fouille de la patiente, qui a été laissée en possession de son briquet. Ainsi, ces différents manquements révèlent une faute dans l'organisation du service. La cour confirme la décision contestée du tribunal administratif de Rennes qui avait mis à la charge de l'Etat 75 % des dommages dont il est demandé réparation, les 25% restants étant à la charge de l'auteur de l'incendie.

La notion de faute personnelle ne se confond pas non plus avec la notion de faute disciplinaire. En effet, comme le rappelle le Conseil d'Etat dans son arrêt Blanc et a. du 6 avril 2016 (requête numéro 380770, préc) : « la décision par laquelle une autorité administrative inflige, dans l'exercice de son pouvoir disciplinaire, une sanction à un agent placé sous son autorité a pour seul objet de tirer, en vue du bon fonctionnement du service, les conséquences que le comportement de cet agent emporte sur sa situation vis-à-vis de l'administration ». Au demeurant « la victime d'un dommage causé par un agent public dans l'exercice de ses fonctions a la possibilité d'engager une action en réparation, en recherchant, soit la responsabilité de l'administration pour faute de service, soit la responsabilité personnelle de l'agent », ce qui implique bien que des faits identiques ne seront pas nécessairement qualifiés de faute personnelle et de faute disciplinaire.
De la même façon, des faits constitutifs d'une voie de fait ne sont pas nécessairement constitutifs d'une faute personnelle.

Exemple :
- TC, 2 décembre 1991, requête numéro 02682, Paolucci (Rec. p. 482 ; D. 1992, inf. rap. p. 67 ; Droit adm. 1992, 139) : les juges précisent qu'en l'espèce aucune voie de fait ni aucune faute personnelle n'ont été commises, ce qui implique qu'il s'agit bien de deux notions distinctes.

Ces solutions peuvent paraître contestables, mais elles se justifient par le fait que l'agent mis en cause pouvait penser agir dans l'intérêt du service. Il est évident, toutefois, dans l'hypothèse d'une faute pénale, que plus l'infraction commise est grave, plus la faute personnelle aura des chances d'être reconnue. Ainsi, s'il est possible qu'un délit résultant d'une imprudence soit qualifié de faute de service, un crime doit normalement être qualifié de faute personnelle.

Il faut enfin souligner que la faute personnelle ne doit pas être appréciée de manière identique par le juge selon qu'elle est appréhendée dans le cadre du contentieux de la responsabilité administrative ou dans celui du contentieux de la protection fonctionnelle (sur cette notion V. infra p. 635 s.). A l'occasion de son arrêt Garde des sceaux du 11 février 2015 le Conseil d'Etat a précisé qu'est une faute personnelle commise à l'occasion du service et justifiant l'exclusion de la protection fonctionnelle « une faute d'un agent de l'Etat qui, eu égard à sa nature, aux conditions dans lesquelles elle a été commise, aux objectifs poursuivis par son auteur et aux fonctions exercées par celui-ci est d'une particulière gravité » (requête numéro 372359 : Rec. p. 60 ; AJDA 2015, p. 944, concl. van Coester ; Dr. adm. 2015, 43, note Fort ; JCP A 2015, 2112, note Jean-Pierre).

Cette solution apparaît de prime abord en décalage avec la jurisprudence du Tribunal des conflits dont il résulte que la faute commise par un agent « qui n'était animé par aucun intérêt personnel ... dans l'exercice de ses fonctions et avec les moyens du service ... ne saurait être regardée, quelle que soit sa gravité, comme une faute personnelle détachable du service » (TC, 19 octobre 1988, requête numéro 3131, Préfet du Tarn c. CA Toulouse : Rec. p. 822 ; D. 1999, jurispr. p. 127, note Gohin ; JCP G 1999, II 10225, concl. Sainte-Rose, note du Cheyron). Elle semble également ne pas concorder avec la jurisprudence de la Cour de cassation dont il résulte qu'une faute personnelle n'est détachable du service « que s'il est démontré que leur auteur a agi dans une intention malveillante ou pour satisfaire un intérêt personnel étranger au service public » (Cass. Civ 1ère, 9 décembre 1986, Bull. civ. I n°295).

Ces deux dernières décisions concernent toutefois l'appréciation de la faute personnelle dans le contentieux de la responsabilité administrative, et non pas dans le contentieux de la protection fonctionnelle. Dans le contentieux de la responsabilité administrative, dans le but de mieux protéger les victimes, le Conseil d'Etat prône à la fois une conception extensive de la faute de service, et une conception étroite de la faute personnelle détachable du service, de façon à faire jouer plus facilement le mécanisme de cumul des responsabilités (sur cette notion V. infra p. 632f s.). Dans une affaire célèbre, il a ainsi été admis qu'une faute personnelle commise par un gendarme coupable d'un assassinat n'est pas dépourvue de tout lien avec le service « alors même qu'il a été commis … en dehors de ses heures de service et avec son arme personnelle » (CE, 18 novembre 1988, requête numéro 74952, Epoux Raszewski : Rec. p. 416 ; JCP G 1989, II, 21211, note Pacteau). La situation est différente, en revanche, dès lors que c'est l'agent qui demande la protection fonctionnelle. Dans ce cas, en effet, il n'y a aucune raison de lui offrir une garantie qu'il ne mérite pas lorsqu'il fait preuve d'une incompétence manifeste où, comme dans l'arrêt du 11 février 2015, d'un manquement avéré aux principes déontologiques de sa profession.

II – Les différents types de fautes personnelles

Selon la présentation proposée par le professeur Chapus (Droit administratif général, t.1, préc. p.1387 s.), il convient de distinguer trois types de fautes personnelles qui se caractérisent toutes par le fait qu'elles sont détachables de l'exercice des fonctions de l'agent.

A – Fautes personnelles commises à l'occasion des fonctions de l'agent

Dans certains cas, la faute personnelle a été commise à l'occasion des fonctions de l'agent, mais les agissements de celui-ci présentent une telle gravité qu'ils ne sauraient être qualifiés de faute de service.

Exemples :
- TC, 21 juin 2004, requête numéro C3389, Quitman : commet une faute personnelle un policier chargé de régler la circulation automobile qui, après avoir fait signe de s'arrêter à un automobiliste, a volontairement sorti son arme et fait feu sur celui-ci, sans motif légitime.
- CE, 2 mars 2007, requête numéro 283257, Banque française commerciale de l'océan indien : commet une faute personnelle le maire d'une commune qui a établi des certificats administratifs attestant faussement de la réalisation de travaux dans un but d'enrichissement personnel.
- CE, 12 décembre 2008, requête numéro 296982, Ministre de l'Education nationale c. Hammann : pendant une période de deux ans un instituteur à infligé des violences consistant notamment en gifles et coups, sur une quinzaine d'enfants de l'école primaire où il travaillait. Ces agissements sont d'une gravité suffisante pour caractériser, bien qu'ils soient intervenus dans le service, une faute personnelle détachable de l'exercice par l'enseignant de ses fonctions. Si des rapports d'inspection font état d'un climat de

confiance régnant dans la classe ainsi que des qualités manifestées par l'intéressé dans ses fonctions tant d'enseignant que de directeur d'école, ces circonstances ne sont pas de nature à retirer aux faits leur gravité.

Plus généralement, comme l'a relevé la chambre criminelle de la Cour de cassation dans un arrêt du 30 septembre 2008 (pourvoi numéro 07-82.249), est une faute personnelle « détachable de la fonction d'un agent public, même si elle n'est pas dépourvue de tout lien avec son service, celle qui révèle un manquement volontaire et inexcusable à des obligations d'ordre professionnel et déontologique, qui comporte une intention de nuire ou présente une gravité inadmissible ou particulière compte tenu des règles déontologiques de la profession ».

Un arrêt plus récent de la chambre criminelle se montre quant à lui plus favorable à une conception particulièrement restrictive de la faute personnelle en considérant que « la faute, quelle que soit sa gravité, commise par un agent du service public, dans l'exercice de ses fonctions et avec les moyens du service, n'est pas détachable de ses fonctions » (Cass. crim., 30 novembre 2010, pourvoi numéro 10-80.447, G. : AJDA 2011, p. 349).

Toutefois, la jurisprudence la plus récente de la chambre criminelle paraît avoir renoué avec celle de 2008, mais sans pour autant se référer implicitement à la notion de « faute personnelle détachable du service », notion dont il faut bien reconnaître qu'elle est peu propice à s'appliquer à des fautes, mêmes graves, commises dans le cadre du service. Dans un arrêt du 29 novembre 2016 (pourvoi numéro 15-80.229) elle a en effet considéré que « si la responsabilité de l'Etat, des collectivités territoriales et de leurs établissements publics est engagée en raison des fautes commises par leurs agents lorsque ces fautes ne sont pas dépourvues de tout lien avec le service, cette responsabilité n'est pas exclusive de celle des agents auxquels est reproché un manquement volontaire et inexcusable à des obligations d'ordre professionnel et déontologique ». Elle précise ce principe en affirmant que « la seule circonstance que le prévenu (ait) commis les faits reprochés dans l'exercice de ses fonctions ne pouvait exclure que son comportement relevât d'un manquement volontaire et inexcusable à des obligations d'ordre professionnel et déontologique ». Contrairement à la cour d'appel, la chambre criminelle considère donc que le harcèlement moral commis dans le cadre de ses fonctions par un maire qui a été condamné pénalement peut également constituer une faute personnelle engageant sa responsabilité personnelle.

B – Fautes personnelles commises en dehors de l'exercice des fonctions de l'agent mais présentant un lien avec elles

Ces fautes sont considérées, selon l'expression consacrée par la jurisprudence, comme « non dépourvues de tout lien avec le service ».

Le plus souvent, il s'agit de fautes commises dans le prolongement de l'accomplissement du service.

Exemple :
- CAA Paris, 26 juin 2006, requête numéro 03PA01323, Ministre de la Défense : le chauffeur militaire qui détourne la destination normale du véhicule qui lui a été confié pour l'accomplissement d'une mission déterminée commet une faute personnelle.

Relèvent également de cette catégorie les fautes commises en dehors du service grâce aux moyens du service.

Ces moyens peuvent être matériels.

Exemple :
- CE Ass., 26 octobre 1973, requête numéro 81977, Sadoudi (Rec. p. 603 ; AJDA 1973, p. 582, chron. Franc et Boyon ; D. 1974, p. 255, note Auby ; JCP 1974, 17596, note Franck ; RDP 1974, p. 554, note Waline et p. 936, concl. Bernard) : un accident survenu en dehors du temps de service peut néanmoins être tenu pour lié au service, si son auteur était astreint à porter l'arme à l'origine des dommages dont il est demandé réparation en dehors des heures de service.

En revanche, la faute personnelle n'est pas rattachable au service dans le cas où l'arme a été sciemment utilisée pour perpétrer un homicide volontaire (CE, 12 mars 1975, requête numéro 94207, Pothier : Rec. p. 190 ; Rev. adm. 1975, p. 268, note Moderne).

Ils peuvent également consister en la connaissance des dossiers qu'un agent, animé d'intentions malveillantes, peut acquérir du fait des fonctions qui sont les siennes.

Exemple :
- CAA Paris, 17 décembre 2003, requête numéro 99PA04181, Ministre de l'Intérieur, de la Sécurité intérieure et des Libertés locales : commet une faute personnelle non détachable du service un enquêteur de police qui a profité de ses contacts avec un indicateur, exerçant la profession de serrurier, pour cambrioler une bijouterie.

Mais la distinction entre faute de service et faute personnelle n'est pas toujours évidente à établir. Tel est le cas notamment dans une affaire où il a été jugé, de façon assez surprenante, que si le fait, pour l'ancien directeur central des renseignements généraux d'avoir, après avoir quitté ses fonctions, conservé à son domicile des carnets relatant des informations dont la vocation était d'être utilisées pour le service constitue une faute, celle-ci, « dès lors que l'intéressé n'a pas conservé ces carnets en vue de s'en servir à des fins personnelles, n'a pas revêtu le caractère d'une faute personnelle » alors même que des extraits étaient publiés dans la presse (CE, 20 avril 2011, requête numéro 332255, Bertrand : AJDA 2011, p. 1441, note Lagrange).

C – Fautes personnelles dépourvues de tout lien avec le service

Généralement, il est assez facile d'identifier ce type de faute. En effet, elle présente un caractère exclusivement « privé » : elle n'a pas été commise à l'occasion du service et elle n'a pas été rendue possible par la détention régulière de moyens du service.

Exemple :
- CE, 13 mai 1991, requête numéro 82316, Société d'assurances Les mutuelles unies (Droit adm. 1991, 351 ; LPA 27 mai 1992, p. 15, note Pacteau ; RDP 1991, p. 1642) : un pompier allume un incendie en dehors de ses heures de service. Bien qu'il ait utilisé les connaissances acquises lors de l'exercice de sa profession, la faute personnelle ainsi commise est considérée comme dépourvue de tout lien avec le service.

Section II – Détermination de la charge de la dette

De prime abord, cette question peut être facilement résolue. En effet, on pourrait penser qu'en cas de faute de service, c'est l'administration qui doit être poursuivie devant le juge administratif et qu'en cas de faute personnelle, c'est l'agent qui doit être poursuivi devant le juge judiciaire, et cela y compris dans le contentieux des dommages de travaux public (TC, 15 mai 2017, requête numéro 4080, Homand : Dr. adm. 2017, 45, note Eveillard). La réalité est toutefois plus complexe. Il existe en effet des hypothèses de cumul et de substitution de responsabilités ainsi que des possibilités de recours contre l'administration par l'agent condamné et contre cet agent par l'administration si c'est elle qui a fait l'objet d'une condamnation.

§ I – Cumul et substitution de responsabilités

La responsabilité personnelle de l'agent n'est pas nécessairement exclusive de la responsabilité de l'administration : dans certains cas, la victime dispose d'une option. Elle peut attaquer soit l'agent soit l'administration. C'est le système de cumul des responsabilités qui a été dégagé par la jurisprudence. Dans d'autres cas, la responsabilité personnelle de l'agent est écartée au profit de la responsabilité de l'administration. C'est le système de substitution de responsabilité, qui résulte nécessairement d'un texte.

Dans tous les cas la solution est favorable à la victime : en effet, l'administration est toujours solvable et il sera donc plus intéressant d'engager une action devant le juge administratif plutôt que devant le juge judiciaire.

I – Cumul des responsabilités

Avant de reconnaître la possibilité d'un cumul des responsabilités, le Conseil d'Etat a d'abord admis la possibilité d'un cumul des fautes dans l'arrêt du 3 février 1911 Anguet (Rec. p. 146 ; S. 1911, III, p. 137, note Hauriou).

En l'espèce, un usager s'était retrouvé enfermé dans un bureau de poste dont la porte principale avait été fermée prématurément parce que l'horloge du bureau avançait. Une faute de service avait donc été commise. L'usager a ensuite été contraint d'emprunter une porte réservée au service. Il s'est retrouvé alors dans une salle où des agents réalisaient le tri de valeurs postales. Les postiers l'ont expulsé violemment ce qui lui a occasionné des blessures sérieuses. Une faute personnelle avait donc également été commise.

Dans de telles hypothèses de coexistence d'une faute personnelle et d'une faute de service, le Conseil d'Etat admet la possibilité pour la victime de demander la réparation de l'ensemble du préjudice subi au juge administratif.

Le cumul des responsabilités a ensuite été admis à l'occasion de l'arrêt Epoux Lemonnier du 26 juillet 1918 (Rec. p. 761 ; D. 1918, III, p. 9, concl. Blum, note Hauriou). En l'espèce, un concours de tir avait été organisé dans une commune. Les tireurs et les cibles étaient placés sur les deux rives d'une rivière, les cibles se trouvant devant un sentier pour promeneurs. Des promeneurs se sont alors plaints des balles qui sifflaient à leurs oreilles, mais le maire négligea de prendre les mesures nécessaires.

Le Conseil d'Etat admet ici que lorsqu'une faute personnelle du premier type est commise - c'est-à-dire une faute personnelle commise à l'occasion du service - la victime dispose d'une option : elle peut rechercher la responsabilité personnelle de l'agent, ou celle de l'administration (sur l'application du cumul des responsabilités en cas de conflit négatif et sur l'obligation faite aux juges des deux ordres de juridiction de veiller à ce que le montant total des indemnités accordées ne dépasse pas celui du préjudice. V. TC, 19 mai 2014, requête numéro 3939, Bertet : AJDA 2014, p. 1010 ; Dr. adm. 2014, 60, note Eveillard). Le cumul des responsabilités constitue donc une sorte de garantie par l'administration des fautes personnelles subies par les victimes.

Le cumul des responsabilités a ensuite évolué à l'occasion de trois arrêts d'Assemblée du 18 novembre 1949, Mimeur, Defaux et Bethelsemer (Rec. p.492 ; D. 1950 p.667, note J.G. ; JCP 1950, 5286, concl. Gazier ; RDP 1950, p.183, note Waline). Avec cette évolution, la garantie de l'administration est également étendue aux fautes personnelles du second type, c'est-à-dire aux fautes personnelles commises en dehors du service, mais avec les moyens du service.

Dans l'arrêt Mimeur, par exemple, les juges retiennent que dès lors qu'un véhicule a été confié à son conducteur pour l'exécution d'un service public, l'accident imputable à une faute de ce conducteur ne saurait être regardé comme dépourvu de tout lien avec le service et engage la responsabilité de l'administration à l'égard de la victime, même s'il s'est produit alors que ledit conducteur s'était écarté de son itinéraire normal pour des fins strictement personnelles.

Par conséquent, le cumul des responsabilités n'est désormais exclu que pour le troisième type de fautes personnelles, c'est-à-dire pour les fautes sans lien avec le service.

II – Substitution de responsabilité

Dans cette hypothèse le système de garantie bénéficie non seulement aux victimes, mais également aux agents auteurs d'une faute personnelle. En effet, les victimes ne disposent plus d'une option, mais de l'obligation d'actionner la personne publique plutôt que son agent.

Exemples :
- Une loi du 5 avril 1937, codifiée à l'article L.911-4 du Code de l'éducation prévoit que « dans tous les cas où la responsabilité des membres de l'enseignement public est engagée à la suite ou à l'occasion d'un fait dommageable commis, soit par les enfants ou jeunes gens qui leur sont confiés à raison de leurs fonctions, soit à ces enfants ou jeunes gens dans les mêmes conditions, la responsabilité de l'Etat sera substituée à celle desdits membres de l'enseignement, qui ne pourront jamais être mis en cause devant les tribunaux civils par la victime ou ses représentants ». L'Etat, une fois condamné par le juge judiciaire, peut ensuite exercer une action récursoire contre son agent, voire contre un tiers, conformément au droit commun de la responsabilité administrative, c'est-à-dire devant le juge administratif lorsqu'est en cause un agent et devant le juge judiciaire si c'est un tiers qui est attaqué (CE, 13 juillet 2007, requête numéro 297390, Ministre de l'Education nationale : Rec. p. 336).
- La loi n°57-1424 du 31 décembre 1957 attribue aux tribunaux judiciaires compétence exclusive pour connaître de toute action en responsabilité extracontractuelle formée en

raison de dommages causés par un véhicule quelconque appartenant à une personne publique ou placé sous sa garde. La responsabilité de la personne publique est alors substituée à celle de l'agent.

§ II – Recours ouverts à l'administration contre son agent

Lorsque la faute pour laquelle l'administration a été condamnée est une faute de service, elle ne dispose d'aucune possibilité pour se retourner contre son agent.

A l'origine, lorsque cette faute est une faute personnelle, qu'elle soit la seule cause du dommage ou qu'elle coexiste avec une faute de service, l'administration condamnée n'était pas autorisée à se retourner contre son agent. Cette solution, qui aboutissait à une immunité totale de l'agent était critiquable à la fois d'un point de vue moral, mais également du point des finances publiques et de celui du bon fonctionnement des services publics (V. par ex. à propos d'une officier qui avait fait fusiller un civil CE, 28 mars 1924, Poursines : S. 1926, III, p. 17, note Hauriou).

Le Conseil d'Etat va finalement admettre le principe d'une action récursoire. Comme le précisent les arrêts d'Assemblée du 28 août 1951, Laruelle et Delville (Rec. p.464 ; D. 1951, p.623, note Nguyen Do ; JCP 1951, 6532, note J.-J. R. ; JCP 1952, 6734, note Eisenmann ; RDP 1951, p. 1087, note Waline ; S. 1952, III, p. 25, note Mathiot) « si les fonctionnaires et agents des collectivités publiques ne sont pas pécuniairement responsables des conséquences dommageables de leurs fautes de service, il ne saurait en être ainsi lorsque le préjudice qu'ils ont causé à ces collectivités est imputable à des fautes personnelles détachables de l'exercice de leurs fonctions ». Les mêmes arrêts admettent le principe de la compétence de la juridiction administrative pour connaître de cette action (V. également se ralliant à cette solution TC, 26 mai 1954, Moritz : Rec. p. 708 ; JCP G 1954, II, 8334, note Vedel ; S. 1954, III, p. 85, concl. Letourneur ; Cass. 1re civ., 21 octobre 1957 : AJDA 1958, n° 52, p. 45

Si le dommage a pour seule origine une faute personnelle, la personne publique peut exercer une action récursoire pour le tout.

Exemple :

- CE, 17 décembre 1999, requête numéro 199598, Moine (JCP G, 2001, II, 10508, note Piastra) : le requérant, militaire de carrière, avait tué une personne par un tir à balles réelles en dehors de tout exercice organisé par l'autorité supérieure. Cette faute a été de nature à engager envers l'Etat la responsabilité pécuniaire du requérant. La circonstance que celui-ci a, du fait de tels agissements, été radié des cadres de l'armée active par mesure disciplinaire « pour faute grave dans le service » ne faisait pas obstacle à la possibilité qu'avait le ministre de la Défense d'engager une action récursoire à l'encontre de cet agent en se fondant sur le fait que la faute commise, bien qu'étant intervenue dans le service, avait le caractère d'une faute personnelle détachable de l'exercice par l'intéressé de ses fonctions. En raison de son extrême gravité, cette faute justifie qu'ait été mise à la charge du requérant la totalité des conséquences dommageables qui en sont résultées.

Il faut relever que l'administration peut prendre en considération les transactions intervenues pour clore le litige civil relatif aux conséquences de l'accident causé par l'agent auteur de la faute personnelle, même si celui-ci n'y était pas partie, et lui réclamer le remboursement des sommes versées au titre de ces transactions (CE, 8 août 2008, requête numéro 297044, requête numéro 311386, Mazière : Rec. tables, p. 612 ; JCP A 2008, 2302, note Moreau ; AJDA 2008, p. 1565).

Si le dommage a pour origine une faute personnelle et une faute de service, l'action récursoire peut être exercée seulement pour une partie du préjudice subi, en fonction de l'influence respective de la faute personnelle et de la faute de service.

Exemple :
- CAA Bordeaux, 21 mars 2006, requête numéro 03BX00225, Mongaboure : un accident de la circulation occasionné par un agent à l'occasion du service est imputable à la fois à une faute personnelle de cet agent, qui se trouvait au moment de l'accident en état d'ébriété et à une faute de service. Eu égard à la gravité de la faute commise par le requérant et aux circonstances de fait, le ministre de l'Intérieur n'a pas commis d'erreur manifeste dans l'appréciation de la part de responsabilité incombant à l'intéressé, en mettant à sa charge cinquante pour cent des conséquences dommageables qui sont résultées de l'accident.

Enfin, si le dommage a pour origine les fautes personnelles de plusieurs agents, ces agents ne sont pas tenus solidairement vis-à-vis de l'administration, qui devra exercer autant d'actions qu'il y a d'agents fautifs, en fonction de la gravité respective de leurs fautes, comme le Conseil d'Etat l'a précisé dans l'arrêt de Section Jeannier du 22 mars 1957 (Rec. p. 196, concl. Kahn ; AJDA 1957 p. 186, chron. Fournier et Braibant ; JCP 1957, 10303 bis, note Louis-Lucas ; D. 1957 p. 748, concl Kahn, note Weil).

§ III – Recours ouverts à l'agent contre l'administration

Un agent qui fait l'objet d'une action en responsabilité devant le juge civil, alors que la faute à l'origine du dommage dont il est demandé réparation est une faute de service, a le droit à être couvert par son administration d'origine. Ce droit est une composante de la garantie fonctionnelle qui leur est reconnu, en application de l'article 11 du Titre I du statut général de la fonction publique qui précise que « lorsqu'un fonctionnaire a été poursuivi par un tiers pour faute de service et que le conflit d'attribution n'a pas été élevé, la collectivité publique doit, dans la mesure où une faute personnelle détachable de l'exercice de ses fonctions n'est pas imputable à ce fonctionnaire, le couvrir des condamnations civiles prononcées contre lui ».

Ce principe s'applique à l'ensemble des agents publics, y compris lorsqu'il s'agit d'une autorité élue d'un établissement public (CE Sect., 8 juin 2011, requête numéro 312700, Farre : Rec. p. 170) ou d'un agent de la banque de France (CAA Versailles, 12 octobre 2017, requête numéro 15VE02740, Gaudin : AJDA 2018, p. 57, concl. Mégret) et alors même que l'intéressé a perdu la qualité d'agent public à la date de la décision statuant sur cette demande (CE, 26 juillet 2011, requête numéro 336114, Mirmiran : Rec. tales, p. 982). Elle s'étend aux collaborateurs occasionnels du service public (CE, 13 janvier 2017, requête numéro 386799, Fievet, préc.) voire même à un agent gréviste si les faits dommageables sont en relation avec l'exercice de ses fonctions (CE, 22 mai 2017, requête numéro 396453, Commune de Sète : JCP A 2017, 2200, note Fort).

Pour les agents qui ne relèvent pas du statut général de la fonction publique, ce droit résulte d'un principe général du droit dégagé par le Conseil d'Etat à l'occasion de l'arrêt de Section du 26 avril 1963, Centre hospitalier régional de Besançon (Rec. p. 242, concl. Chardeau ; S. 1963, p. 338).

Ce principe a été reformulé de façon plus générale par le Conseil d'Etat - dissipant notamment des doutes concernant les agents relevant de statuts spécifiques - dans son arrêt Garde des sceaux du 11 février 2015 (requête numéro 372359, préc.) dont il résulte qu'il existe un « principe général du droit qui s'applique à tous les agents publics, (selon lequel) lorsqu'un agent public est mis en cause par un tiers à raison de ses fonctions (en vertu duquel) il incombe à la collectivité publique dont il dépend de lui accorder sa protection dans le cas où il fait l'objet de poursuites pénales, sauf s'il a commis une faute personnelle ».

Notons cependant que les agents publics étrangers soumis par leur contrat non pas au droit français mais au droit local, comme par exemple les civils afghans recrutés par l'armée française à l'occasion de sa mission en Afghanistan, ne semblent pas devoir bénéficier pas de la protection fonctionnelle (CE, 16 octobre 2017, requête numéro 408344, Sadeqi.- CE, 16 octobre 2017, requête numéro 408374, M. et Mme Khodadad, préc.). Il s'agit ici d'une application de la jurisprudence Tegos qui admet que ce type de contrats peuvent ne pas être régis par le droit français (CE Sect., 19 novembre 1999, requête numéro 183648, Tegos : Rec. p. 356 ; JDI 2000, p. 742, note Flauss ; RFDA 2000, p. 833, concl. Arrighi de Casanova).

Le droit à la protection fonctionnelle implique notamment l'obligation, pour l'administration, de prendre en charge les frais de justice engagés par l'agent lorsqu'il est mis en cause pour des faits relatifs à l'exercice de ses fonctions, devant le juge civil ou devant le juge pénal.

De même, lorsqu'un agent est condamné par le juge judiciaire, alors que la faute à l'origine du dommage est une faute de service ou, plus fréquemment, lorsque la faute personnelle qui a été commise coexiste avec une faute de service, celui-ci peut se retourner contre l'administration.

Exemples :

- CE Ass., 5 avril 2002, requête numéro 238689, Papon (RDP 2002, p. 1513, note Degoffe et p. 1532, note Alvis) : le 2 avril 1998 Maurice Papon a été condamné par la cour d'assises de la Gironde pour complicité de crimes contre l'humanité pour ses activités en tant que secrétaire général de la préfecture de la Gironde durant l'occupation. Le 3 avril, la cour, statuant sur les dommages-intérêts a condamné Papon à verser aux parties civiles une somme globale équivalent à plus de 700 000 euros. Il a alors demandé à l'Etat de le couvrir pour l'intégralité de cette somme. Le Conseil d'Etat a jugé que le comportement zélé du requérant « qui ne peut s'expliquer par la seule pression exercée … par l'occupant allemand, revêt, eu égard à la gravité exceptionnelle des faits et de leurs conséquences, un caractère inexcusable et constitue par là-même une faute personnelle détachable de l'exercice des fonctions ». Cependant, une faute de service doit également être retenue, la politique de l'Etat français sous l'occupation, ayant « permis et facilité, indépendamment de l'action de M. Papon, les opérations qui ont été le prélude à la déportation ». Compte tenu de la coexistence d'une faute

personnelle et d'une faute de service, l'Etat est condamné à prendre à sa charge la moitié du montant total des condamnations civiles prononcées à l'encontre du requérant.
- CE, 12 mars 2010, requête numéro 308974, Commune de Hoenheim (AJDA 2010, p. 1138, chron. Liéber et Botteghi ; AJFP 2010, p. 255, concl. Geffray ; JCP A 2010, 2154, note Jean-Pierre ; JCP G 2010, act. 389, obs. Sorbara) : des agissements répétés de harcèlement moral sont de ceux qui peuvent permettre, à l'agent public qui en est l'objet, d'obtenir la protection fonctionnelle contre les menaces, violences, voies de fait, injures, diffamations ou outrages dont les fonctionnaires et les agents publics non titulaires pourraient être victimes à l'occasion de leurs fonctions. La circonstance que l'agent se trouvait en congé de maladie lors de la présentation de sa demande tendant à l'obtention de la protection fonctionnelle n'excluait pas qu'il fût fait droit à cette demande, dès lors que des démarches adaptées à la nature et à l'importance des agissements contre lesquels cette protection était sollicitée pouvaient encore être mises en œuvre.

Si l'autorité administrative a accordé la protection, elle peut y mettre fin pour l'avenir si elle constate postérieurement, et sous le contrôle du juge, l'existence d'une faute personnelle. En revanche, la décision accordant le bénéfice de la protection, qui est une décision créatrice de droits, ne peut être retirée, si elle est illégale, que dans un délai de 4 mois à compter de sa signature. Le retrait ayant un effet rétroactif, l'administration pourra réclamer à l'agent le remboursement des frais engagés pour assurer sa protection (CE, 22 janvier 2007, requête numéro 285710, Ministre des affaires étrangères : JCP A 2007, 2046, concl. Aguila, note Jean-Pierre ; AJDA 2007, p. 1190, note Chanlair). Enfin, la décision accordant la protection ne peut légalement être assortie d'une condition suspensive ou résolutoire, par exemple en indiquant qu'elle fait droit à la demande mais qu'elle pourra demander le remboursement des frais engagés si « une juridiction pénale venait à établir une faute personnelle » (CE, 14 mars 2008, requête numéro 283943, Portalis : Rec. p. 99, concl. Boulouis ; AJDA 2008, p. 800, chron. Boucher et Bourgeois-Machureau ; AJFP 2008, p. 140 ; RFDA 2008, p. 482, concl. Boulouis ; RFDA 2008, p. 931, note Seiller). En effet, une telle condition ne peut porter que sur un événement futur, alors que la faute personnelle commise par l'agent est par nature antérieure à la décision accordant la protection. C'est seulement si des éléments nouveaux font apparaître une faute personnelle, que l'autorité compétente peut décider d'abroger pour l'avenir la décision octroyant la protection. Et encore faut-il rappeler que la possibilité d'abroger la décision accordant la protection fonctionnelle dans un tel cas, qui n'est pas soumise à une condition de délai par l'arrêt Portalis, paraît remise en cause par les dispositions de l'article L. 242-2 du Code des relations entre le public et l'administration qui réserve cette dérogation aux principes généraux du retrait des décisions créatrices de droit aux seules décisions conditionnelles (V. sur ce point supra p. 472).

§ IV – Recours subrogatoires

Lorsque la victime est un assuré social, le juge peut être saisi à la fois d'un recours de la victime d'un dommage corporel et d'un recours subrogatoire de l'organisme de sécurité sociale à laquelle elle est affiliée.

Notons au préalable que cette possibilité n'est pas réservée aux seules caisses de sécurité sociale et aux sociétés d'assurance. Peut être également concerné le tiers co-auteur d'un dommage avec l'administration.

Exemple :
- CE Ass., 9 novembre 2015, requête numéro 342468, SAS Constructions mécaniques de Normandie et requête numéro 359548, MAIF et a. (AJDA 2016, p. 213, note Jacquemet-Gauché ; Energie-Env.-Infrastr. 2016, 15, note Trébulle ; JCP G 2016, 92, note Paillard ; JCP A 2015, act. 974, obs. Touzeil-Divina ; JCP S 2015, 1474, note Pradel, Pradel-Boureux et Pradel) : la commission par un employeur d'une faute inexcusable qui a justifié sa condamnation à l'égard de la victime par le juge judiciaire ne l'empêche pas d'engager une action subrogatoire contre l'Etat qui a également commis une faute en ne prenant pas les mesures nécessaires en vue de la prévention des risques liés à l'exposition des travailleurs aux poussières d'amiante. Il en ira toutefois autrement si l'employeur a commis délibérément une faute d'une particulière gravité.

Si l'on revient maintenant aux caisses de sécurité sociale, la loi n°2006-1640 du 21 décembre 2006 de financement de la sécurité sociale pour 2007 a opéré une réforme du droit des recours des tiers payeurs en modifiant le régime de l'exercice des recours subrogatoires des caisses contre le responsable d'un dommage corporel causé à un assuré social (Code de la sécurité sociale, article L. 376-1). Ce texte prévoit notamment que les recours subrogatoires des caisses de sécurité sociale contre les tiers doivent s'exercer poste par poste sur les seules indemnités qui réparent les préjudices qu'elles ont pris en charge, à l'exclusion des préjudices à caractère personnel. Le même article précise que si le tiers payeur établit qu'il a effectivement et préalablement versé à la victime une prestation indemnisant de manière incontestable un poste de préjudice personnel, son recours peut s'exercer sur ce poste de préjudice.

En d'autres termes, excepté ce cas particulier, avant de statuer sur les droits respectifs de la victime et de la caisse, les juges doivent évaluer le montant total de l'indemnité à la charge du tiers, en distinguant la part revenant exclusivement à la victime destinée à réparer les préjudices de caractère personnel non couverts par les prestations sociales (CE, 8 août 2008, requête numéro 272033, Assistance publique Hôpitaux de Marseille). En effet, dans son ancienne rédaction, l'article L. 376-1 du Code de la sécurité sociale permettait aux caisses de demander au tiers responsable, même en cas de responsabilité partielle, le remboursement de toutes leurs dépenses, dans la limite de l'indemnité mise à la charge de ce tiers en application du droit commun de la responsabilité civile ou administrative. Ce recours était prioritaire par rapport à celui exercé par l'assuré social, lorsqu'il estimait que certains préjudices subis par lui n'avaient pas été réparés par les prestations de sécurité sociale. Ainsi, l'assiette des recours des caisses de sécurité sociale est désormais limitée et l'indemnisation des victimes est améliorée.

Dans un avis Magiet et Consorts Guignon du 4 juin 2007 (requête numéro 303422, requête numéro 304214 : AJDA 2017, p. 1800, concl. Boucher et Bourgeois-Machureau ; JCP A 2007, act. 601 ; JCP A 2008, 2055 ; JCP E 2007, 1897, note Guettier ; JCP S 2007, 1840, note Vachet ; RTD civ. 2017, p. 577, obs. Jourdain.- V. également CE Sect., 5 mars 2008, requête numéro 272447, CPAM Seine-Saint-Denis), le Conseil d'Etat a précisé ces dispositions. Il résulte de cette jurisprudence que les juridictions compétentes doivent effectuer quatre séries d'opérations :

- L'évaluation du montant du préjudice total subi par l'assuré social selon les règles du droit commun de la responsabilité administrative ;

- La fixation, poste de préjudice par poste de préjudice, de la part du montant de ce poste demeurée à la charge de l'assuré, faute pour le préjudice d'avoir été entièrement réparé par les prestations de sécurité sociale correspondantes. Il convient ici de distinguer les postes suivants : dépenses de santé, frais liés au handicap, pertes de revenus, incidence professionnelle et scolaire du dommage corporel (V. CE, 8 mars 2013, requête numéro 361273, Doget : AJDA 2013, p. 548, obs. Poupeau), autres dépenses liées au dommage corporel, et préjudices personnels ;

- La détermination, pour chaque poste, du montant de l'indemnité mise à la charge du tiers responsable. Compte tenu de la méthode retenue, ce montant sera égal à celui du poste si la responsabilité du tiers est entière, mais à une partie seulement de ce poste si elle n'est que partielle ;

- L'octroi à la victime, pour chaque poste, dans la limite de l'indemnité mise à la charge du tiers responsable, d'une somme correspondant à la part du montant de ce poste demeurée à sa charge, le solde de l'indemnité étant, s'il n'est pas nul, accordé à la caisse.

Le Conseil d'Etat a eu ensuite l'occasion de préciser que les rentes qui ont été versées par les caisses primaires d'assurance maladie à la suite d'un accident du travail doivent être classées dans la catégorie des préjudices à caractère patrimonial (CE, 5 mars 2008, requête numéro 272447, CPAM Seine-Saint-Denis : AJDA 2008, p. 497, obs. Royer, concl. Thiellay ; D. 2008, p. 921 ; Gaz. Pal. 2-3 avril 2008, note Bernfeld et Bibal ; Resp. civ. et assur. 2008, 189 ; JCP A 2008, act. 242 ; JCP G 2008, IV, 1640 ; JCP S 2008, 1359, note Vachet ; Dr. adm. 2008, 87. – CE, 5 mars 2008, requête numéro 290962, Bencheikh : AJDA 2008, p. 941, concl. Thiellay). Cette précision est importante puisque, dans le nouveau dispositif législatif, seuls les préjudices patrimoniaux sont soumis aux recours des tiers payeurs.

La portée de l'arrêt du 5 mars 2008 a ensuite été explicitée par un avis du 8 mars 2013 (numéro 361273.- V. également CE, 7 octobre 2013, requête numéro 337851, Ministre de la Défense). Le Conseil d'Etat rappelle, tout d'abord, que la rente d'accident du travail doit être regardée comme ayant pour objet exclusif de réparer, sur une base forfaitaire, les préjudices subis par la victime dans sa vie professionnelle en conséquence de l'accident, c'est-à-dire ses pertes de gains professionnels et l'incidence professionnelle de l'incapacité. En conséquence, le recours exercé par la caisse au titre d'une rente d'accident du travail ne saurait s'exercer que sur ces deux postes de préjudice et en particulier la rente ne saurait être imputée sur un poste de préjudice personnel.

Pour aller plus loin :

- **Carius (M.)**, La gravité de la faute personnelle de l'agent public à l'épreuve du dualisme jurisdictionnel : AJFP 2018, p.6.

- **Chifflot (N.)**, La causalité dans le droit de la responsabilité administrative. Passé d'une notion en quête d'avenir : Dr. adm. 2011, étude 20.

- **Huet (P.)**, Observations sur le recours de l'Administration contre l'agent public ou la faute du lampiste : Rev. adm. 1970, p. 523.

- **Long (M.)**, La responsabilité de l'administration pour les fautes personnelles : EDCE 1953, p. 80 s.

-**Paillard (Ch.)**, Le préjudice indemnisable en droit administratif : Dr. Adm. 2011, étude 1.

- **Vedel (G.)**, L'obligation de l'Administration de couvrir les agents publics des condamnations civiles pour fautes de service : Mélanges R. Savatier, Dalloz 1965, p. 915 s.

- **Weckel (P.)**, L'évolution de la notion de faute personnelle : RDP 1990, p.1525.

CHAPITRE TROIS – CONDITIONS D'ENGAGEMENT DE LA RESPONSABILITE DE L'ADMINISTRATION

Comme en droit civil, il existe trois conditions d'engagement de la responsabilité de l'administration : l'existence d'un préjudice, un lien de causalité entre le préjudice et le fait générateur et un fait générateur.

Section I – Préjudice

Il convient de déterminer quelle est l'étendue du droit à réparation et quelles sont les personnes qui sont titulaires de ce droit avant de définir quels caractères doit présenter le préjudice pour être réparé et comment est assurée la réparation de ce préjudice.

§ I – Etendue du droit à réparation

Les victimes ont le droit à la réparation intégrale du préjudice subi, mais ce principe connaît un certain nombre d'exceptions.

I – Principe de réparation intégrale

Comme le juge civil, le juge administratif doit « faire du dommage une évaluation telle qu'elle assure à la victime l'entière réparation du préjudice » (CE, 21 mars 1947, Aubry : Rec. p. 123).

Exemples :
- CE, 24 novembre 2004, requête numéro 247080, X. : la circonstance qu'un patient se trouve placé dans un état végétatif chronique, ne conduit, par elle-même, à exclure aucun chef d'indemnisation ni ne fait obstacle à ce que le préjudice subi par la victime soit réparé en tous ses éléments.
- CE, 6 avril 2007, requête numéro 280494, Bernardet (AJDA 2008, p. 419, note Landais): en décidant qu'une personne hospitalisée d'office ne pouvait émettre des courriers qu'à la condition qu'ils soient adressés à leurs destinataires par l'intermédiaire d'un avocat, un centre hospitalier spécialisé a illégalement restreint le droit de l'intéressé

d'émettre des courriers. Son correspondant est donc fondé à demander réparation du préjudice moral que lui a causé la limitation apportée par l'administration au droit de l'intéressé de correspondre avec lui.

En revanche, la réparation ne saurait excéder le montant du préjudice. En effet, une personne morale de droit public ne peut jamais être condamnée pour une somme qu'elle ne doit pas. Cette interdiction est d'ordre public et elle doit être soulevée d'office par la juridiction à laquelle une telle condamnation est demandée (CE Sect., 19 mars 1971, requête numéro 79962, Mergui : Rec. p. 235, concl. Rougevin-Baville ; AJDA 1971, p. 274 ; chron. Labetoulle et Cabanes).

Exemple :
- CAA Lyon, 18 janvier 2000, requête numéro 95LY01329, Chouag : la cour estime que le tribunal administratif dont le jugement est attaqué n'a pas mal interprété les conclusions de l'expert, en décidant qu'aucun préjudice n'était imputable à l'administration du fait d'une erreur de plâtrage d'un enfant d'un an et demi. Le juge administratif ne pouvant pas condamner une personne publique à payer une somme qu'elle ne doit pas, la circonstance que devant les premiers juges, l'administration a proposé une indemnisation est sans incidence sur le bien-fondé de la solution retenue par le tribunal administratif.

Dans le même ordre d'idées, la victime ne saurait obtenir une réparation excessive. Ainsi, il appartient au juge saisi d'éviter les doubles indemnisations qui peuvent résulter de la dualité des ordres de juridiction.

Exemple :
- CE, 28 juillet 1999, requête numéro 179656, requête numéro 190500, Fonds d'indemnisation des transfusés et hémophiles : lorsque le juge condamne l'Etat à verser à la victime d'une contamination par le virus de l'immunodéficience acquise une indemnité assurant la réparation intégrale du préjudice résultant de sa contamination et que le fonds d'indemnisation des transfusés et hémophiles avait proposé à l'intéressé, qui avait accepté cette offre, une indemnité comprenant une somme devant lui être versée en cas d'apparition du syndrome de l'immunodéficience acquise, il y a lieu de subroger l'Etat dans les droits éventuels de l'intéressé à percevoir cette somme, sous réserve de l'exercice par le fonds de l'action subrogatoire prévue par l'article 47-IX de la loi n° 91-1406 du 31 décembre 1991.

De façon assez originale, le Conseil d'Etat a récemment admis des modalités de réparation du préjudice autres que financières. Il a ainsi considéré, à l'occasion d'un avis Hoffman de l'Assemblée du contentieux du 16 février 2009 (numéro 315499 : Dr. Adm. 2006, 60, note Melleray ; JCPA 2009, 2139, note Markus) que « la réparation des souffrances exceptionnelles endurées par les personnes victimes des persécutions antisémites ne pouvait se borner à des mesures d'ordre financier ». Ces mesures « prises dans leur ensemble et bien qu'elles aient procédé d'une démarche très graduelle et reposé sur des bases largement forfaitaires, ces mesures, comparables, tant par leur nature que dans leur montant, à celles adoptées par les autres Etats européens dont les autorités ont commis de semblables agissements, doivent être regardées comme ayant permis, autant qu'il a été possible, l'indemnisation… des préjudices de toute nature causés par les actions de l'Etat qui ont concouru à la déportation ». Mais en dehors de cette réparation pécuniaire la souffrance exceptionnelle subie par les victimes « appelait la reconnaissance solennelle du préjudice collectivement subi par ces personnes, du rôle joué par l'Etat dans leur déportation ainsi que du souvenir que doivent à jamais laisser, dans la mémoire de la nation, leurs souffrances et celles de leurs familles ». Les juges considèrent que cette reconnaissance a été accomplie par un ensemble d'actes et d'initiatives des autorités publiques françaises, entre autres la déclaration du Président de la République du 16 juillet 1995 reconnaissant solennellement, la responsabilité de l'Etat au titre des préjudices exceptionnels causés par la déportation des personnes considérées comme juives. Il faut donc considérer que les victimes ont vu leur préjudice intégralement réparé. Cette approche restrictive des droits pécuniaires des ayants-droits des victimes a été validée par la Cour européenne des droits de l'homme dans sa décision du 24 novembre 2009, J.H. et a. c. France (affaire numéro 49637/09 : RDP 2010, p.667, note Martin).

Le principe de réparation intégrale doit enfin être combiné avec la règle qui veut que la demande de la victime constitue la limite maximum de ce que peuvent accorder les juges. Cependant, les juges ont la possibilité, eu égard aux circonstances de l'espèce, d'accorder une somme inférieure que celle que l'administration s'était déclarée disposer à verser au requérant (CE, 29 novembre 2004, requête numéro 242384, Tibère : AJDA 2005, p.399). Tel est le cas, en particulier, lorsque les juges considèrent que la somme proposée est supérieure au montant du dommage, en application du principe d'ordre public selon lequel « les personnes morales de droit public ne peuvent jamais être condamnées à payer une somme qu'elles ne doivent pas » (CE Sect., 19 mars 1971, requête numéro 79962, Mergui, préc.).

Dans le même ordre d'idées, un agent irrégulièrement évincé ne peut prétendre aux traitements non perçus durant la période où il a été écarté du service, ce qui s'explique par l'absence de service fait. Il peut seulement réclamer une indemnité en réparation du préjudice occasionné par la faute commise par l'administration du fait de cette illégalité fautive (CE, 7 avril 1933, Deberles : Rec. p.439). La jurisprudence Deberles a toutefois subi une évolution récente, le Conseil d'Etat admettant désormais que l'indemnité doit prendre en compte, non seulement le traitement et ses accessoires, mais également, dès lors que l'intéressé a été privé d'une chance sérieuse de les obtenir, les primes et indemnités autres que celles qui, « eu égard à leur nature, à leur objet et aux conditions dans lesquelles elles sont versées, sont seulement destinées à compenser des frais, charges ou contraintes liés à l'exercice effectif des fonctions » (CE sect., 6 décembre 2013, requête numéro 365155, Commune d'Ajaccio : AJDA 2013, p. 2463, obs. Pastor ; AJDA 2014, p. 219, chron. Bretonneau et Lessi ; Dr. adm. 2014, 27, note Eveillard ; RFDA 2014, p. 276, concl. Dacosta). En revanche, l'indemnité n'est pas due, faute de lien de causalité, dans les cas où l'annulation d'une décision de révocation a été prononcée pour des motifs de légalité externe, dès lors que l'agent a commis des fautes dont la gravité était suffisante pour justifier son éviction définitive du service (CE, 5 octobre 2016, requête numéro 380783, Leleu.- V. également CE, 28 mars 2018, requête numéro 398851, M. B...A…).

II – Exceptions au principe de réparation intégrale

Le principe de réparation intégrale du préjudice est écarté lorsque le droit à réparation est limité par le législateur ou par des principes jurisprudentiels.

Ainsi, l'article L. 160-5 du Code de l'urbanisme prévoit que les servitudes d'urbanisme n'ouvrent droit à aucune indemnité, sauf « s'il résulte de ces servitudes une atteinte à des droits acquis ou une modification à l'état antérieur des lieux déterminant un dommage direct, matériel et certain ». Le Conseil d'Etat considère que ces dispositions sont conformes aux stipulations de l'article 1er du protocole n°1 de la Convention européenne des droits de l'homme qui laisse au législateur « une marge d'appréciation étendue, en particulier pour mener une politique d'urbanisme » (CE, 3 juillet 1998, requête numéro 158592, Bitouzet : Rec. p. 288, concl. Abraham ; AJDA 1998, p. 639, chron. Raynaud et Fombeur ; CJEG 1998, p. 441, concl. Abraham ; RFDA 1998, p. 1243, concl. Abraham ; RFDA 1999, p. 841, obs. de Béchillon). L'article L. 160-5 du Code de l'urbanisme est bien conforme à ces stipulations dès lors qu'elles prévoient une indemnisation dans le cas où le propriétaire dont le bien est frappé d'une servitude supporte « une charge spéciale et exorbitante, hors de proportion avec l'objectif d'intérêt général poursuivi ». Toutefois, dans la pratique, il est très rare que des servitudes d'urbanisme donnent lieu à réparation en application de ces dispositions. De fait, il a fallu attendre l'arrêt du Conseil d'Etat du 29 juin 2016 Société Château-Barrault pour voir l'administration condamnée en application de cette jurisprudence (requête numéro 375020 : RD imm. 2016, p. 559, note Soler-Couteaux).

Doit également être mentionnée la règle qui veut qu'un agent public, victime d'un accident en service ou d'une maladie professionnelle, ne possède d'autres droits à l'encontre de l'Etat que ceux qui découlent de son statut et de la législation sur les pensions (CE Sect., 16 octobre 1981, requête numéro 24977, requête numéro 00161, René Guillaume et Germanaud : AJDA 1982, p. 43, concl. Dutheillet de Lamothe ; Rec. p. 370). Cette règle du forfait de pension a été dégagée par la jurisprudence (CE, 12 janvier 1906, Paillotin : Rec. p. 36 ; D. 1906, III, p. 81). Cependant, cette règle ne s'applique plus en principe, en l'état actuel de la jurisprudence, que pour les atteintes à l'intégrité physique couvertes par la rente d'invalidité. En revanche, les souffrances physiques et morales ainsi que les préjudices esthétiques ou d'agrément, qui ne sont pas couvertes par le forfait de pension, peuvent être réparés à l'issue d'une action en indemnité même en l'absence de faute (CE, 4 juillet 2003, requête numéro 211106, Moya-Caville : Rec. p. 323 ; RFDA 2003, p. 990, concl. Chauvaux, et p. 1001, note Bon ; AJDA 2003, p. 1598, chron. Donnat et Casas.- V. dans le même sens : CE, 21 mai 2008, requête numéro 276357, Valois). Qui plus est, en cas de faute de l'administration ou de mauvais entretien d'un ouvrage public, la règle du forfait de pension est écartée et l'agent peut donc obtenir du juge la réparation de l'intégralité du préjudice subi. Il est à noter, enfin, que le Conseil d'Etat fait bénéficier de cette jurisprudence les agents titulaires d'une allocation temporaire d'invalidité (CE, 25 juin 2008, requête numéro 286910, Baron : Rec. tables, p.922 ; AJDA 2008, p. 1776, concl. Thiellay).

§ II – Titulaires du droit à réparation

Les victimes immédiates du fait dommageable disposent d'un droit à réparation, mais elles ne sont pas les seules.

En effet, ce droit est étendu aux victimes par ricochet lesquelles, du fait du préjudice occasionné à la victime immédiate, subissent un préjudice spécifique, ce qui peut parfois susciter des difficultés.

Exemple :
- CE, 27 juin 2005, requête numéro 261574, Consorts Rougier (AJDA 2005, p. 2301, con. Chauvaux ; JCP A 2005, 108) : la perte, pour les enfants d'une patiente victime d'un accident médical, de la possibilité d'avoir des frères et des sœurs ne constitue pas un préjudice indemnisable.

La transmission aux ayants droits du droit à réparation de la victime immédiate, comme celui de la victime par ricochet, est également admise. Sur cette question, cependant, une distinction a longtemps été opérée entre les dommages causés aux biens et les dommages causés aux personnes.

S'agissant des dommages causés aux biens, le principe retenu était que l'héritier à titre gratuit dispose de plein droit de la créance, alors qu'en cas de transmission à titre onéreux, il était nécessaire que le contrat contienne des stipulations expresses le précisant.

S'agissant maintenant des dommages causés aux personnes, les juges considéraient que si les préjudices matériels étaient transférés dans le patrimoine des ayants droit, les préjudices personnels subis par la personne décédée – notamment le pretium doloris et le pretium affectionis – n'étaient pas transmissibles. Cette solution a toutefois été abandonnée par le Conseil d'Etat à l'occasion de son arrêt de Section du 29 mars 2000, Assistance publique - Hôpitaux de Paris c. Consorts Jacquié (requête numéro 195662 : Rec. p.147, concl. Chauvaux ; JCP G 2000, 2000, II 10360, note Derrien ; RFDA 2000, p. 850, concl. Chauvaux ; D. 2000, jurispr. p. 563, note Bourrel ; D. 2000, inf. rap. p. 131 ; JCP G 2000, II, 10360, note Derrien ; JCP G 2000, IV, 2123, obs. Rouault ; Dr. adm. 2000, 122, note Esper ; RRJ 2001, p. 2133, note Laucci ; LPA 22 septembre 2000, n° 190, p. 13, note Fouletier).

Une solution identique a été appliquée dans une affaire où il a été jugé que la réparation du préjudice subi du fait de la durée excessive de jugement, qui constitue un préjudice moral, se transmet aux héritiers d'une personne décédée (CE, 19 juin 2006, requête numéro 286459, Loupias et a. : JCP A 2006, act. 573, obs. Rouault ; Procédures 2006, 93, note Deygas). De même est transmissible la réparation de la douleur morale subie du fait de la conscience d'une espérance de vie réduite (CE, 24 octobre 2008, requête numéro 301851, Pietri : JCPA 2009, 2168, note Deygas).

Relevons enfin que lorsque la victime a engagé une action en réparation avant son décès ou lorsque ses héritiers ont ultérieurement eux-mêmes engagé une telle action, ces derniers doivent être regardés comme des « personnes concernées » au sens des articles 2 et 39 de la loi n°78-17 du 6 janvier 1978 pour l'exercice de leur droit d'accès aux données à caractère personnel concernant le défunt « dans la mesure nécessaire à l'établissement du préjudice que ce dernier a subi en vue de sa réparation et pour les seuls besoins de l'instance engagée » (CE, 7 juin 2017, requête numéro 399446, M. A...B...).

§ III – Caractères du préjudice

L'appréhension du préjudice est différente selon que le juge compétent est le juge administratif ou le bien le juge judiciaire. S'agissant des dommages corporels, le juge judiciaire se réfère ainsi à la nomenclature Dintilhac de 2005 qui répertorie l'ensemble de postes de préjudice indemnisables à la fois pour les victimes directes et indirectes.

Le juge administratif, en revanche, ne se réfère pas, en principe, à cette nomenclature - qui n'est à l'heure actuelle rendue obligatoire par aucun texte - mais à celle résultant de sa jurisprudence antérieure (CE Sect., avis, 4 juin 2007, requête numéro 303422, requête numéro 303422, requête numéro 304214, Lagier et Guignon : Rec. p. 228 ; AJDA 2007, p. 1800, chron. Boucher et Bourgeois-Machureau ; JCP E 2007, 1897, étude Guettier ; RDSS 2007, p. 680, concl. Derepas ; RTD civ. 2007, p. 577, obs. Jourdain). La nomenclature retenue par le juge administratif est plus simple, dès lors qu'elle est ventilée autour de 6 postes contre 29 pour la jurisprudence Dintilhac. En revanche, elle conduit à une appréciation moins précise des préjudices subis par les victimes.

Toutefois, la possibilité pour le juge administratif de se référer à la nomenclature Dintilhac pour l'évaluation des préjudices corporels a finalement été admise par le Conseil d'Etat (CE, 7 octobre 2013, requête numéro 337851, Ministre de la Défense c/ Hamblin : AJDA 2014, p. 295, note Leleu ; JCP A 2014, 2212, note Logéat . – CE, 16 décembre 2013, requête numéro 346575, De Moraes : AJDA 2014, p. 524, note Lambolez ; RFDA 2014, p. 317, note Lantero . – CE, 28 mai 2014, requête numéro 351237, AP-HP c/ Consorts Ancey),

Au regard de la jurisprudence administrative, ne sont réparés que les préjudices qui présentent un caractère certain et qui sont réparables.

I – Caractère certain

Le préjudice présente un caractère certain dès lors que son existence est établie.

Exemples :
- CAA Bordeaux, 29 avril 2003, requête numéro 99BX00949, Laffite : si la requérante soutient que son époux décédé lors d'un accident d'hélicoptère effectuait épisodiquement des vols rémunérés en tant que pilote, elle n'apporte aucune précision sur la fréquence de réalisation de cette activité au cours des années précédant l'accident, laquelle ne peut dès lors être regardée comme constituant une source de revenus certaine et régulière.
- CAA Douai, 6 décembre 2005, requête numéro 04DA00376, Tellier (AJDA 2006, p. 443, concl. Le Goff ; Resp. civ. et ass. 2006, 246, note Guettier ; JCPA 2006, 1095, chron. Mesmin ; Dict. perm. bioéthique, bull. n° 156, p. 6525) : le service public hospitalier est responsable, même en l'absence de faute de sa part, des conséquences dommageables pour les usagers du fonctionnement défectueux d'une bonbonne d'azote liquide contenant des embryons congelés. Cependant, le couple qui avait déposé ces embryons n'obtient pas réparation, faute d'établir l'existence d'un préjudice, ce couple n'ayant pas de nouveau projet parental.

Dans un arrêt récent, le Conseil d'Etat a considéré que la reconnaissance du caractère indemnisable d'un préjudice n'est pas subordonnée à l'avance préalable, par la victime, des frais correspondant à la réparation des dommages en cause (CE, 31 mars 2014, requête numéro 360603, X.).

Par ailleurs, il n'est pas nécessaire que le préjudice présente un caractère actuel, un préjudice futur pouvant également être réparé, à condition qu'il présente un degré suffisant de certitude. En revanche, le préjudice dont la réalisation n'est qu'une éventualité n'ouvre pas le droit à réparation.

Exemple :
- CAA Paris, 19 juillet 1994, requête numéro 92PA00365, requête numéro 92PA00380, Ministre de la Santé et de l'Action humanitaire : doit être rejetée la demande d'une caisse primaire d'assurance maladie tendant à ce que l'Etat soit condamné à lui rembourser le capital représentatif de frais médicaux et pharmaceutiques futurs qu'elle sera appelée à verser à une personne contaminée par le virus de l'immunodéficience humaine. En effet, ces frais, en raison de la nature même de la maladie, ne sauraient présenter un caractère certain.

Au titre du préjudice futur, le juge administratif accepte de réparer la perte de chance subie par la victime. Cette jurisprudence est d'abord apparue dans le droit de la fonction publique à l'occasion d'un arrêt de Section Bacon du 3 août 1928 (Rec., p.1035).

La perte de chance est fréquemment invoquée par les candidats non reçus à un examen ou à un concours, dans l'hypothèse où cet examen ou ce concours ont été préalablement annulés par le juge en raison de leur irrégularité.

Exemple :
- CE, 6 novembre 2000, requête numéro 189398, Gregory : le Conseil d'Etat annule un concours d'admission à l'école nationale supérieure en raison de l'irrégularité du déroulement de l'épreuve orale d'admission de biologie-biochimie tenant, principalement, au défaut d'impartialité de l'examinateur. Le requérant, classé sixième après les épreuves d'admission du concours, alors que quatre places étaient à pourvoir et que l'épreuve orale de biologie-biochimie était affectée d'un fort coefficient, a été privé d'une chance sérieuse de réussite à ce concours.

Cette jurisprudence s'est également développée dans le domaine de la responsabilité hospitalière, avec les notions de perte de chance de survie ou de guérison, ou encore avec la perte de chance de se soustraire au risque présenté par une intervention chirurgicale.

Exemple :
- CAA Nancy, 15 février 2007, requête numéro 06NC00010, Kremer : la Cour répare le préjudice résultant de la perte de chance de se soustraire à un risque dont la requérante n'a pas été informée et qui s'est réalisé après une opération, pour le traitement d'une fistule recto-vaginale basse.

S'agissant de la dernière hypothèse visée, le Conseil d'Etat considère désormais, qu'indépendamment de la perte d'une chance de refuser l'intervention, le manquement des médecins à leur obligation d'informer le patient des risques encourus ouvre pour l'intéressé, lorsque ces risques se réalisent, le droit d'obtenir réparation des troubles qu'il a pu subir du fait qu'il n'a pas pu se préparer à cette éventualité, notamment en prenant certaines dispositions personnelles (CE, 10 octobre 2012, requête numéro 350426, Beaupère, Lemaitre : AJDA 2012, p. 2231, note Lantero ; JCP G 2012, 1252, note Vialla ; RDSS 2013, p. 92, note Cristol).

Pour que la perte de chance soit réparée, elle doit être réelle, ce qui signifie que le préjudice doit être suffisamment certain, et non pas seulement hypothétique.

Exemples :
- CAA Paris, 15 février 2007, requête numéro 04PA02103, N'gambi N'gambi : l'expulsion du requérant d'une salle d'examen ne l'a pas privé d'une chance sérieuse de réussir l'examen litigieux compte tenu du niveau de ses notes lors de la session de juin ainsi qu'aux deux premières épreuves de la session de septembre, et du caractère très improbable de l'obtention de résultats suffisants lors des deux dernières épreuves. Par suite, l'intéressé ne peut pas plus se prévaloir de la perte d'une chance sérieuse de trouver un emploi d'agent de maîtrise faute d'obtention de sa licence.
- CAA Paris, 19 mars 2008, requête numéro 06PA02185, Ledoux : une personne qui a été exposée au nuage radioactif résultant de l'explosion de la centrale nucléaire de Tchernobyl ne peut utilement engager la responsabilité de l'Etat français pour insuffisance d'information sur la réalité de la situation dès lors qu'elle n'établit pas, d'une part, que le cancer dont elle est atteinte résulte directement des retombées radioactives provenant de l'explosion, et que, d'autre part, l'Etat a commis une faute l'ayant privé d'une chance sérieuse d'échapper à ladite affection.

Lorsqu'il répare une perte de chance, la question se pose de savoir si le juge doit proportionner la réparation au coefficient de chances qu'avait la victime et qu'elle a perdu ou s'il doit réparer la réalisation de la situation défavorable ou l'absence de situation favorable en résultant. De fait, la perte de chance est elle-même affectée d'un aléa : en matière hospitalière, par exemple, il n'est jamais sûr que l'application d'un traitement approprié aurait permis d'éviter le dommage. D'une façon générale, cependant, si la chance perdue est suffisamment sérieuse le juge réparera l'intégralité des conséquences de la situation dommageable qui résulte de cette perte. C'est cette solution qui s'applique à la plupart des hypothèses précédemment décrites.

Toutefois, cette solution connaît deux exceptions en matière de responsabilité hospitalière.

C'est le cas, tout d'abord, lorsque la perte de chances résulte d'un défaut d'information du patient sur les risques encourus (CE Sect., 5 janvier 2000, requête numéro 181899, Consorts Telle : Rec. p. 5, concl. Chauvaux ; AJDA 2000, p. 137, chron. Guyomar et Collin ; Dr. adm. 2000, repère 1, note Auby ; Dr. adm. 2000, 46, note Esper ; JCP G 2000, I, 251, chron. Boiteau ; JCP G 2000, II, 10271, note Moreau ; RDP 2001, p. 412, chron. Guettier ; RDSS 2000, p. 357, note Dubouis ; RFDA 2000, p. 641, concl. Chauvaux et p. 654, note Bon).

Exemple :
- CE Ass., 19 mai 2004, requête numéro 216039, requête numéro 216040, Caisse régionale d'assurance maladie d'Ile-de-France et Caisse primaire d'assurance maladie du Val-de-Marne c. Truszkowski (Rec. p. 228 ; JCP G 2004, IV, 2862, obs. Rouault ; JCP A 2004, 1781, note Guettier et 1807, note Moquet-Anger ; AJDA 2004, p. 1361, chron. Landais et Lénica) : la faute commise par les praticiens qui ont omis d'informer un patient des risques de décès ou d'invalidité encourus à raison d'un acte médical n'entraîne pour ce patient que la perte de chance de se soustraire au risque qui s'est réalisé. La réparation du dommage résultant de cette perte doit donc être fixée en fonction des différents chefs de préjudice en rapprochant, d'une part, les risques inhérents à l'acte médical et, d'autre part, les risques encourus en cas de renonciation à cet acte.

C'est le cas, ensuite, en cas de perte de chance résultant d'un retard dans le diagnostic ou les soins (CE Sect., 21 décembre 2007, Centre hospitalier de la Vienne (requête numéro 289328 : AJDA 2008, p. 135, chron. Boucher et Bourgeois-Machureau.- V. également CE, 21 mars 2008, requête numéro 266154, Centre hospitalier universitaire de Bordeaux : JCP A 2008, 2078, note Paillard.- CE, 3 avril 2009, requête numéro 306777, Hospices civils de Lyon.- CAA Marseille, 21 décembre 2012, requête numéro 10MA02198, Centre hospitalier universitaire de Montpellier).

Enfin, il faut relever que, dans toutes ces hypothèses, l'appréciation de la perte de chance est difficile à réaliser.

Exemple :
- TA Marseille, 12 février 1982, Centre hospitalier de Marseille c. Perthuis (RHF 1982, p. 744) : la victime d'une paralysie d'un nerf se retrouve atteinte d'une incapacité permanente de 40% alors que pour le même type d'affection ce taux est normalement de 30%. Il convenait donc de déterminer dans quelle mesure cet écart de 10 points était dû au retard dans la mise en œuvre d'un traitement efficace.

II – Caractère réparable

Tous les préjudices invoqués par la victime ou ses ayants droit ne donnent pas lieu à indemnisation.

Le Conseil d'Etat a ainsi longtemps rejeté la réparation du pretium doloris, c'est-à-dire du préjudice résultant de souffrances morales et physiques, ce qui se justifiait implicitement par le fait que, selon l'adage, « les larmes ne se monnayent pas ».

Cette jurisprudence extrêmement critiquée a toutefois été abandonnée à l'occasion de l'arrêt d'Assemblée du 24 novembre 1961, Letisserand (Rec. p.661 ; D. 1962, p.34, concl. Heumann ; RDP 1962, p. 330, note Waline ; S. 1962, p. 82, concl. Vignes).

Le Conseil d'Etat va même jusqu'à admettre dans sa jurisprudence récente la réparation du préjudice d'inquiétude pour un patient contaminé par le virus de l'hépatite C (CE, 27 mai 2015, requête numéro 371697, Cogez : AJDA 2015, p. 2340, note Pouillaude). Les conditions de réparation de ce préjudice ont été précisées dans une autre affaire concernant les victimes du Mediator. Le Conseil d'Etat exige ici que le requérant justifie « personnellement de l'existence d'un préjudice direct et certain lié à la crainte de développer une pathologie grave après la prise de Mediator ». Le fait que le requérant se prévaut « des données générales relatives au risque de développement d'une hypertension artérielle pulmonaire et du retentissement médiatique » ne suffit pas à établir ce préjudice (CE, 9 novembre 2016, requête numéro 393108, Mme A...B...- CE, 9 novembre 2016, requête numéro 393902, requête numéro 393926, Faure.- CE, 9 novembre 2016, requête numéro 393904, Georgel : AJDA 2017, p. 426, note Brimo ; JCP G 2017, 58, note Rotoullié). Il semble donc, compte tenu de ces restrictions, que la réparation de ce préjudice doive généralement être écartée par le juge.

Dans un autre domaine, le Conseil d'Etat n'a admis la réparation du préjudice subi par une personne du fait du décès de son concubin qu'à l'occasion de l'arrêt d'Assemblée Müesser du 3 mars 1978 (requête numéro 94827 : Rec. p. 116 ; AJDA 1978, p. 210, chron. Nauwelaers et Dutheillet de Lamothe ; CJEG 1978, p.123, note Le Galcher-Baron ; JCP 1978, 18986, concl. Dondoux).

Jusqu'alors, c'est parce que la situation de la concubine était jugée illégitime que la responsabilité de l'administration était écartée. Cette notion d'illégitimité continue d'ailleurs à être appliquée dans d'autres domaines, principalement dans les cas où la victime s'est elle-même placée dans une situation irrégulière. Tel est le cas, par exemple, pour des occupants irréguliers du domaine public victimes d'un dommage, dont l'administration avait mis fin, même irrégulièrement, à l'occupation (CE, 22 février 1961, Société Honnorat : Rec. p. 140. – CE Sect., 20 juin 1980, requête numéro 04592, requête numéro 04872, requête numéro 15025, Commune d'Aix-les-Thermes : Rec. p. 281 ; AJDA 1980, p. 527, chron. Feffer et Pinault ; RDP 1980, p. 1726, concl. Rougevin-Baville). Cette solution a été récemment nuancée par le Conseil d'Etat, à l'occasion d'un arrêt Imbert du 30 janvier 2013 (requête numéro 339918 : Rec. p. 9 ; AJDA 2013, p. 792, chron. Domino et Bretonneau ; JCP A 2013, 2259, note Pontier ; RJEP 2013, 14, note Connil.- V. également CAA Lyon, 5 avril 2018, requête numéro 16LY03228, Société Pougues loisirs). Les juges considèrent que « la responsabilité de l'administration ne saurait être engagée pour la réparation des dommages qui ne trouvent pas leur cause dans l'illégalité mais découlent directement et exclusivement de la situation irrégulière dans laquelle la victime s'est elle-même placée ». En conséquence, dès lors que la situation irrégulière de la victime n'est pas « directement et exclusivement » la cause des dommages subis, la réparation du préjudice ne pourra plus être écartée. Tel est le cas dans l'affaire Imbert. Le préjudice résultant pour un éleveur de sangliers, de la destruction illégale de son cheptel sur ordre du préfet, est indemnisable, le fait qu'il exploitait son établissement sans autorisation ne pouvant constituer la cause directe et exclusive du préjudice subi.

En revanche, d'autres préjudices demeurent irréparables en raison de leur nature.

Ainsi, notamment, l'article L. 321-1 du Code de l'expropriation exclut implicitement l'indemnisation du préjudice moral subi à l'occasion d'une procédure d'expropriation. Le Conseil constitutionnel a récemment considéré que ces dispositions sont conformes aux normes constitutionnelles protégeant le droit de propriété (CC, 21 janvier 2011, numéro 2010-87 QPC : Rec. CC, p. 72 ; AJCT 2011, p. 132 ; AJDA 2011, p. 447, note Hostiou ; D. 2011, p. 2127, chron. Forest). Posent également des difficultés la réparation des préjudices occasionnés par la naissance d'un enfant handicapé.

Une dernière difficulté concerne le préjudice de « wrongfull life » ce qui vise plus globalement les préjudices nés à la naissance.

A l'occasion du célèbre arrêt d'Assemblée plénière Perruche du 17 novembre 2000, la Cour de cassation avait admis qu'un enfant était fondé à engager la responsabilité d'un médecin pour être né gravement handicapé. Les juges considéraient, dans cette hypothèse, qu'une erreur de diagnostic prénatal de la maladie contractée par la mère au cours de la grossesse n'avait pas mis celle-ci en situation de décider librement de son interruption volontaire de grossesse. En d'autres termes, les juges admettaient qu'une personne pouvait obtenir réparation du seul fait d'être né (pourvoi numéro 99-13701 : Bull. civ. 2000, n° 9, p. 319 et p. 389 ; D. 2001, p. 332, note Mazeaud et note Jourdain ; D. 2001, somm. p. 2796, obs. Vasseur Lambry ; JCP G 2000, II, 10438, rapp. Sargos., concl. Sainte-Rose, note Chabas ; Gaz. Pal. 2001, 37, rapp. Sargos, concl. Sainte-Rose, note Guigne ; Dr. famille 2001, 11, note Murat ; Contrats conc. consom. 2001, 39, note Leveneur ; RTD civ. 2001, p. 103, obs. Hauser ; Ibid p. 149, obs. Jourdain ; Ibid p. 226, obs. Libchaber).

Largement critiquée par la doctrine, cette position différait de celle du Conseil d'Etat, précisée notamment par l'arrêt de Section du 14 février 1997, Centre hospitalier de Nice c. Quarez (requête numéro 133238 : Rec. p. 44, concl. Pécresse ; AJDA 1997, p. 430, chron. Chauvaux et Girardot ; D. 1999, somm. comm., p. 60, obs. Bon et de Béchillon ; Droit adm. 1997, 146, obs. Esper ; JCP 1997, I, 4025, obs. Viney ; JCP 1997, 4072, obs. Petit ; JCP 1977, 22928, note Moreau ; LPA 1997, n°64, p.5, note Alloiteau ; Quot. Jur. 1997, n°36, note Pellissier ; RDP 1997, p. 1139, note Auby et p. 1147, note Waline ; RDSS 1998, p. 94, note Mallol ; RFDA 1997, p. 374, concl. Pécresse, note Mathieu). Dans une affaire similaire à celle qui avait donné lieu à l'arrêt Perruche, le Conseil d'Etat avait accepté de réparer le préjudice subi par les parents du fait de cette naissance. En revanche, il avait refusé de condamner l'établissement hospitalier du fait du préjudice subi par l'enfant.

S'agissant de cette question, la loi n°2002-303 du 4 mars 2002 relative aux droits des malades et à la qualité du système de santé a infirmé la solution retenue à l'occasion de l'arrêt Perruche. L'article 1er de la loi précise en effet que « nul ne peut se prévaloir d'un préjudice du seul fait de sa naissance ».

Cependant, la loi ne consacre pas entièrement la jurisprudence Quarez qui permettait aux parents de l'enfant d'obtenir réparation dans des hypothèses où « des circonstances ou une situation particulière (seraient) susceptibles d'être invoquées par l'intéressée ». Ainsi, dans l'arrêt Quarez, l'absence d'information des parents sur la fiabilité du test génétique pratiqué est à l'origine de la condamnation du centre hospitalier.

D'après la loi du 4 mars 2002, la réparation du préjudice subi par les parents d'un enfant né avec un handicap non décelé pendant la grossesse suppose désormais la preuve d'une « faute caractérisée », alors que la démonstration d'une faute simple était seulement requise selon la jurisprudence du Conseil d'Etat. Surtout, les parents ne peuvent plus demander qu'une indemnité au titre de leur seul préjudice, à l'exclusion des charges particulières découlant de ce handicap tout au long de la vie de l'enfant, celles-ci relevant de la solidarité nationale. Concrètement ce nouveau dispositif avait pour effet de réduire de façon drastique le montant des indemnités auxquelles pouvaient prétendre les parents.

L'application de ces dispositions « aux instances en cours, à l'exception de celles où il a été irrévocablement statué sur le principe de l'indemnisation » a fait l'objet d'un contentieux devant la Cour européenne des droits de l'homme. Le Conseil d'Etat a, dans un premier temps, estimé que la loi ne violait pas les stipulations de l'article 1er du premier Protocole additionnel de la Convention européenne des droits de l'homme selon lequel « toute personne physique ou morale a droit au respect de ses biens ». (CE Ass., avis, 2 décembre 2002, requête numéro 250167, Draon : Rec. p. 423 ; AJDA 2003, p. 283, chron. Donnat et Casas ; JCP 2003, IV, 2190, obs. Rouault et I, 110, obs. Malaurie ; RFDA 2003, p. 339, note Petit ; JCP A 2003, 1104), cette analyse étant également partagée par la Cour de cassation. Mais dans deux décisions du 6 octobre 2005 rendues en grande chambre, la Cour européenne des droits de l'homme a estimé que cette application de la loi aux instances en cours constituait une ingérence dans le droit au respect des biens contraire à l'article 1er du premier Protocole additionnel (CEDH, Gr. Ch., 6 octobre 2005, affaire numéro 11810/03, Draon c. France et affaire numéro 1513/03, Maurice c. France : JCP G 2006, I, 109, chron. Sudre ; JCP G 2006, II, 10061, note Zollinger : RTDH 2006, n° 67, p. 667, obs. Bellivier). La Cour de cassation (Cass. 1re civ., 24 janvier 2006, pourvoi numéro 02-12.260, CPAM Loir et Cher c. Société Le Sou médical et a. : Dr. famille 2006,

104 ; JCP G 2006, II, 10062, note Gouttenoire et Porchy-Simon) puis le Conseil d'Etat se sont ralliés à cette jurisprudence (CE, 24 février 2006, requête numéro 250704, Levenez : Rec. p. 83 ; JCP A 2006, 1074, concl. Olson ; JCP G 2006, II, 10062 ; AJDA 2006, p. 1272, note Hennette-Vauchez).

Par la suite, le Conseil constitutionnel a validé le dispositif légal anti-Perruche, exception faite des dispositions transitoires qu'il a déclaré anticonstitutionnelles (CC, 11 juin 2010, QPC numéro 2010-2, Viviane L. : AJDA 2010, p. 1178, note Brondel ; Rev. gén. droit médical 2010, p. 291, note Zollinger).

Cette décision n'était toutefois pas exempte d'ambigüités puisqu'elle semblait opérer une distinction selon la date de l'introduction de l'instance, ce qui a donné lieu à une divergence d'interprétation entre le Conseil d'Etat et la Cour de cassation. Pour le Conseil d'Etat, la décision du Conseil constitutionnel devait être comprise comme déclarant inconstitutionnelle la loi en cela qu'elle s'applique aux instances en cours (CE Ass., 13 mai 2011, requête numéro 329290, Lazare : Rec. p. 235 ; AJDA 2011, p. 1136, chron. Domino et Bretonneau ; JCP A 2011, 2257, note Pacteau ; RDSS 2011, 749, note Cristol ; RFDA 2011, p. 772, concl. Thiellay et p. 806, note Verpeaux; RTD civ. 2012, p. 71, note Deumier.- V. également CE, 31 mars 2014, requête numéro 345812, Centre hospitalier de Senlis : JCP G 2014, 665, note Zollinger). Ainsi, la loi anti-Perruche devait s'appliquer à la « réparation de dommages dont le fait générateur (la naissance) était antérieur à la date d'entrée en vigueur de cette loi mais qui, à cette date, n'avaient pas encore donné lieu à une action indemnitaire ». Pour la Cour de cassation, en revanche, la déclaration d'inconstitutionnalité concerne l'application de la loi nouvelle aux instances en cours le jour de son entrée en vigueur. Ainsi, la loi ne s'applique pas, dans tous les cas de figure, aux naissances survenues avant son entrée en vigueur, alors même qu'une action en justice n'aurait été intentée qu'après l'entrée en vigueur de la loi du 4 mars 2002 (Cass. 1re civ., 15 décembre 2011, pourvoi numéro 10-27.473 : Bull. civ. 2011, I, n° 216 ; JCP G 2012, 72, note Sargos ; Resp. civ. et assurances, 72, note Radé ; RTD civ. 2012, p. 75, note Deumier).

§ III – Modalités de réparation du préjudice

Le contentieux de la responsabilité n'échappe pas à la règle de la décision préalable qui s'applique désormais, rappelons-le, y compris dans le contentieux des dommages de travaux publics (CJA, art. R. 421-1), à défaut de quoi le recours serait frappé d'irrecevabilité.

Par ailleurs, les juges ont longtemps considéré que l'indemnité devait être évaluée au jour du dommage (CE, 21 novembre 1941, SNCF : Rec. p. 199.- CE, 17 avril 1942, Servant : Rec. p. 129) ce qui a pu poser un certain nombre de difficultés durant les périodes d'inflation. Le Conseil d'Etat a donc fait évoluer les principes applicables en distinguant les dommages aux biens des dommages aux personnes.

Pour ce qui concerne les dommages aux biens, les biens sont évalués à la date où il était possible de procéder à leur réparation ou à leur reconstitution (CE Ass., 21 mars 1947, Compagnie générale des eaux : Rec. p. 122.).

Exemple :
- CE, 17 juin 1985, requête numéro 42018, requête numéro 42313, requête numéro 47643, requête numéro 59450, Société Bouygues, Régie autonome des transports parisiens : dès lors que le préjudice était connu des sociétés requérantes dans toute son étendue et pouvait être évalué par elles dès la date du sinistre, le tribunal administratif a à bon droit évalué les indemnités dues en appliquant au montant non contesté du préjudice en dollars le taux de change du dollar contre des francs qui avait cours à la date du sinistre.

Pour ce qui concerne les dommages aux personnes, l'évaluation se fait au jour du jugement. Cependant, si la victime a volontairement retardé le jugement, en tardant à présenter sa demande d'indemnité ou en refusant systématiquement les propositions qui lui sont faites par l'administration, l'évaluation se fait à la date où la décision aurait dû normalement intervenir (CE, 21 mars 1947, Aubry : Rec. p. 123 ; D. 1947, jurispr. p. 225, note PLJ ; JCP G 1947, II, 3864 ; S. 1947, III, p. 65, note DP ; RDP 1947, p. 198, note Jèze).

L'indemnité peut être allouée sous forme de rente ou de capital. En général c'est toutefois le versement d'un capital qui est privilégié pour les dommages causés aux biens.

L'indemnité produit des intérêts qui sont fixés par les juges sur le fondement des articles 1153 et 1154 du Code civil. Le requérant a le droit à des intérêts moratoires sur le fondement de ces dispositions. Dans un arrêt Ribot du 16 janvier 1987 le Conseil d'Etat a ainsi précisé que « même en l'absence de demande tendant à l'allocation d'intérêts, tout jugement prononçant une condamnation à une indemnité fait courir les intérêts du jour de son prononcé jusqu'à son exécution au taux légal, puis … au taux majoré s'il n'est pas exécuté dans les deux mois de sa notification » (requête numéro 66309 : Rec. p. 9, concl. Roux ; AJDA 1987, p. 131 ; Rev. adm. mars-avr. 1987, n° 236, p. 145, note Terneyre ; Dr. adm. 1987, 127). En cas de mauvaise volonté caractérisée de l'administration, le juge est également susceptible d'allouer, en sus des intérêts moratoires, des dommages intérêts compensatoires (CE, 2 mai 1962, Caucheteux et Desmat : AJDA 1962, p. 458, obs. Galabert et Gentot).

Pour aller plus loin :

- **Chauvaux (D.)**, concl. sur CE, 4 juillet 2003, Moya-Caville : RFDA 2003, p. 990.

- **Deguergue (M.)**, A propos de l'arrêt du Conseil d'Etat du 19 février 2003, Maurice, AP-HP, une faute caractérisée ouvre droit à réparation des préjudices propres subis par les parents d'un enfant handicapé : AJDA 2004, p.855.

- **Hennette-Vauchez (S.)**, note sur CE 24 février 2006, Levenez : AJDA 2006, p.1272.

- **Moniolle (C.)**, Faut-il conserver la règle du forfait de pension en cas d'accident de service ? : AJDA 2002, p. 956.

- **Ravelet (A.)**, Le juge administratif et la loi anti-Perruche : Droit adm. 2004, 20.

Section II – Lien de causalité

Pour que l'administration soit déclarée responsable il est nécessaire que le préjudice se rattache à un fait qui lui est imputable, ce qui pose la question de l'appréhension du lien de causalité et celui de la rupture de ce lien.

§ I – Appréhension du lien de causalité

Il existe deux principales approches du lien de causalité : la théorie de l'équivalence des conditions selon laquelle un événement est réputé causal lorsque le dommage n'aurait pu survenir sans lui, même si cette cause est lointaine ; la théorie de la causalité adéquate selon laquelle on ne peut mettre à la charge d'une personne que les conséquences normales et directes de ses actes.

La jurisprudence administrative privilégie la seconde approche (CE Sect., 14 octobre 1966, Marais : Rec. p. 548 ; D. 1966, p. 636, concl. Galmot), qui présente toutefois l'inconvénient d'être très subjective.

Exemples :
- CE, 10 mai 1985, requête numéro 48517, Ramade (Rec. p. 147 ; AJDA 1985, p. 568, note L.R ; JCP G 1986, II, 20603, note Crozafon) : il n'existe pas de lien de causalité entre la faute à l'origine de l'évasion d'un détenu et les meurtres commis par celui-ci 48 jours après.
- CE Sect., 29 avril 1987, requête numéro 61015, Banque populaire de la région économique de Strasbourg (Rec. p. 58 ; AJDA 1987, p.454, chron. Azibert et de Boisdeffre ; D. 1988, somm. comm. p. 60, obs. Moderne et Bon ; RFDA 1987, p. 831, concl. Vigouroux) : sont ici en cause des braquages réalisés deux mois après l'obtention par trois détenus respectivement d'une permission de sortie, d'un régime de semi-liberté et d'une libération conditionnelle. Mais en l'espèce, le Conseil d'Etat relève que c'est seulement quelques jours après leur défection que les individus concernés ont repris leurs activités criminelles. Le lien de causalité est donc établi entre le fait générateur - l'obtention des mesures de libération conditionnelle, de semi-liberté et de permission de sortie - et les dommages subis.

L'application de la théorie de l'équivalence des conditions n'est toutefois pas totalement écartée, notamment dans des cas où il y a pluralité d'auteurs.

Par ailleurs, sur certaines questions, la jurisprudence a pu évoluer. C'est le cas notamment concernant l'imputabilité au service d'un suicide d'un agent public survenu sur son lieu de travail. A l'origine, le Conseil d'Etat considérait qu'en raison de son caractère volontaire, cet acte se détachait du service, sauf circonstances particulières l'y rattachant (CE, 28 juillet 1993, requête numéro 121702, Ministre de la Défense c/ Stéfani : AJDA 1993, p. 685, chron. Maugüé et Touvet et p. 746, note Moreau ; D. 1994, p. 364, obs. Terneyre et Bon ; RFDA 1994, p. 575, note Bon). La jurisprudence a toutefois fini par évoluer en sens inverse, en calquant la solution retenue par les juges de l'ordre judiciaire. Désormais, le suicide ou la tentative de suicide d'un fonctionnaire intervenant sur le lieu et dans le temps de travail est imputable au service, sauf circonstance particulière l'en détachant (CE Sect., 16 juillet 2014, requête numéro 361820, Commune de Floirac : AJDA 2014,

p. 1706, chron. Bretonneau et Lessi ; Cah. fonct. publ. 2014, n° 349, p. 98, concl. Daumas ; RDSS 2014, p. 945, note Lerouge).

Exemple :
-CE, 24 octobre 2014, requête numéro 362723, Paour : la pathologie dépressive de l''intéressée, a l'origine d'une tentative de suicide, si elle a pu être favorisée par certaines conditions de son activité professionnelle, s'était déjà manifestée précédemment et trouvait son origine dans sa personnalité. En conséquence, la responsabilité de l'administration est écartée.

Il faut enfin relever que si le contrôle même de l'existence du lien de causalité relève de l'appréciation souveraine des juges du fond (CE 28 juillet 1993, requête numéro 117449, Consorts Dubouloz : Rec. p. 250 ; AJDA 1993, p. 685, chron. Maugüé et Touvet ; D. 1995, p. 237, obs. Farge et 1994, p. 364, obs. Terneyre et Bon ; RFDA 1994, p. 35, concl. Bonichot) l'appréciation de son caractère direct est une question de qualification juridique des faits qui est contrôlée par le juge de cassation (CE, 26 novembre 1993, requête numéro 108851, SCI « Les jardins de Bibémus », : Rec. p. 327 ; D. 1994, p. 366, obs. Terneyre et Bon ; RFDA 1994, p. 575, obs. Bon.- CE, 12 janvier 2009, requête numéro 308454, SIED et SAUR). Sur cette question, la jurisprudence est particulièrement casuistique.

Exemple :
- CE, 9 décembre 1974, Matherey, dit Philippe Clay (Rec. p. 830) : un artiste, illégalement évincé du secteur de l'audiovisuel public, a subi un préjudice direct du fait de la perte des cachets qu'il n'a pas perçus. En revanche, son préjudice est indirect s'agissant de la diminution de ses ventes de disques.

§ II – Rupture du lien de causalité

Dans certains cas, le préjudice est lié non pas exclusivement à la personne que la victime estime être responsable, mais à une faute de la victime elle-même, ou à une cause étrangère.

I – Faute de la victime

La faute de la victime peut constituer la cause totale ou partielle du dommage dont il est demandé réparation, ce qui va permettre de limiter ou d'exclure l'engagement de la responsabilité de l'administration.

Exemples :
- CE, 23 août 2006, requête numéro 273902, A. : en maintenant pendant trois ans la requérante dans une situation marquée par une insuffisance caractérisée de ses horaires de cours, le président de l'université qui l'emploie a commis une faute de nature à engager la responsabilité de l'université. Il résulte toutefois de l'instruction que Mme A. a, en faisant preuve d'une attitude difficile à l'égard de ses collègues, contribué à cette situation et commis ainsi une faute de nature à exonérer l'université de la moitié de sa responsabilité.

- CAA Bordeaux, 23 février 2007, requête numéro 03BX00837, Fonds de garantie des victimes des actes de terrorisme et d'autres infractions : l'insuffisance d'une signalisation qui interdit la baignade sur une plage réservée à l'accès des engins de sport nautique est constitutive d'une faute de nature à engager la responsabilité de la commune. Toutefois, il résulte de l'instruction que la victime connaissait les lieux pour y pratiquer habituellement la planche à voile et la pêche, ainsi que l'interdiction de s'y baigner. Ainsi, l'intéressé, qui était mineur au moment de l'accident, a commis une grave imprudence en allant pratiquer la plongée en apnée dans cette zone. En outre, sa famille, sous la responsabilité de laquelle il se trouvait, a commis une faute en le laissant aller se baigner, et en ne faisant pas en sorte qu'il quitte la zone où il se baignait pour rejoindre la plage. Ces fautes sont de nature à exonérer totalement la responsabilité de la commune.
- CAA Lyon, 10 juin 2008, requête numéro 05LY01218, Ijjou : les dommages subis par un nouveau-né sont exclusivement imputables aux fautes commises par le père de la victime, lequel, invoquant ses convictions religieuses, s'est physiquement opposé à toute présence masculine dans la salle d'accouchement, notamment des médecins obstétriciens et anesthésistes et de l'interne de garde, malgré les demandes insistantes de ces derniers.

En revanche, le Conseil d'Etat, rompant avec sa jurisprudence antérieure, a récemment considéré que le comportement de la victime n'est pas une cause exonératoire du harcèlement moral dans la fonction publique (CE Sect., 11 juillet 2011, requête numéro 321225, Montaut : Rec. p. 349, concl. Guyomar ; AJDA 2011, p. 1072, concl. Guyomar ; Dr. adm. 2011, 88, note Melleray ; JCP A 2011, 2377, note Jean-Pierre.- V. également CE, 14 mars 2016, requête numéro 390731, Chambre de commerce et d'industrie de Vaucluse).

Le caractère exonératoire de la faute commise par la victime joue également dans les hypothèses de responsabilité sans faute.

Exemples :
- CE, 21 mai 2008, requête numéro 276357, Valois : un praticien contaminé par le virus de l'hépatite C, en n'écartant pas lui-même les instruments tranchants ou piquants souillés dans un réceptacle à aiguilles au fur et à mesure de leur utilisation au cours de ses interventions, ou en ne veillant pas à ce que l'infirmière de salle le fasse, a commis une imprudence de nature à atténuer de moitié la responsabilité du centre hospitalier.
- CE, 30 avril 2003, requête numéro 212113, Compagnie Préservatrice foncière assurances (JCP A 2003, 1572, obs. Moreau) : la requérante peut rechercher la responsabilité d'un centre hospitalier spécialisé sur le fondement du risque spécial créé par la sortie d'essai que cet établissement avait accordée à un usager. Il résulte de l'instruction que le fait pour l'usager d'avoir allumé l'incendie dommageable est constitutif d'une faute qui est de nature, dans les circonstances de l'espèce, à exonérer totalement le centre hospitalier spécialisé de sa responsabilité à l'égard de la compagnie requérante.

Le juge de cassation exerce un contrôle de qualification juridique des faits sur la faute de l'administré de nature à exonérer l'administration de sa responsabilité (CE, 20 juin 2007, requête 256974, Boutin : Rec. tables, p. 1047).

Une hypothèse proche de la faute de la victime est celle où celle-ci a accepté d'être soumise au risque à l'origine du dommage dont elle demande réparation. Dans ce cas, la responsabilité de l'administration est écartée.

Exemple :
-CE, 10 juillet 1996, requête numéro143487, Meunier (Rec. p. 289 ; RDP 1996, p. 246, concl. Stahl) : le requérant exploitait depuis 1970 un commerce installé dans une cave creusée dans le rocher. Il a dû interrompre son activité pendant plusieurs mois en exécution d'arrêtés municipaux fondés sur l'existe de de risques d'éboulement souterrains. Les juges du fond ont rejeté la demande d'indemnité après avoir relevé, d'une part, que le requérant en installant son commerce dans des caves dont « la solidité dépend nécessairement de la stabilité du terrain environnant, doit être considéré comme ayant pris en compte l'éventualité d'une mesure d'interdiction pour des motifs de sécurité publique » et, d'autre part, que l'intéressé « ne pouvait ignorer les risques que comportait l'aménagement d'un établissement recevant du public dans un tel site alors que, par lettre du 20 juin 1981, le maire avait attiré son attention sur l'existence de mouvements de terrain susceptibles d'affecter la stabilité de ses caves ». Après avoir souverainement estimé qu'il résultait de ces constatations que la victime avait accepté en connaissance de cause les risques d'instabilité auxquels était exposé son établissement, la cour n'a pas méconnu les règles qui régissent la responsabilité des personnes publiques en décidant que le préjudice résultant d'une situation à laquelle celle-ci s'était sciemment exposée ne lui ouvrait pas droit à réparation.

II – Cause étrangère

La cause étrangère peut résulter du fait d'un tiers, d'un cas de force majeure, ou d'un cas fortuit.

A – Fait du tiers

Le fait du tiers a une influence variable sur l'établissement de la causalité, selon que le régime applicable est un régime de responsabilité pour faute ou de responsabilité sans faute.

1° Responsabilité pour faute

Le fait d'un tiers - ou plus précisément d'une personne publique ou privée distincte de la victime - peut permettre de limiter ou d'exclure la responsabilité de l'administration.

Cette solution est clairement admise dans le cadre des régimes de responsabilité pour faute.

Exemple :
- CAA Paris, 3 juin 1996, requête numéro 94PA00325, Compagnie Préservatrice Foncière Assurances (Rec. p. 586) : un accident survenu dans le petit bassin d'une piscine municipale a été rendu possible par les carences des agents municipaux dans l'organisation et l'exécution de la surveillance de ce bassin. Toutefois, l'exercice sans agrément d'une activité de garderie, l'insuffisance du nombre et de la vigilance du personnel chargé de l'encadrement des enfants à la piscine, la participation à la baignade

de la victime, inscrite seulement pour la pratique du tennis, constituent, de la part des responsables de la garderie et de leurs préposés, des fautes de nature à exonérer la commune de la moitié de sa responsabilité.

Toutefois, il est nécessaire que le fait du tiers ait directement influé sur la production du dommage ce qui donne lieu, ici également, à une jurisprudence casuistique.

Exemple :
- CE, 20 juin 2007, requête numéro 282574, Puig (Rec. tables, p. 1071) : absence de lien direct de causalité entre la faute de l'administration qui a favorisé un démarchage commercial effectué dans les enceintes militaires pour des placements financiers, et le préjudice impliqué par la faillite frauduleuse de la société concernée à laquelle les victimes avaient confié leur épargne.

Il faut relever que traditionnellement lorsque l'administration et un tiers sont reconnus coauteurs du dommage, le Conseil d'Etat considérait qu'ils étaient tenus, non pas solidairement comme c'est la règle en droit civil, mais seulement pour leur part respective dans la réalisation de ce dommage (CE Sect., 11 mai 1951, Pierret, Pintal et a. : Rec., p. 259. – CE Sect., 29 février 1952, Servel : Rec. p. 147. – CE Sect., 29 juillet 1953, Epoux Glasner : Rec. p. 427).

Ainsi, comme l'a exposé Raymond Odent « lorsqu'un préjudice a plusieurs auteurs et que la responsabilité est engagée sur le fondement de la faute, la victime de ce dommage ne peut demander à chaque coauteur que la réparation de la fraction du dommage correspondant à la part de responsabilité personnellement encourue par chacun d'eux » (Contentieux administratif, t. 2 : réimpression Dalloz, 2007, p. 210-211).

Cette solution était généralement justifiée par des raisons d'ordre pratique. Il s'agissait de faire en sorte que les victimes ne mettent en cause systématiquement les personnes publiques pour des raisons tenant au fait qu'elles sont toujours solvables. Le souci de l'économie des deniers publics s'opposerait à une telle solution, l'administration risquant, quant à elle, dans le cadre d'une action récursoire, de se retourner contre un coresponsable insolvable.

Ce principe connaissait toutefois plusieurs exceptions. Il ne s'appliquait pas, tout d'abord, en matière de responsabilité contractuelle (CE Sect., 8 novembre 1968, Compagnie d'assurances générales contre l'incendie et les explosions : Rec. p. 558), en matière de responsabilité sans faute (CE Sect., 1er février 2006, requête numéro 268147, Garde des Sceaux, ministre de la Justice c/ MAIF : Rec. p. 42, concl. Guyomar ; AJDA 2006, p.586, chron. Landais et Lenica ; RFDA 2006, p. 602, concl. Guyomar et p. 614, note Bon) et en matière de responsabilité du fait des travaux publics (CE Sect., 29 janvier 1971, Association « Jeunesse et Reconstruction » : Rec. p. 81).

Dans le cadre de la responsabilité pour faute, une autre exception concernait le cas où le dommage résulte du fait de plusieurs collectivités publiques qui collaborent à l'occasion de l'exécution d'une même mission de service public. Dans cette hypothèse, la victime peut agir, pour la réparation de la totalité du préjudice subi, contre l'une de ces collectivités, ou contre toutes en demandant leur condamnation in solidum.

Exemple :
- CE Ass., 9 avril 1993, requête numéro 138652, requête numéro 138653, requête numéro 138663 (Rec. p. 110, concl. Legal ; AJDA 1993, p. 344, chron. Maugüé et Touvet ; D. 1993, p.312, concl. Legal ; JCP G 1993, I, 3700, chron. Picard ; JCP G 1993, 21110, Debouy ; RFDA 1993, p. 583, concl. Legal) : la responsabilité de l'Etat peut être engagée par toute faute commise dans l'exercice des attributions relatives à l'organisation générale du service public de la transfusion sanguine, au contrôle des établissements qui sont chargés de son exécution et à l'édiction des règles propres à assurer la qualité du sang humain. En outre, dans le cas où cette responsabilité serait engagée, l'Etat ne pourrait s'en exonérer en invoquant des fautes commises par les établissements de transfusion sanguine.

Le Tribunal des conflits avait également décidé, à l'occasion d'un arrêt Ratinet du 14 février 2000 rendu à propos d'un déni de justice que « chacun des coauteurs d'un même dommage, conséquence de leurs fautes respectives, doit être condamné in solidum à la réparation de l'entier dommage, chacune de ces fautes ayant concouru à le causer tout entier, sans qu'il y ait lieu de tenir compte du partage de responsabilité entre les coauteurs, lequel n'affecte que les rapports réciproques de ces derniers, mais non le caractère et l'étendue de leur obligation à l'égard de la victime du dommage » (requête numéro 2929, préc.). En l'espèce, un centre hospitalier régional est reconnu responsable des trois-quarts du dommage consécutif à l'accident survenu à un patient et l'anesthésiste de la clinique responsable de ce dommage à hauteur du quart, le centre hospitalier et le praticien étant condamnés in solidum à indemniser la victime. Cette décision, rendue dans le cadre de la procédure très atypique de jugement au fond organisée par la loi du 20 avril 1932, pouvait toutefois s'expliquer par la volonté du Tribunal de mettre un terme définitif au litige.

Finalement, la jurisprudence a franchi un pas décisif dans l'admission d'une responsabilité in solidum à l'occasion de l'arrêt Madranges du 2 juillet 2010 (requête numéro 323890 : Rec. p. 236 ; AJDA 2011, p. 116, note Belrhali-Bernard ; Dr. adm. 2010, 135, note Melleray.- V. également CAA Bordeaux, 30 novembre 2010, requête numéro 10BX00135, Centre hospitalier universitaire de Bordeaux.- CE, 24 avril 2012, requête numéro 34210, Massioui : Rec. p. 175 ; AJDA 2012, p. 1665, étude Belrhali-Bernard), le Conseil d'Etat admettant que « lorsqu'un dommage trouve sa cause dans plusieurs fautes qui, commises par des personnes différentes ayant agi de façon indépendante, portaient chacune en elle normalement ce dommage au moment où elles se sont produites, la victime peut rechercher la réparation de son préjudice en demandant la condamnation de l'une de ces personnes ou de celles-ci conjointement, sans préjudice des actions récursoires que les coauteurs du dommage pourraient former entre eux ».

La portée de cette décision n'est toutefois pas évidente à appréhender. Le considérant susvisé vise en effet « des personnes différentes » sans qualifier leur nature. Il n'est donc pas certain que la reconnaissance d'une obligation in solidum s'étende au cas où les coauteurs ne sont pas que des personnes publiques - comme c'est le cas dans l'affaire Madranges - mais des personnes publiques et privées. C'est bien dans ce sens que paraît s'orienter le Conseil d'Etat qui a récemment refusé de reconnaître le principe d'une responsabilité in solidum dans l'affaire du médiator entre l'Etat, défaillant dans sa mission de contrôle, et le laboratoire qui a élaboré ce médicament (CE, 9 novembre 2016, requête numéro 393108, Mme A...B..., préc.- CE, 9 novembre 2016, requête numéro 393902, requête numéro 393926, Faure, préc.- CE, 9 novembre 2016, requête numéro 393904, Georgel, préc.).

Quoi qu'il en soit, la solution retenue dans l'arrêt Madranges a vocation, par exemple, à s'appliquer en cas de suicide d'un détenu, les défaillances dans la surveillance du détenu pouvant coexister avec une faute commise par les services d'un établissement de santé qui a mal évalué son état psychologique (CE, 24 avril 2012, requête numéro 342104, Missaoui : JCPA 2012, 2034, note Arbousset.- CE, 4 juin 2014, requête numéro 359244, Bendjebel). Dans cette hypothèse, lorsque les ayants droit du détenu recherchent la responsabilité de l'Etat du fait des services pénitentiaires, « ils peuvent utilement invoquer à l'appui de cette action en responsabilité, indépendamment du cas où une faute serait exclusivement imputable à l'établissement public de santé où a été soigné le détenu, une faute du personnel de santé de l'unité de consultations et de soins ambulatoires de l'établissement public de santé auquel est rattaché l'établissement pénitentiaire s'il s'avère que cette faute a contribué à la faute du service public pénitentiaire ».

2° Responsabilité sans faute et dommages de travaux publics

Le fait du tiers ne présente pas, en principe, de caractère exonératoire dans le cadre des régimes de responsabilité sans faute, comme pour la réparation des dommages de travaux publics. Cette solution s'explique par le fait que le risque, qui est l'élément déclencheur de la plupart des régimes de responsabilité sans faute, est toujours considéré comme la cause déterminante du dommage.

Exemple :
- CE, 31 juillet 1996, requête numéro 129158, Fonds de garantie automobile (Rec. p. 337 ; CJEG 1997, p. 149, concl. Stahl) : un véhicule a heurté un autre véhicule, après avoir fait un écart pour éviter une tranchée creusée dans la chaussée par Gaz de France. A la suite de cet accident, le tribunal correctionnel a condamné le conducteur à l'origine de l'accident à verser une indemnité à l'autre conducteur. Le fonds de garantie automobile s'est substitué au conducteur condamné, insolvable, puis a intenté devant la juridiction administrative une action contre Gaz de France afin d'obtenir le remboursement de la somme versée à la victime. Celle-ci étant usager de la voie publique, la responsabilité de Gaz de France est engagée à son égard pour défaut d'entretien normal, sans que celle-ci puisse invoquer le fait d'un tiers pour s'exonérer de tout ou partie de cette responsabilité.

D'une façon générale, seule la faute de la victime ou un cas de force majeure peut atténuer la responsabilité de l'administration. Il a ainsi récemment été jugé que « dans le cas d'un dommage causé à un immeuble, la fragilité ou la vulnérabilité de celui-ci ne peuvent être prises en compte pour atténuer la responsabilité du maître de l'ouvrage, sauf lorsqu'elles sont elles-mêmes imputables à une faute de la victime » (CE, 10 février 2014, requête numéro 361280, Chavent : Rec. p. 28 ; AJCT 2014, p. 391, obs. Josselin ; AJDA 2014, p. 1221, note Foulquier).

Par exception, le fait du tiers présente un caractère exonératoire lorsque, en application de textes spécifiques, l'administration n'a pas la possibilité d'exercer une action récursoire contre le tiers auteur ou coauteur du préjudice. Il ne serait pas normal, en effet, que l'administration supporte seule la charge du dommage dans un tel cas. Cette situation se présente notamment dans l'hypothèse où le tiers, qui est coauteur d'un dommage dont la réparation relève de la législation des accidents du travail, se trouve exonéré de toute responsabilité du fait de l'application de cette législation (Code de la sécurité sociale, art. L. 451-1.- V. CE Sect., 2 juillet 1971, requête numéro 76533, Société Le piver : Rec. p.504 ; Dr. Soc. 1972, p.50, note Moderne).

B – Force majeure

La force majeure est caractérisée par son imprévisibilité, son extériorité et son irrésistibilité. Lorsque ces conditions sont réunies, les personnes publiques sont exonérées de leur responsabilité, que l'on se situe dans le cadre d'un régime de responsabilité pour faute ou dans celui de la responsabilité sans faute.

S'il est relativement aisé d'apprécier la condition d'extériorité, il est en revanche plus difficile d'apprécier celles d'imprévisibilité et d'irresistibilité. Comme l'expose le professeur Chapus, il est nécessaire, pour que ces conditions soient réunies « que l'événement ait été raisonnablement absolument inattendu et absolument imparable » (Droit administratif général, t.1, ouv. précité, p. 1249). D'une façon générale, ces conditions sont appréciées strictement par les juges.

Exemples :

- CAA Lyon, 13 mai 1997, requête numéro 94LY00923, requête numéro 94LY01204, Balusson et mutuelles du Mans (Rec. p. 1072 ; D. 1998, jurispr. p. 11, note Schaegis ; Dr. adm. 1997, 14, concl. Erstein) : cette affaire concernait la catastrophe du Grand-Bornand qui avait résulté du débordement d'un torrent qui avait déjà eu lieu plusieurs fois au XIX° siècle et une fois en 1936. L'évènement n'était donc pas imprévisible et par conséquent la force majeure n'a pas été retenue.
- TA Nice, 22 janvier 2002, requête numéro requête numéro 96-2073, Basset et SARL Pierre Basset c. Commune de Salernes : des pluies diluviennes à l'origine d'une inondation ne constituent pas un cas de force majeure. Les juges relèvent en effet que si les débits du cours d'eau étaient, en janvier et novembre 1994, élevés par rapport à ceux enregistrés de 1970 à 1994, ce même cours d'eau avait connu un débit supérieur en janvier 1978 et en février 1974.

Le juge de cassation exerce un contrôle de la qualification juridique des faits sur la notion de force majeure. Le Conseil d'Etat exige que les faits qui conduisent les juges du fond à retenir cette qualification soient précisément définis.

Exemple :

-CE, 16 octobre 1995, requête numéro 150319, Epoux Mériadec (Rec. p. 355) : pour statuer sur l'imputabilité des dommages causés par l'inondation de la propriété des requérants du fait des pluies d'orage, les juges du fond se sont bornés à relever « qu'il résulte de l'instruction que ces précipitations ont présenté, en raison de leur violence et de leur intensité exceptionnelles et imprévisibles, le caractère d'un évènement de force majeure ». En se bornant à faire ainsi référence aux résultats de l'instruction et en s'abstenant de préciser les faits sur lesquels a porté son appréciation, la cour administrative d'appel ne met pas le juge de cassation en mesure d'exercer son contrôle sur la qualification juridique qu'elle a donnée à ces faits en jugeant qu'ils étaient constitutifs d'un cas de force majeure.

Il faut enfin distinguer la force majeure du cas fortuit, lequel est un événement irrésistible, imprévisible, mais qui n'est pas extérieur aux parties.

Exemple :
- CE, 10 mai 1912, Ambrosini (Rec. p.549 ; S. 1912, III, p.161) : le Conseil d'Etat reconnaît en l'espèce que l'explosion d'un navire est liée à une cause interne à celui-ci, mais demeurée inconnue.

Puisqu'il ne s'agit pas d'une cause étrangère, le cas fortuit n'a aucun effet sur l'établissement de la causalité. Toutefois, le cas fortuit a une incidence sur l'engagement de la responsabilité de l'auteur du dommage puisqu'il concerne, non pas la causalité, mais le fait générateur. En effet, si l'on se trouve dans le domaine de la responsabilité pour faute, la faute ne sera pas retenue dans l'hypothèse d'un cas fortuit. En revanche, le cas fortuit n'est pas exonératoire dans les régimes de responsabilité sans faute (CE Ass., 9 juillet 1948, Capot et Denis : Rec. p. 326).

Pour aller plus loin :

- **Bénoit (F.-P)**, Essai sur les conditions de la responsabilité en droit public et privé (problèmes de causalité et d'imputabilité) : JCP G 1957, I, 1351.

- **Bénoit (F.-P)**, Le cas fortuit dans la jurisprudence administrative : JCP G 1956, I, 1328.

- **Brard (Y.)**, propos de la notion de fait du tiers : JCP G 1980, I, 297.

- **Couzinet (J.-F)**, Cas de force majeure et cas fortuit : causes d'exonération de la responsabilité administrative : RDP 1993, p. 1385.

- **Esmein (P.)**, Le nez de Cléopâtre ou les affres de la causalité : D. 1964, chron. p. 205.

- **Lemaire (F.)**, La force majeure : un événement irrésistible : RDP 1999, p. 1723.

- **Moderne (F.)**, Recherches sur l'obligation in solidum dans la jurisprudence administrative : EDCE 1973, p. 15

- **Ségur (P.)**, Le cas fortuit en droit administratif ou l'échec d'une construction doctrinale : AJDA 1994, p. 185.

- **Sousse (M.)**, La notion de « force majeure non exonératoire » : RRJ 1995, p. 129.

Section III – Fait générateur

Si la nature de la responsabilité administrative a longtemps été incertaine, il ne fait pas de doute qu'elle est aujourd'hui, en principe, une responsabilité pour faute et dans des cas de moins en moins exceptionnels une responsabilité sans faute.

§ I – Données historiques du problème

Si l'arrêt Blanco touche à l'ensemble du droit administratif, tant pour les questions de fond que pour les questions de compétence, il concernait au premier chef un problème de responsabilité. Il résulte en effet de cet arrêt que la responsabilité des personnes publiques « n'est ni générale ni absolue, qu'elle a ses règles spéciales qui varient suivant les besoins du service et la nécessité de concilier les droits de l'Etat avec les droits privés » (TC, 8 février 1873, requête numéro 00012, préc.).

Si, par conséquent, l'arrêt Blanco définit les grandes lignes de la responsabilité administrative, il ne précise pas la nature même de cette responsabilité. En particulier, l'arrêt Blanco ne se réfère aucunement à la notion de responsabilité pour faute de l'Etat. Or, cette omission est très certainement volontaire. En effet, en 1873, le droit de la responsabilité administrative est encore dominé par l'adage hérité de l'Ancien Régime selon lequel « le souverain ne saurait mal faire ».

Il découlait de cet adage ce que Paul Duez appelait le « dogme de l'irresponsabilité de la puissance publique » (La responsabilité de la puissance publique, Dalloz 2ème éd. 1934). Cette expression est fréquemment employée pour expliquer l'état du droit de la responsabilité administrative jusqu'au début du XX° siècle. Or, cette expression est imprécise : en réalité, s'il existait un dogme c'était celui non pas de l'irresponsabilité administrative, mais celui de son infaillibilité. En effet, ce que refusait de faire le juge, c'était de reconnaître que le souverain pouvait mal faire, c'est-à-dire d'engager la responsabilité pour faute de l'administration. En revanche, aucun obstacle ne s'opposait à la reconnaissance d'une responsabilité sans faute.

Et, de fait, les premiers cas dans lesquels la responsabilité de l'administration a été reconnue sont des hypothèses de responsabilité sans faute. Plus précisément, c'est dans le domaine de la réparation des dommages de travaux publics causés aux propriétés privées des tiers que s'est développée cette responsabilité dès le début du XIX° siècle. Un tel système de responsabilité permettait en effet de concilier deux principes très importants à cette époque : celui de l'infaillibilité de l'administration, et le caractère absolu du droit de propriété reconnu par l'article 544 du Code civil, ainsi que les caractères inviolable et sacré de ce droit visé par l'article 17 de la Déclaration des Droits de l'Homme et du Citoyen.

Certes, ces mécanismes de responsabilité sans faute constituaient l'exception. Dans de nombreux domaines, on le verra, l'Etat était à l'orifine irresponsable. Les îlots d'irresponsabilité de l'administration ont toutefois progressivement disparu. En l'état actuel de la jurisprudence il semble qu'ils ne recouvrent que deux hypothèses : les actes de gouvernement (et encore semble-t-il que la responsabilité sans faute lié à l'application des traités internationaux pourrait recevoir application V. sur ce point supra p. 392) ; les dommages occasionnés par les opérations militaires (CE, 23 juillet 2010, requête numéro 328757, Société Touax : Rec. p. 344 ; AJDA 2010, p. 2229, note Belrhali-Bernard).

Ce n'est qu'au début du XX° siècle que la responsabilité pour faute de l'administration a été admise et est devenue le régime de responsabilité administrative de droit commun avec l'arrêt Tomaso Grecco du 10 février 1905 (préc.).

§ II – Responsabilité pour faute

La faute de service peut se voir appliquer la définition civiliste de Planiol selon laquelle « la faute est un manquement à une obligation préexistante » (Droit civil, t. II, n°913, LGDJ, 3ème éd 1949), la définition de ces obligations pouvant, le cas échéant, résulter d'un texte.

Exemple :
- CAA Bordeaux, 15 janvier 2008, requête numéro 05BX01753, Monges : l'article L. 4151-3 du Code de la santé publique prévoit « (qu'en) cas d'accouchement dystocique ... (les sages-femmes) doivent faire appeler un médecin ». Les juges estiment qu'il résulte de ces dispositions que lorsque survient une dystocie pendant un accouchement se déroulant sous la surveillance d'une sage-femme, celle-ci a l'obligation d'appeler un médecin. L'absence d'un médecin dans de telles circonstances est constitutive d'un défaut dans l'organisation et le fonctionnement du service engageant la responsabilité du service public hospitalier, à moins qu'il ne soit justifié d'une circonstance d'extrême urgence ayant fait obstacle à ce que la sage-femme appelle le médecin ou que le médecin appelé ait été, pour des motifs légitimes, placé dans l'impossibilité de se rendre au chevet de la parturiente.

En l'absence de texte, la qualification de faute du comportement à l'origine d'un préjudice n'est pas toujours évidente.

Exemple :
- CE, 22 février 2008, requête numéro 280931, Syndicat mixte central de traitement des ordures ménagères de l'agglomération parisienne : l'Etat ne commet aucune faute du fait de l'abandon d'un projet de construction d'une usine d'incinération d'ordures ménagères.
- CE, 27 juin 2016, requête numéro 382319, Bernabé : unene disposition législative - il s'agit des accords d'Evian - posant le principe de l'intervention d'une loi ultérieure ne constitue pas une promesse dont le non-respect serait susceptible d'engager la responsabilité pour faute de l'Etat.

La faute de service peut prendre différents aspects : elle peut résulter d'un acte matériel comme d'un acte juridique, d'une action comme d'une abstention.

Deux difficultés notables se posent : celle de la charge de la preuve de la faute et celle du degré de gravité de la faute susceptible d'engager la responsabilité de l'administration.

I – Charge de la preuve

La responsabilité administrative est en principe une responsabilité pour faute prouvée. Cependant, il existe, comme en droit civil, un certain nombre d'hypothèses dans lesquelles la faute est présumée.

Les mécanismes présomptifs recouvrent deux types de procédés logiques différents (V. L. de Gastines, Les présomptions en droit administratif français, Bibliothèque de droit public, t. 163, LGDJ 1998).

Le premier procédé est celui de présomption affirmation : dans ce cas une affirmation sera tenue pour vraie jusqu'à la preuve ou la démonstration du contraire ou même, dans certains cas, nonobstant la preuve ou la démonstration du contraire.

Il peut s'agir de présomptions légales résultant d'un texte de loi.

Exemple :
- L'article L. 1142-1 du Code de la santé publique précise que « les établissements, services et organismes susmentionnés sont responsables des dommages résultant d'infections nosocomiales, sauf s'ils rapportent la preuve d'une cause étrangère ».

Il peut également s'agir de présomptions quasi-légales résultant d'une règle jurisprudentielle.

Exemples :
- CE Sect., 6 juin 2008, requête numéro 299203, Société Tradition Securities and Futures (AJDA 2008, p. 1321, chron. Bourgeois-Machureau et Geffray ; JCP A 2008, I, 191, chron. Plessix.- V. également CE Sect., 6 juin 2008, requête numéro 300619, Société CM CIC Securities) : les sociétés prestataires de services d'investissement sont au nombre des personnes auxquelles l'ex-Conseil des marchés financiers et l'ex-Commission des opérations de bourse peuvent, en cas de manquement à leurs obligations professionnelles, infliger une sanction. Pour l'application de ces dispositions et en raison des responsabilités qui incombent à ces prestataire … les manquements commis non seulement par les dirigeants et représentants de ces sociétés mais aussi par leurs préposés sont de nature à leur être directement imputés en leur qualité de personnes morales, sans que soit méconnu le principe constitutionnel de responsabilité personnelle, dès lors que ces préposés ont agi dans le cadre de leurs fonctions. Mais en l'absence, toutefois, au regard de ce principe, de toute présomption de caractère irréfragable, les prestataires ont, au cours de la procédure engagée à leur encontre, la faculté de faire valoir en défense, pour s'exonérer de leur responsabilité, qu'ils ont adopté et effectivement mis en œuvre des modes de fonctionnement et d'organisation de nature à prévenir et à détecter les manquements professionnels de leurs préposés, sauf pour ces derniers précisément à s'affranchir du cadre de leurs fonctions, notamment en agissant à des fins étrangères à l'intérêt de leurs commettants.
- CE, 17 octobre 2012, requête numéro 348440, Bussa (JCP A 2013, 2025, note Vocanson) : la circonstance que la mère biologique d'un enfant confié à sa naissance au service de l'aide sociale à l'enfance, puis adopté, ait eu connaissance des informations relatives à la nouvelle identité de cet enfant et à celle de ses parents adoptifs révèle une faute dans le fonctionnement du service de l'aide sociale à l'enfance du département de nature à engager la responsabilité de ce dernier, sauf à ce que celui-ci établisse que la divulgation des informations en cause est imputable à un tiers ou à la victime elle-même.

L'hypothèse la plus connue est toutefois la notion de défaut d'entretien normal, même s'il s'agit d'une hypothèse atypique, notamment parce qu'à la différence des cas de responsabilité pour faute, le fait du tiers n'a pas ici d'effet exonératoire et parce que cette notion, à la différence de celle de faute, ne relève pas du contrôle de qualification juridique des faits opéré par le juge de cassation (CE Sect., 26 juin 1992, requête numéro 144728, Commune de Béthoncourt, préc.).

Lorsqu'un usager est victime de dommages de travaux publics, l'administration sera condamnée à moins qu'elle ne démontre qu'elle a entretenu normalement l'ouvrage public. Ceci signifie que le mauvais entretien de l'ouvrage est présumé, mais que l'administration peut renverser la charge de la preuve en établissant qu'elle n'a pas commis de faute (CE Sect., 26 juin 1992, requête numéro 114728, Commune de Béthoncourt, préc).

Un défaut d'entretien normal peut également résulter de la signalisation insuffisante de dangers.

Exemple :
- CAA Douai, 10 avril 2012, requête numéro 11DA00792, Bobkiewicz : l'absence de signalisation particulière du danger constitué par une chaussée déformée, révèle un défaut d'entretien normal de la voie publique de nature à engager la responsabilité d'une commune.

Le second procédé utilisé par les juges, principalement en matière de responsabilité hospitalière, est celui de présomption induction. Il s'agit d'un raisonnement par lequel un fait sera tenu pour établi sur la preuve de faits voisins ou connexes. Cette hypothèse existe notamment dans le cas où le dommage résulte d'une intervention courante et à caractère bénin.

Exemple :
- CE, 19 mai 1976, requête numéro 94813, Centre hospitalier régional de Poitiers : au cours d'exercices de rééducation, un malade a été victime d'un accident qui a entraîné une fracture de la diaphyse de son fémur gauche et a nécessité une intervention chirurgicale. S'agissant de soins courants et de caractère bénin, les troubles qui en sont résultés ne peuvent être regardés que comme révélant une faute dans l'organisation ou le fonctionnement du service, de nature à engager la responsabilité du centre hospitalier.

Il faut relever que l'exigence d'une faute présumée constitue dans certains cas une étape dans l'évolution des règles de responsabilité, avant l'admission d'un régime de responsabilité sans faute. Cette hypothèse s'est vérifiée par deux fois en matière de responsabilité des établissements hospitaliers. Tel est le cas, tout d'abord, en matière d'infections nosocomiales. Dans ce domaine, le régime de présomption de faute défini par les juges (CE, 9 décembre 1988, requête numéro 65087, Cohen : Rec. p. 431 ; AJDA 1989, p. 405, obs. Moreau ; D. 1989, somm. obs. Moderne et Bon ; D. 1990, jurispr. p. 487, note Thouroude et Touchard ; Quot. jur. 23 février 1989, note Moderne) a fait place à un régime de responsabilité sans faute institué par la loi du 4 mars 2002 (V. Code de la santé, art. L. 1141-1). C'est le cas, ensuite, pour les dommages occasionnés par des produits ou des appareils utilisés par les établissements de santé publics. Mais dans cette hypothèse, l'évolution est liée à un revirement de jurisprudence (CE, 9 juillet 2003, requête numéro 220437, Assistance publique - Hôpitaux de Paris c. Marzouk : Rec. p. 338 ; JCP A 2003, 1897, note Chavrier ; AJDA 2003, p. 1946, note Deguergue.- V. le régime antérieur de présomption de faute défini par CE, 1er mars 1989, requête numéro 67255, Epoux Peyres : Rec. p. 65 ; D. 1990, somm. p. 298, obs. Bon et Terneyre).

II – Gravité de la faute

L'arrêt Blanco énonce que la responsabilité de l'Etat « n'est ni générale ni absolue » (TC, 8 février 1873, requête numéro 00012, préc.). Par conséquent, si en droit civil une faute légère suffit à engager la responsabilité de la personne mise en cause, il n'en va pas nécessairement ainsi en droit administratif.

Certes, dans de nombreux cas, la preuve d'une faute non qualifiée - c'est-à-dire d'une faute simple - suffit à engager la responsabilité de l'administration. Mais dans d'autres cas, c'est une faute qualifiée qui est exigée. Si l'évolution des règles de responsabilité de l'administration va dans le sens d'un constant recul de la faute qualifiée, et notamment de la faute lourde, celle-ci se maintient néanmoins dans différents domaines.

A – Recul de la faute lourde

Dans de nombreux domaines, l'exigence d'une faute qualifiée a longtemps été liée à la difficulté du service assuré. Elle se justifiait par des considérations d'intérêt général et plus précisément par le fait que la crainte d'être trop facilement condamnée en cas de dommage pouvait inciter l'administration à ne pas agir.

Désormais, cet argument est passé au second plan, derrière la volonté de protéger plus efficacement les intérêts des victimes.

Le recul de la faute lourde s'observe principalement dans quatre domaines : les activités médicales et chirurgicales, les activités de secours, les activités des services pénitentiaires et les activités des services fiscaux.

1° Activités médicales et chirurgicales

L'état initial de la jurisprudence résultait des arrêts de Section du Conseil d'Etat du 8 novembre 1935, Veuves Loiseau et Philipponeau (Rec. p.1019 et p.1020 ; D. 1936, III, p. 15, note Heilbronner). Le Conseil d'Etat estimait à cette époque que la gravité de la faute exigée dépendait de l'origine du dommage. Lorsqu'était en cause une activité liée à l'organisation ou au fonctionnement de l'hôpital, la preuve d'une faute simple suffisait à engager sa responsabilité. En revanche, une faute lourde était requise en cas de dommages liés à une activité médicale ou chirurgicale.

Un tel système aboutissait à un rejet quasi-systématique de la demande d'indemnité dans le second cas.

La rigueur de ces règles a été ensuite atténuée, notamment par l'utilisation de deux techniques.

Il s'agit, tout d'abord, de l'utilisation des présomptions qui se sont développées, comme on l'a vu, dans différents domaines.

Les juges ont également réduit le domaine de la faute lourde qui a été recentré sur les activités médicales des praticiens hospitaliers. Ainsi comme l'évoque le commissaire du gouvernement Fournier dans ses conclusions sur l'arrêt de Section Rouzet du 26 juin 1959 (Rec. p. 405 ; AJDA 1959, p. 273, concl. Fournier), doivent être considérés « comme médicaux tous les actes, qu'ils soient intellectuels ou matériels, dont l'accomplissement présente des difficultés sérieuses et requiert des connaissances spéciales acquises au prix d'études prolongées ». Ceci permet de distinguer les actes médicaux et chirurgicaux des simples actes de soins qui peuvent être accomplis, par exemple, par des infirmières et des sages-femmes, et qui relèvent du domaine de la faute simple.

Finalement, la faute lourde a été abandonnée à l'occasion de l'arrêt d'Assemblée Epoux V. du 10 avril 1992 (requête numéro 79027, préc.).

Il est ici important de relever que si une faute simple est désormais suffisante, le fait qu'un malade ne soit pas guéri ou sauvé ne suffit pas à caractériser une telle faute. Encore faut-il, en effet, que cette faute, qui se distingue d'une simple erreur, soit suffisamment caractérisée. Ainsi, le contexte dans lequel a été commise la faute est toujours déterminant. Notamment, même si le degré de la faute exigée a été abaissé, il sera toujours plus difficile de prouver une faute simple dans des cas où une opération est pratiquée dans des conditions d'extrême urgence, que lorsqu'elle est réalisée dans des conditions normales.

Exemple :
- CAA Nancy, 15 mars 2007, requête numéro 06NC00092, Casel : la cour confirme le jugement du tribunal administratif de Strasbourg qui avait rejeté la demande des requérants tendant à ce que les Hôpitaux universitaires de Strasbourg soient déclarés responsables des conséquences dommageables de la coupure de l'auriculaire de la main gauche occasionnée à leur fils lors d'un accouchement par césarienne.

2° Activités de police

L'arrêt Tomaso Grecco (préc.) avait marqué l'abandon du principe de l'irresponsabilité de l'Etat en matière de police. Par la suite l'arrêt Clef du 13 mars 1925 (Rec. p. 266 ; RDP 1925, p.274, concl. Rivet) a précisé que c'est la preuve d'une faute lourde qui est exigée lorsque sont en cause des activités de police. Comme l'exposait le commissaire du gouvernement Rivet dans ses conclusions sur cet arrêt il s'agissait d'éviter « d'énerver (les services de police) par des menaces permanentes de complications contentieuses ».

La jurisprudence a ensuite opéré une distinction entre deux catégories d'activités de police, en raison de leur degré différencié de complexité : les activités de terrain, pour lesquelles la faute lourde est en principe exigée, et les activités juridiques qui relèvent en principe de la faute simple.

Exemple :
- CE, 5 avril 1991, requête numéro 76309, Société européenne de location et de service (Dr. adm. 1991, 237 ; JCP G 1991, IV, p. 177) : le Conseil d'Etat précise que seule une faute lourde de l'Etat peut engager sa responsabilité pour le retard dans l'identification du propriétaire d'un véhicule volé. En revanche, une faute simple suffit pour ce qui concerne les dommages subis par le véhicule laissé en fourrière en plein air et sans protection pendant plusieurs mois.

Depuis quelques années, cependant, la jurisprudence a tendu à restreindre le domaine de la faute lourde. Ainsi, dans différents cas, l'exigence d'une faute qualifiée a été abandonnée alors que les activités en cause sont pourtant d'ordre matériel et, en outre, sont très difficiles à mettre en œuvre.

Le premier arrêt ne concerne pas les activités de police, mais un domaine proche de celles-ci, compte tenu des difficultés pratiques présentées. A l'occasion de l'arrêt de Section Theux du 20 juin 1997, le Conseil d'Etat a abandonné la faute lourde en matière de responsabilité des établissements hospitaliers en cas de dommages résultant de l'organisation et du fonctionnement de leurs services d'aide médicale urgente (requête numéro 139495 : Rec. p. 254, concl. Stahl ; RFDA 1998, p. 82, concl. Stahl ; Dr. adm. 1997, 358, obs. Esper ; D. 1999, somm. comm. p.46, obs. Bon et de Béchillon).

Cet arrêt est le premier d'une série de trois décisions qui ont généralisé l'abandon de la faute lourde pour l'ensemble des activités de secours et de sauvetage mises en œuvre par l'administration.

Dans un arrêt de Section Améon du 13 mars 1998, le Conseil d'Etat a ainsi abandonné l'exigence de la faute lourde pour la réparation des dommages résultant des activités de sauvetage en mer de personnes en détresse (requête numéro 89370 : Rec. p. 82 ; AJDA 1998, p. 418, chron. Raynaud et Fombeur ; JCP G 1998, IV, 2935 ; JCP G 1998, I, 181, chron. Petit ; CJEG 1998, p.197, concl. Touvet ; D. 1998, p. 535, note Lebreton ; D. 2000, somm. comm. p. 246, obs. Bon et de Béchillon).

A l'occasion de l'arrêt Commune de Hannappes du 29 avril 1998, le Conseil d'Etat revient sur l'exigence de la faute lourde pour la mise en cause des services de lutte contre l'incendie (requête numéro 164012 : Rec. p. 185 ; D. 1998, p. 535, note Lebreton ; D. 2000, somm. comm. p. 247, obs. Bon et de Béchillon ; JCP 1999, 10109, note Genovese ; LPA 1999, n°49, note Pieraccini ; RDP 1998, p. 1001, note Prétot ; Droit adm. 1998, 219 ; RFDA 1998, p. 658). Le même mouvement de recul de la faute lourde s'observe plus généralement concernant les activités de police, y compris en matière de règlementation, dans le domaine de la police du bruit où elle était habituellement exigée, comme cela ressort de l'arrêt du Conseil d'Etat du 28 novembre 2003, Commune de Moissy-Cramayel (requête numéro 238349 : JCP A 2004, 1053, note Moreau ; AJDA 2004, p. 989, note Deffigier ; Dr. adm. 2004, 36 ; RFDA 2004, p. 205).

De nombreuses autres illustrations peuvent être mentionnées : en matière de responsabilité de fait de la police des édifices menaçant ruine (CE, 27 septembre 2006, requête numéro 284022, Commune de Baalon : Rec. tables, p. 986 ; BJCL 2006, p. 838, concl. Olson ; JCP A 2006, 1305, note Pellissier), pour l'édiction des décisions d'hospitalisation d'office des malades mentaux (CE, 14 avril 1999, requête numéro194462, Société assurances générales de France : Rec. tables, p. 1007), pour l'exercice des pouvoirs de police phytosanitaire (CE, 7 août 2008, requête numéro 278624, Ministre de l'Agriculture c. Société Durance Crau : JCP A 2012, act. 756), pour la responsabilité à raison des activités du service de contrôle de la navigation aérienne (CE, 2 avril 2010, requête numéro 310562, Ministre d'Etat, ministre de l'Ecologie, de l'Energie, du Développement durable et de l'Aménagement du territoire : Rev. Dr. Transports 2010, 175, note Dhers), ou encore pour les perquisitions administratives accomplies dans le cadre de l'état d'urgence (CE Ass., 6 juillet 2016, Napol et a., avis numéro 398234 et Thomas et a., avis numéro 399135, préc.).

Il apparaît donc que l'ancienne distinction entre les activités matérielles et les activités juridiques n'a plus de valeur explicative globale. Un avis de la section des travaux publics du 29 juillet 2008 (avis numéro 381725 : EDCE 2009, p. 320 ; Dr. adm. 2009, 120, note Melleray ; Environnement 2009, 138, étude Billet) paraît même indiquer que la faute lourde a été définitivement abandonnée en matière d'activités de police. Dans cet avis, le Conseil d'Etat précise en effet que « la responsabilité des personnes investies d'un pouvoir de police peut être recherchée devant le juge administratif pour faute simple résultant soit de l'illégalité de décisions ou d'agissements contraires aux objectifs de protection de l'ours soit, à l'inverse, d'une carence à prendre les mesures nécessaires ou à faire appliquer les mesures prises, qu'il s'agisse de la protection de l'animal ou de la prévention des risques qu'il cause ». Le Conseil d'Etat n'a toutefois pas encore rendu de grand arrêt de principe qui confirmerait à coup sûr l'abandon total de la faute lourde en matière d'activités de police.

L'arrêt du Conseil d'Etat du 30 décembre 2016, sociétés Logidis comptoirs modernes (requête numéro 389835) tendrait même à démontrer que la faute lourde pourrait se maintenir dans certaines hypothèses. Tel est cas, dans cette affaire, où les juges ont validé le raisonnement des juges du fond qui avaient estimé que l'absence d'intervention des forces de l'ordre lors d'un blocage de la plateforme d'approvisionnement de magasins de grande distribution ne constituait pas une faute lourde de nature à engager la responsabilité de l'Etat. Doit aussi être mentionnée l'arrêt de la cour administrative d'appel de Marseille du 4 avril 2017, Ministre de l'Intérieur c/ Chennouf (requête numéro 16MA03363 : JCP A 2017, 2168, note Parinet) qui retient, dans la tristement célèbre affaire Merah, que « la responsabilité de l'Etat pour faute lourde est seule susceptible d'être recherchée en matière d'activités des services de renseignement dans l'exercice de leur mission de prévention des actions terroristes et de surveillance des individus radicaux ». Mais il s'agit ici d'activités proches des activités de contrôle qui, comme on le verra, continuent de relever de la faute lourde.

3° Activités des établissements pénitentiaires

La difficulté de la mission de surveillance des détenus dans les établissements pénitentiaires a longtemps justifié l'exigence d'une faute manifeste et de particulière gravité (CE 4 janvier 1918, deux arrêts, Zulémaro et Duchesne : Rec. p. 9) puis d'une faute lourde (CE Sect., 3 octobre 1958, Rakotoarivony : Rec. p. 470 ; JCP 1958, II, 10845).

Exemple :
- CAA Bordeaux, 29 mai 1995, requête numéro 94BX00794, Ministre de la justice c. Brioux : un fonctionnaire de police incarcéré dans un établissement pénitentiaire est victime d'une agression commise par d'autres détenus. Cependant, s'il a été placé en cellule au même étage que d'autres détenus condamnés à de lourdes peines et s'est ainsi trouvé en contact avec eux pendant les promenades, aucun incident ne s'est produit entre la date de son incarcération et celle de l'agression. En outre, le requérant n'a informé l'administration pénitentiaire ni de menaces proférées à son encontre, ni de l'existence d'un risque d'agression. Enfin, les conditions dans lesquelles le personnel pénitentiaire a mis fin à l'agression dont il a été victime ne révèlent aucun défaut de surveillance ou retard dans l'intervention. Il en résulte que dans les circonstances de l'espèce, l'administration n'a commis aucune faute lourde susceptible d'engager la responsabilité de l'Etat.

La faute lourde a été abandonnée par le Conseil d'Etat à l'occasion de l'arrêt Chabba du 23 mai 2003 (requête numéro 244663 : AJDA 2004, p. 157, note Albert ; Dr. adm. 2003, 207, note Lombard ; JCP A 2003, 1718, note Broyelle et 1751, note Moreau ; RFDA 2003, p. 850. – V. également CAA Nancy, 17 mars 2005, requête numéro 00NC00415, Tahar Sidhoum : LPA 23 mai 2006, n° 102, note Combeau).

En l'espèce les juges ont estimé que le suicide d'un détenu devait être regardé « comme la conséquence directe d'une succession de fautes imputables au service pénitentiaire ». Par ailleurs une faute simple unique est également susceptible d'engager la responsabilité de l'administration. Dans ce sens on peut citer un arrêt garde des Sceaux, Ministre de la justice c/ Boussouar du 31 mars 2008 (requête numéro 291342) dans lequel le Conseil d'Etat a rappelé que « la responsabilité de l'Etat du fait des services pénitentiaires en cas de dommage résultant du suicide d'un détenu peut être recherchée en cas de faute … dès lors, le moyen tiré de ce que la cour aurait commis une erreur de droit en ne recherchant pas si l'administration avait commis une faute lourde ou une succession de fautes de nature à engager sa responsabilité, ne saurait être accueilli ».

4° Activités des services fiscaux

A l'origine l'Etat était irresponsable dans ce domaine. A partir du début du XX° siècle, c'est une faute d'une gravité exceptionnelle (CE, 1er juillet 1927, Demoreuil : D. 1928, III, p.21, note Trotabas ; S. 1927, III, p.105, note Hauriou) puis une faute manifeste et de particulière gravité (CE, 30 octobre 1954, Murat : Rec. p.566) dont la preuve a été exigée. Par la suite, à partir de l'arrêt de Section du 21 décembre 1962, Husson-Chiffre le Conseil d'Etat a exigé la preuve d'un faute lourde (Rec. p.701 ; AJDA 1963, p.90, chron. Gentot et Fourré ; D. 1963, p.558, note Lemasurier).

Comme en matière hospitalière, la preuve d'une faute lourde était très difficile à établir, ce qui a conduit le Conseil d'Etat à opérer une distinction entre deux types d'activités des services fiscaux, à l'occasion de l'arrêt de Section Bourgeois du 27 juillet 1990 (requête numéro 44676 : Rec. p.242 ; AJDA 1991, p. 346, note Debbasch ; D. 1991, somm. comm., p. 287, obs. Bon et Terneyre ; RFDA 1990, p. 899, note Chahid-Nouraï).

Dans cette affaire, les juges estiment que les erreurs constatées dans la saisie et le traitement informatisé de déclarations et dans l'exécution automatique de prélèvements mensuels ont été commises lors de l'exécution d'opérations « qui, si elles se rattachent aux procédures d'établissement et de recouvrement de l'impôt, ne comportent pas de difficultés particulières tenant à l'appréciation de la situation des contribuables ». Ces opérations « engagent, lorsqu'elles sont constitutives d'une faute, la responsabilité de l'Etat sur le terrain de la faute simple ».

En revanche, dès lors qu'une opération d'assiette ou de recouvrement de l'impôt présente des difficultés particulières, c'est une faute lourde qu'il fallait établir (V. par exemple CE, 13 mai 1991, requête numéro 79933, Commune de Garges-lès-Gonesse : AJDA 1991, p. 750, note Julien-Laferrière ; Dr. fisc. 1992, 158, concl. Chahid-Nouraï ; D. 1992, somm. comm., p. 146, obs. Bon et Terneyre).

Cette solution a été maintenue par le Conseil d'Etat, dans son arrêt de Section du 29 décembre 1997, Commune d'Arcueil (requête numéro 151472 : Rec. p. 512 ; AJDA 1998, p. 112, chron. Girardot et Raynaud ; RFDA 1998, p.97, concl. Goulard ; RJF 2/1998, 189, concl. Goulard, p. 81), à l'époque où la faute lourde commençait à être abandonnée dans d'autres domaines.

L'exigence de la faute lourde a finalement été abandonnée à l'occasion d'un arrêt de Section Krupa du 21 mars 2011 (requête numéro 306225 : AJDA 2011, p 1278, note Barque JCPA 2011, 2185, note Erstein ; RJEP 2011, 30, note Collet ; RJF 2001, 742 ; BDCF 2011, 76, concl. Legras ; RFDA 2011, p. 340, concl. Legras) dont il ressort qu'une « faute commise par l'administration lors de l'exécution d'opérations se rattachant aux procédures d'établissement et de recouvrement de l'impôt est de nature à engager la responsabilité de l'Etat à l'égard du contribuable ou de toute autre personne si elle leur a directement causé un préjudice ». Cette solution a été rapidement étendue au bénéfice des collectivités territoriales (CE, 16 novembre 2011, requête numéro 344621, Commune de Cherbourg-Octeville : Dr. fisc. 2011, n° 47, act. 355.- CE, 31 décembre 2011, requête numéro 313100, SA Aprochim : Dr. fisc. 2012, n° 1, act. 31.- CE, 24 avril 2012, requête numéro 337802, Commune de Valdoie.- CE, 4 octobre 2013, requête numéro 365066, Castelnau). L'abandon de la faute lourde concerne également les opérations de recouvrement de créances non fiscales (CE, 10 février 2014, requête numéro 360677 : AJDA 2014, p. 381 ; JCP A 2014, act. 180, obs. Tesson). Dans ce cas, le préjudice « ne saurait résulter du seul paiement de la créance » mais il « peut être constitué des conséquences matérielles des décisions prises par l'administration et, le cas échéant, des troubles dans les conditions d'existence dont le débiteur justifie ».

B – Exigence maintenue de la faute lourde

Le maintien de l'exigence de la faute lourde dans certains domaines peut trouver plusieurs explications.

Traditionnellement, l'exigence de la faute lourde se justifiait par le fait que les activités en cause présentaient un degré élevé de difficulté. Toutefois, comme on l'a vu, cette explication est insuffisante, puisque le Conseil d'Etat a abandonné l'exigence de la faute lourde pour toute une série d'activités pourtant réputées difficiles.

Elle pouvait également se justifier par le fait qu'elle s'appliquait principalement à des services régaliens. Mais une fois encore, l'argument n'est pas entièrement convaincant, puisque certaines activités de services publics appartenant par essence à l'Etat - notamment les activités des services fiscaux et des établissements pénitentiaires - ne relèvent plus du régime de la faute lourde

Une autre explication, plus convaincante a priori, résulte de l'observation que dans la plupart des cas la faute lourde est exigée pour la mise en cause d'activités juridiques de l'administration lorsqu'il s'agit de sanctionner des illégalités commises par elle. En effet, à partir du moment où l'on doit considérer que toute illégalité est fautive, ce qui est logique, ne pas exiger la preuve d'une faute lourde aboutirait à une condamnation systématique de l'administration en cas de dommage (CE Sect., 26 janvier 1973, requête numéro 84768, Driancourt : Rec. p. 77 ; AJDA 1973, p. 245, chron. Cabanes et Léger ; Gaz. Pal. 1073, II, p. 859, note Rougeaux ; Rev. Adm. 1974, p. 29, note Moderne). Toutefois, on l'a vu, de nombreuses activités juridiques de l'administration relèvent aujourd'hui du régime de la faute simple.

Si aucun de ces arguments n'est entièrement satisfaisant, on peut observer un maintien de la faute lourde dans deux domaines : les activités du service public de la justice et les activités de contrôle et de tutelle.

1° Activités du service public de la justice

Les règles applicables au service public de la justice présentent une certaine originalité, du point de vue de la détermination du juge compétent, mais également du point de vue des règles de fond applicables. Une distinction doit être opérée entre la justice judiciaire et la justice administrative. Cependant, il convient de relativiser cette distinction lorsque les dysfonctionnements relevés concernent à la fois les juridictions administratives et les juridictions judiciaires.

a- Justice judiciaire

A l'occasion de l'arrêt Préfet de Guyane du 27 novembre 1952 (Rec. p. 642 ; JCP G 1953, II, 7598, note Vedel), le Tribunal des conflits a précisé que les litiges relatifs à l'exercice de la fonction juridictionnelle des tribunaux judiciaires - c'est-à-dire tout ce qui concerne la mise en cause de la décision de justice elle-même ainsi que des actes qui la préparent et ceux qui visent à assurer leur exécution - relèvent de la compétence du juge judiciaire.

Longtemps, la responsabilité du fait de la justice judicaire n'était admise que dans les cas où elle était expressément prévue par des textes.

Exemples :
-L'article 626-1 du Code de procédure pénale prévoit que suite à une procédure de révision « un condamné reconnu innocent (...) a droit à réparation intégrale du préjudice matériel et moral que lui a causé la condamnation ».
- Selon l'article 149 du Code de procédure pénale la personne qui a fait l'objet d'une détention provisoire au cours d'une procédure terminée à son égard par une décision de non-lieu, de relaxe ou d'acquittement devenue définitive a droit, à sa demande, à réparation intégrale du préjudice moral et matériel que lui a causé cette détention.

La Cour de cassation a ensuite admis la responsabilité sans faute de l'Etat au titre du fonctionnement du service public de la justice (Cass. Civ. II, 23 novembre 1956, Trésor public c. Docteur Giry : Bull. civ. II, 407 ; D. 1957, p. 34, concl. Lemoine ; AJDA 1957, II, p. 91, chron. Fournier et Braibant ; JCP G 1956, II, 9681, note Esmein ; RDP 1958, p. 298, note Waline.- notons au passage qu'il s'agit de l'une des rares hypothèses où le juge judiciaire fait application des règles de responsabilité administrative, V. par ailleurs Cass. civ. I, 6 février 2007, pourvoi numéro 06-10.403, Panafieu c. O. et a. : AJDA 2008, p. 530, note Van Lang ; JCP A 2007, 2131, chron. Renard-Payen ; JCPA 2007, 2272, note Massip ; Dr. famille 2007, 53, note Larribau-Terneyre). Cette solution était toutefois réservée aux seuls collaborateurs occasionnels du service public.

La loi du 5 juillet 1972, codifiée à l'article L. 141-1 du Code de l'organisation judiciaire est alors intervenue pour préciser que « l'Etat est tenu de réparer le dommage causé par le fonctionnement défectueux du service public de la justice ». Cependant, le même texte prévoit qu'il n'y a lieu de réparer les dommages subis par la victime « sauf dispositions particulières » qu'en cas de « faute lourde ou de déni de justice ».

Pour autant, la Cour de cassation a maintenu la jurisprudence Giry qui continue à s'appliquer lorsque la victime est un collaborateur occasionnel de l'activité des services de police judiciaire.

Exemple :
- Cass. civ. I, pourvoi numéro 91-20.266, 30 janvier 1996 (Bull. civ. I, n°94 ; D. 1997, p. 83) : un mandataire liquidateur, auxiliaire de justice, est un collaborateur occasionnel du service public de la justice. Pour obtenir réparation du préjudice que lui aurait causé le service public de la justice en refusant systématiquement de lui confier un mandat judiciaire, il n'est pas tenu de rapporter la preuve de l'existence d'une faute de service.

La responsabilité sans faute de l'administration peut également être recherchée lorsque la victime est un tiers qui a été blessé lors d'une opération de police judiciaire (comme on le verra il s'agit d'une autre hypothèse de responsabilité sans faute). En effet, il résulte de la jurisprudence que le « service public de la justice » mentionné par la loi n'inclut pas cette activité.

Exemple :
- Cass. civ. I, 10 juin 1986, pourvoi numéro 84-15740, Consorts Pourcel (Bull. civ. I, n° 160 ; JCP G 1986, II, 20683, rapp. Sargos) : bénéficie d'un régime de responsabilité sans faute le tiers blessé par une arme à feu lors d'une opération de police judiciaire.

Enfin, dans les cas où la victime est un usager du service public de la justice, et que le régime de la faute lourde est donc applicable, les juges ont tendance à l'apprécier de façon très souple, à tel point qu'elle pourrait presque être assimilée à une faute simple. Cette démarche est notamment très visible dans l'arrêt d'Assemblée plénière du 23 février 2001, Consorts Bolle-Laroche dans lequel il est précisé que « toute déficience caractérisée par un fait ou une série de faits traduisant l'inaptitude du service public de la justice à remplir la mission qui lui est investie » est constitutive d'une faute lourde (Cass. Ass. plén., 23 février 2001, pourvoi numéro 99-16.165 : Bull. inf. C. cass. 1er avril 2001, p. 9, concl. de Gouttes et rapp. Collomp ; Bull. civ, Ass. plén. n° 5 ; Resp. civ. et assur. 2001, 10, note Vaillier ; D. 2001, p. 1752, note Debbasch).

b- Justice administrative

Dans l'arrêt d'Assemblée Darmont du 29 décembre 1978, le Conseil d'Etat a jugé qu'il y a lieu d'appliquer, pour réparer les dommages occasionnés par la justice administrative, non pas les dispositions de l'article L. 781-1 du Code de l'organisation judiciaire, mais les « principes généraux régissant la responsabilité de la puissance publique » (requête numéro 96004 : Rec. p. 542 ; AJDA 1979, n° 11, p. 45, note Lombard ; D. 1979, jurispr. p. 279, note Vasseur ; RDP 1979, p. 1742, note Auby). Plus précisément, seule une faute lourde commise dans l'exercice de la fonction juridictionnelle par une juridiction administrative est susceptible d'ouvrir droit à indemnité. Cette action en responsabilité relève du tribunal administratif, quand bien même la personne sanctionnée serait un fonctionnaire nommé par décret du Président de la République (CE, 29 septembre 2017, requête numéro 401679.- V. aussi CE, 21 septembre 2016, requête numéro 394360, SNC Lactalis ingrédients)

Par exception, cependant, la preuve d'une faute simple suffit dès lors qu'est en cause la méconnaissance du droit à un délai raisonnable de jugement, tel que ce droit est reconnu par les articles 6§1 et 13 de la Convention européenne des droits de l'homme et par « les principes généraux qui gouvernent le fonctionnement des juridictions administratives » (CE Ass., 28 juin 2002, requête numéro 239575, Ministre de la Justice c. Magiera : JCP G 2002, act. 306 et I, 169, 6, obs. Ondoua ; JCP 2003, II, 10151, note Menuret ; RFDA 2002, p. 756, concl. Lamy ; AJDA 2002, p. 596, chron. Donnat et Casas ; Dr. adm. 2002, 167, note Lombard.-V. dans le même sens, CE, 22 janvier 2007, requête numéro 286292, Forzy : AJDA 2007, p. 1036, concl. Keller ; JCP A 2007, act. 114 ; Dr. adm. 2007, 63.- CE, 7 mars 2008, requête numéro 301622, Viallet). Cette solution s'applique y compris dans les cas où l'affaire est encore pendante (CE, 25 janvier 2006, requête numéro 284013, SARL Potchou et a. : AJDA 2006, p. 589, chron. Landais et Lenica ; Dr. fisc. 2006, 27, 494 ; JCPA 2006, 1110, note Guettier ; RFDA 2006, p. 299, note Struillou). Dans cette hypothèse, la durée excessive de la procédure est présumée occasionner par elle-même un préjudice moral dépassant les préoccupations habituellement causées par un procès, sauf circonstances particulières en démontrant l'absence (CE, 19 octobre 2007, requête numéro 296529, Blin : AJDA 2008, p. 597, note Albert).

L'appréciation de la notion de « délai raisonnable » prend en compte trois critères directement inspirés de la jurisprudence de la Cour européenne des droits de l'homme (CEDH, 25 juin 2000, affaire numéro 30979/96, Frydlender c. France) : complexité de l'affaire ; conditions de déroulement de la procédure ; intérêt qu'il peut y avoir pour l'une ou l'autre des parties à ce que le litige soit tranché rapidement.

La grande plasticité de ces critères conduit nécessairement à une jurisprudence particulièrement casuistique.

Exemples :
- CE Sect., 17 juillet 2009, requête numéro 295653, Ville de Brest (Rec. p. 286 ; AJDA 2009, p.1605, chron. Liéber et Botteghi ; Dr. adm. 2009, 121, note Melleray ; RDP 2010, p. 1135, note Braud) : l'Etat est responsable vis-à-vis d'une commune pour la durée excessive d'une procédure qui l'a opposée à des entreprises liées à elle par un marché de travaux. La procédure a duré onze ans et sept mois, dont trois sont considérés comme ayant dépassé le délai raisonnable.
- CE, 13 février 2012, requête numéro 346549, Barellon (AJDA 2012, p. 357) : eu égard à l'absence de difficultés particulières propres à l'affaire et à l'intérêt qui s'attachait à ce que la demande de sursis à exécution de la décision de la section disciplinaire du conseil d'administration de l'université prononçant son exclusion de tout établissement public d'enseignement supérieur pour une durée de deux ans dont un an avec sursis fût examinée rapidement, le délai de onze mois qui s'est écoulé entre la date à laquelle le requérant l'a présentée devant le Conseil national de l'enseignement supérieur et de la recherche et celle où elle est devenue sans objet du fait de la décision rendue au fond le relaxant au bénéfice du doute est excessif.

Il faut enfin insister sur le fait que l'autorité qui s'attache à la chose jugée s'oppose, en principe, à la mise en jeu de la responsabilité de l'Etat, dans le cas où la faute lourde alléguée résulterait du contenu même de la décision juridictionnelle et où cette décision serait devenue définitive (CE Ass., 28 décembre 1978, Darmont, préc.). Une brèche a toutefois été ouverte dans ce principe par l'arrêt Gestas du 18 juin 2008 (requête numéro 295831 : Rec. p. 230 ; RFDA 2008, p. 755, concl. de Salins et p. 1178, note Pouyaud ; Dr. adm. 2008, 120, note Gautier ; JCPA 2008, 2187, note Moreau). Dans cet arrêt, en effet, le Conseil d'Etat a admis que la responsabilité de l'Etat peut être engagée en cas de faute lourde, lorsque celle-ci résulte du contenu même de la décision juridictionnelle qui est entachée d'une violation manifeste du droit de l'Union européenne ayant pour objet de conférer des droits aux particuliers. Mais il s'agit ici d'une conséquence logique de la jurisprudence de la Cour de justice dont il résulte que le « principe de la responsabilité de l'Etat inhérent à l'ordre juridique communautaire exige … une réparation » lorsqu'une violation du droit de l'Union européenne lui est imputable, y compris lorsqu'elle découle du contenu d'une décision d'une juridiction statuant en dernier ressort (CJCE, 30 septembre 2003, affaire numéro C-244/01, Kobler c/ Autriche : AJDA 2003, p. 2146, note Belorgey, Gervasoni et Lambert et p. 423, note Courtial ; RJF 2004, p. 12, note Lhernould, Mavridis et Michéa.

c- Mise en cause conjointes des juridictions administrative et judiciaire

La durée excessive d'une procédure peut être liée, comme dans l'affaire Magiera, à la lenteur d'un seul ordre de juridiction, mais elle peut également résulter du dualisme juridictionnel et des difficultés éprouvées par le justiciable pour trouver son juge. La première chambre civile de la Cour de cassation avait précisé, dans son arrêt Vallar c. agent judiciaire du Trésor du 22 mars 2005 (pourvoi numéro 03-10355 : Gaz. Pal. 5-6 oct. 2005, p. 10, note Gonzalez) que dans un tel cas, le justiciable devait saisir les juridictions compétentes de chaque ordre pour apprécier la part respective de responsabilité qui leur est imputable dans ce dysfonctionnement.

Cette solution présentait le mérite d'être conforme aux principes de répartition des compétences et, plus précisément, de respecter l'indépendance à la fois du juge judiciaire et du juge administratif. Toutefois, elle présentait de sérieux inconvénients d'un point de vue pratique. D'une part, en effet, elle contraignait le justiciable à actionner l'Etat devant deux juridictions différentes. D'autre part, ce n'était pas la lenteur de la procédure devant chaque ordre de juridiction qui était en cause, mais bien le fait qu'il y ait eu une difficulté de procédure qui a conduit le justiciable à saisir successivement les deux ordres de juridiction. En d'autres termes, ce n'est pas la juridiction administrative ou la juridiction judiciaire qui étaient directement en cause, mais l'organisation juridictionnelle dans son ensemble et sa clé de voûte que constitue le dualisme juridictionnel.

Le refus de la Cour de cassation de tenir compte de la durée de la procédure devant les juridictions administratives a été désavoué par la Cour européenne des droits de l'Homme (CEDH, 4 octobre 2007, affaire numéro 27314/02, Vallar c. France). Celle-ci a en effet considéré que cette solution revenait à allonger encore la durée de la procédure, ce qui est donc contraire à l'article 6§I de la Convention européenne des droits de l'homme.

Saisie d'une affaire similaire à celle qui avait donné lieu à ce contentieux, le Conseil d'Etat a préféré recourir à la procédure de l'article 35 du décret du 26 octobre 1849 pour saisir le Tribunal des conflits de ce qu'il considérait être une « difficulté sérieuse » (CE, 5 décembre 2007, requête numéro 297215, Bernardet : AJDA 2008, p. 535, concl. Keller ; RLDC 2008/51, p. 57, obs. Miniato ; RLCT 2008/34, p. 65, note Rouault).

Le Tribunal des conflits, faisant exception aux règles de droit commun de répartition des compétences, a décidé que « lorsque la durée totale de procédure qu'un justiciable estime excessive résulte d'instances introduites successivement devant les deux ordres de juridiction en raison des difficultés de détermination de la juridiction compétente, que le Tribunal des conflits ait été amené à statuer ou non, l'action en réparation du préjudice allégué doit être portée devant l'ordre de juridiction compétent pour connaître du fond du litige, objet desdites instances » (TC, 30 juin 2008, requête numéro 3682, Bernardet, préc.). Dans ce cas, « la juridiction saisie de la demande d'indemnisation, conformément aux règles de compétence et de procédure propres à l'ordre de juridiction auquel elle appartient, est compétente pour porter une appréciation globale sur la durée de la procédure devant les deux ordres de juridiction et, le cas échéant, devant le Tribunal des conflits ».

Les règles ont encore évolué suite à la loi n° 2015-177 du 16 février 2015 relatif au Tribunal des conflits. L'article 13 de cette loi insère dans la loi du 24 mai 1872 un nouvel article 16 conférant un nouveau chef de compétence au Tribunal des conflits en tant que juge du fond : « il est seul compétent pour connaître d'une action en indemnisation du préjudice découlant d'une durée totale excessive des procédures afférentes à un même litige et conduites entre les mêmes parties devant les juridictions des deux ordres en raison des règles de compétence applicables et, le cas échéant, devant lui ». Cette solution, qui n'enlève rien au pragmatisme des nouvelles règles issues de la jurisprudence, est plus satisfaisante du point de vue des principes, puisqu'elle confie à une juridiction paritaire, et non plus à une juridiction judiciaire ou administrative, la compétence pour réparer les dommages directement imputables au système juridictionnel français dans son ensemble.

2° Activités de contrôle et de tutelle

Pour ces activités, également, c'est en principe la faute lourde qui est exigée.

Exemples :
- CE Sect., 6 octobre 2000, requête numéro 205959, Commune de Saint-Florent (préc.) : le retard mis par le préfet, dans le cadre de son contrôle administratif des collectivités territoriales, pour prononcer la dissolution d'un syndicat intercommunal n'est susceptible d'engager la responsabilité de l'Etat qu'en cas de faute lourde.
- CE Ass., 30 novembre 2001, requête numéro 219562, Ministre de l'Economie c. Kechichian (Rec. p.74, concl. Seban ; AJDA 2002, p. 133, chron. Guyomar et Collin ; CJEG 2002, p. 380, concl. Seban ; Dr. adm. 2002, 58, obs. Fairgrieve ; LPA 8 novembre 2002, p. 11, note Bourrel ; JCP G 2002, II, 10042, note Menuret) : eu égard à la nature des pouvoirs qui sont dévolus à la Commission bancaire, la responsabilité que peut encourir l'Etat pour les dommages causés par les insuffisances ou carences de celle-ci dans l'exercice de sa mission ne peut être engagée qu'en cas de faute lourde.
- CE Sect., 18 novembre 2005, requête numéro 271898, Société fermière de Campoloro (AJDA 2006, p.137, chron. Landais et Lenica ; Droit adm. 2006, 33, note Guettier ; JCP 2006, II, 10044, note Moustier et Beatrix ; RFDA 2006, p. 341.- V. également CE, 29 octobre 2010, requête numéro 338001, Ministre de l'agriculture : AJDA 2010, p. 2077, obs. de Montecler ; JCP A 2010, act. 833) : si le préfet s'abstient ou néglige de faire usage du pouvoir de substitution à l'égard des collectivités territoriales qui refusent d'exécuter la chose jugée, le créancier de la collectivité territoriale concernée est en droit de se retourner contre l'Etat en cas de faute lourde commise dans l'exercice du pouvoir de tutelle.
- CE, 16 mars 2012, requête numéro 342490, Pinon et a. : la responsabilité de l'Etat du fait de l'insuffisance du contrôle des mutuelles relève du régime de la faute lourde.
- CE, 6 mars 2015, requête numéro 368730, requête numéro 274340, Ministre de l'agriculture, de l'agroalimentaire et de la forêt (Dr. rur. 2015, 187, note Robbe) : lorsqu'une association foncière s'abstient de réaliser des travaux décidés par les commissions d'aménagement foncier dans le cadre d'une opération de remembrement, la responsabilité de l'Etat ne peut être engagée, s'agissant de l'exercice d'un pouvoir de tutelle, que si, alors que les conditions légales d'exercice de ce pouvoir en cas de carence de l'association étaient réunies, le préfet s'est abstenu de le mettre en oeuvre dans un délai raisonnable à compter de la date à laquelle il a eu connaissance de son obligation d'agir, dans des conditions constitutives d'une faute lourde.

Par exception, cependant, la preuve d'une faute simple suffit à engager la responsabilité de l'administration lorsqu'il apparaît que l'activité en cause ne présentait pas de difficultés particulières. Dans certaines des hypothèses visées, la gravité des fautes commises aurait pourtant certainement pu justifier la reconnaissance d'une faute lourde. Il est probable que c'est pour des raisons de pure opportunité, dans des affaires souvent médiatiques, que le Conseil d'Etat n'a pas voulu recourir à cette notion dans des cas où l'exigence d'une faute lourde, quand bien même elle aurait été reconnue, aurait mal été comprise par le grand public.

Exemples :
- CE Ass., 9 avril 1993, requête numéro 138652, requête numéro 138653, requête numéro 138663, M. D. M.G. et Epoux B. (préc.) : en novembre 1984, un rapport dénonce les dangers de contamination par le virus de l'immuno-déficience humaine présent pour les patients des produits sanguins non chauffés. La responsabilité de l'Etat qui n'a interdit la diffusion des produits sanguins non chauffés qu'en octobre 1985 est engagée pour faute simple.
- CE Ass., 3 mars 2004, requête numéro 241150, Ministre de l'Emploi c/ Bourdignon (V. dans le même sens : CE Ass., 3 mars 2004, requête numéro 241151, Ministre de l'Emploi c. Botella .-CE Ass., 3 mars 2004, requête numéro 241153, Ministre de l'Emploi c. Xueref .- CE Ass., 3 mars 2004, requête numéro 241152, Ministre de l'Emploi c. Thomas : AJDA 2004, p. 974, note Donnat et Casas ; D. 2004, p. 973, note Arbousset ; Dr. adm. 2004, 87, note Delaloy ; Dr. soc. 2004, p. 569, note Prétot ; JCP A 2004, 1224, obs. Benoît ; JCP G 2004, II, 10098, note Trébulle ; JCP G 2004, I, 163, étude Viney ; RDP 2004, p.1431, note Delhoste ; RFDA 2004, p. 612, concl. Prada-Bordenave.- V. également CE Ass., 9 novembre 2015, requête numéro 342468, SAS Constructions mécaniques de Normandie, préc. et requête numéro 359548, MAIF et a. , préc.) : une faute des pouvoirs publics est retenue, dès lors que, bien que le caractère nocif des poussières d'amiante fût connu de longue date, aucune recherche n'avait été entreprise afin d'évaluer les risques pesant sur les travailleurs exposés à ces poussières d'amiante et qu'aucune mesure destinée à éliminer ou à limiter les dangers n'avait été prise.

Dans l'affaire du Mediator, le Conseil d'Etat est allé jusqu'à reconnaître le principe selon lequel « la responsabilité de l'Etat peut être engagée à raison de la faute commise par les autorités agissant en son nom dans l'exercice de leurs pouvoirs de police sanitaire relative aux médicaments » CE, 9 novembre 2016, requête numéro 393108, Mme A... B...- CE, 9 novembre 2016, requête numéro 393902, requête numéro 393926, Faure.- CE, 9 novembre 2016, requête numéro 393904, Georgel, préc.).

Dans d'autres cas, l'absence d'exigence de la faute lourde résiste à toute analyse.

Exemple :
- CE, 31 mars 2008, requête numéro 303159, Société Capraro et cie (AJDA 2008, p. 1780, note Toulemonde) : les services de la direction régionale de l'industrie et de la recherche, en ne relevant pas, lors des contrôles annuels effectués entre 1991 et 1998 sur un véhicule tracteur du camion semi-remorque, la non-conformité d'une réparation de fortune réalisée en 1991, ont commis une faute (simple) de nature à engager la responsabilité de l'Etat.
- CE, 24 avril 2017, requête numéro 394651, Aubry-Dumont (AJDA 2017, p. 1469, concl. Domino ; Dr. adm. 2017, 34, note Camguilhem ; JCP A 2017, 2131, note Pauliat : Une solution identique a été retenue dans une affaire où une défaillance des services de

contrôle aux frontières avait conduit au départ d'une mineure en Syrie où elle avait rejoint les rangs de l'organisation terroriste « Etat islamique ». Dans cette affaire, c'est probablement la proximité des activités en cause avec les activités de police qui a conduit à l'exigence d'une faute simple. Si l'Etat a été condamné en l'espèce, la faute simple n'avait pas été retenue dans une affaire antérieure (CE, 9 décembre 2015, requête numéro 386817, Ali-Mehenni : AJDA 2016, p. 332, concl. Domino ; JCP A 2015, act. 1074, obs. Erstein).

§ III – Responsabilité sans faute

L'étude de la jurisprudence permet de distinguer deux grandes catégories de régimes de responsabilité sans faute, en fonction des conditions exigées par les juges pour déclencher leur engagement.

Dans certains cas, c'est l'intensité du risque créé par l'administration résultant de l'activité à l'origine du dommage, qui conditionne l'engagement de sa responsabilité.

Dans d'autres hypothèses, c'est la nature des dommages subis par les victimes qui justifient l'engagement de la responsabilité administrative. Plus précisément, lorsque l'activité de l'administration ne présente pas de risque particulier, le principe d'égalité devant les charges publiques impose de réparer les dommages subis par certaines catégories de victimes.

I – Responsabilité pour risque

L'engagement de la responsabilité sans faute pour risque de l'administration est possible dans deux hypothèses : lorsqu'elle utilise des choses dangereuses ou lorsqu'elle fait usage de méthodes dangereuses.

A – Choses dangereuses

La notion de chose dangereuse est apparue à l'occasion de l'arrêt du Conseil d'Etat du 28 mars 1919 Regnault-Desroziers (Rec. p.329 ; RDP 1919, p. 239, concl. Corneille ; S. 1919, III, p. 25, note Hauriou).

Suite à l'explosion d'un fort, les ayants droit des victimes avaient demandé réparation à l'Etat. En l'espèce il était reproché à l'autorité militaire d'avoir entreposé dans des conditions d'organisation sommaires des munitions en centre-ville. Toutefois, une faute n'est pas retenue, les circonstances de guerre ayant un effet exonératoire. Cependant, les juges estiment que ces opérations « comportaient des risques excédant les limites de ceux qui résultent normalement du voisinage et que de tels risques étaient de nature, en cas d'accident … à engager indépendamment de toute faute la responsabilité de l'Etat ».

Par conséquent, ce qui déclenche la responsabilité de l'administration, dans cette affaire, c'est le fait qu'elle ait soumis des tiers à des risques excédant ceux qui sont normalement inhérents à un type d'activité donné. En effet, si les munitions avaient été stockées dans des conditions normales, seule la responsabilité pour faute de l'Etat aurait pu être recherchée.

Le même raisonnement se retrouve dans l'arrêt d'Assemblée Dalleau du 6 juillet 1973 (requête numéro 82406 : Rec. p. 482 ; D. 1973, p. 740, note Moderne ; JCP 1974, 17625, note Tedeschi). Si les usagers d'une voie publique se voient appliquer, en cas de dommage, un régime de présomption - l'administration pouvant s'exonérer de toute responsabilité en démontrant qu'elle a normalement entretenu l'ouvrage - ils bénéficient d'un régime de responsabilité sans faute dès lors que l'ouvrage en cause présente un caractère exceptionnellement dangereux. Cette reconnaissance est toutefois soumise à des conditions très strictes, et l'arrêt Dalleau demeure la seule illustration de cette jurisprudence (V. ainsi, refusant de qualifier d'ouvrage public exceptionnellement dangereux un passage à niveaux CE, 8 août 2008, requête numéro 290876, Choteau : AJDA 2008, p. 1965, concl. Thiellay.- V. également à propos d'un cheminement piétonnier constitué par le tapis semi-rigide en matière synthétique posé sur le sable d'une plage CAA Marseille, 28 juin 2012, requête numéro 10MA00593, Brunet).

En revanche, les règles appliquées aux tiers victimes de dommages occasionnés par l'utilisation, par les services de police, d'armes et d'engins « comportant des risques exceptionnels pour les personnes et pour les biens » ont vocation à s'appliquer de manière plus fréquente (CE Ass., 24 juin 1949, Lecomte : Rec. p. 307 ; JCP 1949, 5092, concl. Barbet, note George ; RDP 1949, p. 583, note Waline)

Cependant l'existence de ces risques « exceptionnels » ne suffit pas à engager à elle seule la responsabilité de l'Etat. Il est également nécessaire que « les dommages subis dans de telles circonstances excèdent, par leur gravité, les charges qui doivent être normalement supportées par les particuliers en contrepartie des avantages résultant de l'existence de ce service public ». L'existence de cette condition restrictive paraît s'expliquer par le fait que les juges considèrent systématiquement que toutes les armes présentent de tels risques exceptionnels, ce qui évite, en cas de dommage, l'engagement automatique de la responsabilité de l'administration.

B – Méthodes dangereuses

La responsabilité pour risque du fait de l'utilisation de choses dangereuses a été étendue aux méthodes dites « dangereuses » par l'arrêt de Section Thouzellier du 3 février 1956 (Rec. p. 49 ; D. 1956, jurispr. p. 597, note Auby ; JCP G 1956, II, 9608, note Lévy ; RDP 1956, p. 854, note Waline ; AJDA 1956, p. 51, note Bénoit). Dans cette affaire les juges appliquent un régime de responsabilité sans faute pour la réparation des dommages causés par les pensionnaires de certains établissements d'éducation surveillée pratiquant des méthodes libérales de rééducation en milieu semi-ouvert. Cette solution s'applique que le mineur ait été confié à un établissement spécialisé, ou à une « personne digne de confiance » au sens de l'ordonnance n°45-174 du 2 février 1945 relative à l'enfance délinquante (CE, 5 décembre 1997, requête numéro 142263, Garde des Sceaux, Ministre de la Justice c/ Pelle .- CE, 26 juillet 2007, requête numéro 292391, Garde des Sceaux, Ministre de la Justice c/ Jaffuer : AJDA 2008, p.101, note Chalus.- CE, 6 décembre 2012, requête numéro 351158, Garde des Sceaux, Ministre de la Justice et des Libertés c/ Association JCLT).

La jurisprudence relative aux méthodes dangereuses concerne également les victimes de dommages occasionnés par les malades mentaux qui bénéficient de méthodes thérapeutiques libérales, c'est-à-dire les malades qui sont juridiquement internés sans pour autant entre enfermés (CE, 13 juillet 1967, requête numéro 65735, Département de la Moselle : Rec. p. 341 ; D. 1967, jurispr. p. 675, note Moderne ; RDP 1968, p. 391, note Waline : AJDA 1968, p. 419, note Moreau).

Exemple :
- CE, 13 mai 1987, Piollet et Anson, requête numéro 49199 (Rec. p. 172 ; AJDA 1987, p. 459, chron. Azibert et de Boisdeffre ; D. 1988, jurispr. p. 163, obs. Moderne et Bon) : le Conseil d'Etat précise que le placement familial surveillé fait partie des traitements propres à assurer la réadaptation progressive des malades mentaux à des conditions normales de vie. Si, durant le temps où cette méthode thérapeutique est appliquée, les malades restent sous la responsabilité de l'hôpital, cette méthode crée un risque spécial pour les tiers qui ne bénéficient plus des garanties inhérentes aux habituelles méthodes d'internement. La responsabilité de l'hôpital se trouve en conséquence engagée, même sans faute de sa part, pour les dommages que cause aux tiers un malade placé sous ce régime.

En revanche, cette solution ne s'applique pas à l'hypothèse d'un dommage occasionné par un mineur qui suit un traitement psychiatrique en hôpital de jour, ce mode de traitement ne présentant pas de risque spécial de dommage, ce mineur n'ayant pas vocation, a priori, à être interné (CE, 17 février 2012, requête numéro 334766, Société Maaf Assurances : Dr. adm. 2012, 60, note Muscat ; JCPA 2012, 2182, note Pauliat). Ce raisonnement avait déjà utilisé dans des cas comparables où le patient n'est pas interné mais est en service libre (CE Sect., 30 juin 1978, requête numéro 99514, requête numéro 01582, Hôpital psychiatrique départemental de Rennes c/ Clotault : Rec. p. 289).

La responsabilité sans faute est également admise en cas de dommages occasionnés par des détenus bénéficiant d'un régime de détention aménagée qui les amène à quitter la prison durant l'exécution de leur peine.

Exemple :
- CE Sect., 29 avril 1987, requête numéro 61015, Banque populaire de la région économique de Strasbourg, (Rec. p .58 ; AJDA 1987, p. 454, chron. Azibert et de Boisdeffre ; D. 1988, somm. comm. p. 60, obs. Moderne et Bon ; RFDA 1987, p. 831, concl. Vigouroux) : les juges précisent que les mesures de libération conditionnelle, de permission de sortie et de semi-liberté constituent des modalités d'exécution des peines qui ont été instituées à des fins d'intérêt général et qui créent, lorsqu'elles sont utilisées, un risque spécial pour les tiers susceptible d'engager, même en l'absence de faute, la responsabilité de l'Etat.

On retrouve, dans toutes ces affaires où il est question de risque comme condition d'engagement de la responsabilité des personnes publiques, la même logique que dans la jurisprudence Regnault-Desroziers : l'utilisation de méthodes libérales n'est pas en principe fautive sauf, par exemple, si une faute de diagnostic permet de faire bénéficier un malade dangereux d'une méthode libérale de traitement. L'absence de faute s'explique, dans tous les cas, par le fait que les méthodes employées sont censées être bénéfiques, non seulement pour le mineur, le malade ou le détenu qui en est le destinataire, mais également pour la société qui tirerait un bénéfice de leur réinsertion. Toutefois, ces méthodes créent un risque spécial de dommage pour les tiers qui y sont exposés, c'est-à-dire un risque supérieur à celui qui aurait existé si le mineur dangereux, le malade ou le détenu étaient demeurés enfermés, ce qui justifie l'engagement de la responsabilité sans faute de l'administration.

Cette jurisprudence appelle deux observations complémentaires.

D'une part, en toute logique, seuls les tiers peuvent bénéficier de ce régime, puisque les usagers sont censés avoir accepté les risques présentés par le service. Ce principe ne connaît qu'une exception en application de la solution dégagée par la cour administrative d'appel de Lyon dans l'arrêt Gomez du 21 décembre 1990 (requête numéro 89LY01742 : Rec. p. 498 ; AJDA 1991, p. 126, chron. Jouguelet et Loloum ; D. 1991, somm. comm. p. 292, obs. Bon et Terneyre ; Gaz. Pal. 21 juillet 1991, p. 258, note Medouze ; RFDA 1991, p. 466, obs. C.B.). Dans cette affaire, la cour fait bénéficier un patient d'un régime de responsabilité sans faute dans le cas d'un dommage lié à l'emploi d'une méthode thérapeutique nouvelle. Dans un tel cas, ce sont les risques spéciaux liés à la nouveauté de cette méthode qui justifient la solution retenue.

D'autre part, il convient de relever que la seule condition d'engagement de la responsabilité sans faute, du point de vue du fait générateur, tient à l'exigence d'un risque spécial. En revanche, aucune condition n'est exigée du point de vue de la gravité des dommages subis. Ici encore, cependant, l'arrêt Gomez fait exception à la règle, puisque dans cet arrêt il est exigé, en plus de l'existence d'un risque spécial, un dommage « exceptionnel et anormalement grave ». Le fait que ces conditions soient plus restrictives paraît pouvoir être expliqué par la qualité d'usager de la victime qui ne saurait bénéficier d'un régime aussi avantageux que celui appliqué aux tiers.

II – Responsabilité pour rupture de l'égalité devant les charges publiques

Le fait générateur de ce type de responsabilité sans faute n'est pas constitué par l'existence d'un risque d'une intensité particulière, mais par la survenance d'un dommage qui doit présenter, dans certaines hypothèses, des caractéristiques particulières. L'engagement de la responsabilité sans faute de l'administration permet alors de rétablir l'égalité entre la victime et le reste de la population.

On se situe ici plus dans une logique de garantie sociale que dans une logique de responsabilité, puisqu'il ne s'agit plus de savoir qui de la victime ou de l'auteur du dommage devra supporter la charge de la dette. C'est pour cette raison que c'est parfois le législateur qui va intervenir en vue de rétablir l'égalité devant les charges publiques, comme on pourra l'observer dans différentes hypothèses.

Il est primordial d'insister sur le fait que certains des arrêts relevant de ce type de responsabilité sans faute se réfèrent pourtant à un risque. Toutefois, il s'agit toujours, dans de tels cas, non pas de risques spéciaux mais de risques inhérents à un type d'activité donné. En outre, dans de telles affaires, il est question non pas de l'intensité du risque - qui le distingue du risque inhérent à un type d'activité donnée - mais seulement de la réalisation de ce risque, c'est-à-dire d'un dommage.

Relèvent également de ce type de responsabilité sans faute les hypothèses de responsabilité du fait de la garde des choses. Enfin, est concernée la responsabilité du fait des décisions administratives régulières et la responsabilité du fait des lois et des normes internationales.

A – Réalisation de risques inhérents à certaines activités administratives

Certains risques inhérents à l'activité administrative permettent d'engager la responsabilité de l'administration lorsqu'ils se réalisent. Cette hypothèse s'applique aux victimes qui ont été placées, pour des raisons d'ordre professionnel, dans des situations dangereuses, aux victimes d'attroupements et de rassemblements, aux collaborateurs des services publics, aux tiers victimes de dommages de travaux publics et à certaines victimes de l'activité des établissements hospitaliers et de transfusion sanguine.

1° Situations dangereuses

Alors que la jurisprudence consacrée aux choses et aux méthodes dangereuses relève clairement de la responsabilité pour risque, celle relative aux situations dangereuses doit être classée parmi les hypothèses de responsabilité sans faute objective.

En effet, dans ce cas, ce qui conditionne l'engagement de la responsabilité de l'administration, ce n'est pas, comme dans les hypothèses susvisées, le fait que la victime a été soumise à un risque d'intensité supérieure à celui normalement inhérent à un type d'activité donné. En d'autres termes, la réparation n'est pas accordée en raison des risques spécifiques présentés par une méthode particulière d'accomplissement d'une activité donnée, mais parce que le risque, précisément circonscrit, est susceptible d'occasionner, en se réalisant, des dommages particulièrement graves.

Exemples :
- CE, 6 novembre 1968, Dame Saulze (requête numéro 72636 : Rec. p. 550 ; AJDA 1969, p. 287, chron. Dewost et Denoix de Saint Marc ; RDP 1969, p. 505, concl. Bertrand, note Waline Rev. adm. 1968, p. 174, note Chaudet) : dans le cas d'une épidémie de rubéole, le fait pour une institutrice en état de grossesse d'être exposée en permanence aux dangers de la contagion comporte pour l'enfant à naître un risque spécial et anormal qui, lorsqu'il entraîne des dommages graves pour la victime, est de nature à engager au profit de celle-ci la responsabilité de l'Etat.
- CE Sect., 19 octobre 1962, Perruche (Rec. p. 555 ; AJDA 1962, p. 668, chron. Gentot et Fourré) : le Consul de France à Séoul a droit à réparation du pillage de ses biens par les troupes nord-coréennes à raison du fait que le gouvernement l'a placé « dans une situation qui comportait des risques exceptionnels pour sa personne comme pour ses biens ».
- TA Versailles, 3 juillet 1997, Cohen (LPA, 5 septembre 1997, n° 107, note Lemoyne de Forges) : le fait pour un chirurgien d'être exposé dans l'accomplissement de sa fonction exercée dans l'intérêt de la santé publique et selon les règles définies par l'Etat au danger de la contamination par le syndrome de l'immunodéficience humaine constitue un risque anormal et spécial qui, lorsqu'il entraîne des dommages graves pour la victime, est de nature à engager au profit de celle-ci la responsabilité de l'Etat.

Certains régimes législatifs de responsabilité peuvent être rattachées à cette hypothèse. Tel est cas particulièrement de celui dont relèvent les victimes d'essais nucléaires (L. n°2010-2, 5 janvier 2010).

2° Collaborateurs des services publics

La jurisprudence relative aux collaborateurs de l'administration a pour origine l'arrêt du Conseil d'Etat Cames du 21 juin 1895 (Rec. p.509, concl. Romieu ; D. 1896, III, p.65, concl. Romieu ; S. 1897, III, p.33, concl. Romieu, note Hauriou). En l'espèce, le Conseil d'Etat était saisi d'une demande de réparation exercée par un ouvrier employé par l'Etat suite à un accident survenu dans un arsenal en l'absence de toute faute. Le Conseil d'Etat accepte néanmoins de condamner l'Etat, sans même se référer à la gravité des dommages subis. En d'autres termes, le fait que des agents publics soient soumis à des risques professionnels, inhérents à leur activité, justifie à lui seul la condamnation de l'administration en cas de dommages.

Le développement des systèmes de couverture sociale a pratiquement vidé de son intérêt cette jurisprudence jusqu'à l'arrêt d'Assemblée du 22 novembre 1946 Commune de Saint-Priest-la-plaine (Rec. p. 279 ; D. 1947, p.375, note Blavoet ; S. 1947, III, p.105, note Bénoit.- V. également CE, 30 avril 2004, requête numéro 244143, Perroud).

Cet arrêt fait bénéficier d'un régime de responsabilité sans faute les collaborateurs occasionnels de l'administration. En l'espèce, deux bénévoles avaient été blessés après avoir accepté à la demande du maire de tirer un feu d'artifice à l'occasion d'une fête locale, ce qui en faisait des collaborateurs du service public.

Par la suite, le Conseil d'Etat a également appliqué cette solution, qui était jusqu'alors réservée aux collaborateurs sollicités (V. par exemple CAA Paris, 27 juin 2005, requête numéro 01PA00620, Commune de Jouy-le-Moutier), aux collaborateurs spontanés de l'administration.

Exemple :

- CE Sect., 25 septembre 1970, requête numéro 73707, requête numéro 73727, Commune de Batz-sur-mer (Rec. p. 540 ; AJDA 1971, p. 37, chron. Labetoulle et Cabannes ; D. 1971, jurispr. p. 55, concl. Morizot ; JCP G 1970, II, 16525, note X ; RTDSS 1971, p. 294, note Dubouis) : est un collaborateur occasionnel du service public de secours un individu qui a péri en tentant de porter secours à des personnes en danger de noyade en mer, alors même que son intervention était spontanée.

L'intervention doit cependant être justifiée par une « urgente nécessité ».

Exemple :

- CE, 12 novembre 2007, requête numéro 06MA00829, Mme. Odile X. : en tentant de porter secours à son fils qui, venant de tomber du sommet d'une barre rocheuse, était accroché à la paroi les pieds dans le vide, et alors qu'il y avait une urgente nécessité d'agir, le requérant s'est comporté en collaborateur bénévole du service public de secours qui incombait à la commune.

Une difficulté se pose lorsque le collaborateur occasionnel est titulaire d'un contrat de travail et qu'il est susceptible de se voir ouvrir un droit à réparation en application du régime de couverture des risques professionnels dont il bénéficie. Dans ce cas, pour éviter une double indemnisation, il a le droit, comme le cas échéant ses ayants cause, à être indemnisé, par la collectivité publique ayant bénéficié de son concours, seulement dans la mesure où le préjudice n'a pas été réparé par son employeur ou par son régime de couverture des risques professionnels (CE, 12 octobre 2009, requête numéro 297075,

Chevillard et Consorts Bancherelle : Rec. p. 387 ; AJDA 2009, p. 2170, chron. Liéber et Botteghi ; Dr. adm. 2009, 170, note Melleray ; JCP A 2009, 2306, note Idoux ; RD transp. 2011. 228, obs. Carré ; RFDA 2010, p. 410, note Lemaire). Etait concerné dans cette affaire un pilote d'hélicoptère qui avait participé à une opération de secours en mer après avoir été envoyé sur les lieux par une entreprise privée qui relayait une demande de secours des pouvoirs publics.

3° Victimes de rassemblements et d'attroupements

La loi du 16 avril 1914 a créé un régime de responsabilité sans faute, sur le fondement de la notion de « risque social » au bénéfice des victimes de dommages occasionnés lors de rassemblements et d'attroupements. En application de ce texte, c'est la responsabilité de plein droit des communes qui devait être recherchée devant le juge judiciaire.

La loi n°83-8 du 7 janvier 1983 a ensuite transféré la charge de la responsabilité sur l'Etat, et la loi n°86-29 du 9 janvier 1986 a prévu la compétence du juge administratif pour connaître des litiges occasionnés par des rassemblements ou des attroupements.

Ces textes ont été codifiés à l'article L. 2216-3 du Code général des collectivités territoriales, abrogé et reproduit à l'article L. 211-10 du Code de sécurité intérieure, qui prévoit que « l'Etat est civilement responsable des dégâts et dommages résultant des crimes et délits commis, à force ouverte ou par violence, par des attroupements ou rassemblements armés ou non armés, soit contre les personnes, soit contre les biens ». Le même texte précise que l'Etat peut exercer une action récursoire contre la commune lorsque la responsabilité de celle-ci se trouve engagée.

Sont réparables tous les dommages matériels ainsi que ceux qui ont le caractère d'un préjudice commercial résultant d'une perte de recettes d'exploitation (CE, 15 juin 2001, requête numéro 215435, SNCF : Rec. p. 272).

La mise en œuvre de la responsabilité sans faute de l'administration est conditionnée par le respect de plusieurs conditions.

Tout d'abord, le dommage dont il est demandé réparation doit être en relation avec un rassemblement ou un attroupement précisément identifié et agissant de façon spontanée.

Exemples :
- CE Sect., 29 décembre 2000, requête numéro 188974, Assurances générales de France (AJDA 2001, p. 164, chron. Guyomar et Collin ; D. 2002, somm. p. 527, obs. de Béchillon ; LPA 2002, n°164, p.8, note Guettier) : des jeunes gens se sont regroupés dans un quartier de Meaux à la suite du décès accidentel d'un jeune homme poursuivi par la police et ont procédé, après ce rassemblement, à diverses destructions et dégradations de bâtiments publics. Les dommages ainsi causés ont résulté de délits commis à force ouverte contre des biens. Ces actes doivent être regardés comme étant le fait d'un attroupement ou d'un rassemblement.
- TA Grenoble, 9 février 1996, Société Le Fourgan Dauphinois Bellier (Gaz. Pal. 1996, 2, somm. p. 76) : doit être rejetée la requête d'une société qui ne précise pas l'implantation, la nature, les conditions de formation et la durée des barrages routiers à l'origine de son préjudice, et est dépourvue des précisions permettant au tribunal d'apprécier l'existence d'attroupements et le lien éventuel entre ces attroupements et les préjudices qu'elle a subis.

- CAA Bordeaux, 10 juillet 2007, requête numéro 05BX01097, Dornbusch c. Garde des Sceaux, ministre de la Justice (AJDA 2007, p. 1999 et 2008, p.367, note Arbousset ; JCPA 2007, 2257, chron. Garrido) : l'émeute de détenus au sein d'une maison centrale a revêtu le caractère d'un mouvement général, spontané et violent au cours duquel ont notamment été incendiés des ateliers de travail.
- CE, 11 juillet 2011, requête numéro 331669, Société mutuelle d'assurances des collectivités locales (JCP 2010, 2323, obs. Pacteau) : ne peuvent être regardés comme résultant d'attroupements qui engagent la responsabilité de l'Etat, des dommages résultant de la destruction d'un gymnase causée par l'embrasement d'une voiture bélier qui en avait forcé l'accès, les agissements à l'origine des dommages en cause ayant été commis selon des méthodes révélant leur caractère prémédité et organisé.
- CE, 30 décembre 2016, requête numéro 386535, Société Covéa risks : un rassemblement d'une foule très hostile à la suite du décès de deux adolescents ayant péri dans une collision avec un véhicule de police est suivi du déplacement de plusieurs centaines de personnes vers l'endroit où les corps avaient été déposés puis dans une avenue de la commune où un garage a été incendié. Bien que, d'une part, les auteurs des dégradations aient utilisé des moyens de communication ainsi que des cocktails Molotov et des battes de base-ball et qu'ils aient formé des groupes mobiles, et alors que, d'autre part, un restaurant de la même commune avait fait l'objet d'une attaque une heure avant le décès des deux adolescents, cet incendie a été le fait d'un attroupement ou rassemblement dès lors qu'il a été provoqué par des personnes qui étaient au nombre de celles qui s'étaient spontanément rassemblées, peu de temps auparavant, pour manifester leur émotion après le décès des deux adolescents et que l'attaque du restaurant était sans rapport avec cette manifestation.
-CE, 30 décembre 2016, requête numéro 389835, Société Generali IARD et a. : un délit d'entrave à la circulation, consistant dans le blocage de l'accès à une plateforme d'approvisionnement des magasins de grande distribution d'une société dans une commune, commis par un groupe de producteurs de lait qui s'était constitué et organisé à seule fin de le commettre à l'aide de moyens matériels révèle une action préméditée. Les dommages dont il est demandé réparation ne peuvent donc être regardés comme résultant d'attroupements qui engagent la responsabilité de l'Etat.

Il est nécessaire, ensuite, que les actes à l'origine des dommages soient constitutifs de crimes ou de délits.

Exemple :
-TA Dijon, 20 août 1991, requête numéro 893005, Société des autoroutes Paris-Rhin-Rhône : des camionneurs, qui dressent des barrages sur une autoroute avec leurs véhicules, font obstacle à la circulation et commettent un délit prévu par l'article L. 7 du Code de la route. Par suite, l'Etat doit être condamné à indemniser le concessionnaire de l'autoroute de la perte de recettes d'exploitation subie par lui.

Enfin, les dommages dont il est demandé réparation doivent être la conséquence directe et certaine de ces crimes ou délits.

Exemple :
- CAA Marseille, 27 février 2007, requête numéro 05MA01397, Société Sofiran : dans la mesure où la société requérante, détentrice de la majorité du capital social de la Société

BDA, soutient que les préjudices qu'elle invoque trouvent leur origine dans l'occupation des locaux du fonds de commerce acquis par la seule Société BDA, ces préjudices, à les supposer établis, n'ont pu résulter que des liens juridiques existant entre ces deux sociétés et ne sauraient dès lors être regardés comme procédant directement de cette occupation.

4° Dommages de travaux publics subis par des tiers

La présence ou le fonctionnement d'ouvrages publics est susceptible d'occasionner des dommages aux tiers qui peuvent obtenir leur réparation sans avoir à démontrer qu'une faute a été commise par l'administration.

L'engagement de la responsabilité de la personne publique poursuivie est seulement conditionné par le caractère anormal et spécial des dommages subis, ce qui donne lieu à une jurisprudence assez casuistique.

Exemples :
- CAA Nancy, 19 mars 2007, requête numéro 05NC01521, Schwarz et a. : un chenil construit par la fourrière municipale d'une commune constitue un ouvrage public à l'égard duquel les requérants, victimes de nuisances sonores occasionnées par les cris continuels des chiens hébergés dans l'établissement, ont la qualité de tiers. Le préjudice dont ils se plaignent est la conséquence directe du fonctionnement de cet ouvrage et présente un caractère anormal et spécial sans que la commune soit fondée à opposer le classement des terrains concernés en zone naturelle par le plan d'occupation des sols, rendu public, puis approuvé, postérieurement à la construction de leur habitation par les requérants.
- CAA Douai, 29 décembre 2006, requête numéro 05DA01477, Epoux Giard : depuis la construction d'un parking les requérants sont privés du caractère agréable du lotissement où ils habitent qui résultait de la présence d'un espace vert. Ils supportent, par ailleurs, les inconvénients liés au voisinage d'un parking qui, au-delà de son aspect inesthétique, engendre des nuisances liées à son utilisation et tenant aux allées et venues des véhicules et de leurs occupants. Ainsi, le dommage subi par les requérants présente un caractère anormal et spécial.

Il faut également relever que les allongements de parcours, occasionnés par la présence d'un ouvrage public nouvellement édifié, ne sont pas en principe considérés comme constituant un préjudice réparable (CE, 11 février 1991, requête numéro 90975, SCI Croix d'Argent : RDI 1991, p. 220, obs. Llorens et Terneyre). Il en va autrement, cependant, si la gêne occasionnée au requérant est importante.

Exemple :
- CE, 22 octobre 2003, requête numéro 217493, EDF : un poste de transformation électrique construit par EDF sur un terrain, est enclavé dans les terres exploitées par les requérants et situé à 150 m des bâtiments de leur ferme et de leur maison d'habitation. Cet ouvrage, dont l'emprise au sol est de quatre hectares et dont la hauteur peut atteindre 60 mètres, oblige l'exploitant à prendre des précautions particulières contre d'éventuels accidents et à contourner les installations avec ses matériels agricoles. Par la gêne visuelle et par les troubles qu'elle induit dans les conditions d'exploitation de la

ferme des requérants, la présence de cet ouvrage leur cause un préjudice anormal et spécial de nature à engager la responsabilité d'EDF.

Par ailleurs, il se pose assez fréquemment, en jurisprudence, la question de la détermination de la qualité de la victime. En effet, si les usagers relèvent d'un régime de présomption, l'administration arrivera très fréquemment à démontrer qu'aucun défaut d'entretien normal de l'ouvrage public ne saurait lui être reproché. Dans des situations où la qualité de la victime n'est pas évidente à déterminer, celles-ci auront donc tout intérêt à invoquer un statut de tiers par rapport à l'ouvrage public, de manière à se voir appliquer un régime de responsabilité sans faute.

Exemple :

- CAA Lyon, 24 décembre 2007, requête numéro 04LY01175, Ministre de l'Ecologie, du Développement, et de l'Aménagement durables (AJDA 2008, p. 606) : l'usager d'une voie publique qui s'engage sur une autre voie à une intersection que celui qui s'apprête à cette manœuvre en s'assurant notamment de la possibilité de l'effectuer sans risque, compte tenu de la visibilité d'ensemble de la circulation, doit être considéré à cet instant, non pas comme un tiers, mais comme un usager des deux voies de l'intersection. Ainsi, la victime, dont le véhicule a été percuté alors qu'elle franchissait la route nationale pour partir sur sa gauche et qui s'était engagée sur cette voie après avoir marqué un arrêt obligatoire au débouché de la voie communale, doit être regardée comme usager de cette intersection de voies.

5° Activités des établissements hospitaliers

A l'occasion de l'arrêt d'Assemblée Bianchi du 9 avril 1993, le Conseil d'Etat a décidé que « lorsqu'un acte médical nécessaire au diagnostic ou au traitement du malade présente un risque dont l'existence est connue mais dont la réalisation est exceptionnelle et dont aucune raison ne permet de penser que le patient y soit particulièrement exposé, la responsabilité du service public hospitalier est engagée si l'exécution de cet acte est la cause directe de dommages sans rapport avec l'état initial du patient comme avec l'évolution prévisible de cet état, et présentant un caractère d'extrême gravité » (requête numéro 69336 : Rec. p. 127, concl. Daël ; RFDA 1993, p. 573, concl. Daël ; AJDA 1993, p. 344, chron. Maugüé et Touvet ; D. 1994, somm. comm. p. 65, obs. Bon et Terneyre ; JCP 1993, II, 22061, note Moreau ; RDP 1993, p. 1099, note Paillet ; Rev. Adm. 1993, p. 561, note Fraissex).

Dans cette affaire, la victime avait subi une artériographie vertébrale, qui constitue un acte médical courant. Cependant, comme tout acte médical, celui-ci présente un aléa : on sait que dans environ 0,0003% des cas, le patient va subir de graves dommages, ce qui était le cas en l'espèce.

Dans de telles hypothèses, la responsabilité pour faute est nécessairement exclue. Il n'y a pas lieu non plus de faire jouer la responsabilité sans faute pour risque, dans la mesure où le risque n'est pas lié à l'emploi d'une méthode particulière créant un risque spécial. C'est donc la situation particulière de la victime, la volonté de ne pas laisser le dommage subi sans réparation, qui justifient l'engagement de la responsabilité de l'établissement hospitalier

Cette jurisprudence, qui ne pouvait bénéficier qu'à une dizaine de personnes par an, a ensuite été étendue aux victimes d'autres dommages présentant les caractéristiques visées par l'arrêt Bianchi. C'est notamment le cas des victimes d'anesthésies générales, y compris dans les hypothèses où l'opération pratiquée n'a pas de visée thérapeutique (CE Sect., 3 novembre 1997, requête numéro 153686, Hôpital Joseph Imbert d'Arles : AJDA 1997, p. 1016, chron. Girardot et Raynaud ; RFDA 1998, p. 90, concl. Pécresse ; RDSS 1998, p. 519, note Clément ; JCP G 1998, II, 10016, note Moreau).

Cette jurisprudence a été remise en cause par la loi n°2002-303 du 4 mars 2002 relative aux droits des malades et à la qualité du système de santé qui a instauré un régime spécial d'indemnisation des conséquences des accidents médicaux et aléas thérapeutiques fondé sur la solidarité nationale et crée l'office national d'indemnisation des accidents médicaux, affections iatrogènes et infections nosocomiales (ONIAM). Cette loi interdit en principe aux juges de statuer sur un autre fondement que celui de la responsabilité pour faute (V. Code de la santé publique, art. L. 1142-1). Cependant, pour les faits antérieurs au 5 septembre 2001, le juge applique toujours la jurisprudence Bianchi (V. par exemple CE, 19 mars 2010, requête numéro 313457, Ancey : AJDA 2010, p. 586, note Royer ; JCPA 2010, 1316, note Lantero).

Ce type de mécanisme de responsabilité sans faute, fondé sur la notion de garantie sociale, mais également - parfois - sur une volonté inavouée de limiter la réparation des préjudices subis par les administrés, connaît d'autres illustrations. On peut citer ici la loi n°64-643 du 1er juillet 1964 concernant les dommages dus aux accidents vaccinatoires. On doit aussi mentionner la loi n°91-1406 du 31 décembre 1991 dont l'article 47 crée un fonds d'indemnisation au profit des victimes de préjudices résultant de la contamination par le virus du SIDA causée par une transfusion de produits sanguins ou une injection de produits dérivés du sang. Mentionnons également la loi n°2000-1257 du 23 décembre 2002 qui crée le fonds d'indemnisation des victimes de l'amiante ou encore - dans un autre domaine que celui de la santé - la loi n°86-1020 du 9 septembre 1986 qui crée le fonds de garantie des victimes des actes de terrorisme

B – Responsabilité du fait de la garde des choses ou des personnes

Alors que l'arrêt Bianchi concernait des risques exceptionnels, certaines victimes de risques sériels, c'est-à-dire de risques statistiquement élevés, ont également bénéficié d'un régime de responsabilité sans faute objective en application de la solution dégagée par les arrêts d'Assemblée du 26 mai 1995, N'Guyen Jouan et Pavan (requête numéro 143238, requête numéro 143673, requête numéro 151798 : Rec. p. 221 ; AJDA 1995, p. 508, chron. Stahl et Chauvaux ; JCP 1995, 22467, note Moreau ; LPA 17 mai 1996, p. 12, note Mallol ; LPA 31 mai 1996, p. 21, note Cartron ; Quot. Jur. 26 octobre 1995, p. 25, note Deguergue ; RDP 1995, p. 1609, note de Lajartre ; RFDA 1995, p. 748, concl. Daël ; EDCE 1996, n°47, p. 373). Cette solution est réservée aux victimes du sida ou de l'hépatite C contaminées par des produits sanguins non chauffés, à une époque où les risques de contamination présentaient un caractère sériel.

Dans ces arrêts, les juges relèvent « qu'eu égard tant à la mission qui leur est … confiée par la loi qu'aux risques que présente la fourniture de produits sanguins, les centres de transfusion sont responsables, même en l'absence de faute, des conséquences dommageables de la mauvaise qualité des produits fournis ». C'est donc une véritable responsabilité de plein droit du fait des choses que l'on a sous sa garde qu'institue le Conseil d'Etat.

Il faut également relever que pour les victimes de la contamination par le virus du sida, la loi n°91-1406 du 31 décembre 1991 a créé un fonds d'indemnisation. Par la suite la loi n°2004-809 du 13 août 2004 a modifié l'article L. 3122-1 du Code de santé publique qui prévoit désormais une indemnisation par l'ONIAM. Toutefois, l'existence de ce fonds ne constitue pas un obstacle à la saisine du juge administratif en vue de l'obtention d'éventuels compléments d'indemnisation. Enfin, la loi n°2008-1330 du 17 décembre 2008 permet également aux personnes contaminées par l'hépatite C d'être indemnisées par l'ONIAM (Code de la santé publique, art. L. 1221-14)

L'idée de garde de la chose est également présente dans la jurisprudence consacrée aux dommages occasionnés pour les usagers par la défaillance des produits et appareils de santé que les établissements hospitaliers utilisent (CE, 9 juillet 2003, requête numéro 220437, Assistance publique - Hôpitaux de Paris c. Marzouk, préc.). Cette jurisprudence a été reconnue conforme à la directive n° 85/374/CEE du 25 juillet 1985 relative à la responsabilité du fait des produits défectueux (CJUE, 21 décembre 2011, affaire numéro C-495/10, Centre hospitalier universitaire de Besançon c. Dutrueux : JCP A 2012, 2078, note Oberdorff ; AJDA 2012, p. 36, chron. Aubert, Broussy et Donnat ; D. 2012, p. 926, note Borghetti ; Europe 2012, 100, note Larché) ce qui a permis au Conseil d'Etat de la maintenir (CE, 12 mars 2012, requête numéro 327449, Centre hospitalier universitaire de Besançon : AJDA 2012, p. 1665, note Belrhali-Bernard ; D. 2013, p. 40, obs. Brun et Gout ; JCP G 2012, 623, note Tifine ; RFDA 2012, p. 961, obs. Mayeur-Carpentier, Clément-Wilz et Martucci ; RDSS 2012, p. 716, note Peigné ; RTDE 2012, p. 925, obs. Ritleng.- V. également CE, 25 juillet 2013, requête numéro 339922, Falempin : JCP G 2013, 1079, note Paillard ; JCP G 2014, 568, note Bloch ; D. 2013, p. 2433, note Bacache ; D. 2014, p. 55, obs. Gout ; RTD civ. 2014, p. 134, obs. Jourdain.). Dans l'hypothèse où la responsabilité sans faute d'un établissement de santé est engagée, celui-ci a toutefois la possibilité d'exercer un recours en garantie à l'encontre du producteur sur le fondement des dispositions du Code civil transposant la directive. C'est le juge administratif qui est compétent pour connaître de cette action, dès lors qu'elle concerne un litige relatif au marché public conclu entre l'établissement de santé et le producteur du produit défectueux (TC, 11 avril 2016, requête numéro 4044, Centre Hospitalier de Chambéry).

Enfin, il existe des hypothèses de responsabilité sans faute du fait des personnes que l'on a sous sa garde. Si le Conseil d'Etat considère que l'Etat crée un risque spécial en mettant en œuvre des méthodes libérales de rééducation des mineurs délinquants, les juges ont longtemps refusé de faire bénéficier d'un même régime les victimes de dommages causés par des mineurs en danger placés au titre de l'assistance éducative (C. civ., art. 775 s.). Cette solution était logique : placer un mineur en danger - même s'il est fragilisé - ne créée aucun risque spécial de dommage, ce qui est le cas, en revanche, lorsqu'un mineur délinquant bénéficie d'une mesure de rééducation au lieu d'être enfermé. La preuve d'une faute était donc nécessaire lorsque le mineur était placé auprès d'une institution de droit public, relevant soit département soit de l'Etat, alors que la Cour de cassation avait admis, pour les structures éducatives privées, le principe d'une responsabilité de plein droit sur le fondement de la garde d'autrui (Cass. Ass. plén., 29 mars 1991, pourvoi numéro 89-15231, Blieck : JCP G 1991, II, 21673, concl. Doutenwille, note Ghestin ; D. 1991, p. 324, note Larroumet ; D. 1991, p. 157, note Viney ; Gaz. Pal. 1992, II, p. 513, note Chabas ;

Defrénois 1991, p. 729, obs. Aubert ; RTD civ. 1991, p. 312, obs. Hauser et p. 541, obs. Jourdain).

Cette divergence a finalement conduit le Conseil d'Etat à reconnaître la responsabilité sans faute de l'Etat pour les dommages causés par les mineurs faisant l'objet d'une mesure d'assistance éducative (CE Sect., 11 février 2005, requête numéro 252169, GIE Axa Courtage : Rec. p. 45, concl. Devys ; AJDA 2005, p. 663, chron. Landais et Lenica ; BJCL 2005, p. 260, note Robineau-Israel et Vialettes ; JCP G 2005, II, 10070, concl. Devys, note Rouault ; JCP A 2005, 1132, note Moreau ; RDSS 2005, p. 466, note Cristol ; RFDA 2005, p. 595, concl. Devys, note Bon). Cet arrêt emprunte au droit privé la notion de garde d'autrui, et ne se réfère plus à la notion de « méthode dangereuse », ce qui est logique dans la mesure où les mineurs qui font l'objet de ces mesures de placement ne sont pas censés être « dangereux ».

Les critères d'identification du gardien ont été précisés par le Conseil d'Etat à l'occasion de son arrêt du 13 février 2009, Département de Meurthe-et-Moselle (requête numéro 294265 : Rec. tables p. 632 ; JCP A 2009, act. 225 ; RDSS 2009, p.377, obs. Cristol) : sont concernées les décisions par lesquelles le juge des enfants confie la garde d'un mineur, dans le cadre d'une mesure d'assistance éducative à l'une des personnes mentionnées à l'article 375-3 du Code Civil, transférant à la personne qui en est chargée la responsabilité d'organiser, diriger et contrôler la vie du mineur. Le Conseil d'Etat a précisé que la responsabilité du gardien est engagée, même lorsque le placement est fait à la demande des parents (CE, 26 mai 2008, requête numéro 290495, Département des Côtes-d'Armor : AJDA 2008, p. 2081, note Fort). Il en va de même lorsque cette demande est faite par le président du conseil régional (CE, 1er juillet 2016, requête numéro 375076, Groupama Grand Est : AJDA 2016, p. 2292, note Camguilhem ; JCP A 2016, 2230, concl. Decout-Paolini, note Habchi ; JCP G 2016, 1114, note Perdrix). En revanche, cette solution ne s'applique pas à un mineur souffrant de troubles psychologiques traité en hôpital de jour. Dans ce cas, en effet, la garde du mineur incombe aux parents et non à l'établissement hospitalier (CE, 17 février 2012, requête numéro 334766, Société Maaf Assurances, préc.).

Le Conseil d'Etat avait jugé que cette solution s'appliquait y compris lorsque le mineur ne se trouve pas au moment des faits sous la surveillance effective du gardien (CE, 17 décembre 2008, requête numéro 319782, Garde des Sceaux, Ministre de la Justice c. Lauze : Rec. p. 906 ; AJDA 2009, p. 661, concl. de Silva), et même lorsqu'il est momentanément hébergé chez ses parents (CE, 3 juin 2009, requête numéro 300924, Garde des Sceaux, ministre de la Justice c/ Société Gan assurances). Dans cette dernière affaire il a ainsi été jugé que dans le cas où le mineur a été confié à un service ou un établissement qui relève de son autorité, l'Etat est responsable « dès lors qu'aucune décision judiciaire n'a suspendu ou interrompu cette mission éducative ».

Ces deux solutions ont été en partie remises en cause par le Conseil d'Etat qui a considéré, dans un arrêt Groupama Grand Est du 1er juillet 2016, qu'est responsable celui qui assure « la prise en charge durable et globale du mineur » (CE, 1er juillet 2016, requête numéro 375076, Groupama Grand Est, préc.). L'existence d'une décision judiciaire de placement n'est donc plus le seul critère d'identification du gardien du mineur. Cet arrêt met en oeuvre un critère matériel dont l'utilisation s'avère beaucoup plus incertaine.

Exemple :
-Dans cette affaire les juges relèvent que les agissements délictueux du mineur avaient été commis à proximité du domicile de son père dans le Jura, alors qu'il était accueilli durant la semaine dans un centre de formation de la Haute-Saône et les samedis et dimanches par son père à son domicile. Les juges du fond en ont déduit que, intervenus alors que le mineur était sous la garde de l'un de ses parents, ils n'engageaient pas la responsabilité du département du Jura. Le Conseil d'Etat estime qu'en se fondant sur la seule circonstance que le mineur était accueilli en fin de semaine par son père pour en déduire que la responsabilité du département n'était pas engagée, sans rechercher si la décision par laquelle le président du conseil général avait décidé de le prendre en charge, formalisée dans des contrats de placement, avait eu pour effet de transférer au département la responsabilité d'organiser, diriger et contrôler sa vie pendant la durée de cette prise en charge, la cour a commis une erreur de droit.

Il faut noter également que la circonstance que la victime soit un usager, et non pas un tiers, ne fait pas obstacle à l'application du régime de responsabilité sans faute du fait des dommages causés par des mineurs placés (CE, 13 novembre 2009, requête numéro 306517, Ministre de la Justice : JCP A 2010, 2033, concl. de Silva, note Albert ; JCP G 2010, 32, note Van Lang ; RDSS 2010, p.141, note Cristol). Cette responsabilité demeure encourue même si le juge avait formulé le souhait que l'enfant soit placé dans un foyer privé désigné par sa décision (CE, 13 févier 2009, requête numéro 294265 : D. 2009, p. 631 ; JCP G 2009, 10059, note Tifine ; RTD civ. 2009, p. 314, obs. Hauser). Il faut aussi préciser que la responsabilité du gardien peut également être engagée à l'égard de la personne auprès de laquelle le mineur a été placé par le département. Tel est le cas dans une affaire où la garde de mineurs avait été confiée au département, qui les a ensuite placés dans une fondation, qui assurait leur prise en charge en qualité de participante à l'exécution du service public de l'aide sociale à l'enfance (CE, 19 juin 2015, requête numéro 378293, Département des Bouches-du-Rhône : JCP A 2015, 2301, concl. Daumas).

Cette innovation jurisprudentielle a conduit le Conseil d'Etat à modifier les règles applicables à la responsabilité de l'Etat du fait des mineurs délinquants, en intégrant la notion de garde d'autrui tout en en conservant la possibilité d'engager la responsabilité sans faute de l'Etat pour le risque spécial occasionné par lui (CE Sect., 1er février 2006, requête numéro 268147, Garde des Sceaux, ministre de la Justice c/ MAIF, préc.- V. également (CE, 17 février 2012, requête numéro 334766, Société MAAF Assurances : Rec. p. 51 ; JCP G 2012, act. 256, obs. Touzeil-Divina). La même solution s'applique pour la réparation des dommages occasionnés aux tiers lorsque, au cours d'une phase d'instruction d'une infraction mettant en cause un mineur et en dépit des risques découlant du comportement délictueux antérieur de l'intéressé, le juge d'instruction ou des enfants a décidé, plutôt que de mettre en œuvre les mesures de contrainte prévues à l'article 11 de l'ordonnance de 1945, de confier, par une mesure de placement, la garde du mineur à une personne digne de confiance (CE, 26 juillet 2007, requête numéro 292391, Ministre de la Justice c. Jaffuer, préc.). La même décision précise que les grands-parents du mineur doivent être regardés comme ayant la qualité de personnes dignes de confiance au sens des dispositions de l'article 10 de l'ordonnance du 2 février 1945, alors même que ceux-ci ne sont pas liés avec l'Etat par une convention spécifique, une habilitation ou un agrément particulier. En revanche, cette solution demeure réservée aux tiers victimes de dommages. Ainsi, un mineur victime d'une agression perpétrée par un autre mineur accueilli comme lui dans un lieu de vie et d'accueil en vue de son insertion sociale est un usager du service public de la justice qui a décidé d'un tel placement et il ne peut donc bénéficier du régime de responsabilité sans faute de l'Etat (CE, 17 décembre 2010, requête numéro 334797, Garde des Sceaux : Dr. adm. 2011, 43, note Pauliat).

C – Responsabilité du fait des décisions administratives régulières

Il est nécessaire de déterminer la nature des décisions administratives régulières pouvant permettre l'engagement de la responsabilité sans faute de l'administration avant de définir les conditions de cet engagement.

1° Nature des décisions susceptibles de permettre l'engagement de la responsabilité sans faute de l'administration

Le principe d'une responsabilité sans faute du fait de décisions administratives individuelles régulières a été admis par le Conseil d'Etat à l'occasion de l'arrêt Couitéas du 30 novembre 1923 (Rec. p. 789 ; D. 1923, III, p.59, concl. Rivet ; RDP 1924, p. 75, concl. Rivet et p. 208, note Jèze ; S. 1923, III, p.57, concl. Hauriou.- V. dans le même sens CE Sect., 27 mai 1977, requête numéro 98122, requête numéro 98123, SA Victor Delforge : Rec. p. 253 ; JCP G 1978, II, 18778, note Pacteau ; Rev. adm. 1977, p.489, note Darcy.- CE, 19 décembre 2007, requête numéro 296453, Margaillan c/ Ministre de l'Intérieur.- CE, 17 janvier 2011, requête numéro 325663, SA HLM France Habitation).

En l'espèce, un préfet avait refusé au requérant le concours de la force publique pour exécuter une décision de justice ordonnant l'expulsion de tribus nomades du terrain dont il était propriétaire en Tunisie. Des impératifs d'ordre public justifiaient cette décision qui ne pouvait ainsi être considérée comme fautive. Cependant, les juges estiment que « le préjudice qui peut résulter de ce refus ne saurait, s'il excède une certaine durée, être regardé comme une charge incombant normalement à l'intéressé et qu'il appartient au juge de déterminer la limite à partir de laquelle il doit être supporté par la collectivité (…) la privation de jouissance totale et sans limitation de durée résultant, pour le requérant, de la mesure prise à son égard, lui a imposé, dans l'intérêt général, un préjudice pour lequel il est fondé à demander une réparation pécuniaire ».

Ces principes ont été repris par l'article 16 de la loi n° 91-650 du 9 juillet 1991 portant réforme des procédures civiles d'exécution, codifié à l'article L. 153-1 du Code des procédures civiles d'exécution qui précise que : « l'Etat est tenu de prêter son concours à l'exécution des jugements et des autres titres exécutoires. Le refus de l'Etat de prêter son concours ouvre droit à réparation » (sur l'application de cette loi V. par ex. CE, 19 octobre 2016, requête numéro 383543, Ministre de l'Intérieur).

Pour le Conseil constitutionnel « toute décision de justice est exécutoire (...) la force publique devant (…) prêter main-forte à cette exécution ». Toutefois « dans des circonstances exceptionnelles tenant à la sauvegarde de l'ordre public, l'autorité administrative peut (…) ne pas prêter son concours » (CC, 29 juillet 10998, numéro 98-403 DC : AJDA 1998, p. 705, chron. Schoettl ; RFDC 1998, p. 765, note Trémeau).

De son côté, la Cour européenne des droits de l'homme considère qu'un Etat peut refuser le concours de la force publique pour l'exécution d'une décision de justice dans la mesure où des considérations tenant à la préservation de l'ordre public justifient l'inexécution

(CEDH, 28 juillet 1999, affaire numéro 22774/93, Immobiliare Saffi c. Italie : JCP G 2000, I, 203, chron. Sudre.– CEDH, 31 mars 2005, affaire numéro 62740/00, Matheus c. France : AJDA 2005, p. 1886, chron. Flauss ; AJDI 2005, p. 928, obs. Raynaud ; Europe 2005, 234, note Deffains ; JCP G 2005, I, 159, chron. Sudre ; JCP G 2005, I, 181, chron. Périnet-Marquet ; RDP 2006, p. 785). Cette inexécution peut également être valablement fondée sur des raisons liées à la politique sociale de l'Etat (CEDH, 31 mars 2005, Matheus c. France, préc.) ou plus généralement sur la prise en compte de la situation sociale particulière des occupants (CEDH, 2 décembre 2010, affaire numéro 6722/05, Sud Est Réalisations c. France). Cependant, ces considérations ne permettent pas l'inexécution permanente de la décision de justice. Elles créent un « sursis à l'exécution » pendant un temps « strictement nécessaire » qui doit permettre à l'Etat de trouver une issue. Ainsi, une inexécution qui a duré plus de seize ans a pu être qualifiée par la Cour de non « strictement nécessaire » ce qui caractérise une violation de l'article 1 du Protocole n° 1 de la Convention européenne des droits de l'homme (même décision).

Cette jurisprudence n'a pas vocation à s'appliquer qu'aux seuls cas de refus du concours de la force publique pour l'exécution des jugements, mais également à d'autres décisions administratives.

C'est le cas notamment des décisions refusant d'expulser des grévistes d'un lieu de travail (CE, 3 juin 1938, Société La Cartonnerie et Imprimerie Saint-Charles : Rec. p. 539 ; DP 1938, III, p. 65, note Appleton ; DP 1939, III, p. 9, concl. Darras).

De nombreux autres exemples peuvent être mentionnés :

- CE Sect., 23 décembre 1970, requête numéro 73453, EDF c. Farsat (Rec. p.790 ; AJDA 1971, 16820, note Beaufrère) : les juges réparent les dommages subis par un propriétaire du fait de la renonciation d'EDF à poursuivre l'expropriation de son terrain.
- CE, 15 novembre 2000, requête numéro 03BX01092, Chambre de commerce et d'industrie de Colmar et du Centre Alsace et Commune de Morschwiller-le-Bas (CJEG 2001, p. 118, concl. Seban) : en renonçant à la réalisation du projet de liaison fluviale à grand gabarit entre la Saône et le Rhin, l'Etat n'a commis aucune faute de nature à engager sa responsabilité à l'égard d'une commune. Toutefois, cette commune a subi un préjudice particulier, en raison de l'incidence de l'abandon du projet Saône-Rhin sur la fréquentation d'une voie navigable reliant le canal d'Alsace au port de Mulhouse, dont elle n'avait contribué à financer les travaux de mise à grand gabarit que dans la perspective de la réalisation de l'ensemble du projet de liaison Saône-Rhin.
-CE, 8 juin 2017, requête numéro 390424, Bozidarevic (JCP A 2017, 2166, note Vioujas): un praticien hospitalier suspendu pendant huit ans a subi une diminution difficilement remédiable de ses compétences chirurgicales compromettant ainsi la possibilité pour lui de reprendre son exercice professionnel. Ce préjudice grave, qui a revêtu un caractère spécial, ne peut être regardé, alors que le requérant a été relaxé des poursuites pénales qui avaient motivé la suspension et n'a pas fait l'objet d'une sanction disciplinaire, comme une charge qui lui incombait normalement

A l'occasion de l'arrêt de Section Commune de Gavarnie du 22 février 1963, le Conseil d'Etat a étendu la jurisprudence Couitéas aux actes règlementaires (Rec. p.113 ; AJDA 1963, p. 208, chron. Gentot et Fourré ; RDP 1963, p.1019, note Waline).

Enfin, si l'Etat engage sa responsabilité et doit dédommager le bailleur pendant toute la période où l'occupant s'est maintenu dans les lieux, il convient de prendre en considération les sursis accordés par la loi ou par le juge pour quitter les lieux. De la même façon, il a été jugé que la responsabilité de l'Etat à raison de son refus d'accorder le concours de la force publique cesse d'être engagée à compter de la signature d'un protocole d'accord de prévention de l'expulsion entre le bailleur et l'occupant comportant les engagements réciproques prévus par les dispositions de l'article L. 353-15-2 du Code de la construction et de l'habitation. L'organisme bailleur retrouve le droit de poursuivre l'exécution de l'ordonnance une fois constatée la défaillance de l'occupant du logement à remplir ses engagements financiers. La notification par le bailleur au préfet de la dénonciation du protocole doit être regardée, même lorsqu'elle ne le mentionne pas expressément, comme valant réquisition de prêter le concours de la force publique à l'expulsion du locataire. En conséquence, le défaut de réponse à cette réquisition dans un délai de deux mois équivaut à un refus, qui est de nature à engager la responsabilité de l'Etat (CE, 16 avril 2008, requête numéro 300268, OPHLM de Seine et Marne).

2° Conditions d'engagement de la responsabilité sans faute de l'administration

Quelle que soit la nature de la décision à l'origine du dommage, celui-ci ne sera réparé que s'il présente un caractère anormal et spécial ce qui, une fois encore, donne lieu à une jurisprudence particulièrement casuistique.

Exemples :
- CE, 31 mars 1995, requête numéro 137573, Lavaud (AJDA 1995, p. 422, chron. Touvet et Stahl) : la décision d'un office public d'HLM, de fermer dix tours d'un ensemble immobilier, en liaison avec de graves incidents survenus dans le quartier des Minguettes dans la banlieue lyonnaise, a causé un préjudice commercial grave et spécial pour un pharmacien.
- CE, 22 février 2002, requête numéro 224809, Michel (Dr. adm. 2002, 97) : les maladies infectieuses qui peuvent toucher les animaux sauvages et les mesures que sont, dans ces cas, amenées à prendre les autorités compétentes et qui peuvent, comme dans les circonstances de l'espèce, consister, notamment, en une interdiction de commercialiser le gibier abattu, constituent un aléa que doivent, en principe, supporter les personnes titulaires de droit de chasse. En l'espèce, le dommage qu'a pu subir un chasseur, mis dans le cours de l'année cynégétique 1992-1993 dans l'impossibilité de commercialiser les sangliers abattus sur les lots de chasse dont il est titulaire dans la commune, ne peut être regardé comme anormal.

Enfin, quelle que soit la nature des mesures contestées, le principe d'une responsabilité sans faute de l'administration est écarté dans deux hypothèses.

C'est le cas, tout d'abord, lorsque l'objet même de la mesure à l'origine du dommage est de provoquer une rupture d'égalité devant les charges publiques.

Exemple :
- CE, 15 mai 1987, requête numéro 46257, Société Transports et affrètements fluviaux (Rec. p. 176 ; D. 1988, somm. comm. p. 167, obs. Moderne et Bon) : en l'absence de dispositions législatives en disposant expressément autrement et eu égard à l'objet en

vue duquel a été établie la règlementation des activités de transport par voie navigable, les décisions légalement prises en application de cette règlementation ne sauraient engager la responsabilité de l'Etat ou de l'Office national de la navigation sur le fondement du principe d'égalité devant les charges publiques.

De même, la responsabilité sans faute de l'administration est écartée lorsque la décision à l'origine du dommage poursuit un intérêt général considéré comme prééminent. Dans ce cas, le silence de l'auteur de la décision quant à la question de l'indemnisation est interprété comme un refus implicite.

Exemples :
- CE, 30 juillet 1997, requête numéro 118521, Boudin : les mesures permettant au ministre de la Santé de mettre en garde le public contre des produits dont la consommation présente un risque grave pour la santé, eu égard à l'objectif de protection de la santé publique qu'elles poursuivent, ne peuvent ouvrir droit à indemnisation que si elles sont constitutives d'une faute.
- CE, 23 décembre 1988, requête numéro 75201, Martin (Rec. p.470 ; D. 1989, p.267, note Moulin ; D. 1989, somm. comm. p.344, obs. Moderne et Bon) : la loi n° 66-1006 du 28 décembre 1966 a eu pour objet de restreindre le transfert des capitaux à l'étranger en vue de la protection de la monnaie. En l'absence de toute disposition législative en disposant expressément, les règlements légalement pris en application de cette législation ne sauraient engager la responsabilité sans faute de l'Etat.

Cependant, la responsabilité sans faute est malgré tout admise lorsque l'intérêt invoqué ne présente pas un tel caractère prééminent.

Exemple :
- CE Ass., 23 mars 1984, requête numéro 24832, Société Alivar (Rec. p.127 ; AJDA 1984, p. 396, note Genevois ; AJDA 1985, p. 536, chron. Hubac et Schoettl ; D. 1986, inf. rap. p. 24, obs. Moderne et Bon ; JCP 1985, 20423, note Davignon ; Rev. adm. 1984, p. 375, note Pacteau ; RTDE 1984, p.351, concl. Denoix de Saint Marc) : le refus de visa d'une déclaration d'exportation en Italie de pommes de terre a été pris pour des motifs d'intérêt général tirés de l'état de pénurie de ce marché (et non des marchés en général). Dès lors l'Etat français ne saurait être tenu à réparation envers cette société que sur le fondement de la responsabilité sans faute au cas où il serait justifié d'un préjudice anormal et spécial imputable à l'intervention de l'administration française.

Si l'on raisonne par analogie avec les solutions retenues en matière de responsabilité du fait des lois, il faut enfin relever, comme on l'évoquera plus loin, que cette notion d'intérêt prééminent est en net recul. Il n'est pas sûr, à l'heure actuelle, qu'elle permette d'écarter l'application du régime de responsabilité sans faute.

D – Responsabilité du fait des lois et des conventions internationales

1° Responsabilité du fait des lois

L'existence d'une responsabilité sans faute du fait des lois est liée, en grande partie, au refus longtemps inflexible de considérer que le législateur peut commettre une faute dans le cadre de ses activités. L'admission d'une responsabilité pour faute de l'Etat législateur s'est en effet très longtemps heurtée au vieux principe, hérité du légicentrisme, selon lequel « le souverain ne peut mal faire ». En d'autres termes, le Parlement, parce qu'il représente la nation souveraine, ne saurait commettre de faute dans le cadre de son action.

Cette solution pose toutefois un problème dans les cas où le législateur est mis en cause pour avoir méconnu ses obligations résultant des normes internationales, et notamment du droit de l'Union européenne. En effet, en refusant de reconnaître une faute, le juge administratif n'assure pas le respect de l'article 55 de la Constitution qui prévoit la supériorité des traités sur les lois.

Après avoir longtemps esquivé la question, le Conseil d'Etat a finalement admis la responsabilité de l'Etat législateur pour non transposition des objectifs d'une directive à l'occasion de l'arrêt Gardedieu du 8 février 2007 (requête numéro 279522, préc.). Il reconnaît en l'espèce que « la responsabilité de l'Etat du fait des lois est susceptible d'être engagée … en raison des obligations qui sont les siennes pour assurer le respect des conventions internationales par les autorités publiques, pour réparer l'ensemble des préjudices qui résultent de l'intervention d'une loi adoptée en méconnaissance des engagements internationaux de la France ». Cette solution s'applique également en cas de méconnaissance par la loi des principes généraux du droit de l'Union européenne (CE, 23 juillet 2014, requête numéro 354365, Société d'éditions et de protection route, préc.). Elle a même été récemment transposée par une juridiction du fond à l'hypothèse d'une loi inconstitutionnelle (TA Paris, 7 février 2017, requête numéro 1505725/3-1, Sté Paris Clichy : Dr. adm. 2017, 30, note Eveillard). Cette solution s'appliquerait « pour réparer les préjudices qui résultent de l'application d'une disposition législative déclarée contraire à la Constitution par une décision du Conseil constitutionnel statuant dans le cadre de la procédure prévue à l'article 61-1 de la Constitution, sous réserve que cette décision, qui s'impose aux pouvoirs publics et à toutes les autorités administratives et juridictionnelles en application de l'article 62 de la Constitution, n'ait pas exclu toute indemnisation ».

L'exception visée par l'arrêt Gardedieu mise à part, c'est toutefois le principe d'une responsabilité sans faute de l'Etat législateur qui prévaut, tel qu'il a été admis par le Conseil d'Etat à l'occasion de l'arrêt d'Assemblée du 14 janvier 1938, Société des produits laitiers La Fleurette (Rec. p. 25 ; D. 1938, III, p. 41, concl. Roujou, note Rolland ; RDP 1938, p. 87, concl. Roujou, note Jèze ; S. 1938, III, p.25, concl. Roujou, note Laroque).

La loi du 9 juillet 1934 relative à la protection du marché du lait avait interdit la fabrication de produits présentant l'aspect de la crème, destinés aux mêmes usages, mais ne provenant pas exclusivement du lait. Elle occasionnait un préjudice important à la société requérante qui avait dû renoncer à la production d'un produit portant le nom bien peu appétissant de « gradine ».

Les juges estiment que « rien, ni dans le texte même de la loi ou dans ses travaux préparatoires, ni dans l'ensemble des circonstances de l'affaire, ne permet de penser que le législateur a entendu faire supporter à l'intéressée une charge qui ne lui incombe pas normalement ». Il en résulte que cette charge, créée dans l'intérêt général, doit être supportée par la collectivité.

Comme pour ce qui concerne les décisions administratives régulières, le principe d'une responsabilité sans faute est écarté lorsque l'objet même de la mesure à l'origine du dommage est de provoquer une rupture d'égalité devant les charges publiques. En revanche, la notion d'intérêt général prééminent qui manifesterait la volonté tacite du législateur d'exclure la responsabilité est aujourd'hui abandonnée (CE, 2 novembre 2005, requête numéro 266564, Société coopérative agricole Ax'ion : AJDA 2006, p. 142, chron. Landais et Lenica ; RFDA 2006, p. 214 et p. 349, concl. Guyomar, note Guettier ; Droit adm. 2006, 34.- CE, 25 juillet 2007, requête numéro 278190, Leberger : Rec. p. 392.- CE, 1er février 2012, requête numéro 347205, Bizouerne et a. : JCP A 2012, 2146, note Pacteau.- CAA Douai, 24 avril 2008, requête numéro 05DA00307, Société Lepicard : AJDA 2008, p. 1559).

Exemple :
- CE Sect., 30 juillet 2003, requête numéro 215957, Association pour le développement de l'aquaculture en région Centre (Rec. p. 367 ; JCP A 2003, 1896, note Broyelle ; JCP G 2003, II, 10173, note Jobart ; AJDA 2003, p. 1815, chron. Donnat et Casas ; RFDA 2004, p. 144, concl. Lamy, notes Bon et Pouyaud) : il ne ressort ni de l'objet ni des termes de la loi n°76-629 du 10 juillet 1976 relative à la protection de la nature, non plus que de ses travaux préparatoires, que le législateur ait entendu exclure que la responsabilité de l'Etat puisse être engagée en raison d'un dommage anormal que l'application de ces dispositions pourrait causer à des activités - notamment agricoles - autres que celles qui sont de nature à porter atteinte à l'objectif de protection des espèces que le législateur s'était assigné. Le préjudice résultant de la prolifération des animaux sauvages appartenant à des espèces dont la destruction a été interdite en application de ces dispositions doit faire l'objet d'une indemnisation par l'Etat lorsque, excédant les aléas inhérents à l'activité en cause, il revêt un caractère grave et spécial et ne saurait, dès lors, être regardé comme une charge incombant normalement aux intéressés.

Enfin, il faut relever que la mise en cause de l'Etat législateur ne peut avoir lieu que devant les juridictions administratives (TC, 31 mars 2008, requête numéro C3631, Société Boiron c. Direction générale des douanes et droits indirects).

2° Responsabilité du fait des conventions internationales

Le principe d'une responsabilité sans faute pour la réparation des dommages causés par les conventions internationales a été admis à l'occasion de l'arrêt d'Assemblée du Conseil d'Etat du 30 mars 1966, Compagnie générale d'énergie radioélectrique (requête numéro 50515, préc.). Les juges relèvent que « la responsabilité de l'Etat est susceptible d'être engagée sur le fondement de l'égalité devant les charges publiques pour assurer la réparation du préjudice né de conventions conclues par la France avec d'autres Etats et incorporées régulièrement dans l'ordre interne, à la condition que ni cette convention, ni la loi qui en a éventuellement autorisé la ratification, n'aient entendu exclure toute indemnisation, et que le préjudice soit suffisamment grave et présente un caractère spécial ».

Depuis l'arrêt Almayrac et a. du 29 décembre 2004 (requête numéro 262190, requête numéro 262323 : Rec. p. 465 ; AJDA 2005, p. 427, chron. Landais et Lenica ; Droit adm. 2005, 42 ; RFDA 2005, p. 586, concl. Stahl), il n'est plus exigé, cependant, que le traité ait été régulièrement incorporé dans l'ordre juridique interne. A partir de cet arrêt, il suffit en effet qu'il y soit entré en vigueur.

Mais à l'occasion d'un arrêt Susilawati du 11 février 2011 (requête numéro 325253 : Dr adm. 2011, 42, note Melleray ; JCP A 2011, act. 133, obs. Dubreuil ; JCP A 2011, 2103, note Pacteau ; RFDA 2011, p.573, concl. Roger-Lacan ; LPA, 21 avril 2011, p.5, note

Muller), le Conseil d'Etat est revenu à son exigence initiale en réservant l'application du régime de responsabilité sans faute au cas des traités régulièrement incorporés dans l'ordre juridique interne.

Notons également que dans un arrêt de Section Om Hashem Saleh et a. du 14 octobre 2011 (requête numéro 329788, requête numéro 329789, requête numéro 329790, requête numéro 329791 : Rec. p. 473, concl. Roger-Lacan ; AJDA 2011, p. 2482, note Broyelle ; JCPA 2012, 2097, note Pacteau ; RFDA 2012, p.46, concl. Roger-Lacan ; RFDA 2013, p.417, chron. Santulli), le Conseil d'Etat a étendu le principe de la responsabilité de l'Etat français pour la réparation du préjudice grave et spécial né d'une règle de droit international coutumier, en l'espèce relative aux immunités diplomatiques, qui interdit le recouvrement de créances. Cependant, le Conseil d'Etat a aussi préciser que le juge qui doit statuer sur la responsabilité de l'Etat en raison de la créance non réglée par un débiteur bénéficiant d'une immunité, doit tenir compte d'une éventuelle autre voie de droit ouverte au demander, notamment à l'arbitrage, dès lors qu'elle lui offre « une chance raisonnable de recouvrer sa créance » (CE, 11 déc. 2015, requête numéro 383835, Ministre des Affaires étrangères et du développement international).

E – Responsabilité du fait des difficultés d'accès des handicapés à des bâtiments publics

Dans un arrêt d'Assemblée Bleitrach du 22 octobre 2010 (requête numéro 301572 : AJDA 2010, p. 2207, chron. Botteghi et Lallet ; Dr adm. 2010, 162, note Busson ; JCP A 2011, 2186, note Baudoin ; JCP G 2010, 1284, note Dagorne-Labe) le Conseil d'Etat retient la responsabilité sans faute de l'Etat à l'égard d'une avocate contrainte de se déplacer en fauteuil roulant et ayant souffert de l'étalement important de travaux d'accessibilité de certains palais de justice.

Il est à noter ici que le préjudice indemnisé n'est pas un préjudice matériel mais un préjudice moral dont les éléments sont très particuliers : il s'agit des troubles de toute nature causés à la requérante dans les conditions d'exercice de sa profession eu égard notamment au caractère pénible des situations régulièrement provoquées pour elle par ses difficultés d'accès au palais de justice. C'est la première fois que la réparation d'un tel préjudice est reconnue dans le cadre d'une responsabilité fondée sur le principe d'égalité devant les charges publiques.

F – Responsabilité du fait des dommages occasionnés à des tiers durant une perquisition administrative ordonnée dans le cadre de l'état d'urgence

Comme l'a précisé le Conseil d'Etat dans un avis d'Assemblée du 6 juillet 2016, Napol et a. et Thomas et a. (avis numéro 398234, avis numéro 399135, préc.) dans le cadre de l'état d'urgence, c'est la responsabilité pour faute de l'Etat qui est susceptible d'être engagée, dans l'exécution de perquisitions administratives lorsque la victime est une personne concernée par la perquisition. Peut d'abord être mise en cause l'illégalité de la décision de perquisition. Il s'agit ici d'une hypothèse classique de responsabilité pour illégalité commise par les autorités administratives. Ensuite, le requérant peut faire condamner l'Etat pour une faute commise dans les conditions d'exécution de la perquisition. Dans ces deux hypothèses, la démonstration d'une faute simple suffit.

En revanche, lorsque la victime est un tiers, par exemple une personne perquisitionnée par erreur, la responsabilité de l'Etat est engagée sans faute, sur le fondement de l'égalité des citoyens devant les charges publiques. Il est probable, même si l'avis du Conseil d'Etat ne le dit pas expressément, que la réparation des dommages subis soit conditionnée par leur caractère anormal et spécial.

Pour aller plus loin :

- **Amselek (P.)**, La responsabilité sans faute des personnes publiques d'après la jurisprudence administrative : Mélanges Eisenmann, Cujas 1975, p.233.

- **Chavrier (G.)**, Essai de justification et de conceptualisation de la faute lourde : AJDA 2003, p.1026.

- **Cotteret (J.-M)**, Le régime de la responsabilité pour risque en droit administratif : Etudes de droit public, Cujas 1964.

- **Disant (M.)**, La responsabilité de l'Etat du fait de la loi inconstitutionnelle : RFDA 2011, p. 1181.

- **Deguergue (M.)**, Le contentieux de la responsabilité : politique jurisprudentielle et jurisprudence politique : AJDA, n° spécial, juin 1995, p. 211.

- **Deliancourt (S.)**, La responsabilité pour faute de l'Etat du fait des suicides en milieu carcéral : JCP A 2005, 1124.

- **Dubouis (L.)**, La responsabilité médicale devant la distinction droit public - droit privé : Mélanges Waline, Dalloz 2002, p.195.

- **Guettier (C.)**, Du droit de la responsabilité administrative dans ses rapports avec la notion de risque : AJDA 2005, p.1499.

- **Gaudemet (Y.)**, La responsabilité de l'administration du fait de ses activités de contrôle : Mélanges Waline, Dalloz 2002, p.561.

- **Jacquemet-Gauché (A.)**, La jurisprudence Couitéas, du mythe doctrinal à la réalité indemnitaire : AJDA 2014, p.1821.

- **Lombard (M.)**, La responsabilité du service public de la justice : Mélanges Waline, Dalloz 2002, p.657.

- **Moreau (J.)**, L'évolution des sources du droit de la responsabilité administrative : Mélanges Terré, Dalloz, 1999 p. 719.

- **Poulet-Gibot Leclerc (N.)**, La faute lourde n'a pas disparu, elle ne disparaîtra pas ? : LPA 2002, n°132, p.16.

- **Tesson (F.)**, La responsabilité administrative du fait de la garde des mineurs : un mécanisme de réparation à l'âge adulte ? : JCP A 2015, 2005.

- **Tifine (P.)**, La place des ouvrages publics exceptionnellement dangereux dans la structure de la responsabilité du fait des ouvrages publics : RDP, p. 1405.

- **Tifine (P.)**, La responsabilité des hôpitaux publics du fait des produits et appareils de santé : RGDM 2012/3, p.131

INDEX

Les numéros renvoient aux pages

TABLE DES MATIERES

FSC
www.fsc.org
MIX
Papier | Fördert
gute Waldnutzung
FSC® C083411

Kolibri 360 GmbH
Ferdinand-Jühlke-Straße 7
99095 Erfurt, Deutschland
produktsicherheit@kolibri360.de

Druck:
CPI Druckdienstleistungen GmbH
im Auftrag der
Kolibri 360 GmbH
Ferdinand-Jühlke-Str. 7
99095 Erfurt